花溪年鉴

HUAXI YEARBOOK

2016

贵阳市花溪区地方志编纂委员会办公室　编

方志出版社
Publishing House of Local Records

图书在版编目（CIP）数据

花溪年鉴 .2016 / 花溪区地方志编纂委员会办公室编 . —北京：方志出版社 .2016.9
ISBN 978-7-5144-2066-1

Ⅰ . ①花… Ⅱ . ①花… Ⅲ . ①区（城市）—贵阳—2016 —年鉴 Ⅳ . ① Z527.31

中国版本图书馆 CIP 数据核字（2016）第 217204 号

花溪年鉴（2016）

编　　者：花溪区地方志编纂委员会办公室
责任编辑：冯　松
出 版 人：冀祥德
出 版 者：方志出版社
地址　北京市朝阳区潘家园东里 9 号（国家方志馆 4 层）
邮编　100021
网址　http//www.fzph.org
发　　行：方志出版社发行中心
电话　（010）67110500
经　　销：各地新华书店
印　　刷：昆明鹰达印刷有限公司
开　　本：889 × 1194mm　1/16
印　　张：30.25
字　　数：840 千
版　　次：2016 年 9 月第 1 版　2016 年 9 月第 1 次印刷
印　　数：0001 ～ 1000 册
ISBN　978-7-5144-2066-1　　**定价：**180.00 元

贵阳市花溪区地方志编纂委员会

名誉主任　钟　阳　梅　俊

主　　任　秦建军　禄　竹

副 主 任　周　印　杨晓娟　黄亚军　吴　硕　杨　忠

《花溪年鉴》编辑部

顾　　问　邓忠元　李蜀蓉

主　　编　杨　忠　杨　琴

执行主编　徐开新

编　　辑　周年辉　姚　毅　白尔楠　王永生　张乡里
　　　　　翟长保　刘　婷　杨玉屏　杨小平

图片编辑　徐开新

审　　稿　杨　琴　金　玫　李冬生

封面设计　杨　琴

封面题字　黄旭忠

封底篆刻　周年辉

编辑说明

一、《花溪年鉴（2016）》是记述花溪行政区域内自然、政治、经济、文化、社会等方面情况的年度资料性工具书。由花溪区人民政府主办，花溪区地方志编纂委员会主持编纂，全区各部门、驻区单位、乡镇（社区）供稿，区地方志编纂委员会办公室编辑部编纂出版。

二、本年鉴以邓小平理论、“三个代表”重要思想和科学发展观为指导，全面贯彻落实习近平总书记的系列讲话精神，旨在全面、系统、客观反映全区各行各业的基本情况和发展变化，为党政领导订计划、作决策提供可靠的参考依据，为社会各界人士、中外投资者了解花溪提供丰富详实的信息，为研究区情和续修《花溪区志》积累资料。

三、资料收录范围：地域为贵阳市花溪区，在本行政区划内不属区管，但对本区有直接影响的事物亦在记述之列。时限为2015年1月1日至12月31日，某些特殊、重要信息或必须交代的背景在时限上可适当放宽。

四、本年鉴除图片专辑外，设特载、专记、大事记、区情概览、中共花溪区委、区人大、区政府、区政协、民主党派、群众团体、法治、地方军事、经济管理、财政·税务、金融、城乡建设、城市管理、生态文明建设、农业、工业、商务、交通·邮政·电信、旅游业、建筑·房地产业、科技·社科、教育、文化·新闻、卫生·体育、精神文明建设、人力资源·社会保障、社会生活、乡镇、社区、人物、统计资料、附录、索引共37个栏目，按栏目、分目、条目3个层次编排。

五、所有收录资料均由部门（单位）指定专人撰写，经单位领导审阅签字盖章，具有可靠性和权威性。

六、本年鉴检索方法有目录和索引两种，目录在卷首，索引在卷尾。目录编排到条目，索引采用主题分析法编制，按标引词首字的汉语拼音顺序排列。

花溪一览

（2015年）

土地面积964.32平方公里
平均海拔1100米
常住人口64.17万人
户籍人口49.03万人
人口自然增长率5.57‰
乡镇9个
社区18个
村居委会174个
耕地总资源 96013.16公顷
常用耕地35333.33公顷
森林面积369.54公顷
森林覆盖率45.61%
人均占有绿地15.35平方米
城市园林绿化率49.53%
区花 桃花、玫瑰花
区树 青岩油杉、桂花树
年平均气温16.1℃
年日照时数1105小时
年降水量 1323.5毫米
水资源总量8.345亿立方米
水资源可利用率41.9%
大中型水库容量103668万立方米
水利设施供水能力1.61亿立方米
城镇饮用水达到标准合格率100%
城镇污水处理率 95 %

国家级历史文化名镇1个
省级文保单位12个
市级文保单位15个
国家级文保单位2个
国内旅游人数1627.3万人
国内旅游收入 141.99亿元
普通中学在校生 33133人
小学在校生 4.5981万人
小学学龄儿童入学率99%
公共体育场地8个
卫生机构床位3178张
执业（助理）医师 1460人
电视人口覆盖率100 %
固定电话用户17.17万户
移动电话用户113.03万户
互联网宽带用户31.35万户
砂石类矿储量416万吨
煤矿储量6581.1万吨
粮食产量4.55万吨
油菜籽产量4595吨
社会消费品零售总额208.64亿元
居民消费价格指数 102.3%
全区金融机构各项储蓄存款余额726.8亿元
全区金融机构各项贷款年末余额527.51亿元

外贸进出口总额35840万美元
引进外贸1.7385亿美元
引进省外资金442亿元人民
农民人均纯收入为12414元
城镇居民可支配收入为26532元
财政总收入62.23亿元
财政一般预算收入 33.89亿元
公共财政预算支出56.78亿元
内资法人企业22262 户
注册资金总额2537012万元
个体工商户15332户
资金总额93185万元
农民专业合作社154户
注册资本18825.18万元
城镇登记失业率3.1%
新就业人数19748人
生产总值494.97亿元
人均生产总值77635元

时政要闻

6月26日，总书记习近平等党和国家领导人接见全国禁毒工作先进集体和先进个人（左二为花溪阳光妈妈志愿者协会会长黄永绂）
（区委群工委　供稿）

9月8日，全国人大常委会副委员长、全国妇联主席沈跃跃（前排中）到花溪调研社区管理
（区委群工委 供稿）

5月15日，贵州省委书记赵克志（中），省委副书记、省委政法委书记谌贻琴（前排左三）到花溪区法院调研司法体制改革工作

（区法院 供稿）

8月6日，贵州省委书记、省长陈敏尔（左一）视察花溪区政务服务大厅

（区委群工委 供稿）

2月25日，贵州省委常委、贵阳市委书记陈刚（前）到花溪区泰邦生物科技有限公司调研

（杨小平 摄）

5月14日，贵州省检察院检察长袁本朴（左二）到花溪区检察院调研

（区检察院 供稿）

1月12日，贵州省高级人民法院党组书记、院长（代）孙潮（前排中）到花溪区法院调研司法体制改革试点工作

（区法院 供稿）

7月5日，花溪区委副书记、区长向子琨（右二）为贵阳国家马拉松比赛获奖者颁奖

（董仁海 摄）

2016年1月15日，中共花溪区委十届七次全体（扩大）会议暨经开区党工委2016年第一次（扩大）会议在行政中心礼堂开幕

（王文娟　摄）

2016年2月20日，花溪区十六届人民代表大会第六次会议在贵州省青少年活动中心开幕

（杨小平　摄）

2016年2月19日，政协花溪区第九届委员会第六次会议在行政中心礼堂开幕
（杨小平 摄）

2016年2月15日，中共花溪区第十届纪律检查委员会第六次全会在行政中心礼堂召开
（区纪委 提供）

2月15日，花溪区委书记钟汰甬（前排中）等领导慰问驻区部队官兵
（杨小平 摄）

民族风情

10月11日，高坡晚稻成熟，苗家庆丰收

（王晓红 摄）

2月23日，燕楼镇谷蒙村女子地戏班子

（杨新星 摄）

燕楼地戏（侯申 摄）

2月24日，高坡跳场（钟光泉 供稿）

黔陶乡马场村布依人家接新娘（漆见 摄）

花溪苗家女孩（李克平 摄）

花溪风光

夜郎谷（区旅游局 供稿）

青岩背街（杨小平 摄）

花溪国家城市湿地公园（杨小平 摄）

高坡云顶草场（董仁海 摄）

高坡摆公崖（高坡乡 供稿）

久安乡九龙山（王弟煌 摄）

目 录

特 载

专 记

大事记

区情概览

中共花溪区委

民主党派

群团组织

法 治

军　事

花溪区人民武装部

武警花溪中队

花溪消防大队

国防教育

人防战备

经济管理

国有资产管理

国土资产管理

统计管理

审计管理

市场监督管理

安全生产

财政·税务

金 融

城乡建设

城市管理

生态文明建设

农 业

工 业

商 务

交通·邮政·电信

科学技术·社会科学

科学普及

防震减灾

知识产权保护

文史方志工作

教　育

综　述

基础教育

幼儿教育

中等职业教育

民办教育

教师队伍

招生考试

学校选介

文化·新闻

卫生·体育

精神文明建设

人力资源·社会保障

社会生活

社　区

人　物

统计资料

附 录

花溪年鉴 2016 HUAXI YEARBOOK

特 载

贵阳国家经济技术开发区（杨小平　摄）

厚植创新发展的城市基因　奋力打造国家级文化旅游创新区和千亿级开放创新平台

——2016年1月15日在中共贵阳市花溪区委十届七次全体（扩大）会议暨经开区党工委2016年第一次（扩大）会议上的报告

钟　阳

同志们：

这次会议的主要任务是：深入学习贯彻党的十八届五中全会、中央经济工作会议、省委十一届六次全会及全省经济工作会议、市委九届五次全会精神，总结中共花溪区委十届六次全体（扩大）会议、经开区2015年党工委（扩大）会议以来的工作，分析当前和今后一个时期的形势，研究部署未来五年的目标和任务，在新的历史起点上凝聚共识、汇聚力量，团结带领广大干部群众，厚植创新发展的城市基因，奋力打造国家级文化旅游创新区和千亿级开放创新平台。

下面，受中共花溪区委、经开区党工委委托，我向花溪区委全会和经开区党工委会议作报告。

一、回望2015年，奋力赶超，经济社会发展呈现良好发展态势

过去一年，我们把学习中央、省委、市委系列会议精神放在首位，把学习贯彻习近平总书记系列重要讲话精神特别是在贵州视察时的重要讲话精神作为首要政治任务和工作遵循，始终做到思想上、政治上、行动上与党中央和省委、市委保持高度一致。坚守发展、生态两条底线，紧盯建设“文化旅游创新区”和打造“千亿级产业

园区”目标，千方百计抓党建、促融合、推转型，奋力打造两区发展升级版。我们顺利完成了“十二五”规划目标，在全省31个经济强县综合测评中，主要经济指标保持两位数增长，总量规模实现历史性跨越，地方生产总值接近500亿元，位列第4位；固定资产投资、工业增加值、社会消费品零售总额、旅游总收入等总量核心指标均位列全省前4位。小孟工业园继续保持领跑地位。

——坚持抓产业，促转型，综合实力显著增强。率先在全省出台“亩产论英雄”倒逼主导产业提质增效，工业总产值、规模以上工业增加值分别是2010年的3.8倍和4.5倍。经开区高端制造走向世界，詹阳自主研制的国内首款极地全地形车亮相南极，荣获西南唯一“全国应急产业示范基地”称号。以大数据产业为引领的新兴业态快速集聚，货车帮智能车联网成为全国最大的公路物流信息平台和行业领跑者；大数据安全产业园启动建设，以电子信息产业为龙头的大数据关联产业产值达220亿元。新医药大健康产业持续壮大，国内最大的同济堂国药骨科中药生产基地、全省唯一拥有5个国药准字号的宝芝林药酒生产基地、贵州勤邦生物加快建设，新医药大健康产值达30亿元。以文化旅游产业为龙头的现代服务业加快发展，旅游总收入达142亿元，同比增长20%。金融、商贸物流、保险提质扩量，小孟工业园、青岩文旅、孟关汽贸城、石板农产品市场获批省级服务业集聚区。久安茶叶、青黔农旅、燕马蔬菜三个园区全部进入省级农业示范园行列，农产品实现出口零突破，“古茶树与茶文化系统”荣获农业部“中国重要农业文化遗产”称号，农业产业化步伐加快。

——坚持抓开放，推改革，发展活力持续迸发。以开放促发展，深化京筑区域合作，先后赴俄罗斯、印度、韩国等国家和中国香港地区开展对外交流。围绕建设周钟瑄文化交流中心，与台湾人文、经贸交流进一步加强。深化与贵安、临空、观山湖、龙里、惠水等周边区域合作，加强与“1+7”其他国家级开放平台交流。成功承办“2015中欧工业4.0高峰论坛”等4个数博会分论坛及全国开发区信息化年会。紧盯国内外500强企业，招商引资实现突破，成功引进一批引领性大项目，实际到位资金、实际利用外资分别同比增长20%和20.2%。大众创业、万众创新的局面初步形成，六度创客工场、勤邦云栈、大学生创业孵化园、返乡农民工创业示范园等创新平台加快建设。突出活动揽才、项目聚才，引进院士、千人计划、高层次人才、急需紧缺人才131名。两区深度融合步伐加快，探索“班子融合”促“干部融合”新路，合作共建贵州大学“千人计划”大数据研究院，加快推进传化智能港共建项目。深化农村产权制度改革、财政体制改革和教育改革，加快县级公立医院综合改革步伐，强力推进公车改革和不动产登记机构改革。率先在全国探索完善司法人员分类管理，稳步推行审判权、检察权运行机制改革。

——坚持抓重点，树名片，文化旅游创新区创建取得明显进步。紧紧围绕建设文化旅游创新区目标，强力推进规划编制、征地拆迁、综合整治等各项工作，基本实现“一年城乡有明显变化”的目标。以规划为龙头，统筹推进发展战略规划研究、城市总体设计、重点区域综合景观、片区城市设计、建筑风貌和城市交通等13个重点规划编制工作。基本完成“两路六区域”征地拆迁、立面整治、绿化提升等难啃的“硬骨头”，征地拆迁“6个3工作法”得到省、市领导高度肯定，创造了“花溪速度”。立足“联通东西向、打通微循环”，谷槐路、贵安大道至南环线联络线、产业大道等道路主体工程基本完工，孟溪路、花溪互通、花桐路等一批关键节点和重要道路加快推进，新增通车里程达40.32公里。顺利通过省级旅游度假区考核验收，花溪公园、十里河滩（孔学堂）、天河潭景区等改造提升加速推进。以青岩古镇旅游文化产业组团为重点的“100个旅游景区”精品项目相继实施，青岩古镇成功进入国家5A级旅游景区预备名单。大成精舍等5家酒店荣获“贵阳市避暑度假精品酒店”称号。花溪城市广场、泰坦养生养老等文化旅游优质产业项目陆续入驻，为后续发展增添强劲动力。

——坚持抓统筹，优环境，城乡面貌持续改观。坚持“疏老城、建新城”，动力厂等棚户区、城中村改造、老旧居民小区改造项目顺利推进。国际动漫城、万科大都会、保利溪湖、龙湾国际等房地产和城市综合体建设步伐加快，实现花溪首家城市综合体林城万宜开业，石板、孟关、青岩示范小城镇建设稳步推进。建立城管部门牵头、各社区服务中心配合的“条专块统”城市管理新模式，深入开展以“绿化、美化、亮化、净化”为主题的环境提升行动，创新实施环卫作业市场化运营，城市卫生环境形象进一步提升。全面巩固“创模”成果，完成国家卫生城市复审考核，整脏治乱工作不断取得新成效。以“六个同步小康”为统揽，以“美丽乡村”为抓手，率先在全市开展农村环境监测，农村危房改造和农村基础设施加快建设，建成环青岩古镇等6条具有民族特色的“美丽乡村”示范带，村容村貌明显改观。深入实施“蓝天、碧水、绿地、清洁、田园”五大保护计划，森林覆盖率达45.6%，环境空气质量优良率90.7%，集中式饮用水源达标率100%，生态环境不断改善。

——坚持抓民生，保稳定，群众获得感大幅提高。始终把加强和改善民生放在首要位置，民生“十困”进一步缓解，最大限度增进民生福祉。大力推进精准扶贫，19个贫困村“减贫摘帽”、2728个扶贫开发对象脱贫，青岩镇、青岩镇龙井村分别被评为省同步小康创建示范镇、示范村。探索由“输血”向“造血”产业扶贫模式转变，“经开区电商扶贫产业园”和“高坡乡电商服务中心”投入运营。引入北京优质教育资源合作办学，新增学校（园）公办学位1620个。27个乡镇社区实现基本公共卫生服务全覆盖。加快实施劳动者终身培训计划，就业质量进一步提升。加快以栗木、红岩、水场堡为重点的骨干水源工程项目建设，有效解决2.2万余人饮用水困难。划分网格1422个筑牢社会治理“网底工程”，“阳光妈妈”志愿者协会被国家禁毒委评为“全国禁毒工作先进集体”，得到习近平总书记、李克强总理的亲切会见。“一核多元、五力共治”获全国创新社会治理十佳案例。打通基层社会治理和服务群众“最后一公里”，实现乡（镇）便民利民服务大厅全覆盖，群众满意的“新型社区·温馨家园”建成率达95%。以“四治活动”为抓手，从源头解决群众反映问题，进京到省赴市上访降低50%以上，信访维稳“一号工程”办结率100%。以“两严一降”为抓手，加大社会面立体化防控体系建设，实现社区“三升三降三零”，得到中央综治委“五个一”的高度评价，群众安全感测评达到97.18%。

——坚持抓精气神，聚能量，文化软实力有效提升。以筹建“阳明学与当代社会心态”研究院为重点，充分发挥孔学堂中华传统文化教化传播基地作用，与各地孔庙文庙、书院学院、各类传统文化研究机构、省内外重点院校开展学术研修交流，深化中华文化领域的人才培养、文化传播与推广。深入挖掘、传承和创新传统文化、历史文化、民族文化、现代文化内涵，“两周文化交流中心”“两馆一中心”等重点项目加快建设。全面推进171个“道德讲堂”建设，积极培育和践行社会主义核心价值观。以传播正能量为引领，切实抓好正面舆论引导工作，在发挥好传统媒体作用的同时，重视新媒体建设，牢牢占领互联网舆论阵地，抓好网上舆论引导。市级“文明社区”创建工作全部验收合格，“多彩贵州文明行动”位列省、市前列。桐埜书屋、赵以炯状元故居成功申报市级爱国主义教育基地。探索绿丝带“爱心银行”志愿服务回馈机制，深入开展“中国梦”“祖国好·家乡美”等主题系列活动，“花溪之夏”艺术节、“正月十三”民族民间歌舞大联欢活动成为全国较有影响的群众文化活动品牌，群众精神文化生活日趋丰富。

——坚持抓队伍，强基础，党的建设成效实出。坚决落实从严治党责任，对主体责任和监督责任存在的63个突出问题进行整改，率先在全市为乡（镇）、社区党委量身定制“8+2”（共性和个性）党建目标责任书及“两委”干部考核管理办法，党建责任进一步落实。从严从实践行党的群众路线，深入开展“三严三实”专题教育，认真查摆不严不实问题并扎实整改。14个软弱涣散基层党组织整治全部通过市级验收，122个行政村全部完成30万元集体经济发展目标，成功申报“全省村级集体经济发展试点县”。区委党校新校区加快建设。探索建立经开“大数据”产业党建联盟，产业发展与党建工作互促共赢新局面加快形成。选派247名党员干部到非公企业担任联企干部，打破社区党建“封闭单一”和驻区单位“条块分割”模式，探索建立明珠社区社会建设党委。继续打造“微型党课”品牌，推进机关干部到社区报到。严格按照好干部标准选人用人，认真贯彻《中国共产党廉洁自律准则》和《中国共产党纪律处分条例》，大力开展党风廉政建设集中专项整治行动，保持惩治腐败的高压态势。进一步发挥民生监督组作用，对发现的1634个问题进行整改。持之以恒纠正“四风”，严肃查处违反作风建设规定问题并进行责任追究。被省委命名为“全省基层组织建设先进县”。

过去的一年，我们坚持人民主体地位，不断完善民主政治制度，丰富民主形式。加强人大代表工作和对人民政协的领导，支持政府转变职能，进一步提升公信力和执行力。围绕党委政府中心工作，切实发挥“两代表一委员”的积极作用，有效组织动员广大人民群众，关心支持参与花溪、经开建设，在建设文化旅游创新区和千亿级产业园区的第一线建功立业，两区干事创业激情空前高涨，“精神状态不断提升、工作作风持续改进、发展力量加速汇聚，呈现出让人眼前一亮，精神为之一振”的“花溪状态”，得到市委主要领导的充分肯定。

过去的一年，形势在发展，人事有变化，我们始终坚持“一张蓝图绘到底”，一以贯之促发展，握牢交接棒，跑好接力赛，不断开创发展新局面，两区经济社会发展取得了良好成绩，铸就了跨越发展的坚实基础，积累了弥足珍贵的精神财富。这些成绩的取得，凝聚了省委省政府、市委市政府对花溪、经开“高看一眼、厚爱一层”的殷切希望，饱含了两区老领导、老同志的殷切关怀，凝结了历届领导班子的智慧和心血，体现了以汰甬同志、克岩同志为班长的花溪区四套班子、经开区工管委班子善于谋发展、勇于抓发展的实干精神，彰显了两区各族人民自力更生、勇于争先的豪迈气概。在此，我谨代表中共花溪区委、经开区党工委，向两区广大党员、干部和各族群众，各民主党派、工商联、无党派人士、企业家，向驻区单位、驻区部队全体官兵及所有参与、关心、支持两区建设、发展的朋友们，致以崇高的敬意和衷心的感谢！

2015年是“十二五”收官之年，我们顺利完成了“十二五”规划确定的目标任务，正如规划建议总结的那样：这五年是经济快速增长，综合实力提升最快的五年；是推进创新驱动，转型升级重大突破的五年；是开放活力增强、区域地位大幅提升的五年；是坚守两条底线，生态环境不断优化的五年；是改善基础设施，城乡统筹发展最快的五年；是民生事业改善，群众得到实惠最多的五年；是党建全面加强，干部作风持续改进的五年。但我们也要清醒地看到，发展仍然存在不少问题和差距，主要表现在：一是发展后劲有待进一步增强。产业转型升级步伐不够快，新兴产业聚集度还不够高，标志性的大企业、大项目不多，特色产业、核心企业“青黄不接”，吃老本难以为继，新动力尚未形成。二是发展定位有待进一步明晰。对经开区而言，发展定位、抓手还需进一步明晰；对花溪区而言，发展路径还需进一步优化，“文化为魂”课题还需加快破解。三是功能配套有待进一步完善。城市功能分区不科学、有缺失，尤其东西向道路不畅通，内部“微循环”未打通，城乡整体形象和品质有待提升。四是民生保障有待进一步加强。规划布局不合理，优质教育资源总量不足，供求关系紧张，上好园难、上好学难现象还存在；优质医疗资源欠缺，基层医疗服务水平有待提升，看病难、看病贵需要加快破解；“两严一降”等专项行动任务繁重，公共安全、信访维稳等领域矛盾和风险仍然存在。五是干部作风有待进一步转变。干部对新常态的认识还不够深入，适应比较被动，引领尚未形成。依然存在缺少“研究的态度、创新的精神、落实的力度、律己的自觉”，“谋划、执行、统筹、应对”四种能力尚需提升，服务企业、项目、群众的本领有待加强。

我们必须正视这些问题，认清形势，突出问题导向，增强发展意识、担当意识、机遇意识、创新意识、提振士气、勇于拼搏，守底线、走新路，以新的面貌奋力开创两区发展新局面。

二、立足当前，抢抓机遇，厚植创新发展的城市基因，绘制融合发展新蓝图

站在新的历史起点上，我们深切感受到加快发展的历史机遇摆在面前：省委省政府、市委市政府38条政策性支持意见和“三年行动计划”，为两区争取更多的政策、资金、项目提供了有力支撑；花溪处于经济社会发展的黄金期和产业快速发展提升期，经开进入产业加速集聚期，为两区积淀了坚实的发展基础；随着高铁和市域快铁的开通，花溪逐渐成为全市南部重要的门户和枢纽，贵阳市与贵安新区、双龙航空港经济区协同发展布局的交接区、核心区，为两区搭上对外开放的快车迎来了新的机遇；干部群众良好的精神面貌，为两区加快发展凝聚了强大的正能量。我们一定要认清形势，绝不能辜负这样一个大好的发展时期，充分利用好各种机遇，按照市委提出的“一个目标、三个建成”总体部署，审时度势，趁势而上，精准发力，努力把花溪、经开带入新的历史发展时期。

“十三五”时期是两区加快发展的关键时期。我们的总体发展思路是：认真贯彻党的十八大和十八届三中、四中、五中全会，中央经济工作会议、中央农村工作会议、中央城市工作会议和省委十一届六次全会、全省经济工作会议、市委九届五次全会精神，按照“四个全面”战略布局，深入贯彻“五大发展理念”和“两大战略行动”，紧紧围绕花溪、经开定位，厚植创新发展的城市基因，加快构建协同创新、现代产业、对外开放、多元文化、城市生态、新型城镇化、民生保障、社会治理“八大体系”，在全市建设创新型中心城市中大胆探索、先行先试、奋力争先、勇奔高标，努力实现经济社会跨越发展。

奋斗目标是：建成国家级文化旅游创新区和千亿级开放创新平台。对花溪区而言，必须紧紧抓住建设文化旅游创新区的历史性机遇，更加突出“文化为魂”理念和“大花园、大溪流”特色，按照“一区四化”的发展要求，以生态保护为底线，以综合交通为先导，以产业发展为支撑，以旅游服务为保障，以公园城市和美丽乡村

为目标，大力实施开放带动、创新驱动战略，积极推动生态、文化、旅游、城市融合发展。力争到2020年，把花溪建设成为生态优势凸显、文化事业繁荣、旅游产业发达、经济实力较强、城乡环境优美、人民生活殷实的国家级文化旅游创新区。对经开区而言，必须紧紧抓住国务院《关于促进国家级经济技术开发区转型升级创新发展的若干意见》和省委省政府“1+7”国家级开放创新平台政策机遇，以高端装备制造、大数据、新医药大健康为主导产业，以智能制造为主攻方向，强力推进工业化与信息化、大数据与经济社会、产业与城镇的深度融合，引进和培育一批标志性企业，打造和建设一批标志性项目和工程，塑造和培育一批标志性品牌，大力培育战略性新兴产业集群，争做全省实体经济升级版主引擎、智能制造的领军者和西部装备制造业重要基地。力争到2020年，把经开区建设成为创新创业更加活跃、高端智造蓬勃发展、实体经济强劲发力、绿色集约成效明显、产城融合特色鲜明的现代化新城。

主要预期指标是：

花溪区：到2020年，生产总值年均增长12%左右，力争总量达到800亿元，跻身全市前两位；城乡常住居民人均可支配收入年均分别增长12%、13%左右，分别突破41000元和21000元，农村低收入困难群体人均可支配收入全部越过6500元。森林覆盖率达51%以上，饮用水源地水质达标率稳定在100%，空气质量达标率在全市前列。

经开区：到2017年，二、三产规模总量突破1000亿元；到2020年，二、三产规模总量达到1600亿元，实际直接利用外资达到2.2亿美元，外贸进出口总额8亿美元，招商引资实际到位资金700亿元，公共财政预算收入突破30亿元。

具体支撑是“八大体系”：简单来讲，我们要构建的协同创新体系，就是要更加注重开放、人才、创新链、“容错”四大要素的作用，进一步优化创新创业环境，提高科技投入水平，加快科技成果转化，增强创新创业能力，加快创新驱动发展迈出实质性步伐，形成以企业为主体、市场为导向、高校院所为依托、产业化为目标的政产学研协同创新体系，建成全省创新创业最活跃区域。我们要构建的现代产业体系，就是要推动以大数据、高端装备制造、新医药大健康、文化旅游、现代服务、现代新型农业等为主导的六大产业集群发展，大力培育和发展新兴产业业态，建成全省高端装备制造业领跑区和战略性新兴产业重要集聚区，夯实创新发展的根基与内核。我们要构建的对外开放体系，就是要以引资、引智、引技为主线，做优平台、做宽领域、做强品牌，促进开放创新机制深度融合，区域合作协同发展，开放资源创新积聚，建成立足全省、服务西部、面向全国的内陆开放型经济先行示范区。我们要构建的多元文化体系，就是要突出“文化为魂”，尊重文化多样性，传承与发展好历史文化、传统文化、民族文化和现代文化，促进多元文化交相辉映、鲜活展示，推动对文化的深度体验、高度认同，在充分彰显文化魅力的同时，也创新转化为跨越发展的经济优势，建成影响全省、面向国际的多元文化交流示范区。我们要构建的城市生态体系，就是要立足贵阳市唯一一个国家级生态示范区，明确环境承载上线、生态保护红线、环境风险底线，以打造花溪公园为核心，以森林公园、湿地公园、城市公园、山体公园、社区公园为支撑，描绘好“花”“山”“水”“景”四幅画卷，建成现代化山水田园新城。我们要构建的新型城镇化体系，就是要注重业态、形态、生态相融合，突出以规划为引领，以城镇化为核心，统筹推进多规合一、基础设施、功能布局、建设管理和县域经济协调发展，建成布局合理、功能完善、环境优美、产城融合、城乡一体、集约高效的现代化新型城镇，打造以人为本的优良人居环境。我们要构建的民生保障体系，就是要坚持公益性、均等性、便利性的基本原则，落实好大扶贫战略行动，打好民生事业“组合拳”，提升基本公共服务水平，增强社会保障能力，实现均衡均等、统筹有力、制度完善、惠及全民的高标准民生保障，建成人民群众幸福指数普遍提升的更高水平全面小康社会。我们要构建的现代社会治理体系，就是要把改革创新贯穿于社会治理各个领域、各个环节，更加突出以大数据为手段、以体制机制创新为核心、以多方参与为支撑、以法治化为保障，全力构建社会治理精细化体系，全面提升社会治理现代化能力和水平，建成平安和谐新城。

三、展望未来，抓实“八大体系”，加快推进经济社会发展的历史性新跨越

站在新的历史起点上，我们必须主动创新、大胆谋划；必须紧盯目标、定向发力，使重点更加突出、特色更加鲜明、力量更加聚焦，奋力打造国家级文化旅游创新区和千亿级开放创新平台。

第一，构建“四大要素”互为支撑的协同创新体系，加快建成全省创新创业最活跃区域。创新是时代主旋律和最强音，要坚决贯彻创新发展理念，将创新的思维和创新的手段贯穿经济社会发展始终。要坚持把开放作为创新之源，以更加开放的姿态驱动全面创新。坚持解放思想，不断破除创新创业体制机制的束缚，切实做到发展思维、发展理念、发展路径、发展资源的开放，在更高层次上建立开放创新机制，以更加开放的姿态主动融入全国乃至全球的创新链，以更加开阔的胸襟吸纳全球创新资源，在更加开放的平台上提升全面自主创新能力，为加快发展争取更为强劲的动力。要坚持把人才作为创新之核，着力激发创新创业活力。把人才作为创新的第一资源，完善人才创业扶持政策，优化人才生活服务保障。不拘一格引进一批大数据、金融、文化旅游领军人才和团队。大力引进“两院”院士、国家“千人计划”等国内外顶尖专家型人才，着力打造创新创业高端人才聚集地。引导和培育大学生创业者、“蓝领”创业者、返乡农民工等各类创业主力军大胆创业。探索高等院校、职业院所和企业合作办学，积极培养技能型产业工人和高技能人才。要坚持把创新链作为创新之魂，着力构筑创新创业生态体系。加快创新资源高效配置，在科技成果转化、人才开发管理、科技金融结合、知识产权保护、技术标准创新、政策制度体系健全等方面先行先试，实现产业链、资金链、政策链和创新链的融合发展。依托经开区工业企业科技优势和贵州大学、大学城等人才科研优势，打造以政府为引导、行业领军企业为主体、高校院所协作、高端人才及创新型孵化器为特色的“政产学研”协同创新基地，重点打造一批创新型领军企业，培育一批高新技术企业、小巨人企业和大学生创业企业。优化创新创业平台，鼓励发展众创、众包、众扶、众筹新模式，建设集科技、金融、知识产权、政务服务等8个平台为一体的“众创汇”服务中心，建成一批国家级、省级孵化器、重点实验室和工程技术研究中心，打造一批在全省具有影响力的创客空间和特色创客小镇，逐步形成小微企业草根创新与大企业引领创新相互作用的创新生态体系。要坚持把“容错”作为创新之盾，着力营造大众创业万众创新的浓厚氛围。任何创新创业的过程都不是一帆风顺的。为创新失败提供保驾护航的“容错”环境与空间，鼓励创新、保护创新、支持创新、宽容失败。建立创新创业投资引导机制，最大程度降低创新创业的风险。加强对创新主体、创新过程、创新成就的宣传引导，树立一批破难关、勇创新的先进典型，让创新创业活力竞相迸发，创意创造源泉充分涌流。

第二，构建“六大集群”为重点的现代产业体系，加速建成全省高端装备制造业领跑区和战略性新兴产业重要集聚区。统筹谋划两区产业布局和产业融合。经开区要重点推进高端装备制造业向智能制造转变，生产性服务业向高端化迈进，大数据产业、新医药大健康产业等新兴产业全面发力、快速集聚；花溪区要重点打造文化旅游、健康养老、现代新型农业三大产业体系，加快改变产业短板的现状。要以信息安全为核心，推进大数据产业快速发展。按照“核心业态+关联业态+衍生业态”模式，依托“一区两中心五园四基地”布局，推动大数据积聚、融通及应用，建设大数据高端产业集聚区。大力发展数据存储、应用、安全等核心业态，重点围绕大数据安全装备和大数据安全服务两大主攻方向，建立和引进一批大数据安全研发中心、工程技术（研究）中心、重点实验室等技术创新平台，开展大数据安全分析关键算法、业务模型研究及关键技术产品攻关，打造国家大数据信息安全产业示范基地。大力发展智能端产品制造、行业电子商务、软件及信息服务等关联业态，重点推进电子商务产业园、大数据服务外包与呼叫中心产业基地、智能端产品制造产业基地。大力推进“互联网+”行动计划，挖掘大数据的商用价值、民用价值和政务价值，不断开拓产业发展新空间，大力发展智慧旅游、智慧农业、智慧民生、智慧治理、智慧城市等衍生业态。要以智能制造为突破，推动高端装备制造业领跑发展。深化“亩产论英雄”机制，强化土地集约节约利用，改造提升传统产业。推进信息化和工业化深度融合，探索以工业互联网为核心，以大数据为引擎，以传统产业向数字化、网络化、智能化转型升级为主线的智能制造，打造一批经开智造品牌，每年争取1-2个国家级或省级智能制造试点示范项目，成为全省智能制造核心示范基地。重点整合奇瑞万达、普天新能源、万征汽车等生产资质和产品公告优质资源，聚焦电机、电控、电池等新能源汽车产业链重点环节和关联产业，打造国家新能源汽车示范基地。主动搭乘国家发展大飞机战略机遇，依托航天十院军工基地，推动关键技术突破，重点发展大飞机零部件，做大做强飞机发动机、机载电子设备等产业。推动军民科技创新资源共享，重点发展民用航空整机制造配套产业，加快航空电机无人机制造等军民融合重大项目建设，建成全省军民融合创新示范基地。立足国家应急产业（专业）示范基地，以贵州詹阳动力为龙头，壮大以航空飞行勘测救援装备、地面全天候救援工程机械与车辆为主的应急救援装备产业集群。要以健康养生为主导，推进新医药大健康产业特色发展。围绕健康医药、健康医疗、健康养生、健康养老、健康药食材、健康运动六大业态，培育一批骨干企业，形成一批特色品牌和产品。以同济堂、宝芝林等民族特色药生产企业为基础，打造开发一批具有市场竞争力的特色民族药、智能化的医疗装备、智慧健康装备。以贵州勤邦为龙头，实现食品安全检测装备的产业化。重点推动同济堂制药开展大数据研发和应用，加快泰邦生物科技和泰坦养生养老等项目建成投产。依托良好的生态优势，建设滨水生态休闲健身带，培育集度假疗养、医疗保健为一体的度假养生大健康产业体系。引进全球或国内有影响力的企业，加快推动社会力量发展健康养老服务业，努力形成品牌连锁化、服务综合化、发展一体化的高端养老养生产业，建设生态养老养生基地。要以文化创意为引领，推进文化旅游业融合发展。充分发挥文化、古镇、山地、湿地、山水、田园、民族等优势资源，大力发展以智慧旅游、山地旅游、养生旅游、研学旅游、休闲度假、体验旅游为特色的文化旅游产业。启动创建国家生态旅游示范区、中国国际特色旅游目的地、国家旅游度假区、高坡苗族乡山地旅游休闲度假区等一批引领性和标志性项目，实施一批旅游景区质量等级提升项目，成为全省旅游业发展的集散地和目的地。夯实智慧旅游信息化基础，搭建完善的旅游信息基础数据平台，建成一批智慧旅游景区和智慧旅游企业，打造一批互联网文化旅游产业示范园。制定文化产业扶持政策，大力培育和支持工业设计、动漫设计、数字服务创意、休闲旅游创意等文化创意和特色文化发展，创建国家文化产业示范园区，形成集演艺、文化旅游、文化商业、文化体育、文化金融等于一体的文化产业链条，使文化产业成为支柱性产业之一，到2020年，文化产业增加值占GDP比重确保达到8%，力争达到10%。要以生产性服务业为重点，推进现代服务业迅速发展。提升生产性服务业对产业发展的支撑能力，构建集现代物流、科技服务、金融服务、电子商务、商贸集聚等功能于一体的现代服务业核心集聚区。以货车帮、传化为龙头，以货运供应链全程信息化和可视化为核心，着力打造中国公路物流港示范基地。重点加快研发设计、技术转移、创业孵化、知识产权、软件开发及测试平台、科技咨询等科技服务业发展。依托全市金融生态示范区建设，加快聚集国内外科技金融、大数据金融、众筹金融等资源。拓展与国际、国内知名电商企业的合作，巩固提升贵州电商谷、贵阳大数据服务外包示范基地，加快建设电子商务产业园，做大做强国家电子商务示范基地。紧跟轻轨线路，抓紧布局，整合优势资源，打造集高品质商圈、优质教育、优质医疗、优质服务配套为一体的轻轨经济带高端生产性和生活性服务业集聚区。要以产业生态化为主线，推进现代新型农业特色发展。树立生产、生活、生态三位一体的发展理念，实现农业产业景观化、高效化、精细化发展。主动学习借鉴台湾“农业+旅游”“农业+互联网”发展模式，以产业园区化推进农业产业化，以农业园区、村庄民居、乡土文化及民俗文化为载体，着力培育农旅综合体、观光休闲、景观旅游等新型业态，重点做优做精久安茶叶、青黔农旅、燕马蔬菜等农业示范园区。集中力量实施主导产业培育、龙头企业提升、园区提质增量、特色品牌塑造、新型农民培育、农产品质量安全、电商进农村、农民收入倍增等“八大工程”，促进农业与旅游业深度融合、创新发展。

第三，构建“三大抓手”为依托的对外开放体系，加速建成内陆开放型经济先行示范区。坚决贯彻开放发展理念，抢抓全省申报内陆开放型经济实验区的机遇，坚持“走出去”和“引进来”、引资和引智引技、内资与外资并重，着力打造全方位、深层次、宽领域的对外开放新格局。要做大做强开放平台。按照提质扩容增量的要求，确保更多“5个100工程”项目进入全省、全市行列，成为经济开放发展的主战场、主平台。工业园区要突出产业高端化和生态化，提升亩均效益，促进现有企业转型升级，继续在全省产业园区领跑。旅游景区要更加注重功能完善、服务优化、游客体验、市场开拓，成为全省精品景区的样板和旅游业态的“盆景”。农业园区要突出特色化精细化，与台湾、以色列合作共建1-2个农业园区，成为全省对台农业合作的先行示范区。城市综合体要突出高端引领，彰显区域特色，注重配套。将小镇经济作为对外开放的重要平台，全力建设青岩、孔学堂风情小镇及韩国小镇。依托生态文明贵阳国际论坛、数博会、中国-东盟教育交流周等省市重大开放平台，注重协同创新，促进成果转化，加快融入国内外产业发达、创新资源丰富的地区，打开新的开放发展窗口。要做宽做深开放领域。紧盯美国硅谷、印度班加罗尔等重点地区，紧盯长江经济带、粤桂黔高铁经济带及北上广深等重点区域，围绕大数据、智能制造、新医药大健康、文化创意，瞄准资本密集、技术密集、基地型、旗舰型500强企业及关联资源，加快引进一批位居产业核心地位的龙头项目和“火种”企业，重点引进一批先进技术和工艺流程，带动相关配套项目、人才等创新资源进驻，力争成为北上广深等发达地区技术创新实验工场、全省承接产业转移示范基地。深化与双龙航空港经济区、高新区、综保区的合作联动，加强与贵安新区、黔南、安顺的协同发展，实现优势互补、合作共赢。要做强做优开放品牌。支持区域企业扩大对外投资，推动装备、技术、标准、服务走出去，以质取胜，提升出口产品质量、档次和创新要素比重，做强做优自主出口品牌。依托大数据、云计算、物联网、移动互联网等新技术，大力发展服务贸易，鼓励外经贸企业加快发展。探索建立跨区域利用外资合作平台，利用外资先进技术和管理机制，着力打造一批本土具有较强示范和带动作用的内资企业，培育一批具有较强竞争优势的产业，引进一批外资项目。支持区内企业并购境外新兴技术、知识产权、研发机构和科研成果，成为进出口主体，争取将更多企业列入全省重点进出口企业和产品支持目录，全面提升区域企业品牌价值。

第四，构建共融共生的多元文化体系，加速建成影响全省、面向国际的多元文化交流示范区。突出“文化为魂”，用创新的手段，深挖传统文化、历史文化、民族文化、现代文化内涵，以文化旅游融合发展为切入点，打造世界了解贵州文化的窗口、展示贵州文化风貌的多元文化交流示范区。要让多元文化交相辉映。经过多年的发展和积淀，我们形成了丰富的多元文化资源，拥有以周渔璜等历史名人、红军长征过花溪等历史事件、青岩古镇历史文化遗产资源等为代表的历史文化，拥有以孔学堂为代表的传统文化，拥有以苗族“四月八”、布依族“六月六”、高坡芦笙舞、大寨地戏等为代表的民族文化，拥有以高校大学生文化创意、企业文化创新为代表的现代文化。这些宝贵的资源，要创造条件尊重好、保护好、传承好、发展好，始终保持其独立性和原真性，推动其形成独立存在又相互包容、融为一体、多元发展的格局。要让多元文化鲜活展示。深挖、整理和开发利用并举，以旅游为核心载体，打造系列具有地域特色的文化旅游品牌和文化展示平台。紧盯“老”的主线，加强民族村寨的统一规划和保护，重点做好石板镇山、高坡批林传统村落保护规划，恢复一批文化遗迹，加强对古茶树与茶文化系统的保护、挖掘、传承，创造条件申报一批省级、国家级和世界民族民俗文化历史遗产。加快挖掘历史名人文化内涵，进一步收集整理红军长征过花溪、党和国家领导人视察游览花溪和三线建设等史料，讲述好“文状元赵以炯”“诗人吴中蕃”“独步京华艺术家姚茫父”经典故事。充分传承和发扬传统文化，支持孔学堂建成为中华传统文化传承教化基地，塑造成集文化研修、交流传播、旅游休闲、城市景观、文化产业于一体、展示多元文化形象的亮丽品牌。紧盯“活”的主线，更加注重时尚、创新核心元素的挖掘，积极引导、鼓励、推动时尚文化、山地文化、高校文化和创新文化发展。充分整合大学、企业等文化创意和文化创新资源，打造集创客空间、音乐酒吧、休闲书屋、艺术社区、艺术公园等为一体的一批文化休闲街区、创意街区、艺术街区。充分发挥文化旅游项目传承和再现文化的作用，搭建好群众与多元文化交流的平台，打造一批独具文化特色的街道、广场、主题公园、墙体，提升“花溪之夏”艺术节影响力，继续举办国际马拉松赛等系列品牌活动，铸就花溪文化新名片。紧盯“游”的主线，积极探索文化+、旅游+、文化+旅游+等模式，推出一批精品文化旅游线路，建设一批文化旅游聚集区。传承好少数民族特色文化，打造苗族、布依族等少数民族文化精华的集中展示区，成为了解贵州民族文化、民俗文化的重要“窗口”。要让多元文化沁人心脾。文化必须有根基、有特色，更重要的是扎根社会、扎根群众，要加快构建政府、企业、市民、游客多方参与推动文化发展的新格局。部门、乡（镇）、社区要主动作为，建立与群众、社会共同推动多元文化发展的机制，搭建共享交流平台，丰富文化主题活动，切实发挥好政府在文化发展中的主导作用。进一步加大改革创新力度，鼓励社会力量参与和支持文化发展，推进文化领域结构调整，建立文化旅游企业联盟，发挥好企业在文化发展中的先行者作用，形成活力迸发的良好局面。推进全民思想观念和行为方式转变，发动民间团体吸引更多群众参与文化发展，使群众成为认知文化、认同文化、传承文化、创造文化的主力军，进一步增强城市自信心、自豪感和归属感，为经济社会的发展提供精神和智力支撑。坚持以需求为导向，体现人性化的理念，全方位打造不同的文化体验模式，营造富有浓郁人文气息的文化氛围，凝炼城市新形象，建成独具人文温度和厚度的人文城市。让人们来到这里，就能感受到独特的多元文化气息，体会到自然美与人文美，感悟到文化的神韵，享受到精神的洗礼和陶冶，爱上这座城市、融入这座城市。

第五，构建“四幅画卷”相得益彰的城市生态体系，加速建成现代化山水田园新城。坚持贯彻绿色发展理念，围绕“大花园、大溪流”，精心推动“花”“山”“水”“景”融合互动，描绘好“青山环绕、山水交融、花团锦簇、绚丽多姿”四幅画卷，推动城市品质全面提升。要打造花的海洋，让四季见花、处处见花。描绘好“花”的画卷，围绕“花园城市”内涵，讲究“花”的多样性、美观性、季节性，围绕“每个季节看什么”“主要干道看什么”“游客来了看什么”“社区公园看什么”开展工作。强化“花”的特色布局研究，按照“一路（景）一特”原则，形成重要路段、重要节点、重要区域、重要景区、重要乡（镇）及村（居）一年四季都有不同的花景，并与城镇建设、生态环境、地域文化相适应协调，让游客和市民乐在花香中、醉在花韵里。更加注重“花”的品牌凝炼，形成花溪特色的人文地理标识，成为名副其实的“花城”。要突出山的青翠，让青山常在、绿意盎然。描绘好“山”的画卷，精心保护好、绿化好、美化好山头，全面增绿复绿还绿，让每个山头呈现不同的风景。加强城市、通道、园区、景区绿化，千方百计规划建绿、见缝插绿、拆违还绿、集中补绿，重点实施天然林保护、封山育林、退耕还林、义务植树、社区绿化工程，让“绿”成为城市的底色。力争到2020年，把久安乡、马铃乡等建设成为国家级生态示范乡（镇），确保80%的乡（镇）建成省级生态乡（镇），80%的行政村建成生态村。要彰显水的灵动，让碧水长流、水绕溪城。描绘好“水”的画卷，切实守住“水清”的底线，把治水、护水作为重中之重，对每处河流、湖泊、水塘、泉眼进行统一保护和治理，让碧水长流。精心实施花溪水库、阿哈水库、松柏山水库等一级水源地保护，强化花溪河、南明河（小黄河）等重要流域综合整治，加快南部污水处理厂、燕楼垃圾综合处理工程等重大市政基础设施建设。把“水”的灵动与城市规划建设、景观提升、生态保护、特色自然景观等结合起来，积极推进城市水景观建设，打造一批特色人工湖、湿地、溪流、公园等水景观，力争到2020年，建成青岩河、红岩水库、韩国风情生态景观湖等重要的生态水景观，让“水”成为城市的生命之源、流动的风景线，成为名副其实的“溪城”。要凸显景的精致，让美景留心、乡愁永驻。描绘好“景”的画卷，以创建国家级“旅游度假区”为目标，依托林地、山体、河流、湿地等生态景观要素和特色资源，全力建成以花溪公园为核心，以森林公园、湿地公园、山地公园、社区公园为支撑的公园城市体系，率先在全市建成公园数量最多、建设品质最高、推进速度最快的“百园之区”。积极推进天河潭、青岩古镇、花溪公园等核心景区建设，确保天河潭景区2016年“十一”黄金周“掀起盖头”、精彩亮相，成为国家5A级旅游度假区。

第六，构建“五个统筹”相协调的新型城镇化体系，加速打造以人为本的优良人居环境。更加注重业态、形态、生态融合互动，将多元文化元素植入城市规划、建设、管理中，加快推进城乡一体化发展，实现“城乡各美其美、美美与共”。要统筹规划助力城乡共美。从严落实中央城市工作会议精神，根据“全域发展、轴带辐射、绿色间隔、单元组团”总思路，进一步优化城乡空间布局。按照“先策划再规划、先全域再区域、先总体再专项”路径，聘请高端机构和专家尽快完成区域总体策划研究、发展规划、总体规划、控制性详规和视觉规划。更加突出“多规融合”，形成科学完善的规划体系。更加重视规划设计，对重大规划、重要城市设计及重点建筑的方案开展公开设计竞赛。坚决杜绝无规可依、有规不依、执规不严等不良现象。要统筹基础设施和功能助力城乡品质。结合两区路网布局，打造甲秀南路、迎宾通道、花溪大道、贵安大道花溪段、开发大道等一批标志性景观大道，打通孟溪路、陈孟路、金戈路等外出大通道，推进大职路、中桐路、珠江路延伸段等断头路和微循环道路项目建设，加快轻轨1号线、3号线及花溪站（贵阳南站）综合交通枢纽建设，同步谋划停车场、地下综合管线廊道建设。启动步行、非机动车交通及生态绿化廊道为一体的慢行体系建设，形成低碳畅通、内外循环、快进慢游的综合交通体系。进一步完善互联互通农村交通网络，建立各乡镇之间的快速公交系统，实现中心村全部通公交。抢抓全市建成国家级互联网骨干直联点机遇，加快城乡公共无线WIFI、办公局域网络及宽带乡村工程建设。加快推动老城区服务功能和产业业态向外转移疏解，增加新城区高端住宅、商务服务区及优质公共服务等功能。要统筹管理助力城市形象。树立城市精品化管理理念，积极推进网格化、信息化、数字化建设。加大社会资本参与城市管理力度，引入先进的道路管理技术，实现交通管理精细化、智能化。统一规划城市标识系统，对老城区重点路段、重点区域、重点场所进行立面改造、路面整治、绿化提升、景观美化。全力破解棚户区、城中村改造难点，重点整治景区、道路、城郊结合部、背街小巷、小区院落，营造干净整洁、文明有序的市容环境。要统筹“五化”助力“美丽乡村”。按照“农房改造景观化、基础设施城市化、配套设施现代化、景观打造生态化、土地开发集约化”的思路，全力开展“美丽乡村”建设行动，深化“六个小康”行动计划，大力实施农村公路路网提档升级、农村环境综合整治、农村面源污染治理、小流域生态综合治理等工程。做足八大特色村寨文化旅游文章，建设“文化、古镇、湿地、山水、田园”主题性特色乡镇项目，整合资金打造青岩-黔陶-高坡农旅示范带，加速建成“一核一区四带”“美丽乡村”蓝图，让所有村都美起来，让更多群众富起来。要统筹项目助力城乡共融。坚持大项目引领大发展，以“八个一批”为统揽，每年滚动编制、申报、开工、建设、投产一批项目，加快形成一批标志性、引领性项目。重点用好用足用活国家级、省级、市级的牌子、平台及政策支持，聚集更多的资金、政策、项目、数据资源，为当前和今后一个时期的城乡大发展、快发展提供最强有力的支撑。以创新的思维、创新的手段、创新的力度破解融资、土地开发、房屋征收等难题，提高项目签约率、落地率、建成率、投产率、达产率。

第七，构建大扶贫战略行动统领“三大重点”的高标准民生保障体系，加速建成更高水平的全面小康社会。坚持贯彻共享发展理念，以民生难题破解作为检验一切工作成效的根本标准。在整体推动普惠性民生难题的同时，突出重点抓实短板和瓶颈，让全体群众在共享发展中有更多的获得感和幸福感。要坚决巩固提升脱贫成果，让更多群众致富奔小康。市委九届五次全会提出“必须高一格落实好”大扶贫攻坚战的要求，全区各级党员干部，必须统一思想、提高认识，各级“一把手”必须切实履职负责，紧扣“六个精准”“五个一批”要求，实施大数据精准扶贫工程，对已脱贫或易返贫的贫困家庭、贫困村寨实施动态监测、及时帮扶。通过低保线和脱贫线“两线合一”，全区低收入村农村居民可支配收入年均增幅高于全市平均水平3个百分点，确保每一个低收入家庭危房都能得到修缮，确保每一个低收入家庭都能吃得饱、穿得暖，确保每一个低收入家庭劳动力都有活干、有收入，确保每一个低收入家庭孩子都有学上、上得起学，确保每一个低收入家庭病人都能得到医疗救助，确保每一个农村低收入家庭的留守儿童、留守老人、留守妇女得到足够关爱。要坚决补齐公共文化服务体系短板，让更多群众享受多彩文化生活。着眼群众的文明素质提升，创新载体和形式，推动核心价值观大众化、长效化。发挥好区、乡（镇）、社区、村（居）道德讲堂及孔学堂文化传播主阵地作用，开展形式多样的传统文化主题活动。全面建成“两馆一中心”，加快推进文化基础设施建设。完善基层公共文化服务机制，定期开展公益性社区艺术演出、文化节以及社区艺术展览活动，不断提升全民艺术品位。把支持农村文化建设作为创建文明城市基本指标，合理配置城乡文化资源，加大农村文化基础设施建设和经费投入。加强对文化产品创作的引导和扶持，鼓励全区人民以打造“文化旅游创新区、千亿级开放创新平台”为主题，创作更多优秀文艺作品。到2020年，建成全省公共文化服务体系示范区和全国文化先进县。要坚决打好教学质量提升这场硬仗，让更多孩子享受优质教育资源。坚持教育优先发展战略，均衡布局两区教育资源，集中精力制定办好大教育的系列政策。支持贵大、民大及大学城提升建设、管理和办学水平。加快职业教育转型，深化职校教育“政、校、企”合作，让更多孩子通过教育培训实现就业。新建、改扩建一批幼儿园、小学、初中和高中，确保“义务教育基本均衡”顺利通过国家验收。扩大公办普惠性学校比重，建成清华中学小孟分校、贵阳一中花溪分校。全力加强对外合作办学，到2020年，幼儿园、小学、初中、高中各引进2–3所国内优质教育资源入驻。加强教师队伍建设，抓好现有学校内涵发展，促进全区教学质量全面提高，走在全市乃至全省全列。要坚决攻坚医疗卫生瓶颈，让更多群众享受便捷高效的医疗服务。以公立医院综合改革试点为统揽，优化城乡医疗资源配置，提升城乡公共卫生服务能力，加快构建15分钟城市社区健康服务圈和30分钟乡村服务圈。到2020年，确保90%的乡（镇）、社区、行政村分别建成一所标准化卫生院、标准化社区服务中心、标准化村卫生室。探索“先住院、后付费”便民利民服务模式，加大分级诊疗、医生多点执业和远程医疗力度，区级以上医院和30%以上的社区卫生服务中心、中心乡镇卫生院实现远程医疗，让群众就近享受优质医疗服务。加强医疗卫生人才培养，加大高层次人才引进和基层医疗卫生队伍建设。全力引进国内高端优质医疗机构入驻，鼓励更多有实力的民办医疗机构开展医疗卫生服务，构建多元办医格局，满足群众不同医疗服务需求。

第八，构建治理方式转变引领“四个精细化”的现代社会治理体系，加速建成平安和谐新城。树立大数据思维，提升共治、善治、基层自治、法制、综治、德治六种能力，促进社会治理方式优化，提升社会治理能力。要以大数据为手段推进治理能力“精细化”。按照“一个平台统筹、一项核心技术引领、四大机制发力、六大数据库支撑”的整体构想，充分整合政府、企业等服务数据和管理资源，以“网格化+”为基础，围绕“一平台四应用”，完成“社会和云”试点建设任务并上线运行。加快政府应急综合指挥平台建设，成为全市大数据+政务服务、大数据+社会治理的样板。加快数据集聚，发展智慧应用，构建“一站式”大数据公共服务管理系统平台。进一步强化“条专块统”，推动社会治理体系和治理能力现代化。要以强基固本推进服务“精细化”。强化社区、村（居）托底功能，大力推进网格化服务管理，提升服务群众的水平。社区要全面推广“一核多元、五力共治”社会治理模式，启动“星级社区”创建，深入推进“三年千院”改造，巩固“三创一强一提升”成果，打造“新型社区·温馨家园”升级版。居委会要深化推进“一居两站”“六小联通”建设，织密织牢基层社会治理“网底”，形成以居委会为主导的联防联控体系，增强居民群众自我管理、自我服务、自我监督能力。农村要建立健全村级自治架构，推进农村群众工作网络化，细化农村治理单元，推进党务、政务服务、社会服务向村民组延伸，着力打造一批农村社会治理示范点。要以多方参与推进协同治理“精细化”。进一步健全和完善社会动员组织体系、工作机制和工作载体，推进政府购买公共服务，拓展社会力量和公众参与平台，全面提升社会参与度。以“四强四助”活动为载体，引导经济组织履行社会责任，关注民生、关爱群众。以“五比五看”活动为载体，进一步激发社会组织活力，着力推进社会组织、社工机构和社工人才队伍建设。探索在社区建立社会组织和服务中心，打造“枢纽型”社会组织工作升级版。以实施“五新群团”工程为抓手，发挥“先锋队”“生力军”“半边天”等群团组织桥梁纽带作用，切实保持和增强群团组织的政治性、先进性和群众性。要以法治建设推进社会治理“精细化”。推进全省司法体制改革试点，深化行政执法体制改革，彰显社会公平正义。加快建立覆盖全区的公共法律服务平台，加强基层法律服务工作者、人民调解员队伍建设，提升基层社会治理法治化水平。运用群众喜闻乐见的形式宣传普及法律知识，提供法律服务，引导市民自觉守法、遇事找法、解决问题用法、化解矛盾靠法。完善和落实安全生产“党政同责、一岗双责、失责追责”的责任体系。以深入开展信访维稳“百日攻坚战”为抓手，加强社会矛盾纠纷排查调处和源头治理。深入开展“两严一降”，严打严防“两抢一盗”案件和诈骗案件，进一步提升群众安全感。深入推进禁毒人民战争，实现“两年见成效”目标。

四、坚持从严管党治党，为建成国家级文化旅游创新区和千亿级开放创新平台提供根本保障

要将“十三五”规划的蓝图变为美好的现实，关键在党，关键在人。我们要坚决落实党要管党、从严治党的要求，以“三严三实”为标杆，把思想统起来，把标准严起来，把责任担起来，推动经济社会跨越发展。

第一，始终把党委领导经济社会发展作为核心。充分发挥党总揽全局、协调各方的领导核心作用。要提升党委领导经济社会工作的能力水平。各级党组织、广大党员干部必须树立“抓不住机遇就是历史罪人”的责任意识，进一步增强抓住机遇的紧迫感、迎接挑战的危机感，加快提升驾驭创新发展的本领和能力，优化知识结构、改进思维方式、拓宽工作视野。加强全局性、战略性、前瞻性重大问题的调研指导，对重大问题亲自整体设计、亲自统筹协调、亲自督查督办。完善双月增比进位、项目建设工作例会及目标考核奖惩制度，健全工业百千万工程联席会议、领导干部服务企业及项目制度，建立项目观摩、实绩亮赛制度，确保各项工作领导有方、落实有效、不打折扣、不含水分。要打造一支开放创新干事的干部队伍。推动两大战略目标完成，需要一支发展型、开放型、创新型、实干型的干部队伍。建立澄清保护机制和容错免责机制，鼓励党员干部大胆改革创新。以实施好换届选举为契机，选出“忠诚、干净、担当”好干部，配出“结构优、功能强”好班子。按照好干部“五条标准”，以“四位一体”机制强化管理、考核、激励、监督常态化、制度化。稳步推进经开区负面清单试点，大力整治两区不作为、慢作为、乱作为等问题，推动干部能上能下。加强干部交流轮岗，强化任期性交流、培养性交流和结构性交流，合理使用各年龄段干部，让干得好的干部人人有“盼头”。要全力以赴加强党的基层组织建设。各级党组织要认真履行党建“第一责任人”职责，加大整顿软弱涣散基层党组织力度，抓实全省村级集体经济发展试点。选优配强乡（镇）党委书记、村党支部书记和农村致富带头人“三支队伍”，以轮训、培训、外出考察等方式帮助基层干部提高发展经济、改革创新、依法办事、化解矛盾、带领群众能力。深入推进同步小康驻村和“第一书记”选任。强化非公有制企业和社会组织党组织政治功能、服务功能、发展功能，扎实推进基层发展型服务型党组织建设，探索建立行业党建模式，构建园区“大党委”，形成“横到边、纵到底”的区域化党建工作格局。

第二，始终把推动党风廉政建设作为重点。近期召开的中纪委全会明确指出，反腐败斗争压倒性态势正在形成。党中央坚定不移反对腐败的决心没有变，坚决遏制腐败现象蔓延势头的目标没有变。反腐败斗争永远在路上，只有进行时，要将“力度不减、节奏不变、尺度不松”的要求贯穿反腐败斗争始终。认真贯彻落实《准则》和《条例》等党内法规，按照敏尔书记“四个查一查”和“四个搞清楚”的要求，以市委“两抓两建两树”专项活动和实施“数据铁笼”“党建红云”建设为契机，切实整治干部身上的不正之风和群众身边的腐败问题。要保持“不敢腐”的高压态势，强化惩戒威慑力。各级“一把手”要强化“抓好党风廉政建设是本职，不抓党风廉政建设是失职，抓不好党风廉政建设是渎职”的意识，讲政治重示范，当好党风廉政建设和反腐败工作的领导者、执行者、推动者；领导班子要同担责重督促，主动承担起党风廉政建设“一岗双责”的责任；乡（镇）、社区、部门要认真履职重执行，种好“责任田”、打好“主动仗”。要把整治和查处侵害群众利益的不正之风和腐败问题作为重点，对落实“两个责任”不到位的单位和个人严肃问责，让失责必问成为常态。用好“四种形态”，抓细抓实监督执纪问责，逐级传递压力，层层落实责任，严防“四风”反弹。要构建“不能腐”的防范机制，强化制度监督力。加快构建科学有效的权力制约和协调机制，健全完善述责述评制度，深化落实审计审查制度，严格执行恳谈约谈制度，严格落实党政主要领导干部重大事项报告制度。借助大数据思维和手段实现政府负面清单、权力清单、责任清单的透明化管理，以制度的笼子监督和制约权力运行。把纪律建设作为治本之策，摆在更加重要位置，深入开展纪律监督，强化对纪律执行情况的检查，保证党内监督权威、有效。严肃查办违反中央八项规定的案件，严肃查处“为官不为”失职渎职案件，让各种歪风邪气没有市场，没有生存空间。要营造“不想腐”的浓厚氛围，切实提高“免疫力”。强化思想教育，筑牢理想信念防线，定期开展廉政警示教育，深化“拉袖子”“咬耳朵”“敲警钟”提醒教育，以“抓早抓小”加强预防提醒。拓展廉政文化建设覆盖面，打造廉政文化品牌。切实发挥人大法律监督和政协民主监督的职能和作用，搭建群众监督党员干部平台，进一步深化民生监督组作用。把政治纪律和政治规矩挺在前面，始终把党放在心中最高位置，做到政治上讲忠诚、组织上讲服从、行动上讲纪律。

第三，始终把领导带头作为关键。作为一名领导干部，要充分意识到领导就是责任，当了“头”，就得带好头，以身作则、率先垂范，真正做到靠本事吃饭、靠作风吃饭、拿实绩说话、拿事实说话。要在“三干”方面作示范。在工作中高一格想问题、低一级抓落实，一级做给一级看，一级带着一级干。做大胆创新、思路清晰带领干的干部；做身先士卒、苦干实干带头干的干部；做严于律己、率先垂范带动干的干部，要在“四清”方面作示范。对自己所负责的工作既要埋头拉车，更要抬头看路，与时俱进地加强学习，吃透“上情”，把握“实情”，借鉴外情，做到历史清、现状清、横向清，甚至未来清。明白工作重点、存在问题、实施路径，在大局大势中抓机遇、迎挑战。要在“四敢”方面作示范。要勇于负责，善于负责，敢担当责任、敢担当困难、敢担当风险、敢担当失误，切实抓好工作、带好队伍、管好自己。

第四，始终把凝聚力量作为动力。实现“十三五”目标任务，必须整合各方资源，汇聚各方力量。要自身努力加强内部统筹。两区上下要更加坚定“你中有我、我中有你、一荣俱荣、一损俱损”的融合发展理念，通过取长补短、优势互补、平台共建、资源共享、政策共用，最终实现比翼齐飞、一体化发展。经开区工管委和花溪区四套班子要以上率下，各级“一把手”要身先士卒，各级干部要主动作为，增强内部统筹，加强工作沟通、协同联动，形成密切配合、相互支持的工作合力。要借助外力加强对外联系。牢牢树立“进取意识、机遇意识、责任意识”，充分争取国家、省、市相关部门正在编制“十三五”专项规划这个重要窗口期的各项支持，扎实做好完成战略目标的前期准备工作。主动到省、市相关部门了解政策、汇报工作，对准省、市的工作重点和政策，申报一批大项目、好项目，尽最大可能争取更多政策、项目、资金等支持。要群策群力贡献智慧。突出两大战略目标，开展多形式、多渠道、多视角、全方位的专题新闻报道和社会性宣传活动，充分调动社会各界和广大市民参与建设工作的积极性、主动性和创造性，使建设工作深入人心，提高其知晓率、参与率和支持率。要畅通渠道，广开言路，凝聚好社会各界的智慧和力量，群策群力，攻坚克难，推动战略目标如期实现。

同志们，新的目标承载新的梦想，新的一年昭示新的起点，我们要在市委、市政府的坚强领导下，团结带领两区人民，以更加振奋的精神，更加务实的作风，更加努力的态度，厚植创新发展的城市基因，奋力实现国家级文化旅游创新区和千亿级开放创新平台的目标，为打造两区融合发展升级版而努力奋斗！

政府工作报告

（2016年 2月20日在花溪区第十六届人民代表大会第六次会议上）

梅 俊

各位代表：

现在，我代表区人民政府向大会作工作报告，请予审议，并请区政协委员和其他列席人员提出意见。

一、“十二五”时期工作回顾

“十二五”时期，在市委、市政府和区委的坚强领导下，在区人大、区政协的监督支持下，我们认真贯彻落实中央、省、市各项决策部署，紧紧围绕全面打造贵阳发展升级版的战略目标，牢牢把握“大花园、大溪流”和“一区四化”的战略定位，积极推动花溪区、经开区融合发展，文化旅游创新区建设取得新成效，经济社会发展实现历史性新突破，圆满完成“十二五”规划目标任务。

“十二五”时期，是我区经济快速增长，综合实力提升最快的五年。新花溪区成立以来，两区“叠加”效应逐步显现，发展活力日益增强，综合实力显著提升。2015年，全区生产总值完成494.97亿元，年均增长16.1%。规模以上工业增加值完成242.2亿元，年均增长20.1%。固定资产投资完成464.61亿元，年均增长32.4%。财政总收入完成62.23亿元，年均增长26.2%（花溪片区30.79亿元，年均增长29.5%；经开片区31.44亿元，年均增长23.6%）。公共财政预算收入完成33.89亿元，年均增长29.9%（花溪片区17.72亿元，年均增长35.3%；经开片区16.17亿元，年均增长25.2%）。社会消费品零售总额完成208.64亿元，年均增长18.1%。在全省31个经济强县综合测评中，地方生产总值位列第4位，固定资产投资、工业增加值、社会消费品零售总额、旅游总收入等核心指标位列全省前4位。

“十二五”时期，是我区推进创新驱动，转型升级重大突破的五年。大数据等新兴业态方兴未艾，依托贵州大学科技园，创建花溪区大学生创业孵化基地，完成“千人计划”大数据研究院建设。依托孟关国际汽贸城，加快发展汽车及汽配等行业电商，花溪区电子商务产业园顺利开园。建成乡（镇）、村级电商示范点15个。高新技术产业快速发展，高新技术企业总数达到40家。全区累计申请专利3914件、累计授权2144件，累计获得科技立项107项。现代服务业加速推进，小孟工业园生产性服务业集聚区、青岩文化旅游集聚区、孟关汽车贸易城现代商贸物流集聚区、石板农产品市场现代商贸物流集聚区成功申报省级服务业集聚区，贵阳传化智能公路港等项目取得实质性进展。旅游收入增速保持在20%以上。现代农业稳步发展，久安茶产业、青黔农旅一体化、燕马都市蔬菜保供基地等现代农业高效示范园区提质增效，农业产业化经营水平稳步提升，农业产业化龙头企业达到30个，农民专业合作组织和协会发展到100个。

“十二五”时期，是我区狠抓重大项目，发展后劲显著增强的五年。以打造文化旅游创新区为统揽，围绕“两路六区域”，全面启动路网建设、区域整治、生态建设、旅游文化、景观提升、立面整治、城市管理提升七大工程，“三年行动计划”有序推进，2015年开工项目74个，基本完工18个，完成投资156.98亿元。积极开展文化旅游、大数据、新医药大健康、现代物流、城市综合配套等领域的招商引资，成功引进西南商谷、碧桂园、泰坦集团花溪智慧旅游、北环卫集团环卫服务外包、传化智能公路港等重大项目。五年内招商引资实际到位资金1456.12亿元，年均增长46.8%。

“十二五”时期，是我区坚守两条底线，生态环境更加优化的五年。完成花溪国家城市湿地公园一期、二期工程建设，湿地公园三期、花溪公园提升改造工程正有序推进。青岩污水处理厂建成并投入试运行，石板污水处理厂建成正在组织试运行。花溪城市生活垃圾综合处理项目正在加快建设。大力实施“治水”“治气”“控污”“增绿”等工程，地表水达标率、集中式饮用水达标率达100%，城区新建建筑气化率达100%，环境空气污染指数（API）优良率达98%以上。全区森林覆盖率达45.61%，建成区绿化覆盖率达49.53%。全面参与全市“三创一办”工作，为贵阳市成功创建全国文明城市、国家卫生城市和顺利通过国家环境保护模范城市的验收作出了贡献。花溪区被国家环保部授予“国家级生态示范区”。

“十二五”时期，是我区完善基础设施，城乡面貌变化最大的五年。田园南路、杨孟路等12条区域或城市干线（道）建成通车，形成以贵阳绕城高速、南环线、甲秀南路、贵惠大道、孟关大道等公路为主骨架，以县、乡公路为补充的公路网体系，全区公路总里程达1080余公里，实现100%的村通油路或水泥路。孟溪路、花桐路、印象路、大职路、思孟路延伸段、思杨路延伸段等城市路网正在加快建设。贵州汽车超市综合体基本建成，关口寨、洛平新城等棚户区改造项目有序推进。建成孟关、燕楼天然气门站，以天然气为主的城市燃气供气系统基本形成。青岩镇、石板镇、孟关乡示范小城镇建设加快，青岩镇被评为省级小康示范镇，青岩镇龙井村被评为省级小康示范村。实施“路、水、房、电、讯、寨”六项小康行动计划，农村基础设施逐步改善。建设“美丽乡村”示范带6条，建成青岩镇山王庙村等美丽乡村“提高型”示范点10个，完成农村危房改造1197户。

“十二五”时期，是我区改善民生事业，群众得到实惠最多的五年。城镇、农村常住居民人均可支配收入年均分别增长12.2%和14.3%，城镇职工最低工资标准年均上升近15%。公共财政预算支出中九项重点民生支出累计达到110.98亿元，占公共财政预算支出的78.57%，涉及群众利益的民生问题得到有效缓解。全力推进精准扶贫工作，实现33个贫困村整村“减贫摘帽”，减少贫困人口4.7万人。居民基本养老保险参保率达98.01%，农村新型合作医疗参合率达到98.21%。小学、初中毛入学率分别达到116.67%和109.16%，九年义务教育巩固率达到92.41%。实现基本公共卫生服务全覆盖。全区划分网格1045个，全面推行网格化服务管理。创建了一批“文明社区”“绿色社区”“平安社区”，全区95%的社区建成群众满意的“新型社区·温馨家园”。筑牢社会治理“大防线”，深入开展“两严一降”专项行动和禁毒人民战争，充分发挥“阳光工程”示范点的作用，刑事发案数下降10.21%；完成信访维稳“一号工程”案件765件，积案数下降62.58%。安全生产亿元GDP事故死亡率控制在0.24以下。群众安全感从2010年的83%提高到2015年的97.18%。

过去五年，文化、旅游、体育等事业全面发展，配合省、市成功举办了第九届贵州旅游产业发展大会，圆满承办了2015贵阳国际马拉松赛等重大赛事。国防、人防、国家安全、食品药品安全、审计、司法行政、民族宗教、移民、地方志、档案、侨务、对台、仲裁、气象、老龄、工青妇、关心下一代、慈善、残疾人、红十字、爱国卫生等事业取得显著成绩。

过去五年，我们不断加强政府自身建设，着力打造法治政府、廉洁政府，配合制定了《贵阳市花溪国家城市湿地公园管理规定》《贵阳市青岩历史文化名镇保护管理办法》等地方性法规、规章70 余件，办理人大代表建议563件、政协委员提案297件，办复率均达100%。扎实开展党的群众路线教育实践活动和“三严三实”专题教育，深入找问题、找差距、找目标，着力抓统筹、抓落实、抓提升，不断提高政府执行力和落实力。建立权力清单和责任清单，强化民生领域监督检查，严管“三公”经费，严厉查处各类违规违纪违法行为，勤政廉政建设取得新成绩。

2015年，是我区发展具有里程碑意义的一年。我们始终把学习贯彻习近平总书记系列重要讲话特别是在贵州视察时的重要讲话精神作为首要的政治任务和工作遵循，紧紧围绕省委、省政府和市委、市政府关于建设花溪文化旅游创新区的决策部署，团结一心，攻坚克难，文化旅游创新区建设实现良好开局，经济社会持续快速发展。全区生产总值增长12.4%，固定资产投资增长20.4%，社会消费品零售总额增长11.2%，公共财政预算收入增长15%。

过去的一年，我们精准聚焦目标，城乡环境明显变化。文化旅游创新区建设成效明显，基本实现“一年城乡有明显变化”的目标。房屋征收“6个3”工作法、土地储备等经验，得到省市领导的充分肯定。顺利通过省级旅游度假区考核验收。以青岩古镇、天河潭、湿地公园三个景区为重点的“100个旅游景区”精品项目相继实施，青岩古镇成功进入国家5A级旅游景区预备名单。我们强化运行调度，综合实力逐步增强。坚持以强化经济运行调度为抓手，抓项目、促投资，抓好453个年度重点项目建设，总投资达980亿元，投资总量继续在全省、全市领先。我们坚持创新引领，加快产业转型升级。大力发展大数据、农村电商等新兴业态，建成“千人计划”大数据研究院、花溪区电子商务产业园、高坡乡电商扶贫产业园。农产品出口实现零突破，久安古茶树与茶文化体系荣获“中国重要农业文化遗产”称号。我们深化改革开放，增强内生发展活力。招商引资实际到位省外资金442亿元（花溪片区162亿元，经开片区280亿元），实际利用外资增长20.0%。积极探索花溪区、经开区深度融合的新路子，两区融合发展迈出新步伐。强力推进公车改革和不动产登记机构改革等工作。我们突出环境治理，牢牢守住生态底线。完成造林绿化封山育林5546亩、石漠化综合治理植被恢复2.12万亩、通道绿化建设1293亩。新增绿地12万余平方米，环境空气质量优良率为90.7%。完成赵司河、马铃河等7条河流和高坡乡黄泥井、黔陶乡九眼井等5个乡（镇）集中式水源地水质监测。我们加强城乡统筹，推动区域协调发展。坚持规划引领，完成 6个乡（镇）总体规划、5个乡（镇）控规以及88个村庄规划，基本实现区域规划全覆盖。坚持示范带动，打造美丽乡村示范点3个，完成农村危房改造502余户。我们狠抓民生保障，增进人民群众福祉。全年财政投入民生资金32.59亿元，占公共财政预算支出的57.39%。新建、改扩建幼儿园3所，实施标准化农村寄宿制学校建设项目8个，建设标准化“留守儿童之家”5个。搭建对外合作平台，成功引进碧桂园IB国际学校、北京161中学、北京中关村三小等优质教育资源。全区城乡统筹就业2.29万人。全区城镇职工基本养老保险参保人数达10.1万人，城镇居民基本医疗保险参保人数达11.64万人。平安社区创建率达100%。

各位代表！“十二五”取得的显著成就，充分证明了区委、区政府各项决策部署是完全正确的。五年来的变化告诉我们，花溪是一片充满希望和活力的热土，花溪干部群众勇于担当、敢于创新、善于干事，只要我们坚持一张蓝图绘到底，统一思想、凝聚力量，开拓创新、艰苦奋斗，就完全可以厚植创新发展的城市基因，实现打造国家级文化旅游创新区的奋斗目标。五年来的发展启示我们，必须把上级精神与本地实际结合起来，遵循客观规律，在开拓创新中走出一条符合花溪实际的发展新路；必须坚守发展和生态两条底线，既要“金山银山”，又要“绿水青山”，坚持两条底线一起守、两个成果一起收；必须深入推进改革开放，以开放促进改革、以改革倒逼开放，为打造文化旅游创新区提供持续动力；必须把改善民生作为根本出发点，坚持发展为了人民、发展依靠人民、发展成果由人民共享；必须做到党委有号召、政府有行动，党委有部署、政府有落实，努力做好区委正确决策的“证明题”。

各位代表！过去五年的成绩来之不易。这是省委、省政府和市委、市政府亲切关怀、坚强领导的结果，是区委科学谋划、统筹指挥的结果，是区人大、区政协监督支持、共同努力的结果，是全区干部群众团结奋斗、苦干实干的结果。在此，我代表区人民政府，向全区各族人民、各级干部，向各位人大代表、政协委员，向各民主党派、工商联、无党派人士、各人民团体和各界人士，向驻区人民解放军、武警官兵和人民警察，向驻区各级单位，向花溪历届老领导、老同志和所有关心、支持花溪建设的各界朋友，表示衷心的感谢和崇高的敬意！

在充分肯定成绩的同时，我们也清醒地认识到存在的问题和面临的挑战：一是产业结构不合理，特色产业、核心企业“青黄不接”，发展文化旅游产业和新兴业态任重道远。二是城市功能不完善，城乡发展不平衡，整体形象和品味还有待提升。三是群众关心的出行难、就医难、上好学难、入好园难等民生问题还未得到根本解决，农村脱贫的基础还不牢固，建成更高水平全面小康社会任务艰巨。四是花溪区、经开区两区深度融合发展的体制机制还不完善，优势互补、协同发展的新格局尚未完全形成。五是部分干部对打造文化旅游创新区的认识不深、研究不透，创新发展的能力有待提高。我们要正视问题、直面挑战，采取有效措施认真加以解决，决不辜负全区人民的厚望。

二、“十三五”时期的主要目标任务

“十三五”时期是我区厚植创新发展的城市基因，全力打造国家级文化旅游创新区和千亿级开放创新平台的重要战略机遇期和决战决胜期。省委、省政府和市委、市政府主要领导对花溪高看一眼、厚爱一层，亲自为花溪发展精准把脉，突出“文化为魂”理念和“大花园、大溪流”特色，明确了“一区四化”的奋斗目标和战略定位，为花溪长远发展指明了方向。市委、市政府出台了支持花溪发展的38条政策，实施了建设文化旅游创新区“三年行动计划”，为花溪发展提供了政策、资金、项目支撑。市委九届五次全会作出“一个目标、三个建成”的总体部署，花溪作为全市打造创新型中心城市的腹地，必将在创新发展上迎来历史性的新机遇。随着高铁、市域铁路和公路网的建成开通，花溪作为贵阳市南部重要门户和枢纽，作为紧临贵安新区、双龙航空港经济区的重要交接区和核心区，区位优势更加突显。花溪历届领导班子和全区干部群众团结一心、开拓进取、奋力拼搏的良好精神面貌，为我区加快发展凝聚了强大的正能量。站在新的历史起点上，我们要把握机遇不放松，坚定目标不动摇，以更加扎实的工作、更加有效的举措、更加务实的作风，加快实现花溪区经济社会发展历史性跨越。

“十三五”时期我区经济社会发展的总体要求是：高举中国特色社会主义伟大旗帜，以马克思主义、毛泽东思想、邓小平理论、“三个代表”重要思想、科学发展观为指导，深入贯彻落实习近平总书记系列重要讲话精神，全面贯彻党的十八大和十八届三中、四中、五中全会，省委十一届六次全会、市委九届五次全会和区委十届七次全会精神，按照“四个全面”的战略布局，贯彻创新、协调、绿色、开放、共享五大发展理念，实施大扶贫、大数据两大战略行动，以“守底线、走新路、打造升级版”为总揽，厚植创新发展的城市基因，加快构建协同创新、现代产业、对外开放、多元文化、城市生态、新型城镇化、民生保障、社会治理“八大体系”，在全市建设创新型中心城市中大胆探索、先行先试、奋力争先、勇奔高标，努力把花溪打造成国家级文化旅游创新区。

“十三五”时期我区经济社会发展的主要预期目标是：生产总值年均增长12%左右，力争总量达到800亿元；规模以上工业增加值年均增长10%左右；固定资产投资年均增长18%左右；社会消费品零售总额年均增长11%左右；公共财政预算收入年均增长11%左右；城镇、农村常住居民人均可支配收入分别突破41000元和21000元，农村低收入困难群体人均可支配收入全部越过6500元；森林覆盖率达51%以上，饮用水源地水质达标率稳定在100%，空气质量达标率排在全市前列。

区委十届七次全会提出了“十三五”时期“厚植创新发展的城市基因，建成国家级文化旅游创新区和千亿级开放创新平台”的奋斗目标，明确了构建“八大体系”的发展路径。我们要紧紧围绕构建“八大体系”加快实现“八个新跨越”。

（一）围绕构建协同创新体系，加快实现创新创业新跨越。牢固树立创新发展理念，突出“开放、人才、创业链、容错”四大要素，全力推动大众创业、万众创新。要把开放作为创新之源，与省内外高水平智库建立战略合作关系，以更加开放的姿态主动融入全国乃至全球的创新链，在更加开放的平台上提升创新能力。要把人才作为创新之核，引进一批大数据、文化旅游、金融等领域的领军人才和团队，培育一支具有较强沟通能力的技术经纪人队伍，引导和培育大学生创业者、“蓝领”创业者、返乡农民工等各类创业主力军大胆创业。要把创新链作为创新之魂，在科技成果转化、知识产权保护、技术标准创新、政策制度体系建设等方面先行先试，实现产业链、资金链、政策链和创新链的融合发展。依托经开区工业企业科技资源和贵州大学、大学城等人才科研优势，重点打造“政产学研”协同创新基地和一批创新型领军企业，培育一批高新技术企业，搭建大学生创业平台。鼓励发展众创、众包、众扶、众筹新模式，打造一批有影响力的创客空间和特色创客小镇。要把“容错”作为创新之盾，设立创新创业基金，发展创客空间，大力营造鼓励创新、宽容失败的良好氛围，让有创新、懂科技的创新人才低成本创办科技型和创新型企业。

（二）围绕构建现代产业体系，加快实现新兴产业新跨越。坚持调高、调优、调轻、调强的原则，推动花溪区、经开区深度融合，立足两区资源共享，推进产业协同发展，形成产业优势互补、倍增效应凸显的良好发展格局。要推进大数据产业快速发展，按照花溪区、经开区大数据产业发展规划，建设大数据产业发展集聚区、大数据产业创新试验区，推动大数据集聚、融通及应用，着力提供大数据商用、民用、政用产品和服务。实施“互联网+”行动计划，大力发展智慧城市、智慧旅游、智慧农业、智慧民生等衍生业态。建设大数据服务外包与呼叫中心产业基地，形成上万规模的呼叫中心坐席。要推进文化旅游产业融合发展，大力支持动漫设计、数字服务创意、休闲旅游创意等文化产业发展，创建国家文化产业示范园区。大力发展山地旅游、养生旅游、研学旅游、休闲度假游等文化旅游产业。启动一批引领性和标志性文化旅游项目，实施一批旅游景区质量等级提升项目，创建国家生态旅游示范区、中国国际特色旅游目的地、国家级旅游度假区、国家全域旅游示范区，推动旅游业“井喷式”发展。要推进新医药大健康产业集聚发展，培育一批骨干企业，引进一批龙头企业，形成一批特色品牌和产品。推进以花溪公园为中心的滨水生态休闲健身带、青岩北城门旅游综合体、贵州顺和骏驰汽车运动产业基地等大健康产业项目建设，鼓励有实力有条件的企业、社会组织创办老年公寓和社区养老机构，培育壮大集度假疗养、医疗保健为一体的健康养生产业体系。要推进现代服务业创新发展，加快电子商务产业园建设，打造集高品质商圈、优质教育、优质医疗等服务配套为一体的生产性和生活性服务业集聚区。要推进现代制造业提质发展，积极支持经开区打造千亿级开放创新平台，主动承接经开区现代制造业转移、拓展和延伸。以燕楼产业园为载体，力争“十三五”期间引进20家以上效益好、带动性强、附加值高的企业入驻，使燕楼产业园建设初具雏形。要推进现代新型农业稳步发展，培育农旅综合体、观光休闲、景观旅游等新兴业态，做优做精久安茶叶、青黔农旅、燕马蔬菜等高效农业示范园区。实施主导产业培育、龙头企业提升、园区提质增量、特色品牌塑造、新型农民培育、农产品质量安全、电商进农村、农民收入倍增“八大工程”，促进农业与旅游业深度融合、创新发展。

（三）围绕构建对外开放体系，加快实现对外合作新跨越。牢固树立开放理念，抢抓全省“1+7”开放平台建设机遇，推动花溪区与经开区深度融合发展，推动花溪区与双龙航空港经济区、高新区、综保区的合作联动，推动花溪区与贵安新区、黔南州、安顺市的协同发展，实现优势互补、合作共赢。全力拓宽开放领域，紧盯美国硅谷、印度班加罗尔等重点地区，紧盯长江经济带、粤桂黔高铁经济带及北上广深等重点区域，围绕大数据、文化创意、旅游服务、新医药大健康等重点产业，加快引进一批龙头项目和“火种”企业。“十三五”期间，累计引进项目100个以上，引进省外资金年均增长15%；引进世界500强企业10家以上，直接利用外资年均增长20%。做强做优开放合作交流的品牌，依托生态文明贵阳国际论坛、数博会等重要开放平台，加强与国内外发达地区的合作；将小镇经济作为对外开放的重要平台，全力建设青岩风情小镇、创客小镇、韩国小镇等特色小镇。探索建立跨区域利用外资的合作平台，借鉴国外企业的先进技术和管理机制，着力打造一批具有较强辐射带动作用的本土企业，形成具有较强竞争力的优势产业。以供给侧结构性改革为突破口，深入推进商事制度、资源配置体制机制等改革，激发市场主体活力和创造力。

（四）围绕构建多元文化体系，加快实现文化发展新跨越。突出“文化为魂”理念，加快大众公共文化服务体系建设，实现历史文化与现代文化交相辉映、民族文化与生态文化鲜活展示。积极支持孔学堂建成全国乃至世界性的中华文化研究和传播基地，成为花溪文化旅游创新区的一张重要名片。依托以周渔璜、周钟瑄、赵以炯、姚茫父等历史名人、青岩古镇等历史文化遗产为代表的历史文化，以高校大学生文化创意、企业文化创新为代表的现代文化，推动形成多元文化创新发展的新格局。大力推动时尚文化、高校文化和创新文化融合发展，充分整合大学、企业等文化创意和文化创新资源，打造一批集创客空间、音乐酒吧、休闲书屋、艺术社区、艺术公园为一体的文化、休闲、创意、艺术街区，打造一批具有文化特色的街道、广场、主题公园，提升“花溪之夏”艺术节、“正月十三民族民间歌舞大联欢”等活动的影响力，提升花溪软实力。依托以苗族“四月八”、布依族“六月六”、高坡芦笙舞等为代表的民族文化，以保护生态自然、建设生态文明、传播生态理念为主题的生态文化，加强民族村寨的统一规划和保护，重点做好石板镇镇山村、高坡乡批林村传统村落保护发展规划，恢复一批文化遗迹，创造条件申报一批省级、国家级民族民俗文化历史遗产。围绕建设文化旅游创新区，推出一批文化旅游精品线路。积极鼓励社会力量参与文化产业发展，重点培育一批文化创意企业，提高文化产业对经济社会发展的贡献率。深入贯彻落实《全民健身条例》，推进全民健身公共服务体系建设和全民健身事业科学发展。

（五）围绕构建城市生态体系，加快实现城市品质新跨越。牢固树立绿色发展的理念，围绕“大花园、大溪流”的特色，重点描绘“花、山、水、景”四幅画卷，全面提升城市品质和魅力。更加注重“花”的品牌凝炼，按照“一路一景一特色”的原则，在重要路段、重要节点、重要区域、重要景区及乡（镇）、村（居）打造四季花景，让“花”与“城”融为一体，使花溪成为名副其实的“花城”。更加突出“山”的绿色青翠，积极实施“绿色贵州建设三年行动计划”，加强城市、通道、园区和景区绿化，千方百计规划建绿、见缝插绿、拆违还绿、集中补绿，重点实施天然林保护、封山育林、退耕还林、义务植树和社区绿化工程。力争到2020年，把久安乡、马铃乡建设成为国家级生态示范乡（镇），确保80%的乡（镇）建成省级生态乡（镇），80%的行政村建成生态村。更加彰显“水”的清澈灵动，加大对花溪水库、阿哈水库等一级水源地的保护力度，加强花溪河、玉带河等重要流域综合整治，加快南部污水处理厂、花溪城市生活垃圾综合处理工程等重大市政基础设施建设。打造一批以水生态为基础的特色人工湖、湿地、溪流、公园等水景观，开工建设青岩河、红岩水库、水场堡水库、栗木水库、韩国风情生态景观湖等重要的生态水景观。更加凸显“景”的精品精致，集中力量打造一个旅游龙头景区、一条生态旅游城市带和一批生态休闲度假旅游产品。围绕“吃、住、行、游、购、娱”六大要素，完善旅游服务功能，把花溪打造成全省旅游集散地。推进“百园之区”建设，建成森林公园、湿地公园、山体公园、城市公园、社区公园100个以上，加快建成现代化山水田园新城。

（六）围绕构建新型城镇化体系，加快实现新型城镇新跨越。牢固树立协调发展的理念，尊重城市发展规律，统筹空间、规模、产业三大结构，统筹规划、建设、管理三大环节，统筹改革、科技、文化三大动力，统筹生产、生活、生态三大布局，统筹政府、社会、市民三大主体，加快推进城乡一体化发展。按照“北优、南进、西合、东接”空间发展战略导向，尽快完成区域总体策划研究、发展战略规划研究、控制性详规修编、视觉规划和一系列专项规划编制，形成科学完善的规划体系。着力完善城市功能，把甲秀南路、迎宾大道、花溪大道、贵安大道花溪段等主干道打造成标志性景观大道，打通孟溪路、陈孟路等外出大通道，完成大职路、航天路等东西向连接道路建设。完善互联互通的农村交通网络，建立各乡（镇）的快速公交系统，力争实现中心村全部通公交。加快城乡公共无线WIFI、办公局域网络及“宽带乡村”工程建设。加强城市综合管理，对老城区重点路段、重点区域、重点场所进行立面改造、路面整治、绿化提升、景观美化。加大棚户区、城中村改造力度，重点整治景区、道路、城郊结合部、背街小巷和小区院落。构建新型城乡发展格局，促进城乡要素自由流动、平等交换和公共资源均衡配置，深入实施“四在农家·美丽乡村”六个小康行动计划，努力改善农村人居环境，大力实施农村路网提档升级、农村环境综合整治、农村面源污染治理、小流域生态综合治理等工程，整合资金打造“青岩—黔陶—高坡”农村特色化及乡村旅游扶贫示范带。以“八个一批”为统揽，加快县域经济发展，统筹更多的资金、项目和资源，推进城乡共融发展。

（七）围绕构建高标准民生保障体系，加快实现全面小康新跨越。牢固树立共享发展的理念，持续加大教育、医疗卫生、公共文化等民生投入，加速建成更高水平的全面小康社会。实施大扶贫战略行动，按照“六个精准”“六个确保”“五个一批”的要求，实施大数据精准扶贫工程，对已脱贫或易返贫的贫困家庭、贫困村寨实施动态监测、及时帮扶，巩固提升脱贫成果。通过五年的努力，确保每一个低收入家庭危房都能得到修缮，确保每一个低收入家庭都能吃得饱、穿得暖，确保每一个低收入家庭劳动力都有活干、有收入，确保每一个低收入家庭孩子都有学上、上得起学，确保每一个低收入家庭病人都能得到医疗救助，确保每一个农村低收入家庭的留守儿童、留守老人、留守妇女得到足够关爱。到2020年，实现农村低收入困难群众可支配收入整体越过6500元。坚持教育优先发展战略，实现新一轮教育资源科学合理布局，扩大学前教育资源总量，巩固提高义务教育成果，推进普通高中多元化发展，基本普及十五年教育。新建、改扩建一批义务教育阶段标准化学校，确保“县域内义务教育基本均衡”顺利通过国家验收。加快清华中学分校、贵阳一中花溪分校建设，引进国内优质教育资源，开展多种形式的合作办学。以城市公立医院综合改革试点为重点，优化城乡医疗资源配置，加快构建15分钟城市社区健康服务圈和30分钟乡村服务圈，确保90%的乡（镇、社区）、行政村分别建成一所标准化卫生院、标准化社区卫生服务中心、标准化村卫生室。建成区文化馆、区图书馆和全民健身中心。加强农村文化基础设施建设，引导扶持文化产品创作。建成全国文化先进县（区）。

（八）围绕构建现代社会治理体系，加快实现和谐花溪新跨越。围绕实现治理能力、公共服务、协同治理、社会治理“精细化”，加强法治政府建设。要实现治理能力“精细化”，充分整合政府部门、公共企事业单位的服务数据和管理资源，完成“社会和云”试点建设任务并上线运行。加快政府应急综合指挥平台建设，构建“一站式”大数据公共服务管理系统平台；积极探索“数据治理”新模式，畅通政府与民众沟通的渠道，完善惠民服务体系。要实现公共服务“精细化”，强化乡（镇、社区）和村（居）的托底功能，提升网格化服务管理水平。在社区推广“一核多元、五力共治”的社会治理模式，启动“星级社区”创建，深入推进“三年千院”改造升级计划。按照整村推进、试点示范、全面提升的原则，推进农村群众工作网络化，打造一批农村社会治理示范点，细化农村治理单元，推进政务服务、社会服务向村民组延伸。要实现协同治理“精细化”，建立和完善社会动员组织体系、工作机制和工作载体，以“四强四助”、“五比五看”等活动为载体，激发社会组织活力，加强社会组织、社工机构和社工人才队伍建设。要实现社会治理“精细化”，建立覆盖全区的公共法律服务平台，加强基层法律服务工作者、人民调解员队伍建设。引导市民树立自觉守法、遇事找法、解决问题用法、化解矛盾靠法的意识。深入开展信访维稳“百日攻坚战”，加强社会矛盾纠纷排查调处和源头治理。深入开展“两严一降”专项行动和禁毒人民战争，建成平安和谐新城。

三、2016年的重点工作

今年是全面实施“十三五”规划的开局之年，是奋力打造国家级文化旅游创新区的攻坚之年，做好今年工作意义重大。

今年全区经济社会发展的主要预期目标是：生产总值同比增长12%左右；规模以上工业增加值增长10%左右；固定资产投资增长20%左右；社会消费品零售总额增长11%左右；实际直接利用外资增长20%左右；引进省外实际到位资金增长15%左右；公共财政预算收入增长11%左右；城镇、农村常住居民人均可支配收入分别增长10%、11%左右；旅游总收入增长20%左右；城镇登记失业率控制在4.5%以内；城镇新增就业人数2万人；万元生产总值能耗控制在市下达目标范围以内；主要污染物排放总量控制在市下达目标范围以内；空气质量优良率保持在88%以上。

2016年，拟办“十件实事”。（1）完成农村危房改造355户；完成2016年度“四在农家·美丽乡村”小康寨“一事一议”普惠制项目建设。（2）实施花溪公园旅游基础设施提升改造项目。（3）完成青岩镇南街村水资源综合利用试点工程建设。（4）完成2015年度巩固退耕还林成果专项资金建设。（5）完成乡（镇）学校标准化运动场建设12000平方米。（6）完成花溪区“两馆一中心”（文化馆、图书馆、全民健身中心）主体工程建设。（7）完成一所乡镇卫生院标准化建设项目。（8）实施绕城高速公路与甲秀南路联络线（绕城高速花溪互通立交）工程建设。（9）完成2016年度农业综合开发高标准农田建设；完成2015—2016年市级冬春农田水利建设。（10）完成高坡乡苦蒿冲提水工程建设。

围绕上述目标，我们将在八个方面精准发力，努力实现“十三五”良好开局。

（一）在产业转型上实现新突破。围绕打造“三个姊妹篇”，加快大数据产业、全域旅游业、现代服务业、现代制造业和现代新型农业发展。一是加快发展大数据产业。按照花溪区、经开区大数据产业发展的要求，规划“一区两中心五园四基地”的大数据高端产业集聚区空间布局。依托高校聚集的优势，重点打造大数据研发中心、大数据创新创业示范园区，积极引进一批大数据总部企业入驻园区，大力发展大数据软件研发等产业。结合花溪区的战略定位，积极推进智慧旅游、智慧城市建设，打造互联网文化旅游产业园。依托贵阳孟关国际汽贸城的优势，大力发展电子商务及服务外包产业，打造以汽车贸易及汽配产业电子商务为主，融合生活电商、跨境电商、农村电商特点的花溪电子商务及服务外包产业园。积极推进呼叫中心等服务外包产业发展，形成上万规模的呼叫中心坐席，夯实大数据基础产业。二是加快发展全域旅游业。抢抓我区进入首批创建“国家全域旅游示范区”的机遇，以“五个着力”为抓手，确保天河潭、花溪公园今年“十一黄金周”全新亮相，力争将青岩古镇创建成5A级景区。大力推进山地旅游、乡村旅游和旅游扶贫，加快青岩镇龙井村、高坡乡扰绕村省级乡村旅游转型升级示范点建设。建成天河潭景区和青岩古镇景区智慧旅游指挥分中心，启动国家级旅游度假区申报工作。全区旅游接待人次、旅游总收入分别增长18%和20%。三是加快发展现代服务业。推进以传化智能公路港为龙头的第三方物流等业态快速聚集，加快西南商谷建设，着力打造中国公路物流港示范基地。全面提升贵阳孟关国际汽贸城品质，建成西南一流的汽车贸易中心。加快花溪大道文化旅游商业经济走廊建设，提升花溪全省旅游集散地、石板农产品物流园等功能，完善商贸物流体系，推进物流信息化、标准化建设。四是加快发展现代制造业。以“百千万”工程为抓手，以“千企改造”工程为引领，着力培育泰邦生物、保利久联、际华3537、中意食品、贵州贵茶等一批企业做大做强，加快推进泰邦生物科技园、特色饮料生产基地等一批项目建设，重点支持一批骨干企业通过技术改造实现提质增效。统筹谋划花溪区、经开区产业布局和产业融合，加快园区基础设施建设，打开园区开发建设新局面。在招商引资、项目建设等方面协同作战，形成两区合作共建龙头项目和产业园区项目的创新发展格局。推进新医药大健康产业集群发展，大力推进医疗器械产品的改进和创新，开发一批具有自主知识产权的医疗装备。确保2016年规模以上工业增加值实现255亿元（其中经开片区226亿元，花溪片区29亿元）。五是加快发展现代新型农业。加快现代高效农业示范园区建设，重点推进青黔农旅一体化休闲农业示范园区、燕马现代蔬菜高效农业示范园区建设，巩固提升久安现代高效茶叶示范园区。以示范园区为载体，整合现代农业与民族文化、乡村旅游、特色农产品加工等资源，积极发展观光休闲农业。抓住全市对台农业合作的机遇，找准花溪与台湾农业的结合点，健全合作机制，搭建合作平台，积极引进合作项目。全面启动青黔农旅一体化示范园区内台湾农业园建设。结合产业结构调整、美丽乡村建设，着力打造青黔高农旅融合发展的乡村旅游扶贫示范带。加快农村特色化发展，着力提升农村生态化、产业化、信息化水平，推进乡村文化多元化、基础设施一体化、公益事业均等化发展。

（二）在服务平台上实现新突破。加大平台建设、政策扶持和创新服务的力度，以创新能力的加速提升抢占新一轮竞争的制高点。一是加强创新平台建设。坚持创新发展理念，将创新思维和创新手段贯穿经济社会发展始终，着力推进创新创业服务平台建设，加快建成大数据创新创业园，大力扶持有市场竞争力的创新型领军企业，支持科技型中小企业健康发展，鼓励基础研究，加强知识产权保护。积极推动高等院校、职业院所和企业合作办学，开展校企联合招生、联合培养试点，大力培养高技能人才和技能型产业工人。二是加大政策扶持力度。设立人才引进和培养专项资金，建立产业、科技、人才政策捆绑机制，大幅提高创新人才、科研人员成果转化收益分享比例。强化企业创新能力建设，出台鼓励企业创新创业、创业投资风险补助等方面的政策，鼓励企业自觉创新、自主创新，加快推动企业转型升级。重点打造一批创新型领军企业，培育一批高新技术企业、小巨人企业和大学生创业企业。三是推进金融服务创新。发挥金融机构主渠道作用，采取发行企业债、PPP等模式，多方争取社会资本参与文化旅游创新区项目建设。发挥财政资金杠杆作用，鼓励政策性银行和开发性金融机构对文化旅游创新区以及基础设施项目给予信贷支持，引导金融机构创新金融产品和服务，支持设计符合科技企业需求的信贷模式。建立拟上市企业信息数据库，鼓励和支持具备条件的公司进入中小板、创业板、“新三板”等市场，拓宽企业股权融资渠道。

（三）在改革开放上实现新突破。强力推进改革开放，破除阻碍发展的机制体制，为科学发展注入新的动力。一是深化重点领域和关键环节改革。继续推进“四张清单一张网”改革，进一步简政放权，优化审批流程，推进审批项目联审联办和审批信息化。大力推进政务服务规范化建设和标准化建设，对国务院、省政府、市政府要求下放的审批权及时授权到位；严格执行“三集中三到位”，对重点招商引资项目及老、孕、残等服务对象提供一站式全程代办服务。推动景区管理体制改革，探索市场运作、购买服务等方式，提升景区管理服务水平。二是扩大开放增添发展活力。推动花溪区、经开区融合发展，从体制机制、产业布局、招商引智、项目建设、队伍建设等方面实现平台共建、资源共享、政策共用，不断提高对外开放水平。围绕两区融合发展定位和产业发展导向，以主导产业优势互补、集群发展为目标，紧盯重点区域、重点行业、重点目标，做好项目编制和包装，开展中介招商、以商引商、委托招商，实现粗放式招商向精准招商转变，提高招商引资效率，力争在引进世界500强、国内200强等企业方面实现新突破。三是全力打造优良的投资环境。实行项目前期工作代办制、重点项目跟踪制，建立服务客商的快捷通道，积极主动搞好服务。全区各级各部门要牢固树立“人人都是招商主体，人人都是投资环境”的意识，切实做到亲商、扶商、安商、富商，努力营造良好的招商引资环境。

（四）在产城互动上实现新突破。根据《花溪文化旅游创新区三年行动计划》的部署，举全区之力实施“七大工程”，力争全年完成概算投资300亿元以上。一是抓好城市功能提升。坚持一手抓产业发展、一手抓城市建设，实现产业发展与城市建设良性互动、齐头并进。按照空间、土地、产业、生态、主体功能区“五规合一”的要求，推进“公园城市”“海绵城市”规划建设。实施花溪大道沿线、黄金大道沿线、天河潭片区等绿化景观提升项目，实施花溪城区水体规划建设、红岩水库、栗木水库等生态建设项目，实施孟溪路、大职路、航天路等路网建设项目，实施主干道沿线范围、景区周边、孟关区域等立面整治项目，加快推进花溪旅游集散中心、青岩古镇创5A级旅游景区和天河潭改扩建项目建设。二是抓好产业项目建设。把项目建设作为打造国家级文化旅游创新区的重要抓手，举全区之力强力推进项目建设。结合“十三五”规划，加快项目的规划编制，每年安排不低于500万元的项目前期费用，做好项目申报前期工作，建成详实的项目库，确保项目储备在500亿元以上，为花溪建设奠定坚实的基础。强化项目包保责任制，强化部门联动，强化工作创新，着力破解项目建设中存在的难题，推动传化智能公路港等项目尽快建成投产。围绕企业转型升级的目标，加大传统企业的技术改造和扶持力度，鼓励企业利用大数据等现代技术改造提升传统工艺，进一步提升产能和技术水平，使传统产业焕发生机与活力，向高端化方向发展和迈进。三是提升园区承载能力。全面提升花溪产业园承接经开园区产业转移的能力，重点加快燕楼产业园区基础设施建设，建成党武至燕楼、龙燕路三标段等园区外联主通道，启动燕楼污水处理厂建设，解决园区内道路、用水、用电、排污等配套设施建设问题，吸引更多的企业落户园区，为打造千亿级开放创新平台提供有效的拓展空间和配套服务。继续实行重点项目领导包联推进责任制，编制项目建设路线图，实行台账管理；建立项目建设协调机制，及时协调解决项目建设中的问题，强化项目环境、项目资金、项目用地等要素保障。

（五）在生态建设上实现新突破。坚守发展和生态两条底线，加快建设资源节约型、环境友好型社会，形成人与自然和谐发展的新格局，加快推进全国生态文明示范区建设。一是着力抓好生态保护。牢固树立绿水青山就是金山银山的发展理念，运用经济杠杆进行环境治理和生态保护，让生态文明建设考核成为“硬杠杠”。围绕花溪地处长江水系、珠江水系分水岭的区位特点和优势，着力保护好“三条生态廊带”。积极培育生态文化，举行“美化家园·绿色生活”为主题的环保公益活动，倡导低碳、节俭的生活方式。二是着力抓好绿色行动。大力实施“绿色贵州建设三年行动计划”，加快实施天然林保护、封山育林、植树造林、石漠化综合治理等生态建设工程。在城市主干道、城乡公路沿线种植行道树，在道路节点周边种植常绿花草，以“花”为主题，精心打造“车在路上行、人在画中游”的城市景观。加大生态环境保护投入力度，完善环保基础配套设施，拓展市场化城市管理范围。通过“12369”环保热线、手机“随手拍”等方式，逐步健全接受公众监督、受理群众举报的环保监督体系。三是着力抓好环境治理。大力推进清洁化生产，围绕治水、治气、治渣，完成主要污染物减排目标任务。深入推进“六个一律”环保执法专项行动、森林保护“六个严禁”执法专项行动，重拳整治环境污染和毁坏森林资源的行为。着力改善水资源环境，建立水资源、水环境承载力监测评估预警制度，依法清理饮用水源保护区内违法建筑和排污口。加强农村环保监管，开展千人以上集中式水源点水质监测和区域空气质量监测，确保集中式饮用水源地水质达标率达100%，城市环境空气质量达标率达98%以上，城镇污水处理率达95%以上。四是着力抓好低碳产业。坚持“产、城、景”一体化发展，大力发展循环经济，加快贵阳市花溪城市生活垃圾综合处理工程建设，推动城市污泥、企业污水等处理后的循环利用。念好“山字经”，种好“摇钱树”，把绿叶子变成红票子，实现由“盼温饱”“求生存”向“盼环保”“求生态”的转变。大力推进低碳交通建设，支持企业对公交车、班线车、货运车辆进行清洁能源改造，逐步优化用能结构。

（六）在城乡统筹上实现新突破。统筹推进城乡基础设施建设，突出市区园林化、农村特色化，实现城乡一体化发展。一是完善基础设施。坚持问题导向，着力解决中心城区停车难、交通堵，农村环境差、产业弱和老城旧、小区破等突出问题。完善城市骨干路网，改造提升石板—久安、青岩—黔陶—高坡、燕楼—马铃、隆昌—岔路口等城乡（镇）连接线，实现城乡道路互联互通。建设花溪中心城区停车场，完成孟关、燕楼、石板3个乡（镇）污水处理厂及配套污水管网工程。推进信息基础设施全覆盖，实现每个村寨通“宽带”。实施小康六项行动计划，改善农村群众生产生活环境，促进城乡基本公共服务均等化、要素配置合理化、产业发展融合化。二是建设美丽乡村。以推进全域旅游为重点，把美丽乡村建设与旅游业发展紧密结合起来，按照产业围绕旅游转、产品围绕旅游造、结构围绕旅游调、功能围绕旅游配、民生围绕旅游兴的要求，不断提升美丽乡村的景观品质和乡村旅游价值，确保示范点农民来源于旅游业的收入达20%以上。以天河潭景区及周边环境综合整治提升为契机，打造“天河四寨”（镇山、芦荻、花街、摆陇）4个美丽乡村示范点，增强景区配套服务功能；以扶贫统揽农业农村工作，整合资源对青岩—黔陶—高坡沿线进行集中连片打造，重点建设黔陶大马场和高坡石门、扰绕3个美丽乡村示范点。探索农村房屋建设“区、乡、村”三级联审制度，严格规划设计和审批程序，推动“农家房”向“农家乐”转变。三是加快城镇建设。在城镇化建设中，更加注重产业培育，突出民族特色，增强人文内涵，做足山水文章，努力开启我区城镇化建设的新局面。充分发挥青岩镇的引领带动作用，编制完成孟关、石板、燕楼、麦坪、黔陶、高坡、马铃、久安8个乡（镇）的总体规划和风貌设计，把城镇化与产业发展、美丽乡村建设结合起来，完善城镇配套设施，推进绿色、生态、文化小镇建设。四是加强环境综合整治。加快迎宾馆周边、大寨、董家堰村（一、二组）等城中村项目建设。重点整治天河潭景区周边、青岩古镇、小孟工业园区周边、孟关片区、青岩至高坡沿线的农村环境。将农村环境综合整治资金纳入财政预算，完善乡（镇）及村级垃圾收集、处理设施，完成区级再生资源分拣中心建设，实现乡（镇、社区）再生资源回收分拣点规范管理，启动城乡一体化环境卫生综合治理试点工作。以全市打造“千园之城”为契机，对各乡（镇）村寨的公共活动场所、文化广场等进行提升改造和绿化美化亮化。巩固“创文”“创卫”“创模”成果，结合多彩贵州文明行动，开展形式多样的活动，形成人人参与、人人受益的环境综合治理氛围。继续弘扬农村良好的民俗民风，实施农民素质提升工程，开展“星级文明户”评选活动，引导农户养成良好的文明卫生习惯。

（七）在改善民生上实现新突破。进一步增加公共服务供给，继续实施“温馨家园”公益事业项目，促进就业创业，缩小收入差距，着力实施社会保障兜底工程、城乡危旧房改造工程、环境整治工程，不断提高人民生活水平，提升群众幸福感和获得感。一是更加重视大扶贫工作。围绕市委、市政府提出的“建成更高水平的全面小康社会”的战略目标，紧扣精准扶贫这一主线，实施“十项行动计划”，深入推进扶贫开发工作。实施大数据精准扶贫工程，对人均收入4300元以下的农村低收入群体实现帮扶责任全覆盖。创建市级扶贫示范村，精准识别农村低收入人口，准确率达98%，建档立卡低收入户家庭年人均纯收入增长16%。采取“公建民营”的方式，推动青岩、麦坪、经开3个中心敬老院建设。二是更加重视教育卫生公共服务。迁建一批标准化学校，改善办学条件，缩小城乡、校际间差距，确保我区“义务教育基本均衡”工作顺利通过国家级验收；推进基本普及十五年教育工作，加大优质教育资源引进力度，不断提高办学水平。通过实施教育扶贫助推精准脱贫，启动教育网络平台建设，探索“互联网+教育”的新模式。更加注重医疗卫生资源下沉和重心下移，逐步完善分级诊疗制度，将区级医院与部分乡（镇）卫生院串成“连锁店”，让基层群众就近享受优质医疗服务。实施社区卫生服务机构、乡（镇）卫生院、村卫生计生室提升工程，建好黔陶乡标准化卫生院，在每个社区规划设置1个卫生服务中心，每个行政村规划设置1个卫生室。全面实施一对夫妻可生育两孩政策。三是更加重视社会民生保障。切实发挥社会保障的兜底作用，织牢织密民生保障网，落实好养老保险、医疗保险、新农合和被征地农民社会保障政策。推进社会保险制度全覆盖。进一步提高城乡低保、五保供养标准，实现农村低保标准与扶贫标准“两线合一”。四是更加重视公共文化服务建设。突出“文化为魂”理念，发挥好孔学堂文化品牌作用，启动区文化馆、区图书馆和全民健身中心等公共设施建设。继续实施农家书屋、文化信息资源共享等重点文化工程，鼓励创作思想内涵丰富、艺术质量上乘、群众喜闻乐见的精品佳作，进一步挖掘和打造历史文化、传统文化、民族文化、现代文化品牌。弘扬优秀民族民间文化，营造“全民阅读·书香花溪”氛围，引导人民群众共怀创造美好生活的愿景，追求文明的生活方式。五是更加重视公共法律服务体系建设。以“法治宣传育民、法律服务惠民、矛盾调处安民、服务基层便民”为目标，构建政府主导、保障有力、管理规范、运行高效、覆盖城乡、惠及全民的公共法律服务体系。建立区、乡（镇、社区）、村（居）三级公共法律服务网络，完成区级公共法律服务中心建设，积极营造学法、守法、用法的良好氛围。

（八）在社会治理上实现新突破。总结推广“一核多元、五力共治”的社会治理模式，整体提升基层社会治理能力。一是加强社会协同。充分发挥社会组织孵化基地的作用，鼓励建立公益慈善类社会组织，开展“日行一善，温暖花溪”公益慈善主题活动。大力推进政府购买公共服务，将区级社会治理常设专项资金的10%用于政府向社会力量购买服务，培育壮大社会组织。把社会工作人才队伍建设纳入区级人才队伍建设总体规划，注重人才的引进和培养，加强社会工作人才队伍建设。二是加强基层治理。积极开展“星级社区”“最美社区人”评选活动。以“三年千院”行动计划为重点，力争完成25个老旧居民小区改造升级任务。完成第十届村（居）换届选举工作，全面推进村（居）规范化建设和农村社区全覆盖，发挥基层政权和社区保障基本公共服务作用。三是加强风险防控。加强和创新社会治理，重点聚焦管控公共安全风险点，深入开展“两严一降”和禁毒人民战争，扎实推进村（居）警务助理工作，力争实现群众安全感满意度排位前移。完善重大决策、重大项目风险评估机制，运用法治思维和法治方式解决群众信访诉求，深入推进信访维稳“一号工程”和“百日攻坚战”，扎实抓好“数据信访”工作，确保信访量同比大幅度下降，实现“两个百分之百”。继续加强安全生产工作，做好道路交通、危险化学品、油气管道、建筑工地、公共场所消防等重点领域的安全生产监管工作。完善各级应急制度、应急预案，高标准做好地质灾害隐患治理，增强抵御自然灾害的能力。四是加强数据应用。夯实网格化建设基础，建立信息化服务体系，充分发挥“12345”公共服务平台作用，整合区、乡（镇、社区）、村（居）三级力量，提高网格化管理的精细化、信息化、组织化、责任化水平，构建共同推进社会治理工作的大格局。建立完善乡（镇、社区）、村（居）一站式服务大厅。打造“社会和云”平台，运用大数据提升社会治理水平。

继续推进民族宗教、外事侨务、对台、仲裁、地方志、档案、气象、老龄、残疾人、国家安全等事业发展，支持国防建设和法院、检察院工作，支持工青妇、关工委、红十字会、计生协会等组织做好工作。

四、加强政府自身建设

各位代表！打造国家级文化旅游创新区，对政府工作提出了新的更高要求。我们要以建设创新型政府、法治型政府、服务型政府、效能型政府、廉洁型政府为目标，聚焦经济社会发展的重大问题、人民群众关注的热点问题，大兴调查研究之风，开展研究问题、破解难题竞赛，进一步提高工作的针对性和实效性，进一步增强政府的执行力和公信力，更好地服务全区广大人民群众。

（一）建设创新型政府。我们要始终坚持创新发展的理念，创新政府管理理念和方式，健全政府决策、执行、监督机制，推进政府向社会购买服务的改革。继续深化改革、扩大开放，不断释放经济社会发展的体制动力和内生活力。紧紧围绕打造国家级文化旅游创新区的奋斗目标，用创新的思维解决发展中的难题，切实提高执行力和落实力，切实增强创新力和担当力，充分发扬“钉钉子”“扣扣子”“担担子”的精神，敢作敢为，善作善成，加快推进创新政府建设。

（二）建设法治型政府。我们要始终坚持把依法行政作为政府工作的生命线，深入贯彻依法治国基本方略，把政府工作全面纳入法治轨道。认真贯彻落实行政执法体制改革，加强政府法制工作，加快法治政府建设。要时刻牢记政府是国家权力机关的执行机关，必须严格履行宪法和法律赋予的职能职责，自觉接受人大法律监督、政协民主监督和新闻舆论监督。严格落实权力清单、责任清单，切实做到法定职责必须为、法无授权不可为，行政权力要授予有据、行使有规、监督有效。

（三）建设服务型政府。我们要始终牢记为人民服务的宗旨意识，把增进人民福祉、促进人的全面发展作为根本的出发点和落脚点，切实做到对党忠诚与对人民负责的高度统一，坚定不移贯彻落实中央的路线方针政策，不折不扣地执行省委、省政府和市委、市政府及区委的决策部署，关心群众冷暖，顺应群众期盼，把工作做到群众心坎上。加强公务员队伍建设，全面提高干部队伍素质，坚持人民利益至上，廉洁奉公，勤勉尽责，真正当好人民公仆。

（四）建设效能型政府。我们要始终推进政府绩效管理，充分运用大数据等新技术，将“互联网+政务”的理念渗透到公共管理、公共服务和公共政策等各个环节的实践中，提高政务服务水平和效能。按照“求实效、出实招、能落地”的要求，简政放权，改进作风，强化监察，对“门难进、脸难看、事难办”和“久督不办、久拖不决、敷衍塞责、推诿扯皮、效能低下”的单位及人员进行严肃问责。

（五）建设廉洁型政府。我们要始终坚持政务工作与廉政建设“两手抓、两手硬”，强化教育，完善制度，加强监督，健全廉政风险防控体系。要从严从实执行《中国共产党廉洁自律准则》《中国共产党纪律处分条例》等党纪政纪法规，严格遵守中央、省委、市委和区委各项规定，坚持不懈纠正“四风”，厉行节约，反对浪费。加强行政监察和审计监督，纠正行业不正之风。要扎紧“制度笼子”，推进“数据铁笼”建设，以实际行动营造风清气正、崇廉尚实、遵纪守法的政治生态。

各位代表！美好蓝图已经绘就，冲锋号角已经吹响！让我们紧密团结在以习近平同志为总书记的党中央周围，在省委、省政府和市委、市政府及区委的坚强领导下，主动顺应新常态，昂首迈步新征程，坚定不移守底线，脚踏实地走新路，在全市建设创新型中心城市中做示范、奔高标，努力向着打造国家级文化旅游创新区的目标奋勇前进！

花溪区人大常委会工作报告

（2016年 2月21日在花溪区第十六届人民代表大会第六次会议上）

任渝生

各位代表：

我受区人大常委会的委托，现在向大会报告工作，请予审议。

2015年的主要工作

一年来，在中共花溪区委的领导下，区人大常委会认真贯彻党的十八大和十八届三中、四中、五中全会精神，深入学习习近平总书记系列讲话精神特别是在贵州视察时的重要讲话精神，积极主动适应新形势，扎实开展“三严三实”专题教育活动，认真履行宪法和法律赋予的各项职权，充分发挥地方国家权力机关的作用，较好地完成了区十六届人大五次会议确定的各项任务。一年来，召开常委会议12次，主任会议15 次，听取和审议“一府两院”工作报告14项，对2部法律法规开展了执法检查，作出决议、决定 2 项，为全区经济社会发展做出了积极贡献。

一、围绕中心，服务大局，切实履职尽责

（一）始终坚持党的领导。常委会把坚持党的领导作为开展一切工作的根本要求，高度重视政治理论学习，严格遵守党的政治纪律，凡属重大问题或重要工作，都及时向区委请示报告；凡是区委的决策部署，都以积极的态度通过履行法定职权，通过法律程序转化为全区人民的意愿；坚持每季度至少向区委汇报一次工作，做到了在思想上与区委同心、目标上与区委同向、工作上与区委同步。

（二）积极参与中心工作。常委会紧扣全区的总体发展思路，制定了区人大2015年工作要点，重点围绕花溪区文化旅游创新区建设，对全面深化改革、推进依法治区、农业农村发展、城市开发建设、社会治理创新、生态文明建设、保障和改善民生、民族文化保护和传承等工作，以及群众关注的热点难点问题，拟定议题、课题，开展调研，强化监督，主动作为，提出了一些有针对性、建设性的意见建议，有力促进了全区各项工作。一年来，常委会开展专题调研11 次，提出了意见建议28 条。

（三）依法进行人事任免。坚持党管干部原则和人大依法任免相统一，严格遵循任免程序，依法实现区委意图，为“一府两院”工作提供了有力的组织保证。一年来，共依法进行人事任免29人次。其中：决定任免区政府副区长3人，区政府组成人员13人；任免人大干部1人；任免区法院干部7人，人民陪审员3人；区检察院干部2人。坚持向被任命人员赠送《宪法》《监督法》等有关法律读本。

（四）全力推进文化旅游创新区重点项目建设

按区委的安排，常委会各位副主任分别参加了孟溪大道、市域快铁、花安高速等建设指挥部和中心城区、迎宾馆周边区域、大学城周边区域、十里河滩两侧区域、孟关片区、青岩片区等整治指挥部的项目建设，分别担任指挥长或副指挥长，各位副主任在做好人大工作的同时，将智慧和力量奉献给了花溪重点项目建设，为文化旅游创新区的建设作出了积极贡献。

（五）积极参与精准扶贫及驻村帮扶工作

按照区委统一部署，区人大机关负责帮扶高坡乡五寨村，燕楼镇燕楼村、坝楼村、摆古村等，区人大常委会主任、副主任和中层干部积极参与精准扶贫帮扶工作，定点帮扶到村到户，深入走访贫困户，了解贫困户需求，实施精准扶贫。积极选派干部担任村第一书记、参加同步小康工作组开展驻村帮扶。2015年在扶贫和帮村方面，共宣传政策100多次，帮助协调项目涉及资金390多万元，帮扶资金60多万元。

二、突出重点，加强监督，切实保障区委决策贯彻落实

常委会立足于推动全区经济社会持续健康发展，讲求实效，加大监督力度，认真行使监督职权，助推了重大项目和重点工作抓实见效。

（一）强化经济工作监督。坚持把国民经济和社会发展计划、财政预算执行情况作为监督重点，定期审查，作出决议决定，促进了经济健康运行。一是听取和审议了区政府关于2015年度国民经济和社会发展计划调整草案报告，并批准了该报告；二是听取和审议了区政府关于2015年上半年国民经济和社会发展计划及财政预算执行情况的报告；三是听取和审议了区政府2014年财政决算报告和审计工作报告，批准了2014年区级财政决算。常委会认为：区政府面对复杂严峻的经济形势，结合我区实际，顺势而上，乘势而为，不断完善社会民生和重点项目，主要经济指标完成较好（见政府工作报告）。

国家新《预算法》颁布施行后，我们适时、多次建议区政府深入贯彻执行好新的《预算法》，严格依法管理好“钱袋子”，一是加强预算管理，提高资金使用效益；二是加大财源建设力度，夯实财源基础；三是加强税收征管，确保应收尽收。

（二）强化项目工作监督。项目建设是推动全区经济社会发展的重要实体和建设文化旅游创新区的支撑，是常委会监督工作的重点。2015年，常委会先后对“十里河滩”项目三期工程、孟溪路、区委党校建设工程、“两港一中心”等文化旅游创新区重点项目进行了专题视察，针对调研发现的项目建设进展不平衡，项目资金调度慢等问题，提出了一些被采纳、吸收、认可的建议、意见。同时，我们还利用省市人大工作机制，争取上级有关部门的支持，促使项目建设向前推进。

（三）强化民生工作监督。一年来，常委会通过实地调查、会议座谈、代表视察等方式，先后对“八件实事”、城市管理、环境保护、“美丽乡村、幸福家园”、水利建设、扶贫开发等事关群众切身利益的问题，进行了专题调研或视察，促进了民生问题的有效解决。在听取并审议《区人民政府关于“全年拆除50万平方米存量违法建筑，实现违法建筑零增长管控目标”工作进展情况的报告》时，建议：一是在重视农房规划的同时，结合“美丽乡村”建设要求，运用法治思维和法治方式落实好土地政策，从源头上做好控违拆违工作；二是在大力宣传《贵阳市城乡个人建房规划管理办法》的基础上，认真贯彻落实好该《办法》。三是加强统筹协调，健全长效管理机制；四是进一步加大控违力度，重点打击“以套取国有资金为目的”的违建和“投机取巧式”申请的自建房，打出依法治国、依法行政的声势，确保违法建筑少增长、零增长；五是加强重点区域违法建筑整治工作，依法行政，确保安全，提高执法水平。

（四）认真开展工作评议。结合文化旅游创新区建设，我们历时一个多月对区旅游局的工作进行了评议。按照宣传动员、民意测评、征求意见、问题反馈、整改提高的程序，帮助旅游局对自己的工作进行了梳理和重新审视。去年12月16日，常委会第40次会议听取和评议了区旅游局的工作报告，经过票决，评议结果为优秀。常委会认为：区旅游局在工作思考和安排中，紧贴省委、市委对我区建设文化旅游创新区的要求，有全局，有思路，有措施，在重点工作、重大工程、重大项目中，紧紧围绕打造文化旅游精品、丰富文化旅游业态、开发文化旅游商品履行职责；积极推进创建国家级旅游度假区和国家5A级旅游景区工作，向中央及省市旅游部门争取旅游基础设施建设资金，加强招商引资等，工作成效明显。

区人大常委会对区旅游局的工作给予充分肯定的同时，针对尚有旅游项目资金沉淀和存在的其他一些不足提出了建议：一是加强与相关部门的沟通和交流，群策群力，不断提高旅游项目资金的使用效率。二是加入茶元素，深度发掘我区茶文化内涵，不断提升我区旅游的文化品位。三是加强停车场等旅游配套设施建设，妥善解决景区周边“停车难”问题，做到“快进”、舒心、停车无虑。四是区旅游局要站在全区大局谋划旅游工作，担任好旅游工作“发改局”的角色，主动作为，积极履职，按照城区“园林化”的要求提升品位、打造旅游名片。

三、着眼公正，依法监督，强力推进民主法治建设

（一）切实推进依法治区。区人大常委会听取和审议了区政府关于依法治区工作情况的报告，对区人民政府依法治区工作情况给予了肯定，认为区政府及其相关部门为大力推进依法治区做了大量的工作，获得了可喜的成绩。针对普遍存在的薄弱环节，建议区政府：一是继续深化对普法、依法治区工作的认识，健全依法治区工作考核机制。二是转变思想观念，依法治区不是一个部门的事，全区各级各部门都应进一步加强普法工作，特别是领导干部应以身作则，加强学习，将法治思维融入工作的各个环节，不断增强依法决策、依法行政、依法办事的自觉性。三是理顺区依法治区办公室体制关系，调动其工作积极性，推动工作开展。

（二）高度关注司法改革。贵州省是全国7个首批开展司法体制改革的试点省份之一，而我

们花溪区又是贵州省第一批司法体制改革试点单位，花溪区“两院”全力以赴抓好试点工作，争取当好司法体制改革的先遣队、探路者。为此，区人大常委会专门到法检两院视察了解司法改革工作，详细了解司法改革以来人员调整及分类管理机制、办案团队设置、机构部门更改设置等情况，针对“两院”改革中提出的问题，需要区人大常委会依法办理的事宜，我们都给予了积极的响应与支持，不因我们的原因而影响改革。应该说两院的改革对我们履行人大监督职责更有积极的作用，对公正司法更有积极意义，对司法为民更有推动作用。

（三）严格开展执法检查。一年来，常委会坚持少而精、重实效的原则，重点对《文物保护法》、新《环境保护法》等两部法律在我区的贯彻实施情况进行了执法检查。在对《文物保护法》施行检查时，按文化旅游创新区定位，提出进一步加强《文物保护法》宣传，提高群众保护文物的法律意识和责任意识；要充分发挥文物的传承、服务等功能，为文化旅游创新区建设添色增彩等意见建议。在审议新《环境保护法》的贯彻实施情况时，提出了环保部门要加大新环保法的宣传力度，严格执法，健全生态环保执法部门协调联动机制等审议意见。在贵阳市新的空气质量考核奖惩办法实施后，贵阳市生态委第一次发布空气质量考核结果，花溪区垫底，得知此情况后，区人大常委会顺应全区人民的关切，及时与区人民政府沟通，提出了《关于加强环境综合治理解决好空气质量考核垫底问题的建议》，建议区人民政府高度重视，找出原因，采取切实可行的措施，科学设置环境监测点，加强综合治理，努力实现考核排位前移。

（四）持续推进备案审查。一年来，常委会根据《规范性文件备案审查实施暂行办法》的规定，完善工作机制，明确审查范围，主动向市人大常委会报送备案区人大常委会作出的决定、决议；对区政府报送备案的规范性文件，依法进行了审查，以利于规范性文件的合法性、权威性。

（五）认真办理来信来访。常委会主任、副主任按照区委的要求积极参加全区“大接访”活动，耐心倾听群众的诉求，积极为群众排忧解难。常委会始终把受理和接待群众来信来访作为履行职能、强化监督的重要抓手，不断健全完善信访工作长效机制。一年来，“大接访”活动共接访500余人次，常委会信访室共接待群众来访65人次，受理函件22 件，转办22件，为促进社会和谐稳定发挥了积极作用。

四、强化组织，优化服务，充分发挥代表主体作用

常委会坚持把密切联系代表、发挥代表作用作为提高人大工作水平的基础，改进工作方法，提高服务水平，着力在发挥人大代表主体作用上下功夫。

（一）积极拓宽代表履职平台。一是坚持邀请代表列席常委会会议和参加有关活动，积极推荐代表列席区委、区政府的相关评审会、论证会，听证会等，保障代表知政权、参与权、表达权、监督权。二是精心组织视察活动，根据区委的工作重心和全区经济社会发展的主线，结合区人大年初工作计划，精心组织代表组活动，让代表更多的了解全区的大势、全局。邀请代表参加人大常委会视察、执法检查和专项调研等活动，注重采纳基层代表的意见建议，增强了代表履职的积极性。三是继续实行常委会组成人员联系代表制度，每位常委联系两名基层人大代表，帮助代表从全区的角度了解社情、知晓政情，让代表乐于建言、善于建言。

（二）不断提高代表履职水平。一是积极开展培训。借助青岛市人大的培训基地，分别组织了履职能力专题培训和新《预算法》专题培训。

二是注重对外交流。组织常委会组成人员和部分代表到省内外兄弟区（市、县）学习考察，开拓视野，激活思想，得到启迪，获得经验，跳出花溪看花溪，以更高的视角、更宽的视野参政议政。三是为代表订阅学习资料、发送短信，组织代表参加有关公务活动等，多种形式组织代表学习，不断提高代表的综合素质和履职能力。

（三）稳安推进代表履职规范。一是科学规范代表履职行为，继续执行《花溪区第十六届人大代表履职考核办法》，对代表履职行为进行制度规范，促进代表履职管理工作规范化、科学化，不断增强代表履职的责任感和使命感。二是在试点取得成功的基础上，在全区推行区人大代表向选民述职活动。此项工作历时两个月，以选区为单位，共召开述职测评大会35次，82名区人大代表分别向所在选区选民代表进行了述职，占全区代表总数的27.3%。通过现场选民民主场测评，获得“优秀”票达90%及以上的有44人，获得“称职”票达70%及以上的有37人，获得“基本称职”票达50%及以上的有1人。该活动增强了代表与选民的联系，让代表接受选民的评议和监督，促使代表认真履职，积极建言献策。

（四）认真督办代表意见建议。区十六届人大五次会议期间，共收到人大代表建议、批评和意见176件。大会闭幕后，我们及时将代表建议、批评和意见分类整理，与区人民政府共同召开了交办会议，明确了承办单位和督办责任人。从176件建议、批评和意见中我们筛选出常委会督办件4件，主任督办件13件。常委会高度重视代表批评建议整理、交办、督办工作，主任会议不定期听取代表批评建议办理情况汇报，研究督办工作。对于与老百姓生产生活密切相关的代表批评建议，常委会领导亲自带队现场调研，对有条件落实的及时召开专题会协调督办，推动了相关代表批评建议的落实。为确保批评、意见和建议落到实处，借鉴外地做法，经与政府协商，在年初财政预算中专门安排专项办理资金50万元，这在花溪人大工作中是一个创新。一年来，176件代表批评意见和建议均办理完毕，办复率100%，在所有办复的意见中，非常满意的13件，满意的155件，较满意的8件，不满意的0件，满意率100%。此项工作我们有一个书面专项报告，请代表们审议。

（五）积极促进乡镇人大工作开展。按中央、省委、市委的要求，实行区人大常委会领导联系乡镇人大制度，对乡镇级人代会、代表小组活动、视察、调研、评议、制度建设等进行指导，给予支持，助推履职。去年我们召开了两次乡镇（社区）人大工作联席会，指导各乡镇间开展人大工作经验交流，力争在全区形成一个宣传落实人民代表大会制度的浓厚氛围，尽力凸显人民当家作主的社会主义本质，积极构建和谐向上的社会状态，进一步推动乡镇人大工作规范化，切实提高乡镇人大工作水平。

五、转变作风，提升效能，深入开展“三严三实”专题教育

（一）加强理论学习，筑牢思想阵地。按照中央和省、市、区委的安排部署，常委会深入开展了“三严三实”专题教育。围绕“严以修身、严以律己、严以用权”三个专题，创新学习方式，实行县级干部轮流主持学习会议制度，认真学习了习近平总书记系列重要讲话精神、党的十八届五中全会精神，学习了《习近平谈治国理政》有关篇目，学习了新修订的《中国共产党廉洁自律准则》和《中国共产党纪律处分条例》，学习了《宪法》《监督法》《代表法》的相关内容，通过认真学习、热烈讨论；自我剖析、查摆问题；静心思考、触摸灵魂；透彻领悟，内化于心；更清晰地明白了如何做人、如何为官，如何做事、如何创业。

（二）开展专题教育，转变工作作风。在深

入学习、自查问题、亲自撰写研讨发言材料的基础上，常委会班子成员认真开展了“严以修身、严以律己、严以用权”三个专题的集中研讨。通过领导干部带头讲党课、专题学习研讨、警示教育、民主生活会等方式，专题教育活动取得了明显成效，形成了守规矩、讲纪律、真抓实干、艰苦创业的良好氛围。如常委会的副主任们在文化旅游创新区项目建设的第一线，在房屋征收的主战场，扑下身子、挽起袖子，比状态、争速度、赛成效，做实做细群众工作，切实转变工作作风，在监督中工作，在工作中监督，真正做到了解民意、体察民情、温暖民心，让群众切身感受到了党和人民政府的关心、关怀，身体力行地践行了“三严三实”要求。

（三）强化人大宣传，树立良好形象。常委会进一步加强了人大宣传工作，组织宣传员先后采写新闻、消息等40余篇，其中《贵阳日报》和市人大网站刊发22篇；坚持办好《花溪人大》内刊，2015年出刊4期，有效地宣传了中央、省委、市委和区委的指示精神，宣传了人民代表大会制度，宣传了人大常委会及代表们的履职情况，介绍了“一府两院”的工作动态等。

各位代表，一年来，常委会较好地完成了区十六届人大五次会议既定的工作任务，实现了预期的目标。这些成绩的取得，是中共花溪区委正确领导的结果，是全体人大代表、常委会组成人员、人大工作者认真履职、辛勤工作的结果，是“一府两院”及社会各界密切配合、大力支持的结果，也是各位离退休老领导、老同志，全区各级党政组织和人民群众关心帮助的结果。在此，我谨代表区人大常委会向大家表示衷心的感谢和崇高的敬意！

回顾过去一年的工作，我们也清醒地认识到，区人大常委会的工作与区委和法规的要求、与全区人民的期望相比，还有一定的差距。如：讨论决定重大事项的作用发挥还不够；审议质量有待进一步提高；监督实效有待进一步增强；代表履职和联络机制有待进一步完善；常委会自身建设还需进一步强化。对于这些问题和不足，我们将在今后的工作中认真加以改进。

2016年的主要任务

2016年是实施“十三五”规划的开局之年。常委会工作的指导思想是：深入学习贯彻党的十八大和十八届三中、四中、五中全会精神和习近平总书记系列重要讲话精神，省委十一届六次全会、市委九届五次全会、区委十届七次全会精神及刚刚闭幕的省、市“两会”精神，紧紧围绕区委总体部署，按照“四个全面”的战略布局，以“创新、协调、绿色、开放、共享”五大发展理念统领人大各项工作，充分发挥人大在推进法治建设中的重要作用，认真履行宪法和法律赋予的各项职权，为建设国家级文化旅游创新区和千亿级开放创新平台作出新的贡献。

一、充分反映民意，在决定重大事项上要有新作为

要积极探索建立健全重大事项决策机制，紧紧围绕文化旅游创新区和开放创新平台的建设要求，围绕实施大扶贫和大数据行动，围绕群众关注的热点和难点问题，全面履行工作职能，按照《中共贵州省委关于加强人大工作和建设的决定》（黔党发〔2015〕26号）的要求，依法行使重大事项决定权。要准确把握稳中求进的工作总基调，认真听取审议区政府工作、计划、财政三个报告，对有关的问题适时作出决议决定，促进我区经济社会平稳较快发展。要不断提高常委会讨论决定重大事项的质量，完善决议决定起草、论证、协调、审议机制，及时把区委的重大决策部署转化为政府和群众的共同行动。当好区委的助手，政府的鼓手，为区委分忧，为政府加油。

二、完善工作机制，在确保监督实效上力争新突破

一要把握全局，了解大势，知晓全盘，摸准民意，真正树立“创新、协调、绿色、开放、共享”五大发展理念。二要把握正确方向，正确领会区委指示精神，紧跟区委工作要点，紧紧围绕区委工作中心，按照区委的旋律履行好人大职责。三要找准监督重点，做到精准精确，既要谋全局，更要谋一隅。适时对我区贯彻实施《旅游法》情况进行检查，助推文化旅游创新区建设。四要关注民生，全心全意为人民服务。既要关注全区大事，也要关注百姓小事，为“民生十困”助力。五要求真务实，坚决不搞形式主义、走过场、排话剧。坚决落实习近平总书记提出的“三严三实”要求，为党履职，为人民负责，为法律树威。监督不是抹黑、怪罪、发难，是拾遗补缺，提醒帮衬，爱之越深，责之越严。六要善谋监督，在区委的统一领导下，人大监督政府旨在同舟共济，齐心划桨，因为我们目标一致，无论运用专题调研、询问、质询、特定问题调查等何种监督形式，都是为了花溪这艘前行的航船胜利到达彼岸，完成党交给的任务，顺应人民的愿望。

三、强化服务保障，在发挥代表作用上谋划新举措

以贯彻落实《中共中央转发<中共全国人大常委会党组关于加强县乡人大工作的若干意见>的通知》（中发〔2015〕18号）和《中共贵州省委关于加强人大工作和建设的决定》（黔党发〔2015〕26号）精神为契机，扎实做好代表工作。一是认真开展区乡两级人大换届代表选举工作。常委会将按照上级的指示精神，在调查研究的基础上，对区乡人大换届代表选举工作提出符合花溪实际的工作方案、建议，供区委决策参考，确保此项工作圆满完成。二是继续强化代表学习培训，积极为代表履职尽责搭建平台，拓宽渠道，扩大代表参加常委会各项活动的覆盖面，充分发挥人大代表在审议、检查、调研和评议等方面的主体作用，不断提高代表参政议政能力。三是积极推动闭会期间代表活动经常化、制度化和规范化，切实增强代表小组活动的实效性。四是落实代表批评意见和建议办理责任制，继续施行常委会主任、副主任重点督办制度和常委会各工作机构跟踪督办制度，加快办理速度，提高办理质量，使代表意见建议得到有效落实。

四、加强自身建设，在履职能力上实现新提升

去年11月23日，也就是钟阳书记到花溪区就任后的第一个工作日，钟阳书记及秦建军副书记莅临区人大机关看望干部职工，这是区委及钟阳书记对人大工作的关心、支持和厚爱。同时也是对我们的鞭策、激励与要求，我们将按钟阳书记莅临时的讲话精神，强力推进区人大机关自身建设。一是以“学习型”机关建设为抓手，充分发挥人大党组、机关党总支的作用，采取灵活多样的形式，丰富学习内容，以正确的理论武装头脑，提高思想辨析和工作能力。二是运用大数据思维创新开展人大工作。建立区人大公众微信号和二维码，为人大代表和群众开启新的服务窗口，广泛凝聚社会共识，进一步提高区人大常委会的服务水平。三是进一步改变作风，防止“四风”反弹，坚持深入基层、深入群众、接地气、听民情、了解群众所思所想所盼，不断提高常委会决策的民主化、科学化水平。四是认真抓好各项制度建设，充分发挥常委会及各办事机构在监督工作中的职能作用，形成职责分明、规范高效的运行机制。五是进一步做好人大信访接待工作，提高办理质量，多途径畅通民意渠道，维护群众的合法权益。六是进一步加强人大宣传与交流工作，积极开展横向联系和对外交流，承办好部分省区第二次“县级人大友好论坛”活动，借

鉴学习外地先进经验，推动我区人大工作再上新台阶。

各位代表，新的一年、新的目标、新的起点、新的任务，让我们在花溪区委的坚强领导下，进一步解放思想、凝心聚力、开拓创新、务求实效，为“十三五”开好局，为全面建成小康社会，为打造国家级文化旅游创新区和千亿级开放创新平台作出新的更大的贡献！

政协花溪区第九届委员会常务委员会
工　作　报　告

（2016年2月16日在政协花溪区第九届委员会第六次会议上）

谌业华

各位委员、同志们：

我受政协花溪区第九届委员会常务委员会委托，向大会报告工作，请予审议，并请列席会议的同志提出意见。

2015年工作回顾

2015年，区政协在中共花溪区委的领导下，在贵阳市政协的指导下，坚持以邓小平理论、“三个代表”重要思想、科学发展观和习近平总书记系列讲重要讲话精神为指导，紧紧围绕建设文化旅游创新区的工作主线，充分发挥人民政协协商民主的重要作用，积极有效地履行政协职能，为我区经济社会发展迈上新台阶作出了积极贡献。

一、围绕中心，服务大局，促进社会发展

一年来，区政协紧紧围绕区委的工作方针，认真履行政协职能，为推动我区经济社会发展提出建设性意见和建议，得区委、区政府高度重视，产生良好的效果。

（一）围绕全区发展大局，协商民主不断深化。

区政协围绕全区发展大局，积极开展专题协商、对口协商、界别协商、基层民主协商。2015年，区政协共召开一次全体会议、七次常委会议、三十一次主席会议；十七次专题协商座谈

会议。在全体会议上，向大会提交二十三篇大会发言材料，提出80余条工作建议。区政协认真梳理汇总，形成《大会发言材料》呈送区委、区政府，邀请区委、区政府及经开区领导，区直机关工作部门，各乡（镇）、社区主要领导参加大会发言，听取各界别委员，各民主党派提出的工作建议。原区委书记钟汰甬认真看完了《大会发言材料》并作出批示："感谢各位委员给党委、政府提出了很好的建议和意见。民有所呼，我有所应，请党委、政府领导阅，各部门专题研究，制定相关计划、措施，充分吸纳，具体措施和工作计划请政府研究后，4月份报常委会研究。"全体政协委员以饱满的参政热情，高度的工作责任感，积极建言献策。

（二）精选课题调研视察，建言能力不断提高。

2015年，区政协组织开展专题调研活动8次：关于对全区发展战略规划的思考及调研；关于对我区再生资源行业管理的专题调研；关于对我区蔬菜产业化发展情况的调研；关于取消环城高速南环线收费的调研等专题调研，围绕我区经济社会发展现状、生态环保、医疗文化教育、农业发展、重大项目建设及人民群众反映强烈的热点难点问题开展调研，充分听取各方意见建议，形成了8份调研报告呈送区委、区政府，提出建议50余条，为区委、区政府科学决策、民主决策提供了参考，得到了高度重视。2015年，区政协组织开展专项视察活动9次，关于我区农村文化建设的视察；关于花溪禁毒工作开展情况的视察；关于对我区学前教育均衡发展的视察；关于对花溪区法院司法体制改革试点的视察等专项视察，形成9篇视察报告，提出有可操作性的55条工作建议，得到区委、区政府肯定。七个界别活动组开展十三次专项视察调研，受到视察单位的欢迎。

（三）积极投身项目建设，参政议政成效明显。

谌业华主席担任石板区域整治和周钟瑄文化交流中心、周氏宗祠建设指挥部指挥长，统筹安排指挥部工作。孙剑副主席带领民建花溪总支继续做好贫困大学生帮扶工作，担任黔陶乡周钟瑄文化交流中心项目指挥部副指挥长。张朝洲副主席担任水务项目建设指挥部常务副指挥长积极协调指挥部成员单位开展工作，帮助黔陶乡谷洒村完善基础设施建设。李莎副主席牵头开展智力支边工作，协调资金，帮扶旧盘村、石板二村发展村集体经济、调整产业结构。李瑾副主席担任甲秀南路区域整治指挥部常务副指挥长和周钟瑄文化交流中心、周氏宗祠建设指挥部副指挥长，贵安骨干路网指挥部副指挥长，积极协调指挥部工作。何勇副主席担任天河潭景区及周边区域整治指挥部指挥长工作，扎实推进指挥部工作。邹吉鸿副主席担任花溪久安现代高效茶叶示范园区工作领导小组常务副组长，高坡乡、马铃乡"7+2同心扶贫"开发指挥部指挥长，积极组织协调久安茶产业项目落地实施和"7+2"项目带动扶贫工作的有序推进。

二、关注民生，反映民意，促进社会和谐

区政协围绕关注民生、反映民意，促进社会和谐的工作思路，切实履行政协职能，为促进社会和谐稳定贡献力量。

（一）密切关注社会热点，强化提案办理工作。

区政协九届五次全会以来，共收到提案68件，经审查立案68件。区政协及时召开提案交办会议，与区政府签订了《提案交办书》。四件提案作为主席会督办提案、五件提案作为专委会督办提案，分别由主席、副主席和5个专委会跟踪督办。区政府高度重视政协委员提案办理工作，制定了《花溪区办理人大代表建议和政协提案工作考评办法》《花溪区、贵安新区、经开区联系办理人大代表建议、政协提案工作制度》，区政府常务副区长洪兵同志亲自抓，各提案承办单位积极跟进，主要领导亲自负责，确保提案办理取得

实效。

区政协为进一步加强提案督办力度，组织召开了由区政协、提案人、提案承办单位、区法制办共同参加的提案办理协商座谈会，对主席会督办提案和部分重点提案办理情况进行面对面的协商，提案办理质量明显提高。在区委、区政府的高度重视和区政协的积极推动下，经过各承办单位的共同努力，68件提案已全部办理答复完毕，提案办复率，把关率，见面率，满意率均达100%。

在提案办理工作中，区政协坚持“抓住重点、以点带面、点面结合”的督办工作思路，坚持做到把涉及全区经济社会发展、群众反映强烈的热点难点问题、有重大影响的提案列为重点提案，在抓重点提案督办落实的同时，带动一般提案办理落实，从而有效地提高了提案办理的整体质量。

（二）积极维护群众利益，如实反映社情民意。

反映社情民意是新时期人民政协的一项重要工作，也是推进社会主义和谐社会健康发展的有效形式。区政协始终把民心所向作为工作的切入点，不断增强反映社情民意的积极性、主动性和敏锐性。通过调研、视察、座谈、提案等途径，畅通社情民意渠道，及时反映各方面社情动态和百姓呼声。2015年，区政协向区委、区政府报送社情民意14件，内容涉及整治污染、道路建设、治理交通拥堵、清理占道经营等方面，为区委、区政府及时了解百姓所思所想提供有力参考。

（三）上接下访化解积案，维护社会和谐稳定。

区政协班子成员积极参加县级领导干部大接访活动。2015年，区政协领导班子成员共参加大接访活动47次，接访群众587人，化解矛盾纠纷42起，为维护全区经济发展和社会稳定作出了积极努力。谌业华主席联系石板镇，化解上访积案10件；张朝洲、李瑾副主席联系黔陶乡，张朝洲副主席化解上访积案1件，李瑾副主席化解上访积案2件；孙剑副主席联系金欣社区，化解上访积案1件；李莎副主席联系平桥社区，化解上访积案4件；何勇副主席联系久安乡，化解上访积案4件；邹吉鸿副主席联系花孟社区，化解上访积案2件。

（四）积极开展脱贫帮困，扎实助推同心帮扶。

为认真贯彻落实《花溪区、经开区2015年精准扶贫工作实施方案》和《花溪区、经开区领导干部遍访帮扶贫困村贫困户实施方案》，区政协领导干部按照要求遍访帮扶3个贫困村，遍访帮扶31家贫困户，区政协7位县级领导干部和5位正科级领导干部多次到遍访帮扶联系点进村入户、走访调查，与村支两委、驻村干部及村民代表共商发展大计，共谋发展出路，解决实际困难，有针对性地开展遍访帮扶工作。向区委报送《关于高坡乡硐口村精准扶贫和遍访帮扶工作的调研报告》，原区委书记康克岩批示：“友芳、永康同志：全区精准扶贫标准要统一、资金要统筹，纳入全区帮扶工作，请与业华主席研究”。编发报送遍访帮扶工作简报5期，其中，对《高坡乡硐口村积极探索“公司+农户”脱贫致富新路子》原区委书记康克岩批示：“请‘精准扶贫工作领导小组’办公室，友芳、永康阅。可印帮扶领导小组借鉴推广”。

为认真落实好市政协王保健主席4月7日在高坡乡召开的“7+2同心扶贫工程”专题会议精神，区委及时调整充实高坡乡、马铃乡“7+2同心扶贫”开发指挥部成员，区政协专门安排两位同志参加“7+2同心扶贫”工作，多次召开专题会议，区委办及时下发指挥部2015年工作内容及责任分解表，加强市区相关部门对接，确保“7+2同心扶贫工程”有序推进。

积极做好北京市朝阳区政协到花溪开展帮扶工作，向高坡卫生院捐赠现金及物资达150万元。积极协调香港京纬国际有限公司和香港北大校友会；民建贵阳市委；民盟贵阳市委；民革贵阳市委；民革小河、花溪支部；民建花溪总支；民进花溪总支等开展扶贫帮困，送医送药下乡，农技培训等活动。积极协调贵州同济堂中药材种植有限公司在高坡乡大洪村、克里村、龙云村建设刺梨规范化种植基地，实施产业带动精准扶贫。市区各民主党派、工商联等开展帮村扶贫活动70余次，协调各方帮扶资金共计680余万元。

区政协积极开展帮村扶贫工作。选派3名机关干部到旧盘村、石板二村、镇山村开展同步小康驻村工作和“第一书记”工作，帮助村支两委理清发展思路，建强基层组织、推动精准扶贫，助推农村经济社会可持续发展。2015年区政协共拨付扶贫帮困专项资金30余万元。

三、把握主题，发挥优势，凝聚政协合力

区政协发挥自身优势，调动政协委员履行职能的积极性，把社会各界人士的思想认识凝聚到区委、区政府的决策部署上来，把力量聚合到加快花溪的发展上来。

（一）充分发挥协商优势，团结凝聚各方力量。

区政协始终坚持高举团结、民主两大旗帜，巩固和发展最广泛的爱国统一战线，政协大团结、大联合优势得到进一步的发挥。通过邀请各民主党派、人民团体、工商联和社会各界人士参加学习、调研、视察、协商等活动，组织他们在政协全会上作重点发言，积极反映他们的意见建议，维护他们履行职能的民主权利。各民主党派、人民团体、工商联和党派人士委员积极撰写提案，反映社情民意，广泛参与区直部门作风及其他方面的民主监督活动，热心参与和组织社会公益活动，在全区协商民主建设和经济社会发展中发挥了积极作用。

（二）广泛加强联谊联络，促进筑台文化交流。

2015年，区政协共接待全国政协和外省、市、县兄弟政协到我区学习交流30次；圆满完成了原全国政协副主席李金华、陈锦华、张怀亚、原全国政协港澳台侨委员会副主任林树森等到我区青岩古镇、湿地公园、天河潭视察调研的接待工作。

台湾嘉义城隍庙财团董事长叶源助等到我区开展周钟瑄文化交流工作。2015年4月、10月遵照市委、市政府安排，两次派出原区委书记钟汰甬同志带队和市政协副主席夏刚同志带队的代表团赴台进行文化交流活动，有效促进筑台两地文化互动。

完成中国史料学会年会参会人员到我区天河潭、青岩古镇文化考察接待工作；完成蒙古国画家协会主席策格米德到我区大兴国寺、青岩古镇文化考察接待工作。先后接待新疆自治区政协、湖南省政协、湖南省常德市武陵区政协、湖南省郴州市白湖区政协、江苏省扬州市政协、山东省济南市嘉祥县政协、浙江省杭州市余杭县政协、北京市朝阳区政协、广东省广州市政协、辽宁省大连市中山区政协、河北省秦皇岛市政协、贵州省安顺市政协、贵州省黔南州瓮安县政协、平塘县政协等考察交流。

（三）积极调动各方力量，做好文史宣传工作。

配合贵阳市政协做好《贵阳百年教育》征稿工作，“不该忘记的民办学校”“在贵阳市跃进中学的艰苦岁月”“委员提案促二千多万元建设项目竣工”等十余篇稿件入选《贵阳百年教育》。在花溪文化旅游创新区建设中，结合“周钟瑄文化交流中心”和“周氏宗祠”建设项目的实施，组织撰写开展周钟瑄活动纪实文稿10篇；研讨文章22篇；收集周钟瑄故事传说9则；查阅了《邵武府志》《高唐州志》《江陵县志》《荆州府志》等历史文献，编辑完成《周钟瑄文化研究资料专辑》。协助久安乡做好深度挖掘“茫父”文化工作，做好“茫父”历史文化的宣传。

在全省政协工作经验交流会上，花溪区政协提交的《大会发言献良策 书记批示即落实》作为大会发言交流材料。花溪区政协的工作得到省、市政协的赞许。

区政协高度重视《花溪政协志（2003-2016年）》修编工作，拨出专款、成立机构、制定方案，组织政协机关广大干部职工和离退休干部参加修志。按照贵阳市《百科全书》编委会的工作安排，由花溪区承担的工作有序推进。2015年，区政协强化宣传报道工作，在《贵州政协报》发表稿件8篇，其中，《履职尽责助发展，为民务实促和谐》等4篇稿件在头版刊登，《纵深打造花溪发展升级版——花溪区2014年政协提案办理点击》等4篇稿件在二版头条刊登。积极组织参加区工会、区文联举办的“书香花溪”征文活动，其中《读书有益》等三篇文稿获优秀奖。区新闻信息中心刊播政协工作新闻60余条，区政协编发《政协简报》47期，政协工作的正能量得到有效发挥。

四、多措并举，规范管理，增强服务意识

按照新时期人民政协工作的新实践、新要求，区政协从实际出发，不断加强自身建设，提升整体素质。

（一）扎实开展“三严三实”，强化领导严实作风。

根据中央、省、市、区委的统一部署，区政协党组认真开展“三严三实”专题教育，制定《中共花溪区政协党组关于在县级以上领导干部中开展“三严三实”专题教育的实施方案》和责任分解表，通过开展党组中心组经常性学习培训、政协党组书记带头讲专题党课、“三个专题”学习研讨会、党员副县级领导讲党课、开好专题民主生活会、组织生活会、抓党建工作述职评议等方法，深刻理解“三严三实”的丰富内涵，认真查找“不严不实”存在问题，制定切实有效的整改措施，逐条进行整改落实。同时，对“四风”问题开展“回头看”，用实际行动认真开展“三严三实”各项工作，打牢思想根基、强化思想自觉，确保“三严三实”专题教育取得实效。结合身边人、身边事，区政协党组、党总支、机关党支部认真组织学习《中国共产党廉洁自律准则》和《中国共产党纪律处分条例》。

（二）切实加强委员培训，提高委员综合能力。

2015年，区政协与区委统战部、区委组织部协调配合，及时准确掌握区政协委员的变动情况，圆满完成了区政协第九届委员会委员届中调整增补工作。编印《政协委员学习手册》第十七辑，分发给全体政协委员，为委员学习提供参考。为进一步增强政协委员的政治意识、大局意识、团结意识、责任意识、自律意识，提升新常态下政协委员履职能力。2015年，区政协选派机关干部积极参加省政协举办的5期基层干部业务知识培训，有力提高干部素质。

在全国政协培训中心大力支持下，经区委同意，于10月31日至11月8日组织全区各民主党派、工商联等40名政协委员到青岛参加全国政协地方干部（委员）第75期培训班的培训。参训人员学习《中共中央关于加强社会主义协商民主建设的意见》和《中国共产党第十八届中央委员会第五次全体会议公报》等中央文件精神，听取“人民政协讲坛”专家关于对推进国家治理现代化、发挥政协优势、人民政协的理论与实践、不断提高人民政协履职能力现代化水平等课程。实地考察青岛规划博物馆等教育基地。

（三）强化干部队伍建设，发扬务实工作作风。

2015年，为充分发挥乡镇、社区政协委员的作用，根据花溪区委《关于开展政协委员进社区（乡镇）活动的实施方案》，区政协专门召开政协常委会，组建了27个乡（镇）、社区政协委员联络组，任命（乡镇）、社区主要领导为政协委员联络组组长。同时，为更好促进工作开展，区政协党组专门明确主席、副主席包片联系指导工作，拨付专项工作经费。

从加强机关的思想建设、组织建设、作风

建设和制度建设入手，不断增强政协机关的凝聚力和战斗力。全体机关干部在思想上和行动上始终与上级党委保持一致，积极协助党委、政府多做顺民意、解民忧的实事。建立机关工作目标责任考核、工作督查等制度，努力营造政协机关团结、民主、精干、高效、和谐的良好氛围。

各位委员，2015年，政协为花溪区经济社会发展、保障改善民生、维护社会和谐等方面作了大量卓有成效的工作，但我们也清醒地看到，自身存在不足。主要是：民主监督的形式有待进一步创新；提案办理的质量有待进一步提高；建言献策质量和水平有待进一步提升；视察调研力度有待进一步加大；委员培训和管理力度有待进一步加强；委员履职积极性有待进一步激发；我们会在今后的工作中认真改进。

2016年工作思路

2016年是全面实现小康社会决胜阶段和实施“十三五”规划的开局之年，区政协将全面贯彻落实中央、省委、市委的战略部署，围绕区委提出的紧紧抓住坚持“一区四化”的城市发展定位，更加突出“文化之魂”理念和“大花园、大溪流”特色，以生态保护为底线，以综合交通为先导，以产业发展为支撑，以旅游服务为保障，以公园城市和美丽乡村为目标，大力实施开放带动，创新驱动战略，积极推动生态、文化、旅游、城市融合发展的奋斗目标。认真履行政治协商、民主监督、参政议政的职能，为促进我区打造经济社会发展升级版作出积极贡献。

一、贯彻落实全会精神，加强协商民主建设

认真学习贯彻党的十八大和十八届四中、五中全会，省委十一届六次全会，市委九届五次全会，区委十届七次全会精神，按照“四个全面”的战略布局，深入贯彻“五大发展理念”和“两大战略行动”，紧紧围绕花溪、经开定位，厚植创新发展城市基因，加快构建“八大体系”，在全市建设创新型中心城市中大胆探索，先行先试，奋力争先，勇奔高标，努力实现经济社会跨越发展。通过党组中心学习组、常委会专题讲座、委员培训等，积极引导政协各参加单位和全体委员在建设花溪文化旅游创新区的历程中凝聚智慧和力量。

贯彻落实中共中央《关于加强社会主义协商民主建设的意见》精神，不断完善协商民主制度和工作机制，推进协商民主广泛、多层次发展。通过会议协商、书面协商、恳谈协商、提案办理协商、界别协商、常委会专题协商和主席会重点协商等多种协商形式，就我区经济社会发展的重大问题、涉及群众切身利益和花溪区、经开区深度融合、跨越发展中的重大问题确定议题，广泛协商，提出有针对性和操作性的意见和建议。

围绕全区中心工作，科学制定区政协年度协商议题，有效规范协商程序。在协商前深入调查、掌握实情，协商中集思广益、畅所欲言，协商后跟踪反馈、抓好落实。认真学习借鉴各地完善协商民主制度，推进协商民主发展方面的先进经验和成功做法，进一步丰富协商形式和渠道，加大协商意见的转化力度，努力提升协商质量，努力营造既畅所欲言、各抒己见，又理性有度、合法依章的良好协商氛围。

充分发挥团结和民主两大优势，坚定不移地贯彻“长期共存、互相监督、肝胆相照、荣辱与共”的方针，积极为各民主党派、工商联和社会各族各界人士发挥作用创造条件；立足花溪实际，加强与社会各界的联系，多做统一思想、增进了解、凝聚人心的工作，把各方面的智慧和力量凝聚到推动花溪经济社会发展上来，为构建和谐花溪夯实政治基础、社会基础和群众基础，为维护我区改革开放、经济发展的大好形势和社会

稳定作出积极贡献。

二、履行政协三大职能，助推文化旅游创新区建设。

以建设花溪文化旅游创新区为主线，充分发挥人民政协作为党和政府联系群众、团结各界的重要桥梁和纽带作用，与社会各界群众联系面广、人才荟萃、智力密集的优势，围绕经济建设、文化建设、社会建设和生态文明建设中的重大课题、花溪区建设文化旅游创新区，实施推进区域整治、景观提升、生态环境保护、基础设施建设、立面整治、文化旅游提升、城市管理提升"七大工程"过程中的重点难点问题以及在新常态、新形势下对我区发展战略规划的思考等开展调研，倾听群众呼声、反映群众愿望，多建睿智之言、多献务实之策，为纵深打造花溪发展升级版提供智力支持。

加强同各民主党派、区工商联、各人民团体和无党派人士的联系与合作，主动邀请他们参加政协开展的视察、调研及政情通报会、知情会、座谈会等各类相关会议，认真倾听他们的意见建议，搭建民主、平等、宽松、活泼的议事平台。

积极反映社情民意，广泛动员政协委员和政协机关干部深入基层，了解民情，体察民意，集中民智，积极反映社情民意信息，为区委、区政府了解社情民意提供参考。

通过全方位、多层次、多角度的宣传政协工作，在全社会形成关心、支持、重视政协工作的良好氛围。今年，区政协将重点做好《花溪区政协志（2003-2016年）》的编纂工作；区政协文史宣传学习委员会拟编辑出版《政协委员学习手册（第十八集）》，做好《参政议政》专刊的编辑工作。加强与《贵州政协报》《贵阳日报（政协之窗）》、贵州政协网站、贵阳市政协网站及区新闻信息中心等新闻媒体的联系，做好政协对外宣传工作，进一步深化宣传效果。进一步扎实开展智力支边工作。继续做好《贵阳百科全书》的相关工作。

坚持从全区经济社会发展的重大问题和人民群众普遍关心的热点难点问题中精选课题，开展视察调研，积极建言献策。2016年，区政协将开展的调研活动有：对关于九届政协重点提案办理"书香花溪"建设情况的专题调研。对高坡乡苦蒿冲二级提灌站项目建设情况的专题调研。对我区社区卫生服务中心建设发展情况的专题调研。准备开展的视察活动有：对提案督办视察；对花溪区社区规范化建设情况的视察。对我区农村电子商务建设情况的视察；对贵阳闽达钢铁有限公司、贵州中意食品有限公司进行视察。对久安乡"挖掘'茫父'文化，推动久安茶旅一体化发展"有关工作的视察；对"周钟瑄文化交流中心"建设及陈列布展有关情况的视察。对我区乡村旅游农家乐发展情况的视察。对我区农村教育资源整合中撤点并校现状的视察。

针对我区经济社会发展实际和群众反映强烈的突出问题，积极引导委员抓重点、选热点，认真撰写出真实客观、分析透彻、切实可行的高质量提案。坚持完善主席会督办提案和主席、副主席领衔督办提案制度。由政协领导班子成员按照分工具体督促落实。坚持完善专委会跟踪督办提案制度。通过组织各专委（办）、政协委员到提案承办单位上门走访、座谈交流等方式，实现提、办双方良性互动。坚持强化对提案承办单位的指导，协调组织提案者、承办单位和相关部门开展联合督办，合力促进提案的办理落实。坚持组织由区政协、提案人、提案承办单位、区政府法制办参加的协商座谈会，对主席会督办提案及部分重点提案办理进行协商座谈，加强提案督办力度，创新提案协商办理模式，提高提案办理的效率和质量。坚持牢固树立为提案者和承办单位服务的理念，探索实践"办前走访，充分了解提案者的要求；办中协调，邀请提案者参加调研视察，倾听群众的愿望和呼声；办后回访，民主测评，全面了解提案者对办理结果的满意程度”的督办方式，密切提、办双方的联系，确保提案办理工作取得实效。

三、积极进取踏实工作，开创政协工作新局面。

发挥政协联系面广的优势，调动政协委员、各民主党派、工商联和社会各族各界人士的积极性，继续参与全区重大项目建设、文化旅游创新指挥部及各个区域指挥部相关工作。积极组织政协委员，加大对全区重大建设项目的视察调研力度，帮助查找重大建设项目实施过程中存在的困难和问题，提出解决问题的办法和措施，为区委、区政府提供决策参考。

以专委会为依托，完善界别活动工作机制，积极开展丰富多彩的委员小组活动。探索建立专委会与政协委员协商制度，定期研究全区经济社会发展的重大问题。创新专委会学习活动安排，着力抓好集体和个人两个层面的学习，不断完善知识结构，提升履职水平。

认真贯彻落实好《中共中央关于加强人民政协工作的意见》《中共贵阳市委关于进一步加强和改进人民政协工作的意见》，建立健全民主监督的长效机制，进一步规范民主监督的程序、丰富民主监督的内容、拓展民主监督的形式、提高民主监督的实效。按照区委要求，积极组织委员通过调研、视察、提案、反映社情民意等方式，开展对经济和社会发展规划、重大项目建设和民生改善、社会稳定等重大问题的专项民主监督活动。

按照区委要求区政协党组成员积极参加县级领导干部大接访活动，倾听百姓呼声，汇聚百姓良策，疏解百姓情绪，维护百姓利益。积极参加县级领导干部联系社区活动，着力推动各乡（镇）社区委员联络小组开展活动，帮助基层和群众解决实际问题。积极参加县级领导平安创建联系乡（镇、社区）包保活动，为各乡（镇、社区）社会治安综合治理工作建言献策。积极参加全区“两严一降”工作，为建设平安花溪献计出力。进一步建立完善联系委员制度，加强与政协委员的联系交流，了解委员履职情况。执行落实政协委员履职管理制度，加强对委员的教育和培训，增强政协委员履职的自觉性和积极性。加强与区委组织部、区委统战部等部门对接，扎实做好换届工作，加强委员的服务和管理，不断推进政协工作规范化、制度化、程序化建设。

各位委员、同志们，回顾过去一年的工作我们豪情满怀，展望未来，目标任务催人奋进，让我们在中共花溪区委的坚强领导和贵阳市政协的指导下，继续牢牢把握团结、民主两大主题，全面提高履职水平，凝聚力量，奋力拼搏，为建设更加美丽、更加繁荣、更加幸福的新花溪作出新的更大的贡献。

（责任编辑　杨　琴）

花溪年鉴2016
HUAXI YEARBOOK

专记

6月6日，花溪区汽配用品协会在高坡乡硐口村帮扶（区工商联　供稿）

花溪年鉴 HUA XI YEARBOOK 2016

民营企业家对口帮扶

【实施“五个100”产业富民工程】 2015年，按照《中共贵阳市委统战部、贵阳市工商业联合会关于开展“五个100”产业富民工程的实施意见》（筑统〔2015〕17号）的安排，贵阳市委统战部、市工商联将6个商会党组织与花溪区贫困程度较深的6个村党组织进行结对帮扶，形成共驻共建的工作格局。黔陶乡谷洒村由市机动车行业商会对口联系，关口村由市工程机械流通商会对口联系；高坡乡批林村由市汽车经销商商会对口联系，硐口村由花溪区汽配用品协会对口联系，摆龙村由市福州商会对口联系；马铃乡马铃村由市湄潭商会对口联系。

花溪区结合实际，制定《中共花溪区委统战部花溪区工商业联合会“五个100”产业富民工程实施方案》，召开“五个100”产业富民工程安排会和“五个100”产业富民工程推进会，引导村和商会参与到“五个100”产业富民工程中来。明确乡（镇）、村、商会是“五个100”产业富民工程的直接责任人，具体负责项目的编制实施，乡（镇）发挥主导作用，村和商会发挥主体作用，实现优势互补，密切协作，合力抓好抓实“五个100”产业富民工程。

各行业商会党总支负责与村党支部结对帮扶，商会党组织负责人多次率支部班子到村与村党支部交流。在各大节日期间，开展支部活动和走访慰问工作，使村党支部得到有效加强，两委班子齐心协力，思路和眼界进一步拓宽。

区委统战部、区工商联领导先后多次到各村进行调研，确定帮扶重点。与商会一起，到各村开展帮扶活动。督促各商会开展好“五个100”产业富民工程，对工作中存在的困难和问题及时协调解决，保证此项工作的顺利开展。比如：贵阳市花溪区汽配用品行业协会在高坡乡硐口村成立硐口小学专项基金会，募得资金为11026.10元。

针对村集体经济发展相对滞后的问题，各商会通过多次调研，结合村实际，帮助村进一步理清发展思路，确定发展目标。利用各商会“资源多、信息灵、人员市场广”的优势，制定出适合该村发展的思路，开展各方合作项目。为进一步帮助贫困户尽早摆脱脱贫，各商会围绕精准扶贫和精准脱贫，对各村贫困户进行摸底调研，深入分析原因，找准问题根源、对症下药，针对各村的情况，拟定具体到帮扶措施。

花溪区深入推进实施“五个100” 产业富民工程中，助推农村经济社会发展，同步组织指导各行业商会因地制宜实施产业富民工程，大部分取得良好效果。“商农合作”模式，推动农村经济社会的发展。同时，搭建企业与农村直接沟通交流的平台，为企业履行社会责任开通直通车，增加企业对农村的感情，也有利于企业了解农村、认识农村、帮助农村，推动农村各项事业的发展。

（区工商联）

【朱恒锋帮扶高坡乡批林村】 朱恒锋，十和田集团公司总裁、西南政法大学本科毕业、76后民营企业家、贵阳汽车商会会长。其父母是上世纪70年代末在花溪数千下乡知识青年中，第一批自主创业成功的知名企业家。朱恒锋担任商会会长、公司总裁以来，始终将“做强企业，回报社会”作为办企理念，组织开展“社会救助”、“扶贫济困”、“产业富民”、“捐资助

朱恒锋

教”等多种形式的社会公益事业活动。在扶贫济困公益活动中，集团公司一直以来与燕楼镇摆古村、孟关乡红星村、高坡乡批林村结成“扶贫济困”帮扶对子。每年投入资金、人力到上述村开展“产业富民”公益工作。

2015年7月，为帮扶燕楼镇摆古村实施产业富民工程，十和田集团公司出资出车组织摆古村村民一行21人赴修文、湄潭、平塘等地进行猕猴桃、茶叶、油茶等种植项目的考察，在调研基础上确定摆古村开发猕猴桃生态种植基地项目，引导摆古村农民搞产业致富。公司还以“一牵手·两关爱”（大手拉小手结对牵手、关爱困难群体、关爱留守儿童）为载体，确定长期性的多种形式的“爱心关爱”活动，企业领导、员工与燕楼摆古小学60多名小学生结成长期性、固定性的“大手拉小手结对牵手关爱”的帮扶对子。朱恒锋与其母亲、集团董事长赵新环各牵手关爱摆古村两名留守儿童。

作为贵阳市汽车经销商商会的会长，朱恒锋多次带领会员单位前往高坡乡批林村进行实地考察，提出批林村产业富民帮扶工程和精准扶贫的基本思路。朱恒锋认为：批林村地处偏僻，经济基础薄弱，但生态环境好，且有生产合作社等基础，可结合商会企业多、信息广、劳务服务需求量大的优势，大力发展生态蔬菜、禽肉等系列产品项目，以村生产合作社为载体，建立生态系列产品生产基地，成立村劳务综合服务公司，以公司为载体，将外出务工人员按技术、按工种等分门别类，由商会会员企业与村劳务公司建立长期劳务输出用工关系。通过合作，增加农村造血功能，推动农村经济实现可持续性发展。

12月8日，朱恒锋与商会副会长王晓宇、刘燕飞，商会单位乾通集团公司、监事单位贵州广顺达公司、商会执行秘书吴域及部分会员单位代表，会同贵阳经开区党政领导，再次驱车前往高坡乡批林村对接“五个100产业富民工程”，落实几项帮扶措施。一是给予帮扶资金5万元，启动以生姜为主要产品的生态种养殖业工程；二是签订批林村有机蔬菜、生态家禽的销售（采购）合作项目，确定商会会员单位的53家食堂，每年所需120万元的粮油经济作物、有机蔬菜、生态家禽等，优先按市场价在批林村采购。三是该村返乡农民工就业，各商会单位对有销售、维修、水电等方面的技能人员给予优先安排。

（杨玉屏）

【朱林帮扶黔陶乡谷洒村】 朱林，贵州省汽车汽配行业商会会长，15岁起，入行与汽车有关的驾驶、修理、交易30余年，今已成为贵州知名的机动车高级鉴定估价师、贵州合朋二手车市场交易有限公司董事长，朱林还是贵州省工商联执委、贵阳市政协委员、花溪区工商联副主席。2015年，朱林针对黔陶乡谷洒村得天独厚的自然环境优势，将全村38户贫困户通过扶贫资金得到的338头山羊以入股的方式加入村合作社，同时，个人资助资金5万余元，认养100余头山羊，由村集体的合作社集中养殖，由村集体统一购买保险，统一管理，大大降低养殖成本和养殖风险，增加贫困户和村集体经济收入。又协调引进企业，与村里签约1082亩黑桃种植合同，涉及农户230余户。朱林出资1.5万元对谷洒村饮水水网进行改造，解决该村村民饮水难问题。

朱 林

朱林认为，谷洒村具有独特的历史文化、坡顶文化、天然溶洞、仙人桥、万亩梯田等自然旅游资源，可建设农家乐，开发乡村旅游。商会要帮助村里在经营理念及模式上给予指导，做好乡村旅游发展规划。

2015年初，谷洒村被列为软弱涣散基层党组织整顿对象，在贵阳市机动车流通行业商会党总支部的帮扶下，11月5日全区整顿软弱涣散党组织验收中，谷洒村取得96.50分“整顿效果明显”的好成绩。

贵州省汽车汽配行业商会副会长刘勇毅说：朱林会长做人做事是“六有一敢”：一有思路——能够洞察行业发展趋势制定有效发展目标；二有魅力——做人做事守诚信、讲公正、重原则、能够感染与团结投资伙伴、运营团队合作共事；三有干劲——制定出的发展目标，一定会全身心投入；四有魄力——做事从不拖泥带水，能充分发挥自身才干、自身思维及自身特点；五有责任——能用实际行动体现出对商会、会员和社会应有的责任感；六有脾气——容不得合作伙伴及运营团队对工作的懈怠，对此绝不会姑息，不讲任何情面；一敢担当——勇于承担责任和风险，做事从不推诿。

（杨玉屏）

【杨刚帮扶高坡乡龙云村】 杨刚，主治医师，四川省工商管理学院毕业，获四川大学MBA学位，长期从事血液及生物制品研究工作。现任贵州泰邦生物制品有限公司总经理。2005年，杨刚临危受命加盟贵州泰邦生物，使这家濒临倒闭的企业发展壮大，他本人也获得贵阳市委、市政府授予的“促进民营经济发展先进个人”和中国企业发展自由创业论坛组委会授予的“2012中国优秀企业家”等荣誉。

杨　刚

在精准帮扶脱贫工作中，杨刚到花溪最偏僻最贫困的高坡乡龙云村考察，了解到该村村民有散养土鸡等习惯，但苦于偏远、交通不便因素制约了发展。杨刚实地调查后认为，龙云村可采用“公司＋合作社＋农户”的企业运作方式解贫脱困。经高坡乡政府牵线搭桥，杨刚的团队与村两委协商，于12月29日，成立龙云村泰邦生态农业发展有限公司，公司按市场价负责收购村民手中的禽蛋产品代销，公司还要打造农副业产品品牌，将本地土鸡、黑毛猪、黑山羊等发放给贫困户进行养殖，扩大生产量和销售量，带动村民致富奔小康。

（杨玉屏）

【李祖辉帮扶马铃乡谷中村】 李祖辉，68后企业家。毕业于贵阳医学院，本科学历，原贵阳市第三人民医院主治医师。2003年辞职下海，接手母亲谢沛坤一手创立的贵州中意食品厂。至今任职贵州中意食品有限责任公司总经理。贵阳市青年委员，民建党员，花溪区政协委员，花溪区工商联执委，花溪区食品协会副会长。

李祖辉

李祖辉从小热爱自然科学，大学期间对食品及食品资源开发有一定研究，提倡人们使用营养健康食品提高人体自身免疫能力。“常怀从善心、乐为施德人”，是中意食品公司在夯实社会责任，回馈社会的宗旨。2015年公司在助力民生中，继续履行与黔陶乡、久安乡、高坡乡人民政府等签订的长期《农副产品对口帮扶合作协议》，收购村民农副产品达50万元以上。在开展“五个100”产业富民工程中，增加帮扶马铃乡谷中村，高坡乡沙坪村发展原生态农产品，为两村提供资金达6万元。另协助区妇联开展一期人数达40人的关注留守儿童活动。2015年，李祖辉资助花溪区贫困村大学生韦明秀、李昌敏、李昌丹等8000元。

（孙　剑）

（责任编辑　杨　琴）

花溪年鉴 2016 HUAXI YEARBOOK

大事记

花溪十里河滩（梁国同　摄）

1月

1日

△贵阳市第三十届暨花溪区第二十三届冬泳表演赛在平桥举行，有500名选手参赛。市体育局局长田茂书、党组书记沈兵出席。

3日

△中共贵阳市委副书记、市长刘文新，市委常委、副市长李作勋，市政府秘书长安九熊一行到地利农产品物流园调研农副产品保供稳价工作。经开区党工委书记、花溪区委书记钟汰甬参加调研。

5日

△高坡中心完小正式挂牌成为贵州省首家“中国关心下一代教育示范基地”。

7日

△花溪区委常委、经开区党工委全体（扩大）会议召开。会议传达学习贵阳市各区（市、县）贯彻落实市委九届四次全会精神、2015年工作思路汇报专题会议精神和《孙永春同志到我市调研指导基层党建工作的讲话精神》，并安排部署相关工作。

8日

△花溪区2014年累计组织财政总收入达265941.1万元（含贵安新区），同比增长40.01%，公共财政预算收入完成152925.4万元（含贵安新区），同比增长36.10%。

9日

△中共贵阳市花溪区委十届六次全体扩大会议召开。会议以“适应新常态、抢抓新机遇、开创新局面”为主题，动员全区上下进一步解放思想，大力弘扬改革创新精神，全力推进文化旅游创新区建设、纵深打造花溪发展升级版。全会总结区委十届五次全会以来的工作，安排部署2015年各项工作。

13日

△ 青岩污水处理厂试运行成功。青岩污水处理厂是省级主要污染物减排目标任务和区创建国家环境保护模范城市工作8项攻坚指标之一的重点项目。该项目占地26亩，总投资6400万元，建成后每天可处理镇、周边村寨生活污水等3000吨，由中央、省、市、区共同投资。

14日

△人社部副部长、国家公务员局局长、国家禁毒委委员信长星率调研组到花溪区调研。贵州省委组织部副部长、省人社厅厅长夏一庆，市委常委、市政法委书记庞鸿，区领导向子琨、宋力、李瑾，区公安分局局长胡文院及省、市、区相关部门负责人参加调研。

15日

△花溪区委常委、经开区党工委全体（扩大）会议召开。会议传达学习贯彻市委常委会会议精神、《春节将至，这些纪律红线不要踩》精神和省委农村工作会议暨全省扶贫开发工作会议精神，通报文化旅游创新区建设工作进展情况，听取花溪区、经开区重点工程、重大项目进展情况汇报和花溪区财政局、经开区房屋征收中心等部门、乡（镇）、社区服务中心教育实践活动整改落实情况汇报，审议区“两会”相关事项，并对相关工作进行安排部署。

21–23日

△经国家环保部检查验收，区创模26项指标基本完成。

26日

△国家发改委稽查组对区档案馆项目建设情况进行专项稽查。花溪区政府副区长禄竹，省市档案、发改、财政、审计、住建等部门负责人参加检查。

△贵州省公安厅禁毒总队队长、省禁毒办常

务副主任文发祥，省公安厅禁毒总队指导处处长周胜到阳光成瘾康复咨询服务中心调研，区政协副主席李瑾参加。

27日

△花溪区举行城镇供水价格调整听证会，与会代表一致同意供水价格听证方案。居民用水价格由现行的每吨1.5元上调至2元，非居民生活用水价格将由2.15元上调至2.9元，特种行业用水将由9.1元上调至10元。

28日

△花溪区召开会议，成立贵阳市思想政治工作研究会花溪分会。会议通过《贵阳市思想政治工作研究会花溪分会章程》《贵阳市思想政治工作研究会花溪分会理事会领导机构、团体会员建议名单》，明确市政研会花溪分会2015年的工作重点。侯申当选市政研究会花溪分会理事长。

△花溪区委常委、经开区党工委全体（扩大）会议召开，专题传达学习贯彻省纪委十一届四次全会精神，对相关工作进行安排部署。

29日

△“研究文化旅游创新区空间发展战略规划”专题会议召开。

△由花溪区精神文明建设指导委员会主办，区多家单位联合开展的“弘扬核心价值观欢乐和谐共圆梦——花溪区‘三下乡’‘四进社区’暨‘欢乐下基层 文化进万家’活动”首场暨启动仪式，在黄河社区珠显村小广场举行。

2月

1日

△花溪区委常委、经开区党工委全体（扩大）会议召开，专题传达学习贯彻省委书记赵克志到贵阳市检查党风廉政建设主体责任落实情况专题会议精神，并安排部署相关工作。

6日

△中央电视台英语频道到阳光就业家园拍摄节目，主题为从戒毒所里的故事中反映政府对吸毒、戒毒人员科学管理、积极帮教。

10–13日

△政协花溪区第九届委员会第五次会议在行政中心礼堂开幕。会议听取、讨论《政协常委会工作报告》《花溪区人民政府工作报告》及其他报告。会上，张朝洲补选为区政协副主席。

10日

△花溪区委常委、经开区党工委全体（扩大）会议召开。会议传达学习贯彻习近平总书记在省部级主要领导干部学习贯彻十八届四中全会精神全面推进依法治国专题研讨班上的重要讲话精神，传达省市两会精神及2月9日市委常委会议精神，传达陈刚书记在市人大花溪代表团参加讨论时的重要讲话精神，并对相关工作进行安排部署。

11–13日

△花溪区第十六届人民代表大会第五次会议隆重开幕。会议审议并表决通过《花溪区人民政府工作报告》《区人大常委会工作报告》及有关决议草案。

15日

△花溪区委常委、经开区党工委全体（扩大）会议召开。会议传达学习贯彻省委书记赵克志关于落实中央“八项规定”的重要指示精神，传达学习贯彻省委副书记、省长陈敏尔，省委常委、市委书记陈刚在省经济和信息化委《关于近期浙江等六省区密集赴我省调研大数据产业发展有关情况的报告》上的指示精神，以及陈刚书记在省政协十一届三次会议联组讨论上关于禁毒工作的讲话精神、九届市纪委五次全会精神、市委2014年度议军会精神，并对相关工作进行安排部署。

24日

△《花溪年鉴2015》编纂工作启动暨培训会

召开。

25日

△花溪区开展全民义务植树活动，并与全省同步启动“绿色贵州建设三年行动计划”。区四大班子领导向子琨、任渝生、谌业华、宋力、张江华、汤慧勇、洪兵、黄筱龙等，区属单位干部职工和部分群众共300人参加植树活动，在花溪水厂一级水源保护区义务种植桂花、柳树、紫荆等苗木500余株。

27日

△花溪区委常委、经开区党工委全体（扩大）会议召开。会议传达学习贯彻国务院总理李克强视察贵州、贵阳时的重要指示精神和省委常委会议、市委常委会议精神，以及省委书记赵克志，省委常委、市委书记陈刚在孔学堂工作座谈会上的重要讲话精神。听取花溪区、经开区2015年1至2月份经济工作情况汇报，并安排部署相关工作。

28日

△中共花溪区第十届纪律检查委员会第五次全体会议召开。会议回顾总结2014年全区党风廉政建设和反腐败工作，研究部署2015年工作任务，审议通过《从严依纪依规治党　强化监督执纪问责 为全面打造文化旅游创新区提供坚强保障》的工作报告。

3月

1日

△明珠社区溪北居委会通过评选，获得第二批“省级充分就业星级社区”称号。

4日

△花溪区文化旅游创新区建设专题调度会召开。区领导钟汰甬、洪兵、楚湘黔、张吉林、孙昕、王小兵、张宝祎、吴治岑、赵代刚、马彪、李瑾、吴同恒、邹吉鸿、管路及各相关部门、企业有关人员参加调度会。

△钟汰甬对文化旅游创新区青岩镇项目进行考察，实地了解项目建设现状和进度。

5日

△由花溪团区委主办，区文明办、区总工会、区妇联、中国银行贵州省分行、区青年志愿者协会等多部门共同协办的区青年志愿者学雷锋绿丝带志愿服务活动月暨“彩虹行动”启动。

9日

△花溪区文化旅游创新区项目建设调度会召开。会上，听取区委常委、区政府常务副区长洪兵，各指挥部指挥长及相关建设单位对文化旅游创新区各项目推进情况的汇报。区委副书记、区政府区长向子琨要求，要齐心协力扎实推进花溪区文化旅游创新区建设。

11日

△贵州省委常委、市委书记陈刚调研花溪区经济社会发展情况。市委常委、常务副市长陈少荣，市委常委、副市长李作勋，市委常委、市委秘书长聂雪松，副市长王玉祥参加调研。区领导钟汰甬、向子琨、任渝生、谌业华等，经开区领导杨继、陈云贵等参加调研。

12日

△第四届全国文明村镇、文明单位评选结果揭晓。青岩镇、贵州花溪农村商业银行榜上有名。

△花溪区文化旅游创新区建设已启动项目42个，接近2015年底前计划开工项目总数的一半。

13日

△贵阳市委副书记张平到花溪区指导调研社会治理相关工作。区委常委、政法委书记宋力，区委常委、组织部长张江华参加调研。

17日

△贵州省委第一巡视组巡视工作动员会在花溪区召开。省委第一巡视组正式进驻花溪区。

16日

△花溪区创建全省第八次双拥模范城（县）工作接受省检查组考核检查。贵阳警备区政委杜序良，区领导钟汰甬、向子琨、黄筱龙、秦永康、孙剑参加检查。

21日

△国务院法制办主任宋大涵一行到花溪中医院调研中医立法工作开展情况。贵州副省长何力、省政府法制办主任朱玉、省卫生计生委副主任兼省中医药管理局局长杨洪、市政府副市长刘玉海、区政府副区长禄竹参加调研。

23日

△贵阳市副市长王玉祥率市财政、旅游、发改、住建、规划等部门负责人调研天河潭、青岩古镇景区改造提升工作。花溪区领导钟汰甬，洪兵、孙昕、何勇参加调研。

24日

△花溪区委常委、经开区党工委全体（扩大）会议召开。会议传达学习贯彻《中共贵州省委办公厅关于认真组织学习习近平总书记〈没有督查就没有落实——在与浙江省委督查室干部座谈时的讲话〉的通知》精神、全国“两会”精神、全省领导干部大会精神、陈刚书记调研花溪区经济社会发展情况指示精神、贵阳市党风廉政警示教育大会精神、全市打击违法种房案件查办工作会议精神、市委宣传部长会议精神、全省全市统战部长会议精神、市对台工作会议精神和贵阳市加强群众工作创新社会治理大会精神，通报花溪区加强群众工作创新社会治理工作情况，并安排部署相关工作。

△贵阳市委常委、政法委书记庞鸿一行调研明珠社区建设创建平安社区工作情况。区委常委、政法委书记宋力，区委常委、组织部长张江华等参加调研。

26日

△2015年花溪区、经开区党风廉政建设警示教育大会召开，通报2014年区党政纪案件查办情况。部分单位党委主要负责人就履行“主体责任”和廉洁自律作出承诺，安排部署相关工作。

28日

△由花溪区委宣传部主办、区文体广播电视局、区民宗局、区教育局、区文联、区新闻中心承办的“花溪市民才艺大赛之贵州原创歌曲歌唱比赛”在花溪公园广场举行，有10名选手晋级市级比赛。

30日

△贵阳市委常委、市政法委书记庞鸿调研花溪区支持提升明珠社区社会治理工作水平情况。区委常委、区政法委书记宋力，区政府党组成员、区公安分局党委书记、局长胡文院参加调研。

4月

1日

△《中国民歌与风土》摄制组一行到花溪区采风，拍摄苗族、布依族歌舞和风土人情。

7日

△贵阳市政协主席王保建一行到高坡乡调研“7+2同心扶贫工程”进展情况。市政协副主席向阳，市政协副主席、民革贵阳市委主委殷勤，花溪区领导钟汰甬、向子琨、谌业华、汤慧勇、洪兵、张吉林、邹吉鸿参加调研。

9日

△ 2015年贵州省第四届手工制茶技能大赛“绿宝石”杯贵阳赛区选拔赛在花溪区久安乡举行。贵阳市总工会主席、市人大常委会副主任李志鹏，区人大常委会副主任张吉林、区政府副区长田社鸿参加活动。

8日

△贵阳市精神文明建设指导委员会副主任、

市警备区政委朱元俊及贵阳市文明办相关负责人，观山湖区世纪城社区服务中心负责人到花溪区明珠社区调研精神文明建设工作开展情况。区委常委、区政府常务副区长洪兵参加调研。

10日

△环境卫生和生活垃圾收运服务企业化运行启动仪式举行。花溪区政府与北京环境卫生工程集团有限公司合作，成立京溪城市综合管理服务公司。全区城市管理将实现“京环模式”花溪化、本地化的新格局。

△贵阳市委常委、政法委书记庞鸿到花溪区调研戒毒工作试范点建设。区委常委、政法委书记宋力参加调研。

12日

△台湾嘉义市城隍庙财团法人代表团一行30余人到花溪区黔陶乡骑龙寨开展文化交流。区政协主席谌业华、副区长禄竹、区政协副主席孙剑、李瑾参加交流活动。

24日

△贵阳市中小学校团队组织建设和学校少年宫建设暨关心下一代工作现场会推进会在青岩中心完小召开。

27日

△由花溪区工商联、区总工会、区文明办、区文体广电局共同主办的区第四届“工商联杯”篮球赛开赛，十和田、万福汽车等九家非公经济企业组队参加比赛。区委常委、组织部长张江华宣布篮球赛开幕，区政府副区长马彪致辞，区政协副主席何勇为篮球赛开球。

△经开区党工委书记、花溪区委书记钟汰甬，区政协主席谌业华、区政府副区长禄竹到黔陶乡调研周钟瑄、周渔璜文化项目建设情况。

28日

△贵阳国家经济技术开发区党工委书记、花溪区委书记钟汰甬，区委常委、组织部长张江华及相关部门负责人到明珠社区了解社区提升建设工作。

29日

△花溪区委常委、经开区党工委全体（扩大）会议召开。会议传达学习贯彻全省精神文明建设工作表彰大会精神，传达学习中央、省委、市委“三严三实”专题教育工作会议精神和学习全国全省纪检机关强化监督执纪问责深入纠正四风电视电话会议精神。会议听取花溪区、经开区2015年第一季度经济运行及重大项目建设情况汇报，听取明珠社区建设提升工作情况汇报，安排部署两区经济等工作。

29日

△贵州省文史馆，省、市作协的文史专家和作家到久安乡调研。

5月

5日

△贵阳国家经济技术开发区党工委书记、花溪区委书记钟汰甬，区委常委、区政府常务副区长洪兵，区人大常委会副主任张吉林、吴治岑，区政府副区长赵代刚、马彪一行调研迎宾路“增绿添彩”工程和孟溪路项目建设情况。

7日

△贵州省政府副省长何力率省科技厅等相关部门负责人，到贵州泰邦生物制品有限公司和正在建设中的贵州大学科技园调研。经开区党工委书记、花溪区委书记钟汰甬，经开区管委会副主任施波、区政府副区长禄竹，区工业园区办常务副主任管路参加调研。

8日

△贵阳市人大常委会副主任李泽一行视察花溪区依法推进教育立市工作开展情况。区人大常委会副主任王小兵，区政府副区长禄竹、田社鸿

参加视察活动。

9日

△花溪区、经开区召开领导干部大会，会议传达省委、市委有关干部任免的文件精神，宣读经开区党工委书记、花溪区委书记康克岩和经开区党工委副书记钟阳的任命决定。

12日

△经开区党工委书记、花溪区委书记康克岩，区委常委、组织部长张江华，区公安分局局长胡文院及区委办、人社、财政、民政等部门负责人到明珠社区调研基层社会治理创新工作。

13日

△贵阳市禁毒志愿者"青春行动"在花溪区启动，来自全区各乡镇、社区以及高校的300余名青年禁毒志愿者和禁毒专干参加启动仪式。

14日

△"绿镜头·发现中国"系列采访活动走进贵州，首站抵达花溪。

17日

△花溪公园音乐广场上演一场主题为"关注孤独症儿童　走向美好未来"的"全国助残日"文艺演出。区委常委、政法委书记宋力观看演出并致辞。

18日

△花溪区委副书记、区政府区长向子琨，副区长禄竹率区教育局相关负责人到城区周边部分学校，就教育办学情况进行调研，对花溪三中搬迁选址工作进行安排部署。

△花溪区2015年职工杯篮球赛在区政府行政大楼篮球场拉开帷幕。

19日

△贵阳市政协副主席向阳、殷勤在高坡乡组织召开花溪区"7+2同心扶贫工程"会议，安排部署高坡乡、马铃乡扶贫工作。区政协副主席邹吉鸿等参加会议。

△花溪区领导康克岩、向子琨、管路率区科技、人社、工信等部门主要负责人调研协调"千人计划大数据研究院"入驻贵州大学科技园工作。

△花溪区政协主席谌业华，副主席孙剑、张朝洲及部分政协委员到黔陶乡调研周氏宗祠及周钟瑄文化交流中心项目建设情况。

21日

△由贵阳市群工委、市社会建设工作委员会、市社会建设办公室主办，贵州大学公共管理学院承办的主题为"和谐贵阳·社工同行"的贵阳市第二届社会工作专业人才建设发展宣传推介会在贵州大学举行。

25日

△花溪区第五届青少年科技创新大赛落幕。副区长禄竹、马彪参加活动，并为获奖选手颁奖。

△"2015年全球大数据时代贵阳峰会"分论坛"千人计划专家与大数据创新创业论坛"在贵州大学举行，中国国际人才交流协会驻英国代表处总代表雷风云，贵州省委统战部副部长王茂爱，贵阳市委常委、市委宣传部长兰义彤，花溪区领导康克岩、向子琨、洪兵、管路，经开区领导钟阳、黄成虹等出席论坛。

28日

△由中国禁毒基金会和无限极（中国）有限公司共同出资捐建的全省首个社区禁毒图书角在明珠社区正式揭牌。中国禁毒基金会副理事长杨凤瑞，贵州省公安厅禁毒总队政委、省禁毒基金会副理事长王晓东，贵阳市政法委副书记、市禁毒办主任朱刚，区委常委、政法委书记宋力，无限极（中国）有限公司外事部华南区总监于陵江等为图书角揭牌。

△贵阳市政协党组成员、副主席夏钢，市委副秘书长岳兵率"贵阳市农村社会建设和治理情况"调研组到花溪区开展调研。花溪区政协主席谌业华、副主席李莎参加调研活动。

29日

△贵阳国家经济技术开发区党工委书记、花溪区委书记康克岩为花溪区、经开区领导干部上“三严三实”专题教育党课。区委副书记、区政府区长向子琨主持，区四大班子领导参加听课。

30日

△花溪区文化旅游创新区国宾大道“增绿添彩”工程全部完工。

6月

4日

△花溪区人大常委会主任任渝生，副主任王小兵、张贵昇率队视察区法院和区检察院司法改革及预防职务犯罪工作。

5日

△贵阳市政府副市长王玉祥到花溪区调研2015贵阳国际马拉松赛筹备情况。花溪区人大常委会副主任、青岩镇党委书记孙昕，副区长禄竹、马彪参加调研。

△2015筑城广场市民才艺大赛“原生态歌舞展演赛”决赛举行，花溪区选送的12个节目进入决赛。高坡乡选送的原生态舞蹈《帽花裙飞》夺得桂冠。

9日

△贵阳市政协主席王保建深入高坡乡进村入户访民情、解民忧、促发展。市政协秘书长王廷志，花溪区政协主席谌业华，区政府副区长田社鸿、区政协副主席邹吉鸿参加活动。

10日

△贵阳市委常委、组织部长刘俊一行调研明珠社区社会治理工作情况。花溪区委常委、组织部长张江华参加调研。

△花溪区委常委、经开区党工委全体（扩大）会议召开。会议传达学习5月6日省委常委（扩大）会议精神，传达市联席办《关于贯彻落实赵克志书记讲话精神做好我市进京非访和赴省集体访治理工作的通知》，并安排部署相关工作。

16日

△花溪文化名人姚华的后人前往久安乡寻根问祖。区委常委、区政府常务副区长洪兵，区政协副主席孙剑参加活动。

17日

△贵阳市国防教育办主任会议在区人武装部召开，市国防教育办主任吕能荣，区委常委、人武部部长黄筱龙出席会议。

19日

△经开区党工委书记、花溪区委书记康克岩到孟关乡调研经济社会发展情况，区人大常委会副主任、小孟工业园区指挥部指挥长王小兵参加调研。

△花溪区、经开区扶贫开发工作推进会召开。会议对全区扶贫开发工作进行安排部署。

23日

△贵阳国家经济技术开发区党工委书记、花溪区委书记康克岩到高坡乡大洪村遍访贫困村贫困户。区政协副主席邹吉鸿参加座谈会。

24日

△花溪区召开会议，命名表彰第一批区管专家。

△北京市朝阳区政协副主席汪洋、高向宇率队到高坡乡开展“7十2同心扶贫工程”活动，捐赠30万元用于支持卫生院升级改造。贵阳市政协副主席殷勤、石洪，秘书长王廷志，花溪区领导谌业华、汤慧勇、邹吉鸿参加。

△中共花溪区委中心组、中共经开区委中心组共同开展“三严三实”专题教育第一次专题集中学习。区领导康克岩、向子琨、任渝生、谌业华、张江华、汤慧勇、黄筱龙，经开区领导钟阳、罗亮、余大林、黄成虹，两区区委中心组成员及其他副县级以上干部参加学习。

26日

△花溪区政协主席谌业华到高坡乡硐口村开展遍访贫困村贫困户活动。

27日

△花溪区劳模工作室在花溪农商银行挂牌成立，区政府副区长秦永康为工作室揭牌。

29日

△贵阳市委常委、宣传部长兰义彤调研花溪区重点项目建设。区领导康克岩、洪兵、张宝祎、赵代刚、秦永康、邹吉鸿参加调研。

△清华中学2015年高考再创佳绩，全校1023名同学参加高考，其中600分以上161人，一本上线631人，上线率61.7%，二本以上939人，上线率 91.8%。

7月

2日

△由贵州省文化厅主办，省文化馆承办的贵州省首届“群星奖”决赛落下帷幕，花溪区选送代表贵阳市参赛的舞蹈节目《射背牌》及曲艺节目《走访路上》分别获得舞蹈和曲艺门类决赛一等奖。

△花溪区人武部党委第一书记任职大会召开，贵阳市警备区政委杜序良宣读增补贵阳国家经济技术开发区党工委书记、花溪区委书记康克岩为区人武部党委第一书记的任职通知。 区委副书记、区长向子琨，区委常委、政法委书记宋力，区委常委、人武部部长黄筱龙出席会议。

△贵阳市政府副市长高卫东看望慰问小孟社区付官村部分困难党员。

5日

△2015贵阳国际马拉松赛在青岩镇贵州骏驰汽车赛场鸣枪起跑。国家、省、市体育部门的领导王玉祥、王大卫、张永良、蔡国祥、王建忠、田茂书、刘刚，区领导康克岩、向子琨、禄竹等出席开幕式。

6日

△贵阳市委副书记张平调研花溪区服务工业“百千万”工程市级企业项目建设情况。市委副秘书长马骁，经开区党工委书记、花溪区委书记康克岩，区委常委、组织部长张江华，区政府副区长秦永康参加调研。

9日

△贵州省委第一巡视组组长曾长明率省委第一巡视组到花溪区反馈巡视情况。区领导康克岩、任渝生、谌业华、韩友芳、宋力、张江华、汤慧勇、张吉林、孙昕、王小兵、吴治岑出席反馈会。

△由贵州省体育局授予的“贵州省汽车运动产业基地”和“贵州省青少年卡丁车运动基地”在青岩贵州骏驰国际赛车场正式揭牌。

13日

△贵阳国家经济技术开发区党工委书记、花溪区委书记康克岩，副区长马彪调研花溪区城市综合管理工作。

△全面深化纪律检查体制机制改革工作推进会召开。

15日

△由花溪园区办、团区委、区人社局主办，贵州创引科技有限公司承办的“创引花溪”青年创业大赛，在贵州大学In One创客空间举行。区政府副区长秦永康应邀出席大赛。

20日

△花溪区23个基层党组织被评为省、市“五好”基层党组织，其中5个党支部被评为省级“五好”基层党组织。

24日

△花溪区委常委、经开区党工委全体（扩大）会议召开。会议传达《中共贵州省委关于认真学习贯彻习近平总书记在贵州考察工作时的重要讲话精神的通知》，以及省委、市委工作会议精神；传达省委党的建设工作领导小组《关于命

名全省基层组织建设先进县、全省机关企事业单位党建工作先进党组（党委）和省级“五好”基层党组织的通报》文件精神，中央、省、市“三严三实”专题教育有关精神及花溪区专题教育工作进展情况，市委党的群团工作会议精神。会议对相关工作进行安排部署。

27日

△贵阳国家经济技术开发区党工委书记、花溪区委书记康克岩，区委常委、组织部长张江华到麦坪镇杉一村调研基层组织建设和经济社会发展工作。

△花溪区同步小康驻村暨“第一书记”工作现场推进会在高坡乡平寨村召开。区委副书记、区同步小康驻村工作队副队长韩友芳出席会议。

30日

△花溪区委、区人大、区政府、区政协四大班子领导携相关部门负责人组成慰问团，深入各驻区部队，看望慰问人民子弟兵。

31日

△花溪区2015年机关事业单位工作人员调整工资标准及增加离退休人员离退休费工作完成。

8月

2日

△花溪区国家税务局办税服务厅被全国妇女联合会授予2014年度“全国巾帼文明岗”称号。

3日

△由花溪区计生系统和教育系统联合筹建的区青春期健康教育培训基地在职业技术学校挂牌成立。

4日

△花溪区领导康克岩、赵代刚、管路率区规划、国土、住建、城南公司等相关单位主要负责人对区部分地块土地开发情况开展调研。

△花溪区领导康克岩、宋力、张江华、赵代刚、秦永康、胡文院、管路到明珠社区服务中心开展调研。

5日

△贵阳市委常委、政法委书记庞鸿率市发改委、商务局、住建局、市重大项目办等有关部门负责人到花溪区调研省重大工程和重点项目建设情况，协调解决项目在推进过程中存在的困难和问题。区委常委、政法委书记宋力，区委常委、区政府常务副区长洪兵，区人大常委会副主任王小兵参加调研。

6日

△由花溪区文化馆、贵大艺术学院、省武警文工团共同创作的舞蹈作品《射背牌》，荣获在四川凉山举办的第十届中国舞蹈“荷花奖”民族民间舞展演十佳作品。

△贵州省军区参谋长、省征兵工作领导小组副组长洪晓荣检查区征兵体检工作。贵阳警备区参谋长、市征兵办主任余建国，区委常委、区人武部部长、区征兵工作领导小组常务副组长黄筱龙参加检查。

10日

△花溪区委副书记、区长向子琨带队到浙江省杭州市考察学习，与杭州市西湖区政府区长章根明、区政府副区长陈玮进行座谈，就旅游文化建设及城市管理等进行经验交流。

△贵阳市委常委、宣传部长兰义彤深入青岩镇摆早村，调研指导整顿软弱涣散党支部及发展村集体经济工作。区委常委、组织部长张江华，区委常委、区政府常务副区长洪兵参加调研。

△贵阳市委常委、宣传部长兰义彤到明珠社区开展宣传部长上道德讲堂活动，为社区群众们精彩诠释“诚信”在当今社会中可贵的价值与作用。区委常委、组织部长张江华，区委常委、区政府常务副区长洪兵和明珠社区部分群众参加讲座。

11日

△贵阳市委常委、市政府副市长、市双拥工作领导小组副组长吉宁峰到花溪区就双拥工作开展调研，区政府副区长秦永康参加调研。

12日

△花溪区委副书记、区政府区长向子琨，副区长禄竹、赵代刚，区政府党组成员、区工业园区办常务副主任管路带队赴上海考察，与上海宇培（集团）有限公司董事长李士发进行座谈，双方就有关项目合作等进行磋商。

14日

△贵阳国家经济技术开发区党工委书记、中共花溪区委书记康克岩到马铃乡调研。

17日

△花溪区卫生计划生育局组织区机关、企事业单位开展2015年无偿献血活动。

18日

△贵阳市政府副市长王玉祥，市旅委党组书记、主任袁云龙及市督办督察局、市安监、质监、市生态文明委等多家单位到花溪区督查旅游安全工作，区委常委、区政府常务副区长洪兵参加调研。

△花溪区政协第九届委员会第24次常委会召开。会议传达全国政协会议精神等，审议关于免去吴同恒政协花溪区第九届委员会副主席职务、撤销其政协花溪区第九届委员会委员资格的报告，以及社区（乡镇）政协委员联络组组长、副组长人选建议名单（草案）。

19日

△第三届全国儒学社团联席会议暨儒家文化与核心价值观研讨会在贵阳孔学堂举行。贵阳市委常委、市委宣传部部长兰义彤，市委常委、副市长吉宁峰出席开幕式。

21日

△花溪区委常委、经开区党工委全体（扩大）会议召开。会议传达深入学习贯彻习近平总书记调研贵州重要讲话精神和省委工作会、市委工作会议精神，传达学习贯彻国家领导人对天津港“8·12”瑞海公司事故的重要批示，并对相关工作进行安排部署。

△贵阳市委常委、宣传部长兰义彤率市纪委、市委组织部相关负责人调研督查区“三严三实”专题教育活动开展情况。区领导康克岩、秦建军、韩友芳、宋力、张江华、汤慧勇、洪兵、黄筱龙、张宝祎、李瑾，贵阳市清华中学校长兰珩参加调研。

25日

△花溪区政协主席谌业华，副主席孙剑 、李莎率部分政协委员视察青岩镇提升古镇文化工作情况。区人大常委会副主任、青岩镇党委书记孙昕参加视察活动。

28日

△由花溪区委党史研究室、区文联、区档案局、区图书馆、贵州航空工业技师学院联合主办的“纪念抗日战争胜利70周年——毛泽东像章万枚珍品展览”开展。区委常委、区人武部部长黄筱龙，区人大常委会副主任王小兵出席开展仪式。

31日

△举办2015年“贵阳银行杯”技能之星选拔赛，花溪区政府副区长秦永康观看比赛。

9月

1日

△花溪区委十届第145次常委会议召开。会议传达学习贯彻贵阳市党政代表团赴上海、浙江、江苏考察电子商务发展情况，8月27日市委常委（扩大）会议精神，省委书记、省长陈敏尔、省委常委、市委书记陈刚关于防汛工作的重要批示精神；听取花溪区防汛工作情况汇报；研究社会管理相关事宜，并安排部署近期工作。

2日

△花溪区四大班子领导任渝生、谌业华、秦建军、汤慧勇、洪兵、黄筱龙、张建忠、田社鸿等和区直部门干部职工、驻区部队官兵、民主党派人士、团员青年、中小学生、企业代表及各界群众300余人祭扫戴安澜将军衣冠冢，纪念中国人民抗日战争暨世界反法西斯战争胜利七十周年。

9日

△花溪区2015年教师节表彰大会召开，庆祝第31个教师节，表彰一批教育先进工作者。

△花溪区领导向子琨、张建忠、王小兵、管路率区商务、住建、规划等部门赴孟关乡调研各项目推进情况。

10日

△贵阳市农委副主任刘光荣到花溪区检查指导精准扶贫工作。区政府副区长秦永康参加检查。

12日

△将军路、花阁路（民主路至贵筑路段）改为单行线行驶。

15日

△贵阳市“宣传部长上讲堂”暨“社里乡亲宣讲团”宣讲展示大赛在贵阳孔学堂举行。贵州省委宣传部副部长姚远，贵阳市委常委、市委宣传部部长兰义彤为获奖选手颁奖。

△花溪区召开扶贫开发、农村环境综合整治、高效农业示范园区、美丽乡村建设工作推进会，对搞好扶贫开发等工作进行安排部署。

17日

△花溪区委十届第146次常委会议召开。会议传达学习贵阳市“多彩贵州文明整脏治乱专项行动”工作推进会议及全省留守儿童、困境儿童关爱救助保护现场推进会议精神，审议区政府党组《关于审定成立花溪区留守儿童、困境儿童关爱救助保护工作领导小组的通知的报告》和《进一步加强留守儿童、困境儿童关爱救助保护工作的实施意见的报告》，并安排部署相关工作。

25日

△花溪区科协、区教育局组织举办迎国庆“中国梦·少年梦”全区中小学生讲科普故事大赛。副区长马彪到场并讲话。

26日

△花溪区市民才艺擂台赛舞蹈比赛在区行政中心广场举行。来自各乡镇、社区及机关单位的46支舞蹈队参赛。

29日

△位于花溪公园附近的紫金停车场开始对外停车，场内有近100个停车位，收费标准为每小时5元。

10月

9日

△花溪区内实行“三证合一”登记制度改革，营业执照在区政务服务中心市场监督管理局窗口正式办理发放。

△义务教育基本均衡发展工作推进会暨基本普及十五年教育工作（“新两基”）启动会召开，对相关工作进行安排部署。

10日

△老年人羽毛球赛在花溪区行政中心举行，来自全区的63名老年羽毛球爱好者参加。

△花溪区群工委和区委党校举行社区人才教育培训基地签约挂牌仪式。

12日

△国务院体育行业督察组到花溪区就公共体育设施建设工作开展实地督查。国家体育总局群体司副司长邱汝，区领导孙昕、禄竹参加督查。

16日

△贵州省军区军务动员处处长王晓龙一行到

贵州勤邦公司调研民兵组织建设情况。贵阳警备区参谋长余建国，区委常委、人武部长黄筱龙参加调研。

18日

△花溪区举行老年人太极拳比赛，来自全区的11支队伍200余人参加比赛。

23日

△花溪区微电影《魔戒》获贵阳市“追逐中国梦·筑梦贵阳”第二届微电影大赛一等奖、网络最佳人气奖。

24日

△“生态花溪·金色家园”第三届兰花叶艺展在贵州省青少年活动中心举办。来自四川、云南、福建、江苏、浙江等地的数百名兰花爱好者参加此次活动。

△“贵阳市2015年环境突发事件应急联合演习及大气环境整治现场观摩会”在花溪区燕楼镇三圣特种建材有限公司厂区内举行。贵阳市政府副市长钟汰甬、区政府副区长谭虎观摩演练。

28日

△贵阳市总工会劳模创新工作室创建工作经验交流会在花溪区召开。市人大常委会副主任、市总工会主席李志鹏，贵州省总工会经济工作部部长杨杰，区委副书记秦建军及部分全国、省、市劳动模范参加会议。

29日

△贵州省委常委、省军区司令员王盛槐，政委谢武忠率观摩团到小孟工业园区参观贵州勤邦生物科技股份有限公司“四新”建设。贵阳市委常委、贵阳警备区司令员沙劲松，政委杜序良，经开区党工委副书记、主任钟阳，区委常委、区人武部部长黄筱龙，政委吕晋等参加活动。

30日

△花溪区委十届第148次常委会（扩大）会议召开，传达全市电子商务大会会议精神，听取全区2015年前三季度经济运行和重点项目建设情况汇报，并对相关工作进行安排。

11月

1日

△来自萧红文学院、天津文学院等全国著名文学院的数十名教授、学者到青岩古镇采风。

△街头便民非机动车停放架投入使用，并免费供群众使用。这种停放架可停放自行车、摩托车、三轮车。

3日

△民政部优抚安置局局长、全国双拥工作领导小组成员包丰宇率全国双拥调研督导组，到花溪区明珠社区服务中心调研双拥工作。区政府副区长谭虎、区人武部政委吕晋参加调研。

6日

△花溪区、经开区召开“多彩贵州文明行动”综合整治百日行动工作安排暨巩固全国文明城市创建成果工作推进会。

10日

△由花溪区乒乓球协会承办的贵阳市、安顺市乒协友谊赛在花溪区举行。

△加快推进花溪区电子商务发展大会召开，全力打造电子商务发展“花溪模式”。

12日至14日

△由花溪区教育局主办的2015年中小学田径运动会在溪南高中举行。

15日

△花溪区委十届第150次常委（扩大）会议召开。会议传达学习省委十一届六中全会、市委九届第135次常委（扩大）会议精神，贵阳市贯彻党的十八届五中全会精神和精准扶贫、美丽乡村建设、农村环境综合整治现场观摩推进会精神，《中国共产党廉洁自律准则》《中国共产党纪律

处分条例》并对相关工作进行安排部署。

16日

△由贵阳花溪三合租赁经营部筹资金150万元升级改造的徐家冲农贸市场完工并投入使用。

19日

△花溪农商行档案工作通过省、市档案工作星级评估工作组考评验收，被授予“三星”档案单位称号。

20日

△花溪区委常委、经开区党工委全体（扩大）会议召开。会议传达省委、市委有关经开区、花溪区干部任免职文件精神和市委副书记张平代表市委对花溪区、经开区领导班子提出的要求。根据文件精神，钟阳任花溪区委书记、产业园区管委会党委书记（兼），经开区党工委书记、园区办党委书记（兼）；向子琨任花溪区委副书记，政府区长、党组书记，园区办党委副书记、主任（兼），经开区党工委副书记、管委会主任，园区办党委副书记、主任提名人选（兼）。会议还对相关工作进行安排部署。

22日

△花溪区精准扶贫工作座谈会在高坡乡召开。会议对相关工作进行安排部署。

25日

△贵州省政法委常务副书记彭德全到明珠社区调研社区社会治安综合治理工作。花溪区委常委、区政法委书记宋力参加调研。

26日

△国家卫计委城乡医院对口支援第二督查组到花溪区就杭州市萧山区第一人民医院对口支援区人民医院工作实施情况进行督导检查。贵州省卫计委体改处处长安仕海，副区长禄竹及省、市卫计委相关负责人、专家参加督查。

28日

△贵阳市第四届百姓健康舞决赛在贵阳市筑城广场举行，花溪区参赛的五支舞蹈全部获奖。

30日

△花溪区委十届第151次常委（扩大）会议召开。会议传达学习全省县域经济发展大会暨二〇一五年第三次项目建设现场观摩总结会议和市委常委（扩大）会议精神，研究部署区文明城市管理巩固提升、流动人口管理、禁毒、“两严一降”、安全生产等社会治理工作相关事宜。

△花溪区“弘扬伟大抗战精神、同心共筑强大国防”国防教育图片展在明珠大道区政府广场举办。

12月

1日

△历时1年多的花溪国家城市湿地公园二期项目完工，公园的服务接待能力提升三倍以上，景点景观增加50%。

△历时3个月，面向全区开展的“清风荷韵——读廉政书籍·扬清风政气”征文活动结束。

△花溪区直机关工委举办以“基层党建工作的创新”为主题的微型党课演讲比赛。

2日

△贵筑路设置临时停车位，在四个时段准许停车。

3日

△花溪区扶贫工作会议暨农业农村工作现场会议召开。会议传达中央、省、市区精准扶贫工作会议精神，对全区相关工作进行安排部署。

10日

△花溪区首个互联网医院体验站——“贵健康”互联网医院O2O体验站在阳光社区启动。

△贵阳市经济技术开发区党工委书记、花溪区委书记钟阳率部分区四大班子领导及经开区、花溪区相关部门负责人就文化旅游创新区、天河

潭景区及周边项目建设推进情况进行调研。

11日

△经开区创建“贵州省特种车辆、工程机械及零部件产业知名品牌示范区”工作通过省质监局专家验收。

20日

△花溪区推荐的3名返乡农民工创业者黎艳、谢发明、吴锦刚获贵州省“第二届返乡农民工创业之星”称号。

△青岩古镇景区被正式列入全国创建5A级旅游景区预备名单。

22日

△组织开展《花溪年鉴（2016）》编纂工作培训。

△花溪区科协结合“百县千乡万村无邪教创建示范工程”活动及“网底工程”工作，成立区、乡（镇）、社区及村（居）三级反邪教志愿者协会组织。

△经开区建管局启动冬季南明河经开区段清淤工作。

23日

△花溪区与贵阳京溪公司签署交接协议，拟将城区绿化管（养）护工作正式移交京溪公司，协议将于2016年1月1日起生效，有效期限10年。区政府副区长马彪出席签约仪式。

△小孟工业园通过审核评定，被评为贵阳市三星级生态文明工业园区。

26日

△花溪区公务用车制度改革动员会召开。会议传达全市车改工作电视电话会议精神，通报全区车改工作情况，安排按时序完成公务用车制度改革工作。

25日

△花溪区“黔集市”电商平台全面上线运营。久安、孟关等7个乡镇8个村的15个“黔集市”线下便民服务点也开门迎客，线上线下同步运营。

30日

△经开区管委会第18次主任办公会、花溪区第十六届人民政府第104次区长办公会召开，会议传达学习中央、贵州省经济工作会议精神，以及中共贵阳市委九届五次全会精神，并对两区2016年“元旦、春节”相关事宜进行安排部署。

△花溪区政府召开《花溪区域形象设计与传播规划》专家评估会。该规划设计阶段性成果原则通过评估。

31日

△花溪区电子商务产业园在占地3000亩的孟关汽贸城内开园。经开区党工委书记、花溪区委书记钟阳，经开区党工委副书记、管委会主任、花溪区委副书记、区长向子琨，区政协主席谌业华，经开区党工委委员、管委会副主任余大林为产业园揭牌。区政府副区长马彪主持开园仪式。

（区新闻信息中心）

（责任编辑　白尔楠）

花溪年鉴 2016 HUAXI YEARBOOK

区情概览

花溪区行政中心（杨小平　摄）

花溪年鉴 HUA XI YEARBOOK 2016

区情简介

【概况】 花溪区位于贵州省中部，是贵阳市城区之一，东邻黔南州龙里县，西接贵安新区，南连黔南州惠水县、长顺县，北与南明区、观山湖区接壤，区治位于贵阳市区中心南部17公里。全区地貌以山地和丘陵为主，处云贵高原东斜坡和苗岭山脉中段，为典型的喀斯特地质地区，是长江水系和珠江水系的分水岭地带，境内河流17条，水量主要靠自然补给。全区土地面积964.32平方公里。全年平均气温16.0℃，冬季平均气温7.0℃，夏季平均气温23.7℃。

根据贵阳市1%人口抽样调查数据，2015年全区常住人口64.17万人，流入人口19.55万人，流出人口3.04万人。全区有汉族、苗族、布依族等40个民族，39个少数民族总人口15.14万人，占全区总人口的31％。

少数民族人口中，苗族、布依族占77%。悠久的历史孕育出璀璨的民族文化，形成浓郁的民族风俗。苗族、布依族青年男女，通过歌舞活动寻找意中人。正月初四高坡杉坪有苗族传统“跳洞”，正月初六甲定村有芦笙歌舞会。苗族跳花场包括正月初六孟关乡石龙村、正月初七至初十燕楼镇旧盘村、正月初九花溪桐木岭、二月十三久安乡礼炭窑、二月十九巩固村以及四月八贵阳喷水池苗族聚会。布依族的民俗文化活动有：正月初九青岩龙井村布依联欢会、正月十五花溪大寨布依地戏、正月十二马铃乡水车坝布依族歌会、“六月六”花溪公园布依族歌会。孟关乡的苗族斗牛大赛，猴鼓舞，布依族苗族的刺绣、竹编、服饰、头饰制作工艺，唢呐音乐类等都具有鲜明的民族特色。

花溪区素有“高原明珠”的美誉，是著名的风景旅游区，以十里河滩国家城市湿地公园、孔学堂、花溪公园、天河潭、青岩古镇、苗乡高坡最为著名，2010年，入选贵州十大影响力风景名胜区。天河潭风景区、青岩古镇景区已成为国家AAAA级旅游区。

花溪风味小吃品种多达数十种，无论白天黑夜，花溪、青岩、石板的街头巷尾，小吃摊桌星罗棋布。有些饭店、酒店还有专门小吃提供品尝。最著名的有花溪“飞碗”、“王记”牛肉粉，以及青岩卤猪脚、鸡辣椒、糕粑稀饭、米豆腐、刺梨糯米酒等。

花溪拥有丰富的科教文化资源，区内有贵州大学、省委党校、贵州民族大学、亚泰职业技术学院等高等院校。

新花溪区成立以来，充分整合原花溪区、小河经开区的优势，取长补短，初步实现各种资源要素的优化配置，进一步优化产业结构，壮大区域经济，是贵阳经济发展速度最快、最具发展潜力的工业经济区域之一。花溪区先后获得“国家级生态示范区”“全国农产品加工业示范基地”“国家军民结合（装备制造）高新技术产业化基地”“国家新型工业化产业示范基地”“全国电子商务示范基地”“国家循环化改造示范试点园区”等国家级荣誉称号。

（杨　琴）

【建置沿革】 今花溪区境，西周至春秋时期属牂牁国，秦代属且兰县，汉代属牂牁郡，东晋属晋乐县，唐宋属矩州，元代属八番宣慰司、顺元等路军民宣慰司、中曹百纳等处长官司。明洪武四年（1371年）置贵州宣慰使司，由安、宋两氏分任正、副使，今花溪区境属宋氏（副司）统领，后隶属贵州卫、贵阳府。万历十四年（1586年）置新贵县，花溪区境属新贵县，隶贵阳府。

清康熙二十六年（1687年）置贵筑县，县署驻贵阳城西南隅，新贵县原辖地全归贵筑县。

民国3年（1914年），废贵阳府，置贵阳县，贵筑县署移至息烽城，更名息烽县，花溪改属贵阳县。民国30年（1941年），贵阳设市，市郊置贵筑县，县治于民国31年（1942年）7月从市府路移至花溪河北岸蟠龙山南麓，辖今花溪区、白云区、乌当区及观山湖区部分，贵筑县县治花溪一直延续到1958年2月。

1949年11月，贵筑县隶属贵阳专署，1952年7月，贵阳专署由花溪迁贵定县城。贵筑县隶属于贵定专属。1956年贵定专署撤销，置安顺专署，贵筑县隶属安顺专署，县辖7个区40个乡镇。同年10月，高坡苗族自治区划归黔南州惠水县。

1958年2月，贵筑县撤销，所辖区乡镇全部划归贵阳市，以原市郊的黔滇、黔桂公路分界，公路以南置花溪区，以北置乌当区。花溪区辖2镇23乡，7月调整为两镇13乡，9月两镇13乡组建为12个人民公社，称管理委员会。1959年1月，12个人民公社先后并为花溪、青岩、石板、孟关4个大公社。

1961年，高坡人民公社由惠水县划回花溪区，4大人民公社解体，恢复为青岩、燕楼、马铃、石板、湖潮、麦坪、久安、花溪、党武、中曹、孟关、小碧、黔陶13个人民公社，青岩镇、花溪镇从人民公社分出恢复镇建制。1966年 6月，13个人民公社2个镇分别组成4个人民公社联社，即花溪联社、石板联社、青岩联社、小河联社。1966年8月，花溪、乌当两区组建为贵阳市郊区，称郊区人民委员会 。1967年2月，造反派夺权，恢复花溪区14个公社和2个镇建制，称区、公社、镇革命委员会。1981年至1984年区、公社、镇革命委员会逐步改为区、乡、镇人民政府。

1993年，小河镇划归贵阳市小河经济技术开发区管辖。2000年，金竹镇划归小河区；花溪区辖3镇11乡，165个行政村，19个居委会。2005年，花溪区撤部分乡镇建办事处，撤销原花溪镇、花溪乡，建贵筑、溪北、清溪3个办事处，至此，花溪区辖2镇10乡，3个办事处。同年，花溪区小碧乡划归南明区，花溪区辖2镇9乡，3个办事处，151个行政村。2012年，撤办事处建新型社区，撤销3个办事处建贵筑、清溪、溪北、阳光、明珠5个新型社区。同年撤销小河区，与花溪区合并成立新花溪区，新花溪区辖2镇9乡，18个社区，151个村，52个居委会。

2013年12月，党武镇、湖潮布依族苗族乡托管到贵安新区（行政区划仍属花溪区），花溪区辖2镇7乡，18个社区。2014年9月，燕楼、麦坪两乡撤乡建镇，花溪区辖4镇5乡、18个社区，122个村，52个居委会。

（杨　琴）

【现行政区】 花溪区辖4个镇、5个乡、18个社区、122个村、54个居委会。其中：青岩镇辖17个村、2个居委会；石板镇辖13个村、3个居委会；燕楼镇辖8个村；麦坪镇辖13个村；孟关苗族布依族乡辖8个村、2个居委会；久安乡辖7个村；马铃布依族苗族乡辖3个村；黔陶布依族苗族乡辖7个村、1个居委会；高坡苗族乡辖19个村；阳光社区辖8个居民委员会；明珠社区辖2个居民委员会；贵筑社区辖3个村、3个居委会；清溪社区辖1个村、12个居民委员会；溪北社区辖6个居委会；花孟社区辖3个村；黔江社区辖4个居委会；清浦社区辖3个居委会；瑞华社区辖3个居委会；航天社区辖3个居委会；航空社区辖3个居委会；平桥社区辖3个居委会；金欣社区辖2个居委会；黄河社区辖4个村；三江社区辖6个村；金竹社区辖3个村；兴隆社区辖4个居委会；小孟社区辖7个村。

（杨玉屏）

【人口与民族】 2015年，全区常住人口64.17万人，全区出生8153人。人口出生率7.48‰，比上年下降0.96‰；人口自然增长率5.57‰，比上年上升2.53‰。全区有汉族、苗族、布依族等40个民族。少数民族人口为15.14万人（原花溪区少数民族10.78万人，原小河区少数民族4.36万人），占全区总人口的31％。从民族成分来看，花溪区世居少数民族主要是苗族、布依族。其中：苗族人口5.88万人，占少数民族人口总数的39%；布依族人口5.76万人，占少数民族人口总数的38%。少数民族人口主要分布在4个民族乡，30个民族村。

（杨玉屏）

花溪年鉴 HUA XI YEARBOOK 2016

地理概况

【地形地貌】 花溪区地处云贵高原东部，地势总趋势为中部高，南北低。区内海拔最高点为黔陶乡南侧皇帝坡，海拔1656米，最低点为马铃乡马铃河（翁岭河）出镜处，海拔标高999米，最大相对高差657米。地貌类型为侵蚀—溶蚀成因的中低山、低山、峰丛洼地、槽谷、溶丘洼地及谷地等地貌，海拔高度一般1100～1400米。境内碳酸盐类岩石分布广泛，故岩溶地貌十分突出，组合类型有溶蚀槽谷、谷地、洼与峰丛、峰林、溶丘，个体形态溶洞、暗河、天窗等等。河谷地貌仅限于主要河流两侧。

（区国土分局）

【地层岩性】 花溪区出露地层由老至新有泥盆系、石炭系、二叠系、三叠系、侏罗系及第四系。以三叠系、二叠系地层分布最广，于中部及北部大部分区域内出露；石炭系、泥盆系次之，仅在花溪区南部马铃乡、青岩镇一带出露，分布范围相对较小。地层岩性以白云岩、灰岩等硬质岩类为主，其次为石英砂岩、粉砂岩、泥岩、页岩等软硬相间岩类和软质岩类。第四系松散岩类黏土、亚黏土、亚砂土及砂砾石层零星分布。

（区国土分局）

【地质构造】 花溪区位于扬子准地台的黔北台隆和黔南台陷两个次级构造单元的过渡地带，以南北向隔槽式褶皱为主，主要有贵阳向斜、狮子口背斜。经多期构造运动，为不同期构造运动遗迹的组合和叠加，境内有南北向构造体系、北东向早期和晚期新华夏构造体系，各构造体系之间发生斜接、交切，形成较复杂的构造格局。

（区国土分局）

【水　文】 花溪区地处云贵高原的东斜坡上，地理位置是北纬26° 11′～26° 43′，东经106° 27′～106° 52′，总面积964.2平方公里。属亚热带季风湿润区，有较明显的高原性季风气候，夏无酷暑、冬无严寒、雨量充沛、无霜期长、垂直变化和地区差异较明显。境内平均年降雨量1100～1200毫米，年平均径流深578毫米。境内最高海拔1665.9米（黔陶黄帝坡），最低海拔999米（马铃乡翁吟河出口处），一般海拔1100～1250米。地形为中山丘陵为主的丘原地貌，是贵阳市唯

3月23日，世界气象日宣传活动（区气象局　供稿）

一跨长江流域和珠江流域的区县。全区有河流16条（不含划归贵安新区的湖潮乡冷饭河），河流超过10公里或流域大于20平方公里的河流12条，其中花溪河等5条汇入长江水系，青岩河等7条汇入珠江水系。河流总长273.9公里，年平均流量25.32立方米每秒；现有大小水库18座(含新增1座大坪水库，不含划入贵安新区的汪官水库、松柏山水库2座)，塘坝238座，有水资源总量为8.345亿立方米。

（张艳利）

【气象事件】 暴雨：2015年，花溪出现暴雨15次，其中在5月27日、6月8日、6月18日、8月12日辖区内出现大暴雨天气过程。最大区域自动站雨量分别为：青岩镇思潜村161.7毫米、青岩镇思潜村112.6毫米、黔陶乡赵司河169.6毫米、高坡乡云顶村156.5毫米。

冰雹：2015年4月29日下午1点40分，贵安新区区政府一带降雹，冰雹约豌豆大小。5月8日凌晨1点10分至30分，花溪区中曹司一带降雹，冰雹约玉米粒大小。

（吴　丹）

国民经济和社会发展综述

【概　况】 2015年，在贵州省31个经济强县综合测评中，主要经济指标保持两位数增长，地方生产总值500亿元，位列第4位；固定资产投资、工业增加值、社会消费品零售总额、旅游总收入总量位列全省前4位。

（邹亚东）

【产业优化转型】 2015年，生产总值完成494.97亿元，比上年增长12.4%。其中：第一产业完成17.62亿元，比上年增长6.4%；第二产业完成295.01亿元，比上年增长11.2%；第三产业完成182.34亿元，比上年增长15.2%。

产业结构调整步伐加快，第三产业增速分别高于GDP、二产增速2.8、4个百分点。大数据产业引领新兴业态快速集聚，花溪区电子商务产业园建成开园，电子信息产业大数据关联产业产值达220亿元。

工业经济保持平稳运行，规模以上工业（2000万口径）增加值完成242.2亿元，比上年增长8.1%（其中：花溪片区27.54亿元，比上年增长22.0%；经开片区214.66亿元，比上年增长6.0%）。

装备制造业完成工业总产值267亿元，大健康医药产业实现产值10.2亿元。服务业发展保持稳定，金融、商贸物流、旅游扩量，全区存款余额达726.8亿元、贷款余额527.51亿元。

接待旅游人数1627.3万人次、旅游收入141.99亿元，社会消费品零售总额208.64亿元 。

久安现代高效茶叶示范园区、青黔现代观光休闲农旅一体化示范园、燕马都市蔬菜保供基地示范园三个现代高效农业园区全部进入省级农业示范园行列，三大园区总产值达到8亿元。

全区固定资产投资完成464.61亿元，比上年增长20.4%，投资总量继续处在全省、全市的领先地位。

花溪孟关贵州汽车城汽车超市城市综合体、花溪区孟关特色功能区、花溪区十里河滩湿地公园北区景观提升工程、青岩创AAAAA级旅游景区基础设施建设等15个省级重大工程和重点项目及“百日会战”6个重点项目建设；分别完成98亿元、56.74亿元，在全市分别排在前三位、第一位。

2015年开工文化旅游创新区建设项目74个，基本完工18个，累计投资156.98亿元，有效支撑全区投资目标任务的完成。

（邹亚东）

【改革创新】 大众创业、万众创新的局面基本形成，“千人计划”大数据研究院，返乡农民工创业示范园等创新平台加快建设。围绕产业发展和人才创新需要，引进高层次人才、紧缺急需人才131人。

建设周钟瑄文化交流中心，与台湾人文、经贸交流进一步加强。

贵安新区、双龙航空港经济区、观山湖区、龙里县、惠水县周边区域合作，加强与“1+7”其他国家级开放平台交流。

承办贵阳国际马拉松赛。紧盯国内外500强企业，招商引资实现突破。

引进一批引领性大项目，实际到位省外资金442亿元，比上年增长20.0%；实际利用外资17,385万美元，比上年增长20.2%。

推进公务用车制度改革，车改方案成为全市第一家获得审批通过的区县。

农村产权制度改革、财政体制改革和教育改革、县级公立医院综合改革、不动产登记机构改革等各项改革工作按照时序要求推进。

（邹亚东）

【文化旅游创新区建设】 以“七大工程”为重点，138个文化旅游创新区项目（含7个区级项目）建设，启动工程项目74个，总投资557.97亿元，完成工程项目18个，累计投156.98亿元。

重点区域整治，以花溪中心城区为重点，结合视线效果和滚动开发的原则，启动以国宾馆周边为核心的30个重点区域整治项目。

发挥花溪自然山水的生态传统优势，启动生态建设项目9个。

旅游文化提升突出“文化、古镇、湿地、山水”主题，发挥旅游文化优势，启动旅游文化项目12个。

景观提升以“两路六区域”整治为重点，围绕迎接2015年贵阳生态文明国际论坛召开的工作，对重要接待区域、重要通道走廊景观进行美化，启动景观提升工程4个。

做好与贵安新区建筑风貌的过渡衔接，完成《花溪文化旅游创新区总体城市设计——建筑风貌导则》编制审批工作，启动立面整治工程2个。

城市管理围绕“两路六区域”共拆除违法建筑3188户122.53万平方米。

（邹亚东）

【城乡统筹】 把“疏老城、建新城”作为城市规划建设的根本方向，变“摊大饼”为“蒸小笼”，完成《花溪组团控制性详细规划》、6个乡镇总体规划、5个乡镇控规以及88个村庄规划的编制工作，实现区域规划全覆盖。

万达片区、云上棚户区、城中村改造、老旧居民小区改造项目，保利溪湖、碧桂园、溪山御景、中铁城锦溪房地产和城市综合体项目有序推进。青岩镇被评为省同步小康创建示范镇。

优化路网结构，串联东西部区域，形成城乡交通路网大循环、微循环，启动路网建设工程17个，总里程40.32公里。

燕楼产业园区6号路、7号路、谷槐路、贵安大道至南环线联络线、贵安大道至老中广线联络线基本完工。

甲秀南路阳光水乡至迎宾馆路口、清溪路三七厂路段、大将路的改造完成，已形成绕城高速、南环线高速、甲秀南路、贵惠大道、孟关大道等公路为主骨架的交通网。

县乡公路为补充的公路网体系，全区公路总里程达1080余公里，实现100%的村通油路或水泥路。修建60个农村招呼站，实现村村通中巴车、班线车。

打造青岩镇山王庙村等美丽乡村示范点8个，青岩镇龙井村被评为省同步小康创建示范村，完成500户小康房建设任务。

（邹亚东）

【生态文明】 实施“蓝天、碧水、绿地、清洁、田园”五项保护计划，坚决守住山上、天上、水里、地里四条生态底线。造林、封山育林5546.1亩、石漠化综合治理植被恢复2.12万亩、通道绿化建设1293.1亩。花溪大道沿线、甲秀南路沿线、国宾馆区域的绿化，新增绿地12万余平方米，森林覆盖率达45.6%。

大气污染防治。加强建筑工地、道路扬尘治理，环境空气质量优良率为90.7%。

严把环保审批关，严格执行“四个一律不批”，环境影响评价审批率及建设项目“三同时”执行率均为100%。

环卫服务外包、环卫产业发展项目已完工。

青岩南门水体规划建设、阿哈湖水库搬迁地生态修复工程主体工程基本完工。

完成赵司河、马铃河等7条河流和高坡乡黄泥井、黔陶乡九眼井5个乡镇集镇集中式水源地水质监测，集中式饮用水源达标率100%。

按照“条专块统，标本兼治”的原则，以乡（镇、社区）为主体，将龙井村、谷中村等39个村列入重点整治范围，开展农村环境综合整治工作。

节能减排。2015年节能降低率为6.08%，为节能目标任务的255%。完成18家26台91.03蒸吨的燃煤锅炉节能环保综合提升工程，并通过市级验收。全年共组织实施22个节能项目，已有10个项目完工。

【民生保障】 全年财政投入民生资金32.59亿元，占公共财政支出的57.4%。完成扶贫目标任务。贫困村村级集体经济全部达到30万元以上，实现19个贫困村整村“减贫摘帽”，减少贫困人口2728人。实现产业扶贫变“输血”为“造血”。

创建“经开区电商扶贫产业园”和“高坡乡电商服务中心”。

实施教育优先发展。新建、改扩建幼儿园3所，标准化农村寄宿制学校项目8个，标准化“留守儿童之家”建设5个。

清华中学小孟分校、贵阳一中分校建设启动。引进北京中古友谊小学与花溪小学结成姊妹学校，北京海淀区中关村三小与花二小、花溪第一实验学校合作办学。

文化事业。开展以孔学堂为平台的中华传统文化教化基地建设、推进“两周文化交流中心”“两馆一中心”项目建设。

就业增收保持稳定。全区新增城镇就业19748人，农村劳动力转移3138人。城镇登记失业率为3.12%。城乡居民收入稳步增长，分别实现26532元、12414元，比上年增长8.9%、9.6%。

社会保障。农村新型合作医疗参合率分别达到97.0%、92.31%、98.12%。

公共医疗卫生。鼓励社会资本办医，9家民营资本投入一级医院开展医疗服务，3个社区卫生服务中心由民营医疗机构承办，13个社区卫生服务中心（站）通过政府购买服务。

社区全科医生执业模式改革。组建9个全科医生团队，有46名全科执业医生。

青岩、燕楼镇卫生院及10家公办基层医疗机构、9家非公办社区卫生服务机构实施国家基本药物制度；建立分级诊疗协同服务，90%的参合患者留在本辖区诊治。

保供稳价。建设9个农贸市场的肉菜流通追溯体系，全年物价水平控制在2%~3%之间，市场供求总量基本平衡。

教育、医疗、涉农收费专项检查。受理群众举报价格投诉案件86件，办结率达100%，群众满意率达100%。

社会治理。建立区、社区（乡镇）、居（村）三级联动的工作机制，严打贩、吸毒品和社会治安违法犯罪行为。

深入开展“两严一降”专项工作，社会安全形势平稳。平安社区创建率达100%，建成15个星级平安小区（院落）。实行网格化服务管理，全区划分网格1045个。社会治理示范型社区1个。“社会和云”工程建设，“新型社区·温馨家园”建成达标率95%。

（邹亚东）

花溪区2015年十大新闻

1. 创模工作指标完成

1月，经国家环保部检查验收，花溪区创模工作26项指标基本完成。

2. 孔学堂景区获国家AAAA级旅游景区称号

3月3日，省旅游景区质量等级评定委员会认定花溪国家城市湿地公园孔学堂景区为“国家AAAA级旅游景区”。

3. 区环卫工作实现“京贵花溪”新模式

4月，由区政府与北京环卫集团合作成立的京溪城市综合管理服务公司挂牌成立，区环境卫生和生活垃圾收运市场化服务项目正式启动，“京贵花溪”新模式的环卫工作将形成市场化运作新格局。

4. 救援被暴雨困在野外12名学生

6月18日，区有关部门成功解救因突降暴雨被困黔陶乡鬼架桥的12名学生。

5. 举行2015贵阳国际马拉松赛

7月5日7时35分，2015贵阳国际马拉松赛在青岩镇贵州骏驰汽车赛场鸣枪起跑。开幕式由市长助理刘刚主持，市政府副市长王玉祥代表市委、市政府和贵阳人民发言。国家、省、市体育部门的领导王大卫、张永良、蔡国祥、王建忠、田茂书，区领导康克岩、向子琨、禄竹出席开幕式。

6. 微电影《魔戒》获贵阳市第二届微电影大赛一等奖

10月23日，贵阳市“追逐中国梦·筑梦贵阳”第二届微电影大赛落幕。经过为期半年的角逐和评选，花溪区微电影《魔戒》从100多部参选作品中脱颖而出，夺得此次大赛的一等奖并获网络最佳人气奖。

7. 区首个互联网医院体验站在阳光社区启动

12月10日，花溪区首个互联网医院体验站——“贵健康”互联网医院O2O体验站在阳光社区启动。这是朗玛公司在实现贵州省医疗健康云的一个落地的工程。阳光社区已在社区服务大厅、望哨坡居委会和花溪居委会设立“贵健康”互联网医院020体验站。

8. 三名农民工荣获贵州省“第二届返乡农民工创业之星”称号

12月21日，花溪区推荐的3名返乡农民工创业者黎艳、谢发明、吴锦刚获贵州省“第二届返乡农民工创业之星”称号。据初步统计，全区有1850名返乡农民工回乡创业，带动就业3012人。

9. 区电子商务产业园正式开园

12月31日，区电子商务产业园在孟关汽贸城正式开园。经开区党工委书记、花溪区委书记钟阳，经开区管委会主任、花溪区区长向子琨，区政协主席谌业华，经开区管委会副主任余大林为产业园揭牌。开园仪式由区政府副区长马彪主持。

10. 花溪公园环形互通地下人行通道建成开通

12月，花溪公园一号门环形互通地下人行通道主体工程建成并投入使用。历经2年2个月的施工，总投资1.4亿元，建筑面积9300平方米，设计长度为300米、高6.8至7米、宽30米，6个进出口。花溪公园地下人行通道建设项目为贵阳市2013年为民拟办的实事之一。

（区新闻信息中心）

【花溪年鉴 HUA XI YEARBOOK 2016

2015年先进集体

全国文明村镇： 青岩镇

全国文明单位： 花溪农商行

全国特色景观示范名镇： 青岩镇

中国重要农业文化遗产： 花溪区久安乡“古茶树生态农业系统”

全国县级防震减灾工作先进单位： 花溪区科技局

全国禁毒工作先进集体： 花溪区阳光妈妈志愿者协会

全国足球示范校： 花溪区第一小学

全国五一巾帼标兵岗： 花溪农商银行学士路支行

民进全国先进集体： 民进花溪总支

贵州省基层组织建设先进县： 花溪区

贵州省先进集体： 花溪区邮政局

贵州省级民族团结进步创建活动示范单位： 花溪区阳光社区、花溪区青岩镇山王庙村、花溪民族中学、花溪区马铃布依族苗族乡人民政府

贵州省“五好”基层党组织： 花溪区人民政府办公室机关党支部、花溪区明珠社区朝阳居委会党支部、花溪区清浦社区党委、花溪区孟关乡改毛村党支部

贵州省法院先进集体： 花溪区法院

贵州省机关党建工作先进党委： 花溪区卫计局

贵州省生态乡镇： 花溪区马铃乡

贵州省首批省级示范仲裁院： 花溪区劳动人事争议仲裁院

贵州省全民科学素质大赛贵阳分赛区电视大赛二等奖： 花溪区科协

贵州省公安机关警务实战技能大比武第二名： 花溪区公安局

贵州省省级“艺术示范校”： 花溪区第二小学

贵州省乐团大赛金奖： 花溪区第二小学

民建贵州省先进支部： 民建花溪总支四支部

民进贵州省委会先进基层组织： 民进花溪总支

贵州省第一批“五好”县级工商联： 花溪区工商联

贵州省优秀志愿服务组织： 花溪区团区委

贵州省基层建设先进单位： 花溪区武警中队

贵州“福彩杯”老年合唱大赛二等奖： 花溪区阳光社区

贵州省百强农村支局： 花溪区邮政局青岩支局

农行贵州省分行2015年度 “比学赶超”先进支行： 农行花溪区支行

农行贵州省分行营业部2015年度先进支行： 农行花溪区支行

贵州省农信系统首家存款突破150亿元的县域金融机构： 花溪农商银行

贵州省AAA级信用企业： 花溪农商银行

贵州省“守合同 重信用”单位： 花溪农商银行

贵州省优秀企业： 花溪农商银行

贵州省九运会职工组篮球赛决赛冠军： 花溪农商银行男女篮球队

贵州省“企业档案管理三星级”单位： 花溪农商银行

贵阳市五好基层党组织： 花溪区检察院党总支、花溪区人社局机关党支部、花溪区第一中学党支部、花溪区明珠社区朝阳居委会党支部、花溪区航空社区枫阳居委会党支部、花溪区纪委机关党支部、花溪区公安分局巡逻（特警）大队党支部、贵州星天电线电缆有限公司党支部、花溪区兴隆社区服务中心党支部、花溪区黔陶乡关口村党支部、花溪区麦坪镇刘庄村党支部、花溪区航空社区党委、花溪国家城市湿地公园管理处机关党支部、花溪区黄河社区大坡村党支部、花溪

区平桥社区中曹居委会党支部、花溪区孟关乡沙坡村党支部、花溪区金竹社区服务中心党支部、花溪区清浦社区盘江居委会党支部

贵阳市民族团结进步创建活动示范社区：花溪区瑞华社区

贵阳市四星级生态文明机关：花溪区检察院花溪区法院

贵阳市四星级生态文明小城镇：花溪区青岩镇

贵阳市水利水电生态移民先进单位：花溪区移民局

贵阳市公安机关警务实战技能大比武第一名：花溪区公安局

贵阳市“前卫杯”游泳赛获团体二等奖：花溪区公安局

贵阳市优秀教研组：花溪第二中学教研组

贵阳市高考成绩第二名：清华中学

贵阳市示范性高中乐团大赛一等奖：清华中学

2014年度贵阳市征兵工作先进单位：花溪区征兵办

贵阳市老年人秧歌队比赛第一名：花溪区航空社区

贵阳市安全文化建设示范社区：花溪区阳光社区

贵阳市卫生乡镇：花溪区久安乡

贵阳市卫生村寨：花溪区久安乡久安村新寨组、小窑组，巩固村三组、四组

贵阳市党员创业带富示范村：花溪区久安乡巩固村

贵阳市党员创业带富电子商务示范合作社：花溪东阳生态专业合作社

贵阳市党员创业带富示范合作社：花溪久安农绿种植专业合作社

贵阳市党员创业带富示范项目：花溪区久安乡永进苗圃

全国经济普查先进集体：花溪区贵筑社区、花溪区瑞华社区、花溪区阳光社区

贵阳市充分就业社区：花溪区阳光社区

贵阳市“民族之家”：花溪区高坡乡云顶村

（杨玉屏）

花溪年鉴 HUA XI YEARBOOK 2016

2015年文化艺术获奖作品

第十届中国舞蹈“荷花奖”“十佳作品”奖：舞蹈《射背牌》

“美丽中国—贵州之旅”中国摄影报走进毕节百里杜鹃摄影擂台赛三等奖：邹善珍《牧归》

贵州省金融系统第一届迎春书画摄影大赛二等奖：曲贵玲《沙漠中的英雄树》

首届多彩贵州科普摄影大赛佳作奖：刘海鹰《灰胸鹪莺》

贵州省首届群星奖曲艺类一等奖：曲艺小品《走访路上》

贵州省首届群星奖舞蹈类一等奖：舞蹈《射背牌》

贵阳市第二届微电影大赛一等奖：《魔戒》

贵阳市民间手工技艺展示大赛一等奖：花溪苗绣

贵阳市民间手工技艺展示大赛二等奖：高坡苗族射背牌

贵阳市民间手工技艺展示大赛三等奖：布依族纸染绣制作

贵阳市“三严三实”专题教育征文活动三等奖：田兰兰《严以用权，要严在哪儿》

（责任编辑　白尔楠）

花溪年鉴 2016 HUAXI YEARBOOK

中共花溪区委

3月26日，花溪区加强群众工作创新社会治理会议召开（区委群工委　供稿）

综　述

【概况】　2015年，中共花溪区委完成“十二五”规划目标，在全省31个经济强县综合测评中，主要经济指标保持两位数增长，总量规模实现历史性跨越，地方生产总值接近500亿元，位列第4位；固定资产投资、工业增加值、社会消费品零售总额、旅游总收入等总量核心指标均位列全省前4位。小孟工业园继续保持领跑地位。率先在全省出台“亩产论英雄”倒逼主导产业提质增效，工业总产值、规模以上工业增加值分别是2010年的3.8倍和4.5倍。以大数据产业为引领的新兴业态快速集聚，货车帮智能车联网成为全国最大的公路物流信息平台和行业领跑者；大数据安全产业园启动建设，以电子信息产业为龙头的大数据关联产业产值达220亿元。新医药大健康产业持续壮大，国内最大的同济堂国药骨科中药生产基地、全省唯一拥有5个国药准字号的宝芝林药酒生产基地、贵州勤邦生物加快建设，新医药大健康产值达30亿元。以文化旅游产业为龙头的现代服务业加快发展，旅游总收入达142亿元，同比增长20%。金融、商贸物流、保险提质扩量，小孟工业园、青岩文旅、孟关汽贸城、石板农产品市场获批省级服务业集聚区。久安茶叶、青黔农旅、燕马蔬菜三个园区全部进入省级农业示范园行列，农产品实现出口零突破，“古茶树与茶文化系统”荣获农业部“中国重要农业文化遗产”称号，农业产业化步伐加快。

以开放促发展，深化京筑区域合作，先后赴俄罗斯、印度、韩国等国家和中国香港地区开展对外交流。围绕建设周钟瑄文化交流中心，与台湾人文、经贸交流进一步加强。深化与贵安、临空、观山湖、龙里、惠水等周边区域合作，加强与“1+7”其他国家级开放平台交流。承办“2015中欧工业4.0高峰论坛”等4个数博会分论坛及全国开发区信息化年会。紧盯国内外500强企业，招商引资实现突破，引进一批引领性大项目，实际到位资金、实际利用外资分别同比增长20%和20.2%。大众创业、万众创新的局面初步形成，六度创客工场、勤邦云栈、大学生创业孵化园、返乡农民工创业示范园等创新平台加快建设。突出活动揽才、项目聚才，引进院士、千人计划、高层次人才、急需紧缺人才131名。两区深度融合步伐加快，探索“班子融合”促“干部融合”新路，合作共建贵州大学“千人计划”大数据研究院，推进传化智能港共建项目。深化农村产权制度改革、财政体制改革和教育改革，加快县级公立医院综合改革步伐，推进公车改革和不动产登记机构改革。率先在全国探索完善司法人员分类管理，稳步推行审判权、检察权运行机制改革。

围绕建设文化旅游创新区目标，推进规划编制、征地拆迁、综合整治等各项工作，实现“一年城乡有明显变化”的目标。以规划为龙头，统筹推进发展战略规划研究、城市总体设计、重点区域综合景观、片区城市设计、建筑风貌和城市交通等13个重点规划编制工作。完成“两路六区域”征地拆迁、立面整治、绿化提升等难啃的“硬骨头”，征地拆迁“6个3工作法”得到省、市领导肯定，创造“花溪速度”。立足“联通东西向、打通微循环”，谷槐路、贵安大道至南环线联络线、产业大道等道路主体工程基本完工，孟溪路、花溪互通、花桐路等一批关键节点和重要道路加快推进，新增通车里程达40.32公里。顺利通过省级旅游度假区考核验收，花溪公园、十里河滩（孔学堂）、天河潭景区等改造提升加速推进。以青岩古镇旅游文化产业组团为重点的“100个旅游景区”精品项目相继实施，青岩古镇成功进入国家AAAAA级旅游景区预备名单。大成精舍等5家酒店获“贵阳市避暑度假精品酒店”称号。花溪城市广场、泰坦养生养老等文化旅游优质产业项目陆续入驻，为后续发展增添强劲动力。

坚持“疏老城、建新城”，动力厂等棚户区、城中村改造、老旧居民小区改造项目顺利推进。国际动漫城、万科大都会、保利溪湖、龙湾国际等房地产和城市综合体建设步伐加快，实现花溪首家城市综合体林城万宜开业，石板、孟关、青岩示范小城镇建设稳步推进。建立城管部门牵头、各社区服务中心配合的“条专块统”城市管理新模式，开展以“绿化、美化、亮化、净化”为主题的环境提升行动，创新实施环卫作业市场化运营，城市卫生环境形象进一步提升。全面巩固“创模”成果，完成国家卫生城市复审考核，整脏治乱工作取得新成效。以“六个同步小康”为统揽，以“美丽乡村”为抓手，率先在全市开展农村环境监测，农村危房改造和农村基础设施加快建设，建成环青岩古镇等6条具有民族特色的“美丽乡村”示范带，村容村貌明显改观。实施“蓝天、碧水、绿地、清洁、田园”五大保护计划，森林覆盖率达45.6%，环境空气质量优良率90.7%，集中式饮用水源达标率100%，生态环境不断改善。

把加强和改善民生放在首要位置，民生“十困”进一步缓解，最大限度增进民生福祉。推进精准扶贫，19个贫困村“减贫摘帽”、2728个扶贫开发对象脱贫，青岩镇、青岩镇龙井村分别被评为省同步小康创建示范镇、示范村。探索由“输血”向“造血”产业扶贫模式转变，经开区电商扶贫产业园和高坡乡电商服务中心投入运营。引入北京优质教育资源合作办学，新增学校（园）公办学位1620个。27个乡镇社区实现基本公共卫生服务全覆盖。加快实施劳动者终身培训计划，就业质量进一步提升。加快以栗木、红岩、水场堡为重点的骨干水源工程项目建设，有效解决2.2万余人饮用水困难。划分网格1422个筑牢社会治理“网底工程”，“阳光妈妈”志愿者协会被国家禁毒委评为“全国禁毒工作先进集体”，得到习近平总书记、李克强总理的亲切会见。“一核多元、五力共治”获全国创新社会治理十佳案例。打通基层社会治理和服务群众“最后一公里”，实现乡（镇）便民利民服务大厅全覆盖，群众满意的“新型社区·温馨家园”建成率达95%。以“四治活动”为抓手，从源头解决群众反映问题，进京到省赴市上访降低50%以上，信访维稳“一号工程”办结率100%。以“两严一降”为抓手，加大社会面立体化防控体系建设，实现社区“三升三降三零”，得到中央综治委“五个一”的高度评价，群众安全感测评达到97.18%。

以筹建阳明学与当代社会心态研究院为重点，充分发挥孔学堂中华传统文化教化传播基地作用，与各地孔庙文庙、书院学院、各类传统文化研究机构、省内外重点院校开展学术研修交流，深化中华文化领域的人才培养、文化传播与推广。深入挖掘、传承和创新传统文化、历史文化、民族文化、现代文化内涵，“两周文化交流中心”“两馆一中心”等重点项目加快建设。全面推进171个“道德讲堂”建设，培育和践行社会主义核心价值观。以传播正能量为引领，抓好正面舆论引导工作，在发挥好传统媒体作用的同时，重视新媒体建设，占领互联网舆论阵地，抓好网上舆论引导。市级“文明社区”创建工作全部验收合格，“多彩贵州文明行动”位列省、市前列。桐埜书屋、赵以炯状元故居成功申报市级爱国主义教育基地。探索绿丝带“爱心银行”志愿服务回馈机制，深入开展“中国梦”“祖国好·家乡美”等主题系列活动，“花溪之夏”艺术节、“正月十三”民族民间歌舞大联欢活动成为全国较有影响的群众文化活动品牌，群众精神文化生活日趋丰富。

落实从严治党责任，对主体责任和监督责任存在的63个突出问题进行整改，率先在全市为乡（镇）、社区党委量身定制“8+2”（共性和个性）党建目标责任书及“两委”干部考核管理办法，党建责任进一步落实。从严从实践行党的群众路线，深入开展“三严三实”专题教育，认真查摆不严不实问题并扎实整改。14个软弱涣散基层党组织整治全部通过市级验收，122个行政村全部完成30万元集体经济发展目标，成功申报“全省村级集体经济发展试点县”。区委党校新校区加快建设。探索建立经开“大数据”产业党建联盟，产业发展与党建工作互促共赢新局面加快形成。选派247名党员干部到非公企业担任联企干部，打破社区党建“封闭单一”和驻区单位“条块分割”模式，探索建立明珠社区社会建设党委。继续打造“微型党课”品牌，推进机关干部到社区报到。发挥民生监督组作用，对发现的1634个问题进行整改。持之以恒纠正“四风”，严肃查处违反作风建设规定问题并进行责任追究。被省委命名为“全省基层组织建设先进县”。

区委领导班子成员带头履行党风廉政建设责任制，坚持立党为公、执政为民，清正廉洁、勤政廉政，自觉接受群众监督，管好家属和身边的工作人员。在工作中，认真学习贯彻《中国共产党党内监督条例（试行）》和《中国共产党纪律处分条例》，加强思想道德和纪律教育，增强拒腐防变的能力。并把领导干部履行党风廉政建设责任制与社会治安综合治理责任制有机结合，做到“一岗双责”。

区委领导班子严格执行党风廉政建设的各项规定，严格执行各项规定，促进干部作风转变。认真贯彻执行中央“八项规定”、省委“十项规定”，深入查找和纠正“四风”方面存在的突出问题。全年，区委班子未发生违纪现象。同时，认真落实干部任免谈话制度，对干部提出廉洁从政的要求。支持纪检监察机关和检察机关按照有关规定，查处违纪、违法、犯罪行为。深入开展专项治理，切实纠正损害群众利益的不正之风。继续推进党政领导干部任期经济责任审计工作，多形式多渠道开展反腐倡廉宣传教育，营造良好的社会氛围。

（区委办）

政策研究

【概况】 区委政研室围绕区委重点工作和关注的大事、群众关切的难事、改革发展稳定工作中的要事，深入基层调查研究，直面矛盾和问题，剖析原因、寻找规律、探索对策，提出切实可行办法，为解决社会热点、难点问题提供参考。全年参与领导重要讲话、情况汇报、报告等文稿起草，牵头起草区委十届七次全会报告，参与区十六届人大六次会议等重要会议文件、会议简报起草工作。牵头并联合区委党校、区发改局共同

8月19日，区委副书记秦建军（右三）和市委群工委党建处调研区社会组织孵化基地

（区委群工委　供稿）

研究花溪融入“一带一路”战略意义及对策等重要课题调研，为区委决策提供服务。全年承担四十余篇领导重要讲话、重要汇报、报告材料，全区重要会议材料等文稿的起草工作，撰写领导调研文稿十余篇。完成文化旅游创新区建设、大扶贫、大数据、产业发展、现代新型农业发展、地方文化特色的农村建设、十三五规划建议等领导讲话、实施意见等材料的起草工作；与贵阳战略研究院共同完成《贵阳蓝皮书之花溪篇》。

（区政研室）

【决策服务水平提升】 配合省委省政府、市委市政府领导对花溪区的各项调研工作。把思想和行动统一到中央、省委重要会议精神上来，把握“坚持‘大调研’路子”，做好以文辅政、决策服务等各方面工作。围绕全区文化旅游创新区建设情况，深入到乡镇、社区、工业园区、现代农业产业园区，从文化品牌、旅游、扶贫开发、产业布局、农村电商、少数民族村寨保护、观光农业、农村新型社区治理、人才培养等领域开展专题调研，完成《花溪区2015年调研资料汇编》等调研报告的收集、整理、编写工作，全年完成调研报告30余篇。

（区政研室）

督查工作

【概况】 2015年，区督办督查局根据区委、区政府重大决策和部署，围绕把花溪建设成为文化旅游创新区、示范区开展督办督查工作。一是组织抓好市十件实事、区八件实事和文化旅游创新区项目建设等重点工程项目的督办督查工作，定期通报项目进展情况。二是组织做好全区目标管理工作，按照市下达目标责任书和区委、区政府确定的目标任务，拟订全区各乡（镇）、社区服务中心，各工作部门的目标责任书，组织完成全区年度综合目标绩效考核。三是组织完成区委、区政府安排的有关中心工作、重要工作事项的督办督查。四是按上级要求负责全区年度目标阶段完成情况、领导交办件及其他工作事项的汇总报送工作。

（区督办督查局）

全面小康建设

【概况】 2015年，花溪区推进以县为单位开展同步小康创建活动，经省全面小康办统计监测，花溪区2014年度全面建设小康实现程度达到97%，相较上一年度提高0.4%，三项核心指标均为100%。七项重点任务按照省市部署工作完成。

年初，由区小康办牵头，联合区委组织部、区委宣传部、区文联、区新闻信息中心等多家单位共同编排出版发放《花溪·小康·脚印——花溪区同步小康进行时掠影》画册，用影像展示花溪区在经济、政治、文化、社会、民生等各领域所呈现的同步小康创建活动新面貌、新姿态、新节奏。

根据省、市小康办的要求，花溪区完成2014年度同步小康示范典型申报工作。经省评选，青岩镇、青岩镇龙井村分别获得全省2014年度小康创建示范镇、示范村称号，示范带动全区小康建设。

围绕《花溪区全面小康社会统计监测指标体系》，加大指标测算与收集，配合国家统计局贵阳调查队完成县级政府行政服务群众满意度调查。根据省小康办统计监测结果，找准短板与薄弱环节，召开全区同步小康工作推进会，有重点有针对地开展创建工作。同时加大督促指导力度，对创建工作开展不及时、落实不到位的单位加大指导与督办。

全区围绕精准扶贫的工作任务，采取结对帮扶、对口帮扶、定点帮扶、企业帮扶等形式，帮助贫困村发展茶产业、乡村旅游、精品水果、村级集体经济等。至12月底，完成19个贫困村扶贫开发整村推进“减贫摘帽”，贫困村村级集体经济达到30万元以上，减少贫困人口2728人，脱贫人口达市下达目标的182%。

（区小康办）

党的建设

【概况】 2015年，区委党建办围绕党中央“四个全面”的战略布局，落实“一心一意谋发展，聚精会神抓党建”的要求，坚持从严治党主线，从严落实党建责任，加强基层服务型党组织建设力度，以党建工作保障发展工作。2015年花溪获得“全省基层组织建设先进县”称号。

围绕党建开展“述问评学”四位一体的党建述职评议工作。全区9个乡（镇）、18个社区、5个重点区直部门共计32名党（工）委书记进行抓党建工作述职评议“大赶考”。抓好党代会年会工作，3月全区9个乡（镇）党代表年会全部完成。指导全区18个社区设立党代表工作室，提升党代表的主体意识和参与意识，增强党的凝聚力和战斗力。针对全面小康、扶贫攻坚，在开展领导干部蹲点调研、同步小康驻村、第一书记工作的基础上，选派23名企业家、高校专家学者到边远乡镇和贫困村担任乡村发展顾问，在“土专家”、“土人才”中评选区管专家。根据省、市“双万双助”活动总体安排，选派联企干部184名；鼓励和引导159家企业开展联乡、联村、联户助小康活动，其中，成立党支部的企业共有24家。加大党建经费投入，2015年度，全区党建经费投入718万元。

按照“全省一流、全市第一”的标准建设区委党校新校区，在新校区中建设一个“党员干部党性提升研讨基地”，加强新时期党员干部的党性教育，2015年完成建设方案的制定工作。根据从严治党的新要求，加大基层党建工作的调研与思考，组织力量编辑出版《花溪基层党建研究》双月刊，全年完成3期。加强村干部队伍建设，建立长效全员轮训机制，把村党组织书记送到贵大、民大培训，把优秀村干部送到浙江大学专题培训党建。在新形势下如何破解“三农”问题，创新探索乡镇领导干部培育机制，从全区各乡镇下沉49名机关优秀干部到村任“村干事”，既锻炼乡镇干部队伍，又建立党委政府联系服务村民的纽带。

围绕办实事，开展帮联驻，亮出“绿马甲”驻村品牌，推进机关支部与农村支部结对帮扶活动，在全区兑现“为群众办实事、由群众说党好”的承诺，涌现出“狗摇尾巴”干部赵利辉、双语民警杨家发等党员干部典型。2015年花溪区多措并举，抓村级集体经济发展，全区122个行政村实现村极集体经济30万元的目标。花溪区被省财政厅、省综改办列为2016年“财政支持千村集体经济发展工程”试点县，获得3000万的支持资金。

（区委组织部）

【“三严三实”专题教育】 按照中央、省、市关于在县级以上领导干部中开展“三严三实”专题教育的有关要求，5月29日，区委书记带头为全区领导干部上党课，正式启动花溪区“三严三实”专题教育。

全区23名党员县级领导干部结合分管工作、联系单位和所在部门讲党课。抓好习近平总书记系列重要讲话精神的学习培训，系统学习《党章》等书目，开展专题讲座6次、座谈讨论3次，县级领导干部撰写文章20余篇，并在《贵州日报》《贵阳日报》上刊登。

在“三严三实”三次专题学习研讨中，区委常委把自己摆进去，把职责和工作摆进去，把思想摆进去，联系实际深学细照笃行，对照先进典型反省差距，吸取反面典型教训，查找“不严不实”问题，剖析根源，认清问题实质，以决心和行动作出表率，推动“三严三实”专题教育。第二次、第三次“三严三实”教育研讨在贵阳市专题研讨质量评估中为“好”。

结合专题党课和学习研讨情况，梳理归纳领导干部“不严不实”6个方面的18条具体表现，34名县级党员干部建立“修身不严”共94项问题清单，细化整改措施282条。

坚持高标准，开好专题民主生活会。征求意见建议51条，整理汇总后15条。开展批评与自我批评。按照“三必谈”要求，开展谈心谈话，班子成员共查摆出11个问题，提出13条整改措施。针对存在的突出问题，制定整改分解表、逐项明确整改时间，逐一兑现。同时，班子成员以普通党员身份参加所在支部的专题组织生活会，并选择1家联系的基层党组织进行具体指导。

抓好党建述职评议工作。会前，要求各基层党组织书记，深挖细查自身在抓党建工作存在的差距和问题，撰写述职报告，确保成绩实、问题真。32位书记在述职报告中，共查摆出96个突出问题，剖析109条具体原因，提出113项整改措施。同时严把述职点评关，点评突出重点、直截了当、直指要害，共点出73个个性问题。

“三严三实”专题教育推动文化旅游创新区建设，已开工70个，累计完成投资156.98亿元，征收土地8700亩、房屋征收130万平方米。省委陈敏尔书记8月6日调研花溪时肯定花溪围绕建设文化旅游创新区“做了大量工作”。抓好“五个100”工程。在全省31个经济强县综合测评中，主要经济指标保持两位数增长，总量规模实现历史性跨越，地方生产总值接近500亿元，位列第4位。区委常委会定期研究社区建设，“一号工程”、化解办结率100%。集中力量抓好学前教育工作，完成新建、改扩建幼儿园3所，实施标准化农村寄宿制学校项目8个、标准化“留守儿童之家”建设5个。强化对全区19个重点贫困村、1460户贫困户的精准帮扶，全区各级领导干部遍访1460户，为基层群众累计办事778件，协调落实帮扶项目98个，协调项目资金1.03亿元。2015年群众安全感为97%，同比上升0.97个百分点。

（区委组织部）

【干部教育】 2015年，全区开展25期自主办班专题培训，培训各级干部2431人次；举办专题讲座9期，培训各级干部3600人次；配合省、市委组织部完成481人次的干部抽调培训工作，其中涉及县级领导78人次，科（局）级领导231人次，一般干部172人次，完成干部教育培训工作规定内容和自选内容。

全区开展5期“习近平总书记系列重要讲话和十八届四中全会精神”专题培训，共培训各级领导干部1200余人次。

邀请北京中关村管委会副主任到花溪作“创新工作思路”专题讲座；邀请中关村创新研修学院副院长、阿里巴巴集团党委副书记两位专家到花溪作关于“中关村创新工作”专题讲座；邀请浙江大学资深教授到花溪作关于“城市形象与城市文化”报告，培训各级领导干部1200余人次。

完成一期43名学员共8天赴浙江温州、嘉兴等地“非公党建”专题培训；完成一期60余名学员共8天赴浙江大学“教育系统”专题培训；完成一期58名学员共8天赴厦门大学“宣传、统战干部、党外干部”专题培训；完成一期60名学员共8天赴上海交通大学“卫计系统”专题培训；完成三期157名学员共8天的“远程教育管理员”专题培训。5月完成一期60名学员共8天赴上海交通大学“基层社会治理创新综合能力提升”专题培训;完成两期200余名学员共6天“社区工作者（网络管理员）”专题培训。

完成一期64名学员共8天赴浙江大学“发展壮大村集体经济”专题培训；完成两期173名学员共4天“村（居）党支部书记综合能力提升”专题培训；完成一期“第一书记和驻村干部”专题培训和一期“农村电商能人”专题培训。

加大对关键岗位领导干部、工作骨干、优秀干部的培训力度。重点抓好科级后备干部、优秀年轻干部、区管专家及2010年引进高层次人才及优秀公务员的示范培训，2015年，完成一期赴上海交通大学“创新型人才综合能力提升”专题培训，完成关键岗位、优秀干部、区管专家共60名学员8天的学习培训；完成两期122名学员“团干部综合能力提升”专题培训和一期“提升公务员及事业单位综合素质”专题讲座，培训各级干部400余人次。

（区委组织部）

【干部下基层挂帮工作】 花溪区198名同步小康驻村干部和第一书记累计走访群众32111人次，走访弱势、困难群体18010人次，解决困难问题1047个，化解矛盾纠纷844起（件），办好事实事1481件，协调各类项目234个，协调各类资金3000余万元。全区19个贫困村全部完成“脱贫”任务，村级集体经济均达到30万元。

（区委组织部）

【基层组织建设】 7月，出台《花溪区村“两委”干部考核管理指导意见》，对村党支部书记、村民委员会主任、文书以外的其他委员明确由区、乡、村分类以每人每月按1000元标准进行补贴，同时提出相关激励措施和工作要求。《意见》规范村“两委”干部的管理，激发村“两委”干部干事创业的热情和激情。

2015年，花溪区围绕市委、区委主要领导关于要“创造经验、做出表率”的指示精神，在成功打造明珠社区市级示范点基础上，统筹安排、整体推进“先进社区党组织”创建工作，2015年，全区18个社区中，已有17个社区获得贵阳市“先进社区党组织”荣誉称号。

（区委组织部）

【区直属机关党建】 在组织建设上，指导23家基层党组织完成换届或增补工作，新任党务工作者74名，其中女性34名，占46%；大专以上学历68人，占91%；35岁以下17名，占23%。在阵地建设上，根据《花溪区党建示范点评审验收和考核激励办法》，2015年打造9个区直机关“党建工作示范点”，强化典型示范引导，创建党建工作品

7月1日，区直机关工委全体党员在菊林书院重温七一宣誓（区直机关工委　供稿）

牌，使区直机关各基层党组织工作看有榜样、学有经验、做有借鉴。工委会议室打造为机关公用活动场地，2015年度各党组织使用26次。

在党员发展上实行“双把关、双考核”，把住党务干部业务关，推行党务干部上岗履职合格证制度，新任党支部书记或组织委员，必须参加党务干部专项能力提升培训班，经考试合格取得上岗履职合格证后，该支部方可开展发展党员工作；2015年，61名党务干部参加培训，59人取得发展党员专项工作上岗履职资格。把住入党积极分子质量关，一是从入党动机、当前建设目标任务、党史学习入手，通过集中培训，使入党积极分子树立正确的世界观、人生观、价值观，了解其入党动机；二是从116名入党积极分子中，好中选好、优中选优，确定48个发展指导数，并通过入党积极分子“微型党课”方式确定7个发展指导数，55名入党积极分子经预审、公示后履行发展手续。

在党费管理上，深化党内激励、关怀、帮扶制度，将离退休党员及国有困难企业上缴党费的50%留存于基层党支部，提高留存党费比例。2015年合计到账党费620242.42元；支出203444元，上交区委组织部309303.41元。

在党员教育上，做到集中学习与个人自学、理论学习与业务学习、学习讨论与专题辅导三个相结合。举办入党积极分子、党务干部、微型党课优秀选手、普通党员、党员信息管理系统、《贵州省发展党员规程（试行）》等各类专题培训班7期，邀请9名省、市、区党校教授和领导开展“习近平总书记到贵州省视察讲话精神”“全面从严治党”等专题学习，培训260余人次，提升机关党员素质。与区委组织部联合到西安交大开展主题为“党性党风党史”的培训活动，37名党建分管领导参加培训，实地参观梁家河村、延安革命纪念馆等地，增强党务干部党性修养。

强化学习型党组织建设，抓实机关理论武装。严格按照“定、选、讲、论、评、示”授课六步法的要求，改“重”说理为“主”说事，拓展“微型党课”教育平台，共组织主题为“涓滴汇聚万顷碧，志愿服务大家谈”“党务干部如何和职工谈心”“入党为什么，为党做什么”“美在我们中间”“基层党建工作的创新”的大型微型党课5期，开展微型党课宣讲110余场次，480余人（次）党员走上讲台，听众达8900余人次；表彰评选年度优秀课件13篇。

创新将微型党课运用到入党积极分子竞争发展名额、中层干部竞争上岗、各种党员培训考试等工作中去，微型党课功能逐步从单一向多元发展，成为发现苗子、交流党建的工作平台，实现微型党课从“务虚”到“务实”的转变。

开展“喜迎党的94岁诞辰”专题活动，唱响主旋律，凝聚正能量。召开“跨越时代的对话”，邀请两名60年以上党龄的老同志为入党积极分子讲授党课，回顾入党时刻，重温入党誓词，激发党员干事创业的热情；为新增9名党龄逾60年以上党员颁发“在党60年纪念牌”，增强党员的归属感；区直各机关党组织深入联系帮扶点开展党内关怀行动，走访、慰问贫困党员、老党员、有较大贡献的党员212人，慰问资金（物资）86800元，凸显党组织的政治引领作用，增强党组织的凝聚力。

区直机关工委与区文明办、工青妇、区文联、区摄协等单位联合开展“最美的瞬间”拍摄活动，以亲身经历或所见所闻的事件，展示花溪机关干部工作生活场景。经过推荐申报、评审等程序，评选出《最美不过夕阳红》《捡到一个孩子》等6个获奖作品。

区直机关工委牵头组建12支机关党员志愿者服务队，开展巡逻、济孤、保洁等各类志愿服务活动89次，参加服务的党员达4250人次，8800余名群众直接受益。7月5日组织志愿者服务队参与服务2015贵阳国际马拉松赛，11月27日组织志愿者参与花溪区“2015·国际志愿者日”暨文明城市和“多彩贵州文明行动”志愿服务大型宣传活动等。区直机关义务宣讲队深入乡镇、社区为机关干部、村干部、普通居民、农户巡讲党的路线、方针、政策4次。引导机关广大党员主动到居住地参加社区党员志愿服务活动，为建设花溪做贡献。

开展第四批“双百”评选活动，表彰27家“百佳效能科室”及26名“百优服务标兵”，在机关营造一个浓厚的比学习、比工作、比奉献和学先进、赶先进、当先进的工作氛围。各党组织开展“我身边的优秀共产党员”“党徽在岗位闪光”“党员干部公开承诺”和“党员示范岗”等活动，创新活动载体，形成机关党组织和所有党员干部共同参与的局面。

按照下管一级的工作原则，抓好区直机关各级党组织书记抓党建工作述职评议考核工作，涉及区直部门59家，部门党组（党委）书记39名，党总支书记18名，党支部书记274名，321名党组织书记进行抓党建工作述职评议考核，确保100%覆盖。

签订党建工作目标责任制，层层传导工作压力。加大对基层党组织活动的检查力度，对17家基层党组织进行走访，对党员教育管理不及时、党组织生活不正常等情况进行督查。

做好《花溪机关党建信息汇编》工作，开辟机关党建、党建风采、机关党员艺苑、学习园地、他山之石等五个栏目，搭建机关党建宣传平台的同时，反映机关动态、展现党员风采、推动机关建设，宣传、配合全区中心工作。全年发行7期。

（区直机关工委）

【社会组织党建工作】 推进社会领域党建，形成党建带群建。在非公经济组织、社会组织中抓好党组织和党建工作两个覆盖，在200余家企业中，单建党支部54个；在社会组织中，把党的工作融入社会组织运行发展过程，花溪区社会组织孵化基地、七彩阳光社工服务社、菊林书院、阳光妈妈志愿协会党组织已成立。2015年先后打造4个市级党建示范点，全市唯一的园区党群服务中心——孟关党群服务中心已建成并通过市级验收。创新党建和群团工作的理念和方法，以各级党组织为核心，以“党、工、青、妇”等组织为载体，将群团工作纳入“大党建”范畴。2015年花溪区被省委党的建设工作领导小组命名为“全省基层组织建设先进县”。花溪区麦坪镇杉一村党支部书记曹加明被省委授予“文朝荣”式好支书称号。

（区委群工委）

【党员队伍】 2015年全区发展党员220名，有4306名党员到社区报到，分别认领政策法律宣传、文明创建、公益事业、稳定维护等各类岗位5332个，开展活动261次，发挥党员在社区管理服务中的作用。

（区委组织部）

【远程教育】 2015年，区委组织部远教办投入区级远教党员创业带富工程“帮联建”20万元专项经费，支持9个示范项目、示范村、示范专业合作社、示范电商合作社发展，确保党员创业带富工程取得实效。投入资金34余万元采购远教设备，探索远教+电商示范点建设。

（区委组织部）

【人才工作】 2015年1月，开展花溪区2014年优秀高层次人才评选工作，在各系统推荐的基础上，以年度工作实绩和辛苦指数为依据，经过区委组织部部务会研究，区人才工作领导小组审议，共评选出23人（组）优秀人才，召开表彰会对23名获奖人才发放奖金，其中对获得进步奖、鼓励奖的分别给予10000元、5000元的奖励。

3月，花溪区人才办协同区人社局赴2015年贵州省第三届人博会现场开展花溪区高层次人才引进工作，现场报名的高层次人才有462名，通过考试、考核等环节，最终引进46名高层次人才，其中全日制研究生39名，副高级职称7名。

根据《花溪区区管专家选拔管理办法(试行)》的规定，通过本人申请、单位推荐、牵头部门初审、区人才工作协调小组办公室评审，区委组织部部务会、区人才工作领导小组审议，2015年花溪区聘任第一批区管专家22人，每人每月发放1000元补贴。

（区委组织部）

群众工作

【概况】 2015年，区委群工委围绕社会治理体系和治理能力现代化的安排部署，把握“六个新突破”的重点内容，突出“六个更加注重、六个进一步”的基本思路。一是健全完善机制。实行单月经济发展调度，双月社会建设调度机制；对社会建设领域的重点工作实行专题研究，解决重点难点问题，全年召开重点社会建设专题会议17次。二是配齐配强群工委、社区领导干部，将社工人才队伍建设纳入区人才队伍建设总体规划，全区部门、社区各类工作人员46人参加全国社会工作师职业技术考试；建成“花溪区社工人才教育培训基地”“在校社会工作专业学生实践基地”，并采取“请进来、走出去”的方式，组织2000余人（次）参加各类培训。建成“七彩阳光”和“璀璨明珠”2个专业社工机构。三是加大经费保障。花溪区、经开区两区财政保障社会治理和群众专项工作经费100万元、花溪区社会治理常设专项资金1200万元，经开区“三创一强一提升”及“三年千院”项目建设资金600万元。同时，保障工青妇等群团组织工作经费400余万元。四是完善花溪区社会治理和群众工作目标考核体系，将民生保障等16项工作纳入公众评价内容，采取区领导、部门、乡镇（社区）三级包保的方式提升群众工作满意度。对照《贵阳市2015年社会治理和群众工作目标考核细则》，逐项进行任务分解，落实责任部门和完成时限，将社会治理专项目标纳入区级综合目标考核管理，并逐年加大考核权重分值。五是强化督查问责，将社会治理和群众工作纳入花溪区和经开区“三重工作”问责体系，除采取常规督查与重点督查相结合的方式外，在督查体系中发挥党建指导员、民生监督组的作用，加强对社会建设领域重点工作的督查，并将督查问责结果作为领导干部考核及干部“进退流转”的重要依据；组织“两代表一委员”对社会治理和群众工作开展专题视察协商活动7余次。六是完善《花溪区2015年度“民生十困”调度例会制度》，按照工作项目化、投入常态化、责任具体化的要求，着力解决好各项民生工作；全区公共财政预算支出中九项重点民生支出达到8.98亿元，年均增长37.25%。对全区19个重点贫困村，1460贫困户进行帮扶。花溪区被省委省政府确定为“全省同步小康创建达标区县”。

（区委群工委）

【基层组织基础夯实】 根据省委常委、市委书记陈刚关于花溪区要“创造经验，作出表率”的重要指示，在明珠社区开展建设提升工程，圆满完成建设提升工作目标任务，先后迎接全国“双拥”交流会、全国综治现场会、全省禁毒工作会议、全市社会治理观摩会等各类检查、参观、调研、视察80余次；以“先进带后进”“示范带整体”，完成阳光社区、兴隆社区、航天社区典型示范社区建设提升目标任务；结合“十条意见”的贯彻落实，对基层社会治理“明珠模式”进行深化拓展、充实完善，强化社区党委的政治引领和核心作用，在明珠社区成立全省首家社会建设党委，在网格试点开展执法联勤工作，推进“三创一强一提升”活动，确保全区80%、力争100%的社区成功创建“新型社区·温馨家园”；推进48个“三年千院”改造升级项目建设，通过项目建设解决群众反映的热点难点问题，收到“群众路线深民心，民生工程暖民心”的赞誉。推动居民自治和居委会标准化建设；按照市委2015—2016年分阶段确保居委会办公服务用房达标的要求，通过新建、改建、扩建、置换、购买和租赁等方式，全区54个居委会中已达到200平方米以上的居委会有35个；落实和提高居委会成员生活补贴，花溪区从2015年1月起，补贴标准调整为：正职1500元/月，副职1400元/月，委员1350元/月；以“星级居委会创建”为抓手，以“两站一室”建设为标准，全面提升居委会服务功能，完成溪北、朝阳、锦江3个“星级居委会”创建；以明珠社区为试点探索“六小联通”组织的建立和作用发挥，激发社区各层面、各行业群众的参与热情，增强基层自治共管功能。推进网格化服务管理工作。全区27个乡（镇、社区）共划分1412个网格，配置1445名网格管理员，其中：18个新型社区共划分888个网格，9个乡（镇）以村、村民小组或自然村寨为单位，划分524个网格；组建成立花溪区网格化服务管理指挥调度中心，统筹做好全区网格信息化、“社会和云”“12345”（“12319”）公共服务热线等工作，提供全天候、全方位、全程序的优质服务。加强党对群团组织的领导，发挥群团“枢纽”作用，2015年新成立工会组织80个，建立区、社区乡（镇）、村（居）三级志愿服务体系，开展“彩虹行动”“绿丝带”等各类志愿服务300余次，近万人次志愿者参加活动，评出最美家庭47户，生态文明2950户，帮助42名妇女创业就业，协调各类特殊群体帮扶救困资金395.11万元。

（区委群工委）

【社会领域党的建设】 在社区成立社会建设党委，构建以党委为核心，驻区单位、两新组织、居民群众共同参与的“一核多元”治理体系；以基地为实体平台，在社会组织孵化基地成立党总支，社会组织成立党支部；结合商务楼宇（园区）社会工作站（中心）试点创建工作，在孟关园区建成党群服务中心，落实“四站一室”建设要求，以“四室三栏两云一厅一广场”为载体，将其打造成为亲民、为民、惠民的全方位、多功能服务平台，面向园区企业、广大群众开展便民利民服务；已打造贵州十和田、中意食品、菊林书院、汽车汽配行业商会等市级党建示范点；在社会组织党建和经济组织履行社会责任方面，通过“双实”党建、“双万双助”工作开展，实现党组织和党务工作的全覆盖，建企业党支部53个、社会组织党支部18个；选派联企干部185名，鼓励和引导159家企业开展联乡、联村、联户“助小康、帮脱贫”活动。

（区委群工委）

【农村社会治理】 完成燕楼镇谷蒙村、马铃乡谷中村、黔陶乡马场村、久安乡久安村等4个村级群众工作室“三化”建设；付官村、谷蒙村、马场村3个农村社会治理样板村建设；久安村、马场村“四在农家·美丽乡村”“提高型”示范点建设。做好“12345”公共服务热线回复办理工作。全年受理各类案卷8256件，已处置案卷7797件，处置率为94.4%，反馈满意率100%。编发督查通报12期，召开联席会议10次。开展干部联系群众工作。通过同步小康驻村、第一书记驻村、结对帮扶、干部遍访贫困户、网格管理员等渠道，收集社情民意、处置“群众之声”，及时研判、处置群众反映的问题；2015年走访群众18830人次，解决困难问题606个，协调项目163个，协调资金1850.05万元。2015年全区9个社会组织申报并获得“贵阳市支持社会组织参与社会服务项目”共计11个，资金投入58万元，服务项目内容扩展至留守儿童关爱、国学文化传播、吸毒康复人员帮扶、老年群体关爱等。阳光妈妈志愿者协会用爱打开戒毒康复人员的心门，帮助吸毒康复人员重树生活信心，重新回归社会。该协会志愿者已发展至500多人，在全区18个社区、9个乡（镇）建立分会。6月，阳光妈妈志愿者协会获“全国禁毒工作先进集体”，受到习近平总书记的亲切接见。

（区委群工委）

【“枢纽型”社会组织工作体系健全】 以共青团等群团组织为核心，构建区—乡镇、社区两级“枢纽型”社会组织工作网络。发挥社会组织孵化基地的辐射带动作用，指导培训参与实施贵阳市社会组织扶持项目的社会组织，9个社会组织实施并完成11个扶持项目；在溪北、朝阳居委会以“一居一会”的方式成立蒲公英、向日葵社会组织联合会，在阳光社区以“多居一会”的方式成立众益社会组织联合会，推进基层社会组织的培育发展。开展志愿服务，完成“志愿贵阳”云信息平台志愿者实名注册7.69万余人；完成明珠、阳光、瑞华、兴隆4个社区“爱心银行”建设任务。按照《花溪区公众参与社会治理办法》，鼓励和引导本辖区企事业单位开放活动场地，组织各类人员参加志愿服务，引导企业签订共驻共建协议等方式，推动各级组织履行社会责任。

（区委群工委）

【社会治理能力和水平提升】 一是提升法治建设水平，开展行政执法专项检查；组织“公益法律进社区”活动，全年无执法不公、徇私枉法的行为发生。二是创新服务供给方式。通过实施《贵阳市关于政府向社会力量购买服务的实施方案》，完善《花溪区关于政府向社会力量购买服务的实施细则》，逐步创新服务供给方式。三是推进“信访维稳”一号工程。运用法治思维和法治方式加强各类矛盾纠纷的排查化解，“一号工程”到期化解（办结）率达100%，全年无重大群体性事件及进京非访案件。贵阳市委副书记张平对花溪区孟关乡信访案件办理情况给予肯定。四是加强综合治理。开展以群众安全感为核心指标的“平安社区”创建工作，15个居民小区获“星级平安小区（院落）”；着力抓好流动人口、特殊人群管理，加强对农村“三留人员”的服务管理；2015年省安全感测评为97.18，比上年提升0.97个百分点，全市排位比上年提升2位，全省排位比上年上升4位，取得3个连续上升的好成绩。五是落实社会稳定风险评估。加强重点项目、重要工作、重大事项的社会稳定风险评估工作，做到维护社会稳定与促进改革发展同规划、同部

6月15日，区基层社会治理创新工作在溪北居委会召开现场观摩会 （区委群工委 供稿）

署、同实施、同监督、同考核，全年共开展社会稳定风险评估备案35件，实现改革、发展、稳定三者的有机统一。

（区委群工委）

【先进典型经验】 做好“京筑合作”交流学习，选派3名社区干部到北京丰台区、石景山区学习社区建设、非公党建、五站合一等工作机制运用到花溪园区党群服务中心、社区建设工作中并取得实效。加大对4个创新项目培育扶持力度；区级财政投入80万元用于社会组织孵化基地的硬件建设和运行保障；探索社区、居委会、物业、社会组织共助协管小区模式的项目，纳入基地委托管理的协议中予以保障；将网格化服务管理平台建设与城管、公安、交管、消防等平台一并纳入区政府公共服务管理大平台系统进行建设。以明珠社区建设提升为契机，举全市、全区之力，打造出“一核多元、五力共治”基层社会治理创新模式，并在全市进行推广。《一核多元 五力共治——贵阳创新城市基层社会治理的探索与实践》获2015全国创新社会治理十佳案例。完成花溪区加强和创新社会管理工作“十二五”规划执行情况总结评估报告；将社会建设“十三五”规划纳入全区22个专项规划之一，做好社会建设“十三五”规划制定的前期工作，全区各社区的“十三五”社会建设专项规划编制基本完成。加强舆论氛围的营造和社会治理经验的交流，创新性开办《创新与治理——花溪区社会建设工作资讯》季刊；以现场观摩会等形式，加强各社区、部门间的经验交流，将各社区党政主要负责人社会治理工作调研报告汇编成册；加强政务信息和对外宣传工作，通过《贵州日报》《贵阳日报》《花溪新闻》等媒体，对全区社会治理和群众工作进行宣传报道，编发《群工信息》40期，全年上报信息126篇，信息得分排名全市第一，各类报刊、媒体、网络报道达160余篇。

（区委群工委）

【“群众满意度”考核】 将“群众满意度”作为科级领导班子和区管干部年度考核中“实绩考核”的重要内容；将年度工作目标完成情况定量考核分值，作为全区科级领导班子和区管干部的实绩考核分值之一，并占据较大权重；加强对社区领导班子和领导干部的管理力度，社会管理和群众工作年度考核将影响科级领导班子和区管干部年度考核评定等次，对考核排名为最后三名的，领导班子不能评为“优秀”等次。以“三创一强一提升”活动为抓手，运用党建“三导工作法”（即：引导、督导、指导），抓好创建工作；以“为群众办实事，由群众说党好”为落脚点，通过党建引领、多元参与，促进社区工作水平不断提升。在社区党建工作中谋新。在明珠社区挂牌成立全市首个社区社会建设党委；打造“明珠模式”并在全市范围推广，形成一本指导社区做好党建工作、群众工作的“教科书”。

（区委群工委）

宣传工作

【概况】 一是以创先争优活动为动力，践行“三严三实”。开展“百佳效能科室”和“百优服务标兵”争创活动，以点带面，推动宣传部党建工作再上新台阶。宣传部理论科和“整脏治乱”办公室受到花溪区直机关“百佳效能科室”命名表彰；“整脏治乱”办公室王伟受到花溪区直机关“百优服务标兵”命名表彰。二是宣传部党总支围绕教育实践活动，结合宣传思想工作实际，以“解放思想，围绕大局，着力提高宣传文化工作水平”为主题，将党总支建设与宣传部创新工作做到有机结合。创新理论宣传形式，组建花溪区社里乡亲宣讲团和社会主义核心价值观宣讲团；做好全区身边好人推荐评选工作，推荐杨艾菁登上“中国好人榜”，黄继英、赵同竹、黄永绂登上“贵州好人榜”，韦明凤、王中英、饶昌东和黄永绂4人获得贵阳市年度身边好人称号；广泛开展志愿者招募活动；打造志愿服务供需平台。三是参加2015时光贵州杯“追逐中国梦·筑梦贵阳”贵阳市第二届微电影大赛，选送作品《魔戒》获一等奖；创作曲艺小品《走访路上》和舞蹈《射背牌》分别荣获贵州省首届群星奖曲艺类一等奖和舞蹈类一等奖，2015年8月，《射背牌》获得第十届中国舞蹈家协会“荷花奖”《十佳作品》奖。四是区委宣传部下发《关于学习宣传贯彻党的十八届五中全会和省委十一届六次全会精神宣讲方案》(花宣字〔2015〕21号)文件，11月至12月，由区委宣传部牵头组织区社里乡亲宣讲团在全区9个乡镇、18个社区进行宣讲，举办19场宣讲，参加听课培训人数1768人。五是区委宣传部派干部驻村，帮扶高坡乡大洪村、石门村、扰绕村，在三个村召开会议30余次，组织村民学习习近平总书记系列讲话，开展微型党课、道德讲堂、宣传部部长上讲台、5·29计生宣传日、送书送文化等活动，开展种植养殖等相关培训，4月捐资帮助大洪小学，送去电脑、书包、体育器材、现金5万元，支助大洪小学16名贫困生每人每年2400元；帮助石门村特困户王先玉家修房41390元，使该户住上新房，并资助其两个还在上幼儿园的孩子每人1500元；苗族“四月八”民族活动支助石门村活动费3000元；为大洪村、石门村、扰绕村贫困老党员、贫困群众困难户送去米、油、面条生活食品折合资金4000余元。为三个村制定生产发展计划，牵头聘请区农业局、科协专家和技术人员到三个村面对面地指导村民谋发展、搞致富，重点帮扶久安乡吴山村计生困难户22户，每户资金1000元，合计22000元，村计生工作经费10000元，送去图书资料、宣传画册350余本，完成帮村脱贫致富奔小康建设。

（赵开舟）

【理论创新】 2015年初拟定区委中心学习组学习计划，花溪区2015年建设学习型城市工作计划，花溪区2015年建设学习型城市活动方案、花溪区2015年党员、干部理论学习的安排意见，花溪区关于深入开展“三严三实”活动的实施方案。

抓好三个层面理论学习。一、做好区委中心学习组理论学习的服务工作，为区委中心学习组成员购买、订购《党建》《理论与当代》《知行》《贵阳宣传》《理论与宣传》等刊物，联系专题领导、专家、教授为区委中心组做好专题报告，完成区委中心学习组集中学习的服务工作，做好学习记录、签到、资料整理等工作。二、抓好各乡（镇）、社区服务中心、各部门的理论学习与宣传工作，完善学习制度，加强对理论学习情况的督促检查，保证全区每周的学习日落到实处，组织全区党员干部参加2015年6月全市的党员干部理论学习统一考试，7000余人参加考试参考率达100%、优秀率90%。三、深化理论宣传，指导全区各乡（镇）、社区服务中心、各部门利用宣传栏、黑板报形式作好理论宣传工作。做好报告会，形势宣讲工作，配合区新闻信息中心、各乡镇、社区服务中心、各部门做好深入学习十八届三、四中全会精神，七、八月学习习近平总书记视察贵州时的重要讲活精神，省、市、区会议精神，牵头组织社会主义核心价值观社里乡亲宣讲团到9个乡镇18个社区巡回宣讲130余次。八月份邀请市委宣讲团成员、贵阳学院教授、党委副书记任飞和市委宣讲团成员、市委讲师团党史研究室主任史亮到花溪宣讲，开展十八届四中全会和习近平总书记视察贵州重要讲话精神征文活动，收到科级干部征文56篇，开展宣传十八届四中全会精神、习近平总书记纪念抗战胜利70周年大会上的讲话、视察贵州重要讲话精神和省市会议精神、省委书记、省长陈敏尔花溪调研的重要讲话精神参与区直机关工委举办的微型知识党课比赛评委工作、参与区卫计局举办的流管人口演讲评委工作。

（赵开舟）

【理论宣传与调研】 一是做好宣传、宣讲、撰写、知识竞赛等理论宣传工作，每月按时拟定下发全区学习通知，参与全区各单位部门的理论宣传活动，牵头与区委党校组织社里乡亲宣讲团到全区乡镇社区宣讲社会主义核心价值观，编写下发区委宣传部主办的《理论与宣传》季刊。二是与文明办、新闻中心拟编“建生态文明示范区”理论通俗读本、《高原明珠》《新花溪》等，与花溪有线电视台等媒体联系，加强理论宣传力度，举办系列征文活动。三是撰写《农村新型社区思想政治工作的探索》发表在2015年省级刊物《理论与当代》和国家级刊物《中共中央党校校刊》上，撰写的《学习贯彻习近平视察贵州重要讲话精神推进花溪文化旅游业建设与发展》发表在《理论与当代》2015第十期上、撰写的《饶昌东千场电影和他菊林书院的文脉》发表在《贵阳宣传》第三期上，撰写的《乡村干部如何与农民密切关系》发表在《今日贵阳》上，撰写的《学习宣传贯彻十八届五中全会精神青岩镇多措并举建设美丽乡村》发表在《贵阳宣传》上，总结推广在理论宣传、理论调研的好做法、好经验，并与省、市媒体联系，宣传好这些经验做法。

（赵开舟）

【文化产业】 完成2015年文化产业统计上报工作，按照《贵州省文化产业统计报表制度》的相关要求，由乡、镇、社区统计员入户登记，部门填报，做到应统尽统，全面完成2014年文化产业统计工作。2014年全区文化产业增加值为7.7亿元（比2013年增加1.11亿元），占GDP比重为2.1%。

开展群众性文化活动，组织参与“文化惠民大舞台、市民才艺展风采”筑城广场市民才艺大赛系列活动和贵阳市“百姓健康舞”大赛，并取得2个团体总分一等奖、7个才艺王、2个一等奖、2个二等奖、2个组织三等奖和1个优秀奖的成绩。

申报省“十三五”期间文化产业相关项目6个，“甲秀人才”1人，争取到市级文化产业扶持基金24万元，其中，桐埜书屋10万元，青岩·寻坊项目14万元。

（赵开舟）

【互联网信息】 2015年编写简报55期，其中涉及城市综合管理和基础设施建设的有8期，征地拆迁、补偿有5条，环境污染有10条，行政管理、执法有7条，司法维稳、上访有4条，社会客运和公共交通有3条，市民基本生活有12条，医疗纠纷有3条，突发事件3条。

完善“花溪宣传网”、“灵秀花溪”手机客户端“政务微博、微信”平台体系建设和管理。组织区内各单位，开通政务微博、博客，网络文明传播互动QQ群，组织网络评论员围绕志愿服务、道德模范、我们的节日、学雷锋活动、文明创建、未成年人等各项工作开展网络志愿传播服务，宣扬好人好事。在重点部门之间建立起有效的联系制度，加强互联网涉区舆情的监测、预警，规范涉区网络舆论事件的发现、处置，以及网上评论和网上舆论引导工作，对上级指定的网站和微博进行发帖回帖，并负责区内网评员的管理工作。

（赵开舟）

花溪年鉴 HUA XI YEARBOOK 2016

统战工作

【概况】 2015年区委统战部组织统战系统学习中央统战工作会议、全国、全省、全市统战部部长会议精神和《中国共产党统一战线工作条例》，并于3月24日、9月30日，分别向区委常委会作专题汇报。以习近平总书记关于统战工作的重要讲话精神和视察贵州时的重要讲话精神为指引，统一思想，凝聚力量，真抓实干，推进全区统战工作。完成政协花溪区第九届委员会委员、常委届中调整增补工作，调整增补16名同志为政协花溪区第九届委员会委员（其中，中共委员9名，非中共委员7名）。11月14日至21日，组织53名民主党派人士、无党派人士及基层统战工作人员赴厦门大学参加统战干部、党外干部培训班；8月7日，接受市委统战部、市督办督查局联合检查组二组对花溪区党外代表人士队伍建设情况的检查，针对各项指标完成情况和存在的问题，制定《花溪区关于加强新形势下党外代表人士队伍建设的整改方案》。协助区委组织部完成《贵阳市花溪区“十三五”人才发展专项规划》，为党外人才发展进行规划布置。2015年在孟关乡、航空社区、汽配用品行业协会成立基层统战工作站，创新社会管理，增强社区团结、维护社会稳定。开展领导干部遍访贫困村贫困户活动，对久安乡久安村4户贫困户进行走访，送去帮扶金共计11000元、羽绒服50件，并协调乡、村负责人为其办理低保等。开展计生“三结合”帮扶工作，举办燕楼镇摆古村2015年妇女培训会；开展计划生育政策法规培训宣传，帮扶摆谷村计生户22户，帮扶资金共计12300元。

（曾　菲）

【非公经济统一战线】 组织召开区工商联六届七次常委会和六届六次执委会。在区政协九届五次全会上非公经济委员提交政协提案5件，为花溪的经济发展、建设规划提供决策依据，努力提高非公经济人士参政议政能力。3月9日，协调组织建行贵阳花溪支行和区商协会及驻区的省、市商协会进行座谈，达成战略合作意向协议，全力助推小微企业的发展。开展“光彩事业”“万企助村”活动，组织非公企业对农村开展帮扶工作，贵阳市花溪区汽配用品行业协会为高坡乡硐口小学成立专项基金会，募得资金11026.10元；贵州省水滴公益之家为高坡乡批林村困难户送去物资和慰问金30万元。推进“五个100”产业富民工程开展，各商会与各村已完成对接，并制定帮扶计划，确定帮扶项目。举办花溪区第四届“工商联杯”篮球赛，搭建企业间交流平台。

（曾　菲）

【民族宗教统一战线】 推进民族团结进步工作，支持和指导各民族乡村开展民族跳场、跳洞、布依歌会、布依地戏等民族民间文化活动，争取上级资金210万元用于青岩镇龙井村特色民族村寨提升建设。协调做好全区少数民族群众居住区的基础设施建设、少数民族大学新生“助学工程”、扶贫济困等工作，帮助他们解决生产生活中的困难，妥善处理涉及民族方面的矛盾纠纷。贯彻党的宗教工作方针，加强对宗教事务的管理，维护宗教界和谐稳定，健全和完善宗教工作网络和宗教工作协调机制，会同区国安等相关部门做好驻区高校打邪制非和反渗透工作，会同区政法委等相关部门做好“活石教会”的摸排管控工作，妥善处理好宗教领域重大问题和突发事件，掌握整体动态，严防境外敌对势力利用宗教进行渗透。

（曾　菲）

【港澳台与海外统一战线】 帮助台胞、台属、台商协调解决子女入学、住房纠纷等实际问题，为往返大陆和台湾的台胞、台属提供有关帮助。开展筑台两地文化交流活动，配合市台办开展纪念周钟瑄文化交流活动，组织300人参加在贵阳孔学堂举办的“周钟瑄事迹讲座”活动。区侨联协助省、市侨联做好斯洛伐克前总理恰尔诺古尔斯基夫妇一行、“华裔中学生夏令营”师生、澳大利亚慈善家魏基成夫妇一行等参访团到花溪参观考察活动。中秋、元旦、春节走访和慰问在花溪居住的部分归侨侨眷、香港同胞、台湾同胞，发放慰问金5500元，以及米油、羽绒服等慰问物资。

（曾　菲）

【民主党派工作】 加强对各民主党派的组织建设、思想建设和制度建设的指导工作力度。协助民建小河支部做好发展新会员，民建花溪区总支推优秀会员，民革市委调研花溪民革支部建设工作，帮助民建小河支部协调联系孔学堂开展庆祝民建中央建会70周年和民建贵阳市委成立60周年活动等。加大民主党派干部选配力度，全区领导干部队伍中，县级民主党派干部2人，科级民主党派干部10人，科级非领导职务民主党派干部1人，县级党外后备干部民主党派干部2人。支持协助各民主党派、工商联、无党派人士，充分发挥“政治协商、民主监督、参政议政”的作用，围绕全区经济社会发展的热点、难点问题进行专题调研，向人大和政协提出提案和建议。

（曾　菲）

党史研究

【概况】 区委党研室主动参与、服务文化旅游创新区建设，深入重要项目区拍摄上千张历史现状图片。收集有历史价值的文稿16篇，图片40余幅，其中最为珍贵的是花溪风景区创始人刘剑魂诗稿《剑魂诗草》电子档194页、花溪第一个女司机图片、邓颖超给青岩人民的回信的影印件、参加滇缅战争抗战老兵录音资料、清华中学抗战史实的图片。报送贵阳党史研究室稿件7篇1万余字。组织全区党史工作者撰写党史资料20篇，发表11篇，拍摄遗址图片12张。核实遗址情况37处，编制汇总《花溪抗战革命遗址名册》24处。并为贵阳市委党研室征编的《抗战遗址上的故事》提供花溪部分10篇文稿、图片。牵头摄制《花溪抗战掠影》电视专题片，并在抗战胜利纪念日期间在花溪有线电视台滚动播出一周。牵头举办花溪抗战图片展，举办纪念抗日战争胜利70周年毛泽东像章万枚珍品展览。

抢救性开展《花溪抗战史话（党史资料专辑第八辑）》图书征编工作，全书12万字，42篇文章，52张图片。

（区委党研室）

老干部管理

【概况】 花溪区重视离退休干部工作。一、落实老干部政治待遇，组织老干部参加区委扩大会、情况通报会、迎春团拜会等区内重大活动；组织实职副县级及以上老干部对花溪区经济社会发展情况进行考察，了解发展情况；组织老干部政治理论学习，让老干部了解党的路线、方针、政策，使其在思想、政治、行动上同党中央保持一致；区委离退休干部工作局做好重大节日走访慰问和探视生病老干部的工作，协助区四大班子领导在春节前夕走访慰问老干部及老干部遗孀；组织开展重阳节座谈会、“八一”建军节对抗战干部的走访慰问等活动。按照政策规定，协调有关部门处理离退休干部逝世的善后事宜，做好遗属工作。二、对离休干部实行医疗费实报实销制度，使离休干部医疗费得到保障；按政策标准落实老干部修养费、特需费等经济待遇；按规定组织老干部进行体检；组织老干部开展春游、秋游、新春游艺会、三八节庆祝、身心健康讲座、庆寿等活动；对困难老干部及遗孀进行困难帮扶。三、支持老干部“老有所学”“老有所乐”，通过志愿者活动等为载体，支持离退休干部发挥政治、经验、智慧和威望优势，在促进经济发展、维护社会和谐、传承繁荣文化、关心教育下一代等方面发挥老干部作用；组织老干部学习活动，提升老干部自身素养，使老干部们辨证看待社会热点问题，自觉抵制各种错误思潮和社会不良倾向，使与党中央保持一致；以花溪区老年大学为载体，开办太极拳、声乐、绘画、舞蹈等多种学习班级，使老干部老有所学；以老干活动中心为载体，开展棋牌、健身等多种服务项目。

7月31日，区老干局召开全区抗战干部座谈会，共同纪念中国共产党建军88周年、抗日战争胜利70周年。参加座谈会的有6名抗战老干部和区委老干局局机关全体干部30多人，会议由区委老干局副局长陈玉和主持。区委组织部副部长、区委老干局局长陈建新和区委老干局领导向参会的6名老同志发放纪念品，并同大家合影留念。

8月28日，区老干局邀请市委讲师团党研室主任史亮老师在局会议室为老干部作“三严三实”专题讲座。使老干部了解“三严三实”主题教育活动精神内涵，让老干部参监督干部作风工作，100多位老干部到会听讲座。

（区老干局）

保密工作

【概况】 2015年，区委保密办、区国家保密局落实保密工作领导责任制。每季度将工作开展情况及保密工作中存在的问题和困难向区委保密委领导汇报。区委副书记、区委保密委主任秦建军安排部署保密工作。贵阳国家经济技术开发区党工委书记、花溪区委书记钟汰甬于2015年春节前夕到保密局看望全体干部职工。

5月22日，召开全区保密工作会议。传达学习中央、省、市保密会议精神；总结2014年全区保密工作，安排2015年保密工作，审议《中共花溪区委保密委2015年工作要点》，对全区保密工作提出要求。8月13日，召开区委保密委全体（扩大）会议，传达省、市保密部门有关文件精神。9月21日，召开全区第二次保密工作会，总结全区保密工作检查中存在的问题，要求做好整改落实。

6月10日，区委召开区委常委（扩大）会议，学习传达上级有关文件精神，要求各参会部门将文件精神传达到每个涉密人员，严格遵守有关保密规定。9月30日，区委常委、区委政法委书记宋力主持召开全区信访维稳会议，传达贯彻省、市有关保密工作安排部署，要求各级各部门重视保密工作，增强保密意识，落实保密各项法律法规和工作纪律，将保密工作与业务工作同研究、同布置、同检查、同落实、同总结，提升保密工作水平。

按照《花溪区“十二五”时期保密事业发展规划》《花溪区“六五”保密法制宣传教育规划》，制定《花溪区2015年保密工作计划》，保障保密设备、基础设施、技术防范等经费。开展专（兼）职保密干部培训工作，对新出台的保密法律法规、新制订的保密规章制度和其他规范性文件进行法律法规的宣传教育，抓好重点涉密人员、保密要害部门、部位工作人员的培训教育工作，指导全区各乡（镇、社区）和各部门完善保密工作制度，签订保密承诺书，推进全区保密工作的开展。

按照中央、省、市关于强化定密管理的要求，研究制定强化全区定密管理的对策措施，做好相关单位定密权申请的指导工作。邀请专家对全区涉密干部进行定密知识的培训。完成市国家保密局安排部署的各项工作任务。

开展对全区涉密网络建设的测评审批工作，并进行专项检查；对区门户网站实行每周检查制度，严禁发生失泄密事件；加强信息公开保密审查工作的指导；组织培训，加强对工作人员使用智能手机和无线局域网的保密教育。

9月对全区各单位进行保密检查，督促指导各单位抓好涉密人员上岗、在岗和离岗的保密教育和管理。举办培训、讲座4次，参与培训人数600余人次，参加上级保密行政管理部门培训4次。抓好《保密工作》的征订工作。

根据保密规范化相关工作要求，对全区各级各部门进行保密工作规范化管理的检查，加强对档案管理、存储介质管理等方面督促指导全区保密管理水平。

根据区“六五”保密法制宣传教育规划，制定《花溪区2015年保密法制宣传教育计划》。在党校两次开设保密教育课，提高各单位参训人员的保密意识。12月4日，区保密局在花溪公园大门口开设宣传活动，向广大市民宣讲保密法，发放宣传资料500余份。

加强对重要会议保密服务工作。加强对会议服务人员的教育培训，对会场周边环境进行认真检查，确保无泄密隐患；指导全区各单位加强保密重点部门管理，规范建设铁门铁窗及相关设施；指导全区各乡（镇、社区）和各部门完善保密工作制度，签订保密承诺书，推进全区保密工作的开展；完成2015年高考听力、高考、中考及花溪区有关招考的保密工作；要求全区各级各部门将涉密载体统一交回保密局，实行涉密载体统一销毁。

（区国家保密局）

党　校

【概况】 2015年，区委党校完成村（居）党支部书记综合能力提升专题班2期，166人参训;第一书记和驻村干部专题培训班1期，105人参训；社区工作者（网格管理员）培训班2期，198人参训；团干培训3期，198人参训；远程教育管理员培训班3期，157人参训。专题宣讲（十八届四中、五中全会精神、社会主义核心价值观、党章、党史）29期，1090人参训。协助贵州省职工医院、区直机关工委、孟关、高坡等党委完成入党积极分子培训11期，667人参训。

学校组织师资集中备课，从11月26日至12月

8月3日，区委党校到明珠社区开展现场教学（区委党校　供稿）

3日，学校教师到乡镇社区、机关单位开展十八届五中全会精神宣讲17场，876人次听讲。

区委党校在培训方式上优化创新。按照“理论武装、党性锻炼、能力提升”的总要求，针对课堂讲授、讨论辩论和现场体验三个版块，合理优化教学布局，推进各项工作创新。完善专兼职师资队伍和教学专题库建设，通过现场教学的方式，改变死板的教室氛围，使学员感受到空间开阔，增加平等交流的意识，更好调动学员的主动性和积极性，发挥学员的主体作用和教员的主导作用，增强教学效果。

学校激励教师学理论出成果。2015年，全校教师发挥基层党校理论学习研究前沿阵地作用，学校组织教师学习和领会党中央、省、市全会精神，鼓励教师联系花溪区建设发展实际，撰写理论文章5篇，发表在市委党校主办的期刊上。在省级报刊发表文章1篇。获得省委党校校级课题立项一个，主持区级课题并完成结项一个，本校校级课题两个还在进行中。

2015年，通过高层次人才选拔，招录教师一名；通过全区公开招考，招录教师一名。两名新进教师均具有研究生学历。全年参加省、市、区组织部、党校等部门组织的培训学习共6批19人次，专业技术人员和管理人员分别到省委、市委党校及相关高校学习培训。定期开展青年教师试讲工作。

10月10日，区委群工委和区委党校在区委党校建立人才培训基地并正式挂牌。为全区2000多名从事社区工作服务人员提供各类培训和教育，提升其综合服务能力。基地还将为公益、科技、社区服务类等社会组织负责人提供能力建设指导，为全区各类志愿者提供志愿服务培训，为从事居家养老、康复助残和社会救助等的社会服务人员进行实训辅导。

区委党校新校区正在建设中。

（区委党校）

中共花溪区纪律检查委员会（区监察局）

【概况】 2015年，区纪委有行政编制25名，行政工勤编制5名，区纪检监察机关举报中心参公编制5名。2015年初，经向区编委申请，举报中心增加3名参公编制。班子成员有区纪委常委7人（包括监察局局长1人、副局长1人）、非中共党员监察局副局长1人。内设9个职能室，分别是办公室、干部室、纪检监察干部监督室、宣教室、党风政风监督室、第一、第二、第三纪检监察室、案件审理室、信访室，现有室主任（副科级）6人，临时负责人2人（党风政风监督室、信访室）。

组建6个纪工委监察分局，组建6个纪检监察组，隶属区纪委监察局领导，每个纪检监察组内设综合办公室、巡查督查室、纪检监察室。现6个纪检监察组有26人，各纪检监察组成员由区属各部门纪委书记、纪检组长组成。

成立13个民生监督组，其中以乡（镇）为单元设立9个民生监督组，全区18个社区以4至5个社区为一个单元重新设立4个民生项目监督组，集中办公点，分别设在瑞华社区、明珠社区、兴隆社区和小孟社区，每个集中办公点均配有两间办公用房。由区编委办行文单列乡镇、社区纪检监察编制，每个乡镇确定3名专职纪检监察干部，每个社区确定1名专职纪检监察干部，专司纪检和民生监督工作。

（区纪委）

【党风廉政建设主体责任工作】 花溪区认真开展党风廉政建设主体责任工作。一是完善体制机制，层层传导压力。理顺关系、找准定位，制定《花溪区委党风廉政建设主体责任清单》《花溪区委2015年党风廉政建设主体责任任务清单》《花溪区纪委党风廉政建设监督责任清单》《（单位）廉政风险防控问题清单》，明确党委（党组）班子及成员的24项主体责任，纪检监察部门的20项监督责任，并针对存在的问题明确3项具体任务，搭建好落实“两个责任”的平台和载体。协助区委在全区开展党风廉政建设主体责任“层层约谈”，建立“四横三纵”分级约谈机制，确保“两个责任”贯彻落实不留死角，此项工作覆盖全区各级党员干部7750人。建立健全党风廉政建设具体责任行为“签字背书”制度，全区7000余名党员干部、单位主要领导和监督责任人三方“签字背书”、作出承诺，促进全区党员干部“知责、明责、担责、尽责”。

二是强化监督管理，推动工作落实。区纪委召开纪委全会，对年度党风廉政建设工作进行安排部署，在全会上对区纪委委员，各单位（部门）党政主要领导、纪委书记（纪检组长）进行“两个责任”知识测试，通过测试督促各级领导干部加强学习，使责任意识入脑入心。加强党内监督，促进领导干部廉洁自律。年初，要求全区501名科级干部提交2014年度述廉述职述责报告。全年纪委负责人同下级党政主要负责人谈话330人次，对6名科级干部进行提醒约谈，对101名新任职干部进行任前廉政谈话，对51名干部予以诫勉谈话。按照上级要求，结合实际制定2015年度工作计划，并按照《花溪区关于贯彻落实中央和省委建立健全惩治和预防腐败体系2013-2017年工作规划的年度工作计划》严格推进实施。

三是加强督促检查，确保责任到位。在年初、年中、年底组织力量对乡（镇）、社区、区属各部门“两个责任”贯彻落实情况进行检查，促进“一岗双责”落实。围绕文化旅游创新区建设中心工作，结合实际制定《花溪文化旅游创新区项目建设落实党风廉政建设“两个责任”的实施意见》《花溪文化旅游创新区项目建设落实党风廉政建设“两个责任”的工作实施方案》，通过项目建设相关部门和重点岗位的风险教育、排查、防范、预警工作，规范政府投资行为，确保项目建设廉洁高效，从源头上预防腐败。围绕打造文化旅游创新区的目标任务，研究制定《党风廉政建设主体责任考核评分办法》，将主体责任落实情况纳入年度目标考核，对全区82家单位2015年度党风廉政建设和反腐败工作进行检查考核，充分发挥考核评价的导向作用，引导和强化被考核单位树立正确的责任意识，有效压实“两个责任”在基层落地生根。

（区纪委）

【监督责任】 区纪委在全面从严治党的新形势下，回归监督执纪问责主业，坚持把握运用监督执纪“四种形态”，本着防微杜渐、有病则治的原则，着力抓早抓小，在强化日常教育管理监督的同时，从小处着眼，从细节入手，对苗头性、倾向性问题和轻微违反纪律规矩的问题，及时预警、及早纠正，以严明的纪律推进全面从严治党。

严查“四风”问题。每逢重大节假日重申纪律、开展专项检查作为工作常态，坚决刹住节日期间公款送节礼、公款吃喝和奢侈浪费等不正之风。严查公车私用、遏制“车轮上的腐败”作为工作常态，并联合区交管分局对酒后驾驶公车情况进行“每月一核查”，加强8小时工作时间外公车使用情况的监督检查。2015年查处多起公车私用等问题，对相关人员严肃处理并责令退赔相关费用。把严肃查处公款吃喝、公款旅游、公款购买节礼、违规发放补贴等作为工作常态。2015年，对违规收受礼金、礼券、购物卡进行专项治理，全区4家单位主动上交礼金2.03万元，购物卡40张，价值2.28万元。对公款为个人购买商业保险问题进行清查，清理出问题3个，处理相关责任人4人，清退有关费用1.71万元。对滥发津贴补贴问题进行清查，全区有24家单位的1096人主动上交违规资金共153.66万元。全年查处违反中央八项规定问题50个，处理党员干部56人，处分30人，通报曝光8期。

突出问题导向，严格"一案双查"。对不认真履行"两个责任"的，严肃查处并进行责任追究。全年追究主体责任3人，追究监督责任3人，建议组织调整1人。针对扶持微型企业发展工作中原工商部门（现市场监督管理局）违纪问题突出，追究市场监督管理局党委书记主体责任，追究该局纪委书记监督责任，对其分管领导予以党内严重警告处分。

推进党风廉政建设突出问题集中专项整治工作。全区党风廉政建设突出问题集中专项整治自查清理突出问题133个，其中"两个责任"方面存在的突出问题63个，损害群众利益方面存在的突出问题7个，其它方面存在的突出问题13个，20家单位和5人主动上交违纪所得360.21万元。开展问题线索约谈涉及65名党员干部（科级干部39名，一般干部26名），给予党政纪处分14人，诫勉谈话11人。

推进民生监督工作再上台阶。整合民生监督力量，保证每个乡镇至少有3名专职干部，每个社区至少有1名专职干部，将3~5个社区整合为一个民生监督组并重新挂牌，解决监督办案力量薄弱的问题，变"松散型"为"紧密型"管理。在各乡（镇）、社区设立民生监督工作办公室，配齐办公设备，建立健全工作制度，做到事项清楚、进展明白、核查有据。开展"民生领域铸廉三年行动"工作，围绕家电下乡补贴资金落实、农机购置补贴政策落实、农村危房改造补助资金落实、扶持微型企业发展资金管理使用、民政冬春救助资金物资发放、高中中职学校补助金管理使用情况6个关系百姓切身利益的民生项目开展专项监察和监督检查100余次，发现问题1634件，办结1611件。8月6日，配合市纪委、区委做好接待省委书记陈敏尔在花溪调研有关工作，全区民生监督工作得到陈敏尔书记的肯定。

严查党员干部违法"种房"行为。按照市纪委监察局进一步加强违法"种房"案件查处和责任追究工作的要求，区纪委制定和落实"两个责任"月考核评比排名制度，每月对27个乡（镇）、社区打击违法"种房"工作落实"两个责任"情况进行检查并评分，并在全区进行排名通报。对连续两次排名靠后两位的乡镇、社区党委书记、纪委书记进行责任追究，并将各乡镇、社区案件任务数完成情况作为年终目标考核的重要依据。全年共查处违法"种房"案件37件，党政纪处分38人。

（区纪委）

【违纪违法案件查处】 2015年，受理信访举报95件次，全部按规定调查处理。全区党政纪立案146件，涉及150人，移送司法机关8人。立案数比上年增长294.59%，其中大案47件，要案25件。结案139件，给予党政纪处分143人，其中涉及乡科级以上干部25人，一般干部32人，农村党员干部86人。

（区纪委）

【反腐倡廉宣传教育】 把学习宣传、贯彻落实习近平总书记系列重要讲话精神作为首要政治任务，联系思想和工作实际，结合《中国共产党廉洁自律准则》和《中国共产党纪律处分条例》的学习和贯彻执行，做到学思践悟，内化于心、外化于行，以学习的成效引领和推动纪检监察工作。把中央、省、市关于党风廉政建设和反腐败斗争的新精神、新要求作为动力和遵循，统一思想认识，增强责任意识、使命意识，协助推动主体责任落实，抓实抓好监督责任履行。

预防在先，组织开展多种形式的廉政教育主题活动。将廉政文化融入到花溪区“三下乡”“四进社区”以及“我们的中国梦”文化进万家活动中，加强廉政文化进基层的宣传力度。加大对外宣传工作，以严肃党的政治纪律和政治规矩、履行党风廉政建设“两个责任”、纪律审查、“四风”整治、体制机制改革等为重点，全面系统地报道花溪区党风廉政建设和反腐败工作，在省、市新闻媒体上刊登花溪区党风廉政建设新闻报道88篇，有效提升群众对全区党风廉政建设的知晓率和满意度。

通过组织召开全区党风廉政警示教育大会、观看警示教育片、听取服刑人员现身说法、家庭助廉、典型案例通报等形式，多渠道、多层面做好廉政警示教育工作，全年共组织800余名干部职工到省羊艾监狱开展警示教育。

加大民生监督工作宣传力度，使民生监督工作在基层做到家喻户晓。设置固定接访点188个，制作宣传展板52块，设立举报箱203个，全年发放民生监督连心卡45420份、宣传手册3000余本、宣传画册5000余本。

（区纪委）

【纪委自身建设】 区纪委常委会开展“三严三实”专题教育活动，认真学习党章和党的纪律规定，召开专题研讨、专题党课、专题民主生活会，认真查找问题，切实整改落实，搞好思想建设、作风建设。组织对全区纪检监察系统干部进行业务培训和上级纪委组织的各类专题培训，着力提升纪检监察干部素质。

强化“三转”，全面开展全区纪检监察派驻机构统一管理和民生项目监督组改革工作，新组建的6个区级纪检监察组、13个民生监督组实现集中办公。

坚持抓早抓小，对纪检监察干部出现的苗头性、倾向性问题，及时谈话提醒。坚持“零容忍”，严防“灯下黑”。加强对纪检监察干部的监督，及时处理有关纪检监察干部信访举报件。

（区纪委）

（责任编辑　周年辉）

花溪年鉴 2016 HUAXI YEARBOOK

花溪区人民代表大会及其常务委员会

2月13日，区第十六届人民代表大会第五次会议代表举手表决（区人大办　供稿）

综 述

【概况】 2月11日至13日，召开区第十六届人民代表大会第五次会议，审议区政府、财政、计划和发展、人大及“两院”的报告。2015年，区人大常委会听取区人民政府关于贯彻执行《中华人民共和国文物保护法》实施情况及文化产业发展工作的报告；听取和审议区人民政府关于依法治区工作情况的报告；听取和审议区人民政府关于区2015年度国民经济和社会发展计划调整（草案）的报告并表决通过关于批准该报告的决议；听取和审议《区人民政府关于2015年上半年国民经济和社会发展计划执行情况的报告》《区人民政府关于2015年上半年区本级综合财政预算执行情况的报告》《区人民政府关于2014年区本级综合财政决算的报告》和《关于2014年度区本级综合财政预算执行情况和其他财政收支情况的审计工作报告》，并表决通过《花溪区人大常委会关于批准2014年区本级综合财政决算的决议（草案）》；听取和审议《区人民政府关于解决群众“看病难”工作进展情况的报告》和《花溪区人民政府关于解决群众“行车难和停车难”工作进展情况的报告》；听取和审议《区人民政府关于“全年拆除50万平方米存量违法建筑，实现违法建筑零增长管控目标”工作进展情况的报告》；听取和审议区人民政府关于现代都市农业、观光休闲农业发展情况的报告；听取区政府关于《花溪区2015年全区和区本级财政预算不进行调整的报告》（花府报〔2015〕139号）；听取区人民政府关于文化旅游创新区贷款资金的到位使用情况和2015年归还债务的预算安排情况的报告；书面审议区人民政府关于2014年度审计工作报告反映问题整改落实情况的报告；听取代表资格审查委员会关于区十六届人大代表蒋顺成暂停执行代表职务的报告；听取代表资格审查委员会关于区十六届人大代表吴同恒暂停执行代表职务的报告；听取代表资格审查委员会关于区十六届人大代表李应华暂停执行代表职务的报告；审议并投票表决通过市、区人大代表辞职事项。

区人大常委会表决通过十六届人大五次会议代表建议、批评和意见作为区人大常委会督办件；表决通过《花溪区人大常委会拟任命干部任前法律知识考试制度（草案）》；表决通过《花溪区人民代表大会代表建议、批评和意见办理规定（草案）》；表决通过许可区人民检察院对区十六届人大代表蒋顺成采取强制措施；表决通过许可区人民检察院对区十六届人大代表吴同恒采取强制措施；表决通过许可对区十六届人大代表李应华采取强制措施。

加强对区政府工作的监督，开展各项视察调研检查评议工作。区人大常委会对“十里河滩”项目三期工程、孟溪路、区委党校建设工程、“两港一中心”等项目进行专题视察，针对发现的问题，提出建议、意见。先后对“八件实事”、城市管理、环境保护、“美丽乡村、幸福家园”、水利建设、扶贫开发等，进行专题调研或视察，促进民生问题的有效解决。组织开展对区旅游局的工作评议，使被评议部门增强为民服务，依法履职意识，对区法检两院司法体制改革工作情况进行调研。对《文物保护法》、新《环境保护法》等在花溪区贯彻实施情况进行执法检查。

2015年，召开常委会议12次，主任会议15次，听取和审议“一府两院”工作报告14项，对2部法律法规开展执法检查，作出决议、决定 2项，依法进行人事任免29人次。其中：决定任免区政府副区长3人，区政府组成人员13人；任免人大干部1人；任免区法院干部7人，人民陪审员

3人；区检察院干部2人。坚持向被任命人员赠送《宪法》《监督法》等有关法律读本。在扶贫和帮村方面，宣传政策100多次，帮助协调项目资金390多万元，帮扶资金60多万元。先后采写新闻、消息等40余篇，其中《贵阳日报》和市人大网站刊发22篇；坚持办好《花溪人大》内刊，全年出刊4期。在"大接访"活动中接访500余人次，常委会信访室共接待群众来访65人次，受理案件22 件，转办22件，化解矛盾纠纷，促进社会和谐稳定。

（区人大办）

【区人大常务委员名录】

任渝生、楚湘黔、张吉林、孙昕、王小兵、张宝袆、吴治岑、张贵昇、杨晓娟、龙兴灿、甘露、刘贤忠、郭际昕、陈正华、赵蓉、李博、曹珺、吉小琴、肖莎、李梅、李德琼、李亦然、毛巨川、仇成英、卢代康、吕瑾、刘秀丽、李海宁、邱建平、孟平红、傅涛、龙文忠

（区人大办）

【区十六届人民代表大会第五次会议】 花溪区第十六届人民代表大会第五次会议于2015年2月11日至13日在省青少年活动中心召开。出席代表288人，列席76人，主席团成员55人，秘书长张吉林。

大会听取和审议向子琨作的《花溪区人民政府工作报告》，审查和批准《花溪区2014年国民经济和社会发展计划执行情况及2015年国民经济和社会发展计划草案报告》《花溪区2014年综合财政预算执行情况及2015年区本级综合财政预算草案报告》。听取和审议任渝生所作的《花溪区人大常委会工作报告》；吴莎作的《花溪区人民法院工作报告》；张重作的《花溪区人民检察院工作报告》并通过相应的决议，听取和审议花溪区人民政府关于区十六届人大四次会议代表建议、批评和意见办理情况的报告；会议期间，代表们提出建议、批评和意见174件。

（区人大办）

人大常委会重要会议

【第二十九次会议】 于1月19日召开。会议学习省人大常委会办公厅《关于认真学习贯彻省委赵克志书记关于人大工作重要批示的通知》（黔人常办通〔2014〕94号）、区委十届六次全会精神；表决通过有关人事任免事项；听取花溪区人民法院关于司法体制改革试点工作情况的汇报；会议决定花溪区第十六届人民代表大会第五次会议召开时间及地点；审议通过花溪区第十六届人民代表大会第五次会议相关材料（包括会议议程、主席团和秘书长名单、主席团常务主席名单、执行主席分组名单、副秘书长名单、主席团会议日程、大会日程、国民经济、社会发展计划和财政预算审查委员会名单、议案审查委员会名单等草案）；审议通过花溪区第十六届人民代表大会第五次会议预备会议日程、列席人员名单、《花溪区人大常委会工作报告》《花溪区2014年综合财政预算执行情况及2015年全区和区本级财政预算草案报告》；审议通过花溪区第十六届人大常委会代表资格审查委员会组成人员名单；听取区人大办公室汇报区第十六届人民代表大会第五次会议筹备情况。

（区人大办）

【第三十一次会议】 于4月14日召开。会议学习《中华人民共和国文物保护法》；表决通过有关人事任免事项；听取区人民政府关于贯彻执行《中华人民共和国文物保护法》实施情况及文化产业发展工作的报告；表决通过十六届人大五

次会议代表建议、批评和意见区人大常委会督办件；表决通过《花溪区人大常委会拟任命干部任前法律知识考试制度（草案）》；表决通过《花溪区人民代表大会代表建议、批评和意见办理规定（草案）》。

（区人大办）

【第三十二次会议】 于5月18日召开。会议学习《中华人民共和国全国人民代表大会和地方各级人民代表大会代表法》；表决通过区人民检察院对区十六届人大代表蒋顺成采取强制措施的报告，听取代表资格审查委员会关于区十六届人大代表蒋顺成暂停执行代表资格的报告。

（区人大办）

【第三十三次会议】 于5月26日召开。会议表决通过区人民检察院对区十六届人大代表吴同恒采取强制措施的报告；会议听取代表资格审查委员会关于区十六届人大代表吴同恒暂停执行代表资格的报告。

（区人大办）

【第三十四次会议】 于6月25日召开。会议传达学习《中共贵阳市委关于加强和改进地方立法工作的意见》《中共贵阳市人大常委会党组关于进一步加强和改进人大监督工作的意见》；听取和审议区人民政府关于依法治区工作情况的报告；听取和审议区人民政府关于花溪区2015年度国民经济和社会发展计划调整(草案)的报告，表决通过《花溪区人大常委会关于批准花溪区2015年国民经济和社会发展计划调整(草案)报告的决议（草案）》。

（区人大办）

【第三十七次会议】 于8月27日召开。会议学习《中华人民共和国预算法》；听取并审议《区人民政府关于2015年上半年国民经济和社会发展计划执行情况的报告》《区人民政府关于2015年上半年区本级综合财政预算执行情况的报告》《区人民政府关于2014年区本级综合财政决算的报告》和《关于2014年度区本级综合财政预算执行情况和其他财政收支情况的审计工作报告》，并表决通过《花溪区人大常委会关于批准2014年区本级综合财政决算的决议（草案）》。听取和审议《区人民政府关于解决群众“看病难”工作进展情况的报告》和《花溪区人民政府关于解决群众“行车难和停车难”工作进展情况的报告》；听取和审议《区人民政府关于“全年拆除50万平方米存量违法建筑，实现违法建筑零增长管控目标”工作进展情况的报告》。

（区人大办）

【第三十九次会议】 于10月21日召开。会议传达学习省委常委、市委书记陈刚在贵阳市电子商务发展大会上的讲话，听取和审议区人民政府关于现代都市农业、观光休闲农业发展情况的报告；听取区政府关于《花溪区2015年全区和区本级财政预算不进行调整的报告》（花府报（2015）139号）；听取区人民政府关于文化旅游创新区贷款资金的到位使用情况和2015年归还债务的预算安排情况的报告。

（区人大办）

【第四十次会议】 于12月16日召开。会议传达学习11月14日市委常委（扩大）会议精神和区委钟阳书记到区人大常委会机关调研时的指示精神。表决通过有关人事任免事项；听取和审议《区旅游局关于落实区人大常委会评议意见整改情况的报告》，经过票决，对区旅游局评议结果为优秀。会议审议市人大代表辞职事项，经过票决，同意李应华辞去贵阳市第十三届人民代表大会代表职务；审议区人大代表辞职事项，经过票决，同意李应华辞去花溪区第十六届人民代表大会代表职务。会议听取选任联工委关于人大代表述职工作情况的报告。会议书面审议区人民政府关于2014年度审计工作报告反映问题整改落实情况的报告。

（区人大办）

花溪年鉴 HUA XI YEARBOOK 2016

人事任免

【概况】 1月22日区十六届人大常委会第30次会议，补选市委常委、市纪委书记朱江华同志为贵阳市十三届人大代表。

4月14日区十六届人大常委会第31次会议，决定免去樊青花溪区人民法院民事审判第一庭庭长职务、付旭花溪区人民检察院检察员职务；决定任命高燕为花溪区人民法院民事审判第一庭副庭长。表决通过区人民检察院对区十六届人大代表蒋顺成采取强制措施报告；听取代表资格审查委员会关于区十六届人大代表蒋顺成暂停执行代表资格的报告。

7月24日区十六届人大常委会第35次会议，决定任命谭虎为花溪区人民政府副区长。

8月31日区十六届人大常委会第38次会议，决定任命张建忠为花溪区人民政府副区长（任职期至2016年7月）。

12月16日区十六届人大常委会第40次会议，决定免去康军花溪区人民法院人民陪审员职务、欧阳蓉花溪区人民法院人民陪审员职务。决定任命张玉为花溪区人民法院人民陪审员、王珏为花溪区人民法院审判员、梁永雄为花溪区人民法院审判员、张彪为花溪区人民法院审判员、朱东为花溪区人民法院审判员、吴怔秋为花溪区人民法院审判员。

（区人大办）

花溪年鉴 HUA XI YEARBOOK 2016

人大工委工作

【选任联工委】 按照法定程序，完成人大常委会的干部人事任免工作，依法进行人事任免29人次，成功补选2名贵阳市十三届人大代表，建立《花溪区人大常委会拟任命干部任前法律知识考试制度》。坚持邀请代表列席常委会会议和参加有关活动，推荐代表列席区委、区政府的相关评审会、论证会，听证会等，保障代表知政权、参与权、表达权、监督权；在全区乡镇、社区组织区人大代表向选区选民述职活动，密切区人大代表与人民群众的联系。邀请代表参加常委会视察、执法检查和专项调研等活动，注重采纳基层代表的意见建议，增强代表履职的积极性。对乡镇级人代会、代表小组活动、视察、调研、评议、制度建设进行指导，给予支持，助推履职，推动乡镇人大工作规范化，提高乡镇人大工作水平。四是在青岛市人大代表培训服务中心举办为期七天的区人大代表培训班，提高代表业务素质，开阔代表视野，增长才干，更好地担负起代表重任，履行好代表职责，促进花溪区文化旅游创新区建设。五是对2015年政府八件实事完成情况及重点代表建议办理情况进行视察。

（区人大办）

【内务司法工委】 组织区人大常委会组成人员开展法检两院司法体制改革工作情况调研，听取花溪区依法治理工作情况报告，为司法改革及依法治理工作提出意见和建议，为全区经济发展和社会进步营造良好的法制环境。协调组织乡（镇）、社区、相关单位民政负责人参与配合市人大关于《殡葬管理办法》的调研，为调研活动提出许多有效的意见和建议。组织对城市管理工作中城市环境卫生问题进行调研。

（区人大办）

【财经工委】 年初对2014年全区国民经济、社会发展计划及综合财政预算执行情况和2015年国民经济、社会发展计划（草案）及区本级综合财政预算（草案）进行初审，撰写审查报告报主席团会议审定，确保人代会的各项工作任务圆满完成。年中对计划经济及财政预算半年完成情况以及上年审计情况进行审查，对下半年工作提出建议及意见，为全区的财政运行起到监督作用。4月调研“村财乡代管村用”改革工作，通过实地走访、召开座谈会等方式，与乡镇干部、村支两委零距离接触，听取改革意见和建议，摸清花溪区“村财乡代管村用”工作开展情况，并拟写专题调研报告，为区委区政府提供决策参考。

（区人大办）

【教科文卫工委】 对区政府贯彻执行《中华人民共和国文物保护法》进行常委会会前调研，为区人大常委会审议相关工作提供依据，并向政府提出合理化建议，以增强政府有关部门的法律意识和促进依法行政、依法办事的自觉性。领衔调研花溪区文化产业发展情况，形成调研报告。协助市人大对全区贯彻落实《贵阳市人民代表大会常务委员会关于依法推进教育立市战略实施的决定》情况进行执法检查。牵头组织对区旅游局工作评议，对区旅游局在重大项目和重大工程的开展、主要领导及班子在“德能勤绩廉”工作开展情况进行评议，指出问题，提出整改建议。

（区人大办）

【农经民宗工委】 牵头组织区人大常委会组成人员对花溪区美丽乡村、现代高效农业建设情况进行调研，组织常委会组成人员到白云区蓬莱仙界现代农业科技园参观。到马铃乡、黔陶乡等地实地调研现代农业发展情况，区人大常委会第39次会议听取和审议《区人民政府关于现代都市农业、观光休闲农业发展情况的报告》。组织区人大常委会组成人员检查、视察区政府执行《区人大常委会关于命名“区花”“区树”的决定》、“蓝天、碧水、绿地”保护工作开展情况。

（区人大办）

【城建环保工委】 组织区人大常委会委员和部分人大代表调研新《环保法》执行情况，向区政府提出合理意见建议。组织常委会部分组成人员对花溪区人民政府“全年拆除50万存量违法建筑，实现违法建筑零增长管控目标”工作开展情况进行调研。通过开展视察调研，为区人大常委会审议相关工作提供依据，助推区政府相关工作。

（区人大办）

（责任编辑　周年辉）

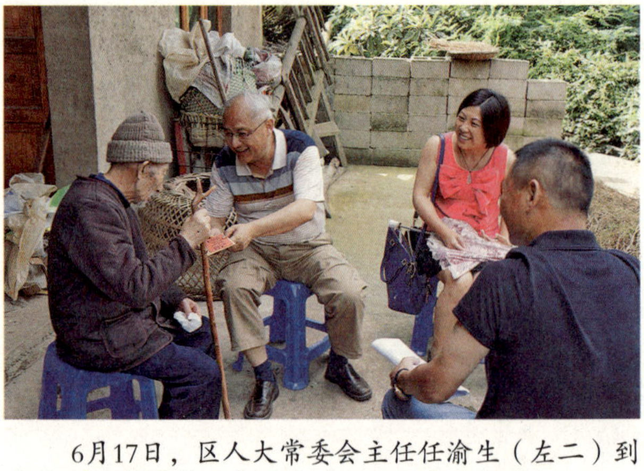

6月17日，区人大常委会主任任渝生（左二）到燕楼乡坝楼村慰问贫困户（区人大办　供稿）

花溪区人民政府

9月21日，花溪区深化"两严一降"提升群众安全感工作推进会召开（区公安分局　供稿）

综　述

【概述】　2015年，全区生产总值完成494.97亿元，年均增长16.1%。规模以上工业增加值完成242.2亿元，年均增长20.1%。固定资产投资完成464.61亿元，年均增长32.4%。财政总收入完成62.23亿元，年均增长26.2%（花溪片区30.79亿元，年均增长29.5%；经开片区31.44亿元，年均增长23.6%）。公共财政预算收入完成33.89亿元，年均增长29.9%（花溪片区17.72亿元，年均增长35.3%；经开片区16.17亿元，年均增长25.2%）。社会消费品零售总额完成208.64亿元，年均增长18.1%。在全省31个经济强县综合测评中，地方生产总值位列第4位，固定资产投资、工业增加值、社会消费品零售总额、旅游总收入等核心指标位列全省前4位。

"十二五"时期，是花溪区推进创新驱动，转型升级的五年。大数据等新兴业态，依托贵州大学科技园，创建花溪区大学生创业孵化基地，完成"千人计划"大数据研究院建设。依托孟关国际汽贸城，加快发展汽车及汽配等行业电商，花溪区电子商务产业园顺利开园。建成乡（镇）、村级电商示范点15个。高新技术产业快速发展，高新技术企业40家。全区申请专利3914件、授权2144件，获得科技立项107项。现代服务业加速推进，小孟工业园生产性服务业集聚区、青岩文化旅游集聚区、孟关汽车贸易城现代商贸物流集聚区、石板农产品市场现代商贸物流集聚区成功申报省级服务业集聚区，贵阳传化智能公路港等项目取得实质性进展。旅游收入增速保持在20%以上。现代农业稳步发展，久安茶产业、青黔农旅一体化、燕马都市蔬菜保供基地等现代农业高效示范园区提质增效，农业产业化经营水平稳步提升，农业产业化龙头企业30个，农民专业合作组织和协会100个。

以打造文化旅游创新区为统揽，围绕"两路六区域"，全面启动路网建设、区域整治、生态建设、旅游文化、景观提升、立面整治、城市管理提升七大工程，"三年行动计划"有序推进，2015年开工项目74个，基本完工18个，完成投资156.98亿元。开展文化旅游、大数据、新医药大健康、现代物流、城市综合配套等领域的招商引资，引进西南商谷、碧桂园、泰坦集团花溪智慧旅游、北环卫集团环卫服务外包、传化智能公路港等重大项目。五年内招商引资实际到位资金1456.12亿元，年均增长46.8%。

花溪国家城市湿地公园一期、二期工程建设完成，湿地公园三期、花溪公园提升改造工程正有序推进。青岩污水处理厂建成并投入试运行，石板污水处理厂建成组织试运行。花溪城市生活垃圾综合处理项目加快建设。实施"治水""治气""控污""增绿"等工程，地表水达标率、集中式饮用水达标率100%，城区新建建筑气化率100%，环境空气污染指数(API)优良率达98%以上。全区森林覆盖率达45.61%，建成区绿化覆盖率达49.53%。全面参与全市"三创一办"工作，为贵阳市成功创建全国文明城市、国家卫生城市和顺利通过国家环境保护模范城市的验收作出贡献。花溪区被国家环保部授予"国家级生态示范区"。

田园南路、杨孟路等12条区域或城市干线（道）建成通车，形成以贵阳绕城高速、南环线、甲秀南路、贵惠大道、孟关大道等公路为主骨架，以县、乡公路为补充的公路网体系，全区公路总里程1080余公里，实现100%的村通油路或水泥路。孟溪路、花桐路、印象路、大职路、思孟路延伸段、思杨路延伸段等城市路网正在加快建设。贵州汽车超市综合体基本建成，关口寨、洛平新城等棚户区改造项目有序推进。建成孟关、燕楼天然气门站，以天然气为主的城市燃气供气系统基本形成。青岩镇、石板镇、孟关乡示范小城镇建设加快，青岩镇被评为省级小康示范镇，青岩镇龙井村被评为省级小康示范村。实施“路、水、房、电、讯、寨”六项小康行动计划，农村基础设施逐步改善。建设“美丽乡村”示范带6条，建成青岩镇山王庙村等美丽乡村“提高型”示范点10个，完成农村危房改造1197户。

2015年花溪区改善民生事业，城镇、农村常住居民人均可支配收入年均分别增长12.2%和14.3%，城镇职工最低工资标准年均上升近15%。公共财政预算支出中九项重点民生支出累计达到110.98亿元，占公共财政预算支出的78.57%，涉及群众利益的民生问题得到有效缓解。全力推进精准扶贫工作，实现33个贫困村整村“减贫摘帽”，减少贫困人口4.7万人。居民基本养老保险参保率达98.01%，农村新型合作医疗参合率达到98.21%。小学、初中毛入学率分别达到116.67%和109.16%，九年义务教育巩固率达到92.41%。实现基本公共卫生服务全覆盖。全区划分网格1045个，全面推行网格化服务管理。创建一批“文明社区”“绿色社区”“平安社区”，全区95%的社区建成群众满意的“新型社区·温馨家园”。开展“两严一降”专项行动和禁毒人民战争，发挥“阳光工程”示范点的作用，刑事发案数下降10.21%；完成信访维稳“一号工程”案件765件，积案数下降62.58%。安全生产亿元GDP事故死亡率控制在0.24以下。群众安全感从2010年的83%提高到2015年的97.18%。

承办2015贵阳国际马拉松赛等重大赛事。国防、人防、国家安全、等事业取得显著成绩。加强政府自身建设，打造法治政府、廉洁政府，配合制定《贵阳市花溪国家城市湿地公园管理规定》《贵阳市青岩历史文化名镇保护管理办法》等地方性法规、规章70余件，办理人大代表建议563件、政协委员提案297件，办复率均达100%。开展党的群众路线教育实践活动和“三严三实”专题教育，找问题、找差距、找目标，着力抓统筹、抓落实、抓提升，提高政府执行力和落实力。建立权力清单和责任清单，强化民生领域监督检查，严管“三公”经费，严肃查处各类违规违纪违法行为，勤政廉政建设取得新成绩。

2015年全区文化旅游创新区建设实现良好开局，经济社会持续快速发展。全区生产总值比上年增长12.4%，固定资产投资增长20.4%，社会消费品零售总额增长11.2%，公共财政预算收入增长15%。通过省级旅游度假区考核验收。以青岩古镇、天河潭、湿地公园三个景区为重点的“100个旅游景区”精品项目相继实施，青岩古镇成功进入国家AAAAA级旅游景区预备名单。强化经济运行调度为抓手，抓项目、促投资，抓好453个年度重点项目建设，总投资达980亿元，投资总量继续在全省、全市领先。发展大数据、农村电商等新兴业态，建成“千人计划”大数据研究院、花溪区电子商务产业园、高坡乡电商扶贫产业园。农产品出口实现零突破，久安古茶树与茶文化体系获“中国重要农业文化遗产”称号。招商引资实际到位省外资金442亿元（花溪片区162亿元，经开片区280亿元），实际利用外资增长20.0%。探索花溪区、经开区深度融合的新路子，两区融合发展迈出新步伐。推进公车改革和不动产登记机构改革等工作。完成造林绿化封山育林5546亩、石漠化综合治理植被恢复2.12万亩、通道绿化建设1293亩。新增绿地12万余平方米，环境空气质量优良率为90.7%。完成赵司河、马铃河等7条河流和高坡乡黄泥井、黔陶乡九眼井等5个乡（镇）集中式水源地水质监测。完成6个乡（镇）总体规划、5个乡（镇）控规以及88个村庄规划，基本实现区域规划全覆盖。坚持示范带动，打造美丽乡村示范点3

个，完成农村危房改造502余户。全年财政投入民生资金32.59亿元，占公共财政预算支出的57.39%。新建、改扩建幼儿园3所，实施标准化农村寄宿制学校建设项目8个，建设标准化“留守儿童之家”5个。成功引进碧桂园IB国际学校、北京161中学、北京中关村三小等优质教育资源。全区城乡统筹就业2.29万人。全区城镇职工基本养老保险参保人数达10.1万人，城镇居民基本医疗保险参保人数达11.64万人。平安社区创建率达100%。

2015年全区的工作存在以下问题，一是产业结构不合理，特色产业、核心企业“青黄不接”，发展文化旅游产业和新兴业态任重道远。二是城市功能不完善，城乡发展不平衡，整体形象和品味还有待提升。三是群众关心的出行难、就医难、上好学难、入好园难等民生问题还未得到根本解决，农村脱贫的基础还不牢固，建成更高水平全面小康社会任务艰巨。四是花溪区、经开区两区深度融合发展的体制机制还不完善，优势互补、协同发展的新格局尚未完全形成。五是部分干部对打造文化旅游创新区的认识不深、研究不透，创新发展的能力有待提高。

（区政府办）

法治政府建设

【概况】 根据市政府2015年依法行政工作要点，区政府召开法制工作会议，制定出台年度依法行政工作要点，明确年度推进依法行政、建设法治政府的工作目标和工作重点，制定印发《花溪区2015年度依法行政考核指标》，并将此考核结果纳入全区目标考核。在干部考核、奖励、晋升中，运用依法行政考核结果，由区有关部门对拟任领导干部的人员进行法律考试，考试合格后才予提任，同时在公务员（含事业人员）录用测试中也将法律法规知识纳入重要内容，作为录用的条件之一。

全区结合行政职权清理工作和区委关于推动落实社区工作的“十条意见”，对推进社会管理方面执法重心依法向社区下沉工作进行调研和充分论证，拟定《关于建立社区执法联勤联动工作机制的实施意见（暂行）（草案）》，探索建立社区执法联勤联动机制。

10月，区法制办印发《关于开展行政执法案卷评查工作的通知》，组织全区行政执法单位按照《花溪区行政处罚案卷质量评比表》《花溪区行政许可案卷质量评比表》的要求实施案卷评查工作，本着“以事实为依据、以法律为准绳”原则，履行好行政处罚案件的审理职责，组织开展违规持有“贵州省行政执法证”自查清理工作，严禁违法授权及违法委托执法的行为，未取得执法资格的人员不得从事执法工作。2015组织行政职能部门新申领行政执法证人员参加省市法制培训40人次，为执法人员换发行政执法证133个。

自觉接受区人大及其常委会和区政协的民主监督。区人民政府安排区政府法制办专人负责办理人大建议、政协提案。全年办理省市人大批评建议和政协提案84件；办理区十六届人大五次会议代表建议174件、闭会期间建议2件和区政协九届五次全会委员提案68件。省、市、区人大代表建议和政协提案328件，均已办结。

2015年初制定印发《花溪区行政机关行政首长出庭应诉制度（暂行）》《花溪区行政机关应诉举证制度（暂行）》《花溪区行政机关庭审观摩制度（暂行）》等管理制度，自觉执行行政诉讼法的相关规定。2015年区政府参加行政应诉40余件，内容分别是政府信息公开和征拆补偿、撤销颁证等。

保障和支持审计、监察等部门依法行使监督权。督促审计部门加强对财政专项资金、重大投资项目、社会保障基金、住房公积金、扶贫救灾资金等监督管理工作，重视舆论监督。

依法保障人民群众监督政府的权力。区政务服务大厅、单位部门、乡镇人民政府、社区服务中心、服务窗口等办公场所都设有举报电话和举报箱，拓宽畅通群众监督诉求渠道，依法保障人民群众监督政府的权利，对群众举报投诉的问题，调查核实，及时依法作出处理。

贯彻实施《中华人民共和国政府信息公开条例》《贵阳市政府信息公开规定》，加大政府信息公开力度。全区通过网络、邮件等形式共收到政府信息公开申请40余件（次），主要涉及房屋征收、拆迁、学术研究等，对其中40件进行答复并依法送达申请人。

依法在区政府政务服务大厅公开办事依据、条件、流程、办理机构和人员、收费标准等信息，利用政府信息网络向人民群众提供政府信息。

按照省人民政府《关于进一步推进行政复议委员会试点工作的通知》（黔府发〔2012〕28号）、省政府办公厅《关于进一步深化行政复议委员会试点工作的通知》（黔府办发[2015]28号）的要求，制定实施行政复议委员会试点工作方案，成立区政府行政复议委员会，对行政复议集中受理工作如何开展制定原则，规范程序。全年区政府共收到行政复议申请1件，依法受理1件，内容为不服行政处罚决定。

2015年根据领导变动情况印发《关于调整花溪区行政调解协调委员会和各专业行政调解委员会的通知》等指导性文件。全区设立9个专业调解委员会，30余个行政调解工作室，全年调解物业纠纷31件次，调解拆迁安置纠纷10余次，协调农民工工资清欠等矛盾纠纷19起，追回工程款及民工工资6678.8万元；调解工伤补偿纠纷1起，涉及金额50万元，调解劳动争议纠纷45起，采用调解的方式处置劳动保障监察案件176起，涉及金额3400.98万元；调解各类医疗纠纷42起；调解食品安全纠纷14起；调解处置重大交通事故20起，一般伤人事故52起；调解矿群纠纷1起、土地纠纷7起；学生权益纠纷、林地纠纷、环境保护方面没有收到行政调解申请。

区人民政府要求各工作部门加强法律法规宣传，落实干部学法制度，要求全区中层以上领导干部参与网上学法，树立法治理念，带头依法办事，带头遵法守法，化解矛盾、维护稳定。2015年，区政府办公会议听取1次依法行政工作情况报告，解决依法行政工作中存在的问题。

（区法制办）

【行政职权清理】 根据贵阳市政府令第25号、《市人民政府关于取消、下放部分市级行政职权事项的决定》（筑府发〔2014〕42号）《贵阳市住房和城乡建设局关于下放施工许可审批权限的通知》（筑建通〔2014〕210号）等文件精神，2015年全区各职能部门开展行政职权清理，承接上级下放行政职权事项20项，对17项区级行政职权决定转变管理方式，对13项行政职权依法予以取

4月1日，开展护农打假宣传活动（区市场监管局 供稿）

消，并按照贵州省政府令第156号要求，通过区级职能部门委托的形式赋予青岩镇人民政府17项经济社会管理权限。区级行政职权清单及上级下放、取消的行政职权事项清单均于2月印发各职能部门执行，区人民政府公众信息网向社会进行公布。

7月开展编制2015年区级部门行政权力清单和责任清单的工作，区法制办与区编委办联合印发《区政府法制办、区编委办关于编制2015年区直部门行政权力清单和责任清单工作方案》，有序推进全区权力清单和责任清单编制工作的开展。26个清理责任部门中已有18个部门的权力清单和责任清单完成定稿，余下8个部门按照审核反馈意见进行最后的修改。按照省、市文件要求及全区“两项清单”工作具体安排，于12月完成本次权力清单和责任清单编制工作以及上网公开。

（区法制办）

【行政审批制度改革】 精简审批流程，办理事项由原来的“受理、承办、审核、批准和办结”5个审批环节优化为“受理兼审查、审核兼审批”两个环节，探索实行“一个窗口咨询、一个窗口告知、一个窗口受理、一个窗口录入、一个窗口收费、一个窗口发照”的模式，开展当场办结、并联审批、网上审批，缩短审批办理时限，提高办事效率。

继续强化社会管理和公共服务职能，建立健全公共服务体系，制定印发《花溪区政务服务体系标准化建设责任分解表》。区政务大厅面积有1500余平方米，设立窗口28个、两个婚姻登记室，进驻大厅的单位有21家，其中区直部门19家、便民服务企业2家。各乡镇、各社区分别也设立社会服务大厅，方便群众办事。

（区法制办）

【重大行政决策机制】 2015年，花溪区继续贯彻落实《贵阳市重大决策程序规定》的要求，建立完善重大行政决策机制。坚持把公众参与、专家论证、风险评估、合法性审查和集体讨论决定作为重大行政决策的必经程序。完善重大行政决策集体讨论制度，凡属重大行政决策事项都要经政府会议集体研究讨论决定。

加强对全区依法行政、行政决策法律顾问审查，2015年区政府法制办和政府法律顾问共参加区委、区政府重大会议和活动200余人次，区法制部门对区政府及政府工作部门对外签订的各类合同进行合法性审查，共口头提出和出具书面法制意见共150余件次，涉及资金5000余亿元、土地3万余亩、房屋面积174万余平方米以及水域面积4.85万余平方米。区法制办专人进驻创新区工作领导小组法律服务办公室，随时提供合同审查、法律咨询等服务。

（区法制办）

【政府法律顾问工作】 按照省政府办公厅《关于推进政府法律顾问工作的意见》和市政府办公厅《关于进一步加强政府法律顾问工作的通知》，制定印发《关于进一步加强政府法律顾问工作的实施意见》，挂牌设立区政府法律顾问室，全区9个乡（镇）人民政府、五个社区组建社区的各自的法律顾问室，至少聘请一名律师作为乡政府、社区的法律顾问；13家主要执法部门按要求聘请法律顾问。7家职能部门正在与律师进行接洽之中。

（区法制办）

花溪年鉴 HUA XI YEARBOOK 2016

机构编制管理

【概况】 2015年，区编委办开展对明珠社区机构设置和人员编制配备情况的工作调研，提出关于支持明珠社区提升社会治理水平的机构编制调整方案。方案主要从社区区域化党建工作、社区的统筹管理能力、社区的区域经济服务能力等方面对社区服务中心的主要职责进行加强。结合职责调整，将明珠社区的内设机构增设为5个，突出党建工作和网格化服务管理在内设机构中的设置。针对工作任务的增加和细化，增加明珠社区服务中心的人员编制和领导职数，顺利完成社区建设提升的各项工作任务。

根据《中共贵阳市委办公厅 贵阳市人民政府办公厅关于印发〈贵阳市推进政府工作部门权力清单制度实施方案〉的通知》《中共贵阳市委办公厅 贵阳市人民政府办公厅关于在市直行政职权单位开展制定责任清单工作的通知》《市政府法制局 市编委办关于编制2015年市直部门权力清单和责任清单工作方案》等文件要求，区编委办会同区法制办，推进权力清单和责任清单制度。8月下旬，区编委办与区政府法制办联合印发《关于编制2015年区直部门行政权力清单和责任清单工作方案》，并拟定责任清单审核要点及相应填报项目的参考模版。各单位包括乡镇行政管理体制改革试点乡镇青岩镇正按照下发的通知报送相应清单目录和材料到区法制办和区编委办审核，年底完成“两项清单”编制工作并及时向社会公布。

为推动乡镇行政体制改革试点工作，拟定并印发《青岩镇行政管理体制改革试点工作机构设置方案（试行）》，将青岩镇党政内设机构设置为8个、下属事业单位设置为7个。按照《省人民政府关于公布赋予行政管理体制改革试点乡镇部分县级经济社会管理权限基本目录的决定》（省政府令第156号）要求，参与区直部门下放经济社会管理权限的相关会议，经过研究论证，区政府最终梳理出《赋予青岩镇实施的经济社会管理权限基本目录》，并印发《关于赋予青岩镇部分区级经济社会管理权限的通知》，将涉及城管、生态等职能部门的17项行政处罚事项以区级部门委托乡镇实施的方式赋予青岩镇人民政府。

根据区委、区政府关于进一步深化拓展网络化服务管理工作的要求，拟写设立区网格化服务管理指挥调度中心作为区委群工委下属机构设置方案上报市级编制部门审批。9月，批复设立区网格化服务管理指挥调度中心，主要负责全区网格化服务管理工作的统筹、协调、监督、指导和考核工作，并明确相应的内设机构和领导职数。

按照市、区关于推动落实社区“十条意见”的工作要求，拟定调整花溪区社区服务中心工作职责、内设机构和领导职数的方案，在社区服务中心设置“网格管理办公室”，主要履行网格化服务管理的指挥调度处置和“社会和云”平台建设等工作职能。10月初，经区编委会议研究，并报区委常委会议审议，各社区服务中心的机构编制事项行文进行相应调整。

按照《花溪区机构编制委员会工作规则》的审批权限和工作程序，执行机构编制前置审核制度，召开区编委会议，提交讨论有关机构编制事项，研究讨论机构编制事项30余项，其中议定职责调整4项，编制调整9项，领导职数调整7项，其它调整8项。配合相关部门做好2015年市、县、乡三级机关面向社会公开招录公务员和人民警察、公开招聘事业单位工作人员，以及人才引进的相关工作。办理公务员、参公单位招录计划50人，公开招聘事业单位工作人员计划321人。严格按照机构编制管理的相关规定和程序，审核和办理机构编制事项，办理人员调动用编审批172人，人员上编947人、下编353人，医保审核16882人，话费补贴及奖金审核334人。完成机构编制的年报统计工作，并根据市编委下达花溪区2014年底各类编制总量，核对全区各类机构编制数，在机构编制业务工作涉及机构和编制数变动的情况时，严格控制，确保按照下达总量时限只减不增。

将卫计整合后的机构编制运行状况调研作为2015年的重点调研课题，由主要领导带队、分管领导及相关科室负责参加区卫计局、各乡镇开展卫计整合后机构编制运行状况的调研。掌握卫计机构整合后，尤其是乡镇卫生院与乡镇计划生育服务中心整合后的机构编制运行情况，根据调查了解的情况，拟写相应的调研报告，为完善和调整卫计系统的机构编制事项，促进卫计机构整合的规范、高效运行奠定基础。为配合市级加快推进全区不动产统一登记职责的整合工作，对全区涉及有不动产登记职能的单位开展调研，为进一步推进不动产登记职责整合工作提供决策参考。根据市委、市政府和区委、区政府关于进一步深化纪检监察派驻机构统一管理和关于进一步规范设置民生项目监督特派组的有关文件精神，开展对区纪检监察的机构编制事项调查，为全区深化区直纪检监察派驻机构统一管理和规范民生项目监督工作打下基础。按照上级要求，开展对乡镇执法机构现状、 全区群团机关机构编制情况、拟整合社区机构编制、全区扶贫工作机构的调查，配合省、市开展对全区中小学、幼儿园机构编制的调研以及对区法院、检察院司法体制改革工作的调研，为相关工作的深入推进提供基础资料。

按照上级机构编制部门的要求，完成全区机关、事业单位中文域名的注册、续缴费、资格复审、挂标审核工作。与中央编办域名管理中心对接，开展全区机构改革中涉及调整重组部门中文域名，以及名称不规范单位的更名工作，涉及单位113家。协助贵安新区32家机关事业单位做好托管单位网络红页标识的申领审核和续费工作。

继续贯彻执行《地方各级人民政府机构设置和编制管理条例》《机构编制监督检查工作暂行规定》《花溪区机构编制监督检查工作规则（试行）》等法律、法规、规章，落实花编办发〔2007〕06号文件所提出的“机构编制管理证年审”的事项，区编委办于10月1日至11月30日开展机构编制管理证年审工作，对全区机关、事业单位的机构名称、机构级别、编制数据、领导职数情况，现有人员基本情况等信息进行全面的督查审核，保证机构编制信息的真实性和完善性。

自市编委办《关于转发省编委办〈关于进一步做好市县党政机关消化超编人员工作的通知〉的通知》下发以来，区编委办领导高度重视，2014年12月消化党政机关（不含公检法司）超编人员。

2015年1月1日至11月，区编委未接到任何举报件，未发生机构编制违纪违规案件。

根据贵州省财政厅、贵州省人事厅、贵州省机构编制委员会办公室关于转发《行政单位财政统一发放工资暂行办法》的通知精神，实行工资统发，促进编制与人员的实名制管理。区编委办与人事、财政对全区行政机关及部分事业单位进行工资统发，全年统发工资单位400多个，统发人数8000余人。

11月23日止，全区登记管理事业单位法人总数203家，2015年新增登记9家。2014年度应报送年度报书备案191家，实际完成191家，合格100%。办理事业单位法人变更登记74件。整理事业单位法人登记管理档案246盒。开展实地检查20家，实地检查合格率100%。

（区编委办）

【事业单位改革】 2015年，花溪区参照市编委办的做法，结合事业单位的社会功能和职能职责，全区对自2014年统一进行事业单位分类批复以后新设立、撤并、调整的事业单位类别按照程序报批后对其类别划分予以明确。

1.9月，新设立花溪区网格化服务管理指挥调度中心（花溪区“12345”“12319”公共服务指挥中心），为中共花溪区委群众工作委员会所属的副科级事业单位。

2. 11月，新设立花溪区电子政务内网管理中心，为区委机要局所属的股级事业单位。

3. 11月，新设立马铃布依族苗族乡扶贫工作站，为马铃乡所属的股级事业单位。

4. 11月，新设立高坡苗族乡扶贫工作站，为高坡乡所属的股级事业单位。

5. 11月，整合设立高坡乡旅游发展服务中心（宣教文化信息服务中心），为高坡乡所属的股级事业单位。

（区编委办）

政务服务中心

【概况】 2015年，区政务中心落实省委书记陈敏尔八月到区政务大厅调研讲话精神，围绕“便民、利企、廉洁、高效”的目标，搭建“便民利企”的政务平台，切实为群众服务，架起党委和政府与群众密切联系的“连心桥”。

区政务大厅建筑面积1500余平方米，设立窗口28个，进驻大厅部门有22家。中心有工作人员56名，2015年1-11月受理行政审批、行政服务事项4.5万件，办结4.5万件，办结率100%，被市行政中心采用简报13篇。全年收到群众和企业的表扬信30封、锦旗10面。先后被市、区授予“巾帼文明岗”称号。

（区政务中心）

【区政务中心规范化建设】 区政务中心下发《区人民政府办公室关于对贵州省人民政府办公厅印发2015年度市县级政务服务中心规范化建设考核标准进行责任分解的通知》，开展政务服务规范化建设工作。

区政务中心下发《区人民政府关于公布区级行政职权事项的通知》，对全区的行政审批和行政服务事项进行清理，建立本级政务大厅办理事项目录库，按照“应进必进”的原则，会同区法制办，督促各相关部门事项纳入政务大厅集中受理、办理；协调地税部门进驻政务大厅，协调贵阳银行花溪区支行、区住建局设立二手房交易资金监管窗口，确保二手房交易资金安全。下发《区人民政府办公室关于花溪区政务服务大厅窗口单位及分厅工作目标考核试行办法的通知》，将“三到位”纳入进驻部门年终目标考核重点，督促各部门行政审批行政服务事项进驻政务大厅集中受理和办理，确保窗口为群众能办事、办成事、办好事。

区政务中心建设区网上办事大厅，完善贵州省政务服务网站群——区政务中心网站、行政审批服务系统、电子监察系统和视频、音频系统平台建设，发挥信息网络系统的支撑作用。行政审批事项、行政服务事项都纳入电子监察系统，视频监控系统和电子监察系统接入市级平台。行政审批电子监察系统实现纵向与省市相联，横向与各部门互联互通，推行网上审批，规范审批行为，运用大数据和互联网技术提升政府管理和服务的能力。

区政务中心会同窗口单位精简优化审批流程，压缩审批时限，提升办事效率，大部分事项由原来的“受理、承办、审核、批准、办结”五个环节简化为“受理、审批”两个环节。对行政审批事项的办理时限进行压缩，将法定的审批时限压缩为60%，实现由“慢”向“快”的转变。如区市场监督管理局（工商）窗口推行“三证合一、一照一码”登记制度之后，新企业登记只需通过“一份表格、一套材料”，即可将原来由工商行政管理部门核发工商营业执照、质量技术监督部门核发组织机构代码证及税务部门核发税务登记证，向区政务大厅市场监督管理局（工商）窗口“一次申请、一窗受理、一证通用”的高效的审批模式转变，简化手续、审批、减少环节，企业注册时间从改革前的平均24天缩短到3天，提高办事效率，方便办事群众。

区政务中心印制《办事指南》，内容包括办理主体、办理条件、办理程序、办理时限、收费依据、收费标准等。并根据审批服务事项的增减、办事程序的变更，调整更新。按要求规范摆放《办事指南》，建立区级政务大厅事项目录库。

区政务中心理顺乡镇、社区服务大厅服务功能，建立乡（镇）、社区服务事项目录库。

区政务中心在大厅各窗口开辟“绿色通道”，推行延时服务、上门服务、全程代办服务等。如区住建局窗口主动开展上门服务，多次上门为“老、弱、病、残”等特殊群体办理房屋产权过户手续；区民政局窗口周六休息日主动加班为群众办理婚姻登记手续；区生态局在绿标申领高峰期，每天将工作时间延长2个小时、放弃周末的休息，加班一个多月为群众办理绿标。调整政务大厅上班时间。每周一至周五上午9：00至下午17:00，取消原来午休时间，在午休时间段实行AB岗制度，采取轮岗方式解决窗口工作人员中午就餐问题，确保每个窗口有1名工作人员对外办公。建立“群众动嘴、干部跑腿、有事找代理”的工作机制。将老年证、残疾证、独生子女证等事项列为代理范围，由村干部、社区网格员为群众代办。6月，区政务服务大厅在市里“镜头面对面”栏目中，作为服务群众的正面典型案例在市委常委会上播放。8月，省委陈敏尔书记到区政务大厅调研，肯定政务大厅的工作。

区政务中心下发《花溪区政务服务中心投诉管理办法》，设立投诉箱、意见薄，在政务大厅和中心网站公布投诉电话和投诉流程，做到有专人负责、投诉有记录、处理有反馈。

区政务中心下发《关于进一步加强花溪区政务服务大厅纪律巡查的通知》，建立政务服务大厅日常纪律巡查工作制度，每日巡查30次以上，记录每日巡查台帐，作为每月通报考核的依据。

（区政务中心）

【政务服务体系建设】 区政务中心下发《关于印发花溪区开展为民服务全程代理制工作实施方案的通知》《关于开展为民服务全程代理制工作的通知》，要求辖区内的乡镇和社区都建立为民服务全程代理点，为民服务实现全覆盖。《区人民政府办公室关于印发花溪区为民服务全程代理制工作专项目标考核制度（试行）的通知》将乡镇、社区开展为民服务全程代理制工作纳入区政府综合目标考核，加大对乡镇、村为民服务全程代理工作的监督、考核和管理。建成明珠社区政务服务审批系统平台。深入乡镇、社区和村、居，加大对为民服务全程代理制工作的培训、宣传和业务指导。配合区委组织部、区民政局，完善乡镇便民服务中心、社区（村）便民服务站建设。

（区政务中心）

花溪年鉴 HUA XI YEARBOOK 2016

档案工作

【概况】 2015年，区档案局（馆）接收档案资料2430件，全馆档案藏量38673卷（册），135262件；声像档案223张，照片档案10786张，印章档案832枚。其中国家重点档案7314卷。全年接待查阅档案（文件资料）利用者1323人（次），提供利用档案资料4545卷（件、册），接受电话咨询348人（次），复印档案资料3169页。

（刘　婷）

4月29日，区档案局组织开展2015年全区档案业务培训（区档案局　供稿）

【档案馆建设项目通过综合验收】　2015年3月，花溪区档案馆项目通过综合验收。区档案新馆建设项目于2010年10月立项，选址于花溪区行政办公中心东侧，占地面积3595平方米，建筑面积2997.5平方米，投资估算675万元，竣工决算659.29万元。档案馆按照国家《档案馆建设标准》县级二类标准进行建设，为三层框架结构，库房建设面积985.8平方米，绿化面积1402平方米，绿地率39%。配有230万元的设施、器材。2013年12月搬迁入住办公。

（刘　婷）

【重点档案抢救和保护】　2015年，区档案局对馆藏民国档案1267卷进行摸底、清查，对卷内邮票、印花税票、徽章、照片、信封等珍贵的实物档案以及破损、脱页、霉烂、粉化、虫蛀的章页逐一登记，及时更换破损档案装具盒。输入文件级目录43618条，127188页，建立民国档案专项数据库和检索工具，采用光盘等存储介质对已数字化扫描的民国档案进行异地备份。

（刘　婷）

【重大活动档案资料监督指导】　区档案局与区党的群众路线教育实践活动领导小组办公室联合印发《关于做好全区党的群众路线教育实践活动文件材料收集归档工作的通知》，指导归档范围和保管期限表，做好档案移交工作。2015年11月完成区党的群众路线教育实践活动文书档案910件，照片档案3册149张，光盘档案41张的接收进馆工作。

（刘　婷）

【撤并单位档案的业务指导】　根据《关于花溪区人民政府职能转变和机构改革的实施意见》文件精神，区档案局按照撤并单位档案接收标准，对原工商局、原质监局、原计生局、原卫生局、原工信科技局五家撤并单位的档案工作进行业务指导。2015年11月，完成原工信科技局文书档案1520件的接收进馆工作。

（刘　婷）

【贵州省花溪农村商业银行档案管理评估达标】　11月，贵阳市档案局组织评估专家组对贵州花溪农村商业银行档案管理工作进行评估。经评估，贵州花溪农村商业银行档案管理评估评分为139分，达到贵州省企事业单位档案管理三星级水平。

（刘　婷）

【毛泽东像章万枚珍品展览】　8月28日至9月2日，区档案局（馆）、区委党史研究室、区文联、区图书馆、贵州航空工业技师学院在花溪区档案馆

1月26日，国家发改委稽察组对花溪区综合档案馆建设项目进行检查（区档案局　供稿）

8月28日，区档案局、区委党史研究室、区文联、区图书馆、贵州航空工业技师学院联合举办《纪念抗日战争胜利70周年——毛泽东像章万枚珍品展览》（区档案局　供稿）

爱国主义教基地联合举办《纪念抗日战争胜利70周年——毛泽东像章万枚珍品展览》，展览分三个部分："中国人民抗日战争的缩影""中国革命的光辉历程""毛泽东同志伟大的一生"，展出全国著名收藏家周继厚珍藏的万枚毛主席精品像章。各乡镇、社区、机关各部门、各人民团体人员及广大市民3842人前往参观。

（刘　婷）

信　访

【概况】　2015年，花溪区（经开区）信访工作把握"发展是第一要务、稳定是第一责任"的工作理念，围绕推进花溪文化旅游创新区建设的工作大局，深入开展"一号工程""百日攻坚战"活动，以"四治活动"为抓手推动基层基础工作进一步夯实，实现进京、到省、到市访与上年比下降一半以上。

（区信访局）

【信访工作齐抓共管】　区委常委会定期听取"一号工程"（信访）工作推进情况汇报，并进行安排部署，确保信访工作责任落实到位。区委、区政府主要领导及分管领导定期主持召开信访工作专题会议，讨论研究信访工作形势，存在问题并逐一落实解决措施，确保全区信访工作顺利开展。对特殊敏感时期的信访工作，区委、区政府主要领导及分管领导亲自安排、亲自督促、靠前指挥，确保组织到位。对重大疑难案件，区委、区政府主要领导及分管领导深入一线，亲自调处，确保案件及时化解。区委书记钟汰甬对自己接访的信访事项，一一作出书面批示，及时召开涉案单位专题会议，落实化解工作措施，直至案件化解。区长向子琨了解到龙行神州企业集团职工因房屋征收补偿问题多次大规模到省群访的情况后，与区政法委书记宋力，区政府副区长赵代刚、秦永康等多次深入龙行神州有限公司，亲自做企业职工的思想疏导工作，及时处置，最终案件得以化解。在全国"两会"、抗战胜利70周年纪念活动、党的十八届五中全会等重要政治活动期间，区委副书记秦建军、区政法委书记宋力、区政府副区长马彪等区领导轮流到区信访办值班，参与全区信访维稳工作的调度、安排，确保敏感时期社会稳定。按照省、市对领导接访工作的要求，区信访每个工作日安排1名县级领导在区群工中心接访（特殊敏感时期节假日不休），全年县级领导接待来访群众44批68人，将来访群众吸附在辖区内。区委常委、区政府副区长陈奕卒在接访中了解到黔陶乡黔陶村罗福林因反映该村村民班士国放火烧山、毁林开荒等问题到区上访的情况后，一方面协调黔陶乡政府深入实地进行调查，另一方做信访人的政策解释工作，引导信访人通过司法途径解决，使该案在信访渠道上得以终结。同时扩大领导包案的范围，在往年只把“一号工程”案件作为领导包案的基础上，又把区级自行排查的重大疑难案件同时纳入县级领导包保范畴。2015年，省、市共交办“一号工程”案件58件（其中第一季度48件、第二季度7件、第三季度3件）、“百日攻坚战”案件361件，县级包案领导亲自研究、安排、督促、调处下，经过各责任单位的共同努力，除第四季度省联席办交办的11件“百日攻坚战”案件正在办理外（文件要求于2016年1月20日前化解完毕），其余案件已化解（办结），其中化解233件，化解率57.1%;程序性办结175件，办结率42.9%。针对自行排查梳理出的36件突出信访问题，纳入县级领导包保范畴，已化解19件、办结17件，使各类进京、到省、到市访隐患进一步减少。

（区信访局）

【信访工作创新】 针对花溪区为文化旅游创新区建设，矛盾纠纷频发信访问题多的特点，全区开展以治理进京访（进京非访、进京越级访、进京正常访）、治理群访（赴省群访、到市群访、到区群访）、治理重复访和治理缠访闹访为主要内容的“四治”创建活动，以2014年信访量为参数，明确各责任单位信访量控制目标，并将目标完成情况与年度考核相结合。按照“每月一排查、一交办、一通报”的工作原则，把当前较为突出的矛盾纠纷和信访问题集中交办给各责任单位，落实化解措施，明确化解时限。及时办理来信案件。2015年，全区受理国家投诉办网上投诉案件13件、省长信箱案件25件、市长信箱案件122件，到期结案率100%。2015年，全区进京非访人数为5人（均为“三跨三分离”人员），与上年同期的12人比下降58.33%；到省访案件72件227人，与上年同期的238件1202人比件次下降69.75%、人次下降81.11%，其中群访9件124人，与上年同期的39件875人比件次下降76.92%、人次下降85.82%，重复访28件93人，与上年同期的103件439人比件次下降72.82%、人次下降78.82%；发生到市访60件339人，与上年同期的109件583人比件次下降44.95%、人次下降41.85%，其中到市群访12件233人，与上年同期的44件399人比件次下降72.73%、人次下降41.60%，重复访14件104人，与上年同期的32件309人比件次下降56.25%、人次下降66.34%。

2015年，获批85.80万元市级信访救助资金，在区群工中心统一调度下，各单位通过政策法规宣传、思想疏导、困难帮扶、现场调处等，化解李保华、周天奇、王大伦、包长生、李玉伦、周玉梅、张学权、申有连、代成芳、付佩英、米正儒、薛立军、林敏、龙超明、王方玉等15件信访案件，有效地减少信访存量。针对黄河社区包长生反映2006年珠六线建设征用其部分土地补偿不合理的问题，一方面包案领导张宝祎（区人大常委会副主任）带领工作组与信访人见面沟通并深入实地开展调查核实工作，另一方面争取市级信访救助资金和安排区级帮扶资金，多次上门与信访人协商，于8月签订息诉罢访承诺书，使长达9年未得解决的问题最终化解。

（区信访局）

【信访工作秩序规范】 2015年，区信访局引入第三方疏导机制，探索设立法律服务室，采取政府购买服务和法律服务志愿者义务服务相结合的方式，安排律师到工作室参与来访群众接待，做好来访群众的法律服务和解释工作，把应当通过司法渠道解决的涉法涉诉问题从信访渠道中分离出去，引导群众通过法律渠道解决其诉求。探索建立涉法涉诉案件移交办理机制，对群众来访反映的涉法涉诉问题，与政法部门协调沟通，引导信访人到政法部门反映；对于历年涉法涉诉积案，完善资料，形成卷宗，按程序移交政法部门办理，并将情况向信访人反馈，推动涉法涉诉案件得到依法妥善处理。通过向部分乡（镇、社区）发放宣传手册、在宣传栏张贴依法信访的漫画海报、口头解释法律法规等办法，做好越级访群众的思想疏导和法律宣传工作，引导信访人依法逐级走访。

（区信访局）

【信访工作督导检查】 2015年进一步加强信访督导工作。一是针对2015年开展的“四治活动”，成立以区委、区人大、区政府、区政协分管或联系信访工作的县级领导为组长的督导检查工作组，分片对各乡（镇、社区）“四治活动”开展情况进行督导检查。二是在特殊敏感时期，区信访维稳工作专班从区委群工委、区维稳办、区群工中心等单位抽调人员组成督查组，对各乡（镇、社区）重点人员的稳控等情况，深入实地开展督导检查工作。三是在“一号工程”“百日攻坚战”等重要案件的化解上，区群工中心一方面安排专人，采取电话询问的方式，督导检查案件的化解工作，另一方面由主要领导和分管领导带队，深入责任单位，对案件的化解工作推动情况进行督导检查，确保责任落实到位，防止案件久拖不决。四是采取专案专报的方式和运用《群众工作周报》等信息平台，协调县级包案领导和督促责任单位将排查出的突出信访问题予以化解。

（区信访局）

【信访工作存在问题】 2015年，花溪区信访工作还存在一些困难和问题。一是初信初访问题化解不及时。在2015年发生的72件到省访案件中，重复访案件达28件，占省访总量的38.89%；60件到市访案件中有14件为重复访案件，占比23.33%。这说明部分责任单位对初信初访案件的化解工作不重视，化解不及时，导致初信初访问题转化为重复访、小问题变为大问题、简单问题变成复杂问题，加大工作难度、加大化解成本。

二是群体访隐患仍然比较大。由于房屋征收、企业改制出现部分信访人认为补偿价格过低、安置补偿不合理、房开商未及时交房，导致群众群体性省、市、区上访，比如石板镇清水城项目、经开区珠清路、珠显路项目等。又如麟山水泥厂和联办砖厂职工因发放生活补贴、办理社保医保等问题多次群体性上访。欠薪欠款和涉军群体问题也成为群访隐患。如李加龙等30余人在中铁十八局黔鹰5708厂安置点工地打工30多万工资未发放，多次上访，案件仍在处理中。花溪区在落实省政府43号文件的基础上，化解退役人员的许多具体问题，但仍有部分退役人员以要求认定参战人员身份、减免水电费、燃气费等问题上访。

三是法治信访工作有待加强。按照党中央有关把信访工作纳入法制轨道的要求，国家、省、市信访部门相应出台诉访分离机制、引导群众依法逐级走访办法等一系列规范性文件，在具体工作的落实上，仍然存在着宣传力度不够、机制尚未健全、涉法涉诉案件未能及时纳入法制轨道解决等问题，法治信访工作仍然有待加强。

（区信访局）

花溪年鉴 HUA XI YEARBOOK 2016

机关事务

【概况】 2015年，区机关事务局主要承担区行政办公中心范围内的园林管护、卫生保洁、警卫安全、消防安全、公共设施设备的维修和维护。

对行政中心供配电系统、消防系统、给排水系统等9大系统设备进行设施安全检查，排除隐患，确保系统正常运转。处理电梯故障125次，确保12台电梯正常运转和全年无电梯安全事故的发生。完成行政中心各大楼机房：6间配电房、2间水泵房、43个空调机房、1间直燃机房、2个电梯机房、118个竖井（弱电井除外）的日常管理和安全维护。截至2015年12月底，完成区委、政府、人大、政协等各种大、中、小会议400余场，保障7个公共会议室（行政中心大礼堂、A224、B223、C301、C307、C407会议室和常委会会议室）的持续正常运转和高效服务，配合做好全区重大节日、大型会议、庆典活动的会场布置、会务筹备、会议协调各项工作。

按照全区公共机构人均综合能耗、人均水耗同比下降2.8%，单位建筑面积能耗同比下降2%，实施公共机构节能技改项目不少于3项的节能目标要求，开展节能宣传工作和节能统计及培训工作，实现人均综合能耗、人均水耗和单位建筑面积能耗从2014年的67.95、12.3和3.28分别下降至2015年的60.72、11.84和3.05，下降率分别达到11%、4%和7%。牵头实施完成6个公共机构节能技改项目，投入资金27.51万元，完成年度目标任务的200%。

按照省、市相关文件的要求，完成区直机关及直属事业18个单位经营性资产剥离工作。将符合资产剥离的115项资产按程序划转移交（办公用房1项、门面106项、库房3项、写字楼3项、空地1项、垃圾场1项）。

按市、区参加创建单位不低于50%的目标要求，全区85家单位，除了9家因特殊原因不能参加创建工作外，其余76家单位创建达标，其中创五星3家，四星5家，三星43家，一星、二星创建单位25家，超指标完成区生态文明机关创建工作。

（龚　琴）

气象工作

【概况】 花溪区气象局设办公室（应急办）、业务科(法规科)、气象台、气象服务中心和区人工影响天气办公室。国家气象系统编制12人，地方编制3人。下辖人工影响天气作业站5个，防雹季节民兵28人。承担气象观测、气象预警预报、气象服务、气象科研、人工影响天气、气象法规宣传、探测环境保护等工作。2015年发布道路结冰、暴雨、雷电、大雾、霜冻、地质灾害等各类预警信息90次，通过电视、农村大喇叭、LED电子显示屏、手机短信等方式服务于全区人民群众。

（吴　丹）

【气象知识宣传】 3月23日是世界气象日。2015

11月30日，黔陶乡蔬菜基地小气候自动站建设（区气象局　供稿）

年世界气象日的主题是“气候知识服务气象行动”，旨在警示当前全球气候变化对人类生存和发展形成巨大的挑战，呼吁社会共同行动起来，应对气候变化、维护气候安全。5月12日，区气象局在花溪国家湿地公园进行气象知识防灾减灾宣传。5月18日，在花溪公园进行防震减灾宣传。

【气象防灾减灾】 2015年3月10日至7月10日，开展人工影响天气防灾减灾工作，此期间辖区内出现8次强对流天气过程。组织麦坪、李村、青岩、党武等4个人工影响天气作业站开展防雹增雨作业23站次，发射人雨弹426发，有效防御冰雹灾害。9月18日在花溪湿地公园建成第29个区域气象自动站，自动观测气压、气温、湿度、降雨量、风向、风速等6个气象要素并实时自动上传数据。11月30日在黔陶乡多茬蔬菜基地建成小气候自动观测站，实现远程高清实景监控，自动观测气温、湿度、降雨量、光合有效辐射及土壤水分等5个气象要素并实时自动上传数据。

（吴　丹）

（责任编辑　周年辉）

政协花溪区委员会

5月28日，贵阳市政协副主席夏钢（前右一）到青岩镇龙井村调研农村社会建设和治理情况（区政协　供稿）

花溪年鉴 HUA XI YEARBOOK 2016

综　述

【概述】　2015年，区政协召开1次全体会议、7次常委会议、31次主席会议、17次专题协商座谈会议。委员提交全会大会发言材料23篇，提出80余条工作建议。发言材料呈送区委、区政府后，得到高度重视，区委书记钟汰甬作出重要批示："感谢各位委员给党委、政府提出很好的建议和意见。民有所呼，我有所应，请党委、政府领导阅，各部门专题研究，制定相关计划、措施，充分吸纳，具体措施和工作计划请政府研究后，4月份报常委会研究。"区政协对工作建议进行追踪了解，多数建议得到采纳。

区政协组织开展对全区发展战略规划的思考及调研、关于对全区再生资源行业管理的专题调研、关于对全区蔬菜产业化发展情况的调研、关于取消环城高速南环线收费的调研等，形成8份调研报告呈送区委、区政府，提出工作建议50余条。组织开展有关花溪区农村文化建设的视察、关于花溪禁毒工作开展情况的视察、关于对全区学前教育均衡发展的视察、关于对花溪区法院司法体制改革试点的视察等，形成9篇视察报告，提出工作建议55条。七个界别活动组开展13次专项视察调研。

主席谌业华担任石板区域整治和周钟瑄文化交流中心、周氏宗祠建设指挥部指挥长，统筹安排指挥部工作。副主席孙剑带领民建花溪总支继续做好贫困大学生帮扶工作，担任黔陶乡周钟瑄文化交流中心项目指挥部副指挥长。副主席张朝洲担任水务项目建设指挥部常务副指挥长，协调指挥部成员单位开展工作，帮助黔陶乡谷洒村完善基础设施建设。副主席李莎牵头开展智力支边工作，协调资金，帮扶旧盘村、石板二村发展村集体经济。副主席李瑾担任甲秀南路区域整治指挥部常务副指挥长和周钟瑄文化交流中心、周氏宗祠建设指挥部副指挥长，贵安骨干路网指挥部副指挥长，协调指挥部工作。副主席何勇担任天河潭景区及周边区域整治指挥部指挥长工作。副主席邹吉鸿担任花溪久安现代高效茶叶示范园区工作领导小组常务副组长，高坡乡、马铃乡"7+2同心扶贫"开发指挥部指挥长，组织协调久安茶产业项目落地实施和"7+2"项目带动扶贫工作。

3月24日，区政协召开提案交办会（区政协　供稿）

区政协九届五次全会以来，收到提案68件，经审查立案68件。挑选4件作为主席会督办提案、5件作为专委会督办提案。区政协加强提案督办力度，组织召开由区政协、提案人、提案承办单位、区法制办共同参加的提案办理协商座谈会，对主席会督办提案和部分重点提案办理情况进行面对面协商。经过承办单位的共同努力，68件提案全部办理答复完毕，提案办复率、答复率、见面率、委员满意率100%。

区政协领导班子成员参加大接访活动47次，接访群众587人，化解矛盾纠纷42起。谌业华主席联系石板镇，化解上访积案10件；张朝洲、李瑾副主席联系黔陶乡，化解上访积案3件；孙剑副主席联系金欣社区，化解上访积案1件；李莎副主席联系平桥社区，化解上访积案4件；何勇副主席联系久安乡，化解上访积案4件；邹吉鸿副主席联系花孟社区，化解上访积案2件。

8月28日，区政协召开《花溪区政协志》编纂工作会

（区政协　供稿）

区政协领导多次到遍访帮扶联系点进村入户、走访调查，与村支两委、驻村干部及村民代表共商发展思路，解决实际困难，有针对性地开展遍访帮扶工作。向区委报送《关于高坡乡硐口村精准扶贫和遍访帮扶工作的调研报告》，原区委书记康克岩批示："友芳、永康同志：全区精准扶贫标准要统一、资金要统筹，纳入全区帮扶工作，请与业华主席研究"。遍访帮扶工作简报《高坡乡硐口村积极探索"公司+农户"脱贫致富新路子》原区委书记康克岩批示："请'精准扶贫工作领导小组'办公室，友芳、永康阅。可印帮扶领导小组借鉴推广"。加强市区相关部门对接，确保"7+2同心扶贫工程"有序推进。做好北京市朝阳区政协到花溪开展帮扶工作，向高坡卫生院捐赠现金及物资150万元。市区各民主党派、工商联等开展帮村扶贫活动70余次，协调各方帮扶资金680余万元。区政协机关全年拨付扶贫帮困专项资金30余万元。

区政协通过邀请各民主党派、人民团体、工商联和社会各界人士参加学习、调研、视察、协商等活动，组织他们在政协全会上作重点发言，反映他们的意见建议，维护他们履行职能的民主权利。各民主党派、人民团体、工商联和社会各界人士、委员撰写提案，反映社情民意，参与区直部门作风及其他方面的民主监督活动，参与和组织社会公益活动，在全区民主协商建设和经济社会发展中发挥作用。

区政协接待全国政协和外省、市、县兄弟政协到花溪学习交流30次；完成全国政协原副主席李金华、陈锦华、张怀亚，全国政协港澳台侨委员会原副主任林树森等到青岩古镇、湿地公园、天河潭视察调研的接待工作。接待台湾嘉义城隍庙财团董事长叶源助等到花溪开展周钟瑄文化交流工作。

配合市政协做好《贵阳百年教育》征稿工作，10余篇稿件入选《贵阳百年教育》。征集收集周钟瑄研究稿件，编印《周钟瑄文化研究资料专辑》。协助久安乡做好"茫父"文化的宣传。启动《花溪政协志（2003-2016年）》修编工作。《贵阳市百科全书》花溪部分编写工作有序推进。强化政协宣传工作，在《贵州政协报》发表稿件8篇。组织参加区工会、区文联举办的"书香花溪"征文活动，其中《读书有益》等3篇文稿获优秀奖。区新闻信息中心刊播政协工作新闻60余条，区政协编发《政协简报》47期。

区政协党组开展"三严三实"专题教育，

通过党组中心组学习培训、党组书记带头讲专题党课、“三个专题”学习研讨会、党员副县级领导讲党课，以及开好专题民主生活会、组织生活会、抓党建工作述职评议等方法，理解“三严三实”的丰富内涵，查找“不严不实”存在问题，制定整改措施，逐条进行整改落实。组织学习《中国共产党廉洁自律准则》和《中国共产党纪律处分条例》。

区政协编印《政协委员学习手册》第17辑，为委员订阅《贵州政协报》等报刊。选派机关干部参加省政协举办的5期基层干部业务知识培训。10月31日至11月8日组织40名政协委员到青岛参加《全国政协地方干部（委员）第75期培训班》的培训。

根据花溪区委《关于开展政协委员进社区（乡镇）活动的实施方案》，区政协组建27个乡（镇）、社区政协委员联络组，任命（乡镇）、社区主要领导为政协委员联络组组长。明确主席、副主席包片联系指导工作，拨付专项工作经费。

（郭　霞、王　茜）

【政协花溪区第九届委员会常务委员名录】

谌业华	孙　剑	张朝洲	李　莎	李　瑾
何　勇	邹吉鸿	吴　硕	池晓静	王家才
廖俊文	蒙秉中	陈天耀	朱恒锋	师予华
盛亚平	李　琛	曾志云	卢云辉	徐国霞
练余天	释祖传	邹　霞	杨正德	崔进平
曾佑华	谢　远	谢湛馨	潘　军	戴吉洪
黄　伟	袁　洁	孔恩兴	何　禯	周　海
周红静	王晓宇	曾少海	项彦丽	徐　辉
何　江	邓怀中	喻　明		

【政协花溪区第九届委员会第五次会议】 政协花溪区第九届委员会第五次全体会议于2015年2月10日至13日在花溪行政中心举行。出席委员296人，列席68人，特邀28人。

会议审议并同意主席谌业华代表政协花溪区第九届委员会常务委员会所作的工作报告，审议并同意副主席李瑾代表政协花溪区第九届委员会所作的九届四次会议以来提案工作情况的报告。会议补选张朝洲为区政协副主席；会议期间，委员们列席区十六届人大五次会议，认真听取并讨论向子琨区长所作的《政府工作报告》及其他有关报告。委员进行大会发言，区委、区政府领导认真听取委员发言，区委主要领导亲自审阅发言材料，并在其中的12篇材料上作批示。

（郭　霞、王　茜）

【委员提案办理】 九届五次会议期间，区政协提案法制委收到提案69件，经审议立案68件，不予立案1件，其中委员联名提案23件，占33.8%；委员个人提案43件，占63.2%；专委会和党派提案2件，占3%。在承办的68件提案中按内容分类，属交通管理建设类16件、建设规划类19件，文教体卫类12件、生态文明建设类6件、经济建设类1件、民生类2件、城市管理和治安类11件、其他类1件。区政协从中挑选4件作为主席会副主席领衔督办提案、5件作为专委会跟踪视察督办提案，与区政府签订《提案交办书》和《主席督办提案交办书》，分别由区政协6名副主席领衔督办和5个专委会跟踪督办，确保提案办理工作取得实效。经各承办部门的努力，12月，68件提案均在规定时限内答复完毕，办复率100%。在所有办复的提案中，非常满意（很满意）的有7件，占办理总数的10.30%；满意的有57件，占办理总数的83.82%；基本满意、较满意的4件，占办理总数的5.88%；没有不满意件，满意率100%。

（王　茜）

政协常委会议

【政协九届第18次常委会】 政协九届第18次常委会于2015年1月16日召开，会议听取区政协党组党的群众路线教育实践活动整改落实情况“回头看”自查报告。

会议听取区委组织部关于区政协副主席秦永康工作情况变动以及张朝洲作为政协副主席候选人的情况说明，通过举手表决的方式，一致通过秦永康辞去区政协副主席职务的报告。

会议通报原区政协副主席田健、原平桥社区党委副书记、服务中心主任王治前、原贵阳花溪鑫丰纸箱包装厂厂长周德华，因违法违纪，触犯国家法律的相关情况，以举手表决的方式，一致同意撤销田健、王治前、周德华政协花溪区第九届委员会委员资格。

会议通过举手表决的方式，一致通过政协花溪区第九届委员会第五次会议于2015年2月10–13日召开。

会议审议通过花溪区政协第九届委员会第五次会议日程、议程等相关事宜。会议审议通过政协花溪区第九届委员会常务委员会工作报告和第九届委员会关于九届四次会议以来提案工作情况的报告；书面听取区人民政府关于区政协九届四次会议以来提案办理情况。

会议审议通过区委统战部关于政协花溪区第九届委员会委员调整情况的说明，调整后，委员规模为324名，实际安排委员296名，缺额28名；常委会组成人员为56名，实际安排44名，缺额12名。会议还审议通过政协花溪区第九届委员会不再担任委员名单和政协花溪区第九届委员会增补委员名单，增补委员16名。

（王　茜）

【政协九届第19次常委会议】 政协九届第19次常委会于2月11日召开，会议审议政协花溪区第九届委员会第五次会议选举办法（草案），同意提交委员讨论。

会议议定大会选举设总监票人1名，监票人6名。监票人由各讨论组在出席本次会议的非候选人委员中各推荐1名，总监票人由本届常务委员会从监票人中提名。各讨论组监票人建议人选汇总后，提请政协花溪区第九届委员会第20次常委会议协商。

（王　茜）

【政协九届第20次常委会议】 政协九届第20次常委会于2月11日召开，会议听取委员讨论政协花溪区第九届委员会第五次会议选举办法（草案）的情况汇报。原则同意选举办法（草案），待修改完善后提交大会通过。

会议同意将张朝洲作为政协花溪区第九届委员会增补副主席候选人建议人选提交委员协商讨论。

会议协商确定政协花溪区第九届委员会第五次会议1名总监票人及6名监票人建议名单（草案），同意将大会总监票人、监票人建议名单（草案）提交委员讨论。

会议听取讨论政协花溪区第九届委员会常务委员会工作报告和提案工作情况报告的情况汇报。

会议听取讨论花溪区人民政府工作报告、花溪区2014年国民经济和社会发展计划执行情况及2015年计划草案报告、花溪区2014年综合财政预算执行情况及2015年本级综合财政预算草案的报告的情况汇报。

（王　茜）

【政协九届第21次常委会议】 会议听取各组召集人对有关选举工作的情况汇报。

会议审议确定将张朝洲列为政协花溪区第九

届委员会增补副主席正式候选人。同意将政协花溪区第九届委员会增补副主席正式候选人名单在政协花溪区第九届委员会第五次会议第三次全体会议上宣布。

会议审议确定王培华为政协花溪区第九届委员会第五次会议总监票人建议人选，王明、方兴林、刘洪军、谢菊蓉、熊伟、熊万平6人为监票人建议人选。同意将总监票人和监票人建议名单（草案）提交政协花溪区第九届委员会第五次会议第三次全体会议通过。

会议审议政协花溪区第九届委员会第五次会议提案审查情况报告（草案），同意提交委员讨论。

会议审议政协花溪区第九届委员会第五次会议决议（草案），同意提交委员讨论。

（王　茜）

【政协九届第22次常委会议】 政协九届第22次常委会于2月13日召开，会议听取总监票人王培华同志对选举情况的汇报，政协花溪区第九届委员会第五次会议第三次全体会议（选举大会）应到会委员296名，实际到会委员224名，发出《补选政协花溪区第九届委员会副主席选票》224张，收回224张。在收回的224张选票中，有效票224张，无效票0张。政协花溪区第九届委员会副主席候选人张朝洲以赞成票222张当选为政协花溪区第九届委员会副主席。会议对选举结果进行审议，一致认为选举结果有效，同意张朝洲当选为政协花溪区第九届委员会副主席。

会议听取讨论政协花溪区第九届委员会第五次会议决议（草案）和提案审查情况报告（草案）的情况汇报。同意将政协花溪区第九届委员会第五次会议决议（草案）和提案审查情况报告（草案）提交大会通过。

（王　茜）

【政协九届第23次常委会议】 政协九届第23次常委会于4月21日召开，会议传达学习全国两会精神，要求区政协常委会、主席会要率先抓好会议精神的贯彻落实，领会精神实质，把握目标要求，切实把改革创新精神贯穿到履行职能的各方面和全过程，努力为花溪经济建设和社会发展发挥更大作用。

会议通报市纪委关于对吴同恒实施“两规”的决定。

会议审议关于暂停吴同恒政协花溪区第九届委员会委员资格的报告，根据市纪委〔2015〕6号文件和《政协章程》相关规定，会议以举手表决的方式，一致通过关于暂停吴同恒政协花溪区第九届委员会委员资格的报告。

会议协商讨论政协花溪区委员会2015年工作要点（草案）以及2015年度调研、视察协商计划、会议计划；会议通报以下四个提案作为主席会督办提案，并明确领衔督办领导：1.《关于发挥名人效应 助力文化创新建设的建议》的第56号提案，由谌业华主席、李瑾副主席领衔督办；2.《建设启用花溪悼念馆》的第13号提案，由孙剑副主席领衔督办；3.《关于取缔青岩镇中心完小大门左侧人行道饮食摊点占道经营的建议》的第22号提案，由张朝洲、邹吉鸿副主席领衔督办；4.《关于对黄金大道景观树进行修剪的建议》的第19号提案，由李莎、何勇副主席领衔督办。

会议书面通报区政协各专委会（办）2015年工作计划。

（王　茜）

【政协九届第24次常委会议】 政协九届第24次常委会于8月18日召开，会议传达学习习近平总书记视察贵州重要讲话精神，会议要求，区政协常委和全体政协委员要把学习贯彻习近平总书记视察贵州重要讲话精神作为当前和今后一个时期的重大政治任务。

会议书面传达学习全国政协十二届常委会第十一次会议精神；会议传达学习中共中央办公厅《关于加强人民政协协商民主建设的实施意见》；会议要求，结合花溪实际，明确协商民主工作的原则、内容和形式，制定学习贯彻的具体办法，坚持把学习贯彻《实施意见》与履行好政协职能结合起来，探索履职新思路、新形式、新方法，推进人民政协事业创新发展。

会议听取《花溪区人民政府2015年上半年经济运行情况》通报和区政协2015年上半年工作完成情况。

6月17日，区政协委员到贵安新区考察大学城建设情况
（区政协　供稿）

会议审议关于免去吴同恒政协花溪区第九届委员会副主席职务、撤销其政协花溪区第九届委员会委员资格的报告；会议通报了中共贵阳市委筑干任〔2015〕192号及中共花溪区委《关于吴同恒免职的通知》（花委干字〔2015〕22号）文件精神，根据《政协章程》，会议以举手表决的方式，一致同意免去吴同恒政协花溪区第九届委员会副主席职务、撤销其政协花溪区第九届委员会委员资格，并提交政协花溪区第九届委员会第六次全体会议确认。

会议审议并一致通过关于花溪区社区（乡镇）政协委员联络组组长、副组长人选建议名单（草案）。

会议听取政协花溪区九届五次全会《大会发言》区委书记批示件办理落实情况。

会议书面听取区政协各专委办2015年上半年工作完成情况。

（王　茜）

花溪年鉴 HUA XI YEARBOOK 2016

政协调研建议

【提案法制委员会调研建议】　对花溪区再生资源行业管理工作的建议：1.建议区政府结合花溪经济社会发展水平、资源条件、行业状况等实际，尽快出台花溪再生资源回收体系建设的整体规划；2.结合实际研究制定花溪再生资源行业管理的地方规定，为统一规范管理提供制度保障；3.完善再生资源回收体系建设工作领导和协调机制，发挥行业协会的作用；4.建议区政府加大财政资金支持，建设再生资源回收、加工、分拣、交易市场，并以市场为核心，逐步建立以回收网点，分拣中心和集散市场为代表的三级回收网络；5.利用媒体优势，倡导绿色低碳，环保健康的生活方式。

（王　茜）

【文史宣传学习委员会调研建议】　对高坡乡红色文化资源保护和利用的工作建议：1.通过建设文化旅游创新区的优势，重视和加强对高坡红色文化的研究和宣传，提升高坡红色文化的知名度和影响力；2.由区级拨付专项经费将书写红军标语的民房收购，将房屋修整后作为高坡红色文化展厅，通过陈设展示再现当年红军过高坡的情景。红军居住地遗址中遗存的红军标语及漫画，文管部门要给予立项保护；3.由区级拨付专项经费将红军墓从集镇中心派出所后院迁回原址王坡或另选址迁移，建成高坡爱国主义教育基地，开发黔陶——

高坡“重走红军路”的旅游线路。

（王　茜）

【人口资源与环境委员会调研建议】　对花溪区城市生活垃圾综合处理项目建设的工作建议：1.区项目指挥部要加强对该项目的整体统筹，明确专业技术人员代表甲方对施工现场进行全程监督管理，确保项目严格按设计图纸要求、按规定程序和施工计划顺利推进。项目建设单位要按规范，按时间、质量要求如期完成此项目的建设任务。区相关部门、乡镇要支持和配合，及时帮助解决该项目在建设过程的困难和问题。2.建议项目指挥部、业主方、监理方、施工方要加强施工人员指导和培训，强化安全检查，完善安全管理制度，重视安全工作。3.建议区相关部门主动对接经开区、南明区、贵安新区、惠水县等，按照市政府2014年《关于加快推进花溪区城市生活垃圾综合处理项目建设进度专题会议纪要》〔2014〕239号及省发改委核准文件批复，扩大项目垃圾收运范围，保证1200吨/天设计规模。4.区相关职能部门和环境监管部门要提前介入，有效监控，提前做好方案，确保做到应对自如。5.做好机关行政事业单位、各企业和学校的宣传工作，利用赶场天或其他大型的活动，向市民推广垃圾分类，并不断完善增设垃圾分类设施。

（王　茜）

【教文卫体委员会调研建议】　关于花溪区卫生计生工作机构整合的工作建议：1.卫计局加强与区编委办和各乡镇政府的沟通协调，按照卫生事业单位应保证卫生专业技术岗位占主体原则，优化人员配置，给予一个过渡期，保持队伍稳定；2.新成立的乡镇卫计服务中心是担负农村公共卫生服务和计生服务的重要机构，责任重大，区、乡、局应加强协调，尽快补齐补强卫计中心领导空缺；3.坚决实行“按月督查、双月调度”机制，开展卫生计生的综合督查，尤其是对基本公共卫生等的专项资金使用检查，确保资金拨付到位，工作顺利推进；4.建议相关部门加大卫计部门缺编人员的招考工作力度，争取通过人才引进、组织招考、区内人事调配，配齐配强卫生计生干部。

取消环城高速南环线收费的可行性分析：1.对整个环城高速的收费收入影响不大。就花溪而言，初步估计减少服务性收入约500万元，仅占2014年全区服务业营业收入的0.3%。而且全区的服务业统计口径还将继续扩大，对全区服务业发展带来较大支撑。贵阳环城高速公路营运有限公司属于传统服务业领域，不会对盈利性服务业和现代服务业产值造成影响。2.可以刺激消费，拉动内需，推动经济增长。首先是自驾游的必然增多，对旅游业发展起到推动作用，带动相关的住宿、餐饮、租车等领域消费的增长。其次是可以大大提高孟关汽贸城及汽配城的进店率，提

8月26日，区政协人口资源与环境委员会调研垃圾焚烧厂（区政协　供稿）

升销售收入，第三可以降低金石产业园、农产品物流园、传化物流等园区的交通通行成本，带动周边相关产业发展。3.舒缓交通环境，能带来更多社会效益。除缓解主城区及节假日交通压力外，通过消除收费站的“瓶颈”而提高通行效率。南环线两侧的土地将进一步得到解放，得到有效的开发，形成“南环经济圈”，带动花溪经济社会的快速发展，实现其“聚集产业”的建设初衷。4.对改善贵阳市核心区、花溪区、贵安新区以及贵州南部市县之间的交通条件，密切贵阳市中心区与花溪区的联系，增强贵阳市对临近地区的经济辐射作用，缓解花溪涌向中心城区的交通压力，带动贵阳市南部地区的经济发展和优化产业布局将有积极的作用。同时也给群众的生产和生活带来便利。5.可减少区域经济之间的交流成本，加强区域经济的互补，提高公路的利用率和运输效率，使花溪实现内外交通的“货畅其流，人便于行”。6. 取消南环线收费，进一步密切乌当、花溪、南明、小河、金阳、高新区、白云区的联系，真正将贵阳各区（市、县）融为一体，使整个贵阳市的发展环境大为改观，吸引力增强。

（王　茜）

【经济科技委员会调研建议】 关于对花溪区蔬菜产业化发展的工作建议：1.在继续搞好常年菜地种植同时，重点将南部黔陶—青岩—燕楼—马铃一线打造成具有区域特色的现代生态蔬菜产业带，全面推进精耕细作。花溪蔬菜商品化要继续按照“企业+基地 +农户+市场”“合作社+基地 +农户+市场”“企业+基地+农民专业合作组织+农户+市场”等模式来实现。加大政策力度，鼓励土地流转。2.完善基础设施配套建设，提高设施化水平和提高机械化种植水平。3.增强金融支持力度，加大技术研究和开发资金比重，加快土地利用制度改革和农村产权改革进程，扩大农民有效担保物范围，解决蔬菜产业发展的资金瓶颈。4.加大招商引资力度。吸引各类工商资本、民间资本、外商资本投资蔬菜产业。鼓励龙头企业“走出去、请进来”，与优质资本嫁接和科研院所联合，促进龙头企业扩量增产和提质升级。5.重视品牌推广，完善蔬菜产地批发市场建设，扩大蔬菜销售链建设，完善蔬菜信息化服务。6.为确保蔬菜市场的供应，按照市委市政府要求完成对花溪2.5万亩城市保供菜地的红线划定，建立档案，实行永久保护。7.搞好培训工作，组织示范乡、重点村开展培训和观摩交流活动，确保每个重点村有一名专业技术人员，负责解决生产过程中的技术问题，开展新品种，新技术的引进试验，示范与推广。8.加强种子、农药、肥料等投入品监管，从源头予以控制，落实提高检测人员财政补贴政策，完善无公害蔬菜检测站建设，搞好蔬菜“三品认证”，完善蔬菜质量可追溯体系建设，要建立体制机制，以确保工作落到实处。

（王　茜）

【智力支边办公室调研建议】 关于遏制全区农村耕地撂荒的工作建议：1.加大对相关法律法规的宣传力度，在全社会形成“珍惜耕地光荣，撂荒耕地就是浪费”的共识。2.建议区委、区政府将耕地撂荒治理纳入全区农业农村工作考核的重要内容，建立撂荒耕地治理目标管理责任制。3.通过加大农业技术培训力度，广泛引进和推广优良品种，改进传统的耕作方式，努力减少季节性撂荒，促进农业增效和农民增收。4.农业、交通、水务、生态、国土等部门的政策性资金要向耕地撂荒现象较为突出的乡（镇）、社区倾斜，要加强中低产田改造，提高耕地质量和种植效益。通过综合开发和治理，提高耕地的可持续生产能力和防灾减灾能力。5.坚决执行相关法律法规规定，严格按照“谁种粮，谁受益”的原则，落实强农惠农政策。同时，对耕地撂荒行为进行严厉查处，预防和制止耕地撂荒现象发生。6.大力加强农村卫生体系建设，巩固提高义务教育质量和水平，大力实施“回乡创业工程”，不断推进统筹城乡发展。

（王　茜）

政协专题协商会

【民主党派专题协商座谈会】 4月15日，主席谌业华主持召开，区政协副主席、区委统战部、区工商联、区政协各专委（办）负责人以及民革、民盟、民建、民进、农工党、致公党和九三学社7个民主党派负责人参加的专题协商座谈会。会议传达学习中共中央《关于加强社会主义协商民主建设的意见》，发挥民主党派在政协工作中的作用，进行沟通交流；并围绕花溪区政协2015年工作要点及调研、视察工作计划、会议计划等，进行协商沟通。

（王　茜）

【社区（乡镇）政协委员联络组协商专题会】 8月28日，区政协秘书长吴硕主持召开政协委员联络组协商专题会，区政协主席、党组书记谌业华出席并讲话，区政协副主席孙剑、李莎、李瑾、邹吉鸿，区政协各专委（办）负责人、社区（乡镇）政协委员联络组组长、副组长参加会议。会议传达学习中共花溪区委《关于开展政协委员进社区（乡镇）活动的实施方案》（花委〔2015〕32号）文件精神，经区委同意，区政协常委会任命，区政协副主席、党组副书记李瑾宣读区政协《关于任命花溪区社区（乡镇）政协委员联络组组长、副组长的决定》（花协字〔2015〕6号）。会议还传达《区政协主席、副主席包片联系指导社区（乡镇）委员联络组组建工作及委员进社区（乡镇）活动的通知》（花协办通〔2015〕6号）。会上，区政协主席、党组书记谌业华为18个社区、9个乡（镇）政协委员联络组负责人进行授牌。

（王　茜）

（责任编辑　周年辉）

花溪年鉴 2016 HUAXI YEARBOOK

民主党派

9月17日，部分民主党派参加“抗战中的花溪”主题座谈会（区委统战部　供稿）

中国国民党革命委员会花溪支部

【概况】 民革花溪支部做好2015年换届工作安排。“重阳节”期间，开展对本支部70岁以上的老人送温暖活动，到医院看望生病住院的老党员杨和玉。11月5日，到高坡乡石门村开展帮扶活动。6月26日，支委走访贫困户罗发财、罗发武、罗光学；多方协调资金，赞助三户贫困户各1200元，用于养殖业、种植无公害蔬菜。完成《花溪区马铃乡留守儿童调研报告》。

（周　明）

中国国民党革命委员会小河支部

【概况】 2015年5月，民革小河支部到高坡龙云村开展调研，对龙云村开展扶贫助学工作，为龙云村村小的学生送去六一礼物并与学生们共同庆祝儿童节；10月为龙云小学188名学生购买价值1万多元的校服，费用由支部主委屠志微、副主委戴吉洪、组织委员李坤益、联络委员李丽各捐赠2000元共计8000元，其余部分是支部党员交纳的党费。在红星小学、永红小学开展“同心同行，助学兴教”活动，向两校品学兼优的20名学生每人捐赠学费200元。

（屠志微）

中国民主同盟花溪总支

【概况】 2015年，民盟总支组织生活，做到年初有计划，年终有总结。民盟一支部参观花溪久安乡后写出《久安茶青照眼明》。加强与清华中学党委的联系，党盟关系和谐，学校党委书记、党委委员亲自参加民盟支部的活动，指导工作，提出建议，每年都拨给活动经费和调研经费。注重吸收高层次的、热爱民盟的参政议政复合型人才。提交《关于尽快建成新的麦坪中心完小的建议》《关于尽快建麦坪镇彭官小学的建议》《花溪城区校园周边交通安全思考》《建议有关部门修整花石路》的提案。完成《花溪城区校园周边交通安全的问题与对策》调研报告。

（吉小琴　喻　明）

中国民主建国会花溪总支

【概况】 2015年，民建花溪总支开展全体会员活动4次，四支部组织会员相继开展“迎新春、品农家饭”、“参观儒家圣地、学习国学精粹”活动。结合具体工作和支教助学等活动，开展部分会员活动6次。组织会员参加市委员三八节活动、企业家委员会活动等。组织会员参加省委会、市委会开展的民建七十周年纪念活动。开展中秋节和老年节老会员慰问座谈活动。发展新会员2名，培养后备会员4名。四支部在6月中旬，支部主委一行到会员企业走访座谈，排查汛期安全隐患。组织和协调更多的会内力量参与社会公益活动和捐赠活动，2015年支部会员的捐赠超过5万元。协助市委会市政协其他领导、党派做好高坡、马铃、麦坪扶贫攻坚工作。完成麦坪施庄村3户贫困户扶贫攻坚帮扶工作，每户投入6000元，用于农户发展生产，医疗救助和助学费用。协调资金2万元用于社区幸福家园建设。慰问贫困户5户，协调慰问金及生活用品1.5万元。继续做好5名大学生、5名中小学生帮扶工作，协调投入帮扶经费4万元。2015年，总支有8名会员被市委会评为优秀会员，一支部评为先进基层支部；3名会员被省委会评为优秀会员，总支被评为先进集体。民建花溪总支四支部获贵州省“先进支部”称号，5人获得市级民建优秀会员。提交政协提案、人大批评建议8件，反映社情民意7条，向省市反映经济社会发展问题5个。提出议案《关于改造小河松花江路枫阳桥人行道的建议》。与九三学社贵大南区支社共同开展《切实搞好菜篮子工程平抑物价》《加大对农村村寨道路的交通秩序管理》调研。

（孙 剑 赵 杰）

花溪年鉴 HUA XI YEARBOOK 2016

中国民主促进会花溪总支

【概况】 2015年民进花溪总支获中国民主促进会成立70周年“民进全国先进集体”称号、被评为贵州省委会先进基层组织，会员项彦丽再获民进贵州省委会优秀会员。花溪总支参加市委会和花溪区政协、花溪区委统战部组织的培训会、座谈会、培训班。编写《扶贫须到精准处》等简报5期，向《贵阳民进》投稿1篇。组队参加党派开展的纪念中国人民抗日战争和世界人民反法西斯战争胜利暨中国民主促进会成立70周年系列演讲活动，获民进贵州省委会比赛一等奖、贵阳市委会一、二等奖。组织会员为燕楼乡旧盘村贫困学生捐助5000余元学习用具。围绕“7+2“扶贫工作配合协调民进贵阳市委会开展向马铃谷中村捐赠款11万元，向马铃谷中小学捐赠物资两万余元，向黔陶乡半坡村、麦坪镇施庄村贫困家庭分别捐助款物两万余元。

提出《尽快建设重启花溪悼念馆》建议，参加民进贵阳市委会关于社区管理和合理开发使用城市中水调研，参加民进贵阳市委会到民进北京朝阳区委员会的走访座谈。完成《挖掘历史遗存彰显文化魅力》调研报告。

（项彦丽）

花溪年鉴 HUA XI YEARBOOK 2016

中国农工民主党花溪支部

【概况】 2015年，农工党花溪支部组织集中学习6次，发展3名新党员。坚持为民服务，围绕民生，分别到党武乡、高坡乡平寨村进行义诊义治、健康咨询服务，160余名村民免费享受常见病诊治以及部分常规医学检查服务。发放健康宣传资料600余份，向村民赠送价值3100余元的常用药品。提交《关于对贵阳摩托车实行禁限的建议》《关于封闭花溪大道北段湘雅村左转弯转向花果园小区岔口的建议》《关于加大花溪清华中学周边零售小食品安全监管力度的建议》《关于加大幼儿园投资力度，解决适龄儿童入学难的建议》《关于加强花溪区人行道的科学规划和标准化建设的建议》《关于解决上吉路赃乱差问题的建议》《建议尽快解决花石路行路难问题》《关于合理设置花溪迎宾馆奶牛场红绿灯时间的建议》

《关于孟关国际汽贸城发展电子商务的几点建议》等提案、建议。提交的集体提案《关于对贵州大学花溪南校区（贵州农学院）南湖路进行改扩建的建议》获农工党贵阳市委2015年集体提案奖励。完成《关于花溪区引进和留住人才的思考与建议》《关于取消花溪南环线收费的建议》调研报告。

（曹　珺）

中国致公党花溪支部

【概况】　2015年致公党花溪支部组织骨干党员、新党员参加致公党中央、省委、贵州省和贵阳市社会主义学院、中共贵阳市花溪区委统战部组织的省内外培训学习3人次。参与花溪区“7+2同心扶贫工程”遍访帮扶贫困村贫困户等工作，由致公党朝阳区委会党员捐款18万元修建的花溪区久安乡吴山村、打通村的自来水管网改造、农业灌溉工程顺利竣工。中国科学院副研究员、自然保护地研究组总协调员、北京朝阳区致公党员解焱博士一行，于9月初前往久安乡，实地考察调研久安乡的农业生产及茶叶种植加工等，提出意见和建议，表示愿为久安乡的农产品及茶叶产品加入“保护地友好”认证，并提供电商销售平台的帮助。北京第八十中学实验学校温榆河分校校长、致公党党员于冬云率部分骨干教师专程来到花溪区考察，拟与花溪区相关学校结对建立友好学校，在学校管理、课程教学、师资学生发展等方面提供支持和帮助。开展扶贫帮困工作，协调致公党市委落实资金56.9万元，为久安乡3所学校为教师和学生购买课桌椅、电脑、文体设施、平整修缮操场、篮球场等；为久安乡打通村6名即将考入大学的贫困家庭学生和3名正在读小学、高中的贫困生，每人发放“致公助学金”1200元，发放金额10800元。为久安乡打通村贫困户家庭捐赠慰问金和冰箱、家具以及房屋水电装修，中秋节慰问水果、月饼、肉等价值近万元。2015年发展新党员2名。参加中共花溪区委、区人大、区政府、区政协组织的协商会、通报会、征求意见会、座谈会10多次，2015年“两会”期间，致公党花溪支部提交政协大会发言稿1篇、提案中的建议得到政府及相关部门落实。完成《关于花溪区高中、初中教育人才招才引智建议》调研报告。

（邓怀忠）

九三学社花溪支社

【概况】　2015年，九三学社花溪支社组织全体社员参加由区委统战部和政协主办的各类培训班、视察活动，分别到青岩古镇规划施工现场、马铃乡绿色蔬菜产业化基地、久安乡古茶树茶叶种植繁育基地参观考察。10月，组织社员到久安乡做义诊，为久安乡卫生院和老百姓捐献一批药品和医疗器械。提交“如何解决花溪镇交通拥堵难题的建议”的提案和《加快发展中药材种苗繁育产业》调研报告。

（何　江）

（责任编辑　周年辉）

群团组织

11月27日，团区委开展志愿者宣传活动（团区委　供稿）

区总工会

【概况】 2015年，区总工会以“建功立业大竞赛、和谐企业大创建、职工素质大提升、维权帮扶大推进、节能减排大参与”为工作重点，推进工会各项工作开展。配合人力资源和社会保障局开展就业招聘会一次，职业培训800余人，职业介绍800余人，实现800余人就业。区劳模爱心协会换届选举，对劳模会员进行重新登记，完善会员手册，组织10场劳模上讲堂活动。全区有工会组织1814个，工会会员40421人。（区总工会）

【困难职工帮扶】 2015年区总工会开展两节“送温暖”活动，慰问困难职工（农民工）420人，慰问困难企业12家，发放慰问金26万元。开展“三八”节慰问活动，对困难女职工摸底走访，慰问辖区困难女职工、离任村干部、困难党员、困难家庭等人员100多名，帮扶资金3.5万元。

2月11日，区总工会、区人力资源和社会保障局、区交通局联合开展2015“服务农民工·温暖返乡活动”暨“春风行动”（区总工会 供稿）

【社会公益活动】 开展金秋助学活动，涉及学生101人，帮扶资金24万元。与社会组织、企业爱心人士联合，开展“六一”关爱活动，联合贵州省公益之家爱心协会到高坡乡批林关爱空巢老人、留守儿童，赠送学习用品和生活用品33万元。开展禁毒文艺、社里乡亲禁毒宣讲“七进”活动；对联系的航空社区5名吸毒康复人员，发放慰问金每人400元，送去大米、食用油和大衣、棉被等物资。到麦坪乡街上村为计生困难10户送上帮扶金5000元、计生办公经费1万元。根据省委组织部的要求，开展精准扶贫工作，给高坡乡杉评村、批林村各拨付1万元办公经费，协调50吨价值1万余元的水泥，帮助批林村基础设施建设。（区总工会）

【厂务公开】 指导企业以职工（代表）大会为主渠道，依照企业法、公司法、工会法等法律法规，凡属于职代会职权范围内的事项，必须向职代会报告，分别由职代会审议、通过或决定，成为职工行使民主管理、民主监督的有效阵地。职代会闭会期间，指导企业发挥职工代表团组长联系会议的作用，研讨、审议有关事项，使应公开的内容得到广大职工的认可。重点督促企业公开职工普遍关心的财务、工程建设招投标、物资采购、工资、福利、奖惩、劳动纪律、职工聘用、车辆管理等涉及企业发展和职工切身利益方面的内容。2015年创建省级厂务公开示范单位1家。

（区总工会）

【职工权益维护】 2015年区总工会参与工伤事故赔偿2起，帮助职工依法获取赔偿金。与人力资源和社会保障局劳动监察大队开展职工“维权月”活动。督促正常经营企业主与企业工会签订“集体合同”、“工资集体协商协议”、“女职工特殊权益保护专项集体合同”、“劳动安全卫生专项集体合同”等四项合同，覆盖率92%。开展

"春节返乡农民工维权活动"，召开五次工作协调会，清欠农民工工资2500多万元。

（区总工会）

【劳模管理工作】 区总工会代行政府管理国家级、省级、市级劳模113人，并发放劳模津贴。慰问15名国家省市级劳动模范和先进工作者，慰问金和慰问品1万多元。完成2015年省级劳模的推荐工作。在贵州花溪农村商业银行创建吴勇劳模创新工作室；在孔学堂种植价值80余万元的劳模示范林。

（区总工会）

区工商业联合会

【概况】 2015年区工商联通过省级"五好"工商联验收，获得"贵州省第一批'五好'县级工商联"称号。组织召开六届七次常委会和六届六次执委会，选举产生新的工商联领导班子成员，李亦然当选六届区工商联（总商会）主席（会长），何崇义当选六届工商联（总商会）副主席（副会长）。组织非公有制企业学习中共十八届四中全会公报、区委十届六次全会公报、人民日报社论《引领民族复兴战略布局》。帮助非公企业解决职工子女读书、融资、职称申报等问题。区政协九届五次全会非公经济委员提交政协提案5件。宣传动员非公有制经济人士开展光彩事业活动，向高坡乡硐口小学、高坡乡批林村困难户捐款捐物，金额31.1万元。举办区第四届"工商联杯"篮球赛。推进"五个100"产业富民工程开展，发动行业商（协）会与村参与，黔陶乡谷洒村"五个100"工程取得较大成效。针对石材产业小、散、乱的现象，5月6日指导成立"贵阳市花溪区石材行业协会"。2015年，区工商联组织成立8家行业商（协）会，为工商联工作的开展搭建新的平台。全区有基层工商联（商会）20个，分别是：清溪、孟关、石板、溪北、黄河、贵筑、金竹、马铃、明珠、花孟、小孟、金欣、高坡、阳光、青岩、黔陶、平桥、三江、麦坪、燕楼，占全区乡（镇）、社区的74%。

（区工商联）

中国共产主义青年团花溪区委员会

【概况】 2015年，全区有33个直属基层团委，其中18个社区团委，9个乡镇团委，6个机关团委；181个乡镇实体化"大团委"，青年团员8154名。共青团花溪区委结合团的四项职能，通过开展四项"青春工程"（"青春星火工程""青春源泉工程""青春助力工程"和"青春志愿工程"），做好新形势下的花溪区共青团工作。

（吕　琳）

【共青团基层组织建设】 2015年，共青团花溪区委开展团干培训4次，并编撰《花溪区团干部2015年度学习资料汇编》，引导全区各级团、队干部学习，培训团干、队干218人次，覆盖全区33个乡镇（社区）、区直机关、城管局、卫计局、建设局、公安分局、教育系统的团组织负责人及成员，提升团干部的综合素质。以"党建带团建"为原则，抓好组织建设，延伸共青团工作生命线。团区委联合区委组织部出台党建带团建的文件，帮助解决基层团委人才、资金、阵地等相关问题，明确团的阵地与党的阵地共建共用等政策。继续加强政策的支持，为直属基层团委每年落实2万元的工作经费，提供工作保障。瞄准创客目标，在贵州创客科技孵化器有限公司顺利建立团组织，计划将其打造成为花溪区青年创业孵化梦工厂。

（吕　琳）

【少年先锋队】 全区有129支少先队，20000余名少先队员。2015年，通过开展“祖国好·家乡美”暨“在阳光下成长”活动、“红领巾相约中国梦”主题队日系列活动、“七彩夏日 快乐成长”夏令营开营、“长相思 留守情”活动、乐童兴趣班”活动、“道德模范进校园”大宣讲等活动，加强少先队员的思想教育，促其健康成长。以“学法知法、预防和减少未成年人犯罪”为主题，2015年4月至6月，团区委联合区检察院，走进区属的贵阳第二十五中、溪南高中、贵阳第三十八中、清华中学，开展“花季护航 法制宣传进校园”宣讲活动，提高未成年人的法律意识。

（吕　琳）

【青年工作】 在区民政局注册登记团区委主管的“贵阳市花溪区青年志愿者服务协会”，以禁毒宣传教育和心理辅导为重点，以染毒人员的未成年子女为目标人群，通过组织开展“七彩夏日 快乐成长”夏令营活动等，完成市委群工委支持的《花季护航——青春助力染毒人员子女成长》项目。与驻区高校搭建“大学生基层服务队”项目平台，引导160余名大学生到基层单位开展长期实习。继续抓好“新媒体”工作，每天向123名青年代表发送“我的青春我的团”主题短信平台，推广共青团花溪区委官方微博和微信平台，定期团讯、要闻、创业就业信息等，加大团委工作和青年工作的宣传力度。加强推广花溪区“青年之声”活动平台，为更多青年提供服务。组建“彩虹行动”七支青年志愿服务队，以爱心助困、生态环保、网络文明、法制宣传等为主题开展活动。开展各项志愿服务活动215次，参与服务志愿者6000人次，服务群众4万余人次。探索《“1+1+1”乐童兴趣志愿服务、关爱儿童健康成长》项目，搭建青年志愿者与留守儿童、农民工子女之间的常态化结对帮扶平台，该项目申报2015年贵阳市“社会治理创新奖”，入选全市的50个候选项目。组建一支20人的花溪区青年志愿服务骑行队，利用双休日在黄金大道、十里河滩等地常态化地开展环保志愿服务，多次获得省、市、区媒体的报道，获“2015年贵州省优秀志愿服务组织”称号。

（吕　琳）

6月19日，团区委开展关爱留守儿童活动
（团区委　供稿）

【未成年人保护】 2015年，团区委组建花溪区青少年维权专家服务团队，聘请10名贵州大学教师为花溪区青少年心理专家团队，区检察院团支部的工作人员担任未成年人法律保护工作志愿者，为全区未成年人提供法律咨询、结对帮扶工作提供志愿服务。

（吕　琳）

【希望工程】 在省青基会和团市委的帮助下，获得上海的爱心人士雍佩玲所捐赠的1万元图书用于希望工程图书室建设，帮助高坡云顶小学的同学们读经典好书。建立区属困难青少年台账，对14名困难青少年实施精准扶贫；通过“希望工程”平台，为14名困难青少年送去生活用品、学习机、慰问金等价值7000余元的物资。启动2015年“希望工程”助学活动，“习酒·我的大学”“国酒茅台·我的大学”等助学项目，通过资料审查和实地走访等，为33名品学兼优的困难学子提供11.9万元助学金。

（吕　琳）

【团区委组织青年志愿者服务活动】 3月5日，200余名青年志愿者代表到场参加花溪区青年志愿者学雷锋绿丝带志愿服务活动月暨“彩虹行动”启动仪式。5月4日，由23名青年志愿者参与在贵阳孔学堂举办的“勤学·修德·明辨·笃实”2015年贵阳成人礼活动，为来自民族中学的540名贵阳学生代表举行成人仪式。6月19日，团区委组织来自贵州师范大学、贵州城市职业学院等高校的30余名“彩虹行动”青年志愿者到青岩镇中心完小，与50余名留守儿童一起过端午。6月27日，百余名单身男女青年参与“敢爱”青年交友活动，其中成功牵手10对。6月28日，“创引花溪”青年创业大赛半决赛在贵大“IN ONE”创客空间举行，有《创业咖啡馆》等15个参赛项目进入半决赛。8月14 日，组织48名7–15岁、来自花溪区高坡乡杉坪村、马铃乡谷中村两个贫困村的留守儿童开展“长相思 留守情”活动，为外出务工的父母做月饼、写家书。9月25日，“乐童兴趣班”在马铃小学启动，由有书法、武术、绘画、体育等特长的花溪区“彩虹行动”青年志愿者开展兴趣教学等。10月23日下午，团花溪区委联合省大学生环保志愿者联合会在区溪北中心完小开展壹基金“儿童平安——减灾小课堂”项目，省大学生环保志愿者联合会的6名青年志愿者围绕“防灾减灾”主题向50名同学详细讲解自然灾害的发生状况、预防措施以及自救措施等。12月18–19日，团区委组织贵州中意食品有限责任公司、贵州汇通盛世大宗商品交易有限公司和六度创客空间等三家企业参加省第二届创业投资博览会。

（吕　琳）

【花溪年鉴 HUA XI YEARBOOK 2016】

区残疾人联合会

【概况】 2015年，区残联于春节、五月助残日期间走访慰问全区贫困残疾人608户，投入经费13.49万元，对两家福利企业——贵阳广航铸造有限公司和贵阳依科达制衣厂各发放1万元慰问金。投入资金3万元为高坡乡、马铃乡10户残疾人发放创业就业资金。开展“扶残助学”活动，关爱残疾学生，在“六一”儿童节慰问残疾儿童107人，投入经费2.14万元。在贵阳广航铸造有限公司开展一期60名残疾人参加的岗前培训。与区就业局联合组织20名残疾人参加SYB培训。残疾人机动车驾驶培训75人。在青岩镇开展一期80余名残疾人参加的农村实用技术培训班。开展“阳光家园”居家托养工作，为225名重度残疾人发放托养资金；为462名重度一级残疾人发放护理补贴。区残联开展精防医生和社区康复协调员培训、残疾人专职委员培训、残疾人法制培训。2015年办理免费乘车卡2000余个，办理二代“残疾人证”6902个，接待残疾人来信来访40件，办结率100%。开展贫困残疾人家庭无障碍改造工作，为8户贫困残疾人实施无障碍改造。组织残疾人参加市第六届残疾人工艺美术书法摄影作品展，获4个银奖、4个铜奖、5个优秀奖；参加贵阳市第九届残疾人艺术汇演，获银奖1个；参加贵阳市首届羽毛球锦标赛，获得3金、2银、2铜。

（赵福梅）

【残疾人康复】 2015年4月，区残联举办一期精防医生培训班，34名精防医生参加培训，邀请贵阳贵航医院精神科主任王琳担任授课教师，讲述“精神病人发病状况及精神病药品的不良反应”等相关知识。全年经过住院治疗的精神病人60人，免费服药的病人80余人。落实贫困精神病人住院补助政策，为精防医生每人发放补贴600元，市、区各300元。区残联携手贵航贵阳医院（三〇〇医院）眼科在区残联二楼会议室开展一期以“告别沙眼盲，关注眼健康”为主题、以筛查低视力验配助视器为内容的“爱眼日”宣传教育活动。残疾人康复训练：培训低视力儿童15人，聋儿康复5人，培训聋儿18人，肢残儿童社区、家庭康复训练10人，肢残成人社区、家庭康复训练50人，智残儿童、成人社区、家庭康复训练25人，智残儿童家长培训5人。培训47名残疾人工作者及智障自闭症儿童家长。8月，区残联组织听障患者到贵阳市盲聋哑学校参加“天籁列车”捐赠助听器活动启动仪式及现在验配助听器公益活动，为9名家庭贫困的残疾人青少年及儿童免费验配捐赠助听器。发放各种辅助器具165件，其中轮椅21台、助听器17台、盲杖14根、腋拐29副、坐厕椅16个、助行器16个、助视器22台、盲文电饭煲17个、听书机8台、盲表5块。巩固、完善社区康复试点工作，加强对溪北社区、孟关乡卫生院、黔江社区卫生服务中心三个康复站的指导和建设，新增燕楼镇康复示范点。为贫困残疾人缴纳2016年农村合作医疗5.6万元。组织开展盲人定向行走培训36人。开展“麻风病日”活动，慰问5名麻风病人，发放慰问金1000元。在“爱耳日”、“麻风病日”、“自闭症日”、“爱眼日”、“精神卫生日”等活动日开展宣传活动。

（赵福梅）

8月6日，区残联组织听力患者参加“天籁列车”助听器捐赠活动，为听力残疾儿童验配助听器

（区残联　供稿）

【残疾人教育就业】 2015年区残联协调财政代征区属行政事业单位残疾人就业保障金，在地税大厅设置征收窗口，开征区企业单位残疾人就业保障金。“六一”儿童节慰问107名残疾儿童，投入经费2.14万元。2015年，通过摸底，帮助符合市级补助标准的57名贫困残疾人子女和残疾人学生就读，其中本科17人、大专7人、中专及高中33人，由市级拨付经费3.91万元补助；对不符合市级补助标准的121名贫困残疾人子女及残疾学生，向区政府申请经费9.56万元给予补助。开展慰问残疾留守儿童活动，在中秋节慰问全区7名残疾留守儿童，投入经费0.14万元；年底，争取上级资金再次慰问7名残疾留守儿童，投入经费0.14万元。春节期间走访慰问全区400户贫困残疾人，投入经费8.3万元。五月助残日，走访慰问全区208户贫困残疾人，投入经费5.19万元。对两家残疾人福利企业分别发放1万元慰问金。开展基层党组织扶贫工程，对减贫摘帽的高坡乡、马铃乡的10户残疾人发展种植（养殖）业进行扶持，投入经费3万元。组织13名残疾人参加贵阳市同步小康就业创业补贴申报；争取区级资金，为残疾人提供创业就业补助资金9万余元；组织残疾人企业申报省级创业就业示范点，贵阳经开区618盲人按摩院和贵阳上阳残疾人创业基地被评为省级创业就业示范点，获省

级奖励资金30万元；为高坡乡五寨村残协购买2台农耕机；为残疾人家庭及残联精准扶贫对象提供免费服务，在为其他群众服务时收取较低服务费维护农耕机正常使用。出资4000元，为高坡乡五寨村2户遍访户购买猪仔，发展养殖业。领导个人出资500元，为遍访户购买粮、油等食品。与区就业局联合举办“就业援助月”专项招聘会，帮助2名残疾人就业；在就业援助月期间走访残疾登记失业人员家庭62户，登记失业残疾人13人；实名制纳入年度培训计划残疾人120人；组织2名视力残疾人参加按摩培训。两个残疾人福利企业安排25名残疾人就业；完成135人的就业任务，全部为新增就业。开展“阳光家园”居家托养工作，为225户重度残疾人发放托养资金11.25万元；为462名重度壹级残疾人发放护理补贴27.72万元。开展农村残疾人电子商务工作，组织残疾人参加电子商务培训，并通过由5位残疾人共同创办的电子商务公司——贵阳汇佳贝科技有限公司的成功案例，鼓励残疾人电商创业就业。11月，残疾人曾微加入电商平台。

（赵福梅）

【残疾人组联维权】 2015年，区残联组织残疾人工作者和残疾人专职委员的培训工作，培训200余人。利用各种宣传活动发放《中华人民共和国残疾人保障法》《贵州省残疾人保障条例》等资料。落实残疾人专职委员工作经费补贴，全年发放补贴65.44万元（其中经开区残疾人专职委员按照公益性岗位工资发放，共计49万元）。开展“邻里守望”“志愿助残阳光行动”等扶残助残志愿服务活动。区法律援助中心为3名残疾人提供法律援助。

（赵福梅）

【残疾人文体活动】 2015年，区残联组织残疾人参加贵阳市第六届残疾人工艺美术书法摄影作品展，选送20件作品参展，获得4个银奖、4个铜奖、5个优秀奖。组织残疾人参加贵阳市第九届残疾人艺术汇演，获得1个银奖；组织残疾人运动员参加贵阳市首届残疾人羽毛球锦标赛，获得3金、2银、2铜。7月18日，在区行政中心羽毛球健身馆内，开展残疾人文化健身周活动暨第九届特奥日活动，组织残疾人开展健身培训。8月11日，基层残专委与肢残人协会联合组织50余名残疾人，开展第五次全国残疾人健身周及第六届全国肢残人活动。在世界反法西斯胜利七十周年之际，组织盲人在花溪公园戴安澜将军的陵墓前举行纪念活动。围绕“包容至上——赋予所有残疾人无障碍设施和权能”的主题，开展“国际残疾人日”宣传活动。全年报送信息93期，省、市采用20条。

（赵福梅）

【全国助残日活动】 5月17日，区残联在花溪公园音乐广场开展主题为“关注孤独症儿童，走向美好未来”的助残日文艺宣传活动，现场发放宣传资料。区残联到全区27个乡（镇）、社区的贫困残疾人家进行走访慰问，发放慰问金5.19万元。慰问贵阳广航铸造有限公司及贵阳依科达制衣厂，分别发放1万元慰问金。慰问小河自然之声聋

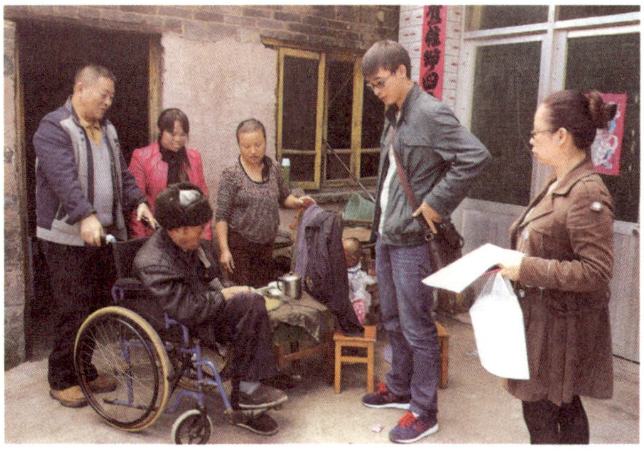

11月6日，区残联到青岩镇新关村上门为残疾人办证（区残联　供稿）

儿听力语言康复中心的残疾儿童及全区在校读书的残疾儿107人，发放慰问金2.14万元。

（赵福梅）

花溪年鉴 HUA XI YEARBOOK 2016

区妇女联合会

【基层组织建设】 2015年，区妇联在青岩镇龙井村、小孟社区付官村打造四星、三星级“妇女之家”各1个，在“阳光妈妈志愿者协会”和“花溪圆梦爱心社”2个社会组织建立“妇女之家”，在孟关园区党政服务中心建立妇联工作站。区妇联举办妇女干部培训班，邀请贵州省社会教育专家、教授谢萍就女性素质和修养的提升展开重点培训。为加强对基层妇女干部的培训，与团区委联合，举办团干、妇干十八届五中全会和省十一届六次全会专题讲座，邀请贵阳市委党校史亮老师对十八届五中全会和省委十一届六次全会精神进行解读。

（区妇联）

【提升农村妇女技能】 区妇联联合婷婷职业学校的老师，到青岩镇龙井村、久安乡久安村和马铃乡马铃村，对150余名妇女进行妇女技能提升布依枫香染刺绣培训，授课老师对学员进行手把手教授技能。培训结束后，对获得一、二、三等奖和优秀奖的学员颁发荣誉证书和奖金。

（区妇联）

【妇女儿童受益项目】 区妇联上报16名农村两癌患者的资料，为7名贫困妇女争取到“贫困母亲两癌救助”中央专项彩票公益金7万元的治疗救助资金。利用小额贷款加大对妇女创业就业的支持，帮助21名妇女获得143万元小贷资金。申报省级留守儿童之家示范点建设项目，获得省、市妇联11000元的资金支持，用于马铃乡儿童之家购买儿童活动用品、图书、桌椅及安装电话等。区妇联帮助4户困难家庭向市妇联申请维权解困资金8000元，为4名贫困家庭女孩申报省妇联“蒲公英”助学项目，获助学金2万元。

（区妇联）

【妇女儿童维权】 区妇联以“文化三下乡”、“三八”妇女维权周活动为契机，组织巾帼维权志愿者到花溪公园一号门前开展“建设法治中国·巾帼在行动——万家联动 送法到家”活动，维权志愿者们解答妇女儿童相关的维权法律难题，帮助经济困难妇女进行法律援助申请，发放《妇女权益保障法》《未成年人保护法》《漫画说法》《贤惠美德耀筑城——明礼知耻·崇德向善在家庭》倡议书、花溪区各乡镇（社区）妇联妇女、儿童维权服务联系电话等宣传资料，并提供法律咨询。区妇联与省、市、乡妇联联动在高坡乡开展“建设法治贵阳·巾帼在行动—万家联动·送法到家”活动，向妇女儿童讲解法律知识，进行法律知识竞答，发放宣传资料，入村入户送法律书籍。与区司法局联

8月14日，区妇联到贵州中意食品有限责任公司开展“长相思·留守情”关爱留守儿童活动
（区妇联　供稿）

合，设立法律援助中心妇联工作站。

（区妇联）

【关爱留守儿童】 六一期间，区妇联组织爱心人士对高坡乡杉坪村小学35名留守困难儿童进行帮扶，赠送足球、羽毛球等运动器材和图书。区妇联组织30名困难和留守儿童与爱心妈妈结对帮扶，为每个孩子发放500元帮扶金。区妇联、团区委等单位联合贵州中意食品有限责任公司开展花溪区“长相思·留守情”关爱留守儿童活动，将高坡乡沙坪村、马铃乡谷中村的48名留守儿童接送至中意食品公司，开展亲情活动。区妇联走访慰问青浦社区盘江居委会2户贫困患病妇女，赠送每户1000元维权解困金。到孟关乡石龙村和谷立村开展寒冬送温暖关爱留守困境儿童暨“雁归兴贵”活动，为30名留守和困境儿童赠送羽绒服，向参会的家长和孩子们通报活动的筹备情况以及花溪区关于关爱留守困境儿童工作的安排情况。

（区妇联）

【未成年人思想道德建设】 区妇联开展“弘扬好家风 共筑中国梦”科学家教百场宣讲活动，近百名学生家长参加，活动邀请贵阳市妇联特聘婚姻家庭教育专家、教育学士刘航老师主讲。选拔组织中小学生各3名参加由贵阳市妇联、市教育局联合举办的“祖国好·家乡美”主题活动——文明礼仪知识竞赛，均获得三等奖。“六一”期间，区妇联与区教育局联合出资12万元慰问12所小学及幼儿园，协调市级资金4000元分别慰问付官小学和金鑫幼儿园。

（区妇联）

【寻找“最美家庭”】 区妇联把寻找“最美家庭”作为培育和践行社会主义核心价值观的重要载体，通过广泛宣传、群众推荐、社区推荐、妇联挖掘等方式，发现和推评“最美家庭”身边好人、贤惠之星等，“三八”节前区妇联举行“最美家庭”“贤惠之星”命名暨宣讲会，全区受表彰的最美家庭、贤惠之星、各乡镇（社区）妇联主席140余人参加会议。对评选出的117个最美家庭、慈母、贤妻、孝女、科学家教好妈妈等进行表彰，并对典型事迹进行宣讲，对身边好人进行慰问。区妇联与清浦社区奥运志愿服务队联合，在清浦社区奥运花园网球场开展“学习道德模范 宏扬善行义举”活动。

（区妇联）

【支持明珠社区示范建设打造】 区妇联结合贵阳市打造明珠社区提升统一行动，与贵阳市妇联、明珠社区妇联团结协作，在市妇联的指导下制定《花溪区妇联参与明珠社区社会管理工作方案》，完善相关制度建设。市妇联为明珠社区提供3万元的资金扶持和26寸液晶电视机一台，用于明珠社区“妇女之家·幸福万家”矛盾调解工作室的打造，同时，赠送6台“邻里守望，爱心呼唤”器用于生病残疾老人、空巢老人的帮助；赠送《新婚姻》《寻找最美家庭》《幸福万家》宣传册、禁毒宣传资料以及宣传纸巾、宣传袋等10000份。在明珠社区组织开展“弘扬好家风 共筑中国梦”科学家教宣讲活动以及禁毒暨生态文明进家庭宣传活动。

（区妇联）

【花溪年鉴 HUA XI YEARBOOK 2016】

区文学艺术界联合会

【概况】 2015年，花溪区有作家协会、书法家协会、美术家协会、摄影家协会、音乐舞蹈家协会、文玩收藏协会、诗词学会7个文艺协会和1个书画院。花溪区与小河区两区合并之后，于2014年成立花溪区文联经开片区分会。

（区文联）

2月6日，区文联组织书法家协会会员前往溪北社区为群众义务书写赠送春联（区文联　供稿）

【展览】　区文联2015年举办展览7次：“庆元旦·迎新年”花溪区践行和弘扬社会主义核心价值观书画作品巡回展、灵秀花溪——第二届女子书法美术作品邀请展、毕永祥花溪油画写生作品展暨花溪首届文玩收藏展、纪念抗日战争胜利70周年——毛泽东像章万枚珍品展览、第二届灵秀花溪——“众鑫磊杯”中青年美术书法展览、“庆中秋，迎国庆”小品大意——石文辉水墨山水画团扇展、灵秀花溪——“古稀风韵”花溪八友书画展。

（区文联）

【文艺人才培训】　2015年1月，由区教育局、区文联、区文化馆主办的2015寒假教师骨干会员书法、国画培训班在区文联开班，来自花溪、经开区的骨干教师20余人参加培训。8月，区文联、区作协举行改稿培训会，邀请贵州省著名作家、《南风》杂志社主编冉正万对区作协会员的部分作品进行点评与指导。8月，“2015年贵阳市支持社会组织参与社会服务项目——优秀传统文化推广——书法大讲堂进社区”花溪区2015书法创作培训活动在区文联举行，包俊宜、马宏明、石文辉三位著名书法家对书法学习、创作进行分析与讲解。10月，组织邀请省市文艺家及区书协、美协会员20余人，应邀到余庆县他山中学采风交流，为该校师生举办文艺讲座两场，并为该校创作书画作品100余幅。

（区文联）

【艺术采风】　2015年，区文联组织采风创作5次。组织邀请岳黔山、毕永祥、张润生、王忠才、沈福馨、方坤等省内外著名艺术家，和区内各协会会员分别深入燕楼镇同心村、谷蒙村，久安乡的古茶场和新种的万亩茶场，十里河滩国家城市湿地公园，高坡苗族“四月八”活动，以及黔陶乡老榜河村民组“四在农家 美丽乡村”进行采风。

（区文联）

【“送文化”活动】　2015年，区文联组织各协会会员开展“送文化”活动21次：春节前夕，组织区书协会员深入区内各社区、乡镇，为群众写春联16次，书写春联近万幅；送书画、送书籍活动5次，包括“迎国庆”送书画进军营，到高坡乡大洪小学、马铃乡谷增小学送书画、送书籍等。

（区文联）

【读书活动】　2015年，区文联组织读书活动3次。4月，为迎接“世界读书日”，区总工会、区文联、贵州花溪农村商业银行联合举办“书香缘·花溪情——书香花溪”2015年职工演讲比赛，发动全区干部职工多读书、读好书；区总工会、区文联、团区委、区妇联、区党史研究室举办“灵秀花溪——阅读文化经典，建设书香花溪”征文活动；9月至12月，区纪委、区文广局、区文联面向全区开展“清风荷韵——读廉政书籍·扬清风正气”征文活动。

（区文联）

花溪年鉴 HUA XI YEARBOOK 2016

花溪区关心下一代工作委员会

【概况】 区委明确一名常委负责检查指导关工委的工作，并担任关工委的第一主任，区人大、区政府及分管领导列入区关工委的班子成员，把区关工委工作纳入重要议事日程，纳入精神文明建设总体规划，纳入目标管理；把关工委工作人员列入区干部教育培训计划，关工委的办公经费、活动经费列入同级财政预算，为工作的开展提供保证。全区各级关工委组织已发展到209个，工作人员和"五老"队伍1200余名。其中：区关工委1个，乡（镇）、社区关工委27个，部门关工委2个，学校关工委19个，村（居）关工委149个，国有企业关工委9个，民营企业关工委2个。并在10所中小学成立校外辅导组，遴选和推荐75名退休老教师、老干部和企事业单位退休的老同志作为校外辅导员。区关工委协同花溪区政法委、区教育局为全区136所中小学配备136名法制副校长。区关工委协同区文广局遴选50名老同志担任义务网吧监督员。全区关工委开展爱国主义、集体主义教育、法制进校园、网吧义务监督、"三爱"宣讲等工作，取得效果。区关工委会同相关部门在全区各类学校开展"中国梦，我的未来，我的梦"、"祖国好，家乡美"、"学科技，奔小康"、"中国梦，法治梦""三爱"主题宣讲和青少年科技创新大赛等系列主题教育活动。全区各级关工委参与关爱留守儿童、困境儿童、残疾儿童等工作中。在创建和巩固"五好"关工委工作中，区各级关工委协调有关部门，得到支持。区关工委制定年度工作计划，并将工作要点印发各乡镇、社区和区属各部门。定期召开关工委全委（扩大）会，安排部署工作。召开"五老"义务网吧监督员，校外辅导员等交流培训会，提高服务能力和水平。

（区关工委）

【"中国关心下一代教育示范基地"挂牌成立】 2015年1月5日，花溪区高坡乡中心完小正式挂牌成为贵州省首家"中国关心下一代教育示范基地"。中国关工委常务副主任、中国社会福利基金会关心下一代基金理事长武韬，台湾财团法人中国信托慈善基金会执行秘书长林美吟，贵州省关工委常务副主任龚贤永，贵阳市关工委主任王选才，出席基地揭牌仪式。区关工委主任冯增才主持揭牌仪式，区领导钟汰甬、张江华、禄竹出席揭牌仪式。中国关心下一代工作委员会、中国社会福利基金会关心下一代基金和台湾中国信托慈善基金会向高坡乡中心完小捐赠50万元资金，用于购置"留守儿童之家"物品及多媒体教学设备等。基地落成后，中国关工委将为学校提供服务与资助。定期邀请学校部分教师赴北京培训，安排北京教育专家来高坡及花溪开展教学交流。武韬主任还为高坡中心完小捐赠一套餐厨设备。

（区关工委）

花溪年鉴 HUA XI YEARBOOK 2016

红十字会

【概况】 全区建有基层红十字会组织57个，发展会员13034人，发展青少年会员6000人，发展红十字志愿者500人。红十字基层组织建设实现城乡全覆盖。在贵州省亚泰职业技术学院开展创省级红十字会示范校活动。开展红十字工作宣传报道20次，先后发放红十字宣传资料等12300余份。开展无偿献血、捐献造血干细胞、捐献遗体"三献”的宣传活动，组织干部、职工、学生、军人、村民1170人参与无偿献血。为遗体捐献申请人办理纪念证书88人。对乡镇、社区服务中心干部、村民、居民、学校学生、机关、企事业单位干部、职工2800人开展自救培训。组织全区广大干部职工为尼泊尔及我国西藏地震灾区捐款91386元。春节期间开展“博爱送万家”活动，慰问走访辖区200户困难家庭，赠送价值24800余万元的米、油和衣物等生活用品。爱心人士助学捐款为全区34名困难学生家庭发放助学金5万元。申请市级困难补助及“博爱一日捐”资金15000元对癌症、特困人员进行救助。结合花溪旅游区、生态文化创新区的特点，在辖区范围内设立4个红十字医疗急救点（青岩镇、天河潭景区、溪北社区服务中心、阳光社区服务中心），为中外游客提供2000人次人道救助医疗服务。

（区卫生和计划生育局）

（责任编辑　翟长保）

法　治

7月2日，区公安分局开展青岩古镇片区重点整治集中统一行动（区公安分局　供稿）

花溪年鉴 HUA XI YEARBOOK 2016

法治建设

综　述

【概况】　2015年，区委政法委捕捉、分析和研判各类涉稳、涉恐情报，实现前端防范、有效治理和精确打击。加大对党政机关、广场、公园、汽车站、学校和水电油气、通信设施、邮政金融等重点单位和要害部位的安全巡逻防范，部署核心应急处置力量。购置一台警用装甲车，在重点时段将其摆放在中心城区重点位置，震慑犯罪。推进“百县千乡万村无邪教创建示范工程”，加强对邪教组织及人员社会面的防控，做到露头便打。在市委政法委的统一安排部署下，做好取缔“贵阳活石教会”，稳妥疏导花溪区信教群众，确保辖区社会稳定。

对矛盾纠纷的摸排化解，做到底数清、情况明。对重大矛盾纠纷问题，明确稳控责任单位和责任人，督促乡（镇）、社区落实好属地责任，区直部门落实好行业主管责任。在全国、省、市“两会”“9.3”大阅兵等敏感节点，以及“数博会”、“生态文明年会”、2015年国际马拉松赛、省第九届运动会和国家领导人到黔考察等重要接待任务期间，制定维稳工作预案，成立应急工作领导小组，实现防止重大政治性事件、非法聚集事件、大规模群体性事件、重大公共安全事件、大规模集体进京赴市上访、个别极端恶性事件六项工作目标，做到“小事不出村寨、大事不出区”，获得省、市有关领导肯定。

区委政法委建立健全刑事降发案两级考核责任制、综治工作责任倒逼机制，落实企事业单位内部治安防范责任制，确保各项综治基础工作开展。统筹好宣传、公安、交通、工信、教育等单位以及乡（镇）、社区的工作，整合各种社会资源，加强协作配合，实现平安创建由单兵作战向各方联动转变。推进小喇叭工程、平安在线视频监控、超B级锁芯更换、防盗门安装、“亮灯工程”、平安E家“六小”工程建设，做牢技防、物防基础性工作。加强校园周边、城郊结合部、娱乐场所、无人值守的停车场等重点场所整治力度，加大摩托车、电瓶车等易被盗窃物的管理力度，提高路面见警率，加大进攻性盘查力度，压缩犯罪空间。2015年，全区刑事案件与2014年同比下降10.21%。推进城乡网格化建设，建立110个社会联防联控组织，组织近11466名各界志愿者佩戴“红袖标”参与社会面防控工作。明珠社区命案防控工作获中央综治办领导赞扬，全国命案防控工作现场会与会专家、领导到明珠社区观摩工作模式。

区委政法委贯彻落实市委“机制建设年”要求，将“党委、政府负总责，党政主要领导是第一责任人”的方针作为禁毒工作的总抓手，围绕“书记抓、抓书记”的禁毒工作理念，推进社会化禁毒工作，构建“各部门协同、全社会参与”的禁毒工作大格局。制定《花溪区禁毒工作责任制（试行）》《花溪区禁毒人民战争考核奖惩办法》等制度，建立区委常委会每月调度会、区委政法委每月至少一次推进会、社区（乡、镇）及居（村）每月联席会等机制，立足基层基础、立足“条专块统”的禁毒工作新模式。明珠社区探索的“一办两会三中心”社会化康复站工作模式得到国家禁毒委的肯定。升级改造花溪阳光就业家园燕楼基地社区戒毒康复“阳光工程”集中就业安置基地，建设贵州省禁毒志愿者及社工培训基地。花溪阳光妈妈志愿者协会获评全国禁毒工作先进集体。公安机关发挥主力军作用，开展毒品违法犯罪“严打”行动，花溪区公安分局破获一起跨省部督案件，获公安部肯定性批示，经开区公安分局打击毒品犯罪工作得到省、市肯定。

区委政法委全面加强流动人口“三管”工作，发挥流管办枢纽作用，推动公安、卫计、住建、人社等部门落实“三管”措施。牵头组织各流管成员单位、乡镇（社区）对城郊结合部出租屋、外来人口进行清理，共采集新增流动人口信息3.01万条、出租房屋信息1.1万条、就业信息3000条，新增办理贵州省居住证。下发《花溪区外来犯罪嫌疑人漏管失控责任追究办法》，对因工作落实不到位的相关责任人进行问责。

区委政法委根据司法体制改革先行工作方案，做好区法院、检察院干部职工思想摸排、调查、疏导等各项工作。按照以主审法官、检察官办案责任制为中心的原则，组建好办案团队，办案力量集中到一线，执法办案效率得到提升，法官、检察官使命担当意识得到增强。

开展“三严三实”专题教育，推动政法队伍作风建设，加强教育培训，着力提升政法干警能力素质。坚持严管队伍，对政法队伍中出现的纪律作风问题，严肃查处，提升政法队伍整体形象，增强其战斗力、执行力、落实力。

（区委政法委）

公　安

【概况】　区公安分局辖区面积891.56平方公里，户籍人口368009人，辖5个社区服务中心4个镇5个乡。2015年，区公安分局完成警卫安保任务145起，投入警力21425人次，车辆5102台次。推进“大数据”指挥中心建设，在重点要害部位视频监控摄像点接入1370余个。

（区公安分局）

【两严一降】　2015年，区公安分局处理“两严一降”（严厉打击两抢一盗犯罪、严密防范两抢一盗犯罪、降低刑事发案率）类刑事案件1621起，其中，盗窃案立1291起，诈骗案立159起，“两抢”（抢劫、抢夺）案立72起。

（区公安分局）

【刑事侦查】　2015年，区公安分局破获刑事案件（除禁毒、经侦案件）1260起；破获现行案件694起，现行案件破案率40.96%。侵财案件刑事拘留犯罪嫌疑人279人（抢劫17人、抢夺7人、盗窃238人、诈骗17人），起诉犯罪嫌疑人254人。刑侦专业队伍破案925起（除经侦、禁毒案件）。覆盖中心城区的大成责任区刑警队于3月20日至12月31日期间破案613起。刑事技术室勘验现场1722起。

2015年辖区命案发生5起，破获5起。明珠社区作为全国命案防范侦破现场会的一个现场点宣传推广。全区梳理排查涉黑涉恶案件线索15条，法院判决生效涉恶人数37人。抓获网上追逃逃犯12人，其中省外逃犯1人、历年逃犯 1名、命案逃犯 4名。

（区公安分局）

【禁毒工作】　2015年，区公安分局破获毒品案件135起，破获公安部目标案件1起，省公安厅目标案件2起。抓获毒品犯罪嫌疑人145人。查获吸毒人员813人；强制隔离戒毒551人。公开查缉101起，全市排名第一。

（区公安分局）

【经济犯罪侦查】　2015年，区公安分局立案侦查经济案件68起，破案59起；打击侵犯知识产权和假冒伪劣犯罪立案10起、破案10起；集中开展“汇信行”、E租宝等整治非法集资专项行动，立案3起，破案2起，在侦1起。

（区公安分局）

9月29日，花溪公安分局警察在幼儿园上学、放学时段值守（区公安局　供稿）

【治安管理】 2015年，区公安分局受理行政案件5996起，办结5057起；受理一般程序行政案件2225起，办结1268起，当场处罚137起；治安一般调解1234起，当场调解2418起。

特种行业管理：动态监管旅馆业254家（5990个床位），检查旅馆业245家1355余次（含桑拿浴室），行政处罚123家，下达限期整改通知书66家189次，取缔黑旅社5家，整改、处罚及取缔189家次。

枪支、危爆物品管理：管理相关单位20家，日常检查250家次，发现安全隐患128处、整改128处。办理涉危爆、枪支、保安监管刑事案件1起，刑事拘留1人；行政案件5起，行政处罚5人。收缴管制刀具844把、子弹1029发、枪支16支、烟花爆竹393件。管理途经辖区输油气管道96.6公里，排除16处管道安全隐患。

打击赌博专项行动：打掉赌博团伙2个、黑赌场2个，查处赌博黑窝点6家，取缔“黑电玩”3个，收缴各类赌博机52台。破获开设赌场案4起，刑事拘留13人，收缴赌资30万余元。查处涉赌行政案件9起，抓获违法嫌疑人50人，收缴赌资2万余元，行政处罚48人。

扫黄专项行动：打击容留卖淫团伙2个，查处卖淫窝点12个，取缔涉黄“小发廊”4家，处罚涉黄场所2家。破获容留妇女卖淫案2起，刑事拘留3人。查处涉黄行政案件25起，抓获违法嫌疑人54人，行政处罚54人。

打击拒不支付农民工工资：受理区劳动局移送的涉嫌拒不支付劳动报酬案14起，立案侦查7起，破案3起，抓获犯罪嫌疑人3人，涉及欠薪人数900余人、欠薪资1300万余元，追回拖欠农民工工资200万余元。

（区公安分局）

【互联网管理】 2015年，区公安分局对辖区网吧进行监管，对重点人员、重点群体进行专项巡查及虚拟身份比对、专项监控，处罚整改网吧10家，进行网络维护100余次，发现本地舆情150余条，编写舆情专报48期；上报互联网社交群8个，各地疑似人员2000余名；协助刑侦大队抓获犯罪嫌疑人60余名，破获案件80余起，打掉犯罪团伙6个。

（区公安分局）

【户籍管理】 2015年，区公安分局受理群众咨询户籍服务33000人次，办理户口1900余起，其中农迁农580起，农转非66起，非迁非635起，出生、收养入户421人，更改年龄、性别、民族126人；办理临时身份证4731份、居住证15038份。

（区公安分局）

【出入境管理】 2015年，区公安分局受理涉外案事件6起，其中治安案件5起（酒店业不按规定办理境外人员临时住宿登记案件），其他案件1起（非法就业案件）。受理因私出国（境）咨询

12715人次，办理证件计22474本（其中港澳通行证7990本、护照8263本、台湾通行证6221本）。登记上报临时到区住宿境外人员1116人次（外国人938人次、香港81人次、台湾90人次、澳门7人次），其中，住地区境外人员555人次，酒店、宾馆登记境外人员561人次。登记建档境外常住人口510人次。协助区委组织部开展违规办理和持有因私出国（境）证件专项治理工作，为报备单位提供拷贝客户端，登记备案国家工作人员1917人次；法定不许出境人员11人次，撤销备案人员114人次。

（区公安分局）

【交通管理】　2015年，区公安分局投入1350余名警力参与重大节日、活动、敏感节点的道路交通安全集中整治行动，完成清溪路改造、封路施工期间交通疏散工作，全年未发生重大交通安全责任事故。

（区公安分局）

【消防安全管理】　2015年，全区新增市政消火栓104个，投入建设、维护资金60万元，确保消火栓完好率达到98%以上。检查单位1437家，下发《责令改正通知书》979份，下发《临时查封决定书》49份，其中责令“三停”11家、行政拘留6人，行政处罚人民币496900元。挂牌省级重大火灾隐患1家，定期督促指导隐患整改工作，并于10月4日销案摘牌。青岩镇政府专职队在原有的条件上，招聘政府专职队人员20人，更新60余件装备器材，现有文员6人，专职消防员11人。在孟关、燕楼、黔陶、高坡4个乡镇分别组建志愿消防队，在常住人口1000人以上的村寨，成立消防志愿队，配备“两池两泵”。将阳光社区徐家冲居委会打造成“网格化”试点并召开现场会在全区推广。依托消防科普教育馆进行消防安全工作宣传，开放消防科普教育馆11次。开展“三月学生消防安全月”、“5·12”防灾减灾日、“六月安全生产月”、“九九平安消防”等系列大型消防宣传活动，发放消防宣传资料25000余份（册），更新微信平台消防安全知识300余条，发送消防安全提示短信40000余条，普及群众5万余人。

（区公安分局）

【“110”报警服务】　2015年，区公安分局受理各类报警电话46154起，接警台转警19018起。其中，刑事类警情2351起、治安类警情441起、求助2167起、纠纷3462起、咨询1595起、火灾事故24起、交通事故64起、群体聚集类70起、安全事故8起、自然灾害事故2起、投诉35起、举报47起、重复报警308起、其它8442起，12110（短信）报警620条。下达指令处置各类警情1735次，接受巡逻车辆报备1346次、派发四色预警58562条，各巡逻单位直接接受分局指挥调度及研判指令抓获18名犯罪嫌疑人。

（区公安分局）

【突发事件处置】　2015年，区公安分局规模化集中用警270次，投入警力15290人次，妥善处置群体聚集事件205起。维稳处突、围场施工、拆违执法保障等工作“零事故”“零失误”，实现不发生政治事件、不发生重大群体性事件、不发生警卫安保事故、不发生公共安全和安全生产监管责任事故“四个不发生”的既定目标。

（区公安分局）

【治安专项整治】　2015年，区公安分局对阳光派出所辖区重点部位开展“大清查”整治行动18次。各派出所开展清查整治出击行动256次，出动警力2000余人次，社区工作人员、治安积极分子600余人次。通过行动破获各类刑事案件14起，抓获各类违法犯罪人员160人，其中犯罪嫌疑人18

人、吸毒违法人员130余人。

（区公安分局）

【重大案件破获】 2015年，区公安分局侦破“1·1”犯罪嫌疑人刘某、杨某等人故意伤害致死案、“2·18”犯罪嫌疑人某某故意伤害致死案、“4·11”犯罪嫌疑人代某某故意杀人案、“9·12”犯罪嫌疑人廖某某故意杀人案、“10·20”嫌疑人周某某、黄某某抢劫强奸案、“5·21”犯罪嫌疑人越某某团伙盗窃机动车案等重大要案20余起。全区梳理排查涉黑涉恶案件线索15条，经人民法院判决生效涉恶人员37人。

（区公安分局）

【群众治安满意度调查】 2015年，区公安分局花溪区（含经开区）安全感测评实现绝对值和排位双升目标，安全感97.18%，全省排位上升4名，全市排位上升2名。花溪区（含经开区）群众对公安机关满意度96.42%；高坡、马铃、明珠、清溪、石板、阳光、久安、麦坪、孟关、黔陶、燕楼、青岩12个乡、镇（社区）安全感在98%以上；高坡、久安、阳光、麦坪、孟关、清溪6个乡、镇（社区）群众对社会治安状况满意率在97%以上。

（区公安分局）

【工作创新成果】 2015年，区公安分局调整成立两个责任区刑警队：一是3月20日调整成立覆盖中心城区的大成责任区刑警队，截至12月31日，大成队破案占城区所有破案单位破案总数的90.5%；二是调整成立覆盖所有乡镇辖区的将山责任区刑警队，于2016年1月1日开始运行。全年刑事技术室共勘验现场1722起，勘验率（94%），痕迹物证提取率（85.5%），刑侦专业队伍破案占比达73.41%。

（区公安分局）

【公安队伍管理】 2015年，区公安分局开展篮球赛、足球赛、青年民警才艺大比拼、反恐拉练拓展、主题演讲、“六一”致子女的一封信等丰富多彩的警营文体活动。全年举办各类民警培训班108期，培训民警2075人次。举办分局“大讲堂”13期。在9月份举行的2015年全市公安机关警务实战技能大比武中，获全市警务技能大比武第一名，并作为贵阳市核心团队参加全省的大比武，获第二名。在警体比赛中获市局“前卫杯”足球赛四强、游泳赛获团体二等奖；获花溪区“职工杯”足球赛冠军。2015年，在中央、省、市三级媒体开展宣传报道1276条。

全年办理民警维权案13起，其中办理妨害公务案（暴力袭警案件）6起，刑事拘留6人；行政案件7起，行政拘留10人。2015年，全局获上级表彰集体30家次，个人150人次（全国公安系统二级英模1人，个人二等功1人，个人三等功23人，个人嘉奖93人）。

（区公安分局）

检 察

【概况】 2015年，区检察院受理提请批准逮捕案件和移送审查起诉案件1616件2251人；立案查办贪污贿赂、渎职侵权犯罪案件19件28人；开展案件质量评查4次，评查案件250件；网上公开程序性案件信息1491件次，公开法律文书882件；接待律师124次；网上受理辩护与代理预约32件；网上受理律师查询案件程序性信息52件。

区检察院2015年被贵阳市创建生态文明建设试点工作领导小组评为“贵阳市生态文明机关四星级”，院党总支被贵阳市委党的建设工作领导小组评为市级“五好基层党组织”。16名干警受到省、市、区表彰。

（张翠蓉）

【刑事检察】　2015年，区检察院受理公安机关提请批准逮捕各类案件742件1029人；批准逮捕656件900人，不捕108人；受理移送审查起诉案件874件1222人；依法向法院提起公诉748件1009人，不起诉21件25人，抗诉2件7人；依法批准逮捕组织、利用邪教组织破坏法律实施案件3人；依法批准逮捕破坏生态环境犯罪8人；提起公诉故意杀人、故意伤害、强奸等严重刑事犯罪案件68件78人，“两抢一盗”案件299件457人，毒品案件169件183人。贯彻落实轻缓刑事政策，制定《花溪区人民检察院刑事和解工作实施办法（试行）》，对当事人和解自愿性及合法性进行审查，刑事和解不批准逮捕7人，不起诉8人，和解后被害人均获得救济，无一人上访信访。

（张翠蓉）

【反贪污贿赂】　2015年，区检察院受理案件线索14件22人，立案查办12件20人，全部为涉案金额5万元以上的大案，其中正县级1人，副县级1人，正科级1人。案件涉及征地补偿、工程建设、医药购销等领域。其中，查处贵阳市经开区“奇瑞配套”项目、黔陶乡赵司河段防洪工程等项目征地补偿过程中的职务犯罪案件6件13人。

（张翠蓉）

【反渎职侵权】　2015年，区检察院受理渎职犯罪案件线索8件9人，经初查决定立案侦查7件8人，其中重特大案件6件，全部为渎职与贪贿交织犯罪案件。孟关乡人民政府工作人员陈某某涉嫌滥用职权、贪污、挪用公款案，系近年来市检察机关查办的首例家电下乡惠农专项补贴领域职务犯罪案件。

（张翠蓉）

【预防职务犯罪】　2015年，区检察院依托警示教育基地坚持“请进来”。警示教育基地接待93批次，接待人数为3944人。组织13家国有企业召开座谈会，深入机关企业学校等46家，受教育人数达5000余人。在文化旅游创新区指挥部设立预防职务犯罪检察办公室，介入花溪文化旅游创新区项目建设涉及的中心城区整治、花溪迎宾馆周边区域整治、甲秀南路区域整治、十里河滩两侧区域整治、大学城周边区域整治等12个重点项目工程，同步开展专项预防工作。帮助处理并解决贵筑社区洛平村、大寨村村民为多得征拨款而集体扎堆离婚事件以及凤鸣林场地块30亩地与原甲秀南路项目已征收土地重叠事件等群体性问题。开通网上受理行贿犯罪档案查询通道。向社会公布行贿犯罪档案查询QQ号和微信二维码，通过QQ号平台受理234家单位申请，开展查询366次。开展行贿犯罪查询受理1529次，被查询单位1481家，被查询人数3110人，查出1家单位有行贿犯罪记录，阻止6家投标单位准入相关工程项目招投标环节。

（张翠蓉）

【监所检察】　2015年，区看守所无实质性超期羁押发生。提请预警催办167件309人，其中公安机关24件42人，法院112件218人，检察机关31件49人。开展罪犯交付执行与留所服刑专项检查活动，清理留所服刑人员12次287人，均为余刑三个月以下罪犯，无违法留所服刑情况。全年纠正脱管1人、漏管3人，纠正暂予监外执行情形消失未及时收监2人、暂予监外执行不当5人。办理羁押必要性审查案件3件。

（张翠蓉）

【诉讼监督】 2015年，刑事诉讼监督立案25件，监督撤案30件，纠正漏捕37人，向公安机关发出《纠正违法通知书》35份，适时介入侦查10件22人。追诉漏犯25人，追诉漏罪12桩，依法抗诉2件。对不构成犯罪或事实不清、证据不足的不批准逮捕108人。刑罚执行监督方面，提前预警催办169件296人，对刑罚执行和监管活动中的违法行为，提出纠正意见13次，开展羁押必要性审查4件。建议提请民事抗诉3件，办理执行监督案件25件，向法院发出的检察建议25份及改进工作建议2份均被采纳。办理督促生态修复案件59件，其中，针对生态建设局执法范围内公司单位发送督促令10件，要求恢复水质；针对恢复空气质量发出27件督促令；针对城管局渣土管理所执法范围内公司发送督促令2件，要求对渣土进行管理；针对林业部门发送督促令17件，要求恢复林地；针对国土部门发送督促令3件，要求恢复土地性质。

（张翠蓉）

【民事行政检察】 2015年，区检查院受理民事行政申诉案件15件，其中市检察院交办14件，自行受理1件。不支持监督申请7件、提出再审检察建议被采纳1件。办理生态类督促履职案件115件，其中生态部门30件、水务部门21件、住建部门2件、城管部门1件、公安部门1件、市场监督部门1件，文广部门1件、林业绿化局1建、城管部门44件、国土部门12件，安监部门1件。支持公益组织向人民法院提起公益诉讼1件。

（张翠蓉）

【控告申诉检察】 2015年，区检查院接待来信来访113件128人，其中，来访93件128人，来信20件。受理举报线索29件，司法救助案件16件。对14名刑事被害人开展司法救助，发放救助金6.5万元。受理刑事申诉案件6件，受理民事申诉案件20件，审结率100%。带案下访巡防13次，直接到社区、乡镇听取群众诉求20次。开展举报宣传7次，发放宣传资料2500份。

（张翠蓉）

【司法体制改革试点】 区检察院采取“1名主任检察官（办案团队负责人）+数名检察官+数名检察辅助人员”的模式，搭建新型办案组织。根据案件性质和特点，区检察院9个主要业务部门，分为4个刑事检察办案组，2个职务犯罪侦查组，1个综合监督办案组和1个内部监督办案组，85%的检察人员集中到执法办案一线。通过减少案件审批层级，实现案件扁平化管理，审查逮捕案件用时减少30%。审查起诉案件审结率90%，与去年同期相比提升14个百分点。经过员额内检察官遴选程序，28名长期从事检察实务、具有丰富办案经验的检察官成为首批员额制检察官。5月15日，省委书记赵克志和省委副书记、省委政法委书记谌贻琴到区检察院调研。（张翠蓉）

6月19日，区检察院举办规范司法行为专项活动知识竞赛（区检察院　供稿）

[花溪年鉴 HUA XI YEARBOOK 2016

法　院

【概况】　原花溪区、小河区行政区划调整后，现花溪法院辖区面积964.32平方公里，辖11个乡镇、18个社区（含贵安新区直管乡镇部分），人口62.61万人。全院有班子成员6名，设内设机构17个，派出人民法庭4个，巡回法庭1个。编制107人，实有干警100人。全院2015年受理案件7017件。

（段海军）

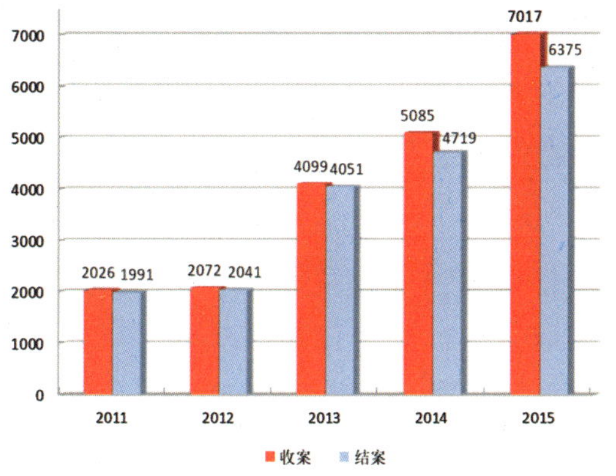

花溪区人民法院2011-2015年收结案情况对比图

【司法改革】　2015年，区法院作为贵州省第一批司法体制改革试点法院，初步完成和落实员额法官遴选、人员分类管理、司法责任制等工作。区法院被评为“全省法院先进集体”，中央、省、市媒体对区法院司法改革工作进行报道35次，山西省、陕西省等高级法院等组织学习团调研学习30余批次，上海市黄浦区法院、广东省佛山中院、齐齐哈尔市中院等60余家法院前往交流学习。

（段海军）

【刑事审判】　2015年，区法院受理刑事案件791件1078人，审结764件1039人，结案率96.59%；审结抢劫、抢夺、盗窃犯罪案件 318 件486人；快审快结涉毒犯罪案件159件173人；审结原《中国贸易报》贵州记者站站长姜冰等贪贿案件6件7 人；依法审理骆科健等涉恶案件1件8人；审结涉未成年人犯罪案件58件110人。主持召开首次公检法刑事司法联席会议，主导与区检察院、贵安新区公安局、区公安分局、经开区公安分局联合出台《关于建立刑事司法工作联席会议制度》。

（段海军）

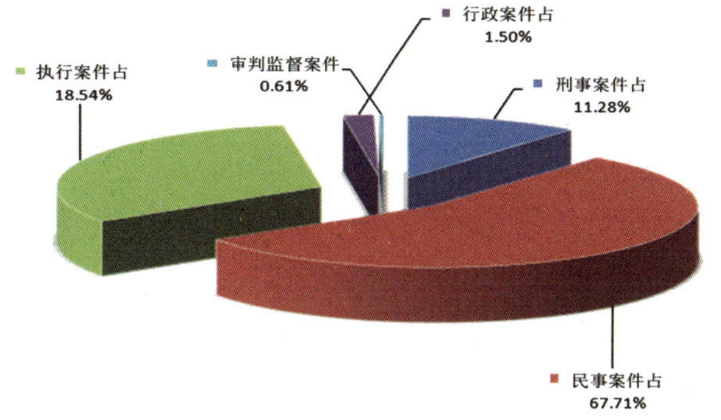

2015年受理案件类型图

【民事审判】　2015年，区法院受理民商事案件4747件，审结4205件， 结案率88.58%；依法审结各类合同纠纷2630件；妥善审理婚姻家庭类案件872件；调解结案987件，全年调解撤诉率40%；依法审结追索劳动报酬、抚养费、赡养费、工伤赔偿、人身损害赔偿等案件123件。

（段海军）

【行政审判】　2015年5月，配合完成贵阳市行政案件跨区域相对集中管辖工作，解决一些当事人“争管辖”和诉讼“主客场”问题。全年受理行政案件105件，审结99件，结案率94.29%，审查行政非诉案件11件。

（段海军）

【执行工作】 2015年，区法院受理执行案件1300件，执结1247件，执结率95.92%，实际执行率40.5%，实际执行标的到位率46.2%，执行标的总金额4.18亿元，实际执行到位金额1.93亿元。网络司法拍卖成交额82万元，平均拍卖耗时30天，拍卖成本为零；依托信息技术运用，推行“总对总”查控机制，对被执行人的银行存款、车辆、房地产及户籍、出入境、婚姻登记等执行信息进行查询，执行到位1亿元。利用最高人民法院失信被执行人信息查询系统公布失信自然人790人，公司150家。依法对7名抗拒执行“老赖”采取司法强制拘留措施。执行涉农民工工资等八类涉民生案件6件。

（段海军）

【审判监督】 2015年，区法院召开司法改革例会37次，制作并印发会议纪要5期，形成《司改工作周报》《司改工作月报》《司改例会》等工作制度，出台《刑事司法工作联席会议制度》文件，开展小额速裁审判工作，加快法院网络执行查控系统建设。审判管理团队整理、制作并全院印发《审判管理通报》11期，开展庭审巡查102件次，评查案件4337件，评查上网法律文书1811份，案件回访21人次，约谈法官59人次。各审判团队刻录案件留痕光盘1810张，上网生效法律文书3042份。

（段海军）

【立案登记制】 5月1日实行立案登记制后，区法院接受登记2568件，当场立案受理2404件，当场登记立案率93.6%。全年开展司法救助 23人次，发放救助金23万元；减免缓交诉讼费案件35件，减、免、缓交诉讼费387254元。全年接待群众来访460人次，处理各类来信25件，化解涉诉信访案件25件，无一例进京到省非访案件。优化设置第一、二、三、四人民法庭，健全巡回办案制度，将司法服务送到人民群众的家门口。

（段海军）

【人大、政协监督联络】 6月4日上午，区人大常委会主任任渝生带领视察组一行20余人莅临区人民法院视察司法体制改革试点工作开展情况，听取区法院党组书记、院长吴莎的专题汇报。6月16日下午，区政协主席、党组书记谌业华带领驻区市政协委员、区政协委员及区政协相关部门负责人一行20余人莅临区法院视察司法体制改革工作，听取吴莎院长的改革工作汇报。院领导通过邀请座谈、上门走访、电话联系、发函联系等方式开展联络41次。

（段海军）

【司法能力建设】 2015年，区法院院长查摆“不严不实”问题12个，其中11个已整改落实。排查党员干部不作为、乱作为等损害群众利益问题1个并整改落实。全年开展纪检日常督察40次，开展专项督察15次，开展审务评议10次，开展财务督查1次，全年对干警进行约谈和提醒谈话150人次。

（段海军）

【区法院信息化建设】 2015年，区法院11个科技法庭投入运行，实现庭审全程录音录像和电子卷宗管理。建成覆盖全院和人民法庭的音视频监控网络系统，打造X光机、来访人员电子登记及安保呼叫为一体的法院安全保卫系统。先行试用上海交大慧谷公司开发的审判管理系统，实现电子卷宗系统管理，运行法院门户网站和审判流程、裁判文书、执行信息三大公开平台，推进网上办公办案，提高法院工作的科技含量和信息化水平。

（陈华伟　张　娟）

【案例】 2014年10月，原告沈某与被告越某甲经他人介绍认识订婚，原告沈某支付38000元给被告越某甲作为彩礼。2015年1月9日，原告沈某与被告越某甲在未办理登记的情况下，按照当地习俗办酒"结婚"，原告举行订婚宴、拍摄结婚照、租用迎亲车队等并支付费用。订婚宴后不到一周，被告越某甲以原告患有乙肝为由回到其父母家，拒绝办理婚姻登记。为此两家之间产生矛盾、争吵不断，当地村委会数次调解未果。后原告诉至法院，请求被告返还原告彩礼现金、婚纱照费用、迎亲车辆费用、摄影费用等45080元。

受理该案后，主审法官认真阅卷，并向村委了解调解过程。案件庭审中，主审法官认真听取双方的真实意思表示。经审理查明，订婚时被告确实收到原告支付的38000元的彩礼，但该款项中有2万余元用于购买家用电器、西服、床上用品及生活用品等陪嫁物品，上述物品现存放于原告家中并由其进行管理使用。由于双方对立情绪较大，庭上未达成调解意见。考虑到双方亲属众多，矛盾易激化的情况，主审法官决定暂缓宣判，在查明事实的基础上，结合婚约财产纠纷法律适用及处理该类似纠纷的经验，找准双方争议焦点，采用"背对背"调解的方式做双方的思想工作，释明法理，疏导情绪。最终促成双方达成和解，按当地农村风俗，女方陪嫁的物品不宜退回，由被告越某甲一次性当庭即时支付原告沈某人民币7500元，陪嫁物品全部归原告沈某所有。一起棘手的婚约财产纠纷，经过法官调解实现案结、事了、人和。

（段海军）

【花溪年鉴 HUA XI YEARBOOK 2016】

司法行政

【概况】 2015年，全区有17个司法所，司法助理员41名，律师事务所4个，执业律师87人，法律服务所4个。全年调解纠纷1784件，成功1781件，调解率为100%，成功率99.8%。全年完成法律援助案件320件，办理各类公证606件，接收社区矫正人员125人，解除社区矫正148人。

（区司法局）

【人民调解】 2015年，11月，区司法局组织全区人民调解员工作培训会，特邀贵筑司法所所长罗涌、花溪法律服务所主任刘文、贵州广播电视大学李豫黔副教授就调解中应注意的法律问题及一些常用法律讲解对全区近200名专职调解员进行培训。

（区司法局）

【法律服务】 2015年，完成法律援助案件320件，其中刑事案件96件，民事案件224，其中诉讼案件126件。接待来电来访600人次。2015年，律师事务所接受法律援助指派案件101件，基层法律服务所接受法律援助指派126起，为基层群众解答法律咨询2658人次。健全全区17个法律援助工作站、179个村居法律援助联络点。12月，在老龄委成立法律援助工作站，为老年人提供法律咨询、矛盾化解、权益维护等方面的服务。

（区司法局）

【公证事务】 2015年，贵阳市明珠公证处办理各类公证606件，其中民事601件，经济5件，公证收费413934元，接待群众来访4200余人次。公证处参与大学城项目、花安高速、市域快铁、孟溪路、孟关“两港一中心”项目、花溪公园整体提升项目、花溪湿地公园项目、经开区重点项目、花溪中心城区整治等重点项目建设，多次参加政府组织的拆除违章建筑行动。

（区司法局）

【律师事务】 2015年，全区有5个律师事务所（贵州黔鹰律师事务所、贵州群众律师事务所、贵州民光律师事务所、贵州桓智律师事务所、贵州元年律师事务所），执业律师87人。区司法局成立花溪明珠社区“律师会客室”，值班律师免费解答法律咨询，解决社区居民的法律需求。贵州黔鹰律师事务所、贵州群众律师事务所、贵州民光律师事务所推进“以案释法”“律师行”活动，全年开展法律咨询8次，贵州黔鹰律师事务所分别在乡村、社区以及人流量较大的街道、花溪公园开展法制宣传，发放宣传资料，现场解答法律咨询，现场讲解案例。5月、6月，贵州群众律师事务所律师在丹寨县公安局为全局干警举办法制讲座。贵州民光律师事务所义务担任花溪兴隆社区服务中心法律顾问，免费提供法律服务。

（区司法局）

【社区矫正】 2015年，区司法局接收社区矫正人员125人，解除社区矫正148人。现有在册社区矫正人员172人，其中缓刑118人，管制9人，假释39人，暂予监外执行6人。开展非监禁刑审前调查评估164例，经调查评估适宜纳入社区矫正的95例；不适宜社区矫正的69例，所有调查评估意见均被法院采纳。孟关、溪北司法所被评为贵阳市社区矫正示范点。对社区矫正人员实行定位信息管理，发放定位手机并定位监管115人。

（区司法局）

【刑释解教人员安置帮教工作】 2015年，区司法局接收刑释解戒人342人，其中刑满释放212人，戒毒出所130人，被监所评估为重点帮教人员的刑释解戒人员230人。区司法局对刑释解戒人员加以核实，衔接备案，登记造册，过滤“三假人员”（假姓名、假地址、假身份）。2015年，处于安置帮教期内的刑释解戒人员789人。所有刑释解戒人员均建立一人一档的安置帮教工作档案，做到人员底数清，情况明。

（区司法局）

【普法宣传】 2015年，区司法局开展法制宣传300余次，播放录音通告300余次，发放宣传资料5万余份，处理突发事件30余起，排查矛盾纠纷60余起，协助参与青岩镇政府开展违章建筑强制拆除行动50余次，开展严打违建专项行动、禁毒等宣传2000余次。11月30日，开通《法治花溪》官方微信，关注人员93人，发送34条信息；《花溪司法局》网站上传更新50余条信息，浏览点击量8000余次；《花溪司法行政》政务微博发布信息378条，手机短信宣传平台发送短信24446条。全区200余块法制宣传栏每季度更新一次图片内容，覆盖全区20个乡（镇、社区服务中心）177个村居。

（区司法局）

（责任编辑　翟长保）

军　事

7月31日，花溪区组织开展机关工作人员军事日活动（区人武部　供稿）

花溪区人民武装部

【概况】 2015年，区人武部完成调研预热、动员部署、学习“三严三实”教育、专题民主生活会等工作，7月31日，区委召开议军会暨军事日活动，区委重视人武工作，密切军地关系。区人武部在干部职工、专武干部和民兵中开展“学法尊法守法用法”法律常识教育，增强法纪观念。同时，组织以上人员到羊艾监狱进行警示教育，到小孟工业园参观学习，提高学习效果。开展祭扫戴安澜将军衣冠冢、参观万枚毛泽东像章展、走访慰问抗战老兵、纪念抗战胜利70周年活动，组织干部职工和民兵参加警备区“唱响抗战歌、激发强军志”歌咏比赛获三等奖。选派1名干部参加省军区 “四会”政治教员评选活动并获三等奖。3月16日省双拥工作考核检查领导小组到花溪检查争创双拥模范城市工作。9月30日，区人武部邀请省市书画家到驻区部队开展“迎国庆，送书画进军营、区文联向驻区部队赠送书画活动。11月3日，全国双拥调研督导组到花溪检查双拥工作开展情况。全年在《解放军报》《中国国防报》等中央级、大区级、省级和市级新闻媒体上稿27篇（幅），政研文章8篇。

结合新的形势任务，组织修订完善各种战备方案预案。投入20余万元补充更新战备物资器材，新建战备器材室。先后 4次开展战备形势教育，6次紧急拉动、抢险救灾、防暴恐袭击等演练，增强战备观念和处置突发事件的能力。认真落实警备区2015年度训练工作指示，完成军事训练工作。组织区国动委成员单位及各专业办公室开展国防动员潜力调查。立足贵州勤邦生物科技股份有限公司在全国食品快速检测技术领先优势，按照“人员精干高效、突出技术优势、便于组织指挥”的原则组建全国首支民兵食品安全快速检测云分队，完成上级赋予的“四新”建设观摩任务，得到省军区首长和“四新”建设观摩团全体代表的好评。2015年，全区完成征兵工作，贵州财经大学武装部干事胡细根被成都军区征兵办评为征兵工作先进个人，区征兵办被市征兵办评为2014年度征兵工作先进单位。

结合蹲点调研和“三严三实”专题教育，部党委委员先后到27个乡镇、社区、高校和企业武装部调研，召开基层专武干部、民兵连长骨干座谈会4次，了解基层开展武装工作的困难，听取他们对加强规范化建设的意见建议。将摸底调研中基层反映的困难列入党委委员帮带任务表，明确责任人和解决时限，为基层解决难题6个。结合民兵整组工作，组成3个工作组对基层党管武装、民兵组织建设、民兵军事训练、基层规范化建设、民兵政治教育开展、平时征兵准备工作等六个方面内容进行调查摸底，检查基层武装部的办公秩序、战备训练情况，抽查和检验部分单位民兵应急分队。在与区委组织部共同考察的基础上，对

5月27日，花溪区人武部官兵在黔陶乡抗洪救灾中疏散受困群众（区人武部　供稿）

全区3名专武干部进行调整，增强专武干部队伍的活力。

纠正值班室设置不规范、值班制度坚持不严格、日常工作计划性不强、登记统计不及时等问题，推动人武部“四个秩序”进一步规范。开展“条令月”活动，以两级军区安全稳定电视电话会议精神和有关案件情况通报为主要内容，着力抓形势战备和法规法纪教育。加强涉密介质管理，签订安全责任书和保密责任书。开展安全隐患整治，投入经费对物资器材库、保密室等重点部位的防护设施进行加固，对文印室进行规范，对消防设施、红外线防盗系统等进行调整更新，完善营区车辆、人员出入登记，加强查铺查哨等基本制度，提高安全系数。在做好自身安全稳定工作的同时，协助地方党委、政府做好涉军群体重点人员稳控工作，组织召开军地联席会5次，召开退伍军人座谈会2次，参加地方应急维稳行动5次。

坚持党委当家理财，落实“收支两条线”和“双主官”审批经费制度，全年压缩行政开支4万元，完成植树造林、抢险救灾、征兵工作和军事训练的后勤保障任务。落实车辆派遣制度、干部带车制度、奖惩制度和私家车管理使用制度，与军车驾驶员和有私家车的干部职工签订车辆使用责任状。组织驾驶员队伍作风整顿专项教育两次，完善驾驶员技术档案，落实“车场日”制度，车辆运行状态良好，实现车不掉漆、人不掉皮。投入4万余元改造民兵骨干分队宿舍，投入9万元对干部职工宿舍楼进行防漏处理，投入6万元对办公家具进行更新，改善干部职工和民兵骨干分队住宿和办公条件。

结合花溪建设文化旅游创新区的要求，以精准扶贫、植树造林、抗旱防火和红色资源开发利用“四项工作”为抓手，投身地方经济建设。结合元旦、春节等节日，投入资金5万余元对贫困群众、复退军人和军烈属进行走访慰问。投入25000元为帮扶点高坡乡杉坪小学住校教师修建生活厨房，购买洗浴、取暖设备。每名干部出资1000元帮扶1名贫困苗族儿童，协调区生态文明局、区民政局等单位共同规划260余亩的军民植树造林基地。组织驻军官兵、民兵900余人到军民植树造林基地种植各类树木1300余株，绿化荒山面积70余亩。投入4万元用于扶贫联系点久安乡拐耳村第8村民组进组道路硬化工程，投入3万元用于同步建设小康村马铃乡谷中村豆腐加工厂基础设施建设。3月30日，区人武部黄筱龙部长，吕晋政委到谷中村蹲点帮带。投入32000元对计生“三结合”帮扶点麦坪镇刘庄村的20户计生扶贫户进行结对帮扶。组织300余人次参与森林防火巡逻，先后组织100余人参与扑灭森林火灾。5月27日，出动干部职工、人武干部和民兵200人，车辆及机械设施20台次，参加抗洪抢险。转移被困群众24人，转移粮食物资14吨，协助群众清理垃圾8吨。组织民兵5000余人次参加“两严一降”专项活动治安巡逻。组织干部职工和民兵参与黔陶乡抗洪救灾的事迹，被贵州电视台《百姓关注》栏目报道，得到区委、区政府主要领导的肯定。

（区武装部）

花溪年鉴 HUA XI YEARBOOK 2016

武警花溪中队

【概况】 2015年，武警花溪中队一是加强党支部建设。每周三组织干部理论学习，加强干部队伍教育管理，支部成员交心谈心，促进班子团结，发挥党支部战斗堡垒作用。采取行政例会教、跟班作业带、个别重点帮等方法，带好士官骨干，利用日常操课、晚点名等提高骨干管理组训和队前讲评的能力，教育引导青年官兵树立正确的人生观、价值观，端正服役态度，引导团员青年在政治上要求进步，向中队党支部推荐4名团员加入党组织。以武警委员会为平台，推动队务公开，发动官兵出主意、想办法、提建议，人人参与中队建设，加强对中队伙食、财务的民主监督，提升骨干培训、考学、入党等敏感事务的透明度，推动队务公开，增强官兵团结，促进部队建设。

二是中队围绕举旗铸魂，坚定信念强军目标，抓好党的十八届四中全会和习主席系列重要讲话精神的学习贯彻，落实学习制度，确保“不漏一人、不落一课”，同时中队还对应主题教育，开展各专题小课教育，利用板报、墙报、心得体会、“新闻点评”、请一等功臣字林冲为中队官兵上课等丰富思想教育内容。开展在中队问题大排查和大讨论，形成干部齐心尽心战士才有主心骨，骨干尽职尽责中队才有顶梁柱，士兵恪守本分发展才有奠基石，风气纯正官兵成长进步才有好土壤。加大对图书阅览室的建设。解决战士在生活、工作、学习和娱乐等方面遇到的问题，通过教唱革命歌曲、看健康影片、倡导读好书、写心得体会、开展球类比赛等，营造有利于官兵健康成长的环境。2015年中队投入经费3500余元新建文化宣传橱窗，投入4000元新购照相机用于新闻图片、官兵生活采集。

三是按照军事训练“八个落实”，抓好新大纲试训，按规定训全训精，三季度参加支队应急班比武取得团体第三名、指挥专业第一名的成绩。每月举办一次执勤战备教育课，抓应急班和三人应急小组建设，突出反应快、到位快、处置快，采取不打招呼的拉动训练。提高官兵临机处置能力。研究专勤训练方法，突出“三员一兵一组”情况处置，开展“一哨多情、一情多案、一案多法”训练。做到一线哨兵突出“因时因地练判断，因岗因哨练处置，因勤因人练心理，因情因势练协同”，提高执勤哨兵处置技能；加强执勤制度建设。做好营区和哨兵防袭击工作，加强勤务管控，精细“三班四哨”组织，落实日讲评、周小结，提高执勤质量。组织以“十一查”为主要内容的执勤安全教育整顿活动，建立挂账销号制度，消除安全隐患。全年投入经费4万余余元更换哨位锈蚀防盗门，完成自卫哨改造工作，安装自卫哨防冲闯拒马，安装哨位防雷地板，完善AB门建设。

四是开展“条令学习月”、勤务专项整顿、枪支弹药安全管理教育，抓好官兵条令法规、执勤纪律、法律知识等学习，传达上级通报的事故案件，观看教育警示片，从思想上筑牢安全防线。以一日生活制度为抓手，从集合速度、队列养成和训练场纪律规范等入手，狠刹起床叹口气、穿衣发下呆、集合愣下神，严格依据条令法规，处理个别执勤违纪人员，营造风清气正的内部环境。

五是依据《后勤规范化管理实施细则》和《经费管理规定》，配齐配好后勤人员，后勤人员在支队后勤竞赛中司务长获单项第一名。严格财务管理。坚持支部当家，大项经费开支，支部研究，报上级审批。开垦400平方米菜地种植西红柿，发挥武警委员会的作用，听取战士对伙食意见，科学安排好伙食，抓好季节性事故预防工作。卫生员定期对营区、食堂、碗筷等进行消毒。购买口罩、药品等物品，防止疾病发生。协调经费36000元，对操作间用电线路进行改造，落实武器装备周擦拭与保养制度，落实“五同”“双人双锁”等有关规定，结合支队枪弹安全管理大排查活动，搞好中队武器装备管理。每天由值班干部对兵器室安全检查一遍，保证枪支弹药的安全。

2015年中队被贵州省总队评为基层建设先进

单位；1名干部被贵阳市支队评为个人三等功，1名士兵被评为个人三等功，1个班被评为集体三等功。协助地方党委、公安机关指挥、参与桐木岭设卡200余人次，并缴获仿真枪一支。

（武警花溪中队）

花溪消防大队

【概况】　2015年，花溪消防大队根据支队《全市消防部队实战化执勤岗位练兵实施方案》要求，制定《花溪大队实战化执勤岗位练兵实施方案》，每天开展体能训练，时间不少于4小时，每月进行一次考核摸底，对考核成绩差的官兵进行加操训练，力求达标。全年，大队修订预案80份，重新制定预案9份，提请政府组织开展大型综合演练3次，大队级演练10次，中队级演练56次。2015年，大队接处警486起，出动车辆945辆次，出动警力5648人次，抢救疏散被困人员3400余人次，抢救财产价值409.6万元。

花溪大队以《条令条例学习月活动》为契机，结合“学条令、守条令、用条令、正警规”专题教育，从一日生活、执勤训练、官兵关系、完成任务、练兵考核等方面对官兵实行量化管理，严格士官考评制度，用条令条例及各项规章制度规范官兵的言行举止。

大队抓班子建设，增强班子的凝聚力。一是学习贯彻党的十八届五中全会精神，围绕“争建先进党委、争当一对好主官”目标，提升班子学习创新、团结协调、落实执行、管理队伍、推动工作的能力，规范党委的议事程序，保证重大问题集体研究决定，防止个人和少数人说了算，确保党委决策的民主性、科学性。二是征求官兵对党委班子的意见和建议，摸清党委班子建设中存在的问题，主动开展批评与自我批评，营造班子内部平等、和谐、民主、宽松的良好氛围。征求官兵意见和建议24条。三是加强党团建设，发挥党团员的先锋模范作用，抓好党团管理，做好积极分子的培养考察工作。

在大队开展“学习践行强军目标，做新一代革命军人”主题教育和“三严三实”专题教育”，以官兵喜闻乐见的形式，传播党的声音，正面引导，转变不适应、不符合军人道德及职业的思想观念，解决影响和制约部队建设的突出问题。开展形式多样的政治教育。年初，大队制定政治学习计划，大队每周二、中队每周二、五利用半天时间开展政治学习，提升官兵思想素质。开展谈心谈话，大（中）队干部开展谈心活动100余人次，听取官兵对政治教育的意见和建议，做好官兵的思想动态思想教育，提高官兵的思想政治素质，参加支队政工干部岗位练兵活动，争当优秀政工干部。

2015年，大队围绕预防和遏制重、特大，尤其是群死群伤火灾事故的发生，减少伤亡、减少火灾总量，加大对辖区重点单位、人员密集场所的消防监督检查力度，控制火灾起数和伤亡率。当好地方党委政府的参谋和助手。大队主动向区委、区政府请示汇报，多次提请区政府召开重大消防工作和季度消防工作联席会议。区政府与各乡（镇）、社区服务中心、行业主管部门层层签订目标责任书，落实年度目标责任和社会化消防工作。提请区公安分局召开派出所消防工作会议，建立和落实派出所消防监督检查考评机制，并组织召开表彰大会，落实年度各项防火监督检查专项整治工作，对辖区各类场所进行有针对性的整治和检查，关停个别单位，处理违法行为，清除火灾隐患。推进社会消防“网格化”“户籍化”管理工作，组织消防管理人员培训8次。开展商场市场、物流仓储、在建工地等消防安全专项整治工作。检查单位1437家，下发《责令改正通知书》979份，下发《临时查封决定书》49份，其中责令“三停”11家、行政拘留6人，罚款49.69万元。挂牌省级重大火灾隐患1家，定期督促指导隐患整改工作。

大队围绕《纲要》要求，以“七进”宣传活动为契机，开展夏季消防安全宣传，提高群众消防意识和自防自救能力，提高部队处理灾害事故成功率，降低损害，依托消防科普教育馆，通过观看火灾案例、灭火演练、逃生自救等方式，提高辖区群众对消防安全工作重要性和预防火灾事故的能力，开放消防科普教育馆11次；以“三月学生消防安全月”、“5·12”防灾减灾日、“六月安全生产月”、“九九平安消防”等系列消防宣传活动为契机，多部门联合开展大型消防安全宣传活动，普及消防安全知识，发放消防宣传资料2.5万余份（册），更新微信平台消防安全知识300余条，发送消防安全提示短信4万余条，普及群众达5万余人。

（区消防大队）

国防教育

【概况】 2015年是国防教育“十二五”规划最后一年，依据规划发展目标、主要任务，年初拟定花溪区2015年全民国防教育工作要点，下发（花国教字〔2015〕1号）文件、《关于组织参加“2015”贵阳市国防教育网络知识竞赛的通知》《关于转发贵州省全民国防教育办公室〈关于开展纪念抗日战争胜利70周年暨国防教育月活动的通知〉的通知》《关于认真开展第十五个“全民国防教育日”活动的通知》《关于组织参观国防教育巡展活动的通知》，提出各单位组织活动的工作要求，为全区国防教育工作有序开展发挥指导作用。

以学习《国防教育法》为重要内容，采取悬挂标语、座谈会形式组织纪念活动。采取领导政策宣讲，现场疑问解答，多处设点咨询、先进事迹报告和主题班会活动等形式开展征兵宣传活动，激发高校学生和农村社区适龄青年入伍热情，为完成2015年征集任务夯实基础。组织第十五个“全民国防教育日”活动。各单位、部门，根据自身工作职能和条件开展国防教育日活动。9月18日，区人武部、国教办、人防办、新闻中心、清溪社区等单位，在公园一号门集中宣传，发放宣传资料5000余份，摆放人防、国防知识展板20余块。同日人防办和贵州民族大学联合组织学生举行防控应急疏散演练；麦坪镇、高坡乡、金竹社区利用赶场天，开展宣传活动；区人大机关、统计局等单位用宣传栏宣传国防法规。检察院、文广局、妇联、卫计局、编委办等单位组织干部职工学习国防教育法规，观看抗战故事片《太行山上》等影片；民宗局、阳光社区、三江社区等单位悬挂标语横幅20余条幅；教育局组织学生军训，开展主题班会等活动。区委、区政府组织开展纪念抗日战争暨世界反法西斯战争胜利70周年系列活动。各乡镇、社区、各单位，举办国防教育报告会、专题讲座等，开展国防教育进机关、学校、企业、社区、农村，收到“弘扬伟大抗战精神，同心共筑强大国防”的爱国主义教育效应；各乡（镇）、社区、单位分别组织抗战故事汇、群众性文艺演出、红色主题音乐会、爱国歌曲大家唱，抗战歌曲社区行、参观走访缅怀先烈等活动；8月至9月，花溪区档案馆举办周建厚收藏的“毛泽东万枚纪念章展览”，先后有2000余名干部群众观展；区属各单位、乡（镇）、社区组织干部职工集中观看“9·3天安门阅兵”纪念活动；9月2日，由区委组织区属机关干部代表、住区部队官兵代表、民主党派代表、辖区小学生代表、社区代表、企业职工代表、志愿者代表，周边群众自发参与，近千人在花溪公园内戴安澜将军衣冠墓举行缅怀抗战英烈活动。以双拥为载体，突出国防教育宣传。在创建全省第八次双拥模范城（县）工作中，花溪区将双拥和国防教育相结合，在美丽乡村，同步小康，温馨家园建设等工作中，开展双拥和国防教育宣传，利用乡村一条路，社区一面墙，校园一支角设置国防宣传栏（墙）100余块（幅），在花溪电视台，高原明珠报开辟“鱼水情深”专栏；利用手机短信、微信发布国防教育和双拥标语；区委、区政府领导走访慰问驻区部队，区人武部组织驻区部队官兵及民兵开展义务植树、抗洪抢险，实现军政、军民团结共进，部队建设和地方经济社会协调发展。组织2015年国防潜力调查工作。区人防办、国教办、发改局、工信局、交通运输局、科技局等单位牵头，按照区国动委的部署，按时完成调查数据报送工作。组织参观国防教育巡展活动。

（区国教办）

花溪年鉴 HUA XI YEARBOOK 2016

人防战备

【概况】 2015年，区人防备战落实区政府对本行政区域人民防空工作负主要领导责任，区政府主要领导为人民防空工作第一负责人。2015年区财政安排人防经费30万元。做好区人民防空指挥所建设。完成全区二级重要经济目标确定并上报审批，建立重要经济目标防护管理工作体制，完善工作机制。全区组建抢险抢修、医疗救护等7支人防专业队伍，并有计划、有方案进行培训。各乡（镇）、社区组建群众防空组织和志愿者队伍，建立防空组织联络制度，使群防组织与志愿者队伍参与平时的抢险救灾和应急救援工作。加强人民防空工程建设，建立健全人民防空工程、器材管理维修制度。开展人防知识保密工作的宣传教育，把人防知识送到学校、送到基层。9月18日，在贵州民族大学进行一次人防防灾演练。区人防办、国教办、司法局、教育局等单位在花溪公园广场开设宣传点，发放宣传资料3000余份，为市民现场咨询300余次。区政府把人防知识教育列入议事日程，区人防办对115名老师进行培训，加强与学校联系，落实中小学开设人防知识教育课的教材，做到师资、教材、课时三落实，完成全区5000名中小学生人防知识教育任务。按照《国防交通保障计划》《民用动力国防动员预案》，区人防办对全区公路、新建公路（高速、国道、乡道）进行战备勘察，收集数据资料并及时更新。区人防办与有关部门，建立城建工作例会制度。

（区人防办）

【人防设施建设】 2015年区人防办完成花溪区人民防空指挥所的编制、立项、方案设计、初步设计审查等工作，所需费用列入财政预算。区政府将人民防空工程建设纳入城市建设总体规划，对修建防空地下室的项目，严格审批权限，防护设计审查、质量监督及时转报贵阳市人防办。2015年全区办理报建人防工程预计场地建设费1500余万元。对行政审批和场地建设费收缴管理进行检查，区人防办与区检察院建立预防和查处联系会议制度，全年召开联系会议2次，同时将检查情况上报市人防办。全区有警报器11台。9月18日，全区举行警报器鸣响练习，鸣响率100%。

（区人防办）

【人防设施管理】 2015年，区人防办对人防工程四次进行维护，管理检查，全区人防工程完好率达国家标准。落实人防工程使用证制度，管理严格规范，人防工程档案完整齐全。对全区警报器每月进行一次检查维修，每季度一次大检查、维修。

（区人防办）

（责任编辑　周年辉）

3月6日，花溪民兵接受人工影响天气作业技能培训（区气象局　供稿）

花溪年鉴 2016 HUAXI YEARBOOK

经济管理

12月31日，花溪区电子商务产业园开园（杨小平　摄）

国有资产管理

【概况】 2015年，区财政局按照国务院、国资委、财政部《企业国有资产产权登记管理办法》《行政单位国有资产管理暂行办法》《事业单位国有资产管理暂行办法》《企业国有产权转让管理暂行办法》等法规关于国有资产管理使用规定，办理国有资产管理相关处置事项29项，上缴国资收益9333万元。其中国有产权备案、评估6项，分别为：区中医院关于购置血气分析仪等进口设备的批复，区人民医院关于购置原装进口专用高压注射器的批复，区中医院关于购置进口设备麻醉机的批复，区人民医院关于购买原装进口呼吸机、超声刀等设备的批复，区人民医院关于购买原装进口血液透析机、全身健康扫描系统设备、显微镜的批复，区农业局关于购买原装进口乘坐式摘采机的批复。行政事业单位资产变更3项，分别为：区残疾人联合会关于申请划转资产的批复、区人力资源和社会保障局关于申请划转资产的批复、区委党校关于申请划转固定资产的批复。行政事业单位国有资产管理20项，其中公务用车报废处置10项，其他固定资产报废处置10项。

（区财政局）

【国有资产租赁经营】 根据区人民政府2012年、2013年两次授权区国资公司管理区级行政事业单位经营性资产的范围，国资公司考虑原经营户已形成的市场习惯和与原租赁合同的承接，依据市、区两级对国有资产租赁的相关政策和规定，开展资产管理经营工作，2015年完成租赁收益280.77万元（其中税收部分39.55万元，非税部分241.22万元）。

（国资公司）

【国有股权管理】 按照区委、区政府的安排，原花溪区相关单位持有的贵阳银行股份97110元已全部划转至国资公司，并办理相应的股权划转手续。2015年已取得2014年度股权收益11653.20元，并作为国有资产经营收益上缴区财政。

国资公司代表花溪区持有贵州天河潭旅游有限责任公司35%的股份，2013年底进入股权挂牌交易程序。2015年根据市委、市政府的工作安排，已终止与大中华集团的股权交易。

开展贵阳农商行筹建工作，至2011年11月完成贵阳农商行筹建股份认筹6500万元。为落实区委、区政府入股收益让利于干部职工的意见，至2012年5月30日，已累计完成职工认筹2497万元，该资金由区财政局和区国资公司共管。2015年，国资公司取得分红收益450万元，其中，支付职工认筹的资金占用费199.76万元，上缴国有资产经营收益250万元。由于向干部职工认筹股份借款期限已到，国资公司于2015年6月完成全部本金退还工作。

（国资公司）

【国资公司大数据产业融资】 根据区委、区政府的工作安排，2015年区国资公司开展大数据产业融资工作，“花溪互联网+产业示范园区”项目融资已经进入贷款申报阶段；在区大数据产业发展领导小组的统筹下，区国资公司代表领导小组签订孟关汽贸城农民新村安置房用于大数据呼叫中心和电子商务产业园区。

（国资公司）

【协税工作】 2015年，国资公司参与引进沪昆铁路项目税收工作，截至2015年11月30日，落实到位税收（合同印花税、注册资本金印花税、个人所得税、监理单位营业税及附加税）7075.32万元（其中2015年落实到位税收876.20万元）。

（国资公司）

【债务清偿】 截至2015年底，国资公司归还原国投公司及其子公司银行贷款本金5363万元，并按期支付贷款利息481.89万元，原国投公司及其直管子公司在银行的债务额度降至861.5万元。

（国资公司）

【托管公司遗留问题的处理】 托管公司遗留问题主要集中体现在银行债务、欠付工程款、农民安置、老国有企业职工安置等方面。2015年，国资公司组织原公司负责人和项目经办人员，针对具体问题具体处理，银行债务通过纳入财政偿债体系和返还的土地成本费用解决，欠付工程款项也通过安排财政性偿债资金逐步解决。同时，国投公司原负责领导根据遗留问题类型和实际情况，重新明确遗留问题的处理的牵头负责人，尤其针对拆迁安置（原国宾路拆迁农民安置）和老国有企业职工安置（主要是学府雅苑的原酿造厂职工安置）等可能引起社会稳定问题的项目，进行明确安排，确保社会稳定。

（国资公司）

花溪年鉴 HUA XI YEARBOOK 2016

国土资产管理

【矿产资源管理】 花溪区矿产资源有砂石类矿储量416万吨，煤矿储量6581.1万吨。对申办采矿权、扩大矿区范围、采矿权年检和采矿权延续的审批，区国土局事先征求区环保、林业、水利、规划、安监等部门的意见。截至2015年12月31日花溪区未颁发新立采矿权（金龙水泥厂马铃乡矿山已通过招拍挂取得，但还未办理采矿许可证）。2015年报市国土局到期注销关闭砂石矿山2家（久安吴山村砂石厂、贵阳花溪麦坪岗坡砂石厂）。

（区国土分局）

【地质灾害防治】 2015年区国土分局编制《花溪区“十三五”地质灾害防治规划》时通过核查撤销隐患点27个，还有29个地质灾害隐患点。针对上述地质灾害隐患点，区国土分局采取以下防治措施：1.编制《花溪区2015年地质灾害防治年度方案》安排部署地质灾害防治工作。2.建立地质灾害群测群防网络体系，采用监测与治理相结合的手段开展地质灾害防治工作。从源头上消除隐患，按照区政府安排开展阳光社区梦溪笔谈别墅区8栋南侧崩塌治理工作，投入资金461.63万元；将阳光社区大将路仙人洞崩塌纳入地质灾害三年治理行动，争取省、市资金开展应急抢险工作。3.组织开展地质灾害巡、排查工作。组织乡（镇）社区及区属地质灾害防治工作责任部门按照“横到边、纵到底”的原则开展城镇、人口密集、交通干线和重点旅游景区地质灾害大排查工作。5月27日花溪区遭受暴雨，多处发生地质灾害，国土局领导成员带队分片督促指导，组织贵州省地质工程勘察院专业技术人员到发生险情的乡（镇）开展应急调查，现场踏勘，配合乡镇开展应急处置工作，向受威胁的群众发放“地质灾害防灾工作明白卡”及“地质灾害避险明白卡”160余份，编写《地质灾害隐患点防灾应急预案表》，委托地勘单位编制应急调查报告9份，发放隐患告知书10份。4.为检验全区突发性地质灾害应急预案的可操作性及地质灾害防治队伍的实战能力，增强受威胁群众的临灾避险逃生能力，6月4日，在重大地质灾害隐患点久安乡打通村堵鲁寨进行地裂缝防灾应急演练，全年组织乡（镇）开展小型地灾防灾演练14次，累计参演人员1460人次；4

月组织区地质灾害防治工作责任部门分管地灾工作的领导、各乡（镇）、社区分管领导、负责地灾工作的人员、各村地灾工作的负责人、地灾点监测员开展地质灾害防治工作培训。开展地质灾害防治知识宣传，发放地质灾害防治知识宣传资料，增强群众防灾减灾意识。

开展地质灾害防治高标准“十有县”建设。完善地质灾害防治工作管理各项制度并汇编上墙；建立区、乡、村三级地质灾害群测群防网络体系，落实监测责任人，高标准“十有县”建设工作通过验收。

（晏　羚）

【土地执法检查】 2015年，区国土分局开展土地矿产卫片执法监督检查，对2014年度国土资源部以花溪区作为行政单元下发的变更调查监测图斑1318个，面积为20867.19亩，其中耕地面积为14101.61亩。行政单元分别是贵安新区的党武乡、湖潮乡532个图斑，面积为12200.69亩（耕地7162.61亩）；经开区41图斑，面积为1371亩（耕地663.72亩）；经核实，花溪区新增建设用地图斑（卫片执法检查图斑）为497个，面积为6282亩（耕地面积为4773.59亩）；非新增建设用地图斑248个，面积为2384.5亩（耕地面积为1501.69亩）。在新增建设用地图斑中，违法用地图斑共23个，面积为486.3亩（耕地389.02亩），合法用地图斑474个，面积为5795.7亩（耕地4384.57亩）。在变更调查时段，增补图斑面积为2213.41亩（耕地面积为1761.2亩）。违法用地面积占新增建设用地耕地的比例为5.95%，完成市政府年初下达不超10%的目标任务。

针对全区违法建设用地、国土局加大巡查力度，在全区范围内进行拉网式排查，出动巡查次数1000余次，出动巡查人员2000余人次，下发《责令停止违法行为通知书》或《责令改正违法行为通知书》300余份，制止土地、矿产违法行为300余起，做到件件有报告、有档案。对违法性质较为严重的33起违法案件进行立案查处，处罚款金额343万余元，与市公安局生态保护分局、区公安分局、区检察院建立联动机制，移交7宗违法案件追究违法用地、非法开采主体责任人责任。

对区内6家矿山企业进行核查，发现贵阳花溪兴泰建材有限公司、贵阳花溪狮子山水泥有限公司分别存在越界开采11544.12立方米和4747.14立方米的违法行为，已依法立案查处，处罚款金额16万余元。

（范　杰）

【耕地保护和开发】 坚持耕地保护制度，严守耕地红线。执行“国家实行基本农田保护制度”的规定。从严控制建设占用坝区耕地；规范耕地占补平衡，建设用地均严格按要求完成补充耕地任务，2015年花溪区全面完成高标准基本农田建设和补充耕地任务；探索耕地保护补偿机制，开展耕地质量等别调查评价与监测评价；城市开发边界及生态保护红线划定，优先把优质耕地划为永久基本农田保护区，完成五千亩以上坝区、城市周边、高速公路旁、铁路干线旁、建成高标准基本农田的永久划定。年末，全区（含经开区）耕地保有量为50.65万亩，基本农田保护面积为33.3万亩。

（张　琴）

【基本农田划定情况】 2015年，区国土局按照国土资源部办公厅、农业部办公厅联合下发的《关于切实做好106个重点城市周边永久基本农田划定工作有关事项的通知》（国土资厅发[2015]14号）和贵阳市国土资源局关于《贵阳市城市周边永久基本农田划定工作方案》（筑国土资耕通[2015]453）等文件精神，成立工作领导小组，全年完成城市周边永久基本农田划定工作如下：

1．中心城区内。花溪区下发图斑5144个，面积为4623.27公顷。经梳理，依据图斑实地情况、耕地质量等级、集中连片程度、城市控规、水源保护区、林业规划、2013年和2014年土地变更调查、批而未用、各项经济社会发展规划等综合分析，确定花溪区中心城区内已划为基本农田总面积1927.04公顷，占总面积的41.68%；不可划定为永久基本农田总面积2696.23公顷，占总面积的58.32%。本次划定后，花溪区中心城区内基本农田面积从3855公顷提升到5782.04公顷，有效地保护中心城区内优质耕地。

2．中心城区外。花溪区中心城区外下发图斑1281个，面积为1555.18公顷。经梳理，依据图斑实地情况、耕地质量等级、集中连片程度、城市控规、水源保护区、林业规划、2014年土地变更调查、批而未用、各项经济社会发展规划等综合分析，本次确定，花溪区中心城区外可划为基本农田总面积93.02公顷，占总面积的5.98%；不可划定为永久基本农田总面积1462.16公顷（其中允许建设区312.03公顷、有条件建设区817.15公顷、限制建设区332.98公顷），占下发总面积的94.02%。本次确定后，花溪区中心城区外基本农田面积从14884公顷提升到14977.02公顷，耕地比例从86.59%提高到87.13%。

（刘　磊）

统计管理

【概况】　2015年，区统计局主要开展以下几方面工作：

一是及时发布《统计公报》《花溪统计年鉴-2015》《主要指标统计快报》《花溪经济要情》《花溪统计》及《花溪区第三次经济普查主要数据公报》等统计资料和统计信息，利用政府公众信息网和花溪统计信息网系统平台，向社会公布真实、准确的统计数据和信息资料；二是紧盯全区工作目标，按照“先进库，后报数”的统计原则，创新统计管理手段，拓展统计监测领域，加强统计服务指导，通过年度审批拟纳入2016年“企业一套表”网报平台统计监测的企业43个，统计服务水平不断提升；三是组织开展统计从业资格培训。278名学员参加统计从业资格证继续教育，187名学员通过培训考试合格取得统计从业资格证，提升基层统计从业人员的综合素质和业务能力；四是服务基层统计和做好统计分析服务加大基层调研工作力度，到乡（镇）、社区和企业调研指导300余人次，通过调研，了解数据质量状况和基层统计工作实情，为统计资料反映区域经济社会发展水平提供基础。

（区统计局）

【统计调查与表彰先进】　2015年，区统计局一是开展各项统计专项调查，为区委区政府掌握情况改进服务和提高群众满意度决策提供依据。二是深化统计改革，推进统计改革创新。组织试点，深化固定资产投资统计改革，探索按项目形象进度法统计转变为按法人单位以财务支出法统计，做好新旧方法接轨与统计监测上报工作。改进工业发展速度计算方法，探索研究工业生产指数与价格缩减相结合的方法计算工业生产增长速度，做好国民经济核算改革，完善新型服务业和电子商务统计，加强生产性服务业、健康服务业、网络零售等新型服务业和大数据产业的统计。三是根据《全国经济普查条例》有关规定和省、市关于开展“三经普”先进集体及先进个人表彰工作的精神，经各有关部门推荐评选，区第三次经济普查领导小组决定授予阳光社区服务中心等21个单位“花溪区第三次经济普查区级先进集体”称号，授予罗呈杰等107人“花溪区第三次经济普查区级先进个人”称号。

（区统计局）

【花溪区社会经济发展状况统计】 2015年花溪区完成生产总值494.97亿元，比上年增长12.4%，完成市下达目标业务的118.7%。其中：第一产业生产总值完成17.62亿元，比上年同期增长6.4%；第二产业生产总值完成295.01亿元，比上年同期增长11.2%；第三产业生产总值完成182.34亿元，比上年同期增长15.2%。规模以上工业（2000万元及以上口径）增加值完成242.2亿元，比上年同期增长8.1%，完成市下达目标任务的93.5%。固定资产投资（50万元及以上口径）完成464.61亿元，比上年同期增长20.4%，完成市下达目标任务的103.8%。财政总收入完成62.23亿元，比上年同期增长12.8%，完成目标任务的101.7%。全社会消费品零售总额完成208.64亿元，比上年同期增长11.2%，完成市下达目标任务的100.4%。旅游总收入141.99亿元，比上年同期增长19.9%，完成市下达目标任务的100.8%。城镇新增就业人数19748人，比上年同期增长4.2%，完成市下达目标任务的100.1%。

（区统计局）

【统计执法】 2015年，区统计局执法中队重点对全区规模以上工业、服务业、商贸等18家单位进行执法检查。主要检查单位统计人员是否按国家有关规定取得统计从业资格证、是否建立完善统计台帐、网报企业原始凭证与网报数是否相符、是否有虚报、迟报、拒报、伪造、篡改等统计违法情况等。检查发现，1家单位无统计从业人员，3家单位统计人员无统计从业资格证，4家单位未按要求建立统计基础台账；并对12家单位下发整改通知书责令限期整改。通过开展执法检查，加大统计法律法规的宣传力度，增强企业对统计工作的重视与配合程度，为推进依法统计、依法治统和提高统计能力、统计数据质量和政府统计公信力奠定法治基础。

（区统计局）

审计管理

【财政审计】 2015年，区审计局对2014年度区综合财政预算执行情况和其他财政收支情况进行审计。主要审计区财政局具体组织实施的2014年度本级预算执行情况，审计结果表明：2014年全区紧紧围绕“稳增长、促改革、调结构、惠民生”的总基调，圆满完成区第十六届人民代表大会第4次会议批准的预算任务。落实结构性减税政策，加强收入征管和各职能部门的协调配合，确保财政收入稳定增长。地方综合财政收入完成167219.6万元，较上年增长8.7%，公共财政预算收入完成120025.4万元， 较上年增长22.2%。优化财政支出结构，增加民生资金投入，支持农村基础设施提升，城乡统筹协调发展。（区审计局）

【领导干部经济责任审计】 2015年，区审计局开展乡镇、部门领导干部经济责任审计6项8人。其中，科局主要领导干部经济责任审计4项4人，乡政府主要领导干部经济责任审计2项4人。通过审计，查处违规资金180.02万元，管理不规范资金11811.17万元。根据审计发现的问题和被审计单位的基本情况，对被审计单位提出审计建议32条，被审计单位全部采纳。（区审计局）

【固定资产投资审计】 2015年区审计局加大对区重大项目和重点项目的跟踪审计。一是配合文化旅游创新区的打造工作。抽调工程项目审计专业的业务骨干参与对文化旅游创新区建设项目进行审计监督服务。二是开展花溪区档案馆建设项目资金专项审计，查处损失浪费资金2万元，管理不规范资金44.99万元。全年完成工程建设项目审计17个，提出审计建议19条，审计金额核减工程结算价款1299.98万元。

（区审计局）

【专项资金审计】 2015年，区审计局开展专项资金审计事项13个，涉及2014年度教育费附加、地方教育附加、高效农业示范园区建设、环城绿化建设等项目资金审计。审计查出违规资金250.99万元，管理不规范资金150万元，提出审计建议23条。

（区审计局）

【内部审计管理】 2015年，区审计局坚持“围绕中心、服务大局”的工作原则，突出服务理念，努力推进全区内审工作发展。发挥桥梁纽带作用，履行管理、协调、服务、交流职责。带领全区内审单位全面完成年初制定的工作方针和计划，取得实效。区审计局配合区教育局对花一中、区民中、花溪幼儿园等7所学校的财务收支开展审计，通过内部审计加强单位内部管理、提高经济使用效益、促进反腐倡廉。

（区审计局）

市场监督管理

【概况】 2015年，花溪区市场监督管理部门新办各类企业经营许可848户，注册资本344770万元;新办个体工商户2000户，注册资本23661万元。新发展农村专业合作社45户。截至2015年12月31日，全区市场主体总量达22262户，注册资本2537012万元，其中各类企业5836户（含小微企业938户，农民专业合作社154户），注册资本2425801万元；个体工商户15332户，注册资本93185万元；全年发展微型企业350户，完成目标100%，微型企业注册登记230户，扶持微型企业230户，扶持任务完成100%；新办和变更食品流通许可证443户，餐饮许可证395户；办理组织机构代码证1566户；全年接受特种设备施工告知599台，办理特种设备使用登记476件设备476台。

（区市场监管局）

【市场专项整治管理】 2015年，区市场监督管理局开展安全生产、旅游市场、禁毒、花溪云上村上下寨片区经营秩序、“多彩贵州文明行动”整脏治乱、创卫、创模、户外广告等30个专项整治行动，检查经营户6600余户，有效净化市场环境。推荐4个商标参加“贵州省著名商标”评审，推荐5个商标参加“贵阳市知名商标”评审；办理户外广告登记29件。立案查处各类市场违法案件31件，罚没款37.4万元。

（区市场监管局）

【合同监管】 2015年，区市场监管局做好省、市级“守合同重信用”单位的复核和新申报“守合同重信用”单位的确认工作。32家单位被评为市级“守合同、重信用”企业。办理动产抵押登记59件，主债权88357.5万元。

（区市场监管局）

【食品生产监管】 2015年，区市场监管局检查出10个产品不合格，对上述不合格产品企业负责人进行约谈，并完成10个产品不合格的后处理工作。将存在严重质量违法行为的食品生产单位纳入“黑名单”。对不能持续保持食品生产许可条件的企业，整改合格。对20家小作坊进行现场核查并发放小作坊备案证。立案6起，办结行政处罚案件6件，处罚金63228.40元。开展2015年春节元宵期间生产加工食品、禽类制品、白酒、豆制品安全检查，开展“两节、两会”期间食品如食用植物油、辣椒制品等12类产品安全生产大检查。加强食品添加剂监管专项整治工作。督促全区企业落实索证索票、每月申报和台账登记等各项制度，促进企业诚信意识和行业自律。

（区市场监管局）

【食品流通监管】 对集贸市场、食品超市、粮油及食品批发市场、城乡结合部和农村地区食品进行重点检查。打击制售注水肉、病害肉、劣质肉的违法行为。加强对儿童食品、蔬菜、畜禽产品、熟食制品、豆制品、酒类产品、乳和乳制品及可疑食品的监测。全年对辖区内的3928家食品流通经营户开展上下半年各一次的全面监督检查，对食品流通环节及食用农产品进行70次抽样及专项整治抽样检查，对其中的5个不合格产品开展案件查办，取缔小摊点4户，查办无证经营食品案件2件。

（区市场监管局）

【餐饮服务监管】 2015年，区市场监督管理局对学校及周边食品安全开展专项整治，确保学校师生饮食安全；出动执法车辆1600余次，监督员4800人次，对食用农产品、乳制品、鲜肉及肉制品、野生菌、粮油等开展多项专项整治；强化节假日和重大活动期间餐饮服务食品安全保障；完成四个季度的餐饮日常监督管理和量化分级管理；开展“携手共治畅享消费”的“3·15”宣传、“尚德守法，全面提升食品安全法治化水平”为主题的食品安全宣传周活动；创建大吉路“食品安全示范街”，为消费者营造出干净整洁、安全放心的购物和就餐环境。

（区市场监管局）

【新版GSP认证工作】 实施新修订GSP认证工作是省、市局这两年药品流通领域监管的工作重点，区市场监督管理局组织辖区内的药品经营企业实施新修订GSP认证培训工作，组织药品经营企业学习GSP认证标准，使全区260家药品零售企业在2015年12月31日全部通过新版GSP认证。

（区市场监管局）

【药品零售企业电子监管】 2015年，花溪区260家药品零售企业全部纳入药品电子监管平台，通过电子监管的入网实现对药品零售经营企业的购进、库存、销售和药师在岗等情况的实时监控，保障药物质量，提高监管效率。

（区市场监管局）

【药品市场整治】 以落实质量管理规范为重点，强化药品生产全过程的监管。与各生产企业签订责任书。始终坚持把高风险和基本药物生产企业作为重点监督企业，把安全生产作为重点环节，把基本药物和含特殊药品复方制剂等品种作为重点品种，增加对基本药物和高风险药品生产企业的检查频次，从源头上保障生产环节药品质量。以专项整治行动为契机，依法规范药品生产、使用、经营行为。按照市里的统一部署和要求，深入开展“两非”、直接接触药品包装材料和容器、含可卡因复方口服液、药品行业安全生产大检查、“打非治违”、特殊药品生产、经营、使用等一系列专项整治活动。全年检查药品生产企业43家次、药品批发企业3家、药品经营企业536家次、医疗机构154家。一般程序案件5件，均已结案。涉案货值金额4470.55元，违法所得

7544.2元，罚没16485.3元。没有造成一起行政诉讼和行政复议。受理、核查群众举报8件，均予以妥善答复、处理，受理率100%。

（区市场监管局）

【化妆品监管】 2015年，区市场监督管理局对全区化妆品经营企业进行摸底并建立档案资料，不断加强规范管理。推行化妆品经营企业“五个一”管理模式，通过建立健全管理制度、确定质量管理人员、做好购销台帐、收集供货商和产品相关材料、每天进行自查等形式，不断提高化妆品经营管理水平。对面膜类不合格化妆品进行核查处置。全年检查化妆品生产企业2家、化妆品经营企业90家。

（区市场监管局）

【医疗器械检查】 2015年，区市场监督管理局巩固2014年医疗器械“五整治”专项成果，5月底完成专项行动“回头看”工作。开展医疗器械安全生产监督检查消防设施，配电设备检查。加强对生产过程中使用危险化学品和易燃易爆物品检查、体外诊断试剂、“美瞳”等专项检查，重点检查企业的购进验收、储存等相关工作，全年检查医疗器械生产企业2家、医疗器械批发企业5家、医疗器械经营企业45家。

（区市场监管局）

【质量监管】 花溪区人民政府成立区质量强区工作领导小组，拟定《花溪区推进质量强区工作任务分工实施方案》，制定名牌发展培训实施方案。2015年花溪区有8个产品获得贵州省、市名牌产品称号，其中省名牌6个，市名牌2个。

持有工业生产许可证企业20家，中国强制性产品认证企业16家，证书68个。未获证企业150余家，逐渐完成新办企业及划入企业的建档情况。组织本辖区16家企业进行工业生产许可证年审。加强产品定检与监督抽样，对全区91家工业生产企业的137个批次的产品进行国家、省、市级监督抽样检验。合格企业86家产品128个，不合格企业6家产品8个，合格率94%。立案查处案件12起，罚没款96624元。针对花溪区钢化玻璃、多功能取暖炉、电线电缆等强制性生产企业开展专项监督检查工作现场未发现伪造“3C”标识出厂、超范围生产等违法违规现象。对辖区内花溪亿盛全烟花爆竹销售有限公司仓库、贵州省日用杂品公司仓库烟花爆竹销售企业的存放仓库进行重点检查。

（区市场监管局）

【标准化管理】 2015年，区市场监督管理局开展企业备案工作，对4家企业12个标准进行备案，同时，组织专家对1家饲料企业标准进行修订。为切实推进企业标准化主体责任，减轻企业负担，提高工作效率，自2015年8月，根据省、市局相关文件要求，贯彻落实企业产品标准自我声明公开试点工作。

（区市场监管局）

【计量管理】 逐步实施“计量惠民生、诚信促和谐”工程：监督检查集贸市场、大中型超市公平秤配备，对农贸市场在用计量器具弹簧度盘秤等实施免费检定，2015年区市场监督管理局免费检定电子秤等计量器具700余台件，公平秤7台。对与人民群众生活密切相关的大米、面条、调味料等7类重点定量包装商品开展监督检查工作；开展民用水表等专项检查；开展花溪区加油机、衡器、血压计计量检定工作。检定衡器157台，加油站25家142枪加油机，血压计32台。

（区市场监管局）

【特种设备安全监管】 2015年，全区特种设备总量为3637台，较2014年增加599台，增长率为

16.47%。在用特种设备数量2326台。区市场监督管理局出动检查人员390余人次，检查单位130家次，发放《中华人民共和国特种设备安全法》等相关法律法规110余份，下达特种设备安全监察指令书12份，全年治理隐患设备90余台。在检查中发现存在安全隐患的企业，立即责令整改。加大电梯的安全监察力度。对贵阳花溪佳宇商贸有限公司等单位在用的31台电梯进行专项检查。有26台自动扶梯、2台观光电梯办理注册登记，均在检验有效期内，现场未发现安全隐患。贵阳鑫立物业管理有限公司（四季花溪商场）、兰馨桂馥住宅小区的3台自动扶梯停用。2015年度，未发生特种设备安全事故。

（区市场监管局）

【消费者权益保护】 2015年，区市场监督管理局整合“12315”“12331”和“12365”系统建设，受理和及时处理消费者申诉举报咨询，发挥“一会两站”维权服务站作用，推进消费维权“五进”（进商场、进超市、进市场、进企业、进景区）工作。处理投诉、转办案件217件，其中，12319转办案件98件，市质监转办13件，市食药监16件，12315平台转办90件，为消费者挽回经济损失61.5万元，结案率为100%。

加大消费维权宣传力度，以“3·15”“4·26”、“12·4”、“安全月”和“质量月”等宣传平台宣传消费维权工作，开展消费教育与消费引导，提高广大消费者依法维权意识，发放宣传材料4000余份。

（区市场监管局）

【市场信用体系建设】 2015年，区市场监督管理局深入贯彻《企业信息公示暂行条例》，加强市场信用体系建设，推进诚信制度化，开展各类诚信创建活动。依法做好企业年报公示工作和企业经营异常名录管理工作，2013年度年报企业2850户，年报率80.28%，年报个体工商户7649户，年报率65.26%；2014年度年报企业4010户，年报率81.89%，年报个体工商户8351户，年报率62.09%，农民专业合作社通过公示系统申报年报96户，年报率88.07%，总体上完成市政府要求的年报率不低于2012年企业年检率、个体工商户验照贴花率的工作要求，将2013年度未年报的701户企业、2014年度未年报的887户企业及13户农民专业合作社列入经营异常名录，通过企业信用信息公示系统向社会公示，提醒其履行公示义务。对被列入经营异常名录的企业，会同有关部门依法实施失信联合惩戒。

（区市场监管局）

安全生产

【概况】 2015年，贵阳市政府下达给花溪区的安全生产死亡人数控制指标为24人，较大以上事故控制指标为0起，其中煤矿死亡人数控制指标为0，道路交通22人，工矿商贸等其他行业2人。2015年花溪区发生安全生产事故32起，死亡22人（均为道路交通事故），死亡人数占全年控制指标的91.7%，事故起数与死亡人数均实现双降；煤矿、非煤矿山、危化、烟花爆竹、旅游、八大行业等保持“零死亡”。

（邱　荣）

【安全生产责任制落实】 2015年，花溪区建立健全安全生产“党政同责，一岗双责”责任体系，坚持区、乡（镇）领导包保煤矿安全、道路交通安全制度，区、乡（镇）政府分管领导均按照职责分工负责分管口的安全生产工作，层层签订安全生产目标责任书，确保安全管理职责清楚、任务明确；定期召开安全生产工作例会，研究分析和安排部署安全生产工作，及时制发、转发文件90余件，确保上级精神迅速贯彻落实到基层。

（邱　荣）

【安全生产宣传】 2015年，区安监局扎实开展安全知识“五进五上”（进机关、进企业、进学校、进村居、进家庭，上电视、上媒体、上课堂、上宣传栏、上广告牌）活动。把常规宣传与专项宣传结合起来，区级投入宣传活动经费15.5万元，展出安全生产基础知识、道路交通事故、消防安全、建筑施工安全、安全使用易燃易爆物品等展板250余块；在人员密集场所、公园及各乡镇流动播放安全生产相关知识光碟和宣传口号20余场；开展咨询日和现场咨询活动20余次；向群众发放职业病防范常识、道路交通安全知识、职工现场作业安全知识、2015年“安全生产月”主题、建筑施工安全知识等宣传相关资料5.5万余份，印有安全宣传标语纸巾3万盒、打火机5万个、纸杯5万个，悬挂（书写）等横幅标语200余条；通过短信平台发送宣传短信14.79万条，受教育群众5.2万余人（次），在全区形成多方位、多角度、多形式的立体宣传教育格局。

（邱　荣）

【安全生产专项检查】 2015年，花溪区各行业管理部门出动安全检查人员6516人（次），对各行业检查5091家（次），查出隐患及其它违规违章行为8616条（起），整改8616条（起），整改率100%。

开展重点行业隐患排查治理，完善隐患排查治理台账，对重大隐患实行挂牌督办。对煤矿、危化、非煤矿山、烟花爆竹等重点行业开展打非治违专项行动和安全生产大检查大排查活动，出动检查组801个，成立3个综合检查组和25个专项检查组，组织暗查暗访检查企业635（家）次，出动检查人员2451人（次），查出隐患及其它违规违章行为7112条（起），整改7112条（起），整改率100%。

（邱　荣）

【应急救援体系建设】 2015年，区安监局强化应急演练，提高应急处置能力。继续修订完善《花溪区突发生产安全事故灾难应急预案》，健全应急救援机制，设立安全生产应急救援指挥机构，整合应急救援资源。组织住建局、工信局、消防中队等重点部门和青岩镇、金竹社区、清浦社区、九八四四厂、九八五五厂、环高营运公司等乡镇社区、企业开展生产安全事故综合应急演练。

（邱　荣）

【矿山安全监管】 2015年花溪区有煤矿3家。1家“六证齐全”生产煤矿，1家长期停产煤矿，1家长期停建煤矿。在煤矿安全监管检查中出动40车次，130人次，现场检查记录40份，责令改正指令书40份，整改复查意见书40份，查出隐患156条，整改率100%。全区有非煤矿山企业2家：1家证照齐全企业，1家在建企业。全年查出隐患115条，整改率100%。

（邱　荣）

【危险化学品监管】 2015年，区安监局组织危险化学品企业四项人员培训2 期，培训136人；提高从业人员掌握所在岗位的安全技能。根据企业分级情况以及季节特性、行业特点和重点工作情况，严格执行危险化学品和烟花爆竹企业分级执法管理制度。对辖区内3家一级危化企业监督检查15次，1家二级危化企业监督检查5次；开展油气等危险化学品罐区、危爆物品清理整顿和排查化解安全生产领域矛盾纠纷。危化品行业领域安全生产专项治理，严厉打击影响各类危险化学品生产安全的非法违法行为。全年检查危险化学品企业468家（次），开出执法文书254份，查出安全隐患800条，整改隐患800条，整改率100%。

全年开展烟花爆竹经营安全专项治理检查，检查烟花爆竹经营户340家（次），开出执法文书118份，查出安全隐患450条，全部整改完毕。受理举报12起，立案查处2起，行政处罚2.48万元；区安监局领导、约谈企业负责人4家（次）。

对全区境内五条油气管道共计长度223.1公里组织巡查23次，出动车辆36台（次），检查人员126人（次）。区政府与区油气化管道安全保护领导小组成员单位、乡（镇）、社区及油气化管道业主公司层层签订目标责任书。分清职责按照贵阳市人民政府的要求抓好花溪区油气输送管道安全隐患挂牌督办工作。区内13条挂牌督办油气管道安全隐患均已消除。

（邱　荣）

物价管理

【概况】 2015年，区物价局按程序依法组织召开城镇供水价格调整听证会，将区城镇供水价格进行调整，与贵阳市实现同城同价，并于5月份正式执行。按照价格调整程序，完成青岩片区供水价格调整工作。出租车价格调整已完成成本监审工作，准备出租车价格调整听证会。全年受理群众举报各种价格投诉案件86件（其中12319价格举报回复40件、电话举报回复33件、12358价格举报回复13件），在对待群众价格举报投诉工作中坚持群众利益无小事，做到小事不过夜，复杂案件不超过规定时限，办结率达100%，群众满意率100%。配合司法机关做好涉案物品价格鉴定，全年完成涉案财物价格鉴定377件，涉案金额408.3万元；贵阳市公安局生态保护分局委托的盗挖国家矿产资源涉案财物价格鉴定3件，涉案金额274.4万元；花溪市场监管局移送司法机关追究法律责任商标侵权案件1件，涉案金额20.3万元。鉴定完成率100%、准确率100%、满意率 100%。

（邹亚东）

（责任编辑　姚　毅）

花溪年鉴2016
HUAXI YEARBOOK

财政·税务

9月24日，区国税、地税办税服务厅召开晨会（区国税局　供稿）

花溪年鉴 HUA XI YEARBOOK 2016

财　政

【财政预算执行情况】　2015年，全区财政总收入完成307915万元（花溪区255412万元，贵安新区52503万元），比上年增长11.58%；公共财政预算收入完成177171万元（花溪区137032万元，贵安新区40139万元），比上年增长15.85%，公共财政预算支出完成410517万元（花溪区277819万元，贵安新区132698万元），比上年增长8.47%。全区政府性基金收入完成160576万元（花溪区37683万元，贵安新区122893万元），比上年增长67.36%；政府性基金支出完成159154万元（花溪区53387万元，贵安新区105767万元），比上年增长62.48%。

（区财政局）

【本级公共财政收支情况（不含乡镇及贵安新区）】　2015年，区本级公共财政预算收入完成137032万元，比上年增长14.17%，完成预算的100.15%；区本级公共财政预算支出完成262911万元，比上年增长9.99%，完成预算的101.51%。

（区财政局）

【本级政府性基金收支情况（不含乡镇及贵安新区）】　2015年，区本级政府性基金收入完成37683万元，比上年下降15.38%，完成预算的120.78%；区本级政府性基金支出完成53384万元，比上年下降1.92%，完成预算的42.59%。

（区财政局）

【财源建设】　2015年，区财政局一是加强常规性税收征缴管理，确保常规性收入及时、足额入库。

二是狠抓一次性税收收入，及时跟进区内重点建设项目，对项目建设过程中产生的各项税费做到应收尽收。

三是加强国有资产清查管理，有效盘活国有资产，确保国有资产收益不受损失。

四是加强非税收入征缴管理，严格按照收支两条线原则将区属各部门及其下属单位收缴的行政性事业收费、罚没收入等非税收入全额缴入国库统筹安排。

五是以贵阳市推动大数据、电子商务发展为契机，加大对花溪区现代服务业的政策和资金支持，培育新兴财源；依托工业园区建设筑巢引凤、招商引资，吸引资金注入或企业入驻，培植后备财源。

2015年花溪区（不含贵安党武、湖潮两乡）公共财政预算收入137032万元，较2014年增加17007万元，增幅14.17%。

（区财政局）

【财政收入支出管理】　2015年，花溪区继续推行财政国库管理制度改革，加强财政收支管理，财政收入直接缴入国库，区本级财政支出通过国库单一账户体系直接划拨到收款人账户，并对区本级预算单位公务消费试行公务卡结算制度改革，不断完善国库集中收付制度，加强银行账户及财政资金的管理，保证财政国库资金的安全高效运行。全年（不含划转贵安新区党武、湖潮两个乡）财政总收入完成255412万元，比上年增长11.08%；公共财政预算收入完成137032万元，比上年增长14.17%；基金预算收入完成37383万元，比上年下降15.38%。公共财政预算支出完成277819万元，比上年增长10.96%，其中：区本级支出262911万元，比上年增长9.99%；乡镇支出14908万元，比上年增长31.33%；基金预算支出完成53387万元，比上年下降1.92%，其中，区本级支出53384万元，比上年下降1.92%，乡镇支出3万元。

（区财政局）

【预算外资金管理】 2015年，花溪区财政专户管理的预算外资金收入2754万元，比上年增长3.43%；支出2790万元，比上年增长1.52%。

（区财政局）

【财政监督】 2015年，区财政局贯彻相关法律法规，规范权力运行，加强党风廉政建设工作，强化财政性资金的监管，加大对惠民资金的监督检查力度，深入开展会计信息质量检查，推进财政资金绩效评价工作，健全事前审核、事中监控、事后检查的全过程的动态监督机制，坚持“依法理财、科学理财、民主理财”的工作原则，完善内部监督和外部监督相结合的检查机制，不断强化财政监督职能作用。

（区财政局）

【会计事务管理】 根据省财政厅《关于做好2015年度会计人员继续教育指导工作的通知》精神，为促进会计基础工作规范化加强会计队伍建设，结合全区实际，区财政局于5月12日至15日，对全区区属行政事业单位会计人员进行会计基础规范培训316人次，截至2015年12月31日，对789名会计人员进行教育培训。

培训重点讲解《会计法》《会计基础工作规范》和《行政事业单位新会计制度》，通过在职会计人员培训，不断提高会计人员的基本业务技能，使会计工作在单位管理中发挥越来越大的作用。

（区财政局）

【社会保险基金管理】 2015年，花溪区纳入财政专户管理的社会保险基金有城镇职工养老保险、失业保险、失地农民保险、城乡居民养老保险基金、新型农村合作医疗保险，实行收支两条线。

一是贯彻落实国家对社保基金管理的各项政策规定，严格执行社保基金财务和会计制度，基金实行统一管理，按险种建账，分别核算，专款专用。

二是加强社保基金专户管理。根据社保基金专户管理的相关规定，完善账户设置，对个别专户精简、归并。

三是在社会保险基金的使用上严把审核关。每月初，财政部门根据社保经办机构报送的用款申请，对基金使用的合理性和手续的完备性进行审核，对用款申请审核无误后，在2个工作日内及时将基金划入支出专户，社保经办机构将基金及时支付给保障对象。同时，区财政与社保经办机构密切配合，建立对账、信息交换等工作联系制度，分别与银行实行按月对帐，保证各基金帐户帐帐相符。对基金收支进行清理核对的基础上，财政部门和人社部门都及时编制月报、季报和年报。

四是区财政与经办机构在对社保基金实行动态管理按照“留足支付余地，操作合法规范，确保资金安全”的原则进行测算，将闲置基金及时按规定转存定期存款。确保社保基金的保值增值，促使社保基金保值增值，努力扩大长时间定期的比例。

五是部门配合，加强监管。根据社会保险基金征缴管理的部门职责划分，区财政、人社和审计部门与各乡镇（街道）及其他职能部门紧密配合，工作中及时互通信息，反馈情况，解决管理工作流程中产生的问题，确保基金管理工作的顺利实施。

（区财政局）

【基层财政管理】 2015年，花溪区的乡镇、社区完成财政总收入145753.69万元，比上年增长

13.34%，公共财政收入完成69144.56万元，比上年增长19.32%；完成财政支出20243.93万元，比上年增长26.51%。稳步推进财政体制改革，规范乡镇、社区收支行为。继续开展“乡财县管乡用”管理工作，加强强农惠农财政资金的管理、监督；全面启动以零余额支付为主要形式的“乡镇、社区国库集中支付”改革，规范乡镇、社区财政收支行为；加强“村财乡代管村用”，规范村集体经济组织财务管理，维护广大农民的切身利益。

（区财政局）

【保障“三农”支出】 2015年，花溪区财政“三农”投入142430.76万元，比上年增长15.60%。其中专项资金9853.81万元，用于标准农田水利建设项目；整合各级、各类精准扶贫资金9156.03万元，支持高坡、马铃、黔陶、久安、麦坪、燕楼5个乡镇24个村扶贫攻坚；落实兑现农资综合和种粮直补1328万元；投入资金270万元开展农村公共服务机制建设，完成运行维护项目149个；开展“四在农家·美丽乡村”一事一议小康寨建设，投入财政奖补资金7794.48万元，建成项目326个，建成示范村寨6个，完成通组公路92.3公里，人行步道24.4 公里，3个乡镇的垃圾收集处理，1个行政村集中式饮用水保护，25个自然村寨污水处理设施，16个行政村便民设施以及29个行政村文体活动场所建设。

（区财政局）

【政府采购管理】 根据《中华人民共和国政府采购法》《贵阳市公共资源交易管理暂行办法》和《贵阳市市级政府采购目录及限额标准》，结合花溪区实际情况，花溪区政府采购领导小组将《花溪区2015-2017年政府采购目录及标准》《花溪区2015-2017年政府采购定点协议供货供应商选择方案》报请区政府审定，并将花溪区2015-2017年（合同期两年）办公用品（含耗材）、办公家具（含学生课桌椅）、交通工具维修及保险、印刷（含喷绘、宣传制品）、医疗器械、农用物资的供应商资格进行公开招标，各项目在贵阳市公共资源阳光交易中心公开招标且顺利完成。2015年全区政府采购预算资金为7033.74万元，实际采购金额为6631.52万元，节约采购资金402.22万元，节约率为5.7%。

（区财政局）

【民生保障投入增加】 2015年，花溪区财政预算安排本级教育经费77591.18万元，上级补助到位15487.77万元，实际拨付93078.95万元，比上年同期增加12199.13万元，增长15.08%。预算本级安排医疗卫生经费15723万元，上级补助到位13713.83万元，拨付29436.83万元，比上年同期增加8056.73万元，增长37.6%。预算安排本级社保保障经费8022.14万元，上级补助到位11896.7万元，计19918.84万元，比上年同期增加1845.59万元，增长10.21%。预算应用技术研究与开发资金2978.5万元，确保科技投入达到法定增长。预算安排本级文化体育经费1259.5万元，上级补助到位446.5万元，计1706万元，比上年同期增加104万元，增长6.4%。预算安排本级政法经费5355.65万元，其中平安花溪建设经费1677.4万元、“两严一降”经费140万元。

（区财政局）

国　税

【概况】 2015年，区国税局有10个内设机构办公室、财务管理科、政策法规科、收入核算科、征收管理科、人事教育科、监察室、办税服务厅、税源管理一科、税源管理二科。派出机构：青岩税务分局、石板税务分局。事业单位：信息中心。年底在编职工78人，其中公务员74人，机关工人4人。学历状况：研究生11人，大学本科43人，大学专科22人，高中及以下2人，平均年龄：44岁。

全年，区国税局累计完成入库税收90174万元（含两费收入2005万元），比去年增长6 %，增收4960万元。其中增值税入库 41845万元，比上年减少0.77 %，减收 328万元；累计入库企业所得税14387 万元，比上年增长3.44 %，增收479万元；征收入库车辆购置税31921 万元，比上年增长14.73 %，增收4100万元。

（区国税局）

【税收服务】 2015年，区国税局优化税收业务流程，强化信息技术管理应用，为纳税人提供优质服务，办理国税税务登记户4257户，发票发售563232本（份）。申报征收32459户（次），其中增值税37822万元，消费税15万元，企业所得税14511万元，教育费附加和地方教育费附加1810万元，车辆购置税26564万元。代开普通发票及增值税专用发票12830份，税款1037.4万元。

区国税局推广网上申报系统，截至2015年12月3日，网上申报率达85%以上，办理电子缴款三方协议3186户。办税厅设有专门的工作人员在自助办税区辅导纳税人进行网上申报，实现税费征收无纸化，基本能实现辖区内纳税人“足不出户”通过互联网完成网上办税事宜。

联合办税大厅全年全程办税工作正常运行，完成内部流转文书1613户（次），其中发票核定1148户，注销税务登记259户，减免税备案 123户，税务违法违章处理 83户，证明办理108个。节约纳税人在税务机关多个部门来回跑的时间，方便纳税人。

区国税局通过发放宣传册、管理员进行电话通知、在大厅设立专门的小型微利企业税收优惠政策咨询岗等方式，让纳税人了解税收优惠政策。此外，通过在公告栏张贴、LED屏幕滚动播放的方法，让纳税人知悉最新的税收优惠政策。

金三期全面推行以来，联合办税厅派工作人员轮流值班，在自助办税区辅导纳税人操作新的报税软件，为纳税人解决软件使用过程中遇到的难题，使新报税软件在纳税人中尽早得到普及。同时，利用晨会和业务学习时间就“金三期”中所遇到的问题展开讨论，针对性的对软件使用过程中经常遇到的问题进行归纳总结并反馈，熟练掌握解决方法并推广到纳税人中，为金三期快速普及提供技术支撑。

（区国税局）

【征管体制改革】 2015年，区国税局按照市国税局要求制定《花溪区国家税务局试行〈全国税收征管规范（1.0版）〉工作方案》，明确工作要求，确保该项工作全面试行。自5月1日起到12月1日，按照上级要求，分阶段按步骤重点落实《全国税收征管规范（1.0版）》11个业务大类涉及到的152个业务小类和对应的612个具体税收征管业务工作，对现有的征管事项、工作流程

9月8日，区国税、地税办税服务厅新系统金税三期优化版正式运行（区国税局　供稿）

和相关文件进行清理，及时梳理和上报推进过程中遇到的问题。10月到11月30日，区国税局根据省局、市局关于推进“三证合一”工作要求，抓好“三证合一”推行工作，新增办理“三证合一”户数45户，登记注册类型有有限责任公司、私营独资等。“三证合一”工作，极大地缩短纳税人办理时限，压缩工作环节，速度快，效率高。

为落实税银互动、守信激励措施，密切税银合作，支持金融机构向诚信纳税人提供金融服务，区国税局定期向有关金融机构提供B级以上纳税人的信息和相关企业的涉税信息查询服务。6月和贵阳银行实现“税源贷”的衔接；9月和贵阳农商行实现“税信贷”的合作；11月和建行花溪支行签定“税易贷”的合作协议。为诚信企业解决融资问题提供帮助、助推企业的发展，是落实“便民办税春风行动”的一项有力措施。

区国税局为保证金税三期双轨的正常运行，根据上级下发的业务指导书，对金税三期操作系统生产环境进行演练，于7月13~15日举办办税服务前台操作培训、7月24~27日举办税源管理和综合部门岗位操作培训，确保每一名操作人员都能熟练操作金税三期工程省级应用集中优化版相关软件模块。参加培训的业务人员49人，培训面达到100%。

（区国税局）

【优化税收环境】 2015年，区国税局开展增值税发票系统升级版推行的各项工作。及时组织辖区纳税人到区国税局集中升级点安装税控盘及相关系统升级。在办公楼一楼开设安装升级现场，并在门口摆放升级流程图板，按流程安排有序进行增值税发票系统升级，组织安排税务工作人员引领发放所需材料，保证增值税发票系统升级工作的进行。

（区国税局）

【税收分析与分工】 区国税局贯彻组织收入原则，遵守组织收入纪律，做好组织入库工作，始终将收“过头税”作为组织收入工作带电的“高压线”，确保实现没有水分的税收增长，做到应收尽收。

根据花溪的经济发展水平、税源的分布情况，区国税局以规模为主，兼顾行业、税种、风险和存续期等，将税源管理划分重点税源管理、专业市场管理、行业管理及属地管理四种类型；各管理部门具体分工如下：

（一）税源管理一科

征管范围：1.全区年纳税额在200万元以上企业；2.房开企业；3.金融保险企业；4.制药业。

（二）税源管理二科

征管范围：1.砂石行业；2.煤炭行业；3.水泥行业；4.除专业市场及一般纳税人以外全区个体工商户。

（三）青岩税务分局

征管范围：1.汽车及二手车销售市场；2.钢材市场；3.果蔬批发市场；4.石材市场。

（四）石板税务分局

征管范围：除税源一科、二科、青岩税务分局之外的单位纳税人及一般纳税人。

（区国税局）

【税务检查】 2015年，区国税局充分依托执法监督子系统，开展对全局的疑点库实施监控，对出现的疑点项目如“代开发票未补税”和“一般纳税人超认定期限未认定”等开展执法监察。对每项疑点进行立项、检查、拟制监察报告，经检查，多数疑点由于ctais系统问题所致，疑点数据中涉及到补缴滞纳金，通知企业补缴。利用税收执法监察子系统，使税务监督检查工作贯穿于税收工作的各个岗位、各个环节之中。

运用风险提醒、纳税评估、税务审计、反避

税调查等大评估手段，开展17户次的税务检查，实现纳税评估成果105.33万元，其中，实际入库税款94.64万元，所得税减亏10.69万元，比2014年同期降低68%。

（区国税局）

【依法治税】 2015年，区国税局严格执行各项税收法律法规和政策，落实各项审批制度，加强减免税的审批管理、日常监控和统计分析。贯彻执行《中华人民共和国行政许可法》，对新颁布的优惠政策，与《纳税服务规范》《税收征管规范》进行衔接。保障税收减免优惠事项得到正常执行，全年1-11月小型微利企业优惠、农业生产资料减免、农业生产者销售自产农产品减免等各类增值税减免77户，减免增值税10095.61万元。确保在主体资格、许可事项、适用法律和履行程序上符合法律规定，在案卷和文书的制作以及使用上能够符合规范要求，截至11月30日完成增值税最高开票限额行政许可247户。区国税局获“全市国税系统法治税务示范基地”称号。

（区国税局）

7月31日，贵阳地利农产品物流园有限公司获“贵州省A级纳税企业”称号（区国税局　供稿）

地　税

【地税收入完成情况】 2015年，区地税局累计完成两项收入147723万元，比上年增长15%，增收19263万元，完成市局年度计划的102.59%。税收收入145640万元，比上年增长14.94%，增收18931万元。教育费附加收入2083万元，比上年增长18.96%，增收332万元。区本级收入106295万元，为区政府年度奋斗目标的103.04%，比上年增长15.72%，增收14440万元。其他各项收入4762万元，比上年增长28.05%，增收1043万元。其中：地方教育附加1429万元，比上年增长22.56%，增收263万元；文化事业建设费8万元，比上年下降46.67%，减收7万元；残疾人就业保障金427万元，比上年增长64.86%，增收168万元；工会经费854万元，比上年增长11.49%，增收52万元；价格调节基金1816万元，比上年增长20.34%，增收307万元。

从税收结构与行业结构上看，2015年，受理企业申报47567 户次，开具各类税票，发票近165万份，办理各类涉税事项97285户/次。

分行业结构看，区地税局对房地产业、建安业等重点企业的检查，对30户企业实施稽查及自查，查补税滞罚合计4681万元，对25户企业实施检查自查，查补各项税款4797万元，入库税款3797万元。未入库1000万元。对5户企业实施稽查程序检查，2户已结案查处入库税收500万元，入库滞纳金163万元，加收入库罚款221万元。

全年12万元个人所得税申报工作圆满完成，申报期全局接听咨询106次，受理纳税人咨询94人次。有428户申报，缴纳税款42.07万元。

对全区参加汇算清缴的企业财务负责和办税

人员进行汇算软件、政策法规、纳税申报等业务培训，全年度自行申报汇算809户，应纳税所得额60836.18万元，实际应纳税所得额11099.69万元，预缴所得税额9784.25万元，应补（退）所得税额1315.44万元。

（区地税局）

【征管基础工作】 区地税局“金税三期”系统于2015年7月1日上线试运行，9月8日正式上线运行。由于全省地税系统长期使用的是MIS系统，上线“金税三期”系统从零开始，涉税信息的采集录入和数据维护，质量要求高，时间性强，工作量大。从7月1日起，在确保组织税收收入的同时，采取非常措施，组织全局职工加班加点3个月，完成200多万条涉税信息采录补录和系统数据维护工作；投入专项经费68万元，其中更新电脑等设备投入43万元，为税收征收工作奠定基础。

在税务登记、申报征收、日常管理上下功夫，开展税源调查，完善各项税收欠税清理、税负核查、票证规范和档案归档等基础性工作；加快税收征管信息化建设。完成联合办税厅电脑更换，提高办税效率，节约办税时间，提高纳税人满意度。

推广网上申报和网络发票，采取多种方式做好网上申报和网络发票业务宣传，对纳税人进行上门辅导，对纳税人电子申报、网报、网票系统操作培训5次，对税收管理员以上系统操作培训3次，上门解决网上申报问题107户次，上门解决网络发票问题91户次，提高纳税人的操作正确率，提高纳税人对使用新上线系统的信心，减轻税收管理员及大厅办税人员的工作量。

（区地税局）

【拓展税法宣传】 2015年，区地税局提高税法宣传辅导的针对性和成效性，梳理小微企业等相关税收优惠政策，制作税收宣传手册，通过走进景区、走进企业、走进政府、走进机关送政策上门，营造宣传氛围。成立“花溪区地税局纳税人学堂”，通过市、区、分局三级联动，为纳税人提供无偿辅导、全程辐射、多方互动的知识学习平台。

【优化纳税服务】 2015年区国税局推行纳服规范2.1版，宣传新规范提升办税效率；坚持晨会制度，把工作中意见和建议及时反馈。在管理环节进行必要的政策解释和说明，增强征纳双方交流互动，实现纳税事项提示服务，完善纳税人举报、投诉、反馈工作机制等，提高纳税人的法律法规意识和纳税遵从度。定期开展窗口岗位轮换，不断增加办税厅“多面手”型工作人员；开展评选“服务明星”活动，有效提升办税效率。

（区地税局）

（责任编辑　姚毅）

花溪年鉴 2016 HUAXI YEARBOOK

金　融

8月6日，花溪农村商业银行开展普及金融知识万里行活动，工作人员为群众讲解金融知识

（花溪农村商业银行　供稿）

银　行

【概况】 2015年年末，花溪区金融机构人民币各项存款余额726.8亿元，比上年年末增加148.27亿元，增长27.6%；年末各项人民币贷款余额527.51亿元，比上年年末增加135.89亿元，增长34.7%。其中花溪区农商银行人民币各项存款余额151.95亿元，比上年年末增加41.34亿元，增长37.46亿元；各项贷款年末余额86.4亿元，比上年增加19.54亿元，增长29.2%。此外，中国农业银行花溪支行、中国建设银行花溪支行、贵阳银行花溪支行、花溪村镇建设银行等金融机构人民币存贷款业务都有不同程度增长。全年，花溪区金融市场运行平稳，资金持续保持净流入状态。

（姚　文）

【中国农业银行花溪支行概况】 截至2015年年末，农行花溪支行各项存款余额32亿元，较年初增长9.8亿元，人民币日均核心存款较年初增长12.73亿元，理财产品余额17.86亿元，较年初增长17.24亿元；各项贷款余额56.36亿元，较年初增长41.03亿元；实现中间业务2522万元，比2014年同期增长793万元，实现拨备前利润1.88亿元，比2014年同期增长1.27亿元，全年农行花溪支行在农行贵州省分行营业部季度业务考核竞赛评比中，获得三个第一、一个第二的好成绩。

全年，农行花溪支行缴纳地方税1694万元，比上年增长993万元。其中营业税1371万元，个人所得税123万元。

农行花溪支行荣获农行贵州省分行“2015年度'比学赶超'先进支行”荣誉称号；荣获农行贵州省分行营业部“2015年度先进支行”荣誉称号；花溪支行营业部在星级网点申报中获“三星网点”称号。

（简　敏）

【农业银行花溪支行对公业务发展迅速】 截至2015年年末，农行花溪支行对公存款余额18.26亿元，较年初增加8.41亿元，增幅85.39%，增量占农行贵州省分行营业部全部增量的28.68%；各项贷款余额56.36亿元，其中对公贷款54.55亿元，较年初增加41.77亿元，占农行贵州省分行营业部全部增量的82.38%。对公日均存款较年初增加11.34亿元，完成全年任务的660%，占营业部全部增量的17%。对公理财余额17亿元。全年实现对公中间业务收入1104.6万元，除原有的财资顾问外，新增结构化融资、债务融资顾问及委托贷款手续费等中收渠道。农行花溪支行在农行贵州省分行营业部的对公业务季度考核中，共获得三个第二、一个第一的好成绩。

（简　敏）

【农业银行花溪支行支持贵安新区贵州大学重点项目建设】 2015年农行花溪支行发放贵安新区开发投资有限公司金马路项目20.5亿元、贵州贵安新区土地收购储备中心政府土储项目9.09亿元、贵州大学新校区项目7亿元，贵州贵惠高速公路建设有限公司银团贷款4.3亿元。同时，以各项目贷款的综合管理为契机，拓展上下游及施工方项目部账户。截至12月底，贵安新区行政机关及公司在农行开立账户计20个，比上年新增9个，存款余额8.2亿元，理财产品余额17亿元，日均存款9.62亿元，理财日均2亿元，实现中间业务收入930万元。贵州大学开立项目账户5个，全年日均存款较年初增加2.79亿元。在加强项目贷款贷后管理的前提下，实现重大项目投放的综合效益最大化。

（简　敏）

【农业银行花溪支行成功帮助富士康在黔企业】 截至2015年年末，富士康在农行花溪支行存款余额14354万元，日均余额3900万元。国际业务方面：跨境结汇、即期结汇、汇入汇款、汇出汇款，其中跨境结汇、T+1、T+2即期结汇均为贵州省分行第一笔业务，为农行国际业务迈出重要一步。已办理汇入汇款5113万美元，即期结汇人民币8998万元，汇出汇款4293万美元，跨境结汇516万美元，跨境人民币15670万元。富士康在花溪支行月代发工资总额1500万元，发卡11100余张。

（简　敏）

【农业银行花溪支行个贷新发放量创历史佳绩】 2015年，农行花溪支行跳出行政区划的限制，将个人按揭贷款业务拓展到金阳、小河等地，克服服务半径大、跨区域收件签约服务的不利条件，实现农行花溪支行个人贷款历史最好水平，全年为金阳华润置地、小河北大资源、花溪中铁城等优质房地产客户发放个人按揭贷款372笔，金额达1.18亿元。同时，在贵州大学、贵州民族大学等优质对公客户中发展随薪贷等业务，用优质的服务赢得教职工的好评。全年个人贷款发放500笔，金额1.35亿元，较年初净增1.11亿元。

（简　敏）

【建设银行花溪支行概况】 2015年，花溪支行坚持“抓发展不争论、抓转型不动摇、抓创新不停顿、抓基础不懈怠”的发展理念，截至12月31日，存款余额71.5亿元，较2013年新增30亿元，增幅为42%；年末贷款余额10.9亿元，全年新增贷款12.4亿元；增幅113.76%，对公贷款不良贷款率0，多项主要业务指标名列省分行前列。

（陈思刚）

【建行花溪支行实现一般性存款时点新增10.3亿元】 加大对优势客户的维护力度，制定活动方案和激励考核政策及精细化管理高端客户等多措并举，与客户无缝交接，优势业务继续保持领先。日均新增7.5亿元，增幅14.7%，中间业务收入7757.92万元，增幅43.44%，两项核心指标均高于全省增幅，实现机构整合业务发展1+1＞2。

（陈思刚）

【建行花溪支行拓展以住房按揭贷款为核心的个人贷款业务】 2015年，个人贷款余额8.17亿元，较2013年新增3.52亿元，增幅76%。继续保持区域内住房公积金管理中心唯一银行和维修基金主办银行地位，维修基金累计新增1.5亿元。并取得贵安新区住房维修基金和预付款监管资格、公积金归集和贷款代理的资格，实现国管G系统安装上线。

（陈思刚）

【建设银行拓展间接融资市场】 2015年，建设银行花溪支行实现城镇化贷款、房开贷款、土地开发贷款等信贷产品突破，以间接融资直接融资相结合，实现贵州省分行发放首笔内保内贷业务1.34亿元，首笔融资租赁业务2000万元。完成2家合作银行授信，成功与农村商业银行办理第一笔同业定向资产管理业务和第一笔同业百易安业务，吸收存款7亿元。实现高校收费14065万元，增幅40%，实现电子银行签约30000余户，新开贵大教育龙卡14000张，居民健康卡7000张、大学生信用卡3296张，三所高校带来对公存款新增2.85亿元。办理贵州省内第一笔“校财局管”“站财局管”业务，辖内50所中小学和水利站开立结算专户，完成中小学教育经费和水利经费归集，实现95%以上资金在体内循环。与贵安新区和花溪区分别搭建“安全生产费”平台，开立区域内项目建设单位专用账户50余户，资金近1亿元。取得贵安新区国库集中支付代理权，批量开立政府部门基本账户11户。

（陈思刚）

【建行花溪支行打击电信诈骗活动】 2015年，花溪支行16个营业网点员工开展60余次“远离非法集资”“警惕洗钱陷阱防范电信诈骗”等宣传活动；与花溪区政府有关部门联合20余次走进高校，开展预防非法集资、电信诈骗、地下钱庄、传销、反假币、反洗钱等“防假识骗”宣传活动；员工认真指导客户办理业务，有效阻截电信诈骗6次，智擒犯罪分子1人。

（李中银）

【贵阳银行花溪支行概况】 贵阳银行花溪支行位于花溪区田园北路673号，下辖小微支行，社区银行和助农网点21个，并在居民聚集区、校园、厂区、村委等地方设置16个24小时自助银行，服务区域辐射花溪各社区、乡镇、企业。2015年，支行先后向花溪区及经开区基础设施建设及政府平台投入信贷资金80亿元，区域内企业各项融资近50亿元，对区域内下岗失业人员，失地农民、小微企业等急需资金的客户提供近10个亿贷款，解决下岗失业工人再就业问题和失地农民自主经营的资金需求，增大对区域内中小企业的扶持力度。长期开展各类代收代付业务，除现金缴费外，还开办银行卡代扣，手机银行，网上银行等缴费方式，方便花溪区居民生活消费。

为打造安全银行，支行把专项治理工作和查防违法违规案件结合起来，落实内部各项管理制度，定期进行对照自查，发现问题及时整改，对存在的风险点及时监督控制，增强员工风险防范意识，堵塞漏洞、杜绝隐患，提高网点人员对突发事件的应变能力，确保各项业务的健康、持续发展。

贵阳银行花溪支行为全面提高公众金融知识水平和金融风险防范意识，增强员工对金融消费者保护服务理念，完善公众教育服务长效机制，构建和谐的消费者权益保护体系，多次开展“金融知识进万家”宣传活动。扩大金融知识宣传普及覆盖面，提高公众识别和防范金融风险的能力，为构建花溪区和谐金融环境起到推动作用。

（贵阳银行花溪支行）

6月15日，建行花溪支行携手华宝兴业基金公司在久安乡打通小学开展贫困山区小学图书角捐赠活动
（建行花溪支行　供稿）

【花溪农村商业银行股份有限公司概况】 花溪农商银行有31家支行（含营业部），14家便民服务支行、3个金融便民服务点，网点覆盖花溪区、南明区、观山湖区，职工人数为571人。花溪农商银行致力普惠金融事业，提炼出“金额可高可低、期限可长可短、押品可有可无、利率可上可下”的农村扶贫小额信贷模式和2015“十新”战略发展规划目标，整体工作推进扎实。2015年成为全省农信系统首家存款151.95亿元的县域金融机构；被评为全国文明单位；由中国银行业协会颁布的“安全银行”称号，全省AAA级信用企业、全省

“守合同重信用”单位、贵州省优秀企业。

（王益林）

【“商誉通”获2014年全国二十佳金融产品】 2015年6月26日，中国银行业协会举办的《2014年度中国银行业社会责任报告》发布暨社会责任工作表彰大会在北京举行，花溪农村商业银行自主研发的“商誉通”小微企业金融贷款产品，获全国银行业“2014年服务小微企业二十佳金融产品”称号，成为贵州唯一获该荣誉的金融机构。花溪农商银行2011年11月7日率先在全省农信系统成立首家小微企业金融服务中心，一直以解决小微企业融资难题，促进小微企业发展为经营目标，“商誉通”是专门针对小微企业、个体工商户、企业实际掌控人或股东信誉发放、最高额度不超过100万元的无担保信用贷款。主要特点是无需担保、还款方式灵活、手续简便快捷、期限较长，一经推出即受到广大小微企业客户欢迎。

（王益林）

【花溪农村商业银行首期同业存单发行成功】 2015年8月11日，花溪农村商业银行在中国银行间市场成功发行首期同业存单，成为贵州农信系统首家发行同业存单的县域金融机构。本期同业存单，由花溪农商银行自行确定品种、金额及期限，面向所有市场成员公开披露信息，采用价格招标方式竞价，通过同业拆借中心发行系统自动实现，是主动适应利率市场化步伐，积极参与市场创新，改善银行资产负债的期限结构错配，提升服务实体经济综合实力的举措。该期同业存单采用公开报价方式发行，发行金额6亿元，期限分别为1个月、3个月，票面利率分别3.1 %、3.30%。此次同业存单的发行受到同业投资者的广泛关注和肯定，在银行间市场报价发行后很快被认购一空。

（王益林）

【全省第一台“自助贷款终端”】 2015年8月，花溪农商银行开发出全省第一台“自助贷款终端”。贷款户可以在自助贷款服务终端上自主完成贷款、还款以及查询等服务功能，截至12月31日，覆盖的行政村100%。设立一台自助贷款服务终端，“村村通+自助贷款服务”的组合利用云端技术实现农户足不出户取款、汇款、存款、贷款“四位一体”，为农户提供对等的普惠金融服务。

（王益林）

8月14日，花溪农村商业银行自助贷款机启动仪式
（花溪农村商业银行　供稿）

【打造农村普惠金融升级版】 2015年，花溪农村商业银行一是开发“小康卡”系列贷款产品，创建农村信用体系。针对农民的不同需求，以“金额可高可低、期限可长可短、押品可有可无、利率可上可下”的方式满足辖区内种养殖农户生产经营“短、小、频、急”的资金需求。用35%的存款资源发放90%以上的涉农贷款。针对城镇化及新农村建设需求，创新开发“小康卡··安居贷”产品，发放失地农户新建、维修住房贷款8344.61万元，支持“四在农家 美丽乡村”建设，有效改善农村居民生产、生活水平。对辖区内所

有农户进行建档、评级、授信，创建信用乡镇、村组，根据农户信用等级，实施增贷工程，农户信用贷款额度最高提升至50万元，加大对信用乡镇的农户实施利率政策优惠力度，贷款平均年利率比市场利率低近3个百分点，利率优惠余额达4000万元以上，评定信用农户5.11万户，信用乡7个，信用村110个，信用组561个，全区5万余农户受惠。

二是建立农村半小时金融服务圈。花溪农商银行金融服务31个网点、14家便民服务支行遍布全区各乡镇，布设ATM机110台、村村通POS机193台，特约商户POS机551台，发放信合卡27.53万张，构建“物理网点+电子渠道+代理服务+流动服务”综合服务体系，在行政村内打造半小时金融服务圈。利用农户农闲或晚上空闲时间，举办“小康讲堂”金融知识培训，与村委共建小康讲堂图书室，在乡村院落、学校、村民家中，“零距离”传播金融知识、宣传信用工程，全年举办小康讲堂302场，参与员工900人次，农户16726人次，5万余农户均受惠。

（王益林）

【首届全国金融同业交流会】 2015年9月11日~12日，来自全国各地50多家金融机构150多名同业人士，齐聚花溪孔学堂参加由区政府和花溪农商银行联合举办的“2015年贵州花溪农村商业银行金融同业交流会”。交流会以“同于心·业于行”为主题，以“分享金融智慧、携手同行共赢”为宗旨，为到场的全国各家金融机构提供一个广泛、有效的银行同业间经验交流和加强业务合作的平台。

交流会上，兴业银行独立董事林华以及中诚信国际信用评级有限责任公司总经理闫文涛，与在场的同业分享资产证券化发展与利率、人民币国际化的关系，证券化的好处与会计处理方式，资产证券化业务模式，中小银行资产证券化案例以及理财产品底层资产配置相关事宜。

（王益林）

【贵阳花溪建设村镇银行概况】 贵阳花溪建设村镇银行是经中国银行业监督管理委员会贵州监管局批准设立，于2009年10月19日成立，注册资本金为人民币1亿元，由包商银行股份有限公司作为主发起行，联合其他企业法人和自然人共同成立的新型区域性地方金融机构，业务范围包括吸收存款；发放短期、中期和长期贷款；办理国内结算；从事同业拆借；代理收付款项及代理保险业务；经银行业监督管理机构批准的其他业务。

花溪建设村镇银行秉承“立足花溪、服务花溪、建设花溪”的宗旨，投身于花溪各项社会事业发展。2015年，发放各类贷款超过20亿元，涉及十余个国民经济行业，特别是对“三农”、小微企业、个体工商户等薄弱层面的资金支持，超过累计发放贷款的70%，发放贷款2100余户，间接带动新增就业岗位10000多个。全年缴纳所得税、营业税等超过1800万元，被贵州省国家税务局、贵州省地方税务局评为“A级纳税信用企业”。9月6日，花溪建设村镇银行在花溪区清溪路598号新办公楼举办乔迁典礼新办公楼正式投入使用。3月3日起，花溪建设村镇银行全面开展优质文明规范服务检查。检查内容涉及网点劳动纪律、业务差错、外部环境、柜员服务、仪容仪表、卫生环境、大堂服务、安保工作等方面，涵盖各支行、总行各部门。

（杨东升）

【花溪邮政储蓄银行概况】 中国邮政集团公司贵阳市花溪区分公司金融业务归中国邮储银行

贵阳市分行管理，分公司下辖：清溪支行、青岩支局、孟关支局、兰馨支局、吉林支局、党武支局、鑫中（金竹）支局、石板支局8个全功能金融服务网点。业务范围：个人及对公储蓄、代发工资、基金、理财以及保险等业务。窗口从业人员45人，都是大专以上文化程度，在岗人员98%以上获本岗位职业资格认证。2015年末，储蓄余额超过6亿元，金融资产超过8亿元。

（李艳明）

保　险

【中国太平洋人寿保险股份有限公司花溪支公司概况】 中国太平洋人寿保险股份有限公司成立于1991年，2015年成为“全国质量诚信品牌优秀示范企业”；连续五年位于全球500强企业榜之列；中国太保贵州分公司连续3年在“中国质量万里行”暗访中获得3A高等级服务机构；五星服务质量机构，也是贵州省唯一获得此荣誉的保险公司；2015年中国太保花溪支公司完成寿险、产险等项目保费收入5579万元，位居市场第一。太保寿险与贵州省老龄委共同组织“银发安康慰问老人”把爱带到百姓家的主题活动。花溪支公司，位于花溪区清华中学旁清华小区。保险业务主要有人身意外险、分红重疾险、分红年金险、分红万能险、企业年金险、养老年金险、学生平安险、车辆保险、企业财产险、工程保险、责任保险、农业保险、国家特种政策险等，保障范围涵盖中国保险行业所有险种；中国太保通过个人销售、团队互动，店面销售、电子商务（电话、网络等）国家金融渠道等多种营销，24小时向广大客户提供全面、便捷、高效的服务，通过优化理赔资源配置，提升寿、产险简易案件处理能力，落实理赔服务承诺，是首家开通“重大案件绿色赔付通道”，针对VIP贵宾客户可以享受“SOS”全球救援尊享服务。花溪区设立车险、寿险现场一条龙服务，不断提高客户满意度。

（史　玉）

【中国人寿财产保险股份有限公司花溪区支公司概况】 中国人寿财产保险股份有限公司花溪区支公司，地址位于花溪区徐家冲清溪路314号。2015年有业务人员16人，保险业务主要有：人身意外险，机动车辆保险，企业财产险，学生平安险，工程保险，责任保险，政策性农业保险等。公司通过个人代理，寿险互动，车辆销售商，店面，银保，电子商务等渠道为广大客户提供24小时方便，快捷的服务。通过互联网APP国寿天财系统为客户提供自助出单，自助理赔查询等服务；通过小额案件快速处理机制，解决小额案件快速处理能力；开通重大案件绿色通道，为保险公司承保客户案件资金的垫付，使伤者能在第一时间得到及时救治赔付；与政府职能部门配合，通过政策性保险提高农户在种植，养殖等方面的抗风险能力。被上级公司评定为三星级网点资质。全年花溪支公司完成财产险保费收入3384万元。

（徐　林）

【中国人寿保险花溪支公司概况】 中国人寿保险（集团）公司是国有特大型金融保险企业，总部设在北京，世界500强企业、中国品牌500强。公司前身是成立于1949年的原中国人民保险公司，2003年，重组改制为中国人寿保险（集团）公司，业务范围涵盖寿险、财产险、养老保险（企业年金）、资产管理、另类投资、海外业务、电子商务等多个领域，并通过资本运作参股多家银行、证券公司等其他金融和非金融机构。中国人寿花溪支公司位于花溪区清溪路276号。

2015年，在花溪区城镇、农村设立8家网点，在社区、村寨和繁华地带宣传保险知识。同时，根据贵阳市发展和改革委员会、贵阳市卫生局、贵阳市财政局、贵阳市人力资源和社会保障局、贵阳市民政局等五部门《关于印发贵阳市开展城乡居民大病保险工作实施方案（试行）的通知》，承办花溪区城镇居民及新农合大病保险的二次报销工作，承保各种社会惠民保险产品：银行的大额存款保险、学生平安保险、公安干警的人身伤害保险以及计生保险等业务。为返乡人员及社会人士提供200个创业就业岗位。全年实现新单保费收入3259.63万元。

（中国人寿保险花溪支公司）

【中国人民财产保险股份有限公司花溪支公司概况】 中国人民财产保险股份有限公司是经国务院同意，中国保监会批准于2003年7月由中国人民保险集团股份有限公司发起设立的。2003年在香港联交所成功挂牌上市，入围世界500强，2015年《财富》世界500强排名第174位。

中国人民财产保险股份有限公司花溪支公司，位于贵阳市花溪区清溪路272号（徐家冲路口）。2015年，公司实收保费5962万元，是花溪区规模较大的一家财产险公司。

保险业务有：车辆保险、企业财险、工程险、责任保险、意外伤害保险、农业保险等；同时办理政策性森林保险、能繁母猪保险、水稻保险、农房保险，为农业生产提供风险保障。通过个人保险、团体保险、互动业务、电子商务等多种营销渠道，24小时客户专线等服务网络，全天候向广大客户提供全面、便捷、高效的服务。尤其是自2012年以来公司通过优化理赔资源配置，完善理赔运营架构，不断提高理赔服务能力和服务品质。一是通过优化理赔资源配置，提高万元以下案件“一小时通知赔付”，全面落实理赔服务承诺，切实化解“理赔难”等矛盾；二是兑现“万元快赔”特色服务，提升车险简易案件处理能力；三是开展特色服务活动，如保险服务接待日、客户节“满意在贵州”等主题活动，向客户提高增值服务，不断提高客户满意度。

（黄金平）

【花溪中小企业信用担保投资有限公司概况】 贵阳花溪中小企业信用担保投资有限公司成立于2004年12月28日，获得省政府金融办颁发的“融资性担保机构经营许可证”，是花溪区唯一一家国有担保公司。公司主要的经营范围为融资性担保业务，兼营履约担保业务。内设综合部、财务部、业务部、风险管理部四个职能部门。2015年担保公司继续与花溪农村商业银行开展合作，实现年在保余额4285万元，新增贷款担保3515万元，解除担保责任3217.50万元。公司利用1800万注册资本金放大2.28倍优势，为养殖、种植、餐饮、食品、纸业、建筑等小微企业和“三农”的44家服务客户提供7412万元融资，带动企业投资规模达1亿元，增加就业人数达300人，为财政增加收入600万元。1月，公司向省金融办申请符合国家鼓励类产业的融资性“信用担保服务体系建设”项目，经各相关金融部门审查通过，5月获得西部地区鼓励类产业项目确认书。企业所得税汇算清缴获得减免12.03万元。

（王兴林）

（责任编辑　姚　毅）

城乡建设

马铃乡城乡建设（杨小平　摄）

综　述

【概况】 2015年，花溪区住建局完成花溪区污水收集系统一、二标段的建设；配合推进实施贵州汽车城汽车超市城市综合体建设；实施农村危房改造502户；建设小康房500户；启动棚户区改造项目8个，改造各类棚户区住房5477户、142.03万平方米；完成贵州大学和贵州民族大学教师公租房以及花溪上板村民组公租房14.9万平方米、2208套的建设；为116个建筑工程公开招标报建工程开展招投标服务；加强对全区在建工地施工的精细化管理，为127个建筑施工项目开展质量安全监督管理服务；实施17个项目签约5663户124.6万平方米的房屋征收；办理施工许可证21个；围绕建筑市场诚信体系建设，督促区内从事建设活动的单位办理《诚信管理手册》；推进建设领域清理拖欠工程款和民工工资、全年处理清欠纠纷19起、追回工程款及民工工资6678.8万元，其中农民工工资2975.8万元；开展房地产市场的监督管理，完成房开项目固定资产投资51.6亿元，规范物业小区维修资金管理，做好物业企业资质初审、小区业委会备案和指导、前期物业管理招投标、小区物业管理交接等工作。

（区住建局党政办）

花溪年鉴 HUA XI YEARBOOK 2016

城镇基础设施建设

【城区污水收集系统管网建设】 2011年，区住建局争取到中央预算内投资项目——花溪区污水收集系统工程，项目建设内容为：建设城区污水收集系统管网56.913公里，配套污水检查井1425座，管网设计规模为7.75万立方米/天。2012年10月通过公开招投标，完成花溪区污水收集系统工程一、二标段施工招标，招标总长度12341米，由于设计方案优化及现场实际情况不能施工等，总长度缩减4458米，一、二标段实际施工总长度为7883米。2015年完成该工程并经质量验收，总计铺设管网7883米，设置检查井212个，其中养牛村大沟段完成管道敷设6335米，洛平村大沟段完成管道敷设1548米。

（区住建局建设科）

【房屋征收】 2015年，区房屋征收局组织实施花溪大寨村地块整治开发、花溪尖山村地块整治开发、董家堰村一、二组地块整治开发、云上村上、下寨地块整治开发等房屋征收项目17个，已签约5663户124.6万平方米；完成富源南路（花溪段）、孟关乡生态特色功能区（一期）等项目的住房回迁安置工作，安置房屋980户1514套，面积14.62万平方米。

（区房屋征收局）

【棚户区改造】 2015年，花溪区编制2015至2017年棚改配套基础设施建设计划，将花溪区关口寨棚户区改造项目、花溪区万达片区棚户区改造项目（一期）、花溪区云上（湿地阳光花园）棚户区改造项目及花溪区2016年花燕路口安置点（02-05-21地块）城市棚户区改造项目纳入建设计划内。其中，万达片区棚户区改造项目（一期）于2014年获得中央预算内配套基础设施建设投资资金212万元，关口寨棚户区改造项目于2015年获得中央预算内配套基础设施建设投资资金858万元。截至2015年底，万达片区棚户区改造项目（一期）完成甲秀南路侧人行道石材铺贴长500米、宽5米，甲秀南路侧城市景观带绿化施工长500米、宽25米，甲秀南路侧道路施工长800米、宽8米，项目东侧市政山体公园绿化施工16000平方米；关口寨棚户区改造项目完成3.5千米供水管网安装，2.8千米供电管网安装，完成市政及绿化41000平方米。

（温　艳）

【花溪年鉴 HUA XI YEARBOOK 2016】

村镇建设

【农村危房改造】　2015年，全区完成农村危房改造502户，其中一级五保户1户、一级低保户28户、三级低保户1户、一级困难户389户、二级困难户44户、三级困难户3户、一级一般户36户。在实施农村危房改造工程中，优先将符合危改条件的复原退伍军人纳入改造任务，解决复退伍军人55户的“住房难”问题。

（蒙　菲）

【小康房建设】　2015年，全区完成小康房建设500户。结合“四在农家·美丽乡村”、小康寨建设、农村危房改造、小城镇建设等工作，完成黔陶乡马场村小马场房屋立面整治140户；结合“5个100”示范小城镇建设，完成青岩农民新村集中安置点建设360套。

（蒙　菲）

【小城镇建设】　2015年区住建局完成青岩省级示范小城镇建设，投资8.8亿元，实施污水收集系统项目、农民新村安置点、北城门旅游综合体、古镇内综合整治、就业和社会保障服务大厅垃圾收集转运系统等项目，其中污水收集系统项目完工。完成孟关乡县级示范小城镇建设投资4950万元，启动实施小城镇建设项目10个，其中X406集镇道路（延伸段）改造工程竣工。

（蒙　菲）

【花溪年鉴 HUA XI YEARBOOK 2016】

城乡规划

【概况】　2015年，花溪区按照贵阳市建设全国生态文明示范城市的总体要求，紧紧围绕“生态区、旅游区、文化区、宜居区”的主题，开展城乡规划工作。从“两路六区域”入手（两路：花溪大道、甲秀南路；六区域：十里河滩西侧地块、国宾馆周边区域、金竹片区、天河潭周边区域、大学城周边片区、阿哈湖水库周边片区），以十里河滩国家城市湿地公园、花溪公园、青岩古镇、天河潭风景区为核心，以保护花溪青山绿水为底线，突出花溪文化特色、生态优势，实施公园城区建设，在规划中突出“大花园、大溪流”，做足“花”和“溪”的文章，使“花溪”名副其实。体现花溪“文化旅游创新区”的发展定位，规划以生态理念引领道路交通设施建设，基于绿色交通的山地城市用地布局，以公共交通为主导构建对外联系交通系统，以慢行交通为重点，体现花溪可持续发展和新技术示范的交通系统。按照《省人民政府办公厅关于做好2015黔韩交流合作活动周有关准备工作的通知》文件要求，配合省住建厅做好“韩国小镇”项目的各项工作。

（蒋　蕾）

【文化旅游创新区规划编制】　2015年，区规划局按照省委、省政府、市委、市政府关于打造花溪文化旅游创新区相关指示精神，完成《花溪文化旅游创新区总体城市设计——建筑风貌导则》《贵阳市花溪区总体城市设计》《贵阳市花溪大道街道景观综合整治方案》《甲秀南路及明珠大道沿线综合景观规划》《国宾馆周边片区详细城市设计》《十里河滩西侧城市设计》《金竹片区详细城市设计》《天河潭周边区域（风情小镇）城市设计》《大学城周边片区城市设计》《阿哈湖水库周边风貌整治规划》规划编制工作。配合区人民政府组织编制《花溪文化旅游创新区空间发展战略规划研究》《贵阳花溪区域形象设计与传播规划》以及《贵阳花溪文化旅游创新区城市交通专项规划》。为花溪文化旅游创新区的建设和发展提供战略指引，为花溪打造“大花园、大溪流”，推进“一区四化”提供切实可行的行动方案。

（蒋　蕾）

【乡镇规划】 2015年，区规划局完成《黔陶乡总体规划》《青岩镇总体规划（修编）》《石板组团控制性详细规划总则》《中关村贵阳科技园—燕楼产业园布局规划暨燕楼集镇控制性详细规划》《久安乡集镇控制性详细规划》《高坡苗族乡集镇中心片区控制性详细规划》等一批乡镇规划编制；完成《7+2同心扶贫工程高坡乡马铃乡整治规划》《花溪黔陶周氏文化园与周氏祠堂修缮方案设计》《镇山、凯伦历史文化名村保护规划》《石板镇镇山村、高坡苗族乡枇林传统村落保护规划》等一批乡镇保护规划。同时，为提升新农村建设水平、打造乡村旅游、改善居住环境、提高生活品质、增加经济收入、拓宽农村经济来源，组织编制《马铃河美丽慢村详细规划》和《久安乡茶旅一体美丽乡村示范点（牛昌坝—新寨）详细规划》。

（蒋　蕾）

【景区提升规划】 为发挥规划的先导和引领作用，全面推进花溪区争创AAAAA精品景区工作，以青岩古镇、十里河滩湿地公园、天河潭风景区等区域生态保护、环境提升规划为亮点，凸显花溪精品景区特色。2015年区规划局编制《青岩景区修建性详细规划》《花溪区青岩镇水系景观规划》《孔学堂、十里河滩区域提升工程规划》《天河潭风景区详细规划》，以及天河潭景区内芦荻大寨、花街、摆拢三个村寨提升改造规划，全面整合景区文化、旅游资源，完善软硬件设施，推进景区品质的全面提升。按照省、市关于贵阳特色风情小镇建设项目要求，完成《贵阳市花溪区孟关集镇“风情小镇”修建性详细规划》。

（蒋　蕾）

【民生项目规划实施】 2015年区规划局完成花溪上板村民组公租房、中铁城配建公租房、贵州花溪机械厂桐木岭廉租房、贵州大学南校区公租房、贵州民族学院公租房等一批保障性住房项目的审查审批工作；完成云上村棚户区（湿地阳光）、贵州黔鹰5708厂、贵州大学扩建一、二期安置房、花溪区两夹坡至马路寨农民拆迁安置房、改貌农民新村安置房、富源南路改貌农民新村安置房、贵阳国际汽贸城农民新村安置房、孟关乡特色功能区农民新村安置房、溪北安置房等一批安置房项目的审查审批。

（蒋　蕾）

【重点重大项目规划审查】 2015年，区规划局为推进花溪区重点重大项目建设完成两港一中心、传化智能公路港、韩国风情小镇项目用地调规工作；完成二手车市场、贵州大学校区扩建工程、贵阳国际汽贸城二期4S店建设项目、以及保利溪湖B地块、花溪碧桂园一期等一批高品质房开项目的审查审批工作；完成创新区孟溪路、花桐路、印象路、大职路、航天路、陈孟路、龙燕线、环城高速花溪互通立交、天河潭大道等一批基础设施项目方案的审批工作；推进碧云窝水厂扩容、区域内电力设施迁改等一批市政设施的规划服务工作。

（蒋　蕾）

（责任编辑　翟长保）

花溪年鉴 2016
HUAXI YEARBOOK

城市管理

城市环境整治（区文广局　供稿）

综合执法

【概况】 2015年，区城市综合执法大队以“综合执法下社区，控违拆违进项目”为工作重心，联系社区，解决社区院落、背街小巷、城中村等重点部位“脏、乱、差”突出问题。全年拆除违法建筑2354户，拆除面积96.72万平方米。在“多彩贵州文明行动”“国家卫生城市”“国家文明城市”等复检考验下，推进全区“多彩贵州文明行动”常态化管理，巩固和提升“创文”“创卫”成果，把噪音扰民、灯光污染等有碍城市容貌的行为作为管控重点来抓，多次开展“门前三包”、门面头匾、户外广告、渣土撒漏、露天烧烤、机动车占用人行道停放、乱贴乱画等专项整治活动。

（区城市综合执法大队）

【整脏治乱】 2015年，以整治占道经营、野广告、车辆乱停乱放为重点，城管队员下沉社区与社区工作人员共同管理、联合执法。全年清除各类野广告1.76万余张（件），制止各类散发小广告行为850余起，制止乱丢乱吐、乱堆乱放等不文明行为8000余起，收扣经营性燃煤炉灶20余起，清理过街横幅、空飘420余起，教育劝退流动摊贩1.76万余起，清理门面延伸占道经营1.5万余起。对社区采取“宣传规范、集中整治、疏堵结合”的方式，先后设立明珠社区、清溪社区、溪北社区、阳光社区便民服务早餐点，实行定区域、定时间、定保洁、定标准、定责任、定考核的“六定”管理制度，保证食品卫生及街面秩序。

（区城市综合执法大队）

市政设施建设与管理

【概况】 2015年，区市政管理所改造清溪路（小吃城路段、大将路至花溪大桥路段、红阳厂至三五三七厂宿舍区路段）的雨污管道及红阳厂至三五三七厂宿舍区路段的人行道；维修维护市政道路车行道6000多平方米、人行道7000多平方米、路牙520米，疏通主管53.3公里、支管22.9公里，更换维修雨篦子、井盖380套；更换学士路、霞晖路、徐家冲路路灯105盏；以“生态文明贵阳国际论坛2015年年会”召开为契机，对全区范围主、次干路，支路街巷等城市道路停车秩序进行整治，恢复清溪路两侧停车泊位；针对不同街区的特点，配置相应风格的市政设施，明确各个地段户外广告设置的要求，对颜色、布景等，都有统一而明确规定，要求单位和企业设立广告牌按该户外广告规定执行；春节期间在城区主干道悬挂灯笼3000余个。

（区市政管理所）

环境卫生

【概况】 2015年花溪区中心城区环境卫生工作做到“扫、收、转、运、处”无缝连接的环卫一体化管理，增加环卫建设资金投入，提升环卫机械化作业率，按照环卫行业作业规范进行作业和管理，达到“亮坎、亮线、亮护栏、亮道路本色”的工作要求。全年清运垃圾110299吨，洒水

17417车，计139336吨。

（区环境卫生管理所）

【环卫设施建设】 2015年，区环境卫生管理所拆除清理区内垃圾池，投放垃圾斗，垃圾日产日清，不堆积。在石板镇新建垃圾转运站，分流垃圾量。中心城区有8座压缩式垃圾转运站（3座为垂直式压缩式，5座为水平压缩式）、果皮箱200个、垃圾桶818个、垃圾斗及箱体413个、垃圾箱20个。有垃圾清运作业车辆45辆，其中，摆臂车3辆，自卸车3辆，后装压缩式车14辆，垃圾清运小钩臂车17辆，转运站集装箱式车8辆。有道路洗扫冲洗作业车辆82辆，其中，洗扫车68辆，洒水车11辆，人行道清洗车3辆。有护栏清洗车3辆，吸粪车1辆。

（区环境卫生管理所）

【垃圾处理】 2015年，石板中转站建设并投入运行，青岩和孟关两座中转站正在修建。为解决垃圾转运运输距离远的问题，拟建一座中型转运站。中心城区垃圾收集、收运设施对城区主次干道、背街小巷做到服务范围全覆盖，生活垃圾做到日产日清，全部运往白云区比例坝垃圾填埋场作无害化填埋处理。全年产生并清运垃圾110299吨，垃圾无害化处理率达100%。

（区环境卫生管理所）

【环境卫生体制改革】 4月，区环境卫生和生活垃圾收运服务企业化运行正式启动，中心城区主干道道路机械化清扫保洁、生活垃圾清运、垃圾中转站和免费公厕管理等环卫工作移交京溪公司。创新环卫体制改革，实行管干分离。督查管理人员按照《贵阳市市容环境卫生作业规范》《贵阳市免费公厕管理办法》《贵阳市免费公厕考核标准》等规定，对转运站、公厕、果皮箱等环卫设施进行长效监督管理考核，对垃圾斗、点、池和公厕、果皮箱每天督查不少于1次，发现问题及时下发整改通知书，对存在的脏乱差问题进行整改并验收。

（区环境卫生管理所）

供　水

【概况】 花溪区供水公司从建厂初期的日供水4000立方米发展到日供水设计规模50000立方米，供水人口从2.5万人发展到现在的9万人，供水普及率95%。供水范围从原镇中心，发展到南到桐木岭收费站、机械厂廉租房，北到贵阳西站、穗黔物流，东抵孟关改毛、汽贸城，西至尖山路口、保利片区，形成南北长10千米、东西长12千米、近4万平方千米的供水区域。拥有一级泵房一座，占地2万亩的水厂一座及南区、孟关、董家堰3个加压站，出厂水水质100%达到国家饮用水标准。

（区供水公司）

【饮用水卫生】 花溪区供水公司负责全区区域内的供水水质安全工作，获贵州省第一批国家饮用水106项达标单位称号。区供水公司将原有的液氯消毒设备更换为二氧化氯消毒设备，加强进出厂及管网水质监测力度，启用水质在线监测设施，确保供水水质达到国家标准要求。2015年度水质综合合格率99%以上，全年未发生水质安全事故。

（区供水公司）

【客户服务管理】 2015年新增用户5763户，年末各类用户36710户，其中一户一表用户35290户（含普通表用户14103户，智能表用户10772户，远传水

表10415户）。区供水公司加强大用户管理，对超限使用的水表进行更换，更换DN40及以上流量计46块；新安装DN50及以上流量计19块，垂翼直通表4块。全年水费首次实现3000万元经营目标。

（区供水公司）

【供水保障】 2015年，区供水公司完成望哨坡、水利二处、吉林花园、石园村等4个片区主管及一户一表改造工程，缓解片区供水水压不足问题。区供水公司拟将碧云窝水厂由原设计日供水能力5万立方米/日扩建为10万立方米/日，花溪碧云窝水厂扩容工程子项取水泵房节能改造工程于12月16日开工建设。2015年中央扩大内需项目贵阳市花溪区供水改造工程完成，共新铺设DN200~DN600供水主管28000余米，新建日供水能力1万立方米—2万立方米片区加压站3个，新建2000立方米的高位水池2座及1500立方米高位水池1座。

（区供水公司）

供电

【概况】 花溪供电局供电区域890平方千米。全局下设职能部门7个，车间3个，供电所5个、变电站8个，现有在岗员工257人，其中：副高职称3人、中级职称10人、助理级49人、员级9人、技师0人、高级工39人、中级工4人、初级工42人。2015年，花溪供电局担负着9个乡镇，122个行政村的供电任务，供电客户12.12万户。辖区内有110千伏变电站6座，主变压器12台，总容量487.5兆伏安。35千伏变电站2座，主变压器3台，总容量28兆伏安。35千伏输电线路8条，总长62.35千米，10千伏线路71条1080千米，其中公用线路49条，870千米；专用线路22条，210千米；低压线路1102.19千米。配变2603台，容量859兆伏安；其中公用配变1137台，容量281兆伏安；专变1466台，容量578兆伏安。

2015年，供电量10.70亿千瓦时、售电量10.15亿千瓦时。

（孙玉恒）

（责任编辑　翟长保）

生态文明建设

青黔农旅一体示范园区—老榜河示范点（区农业局　供稿）

综述

【概况】 2015年，花溪区空气（IPA）质量优良率达 98.1%、空气质量指数（IQA）为85.6%；地表水达标率达100%、集中式饮用水达标率100%、城市生活污水集中处理率达95%；森林覆盖率达45.61%、城区绿化覆盖率49.53%，人均公共绿地面积达15.15平方米。全区88家机关单位，有79家申报创建生态文明机关，并全部通过市级验收达标，完成率89.8%。全区有70680户生态文明家庭户达到3星以上生态文明家庭标准，并通过考核。全区公办学校118所，112所申报创建生态文明绿色学校，全部验收达标，生态文明教育基地创建达标率94.9%。全区创建生态文明绿色社区，并通过贵阳市生态委验收。全区35家2000万元以上规模化企业中，有 18家达到生态文明企业标准并通过验收。全区122个行政村有70个村寨获批1~3星生态文明村寨；青岩镇通过生态文明小城镇“四星级”考核验收；燕楼工业园通过生态文明工业园区考核验收。2015年创建3个省级生态乡镇，33个省、市级生态村。

（朱湘文）

生态文明科技

【节能降耗】 2015年，花溪区推进贵阳市燃煤锅炉节能环保综合提升工程，对19家26台91.25蒸吨燃煤锅炉实施清洁能源改造。全年COD削减量为690余吨、氨氮削减量20余吨、减少燃煤15163.2吨、减少排放二氧化硫653.176吨、减少烟粉尘158.954吨、减少氮氧化物44.58332吨。

（朱湘文）

【环境监测管理】 花溪区环境监测站通过采取区级财政投入、争取国家资金支持与区水务局合作等方式，先后装备石墨炉/火焰原子吸收分光光度计、原子荧光分光光度计、离子色谱仪、BOD快速测定仪、固定底物酶底物法粪大肠菌群分析成套设备以及环境监测车等大型仪器和装备。监测项目认证扩展到62项。

（朱湘文）

水环境管理

【概况】 2015年，花溪区饮用水源水质达标率100%，辖区内各主要河流水质稳定维持在3类以上。水环境巡查、饮用水源保护基础设施建设、水污染防治新模式推广、水污染案件查处等工作全面推进；每月对花溪河、白岩河、青岩河、赵司河、马铃河、打通河、老榜河开展水质监测，及时掌握水质变化情况。

（朱湘文）

【水环境保护】 2015年，花溪区开展乌江流域重点排污企业第三方治理工作，启动青岩镇的七个行政村人工湿地修建工程，对所有污水排放企业开展常规监察，确保各排污企业按规定运行污染防治设施，对环球塑料型材厂、碧桂园等违反《中华人民共和国水污染防治法》的单位实施行政处罚，并监督改正违法行为。启动花溪水源地环境保护基础设施建设项目，安装围栏2162米，警示牌38块，界碑10座，界桩10座。定期开展饮用水源地环境突发事件应急演练。对辖区内饮用水源开展巡查及对属地政府、管理机构巡查情况进行督查。

（朱湘文）

花溪年鉴 HUA XI YEARBOOK 2016

生态环境保护

【环境执法】 2015年，区生态局对燕楼工业园、原石板金石产业园和重点排污单位的污染防治设施运行情况是否正常、污染物是否达标排放、固体废物和危险废物处置是否正确以及是否存在环境风险隐患等情况进行排查。环境执法出动执法人员800余人（次），执法车辆270余台（次），检查企业262家（次），查处各类环境违法案件51件，其中罚款43件（未经验收擅自投产7件，超标排放 2 件，未批先建29件，其他5件），罚款金额计189余万元，下达行政命令书20余份，查封7件，扣押1件，办理移送环境污染刑事犯罪案件1件（花溪区花孟社区杨中村陇头组一非法收购处置废机油点非法收购处置废机油，该案为贵州省首个因非法处置废机油涉嫌重金属犯罪案件），省环保厅、省“六个一律”环保“利剑”执法专项行动联席会议办公室对花溪区进行全省通报表扬。

（朱湘文）

【建设项目环保审批】 2015年，受理136个环保审批项目（其中30家为省、市级项目），区生态局办理106个，其中84个项目全部通过环境影响评价审批，12个项目正在编制环境影响评价，不合规划及占用水源保护区项目10个。完善部门联动机制，对建设项目实施从环评审批到建成竣工验收全程跟踪管理，动态掌握建设项目进展和环保措施落实情况。

（朱湘文）

【空气污染防治】 2015年，区生态局开展扬尘检查及在建工地安全检查，下达检查记录单87份，检出问题113条。加大砂石矿山治理整顿，要求关闭的砂石厂做好生态修复工作，防止裸露砂石产生扬尘。禁止焚烧产生污染；开展餐饮油烟专项治理；完成10蒸吨以下燃煤锅炉改造；加强油气回收治理。全区环境空气质量好转，优良天数增加，综合指数、PM10浓度、PM2.5浓度、SO_2浓度、NO_2浓度、CO浓度均下降，仅O_3浓度上升。其中，环境空气质量优良率为90%；综合指数为3.85，比2014年下降9.4个百分点；PM10浓度为0.058毫克/立方米。PM10浓度和PM2.5浓度的削减比例均超过贵阳市2015年度生态文明示范城市建设目标任务中削减10%的任务要求。

（朱湘文）

【工业固体废物与危险废物管理】 全区工业固体废物处置利用率达95%以上，危险废物安全处置率达100%。监管辖区内86家二类以上汽修、19家医药等企业的危险废物处置，每家产生企业均有台账登记。通过对照涉危企业名单，每月对涉危企业危险废物转移许可、联单进行规范管理，建立台账，要求涉危企业完善应急预案，开展应急演练。全区2015年转移危险废物449.1吨，其中，废机油440.1吨，废旧蓄电池5吨，污泥1吨，废乙酸乙烯酯3吨。

（朱湘文）

花溪年鉴 HUA XI YEARBOOK 2016

园林管理

【概况】 2015年，全区绿地率达48.72%，较2014年提升0.68%；绿化覆盖率50.23%，较2014年提升0.7%；人均公共绿地面积15.35平方米，较2014年提升0.1平方米。以上指标呈稳定提高趋势。新增绿地目标值为16万平方米，实际完成21.76万平方米，完成率达136%。花溪大道、甲秀南路沿线绿化用地、绿化实施的建设经费落实完成。18个社区院落绿化提升工作完成。

（朱湘文）

花溪年鉴 HUA XI YEARBOOK 2016

林业管理

【森林资源管理】 2015年，花溪区落实森林管护，区生态局与各乡（镇）、社区签定目标责任书。全区有护林员200名，均签订管护承包协议。

严格木材运输、流通管理，对材料齐备、来源合法的依法给予办理，对材料不齐、来源不合法的不予办理。全年办理“木材（林产品）运输证”92份。

强化木材经营加工许可证年审，对符合年审条件的木材经营加工户，给予年审；不符合条件的，给予关停，并注销“木材经营加工许可证”。2015年，全区通过年审的木材经营加工户151家。

加强森林防火工作。全区2015年发生火情149起，其中一般火灾5起，边界火5起，无重大火灾、人员伤亡事件发生。

完成陆生野生动物及疫源疫病监测、预警任务。

完成林业有害生物防治“四率”目标：林业有害生物成灾率控制在2‰以下，无公害防治率达85%以上，测报准确率达85%以上。

（朱湘文）

【公益林建设管理】 2015年，中央财政森林生态效益补偿基金78.3万元，涉及兑现重点公益林补偿面积5.29万亩，兑现率100%；地方财政森林生态效益补偿基金331.39万元，涉及兑现地方公益林面积41.42万亩（不含贵安新区党武乡、湖潮乡3.58万亩及经开区3.3万亩），兑现率100%。集体公益林由村委会统一推荐聘请，聘请专职护林人员286人，签订集体公益林管护合同286分；个人公益林由村委会与其签订管护合同，签订管护合同635分。贵阳市森林资源管理系统录入工作完成。

（朱湘文）

【绿化造林】 县乡村绿化工作：县乡村造林绿化封山育林设计面积5546.1亩，合格面积5546.1亩，面积合格率为100%。涉及9个乡镇和2个国有林场、22个行政村和2个林场5个片区。

石漠化综合治理项目：全区2015年度石漠化综合治理植被恢复工程1410.7公顷（区生态文明

3月10日，小孟社区开展植树节志愿植树活动
（小孟社区　供稿）

建设局组织实施封山育林1123.27公顷，区农业局实施经果林287.43公顷）。中央预算内投资为700万元。

环城绿化建设工作：通道绿化建设1293.11亩，任务完成率100%。其中，区生态文明建设局组织实施封山育林1007.68亩，区农业局实施经果林285.43亩。

市县级植被恢复人工造林工作：造林5183.25亩，贵惠高速公路绿化建设捆绑实施1161亩，新农村环境绿化美化建设926亩，孟关林场人工造林2000亩，久安茶叶种植335.3亩，环城高速通道绿化捆绑实施761亩。

落实天然林资源保护工程，落实森林管护面积54.77万亩，签订管护协议面积55.3751万亩。

（朱湘文）

【林木采伐运输加工管理】 2015年，办理“木材（林产品）运输证”92份，并建立台账和录入林业信息化系统。2015年全区森林采伐限额为20580立方米，其中，抚育采伐限额14450立方米，其他采伐限额6130立方米。办理“林木采伐许可证”7份，采伐林木蓄积254.5立方米，采伐面积4.85 公顷。2015年，花溪区通过年审的木材经营加工户有151家，其中，原花溪区2015年通过年审的木材经营加工户有65家（按经营性质分：经营加工的有54家，经营的有11家；按企业性质分：属于个体性质的有58家，国有性质1家，其他经营性质的有6家），经开区2015年通过年审的木材经营加工户有86家（按经营性质分：经营加工的有27家，经营的有59家；按企业性质分：属于个体性质的有79家，其他经营性质的有7家），并建立台账和录入林业信息化系统。

（朱湘文）

【擅自改变林地用途案例】 2014年12月6日，区生态文明建设局执法人员在对森林资源管护巡查过程中，发现黔陶乡关口村有施工单位在林地上开采石料。经调查，施工单位为贵阳花溪某建材有限公司，执法人员立即制止，并下达违法告知书。经查明，该单位在未办理林地使用手续的情况下违法占用黔陶乡关口村地方公益林5.17公顷新建矿场，擅自改变林地用途毁坏林木120株，林木蓄积29立方米。2015年，根据《中华人民共和国森林法实施条例》第四十三条、《中华人民共和国森林法》第四十四条的规定，给予该单位非法改变林地用途每平方米20元的罚款，计人民币103.4万元；给予该单位毁坏林地价值4倍的罚款，计人民币5.8万元，以上罚款计109.2万元。

（朱湘文）

（责任编辑　翟长保）

花溪年鉴 2016 HUAXI YEARBOOK

农　　业

9月14日，久安园区采茶（久安乡　供稿）

花溪年鉴 HUA XI YEARBOOK 2016

综　述

【概况】 2015年，花溪区实现农业增加值17.92亿元，比上年增长6.4%；农村居民人均可支配收入完成12414元，比上年增长9.6%。蔬菜播种面积22.18万亩次，建设标准化基地1140亩，蔬菜产量28.79万吨；新增茶叶面积2040亩，茶叶产量1520吨；水果产量8250吨，新增果树面积1100亩；中药材种植面积550亩，产量112吨；建设畜产品基地1家，生猪出栏138900头，家禽出栏1203000羽，肉类总产量14130吨；禽蛋产量3290吨；新增农机总动力0.22万千瓦。

区现代高效农业园区（久安现代高效茶叶示范园区、青黔农旅一体化示范园区和燕马都市蔬菜保供基地示范园区）累计投入各类资金10.04669亿元，总产值23.94亿元，带动农户3750户。标准化茶叶种植4.7万亩，建成标准化蔬菜种植、经济果林种植基地；建成出口茶叶加工、保供蔬菜等一批农产品加工、农旅一体化、

7月31日，麦坪乡杉二村，区农业局植保站与村技术人员实施水稻病虫害专业化统防统治项目

（区农业局　供稿）

标准化种植示范园；贵州创新农业科技发展公司、贵州唐华旅游等19家龙头企业入园发展，主要产品远销日本、美国、欧洲等地。争取省、市农业项目5个500多万元，投入园区基础设施、产业建设；整合水务、交通、科技、扶贫等部门项目4个550多万元，投入到现代农业园区建设；推进茶叶、蔬菜等产业发展；围绕久安古茶品牌发展，集中打造“久安红、久安绿、千年红”茶叶品牌。

美丽乡村（提高型）示范点建设项目51个，投入2093.24万元，完成3500亩基本农田建设，打造“一核一区三带”美丽乡村示范带。2015年贵阳市下达花溪区美丽乡村专项资金150万元，区级匹配90万元，涉及黔陶乡马场村小马场、久安乡久安村小窑、新寨3个示范点，建设项目35个。争取并落实中央、省、市财政专项扶贫资金项目969万元，帮助贫困村发展茶产业、乡村旅游、精品水果、村级集体经济等，结合2014年1585万元扶贫项目的实施，全区完成19个贫困村扶贫开发整村推进“减贫摘帽”，贫困村村级集体经济达到30万元以上，减少贫困人口2728人，脱贫人口占贵阳市下达目标的182%。原扶贫开发一类重点乡高坡乡预计农民人均可支配收入达到9430元，原扶贫开发三类重点乡马铃乡农民人均可支配收入达到9850元。

农村土地经营权确权登记试点工作：原花溪片区完成确权发证28838户，颁证率91%；原小河片区辖区需进行土地确权的金竹社区二轮延包户为1206户，已完成勘界、公示工作。

农民专业合作经济组织管理工作：全区新成立合作社16个，组织并完成1个合作社2015年中央财政补助资金项目。争取区级财政资金20万元用于扶持合作社发展。完成家庭农场登记注册备案15个，茶叶生产12个、蔬菜生产2个、生猪养殖1个。完成农村集体“三资”清理工作，122个村中

已成立村集体经济组织99个，培育发展19个村集体经济组织。扶持培育中意等8家农产品加工企业，培育久安云盘茶叶合作社等5个，培育发展蔬菜、茶叶、生猪生产等家庭农场10个，培育建设休闲观光农业示范点2个。

5月29日，马铃乡鹅苗发放现场
（区农业局　供稿）

实施区2014年退耕还林成果巩固后续产业畜牧业项目、标准化畜禽养殖示范创建和家庭牧场建设项目等，建设1个畜禽产品储备基地；饲料质量安全监管，抽取全国统检样品11个，市级任务样品40个。全年全区检疫牲畜11.12万头；定点屠宰生猪15.145万头，查处违法案件20宗，受理动物诊疗机构动物诊疗许可申请2户，办理动物诊疗许可证2户；开展屠宰场瘦肉精抽检9500余份；监管规模养殖场、大牲畜交易市场及活禽交易市场共80余次；兽药抽样送检共6批次；动物产品兽药残留抽样3个样品；配合农业部开展屠宰环节"瘦肉精"抽样4批次。

全区病虫草鼠害发生面积57.28万亩次，防治面积63.27万亩次，总防治率为110%。检疫备案种子2609950公斤，其中水稻420250公斤、玉米2185170公斤、高粱300公斤、油菜4230公斤。

农机安全生产"四项指标"为零；完成中央农机购置补贴资金118.12万元，办理补贴申请540份，涉及农户536户，补贴农机具542台/套；全区农机总动力213526千瓦；检验拖拉机（变型拖拉机）953台，年检率85.1%；开展农机安全专项大检查10次，安全宣传培训10次，发放培训宣传资料4000余份，培训农机人员350人次。

（左明信）

【惠农措施】　2015年，区农业局督促指导全区蔬菜、水果、畜牧业产业基地建设，加快15个扶贫产业项目实施进度；争取中央和省、市投入5000多万元农业项目12个用于加快区农业生产、基础设施建设；引进龙头企业2家，带动农户0.2万户发展茶叶、蔬菜种植。

（左明信）

【农产品质量安全】　2015年，区农业局完成蔬菜抽样送样50个，主要包括生菜、牛星、小白菜、辣椒、莴笋，检测合格率达100%。草莓省、市例行监管抽样送样33个，除草莓临时抽检的16个样合格率为93.75%之外，其余均为100%。茶叶生产企业抽样送样6个，检测合格率100%。省、市级鸡蛋抽样28个、肉鸡抽样2个，猪肉抽样3个，其中无公害样品13个，合格率99%；基地生猪尿液监测900头份（其中盐酸克伦特罗450头份、莱克多巴胺450头份），合格率98%。省、市水产品例行监测送样10个，主快检20个，合格率98%。抽样快检3000余份，合格率98%；省级例行监管抽样2个，合格率100%。争取省、市、区落实农产品质量监管、检测和执法经费40万元，县级农产品质量检测站双认证工作，农产品检测合格率达98.25%（茶叶合格率达100%），农业园区、标准化基地农产品抽检合格率100%，新增无公害产地认定0.2万亩（茶叶），"三品"认证3个。

（左明信）

扶贫开发工作

【概况】 花溪区是省级扶贫开发重点县，有建档立卡贫困村19个（其中，国家级贫困村9个、省级贫困村10个），分布在高坡乡11个、马铃乡1个、燕楼镇1个、麦坪镇1个、久安乡3个、黔陶乡2个。有建档立卡贫困户1460户3846人，其中一般贫困户825户2728人，民政保障兜底贫困户635户1118人（其中低保户585户1066人，五保户50户52人）。贫困人口主要集中分布在19个贫困村，在非贫困村呈零星分布。全区扶贫开发主要以原一类贫困乡高坡乡、原三类贫困乡马铃乡以及19个贫困村为主。2015年，完成19个贫困村扶贫开发整村推进"减贫摘帽"；完成减少贫困人口1500人。19个贫困村贫困人口发生率达到省、市考核标准，村级集体经济累计达30万元以上，实现"减贫摘帽"。825户2728人一般贫困户家庭人均可支配收入均高于3028元，实现脱贫，脱贫人口数占市下达目标任务的182%。2015年，农民人均可支配收入达12414元，比2014年的11327元增长9.6%。高坡乡农民人均可支配收入达9966元，比2014年8836元增长12.8%。马铃乡农民人均可支配收入达10080.96元。2015年重点保障户和长期保障户769户1289人纳入民政兜底，保障标准2820元/年。

（区扶贫办）

【扶贫开发投入资金1.1亿元】 2015年，围绕文化旅游创新区建设目标和小康路、小康水、小康电、小康讯、小康寨、小康房"六个小康建设"任务，区财政重点向高坡、马铃两个贫困乡倾斜，投资1600万元建设高坡乡苦蒿冲提灌站，解决高坡乡北部片区10个行政村的供水问题。实施高坡乡300户立面改造项目，投资2000余万元建设通乡公路提升改造项目，使全乡面貌焕然一新。同时，教育、卫生、文化、民政、通讯、电力等部门的资源向贫困乡村聚集，推动贫困乡村社会事业的发展。全区累计投入贫困乡村基础设施建设资金1.1亿元以上。

（区扶贫办）

【产业扶贫优化调整】 2015年，在高坡乡成功连片种植圆葱1000亩（出口韩国）、蓝莓种植300亩、观光油菜种植2400亩、反季节蔬菜种植500亩，弥补规模化种植的空白；扶持壮大黑毛猪养殖企业1个，存栏2500头，带动发展合作社1个，带动农户以代养黑毛猪实现增收。在燕楼-马铃现代蔬菜保供园区一线，建立8000亩集中连片的豇豆、黄瓜种植基地，并开工建设大学生农业创客园、2500亩精品果园、土鹅、火鸭、黑山羊养殖项目等。启动马铃有地方特色的豆腐加工项目。在贵茶公司带动下，在久安、雪厂、小山等村，扩大茶叶种植面积，巩固茶园旅游配套设施。在打通村，发展林下经济和蔬菜种植。在麦坪乡发展养鸡项目。在燕楼镇发展规模化的绿壳蛋鸡养殖。在黔陶乡发展乡村旅游和黑山羊养殖、香葱种植、桑椹种植等项目。

（区扶贫办）

【领导干部遍访贫困村贫困户】 2015年，区每月召开一次扶贫开发调度会，听取工作推进情况，解决工作中存在的问题。下发《关于印发〈花溪区、经开区领导干部遍访帮扶贫困村贫困户工作方案〉的通知》，各级领导干部围绕"一访二帮三促进"工作任务推进扶贫开发工作。全区19个贫困村和825户建档立卡，贫困农户实现遍访帮扶全覆盖。在遍访帮扶中，市领导遍访帮扶68户，区副县级以上领导遍访114户，区正科级领导遍访220户，乡（镇）领导及干部遍访423户。拓展增访121户。其中：马铃乡增访47户，黔陶乡增访48户，燕楼镇增访16户，久安乡增访6户。无扶贫开发任务的镇（社区）走访帮扶困难农户128户。遍访领导协调帮扶项目98个，落实帮扶资金2899万元，协调转移就业人数36人，基层群众受惠3125人。

（区扶贫办）

【“7+2”同心扶贫工程】 贵阳市政协牵头的“7+2”同心扶贫工程，是支持花溪区扶贫开发的重要力量。花溪区专门成立“7+2同心扶贫工程指挥部”，由区政协安排一名副主席任指挥长，定期或不定期召开会议，专题研究“7+2同心扶贫工程”项目，落实相关事宜。市政协在高坡乡协调投入资金2000万元以上。按照全省同步小康驻村工作总体部署，区委组织部统筹安排，建立副县级领导干部结对帮扶机制，强化乡镇党委书记、村支部书记、农村致富带头人“三支队伍”建设。按照“一村一同步小康工作队，一户一脱贫致富责任人”的要求，省、市、区、乡各级机关抽派干部，组成同步小康工作队，对19个贫困村派驻同步小康工作组，区级各部门作为帮村单位，到所帮村开展结对帮扶工作，实现贫困村、贫困户结对帮扶全覆盖。驻村工作组帮助贫困村制定发展规划，协助村党支部贯彻落实党和政府各项强农惠农富农政策，全区落实帮扶企业40家，每两家企业帮扶一个贫困村，2015年40家企业自愿出资达200余万元，帮助贫困村发展。市、区两级出资扶贫发展资金380万元（每村10万元），根据村两委及群众的发展意愿，发展贫困村村级集体经济，在久安乡打通村，引进的林下种植猴头菇和黑木耳项目取得成功，在线上进行销售，经济效益显著。贫困人口发生率均达到贫困村出列的考核标准。区委组织部聘请专家、学者、企业负责人20人作为乡村经济发展顾问。深入贫困村调查研究，提出贫困村发展思路和建议，如贵州中意食品有限公司李祖辉总经理，参与马铃乡豆腐加工项目的策划，帮助马铃乡打造地方名特优产品。

（区扶贫办）

【金融扶贫】 加强与贵州花溪农村商业银行的合作，落实全省金融扶贫的相关政策，重点发展久安乡茶产业、马铃乡豇豆产业、高坡乡黑毛猪、草地鸡、黔陶乡香葱种植等产业的金融贷款贴息。省扶贫办将花溪区作为金融精准扶贫推进示范点，对建档立卡的小额信贷需求户进行金融扶贫全覆盖。确保贫困对象在无担保、无抵押的情况下，能享受3年以内，5万元以下的金融“特惠贷”贷款。

（区扶贫办）

【发展电子商务扶贫】 花溪区2015年建农村电子商务便民服务站29个，乡镇级9个、村级20个。涉及贫困村4个，完成高坡鲜品草地鸡、高坡本地鸡蛋、绿壳鸡蛋、本地红米、红平杉米酒等产品的包装设计，部分产品已开始线上销售。久安乡打通村与贵州农科院专家合作，成功种植林下黑木耳和猴头菇，12月初，在线上销售，首日订单138单。

（区扶贫办）

【旅游开发扶贫】 2015年，以青黔农旅一体高效农业示范园区为依托，打造青岩至高坡乡村旅游线，对线上的贫困村制定规划，完善设施，搭建智慧旅游网络推介平台。在黔陶乡半坡村、高坡乡扰绕村，整合省、市、区乡村旅游发展资金和村级集体经济发展资金，对旅游配套产业进行培育和扶持，扩大贫困村发展空间。

（区扶贫办）

种 植 业

【种植业结构调整】 2015年，花溪区以退耕还林项目建设760亩经果林，以农业产业项目新建果园985亩，其中果品基地700亩，黔陶乡果桑300亩、马铃乡李400亩，环城通道绿化285亩。围绕蔬菜市场保供，建设标准化蔬菜基地1140亩，完成蔬菜播面22.5万亩次，蔬菜产量29万吨，供应本地市场9.55万吨，主要品种包括白菜、红苋菜、飘儿白等叶菜类蔬菜及豇豆、棒豆、香葱、辣椒等。

（左明信）

【粮增工程】 2015年，在青岩镇、黔陶乡、燕楼镇、马铃乡、高坡乡、孟关乡、麦坪镇、久安乡8个乡镇实施4万亩水稻增产工程。巩固开展良种良法、病虫害综合防治、规范化栽插等技术，结合开展品比试验2个、抛秧试验1个、缓释肥试验1个，有水稻高产示范100亩、绿色增产模式示范100亩，乡级增产示范点16个（每个示范点50亩），惠及全区2万多农户。

（胥　瑞）

【种子质量管理】 2015年，区农业局对全区8家从事种子生产、经营单位和56家个体经营户召开培训会，签订诚信经营承诺书；对种子经营户进行备案，备案企业23家，备案品种230个，经营户备案56家；开展市场检查16次，出动人员72人次、车辆19车次，处理涉嫌种子纠纷4起。

（胥　瑞）

【植物保护】 2015年，花溪区农作物病虫草鼠发生面积57.28万亩次，防治面积63.27万亩次，总防治率为110%，挽回粮食损失2608.2吨。区植保站全年发出病虫简报40期1025份（其中趋势预报7期120份），农业简报19期360份，指导全区开展病虫防治指导，准确率达92%。发生稻水象甲疫情3.1万亩，出动技术人员和行政干部1280人次，对辖区内的19个乡（镇、社区）143个行政村开展疫情普查，累计普查面积为7.1万亩次，投入防控经费54万元，开展防治7.1万亩次，疫区均重复防治2—3次，防效率达84%。全年开展植保技术培训43期1525人次、技术咨询8期330人次。开展植物种子市场检疫，检查种子79批次78380公斤、调运检疫种子3299批次3632990公斤。

（郑晓芳）

【农药监督管理】 2015年，区农业局对辖区内农药经营单位进行专项检查25次，出动检查人员68人次，检查农药经营户34家、杀鼠剂定点经营单位17个，检查农药品种526个7620公斤，并对其中24个过期农药和标签不合格农药进行处理。

（郑晓芳）

【果树种植】 2015年，花溪区经果林种植5871.45亩，其中通道绿化经果林新建果园350亩、特色果

马铃乡马铃村蓝莓基地挂果

（区农业局　供稿）

品基地新建果园450亩、2014年度退耕还林建设经果林760亩、2014年度石漠化综合治理项目4311.45亩。果树规模化面积为3.83万亩，水果产量0.82万吨，产值9790.62万元。水果产区分布在小孟社区、青岩镇、麦坪镇等13个乡镇（社区），主要树种有板栗、布朗李、柑桔等23个品种。种植面积较大的乡（镇）、社区主要有青岩、麦坪、花孟等。

（何　娟）

【蔬菜生产】 2015年，花溪区通过花溪青马线万亩瓜豆产业带等示范基地建设及贵阳花溪珏玲种植园、贵州民远华慧、小河阳光种植园、小河苦乐种植等重点蔬菜生产企业示范带动，完成蔬菜基地建设10万亩，完成蔬菜生产22.18万亩次，产量达28.79万吨，总产值8.16亿元。完成黔陶乡黔陶村香葱、黔陶乡半坡村香葱、孟关乡石龙村辣椒、麦坪乡新寨村辣椒4个无公害蔬菜产品认证和相应无公害蔬菜产地认证。

（穆志国）

养　殖　业

【概况】 花溪区2015年年末牛存栏2.52万头；猪存栏6.697万头，其中能繁母猪0.71万头；羊存栏0.11万只；家禽存栏68.87万羽，其中蛋鸡存栏43.42万羽。全年出栏牛1.05万头、生猪13.45万头、羊0.067万只、家禽120.3万羽。肉类总产量1.54万吨，其中，猪肉产量1.18万吨、牛肉0.15万吨、禽肉0.19万吨，禽蛋产量为3718吨，牛奶产量为99吨。全区有养殖企业27家，主要集中在麦坪、燕楼、高坡、黔陶、马铃5个乡（镇），其他乡零星分布，其中猪场8家、蛋鸡场14家、肉鸡场3家、其他养殖2家；规模养殖户54户。畜禽养殖品种以三元瘦肉型猪、土杂猪、专用型蛋鸡、优质杂交肉鸡为主，兼养有高坡黑猪、茶花鸡、瑶山鸡、本地土鸡等地方品种。

（雷　平　王明福）

【畜禽疫病防治】 2015年，花溪区免疫注射禽类81.66万羽、生猪7.38万头、牛3.42万头、羊0.16万只、犬6100头，防疫密度达100%。全年完成血清学监测猪瘟1200头份、牛口蹄疫300头份、猪口蹄疫1600头份、猪蓝耳1200头份、鸡新城疫3600羽份、禽流感4540头份、狂犬病330份；完成农业部、省、市及花溪区计划的病原学样品采送样口蹄疫500头份、禽流感300份、猪瘟60份、新城疫60份、高致病性猪蓝耳病60份；完成羊布病监测80份、小反刍兽疫60份，抗体水平均达到国家相关要求。

（浦同灿）

12月4日，花溪动物防疫众典合作社社员在红阳宾馆培训（区农业局　供稿）

【饲料生产管理】 按照新的《饲料和饲料添加剂管理条例》要求，淘汰一批产能较小、设备落后的企业。经2015年重新审核、审批后，全区共有饲料生产企业7家，从业人员400余人，生产以猪料、鸡料为主的浓缩饲料和配合饲料，年生产能力20万吨。全年生产工业饲料12.26万吨，产值47765.8万元，其中配合料6.81万吨、浓缩料5.45万吨。饲料除供应贵阳各养殖场外，还销往全省各地。

（张正相）

【生猪生产】 花溪区生猪生产以三元杂交猪为主，有部分高坡黑猪和土杂猪，引进外来品种主要有大约克、长白、杜洛克等优良纯种猪，逐步形成三级良繁体系。2015年有生猪养殖企业8家。高坡乡贵州自然之园生态农业发展有限公司建立生态养殖、屠宰分割、冷鲜配送的产业链。全区存栏生猪6.69万头，其中存栏能繁殖母猪0.71万头，年末出栏生猪13.45万头。

（王明福）

【蛋鸡养殖】 花溪区蛋鸡养殖是发展较快的畜禽产业，2015年存栏蛋鸡49.2万羽，年产鲜鸡蛋4000余吨；其中养殖企业（户）存栏蛋鸡1万羽以上13家，存栏3万羽以上2家；引进金洲牧业、鑫源公司在马铃建设标准化蛋鸡养殖场，2016年下半年投产，建成后将新增存栏蛋鸡30万羽。

（王明福）

【渔业生产】 2015年，花溪区水产品产量135吨。实施2015年水蛭养殖项目，购进水蛭苗20万尾，水蛭种8万尾，总结一套《池塘小网箱养殖宽体金线蛭技术规程》。9月11日，在花溪国家城市湿地公园开展2015年渔业增殖放流工作，投放鲤鱼、草鱼、鲫鱼、鲢鳙鱼5个品种54.5万尾鱼种。实施水产品质量抽样快速检测20批次、水产品送样10批次，3个检测样（孔雀石绿、氯霉素、硝基呋喃代谢物）抽检合格率达到100%。

（杨惠珍）

花溪年鉴 HUA XI YEARBOOK 2016

养殖大户选介

【贵阳国康生态农牧业发展有限公司】 公司成立于2011年，位于高坡乡云顶村孟尔水库旁。拥有猪舍2000平方米，配套建成饲料加工房、售猪室和办公用房等。安装有产床、高位保育床、供电系统、监控系统和消毒系统等设备。主要以引进长白、约克等外来品种发展商品猪养殖，存栏生猪1500头，其中基础母猪140头。

（毛君婷）

【贵州创新科技有限公司】 公司位于麦坪镇杉一村，占地58亩，养殖场建筑物面积2.1万平方米，鸡舍26栋，配套建设有育雏舍、饲料房、库房和综合服务室等设施。公司以研发绿色食品生产及农副产品销售为经营主线，拥有绿色蛋鸡饲养、蛋白质提取、茶多酚提取等多项技术，创立全市有影响力的“爱极”牌鸡蛋，存栏蛋鸡20万羽，年产销鸡蛋1700多吨。

（毛君婷）

【贵阳金洲牧业有限公司】 公司位于马铃乡凯坝村，占地面积100亩，主要从事种蛋鸡养殖，为全封闭式全自动化饲养。2015年完成一期建设，现有鸡舍4栋4000平方米，配套建设有育雏室、饲料仓库、综合服务室、蓄水池、积粪池、消毒室等。大鸡舍安装自动除粪、自动投料、自动供水、自动调温、自动调光、自动捡蛋的全自动化蛋鸡养殖设备，还安装有自动化育雏设备、消毒设备，视频监控设备等。现存栏蛋鸡2万羽。

（毛君婷）

花溪年鉴 HUA XI YEARBOOK 2016

农业科技

【农民实用技术培训】 2015年，全区结合新型农民培训、退耕还林农技培训等项目和区委组织部、区人社、区妇联等部门的培训项目，组织开展农机、蔬菜、果树、畜牧、动物防疫、植保、农资安全、农村电子商务等培训112期（次），培训2150人次，培训新型农民100人次。

（左明信）

项目（价调基金）项目涉及7家养殖企业（场），项目总投资805.41万元，标准化畜禽养殖示范创建和家庭牧场建设项目涉及省级资金60万元；创建标准化示范场2个，规范建设畜禽生态养殖小区3个；新增蛋鸡存栏2万羽，生猪存栏200头。

（左明信）

【农业产业化经营】　2015年，花溪区重点发展以久安乡、黔陶乡为主的茶产业带，以青马线（青岩镇—马铃乡）和青高线（青岩镇—高坡乡）为主的蔬菜产业带，以燕楼、马铃、高坡为主的畜禽产业带，以麦坪为主的果树产业带。打造久安现代高效茶叶示范园区、青黔现代观光休闲农旅一体化示范园、燕马都市蔬菜保供基地示范园三大农业园区，以园区建设带动主导产业优化聚集，培育特色板块农业。

（李凤娟）

花溪年鉴 HUA XI YEARBOOK 2016

农村经济

【概况】　2015年，花溪区耕地面积31098公顷，常用耕地11045公顷；辖5个乡、4个镇、8个涉农社区，122个村，农户74537户；一产增加值为17.62亿元，比2014年增长6.4%；农村常住居民人均可支配收入为12414元，增速9.6%。

（李凤娟）

【强农惠农措施】　2015年，区农业局推进标准化规模养殖，发展适度规模养殖和规模畜禽标准化示范创建，争取省、市项目，加大生猪标准化养殖场建设，争取和实施贵阳市畜产品生产建设

花溪珏玲种植园蔬菜生态化栽培示范基地

（区农业局　供稿）

【农业产业化龙头企业】　2015年初，花溪区有农业产业化重点龙头企业20个，其中国家级2个（贵州同济堂制药有限公司、贵州贵茶有限公司）；省级10个（贵阳花溪云上大牲畜批发市场有限公司、贵州北极熊实业有限公司、贵阳小河区金海农业科技开发有限公司、贵州金农科技有限责任公司、贵州中意食品有限责任公司、贵州老来福药业有限公司、贵州创新农业科技发展有限责任公司、贵州巨农肉业股份有限公司、贵州金农马铃薯科技开发有限公司、贵州力合生态农业科技有限公司）；市级8个（贵阳花溪鑫源养殖有限公司、贵阳市花溪牛郎关面条厂、贵阳金钰铮风味食品厂、贵州君之堂制药有限公司、贵州常吃常想食品有限公司、贵阳花溪赵司古贡苔茶开发有限公司、贵州民远华慧生态农业有限公司、贵阳金洲牧业有限公司）。贵阳金洲牧业有限公司未参加龙头企业监测，被取消市级农业产业化重点龙头企业的称号。新增4家市级

龙头企业（贵州巧媳妇食品有限公司、贵阳地利农产品物流园有限公司、贵州自然之园生态农业发展有限公司、贵阳正邦畜牧有限公司）。2015年底，全区有农业产业化重点龙头企业23个，其中国家级2个、省级10个、市级11个。组织4家龙头企业参加“第二届成都农博会”“2015年‘迎新春’全省农产品直销会”和“贵阳市首届农业嘉年华贵州省名特优农产品展示展销会”。

（肖光明）

【农民专业合作社】 2015年，花溪区新增工商登记注册并在农业部门备案的农民专业合作社有17个，截至2015年12月31日，在工商部门登记注册并在农业部门备案的有106个，注册资金共计9300万元，社员4320人。根据《关于鼓励和扶持农民专业合作经济组织的实施意见》，2015年初，区财政安排20万元用于扶持合作社发展，10个合作社符合扶持要求，涉及成立扶持7个合作社7万元；土地流转补助3个合作社13万元；花溪区德杰果蔬专业合作社获得省级财政农业和农机农民专业合作组织专项补助资金5万元。组织1个农民专业合作社参加“2015年‘迎新春’全省农产品直销会”和“贵阳市首届农业嘉年华贵州省名特优农产品展示展销会”。

（肖光明）

【农产品加工】 2015年，花溪区农产品加工企业有40余家，集中在农副食品加工业、食品制造业、饮料制造业、医药制造业四大行业。年主营业务收入100万元以上的有21家，其中农副食品加工业有5家、食品制造业7家、饮料制造业3家、医药制造业6家，实现主营业务收入272883万元，总产值297792万元，利税总额61891万元。

（陈万坤）

【青岩富源果蔬专业合作社】 贵阳花溪青岩富源果蔬专业合作社成立于2009年5月，位于青岩镇西街村，注册资金1万元，法人代表李培贵，现有社员113人。成立之初，合作社以种植西红柿、黄瓜、大蒜、茼蒿菜等蔬菜品种为主产业，基地面积500余亩。2010年底开始引进外省优质无花果及紫薯新品种种植，并示范成功。2011年开发种植无花果100余亩，紫薯60亩。2015年合作社种植的无花果取得丰收，种植户户均增收达5000元以上。

（肖光明）

【村集体经济】 2015年，花溪区有122个行政村，89个村集体经济组织，4月完成“三资”清产核资工作，年底实现花溪区农村集体经济积累达到保底30万元的具体目标。争取市、区资金对19个贫困村每个村支持20万元用于发展村集体经济；争取市级发展村集体经济项目资金60万元（扶持6个村集体经济组织，每个村10万元）用于发展村集体经济；争取燕马保供蔬菜基地农业高效园区项目资金150万元，支持马铃乡谷中村旅游公司建设农业科技创客园项目。花溪区被列为贵州省2016年“财政支持千村村集体经济发展工程”试点县，争取上级财政发展村集体经济项目资金2000万元，区级匹配1000万元，用于扶持30个村发展村集体经济。

（李凤娟）

7月28日，贵阳市农委对马铃乡马铃村蓝莓基地进行检查验收（区农业局　供稿）

花溪年鉴 HUA XI YEARBOOK 2016

农业机械

【概况】 2015年，花溪区拥有农业机械总动力21.3526万千瓦，其中柴油机动力15.0461万千瓦、汽油机动力3.7244万千瓦、电动机动力2.5821万千瓦；拥有主要农机具1.78万台，其中各类拖拉机0.1953万台、耕地机械0.81万台、收获机械0.3364万台、植保机械0.0372万台、排灌机械0.2722万台、农副产品加工机械0.1542万台，农业机械原值达19637万元。2015年，全区机耕作业面积13.02万亩，机械播种1005亩，机械收割1113亩，机械排灌31994亩，机械脱粒19200吨，农副产品加工程度20814吨，农机化综合作业水平达33%。

（彭勇刚）

【农机化项目】 2015年，花溪区有农机专业合作社6个，其中2015年新建成农机专业合作社2个（贵阳花溪麦坪创新种养殖专业合作社、花溪思惹农业专业合作社），农机化项目获得省级扶持资金各30万元，计60万元。

（彭勇刚）

12月29日，区植保站会同乡镇工作人员检查农资经营户农药销售情况（区农业局　供稿）

【农机安全监理】 2015年，花溪区农机安全“四项指标”为零。办理拖拉机（变型拖拉机）变更登记52台，补换证业务25次，转入登记8台，转出27台，淘汰达到年限的36台，机车保有量较2014年减少55台，总计达到1437台。开展各类安全宣传活动8次，发放宣传资料5000余份，张贴安全警示标语8幅。开展农机安全生产教育培训6次，农机安全培训受众达到1800余人次。

（彭勇刚）

【农机购置补贴】 2015年，花溪区完成中央农机购置补贴资金118.12万元，办理补贴申请540份，涉及农户536户，补贴农机具542台/套，其中轮式拖拉机3台、微耕机525台、铧氏犁2台、旋耕机3台、饲料混合机3台、颗粒饲料压制机1台、大棚结构（含骨架、覆膜、卡具）1套7个、连栋温室结构（含基础、骨架、覆盖材料）4套160个。

（彭勇刚）

花溪年鉴 HUA XI YEARBOOK 2016

园区建设

【久安现代高效茶叶示范园区】 2015年，久安现代高效茶叶示范园区完成高标准茶叶种植2.55万亩，完成投资计划2.7亿元，新增储备项目投资11.27亿元，新增签约资金7.49亿元；引进省级及以上龙头企业1个，引进注册资金500万元以上企业2个，入驻企业4个；发展农民专业合作社7个；完成无公害农产品产地认定2万亩，产品认证3个，有机农产品认证1个；园区经营主体发展电商3个；配备技术人员30名，培训农业从业人员0.4万人次。实现园区总产值达2.7亿元，销售收入1.3亿元，销售利润达0.6亿元。

（陈丹萍）

【青黔现代观光休闲农旅一体化示范园】 2015年，青黔现代观光休闲农旅一体化示范园，依托青岩古镇，沿青岩至黔陶公路沿线，完成高标准种植基地1.73万亩，完成投资计划2亿元，新增储备项目投资10.107亿元，新增签约资金4.26亿元；引进贵州力合、海南国泰等省级及以上龙头企业2个，引进注册资金500万元以上企业2个，入驻企业达4个以上；发展农民专业合作社6个；完成无公害农产品产地认定0.7万亩，产品认证1个；园区经营主体发展电商3个；配备技术人员30名，培训农业从业人员0.3万人次。实现园区总产值达3.5亿元，销售收入1.4亿元，销售利润达0.5亿元。

（熊正飞）

【燕马都市蔬菜保供基地示范园】 2015年，燕马都市蔬菜保供基地示范园以马铃为核心，发展高标准种植蔬菜2万亩，完成投资计划0.8亿元，新增储备项目投资8.63亿元，新增签约资金3.25亿元；引进省级及以上龙头企业1个，引进注册资金500万元以上企业2个，入驻企业达4个以上；发展农民专业合作社5个；完成无公害农产品产地认定0.3万亩，产品认证1个；园区经营主体发展电商3个，配备技术人员30名，培训农业从业人员0.3万人次。实现园区总产值达1.8亿元，销售收入0.8亿元，销售利润达0.4亿元。

（何　琦）

花溪年鉴 HUA XI YEARBOOK 2016

水　利

【水资源概况】 花溪区现有水资源总量为8.345亿立方米；2015年降雨量1323.5毫米，比2014年少44.4毫米。全区有水库18座，其中中型水库2座为花溪水库及阿哈水库，总库容103668万立方米，均为II类水质，是贵阳市城区重要的饮用水源。小一型水库1座，小二型15座。塘坝238座，有效库容13307万立方米，堰闸（拦河坝）60座。泵站341座，装机容量11773千瓦，水池2133座，容积5.3275万立方米，灌溉渠道919公里。

（张艳利）

【水利概况】 2015年，花溪区耕地面积16.20万亩，有效灌溉面积10.57万亩，有效灌率达65%。水资源总量为8.345亿立方米，农村供水覆盖率达到98%。江河取水10处，主要是青岩水厂范围内村寨及部分沿河村寨。水库或湖泊取水41处，主要为花溪水库、松柏山水库周边村寨。地下水取水218处，涉及各乡镇。灌溉管道54.91千米，控制面积0.5万亩，排洪渠18.77千米。

（张艳利）

【水利建设】 2014~2015年区冬春农田水利建设项目计34个，其中整修山塘4座、改造人饮泵站和农灌站设施10站、新建小水池43口、新建拦水坝2座、渠道防渗4千米、人饮工程14处。工程总投资为1022.61万元，改善灌溉面积3785亩及恢复17835人饮水，涉及全区5乡4镇2个社区服务中心的29个村。完成马铃乡凯坝村漆树冲山塘整治工程及麦坪乡大坡村渠道整修工程等2个；2014年土地收益金计提水利经费投资55万元工程治理山塘1口，整修渠道570米，灌溉面积767亩。完成市级定点项目打通村赶泵组、堵鲁组搬迁户人饮工程，总投资123.1万元，新建水池196立方米、新建泵房1座，提水设施2套，安装上水管1050米，安装水处理设备1套，安装水池连接管180米，安装引水管1350米，安装供水管网4295米，解决当地429人的饮水问题。用2014年度小农水重点县项目投资金2300万元，新建拦水坝4座，维修山塘9座，新建30立方米蓄水池

62座，新建改造渠道83.91千米，新建排涝渠6.9千米，铺设输水管网2.58千米，解决18729亩农田的灌排问题。用2015年度小农水重点县项目投资金2300万元（其中中央补助1800万元，省级补助500万元），新建拦水坝1座，维修山塘9座，新建蓄水池15座，新建改造渠道44千米，新建排涝渠17.16千米，铺设输水管网5千米，解决10591亩农田的灌排问题。总投资479.01万元，完成青岩镇达夯村、思潜村、二关村、麦坪村戈寨村、高坡乡大洪村、高坡村等6处，新建泵站、水池、管道等，解决当地6667人的饮水问题。投资1293万元，启动高坡乡苦篙冲提水工程：建设拦水坝、泵站、水池、管网等，解决高坡乡云顶村、平寨村、摆龙村、街上村、新安村、大洪村、扰绕村、石门村、五寨村等10个村1615户7278人的饮水问题。投资35万元启动麦坪乡杉一村建设渠道2千米。总投资164.05万元，启动2015年"提高型"示范点久安乡久安村，水利基础设施建设项目主要建设内容为新建山塘1座，新建渠道防渗1300米，新建小水池30口，供水管网8665米。启动花溪河流域和南明河水环境综合整治工程，范围从花溪水库至三江口，整治内容为水质治理（含截污沟新建、改建）、河道清淤和固定坝改造、河道监控、生态景观、湿地公园、花溪河桥文化建设等项目，建设费用8.9亿元。9月26日，南明河水环境综合整治项目二期二阶段花溪河段项目开始施工，洛平大沟、养牛大沟、大水沟排污沟和花溪公园内的花溪河方塘、麟山桥附近清淤工程已全面动工。投资0.4912亿元，完成青岩镇水体规划建设工程。建成水域景观面积0.048平方公里，新增蓄水容积7.68万立方米，新增生态绿化面积1.92万平方米。花溪污水处理厂原处理能力为4万立方米/日，2015年5月扩建为8万立方米/日，主要负责花溪城镇片区的污水处理。

（张艳利）

5月23日，区水务局到贵阳麟山水泥厂勘查取用水设施

（区水务局　供稿）

【水资源管理】　2015年，区水务局完成2014年水资源管理年报、水务管理年报，审批检查2015年度取水计划。完成城市饮用水源保护区环境监管资料工作。加强对取水单位节约用水执法检查力度，完成水利规费征收60.6988万元，其中，水土保持补偿费43.5665万元，水资源费17.1323万元。对发现的水事违法行为进行查处4件，办结3件，1件正在调查取证中。对平桥景区花溪水库以下至穆家坝一级饮用水源保护区内游泳、烧烤、骑马等经营行为进行查处，确保饮用水安全。办理全年建设用地60余块是否占用水源地的相关证明。完成贵阳市水务局下达的主要水功能区入河排污口治理项目申报及重要饮用水源地建设的申报，完成花溪区水生态文明规划重大项目库的申报，完成办证大厅网上办证工作。

（张艳利）

【水土保持】　2015年，花溪区水土流失面积318

平方公里，占全区总面积33%。2015年区水务局投资274.93万元对花溪区岩溶地区石漠化进行综合治理（水利部分），项目地址在青岩镇歪脚村、新哨村。投资30万元，完成花溪区桐木岭村小流域治理工程，治理水土流失面积7平方公里，其中边坡防护0.33公顷；临时灌溉工程（塑料软管1000米）；封山育林治理362.07公顷；保土耕作337.6公顷。

（张艳利）

【防汛抗旱】 2015年，区水务局在汛前完成区防汛预案的修编，及时调整充实指挥部成员，开展防汛抗旱安全生产大检查，对各水库、山塘、河道、在建工程等进行检查，做到不走形式、不留死角，将安全隐患消除在萌芽之中，全年开展防汛安全检查60余次，出动检查人员200余人次，出动检查车辆80余辆次，保证区内各水库山塘等工程的安全运行。区水务管理局与区气象局建立重大气象灾害联席会议制度，由气象局牵头，区防汛办、国土、城管、教育、旅游等区防汛工作重点单位参加，根据具体的气象灾害预测制定出防汛抗旱工作具体措施，按照“分级管理”原则，组织相关部门实施。配合花溪水库管理处、阿哈水库管理处在汛前对水库放水设施及监控调度系统的安全检查，对放水设施进行及时养护、维修，确保两座水库的放水设施在汛期能正常运行。按照“属地管理”原则，在汛期对两座水库的雨情及水情实行“一日一报”制度。区防汛抗旱指挥部准备编织袋、铁锹、锄头、铁丝、发电机、汽油机泵等物资，确保一旦出现紧急情况，由区政府统一进行调度使用。全年没有一起因灾发生人员死亡情况。争取上级部门水毁修复资金118万元，应急抢险资金85万元，加上区级防汛抗旱资金30万元，及时拨付给各乡镇、社区水利设施修复及防汛抗旱，保障人民群众生产生活的正常运行。

（张艳利）

移　民

【概况】 2015年，区移民局全年争取上级财政移民后期扶持项目21个，资金590.64万元，用于移民村基础设施建设。投入移民专项资金 221.5万元，在高坡乡新安村、久安乡巩固村、小山村、雪厂村、金竹社区金山村、麦坪镇麦坪村硬化道路5.36千米及500平方米休闲广场；投入移民专项资金35万元，对麦坪镇大坡村宋家桥山塘完成清淤8877立方米；投入移民专项资金20万元，在金竹社区金山村金家山新建200平米移民活动室；投入移民专项资金25.9万元，在麦坪镇新寨村修建2公里沟渠；投入移民专项资金5万元，在高坡乡街上村完成360米河道加固加高；投入移民专项资金158.64万元，在金竹社区金山村、竹林村、滥泥村用于补助移民种植及庭院绿化；投入移民专项资金76.5万元，在久安乡雪厂村、马铃乡马铃村、麦坪镇大坡村、燕楼乡同兴村安装太阳能路灯170盏；投入移民专项资金40万元，在金山村建设蔬菜钢架大棚785平方米、便道550米、管理用房120平方米。区移民局配合业主单位开展水库项目的申报审批工作，完成红岩水库可研阶段工作、红岩水库移民搬迁安置规划实施方案大纲的编制。按程序确定红岩水库移民搬迁安置规划实施方案编制招标代理单位，并上阳光平台确定编制单位为中国电建集团贵阳勘测设计研究院有限公司。协调地方政府、项目业主、设计单位完成415米导流洞开挖和工程枢纽区518亩土地征地丈量工作。2015年区移民局被贵阳市水利水电生态移民局评为先进单位。

（区移民局）

（责任编辑　翟长保）

工　业

小孟工业园（杨小平　摄）

花溪年鉴 HUA XI YEARBOOK 2016

综　　述

【概况】 区政府引进高新技术产业，打造以工业为主导、工贸并举、三次产业协调发展的外向型工业园区。全区有2000万元口径规模以上工业企业35家，企业分布为：桐木岭以北大将山以西的中心城区和石板片区19家，产值占比71%；孟关片区8家，产值占比19%；桐木岭以南包括燕楼产业园8家，产值占比9.2%。全年企业上规目标12户，完成工业产值136亿元，比上年增长25.5%（2014年108.3亿元）；工业增加值完成27.5亿元，比上年增长22%，占全区GDP比重的5.5%。工业投资62.59亿元。

（区工信局）

【工业经济效益】 2015年，花溪区完成工业产值136亿元，比上年增长25.5%（2014年108.3亿元）；工业增加值完成27.5亿元，比上年增长22%，占全区GDP比重的5.5%；其中非公企业30家，完成工业产值113.3亿元，占全区工业总产值的83.3%，达到市12%增速目标。全年完成工业投资62.59亿元。

（区工信局）

【国有企业改革】 2015年，处于关停状态的花溪酒厂、花溪水泥厂、贵阳市麟山水泥厂3家国有企业等待改制。区政府专门设置区国有工业企业改革改制专户资金。区企改办制定《花溪区国有工业企业改革改制专户资金管理使用办法》《花溪区国有和集体工业企业改革改制工作领导小组办公室工作规则》《花溪区区属国有工业企业改革改制工作方案》《花溪区区属国有和集体工业企业困难职工帮扶救助服务工作机制（试行）》。成立企业职工安置费用测算工作组。3月18日，副区长秦永康主持召开会议，研究《区工信局关于请求协调解决贵阳市麟山水泥厂九龙花园门面转让有关问题的报告》。4月24日，秦永康主持召开会议，审议《区工信局关于乡镇企业改制专户及国有工业企业改制专户资金使用情况报告》。12月31日，经开区党工委委员、管委会副主任余大林，区政府党组成员、园区办常务副主任管路主持召开会议，研究讨论区企改办《关于区属国有工业企业“三厂”职工安置问题的紧急报告》。

（区工信局）

【工业技术改造】 2015年，技术改造项目有：贵州泰达隆新型环保材料有限公司加气砼生产线，7月投产，总投资8000万元；贵州星天电线电缆有限公司年产6000吨节能导线生产线，8月投产，总投资5000万元；贵州贵茶有限公司年产100万公斤红茶加工线扩建，8月投产，总投资2177.71万元；贵州华工工具注塑有限公司齿轮生产线数

7月15日，区工信局组织企业参加2015年中国（贵州）第一届民族工艺品文化产品博览会贵阳赛区能工巧匠选拔大赛（区工信局　供稿）

控化技术改造，10月投产，总投资2300万元。

（区工信局）

【企业资源节约与综合利用】　2015年，根据创建国家级文化旅游创新区的要求，工业企业严控“两高”行业新增产能，推进清洁能源使用取得成效，高坡云顶草原风能发电逐步得到利用。贵阳麟山水泥有限公司余热发电站开始投入使用，总投资3500余万元，装机容量1×5兆伏安，发电能力3168×104千瓦时/年，此项目每年可节约标煤1.6万吨，提高水泥线的整体资源利用水平，节约能源。完成贵州北极熊实业有限公司“北极熊综合节能改造工程”，投资612万元，实现电机用电减少50万千瓦时，节约电费30万元以上，减少环境污染排放。

（区工信局）

【节能减排】　2015年，全区继续淘汰落后产能，压缩过剩产能，工业类新、改、扩建项目备案制管理。实行严格的固定资产投资项目节能登记审查制度。强化产业结构调整，优化产业布局；严格控制新建造纸、印染、酿造、电力、钢铁、水泥、煤化工项目。贵阳麟山水泥有限责任公司全年熟料产量控制在100万吨以内。贵州华羲玻璃有限公司和贵州富民行包装有限公司窑炉改造项目，节能40%。各公司每年预计节能效益在2700万元以上。新建项目必须符合区域总体规划和环评要求，全区无“两高”行业项目。

（区工信局）

【民营经济概况】　2015年，花溪区有2000万元口径规模以上民营企业30家，完成工业产值113.3亿元，占全区工业总产值的83.3%。争取到省、市资金646万元对民营经济企业进行扶持。

（区工信局）

【产业结构调整】　2015年，花溪区加快传统产业改造升级，引进贵茶公司开发千年古茶树，种植新品茶树，推动传统农业向特色农业，支持久安贵茶公司、农业园区核心企业，实施农业生产、加工、销售一体化战略。以“企业+基地+农民专业合作组织+农户+市场”的组织形式，延长产业链，做大都市农业，实现产业的转型升级。贵州贵茶有限公司年产100万公斤红茶，加工扩建项目已于2015年8月投产，总投资2177.71万元。

（区工信局）

花溪年鉴 HUA XI YEARBOOK 2016

重点企业选介

【贵州久联集团有限责任公司】　贵州久联企业集团有限责任公司（下称久联集团）于2000年经贵州省人民政府批准成立，是原贵州省国防科工办部份直属企业按母子公司体制组建的企业集团，2010年划归贵州省国资委监管。主要从事民用爆破器材生产、经营，爆破工程施工、爆破技术服务，建筑施工、房地产开发，酒店、餐饮服务，包装材料生产、销售等业务。民用爆破器材生产、销售、爆破工程施工和技术服务是久联集团的核心产业，所属的贵州久联民爆器材发展股份有限公司是一家上市公司，已发展成为下辖4个子公司、5个分公司、1个省级民爆技术中心的大型民爆上市企业。炸药类产品综合生产许可能力达14万吨、工业雷管生产许可能力达14000万发、工业索类火工品生产许可能力达5000万米规模。2015年完成工业产值6.54亿元。

（区工信局）

【际华三五三七制鞋有限责任公司】　际华

三五三七制鞋有限责任公司隶属于际华轻工集团有限公司，属国有大型橡胶鞋制造企业，始建于1966年10月，原为中国人民解放军三五三七工厂，1980年该厂军转民，1987年晋升为省级先进企业，1988年成为国家二级企业，2007年1月改制为际华三五三七制鞋有限责任公司。现有职工2000余人，专业技术管理人员500余人，具有年产7000万双各类鞋靴的生产能力，资产5个亿。公司核心业务是模压鞋、作训鞋、运动鞋、休闲鞋、水鞋、防滑鞋、解放鞋等300多个系列产品的制造与营销。2015年完成工业产值12亿元。

（区工信局）

【贵州泰邦生物制品有限公司】 贵州泰邦生物制品有限公司（原贵阳黔峰生物制品有限责任公司）始建于1997年，是贵州省唯一一家集血液制品研发、生产、销售为一体的现代生物技术企业，于1998年在贵州省率先通过国家药品GMP认证。公司地处竹林村，土地使用权面积34556平方米，厂房占地面积2600平方米，建筑面积5200平方米。正在实施的“黔峰生物科技园建设项目”，项目预计总投资10亿元。建设地点在花溪区贵筑社区，建设内容包括：建设年处理血浆1500吨的血液制品生产线、八条疫苗生产线、年产5000万支胎盘多肽生产线。2015年完成工业产值8.50亿元。

（区工信局）

【贵州北极熊实业有限公司花溪水厂】 贵州北极熊实业有限公司公司成立于1997年。注册资金2006万元。水厂位于贵筑社区尖山村，员工580人，中高级管理人员及技术人员116人。公司正在实施的“特色饮料生产基地建设项目”，预计投资22564万元。项目主要建设内容包括：拟建两条自动化生产线，其中年产36000吨果蔬饮料自动化生产线一条（2.4万瓶/小时），采用现代化加工设备和灌装工艺生产高品质果蔬饮料系列产品，年处理果蔬10800吨；另建两条饮用水生产线，年产饮用水72000吨（3.6万瓶/小时）。2015年完成工业产值3.47亿元。

（区工信局）

【贵阳闽达钢铁有限公司】 贵阳闽达钢铁有限公司成立于1999年11月，位于花溪区孟关苗族布依族乡改毛村，主要产品是钢筋混凝土用热轧钢筋，产品单元：普通热轧钢筋HRB335、HRB400，规格型号：ф12mm～ф25mm；热轧光圆钢筋HPB235，规格型号：ф6.5mm～ф20mm（盘卷、直条）。被评为“贵州质量诚信5A级品牌企业”、贵阳市名牌产品，是中国质量诚信企业协会副会长单位。通过ISO9001:2008质量管理体系、ISO14001:2004环保管理体系和GB/T28001-2001职业健康安全管理体系认证。是贵州省规模最大的民营钢铁企业，区龙头企业、纳税大户，2015年完成工业产值9.73亿元。

（区工信局）

【贵州华工工具注塑有限公司】 贵州华工工具注塑有限公司1964年由天津拖拉机厂工具分厂内迁贵阳，成立贵阳工具厂。主要从事金属切削复杂刀具、专用量具制造，汽车零部件制造，汽车塑料零部件制造的国有企业，公司位于田园南路，占地面积220亩，建筑面积7万多平方米，拥有职工1600余人，工程技术人员100多人。公司下设华昌分公司、工具分公司、齿轮分公司、新发分公司和5个子公司。汽车零部件生产线扩能技术改造：项目引进国内外先进生产设备252台（套），扩建汽车零部件生产线及复杂刀具生产线3条；2015年完成工业产值2.25亿元。

（区工信局）

（责任编辑　王永生）

商　务

9月30日，贵州创新农业科技发展有限公司、贵州北极熊实业有限公司、贵阳花溪狮子山蔬菜加工专业合作社参加2015年贵阳市首届农业嘉年华贵州省名特优农产品展示展销会（区农业局　供稿）

招商引资

【概况】 2015年，花溪区招商引资合同投资总额1238.71亿元，到位资金452.22亿元。引进重大项目（3000万以上项目）70个，签约投资总额776.86亿元，履约率100%；开工项目69个，开工率98.5%；投产项目57个，投产率81.43%；累计到位资金369.61亿元，资金到位率47.58%。在京筑合作方面，紧紧抓住大数据、大健康新医药等省市重点产业招商平台，通过京筑系列活动引进签约项目10个，签约金额达56.8亿元，已有9个项目开工建设，其中7个项目已经投产或部分投产。在招大引强方面，“十二五”期间引进“世界500强”企业中铁二局股份有限公司、浙江吉利控股集团有限公司；引进“中国500强”企业保利房地产（集团）股份有限公司、大唐国际发电股份有限公司、正邦集团有限公司、碧桂园控股有限公司；引进“民营500强”企业浙江传化集团有限公司等多家上市公司。招商引资工作围绕建设文化旅游创新区的发展定位，按照“一区四化”的建设要求，改善投资环境，创新招商方法，招商策略，拓展招商领域，以大数据、先进装备制造、新医药大健康、旅游观光农业、新型建材等为主导，发展文化旅游、健康养生、现代服务第三产业。十三五”期间全区预计引进招商重点项目不少于100个，实际到位资金1000亿元以上，引进境外资金6亿美元以上，年均增长15%；新引进世界500强、中国500强或民营企业500强企业10家。

截至12月，招商引资在建（续建）项目36个，其中二产项目9个，三产项目27个，投资总额480.97亿元。省平台引进省外实际到位资金96.1亿元，比上年增长3.91%；市平台引进省外实际到位资金162亿元，比上年增长24.62%；直接利用外资完成8748万美元，比上年增长20%。按照文化旅游创新区建设的总体部署，完成全区招商引资项目库调整优化，入库项目47个，其中一产5个、二产5个、三产37个，投资总额588亿元，精包装招商推介项目12个，分类编制宣传资料，制作花溪区宣传片，并通过贵州招商引资网、投资贵阳网大力开展招商引资宣传。项目建设引进田园南路上板桥综合开发项目、耐一古建项目、慈铭体检项目、泰坦养生养老健康休闲项目、孟关林场药物种植项目、美的集团奶牛场项目、上海宇陪集团电子商务项目等28个招商项目，签约金额达179.5亿，履约率、开工率、资金到位率、投产达产率、入园率等名列省市前茅。

（陈　兴）

【招商项目】 大成精舍文化旅游休闲项目：该项目由重庆能辉酒店管理有限公司投资建设，项目选址位于花溪区溪北社区孔学堂，总投资3亿元，主要建设集旅游休闲度假为一体的高端综合性服务及文化传承基地，建设期限1年。项目已全部建设完成并投入运营。

贵州久安古茶树全自动智能生产线项目：由独立投资人王晓春投资建设，选址位于花溪区久安乡小山村，总投资1.5亿元，主要建设茶叶清洁加工厂房及自动智能化茶叶加工生产线。项目通过先进的生产工艺和设备，提升久安古茶的产能和品质，已建成投产。

花溪区青岩·寻坊项目：由成都悠游三国文化发展有限公司投资建设，项目选址位于花溪区青岩古镇，总投资3亿元，占地9.76公顷，总建筑面积13万平方米，其中地上面积约97000平方米，地下面积28000平方米，15个组团，按照一轴三区多点布局的理念规划设计，建设集黔茶、黔酒、黔菜、苗药文化为一体的文化旅游综合服务区，建设期限为2年，项目一期已建成投用，二期建设工作正按计划有序推进。

花溪区张公馆旅游开发项目：由山西易海文化传媒有限公司投资建设，项目选址位于青岩古镇，总投资1.2亿元，占地面积2亩。项目主要依托青岩古镇深厚的历史文化，打造具有浓郁地方特色和独特文化背景的精品酒店。项目主体工程已全部完工。

青岩古镇健康养生养老综合体项目：由珠海泰坦电力电子集团有限公司投资建设，项目选址位于青岩古镇，总投资26亿元，占地2000亩，总建筑面积150万立方米，主要建设滨河国际度假与生活区、山地体育公园与生态社区、国际养身康体疗养区、自然田园风貌区、生活服务区以及总部休闲产业等组团，建设内容包括山林养生、日光养生、生态水疗、民俗养生、康体运动、养生馆等养生养老设施，建设周期为3年。项目建成后可增加就业岗位1000余个。

花溪区南门民族文化风情度假区项目：由珠海泰坦电力电子集团有限公司投资建设，项目选址位于青岩古镇，总投资2亿元，占地20余亩，主要建设鲁风书画艺术中心、礼仪阁、水韵山居等民族风格的旅游休闲度假区，建设周期为2年。目前项目建设主体主体工程基本完成，其他基础设施正在加紧建设。

慈铭健康体检项目：由北京慈铭健康体检集团投资建设，项目选址在花溪区甲秀南路溪山御景商业区，总投资1.2亿元，建筑面积2600余平方米，建设花溪首家高端的、国际化的医疗保健中心，建设周期1年。慈铭健康体检项目全面开创高端医疗体检、高端健康管理等新型健康管理服务模式，已投入运营。

（陈　兴）

粮油购销

【概况】　2015年，以保供稳价为中心，区国有粮食企业购进粮油839吨，销售粮油832吨。采取多种形式对《粮食流通管理条例》《食品安全法》等粮食流通管理法律法规进行宣传。对全区国有粮食企业库存的粮食数量、质量、储存安全、账实相符情况重点核实。对政策性粮食供应质量跟踪管理。配合工商、物价、质监部门，以市场粮油库存、质量及收购行为监管为重点，对粮食市场的监管与监督检查。开展敏感时期粮油市场监督，确保粮油市场稳定和质量安全。

（区商务局）

【粮油储备】　2015年，全区实施安全储粮责任制，四季粮油安全大普查，巩固“四无”粮油质量，推广科学储粮技术，确保库存粮油安全。全区储备粮油“一符四无”率达到100%，科学储粮率95%。建立防汛、消防机构和抢险突击队伍，备足消防器材和防汛物资，确保粮食、仓储设施安全。

（区商务局）

【低保粮油供应】　2015年，花溪区指定贵阳花溪宏腾粮油购销有限公司为供应主体，负责区城乡低保户粮油供应工作。确定供应网点，明确“花溪区放心粮油配送中心”。小河各社区服务中心为城区内低保户粮油供应点，各乡镇粮库为农村低保户粮油供应点，确保低保群众吃上特价粮油。截至2015年12月底，发放低保粮油571吨，惠及全区低保对象7989人。

（区商务局）

【军粮供应】 2015年，按贵州省粮食局军民融合式发展“四统一”要求，花溪区军粮供应站投资30万元，对军供站原营业门面与军供超市门面进行改造，补充办公设备附属设施。军供站对军粮的品种、质量、等级严格把关，确保部队吃上放心粮油。改进完善军粮统筹采购办法，建立粮源保障、质量管理、价格稳定、资金安全的有效机制。

（区商务局）

【放心食品工程】 2015年，花溪区对有诚信和保证质量的粮油经营户进行“放心粮油店”摸底调查，确保“放心粮油店”经营的粮油真正做到让消费者放心和满意。对粮油质量、卫生安全检查。在区教育局的协调下，贵阳花溪宏腾粮油购销有限公司与区内20所学校签订“放心粮油”供货合同。

（区商务局）

【粮食流通统计和粮油供需平衡】 粮食流通统计注重国有粮食企业粮食统计工作，全区个体粮食加工户和粮食转换企业全部纳入粮食统计范畴，定期和不定期到各乡镇和各企业，检查统计粮食购销台账是否完善、统计数据是否真实等。社会粮食供需平衡调查和社会食用油供需平衡调查，走访农户30户，城镇居民30户，餐饮企业9家，院校12所，粮食加工和转换企业3家，填写各类调查表100余份。

（区商务局）

供销合作

【概况】 区供销联社是全区供销合作社的联合组织。理事会成员7名，监事会成员3名。设机构2个，编制人员9名，工勤人员1名。直属企业6家，基层供销社有12家，其中，久安供销社、燕楼供销社、青岩供销社已全部处置资产，仅有高坡供销社、小碧供销社开展业务工作。供销系统干部职工440人，离退休人员262人。2015年农资各类化肥销售7406吨，化肥淡储2000吨，建成庄稼医院3个，农民专业合作社1个。

（区供销联社）

【再生资源回收】 2015年，花溪再生资源行业协会，吸纳会员55个，企业6家，个体会员49个。经营户自筹资金百余万元，建立花溪区再生资源回收、加工、分拣交易中心。贵阳花溪晨曦再生资源回收有限公司按照区域规划组建分公司5家。统一挂牌经营15家，实现生活垃圾、工业及建筑垃圾无害化处理，资源重新利用10万余吨。废弃易爆、液化气瓶、氧气瓶、灭火器物品收集和处置100余个；购置处置设备一台，共计人民币2.2万元。

（区供销联社）

【电子商务】 2015年，隶属于花溪供销联社的贵阳花溪供销农网电子商务有限责任公司成立。公司考察符合设立电子商务的农家店，在区三大省级高效示范园区确定三个电子商务服务店，与区农产品加工企业商讨如何通过电商平台推广销售农副产品。供销系统自农村电子商务工作开展以来，30多人参加省、市、区培训及观摩，培养一批农村电商人员。按“5个100工程”，建设三大农业示范区，布局不少于三个电子商便民服务点的要求，区供销联社按市、区统一部署，完成7个乡镇级8个村级农村电子商务便民服务点的建设，市级供销便民服务点9家，参与花溪孟关电子商务运营中心建设。现有38家正常经营的农家店。

（区供销联社）

（责任编辑 翟长保）

花溪年鉴 2016
HUAXI YEARBOOK

交通·邮政·电信

贵惠大道（杨小平　摄）

交　通

【综述】　2015年，花溪区道路建设投入资金1245.68万元，其中，农村公路改建工程投入资金311.31万元、公路大修投入资金658万元、安保工程投入资金208万元、公路水毁抢险抢修投入资金68.37万元。

全区有客运线路26条，班线客车194辆，客位数3038座（其中县级班线5条，车辆15辆，客位数285座；县内班线21条，车辆179辆，客位数2753座）；已开通片区客运的乡镇有党武、青岩、马铃、燕楼、黔陶，有片区客运车辆22辆，建成农村客运站6个，农村客运招呼站45个。通村公路实现硬化，班线车辆覆盖全区所有乡镇和绝大多数村，为经济发展和人民出行提供方便快捷的交通环境和物流环境。

花溪区交通运输局下属有4家事业单位（即：公路管理所、花溪区交通运输管理所、花溪区汽车行业维修管理所花溪区地方海事处）和1个国有企业花溪车站。

（秦秀林）

【公路状况】　2015年，花溪区城市道路29.476公里，总面积438900平方米；县道227.163公里，总面积1476559.5平方米；乡道176.243公里，总面积793093.5平方米；村道452.121公里，总面积2034544.5平方米；专用公路2.584公里，总面积16796平方米；通村油路面54.16公里。

（秦秀林）

农村公路建设

【道路改造建设】　2015年，区交通运输局投入资金171.88万元完成马铃乡1.78公里集镇道路改造；投入资金139.43万元完成高坡乡石门至高坡民族中学2.7公里道路改造；投入资金160万元完成麦坪乡岔路口至大坡2.36公里改造，投入资金498万元完成花溪至石板3.22公里改造。

（秦秀林）

【公路安保工程建设】　2015年，花溪区启动公路安保工程建设项目8个，涉及公路里程66.56公里，总投资208万元，对桐木岭至羊洞、青岩至林卡、黔陶至赵司、黔陶至谷洒、燕楼至思潜等公路的路基、路面、挡墙进行修复。

（秦秀林）

【水毁抢险抢修】　2015年5月底，受极端恶劣天气影响，部分农村公路损坏较为严重。区交通局启动汛期应急预案，开展农村公路抢修抢通工作。截至12月底，出动巡查人员90余人次，道班工人100余人次，挖掘机15台次，清理倒塌树木80余株，清理塌方230余立方米，设置警示墩40个、警示牌20余块，投入资金68.37万元。

（秦秀林）

【超限运输治理】　2015年，区交通运输局开展超限运输专项治理工作，实行专人、专经费、专卡点的工作制度，重点治理超限运输频发路段、矿场、货场周边地区，将超限运输扼杀在源头路段。全年出动执法人员600余人次，检查货运车辆500余辆，处罚超限运输货运车辆60余辆，罚款10万余元。

（秦秀林）

【公路安全大检查】 2015年，花溪区强化源头监管，加强《公路法》等法律法规宣传，加大路政巡查力度，严厉打击农村公路乱堆、乱放、乱建现象，确保管养公路沿线建筑控制区范围内违章建筑零增长。安排专人与交管、安监等部门一起对辖区内农村公路进行安全隐患排查，排查里程406公里，出动人员200余人次，排查安全隐患十余处，并将排查结果及时上报。

（秦秀林）

区路政部门开展超限治理（区交通局　供稿）

公路运输

【运输市场管理】 2015年，区交通运输管理部门对花溪区内3个客运企业、4个危货企业、1个客运车站及8所驾校开展安全大检查，督促企业自查自纠，对管理能力不强、无力落实保障、问题多、事故多发的企业劝撤劝并。旅客运输企业对所有客运车辆、驾驶员进行逐一排查登记，严格按照一车一档、一人一档。全年到企业检查120余次，出动检查人员400余人次，出动检查车辆120余车次。发现安全隐患35个，下达整改通知书5份，有4家完成整改，1家正在整改中。排查客运车辆1600辆次，驾驶员1200人次，排查出安全隐患16个，及时整改消除隐患。

（秦秀林）

【招呼站建设】 2015年区交通运输局在城乡客运线上建设招呼站60个，总投资120万元。其中20个由经开区负责实施，已完工投入使用。40个由区交通局负责实施，计划2016年3月全部完工，投入使用。

（秦秀林）

【稽查执法】 2015年区交通运输管理部门与公安交警七大队和城管部门配合，打击无牌无证摩托车、残专车和非法营运车辆。全年出动执法人员3000余人次，执法车辆850台次，查扣"摩的、黑车"930余辆，处理站外揽客车辆30台，查扣相关证照103个，处理其它违规行为124起，罚款182万元。

（秦秀林）

【调整客运班线解决民众出行难】 2015年，区交通客运管理部门调整花溪—青岩班线12辆车在周末绕行溪南中学，解决学生出行难问题；调整花溪万达公司10路公交车延伸到石板井村，解决村民出行难、学生早上无车坐问题；开通花溪—芦荻村农村班线，解决周边三个村村民出行问题。

（秦秀林）

【低碳交通】 2015年，花溪区有204辆LNG客运车投放（其中，公交车51辆、出租车120辆、农村班线车33辆），并要求新增的公交车全部使用LNG清洁燃料。为方便公交车加LNG清洁燃料，花溪加气站建设项目申报已获得建设指标，正在协调规划、国土、商务、发改等部门进行建设选址工作。

（秦秀林）

汽车维修管理

【维修管理】 2015年，区交通运输局加强汽车维修行业管理，对乱停乱放、占道、环境卫生差、废旧轮胎乱堆乱放等现象进行专项清理整顿。对孟关汽贸城维修企业进行专项清理整顿，凡是考核合格的二类以上汽车维修企业，按照要求做到“一源一档”，建立废机油专用库房，按规范管理制度审批办理行政许可二类维修企业6户。另外，根据国家交通部、省交通厅、市交通运输局关于完成汽车维修企业安全生产标准化建设工作的要求，开展安全生产标准化创建活动，全年完成机动车维修经营企业一类16家、二类49家、三类51家的质量信誉考核工作。

（秦秀林）

【安全检查】 汽车维修管理所每月不少于10个工作日到运输企业进行安全检查，全年派出安全生产专项检查人员360人次，进行安全检查100次，下达整改4次、整改完善4次，对存在的一般安全隐患的现场及时进行整改；同时利用机动车维修平台对企业的安全生产进行不定期、不定时的安全检查。确保运输生产安全减少事故发生。

（秦秀林）

客运管理

【客运安全监管】 2015年，区交通运输局强化客运站管理，严把车辆技术关、首发班例检关和出站签单关，严禁客运车辆超员超载及不符合安全要求的车辆上路行驶，严禁乘客携带易燃易爆和烟花爆竹上车，从源头规范客运管理。截至12月，检查出有隐患车辆930辆，劝阻乘客携带危险品进站乘车20余人次，投入经费1万余元增设维护站内安全设施。另外，为确保为期40天的2015年“春运”安全工作，投入运力3923辆班线客车，累计发车27986班次，完成客运量32.43万人次，全年未发生重大交通事故。

（秦秀林）

【交通运输安全宣传】 2015年，区交通运输局组织开展交通运输“安全生产月”活动，采取向过往的群众发放宣传资料、现场摆放展板、为群众现场解疑答惑等方式，为群众解答公路法规、交通安全等方面的问题。在“安全生产月”活动中共发放宣传资料500余份，解答相关法律法规问题40余个。

5月25日，区交通运输管理局开展综治宣传月活动
（区交通局　供稿）

（秦秀林）

花溪年鉴 HUA XI YEARBOOK 2016

海事管理

【水上交通安全管理】 2015年，区交通运输局对辖区范围内的松柏库区、花溪水库、花溪河及各景区内的船舶经营点、渡口开展安全生产大检查。全年进行84次现场监督检查，出动车辆84辆次，行程累计2062公里，参加检查人数累计219人次，检查船舶921艘次，全年未发生水上交通安全事故。

（秦秀林）

【航务管理】 花溪区是旅游区，水上娱乐的载体主要是游船，为保证乘船游客的生命财产不受损失，对营运船舶的浮性、稳性、抗沉性等技术指标进行严格检验，对全区有船的4个乡镇、6个有船单位、8个船点、8道渡口进行技术性安全检验。2015年检验船只86艘，审验船舶营运证86份，船检率达100%，合格率达100%。

4月下旬对现有在职持证船员分批、分点进行培训，共培训天河潭风景区、贵筑社区服务中心李村和石板镇镇山村乡管员、村支两委负责人，景区船员98人。

（秦秀林）

花溪年鉴 HUA XI YEARBOOK 2016

汽车驾驶培训

【概况】 2015年，花溪区经审批的汽车驾驶培训机构9家，分别是贵阳高新十七汽车摩托车驾驶培训学校，地址在花溪云上村；贵州黔丰驾驶培训有限公司，地址在花溪吉麟村委办公楼对面；贵州天河驾驶培训有限公司，地址在花溪区天鹅村三组；贵阳凯信汽车驾驶培训有限公司，地址在花溪区黔陶乡（原陶瓷厂）；贵州顺风汽车驾驶培训学校，地址在花溪区桐木岭；贵州大学汽车驾驶培训有限公司，地址在贵州大学南校区；贵阳鑫鑫汽车摩托车驾驶培训学校有限公司，地址在花溪区竹林村；贵州人民武装学院驾驶培训学校，地址在花溪区园亭路1号；金马驾校，地址在花溪区云上村。为规范花溪区机动车驾驶培训经营行为，促进驾驶汽车、摩托车培训市场健康发展，提高培训质量，确保驾培机构的安全培训，区交通运输管理所根据两个“新国标（GB/T30340–2013和GB/T30341–2013）”，每两个月对驾校检查一次，发现驾校不同程度存在着档案资料不完善、内容不及时更新、教学设备设施损坏未进行维修、安全隐患检查排除不到位、对学员的安全教育培训不规范、学院教员管理制度不完善等问题，经督促检查，培训机构都进行整改。全年区交通运输管理所出动车辆72车次，参加检查汽车、摩托车驾驶培训学校的工作人员累计288人次。

（区交通运输管理所）

花溪年鉴 HUA XI YEARBOOK 2016

邮　政

【概况】 中国邮政集团贵阳市花溪区分公司是中国邮政集团贵阳市分公司下属单位。分公司设办公室、市场部和代金部。下辖金融服务部、电商客服部、包快服务中心、营业部、普邮投递部、包快揽投部、清溪支行、青岩支局、孟关支局、兰馨支局、吉林支局、党武支局、鑫中（金竹）支局、石板支局十四个经营服务机构以及加盟委托代办营业网点26处，邮政书报亭6个。服务覆盖全区7个乡镇5个社区，辖区服务人口达到42万人。

2015年，花溪分公司有干部职工92人，平均年龄32岁，自营网点窗口营业人员都是大专以上文化程度，在岗人员90%以上获本岗位职业资格认证。有投递段道31条，邮路总长度达到28万公里；投递覆盖全区7个乡镇5个社区及143个行政村。邮政除开办信函、印刷品、包裹、汇兑、报刊收订、特快专递及快递物流业务、机要业务、集邮业务、电商业务外，还开办代收电信、移动、联通、电力、石油、有线电视、自来水费，代理保险、车证车辆年审、交通违法处罚、烟草代购等便民服务。

（李艳明）

【报刊发行与投递服务】 2015年，花溪邮政分公司按照邮政集团公司“创新、转型、务实”的总体工作要求，抓好经营和管理“两条主线”，最大限度地拓展市场，做大、做强、做精、做实各项重点业务，邮政作为党报党刊发行主渠道，在区政府的支持下，完成党报党刊发行工作任务，投递服务全区122个行政村。业务收入连续三年增长，完成2200万元，投递服务：城镇居民楼投递插箱到户，农村投递实现“村村通邮”。建成覆盖全区9个乡镇以及5个社区的便民服务站30个，全年城乡投递报刊邮件10.7亿件，妥投率在90%以上；城乡邮政所和邮筒（箱）设置密度达到国家规定的标准；邮政服务满意度测评得分87.5 分。公司被评为全省标杆公司、全省“先进集体”，青岩支局连续5年被评为“全省百强农村支局”，公司的8个经营单位11人获25个奖项。

（李艳明）

电　信

【花溪电信公司概况】 中国电信股份有限公司贵阳花溪区分公司是中国电信股份有限公司贵阳分公司的分支机构，统一使用“中国电信”服务标志及10000号服务热线电话。公司设办公室、销售服务部、网络服务部3个部门，下辖9个乡镇支局。

花溪电信公司向花溪区、贵安新区区域党政军、企事业单位、商业客户、公众客户提供固定电话、移动电话、互联网接入及应用、数据通信、视讯服务、国际及港澳台通信等综合信息服务。有“商务领航”“我的e家”“天翼”“互联星空”“号码百事通”等知名品牌。

2015年，花溪电信公司建成440多个CDMA基站，覆盖花溪绝大部份行政村，特别是4G信号已覆盖各乡镇、贵安新区，电信4G手机上网的下行速率最高达150M，为用户提供方便、高速的数据应用平台。

2015年，花溪电信公司对9701户用户线路进行光纤改造，实现“20M起步、50M普及、100M进家”的目标。光纤进万家使宽带速率高，性能稳定，为建成光网城市、实现智能家居等奠定基础。

截至2015年年底，花溪分公司有职工88人，年收入7964万元。拥有电话交换机10万门。拥有宽带用户90562户、固定电话用户38911户、手机用户113717户。

（贺　军）

【中国移动通信花溪分公司概况】 2015年，公司职工47人，内设综合部、市场销售部、建设维护部、政企事业部。负责花溪移动业务、网络建设、发展，区域内移动客户，保证全区移动信息化顺利扩展。年末花溪公司移动用户34万户，比上年减少15%，宽带用户数1.1万户，比上年同期增幅37%。

7月1日起，推出八项降费措施：

（1）全面推广10元1GB夜间流量套餐，低至0.01元/MB；

（2）全面推广10元1GB假日流量套餐，低至0.01元/MB；

（3）全面推广4G流量卡，50元含2GB全国流量，降幅达50%；

（4）全面推广“套外安心服务”，套餐外资费最低降至0.06–0.1元/MB；

（5）开展“订1GB以上流量套餐，赠1GB夜间流量”促销活动，“白加黑”更优惠；

（6）变革资费结构，促进流量消费，推出话音短信不限量套餐；

（7）降低国际及港澳台漫游流量资费，推出48个国家和地区流量包天资费，平均降幅超70%；

（8）推出流量共享、流量不清零、流量交易等创新服务。

为满足手机用户高速上网的实际需求，根据中国移动通信集团和省公司的建设安排，建设开通GSM基站32个，花溪移动LTE基站总数达到700个，改善和满足广大移动用户的手机上网需求和网速要求。

通过LTE移动通信网络的建设，花溪移动已实现乡乡通，上网速度实际测试均值已达到35Mb/s，相对于GSM（移动2G）网络的70Kb/s，提升500倍；上网速率与TD-SCDMA（移动3G）网络的1.6Mb/s比较，提升20倍。

（花溪移动分公司）

【中国联合网络通信有限公司花溪区分公司概况】 中国联合网络通信有限公司花溪区分公司下辖城区网格、青岩网格、孟关网格、石板网格4个业务办公室和花溪建维中心。

中国联通花溪分公司向党政军、企业、商业客户、公众客户提供固定电话、移动电话、互联网接入及应用、数据通信、视讯服务、国际及港澳台通信等综合信息服务。有“智慧沃家”“沃4G＋”“校园专属沃派”“116114电话导航”等众多知名品牌。

2015年，中国联通花溪分公司已经建成200多个基站，覆盖花溪所有的行政村，4G信号已覆盖青岩镇、孟关乡、石板镇、大学城、羊艾、磊庄等区域。“双4G双百兆”，上、下行速率最高可达100M，支持TD-LTE和LTE-FDD两个4G网络制式，让用户有更多的选择权。2015年，有员工37人，拥有手机用户65226户，宽带用户14899户，固定电话用户802户，年收入6352万余元。

（联通公司）

（责任编辑　姚　毅）

花溪年鉴 2016
HUAXI
YEARBOOK

旅游业

高坡乡绕扰村梯田（张林　摄）

综　述

【概况】　花溪区位于贵阳市南部，距贵阳市中心城区12公里，区内有贵阳环城高速、西南环线、迎宾大道、甲秀南路，紧邻龙洞堡国际机场（车程20分钟）。随着贵州境内航空、铁路、公路交通的日趋完善，花溪辐射连接全省交通的优势日渐凸显，花溪连通省内外景区景点的交通更加便捷。花溪区着力打造全域旅游示范区，依托贵阳市建设成为全国生态文明城市和世界知名、国内一流的旅游目的地、休闲度假胜地的目标，依托贵阳市打造"爽爽的贵阳·中国避暑之都"城市品牌，将花溪区建设成为全省旅游核心区。2015年9月，花溪区被确定为全省首批省级旅游度假区创建试点单位。

（区旅游局）

【旅游生态环境】　花溪区拥有秀美的自然景观，更有得天独厚的气候资源优势。冬无严寒、夏无酷暑，空气清新，气候宜人。年均气温14.9℃，7月平均温度23℃，1月平均温度4.7℃。年均降水量1178.3毫米，年均日照1226.5小时左右。森林覆盖率达41.53%，每立方厘米负氧离子2700个，达到国家二级标准。年平均相对湿度81%，饮用水达标率100%，空气优良天数340天，是一个具有天然空调效应的都市近郊城区，具备旅游业发展的得天独厚的条件。

（区旅游局）

青岩古镇古戏表演（青岩镇　供稿）

【旅游资源】 花溪是贵州省第一批省级风景名胜区（1990年8月经省政府批准），作为老牌的省级风景名胜区，全区景区面积222平方公里，占全区面积的23%。有自然景观56个，人文景观25个，国家级特等景观4个，国内一等景观18个，国内二等景观32个，国内三等景观27个。集自然风光、生态环境、宜人气候、历史文化、古镇文化、民族风情、乡村文化、地质地理等为一体。2015年底全区有国家AAAA级旅游景区3家（天河潭景区、青岩古镇、湿地公园<孔学堂>）。全区有四星级酒店1家（西苑镜润酒店）、三星级酒店2家（溪山、玉龙）、二星级1家（花溪7天连锁酒店行政中心店）；贵阳市精品特色客栈：金兰级1家（大成精舍）；银兰级2家（彩歌堂、寿福客栈）；铜兰级3家（维特兰德、寻枪别苑、随园客栈）。旅行社2家（花溪国际旅行社、清溪旅行社）、旅行社及服务网点29家。

（区旅游局）

【旅游文化产业发展】 2015年，作为全省100个旅游景区建设的青岩古镇、天河潭、湿地公园（孔学堂）三个景区完成投资9.23亿元，为全年计划的485.79%，超额完成省局年初下达的投资计划，在全市100个景区建设工作中名列第一。其中青岩古镇5.7亿元，完成全年计划570%，主要实施南门水景观工程、北城门旅游综合服务区、青岩古镇主题文化酒店、青岩古镇旅游文化产业组团、青岩古镇健康养生组团等项目建设；湿地公园（孔学堂）2.52亿元，完成全年计划840%，主要实施湿地公园（孔学堂）提升、花溪公园旅游基础设施提升等项目；天河潭休闲旅游综合体1.008亿元，完成全年计划168%，主要实施方案编制、厕所提升、景区提升建设等项目。

（区旅游局）

石板镇镇山村半边山（石板镇　供稿）

【旅游从业人员培训】 2015年，区旅游局组织旅游景区（点）、导游人员、宾馆饭店、旅游企业和旅游经营户进行旅游安全生产、礼仪礼貌、旅游知识等方面的培训，全年培训人员300 余人；联合区交通海事处开展旅游景区船员安全员安全知识培训及船员到期特殊培训，培训人数50人；对导游人员、乡村旅游从业人员分批进行指导培训，举办培训班2期，培训人数200余人。

（区旅游局）

【乡村旅游】 花溪区抢抓第九届省旅发大会主会场选址青岩古镇的历史性机遇，以青岩古镇为核心发展乡村旅游，根据青岩古镇周边村寨的区位及资源条件，以青燕线及田园风光带作为串联，打造龙井村、小西冲、姚家关、青岩堡、歪脚村、山王庙村等“六点一线”，丰富古镇旅游业态，增加旅游体验。

（区旅游局）

【智慧旅游】 2015年，全区推进“智慧旅游”升级，建设以青岩古镇为代表的智慧景区：一是“玩转花溪”智慧旅游平台开发；二是青岩古镇智慧景区停车管理系统及智能票务管理系统建设；三是古镇“祥纹”银饰、太阳鼓、赵司贡茶等特色旅游商品的包装提升。通过花溪旅游局官方微博、网站等进行市场推广。

（区旅游局）

【旅游安全和市场管理】 2015年，区旅游局开展旅游安全、旅游市场管理工作，深入到重点旅游景区，打击旅行社非法经营及规范旅行社经营秩序。按照旅游法和其他有关法律法规，对从事旅行社业务的主体资格进行审核，严格打击“黑社”。首次动用全区通报形式对贵州海外旅行社门市部进行批评。对辖区2家旅行社及29家旅行社服务网点进行规范管理。按照《旅行社管理条例》内容，对旅行社服务网点进行备案登记工作。协同公安、市场监管等部门进行不定时的抽查，发现问题及时查处。按照国家制定的旅游投诉办法规定受理旅游者的投诉，对区内的旅游景区（点）、旅行社及星级饭店进行拉网式大检查，督促各旅游企业做好各项准备工作和应急措施。

（区旅游局）

花溪年鉴 HUA XI YEARBOOK 2016

旅游景区建设

【国家AAAAA级旅游景区创建】 11月18日，青岩古镇景区参加申报创建国家AAAAA级旅游景区资源与景观质量专家评审会，根据全国旅游资源规划开发质量评定委员会的通报（旅资评发〔2015〕50号），青岩古镇景区已达到申报创建国家AAAAA级旅游景区资源与景观质量的基本要求，列入创建AAAAA级旅游景区预备名单，正式进入国家AAAAA级旅游景区创建期。根据专家意见和实际情况，拟定创建AAAAA级旅游景区项目71个，总投资约7.7亿元。

（区旅游局）

【精品客栈示范建设】 根据《贵阳市避暑度假精品酒店划分与评定实施细则》标准，按照贵阳市避暑度假精品酒店划分与评定申请书附录A、B、C进行初审，推荐精品客栈。2015年，花溪区有5家客栈获得贵阳市避暑度假精品酒店称号，其中大成精舍获金兰级称号；青岩寿福客栈获银兰级称号；维特兰德、青岩寻枪别苑、随园客栈获铜兰级称号。

（区旅游局）

【创建国家级AAAAA级旅游景区项目建设】 2015年，按照创建国家AAAAA级旅游景区的标准和要求，完成青岩南北门游客服务中心精装及展陈、青岩古镇景区内部交通（电瓶车、自行车慢行系统建设）、古镇夜景灯饰亮化、标志标牌建设、寿佛寺广场改建、两湖会馆装修、寻枪别苑客栈及东街精品客栈、导游系统、监控与消防设施、古镇北城墙西段恢复、智慧旅游等项目建设，同时开展景区服务人员培训，打造景区优质形象，助力青岩古镇景区创建国家AAAAA级旅游景区。

（花溪旅游文化经营公司）

【旅游饭店】 全区有宾馆酒店381家（含宾馆饭店、旅社、度假村、培训中心、招待所、乡村旅舍、洗浴中心等，其中经开区124家），总房间数9028间（经开区3637间），总床位数12121个（经开区5261个）。其中星级和避暑度假精品酒店8家，总房间数498间，总床位数782个，占全区房间数和床位数5.5%和6.5%。

（区旅游局）

工作，信息完成率100%。

（区旅游局）

旅游宣传

【摄制旅游宣传片】 2015年，区旅游局围绕"高原明珠·灵秀花溪"旅游品牌形象，挖掘文化与旅游的结合。制作《花溪的邀请》《湿地》《古镇》《民族》《山水》等宣传折页，推进青岩古镇、湿地公园、天河潭景区创建工作，拍摄青岩古镇景观价值宣传片。在《贵州旅游时尚》《醉美贵州·快旅慢游》制作花溪旅游宣传册。在第九届省旅发会期间摄制《花溪旅游形象宣传片》《花溪旅游形象广告片》，开展"跟着亚姐游贵阳暨香港摄影名家贵阳作品展"、中央电视台科教频道科普类电视栏目《地理中国》、动车杂志——《旅伴》、航空杂志——《东方养生》等的宣传拍摄工作，完成政府门户网站信息建设

【景区宣传】 2015年《贵州日报》《贵阳晚报》等主流媒体对青岩古镇、湿地公园景区进行多次宣传报道，央广网、腾讯网、人民网、携程网、同程网、去哪儿网、今日头条、黔讯网、贵阳网等众多网络平台及媒体对景区进行专题推荐和大力宣传。花溪旅游文化经营公司配合参加2015"台北两岸观光博览会"、"2015香港丝绸之路"旅游年、"2015年沪昆高铁旅游大促销活动"等宣传推介活动。公司与携程网、同程网、美景天下三家大型景区门票网络分销平台合作，拓展公司旗下景区与优质电商平台合作的广度和深度。重新整理并完善景区主要景点的中英文讲解词，新增青岩古镇景区、湿地公园景区扫描微信二维码、使用微信"摇一摇"获取景区智能语音（中英文）讲解服务，确保景区智慧旅游服务与当前的游览习惯和趋势保持同步发展。

（花溪旅游文化经营公司）

（责任编辑　张乡里）

花溪国家城市湿地公园（张建国　摄）

高坡石门摄影基地（钟光泉　供稿）

建筑业·房地产业

花溪保利西湖楼盘（刘满堂 摄）

花溪年鉴 HUA XI YEARBOOK 2016

建筑业

【概况】 2015年，区住建局以办理建筑施工许可、竣工备案、建筑工程质量安全介入监管服务、打非治违、介入工程建设项目招投标服务监管等工作为切入点，加强对从事建设活动的本地及外地入黔建筑企业管理力度，推进建筑市场诚信体系建设。依法招投标工程项目，督促安全生产、文明施工，全年未发生安全生产事故。帮助清理拖欠工程款和民工工资6678.8万元，维护民工合法权益。

（区住建局党政办）

【建筑市场管理】 2015年，区建管站按照相关法律法规对申请施工许可证的项目进行审查、对建筑市场进行严格管理，对项目竣工归档、备案严格把关，对申请施工许可证、竣工备案、归档的资料提供不完善的项目一律不予审核通过，对未取得施工许可证擅自施工的项目，一律以书面形式责令停工整改，全年下达停止违法行为通知书37份。完成20个项目的合同备案，施工图审查合格项目21个，总建筑面积1956965.74平方米。批准施工许可证21个，总建筑面积1956965.74平方米，工程总造价168372万元；换取施工许可证正本的项目2个，总面积为64508.86平方米，工程总造价为7990万元。

（周云峰）

【建筑市场秩序整顿】 2015年，区住建局通过严把工程建设备案管理关、推行建筑市场诚信体系建设，维护本区建筑市场健康有序的发展。根据市政府、市住建局要求，督促区内从事建设活动的单位办理《诚信管理手册》，并将各单位办理《诚信管理手册》的情况作为建设工程办理备案的必要条件，配合贵阳市住房和城乡建设局不断完善诚信管理信息平台，打击违法分包、转包，违规托管、代管、挂靠，未取得相应证件及资质从事建筑施工等非法违法行为，不断规范建筑市场管理。围绕建设领域清理拖欠工程款和民工工资工作，严格执行联合检查机制，配合区清欠办、劳监、公安等部门多次对区内各在建项目开展农民工工资支付情况排查清理；开展维权普法宣传，提高建设领域农民工依法维权意识；加大建筑分包市场管理力度，着力消除矛盾隐患；开展工程建设项目立项和审批联动，建立和完善社会信用约束机制，提高失信成本，全力保障群众合法权益。全年处理五七零八厂安置房、花溪区中广线道路一期工程等建设项目清欠纠纷19起，追回工程款及民工工资6678.8万元，其中农民工工资2975.8万元。

（周云峰）

【建筑施工管理】 2015年，区住建局围绕安全文明卫生施工、精细化施工、确保建筑工程质量和施工安全，加强建筑施工的管理力度。3月，开始安装建筑工地远程视频监控；年底，完成31个

9月30日，区住建局召开2015年花溪区建筑工地安全生产大会（区住建局　供稿）

在建项目的远程视频监控安装。参建三方在贵阳市安全监督管理平台及诚信平台录入网上执法数据并上传。全年对全区建筑工地质量抽查累计218次，分项工程质量抽查基本符合要求，无违反设计等重大问题。竣工验收全部符合验收程序，验收结论为合格。全年在开展日常安全巡查的基础上，开展节假日、汛期、重要会议等特殊时段的专项安全生产巡查工作。全年未发生安全生产事故。贵大南苑住宅小区建设项目施工一标段项目通过贵阳市2015年安全生产文明施工样板工地审查。

（杨　华）

【招投标管理】　2015年，区住建局组织开展《中华人民共和国招标投标法》《中华人民共和国招标投标实施条例》《贵州建筑工程招标投标实施办法》《建筑业企业资质管理规定》等法律、法规的学习培训。严格执行各项制度，在工程项目招投标实施监管过程中，全面落实招标监督制度，规范招投标操作流程，严格监管在花溪区从事招标代理的机构。全年有建筑工程公开招标报建工程116个，邀请招标工程0个，其中公开招标完成交易工程84个，交易额276402.64万元。直接发包登记备案工程34个，备案金额30014.39万元，完成征收单位竞争性比选项目5个。

（邵　宁）

房地产业

【概况】　2015年，区住建局坚持房地产市场监管和服务并重，通过抓好房地产开发项目的预售资金监管、房地产项目固定资产投资，房开项目手册网上申报核验，商品房交付使用备案、房地产开发项目市场行为巡查、房地产经纪机构网上备案、商品房网签合同备案、注销（变更）及房屋产权产籍管理等工作，推进房地产市场健康平稳发展，全年完成房地产开发项目固定资产投资51.61亿元，完成商品房销售面积62.34万平方米，完成二手房交易11.55万平方米。同时，通过抓好新建商品房前期物业管理的招投标监督和前期物管方案备案、物业维修基金的归集缴存和使用管理，物业服务企业市场行为监督检查、设立小区业主大会和对业主委员会的指导、业主委员会备案等工作推进花溪区小区物业的规范管理。

（区住建局党政办）

【房地产开发投资】　区住建局配合区政府、区发改局、区统计局抓好区域内房开项目的固定资产投资。主动协调解决项目建设中遇到的困难和问题，协助统计局做好新项目统计入库工作，始终保持与区发改局、区统计局的无缝对接，适时掌握房地产开发项目的经济运行情况，按照年初投资计划抓好房地产开发项目的投资调度。2015年花溪区房地产固定资产投资市级下达目标任务为47.7亿元，截至12月底，全区有25个在建投资房开项目入库（其中，中心城区12个，各乡镇区域13个），累计完成房开项目固定资产投资51.6亿元（其中中心城区完成25.28亿元，各乡镇区域完成26.3亿元），比上年增长8.09%，超额完成全年的目标任务。

（章宗婷）

【房地产企业管理】　2015年，区住建局开展花溪区房地产开发项目手册网上申报核验工作，把项目手册作为一种制度性、常规性的监控措施，监督检查开发企业是否严格按照有关法律法规进行房地产开发建设。通过对项目手册的实施管理，实现对开发项目全过程的动态监督管理和市场监测，及时了解和掌握房地产开发项目的进展情况，规范房地产项目数据库管理。截至2015年12月底，全区有39家企业通过房地产从业主体审核，有35个项目启动项目手册网上申报核验，有24个项目按照规定程序与时间，填写、验核项目手册并申报通过。

（章宗婷）

【房地产市场监管】 2015年，区住建局开展商品房交付备案监督管理工作，执行商品房交付使用备案制度，完善商品房交付备案系统，全年办理商品房交付使用备案4宗，明秀商贸城、保利溪湖、孟关国际汽配采购中心和溪山御景4个项目，审批交付面积39.6万平方米；规范商品房网签合同管理，办理商品房网签合同注销（变更）计385件，其中合同注销141件；加强房地产市场行为监督检查，成立房地产开发项目巡查工作组，对花溪区溪山御景、思源童话、碧桂园、贵阳国际汽配用品采购中心、保利溪湖、贵大南苑、澳玛荟溪城、班芙小镇、中铁城锦溪九个项目开展巡查检查工作，对各个房地产开发项目的销售情况、资金监管情况、物业服务情况、建筑节能情况、商品房配建公租房落实情况、商品房交付情况等六个方面进行，重点督查开发企业在售项目销售现场信息公示，商品房预售、销售方案落实，预售资金和维修基金入账、使用情况及开发企业销售行为规范情况；加强区内房地产经纪机构网上备案管理工作，组织区内从事房地产经纪人员参加贵州省房地产协会房地产经纪人员从业培训和网上备案培训，截至2015年年末，全区有4家房地产经纪机构通过网上备案审核并核发房地产经纪机构备案证明。

（章宗婷）

【商品房销售和二手房交易】 截至2015年12月底，全区商品房销售5473套、销售面积62.34万平方米，销售总金额36.5亿元；房地产权监理所办理区域内二手房交易的产权转移登记959件，建筑面积为11.55万平方米，交易金额为48519.23万元。

（章宗婷　李冬梅）

【物业服务管理】 2015年，区住建局加强物业市场巡查，并逐步建立物管企业档案，对全区28家物管企业36个小区进行市场行为监督检查，对存在的问题下达整改通知并责令限期整改，对未按照要求完成整改的按照程序上报市住建局物管处给予相应处罚。根据《贵州省物业管理条例》和《贵阳市物业管理招标投标工作规程》，依法监督前期物业管理招投标及备案工作，办理《前期物业管理备案》6件。按照《贵州省物业管理条例》，依法指导业委会、业主大会的设立及变更，办理业主委员会备案5件。

（章宗婷）

【住房资金管理】 区住建局建立完善商品房预售资金监管系统，开展住宅专项维修资金管理。2015年将商品房销售管理系统、房地产产权产籍管理系统、监管银行结算系统进行跨行业、跨部门的链接，对预售资金从办理商品房预售许可证开始至完成房地产初始登记终止，实行全程网络信息化监管，全年全区商品房预售资金期初余额为31673.7万元，本期监管金额143573.99万元，本期办理资金核拨148件，批准核拨金额151856.04万元，账户当前监管余额30615.30万元，风险准备金5163.77万元。4月，启动花溪区住宅专项维修资金的清理和系统化建设工作，截至6月底，花溪区两家维修资金专户银行完成维修资金前期清理工作，并顺利实现维修资金监管系统联网上线；从6月1日起，花溪区基本实现全区维修资金交存实时录入、查询、使用等数据信息化管理。截止2015年12月底，全区维修资金归集小区总数为52家，维修资金归集总额24670.59万元，增值总额213.31万元，使用总额244万元，账户余额24639.90万元。本年度维修资金归集数额9154.25万元，使用总额119万元，增值总额148.41万元。

（章宗婷）

【住房产权证与不动产登记】 2015年，区房地产权监理所发放各类房屋产权证件11110件。3月1日，《不动产登记暂行条例》正式颁布施行后，国家实行不动产统一登记制度，房屋权属登记将统一到不动产登记中心进行登记。根据贵阳市的统一安排，区国土部门于12月28日挂牌成立贵阳市不动产登记管理中心花溪不动产登记站，并于挂牌当日正式开展业务，同时区房地产管理站关停产权登记业务。

（李冬梅）

保障性住房建设与管理

【概况】 2015年，实施贵州大学教师公租房、贵州民族大学教师公租房及花溪上板组公租房建设项目，建成149021平方米，2208套公共租赁住房。全年，区住保中心累计审核办理公租房租赁补贴保障2326户，累计实物配租保障户数为1247户。

（万绍翼）

【公租房建设】 2015年，全区建成上板组公共租赁住房项目36967平方米，608套；建成贵州大学教师公租房项目36000平方米，600套；建成贵州民族大学教师公租房项目76054平方米，1000套。

（万绍翼）

【房改工作】 2015年，区房改房住户办理“房地产交易市场准入许可证”25个（累计3776个），收缴土地收益金46.69万元。为区属各机关单位职工兑现存量补贴10人，兑现存量补贴资金23.14万元。为区属各机关164个单位职工兑现增量资金8637.10万元。

（万绍翼）

【棚户区改造】 全区2015年纳入省级目标任务的棚户区改造项目8个，分别为关口寨棚户区改造项目、上板花园回迁安置房棚户区改造项目、云上（湿地阳光花园）棚户区改造项目、云上水井湾棚户区改造项目、大寨及赵家山棚户区改造项目、董家堰棚户区改造项目、万达棚户区改造项目、上水老街棚户区改造项目。其中，云上棚户区改造项目、大寨及赵家山棚改项目和董家堰棚改项目通过政府统一收购安置房源，消化存量商品房2140套，带动消费、扩大投资、促进房地产市场健康发展。全年争取到中央财政城镇保障性安居工程棚户区改造专项资金10766万元，大寨及赵家山棚改项目还争取到1500万的专项建设基金和9.55亿元国开行贷款资金，保证棚户区改造工作顺利实施。全年棚户区改造项目计划总投资802545万元，改造各类棚户区住房5477户，改造面积142.03万平方米，改善16431人的居住条件，提升困难群众的住房水平。

（温　艳）

建筑企业选介

【贵阳城南地产公司】 2015年，贵阳城南地产（集团）有限公司开展用地申报61宗，11个批次，面积4579.09亩，已缴纳申报征地预存款、新增建设有偿使用费21806.09万元。完成花溪广场、孟关1号加油站等31宗地块土地的储备入库工作，涉及面积2333.63亩，入库成本297670万元。完成聚香园等5宗地块的土地出让工作，出让总面积514.47亩，缴纳土地出让金42380万元。

公司工程项目建设涉及孟关片区及主城区安置房建设、市政工程项目建设等20个，其中，已完工5个，已交付使用3个，正在建设7个，拟建8个。全年完成产值32260万元，较上年增长552万元；协助缴纳税641.3万元，较上年增长230万元。

公司与区征收局就洛平新城集中安置点、关口寨农民新村安置点（02号地块）二期签订大寨地块、孟溪路等项目的安置房购房协议，完成安置房交付1067套，面积92398.17平方米。

公司缴纳代扣代缴建安税及耕地占用税6980.13万元，缴纳不动产销售营业税及其附加共计1102.23万元，协助区税务局、区财政局追缴土地交易契税1256.37万元。

（贵阳城南地产公司）

【贵州茂业建筑工程有限公司】 原名贵阳麒鑫建筑工程有限公司，成立于1997年，资质等级为房屋建筑施工总承包贰级，企业注册资本金为人民币2100万元。公司拥有资产2800多万元，工程机械设配达300多万元，有高级职称人员5人，中级职称39人，初级职称111人，二级注册建造师15人，专职安全员14人，施工员21人，形成380多人的专业队伍。近三年来完成建筑房屋面积40多万平方米，产值8000多万元，完成税收280万元，解决本地区劳动力500余人，工程项目施工，合格率达到100%。多次被上级评为重合同守信用企业、安全生产先进单位、建筑企业先进单位等。其建设的兰馨桂馥花园住宅工程获贵州省首届房地产“十佳人居环境”及“最高综合大奖”楼盘生态贡献奖。

（贵州茂业建筑工程有限公司）

（责任编辑　姚　毅）

花溪年鉴 2016 HUAXI YEARBOOK

科学技术·社会科学

8月30日，区地方志办公室编辑部聘请的退休老同志在编辑稿件（杨玉屏　摄）

科学普及

【概况】 2015年，区科协围绕提高“五大人群”科学素质，创建贵州省公民科学素质先进区开展工作，制定2015年纲要工作方案。5月13日，召开纲要领导小组和联络员会议，对纲要工作进行安排。全年利用“三下乡”“四进社区”、地球一小时、科技周、科普日、青少年科技活动月、气象日等活动开展科普宣传25场，发放宣传资料3.5万余份（册），科技咨询1250人次，义诊1350人次；举办各类专题科普讲座15场，参与6500人次；放映科普电影1210场次。5月25日，在第三十四中举办花溪区第五届青少年科技创新大赛，区政府副区长马彪、副区长禄竹参加并讲话，全区39所中小学及幼儿园的1220名选手参加，通过现场竞赛和裁判组的严格审核，九大项共评出一等奖51人，二等奖76人，三等奖113人，优秀奖133人。6月17日，为提升公务员及事业人员综合素质，与区委组织部联合举办雷电灾害防御知识科普专题讲座，各乡（镇）、社区、区级国家机关各部门、区属事业各单位91家单位部分领导及工作人员共395人参加讲座。8月，联合高坡乡人民政府和龙云村举办“金刺梨”栽培技术培训班，该村村两委、村民代表、党员干部、驻村干部、“金刺梨”种植户50余人参加培训，通过培训，农户掌握种植、培育、施肥、预防病虫害等科学的种植技术，改变过去传统的种植方式，规范科学的种植技术。9月25日，在花溪第二小学保利校区举办“讲精典科普、圆中国梦想”中小学讲科普故事活动，部分中小学21名学生参加，区政府副区长马彪参加并致辞，鼓励全区青少年将自己的梦想融入祖国腾飞的脚步，多读书，多读科普类的书，使学校营造良好的“书香校园”气氛。通过现场激烈的角逐，小学组产生一等奖1名，二等奖2名，三等奖3名，中学组一、二、三等奖各产生1名。10月25日，经过各乡镇、社区和纲要成员单位的协作，完成创建资料的收集整理上报，撰写创建自查工作报告，通过市专家组对创建贵州省公民科学素质先进区验收，获得省级免检。为提高全区干部职工业务能力，6月至11月，开展花溪区“百万公众网络学习工程”活动，全区参与网络答题人数24675人，35219人次。10月组队参加“贵州省第二届全民科学素质电视大赛贵阳分赛区”获得2等奖。根据区委要求，派出1名同志到燕楼镇旧盘村开展同步小康驻村工作，协调区民宗局给予帮扶资金5000元，在“六一儿童”协调政协科协（科技、民宗）组部分政协委员慰问旧盘小学全体师生并送去127个书包，科协给予1万元的科技培训经费补助。为久安乡打通村计生帮扶户每户送去帮扶资金1000元，帮扶村办公经费1万元，共计22000元；2015年，申报科普惠农兴村计划项目2个——黔陶香葱协会和久安乡项朝富，最终项朝富获得全国科普示范带头人称号，并获得中央财政部和中国科协给予的5万元奖励金。

9月25日，区科协举办“少年梦”“中国梦”中小学生讲科普故事活动（刘敏 供稿）

（刘　敏）

【科普宣传活动】 2015年花溪区开展多种类型的科普宣传活动：一是开展“三下乡”“四进社区”活动。在春节期间，区科协围绕“节约能源资源、保护生态环境、保障安全健康”为主题深入乡镇、社区开展科普宣传活动。主要送“科普法、科普条例、科学素质纲要、科技知识、科普常识”，以创建“贵州省科学素质先进区”等内容开展宣传，向群众发放《全民科学素质行动计划纲要》《中华人民共和国科普法》《贵阳市科学技术普及条例》《社区法律知识手册》《公民科学素质知识200问科普丛书》《农村科学知识普及丛书》、气象科普知识、防震减灾知识、禁毒知识、国防教育知识等宣传资料。活动期间发放各类科普资料3.5万份，义诊786人次，科技咨询360人次，送春联1200余副。

二是开展“气象日”宣传活动。3月23日，围绕2015年世界气象日的主题“天气和气候：青年人的参与”，区科协、区气象局、贵州大学在贵大南校区操场首次联合举办一场内容丰富、形式多样的科普宣传活动。活动现场布置科普展板28块，向广大市发放《气象知识》（专刊）200册、《贵阳市气象灾害防护指引》200册、《花溪气象灾害防御手册》200册、《雷电防御基本常识》200份、《贵州省新农村雷电防护手册》200册、自编《花溪气象科普——霾与雾问题应答》200份、《中国气象报》（3·23特刊）100份、《身边科学知识普及丛书》300册。通过开展宣传活动，营造全社会关心气象、运用气象的良好氛围，提高民众防灾减灾意识和能力。

三是开展“地球一小时”宣传活动。3月29日，区科协与区发改局、区工信科技局、团委等多家单位联合举办“地球一小时”节能环保科普宣传活动。活动当天科普志愿者向过往市民发放《身边科学知识普及丛书——生活小窍门》《防雷减灾 利国利民》《花溪气象科普——雾和霾问题应答》节能环保科普小册子等科普资料，收到较好的宣传效果。

四是开展“全国科技活动周”活动。5月18日，区科协联合区科技局、区气象局、区财政局等单位在花溪公园一号门前开展“防灾减灾宣传日”宣传活动。此次宣传通过专家咨询、发放资料、摆放展板、悬挂横幅等多种形式，向市民群众广泛宣传防震减灾科普知识和自救互救知识。科普志愿者还就市民普遍关注的全球地震形势、防震避震知识、地震来了怎么办、房屋如何抗震等问题进行解答。发放各种防灾减灾宣传资料1000余份。

五是开展“科普日”宣传活动。结合科普日活动主题，开展系列科普活动。举办“花溪区首届中小学生”讲科普故事活动，经过全区各中小学层层选拔，最后有21名学生进入决赛，9月25日在花溪第二小保利校区开展演讲，小学组产生一等奖1名，二等奖2名，三等奖3名，中学组一、二、三等奖各产生1名。

（刘　敏）

【青少年科技活动月活动】 与区教育局联合下发《关于2015年花溪区第三十四届“青少年科技活动月”活动通知及方案》，各学校围绕活动主题“绿色科技，生态家园”，开展读科普书、听科普报告、做科学小实验和小制作、小发明、写科学小论文，举办车模、航模、建模、赛车拼装、七巧板、科学幻想画、科技创新大赛、机器人比赛、社会实践等一系列活动。2015年，全区中、小学生参加各项科技活动的人数76433人次，参加科技活动学生人数76433人次，其中：举办科技讲座365次，参加活动人数63866人；科技文艺活动147次，参加人数32889人次；办科普墙报604期，参加人数31215人次；参观考察166次，参加人数28212人次；科技竞赛159次，参加活动人数30014人次；放映科普影片990场，参加人数29168人次；撰写科学小论文18861篇，参加人数18861人次；小发明，小制作18707件，参加人数29888人次；读科普期刊，书籍4978本，参加活动人次29815次；农业适用技术培训299期，参与人数17975人。学生参与率达98%。教师论文108篇，参加人数108人。其他科普活动8875次，参加人数8434人次。掌握一项农业适用技术的农村初中毕业生3826人，掌握2项农业适用技术的初中毕业生1905人。

（刘　敏）

【花溪区第五届青少年科技创新大赛活动】 5月25日，由区科协、区科技局、区教育局主办的区第五届青少年科技创新大赛在花溪第三十四中学举行。本次大赛收到参赛作品和项目1220个，幼儿组科幻画142幅，小学组项目472个（其中：四驱车74辆、遥控飞机15架、遥控车63辆、航海模型42艘、建筑模型67、科幻画208幅、小发明4件）。初中组项目409个（其中：水火箭51个、四驱车34辆、遥控飞机12架、遥控车17辆、航海模型19艘、建筑模型49个、科幻画139幅、科学实践活动32份、参与小发明48件），高中组197个（其中：水火箭75个、遥控飞机13架、遥控车3辆、建筑模型59个、科学实践活动34份），通过评审组严格评审，获奖373人：获得一等奖51人，二等奖76人，三等奖113人，优秀奖133人。同时评出团体第一名5个，第二名7个，第三名8个，评出优秀科技辅导员64人。

8月26日，区科协在龙云村举办金刺梨栽培技术管理培训（刘敏　供稿）

（刘　敏）

【百万公众网络学习】 6月8日，以（花委办字〔2015〕26号）下发《2015年花溪区“百万公众网络学习工程”活动实施方案的通知》到全区各乡镇、社区，区委各部委，区级国家机关各部门、各人民团体，对“百万公众网络学习工程”活动进行安排部署，并纳入到各单位年终“保障目标”考核，要求各单位在职干部职工参与率达100%，乡镇、社区各完成1000人的任务，教育系统完成5000人的任务。10月份组队参加第二届“贵州省全民科学素质大赛贵阳分赛区电视大赛”，获二等奖。11月30日，全区参与网络答题人数24675人，35219人次，超额完成贵阳市科协下达的任务。

（刘　敏）

【贵州省公民科学素质先进区创建工作】 为确保2015年创建贵州省公民科学素质先进区工作顺利通过省专家组的验收，5月组织召开全民科学素质领导小组联络员会暨创建工作推进会，制定区直部门及乡镇、社区创建工作目标任务，并对创建迎检工作进行安排部署。经过各乡镇、社区和纲要成员单位的通力协作，完成创建资料的收集整理上报，撰写创建自查工作报告，于10月25日通过市专家组验收，获得省级免检，圆满完成创建工作。

（刘　敏）

【全民科学素质纲要工作】 区科协围绕助推文化旅游创新区发展为目标开展活动。一是实施未成年人科学素质行动。为广泛开展校内校外科技教育活动，提高未成年人科学素质，以“青少年科技活动月”“第五届青少年科学素质创新大赛”“青少年学生讲科普故事”等活动载体，开展科技活动，参加科技活动的人数达2350人次，获奖人数356人；为进一步激发中小学生课内外阅读的兴趣，普及科学知识，举办“中小学生讲科普故事”，经过层层选拔，有21名学生进入决赛。为提高全区中小学科学教师、科技辅导员综合素质和指导能力，区科协与教育局对专兼职科技辅导员进行“航模”“青少年科技创新大赛”等培训。

二是实施农民科学素质行动。为提高全区农民科学素质和科技致富能力，促进农民增收、农业增效和全面实现小康社会，开展“阳光工程培训”“就业创业转移技能培训”“雨露计划农业产业化技能培训”“新型农民科技培训”等多种农民适用技术培训和科学文明生活等方面的科学素质教育，培训农民达2.3万人；开展“三下乡”“送学上门”“科技致富二传手”“科普电影下乡”等活动，发放农业新技术光盘1000余套、科普图书和科技资料2.5万余份。

三是实施城镇劳动人口科学素质行动。重视城镇劳动人口职业技能培训工作，为提高城镇劳动者的科学素质和劳动技能，整合各类培训教育资源，探索培训方式和培训管理机制。围绕农村劳动力转移培训、再就业培训、创业培训和在岗培训、继续教育等加大培训工作力度，培训专业涉及建筑、农产品加工、缝纫、家政服务、电工、焊工、计算机操作、酒店服务与管理等20多个行业，已培训农民工6890人次，培训残疾人1236人次。通过培训，乡镇和社区干部每年接受各类科普培训和科普教育95%以上，学时达54小时；城镇各类从业人员技能培训和继续教育达90%以上，学时在59小时以上。城镇失业人员通过培训掌握适合再就业的生产技能，发挥部门联动在科普教育中的作用。

四是实施领导干部和公务员科学素质行动。为提升公务员及事业人员综合素质，6月17日，与区委组织部联合举办雷电灾害防御知识科普专题讲座，全区91家单位部分领导及工作人员395人参加。全区举办各类培训班48期，培训干部1.6万余人次，举办专题讲座38期，培训各级干部1.2万余人次，组织公务员参与“百万公众网络学习”“干部在线学习”等各种科普学习活动；区直机关工委结合学习型机关建设，通过道德讲堂、微型党课、专题讲座等方式宣传先进典型事迹，引领党员干部“强素质、争一流，作表率、比贡献”，在广大干部群众中牢固树立自主学习、全面学习、创新学习和终身学习理念，不断提高机关广大党员干部的学习创新、政治鉴别、履行职责、服务群众、维护稳定和拒腐防变的能力，在全区营造浓厚的学习氛围。

五是实施社区居民科学素质行动。为提高社区居民科学素质，增强自身科学素养。以“我的中国梦”文化进万家、“四进社区”以及创建“新型社区·温馨家园”等活动为载体，在社区开展“月月有主题，周周有活动”特色科普活动，组织辖区青少年参加读书日、各种棋类比赛活动，组织辖区未成年人开展“亲子活动”，组织辖区居民参加“明礼知耻·崇德向善”文艺表演活动、“遵守交通规则 爱惜生命”、“珍爱生命、拒绝毒品”、“如何预防艾滋病”等科普活动。阳光社区利用科普大学为载体，每月开展各类科普讲座4期，内容涉及健康养身、消防安全、家庭用药等。区科协翻印《科普丛书一、二、三、四、五、六》《公民科学素质200问》3万册，发放给社区广大居民。通过开展形式多样的“科教进社区”活动，重点面向老年人、妇女、少年儿童开展科学、安全、健康生活等宣传和教育活动，提升社区居民应用科学知识解决实际问题、改善生活质量的能力。

（刘　敏）

花溪年鉴 HUA XI YEARBOOK 2016

防震减灾

【概况】 2015年，花溪区域内先后发生三次微小地震，部分居民有感觉。区防震减灾工作以提升政府地震应急综合能力为目标，以多层次、多形式、广泛地开展防震减灾知识的宣传教育为抓手，以加强防震减灾中心自身建设为保障。2015年，区政府办公室下发《花溪区省级地震民居安全工程示范点建设实施方案》，启动建设省级地震民居安全工程示范点一个，按照规定程序认定花溪小学、花溪第二小学、花溪阳光小学为首批区级防震减灾科普示范学校。花溪区获2015年度全国县级防震减灾工作先进单位。

（孙礼平）

【防震减灾宣传】 在《高原明珠》报连载防震减灾法律法规和地震应急科普知识5期；通过《花溪手机报》向全区干部职工2000余人发送防震减灾科普知识；在《花溪新闻信息中心》播放《防震减灾基础知识》宣传教育片三个月；向全区学校发放防震减灾知识宣传资料8000余份。举办区领导干部防震减灾知识专题讲座一期，区抗震救灾指挥部成员单位负责人、各乡（镇）、社区服务中心负责人、区教育系统法人单位主要负责人等140余人参加。区防震减灾工作情况被中国地震局官网采用1条；贵州省地震信息网采用3条；贵阳市科技局官网采用4条。在花溪公园一号门广场举行防震减灾科普集中宣传活动周，展出展板20块，发放宣传资料10余种4000余份，受教育人员1000余人次。

（孙礼平）

【地震应急演练】 5月14日，在贵阳34中举办区教育系统2015年地震应急疏散示范演练暨防震减灾知识讲座，区教育系统法人单位分管领导和具体工作人员180余人现场观摩演练，贵州省地震局监测预报处处长张川涛对本次演练进行技术点评，并对参会人员进行地震科普知识的培训。8月4日，在区政府常务会议室，区抗震救灾指挥部举行地震应急桌面演练，副指挥长马彪主持演练，演练模拟某地发生里氏6.0级地震，指挥部各成员单位对地震发生的山体滑坡，交通、通讯中断，人员伤亡等地震致灾情况提出应对方案，贵州省地震局监测预报处处长张川涛，贵阳基准地震台台长吴惠标对演练工作进行指导。

（孙礼平）

4月18日，花四幼幼儿学习消防知识

（周晓霞　摄）

花溪年鉴 HUA XI YEARBOOK 2016

知识产权保护

【知识产权宣传与培训】 4月24日，是世界知识产权日。花溪区聘请贵阳市知识产权局局长李新隆为全区干部进行知识产权培训，帮助企业解决所面临的知识产权实际问题，增强企业和乡镇分管领导在知识产权工作方面的重视意识。以“保护知识产权，促进创新发展”为主题，组织为期一周知识产权宣传工作，发放宣传资料5000余份、各类书籍800余本、接受群众咨询300多人次。

（梅　跃）

【专利申报】 鼓励企业申报专利，加大专利奖励力度，提升企业自主创新能力，增强市场竞争力。2015年，全区专利授权1271件（发明152件、实用500件、外观619件），申请1171件（发明523件、实用558件、外观90件）。

（梅　跃）

【知识产权专利执法】 区知识产权保护人员在贵阳市科技局（知识产权局）执法人员的指导下，开展专利行政执法专项行动，抽检商品20余件，查处不规范和涉嫌冒充专利行为的商品3件，依法给予处罚。

（梅　跃）

【知识产权项目】 2015年，花溪区完成2项知识产权项目：一是完成花溪辣椒地理产业化促进工程项目，逐步形成地理标志产品品牌示范效应，推动地理标志申请、保护工作，提高社会知识产权保护意识。贵州娇乡红食品有限责任公司使用花溪辣椒农产品地理标志后，产品销量得到提升，仅“双十一”当天通过电商平台就销售7000余瓶辣椒。二是完成花溪区县城经济知识产权战略推进工程中期评估工作，引导企业将创造成果申报专利，促进本地区专利申请和授权，支持泰邦制药、华云汽车装饰2家试点企业培育区域品牌。

（梅　跃）

文史方志工作

【《周钟瑄文化研究资料专辑》的编辑出版】 2015年，区政协文史学习委员会配合“周钟瑄文化交流中心”和“周氏宗祠”历史文化建设项目的实施，查阅《邵武府志》《高唐州志》《江陵县志》《荆州府志》等历史文献，组织撰写有关周钟瑄纪实文稿10篇，研讨文章22篇，收集周钟瑄故事传说9则，编辑完成《周钟瑄文化研究资料专辑》。全书12万字，图片50余幅。

（郭　霞）

【《贵阳市花溪区志》续修工作】 按照贵阳市人民政府办公厅《关于印发贵阳市推进城市区志续修的工作指导意见的通知》文件要求，区方志办及时对区志续修工作进行安排部署，调整区地方志编纂委员会成员名单。同时，安排1.5万元的专项经费开展地方志工作。2015年12月，《花溪区二轮修志工作方案》通过区委、区政府审定。

（刘　婷）

【年鉴编纂】 2015年1月15日，花溪区下发《中共花溪区委办公室 花溪区人民政府办公室关于做好2015年〈花溪年鉴〉撰稿工作的通知》。2月15日，组织全区各单位以及驻区部队、驻区企业召开《花溪年鉴（2015）》编纂工作培训会。4月底完成资料的收集、整理及一稿的审核工作。5月底完成二稿的审核工作。6月完成文字三校工作。8月，通过地方志出版社审核。9月，完成在贵阳市政务中心网上办事大厅申报专家评审工作。10月，通过市级专家评审。11月，印刷出版发行。《花溪年鉴（2015）》全面记载2014年花溪区自然、政治、经济文化等各方面的基本情况，尤其是全年发生的花溪大事、要事、新事、特事。全书设40个栏目，756千字，图片260幅，印数1500册，由方志出版社出版发行。

（刘　婷）

（责任编辑　白尔楠）

10月20日，区地方志办组织召开《花溪年鉴2015》市级专家评审会（区地方志办　供稿）

教　育

贵州省绿色学校：绿荫环抱的花溪纽绅外国语学校（向渝绅　供稿）

花溪年鉴 HUA XI YEARBOOK 2016

综　述

【概况】　2015年，花溪区制发《花溪区推进义务教育均衡发展规划》《花溪区义务教育基本均衡发展的实施方案》《花溪区基本普及十五年教育规划》《花溪区基本普及十五年教育实施方案》，召开区“义务教育均衡发展工作推进会暨基本普及十五年教育工作启动会”。召开全区教育系统“加强行风建设、规范教育收费”会，印发《加强行风建设、规范教育收费》文件。投入资金4390万元，完成塑胶运动场改扩建、寄宿制浴室改造、“全面改薄”（全面改善贫困地区义务教育薄弱学校办学条件）等21个项目，新增建筑面积2万余平方米，新增学位2000余个；投入资金3000余万元为全区公办学校按均衡达标要求购置图书、仪器、电脑等；投入资金1800余万元，实现乡镇义务教育阶段学校营养餐全覆盖。通过公开招聘、引进优秀教师、安排教育部直属师范大学免费师范毕业生就业、招聘中央特岗教师等方式补充210余名新教师到区属学校（幼儿园）任教。

全区学校247所，其中幼儿园108所，完全小学82所，初级中学17所，九年制学校23所，十二年制学校4所，完全中学4所，高级中学3所，特殊教育学校1所，工读学校1所，中职学校4所（其中区职教中心1所）。2015年全区中小学校舍建筑面积638760平方米，其中，公办504548平方米，民办学校134212平方米。

全区中小学和幼儿园学生101349人，其中，在园幼儿20692人，小学生45981人，初中生20948人，普通高中学生12091人，特殊教育学校学生6人，工读学校学生85人，中职学生1546人。

（区教育局）

【教育经费执行情况】　2015年，区教育经费总投入90325万元，其中，预算内教育财政拨款71527万元，做到“三个增长”：一是教育财政拨款的增长比例高于财政经常性收入的增长比例，二是生均教育事业费逐年增长，三是生均公用经费逐年增长。用于教师培训经费444万元，项目建设经费6002万元，设施设备购置经费5373万元，维修改造经费1724万元。

（区教育局）

【教育督导】　2015年，花溪区开展教育督导工作：一是开展对义务教育初步均衡评估验收工作跟踪督导落实整改工作，对被抽检的22所学校开展督导检查，跟踪落实整改工作。二是开学初针对社会各界及家长关注的学生安全问题，结合上级的安排，开展学校“护校安全”工作专项督导检查。三是抓好“新两基”“两项督导”迎检工作。3月，接受市政府教育督导室、市教育局评估组对区义务教育初步均衡的验收；12月，通过省级督导评估。

（区教育局）

12月1日，花溪二幼申请省级示范幼儿园评估会，副区长禄竹（左二）主持会议

（花二幼　供稿）

【教育科研】　2015年，区教育局申报省级课题3项，市级课题15项，区级课题11项。已结题10

项，其中，全国的1项，省级的4项，市级的1项，区级的4项。开展教师岗位大练兵活动，有3401名教师参加，推评40名教学能手，15名班级管理能手。54所中小学、幼儿园建立教学资源包近600G，基本覆盖中小学的所有学科。在10个乡镇开展校本研修，培训教师1277人。制定《花溪区教学点数字教育资源应用培训方案》，先后在马铃等8个乡镇开展系列资源全覆盖培训，培训农村教师638名。利用“一师一优课、一课一名师”活动，对教师进行培训。邀请上海市长宁区专家、教授19人到花溪区开展2015年暑假“聚焦课堂”校本研修培训，全区1500余人（次）参加。采取“同课异构”形式，全区教师通过教学设计、课堂教学、听课、说课、教学反思、专家点评等开展交流活动，提高教师的课堂教学技能。

（区教育局）

【学校健康教育】　2015年，花溪区完成创卫长效机制四个季度市级督导检查；开展学校食堂“自办自管”工作和农村营养改善计划工作的监督检查管理。开展对农村营养改善计划50所学校餐饮卫生检查的工作，对学校卫生、健康人员进行市级、区级培训达300多人次。加强学校疾病卫生防控，全区各学校未发生群体性食物中毒事件和重大疾病、流行病在校园爆发事件。

（区教育局）

【学校体育】　2015年，花溪区开展学校“阳光体育运动”，形成“校校有活力、人人皆阳光”的氛围，逐步形成一个学校有一个特色体育（艺术）项目的格局。完成全区中小学体质健康测查工作，举办区中小学生运动会；开展校园足球活动，组织2015-2016学年度中小学足球联赛。评估创建区级“体育示范学校”六所、“艺术示范学校”五所、推荐创建市级“体育、艺术示范校”五所；花二小获省级“艺术示范校”，花一小获“全国足球示范校”。

（区教育局）

【学校艺术教育】　2015年，花溪区组织开展主题为“阳光下成长”中小学生艺术展演活动。12月，在溪南高中举行区教育系统第十五届教师烛光艺术节暨2016年迎新音乐会，全区中小学、幼儿园14个学校的19个节目参加演出。清华中学、花一小、阳光小学等学校在贵阳市“班班有歌声”比赛获一、二等奖，花二小在全省乐团大赛和全国比赛获金奖。

（区教育局）

【教育合作交流】　2015年，花溪引进北京中关村三小分别与花溪二小保利溪湖校区和经开区第一实验学校万科校区进行合作办学，10月，中关村三小派出优秀教师团队，到学校进行专题讲座、课堂教学展示等，并与教师进行交流与座谈。与北京朝阳区教育局进行教师培训项目合作，联袂推进高坡民族乡教育事业发展。9月，北京朝阳区教育考察组赴花溪区考察，北京专家郑丹娜为全区部分学校校长、教师代表作报告。10月14日，组织以高坡乡为主的教师赴京学习。11月22日~28日，组织全区各乡镇的20名小学教师赴北京朝阳区垂杨柳中心完小金都校区跟班学习培训。

（区教育局）

【护校行动】　2015年，全区公办学校配足安保人员220人，支付人工工资730万元；投入资金3180万元对花溪小学、花溪一中等50所学校校舍、校门、围墙等进行维护维修；投入12.9万元为全区学校配备安保“七小件”，投入200多万元为学校安装校园监控系统，其中8所学校接入公安110报警系统。开展“禁毒示范学校”和“安全文明校园”创建活动，创建10所区级“禁毒示范校”、5所市级“禁毒示范校”。清华中学等4所学校被评为省级安全文明校园，花溪小学、贵阳25中已申报省级“安全文明校园”。

（区教育局）

基础教育

【概况】 2015年，花溪区有中小学校133所，其中，小学82所，初级中学17所，九年制学校23所，十二年制学校4所，完全中学4所，高级中学3所。在校学生79020人，其中，小学生45981人，初中生20948人，普通高中学生12091人。2015年，九年义务教育巩固率92.41%，小学毛入学率116.67%，辍学率0.018%。初中毛入学率109.16%，辍学率0.499%。推进小孟园区清华中学分校建设，启动贵阳一中分校建设。

（区教育局）

幼儿教育

【概况】 2015年底，花溪区有108所幼儿园（其中民办幼儿园84所），718个教学班，在园人数20692人，学前教育招生10877人。完成每个乡镇建有一所公办幼儿园的工作目标。采取向规范民办幼儿园购买学位的方式解决5个社区幼儿入园问题，实施清溪社区幼儿园、花溪区第六幼儿园、花溪区第七幼儿园建设，督促新建居民区配建龙湾国际幼儿园、美成新都幼儿园、保利溪湖A地块幼儿园，扩大学前教育资源。支持申办示范幼儿园工作，现有省级一类示范园一所，市级示范园10所（其中民办6所），市级农村示范园1所，县级示范园6所。 2015年，3周岁至未满6周岁学前一年毛入园率142.79 %，学前两年毛入园率为123.60%，学前三年毛入园率111.28%。

（区教育局）

4月13日，花溪四幼开展户外体验活动

（周晓霞　摄）

中等职业教育

【概况】 2015年，花溪区有中等职业学校5所（含民办4所），区属中等职业技术学校（花溪区职业教育培训中心）于2010年建成并投入使用。贯彻实施《贵阳市关于发展现代职业教育的实施意见》，2015年，完成中职招生4763人，其中，全日制招生4231人，非全日制人数532人，完成中职目标任务数的101.34%。抓好中职师资队伍建设。招聘教师30人。中职学校在校学生年流失率控制在1.02%。

（区教育局）

花溪年鉴 HUA XI YEARBOOK 2016

民办教育

【概况】　2015年，全区各级各类民办学校125所，学生 34237 人。其中幼儿园84所，在园学生15746人；小学 11所，在校学生 9937人；初中 23所，在校学生5669人；高中4所，在校学生1710人；中等职业学校3所，在校学生1175人。规范民办学校的办学行为，取缔1所、颁证7所、整改提升9所。

（区教育局）

花溪年鉴 HUA XI YEARBOOK 2016

教师队伍

【概况】　2015年，花溪区公办学校有教职工3839人，专任教师3810人，其中幼儿园专任教师276人、小学专任教师1884人、初中专任教师1093人、高中专任教师（含职业学校）557人；具有中级专业技术职务1621人，占教师总数的42%；具有高级专业技术职务教师313人，占教师总数的8%；小学教师学历达标率为99%，初中教师学历达标率为99%，高中教师学历达标率为94%。

（区教育局）

【教师队伍建设】　2015年，花溪区公开招考教师154人，录用免费师范生27人，特岗教师21人，人才引进10人，补充212名新教师到区属学校任教。全区公办学校无代课教师。管理干部交流24人，交流率为14.2%；教师交流301人，交流率为10.32%，达到省定标准。

（区教育局）

【教师培训】　2015年，花溪区采取多种培训形式，自主办班培训7563人次，上级调训1839人次。其中“国培计划”培训519人；“千校万师”“信合情·同心梦——贵州万名农村中小学校长培训行动”等培训250人；“教坛新秀”“贵阳大讲堂”“百名农村教师培训计划”等培训521人；师德师风、班主任、新教师、实验教师、图书管理员等培训5500余人次；普通话培训1191人；组织50名中小学校长和50名中小学班主任教师赴上海长宁区进行为期一周的学习交流；分期分批选派102人学科骨干教师和58位中青年干部教师到上海长宁区学校、学院进行学习；选派76名小学学科教师及学校管理人员到北京市朝阳区实训基地进行为期一周的跟岗学习。

（区教育局）

【教师职称评聘】　2015年，花溪区空岗补缺、调入及转正聘任997人次；年审各级专业技术任职资格证书503本；初审教师申报各级各系列专业技术职务材料439份，其中中学副高35人（社会化评审22人，基层认定13人），中小学、幼儿园中、初级404人；推荐报市评审中学副高31人（社会化评审19人，基层认定12人）。组织、配合区评委员会评审中级材料193份，其中参加答

5月28日，花溪第二中学艺术节展演
（花二中　供稿）

辩185人。

（区教育局）

【师德教育】 花溪区重视师德师风建设，一是发挥党、政、工、团、妇等部门作用，组织开展师德建设系列主题活动；二是完善师德师风承诺和考核制度，实行一票否决制；三是开展师德师风先进典型宣传，通过组织师德演讲、巡回报告等形式，推出一批师德榜样。

（区教育局）

招生考试

【概况】 区教育局制定《花溪区2015年秋季幼儿园、小学、初中招生工作方案》和《花溪区2015年秋季小升初招生试点方案》，实行划片招生，制定《花溪区进城务工人员随迁子女入学办法》，选择20所公办学校作为接收进城务工人员随迁子女就读学校。2015年，小学招生8980人。参加初中升学考试的学生7510人，600分以上42人，500分以上1786人。初中招生6570人。2015年中考7502人，其中原花溪区4394人，600分以上32人，500分以上953人；原小河区总人数3118人，600分以上10人，500分以上791人。贵阳市二十五中录取配额生361人，清华中学录取配额生390人，占录取总人数60%以上，达到市教育局要求。2015年，参加高考3725人，一本上线人数文科204人，理科613人。二本上线人数文科245人，理科475人（不含一本人数）。录取3254人，录取比例为87.4%。

（区教育局）

各级各类学校基本情况

序号	办别	片区	乡镇社区	学校全称	专任教师	学校负责人
1	县级教育部门	花溪	高坡乡	贵阳市花溪区高坡乡中心幼儿园	9	李秋梅
2	县级教育部门	花溪	久安乡	贵阳市花溪区久安乡中心幼儿园	7	代传锦
3	县级教育部门	花溪	马铃乡	花溪区马铃乡中心幼儿园	5	黄子珍
4	县级教育部门	花溪	麦坪镇	贵阳市花溪区麦坪乡中心幼儿园	7	陈德秀
5	县级教育部门	花溪	孟关乡	贵阳市花溪区孟关乡孟关幼儿园	20	宋川贵
6	县级教育部门	花溪	黔陶乡	贵阳市花溪区黔陶乡幼儿园	2	岑光珍
7	县级教育部门	花溪	青岩镇	贵阳市花溪区青岩幼儿园	20	陈　镔
8	县级教育部门	花溪	石板镇	贵阳市花溪区石板镇羊龙幼儿园	10	陈　瑶
9	县级教育部门	花溪	石板镇	贵阳市花溪区石板镇幼儿园	8	王红东
10	县级教育部门	花溪	燕楼镇	贵阳市花溪区燕楼乡中心幼儿园	5	魏龙云
11	县级教育部门	花溪	阳光社区	贵阳市花溪区花溪幼儿园	36	王菊兰
12	县级教育部门	花溪	阳光社区	贵阳市花溪区第二幼儿园	27	郑丽娟
13	县级教育部门	花溪	阳光社区	贵阳市花溪区第三幼儿园	19	刘　琍
14	县级教育部门	花溪	阳光社区	花溪区第四幼儿园	23	周晓霞
15	县级教育部门	经开	航天社区	贵阳航天幼儿园	23	陈光美
16	县级教育部门	经开	金欣社区	贵阳市花溪区第二实验幼儿园	14	侯若男
17	县级教育部门	经开	黔江社区	贵阳市花溪区第一实验幼儿园	19	朱　宁
18	县级教育部门	经开	小孟社区	贵阳市花溪区小孟社区王武幼儿园	6	杨　岚
19	县级教育部门	经开	小孟社区	贵阳市花溪区小孟园区第一幼儿园	16	赵　华
20	省级其他部门	花溪	溪北社区	贵州民族大学幼儿园	8	龙　梅
21	县级其他部门	花溪	阳光社区	贵阳市花溪区红阳幼儿园	6	吴　宏
22	地方企业	经开	航空社区	枫阳幼儿园	9	王端琼
23	地方企业	经开	航空社区	一四三厂幼儿园	13	宋航萍
24	地方企业	经开	平桥社区	贵阳矿山机器厂幼儿园	6	王晓芳
25	民办	花溪	贵筑社区	金色童年双语幼儿园	11	葛春琴
26	民办	花溪	贵筑社区	贵阳市花溪区童萌幼儿园	4	李　丹
27	民办	花溪	贵筑社区	贵阳市花溪区金鑫幼儿园	14	何　兰

续表

序号	办别	片区	乡镇社区	学校全称	专任教师	学校负责人
28	民办	花溪	贵筑社区	贵阳市花溪区澳宝芭学园	7	杨　欢
29	民办	花溪	贵筑社区	贵阳市花溪云上幼儿园	2	朱厚英
30	民办	花溪	贵筑社区	贵阳市花溪区三五三七厂幼儿园	12	黄　蕾
31	民办	花溪	贵筑社区	兰馨桂馥艺术幼儿园	12	孟思奇
32	民办	花溪	贵筑社区	贵阳市花溪区金鹰卡通双语幼儿园	16	谢代华
33	民办	花溪	马铃乡	贵阳市盐井贝贝乐幼儿园	4	罗孝萍
34	民办	花溪	麦坪镇	贵阳市花溪区麦坪乡新寨幼儿园	4	吴国珍
35	民办	花溪	麦坪镇	花溪区麦坪乡杉一幼儿园	7	常　娟
36	民办	花溪	孟关乡	贵阳市花溪区碧桂园学校国际幼儿园	17	甘凌虹
37	民办	花溪	孟关乡	贵阳市花溪阳光中英文幼儿园	18	杨忠英
38	民办	花溪	孟关乡	国营涟江化工厂幼儿园	9	陈菊芳
39	民办	花溪	明珠社区	贵阳市花溪北苑中英文幼儿园	20	李　丽
40	民办	花溪	黔陶乡	贵阳市花溪区黔陶乡童欢幼儿园	6	罗孝英
41	民办	花溪	青岩镇	青岩精鹰双语艺术幼儿园	5	赵明丽
42	民办	花溪	青岩镇	贵阳市花溪区杨眉幼儿园	8	王金花
43	民办	花溪	青岩镇	贵阳市花溪区宝贝龙幼儿园	4	杨川丽
44	民办	花溪	青岩镇	贵阳市花溪区欣蕾幼儿园	4	许　蕾
45	民办	花溪	青岩镇	贵阳市花溪区源林艺术幼儿园	12	王金花
46	民办	花溪	青岩镇	贵阳市花溪区潜梦幼儿园	3	简丛霞
47	民办	花溪	青岩镇	贵阳市花溪童欣幼儿园	15	吴应艰
48	民办	花溪	青岩镇	贵阳市花溪青岩镇达谷新幼儿园	10	赵明利
49	民办	花溪	清溪社区	贵阳市花溪区桐木岭幼儿园	3	周红英
50	民办	花溪	清溪社区	贵阳市花溪区阳光双语幼儿园	4	吴正萍
51	民办	花溪	清溪社区	贵阳市花溪区智慧树幼儿园	8	王显芬
52	民办	花溪	清溪社区	贵阳市花溪区惠民双语幼儿园	9	李　松
53	民办	花溪	石板镇	贵阳市花溪石板喜洋洋幼儿园	7	舒　映
54	民办	花溪	石板镇	贵阳市花溪区金太阳幼儿园	4	刘仁丹
55	民办	花溪	石板镇	贵阳市花溪区石板镇芦荻艺术幼儿园	10	吴兴华
56	民办	花溪	石板镇	贵阳市花溪区金果果幼儿园		韦　丹

续表

序号	办别	片区	乡镇社区	学校全称	专任教师	学校负责人
57	民办	花溪	石板镇	贵阳市花溪区未来星幼儿园	7	聂贻志
58	民办	花溪	石板镇	贵阳市花溪区迪瑞欧幼儿园	13	黎　艳
59	民办	花溪	石板镇	贵阳市花溪区云凹花园幼儿园	7	姚金花
60	民办	花溪	溪北社区	贵阳市花溪区童梦幼儿园	3	李　丽
61	民办	花溪	溪北社区	贵阳市花溪区吉林幼儿园	18	黎　艳
62	民办	花溪	溪北社区	贵阳市花溪美雅艺术双语幼儿园	12	姜　霖
63	民办	花溪	溪北社区	童艺苑中英幼儿园	14	班　梅
64	民办	花溪	燕楼镇	燕楼乡乖乖乐幼儿园	8	魏　英
65	民办	花溪	阳光社区	贵阳市花溪区小太阳幼儿园	8	陈　忱
66	民办	花溪	阳光社区	贵阳市花溪区博睿思幼儿园	8	郑　蓉
67	民办	花溪	阳光社区	贵阳市花溪区欣盛楠苑幼儿园	14	陈　春
68	民办	花溪	阳光社区	遥知萌幼儿园	18	吴　贤
69	民办	花溪	阳光社区	花溪祥盛幼儿园	33	黄　敏
70	民办	花溪	阳光社区	花溪华宇双语幼儿园	10	郑雪丽
71	民办	花溪	阳光社区	贵阳市花溪南苑中英文幼儿园		赵　琦
72	民办	经开	航天社区	贵阳市花溪区蓓蕾幼儿园	8	汪　琴
73	民办	经开	花孟社区	贵阳市花溪杨中幼儿园	5	陈　春
74	民办	经开	花孟社区	贵阳市花溪天天幼儿园	3	班娇娇
75	民办	经开	黄河社区	贵阳市花溪区大坡村幼儿园	7	兰玉欢
76	民办	经开	金欣社区	贵阳市花溪区金竹童心幼儿园	32	黎　嫣
77	民办	经开	平桥社区	贵阳市花溪区馨苑幼儿园	10	李艳君
78	民办	经开	平桥社区	贵阳市花溪区聪贝贝幼儿园	11	刘文静
79	民办	经开	黔江社区	贵州高强度螺栓厂小天使幼儿园	8	白应黎
80	民办	经开	黔江社区	贵阳市花溪区黔汇幼儿园	7	唐钦念
81	民办	经开	黔江社区	贵阳市花溪区兴隆珠江湾畔幼儿园	19	李　玉
82	民办	经开	黔江社区	贵阳市花溪区贵柴幼儿园	11	雷安英
83	民办	经开	黔江社区	贵阳市花溪区华烽幼儿园	22	谌　丽
84	民办	经开	黔江社区	贵阳市花溪区欣乐幼儿园	10	王维利
85	民办	经开	黔江社区	贵阳市花溪区上河城幼儿园	10	陈　文

续表

序号	办别	片区	乡镇社区	学校全称	专任教师	学校负责人
86	民办	经开	黔江社区	贵阳市花溪区东方艺术幼儿园	14	李　蓉
87	民办	经开	黔江社区	贵阳市花溪区碧园花城幼儿园	14	周贵学
88	民办	经开	黔江社区	贵阳市花溪区海伦娜幼儿园	17	蔡　敏
89	民办	经开	黔江社区	花溪区杰汇·华府幼稚园	18	谢　杰
90	民办	经开	黔江社区	贵阳市花溪区精英第九幼儿园	14	袁　莉
91	民办	经开	清浦社区	贵阳市花溪区奥运幼儿园	10	杨斌秀
92	民办	经开	清浦社区	贵阳市花溪区西工幼儿园	17	袁　玫
93	民办	经开	清浦社区	贵阳市花溪区小白兔中英文幼儿园	10	王苏娅
94	民办	经开	清浦社区	贵阳市花溪区永红艺术幼儿园	12	魏素琴
95	民办	经开	瑞华社区	贵阳市花溪区华阳幼儿园	14	李琳丽
96	民办	经开	瑞华社区	贵阳市花溪区大兴星城幼儿园	27	王梦亚
97	民办	经开	瑞华社区	贵阳市花溪区中兴世家幼儿园	15	王梦亚
98	民办	经开	瑞华社区	贵阳市花溪区瑞和幼儿园	17	孟东秋
99	民办	经开	三江社区	贵阳市花溪区红河新村幼儿园	4	敖家林
100	民办	经开	三江社区	贵阳市花溪区花积木幼儿园	7	吴　萍
101	民办	经开	三江社区	贵阳市花溪区大拇指幼儿园	6	汤　萍
102	民办	经开	三江社区	贵阳市花溪区亲亲宝贝幼儿园	11	吕玉莲
103	民办	经开	小孟社区	贵阳市花溪区全盛智多星幼儿园	16	李朝霞
104	民办	经开	小孟社区	贵阳市花溪区红艳村幼儿园	12	李明德
105	民办	经开	兴隆社区	贵阳市花溪区金博士幼儿园	14	陈　文
106	民办	经开	兴隆社区	贵阳市花溪区童欣艺术幼儿园	8	赵　琦
107	民办	经开	兴隆社区	贵阳市花溪区香江艺术幼儿园	15	张　希
108	民办	经开	兴隆社区	贵阳市花溪区新世纪兴隆中英文幼儿园	32	李　丽
109	省级教育部门	花溪	溪北社区	贵州民族大学子弟学校	23	赵　静
110	县级教育部门	花溪	高坡乡	贵阳市花溪区高坡苗族乡大洪小学	14	罗　勇
111	县级教育部门	花溪	高坡乡	贵阳市花溪区云顶小学	27	王治南
112	县级教育部门	花溪	高坡乡	贵阳市花溪区杉坪民族小学	11	罗家永
113	县级教育部门	花溪	高坡乡	贵阳市花溪区高坡苗族乡五寨小学	12	王道成

续表

序号	办别	片区	乡镇社区	学校全称	专任教师	学校负责人
114	县级教育部门	花溪	高坡乡	花溪区高坡苗族乡甲定小学	13	蓬　辉
115	县级教育部门	花溪	高坡乡	贵阳市花溪区高坡苗族乡龙云小学	7	王道恩
116	县级教育部门	花溪	高坡乡	贵阳市弘福学校	9	唐光富
117	县级教育部门	花溪	高坡乡	贵阳市花溪区高坡乡中心完小	21	陈光彪
118	县级教育部门	花溪	贵筑社区	贵阳市花溪区阳光小学	48	蔡家伟
119	县级教育部门	花溪	贵筑社区	贵阳市花溪第三小学	40	贾佐敏
120	县级教育部门	花溪	贵筑社区	花溪区贵筑办事处天鹅小学	9	李恒勇
121	县级教育部门	花溪	贵筑社区	花溪区贵筑办事处马洞小学	9	孙敦志
122	县级教育部门	花溪	贵筑社区	花溪区贵筑办事处尖山小学	10	黄富伦
123	县级教育部门	花溪	贵筑社区	花溪区贵筑办事处民族小学	17	许家琴
124	县级教育部门	花溪	久安乡	贵阳市花溪区久安乡中心完小	29	代传锦
125	县级教育部门	花溪	久安乡	贵阳市花溪区久安乡吴山小学	16	陈家云
126	县级教育部门	花溪	马铃乡	贵阳市花溪区马铃布依族苗族乡中心完小	24	卢文贵
127	县级教育部门	花溪	马铃乡	花溪区马林布依族苗族乡谷增小学	9	陈小权
128	县级教育部门	花溪	马铃乡	贵阳市花溪区凯坝小学	6	周　婷
129	县级教育部门	花溪	麦坪镇	贵阳市花溪区麦坪乡中心完小	21	曹家志
130	县级教育部门	花溪	麦坪镇	贵阳市花溪区麦坪乡大坡小学	10	卫发勇
131	县级教育部门	花溪	麦坪镇	贵阳市花溪区麦坪乡彭官小学	9	杨　涛
132	县级教育部门	花溪	麦坪镇	花溪区麦坪乡杉木小学	8	袁光祥
133	县级教育部门	花溪	麦坪镇	贵阳市花溪区麦坪乡刘庄小学	10	王贵文
134	县级教育部门	花溪	麦坪镇	花溪区麦坪乡康寨小学	9	唐有林
135	县级教育部门	花溪	麦坪镇	贵阳市花溪区麦坪乡戈寨小学	6	唐芝全
136	县级教育部门	花溪	孟关乡	贵阳市花溪区孟关乡中心完小	49	宋川贵
137	县级教育部门	花溪	孟关乡	贵阳市花溪区孟关乡改毛小学	14	陈恒志
138	县级教育部门	花溪	孟关乡	贵阳市花溪区世华小学	12	柏龙英
139	县级教育部门	花溪	孟关乡	贵阳市花溪区谷立小学	12	姚志坚
140	县级教育部门	花溪	孟关乡	贵阳市花溪区孟关乡涟江小学	9	李光荣
141	县级教育部门	花溪	明珠社区	花溪区花溪小学	81	李世勇
142	县级教育部门	花溪	黔陶乡	贵阳市花溪区黔陶乡中心完小	23	杨恒明

续表

序号	办别	片区	乡镇 社区	学校全称	专任 教师	学校负责人
143	县级教育部门	花溪	青岩镇	贵阳市花溪区青岩镇中心完小	80	王玉国
144	县级教育部门	花溪	青岩镇	贵阳市花溪区思潜小学	13	陈晓艳
145	县级教育部门	花溪	青岩镇	花溪区青岩镇达夯志成希望小学	22	李世龙
146	县级教育部门	花溪	石板镇	贵阳市花溪区石板镇中心完小	32	王红东
147	县级教育部门	花溪	石板镇	贵阳市花溪区合朋小学	15	李红霞
148	县级教育部门	花溪	石板镇	贵阳市花溪区石板镇隆昌小学	10	吴正英
149	县级教育部门	花溪	石板镇	贵阳市花溪区石板镇芦狄小学	11	李　丽
150	县级教育部门	花溪	石板镇	贵阳市花溪区石板镇磊庄小学	9	段启萍
151	县级教育部门	花溪	石板镇	贵阳市花溪区石板镇蔡冲学校	17	余元惠
152	县级教育部门	花溪	溪北社区	贵阳市第十一中学	11	黄丽仙
153	县级教育部门	花溪	溪北社区	贵阳市花溪区溪北小学	28	班红菊
154	县级教育部门	花溪	溪北社区	贵阳市花溪民族小学	33	陈永凤
155	县级教育部门	花溪	燕楼镇	贵阳市花溪区燕楼乡中心完小	33	魏龙云
156	县级教育部门	花溪	燕楼镇	贵阳市花溪区燕楼乡贵车希望小学	9	蔡忠兴
157	县级教育部门	花溪	燕楼镇	贵阳市花溪区燕楼乡旧盘小学	8	王红新
158	县级教育部门	花溪	燕楼镇	贵阳市花溪区燕楼乡嘎多小学	9	杨家成
159	县级教育部门	花溪	燕楼镇	贵阳市花溪区摆古小学	9	汤永秀
160	县级教育部门	花溪	阳光社区	贵阳市花溪区第二小学	96	曾德芬
161	县级教育部门	经开	花孟社区	贵阳市花溪区清溪办事处扬中小学	9	韦明凤
162	县级教育部门	经开	花孟社区	贵阳市花溪区清溪办事处把伙小学	9	罗　云
163	县级教育部门	经开	航天社区	贵阳市花溪区漓江小学	102	吕　强
164	县级教育部门	经开	瑞华社区	贵阳市花溪区华阳小学	67	刘秀丽
165	县级教育部门	经开	清浦社区	贵阳市花溪区浦江小学	23	白　凌
166	县级教育部门	经开	清浦社区	贵阳市花溪区第四小学	72	金　丽
167	县级教育部门	经开	黄河社区	贵阳市花溪区第五小学	21	雷伟力
168	县级教育部门	经开	黄河社区	贵阳市花溪区第六小学	19	邵平贵
169	县级教育部门	经开	三江社区	贵阳市花溪区第七小学	30	莫卫文
170	县级教育部门	经开	黄河社区	贵阳市花溪区第八小学	20	陈光忠
171	县级教育部门	经开	航空社区	贵阳市花溪区第九小学	23	李　媛

续表

序号	办别	片区	乡镇社区	学校全称	专任教师	学校负责人
172	县级教育部门	经开	三江社区	贵阳市花溪区第十小学	14	令狐瑞玲
173	县级教育部门	经开	金竹社区	贵阳市花溪区第十三小学	12	刘向恒
174	县级教育部门	经开	金竹社区	贵阳市花溪区第十四小学	12	陈家平
175	县级教育部门	经开	小孟社区	贵阳市花溪区第十七小学	14	陈天虎
176	县级教育部门	经开	黔江社区	贵阳市花溪区第一实验学校	143	艾翠丽
177	县级教育部门	经开	航空社区	贵阳市花溪区第二实验学校	25	邓恒江
178	县级教育部门	经开	平桥社区	贵阳市花溪区第三实验学校	38	刘冬梅
179	县级教育部门	经开	小孟社区	贵阳市花溪区小孟工业园第一小学	32	陈　莉
180	民办	花溪	青岩镇	贵阳市花溪童欣学校	7	吴应艰
181	民办	花溪	阳光社区	贵阳市花溪清溪学校	15	陈玉桥
182	民办	花溪	阳光社区	贵阳市花溪区华艺学校	10	杨敏清
183	民办	经开	黄河社区	贵阳市花溪区新星小学	10	代恩义
184	民办	经开	黄河社区	贵阳市花溪区爱华小学	11	周玉龙
185	民办	经开	黄河社区	贵阳市花溪区盘江小学	16	王校长
186	民办	经开	三江社区	贵阳市花溪区长坝小学	13	田　梅
187	民办	经开	三江社区	贵阳市花溪区育蕾小学	10	王修华
188	民办	经开	三江社区	贵阳市花溪区兴黔小学	12	罗远贵
189	民办	经开	三江社区	贵阳市花溪区红星小学	30	赵治冶
190	民办	经开	三江社区	贵阳市花溪区顺兴小学	27	黄　霞
191	县级教育部门	花溪	久安乡	贵阳市花溪区久安乡中心完小巩固教学点	1	代传锦
192	县级教育部门	花溪	久安乡	贵阳市花溪区久安乡打通村小学	8	罗绍芬
193	县级教育部门	花溪	久安乡	贵阳市花溪区久安乡中心完小久安村教学点	3	代传锦
194	县级教育部门	花溪	黔陶乡	贵阳市花溪区黔陶布衣族苗族乡马场小学	6	陈恒海
195	县级教育部门	花溪	黔陶乡	贵阳市花溪区黔陶布依族苗族乡半坡小学	3	陈恒海
196	县级教育部门	花溪	黔陶乡	贵阳市花溪区黔陶布衣族苗族乡赵司小学	6	李贤菊
197	县级教育部门	花溪	黔陶乡	贵阳市花溪区黔陶布衣族苗族乡骑龙小学	6	李金丽
198	县级教育部门	花溪	青岩镇	贵阳市花溪区扬眉小学	6	王玉国
199	县级教育部门	花溪	青岩镇	花溪区青岩镇摆早小学教学点	1	王玉国

续表

序号	办别	片区	乡镇社区	学校全称	专任教师	学校负责人
200	县级教育部门	花溪	青岩镇	贵阳市花溪区龙井小学	4	王玉国
201	县级教育部门	花溪	高坡乡	贵阳市花溪区高坡民族中学	43	刘 娟
202	县级教育部门	花溪	贵筑社区	贵阳市花溪第三中学	64	王兴春
203	县级教育部门	花溪	久安乡	贵阳市花溪区久安中学	28	黄紫培
204	县级教育部门	花溪	麦坪镇	贵阳市花溪区麦坪中学	39	熊希康
205	县级教育部门	花溪	孟关乡	贵阳市花溪第五中学	56	马应党
206	县级教育部门	花溪	青岩镇	贵阳市青岩贵璜中学	118	吴和平
207	县级教育部门	花溪	石板镇	贵阳市花溪第四中学	46	邓章华
208	县级教育部门	花溪	燕楼镇	贵阳市花溪区燕楼中学	23	陈朝勇
209	县级教育部门	花溪	阳光社区	贵阳市花溪区第二中学	61	彭 斌
210	县级教育部门	花溪	阳光社区	贵阳市花溪第一中学	121	李小林
211	县级教育部门	经开	平桥社区	贵阳市第三十六中学	50	王 强
212	县级教育部门	经开	平桥社区	贵阳市花溪区第四实验学校	62	韩玉忠
213	县级教育部门	经开	清浦社区	贵阳市第三十四中学	132	杨 静
214	县级教育部门	经开	瑞华社区	贵阳市花溪区实验中学	115	陈桂兰
215	民办	花溪	阳光社区	贵阳市花溪区民望实验中学	7	任 刚
216	民办	花溪	久安乡	贵阳市花溪诚兴学校	10	曾 薇
217	民办	经开	三江社区	贵阳市花溪区亚华外国语中学	19	黄 霞
218	县级教育部门	花溪	清溪社区	贵阳市花溪民族中学	64	张慧霞
219	县级教育部门	花溪	清溪社区	贵阳市花溪区南溪学校	43	徐贵荣
220	县级教育部门	经开	金竹社区	贵阳市花溪区金竹民族学校	70	文 勇
221	民办	花溪	贵筑社区	贵阳市花溪区绿海学校	13	陈 秀
222	民办	花溪	孟关乡	贵阳市花溪碧桂园国际学校	22	刘 琴
223	民办	花溪	明珠社区	贵阳市花溪区海洋文化艺术学校	60	韦 波
224	民办	花溪	石板镇	贵阳市花溪石板英华学校	19	周 荣
225	民办	花溪	石板镇	贵阳市花溪区筑盛学校	21	吴 鹏
226	民办	花溪	溪北社区	贵阳市焜瀚国学文武学校	22	邓 军
227	民办	花溪	溪北社区	贵阳市花溪育才学校	26	罗仕平
228	民办	花溪	溪北社区	贵阳市花溪区旺明学校	27	宋昌远

续表

序号	办别	片区	乡镇社区	学校全称	专任教师	学校负责人
229	民办	花溪	溪北社区	贵阳市花溪区永成学校	17	杨　成
230	民办	花溪	溪北社区	花溪区弘扬学校	15	杨通奇
231	民办	花溪	溪北社区	贵阳市花溪英豪学校	18	周　荣
232	民办	花溪	阳光社区	贵阳市花溪祥盛学校	18	姜　霖
233	民办	花溪	阳光社区	贵阳华溪学校	18	陈华章
234	民办	花溪	阳光社区	贵阳市花溪纽绅外国语学校	68	汪　洋
235	民办	经开	黄河社区	贵阳市花溪区溪源学校	17	罗彬明
236	民办	经开	金欣社区	贵阳市林城苗苗学校	22	张云阳
237	民办	经开	金竹社区	贵阳市花溪区三合学校	22	王树明
238	民办	经开	清浦社区	贵阳市花溪区南欣学校	17	车振中
239	民办	经开	三江社区	贵阳市花溪区三元学校	21	何燕萍
240	民办	经开	三江社区	贵阳市花溪区为民学校	15	王良芬
241	县级教育部门	花溪	阳光社区	贵阳市清华中学	178	兰　珩
242	县级教育部门	经开	黔江社区	贵阳市第二十五中学	151	王耀华
243	县级教育部门	经开	航空社区	贵阳市第三十八中学	63	吴江雷
244	民办	花溪	贵筑社区	贵州贵阳新世纪实验中学	22	周　荣
245	县级教育部门	花溪	清溪社区	贵阳市溪南高中	104	吴和平
246	地级教育部门	花溪	溪北社区	贵阳市民族中学	160	魏　林
247	民办	经开	平桥社区	贵阳市育强中学	33	张伟建
248	民办	花溪	孟关乡	贵阳市花溪区品华学校	36	冯沛波
249	省级教育部门	花溪	溪北社区	贵州大学附中	113	杨　军
250	省级其他部门	经开	金欣社区	贵州省农业科学院附属中学	68	田金坤
251	民办	经开	兴隆社区	贵阳市花溪区英语实验学校	157	向　泓
252	县级教育部门	花溪	清溪社区	贵阳市花溪区特殊教育学校		涂春菊
253	地级教育部门	经开	金竹社区	贵阳市工读学校		郭　冰
254	民办	经开	三江社区	贵州现代经济学校	18	刁新生
255	民办	经开	金欣社区	贵阳经济技术学校	87	桂升明
256	县级教育部门	花溪	石板镇	花溪区职业教育培训管理中心	36	谢必高
257	民办	花溪	三江社区	贵阳市振华艺术师范成人中专学校		杜　宁

学校选介

【溪南高中】 溪南高中（北京161中学贵阳分校）于2014年9月开办。2015年开设有29个教学班：高一年级12个班、高二年级11个班、高三年级4个班和初一年级2个班。现有学生1337人（初中学生84人，高中学生1253人），专任教师104人，其中，取得教育硕士专业学位的教师2人，全日制研究生毕业的3人，其余均为本科毕业。2014年，从贵阳十一中、青岩贵璜中学、花五中、花三中、区民中抽调部分教师，经过一年考核合格确定留下60多名。2015年新招教师36人；面向社会招聘16人；通过人才引进的方式引进高级教师5名。学校定期开展校园安全自查自纠活动，做到“守好门、管好车、盯好人、护好物”，对校园安全隐患进行排查整改。学生宿舍由专人值守，24小时不脱岗。每晚有行政领导和教师值班，维持就寝纪律。健全食堂管理责任制，改进食堂管理体系，把好食品卫生质量关。

（溪南高中）

5月12日，溪南高中召开高一年级家长会

（溪南高中　供稿）

【三十八中学】 贵阳市第三十八中学位于西南环线桐荫路，校园建筑面积 3910平方米，创办于2007年8月，是由原小河区第二中学、183厂子校和143厂子校高中部合并组建而成的一所全日制普通高级中学。2015年在校学生800余名，在职教师69人。学校办学特色是围绕高考、多向发展，是区“民族文化进校园”和“科技活动进校园”特色高中校园。

（三十八中）

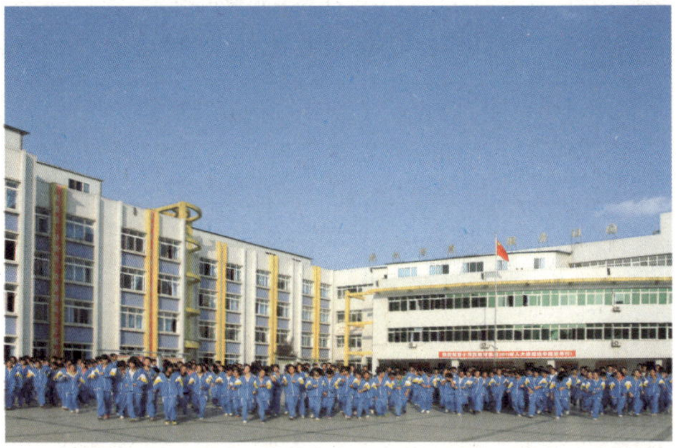

贵阳市第三十八中学

（三十八中　供稿）

【花溪第二中学】 花溪第二中学位于清溪路6号（大将路红阳小区内），原名红阳子校，创建于1970年，原属一所中央军工企业的子弟九年一贯制学校，2006年9月改名花溪区第二中学。2013年9月与花溪第七中学（原总后3537厂子弟学校）进行资源整合，规划为一所单纯初级中学。学校占地面积7458平方米，有200米跑道的足球场。现有教职工64人，教师学历达标率100%。2015年获花溪教育局初中教育教学质量奖、A类学校二等奖；数学教研组获“贵阳市优秀教研组”称号。全校有二十个班级。在艺术、体育教育方面独具特色，学校常年坚持合唱队、美术组、足球队的训练，并在省市区艺术展演活动、体育比赛中多次获奖。组织学生到大连参加合唱比赛，获三等奖；组队参加区“众心杯”中小学校园足球赛，获中学男子组冠军。

（冯　敏）

10月21日，花溪第二中学体育运动会开幕式
（花二中　供稿）

【清华中学全面育人成绩优秀】　2015年，贵阳市高考成绩文科前10名中，清华中学占4人。高三（9）班学生甘德武以691分获贵阳市文科第一名（全省第六名），刘鹭获数学满分（150分）。贵阳市高考成绩理科前10名中，清华中学占2人。全校600分以上161人，一本上线631人，上线率61.7%；二本以上939人，二本以上上线率 91.8%。高考总成绩居贵阳市第二。

学校组队参加贵阳市示范性高中乐团大赛，获一等奖；参加贵阳市中小学纪念中国人民抗日战争暨世界反法西斯战争胜利70周年歌咏活动暨第十五届“班班有歌声”合唱比赛，获高中组二等奖。组队参加区田径运动会，获团体第二名，打破女子跳远和男子4×100米两项纪录。

（王　梅）

【二十五中道德教育】　2015年，“两省六校”德育研讨会在贵阳市第二十五中学弘德楼四楼会议室召开。参加会议的有辽宁省大连市二十高中、毕节市第二实验高中、乌江息烽复旦中学、金沙中学、贵阳三十八中和贵阳市第二十五中。二十五中校长王耀华主持会议。德育研讨会的主题为“以人为本 追求卓越 探索和谐德育的理论与实践”，与会代表互通心得，各展所长，交流经验。二十五中教研组长、班主任、中层以上干部参加会议。大连二十高中的孙伟清等骨干教师、优秀班主任就“三自教育”、“学习型合作组织”等方面的问题在会上作交流发言，大连二十高中校长张启超做总结发言。

5月11日，学校举办“道德讲堂”汇报课，高一年级全体学生、家长代表、全体语文教师和校领导观看表演。汇报课由学生自己主持、自己表演，有36位穿汉服学生集体诵读的《弟子规》以及学生自编自演小品《手足情深》《考场内外》《上学路上》等节目。

（二十五中）

【花溪四小】　学校前身为贵州航空二小，1992年随011系统由安顺地区搬入贵阳，2013年改名花溪区第四小学。2015年有学生1562人，教师72名，其中小学高级教师48人。专科以上学历达71人，占专任教师99%；本科学历55人，占专任教师总数的75%。省级骨干教师3人，市级骨干教师7名。师生比为1:21。学校设31个教学班，班级平均人数50人。入学率、巩固率、完成率、毕业率均达100%。语文、数学双科及格率、优秀率、平均分均在区内名列前茅。学校有4339平方米教学楼1栋，办公室26间，音乐教室、美术教室、舞蹈教室各一间，标准运动场1个。

（吴　薇）

【贵阳市花溪海洋文化艺术学校】　花溪民办海洋文化艺术学校已创办23年，原属“封闭式管理教学”模式的 “贵族学校”，设有钢琴，舞蹈、书法、美术、声乐、器乐、表演等艺术特长课，后因办学成本较高，减少艺术特长课，从“贵族化”转向“平民化”，以招收进城务工农民工子女为主。办学行为符合《义务教育法》《民办教育促进法》，招收学生不受性别、民族、人数、区域等限制，凡是达到年龄的均予以接收。2007年至2014年与清华中学合作7年，举办“海洋学校初中部清华教学点”，名声卓著，常年招生录取比例达十几比一。2015年，有在校学生千余人，26个教学班，教职工70余人。学校是花溪办学最早、规模较大的民办学校。是民革贵阳市委、花溪支部“结对帮扶单位”。多次获“贵阳市先进学校”称号，校长多次获“花溪十好校长”称号。

（海洋学校）

【花溪纽绅外国语学校】 贵阳市花溪纽绅外国语学校，是纽绅教育集团于2010年在花溪创建的一所九年一贯制学校。位于贵州大学南校区，有31个教学班，在校生1280多人。教职工100余名，其中有88名专职教师，本科学历以上教师70余名。学校教学设施齐备，教学功能齐全，科学、规范管理，立足于教师专业成长，坚持走强师兴校的道路。学校管理团队主要由纽绅教育集团的骨干管理干部组成，凝聚力强，具有创新精神，有专家队伍作指导，集团运作、资源共享，管理水平不断提高。学校本着“给孩子多一双眼睛看世界”“以父母之心育人”的教育理念，以优质服务、优质教育，营造良好育人环境，办成人民满意的可供选择的优质学校，保持双语并进的办学特色，倡导每个学生学会两项体育特色技能，开设围棋、美术、器乐等兴趣班，以丰富多彩的文体活动为载体，丰富学生的课余生活，陶冶学生的情操，激励学生的上进心，增强学生的凝聚力，培养学生的责任感。

（区教育局）

花溪纽绅外国语学校的少先队活动　　（向渝绅　供稿）

（责任编辑　白尔楠）

花溪年鉴 2016 HUAXI YEARBOOK

文化·新闻

1月21日，花溪区召开文化遗产培训会（区文广局　供稿）

花溪年鉴 HUA XI YEARBOOK 2016

文化建设管理

【概况】 2015年，区文广局完成对文化市场74家网吧、42家游艺娱乐场所、16家歌舞娱乐场所和新闻出版发行单位102家复打印店、55家图书零售、9家印刷企业的年审工作。利用网络平台提升自身管理水平，将全区文化市场纳入“全国文化市场技术监管与服务平台”的管理；完成全区文化市场经营单位“全国文化市场技术监管与服务平台上线应用”激活工作；完成对新闻出版发行单位166家的年度统计工作。开展文化产业和“同步小康”文化发展指数统计监测工作，登录600余家文化产业单位；推荐青岩镇龙井村、贵州福润德文化产业发展有限公司、贵州祥纹本土文化研发有限公司3家，为贵州省第三批文化产业示范村及特色文化产品；开展全区促进“品茗业”发展工作，完成青岩寿福茶楼建设工作。6月29日，完成全区“黔茶飘香·品茗健康”茶文化系列活动启动仪式，推动全区“品茗业”发展。

（郭益乾）

【文化市场监管】 2015年，区文广局制定《关于在全区文化市场开展冬春消防安全生产专项行动的实施方案》等工作方案，并开展全国“两节、两会”期间印刷复制企业安全生产专项检查，在市场检查的同时开展安全生产检查，联合区消防大队、区安监局对区文化新闻出版市场进行安全生产检查，全面掌握全区文化市场经营场所的安全生产情况。对不具备安全生产条件的网吧、KTV、印刷经营场所坚决停业，以确保区文化新闻出版市场全年无安全事故发生；出动执法人员843人（次），检查网吧1943家（次），对4家违规网吧立案调查，罚款5.74万元；检查娱乐场所166家（次）、图书报刊亭213家（次）、音响制品店9家（次）、复打印店63家（次）、印刷企业31家（次）、电影院2家（次），图书、音响游商地摊36家（次），收缴44本非法出版物，关闭19家无证照销售图书摊点，取缔18家音响制品零售地摊点。

（郭益乾）

【“扫黄打非”】 区文广局联合公安、工商开展“扫黄打非”专项整治行动5次；召开辖区“黑网吧”打击专题会议，取缔黑网吧9家，收缴电脑122套、服务器6台、路由器4台，对59名上网的学生进行安全教育。取缔1家无证照KTV、1家无证演出场地、1家酒店非法安装广播电视地面卫星接收设备。参加贵州省“扫黄打非”非法出版物现场销毁行动仪式。

（郭益乾）

【图书馆工作】 2015年，区图书馆接待读者32000余人，新办借阅证120个，图书借阅量达21600余册，其中少儿借阅量达10034余册。在全区农家书屋开展“我的书屋、我的梦”读书活

10月25日，花溪区图书馆免费对外开放

（区文广局　供稿）

动，对全区“美丽乡村”提升点农家书屋进行更新，对全区122家农家书屋图书进行日常更新。全区完成申报市级农家书屋示范点7家，配送部分乡（镇）电子阅览室、社区文化室的相关设备，计8家。开展农家书屋培训、“共筑中国梦、文化进万家”“流动书箱”进社区等活动。开展禁毒教育工作5期，发放禁毒宣传资料961份。图书馆增加电子借阅机3台，在阳光社区建立流动图书室1个。“六一”儿童节为青岩贫困学生捐助书包、作业本等文具。参加国内讲座3场。

（梁秉泉　龙　琴）

花溪年鉴 HUA XI YEARBOOK 2016

文化活动

【概况】　2015年，全区开展文化活动52场，其中组织开展“送文化下乡”23场，文艺演出29场，有“我们的节日——花溪区2015年春节民族民间歌舞大联欢”，“灵秀花溪——第二届女子书法美术作品邀请展”，“文化惠民大舞台、市民才艺展风采”——2015花溪区市民才艺大赛之“贵州原创歌曲歌唱比赛”活动，“文化惠民大舞台、市民才艺展风采”——2015’花溪区市民才艺大赛之“贵州原创歌曲歌唱比赛”海选2场、半决赛1场、决赛1场，灵秀花溪2015“庆五一”文化活动，“文化惠民大舞台、市民才艺展风采”——2015’贵阳市市民才艺大赛之“贵州原生态歌舞比赛”海选2场、决赛1场，贵州省首届“群星奖”海选、决赛，“贵阳楷模·时代先锋”道德模范事迹巡演、第十届“荷花奖”决赛、亚洲手风琴比赛、2015“多彩贵州”纪念中国人民抗日战争暨世界反法西斯战争胜利70周年半决赛和决赛、“文化惠民大舞台 市民才艺展风采”2015花溪区市民才艺擂台赛舞蹈比赛等。开展全国助残日文化宣传活动、“四月八”、“六月六”活动、花溪区纪念抗日战争暨反法西斯战争胜利七十周年活动。利用文化服务流动大篷车到高坡乡、孟关乡和久安乡开展辅导、培训工作43次；到花溪民中、孟关中心完小和第十七小学开展民族文化进校园活动56次。

（岑秀珍）

11月11日，由区文联、区教育局、贵阳市书协主办，区书协、美协承办的花溪区书画进校园活动在高坡乡大洪小学举行（区文联　供稿）

花溪年鉴 HUA XI YEARBOOK 2016

文物保护管理

【文物普查】　2015年，全区开展第一次全国可移动文物普查数据录入工作；开展姚茫父、刘清等花溪名人挖掘调查工作；开展文物安全检查50余次，出动人员100余人（次），对发现的问题进行整改，并开展复查工作。

（陈会芬）

【文物保护】　2015年，区文广局完成第五批、第六批保护范围及建控地带的划定工作，完成第七批市级文物保护单位图纸测绘工作；开展

“5·18国际博物馆日”宣传及6月“文化遗产日”宣传活动；完成贵州花溪镇山布依族生态博物馆的开馆工作；配合开展周渔璜、周钟瑄文化交流中心建设工作；开展桐埜书屋陈列布展工作；配合开展区文化旅游创新区相关项目基础工作；开展全国重点文物保护单位青岩古道规划编制工作；配合高坡乡政府开展高坡乡二屯岩摩崖石刻环境整治、扰饶营盘遗址抢险加固、甲定苗族洞葬保护及环境整治工程。

（陈会芬）

【非物质文化遗产管理】 区文广局开展非物质文化遗产传承人的挖掘保护工作和非物质文化遗产传承基地建设工作；完成慈云寺非物质文化遗产传承基地陈列大纲的编制；完成第四批省级非物质文化遗产项目代表性传承人及第四批市级非物质文化遗产代表性项目挖掘、资料调查、视频拍摄、专家评审、申报工作；完成陕西卫视对我区花溪苗绣（国家级）、芦笙制作（省级）、射背牌（省级）、布依族服饰制作（市级）宣传拍摄工作。区花溪苗绣（国家级）、高坡苗族射背牌（省级）、布依族纸染绣制作（省级）参加市妇联组织的民间手工技艺展示大赛，并分别获一等、三等、优秀奖。完成非物质文化遗产数据库培训工作。

（陈会芬）

5月19日，“周钟瑄文化交流中心”建设项目指挥部指挥长谌业华（左一）给政协委员介绍施工情况

（区政协　供稿）

花溪年鉴 HUA XI YEARBOOK 2016

文学艺术

【区美术家协会活动】 1月16日，区美术家协会召开第四次代表大会，会议选举出理事会理事14人、主席1人、副主席4人、秘书长1人、副秘书长2人，完成换届选举工作。5月，协同其他协会前往高坡乡、久安乡等特色乡村采风。7月，由区文联主办、区美协承办的“四在农家 美丽乡村”写生活动走进黔陶乡老榜河。9月，参加由市书协、区文联、团区委主办，贵州众鑫磊文化传播有限责任公司协办的第二届灵秀花溪——“众鑫磊杯”中青年美术书法展览，多名会员的作品获奖。

（蔡华静）

【区书法家协会活动】 在“图云关红十字杯”全省青少年书画大赛中，会员王小云、李劲松的作品获优秀奖，黄贵、杨书萍、熊玉学的作品入展。在第二届“同龢杯”书法展中，会员姜华作品入展。在贵州省第六届“茫父杯”书法双年展中，姜华作品获三等奖，石文辉、刘修华、杨培兴、李劲松、杨伟勇等会员作品入展。

（蔡华静）

【区音乐舞蹈家协会召开代表大会】 12月29日，区音乐舞蹈家协会召开第四次会员代表大会。选举产生第四届区音乐舞蹈家协会理事20人、常务理事13人、主席1人、副主席5人、秘书长1人、副秘书长2人。曹新当选本届音乐舞蹈家协会主席。

（蔡华静）

【区作家协会活动】 3月，区作家协会召开第四次会员代表大会，选举产生顾问、名誉主席3名，主席1名，副主席5名，秘书长1名，副秘书长3名，理事18名，戴佳村当选为新一届作协主席。4月，区作协主席团参加由区文联组织的“灵秀花溪·茫父故里行——花溪区文联赴久安采风”活动。5月，组织部分会员到高坡乡开展苗乡四月八采风活动。6月至7月，部分会员参与“晒晒我的好家风”等征文比赛获奖作品的评选工作。8月，参加在区文联召开的改稿培训会，会上《南风》杂志社总编冉正万对会员的部分作品进行点评与指导。12月，推选5名代表参加贵阳市作协第七次代表大会，区作协主席戴佳村当选为市作协第七届理事会理事。

（蔡华静）

【区诗词学会活动】 区诗词学会组织会员参加“把诗词、楹联写在党旗上”活动，被贵阳市诗词学会评为“先进组织”。9月，在区文联召开“纪念抗日战争胜利及世界反法西斯战争胜利七十周年”座谈会，并在《花溪诗词》开设《纪念抗日战争胜利七十周年》专栏，抒发爱国热情。编辑《花溪诗词》第十三集，11个栏目，采用会员诗词400余首。

（蔡华静）

【区摄影家协会活动】 1月，区摄影家协会召开第五届会员代表大会，选举产生新一届理事会和主席团班子，并召开2015年年会。参与2015中国贵阳国际马拉松比赛的拍摄，精选作品举办马拉松摄影作品展，并在区行政中心和青岩镇巡回展出。在高坡承办贵阳市摄影家协会“会员日”活动，来自各市、区、县的100余名摄影家和摄影爱好者参与拍摄。为进一步提高区摄影爱好者的水平，举办3次摄影讲座，4次摄影季赛活动；与区直机关工委等部门联合举办2015年“最美瞬间”摄影比赛；承办花溪区旅游文化创新区摄影大赛，组织会员对创新区建设情况跟踪拍摄；与贵阳保利房地产公司联合举办“保利溪湖”杯摄影大赛。

会员曲贵玲摄影作品《沙漠中的英雄树》获贵州省金融系统第一届迎春书画摄影大赛二等奖；会员邹善珍的摄影作品《牧归》获“美丽中国—贵州之旅”中国摄影报走进毕节百里杜鹃摄影擂台赛三等奖；会员刘海鹰摄影作品《灰胸鷦莺》获首届多彩贵州科普摄影大赛佳作奖，作品《白鹭》获入选奖，作品《黄臀鹎》、《红头潜鸭》在大赛中参展；会员李光荣摄影作品《翠鸟大图》获首届多彩贵州科普摄影大赛入选奖；参加贵阳市摄影家协会举办的摄影擂台赛，4名会员的4幅（组）作品获优秀奖，10名会员的16幅（组）作品获入围奖。

（蔡华静）

12月29日，区音乐舞蹈家协会第四次会员代表大会召开（区文联　供稿）

【区文玩收藏协会活动】 区文玩收藏协会于2015年2月6日成立，会员60名，洪波为会长。为推动文玩收藏的普及和发展，开展文玩收藏“五进”“两送”活动，包括“进社区”“进军营”“进机关”“进学校”“进企业”和“送讲座”“送辅导”。12月28日，在青岩古镇开展为期三天的文玩展览。12月31日，参与花溪电子商务城开业典礼，举办为期两天的文玩展览。

（区文玩收藏协会）

【《花溪艺苑》】 2015年，文艺综合季刊《花溪艺苑》出版4期（35期—38期）。其中，诗海拾贝栏目刊登诗词38首，散文欣赏（散文随笔）栏目刊登散文、随笔51篇，小说纵观栏目刊登小说14篇。另外，设置本刊推荐栏目，刊登名家作品；设置花溪汇粹、花间鸟语、久安采风、花溪荟萃、“灵秀花溪”征文获奖作品选、经开区诗词选等栏目，推荐花溪本土文艺人才和作品，多角度展示花溪自然与人文风貌。

（蔡华静）

【《灵秀花溪》出版发行】 《灵秀花溪》是以宣传区文联活动和介绍书画家及会员书画影作品为主要内容的文艺小报，2014年创办，2015年出版6期，至今出版发行8期。

（蔡华静）

12月1日，区纪委、区文广局、区文联联合举办“清风荷韵——读廉政书籍·扬清风正气”征文活动颁奖仪式

（区文联 供稿）

2015年文化艺术获奖作品

第十届中国舞蹈“荷花奖”《十佳作品》奖：舞蹈《射背牌》。

“美丽中国—贵州之旅”中国摄影报走进毕节百里杜鹃摄影擂台赛三等奖：邹善珍《牧归》。

贵州省金融系统第一届迎春书画摄影大赛二等奖：曲贵玲《沙漠中的英雄树》。

首届多彩贵州科普摄影大赛佳作奖：刘海鹰《灰胸鹪莺》。

贵州省首届群星奖曲艺类一等奖：曲艺小品《走访路上》。

贵州省首届群星奖舞蹈类一等奖：舞蹈《射背牌》。

贵阳市第二届微电影大赛一等奖：《魔戒》。

贵阳市民间手工技艺展示大赛一等奖：花溪苗绣。

贵阳市民间手工技艺展示大赛二等奖：高坡苗族射背牌。

贵阳市民间手工技艺展示大赛三等奖：布依族纸染绣制作。

贵阳市“三严三实”专题教育征文活动三等奖：田兰兰《严以用权，要严在哪儿》。

（杨玉屏）

花溪年鉴 HUA XI YEARBOOK 2016

新闻媒体

【广播影视概况】 2015年，区文广局完成春节、两会、抗战胜利70周年纪念活动、国庆等重大节庆日、重要时段广播电视播出任务，启动安全播出应急预案10次；实现“4·25”“5·13”“6·4”“7·5”“7·22”等敏感日期间“零事故”目标。“十二五”广播电视直播卫星“村村通”工程通过贵阳市“村村通”工程建设领导小组验收。

（韦光祥）

【新闻媒体管理】 区文广局对小河碧园国际影

城、溪城时代影院进行重大火灾隐患排查；开展境外卫星专项整治工作3次；对大型宾馆、酒店是否接收卫星传送的境外电视节目开展检查，计13家（次）；开展对市场非法销售卫星地面接收设施的清查整治行动。

（韦光祥）

【电影放映】 区文广局拟定《花溪区文体广电局2015度农村电影公益放映工程实施方案》，通过召开专题会议、签订放映目标责任书来抓好落实。截至12月21日完成电影放映场次2033.99场（次），完成率为99.12%，观众达9.2万人次；完成“廉政微电影五进”展映活动，展映场次为36场（次）。

（韦光祥）

【区公众信息网】 2015年，区人民政府公众信息网发布各类信息2200余条，开设有“动态信息”“视频新闻”“通知公告”“领导信箱”“百姓书记交流台”“领导活动”“部门动态”“乡镇动态”“信息公开”“公共服务”“场景导航”“热点专题”“网上办事”“专题导航”“政府部门导航”“乡镇社区导航”“专栏”“热点专题”“网上申报”“审批事项查询”等固定栏目。“动态信息”栏目每周一至周五更新新闻，其余栏目根据要求增减。

“动态信息”栏目对区委十届六次全会、区政协九届五次会议、区人大十六届五次会议、区纪委十届五次全会、文化旅游创新区建设、创建国家环保模范城市、创建平安社区等进行报道。登载有“孔学堂景区荣获国家AAAA级旅游景区称号”“花溪义务教育均衡发展工作通过市级评估”“花溪区第四届“工商联杯”篮球赛开赛”“国宾大道‘增绿添彩’工程完工”“花溪区选送的舞蹈夺得筑城广场市民才艺大赛桂冠”“2015贵阳国际马拉松赛在花溪区举行”“‘京贵花溪’环卫市场化服务模式初见成效”“青岩镇获贵阳市唯一全国特色景观旅游名镇名村示范称号”“花溪区微电影《魔戒》与百余部作品激战斩获头名”“小孟工业园被评为三星级生态文明园区”等稿件。

（徐小平）

【花溪远程教育频道】 2015年，花溪远程教育频道播出新闻240多期，开设有“强力推进文化旅游创新区建设”“创建国家环保模范城市”“党的群众路线教育实践活动”“多彩贵州文明行动”“创建平安社区”“解读社会主义核心价值观”“记者在现场”“关爱未成年人”“平安花溪”“创模知识”“健康教育”等专栏。

（徐小平）

【《高原明珠》报】 2015年，《高原明珠》报出刊54期，包括区委全会、纪委全会、社会治理和群众工作、周钟瑄、“国际马拉松赛”5个专刊。《高原明珠》开设“强力推进文化旅游创新区建设”“创建国家环保模范城市”“党的群众路线教育实践活动”“多彩贵州文明行动”“图说价值观”“创建平安社区”“故事连连看”、“科普行动”“美丽花溪人”“我们的节日”等专栏。刊载有“我区着力打造文化旅游创新区一瞥”“花溪区全力打造发展升级版掠影（图片）”“向全区人民交出合格答卷——花溪区创建国家环境保护模范城市纪实”“花溪区区2015我们的节日·春节活动影展（文图）”“我区通过‘六抓’扎实开展‘三创一强一提升活动”“实施‘一区四化’提升城市品质——经开区花溪区全面打造发展升级版”“开拓台湾的花溪人周钟瑄”“花溪，那山那水（散文）”等稿件。截至年底，已出刊407期。

（徐小平）

【《贵阳日报·灵秀花溪、活力经开》专版概况】 1月，花溪区与经开区合作，在《贵阳日报》每周四合办《灵秀花溪、活力经开》专版，对两区的重要工作事项、重要活动、经济社会发展的重大成果进行报道，设有“强力推进文化旅游创新区建设”“点赞花溪”“明礼知耻 崇德向善”“引擎”“奋力成为贵阳经济发展的主引擎”“环保投诉热线”“迈向大数据时代”“开展‘两严一降’专项行动”“践行社会主义价值观”“我们的节日”“落实两个责任”等栏目。登载有“全面、推进文化旅游创新区建设·经开区党工委、花溪区委常委全体（扩大）会议举行，学习贯彻市委九届四次全会精神”“保护青山绿水 拥抱绿色生活”“念好电镀污水里的‘生态经’——经开区工业污水再生循环利用见闻”“突出文化特色 打造文化地标——花溪区依托孔学堂谋篇布局文化旅游创新区”“用好大数据，助力千亿级产业园区早日建成——经开区借力中关村要素助力区域经济加速发展见闻”“农业‘龙头'起舞农民‘荷包'鼓起——花溪区三大现代农业园区建设初见成效”等稿件。全年刊发49期专版。

（徐小平）

（责任编辑　张乡里）

花溪人书画摄影

杨永军作品

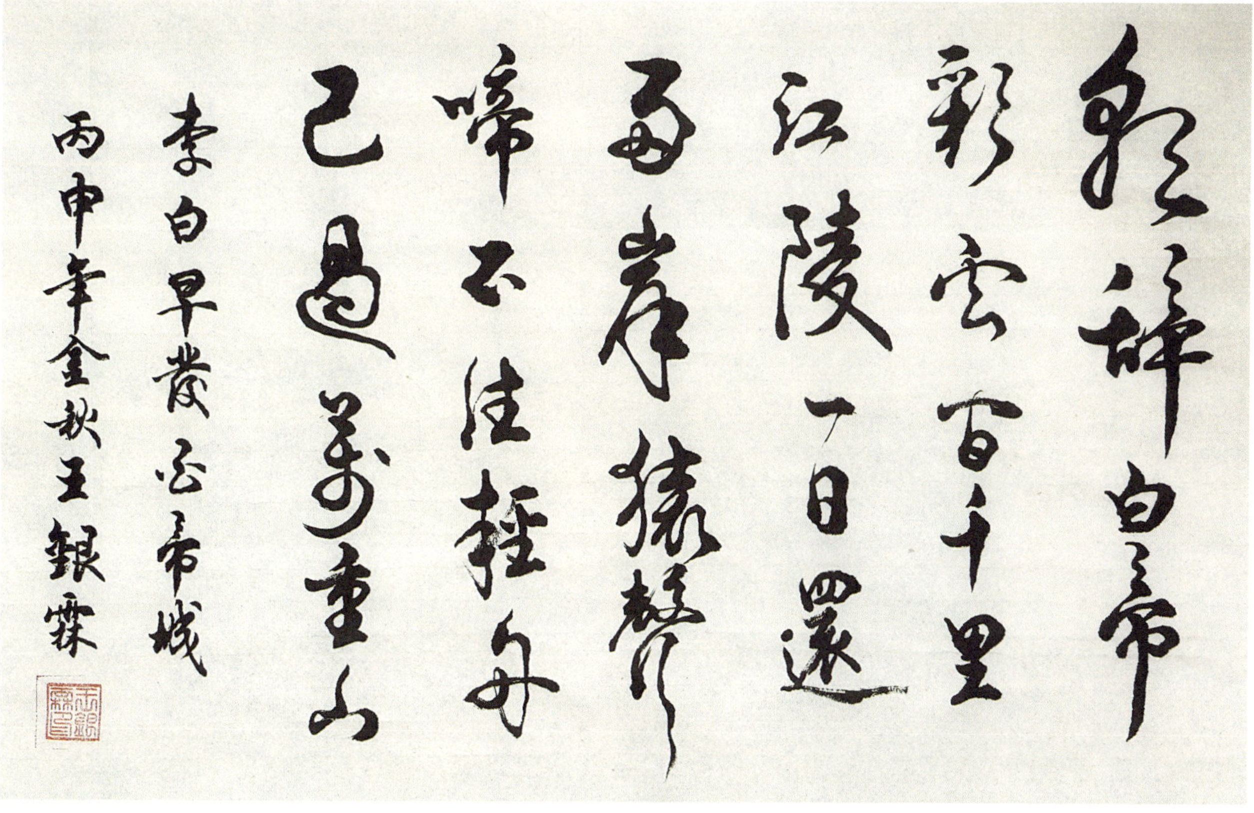

王银霖作品

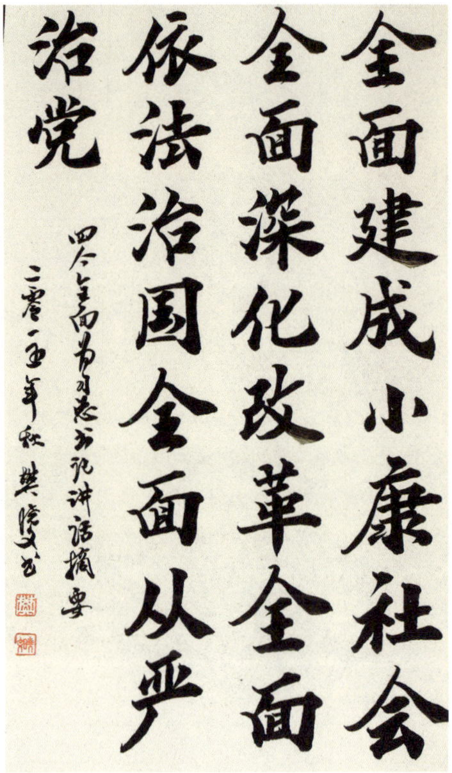

樊晓文作品

科学发展观（周年辉作品）

赵洪作品

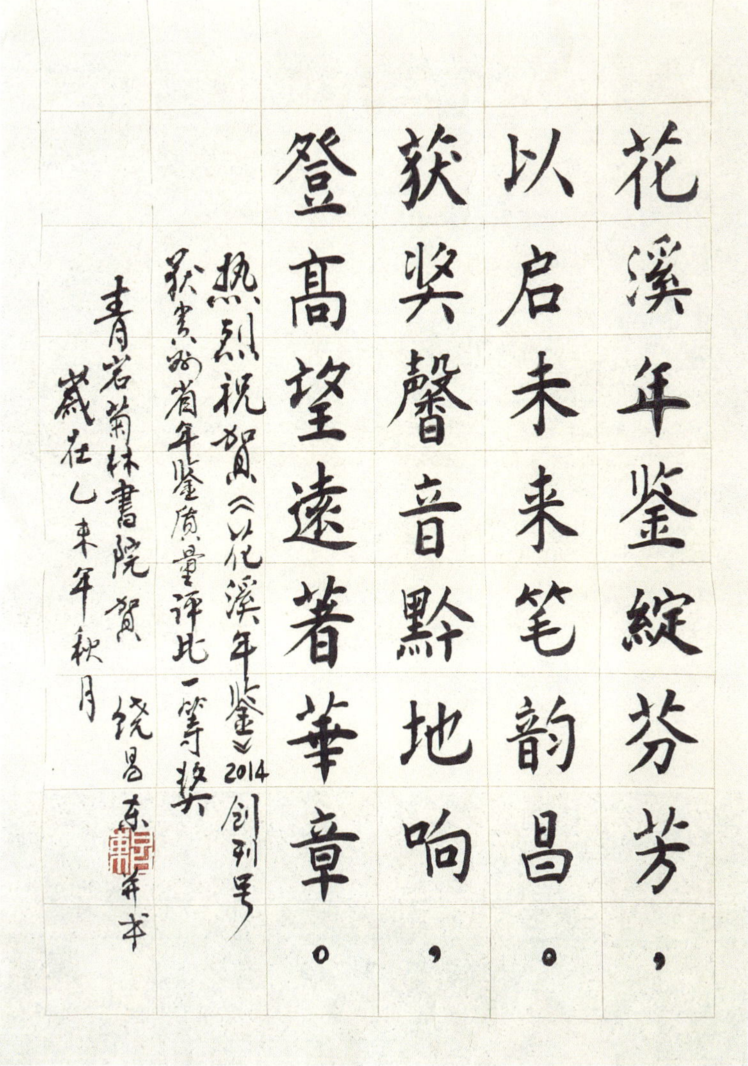

饶昌东作品

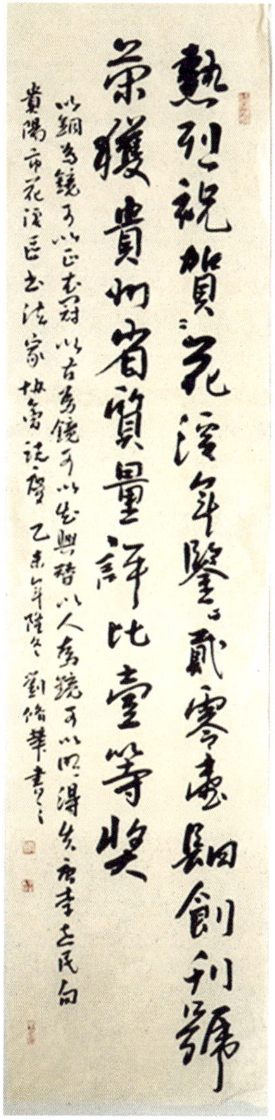

刘修华作品

花溪写生（唐世海作品）

谌业华作品

侯申作品

卫生·体育

7月5日，贵阳国际马拉松比赛在花溪青岩镇举行（董仁海　摄）

卫　生

【综述】　2015年，全区总出生人口5014人，出生率7.48‰，人口自然增长率2.62‰，出生人口性别比103.16，在正常值域。孕产妇死亡率23.8/10万。无突发公共卫生事件报告，无甲类传染病、非典、人禽流感病例发生。新农合参合率98.12%。投入18.2万元，帮扶高坡硐口村、青岩大坝、新哨、思潜村及43户计生贫困户。各类计生奖励扶助资格确认38581人（户），资金1260.9298万元。帮扶73个村计生户1500户，投入帮扶资金73万元，在花孟社区隆头帮扶点投入20万元进行项目帮扶。全区发生惠民医疗住院35人次，惠民医疗减免费用33061.61元。2015年新农合参合人数21.45万人，参合率98.12%，基金使用率为85.01%；全区补偿39.54万人次，补偿基金7924.06万元（其中，门诊补偿37.54万人次，补偿金额1379.85万元；住院补偿2万人次，补偿金额6061.58万元）。大病商业保险上交基金482.63万元。在8个社区和1个乡镇开展全科医生签约服务工作，签约1.6万余份。全区154名乡村医生与村民签协议33000户，计86635人。10家政府办基层医疗机构全部实施国家基本药物制度，在9家非政府办社区卫生服务机构推行实施国家基本药物制度，统一实现网上集中采购并执行药品零差率销售。全区流入人口为211290人，流出人口为28502人。全员平台总录入量为252089人。按照国家基本公共卫生项目要求，免费为流动人口提供健康教育5.23万人、妇幼保健4173人、出生缺陷防控4173人、计划生育手术2736人、预防接种3945人、传染病防治1701人、儿童入学入园体检6931人等基本公共卫生服务。区流动人口卫生计生基本公共服务政策知晓率达到95%，流动儿童预防接种率达到98%，流动人口传染病报告率和报告及时率达到100%，流动人口规范化电子建档率达到98%，流动人口计划生育技术指导咨询服务覆盖率达到98%，流动人口育龄妇女避孕节育免费服务目标人群覆盖率达到100%。

区人民医院与杭州萧山区人民医院对口帮扶，开展“泌尿外科”及“重症医学科”专科建设，开展“经皮肾穿刺取石术”“膀胱镜下输尿管取石术”“幼儿生殖器畸形矫正术”等各种手术。引进QCC管理规范。经过一年多的运行，重症医学科床位入住率由30%提高到70%。区中医院结合中医特色，打造妇科和针灸科专科建设。卫生监督执法检查立案927件、结案927 件、处罚金额112.26万元。立案查处“两非”案件5件。申请法院强制执行7件，征收社会抚养费 482.03万元。处理群众来访18件，全区无因卫生计生工作引发的群体访、越级访、进京访。

（区卫生和计划生育局）

【疾病预防】　2015年，甲乙丙类传染病总发病率为437.20/10万，死亡率1.19/10万，以区为单位免疫规划疫苗单苗接种率均高于99%，健康教育覆盖率100%。全年无特别重大、较大、一般突发公共卫生事件报告，未分级突发公共卫生事件0起。全区无甲类传染病、非典、人禽流感病例发生。

（区卫生和计划生育局）

【基本公共卫生服务】　2015年，区卫生和计划生育局规范化电子健康档案建档率达76.25%，65岁以上老年人建档管理率86.56%。全年为老年人体检14370人，体检率30.83%。开展老年人中医药体质辨识和中医保健指导9743人，中医服务率20.9%。发现并管理高血压患者16871例，管理率

19.3%；糖尿病患者4759例，管理率11.67%；重性精神病1409例，管理率2.42‰。开展健康教育技术指导3次，覆盖单位数26家。全区基层医疗机构设置健教宣传栏207个，健康教育宣传栏更换386期；开展健康教育讲座278次，参加知识讲座人数达6516人；开展主题宣传活动74次，接受咨询人次达11322人；发放手足口病防治、艾滋病防治和常见多发病防治宣传资料57737余份。免疫规划内各疫苗报告接种率均达95%以上。

（区卫生和计划生育局）

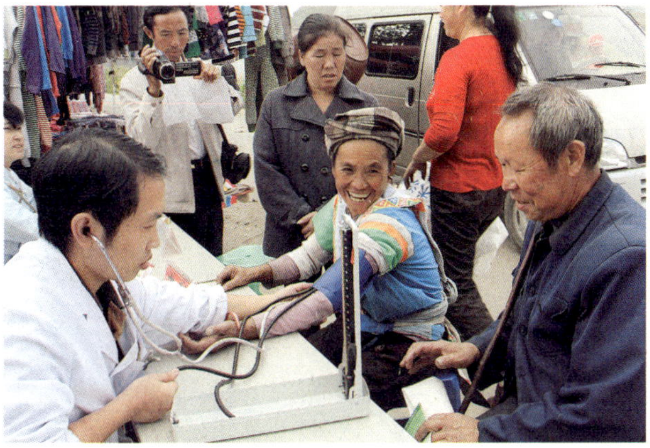

4月30日，花溪区中医院组织医务人员在高坡乡为群众免费体检（区中医院　供稿）

【农村卫生】　2015年，全区有9个乡镇、18个社区服务中心、176个村居，有乡镇卫生院9所、社区卫生服务中心14所、社区卫生服务站12所，村卫生室147个。现有乡村医生154人，均达到中专（或相当中专水平）及以上学历，其中取得本科学历的有3人、大专学历32人、中专学历（或相当于中专水平）119人。取得执业医师或执业助理医师资格的有19人，占村医总人数的12.34%。2015年，对青岩卫生院、孟关卫生院完成等级评审工作，推进全科医生签约工作。在前期试点工作基础上，将乡村医生签约服务工作推广至全区100%村卫生室，主要以居民健康档案为基础，以65岁以上老年人、0–6岁儿童、孕产妇、慢性病人、重型精神病患者等为重点服务对象，参照村卫生室设置、村医情况，按照“重任务、重质量、重服务、重督导”开展签约工作。

（区卫生和计划生育局）

【社区卫生】　2015年，在溪北、清溪、瑞华、清浦、明珠、三江、平桥、黔江8家社区卫生服务机构和青岩卫生院试点推进全科医生执业方式和服务模式工作。全区组建13个全科医生团队，有46名全科执业医生。签约对象以老年人、慢病、重精、孕妇及儿童等重点人群为主，2015年签约16430份，完成上级要求的16000份签约目标任务数。

（区卫生和计划生育局）

【妇幼保健卫生】　2015年，全区完成10000例宫颈癌筛查，对查出阳性病例转到有条件的医院复查治疗，做到早发现、早治疗。儿童建册1968人，新生儿访视1941人，早孕建卡1954人，产后访视1941人次，产后42天体检人数1929人。儿童系统管理率为86%，7岁以下儿童健康管理率为90.1%，孕产妇系统管理率为97.1%。

（区卫生和计划生育局）

【农村合作医疗制度】　2015年，全区参合村民21.45万人，筹集资金9652.68万元，参合率为98.12%。截至2015年12月31日，全区有38.24万人次获得补偿，补偿金额计7924.05万元，其中含按照《贵州省开展城乡居民大病保险工作实施方案（试行）》（黔发改社会〔2013〕201号）、《贵阳市开展城乡居民大病保险工作实施方案（试行）》（筑发改社会〔2013〕222号）文件精神购买的大病商业保险482.63万元。以户为单位受益面达72.84%左右，基金使用率占全年可使用基金的82.09%。

（区卫生和计划生育局）

【卫生监督】　2015年，公共场所卫生监督检查工作出动车辆1185车次，卫生监督员4645人次，监督检查经营户13656 户次（其中公共场所11657户次、生活饮用水640 户次、医疗机构1242户次、放射职业危害企业117户次），督促指导经营户整改 13656 户次。卫生违法案件立案927件、结案927 件、处罚金额112.26万元、责令整改641户、取缔无证行医27户次，没收药品器械31件，计113000元整。

（区卫生和计划生育局）

【爱国卫生运动】 2015年，针对脏、乱、差及群众投诉区域，区爱国卫生运动委员会办公室召开现场协调会36次，组织部门、社区、乡镇解决各类市容环境卫生问题40个；采取综合防制措施防制病媒生物，在18个社区、9个乡镇范围内安装室外毒饵站11000个、室内毒饵盒9000个，防制病媒传染病发生；开展卫生创建活动，青岩镇创建为国家卫生镇，马铃乡、黔陶乡创建为省级卫生乡镇，全区27个村寨创建为省、市级卫生村寨；实施城乡整洁行动，组织开展社区、乡镇环境卫生季度检查，将检查结果量化评分排名公示，推进全区市容环境卫生。

（区爱卫办）

【花溪区人民医院提升医疗服务水平】 2015年，区医院为改善和提高医疗卫生服务条件，引进德国西门子1.5T磁共振， 10月28日正式投入临床使用。医院按照中央、省、市对公立医院改革工作的要求，12月28日取消药品加成，实行药品零差率销售；12月30日对医院医疗服务价格进行调整，减轻居民就医费用负担，缓解“看病难、看病贵” 的问题。

（朱晓丽）

【花溪区中医院概况】 区中医院始建于1989年，由原花溪乡卫生院转制而来，经过二十多年的发展，目前已成为一所以中医特色为基础、集医疗、预防保健、急救、康复、科研为一体的二级乙等中医院。医院业务用房面积4681平方米，开放床位195张；全院职工228人，其中专业技术人员183人，副高职称13人，中级职称26人，硕士研究生6人，本科学历60余人。

医院设有内科、外科、妇科、产科、针灸科、“治未病”科等六个临床科室，有放射、检验、B超心电图、麻醉手术室等4个功能科室，有工会、院办公室、医务科、护理部、医保、财务、院感、信息、病案、事务部等行政职能科室10个，拥有美国进口品牌GE16排螺旋CT、DR、彩

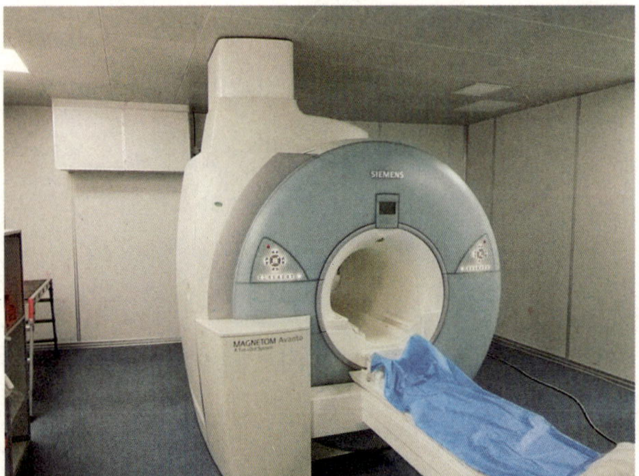

花溪人民医院磁共振设备（区人民医院　供稿）

花溪区中医院中医现代化建设——免煎中药颗粒（区中医院　供稿）

色B超、奥林巴斯电子腹腔镜、心脏除颤仪、蜡疗仪、骨密度检测仪、骨质疏松治疗仪、肛肠治疗仪、妇科治疗仪、中医体质辨识系统、全自动麻醉机、全自动生化仪、动态心电图系统等大中型设备；是中国健康扶贫定点医院，中国武警总队医院远程会诊协作医院，贵州省、市级医保定点医院，花溪区新型农村合作医疗定点医院，贵安新区职工、农村合作医疗定点医院。有省级重点建设专科及市级重点建设专科各一个，能为患者提供简、便、廉、验的中医特色诊疗服务。中医院特色专科主要有针灸科、妇科、治未病科。

2015年，区中医院推动落实各项医改措施，围绕满足人民群众的医疗卫生需求，坚持公立医院的公益性，大力推进公立医院综合改革各项工作，于2015年12月16日零时率先取消药品加成，除中药饮片外，所有药品一律实行零差率销售。

（欧阳智化）

【花溪年鉴 HUA XI YEARBOOK 2016】

体育

【概况】 2015年，区文广局组织“冬泳表演”、农村“小康杯”篮球赛、春节象围棋赛、区职工篮球赛、区职工足球赛等赛事活动；培训太极协会30名“三级社会体育指导员”；配合举行“2015贵阳国际越野赛”；举办全区“中小学生田径运动会”；完成省、市体育局支持的农民健身工程；举行全区老年人“三八节”活动；组织老年秧歌队参加省、市比赛，获全市第一名；组织参加贵阳市老年人“全民健身”健步走活动；组织健身操、百姓健康舞、门球等项目参加贵阳市老体协“重阳节”系列活动比赛。老年手杖操运动员代表贵阳市参加贵州省第七届老年人运动会“手杖操、健步走”比赛，获全省优胜奖1个、优秀奖2个。全区干部职工参加太极拳培训班。全区27个乡（镇）、社区代表队参加花溪区2015年老年人运动会暨“重阳节”系列活动。7月，“2015贵阳国际马拉松赛”在青岩镇顺利举行。

（罗锦强）

【贵阳国际马拉松赛】 7月5日，由中国田径协会、市人民政府、省体育局主办，市体育局、市旅游发展委员会、区人民政府承办的2015贵阳国际马拉松赛在青岩镇贵州骏驰汽车赛场鸣枪起跑。

市长助理刘刚主持开幕式，市政府副市长王玉祥代表市委、市政府和贵阳人民，对来自各个国家和地区的运动员表示欢迎。国家、省、市体育部门的领导王大卫、张永良、蔡国祥、王建忠、田茂书，区领导康克岩、向子琨、禄竹出席开幕式。王玉祥、刘刚、蔡国祥等为马拉松赛开跑鸣枪发令。比赛吸引来自埃塞俄比亚、肯尼亚、美国、日本等18个国家和地区的15000名选手参加，参赛的男运动员年龄最大为81岁，最小为2岁；女运动员最大为76岁，最小为3岁均为参加3公里体验跑的贵阳籍运动员。比赛设马拉松、半程马拉松、3公里体验跑3个项目。来自肯尼亚的选手获得男子马拉松冠军、男子半程马拉松冠军，来自埃塞俄比亚的选手获得女子马拉松冠军，中国的王敏获得女子半程马拉松冠军。

（区文广局）

【全区中小学生运动会花溪第四小学获小学组团体第一名】 花溪第四小学重视体育教学，在田径项目上表现突出，2004年挂牌贵阳市田径网点学校，在各个级别举办的田径项目比赛中取得较好成绩，为国家、省、市输送大量田径人才。

2013–2015年，连续三年参加区中小学生运动会,均获小学组团体总分第一名。

（吴 薇）

【花溪农村商业银行篮球队获省九运会职工组篮球赛决赛双冠军】 2015年8月2日，由贵州省财贸金融工会承办，贵州省农信社冠名协办的“信合杯”贵州省职工篮球比赛暨省九运会职工组篮球赛决赛在贵州省全民健身中心举行，花溪农商银行男女篮球队代表省联社参赛，组成省财贸金融工会男、女篮球队，在本次决赛中，来自15个地区（单位）的9支男队、8支女队，204名职工运动员参赛。花溪农商银行男、女篮球队分别以72:62、72:54击败黔东南男队和铜仁队获得第一。

（花溪农商银行）

10月17日，花溪建设村镇银行举办第二届职工运动会（花溪村镇银行 供稿）

（责任编辑 白尔楠）

精神文明建设

孔学堂庙会（刘志平　摄）

综　述

【概况】　3月18日，区文明城市常态管理月度测评工作会召开，文明办每半月向区委主要领导汇报文明城市常态管理工作。区委区政府主要领导多次在区委常委会、区政府区长办公会上对全区全国文明城市巩固提升工作进行研究部署。中央文明委下发《全国文明城市测评体系》及其操作手册后，10月12日，区委副书记秦建军主持召开花溪区和经开区173家单位参加的2015年全国文明城市巩固提升工作推进会，对全国文明城市测评创建工作软件资料的收集上报和实地考察作安排部署。10月23日，经开区和花溪区100多家单位，召开“多彩贵州文明行动”推进暨创文工作安排会。根据市文明委下发《关于做好2015年〈全国文明城市测评体系〉测评材料收集工作的通知》，对《全国文明城市测评体系》进行细化分解，下发《花溪区关于做好2015年〈全国文明城市测评体系〉测评材料收集工作的通知》和《花溪区〈全国文明城市测评体系〉责任分解表》，将网上申报的90项测评内容、154条测评标准细化分解到每一个责任单位，把责任细化到每一个人。

开展公民道德宣传教育工作。下发《“我推荐、我评议身边好人”暨“明礼知耻，崇德向善”活动方案》，对全区身边好人推荐评选工作进行安排；上半年收到推荐材料63份，推荐杨艾菁登上“中国好人榜”，赵同竹登上“贵州好人榜”，韦明凤、王中英、饶昌东和黄永绂4人获得贵阳市年度身边好人称号。组织师生、干部职工、居民群众900多人参加“明礼知耻·崇德向善”道德模范先进事迹花溪专场巡讲报告会和“贵阳楷模·时代先锋”道德模范事迹巡演花溪区专场活动，做好“好人讲雷锋”视频征集，录制“饶昌东说身边事”的视频；在贵阳文明网、《贵阳日报》以及区属媒体上，宣传辖区内的身边好人和道德模范。梦想女孩杨艾菁“23天用戒指为山区换回教学楼”的感人事迹拍摄成微电影《魔戒》，获贵阳市微电影大赛一等奖。关心、帮助困难道德模范身边好人，在春节、端午节等传统节日，给困难的道德模范、身边好人送去生活用品和慰问金，价值万余元。利用“积德榜”“道德讲堂”“诚信”红黑榜平台宣传身边好人。

推动诚信体系建设。召开区诚信建设工作推进会，统筹安排花溪区、经开区“五个一百”创建工作，下发《2015年花溪区诚信建设工作方案》等，对诚信市民、诚信职工的评选工作做安排，明确牵头部门、具体责任单位。要求区市场监管局等相关单位定期发布辖区企业“红黑榜”，落实奖惩。督促区教育局做好诚信学生的典型选树工作，督促区市场监管局、经开工商分局、区民政局做好诚信企业的典型选树工作，督促区政府办做好诚信单位的典型选树工作。

倡导“文明用餐、文明旅游、文明交通、网络文明”。下发《花溪区2015年“文明交通行动计划”市民宣传教育实施方案》等文件，先后组织机关志愿者集中开展文明交通引导志愿服务活动6次，并在花溪公园地下通道开通后，组织志愿者进行文明引导和志愿帮扶。定期组织全区各文明单位，各乡（镇）、社区的网络文明志愿者在微博、博客上开展365好人转帖、跟帖等活动。对主城区及各乡镇、社区内出现的野广告、不雅广告、医疗广告治理问题开展督查192条（次），对问题进行限时督办整改，整改回复率达100%，清理高杆不雅医疗广告2幅、破损广告5幅；清理交通护栏广告125幅；清理墙体破损广告200余幅；清理未经审批许可违章广告、野广告等900余幅。

落实市委书记陈刚3月11日在明珠社区调研的重要指示，区文明办协助明珠社区改造提升“道德讲堂”，加强阵地建设。充实扩大“一支志愿服务队伍”，着力队伍建设。制作“一块精神文明建设宣传栏”，弘扬核心价值观。打造“一个志愿服务站”——爱心银行，开展志愿服务活动。组织“我们的节日”，丰富群众精神文化生活，提升明珠社区精神文明建设。

把禁毒宣传教育工作融入精神文明建设，先后下发《关于印发〈关于在精神文明建设工作中加大禁毒宣传教育的实施方案〉的通知》（花文明委〔2015〕8号）和《关于印发〈2015年“文明村镇”和“农村五星文明户”评选工作方案〉的通知》（花文明委〔2015〕9号）等文件，将禁毒预防教育宣传工作纳入文明单位、文明社区、文明乡镇、文明村、文明示范户等文明创建工作，制定考核办法，对禁毒宣传教育工作进行层层分解，落实责任。

在春节、端午、中秋等传统节假日以知识问答、宣传资料发放等形式，宣传禁毒知识。组织辖区内的志愿服务队伍，对吸毒人员进行帮扶慰问，在生理、心理和生活上进行志愿帮扶。在各中小学校以禁毒教育展览、专题讲座、参观“禁毒教育园地”等形式，开展禁毒宣传教育，完成10所区级禁毒学校、3所市级禁毒学校建设，设立4个中学毒品预防教育园地、54个禁毒教育宣传专栏建设。

（区文明办）

【志愿者服务工作】 区文明办下发《关于做好2015年志愿服务工作的通知》《关于印发〈花溪区关于做好2015年春运期间“绿丝带”志愿服务活动方案〉的通知》《花溪区文明办关于印发〈花溪区2015年“文明交通行动计划”市民宣传教育实施方案〉的通知》《关于做好花溪区9月公交站点文明引导的通知》等文件，推进志愿服务计划，完善全区志愿服务工作制度化、常态化建设。

成立花溪区志愿服务联合会，定期研究志愿服务工作重大事项，建立健全区、乡（镇）、社区的志愿服务工作架构，建立完善志愿者招募注册、培训管理、服务记录制度。加强“志愿贵阳”云信息平台建设，2015年，全区在“志愿云”信息平台上注册志愿者达7万余人，注册志愿团队80余个，发布志愿服务项目268个。

围绕培育和践行社会主义核心价值观，以文化旅游创新区建设为契机，开展“碧水蓝天”志愿服务活动，组建区青年义务监督骑行队、人大代表、政协委员志愿巡逻队伍、百姓生态文明志愿服务队、专家志愿服务队，开展保护生态、改善环境志愿服务行动；开展关爱空巢老人、留守儿童、残疾人和困难职工为对象的“和谐贵州三关爱”绿丝带志愿服务行动；开展文明礼仪、移风易俗、文明交通、文化传播、生态保护、义务植树等志愿服务活动；推动“党员志愿服务”活动，进一步密切党群关系，组织开展以法律、文体、科技、医疗卫生“四进社区”为主要内容，以帮助困难群众为主要对象的志愿服务活动;围绕扶贫济困、应急救援、环境保护等方面开展专业和专项志愿服务活动。

打造志愿服务供需平台。以绿丝带“爱心银行”为载体，探索“将志愿服务兑换成积分，积分换取商品和服务”的形式，完成明珠社区爱心银行的建立，同时阳光、瑞华、兴隆社区爱心银行的建设按照《花溪区“爱心银行”建设工作方

8月22日，瑞华社区组织辖区23名青少年志愿者在辖区内进行“让座日”主题宣传活动

（瑞华社区　供稿）

案》有序推进中。

（区文明办）

【群众性文化活动】 春节期间，全区举行送文艺下乡活动演出23场，举办篮球赛24场，各乡（镇）、社区服务中心、各中小学自行组织开展文艺活动40余场；开展50余场，500余人次的志愿服务活动；配合贵阳市举办孔学堂正月十五庙会活动，组织花溪区“舞龙舞狮”队伍参加演出。举办第四届“民族民间歌舞大联欢”活动，并得到省、市、区级媒体的报道。区文明办下发《关于开展2015年清明节祭祀英烈活动的通知》等，组织全区各中小学校、机关、企事业职工到贵阳市爱国主义教育基地——戴安澜将军衣冠冢开展祭英烈活动，在缅怀先烈的同时开展爱国主义教育。9月2日，组织区直部门干部职工、驻区部队代表、民主党派人士、团员青年、中小学生、企业代表及区内群众300余人祭扫戴安澜将军衣冠冢，纪念中国人民抗日战争暨世界反法西斯战争胜利七十周年。

（区文明办）

【文明社区创建活动】 花溪区开展2014年“文明社区”复查工作，全区文明社区创建在复查中，在全市10个区（市、县）排第2名。开展省级“农民文化家园”“四在农家”补助项目的推荐上报工作。指导社区开展“文明社区”创建工作，区文明办在全区开展“道德讲堂”示范课，深入各社区，督查指导开展环境卫生和秩序整治。2015年上半年，先后在社区开展“宣传部长上讲堂”活动，以现场观摩会、实地督导、软件资料查阅、QQ和微信工作群等不同形式，对9个社区的实地和软件进行检查和督导，根据“文明社区”创建的要求，对26个创建指标进行细化。6月，区文明办对9个社区的软件资料检查3次，多的达到7次。10月，区文明办组织9个2015年拟创建的社区分管领导和具体工作人员到2014年通过迎检的溪北社区进行学习和观摩。区文明办先后6次到拟创建的9个社区进行指导，明确一名副主任每周带队到拟创建社区，对7项指标、1项问卷调查指标，实地查看进行现场指导。区文明办和拟创建社区先后3次邀请市“文明社区”专项创建工作组办公室（市文明办）到花溪指导“文明社区”创建工作。10月，市文明办专职副主任余崇忠带队到花溪5个社区，进行创建工作现场督查。

根据《关于做好贵阳市2015年“文明社区”创建考核验收工作的通知》的要求，11月市“文明社区”专项创建工作组对花溪平桥社区、花孟社区、小孟社区、贵筑社区、三江社区、金欣社区、金竹社区、航空社区、黄河社区等9个社区进行“文明社区”创建验收。

根据省、市文件精神，要求各乡（镇）、社区服务中心至少设立一块社区精神文明建设宣传栏，每季度至少更新一次。

利用溪北路花溪公园空白外墙，制作百米“积德榜”，在区政府广场（八一广场）树立20块总面积为160平方米的积德榜和社会主义核心价值观宣传栏，在各乡（镇）、社区服务中心、各中小学校等设立积德榜175块，主要宣传花溪本地身边好人和“贵阳楷模·时代先锋”道德模范先进事迹。

（区文明办）

【未成年人思想道德建设工作】 区文明办开展“祖国好·家乡美”主题系列活动。举办“童心向党”歌咏比赛、中华经典诵读优秀童谣传唱大赛和中华小导游比赛，其中中华经典诵读优秀童谣传唱大赛进入市级决赛，华阳小学《木兰诗》和花溪二小《少年中国说》分别获得小学组第一名和第二名、花溪一中《离骚》获得中学组第五名。华阳小学选送的《负荆请罪》在贵阳市“美德校园·道德讲堂我来讲”宣讲比赛中获得小学组优秀奖。利用“六·一”儿童节在全区开展“相约中国梦 缤纷过六一”、慰问困难学生、学习美德少年等主题活动；开展“美德校园·道德讲堂我来讲”演讲、“明礼知耻在校园--中小学生文明礼仪知识竞赛”“晒晒我的好家风”和“讲讲爸爸妈妈的爱情故事”征文活动；在全区开展“美德少年”推荐评选活动，经评选，花溪1名少年获得“十佳美德少年”称号，2名少年获得贵阳市“优秀美德少年”称号。

开展“我的中国梦”主题教育实践活动。利用清明节、六一等时间开展网上祭英烈、童心向党、向国旗敬礼，组织全区各中小学开展“红领巾相约中国梦——今天我入队 争当好队员”主题队日活动。开展“弘扬好家风 共筑中国梦”科学家教百场宣讲活动，在国庆期间，组织全区各中小学校开展“向国旗敬礼”活动，培养未成年人热爱祖国、热爱人民、热爱中国共产党的情感，培育和践行社会主义核心价值观。

加强道德讲堂建设，全区各中小学校建1292个班级分堂，有德师122人。先后两次组织全区德师到孔学堂参加市文明办组织的德师培训，邀请市级德师封冰斐老师来花溪开展德师培训，提高全区德师宣讲能力。

落实乡村学校少年宫建设工作。对2015年拟申报上级资金支持的乡村学校少年宫进行现场考察调研，审核申报材料，完成申报工作，其中黔陶小学获得2015年度省级专项彩票公益基金支持乡村学校少年宫项目、马铃小学获得2015年度中央专项彩票公益基金支持乡村学校少年宫项目。乌当区检查组对花溪乡村学校少年宫项目建设及活动开展、“祖国好·家乡美”展厅进行督查验收。同时，根据《关于开展未成年人相关工作交叉考核的通知》要求，花溪区文明办、区财政局、区教育局组成督查组，于11月，对乌当区“祖国好·家乡美”展厅布置情况和乡村学校少年宫项目建设及校园周边环境整治进行督查。

开展“花季护航 法制宣传进校园“活动。以“学法知法、预防和减少未成年人犯罪”为主题，先后走进清华中学、市第二十五中、溪南高中和市第三十八中学对1400余名青少年开展主题宣讲。把近年来所办理的典型青少年犯罪案例整理成小故事，从情、理、法三个层面阐述青少年违法犯罪的原因、引导青少年自觉知法守法，学会利用法律武器维护自身权益。

2015年全区有18个“教子有方”工作站或家长学校，1个校外心理辅导站。通过邀请专家进行心理讲座等方式指导家长如何对孩子进行教育、如何与孩子沟通、如何引导孩子学习等。各社区为未成年人提供有室内外活动场所，设有公共电子阅览室、图书室、道德讲堂、多功能活动室，每周对社区未成年人免费开放。各社区的电子阅览室至少配置电脑5台以上，图书馆藏书达到3000册以上。航天社区的儿童书籍已达1000余册、杂志30余种。

加强网吧营业执照管理。全区有证照齐全网吧经营户45户，2015年先后开展4次查处取缔黑网吧专项行动，依法对6间“黑网吧”进行取缔，先行登记保存电脑主机24台，显示器24台，打击非法经营规范网吧市场的经营秩序。

整治中小学校周边环境。对清华中学、花一中、花二中、花一小、花二小等学校周边食品经营户进行检查，取缔无照食品经营户12户、无证小吃摊点13户。加强对中小学周边出版物零售和租赁摊点的检查，收缴传播淫秽色情、恐怖暴力等损害青少年身心健康的不良印制品。

（区文明办）

【“诚信与爱岗敬业”道德讲堂活动】 7月7日，花溪建设村镇银行在四楼会议室开展以“诚信与爱岗敬业”为主题的道德讲堂活动，区委宣传部副部长戴佳村、郭卫兵行长出席活动。活动中，参加人员合唱《公民道德歌》，观看贵州省道德模范彭天文的模范事迹视频。戴佳村以“诚信、爱岗、敬业”为主题宣讲。通过唱一首歌曲、看一部短片、讲一个故事、诵一段经典的方式，参与活动人员加深对诚信和爱岗敬业的理解，为花溪建设村镇银行的发展起到推动作用。

（杨东升）

【“九九重阳 关爱老人”活动】 10月19～21日，花溪建设村镇银行举办“九九重阳 关爱老人”活动。活动期间，花溪建设村镇银行7个支行为每一位到网点的老年人进行血压、血糖、心电图等健康体检，并赠送大米、油、棉被等礼物，送去对他们的节日祝福。对于特殊情况未能到场参加活动老年人，银行特别安排人员亲自登门慰问和送去节日礼物。此次活动接待到场的老年人千余人，当场和上门慰问送出节日礼物价值近十万元，彰显企业价值和社会价值双重社会责任感，弘扬关爱老人、人人有责的中华民族传统美德。

（杨东升）

2月4日，阳光社区棉花关居委会开展“幸福百分百·万家迎新年”关爱他人志愿服务活动

（阳光社区 供稿）

多彩贵州文明行动

【概述】 2015年，花溪区成立以区委常委、区政府常务副区长为组长，区人大、政府、政协分管领导为副组长的“多彩贵州文明行动”领导小组，区委、区政府将“多彩贵州文明行动”工作作为一把手工程，作为“三重”工作纳入考核，纳入区经济社会发展计划，作为年终考核的一项重要指标。区委常委会议、区长办公会议听取“多彩贵州文明行动”工作汇报，对工作重点难点进行研究部署，并坚持单月拍摄编辑区级多彩贵州文明行动视频曝光，同时在区长办公会议及区委常委会议上观看市“镜头对准死角”和区级制作的“多彩贵州文明行动曝光视频”。3月18日，区委常委、区政府常务副区长洪兵召开花溪区文明城市常态管理月度测评及“多彩贵州文明行动”工作安排会，对2015年工作进行安排部署。5月6日，召开迎省“多彩贵州文明行动”半年检查工作安排会。5月12日，召开迎省检查工作安排会，区委常委、区政府常务副区长洪兵，经开区管委会副主任余大林分别对花溪区及经开区上半年迎检工作提要求。7月14日，召开区“多彩贵州文明行动”暨巩固“全国文明城市”“国家卫生城市”“农村环境综合整治”工作部署会，传达市“多彩贵州文明行动”情况通报，加强公益广告宣传”专项整治行动作安排。8月28日，花溪区、经开区召开“国家卫生城市复审暨多彩贵州文明行动”工作推进大会，副区长马彪对下半年工作作安排，区委副书记、区长向子琨对推进“多彩贵州文明行动”工作提出要求。为开展整脏治乱百日综合整治，分别于11月6日、12日、19日召开三次综合整治百日行动工作会，对存在问题和下步工作做安排部署。

一是落实责任制。区委办、区政府办印发《花溪区2015年“多彩贵州文明行动”实施方案》，针对花溪创建文化旅游创新区的实际，增加生态绿化、旅游环境、建筑工地三块工作重点。拟定《花溪区2015年“多彩贵州文明行动”考核方案》和《花溪区2015年“多彩贵州文明行动”宣传方案》，执行“多彩贵州文明行动”工作“一把手”负责制和落实“属地管理”原则，制定《2015年“多彩贵州文明行动”目标责任书》，与花溪区、经开区90余家单位签订目标责任书，落实问责制。

二是强化宣传。在花溪大道、清溪路、甲秀南路、迎宾大道、明珠大道、田园路、贵筑路、溪北路、将军路等主次干道设置大型高杆广告大型墙体广告交通护栏等8000余幅，公交站台垃圾箱立面广告宣传栏2000余块，电子屏不间断宣传。

把黄河路打造成社会主义核心价值观主题示范街、把颐和花园打造成社会主义核心价值观主题社区、把区政府广场打造成社会主义核心价值观主题广场。

在花溪电视台《花溪新闻》中开设“多彩贵州文明行动”专栏，宣传先进典型，倡导文明，开设“曝光台”，播出相关新闻107条。在《高原明珠》内刊上刊发相关报道70条。在区人民政府公众信息网上刊发164条。灵秀花溪手机客户端推送106次。

集纳中央、省、市、区公益广告优秀作品，形成公益广告作品库，供全区各家单位选用。与电信、移动、联通、供电等单位协调，将外置箱体作为宣传阵地。同时政府投入资金在城区主要节点新建19块统一规范的便民公示栏，在楼群院落、背街小巷制作便民信息栏64块，为便民信息和公益宣传搭建平台。

三是强化督查。建立经常性督查机制，全年督查400余次，下发创文环境卫生专项督查通报35期，反馈督办问题414个。下发《花溪区存在问题整改通知单》57份，反馈督办问题132个。将督查通报和《通知单》处理回复情况作为区内年终考核重要依据，办结率达到100%。转办省“金黔在线”网、“贵州都市报”等媒介反映问题整改通知单8份，办结率100%。转办省、市转办群众反映问题2份，办结率达到100%。通过日常督查作为月考核的重要依据，将每月对各乡镇、社区服务中心、重点部门分类的考核评分以红黑榜形式对外公示，加强日常管理，推进工作。

四是及时调整区文明委成员。分别设置区“整脏治乱”办公室和经开区卫生长效办公室。区整治办设置全额事业编制4名，现在职在岗5名。区政府将“整脏治乱”和“满意在贵州”工作经费从的50万元增加至60万元列入财政预算，保障工作顺利开展。

为提升“多彩贵州文明行动”工作水平，制定《花溪区“多彩贵州文明行动”联动工作方案》。将花溪区、经开区90家责任单位主要领导、分管领导、具体责任人等270余人全部纳入短信平台系统，为落实联动机制奠定基础。2015年区城管局、区住建局、区市场监管局、明珠社区、阳光社区等单位联合对香椿路污水横流，硕苑小区住户将住宅出租改作餐馆经营，造成油烟、噪声污染；民族大学万达路、新朝阳村垃圾清扫、清运不及时等问题进行清理整治，为贯彻全市整脏治乱专项行动百日综合整治工作会议精神，花溪区及经开区拟定《花溪区、经开区“整脏治乱”综合执法百日行动工作方案》《花溪区及经开区关于开展 “规范户外广告刊播 加强公益广告宣传”专项整治行动的方案的通知》，动员各职能部门参与，联动治理。

制定《花溪区“多彩贵州文明行动”市容市貌集中整治30天行动方案》《花溪区占道经营及“门前三包”整治工作方案》。为推进“多彩贵州文明行动”工作，巩固提升“创文”“创卫”“创模”成果，区政府分管副区长为组长，组织区文明办、整治办、爱卫办、城管、交管、商务、市场监管等各职能部门明确专人成立综合整治组，用7月、8月、9月三个月时间针对卫生、秩序和市容在全区开展整治行动。7月，花溪区与北京环卫集团合作成立贵阳京溪城市综合管理服务有限公司，每年投入九千余万元，落实“京贵花溪”环卫市场化服务新模式，将区主次干道和无人管理小区院落交由公司专业化规范化管理，卫生面貌较大改善。为解决卫生秩序和市容环境中存在的突出问题，成立区政府分管副区长为组长，区委办、政府办、督办督查局、整治办、爱卫办、城管等部门人员组成的占道经营及“门前三包”整治工作领导小组，从9月7日至12月每天由一名科级领导轮流带30人以上综合执法队伍，开展占道经营及“门前三包”集中整治，市容提升工作初见成效。

京溪公司每日安排环卫工人1000余人次、环卫车辆110车次对全区进行清扫保洁，对卫生死角、对护栏和隔离带定期清洗，机扫率达到80%。确保城区道路“亮线、亮坎、亮护栏、亮道路本色”工作目标。加大环卫设施的巡查、维护、清洗。及时维修公厕、果皮箱，更换、更新圾桶350个，新增垃圾斗200个。全区城市保洁清运范围由原中心城区拓展到青岩、孟关、石板、麦坪等区域，面积由原来的110万平方米扩大到550万平方米，日均处理生活垃圾达300吨以上。

2015年花溪区重点改造提升花溪大道、甲秀南路、清溪路3条6段道路，面积3.4万平方米，完善主次干道道路标识标线。实施“三年千院”社区公益项目39个，项目主要为年代久远的苗寨、静晖村、仙人洞红阳小区等老旧院落小区综合提升整治，实施迎宾路、花溪大道等5条道路增绿添彩项目。在清溪路、贵筑路、霞晖路、明珠大道路段安装便民公示栏19块，在楼群院落、背街小巷制作便民信息栏64块，在清溪路、贵筑路、霞晖路、明珠大道、田园北路、民主路的重点路段修建非机动车（摩托车、电瓶车）免费停放点700米。

拟定《花溪区2015年全国文明城市测评实地考察点包保责任表》，由县级领导包保一片区域或路段，明确包保区域有一个牵头责任单位，重点街道有具体包保单位。要求各县级领导每周至少开展2次督查行动；各包保责任单位每天有工作人员到所包路段进行监督、检查环境卫生与秩序等工作。全区集中力量开展市容环境综合整治，对城区河边路、徐家冲、朝阳村、田园路开展综合治理。实行定人、定岗、定责任、定路段、定标准、定奖惩、“六定”责任包保管理，取缔上花阁路早市批发市场，规范清溪路、贵筑路、溪北路早餐车管理。制止各类违章占道经营、门面延伸占道经营9680起，清除和覆盖“野广告”195389余张（件），销毁各类散发小广告（含车行道散发小广告）5000余张，收缴和销毁沿街经营性煤火炉灶 18个，帮助流浪乞讨人员200 人次，制止经营户和行人乱丢、乱吐、乱放、乱穿人行道等不文明行为1960余起，清理过街横幅、空飘600余起，劝离、处罚占用人行道停放车辆1200余起；制定《花溪区关于加强社区网格社工管理实行“四统一”管理机制实施意见》，在社区推行社工网络化管理工作，配合做好市容管控。

对区内17个农贸市场进行升级改造。区中心农贸市场已完成升级改造项目，徐家冲、小河大寨众惠等农贸市场升级改造工程已启动。

整治交通秩序，拟定《花溪区道路交通秩序综合整治工作方案》，区文明办、交管、城管、交通等部门查处各类交通违法行为65902起，依法查处涉牌涉证2457起，查扣摩托车280余台，查处酒后驾驶机动车违法行为86起。区委、区政府加大交通基础设施投入，在城区内部分次干道科学新增停车位千余个，规划非机动车停车区域，减轻城区停车压力。将军路、花阁路实施单向通行，城区主干道交通压力有效缓解。

推行“432”，改善老旧院落。“432”管理模式（即“四项制度、三方参与、两个监督”）已在全区39个老旧小区院落落实综合整治，推广“432”管理模式取得实效。

9月，组织城管队员下派到各社区，按属地管理原则开展城市管理相关工作。全区有城管队员430名（含协勤队员），下派到5个社区和3个乡镇队员共319名：下派贵筑社区50名，溪北社区50名，阳光社区35名，明珠社区19名，清溪社区15名，青岩、石板、孟关各50名，下派率达74%。

（区文明办）

（责任编辑　张乡里）

花溪年鉴 2016 HUAXI YEARBOOK

人力资源·社会保障

10月16日，区就业局举办2015年花溪区离校未就业毕业生小型招聘会（区人社局　供稿）

人力资源管理

【概况】 2015年，区人社局对全区机关、事业单位人事经办人员开展公务员（参公人员）和事业单位人员管理、公开招录（聘）、人才引进、工资管理、职位职称、人事争议仲裁等业务培训；开展全区科级以下职务公务员（参公人员）职务与职级并行实施工作；开展公开招录（聘）和高层次人才引进工作，坚持“公开、平等、竞争、择优”和确保公开报考条件、公开考试程序、公开考试结果“三公开”原则；开展规范机关事业单位收入分配、调整机关事业单位工资标准和增加机关事业单位离退休人员离退休费审批工作；开展科级以下公务员（参公人员）和事业单位硕士研究生及以上学历人员在线学习工作以及科级以下公务员（参公人员）和事业单位人员年度考核工作；开展职称评审、职称年审、职称认定以及岗位设置与聘用审批等工作。

（区人社局）

【人事工作】 2015年，办理人事调动（聘用）130人（其中，干部调动（聘用）126人，工人调动（聘用）4人）。完成全区涉及单位机构改革，完成科级以下人员分流划转工作，指导、监督区交通局等9家单位完成21名中层干部竞职工作，下发任职文件及办理相关手续，并将相关任职文件报区政府党组备案。开展干部人事档案专项审查工作，制发《花溪区人社局关于填报干部人事档案专项审核相关表格工作的通知》，于2015年底完成公务员（参公人员）档案核查工作。

（区人社局）

8月4日，区人社局召开全区机关事业单位人事管理工作专题培训会（区人社局　供稿）

【人才队伍建设】 2015年，公开招考招录28名公务员（参公人员），其中1人因怀孕暂缓办理录用手续。计划招聘事业单位工作人员89人，报名阶段有13963名考生报名。经笔试、资格复审、专业测试、面试、体检、考核、公示期满无异议后，下发聘用文件并办理76人的聘用手续，其中1人因怀孕暂缓进行后续环节。指导区教育局完成2015年公开招聘教师工作，下文聘用教师152人，其中，聘用免费医学生4人，免费师范生27人；简化考试程序，择优招聘农村中小学、幼儿园音体美紧缺薄弱学科教师1人。通过贵州人才交流合作网和第三届中国贵州人才博览会现场报名的高层次人才有462名，经考试、考核等环节，为区发改局、青岩镇、区人民医院和区中医院等部门引进41名高层次人才。开通人才引进“绿色通道”，为溪南高中引进5名副高级职称人才。

（区人社局）

【职务与职级并行制度实施】 2015年，完成职务与职级并行制度实施工作，收取全区机关（参公单位）科级以下职务人员职级晋升、转任申请170人，其中职级转任153人，职级晋升17人，其中1人正在进行初核，16人经区人社初核及会签后，同意进入民主测评和考核阶段。截至2015年底，已有

12人兑现相关待遇，1人进行待遇审批，3人为党群序列部门，初核完毕转交区委组织部审批。

（区人社局）

【工资福利】 开展规范机关事业单位收入分配、调整机关事业单位工资标准和增加机关事业单位离退休人员离退休费审批工作，采取“边申报，边审批”的方式和“先规范、再调标，规范和调标同步进行”的办法，并于7月10日前完成全部审批工作。

（区人社局）

【职位职称工作】 2015年，开展全区2014年度机关（参照公务员法管理单位）及事业单位科级以下工作人员年度考核工作。其中，机关（参照公务员法管理单位）副科级以下工作人员应参加年度考核784人，实际参加考核784人；事业单位副科级以下应参加年度考核人数5586人，实际参加年度考核5574人。经2015年7月2日2014年副科级以下年度考核领导小组会议核查，评定机关（参公单位）优秀等次人员144人（含机关工勤13人）、事业单位优秀等次人员（含事业工勤）854人。

职称评审推荐到省、市参与评审情况：

1.民营经济：工程33人（员级2人、助理级1人、中级30人）、经济5人（助理级1人、中级4人），共38人。

2.教育及其他事业单位：农业、工程、教育、卫生等七个系列47人（初级3人、中级10人、副高级31人，正高级3人），其中：农业初级3人、农业中级5人；工程中级2人、副高级4人；群文中级1人；新闻中级2人；卫生副高级8人，正高级3人；教育副高级19人。推荐到市进行基层认定教育、卫生、农业、工程四个系列18人（教育13人、卫生1人、农业2人、工程2人）。

2015年区教育局推荐193人参评，其中，中学一级教师69人；小学（幼儿园）初级8人；小学高级教师108人；幼儿园高级8人。经区职改领导小组办公室审查合格，建议并推荐参与评审中学一级教师69人、小学（幼儿园）初级8人；小学高级教师108人、幼儿园高级8人。其中，中学一级教师、语文9人、数学10人、英语18人、物理2人、化学3人、生物1人、政治4人、历史3人、地理8人、音乐1人、体育5人、美术3人、信息技术2人。小学（幼儿园）初级教师、数学4人、思品2人、科学1个、幼儿园1个。小学高级教师：语文42人、数学44人、英语8人、音乐3人、体育4人、美术3人、科学2人、综合1人、思品2人、信息技术1人。幼儿园高级8人。

职称年审，审核职称资格证书801人，其中：副高级职称60人，初、中级职称741人。完成职称认定 8 人。

开展全区事业单位专业技术岗位结构比例调整工作，按照省、市相关文件规定的结构比例，完成30余家事业单位涉及编制变动的岗位设置调整工作，并按照新的岗位设置进行人员聘用。聘用3100余人次，续聘20余家单位。2015年首批获得基层认定副高级职称资格人员将按照规定陆续聘岗。

（区人社局）

社会保险

【概况】 2015年，全区参加社会保险的企业、机关事业单位、社会团体等3512户，各险种参保人数累计达50.04万人次。其中，城镇职工基本养老保险累计参保100569人，收缴城镇职工基本养老保险费42356万元。全年新增办理城镇职工养老保险领待人员2286人。为9311名退休人员发放城镇职工养老保险待遇15243万元。城镇职工基本医疗保险累计参保63386人，收缴城镇职工基本医疗保险费22352.99万元；城镇居民基本医疗保险累计参保116384人，收缴城镇居民基本医疗保险费648.13万元。城乡居民基本养老保险累计参保81887人，收缴城乡居民社会养老保险费1028.47万元。全年新增办理城乡居民基本养老保险领待人员2000人。为25307名领待人员发放城乡居民基本养老保险待遇4740万元。失业保险累计参保43413人，收缴失业保险费2405.47万元。全年发放9240人次失业金906万元。工伤保险累计参保43668人，收缴工伤保险费1057.68万元，全年受理工伤案件135起，参与调处重大伤亡案件10起，审核支付228人次工伤保险待遇199万元。生育保险累计参保51130人，收缴生育保险费796.36万元。累计办理被征地农民参加社会养老保险12678人（其中：参加城镇职工养老保险6694人，办理退休4209人；参加城乡居民基本养老保险5984人，办理退休3074人），全年核发被征地农民财政缴费补助2089万元；发放被征地农民参加城乡居民基本养老保险增发基础性养老金239万元。推行社会保险网上办事大厅办理业务，区属770家参保企业申请网上办事大厅数字安全证书办理社会保险业务。

（区人社局）

【机关事业单位养老保险制度改革】 2015年7月，组织区属94家单位召开花溪区机关事业单位

6月12日，区人社局在花溪公园门口开展工伤保险政策宣传活动（区人社局　供稿）

养老保险制度改革部署会，安排部署全区机关事业单位职工养老保险和职业年金扣费数据及退休人员数据采集工作。2015年9月，在区社会保险收付管理中心增设机关事业单位养老保险征缴部、机关事业单位养老保险待遇审核部、机关事业单位养老保险基金财务部、机关事业单位职业年金管理部四个内设机构并增加事业编制4 名，确保机关事业单位养老保险制度改革工作的开展。

（区人社局）

就业创业

【概况】 2015年，完成城乡统筹就业22886人，其中，城镇新增就业19748人（下岗失业人员4998人，就业困难对象945人)，农村劳动力转移3138人；充分就业社区累计创建34个，创建率为77.3%，持续达标率为100%；就业失业登记证发放2389人，城镇登记失业率为3.12%，控制在目标任务4.5%以内；城镇“零就业家庭”、农村“零转移家庭”，期末动态为零。小额担保贷款发放308人，实际发放贷款2618万元。开展城乡统筹培训2665人，筹集创业引导资金250万元，征集创业项目16个；发放一次性创业奖励和自主创业场租补贴651人次，发放金额113.02万元。

（区人社局）

【就业培训】 区人社局联系各大工业园区，按需为其签订劳动合同并对要求技能提升的员工开展培训和职业资格鉴定。通过孟关汽贸城协会组织3期180名在岗职工汽车维修工的初级培训；组织开展4期152名餐厅服务员、客房服务员等旅游行业工种的在职提升培训；与区残联组织贵阳广航

铸造有限公司60名残疾人开展在岗钳工技能提升培训，残疾人创业培训（SYB）；结合久安乡茶叶产业园发展实际，引进茶叶种植、茶艺师等相关专业的培训。针对孔学堂大成精舍酒店提供的53个就业岗位，组织79名被征地农民举办“花溪区十里河滩国家城市湿地公园失地农民就业面试会”，联合大成精舍酒店对面试合格的29名被征地农民开展客房服务专业培训。4月，联合贵阳市第一强制戒毒所对160名强制戒毒人员开展1期中式面点就业技能培训和2期创业培训。在孟关、黔陶、高坡、马铃4个民族乡分别建立1个民族乡技能培训基地。在久安乡建立职业技能培训基地，依托培训基地共组织330人开展7期职业技能和创业培训。联合贵阳银行花溪支行于8月31日至9月1日在贵州电子工业学校举办花溪区2015年“贵阳银行杯”技能之星竞技大赛选拔赛，组织75名技能人才竞技角逐，对评选出的9名选手进行培训，并在贵阳市第二届技能之星“贵阳银行杯”竞技大赛决赛中获得汽车维修项目2个“三等奖”；花溪区获得组织奖。制发《花溪区电子商务职业技能培训工作方案》，组织实施电商创业人才培训。

（区人社局）

【创业服务】 区人社局对创业项目适时给予跟踪扶持，深入辖区高等院校、乡（镇）、社区调查了解大学生、返乡农民、残疾人、复退军人等各类群体自主创业情况，建立自主创业台账；组织参加创业知识、创业政策培训，对有创业愿望和培训需求的劳动者开展创业培训；根据产业发展和创业主体的具体情况，协调相关部门开展不同类型的创业指导培训，增强自主创业能力。分别依托久安乡茶产业园和贵州大学科技园，创建花溪区返乡农民工创业示范园和花溪区大学生创业孵化基地。继续发挥青岩堡创业孵化基地、小吃创业一条街的示范和引领作用，在孵化基地开展一对一政策宣传，落实扶持政策，开展创业指导。

（区人社局）

【高校毕业生就业创业】 2015年，全区提供招聘岗位850个，现场达成就业意向164人。全区为高校毕业生提供89个事业单位岗位，42个人才引进岗位，30个参照公务员管理岗位，21个特岗教师岗位，152个中小学、幼儿园教师岗位。

2015年建立大学生创业孵化基地1个；完成大学生自主创业97人，大学生创业带动就业100人；为89位创业大学生发放创业补贴，其中场租补贴84人，一次性创业奖励5人；为1名大学生发放小额担保贷款，金额10万元；为大学生创业减免税收3600元，为大学生创业减免行政性收费4500元。依托贵州民族大学商学院金点子大赛、贵州大学创业咖啡吧和贵州大学众创空间，共同搭建创业服务平台，征集创业项目，举办创业大赛、开展创业指导（创业沙龙）等系列活动，完成“花溪区创业咖啡吧仰贤居”挂牌、创引花溪大学生创业大赛和贵州大学科技园申报贵阳市市级创业孵化基地工作。依托贵州大学“In One”咖啡吧和“6度空间”创客工场，联合区园区办、团区委和贵州大学科技园内创引科技有限公司在贵州大学In one咖啡吧举办“创引花溪”大学生创业大赛暨创业项目推介会。参与贵州民族大学商学院组织的民大金点子大赛，鼓励支持大学生创业。完成“花溪区创业咖啡吧仰贤居”挂牌和贵州大学科技园申报贵阳市市级大学生创业孵化基地工作。

2015年全区选聘高校毕业生到基层就业的类型为“一社区一名大学生计划”和“到村任职大学生”，选聘人员在基层主要担任支部书记助理和村主任助理的职务，全区在岗基层服务大学生共10人，其中，“一社区一名大学生计划”2人，“到村任职大学生”8人。

（区人社局）

【返乡农民工自主创业】 2015年，花溪区3名返乡农民工创业代表（吉林幼儿园园长黎艳、马铃乡励志民族手工艺品制作工作室经理谢发明、普馨苑酒楼经理吴锦刚）获贵州省第二届返乡农民工创业之星称号。2015年发放补贴创业扶持金858户。

（区人社局）

【复员退伍军人、戒毒康复人员就业援助】 指导各乡（镇）、社区服务中心为复员退伍军人、戒毒康复人员建立一户一档，为复员退伍军人办理失业登记2人，就业困难认定1人，成功推荐3人就业；公益性岗位安置9人，发放社保补贴56029.32元，岗位补贴81000元；提供职业技能培训1人，创业咨询指导8人；推荐戒毒康复人员就业6人，为戒毒康复人员提供创业咨询、指导服务2人次。

（区人社局）

6月26日，区仲裁院接受人社部督查组检查效能建设工作（区人社局 供稿）

花溪年鉴 HUA XI YEARBOOK 2016

劳动保障监察

【概况】 2015年，年审各类用人单位5008户，其中定期书面审查各类用人单位4900户，网上审查用人单位108户。涉及劳动者14239人，应签订劳动合同14021人，实际签订劳动合同14021人，签订率100%；应参加社会保险13319人，实际参加社会保险11997人，参保率达90.07%，扩面人数1406人。开展对用人单位非法用工、劳动用工、流动从业人员管理、劳动保障监察等专项检查，检查用人单位1063户（次）。加强“两网化”（网格化和网络化）建设，明确工作职责。

（区人社局）

【劳动保障监察专项执法检查】 全区开展拖欠农民工工资情况专项检查、清理整顿人力资源市场秩序、遵守劳动用工和社会保险法律法规情况专项检查、二季度拖欠农民工工资专项检查、打击非法用工专项检查、用人单位支付劳动者工资情况专项检查、劳动保障主动监察等专项检查，检查用人单位1063户（次）。

（区人社局）

【保证金收缴管理工作】 2015年，全区完成务工人员工资支付保证金的收缴20个项目，收缴4752.2138万元，退还28个项目2822.3881万元，尚未启用保证金支付民工工资余额为4729.7327万元。

（区人社局）

【案件处理】 2015年，接受举报投诉案件214件，涉及3129人，涉及金额达5150.8835万元，时限结案率达100%。移交公安机关涉嫌拒不支付劳动报酬案件16件，对5家用人单位下达行政处理处罚决定。通过日常办案及专项检查、群体性突发事件处理，清欠农民工工资2亿元，涉及农民工11620人（次）。

（区人社局）

花溪年鉴 HUA XI YEARBOOK 2016

劳动人事争议仲裁

【概况】 开展创建省级劳动人事争议示范仲裁院工作，经自查自评、审核推荐、考核评估等环节，根据省人社厅《关于公布劳动人事争议示范仲裁院名单的通知》（黔人社厅通〔2015〕491号）公示结果，2015年11月16日，区劳动人事争议仲裁院成为贵州省首批省级示范仲裁院。举办基层调解组织调解员业务培训会，辖区内45家基层劳动人事争议调解组织70余名调解员参加；为全区27家乡（镇）、社区、14家机关事业单位和6家企业207名基层调解员办理调解员证。2015年，收案173件，不予受理29件，立案受理144件，审理结案143件（含上年结转审结案件），其中，劳动报酬11件，社会保险19件(其中工伤补偿15件)，确认劳动关系31件，双倍工资59件，其它23件，涉案金额294.22万元，结案率达92.26%，调解率达42%。

（区人社局）

【典型案例】 申请人杨某国于2015年10月29日向区仲裁委提起书面劳动仲裁申请，申请人请求依法裁决被申请人贵州某环保建材有限公司支付申请人未签订书面劳动合同11个月的二倍工资11万元（自2014年3月19日起至2015年4月19日）。

申请人诉称：申请人于2014年2月19日由老乡杨某洪、杨某才介绍到被申请人处从事搬运加气砖工作，未签定劳动用工合同。2014年3月20日，申请人在工作中受伤，在申请工伤认定过程中，被申请人拒不出据劳动关系证明。2014年5月15日向区仲委会提出仲裁申请，2014年7月18日区仲裁委作出裁决，裁决申请人与被申请人之间存在劳动关系，2014年12月12日区人社局认定为工伤。但被申请人未对申请人进行相关理赔，也未解除与申请人的劳动关系，且从未与申请人签订书面的劳动合同，故应承担二倍工资的法律责任。请求区仲委会依法裁决，支持申请人的诉请，维护申请人的合法权益。

庭审中被申请人辩称：申请人由被申请人砖厂承包人聘用，其工资由承包人发放，被申请人只是将承包费按月支付给承包人，申请人诉请二倍工资11万元无事实依据，请求区仲委会依法驳回。

观点一：《工伤保险条例》第五章第三十三条“职工因工作遭受事故伤害或者患职业病需要暂停工作接受工伤医疗的，在停工留薪期内，原工资福利待遇不变，由所在单位按月支付。……”按照此规定，遭受工伤停工留薪期间所发放的费用也是属于工资范畴，所以应当支付二倍工资11万元。

观点二：《中华人民共和国劳动合同法》第八十二条“用人单位自用工之日起超过一个月不满一年未与劳动者订立书面劳动合同的，应当向劳动者每月支付二倍的工资……。”《中华人民共和国劳动合同法实施条例》第七条“用人单位自用工之日起满一年未与劳动者订立书面劳动合同的，自用工之日起满一个月的次日至满一年的前一日应当依照劳动合同法第八十二条的规定向劳动者每月支付两倍的工资，并视为自用工之日起满一年的当日已经与劳动者订立无固定期限劳动合同，应当立即与劳动者补订书面劳动合同。”据上两条规定，庭审查明被申请人与申请人存在劳动关系，被申请人未在规定的举证期限内举证证明2014年2月19日至2015年2月18日期间已经与申请人签订了书面劳动合同，因此，被申请人应承担未与申请人签订书面劳动合同的法律责任。因申请人从2014年3月20日受伤后未实际到岗上班，故对申请人请求裁决被申请人支付申请人2014年3月19日至2014年3月20日期间未签订书面劳动合同双倍工资的诉请，应予以支持；对申请人请求裁决被申请人支付申请人2014年3月21日至2015年2月18日期间未签订书面劳动合同双倍工资的诉请，不予支持。

区劳动人事争议仲裁委员会采用第二种观点，裁决被申请人贵州某环保建材有限公司支付申请人杨某国2014年3月19日至2014年3月20日期间（1天）未签订书面劳动合同二倍工资的另一倍工资434.25元。

（区人社局）

（责任编辑　翟长保）

花溪年鉴 2016 HUAXI YEARBOOK

社会生活

花溪区便民服务中心（杨小平　摄）

社区建设

【概况】 2015年，全区有社区18个，其中城镇社区12个，农村社区6个。在全区所有下辖村的乡（镇、社区）开展农村社区建设全覆盖，开展村务公开民主管理创建工作。制定《花溪区关于进一步加强居民委员会建设的实施意见》，规范居委会自治建设，提高落实居民委员会“两委”（党委、居民委员会）成员补贴、社会保险、办公经费。对溪北居委会、朝阳居委进行规范化改造，将其打造成全区示范居委会。

（周用红）

【社会化戒毒康复站建设】 2015年，花溪区依托“贵阳市阳光成瘾戒除康复公益中心”，建成一个公益性社会化戒毒康复站，已有38名戒毒康复人员进站接受戒毒康复服务；建成全市社区戒毒康复站“亮明珠”示范点，直接服务对象涉及社区戒毒17人，社区康复17人。完成阳光社区、瑞华社区、清浦社区戒毒康复站建设工作，并将所辖区域的戒毒康复人员全部纳入管理范围。

（周用红）

【社会组织孵化基地工作】 2015年，各社区服务中心开展社区服务，完善社会功能，提高社会福利水平和社会生活素质。全年有7家社会组织进入社会组织孵化基地，即菊林书院、七彩阳光社会工作服务社、阳光妈妈志愿者协会、璀璨明珠社会生活服务社、青年志愿者服务协会、贵阳市花溪大学生创业协会、清浦社区圆梦爱心社。

（周用红）

【民间组织登记管理】 全区已登记社会组织160家，其中社会团体39家，民办非企业单位121家。2015年新登记注册社会组织9家，社区社会组织备案58家。

社会团体应参检26家，实际参检19家，年检率73.1%（合格率100%），民办非企业单位应参检102家，实际参检91家，参检率89.2%。对不开展活动、不年检、不变更和名存实亡的社会组织进行行政处罚，对26家社会组织给予撤销的行政处罚。

（周用红）

【双拥工作】 3月，迎接省第八次双拥模范城（县）考评检查工作。11月，迎接全国双拥办调研督导工作，调研督导组由民政部优抚安置局局长、全国双拥工作领导小组成员包丰宇带队，省、市领导陪同调研督导。元旦、春节及八一期间，区四大班子带队走访慰问驻区部队18家，发放慰问金37.5万元。协调解决63816部队勘测线路被挡问题。清明节期间，组织开展清明节悼念烈士活动。开展9月3日抗日战争胜利70周年纪念活动。

（周用红）

社会福利

【概况】 2015年，全区建设完成公办敬老院2所、民办老年公寓等19所，有床位1314张，入住804人次。对经民政部门确定，失去父母及查找不到生父母的未成年人、社会散居孤儿以及成年后仍在校就读的孤儿对象发放基本生活费。全年累计发放对象29人，基本生活费27.84万元。建成阳

10月17日，区开展“全国扶贫日”宣传活动
（区农业局　供稿）

光社区居家养老服务中心和贵航养老服务中心，打造5个农村幸福院。

（周用红）

花溪年鉴 HUA XI YEARBOOK 2016

社会救助

【概况】　按照《贵阳市“十二五”期间城乡低保标准提标方案》，1月起，花溪区按不低于10%的比例继续提高城乡低保标准：城市低保标准由475元/月提高到530元/月，农村低保标准由200元/月提高到235元/月。2015年，全区有城乡低保对象4141户7569人（其中，城市低保1890户3348人，农村低保2251户4221人）。1-12月累计发放城乡低保金2475.7372万元：发放城市低保对象22619户次40744人次1584.584万元，月人均补差392.13元；发放农村低保对象27132户次52428人次891.1532万元，月人均补差169元，确保城乡困难群众的基本生活。对因学、因病及其它突发性意外事件导致家庭生活难以维持的城乡困难群众，给予临时救助、急难救助。为571户次困难群众发放临时救助、急难救助资金201.2095万元。全区有留守儿童、困境儿童2027名，其中在校学生1286人（小学阶段905人，初中阶段341人，幼儿园40人）。13所学校建成“留守儿童之家”。

（周用红）

【五保供养】　2015年，全区有五保对象125户计129人，其中集中供养19户19人，分散供养106户110人。发放1-12月五保供养对象1449户次1493人次五保供养金47.1350万元。6月，完成全区农村五保供养年度提标任务，分散供养由原230元/月提标到280元/月；集中供养由270元/月提标到320元/月，年人均增幅600元，超过全省规定的年人均增幅500元的目标任务。

（周用红）

【城乡医疗救助】　2015年，对全区符合条件的医疗救助对象实施救助，救助对象、救助范围、救助程序、救助金额均有明确规范。对503人次发放医疗救助资金332.7777万元（含一站式医疗救

3月27日，区委书记钟汰甬（中）走访慰问高坡困难群众
（区民政局　供稿）

助 98人 44.38万元）；代缴低保3232人参保参合费3.232万元。

（周用红）

【低收入家庭学生助学】 2015年，花溪区对城乡低保家庭子女就读本科、大专院校给予适当救助，确保贫困家庭子女不因交不起学费而辍学。春季救助48户城乡低保家庭子女就读本科、大专院校，发放教育救助金12.6万元；秋季发放25户6.2万元。

（周用红）

【受灾救助】 2015年，全区有29422人因自然灾害受灾，农作物受灾1852.7公顷，624户1845间房屋受损。全区累计发放救灾粮食104555公斤、踏花被47床、棉被1569床、棉大衣270件、棉衣裤860套、棉帽子1032顶、棉手套1055双、保暖内衣98套、毛巾469条、单994套、棉（单）鞋子716双、袜子720双、雨衣465套、雨鞋465双、电筒270支、保温桶20个、洗涤剂175瓶、帐篷4顶等，为受灾困难群众提供生活保障。2015年，风雹、洪涝灾害造成11272人受灾，累计经济损失191.7万元。2015-2016年冬春需救助人口9947人，累计救助2416户11272人次（粮食救助10463人，取暖救助37人，其他生活困难救助745人）。发放现金139.53万元。

（周用红）

花溪年鉴 HUA XI YEARBOOK 2016

社会优抚

【复退军人优抚】 2015年，花溪区老复员军人定期生活补助从（2014年）每人每月发放1229元提高到1539元。1-12月为1867位优抚对象(花溪片区1319人、经开片区548人)发放生活补助共910.9127万元（花溪片区568.5605万元、经开片区342.3522万元）。为1013名重点优抚对象缴纳10.662万元新型农村合作医疗或城镇居民医保。按照不同的报销比例，及时与优抚对象医疗保障“一站式”医院进行结算，为272名生病住院、看门诊的重点优抚对象报销优抚医疗29.252万元，政策落实率达100%；落实特困企业和破产企业老复员军人生活医疗困难补助金4.176万元（8人）。

（周用红）

【城镇退役士兵安置】 2015年，花溪区对符合条件安排工作的1人发放待安置期间生活费3180元。该退役士官提出自谋职业，给其发放一次性自谋职业补偿金81389元。给自主就业退役士兵164人发放一次性经济补助188.694万元，给非本区复学在校大学生25人发放自主就业一次性经济补助18.036万元，给城镇退役士官自主就业12人发放自主就业一次性经济补助72万元。组织退役士兵参加各项培训243人，参训率达100%；利用退役士兵报到时间，向其宣传相关优惠政策，发放优惠政策宣传册300余份。退役士兵政策知晓率达100%。

（周用红）

【军队离退休干部“两个待遇”落实】 2015年，接收军队移交地方安置的军休干部3人，接收军队移交地方管理的无军籍退休退职职工1人；组织军休干部开展活动2次、学习5次、检查身体1次；春节、“八一”慰问军休干部，发放慰问金每人每次1000元；无军籍退休职工春节发放慰问金每人500元、“八一”节发放慰问金每人300元。全年累计发放36名军休干部离退休金539万元，发放59名无军籍退休职工退休金263.29万元。

（周用红）

花溪年鉴 HUA XI YEARBOOK 2016

婚姻管理

【概况】 2015年，婚姻登记处设花溪区政务服务中心和经开区政务服务中心2个办证处，分别进行结婚和离婚登记工作。办证处设有等候区、结婚登记区、离婚登记区、档案室等功能区域。全区办理结婚11089对，补领结婚证1228对，离婚2833对，补领离婚145对，登记合格率100%，无违规办理现象。

（周用红）

花溪年鉴 HUA XI YEARBOOK 2016

计划生育

【计生利益导向】 2015年，全区总出生人口5014人，出生率7.48‰；符合政策生育率98.15%。计生奖励扶助资格确认38581人（户），资金1260.9298万元，其中农村奖励扶助468人，资金56.16万元；特别扶助298人，资金178.56万元；少生快富61户，资金36.6万元；特殊家庭关爱17人，资金2.04万元；独生子女伤残、死亡家庭一次性抚慰金26户，资金56万元；城镇低保户独生子女奖励扶助14人，资金1.68万元；特别扶助一次性奖励10人，资金2万元；关爱女孩奖3833人，资金114.99万元；提前兑现独子奖2916人，资金87.48万元；农村节育奖7748人，资金232.44万元；农村晚育奖43户，资金2.15万元；独生子女保健费奖励费4399户，资金120.43万元；独生子女一次性奖励费195户，资金5.535万元；新农保贷款贴息4人，资金0.0408万元；新型农村合作医疗11892人，资金83.244万元；新型农村养老保险缴费补助4956人，资金19.824万元；新型农村养老保险增发养老金353人，资金81.8万元；节育并发症（含圆梦小康增发部分）4人，资金2.6万元；圆梦小康失独家庭增发18户，资金28万元；伤残并丧失劳动能力计生家庭子女入学补助428户，资金82.4万元；农村独女双女考生高考一次性奖励44人，资金5万元；经开区农村放弃二孩16户，资金1.6万元；经开区农村奖励扶助增发94人，资金5.916万元；计生岗位连续20年退休一次性奖励1人，资金0.5万元；长效绝育奖743人，资金53.94万元。

（区卫生和计划生育局）

【流动人口计划生育管理】 2015年，全区流入人口为21.34万人，流出人口为2.84万人。省内流入13.83万人，占流入人口总数的64.81%，其中毕节市6.67万人，遵义市2.18万人，黔南1.34万人；市内流入2.08万人，占流入人口总数的9.75%；省外流入5.43万人，占流入人口总数的25.44%，其中四川省1.75万人，湖南省0.67万人，重庆市0.63万人，新疆地区60人。在2015年全国流动人口卫生计生动态监测调查工作中，完成流动人口兴隆社区、金欣社区、黄河社区、三江社区、小孟社区、阳光社区、清溪社区、孟关乡等8个乡镇社区16个点320户，户籍人口阳光社区、明珠社区、黔江社区、平桥社区24个点480户的审核录入。对27个社区开展入户督查，计督查220户，879人，了解全区流动人口动向，流动人口办证情况，流动人口验证率达95%。全区以明珠社区为试点，提出对流动人口需求实行“记账式登记、销账式服务管理”模式（通过建立服务需求台账，提供有针对性的个性化服务，逐项解决，逐个销号，切实解决流动人口融入社区中的实际困难项目），该模式被国家卫计委专家组评为全国34个亮点示范，并作为唯一的创新模式进行全国推广。

（区卫生和计划生育局）

花溪年鉴 HUA XI YEARBOOK 2016

民族

【概况】 2015年，全区少数民族人口为151444人，占全区总人口的31％。花溪区世居少数民族主要是苗族、布依族。其中：苗族人口5.88万人，占少数民族人口总数的39％；布依族人口5.76万人，占少数民族人口总数的38％。64个民族村主要分布在全区4个民族乡。

（区民宗局）

【民族事业发展】 2015年，按照特色民族村寨推进计划，重点抓青岩龙井村、高坡乡云顶村等特色民族村寨建设，结合“创建文化旅游创新区”建设工作，向上级民族工作部门争取资金210万元，用于青岩镇龙井村特色民族村寨提升建设。春节前，对全区少数民族困难户134户（含复退军人9人）、少数民族百岁老人2个，挂帮村困难群众10户、计生帮扶计生户10户进行慰问，发放慰问金资47400元。对扶贫的高坡乡平寨村落实资金23万元，用于基础设施建设及民族文化活动，帮助63户村民缴纳社会养老保险费6300元。对遍访帮助贫困户的马铃乡3户村民落实帮扶资金4万元。对高坡乡高坡村一幼儿患自闭症的苗族困难户给予3000元的救济补助。对金欣社区一聋哑布依族困难户给予5000元救济补助。下发《花溪区民族事务局关于做好新形势下城市社区民族工作实施方案》，明确明珠社区、阳光社区、兴隆社区作为首批试点社区，落实试点资金4万元。对辖区的流动少数民族人员，尤其是新疆籍少数民族人员服务管理，为其在区务工经商做好服务。新疆籍在区务工经商人员15名。

（区民宗局）

【民族文化推进】 召开区2015年民族文化进校园工作安排会，有20所民族文化进校园学校领导参加。落实资金50万元。开展2015年少数民族大学新生“助学工程”工作，对少数民族大学生新生52人发放“助学工程”补助金10.2万元（2000元/人）。与区委宣传部、区委统战部联合行文，下达《花溪区2015年民族团结进步创建活动工作实施方案》，明确今年创建单位13个，推荐4个单位为贵州省民族团结进步创建活动示范单位，推荐7个单位为贵阳市民族团结进步创建活动示范单位。阳光社区等4家单位获2015年省级民族团结进步创建活动示范单位称号。

（区民宗局）

【民族文化活动】 民间民族文化活动主要有农历正月初四高坡乡杉坪村苗族跳洞（悼洞）、正月初六甲定苗族跳场（芦笙舞）、正月初九桐木岭苗族跳花场、燕楼旧盘苗族跳花场、青岩龙井村布依联欢会，正月十二马铃水车坝布依族歌会、正月十五花溪大寨布依地戏，以及斗鸟、斗牛等

苗家芦笙表演（苏华　摄）

活动。区民宗局补助资金57000元支持23个乡镇社区开展春节民族民间传统文化活动。农历正月十三，举办区第四届民族歌舞大联欢活动。5月，组织节目参加贵阳市原生态歌舞节目展演，选送15个节目参加市级比赛。补助8万元支持花溪区布依学会、青岩镇新关村、花孟社区、马铃乡等，开展少数民族“六月六”布依歌会联欢活动。

（区民宗局）

宗 教

【概况】 全区主要有佛教、道教、伊斯兰教、天主教、基督教五种宗教，信徒约3万余人，其中佛教信徒2万多人，道教信徒约3000人，天主教信徒约2000人，基督教信徒约1000人。已登记开放的四类宗教活动场所9个，其中，佛教3个，即青岩迎祥寺、高坡灵应寺、三江社区龙泉寺；道教1个，即青岩万寿宫；天主教2个，即青岩天主教堂、高坡天主教堂；基督教3个，即青岩基督教堂、花孟社区麦乃聚会点、三江社区大寨村聚会点。另有在建佛教寺庙3个(青岩镇大兴国寺、观音祈福寺、清溪社区桐宝寺)。有教职人员13名，其中，佛教教职人员9名，道教教职人员2名，基督教教职人员2名。有爱国宗教团体 1个，即区天主教爱国会。伊斯兰教信众较少，在花溪区无活动场所，主要在贵阳市清真寺过宗教生活。

（区民宗局）

【宗教重点项目建设】 2015年，区宗教重点建设项目主要有大兴国寺和观音祈福寺。投入资金近10万元支持高坡灵应寺、青岩基督教堂、三江龙泉寺进行寺观教堂的修缮，会同青岩镇将青岩基督教自养房改造纳入古镇建设范围。完成花溪基督教固守场所用房。

（区民宗局）

10月12日，青岩镇龙泉寺举行大雄宝殿落成庆典仪式
（区民宗局　供稿）

【宗教重要法事活动】 佛教主要有二月十九观音诞日佛会、六月十九观音成道大法会、九月十九日观音出家会。道教主要有二月十九全真道太上老君诞辰日，六月十九、九月十九慈航会。天主教、基督教主要有12月24日平安夜、12月25日圣诞节。

10月12日，龙泉寺举行大雄宝殿落成暨全堂佛像开光庆典法会，参加法会活动的有省内外佛教界人士及高僧大德约20人，居士约300余人。区民宗局局长在法会上讲话，中国佛教协会常务理事、贵州省佛教协会会长、贵阳市佛教协会名誉会长、黔灵山弘福寺方丈心照大和尚等代表省市佛教协会致贺词。

（区民宗局）

【宗教主要活动点】

龙泉寺，位于三江社区尖山村青龙山西坡，始建于清朝嘉庆年间，1997年登记开放。

迎祥寺，位于青岩镇南街，建于明朝天启年间（1621–1627年），1989年登记开放，寺庙总面积5333多平方米。

灵应寺，位于高坡乡政府东北面灵应山顶，海拔1600米。始建于咸丰十年（1860年），1998年登记开放。

万寿宫，又名江西会馆，系清康熙年间江西客民所建。占地1000多平方米，2008年登记开放。

青岩天主教堂，建于咸丰七年（1857年），位于青岩镇城西，占地面积约4000平方米，可容纳400人。

高坡天主教堂，位于高坡村，始建于1936年，面积约300平方米。

青岩基督教堂，位于青岩南街，面积约140平方米。

（区民宗局）

老龄工作

【概况】 2015年，全区60岁以上老年人6.8 万人，占年末总人口的 14.6%，80岁以上高龄老人6871人，占老年人总数的 1.4 %；90周岁以上老人504人，100周岁以上老人有24人，最高107周岁。全区用于老龄工作的经费 310万元。全年发放高龄补贴7390人次 530.4万元。春节慰问特困、空巢、百岁老人267人8.01万元。发放生活不能自理老人护理补助104人24.96万元。敬老月期间，投入8万元用于开展老年人关爱慰问活动。全区有公办敬老院2所，床位200张；民办老年公寓和托老所19所，床位1514张。

2015年建成高坡乡云顶村、高坡乡石门村、黔陶乡黔陶村、黔陶乡谷洒村、麦坪镇杉一村5个农村互助幸福院。建成孟关乡红星村示范型农村互助幸福院、久安乡雪厂村老年协会居家养老服务站。第四次城乡老年人抽样调查中有480户老年人被抽中调查。8月7日，全国老龄办副主任李耀东一行到花溪区开展第四次中国城乡老年人生活状况抽样调查督导工作。

（周用红）

殡葬管理

【概况】 2015年，区民政局殡葬管理工作实施殡葬惠民政策，免收遗体接运、火化（普通火化炉）、单间停放、骨灰寄存四项基本殡葬服务费用。全区有经营性公墓1座，农村公益性墓地91座。全区死亡人口为2000人，死亡人口火化率100%。拨付免除城乡亡故居民基本殡葬费77.184万元。

（周用红）

（责任编辑　张乡里）

花溪年鉴 2016
HUAXI YEARBOOK

乡镇

高坡稻田（钟光泉　供稿）

花溪年鉴 HUA XI YEARBOOK 2016

青岩镇

【概况】　青岩镇位于贵阳市南郊29公里，距花溪12公里，毗邻210国道，是花溪区南郊中心集散地，贵州省四大名镇之一。始建于明洪武十一年（1378年），至2015年有637年的历史。在贵州历史上占有极其重要的政治、经济、军事地位，有“南部要塞”“筑南门户”之称。地处北纬26° 17′ ~26° 23′ ，东经106° 37′ ~106° 44′ 。南北长10公里，东西宽8公里，总面积为92.3平方公里，东接黔陶乡，西与燕楼镇、马铃乡相连，南与惠水县接壤。地势东、西、北部较高，中部、南部较低，属丘陵河谷盆地，平均海拔1100~1300米，最高峰大苗山海拔1330米，最低处思潜村官塘河入惠水处1010米，镇政府驻地海拔1100米。

全镇辖17个行政村、2个居民委员会，106个自然村寨，131个村民小组；总人口3万余人，有汉、苗、布依、侗、壮等11个民族。青岩镇主要公路有青高、青燕、青马线与主干道横跨东西，公路等级为2至3级，全镇17个行政村，村村通公路，106个自然寨通公路。

2015年青岩镇被评为“全国文明村镇”“四星级生态文明小城镇”，成功举办“2015贵阳国际马拉松赛”。

（姚桂冬）

【经济发展状况】　2015年，青岩镇完成生产总值167468万元，比上年增长15.4%，其中：一产增加值完成28237万元，比上年增长6.5%；二产增加值完成34041万元，比上年增长17.3%；三产增加值完成105190万元，比上年增长15.1%。固定资产投资完成324060万元，比上年增长35.98%；规模以上工业增加值完成9270万元；招商引资完成15.1亿元；财政预算收入完成1.1901亿元，地方财政收入完成9417万元。农民人均纯收入12414元。

（姚桂冬）

【城乡建设状况】　2015年，青岩镇完成全镇156栋老楼危楼排查、统计、汇总、上报工作。完成古镇内13户危房改造验收。实施农村危房改造88户，其中低保户12户，一般户10户，困难户66户。农村危房改造户88户全部开工，开工率100%，完工66户，完工率75%。

一事一议村级公益事业建设财政奖补总资金812.87万元，项目31个。整合各级财政资金2174.34万元，打造龙井村龙井寨、北街村青岩堡、山王庙村小摆托寨为美丽乡村示范点和古镇周边美丽乡村度假区，项目涉及立面整治、太阳能路灯、污水处理系统等66个项目，其中美丽乡村专项建设资金416.5338万元，项目全部实施完成。

11月1日，举行玉带青城小区回迁仪式，玉带青城小区回迁安置全面完成，集贸市场正式开业，有近400个摊位。摆摊者靠抽签确定摊位，明确负责打扫摊位的卫生。

（姚桂冬）

【卫计工作】　2015年，青岩镇出生317人，出生率9.58 ‰，人口自然增长率为2.32‰。完善红白喜事申报制度，公共卫生安全工作制度，落实儿童预防接种工作，强化传染病防治、食品安全监管等工作，开展一级甲等乡镇卫生院及群众满意乡镇卫生院的创建，开展健康教育工作和爱国卫生运动，抓好全国卫生镇创建。11月代表贵州省接受国家爱卫会关于城乡环境整治检查，获高度赞扬；12月全国卫生镇创建接受省检，名列前茅。

组织技术人员到各村为育龄妇女进行妇科病

普查及宫颈癌筛查，全年妇科病普查1000例，宫颈癌筛查998例。全镇在家有生育意愿的待孕夫妇201对，186对夫妇参加孕前优生筛查，筛查率98%。全镇活产306人，产妇306人，健卡306人，健卡率100％，住院分娩305人，住院分娩率99%。7岁以下儿童2756人，已健卡保健2506人，儿童保健率95％。无产妇死亡及婴儿死亡。实施计生手术532例。核实上报计生帮扶奖励对象3402人（其中省奖55人，少生快富奖13人，一次性抚慰奖3人，特别扶助奖4人，关爱女孩奖374人，独子奖297人，节育奖79人，绝育奖34人，独生子女保健费178户，农村合作医疗补助1541人，新型农村养老保险缴费补助757人，新型农村养老保险增发养老金47人，“晚育奖”20人），发放奖励金额110万元。

（姚桂冬）

【社会保障工作】 2015年，青岩镇新增城镇就业603人，农村劳动力转移就业230人；完成城乡居民养老保险收缴180.8358万元，办理2016年合作医疗保险28423人，筹资2558.7万元；发放城镇低保金38.1382万元，154户227人次受益；发放农村低保金108.3738万元，893户2023人受益。实现小额担保贷款6户，贷款金额39万元；进行技能培训69人；自主创业场租补贴18户，资金3.24万元；完成被征地农民养老保险认证1439户，7021人。城乡医疗补助28人，发放救助金231653元。殡葬179人，火化率100%；办理婚姻登记94对。“5·27”暴雨受灾，发放救灾棉被150床；发放救济款（102户，403人）68350元，发放救济粮9855公斤，救济125户。冬春救助102户，171人，发放救助金59300元；残疾人实用技术培训80人。

（姚桂冬）

【三农工作】 2015年，青岩镇春耕期间，销售水稻种子1.2万公斤，玉米种子8050公斤，农膜1.28万公斤，农药1.3万公斤，化肥4820公斤；种植水稻9520亩，玉米3300亩、农资市场检查2次，农机安全检查3次。秋收水稻9520亩，收玉米3300亩，按“不丢荒一块田”要求，实现满栽满插。

全年，猪口蹄疫注射9886头，猪蓝耳注射10336头，猪瘟注射10258头，牛口蹄疫注6785头，鸡禽流感注射27.58万羽，鸭9.852万羽，鹅2.45万羽，鸡新城疫免疫27.50万羽。春节期间，开展禽流感紧急免疫及对活禽交易市场、禽类屠宰点、养殖场进行消毒3.56万平方米。

申报扶贫户30户，扶贫人口119人，用区扶贫办给每户3000元的产业扶持资金，与扶贫户签订帮扶协议，落实帮扶内容。对贫困人口建档立卡，录入系统。实施扶贫济困教育扶贫帮扶贫困户7户，每户给予5000元补贴。

春耕期间配合区农机站在二关村对农机驾驶员开展农机具操作培训，参训人数60余人。全年在田间地头进行微耕机操作培训20余次，发放宣传资料200余份。

森林防火：过火面积控制在千分之0.6以内，受灾面积控制在千分之0.4以内，森林火险高峰期，组织扑救森林火情16起；消除火灾隐患30余起。全年无一例重大森林火灾发生。

森林资源管护落实100%。制止毁林开荒、违法占用林地、偷砍滥伐林木6起，配合区林业主管部门督查涉木企业2次，野生动植物保护，森林防火，秸秆焚烧等宣传10余次。完成春、秋两次森林病虫害普查。

投入水利建设资金823万元。修建排洪渠4.2公里、干渠32.48公里，维修山塘2座。

三资清理：清查核实村级集体资金（银行存款）729.33万元；清查村级资产房屋8400平方米，电脑70余台；建设通组路60余公里，村寨人饮管网45公里。

（姚桂冬）

【一事一议工作】 2015年，青岩镇一事一议村级公益事业建设财政奖补资金812.87万元，建设项目31个。其中：歪脚村示范村寨建设209.84万元，项目是太阳能路灯、文化长廊、河道治理、休闲景观亭、文化广场、表演舞台等11个项目建设；西街村、歪脚村4个财政奖励项目资金59.69万元；歪脚村、思潜村、达夯村、新楼村、扬眉5个一般项目，资金212.93万元。12月底建设项目全部完成。

（姚桂冬）

【2015贵阳国际马拉松赛在青岩镇举行】 2015年7月5日，国际马拉松赛在青岩镇举行。比赛全长42.195公里（其中，半程马拉松21.0975公里）。18个国家和地区94名外籍运动员报名参赛，报名总人数为10672人。全程马拉松2633人（男子2265人、女子368人），半程马拉松5393人（男子3605人、女子1788人），3公里体验跑2598人（部分企业组织的参赛团队未统计）。此外，贵州省体工队10名专业运动员报名参加男、女全程和半程马拉松比赛。

本次比赛以花溪区桐惠路“贵州骏驰汽车赛场”为起点，青岩镇北门广场为终点。其中，3公里体验跑终点设在青岩镇东门路口。为保障此次活动的顺利举行，中国田径协会指派技术官员6名，贵州省体育局及贵阳市选派裁判员150人。赛事招募志愿者1900人。

（姚桂冬）

7月5日，贵阳国际马拉松比赛在青岩镇举行
（王晓红　摄）

【文化旅游创新区项目建设】 2015年，青岩镇玉带溪苑项目：项目总用地面积188.8亩，一期用地面积134.93亩（含4.5亩林地）；二期用地面积53.88亩土地。项目获用地批文，并完成征收补偿工作。主体工程完工。

田园美庐项目：项目用地面积71.74亩。项目获用地批文，并完成征收补偿工作。项目主体工程，墙体结构、室内抹灰和外墙腻子已完成；外墙涂料完成70%。

玉带湾畔项目：项目总用地面积104亩。项目获用地批文，并完成征收补偿工作。主体工程室内抹灰、保温和外墙贴砖完成，外墙涂料完成68%。

青岩古镇旅游文化产业组团：紫袍玉带石雕艺术馆施工完成66%。水韵山居A主体施工屋面防水层、保温层施工，屋面铺瓦完成95%。

贵州体育运动产业基地：一期用地面积171295平方米，建筑面积25475平方米，主要建设国际标准场地赛道、越野赛道、汽车试验场地及相关智能配套旅游设施、信息化旅客服务中心等。一期建设工程完成；二期赛道土石方动工开挖。

（姚桂冬）

【招商引资项目】 2015年，青岩镇引入贵州耐一古建筑旅游开发有限公司投资1.5亿元对北门新桥边玉带河沿岸35亩土地进行开发，建筑面积20000平方米，拟恢复12栋明清古建筑，建设集历史文化保护、旅游度假、文化创意、文化交流、科普宣教、高端商务集聚、影视拍摄、休闲健康养身等“八位一体”的古民居文化街区，该项目用地指标报送至省国土厅，方案总图报送至市规划局进行预审。

引入贵州桥梁建设集团投资15亿元对北街

村、歪脚村狮子山脚375亩土地进行整体开发，拟建成健康文化休闲、健康居住人文、山水度假养身、半岛悦水度假等四大板块，最终打造为青岩健康养身文化村，项目用地指标报送至省国土厅，设计方案按照专家意见进行修改。

（姚桂冬）

附表：

青岩镇2015年村级基本情况一览表

村（居）名	户数（户）	户籍人口（人）	常住人口（人）	组数（组）	人均收入（元）	常年耕地面积（公顷）		劳动力（人）	自然村寨（个）	行政区域面积（公顷）
						总面积	其中：田			
歪脚	532	2505	2621	8	12819	92	59	1628	7	3.5
山王庙	169	794	769	5	12302	45	35	516	4	2.6
摆托	254	1167	1150	9	11790	53	37	758	8	3.6
扬眉	581	2728	2726	7	12694	71.5	63.5	1173	5	9.2
摆早	382	1997	1702	8	11882	76	60	1298	8	6.7
新哨	536	2429	2385	8	12515	112.37	74.8	1578	6	7.3
思潜	655	3253	3122	12	12530	136	98	2114	9	10.1
达夯	572	2671	2529	13	12094	182.6	82	1735	12	9.5
谷通	422	2014	1848	5	12085	110	59	1309	5	8.6
新楼	253	1313	1196	7	11946	69	40	853	5	5.7
二关	162	777	722	4	11983	41	23	503	6	3.9
大坝	182	835	767	7	13042	56	38	542	5	2.4
龙井	280	1216	1253	7	12521	52	35	790	5	5
新关	240	1076	1066	5	12045	38	23	699	5	6.2
南街	505	1703	1714	7	12921	58.97	7	1107	4	2
西街	282	1214	1239	7	12904	54	34	789	5	1.1
北街	636	2643	2786	12	13015	66.22	45	1717	7	4.1
东街	513	2156	2684	12				1336		0.5
明清	470	1606	2042	10				1044		0.3
合计	7626	33997	34321	153	12414	1313.66	813.3	21489	106	92.3

（沈忠菊）

青岩镇国民经济主要指标情况

经济指标（万元）		增长率（%）	
地方生产总值	167468	同期增长	15.4
一产增加值	28237		6.5
二产增加值	34041		17.3
三产增加值	105190		15.1
全社会固定资产投资	324060	同比增长	135.98
规模以上工业产值	9270		
招商引资到位资金	151000	同比增长	104.87
财政总收入	11901		
地方财政收入	9417		

（沈忠菊）

青岩镇教育事业基本情况

项目	单位	总数	女生数	少数民族	入学率（%）
幼儿教育					
幼儿园	所	5			
在园幼儿（含学前班）	人	854	409	484	79.4
教职工人员	人	69	63	30	
小学教育					
学校	所	8			
在校学生	人	2192	971	1014	
适龄儿童入学	人	1903	970	991	99.95
小学毕业学生	人	426	202	171	
小学毕业生升学数	人	426	202	171	
教职工人员	人	143	97	43	
专任教师	人	138	94	43	
中学教育					
学校	所	1			
初级中学	所	1			

项目	单位	总数	女生数	少数民族	入学率（%）
高级中学	所	0			
在校学生	人	1829	890	726	99.5
初中在校生	人	1829	890	726	
高中在校生	人	0	0	0	
初中毕业学生	人	602	283	66	
初中毕业升学学生	人	602	283	66	
高中毕业生	人	0	0	0	
教职工人员	人	117	62	44	
专任教师	人	107	60	40	
初中教师	人	117	62	44	
高中教师	人	0	0	0	

（周　俊）

青岩镇卫生事业基本情况

基本情况	床位（张）	40
	卫生人员数（人）	49
	管理人员	2
	工勤人员	1
	卫生技术人员数	46
	执业医生	5
	执业助理医师	6
	注册护士	13
基本情况	药剂师	6
	其他	16
	乡村医生	19
医疗服务	诊疗总人次数	32509
	门诊人次数	31648
	入院总人次数	861
	出院总人次数	829

（郑茗予）

花溪年鉴 HUA XI YEARBOOK 2016

石板镇

【概况】 石板镇位于花溪区西北部，以生产石板材而得名。石板镇东邻花溪布依族苗族乡的天鹅、养牛两村，南接党武乡的龙山、松柏山、茅草三村，西与湖潮苗族布依族乡的马路、车田、广兴、磊庄等村毗连。西北与麦坪镇的康寨村相邻，北与久安乡的打通、雪厂两村及金竹镇的金山、滥泥村交界。距贵阳25公里，距花溪8公里，属于花溪区中心乡镇之一。地势较平缓，地貌以低丘为主，南北长11公里，东西宽4 .7公里，总面积51.6平方公里，行政区域呈带状。通过境内公路有中（曹）广（顺）线、花（溪）石（板）线、花（溪）清（镇）线、花（溪）平（坝）线、贵安大道。河流有芦荻河流入花溪水库。石板镇森林繁茂，气候温和，水源丰富，辖16个村（居），2015年总人口27964人，出生人口274人。人口出生率10.33‰，人口自然增长率4.26‰。石板镇区位优势突出，历史文化悠久，生态环境优美，民俗民风淳朴，交通便利，辖区内有天河潭、镇山村、隆昌摆拢等旅游景点，是一个休闲避暑的好地方。

（陆　青）

【经济发展状况】 2015年，石板镇国民生产总值（GDP）完成17.99亿元，比上年增长3.39%，规模以上工业总产值完成16.5亿元，增加值完成2.19亿元，固定资产投资完成7.69亿元，农民人均纯收入完成14790元，比上年增长13.2%。招商引资完成34.69亿元，比上年增加12.52亿元，增长56.4%。

（蔡石丽）

【城乡建设状况】 2015年，石板镇小城镇建设情况：一是完成《石板组团控制性详细规划总则》及《石板组团1、2、3、4单元控制性详细规划导则》的各项规划编制工作；二是按照贵阳市23个示范镇重点工作目标、花溪区5个100工程项目任务目标，完成总投资106.39万元集镇安装149盏路灯；三是完成产业大道至贵安大道联络线建设；四是实施久安路口至贵安大道联络线建设项目；五是投入资金24.62万元完成石板一村斗笠坡至大高寨1200余米串寨路建设；六是投入资金15.68万元完成石板一村斗笠坡至大高寨1200余米串寨路的堡坎工程；七是投入资金9.51万元完成石板一村老街法庭路口至小寨500余米通寨（车）道路建设；八是投入资金8.6万元完成盖冗村大寨组太阳能路灯安装；九是完成花街村大寨组太阳能路灯安装工程的项目申报审批；十是完成镇山村停车场至大寨通寨道路建设的项目申报；十一是完成辖区内公路沿线房屋立面整治涉及787栋民房的前期摸底工作；十二是完成辖区内46户村民的危房改造。

（尚兴洪）

【社会保障事业发展状况】 2015年，石板镇发放救济款1.23万元、救济粮4115公斤，协调解决16.8597万元重症患者医疗救助金，发放困难群众临时救助金7.77万元，发放在乡复员老军人生活补助11万元、“两参”人员生活补助21万元和农村籍退役士兵生活补助2.113万元，向363位80岁以上老年人发放老年补助金13.89万元。完成新增就业850人，农村劳动力培训40余人。13所村卫生室实现乡村卫生服务“五统一管理”，实行基本药物零差率销售。投入资金50余万元对花街村、镇山村、隆昌村和芦荻村进行环卫设施补增和辖区内重点区域进行集中整治，全面清理“脏、乱、差”和镇容村貌“破、旧、乱”现象。防疫技术人员进村开展动物防疫工作78人次。投入资金243.09万元完成羊龙村、摆勺村、隆昌村、茨凹村和花渔井村自来水管网改造；投入资金3万元解决盖冗村春耕水利配套设施。

（陆 青）

【镇山村旅游景点】 镇山村地处花溪水库中部的一个半岛上、三面环水，是一个风景优美的生态自然村寨和民俗独特、民风淳朴的布依族村寨。1993年被贵州省人民政府批准为省级民族文化保护村，1995年被批准为省级文物保护单位，1998年10月被确定为中国和挪威文化合作的国际性项目“贵州生态博物馆群之一”，1999年被列为全省重点建设的民族村寨，2011年被授予“贵州30个最具魅力民族村寨”称号。1994年，镇山村建立露天民俗博物馆，镇山村政府扶持、农户自主经营，优化旅游经营理念，提高服务质量，2015年接待游客17万余人次。镇山米酒、镇山农家乐等很有名气。

（蔡石丽）

【天河潭景区提升打造及周边开发】 2015年，石板镇按照省委、省政府打造100个旅游景区的战略部署，以及“景区生态化”的要求，做好天河潭景区提升工作，一方面打造花溪西部“四点一线”旅游热线（“花溪公园—花溪水库—镇山民俗文化村—天河潭风景区”），与南部青岩古镇协同发展，形成旅游休闲圈，创建AAAAA级景区。另一方面以“美丽乡村”建设为抓手，结合天河潭风景名胜区的提升建设，对周边四个村寨“一村一品”，发展农家乐、农家住宿、休闲度假、生态观光、刺绣、手工艺品加工等特色的乡村旅游服务业，形成旅游服务产业链，让游客“吃得好、玩得欢、住得乐、购得值”，带动周边老百姓增收致富。完成天河潭大道建设和景区周边环境整治。

（蔡石丽）

【石板物流园菜篮子惠民生】 2015年，石板镇物流园探索“菜篮子”工程现代发展模式，契合新时期城镇居民对“菜篮子”产品“鲜活、优质、平价、方便、无虫害”的消费要求。一是通过加强周边区域果蔬基地和农户的合作，以13万平方米果蔬交易大厅的交易平台为载体，简化果蔬供给链，从而实现果蔬产品的平价化。二是以工作繁忙、注重生活品质的城市上班族及城市住户为服务目标，发展农产品电子商务现代销售模式，打造贵阳农丰网线上果蔬产品网络交易平台，实现市民购买果蔬产品的智能化。三是通过建成现代化的地产菜交易大棚1.7万平方米、冷库3万吨以及东风瀑布、云美冷链等一批生鲜配送中心和集配中心确保果蔬产品新鲜化。四是完善检疫检测设施，配置专业的农药残留检测仪器，每日对物流园区内果蔬产品进行农药残留快速检测，确保市民吃上放心的果蔬产品。

（尚兴洪）

【石板镇志愿服务队开展“阳光小天使”禁毒知识竞赛活动】 6月12日，由石板镇人民政府、花溪区第四中学、石板派出所联合主办，石板镇志愿服务队承办的石板镇“阳光小天使”禁毒知识竞赛活动在区第四中学举行。此次禁毒知识竞赛活动有区第四中学、石板中心小学、合朋小学等10支代表队参加，比赛分为必答题、抢答题、风险题、加赛题四个环节及现场互动环节。活动号召广大师生、社会各界及全镇各族人民参与禁毒行动，通过学生“小手牵大手”，让禁毒工作深入学校、深入村寨、深入千家万户，构筑全社会群防群控的禁毒格局。

（陆 青）

【行政村建设概貌】 石板一村各组道路全部安装太阳能路灯，对公路两侧沿线可视范围内的农房进行立面改造和环境卫生整治，建设村内各组污水处理网管，营造一个良好的生活环境。全面掌握村流动人口的基本信息，有效管理村内流动人口，推进社会和谐稳定；引进蔬菜种植技术，提高人口平均收入。

茨凹村各组道路全部安装太阳能路灯，对公路两侧沿线可视范围内的农房进行立面改造和环境卫生整治，建设村内各组污水处理网管。建设1个公共娱乐广场，配备各种健身器材，丰富村民的闲瑕生活，营造一个良好的生活环境。

云凹村公路沿线房屋进行立面整治，引进地利物流园、云凹花园、西部建材城等大型项目，解决村民就业问题，提高人均收入，提升人们的生活水平。

镇山村村内有农家乐20余户，每天接待游客量约为100人；配备停车场1个，车位约100个；码头1座，游船20余艘；村内房屋建筑均以具有民族特色的石板房为主，以旅游收入为主要经济来源。

花街村对南环高速公路两侧房屋进行立面改造，村内配备太阳能路灯，以天河潭景区为依托，建设污水处理网管设施，全面打造花街特色村，并推出特色产品花街面条。

花鱼井村对于公路两侧房屋进行立面整治；村内设一个娱乐广场，对村组道路沿线配备太阳能路灯。随着地利物流园、合朋经济的发展，带动村内产业发展，如餐饮业、采石业等。

摆勺村村内各组道路配备太阳能路灯。有效保护村内生态环境，建设村内污水处理网管，及时清理各种垃圾，避免阴雨天气大量垃圾和污水流入阿哈水库，保护阿哈水库水源。

盖冗村村内交通线路配备太阳能路灯，随着湖磊路、黔中大道的建设，开展公路沿线两侧房屋立面整治，利用湖磊路、黔中大道的道路优势，引进企业驻村，发展村集体经济。

芦荻村村内交通线路配备太阳能路灯，贵安大道、湖磊路沿线的房屋立面整治。建设村内污水处理网管。利用天河潭景区提升契机，发展村寨旅游，将村内纯天然地理环境、古文物保护点等看点向广大游客展现。

羊龙村对贵安大道道路两侧房屋进行立面改造，对各组道路配备太阳能路灯；利用金石产业园，引进金石亿隆公司、羊龙经贸公司等企业，解决村民就业，增加农民收入。

合朋村创建原金石产业园，由市、区引进的星天电线电缆有限公司、二手车交易市场、木材市场、钢材市场、汽配市场等企业，入驻村内方便村民就业创业，提高村民收入。做好入驻企业管理和流动人口管理，营造和谐经济、生活环境。

隆昌村村内各组道路均配备太阳能路灯，村委广场摆拢组广场配备健身器械为村民们提供健身场点。对过境的老中广线、贵安大道、贵南联络线等公路沿线两侧民宅进行立面整治，建设村内各组污水处理管网。利用天河潭景区提升机遇，打造具有代表性的摆拢民族风情点，种植芹菜、韭黄等精细蔬菜，建设斗牛场、农家乐等发展乡村旅游。

石板二村对公路沿线房屋进行立面整治，建设污水处理网管，强化卫生环境整治，确保集镇整洁。村内主要以地利物流园周边、老中广线沿线为发展带，做好沿线商户及流动人口管理，确保社会和谐。

（欧广剑）

石板镇2015年村（居）级基本情况一览表

村（居）名	户数（户）	户籍人口（人）	常住人口（人）	组数（组）	人均收入（元）	常年耕地面积（亩）		自然村寨（个）
						总面积	其中：田	
摆勺村	540	2003	1862	3	14790	1200	680	4
羊龙村	503	1725	1783	4	14790	883	527	5
合朋村	1743	3579	5289	7	20000	1545	660	5
花鱼井村	456	1095	1409	3	14790	615	290	3
云凹村	630	1224	1597	8	14790	1337	420	7
石板二村	924	1441	2425	4	14790	668	60	1
石板一村	1267	2593	3373	6	14790	1323	375	5
隆昌村	426	1314	1362	5	14790	1205	610	3
茨凹村	462	1401	1424	3	14790	990	500	3
芦荻村	437	1503	1247	5	14000	980	430	3
花街村	304	1030	832	7	14000	746	300	4
盖冗村	458	1591	1461	11	14790	1015	500	1
镇山村	218	699	661	5	14790	707	303	2
第一居委会	189	419	362		14000			
第二居委会	247	471	505		14000			
第三居委会	851	2415	2372		14000			

【花溪年鉴 HUA XI YEARBOOK 2016】

燕楼镇

【概况】　燕楼镇位于花溪区西南部，距花溪城中心14公里，距贵阳市中心27公里。东与青岩古镇相邻，南与马铃乡接壤，西接平坝县，北与党武乡相连。东西长13公里，南北宽约5公里，面积57平方公里。辖燕楼、谷蒙、思惹、坝楼、旧盘、摆古、槐舟、同心8个行政村，80个村民组，52个自然村寨。人口1.4万人。少数民族以苗族为主，占户籍人口27%。耕地面积10110亩，占总面积的11.82%，森林覆盖率32.33%。

（汤　惠）

【经济发展】　2015年，燕楼镇生产总值4.5513亿元，比上年增长15.2%。固定资产投资10.16亿元，比上年增长27%。工业产值4.483亿元，比上年增长23.2%，工业增加值1.14亿元。招商引资8亿元，实际利用外资1282万美元。财政总收入7860万元，比上年增长6.5%；地方财政收入4380万元，比上年增长14%。

（汤　惠）

【燕楼工业园区项目建设情况】 2015年，燕楼镇引进宇培贵阳电子商务分拨结算中心，项目总投资14亿元，占地面积440亩；为投产的4家企业和建成的10家企业办理土地手续。完成征地450亩，兑现资金2000万元。矿山征地680亩，处理纠纷35次，确保水泥厂顺利生产。龙燕路、园区六、七号补征5户农户土地。完成谷槐路和龙燕路二期土地征地、迁坟工作。

（汤　惠）

【花安路项目征地】 2015年，燕楼镇完成花安路土地征收1766亩（其中一标段957亩；二标段809亩）。迁移坟墓650座，征收房屋75栋，涉及农户80余户，兑付土地、林木、果木其他地面附着物款项6900万元。全线交付承建单位开工建设。

（汤　惠）

【助农增收】 2015年，燕楼镇举办农民技术培训11期，培训1000人次，组织到区级技能培训46人次。组织招聘会，参加招聘企业现场提供就业岗位500个，实现农村富余劳动力转移200人，新增就业312人，失业人员再就业5人。农民人均纯收入12579元。

（汤　惠）

7月2日，燕楼镇在燕楼中学组织全体师生开展以“远离合成毒品，珍惜美好青春”和“向毒品说不，打一场禁毒的人民战争”为主题的禁毒宣讲活动（燕楼镇　供稿）

【社会保障】 2015年，燕楼镇发放兑现低保资金22.12万元。医疗救助金5.1446万元、救灾款7.93万元，救济粮食16970公斤，老龄补贴13.81万元。发放退伍军人、两参人员慰问金2.76万元。新农村合医12541人筹资112.87万元，参合率98.5%。就诊报销金额32.25万元，涉及1300人次，基金使用率为66.16%。养老保险缴费人数2937人，缴费61.73万元，缴费率100%。

（汤　惠）

【卫生计生事业】 2015年，燕楼镇开展疾病防控、妇幼保健、饮用水消毒、食品安全、公共卫生等工作。突出孕前跟踪和流动人口管理，加大政策外生育监控管理，兑现计生奖惩。全年兑现“三按月”计生经费1.35万元，兑现“双诚信双承诺”计生经费1.3万元，完成奖励扶助资格确认499人，兑现奖励帮扶资金33.858万元。全镇符合政策生育率99.16%，比去年同期上升0.45%；出生率10.11‰，比去年同期下降0.81个千分点；自然增长率1.34‰，比去年同期下降2.04个千分点。

（汤　惠）

【社会管理】 2015年，燕楼镇排查各类矛盾纠纷170起，调解170起，调解率100%，调解成功169起，调解成功率99.4%。全年收到信访47件，其中12319公共服务平台转交办25件，区信访局转交办22件，调查回复47件，回复办结率100%，及时化解一些可能发生的群体性事件，避免群体性上访。全年没有进京和到省访越级访情况。全年刑事案件发案17起，与上年24起比下降21%，在全市群众安全感测评为98.33%。全年没有发生安全生产事故。

（汤　惠）

【乡村建设】 2015年，燕楼镇乡村建设项目投入资金1900多万元。完成危房改造52户，完成8个行政村10个自然寨“四在农家·美丽乡村”建设的规划图，完成通寨道路硬化5.7公里，串户路2.5公里，完成贵民公司贷款融资项目（休闲广场、公共厕所、排污沟、太阳能路灯安装）4个，修建谷蒙大寨至大石浪通寨公路3.7公里。

（汤 惠）

【农业项目】 2015年，燕楼镇完成小型农田水利重点县建设项目54个的设计、规划、预算申报，预算资金1300余万元，做好前期工作准备，年底逐步开工实施。完成旧盘村29.3万元养猪、养鸡、种植小白菜项目、同心村3.5万元养猪项目、57万元养猪项目验收；落实思惹村6.5万元豇豆种植项目。完成坝楼村20万元发展村集体经济项目50万元养鸡项目的申报，并得批复；完成燕马保供园区现与创新公司完成项目规划编制、区级评审、农户动员等相关工作。

（汤 惠）

【同步小康驻村工作】 2015年，燕楼镇4个同步小康驻村工作组，协调到村体育器材建设、自来水管网建设、黑毛猪养殖、优质肉鸡养殖、森林防火隔离带建设、通组路建设等10个项目，协调到位资金200多万元；及时受理和解决群众反映问题，向群众宣传惠农政策、种养殖技术知识等，工作组及第一书记为群众办理实事130余件，向农户提供农产品销售信息200余条，宣传合医、社保、计生、卫生、惠农补贴等政策2800余人次。

（汤 惠）

【扶贫工作】 2015年，燕楼镇落实扶贫项目76个（养殖类25个，水利类2个，交通类4个），完成69个，正在实施7个，落实各类项目帮扶资金483.19万元。其中，专项扶贫资金76.1万元，扶贫帮扶单位及人员落实帮扶资金407.09万元。推荐3户贫困户到企业就业，家庭年收入增加21000元以上；各级干部走访贫困户248人次。经帮扶，年底贫困户平均人均年收入11143.71元，与2015年全镇农民人均纯收入12579元相比，仅差1435.29元。与2014年末全镇农民人均纯收入11808元相比，基本达到2014年全镇农民人均纯收入水平，实现52户160人的脱贫目标。

（汤 惠）

燕楼镇教育事业基本情况

项目	单位	总数	女生数	少数民族	入学率（%）
幼儿教育					
幼儿园	所	3			
在园幼儿（含学前班）	人	315	153	180	97%
教职工人员	人	35	35	15	
小学教育					
学校	所	5			
在校学生	人	762	365	262	
适龄儿童入学	人	158	75	60	100%
小学毕业学生	人	135	66	117	

项目	单位	总数	女生数	少数民族	入学率（%）
小学毕业生升学数	人				
教职工人员	人	76	48	11	
专任教师	人	75	48	11	
中学教育					
学校	所	1			
初级中学	所	1			
高级中学	所				
在校学生	人	313	144	124	100%
初中在校生	人	313	144	124	
高中在校生	人				
初中毕业学生	人	129	45	28	
初中毕业升学学生	人	129	45	28	
高中毕业生	人				
教职工人员	人	27	8	2	
专任教师	人	27	8	2	
初中教师	人	27	8	2	
高中教师	人				

（邓晓兰）

麦坪镇

【概况】 麦坪镇地处贵阳市的西郊、花溪区的西北角、清镇市的东南面，东与久安乡、石板镇相邻，南接贵安新区湖潮乡，西与清镇市红枫湖接壤，北毗观山湖区。麦坪镇属于贵安新区规划区域，全镇总面积49.38平方公里。地势北高南低，北部为山地，田高水低，煤矿资源丰富；南部为丘原地带，低丘与缓丘相接，溪流浅，多为平缓耕地。境内最低海拔1190米，最高1460米，一般1190至1450米之间，最低关音山口1119米，最高红岩大坡1460多米。麦坪镇距贵阳市中心29公里、花溪区政府17公里、清镇市12公里，有贵安新区骨干路网金马路、百马路、贵红路、湖磊

10月13日，贵阳市远教办到新寨村蔬菜基地考察
（麦坪镇 供稿）

路、天河潭路贯穿境内，且均为城市一级主干道；长昆快速铁路、市域快铁也路经麦坪，交通便利。麦坪镇属亚热带季风温润气候，高原气候特点明显，气候温和，光、热、水同季，平均气温14℃，年均降雨量为1100毫米，无霜期270天。其土壤肥沃，有6770亩荒山荒坡可发展经果林、中药材和畜牧业。森林资源丰富，有2.2万亩生态林，森林覆盖率达37%。矿藏富储，有煤炭、石灰石、重金石、铁矿石、黄沙等。旅游资源优良，毗邻天河潭AAAA级风景区。戈寨村“布朗李”基地，有布朗李、艳红桃等经果林2万余亩、新型生态观光农业基地，以及有保存完好的康寨布依族民俗文化。 麦坪镇辖13个行政村（场坝村、麦坪村、新寨村、康寨村、戈寨村、施庄村、刘庄村、汪庄村、杉一村、杉二村、兴诚村、大坡村、彭官村）、87个村民组，境内居住以汉族、布依族、苗族为主。2015年，全镇有4594户，户籍人口20441人，出生人口268人，死亡人口114人。其中农业人口19978人，非农业人口463人。

（陈庆宇）

【社会经济发展状况】 2015年，麦坪镇生产总值完成27172万元，比上年增长15.2%，其中一产6115万元，二产12767万元，三产8290万元；固定资产投资完成71930万元，比上年增长7.56%；招商引资完成2亿元，完成目标数的100%；公共财政预算收入完成1320万元，财政总收入2832.33万元，地方财政收入1695.23万元。农民人均纯收入11176元，增速15%。

（田　鹏）

【乡村教育事业】 2015年，麦坪镇将“控辍保学”、推进教育“9+3”计划为工作重点，对镇64名留守儿童入学情况调查，制定“一人一册、包保到人”方案；争取上级资金支持，改建各中小学硬件设施。中小学营养午餐工程于2015年3月2日准时开餐，全镇1400多名中小学生吃上安全、卫生、营养的午餐。镇党委、政府列出专项资金对2015年10名优秀教师、25名被省内外高校录取的优秀学生表彰奖励。

9月10日，麦坪镇党委政府对优秀教育工作者进行表彰（麦坪镇　供稿）

（陈庆宇）

【农牧产业】 2015年，麦坪镇完成 2401头生猪三联苗、猪瘟、蓝耳病、口蹄疫免疫注射；148头牛口蹄疫的免疫注射，境内的15家蛋鸡规模养殖场按要求进行规定程序的免疫及消毒等工作；对生猪、蛋鸡规模养殖场进行动物养殖培训，与防疫员和21户规模养殖场签订2015年动物防疫责任书。新寨村蔬菜基地建设，协调资金40余万元，建设育苗地块节水灌溉工程项目100亩，基地示范种植秋葵200亩，辣椒及其他蔬菜400余亩；茶园

3月11日，麦坪镇新寨村同步小康驻村工作组走访村果蔬种植专业合作社（麦坪镇　供稿）

种植面积1600亩。年度种植茶园2800亩，其中施庄村种植茶园1000亩，戈寨种植茶叶1800亩；投入扶持资金231.67万元，解决施庄村整体“脱贫摘帽”及76户贫困户脱贫问题。

（陈庆宇）

【民生事业】 2015年，麦坪镇城镇新增就业182人、农村富余劳动力转移220人、职业技术培训50人、小额担保贷款扶持5人；引导400名农民工返乡创业就业；引导11户留守儿童家庭劳动力返乡创业就业；向221户、699人发放救济粮10265公斤；冬春救助124户，217人，发放救助金34425元；临时救助12人，医疗救助17人；帮扶贫困残疾人家庭子女就学10户；办理婚姻登记221对，补办婚姻登记58对；全年全镇死亡114人，火化114人，火化率100%。

（陈庆宇）

【“平安麦坪”建设】 2015年，麦坪镇“两抢一盗”刑事案件发案18起；开展禁毒宣传3次，打击吸贩毒人员27人；处理上访案件33件，调解矛盾纠纷50件，调解成功50件，调解成功率100%，未发生一起进京到省或市“非访”案件。

（陈庆宇）

【农房建设与管控】 2015年，麦坪镇危房改造项目44户全面开工，开工率100%。除1户因是后期调整，未竣工外，其余43户主体均已完工，竣工率97.7%。严管违法违章建筑，通过下派13名拆违控违网格员，增强巡防管控力度，完善“一房一档”数据库建设；聘用拆违控违人员26名，投入拆违控违资金110万元，拆除违法违章建筑40150平方米。

（陈庆宇）

【项目建设情况】 2015年，麦坪镇境内金马大道、百马大道建成通车，贵红路已完成路基建设，湖磊路、天河潭大道基本建成通车；国家级路网工程——沪昆高铁麦坪段完成总体工程进度的85%。随着以上路网建设项目的顺利实施，麦坪镇“四区市交通枢纽”的区位优势逐渐呈现，为加速全镇经济社会发展奠定基础。2015年国际田径越野锦标赛项目建设：完成省体育基地周边482亩国有土地回收工作；完成赛场周边3公里道路提升改造、绿化工程，赛场周边37户房屋立面改造工程。完成4个村的冬修水利项目（戈寨村人饮管网改造，新寨村、场坝村各2公里渠道防渗，汪庄村门口塘整治，戈寨村人饮管网改造）；完成8个村重点县五小水利项目（新庄2公里、施庄160米、刘庄1.5公里、杉二1.5公里、戈寨2公里、麦坪2.1公里、康寨1公里、新寨300米的渠道防渗、康寨村林冲山塘、施庄村牛场坝山塘处漏、新寨村蔬菜基地30口小水窖、新庄核桃基地15口小水窖）；完成大坡村1.5公里的排洪大沟整治。

（陈庆宇）

【一事一议项目】 2015年，麦坪镇完成2014年第二次申报的一事一议一般项目5个，并竣工验收，财政奖补金额165.61万元；普惠制项目3个、区级融资贷款项目4个。年度投资425万元；完成兴诚村小康路建设5.5公里，投入资金220万元。

（田　鹏）

【创先争优】 2015年，麦坪镇开展“创先争优”活动。杉一村曹加明同志被评为贵州省“文朝荣式好支书”称号；刘庄村党支部获贵阳市先进基层党组织；杉一村获花溪区“模范村集体”称号；新寨村周桂荣同志获花溪区“模范村主任”称号。

（陈庆宇）

麦坪镇村级基本情况

村（居）名	户数（户）	户籍人口（人）	常住人口（人）	组数（组）	人均可支配收入（元）	常年耕地面积（公顷）		劳动力（人）	自然村寨（个）	行政区域面积（公顷）
						总面积	其中：田			
大坡村	583	2447	2680	8		73	52	1310	8	750
康寨村	398	1843	1876	8		111	73	1008	8	680
兴城村	392	1978	2060	7		80	32	1117	8	450
施庄村	167	802	806	4		20	14	488	2	190
刘庄村	281	1312	1387	7		59	32	743	8	538
彭官村	506	2366	2427	7		40	50	1273	2	270
麦坪村	451	2013	2117	10		68	36	1093	5	300
新寨村	247	1151	1169	6		42	23	662	5	250
杉一村	155	744	793	4		40	27	460	1	400
汪庄村	196	972	997	5		34	13	523	3	350
杉二村	201	1071	1080	6		54	24	599	1	410
场坝村	288	1362	1579	4		62	30	769	4	220
戈寨村	426	1917	1917	8		59	51	1043	5	503

（陈庆宇）

麦坪镇主要经济指标完成情况

经济指标（万元）		增长率（%）	
地方生产总值	27172	同上年比增长	15.2
一产增加值	6115	同上年比增长	8
二产增加值	12767	同上年比增长	18.9
三产增加值	8290	同上年比增长	15.3
全社会固定资产投资	71930	同上年比增长	7.56
规模以上工业产值	29922		
招商引资到位资金	20000		
财政总收入	2832.33		
地方财政收入	1695.23		

（陈庆宇）

孟关乡

【概况】 孟关乡位于贵阳市东南郊，距贵阳18公里，距花溪1公里。东界龙里县水场乡，南与黔陶乡河西村、青岩镇杨眉堡村为邻，西与小孟社区傅官村为邻，北与小碧乡为邻。境内有贵惠大道、孟关大道。付关路、老富源路、红星路、杨孟二路、杨孟路、汽贸城红星路延伸段道路建设路网6462.159米。面积68.29平方公里。8个行政村，2个居委会。人口38000人，少数民族占人口43%，以苗族、布依族为主。森林覆盖率46.33%。

（孟关乡）

【经济主要指标】 2015年，孟关乡生产总量完成218243.825万元，比上年增长15.4%，其中工业总产值201000万元，完成目标任务的100%；固定资产投资529482万元，比上年增长22.97%，完成目标任务的105.9%；招商引资40亿元，完成目标任务的100%。

（孟关乡）

【建设项目】 2015年，孟关乡完成危房改造56户。完成小孟千亿工业园、改貌货运场建设。孟关生态特色功能区（碧桂园）、两港一中心、贵阳智能公路港产业项目开发；孟关乡立面整治改造、安置点保障性安居工程建设。打造集聚10万人的孟关生态新城。改貌物流配套服务区、孟关综合区、贵阳智能公路港、扬眉湖度假区规划。集镇X106道路、二号路、三号路、四号路、四号道路延伸段、付官路改造完毕。贵化路口至万历田城镇支路改造，红星污水处理厂开工建设。完成石龙、改毛、五星、上板四个村综合楼建设。

（孟关乡）

【社会事业】 2015年，孟关乡新增城镇就业902人，兑付返乡创业8人，补贴2.4万元，场租补贴14户4.2万元。城乡居民养老保险缴费金额36.23万余元，领取养老金1600人。征地农民参保缴费、城镇职工养老保险1058人；办理就失业登记证79个，农村富余劳动力转移200人；城乡统筹就业1100人。合医参保人数16470人，交费148.23万元。

（孟关乡）

【民生工作】 2015年，孟关乡有农低保对象102户195人，五保对象6户6人，城低保16户20人；帮扶困难户77户212人，发放救济款3.42万元，发放救灾大米2595公斤。冬春救助169户461人，救助款8.79万元。城乡临时救助15户，救助金5.85万元；困难群众医疗救助5人，医疗救助金8.02万元。持证256位残疾人，其中精神病患者21人。居家托养补贴11人，发放补贴5500元；发放重度残疾人补贴22人，1.32万元；助残日慰问贫困残疾人3名，发放慰问金600元。2015残疾人年合医补助40人、2800元。全乡有优抚对象140人（其中老复员军人11人，两参人员69人，烈属1人，退役老兵56人，伤残军人2人，带病回乡1人），申报优抚医疗救助13人，发放优抚医疗救助11人，5121元；发给两参人员、老复员军人、伤残军人、家属优待金8.2万元。80岁以上老人185人，发放老年补贴14.33万元；老年节慰问21位老人，金额6800元。办理婚姻登记162对。殡改94人。建设农村幸福院3所，为老年人提供活动、学习场所。

（孟关乡）

【三农工作】 2015年，孟关乡有378户农户退耕还林，退耕面积1556亩。8个村二轮延包3013户，确权3013户。完成勘界3383户，分户370户，确权面积12896.488亩，确权2510户，暂缓确权873户；颁发证书2510本。完成石龙村长冲组道路硬化、谷立五组道路硬化；安装石龙村长坡组太阳能路灯，孟关村供销社旁边道路硬化工程竣工。水利建设5个项目：石龙长坡组人饮改造、干坝组人饮改造、石龙围坡组人饮改造，已经完成。完成谷立一、二、三组人饮改造地势勘探工作、红星村、谷立村和石龙村2016年水稻保险预报及生态公益林基金兑现工作。

（孟关乡）

孟关乡村（居）2015年基本情况统计表

村（居）名	户数（户）	户籍人口（人）	常住人口（人）	组数（组）	人均收入（元）	常年耕地面积（公顷）		劳动力（人）	自然村寨（个）	行政区域面积（公顷）
						总面积	其中：田			
孟关村	898	1855	2930	4	8000	40	33.3	1203	4	200
上板村	418	886	1536	6	10000	17.3	11.3	665	6	700
沙坡村	694	1992	1536	8	18000	133.3	100	1232	8	870
红星村	420	1346	1583	3	8000	98	71	800	3	1260
五星村	545	2122	2420	7	10000	100	43.3	1400	4	800
改毛村	1485	2817	4601	10						
谷立村	733	2413	2440	5	5000	340	224.4	1452	5	1200
石龙村	901	3436	2692	13	2368	153	102	1800	13	2980
九八四四社区	854	1424	1962	1	20000	0	0	698	0	88.7

孟关乡2015年国民经济主要指标完成情况统计表

经济指标（万元）		增长率（%）	
地方生产总值	30	比上年增长	17.69
一产增加值	1		6
二产增加值	11.9	比上年增长	17.8
三产增加值	17.7	比上年增长	14.5
全社会固定资产投资	529482	比上年增长	22.97
规模以上工业产值	201000		
招商引资到位资金	400000	比上年增长	15.6
财政总收入	48300		
地方财政收入	21800	比上年增长	92.9

（孟关乡）

花溪年鉴 HUA XI YEARBOOK 2016

马铃乡

【概况】 马铃布依族苗族乡位于贵阳市西南角，距离花溪区行政中心27公里，东南与惠水隔水相望，南与长顺县毗邻，西与贵安新区接壤，北与燕楼镇交界。地域内山间、盆地、洼地、谷底呈串状分布，最高海拔1573米，最低海拔999米，地势东高西低，平均海拔1200米，属典型的中山丘陵地貌。全乡总面积81.08平方公里。辖3个村，77个村民组，户籍人口9504人，其中少数民族6327人，占全乡总人口的66.57%，是个典型的少数民族乡镇。

马铃乡现有耕地面积9657亩，其中田3457亩，土6200亩，以传统种植业为主。

境内有青岩—马铃、马铃—林卡公路，形成贯穿马铃的“青—马通道经济带”。沿谷中盐井至新村的马铃河沿线，规划建设5平方公里左右的“马铃现代农业产业园”；衔接贵安新区黔中路和沪昆高速匝道，规划布局3平方公里左右的“凯伦农产品集散加工区”；依托红岩水库，与“马铃现代农业产业园”叠加，沿马铃河至革约龙耳朵片区，规划布局6平方公里左右的“马铃休闲度假旅游区”；以马铃集镇为基础，东连红岩水库安置点，西向水车坝延伸，规划布局3平方公里左右的“马铃集镇综合服务区”。突出马铃冷水鱼特色，在谷中盐井区域扩建“马铃冷水鱼养殖基地”；承接湖潮片区养殖业，在平山上院至大坡建设“平山畜禽养殖基地”；强化特色种植业示范带动。规划海寨塘片区“特色经果林种植基地”和云上至中寨片区“谷中苗圃种植基地”。燕马都市蔬菜保供基地马铃片区2000平方米的连体大棚动工建设，大棚周边绿化完成50%；高标准种植400亩；发展农民合作社7个；完成无公害产品产地认证0.3万亩，产品认证1个；配备技术人员10名，培训农业从业人员300人次；入驻企业3个。

（周国斌）

【经济发展状况】 2015年，马铃乡生产总值21760万元，比上年增长23.05%；固定资产投资30000万元，比上年增长14.3%；地方财政收入2049万元，农民人均纯收入10080.96元；社会消费品零售总额较去年增长13%。支持发展民营经济，扶持微小企业5家；招商引资20000万元；完成年度目标任务的100%。

（周国斌）

【安全生产工作】 2015年，马铃乡利用赶场天，结合“警示教育”，与安监站、国土所、村镇建设服务中心、综治办等部门联合开展“安全生产月”“五进五上”“安康杯”“打非治违”知识竞赛等宣传活动，发放安全生产宣传资料2000多份，在乡行政村书写安全生产标语30多条，悬挂横幅10多条。使广大群众、干部职工和学生进一步增强安全生产意识。全年没有发生安全事故。

（周国斌）

【农商银行马铃支行开业】 2015年8月6日，花溪农商银行马铃支行正式开业，结束马铃乡无全天候营业金融机构的现状，支行工作人员到村寨为老百姓送去金融知识、发展经验，还为需要发展产业而又缺乏资金的老百姓提供贷款支持，为马铃经济发展、百姓致富提供帮扶。

（周国斌）

【生态环境建设】 2015年，马铃乡配合做好国家卫生城市暗访复查工作，完成马铃乡省级卫生乡镇、谷中村盐井组省级卫生村寨、马铃村水车坝市级卫生村寨创建工作。加强林业绿化保护，全乡绿化率达59.69%。主要污染物排放总量控制在市下达目标之内，全乡环境空气质量高于城市达标率。11月26日，贵州省政府授予马铃乡第六批省级生态乡镇称号。

（周国斌）

【重点项目建设】 2015年，马铃乡推进燕马都市蔬菜保供基地示范园区建设；推进贵阳红岩水库建设，完成导流洞开挖工作，移民搬迁全面启动，完成投资5000万元；配合交通部门加强农村公路和危险路段治理率100%；配合强化公路安保工程实施，负责做好村道隐患排查治理，实施村道安保工作，完成100%；完成马铃乡农田水利基本建设工作；扩大耕地灌溉面积150亩。

（周国斌）

【农业产业区建设】 2013年马铃乡马铃村实施30亩蓝莓试种，2015年产果，试种获得成功。2015年，投入45万元进行200亩蓝莓标准化连片种植。谷中村云中百花园苗圃基地建设正式开工，将打造以园艺景观为主，带动周边农家乐旅游发展的旅游基地，园区占地两千亩，由贵阳市花溪溪谷中兴发园林有限公司开发，完成500余亩土地流转手续，相关注册登记完成，预计投资1000万元，争取用两年时间全部建成并投入运作。

（周国斌）

8月14日，区委书记康克岩（前）到马铃乡调研
（马铃乡　供稿）

【扶贫工作】 2015年12月3日，区扶贫工作会议暨农业农村工作现场会议在马铃乡召开，花溪区领导向子琨、张吉林、秦永康、李莎出席会议。马铃乡群众居住分散，基础设施发展滞后，产业形态单一，收入渠道狭窄，主要以传统种植业为主，属典型的少数民族贫困乡。为推进马铃乡脱贫工作，加大扶贫攻坚力度，马铃乡结合自身的发展实际，向市政协申请“7+2”同心扶贫工程项目7个；推进教育“9+3”计划落实，抓好农业技能培训，提升农民群众的科技文化素质，通过低保制度、临时救助、救灾救济、医疗救助、危房改造等救助政策的实施，筑牢因灾、因病返贫的防线，巩固减贫摘帽成果，推进全面小康。2015年全乡贫困人口脱贫71户、178人；其中谷中村28户68人，马铃村35户89人，凯坝村8户21人。

（周国斌）

黔陶乡

【概况】 黔陶布依族苗族乡位于花溪区东南部，距贵阳市29公里，距区行政中心19公里。东西宽11公里，南北长12.6公里。位于北纬26° 至26.17° ，东经106.43° 至106.50° ，全乡总面积约74.8平方公里。通过境内公路有100县道（冷黔线），014县道（青平线）。黔陶乡水源丰富，马场河发源于高坡红岩冲和龙里县摆东，到马场村汇合，流经赵司、骑龙，流入青岩，全长10.5公里，境内流程3公里，平均宽度15米；老榜河发源于龙里县水场乡，流经黔陶村河西组、坪子上组，流入青岩摆早村，境内流程6公里。乡内森林资源丰富，生态优良，森林覆盖率达62.18%，有“天然氧吧”之称。全乡辖7个村，1个居委会，总人口10902人，居住着汉、布依、苗、仡佬等10多个民族，是少数民族乡。黔陶乡是承接青岩--高坡南部旅游线路的重要节点，辖区内环境优美、交通便利、历史文化底蕴深厚，有桐埜书屋、鬼架桥、老榜河等旅游景点，是一个休闲度假、养生避暑的好地方。

（任　宏）

【经济发展状况】　2015年，黔陶乡生产总值完成32935万元，比上年增长15.1%。固定资产投资完成30100万元，比上年增长100.33%。工业产值完成8440万元。公共财政预算收入完成601万元，完成全年目标任务1800万元的33.39%。省外到位资金20050万元。城镇居民人均可支配收入为24867元，比上年增长11.47%。农民人均纯收入为13262元，比上年增长13.2%。

（任　宏）

【城乡建设情况】　2015年，黔陶乡投入资金1299.36万元，完成小马场“美丽乡村·四在农家”示范村寨建设；投入资金1660万元，完成马场、赵司、骑龙、关口等村的水利重点县和专项线项目建设，改善农业灌溉条件；投入资金901万元，实施道路硬化、文化广场建设，路灯安装等51个“一事一议”项目建设；投入资金121.75万元，完成140户小康房建设和25户农村危房改造；围绕村庄整治，开展拆违控违以及农村环境综合整治工作，村容得到极大改观，重点完成老榜河、小马场农村综合环境示范村寨建设。

（任　宏）

【三农工作】　2015年，黔陶乡按照省市区扶贫工作精神，抓好全乡96户贫困户229人的精准脱贫和135户低保户263人帮扶。投入资金496.456万元，启动半坡村乡村旅游、谷洒村黑山羊养殖等产业化扶贫项目11个。发展香葱、红米、茶叶、旅游等产业，形成“一村一品”的产业格局。全乡7个村建立村集体占股51%的村集体经济组织，村集体经济收入均超过30万元，最高的村55万元。投入资金20万元打造电商示范点2个，通过电商服务平台，建立起农户与消费者之间的联系，拓宽农产品销售渠道，增加农民收入。有“农家乐”20余家，野生菌特色餐馆20余家，参与就业人员1000余人。全年乡村旅游接待游客3万人次，旅游业收入1800万元。举办农民实用技术培训，全年培训香葱种植技术、植保技术、农机操作40次6000余人次，通过培训使农民更好地利用科学技术提高种养殖效率，提高产量，为农民创富增收打下坚实基础。

（罗正琼）

【社会保障状况】　2015年，黔陶乡城乡居民养老保险应参保3320人，实际参保3211人，参保率达96.72%；应缴费1975人，实际完成缴费1757人，完成率89%；缴费金额39.73万元。城镇居民基本养老保险新增5人，完成16人。完成新增就业127人，完成率105%。失业人员再就业20人；农村富余劳动力转移180人；城乡统筹培训50人、小额担保贷款2人；零就业家庭援助5户；城镇登记失业率控制在4.5%以内；对32户新增创业实体入户调查，对返乡农民工创业奖励10人；向22名一级重度残疾人发放护理补贴1.32万元；向6名残疾人子女发放助学补助4500元；精神病人建卡率100%；发放居家托养补助金额 5500元；发放80岁以上高龄补助143人，发放高龄补贴1.16万元；完成全乡退伍军人台账登记，为220个复员退伍军人家庭和现役家庭发放“光荣之家”牌、为退伍复员军人办理乘车IC卡103张；投入资金6万元，完成黔陶村和谷洒村农村互助幸福院建设。

（罗天英）

【乡村文化建设】 2015年，黔陶乡做好“村村通”工程后续服务工作，并接受市区相关部门抽查复检；送电影下乡84场；完成小马场健身路径申报和粟木寨文化家园复检；抓好周氏宗祠、周钟瑄文化交流中心等文化旅游项目建设和文物申报工作，举办筑台两岸文化交流活动；组织2015年“三下乡”活动，义务为群众书写春联1000多幅；为传承和弘扬“两周文化”精髓，举办“两周文化”书法培训班，培训学员24名。

（徐家英）

【民生保障事业】 2015年，黔陶乡完善民政社会保障体系，建立城乡低保、五保供养、城乡医疗救助、临时救助保障线，使全乡惠及民生的政策措施得到有效落实，城乡困难群众的基本生活得到较好保障。全年为83户127人城镇低保户发放低保金63.34万元，发放“两节”慰问金和物价补助5.03万元；为217户431人农村低保户发放低保金87.93万元，发放春节慰问金和起暖费15.12万元；散养“五保户”10人发放五保供养金3.57万元；发放救灾粮1.2万公斤；发放救灾款29.23万元；发放冬春救助129户、263人、5.82万元；为困难群众发放救灾物资棉被321床、保暖内衣225套、鞋427双、袜子257对、单衣281套；申请城乡医疗救助17人，救助金6.35万元；为临时生活困难家庭17户申请临时救助4.7万元。依法办理结婚登记，登记合格率达到100%。全年死亡64人，均全部火化，火化率达100%。

（罗天英）

【社会治安管理】 2015年，黔陶乡治安发案4起，结案2起，发案率比上年下降33%；在辖区内各村（居）人流集中的地方安装“两严一降”小喇叭16台；开展集中宣传8次，在全省安全感半年测评中取得100分，全区排名第一。开展禁毒宣传活动10余次，发放禁毒资料5000余份，张贴标语30余张，在重点路段悬挂横幅18条，发放禁毒宣传小册子3000册。吸毒人员出所接回率100%，新出所强制隔离戒毒人员安置率90%，帮教率100%，重口列管率100%，定期尿检率100%，动态管控率100%。开展反邪教宣传工作6次。开展邪教摸底排查工作，全年未发现邪教组织和邪教人员。抓好信访维稳工作，落实信访维稳工作“党政同责、一岗双责”责任制，进一步健全和完善矛盾纠纷排查、化解、稳控、处置“四位一体”工作机制，排查化解矛盾纠纷12起，化解率100%；建立信访工作台账，全年收到区转办信访案件14件，答复14件。辖区内有出租房屋16户，登记流动人口441人，流动人口就业登记准确率100%；流动人口重点关注对象管控率100%。全年无流动人口刑事犯罪案件发生。

（沈 阳）

【卫计工作】 2015年，黔陶乡医疗改革严格落实新农合管理制度，理顺乡村卫生服务关系，卫生院和村卫生室全部实行药品零差率销售，全年就诊6966人次，住院10人，业务收入37.56万元。完成基本健康档案、健康教育、预防接种、老年人管理、高血压患者管理、糖尿病患者管理等九大项基本公共卫生服务工作；建立人口档案8573份，建档率82.67%，录入率74.9%。完成35-64岁妇女宫颈癌筛查任务350人；完成孕前优生应筛查51对；孕产妇建卡率100%，住院分娩率100%，系统管理率96.87%；7岁以下儿童保健率96.1%，药具使用率为100%，随访率100%，有效率为

98.4%。“双诚信双承诺”协议签约率完成95%，各村（居）双向承诺兑现率100%。全乡人口出生率为7.8‰，人口自然增长率为负0.46‰，符合政策生育率为98.53%，出生性别比为78∶95，未超出性别比107的目标值。

（李　莉）

【旅游景点桐埜书屋】 桐埜书屋是少年周渔璜读书处，始建于康熙初年（1662年）。1992年9月，市、区投资重建桐埜书屋，1993年建成，1994年8月对外开放。修建后的书屋坐东向西，有朝门、影壁、正房、北厢房、草亭、荷花池和慧泉等。占地面积约2万平方米，建筑面积472平方米。正房面阔三间，通面阔14.3米，进深二间，通进深7.37米；北厢房面阔三间，通面阔8.87米，进深一间，通进深4.9米，穿斗式重檐悬山青瓦顶。1987年被列为贵阳市文物保护单位。

（罗　波）

【旅游景点鬼架桥】 鬼架桥风景区位于黔陶乡谷洒村，在两深山之间横亘一座天然石桥。石桥长12米，宽60厘米，桥下是300多米深的绝壁峡谷。鬼架桥左侧是一道刀削斧劈的绝壁夹岩，有40多米高的坳口，飞瀑奔泻而下，在潭中激起万朵浪花，气势磅薄，声震山谷，雄伟壮观。整个景区集险、峻、幽于一体，以奇、秀、美为特色。景区高山林立，河水清澈，植被郁郁葱葱，景色清幽静谧。

（罗　波）

黔陶乡2015年村级基本情况一览表

村（居）名	户数（户）	户籍人口（人）	常住人口（人）	组数（组）	人均收入（元）	常年耕地面积（公顷）		劳动力（人）	自然村寨（个）	行政区域面积（公顷）
						总面积	其中：田			
马场	403	1745	1676	3	15460	92.2	64.4	1231	3	430
骑龙	491	2250	2218	6	17300	123	86	1579	5	290
赵司	277	1183	1160	3	16700	62	36.2	751	1	416
谷洒	222	1110	1107	5	12468	44.6	31	704	7	400
半坡	177	914	914	3	12468	46	31	584	3	320
关口	354	1469	1356	7	13500	109.7	68.43	1081	7	300
黔陶	294	1231	1155	8	12910	80	58	837	6	300
居委会	303	1000	779	4	10385			748	4	50
合计	2521	10902	10365	39		557.5	375.03	7515	32	2456

（罗正琼　邓　佳　任　宏）

黔陶乡国民经济主要指标情况

经济指标（万元）		增长率（%）	
地方生产总值	32935	比上年增长	15.1
一产增加值	12515		
二产增加值	9222		
三产增加值	11198		
全社会固定资产投资	30100	比上年增长	100.33
规模以上工业产值	8440		
招商引资到位资金	20050		
财政总收入			
地方财政收入	601		

（罗　波　周　莉）

高坡乡

【概况】　高坡苗族乡位于贵阳市东南端，距贵阳市51公里，距花溪区行政中心31公里，地处花溪与龙里、惠水三县（区）交界处，总面积120平方公里，辖19个行政村，121个村民组，87个自然寨。截至2015年底，全乡总人口24909人，其中苗族占71%、布依族占3%、汉族占26%。全乡平均海拔1500米，境内最高处皇帝坡海拔1712.1米，是贵阳市最高处，年平均气温12.5℃-14℃，属典型的高寒山区。

高坡因海拔高差形成独特的生态气候和高山、云海、草场、峡谷的奇特风光，主要景点景观有：二屯岩摩岩石刻、石门云海、扰绕梯田、扰绕营盘、灵应寺、红军标语、石林地貌、红岩峡谷、云顶梯田、云顶草场（风车）、云顶滑雪滑草场、水塘摆弓岩瀑布（悬棺奇景）、高寨营盘、甲定洞葬等；世居苗族支系红簪苗民族习俗世代传承，民族民间文化丰富多彩，在春节、“三月三”“四月八”“六月六”等民族传统节日期间，少数民族同胞吹芦笙、跳苗舞、对苗歌，斗牛、斗鸟，传情意、庆丰收、祭祖先。省级非物质文化遗产“射背牌”珍奇独特。省文化厅命名为“贵州省苗族芦笙艺术乡”，贵州省摄影学会命名为“摄影艺术创作基地”，旅游开发潜力巨大。

（刘　奇）

【经济发展状况】　2015年，高坡乡国民生产总值完成33277万元，比上年增长15.1%；全社会固定资产投资30018万元；地方财政总收入2107.51万元，比上年增长34.13%；农民人均纯收入9966元，增长13%。完成工业产值2500万元；比上年增长13%，建立辖区内商贸流通企业管理信息数据；完成20000万元招商引资目标；启动苦蒿冲两级提灌站工程项目，完成投资1293万元；投资4800万元成立贵阳凯信汽车驾驶培训有限公司花溪高坡分公司。

（刘　奇）

【开拓农村电商】　2015年，高坡乡成立电子商务工作领导小组，确定打造贵州省电子商务进农村示范乡镇的目标，提出“互联网+集体经济”的发展思路，寻找解决特色农产品外销难的办法。9月16日，高坡乡与贵州电商云公司合作，引进那家网、云上人家等电商平台，建立高坡乡农村电商服务中心。同时，高坡乡首批20家村级集体经济组织与贵州电商云公司签订电商云在线交易平台入驻协议，实现高坡自酿米酒、土鸡蛋等在网上销售。10月初，完成“高坡电商”品牌VI视觉识别系统设计和“高坡农场”logo商标设计。10月25日，由高坡乡农村电商服务中心举办的“1元采摘野生柿子体验活动”在高坡乡批林村举行，本次活动组织、报名等环节全部采取在线上进行，吸引一百余名贵阳市民前来参与。11月初，高坡乡农村电商服务中心通过“互联网+微信”营销的方式将甲定村滞销的8000多斤糯包谷全部销售。高坡乡还将电商引入到农村淘宝、京东、苏宁易购等大平台，让高坡的农产品销售进入到高速公路时代。

（刘　奇）

【基层党组织基础建设】　2015年，高坡乡完成扰绕村、克里村2个软弱涣散党支部整顿提升工作；整合石门、扰绕、甲定、克里4个村党支部，成立红岩、甲定两个村级联合党支部，优化健全基层党组织体系；创办高坡乡业余党校，加强对党员、预备党员、入党积极分子的教育培训和管理；完成19个村发展集体经济“一村一策”方案，2015年各村集体经济实现30万元目标；严格执行离任村干部和村委员待遇补贴；开展村干部履职情况摸底测评工作，解决有的村干部不作为问题。同时，乡党委、政府成立督办督查办公室，与村两委签订目标责任书，提高村干部主动作为能力，建全考核奖惩机制，进而夯实基层党组织基础。

（刘　奇）

12月17日，区委书记钟阳（右四）出席高坡电商产业园启动仪式（高坡乡　供稿）

【同步小康驻村工作】　2015年，高坡乡创建高坡驻村工作微信群和QQ群，解决驻村干部沟通难问题；驻村干部开展贫困户、困难老党员等困难群众走访慰问工作，慰问3000余人次，慰问金上万元；对甲定小学、大洪小学和云顶小学捐赠教学设备设施资金15万元。全年，省、市、区派驻高坡乡32名驻村干部帮扶资金300万元。

（刘　奇）

【美丽乡村建设】　针对2015年的脱贫目标，高坡乡以建设“高坡山地旅游休闲度假区”为目标，整合旅游项目资金360万元、“一事一议”资金1756万元、农业扶贫资金48万元，按照“以点带面，突出重点，整乡推进”的方式，在全乡17个行政村（除高坡村、高寨村）实施基础设施建设项目88个，重点对旅游资源突出的扰绕村（23个项目776万元）、水塘村（17个项目407万元）、甲定村（13个项目193万元）进行美丽乡村建设。同时，在市政协的帮助下，完成对石门至高坡中学路段公路改造为沥青路，沿线300户民宅实施立面整治。

（刘　奇）

【农村环境综合整治】 2015年，高坡乡成立农村环境综合整治工作领导小组，城管中队改为城管大队，设置高坡、甲定两个中队，加强高坡乡、拆违控违管理，提升高坡旅游区形象。乡集镇中心垃圾做到日产日清，随时保洁；各村聘请保洁员，从事村级生活垃圾的清扫、清运。规范机动车辆停放点，维护交通秩序，利用赶场天通过发放宣传资料，在重要地（路）段书写标语，与集镇门面经营户签订卫生管理目标责任书，提高群众环境卫生意识。

（刘　奇）

【精准扶贫工作】 2015年，高坡乡有贫困农户共514户1671人（其中，低保、五保户130户222人，其他贫困户384户）。按照省、市、区工作要求，除市、区领导完成遍访帮扶156户外，为确保扶贫对象全覆盖，做到"应访尽访，应帮尽帮"，对其余228户实行全乡领导干部、驻乡企事业单位负责帮扶，入户走访率100%，同时对各村贫困农户登记表和贫困系统进行核实修改，完善11个村软件资料，制定11个贫困村的帮扶计划，建立项目库。截至年末，落实到位各类帮扶物资200余万元。贵阳市政协、北京市朝阳区政协对高坡乡农贸市场搬迁、卫生院软硬件提升、农家乐、立面整治等工作进行安排部署，农贸市场搬迁待土地调规后按程序报建；北京朝阳区政协帮扶卫生院改造提升项目完成并投入使用；完成扰绕村5家农家乐示范户的立面和庭院整治。经开区、花溪区政府各部门整合510万元资金，对全乡135户人畜混居住宅进行环境改造，完成危房改造147户。

（高坡乡扶贫办）

6月23日，区委书记康克岩（右二）到高坡乡慰问困难群众（区民政局　供稿）

【村镇建设】 2015年，高坡乡主要实施以下重大项目建设：

一、完成农房建设335户：

其中53户为刚性住房需求农户申请建设；135户为人居环境改造项目帮扶对象，新建住房41户，维修住房83户，新建牛圈131个，项目补助资金510万元；147户为危房改造户，一级困难户120户，一级低保户21户，一级五保户1户，三级困难户4户，三级低保户1户。

二、水利项目建设：

1.水利"重点县水利工程项目"建设，农田水利沟渠建设项目，涉及16个村农田灌溉，投入中央补助资金近900万元，项目完工待验收；

2.新建苦蒿冲人饮提灌站1个，解决五寨村、云顶村、平寨村、摆龙村、高坡村、街上村、新安村、扰绕村8个村10000多人饮水问题，投入项目资金1300万元，还在建设中。

三、道路基础设施建设：

1.完成石门至甲定道路改造15公里；

2.完成通寨（车）道路7680米，涉及甲定村、五寨村、批林村、克里村、水塘村、云顶村、新安村7个村，投入一事一议奖补资金201.44万元；

3.完成村组人行道8000米，涉及甲定村、杉坪村、水塘村、扰绕村4个村，投入一事一议资金155.09万元。

（高坡乡村镇建设服务中心）

【社会保障事业】 2015年，高坡乡农村低保户为402户，保障人口766人。发放保障金 141.01万元。

城镇低保现有户数为12户，保障人口22人，全年发放保障金87528元。农村五保分散供养27户30人，发放五保金82800元。为低保、五保户代缴农村合作医疗筹资款753人，资助金67770元。发放两参人员补助51人，补助金18720元；老复员军人10人，补助金15390元；病故军属1人，补助资金10212元；60岁以上农村籍退伍老兵52人，发放补助金34000元；春节、八一发放重点优抚对象慰问金108人75600元。为生病的2户优抚对象办理医疗补助1851元；帮助1名两参人员申请临时救助3000元；办理退伍军人免费乘车卡125张；帮助1户老复员军人和2户62岁退伍老兵办理灾房补助金18500元。

为281户1033人发放救灾救济粮22155公斤；为292户1184人发放救灾救济款28.3万元；帮助101户住房受灾户维修住房，发放资金16075万元；发放冬季救助棉被102床，棉衣、裤100套，大衣100件，秋衣100件，鞋、袜200双，雨衣、鞋49套，毛巾49条，棉帽400顶，棉手套400双。

上报26人，经审批发放26名困难群众医疗救助金183048元。帮助24户临时困难群众解决家庭生活困难，落实帮扶资金163000元。对80周岁及以上的287人高龄长寿老人发放营养补贴资金19.8万元。残疾人康复摸底调查，参加白内障筛查110人，复明手术12例。符合阳光家园的残疾人上报8人。基层党组织帮困难残疾人发展规模较大的种养殖业户8户，帮扶资金12000元。全年检出重度精神病患者56人，3人外出失访，已登记随访53人，并领取药物，其中治疗明显好转18人。

（钟光泉）

【高坡乡“五举措”强化档案管理】 高坡乡2015年制定五项措施强化档案管理。一是加强组织领导。主要领导亲自部署，分管领导协调推进，配备专职档案管理员，确保档案管理规范安全。二是加强制度建设。制定完善档案管理、借阅、保密、归档等相关制度，对档案管理工作各个环节都作严格规定，使全乡档案工作逐步达到制度化、程序化、规范化。三是加强人员培训。通过邀请区档案局专业人员到乡进行授课，对档案概念、档案收集、档案分类、保管年限、管理、档案移交、档案标准规范化等方面进行讲解，提高乡、村两级档案管理人员的专业技能。四是加大投入力度。更换标准档案柜，配备电脑并购买档案管理软件，统一安排购置档案盒，全面改善档案管理条件。五是建立奖惩机制。将档案管理工作纳入年终目标考核，建立档案工作考核奖惩办法，对档案管理规范的，要进行表彰，对档案管理混乱不规范的，严格问责。

（钟光泉）

【市政协组织相关企业、协会到高坡乡开展爱心助学活动】 8月27日，贵阳市政协组织相关企业、协会到高坡乡开展爱心助学活动，对马铃乡的爱心助学也一同在高坡举行。高坡乡、马铃乡的16名贫困优秀大学生获得资助。本次爱心助学活动为“7+2同心扶贫工程”的后续项目之一。为落实扶贫先扶“智”的理念，帮助贫困优秀学生完成大学学业，市政协组织香港京纬国际有限公司、香港北大校友会等对贫困优秀大学生进行帮扶。高坡乡12名、马铃乡4名考取二本及以上学校的学生每人获得3000元资助，当天发放助学金48000元。

（钟光泉）

【高坡苗族乡成功举办2016年“凯信杯”迎新越野赛跑】 12月30日，高坡乡举行2016年“凯信杯”跨年迎新越野赛跑活动。有全乡19个村、17个企事业单位的36支参赛队、200余名运动员参加比赛。活动从石门村摄影基地出发，途经凯信驾校，最后到达高坡乡政府。此次比赛评出村级男子组和女子组、驻乡企事业单位男子组和女子组个人赛、团体赛奖项。

（钟光泉）

2015年高坡乡生产总值核算表

单位：万元（保留整数）

	按现行价格计算		按可比价格计算		
	本年累计	上年同期	本年累计	上年同期	增长（%）
地区生产总值	33277	28911	33277	28911	15.1
第一产业	10416	9049	8794	7647	15.0
第二产业	10300	8949	10252	8895	15.3
工业	7710	6007	7710	6007	28.4
其中：规模以上工业	7710	6007	7710	6007	28.4
建筑业	2590	2942	2542	2888	-12.0
第三产业	12561	10913	11600	10048	15.4
交通运输、仓储和邮政业	3216	2490	2968	2298	29.2
批发和零售业	2232	2794	2008	2514	-20.1
住宿和餐饮业	251	218	226	197	15.1
金融业	753	654	589	512	15.1
房地产业	220	191	213	185	15.2
其他营利性服务业	3316	2881	3172	2756	15.1
非营利性服务业	2573	1685	2423	1587	52.7

（沙 敏）

[花溪年鉴 HUA XI YEARBOOK 2016

久安乡

【概况】 久安乡位于贵阳老城区的西面，花溪区的西北部，阿哈湖畔上游，距贵阳市政府驻地17公里，距花溪区23公里。全乡辖7个行政村，60个村民组。全乡总面积48.66平方公里，有耕地708公顷，林地2430公顷，森林覆盖率52.6%。乡村级公路161.3公里（其中，绕城高速路过境6.5公里，但没有匝道）。年平均气温13℃，最冷月（1月）平均气温3℃-4℃；最热月（7月）平均气温22℃，无霜期260天。年平均降雨量1150毫米。全乡总人口15054人，总户数4146户。全乡有党支部9个，党员384人。

久安历史上是产煤大乡，在煤产业旺盛时期有400多家大小煤窑。从2010年起，全乡奋力转型，打造茶产业，产业由地下转到地上，由“黑色经济”转为“绿色经济”。2015年，全乡茶叶种植面积突破两万亩，走上以茶产业为主导产业的发展之路。10月，久安乡“古茶树生态农业系统”被农业部评为“第三批中国重要农业文化遗产”。

（久安乡）

【经济发展状况】 2015年，久安乡实现公共财政预算收入2000万元，完成全年任务的110.25%，全乡共计实现财政总收入5900万元；实现固定资产投资30100万元，完成全年任务的100.3%；实现招商引资资金到位22000万元，完成全年任务的100%；2000万元以上工业增加值完成0.69亿元，完成全年任务的130%。

（久安乡）

【城乡建设状况】 2015年，久安乡重点在久安村新寨组和小窑组两个美丽乡村示范点新建人行步道、广场、环境美化、庭院整治等项目32个，打造特色茶文化乡村旅游点和特色少数民族文化旅游点。申报小康房建设，对新寨和小窑52户农户住宅进行立面改造。对小窑组、新寨组通寨道路硬化改造完工，拐耳村大寨三叉路至大坡3公里通寨道路进行硬化，改善群众的生产生活条件。同时申报实施全乡62户危房改造，全部竣工。

（久安乡）

【社会保障事业】 2015年，久安乡新增就业193人，完成农村实用技术培训60人。为推动创业，兑付返乡创业补贴资金15人4.5万元，场租补贴2户3600元。全乡享受城市低保15户，24人，累计发放低保金9.0137万元；享受农村低保187户，262人，累计发放低保金56.0177万元。全乡五保户10人，发放五保供养金3.4万元。城乡居民医疗救助2人，发放医疗救助金3.71万元。对22户因病、因学、因意外事故等造成的困难家庭实施临时救助，发放救助金8.25万元。救灾57户171人，发放救灾款7.49万元（其中含灾房补助款54户167人6.42万元）；发放救灾粮（566户1417人次）2.12万公斤。春节、八一期间，对全乡80名优抚对象发放慰问金4.8万元，协调9400元慰问现役军人家属。全乡慰问重点优抚对象和现役军人家属207人次、发给慰问金6.53万元。2015年6月，发放农村籍退役老兵老年生活补助33人1.64万元。为4名优抚对象申请优抚医疗救助金2713元。对80岁以上的174名（其中80-89岁的老人162人，90-99岁老人12人）老人发放高龄补贴6.32万元。春节前，对18名困难老人慰问，发放慰问金1.8万元；在“敬老节”，走访十一名90岁以上老人，给他们送去棉衣棉裤等慰问品。慰问贫困老人15人，送去慰问金4500元。为14名贫困残疾人申请彩金辅助器具，将轮椅，腋拐，助视器，助听器及时发放到村民手中；在“全国助残日”慰问贫困残疾人3名，发放慰问金600元；为12名重度残疾人发放护理补贴7200元；为辖区内35名残疾人办理免费乘车卡。

（久安乡）

【茫父文化挖掘】 2015年，久安乡收集“茫父”作品集25本，整理相关文字材料50余篇。申请注册“茫父故里”“茫父公益励志基金”“茫父茶”等商标专利22项。9月5-6日，邀请清华大学杜鹏飞教授到久安乡举办“从贵州大山走向京华艺坛的一代通才——姚茫父”专题讲座。2015年7月，启动校地合作，完成久安乡乡野调查，编写乡土教材已成初稿。10月23日，在久安中心完小举办的久安乡首届中小学“茫父杯”书画赛国学

10月23日，“茫父杯”书画大赛志愿者现场作画

（久安乡 供稿）

文化润民心活动，250名中小学生参赛，400多名师生现场观看。

（久安乡）

【久安乡被农业部授予“中国重要农业文化遗产”称号】 “久安乡古茶树与茶文化系统”融人文景观于一体，有保护价值的古茶树5.4万株以上。2011年初以中国农业科学院茶叶研究所研究员虞富莲为组长的国内知名专家组，对久安古茶树进行鉴定并得出“久安古茶树是目前国内已发现的最古老最大的栽培型灌木中小叶种茶树”的权威结论。2015年10月，以久安乡古茶树群为主的“花溪区古茶树与茶文化系统”获农业部“中国重要农业文化遗产”称号。

（久安乡）

【发展村集体经济】 2015年，久安乡7个村均成立集体经济组织，分别为小山村的“久安林鑫茶叶贸易有限公司”、雪厂村的“贵阳花溪洪华生态农业服务有限公司”、久安村的“贵阳花溪华银土石方有限公司”、打通村的“贵阳花溪庆杨农业生产资料服务有限公司”、拐耳村的“贵阳花溪启恒旅游文化创意有限公司”、巩固村的“贵阳花溪大坪生态农产品销售有限公司”、吴山村的“贵阳花溪久安兴农劳务派遣服务有限公司”，同时各村均实现2015年村级集体经济达30万元的村集体经济发展目标，其中巩固村、吴山村村级集体经济收入40万元以上。

（久安乡）

【便民利民服务中心建成】 2015年11月，久安乡建成便民利民服务中心，设置法律服务、群众工作、社会事务、电信服务等6个窗口，变分散办公为集中办公，为村民提供一站式服务，打通为民服务的“最后一米”。

（久安乡）

2015年久安乡生产总值核算表

单位：万元（保留整数）	按现行价格计算		按可比价格计算		
	本年累计	上年同期	本年累计	上年同期	增长（%）
地区生产总值	23625	20170	21860	18961	15.3
第一产业	6457	5974	6372	5589	14.0
第二产业	12604	9968	11048	9444	17.0
工业	10003	7928	8768	7544	16.2
规模以上工业	8410	6800	7372	6388	15.4
建筑业	2601	2040	2280	1900	20.0
第三产业	4564	4228	4440	3928	13.0
交通运输、仓储和邮政业	824	720	800	676	18.3
批发和零售业	272	240	264	224	17.9
住宿和餐饮业	80	72	76	68	11.8

单位：万元（保留整数）	按现行价格计算		按可比价格计算		
	本年累计	上年同期	本年累计	上年同期	增长（%）
金融业	604	560	592	524	13.0
房地产业	1280	1200	1248	1096	13.9
其他营利性服务业	120	116	116	108	7.4
非营利性服务业	1384	1320	1344	1232	9.1

久安乡2015年村级基本情况一览表

村名	户数（户）	户籍人口（人）	常住人口（人）	组数（组）	常年耕地面积（公顷）		自然村寨（个）	行政区域积（平方公里）
					总面积	其中：田		
小山村	344	1187	988	5	52.29	35.3	5	3.31
雪厂村	633	2412	1556	6	94.41	45.89	7	7.24
打通村	653	2193	1802	11	92.46	52.95	11	7.53
吴山村	905	3480	3088	11	149.6	70.6	9	10.6
拐耳村	399	1464	1162	8	69.6	38.83	5	5.47
久安村	590	2240	1635	10	118.96	60.01	10	8.38
巩固村	539	1948	1599	8	98.75	49.42	7	6.13
合计	4063	14924	11830	59	676.07	353	54	48.66

（久安乡）

（责任编辑　姚　毅）

社 区

2月4日，瑞华社区举办“弘扬核心价值观 欢乐和谐共圆梦”专场文艺演出（瑞华社区 供稿）

明珠社区

【概况】 明珠社区位于花溪中心城区，地处花溪北大门，毗邻花溪国家级城市湿地公园，距市中心约17公里，距区行政中心1.2公里。辖区面积5.1平方公里，总人口10.44万人（含高校），其中流动人口5950人。辖溪北、朝阳两个居委会，37个网格，12个成型小区，152个楼栋，辖区内有贵州大学、贵州民族大学、贵州省职工疗养院、省军区花溪干休所、花溪区人民医院、花溪小学等多家院校及企事业单位。社区服务中心下设二办五部，核定正式编制28人，到岗22人。

2015年，社区按照省委常委、市委书记陈刚“创造经验 作出表率”的指示精神，探索“一核多元·五力共治”的社会治理模式，即通过党委领导、多元参与，做到党委全力、政府主力、社会协力、群众得力、制度给力，构建全社会共同参与社会治理的有效模式。社区在党建引领、两严一降及禁毒工作、信访维稳、网格精细化管理、社会组织培育孵化、志愿服务“爱心银行”建设等方面成效显著，取得“四升两降”的好成绩，即群众安全感、满意度、参与度和社区文明指数大幅度上升，其中群众安全感从社区成立时的78.33%上升到99.23%；群众满意度从社区成立时的74%上升到96.9%；“两降”即刑事发案率和群众投诉率逐年下降。其中刑事发案率较社区成立时同比下降63.2%，群众投诉率较社区成立时下降41.6%。被授予全市首批“平安社区”“文明社区”“绿色社区”“新型社区·温馨家园”，获全省文明单位、全省“五好”基层党组织、“省同步小康和谐示范社区”等各级示范表彰40余项。6月7日，省委常委、市委书记陈刚再次到明珠社区调研，指出“明珠社区已经成为贵阳市的一颗明珠，精彩亮相”，并要求全市推广“明珠模式”。

（明珠社区）

【社会事业发展状况】 2015年，明珠社区帮助创业242人，就业850人。新增医疗保险参保人员156人，参保率100%。新增参加养老保险13人，免费为800余人义务体检，154余名婴幼儿免费计免，孕前优生健康检查36例，婚检36例、特殊救助15户19.53万元。投入低保、助残资金54万元，帮助39人增收脱保。4月，启动流动人口融合试点工作，截至7月底，帮助1090名流动人口实现就业，协调辖区及周边学校接受4名流动人口子女就近入学。

（明珠社区）

8月31日，明珠社区开展纪念抗日战争暨反法西斯战争胜利70周年活动

（区委群工委　供稿）

【社区整体提升改造工作】 3月11日，省委常委、市委书记陈刚到社区调研，对社区的前期工作给予肯定，对社区党委书记杜凤琴给予“有激情、有方法、有效果”的评价，对明珠社区提出“探索经验、做出表率”的工作要求。市委副书记张平，市委常委、市政法委书记庞鸿等领导先后多次到社区指导社区改造提升工作。按照“市统筹、区落实、社区执行”的要求，市委群工委、区委群工委分别牵头市、区两级部门全力支持明珠社区各项工作。

一是环境提升工作。明珠社区原有办公场所不能满足社区服务的各项需求。为提升环境，市委群工委明确通过“三年千院”公益项目支持社区硬件提升，市财政局、市民政局、区政府明确给予社区经费用于社区提升、居委会规范化建设等工作。社区按照市、区规范程序进行项目实施，力求节约、实用、便民的原则，进行改造。申报“三年千院”公益项目305万元左右、采购涉及130万元左右，居委会规范化建设由市、区民政局负责落实经费。

二是党建引领社区改造提升工作。在市委组织部、区委组织部的指导下，社区提出党建“三问三凝”工程，推进社区区域化党建工作。在市、区的支持下，社区在原有5名党政领导的基础上增加2名班子成员，充实社区工作力量。在社区宣传栏设置“党务公开栏”“民情回音栏”，提高工作透明度。创建远教“四星级站点”。拓展“群众之家”功能，整合“两代表一委员工作室”“律师会客室”职能，建立社区领导班子、“两代表一委员”“律师志愿者”定期接访群众制度，倾听民声、收集民意、服务民生。聘请贵州大学人武学院党政办副主任为社区“大党委”兼职党委委员，增强社区党委的资源整合能力。完善“大党委”联席会议制度和居民议事会议制度，坚持一季度召开一次“大党委”联席会议，落实工作反馈制度。完善辖区非公及社会组织党组织设置，在小区楼栋院落建立功能性党组织，以网格化方式实现基层党建工作全覆盖。在社区规范化设置“欢迎党员到社区报到”和“党员报到窗口”“党员先锋岗”等标志标牌，在辖区居委会设置“党员集结站”“党员服务窗口”等标志标牌。在原有在职党员到社区报到的基础工作上，将报到范围延伸至辖区高校，采取党支部、党员个人“双报到”形式，组织高校在职党员有序到社区报到，并结合自身实际认领志愿服务岗位。深化党员志愿服务激励机制，在辖区开展“十大党员志愿服务之星、十大群众志愿服务之星评比活动”。

三是完善禁毒工作制度，定期召开禁毒工作会，解决工作中的困难，保障经费，稳定禁毒工作队伍。社区现有登记在册吸毒人员80名，其中参加社区戒毒15人，社区康复15人，有吸毒史3人，回归社会23人，在场在所20人，死亡4人。通过建立健全禁毒工作机制，细化工作职责；签订责任书，落实工作责任，对吸毒人员做到户籍地址清、家庭关系清、就业情况清、个人及家庭困难清、现居住地情况清。打造社区戒毒康复阵地，搭建“一办两会三中心”工作服务平台；在溪北居委会、朝阳居委会设置“社区戒毒、社区康复工作站”，对社区戒毒、康复人员进行帮教谈心、法律法规宣传、协调有关部门帮扶济困、安置就业等。按照中共贵阳市委书记陈刚提出2015年禁毒宣传年的要求，社区开展“6·26”禁毒宣传日，制作宣传展板，利用社区多媒体、小喇叭、报警器广播等在各住宅小区、居民院落进行“宣传教育”；借助阳光妈妈、网格社工、志愿者队伍等开展“宣传教育”活动；发挥学校禁毒教育阵地作用，在大、中、小学，开展对在校学生的“预防宣传教育”。

四是明珠社区便民服务大厅再度提升。更新

办事设施，大厅工作人员统一着装、统一工作标识标牌，大厅设置8个服务窗口，为辖区居民提供就业援助、社会保险办理、创业指导、民政救济、公租房初审、残疾人服务、生育证办理、居住证受理等26项办理事项。

五是在市、区群工委、文明办、团委、组织部、民政局、贵州民族大学等单位的指导下，明珠社区探索建立“爱心银行”志愿者服务平台。探索“社区服务居民，居民反哺社区”双向服务机制及志愿服务长效机制，打造“存储爱心，支取帮助”的志愿服务平台。平台建设围绕环境打造、设备购置、软件开发、网站设计累计投入12.5万元。通过“爱心银行”这种新的志愿服务模式，明珠社区充实社区公共服务体系，调动广大居民、团体参加志愿服务的积极性，整合社区资源，使居民、团体参与到社区的建设和服务中来，降低社会管理成本，为实现志愿服务的长效管理提供有益的借鉴，提高城市社区的自治能力。

六是发动社会力量参与社会治理，社区通过所属两个居委会分别组织28支、23支群众自发的文体志愿队伍，成立蒲公英、向日葵小微社会组织联合会，作为居委会居民自治的文化、娱乐、志愿服务的重要力量。发挥2014年成立的璀璨明珠社会工作服务社的作用，通过市委群工委、市民政局申报专项社会工作项目经费14万元，利用社会力量参与开展社区工作。社区通过社会工作发展中心，建立联席制度，包括10家参与单位在内的轮值主席制度和联席会议制度，通过联席会议制度确定全年各群团、社会组织将要实施的工作计划和目标，整合入驻单位的资源服务群众。社区以“月月有主题、周周有活动”和“格格有活动”的原则组织群众开展丰富多彩的活动。

社区与贵州大学公共管理学院建立起常态化的合作机制。贵州大学先后与璀璨明珠社会工作服务社合作，投入专业社工、共同申报项目、联合研究课题等，逐步走出比较规范的校地合作创新模式。社区与贵州大学公共管理学院共同成立的联合课题组，针对社区戒毒工作进行理论和实践研究。

（明珠社区）

【为民办实事】 2015年，明珠社区投入4万元用于武装规范化建设及应急物资配备。安装高清公共摄像头136个；安装单元防盗门380道，安装率94%；安装超B级防盗锁644户；平安e家308个；宜居通266个。修建治安岗亭2个，修缮小区院落大门6道，设置平安广播宣传点30个，购置对讲机45个。社区无越级上访，化解矛盾纠纷225起。

争取资金690余万用于电影公司院落、熊猫楼、护士楼院落、工行宿舍院落、防疫站院落、地税局院落、朝阳村工商局院落、园亭路路面、拥军路路面改造，改造路面5414平方米，改造下水道970米，疏通化粪池6个，安装节能路灯30盏，新增健身器材6套，修建居民活动场地6个；开设多功能活动中心；印制发放便民利民工作资料1万余份、便民联系卡5000余张、《网格之星报》9000余份；帮助46户符合条件的家庭申报公租房；社区拆除违章建筑1584.5平方米。新增公共绿化面积368平方米。

（明珠社区）

【贵州首支社工志愿者队伍在明珠社区成立】 全省首支社工志愿者队伍在明珠社区成立，成员由来自贵州大学、贵州民族大学的123名学生组成，将围绕社区戒毒康复人员、高龄老人、空巢老人、儿童、残疾人等开展志愿服务。根据服务需求学生服务特长，该志愿队分为戒毒人员康复服务和养老服务两个小组。在戒毒康复方面，社工志愿者与专业社工一起，与戒毒康复人员及其家人沟通、交流，调节戒毒人员的心理，协助其进行生理、心理的戒毒，帮助他们重新回归家庭和社会。在养老服务方面，社工志愿者为社区特殊老人或家庭开展“一对一”“多对一”帮扶，提供关于居家养老、最低生活保障待遇、老年人福利等相关政策的咨询服务。

（明珠社区）

【贵阳市首个社会建设党委挂牌成立】 11月5日，贵阳市群工委副书记叶惠明，花溪区委副书记秦建军为明珠社区社会建设党委授牌。社会建设党委是社区党委领导下的功能性党组织，主要发挥政治引领、培育组织、服务发展、促进和谐等职能。在工作推进中，通过市、区组织部的亲力指导，以“321”工作方式有序推进，即强化统筹、学习和担当“三种意识”；做到先试先行与全面推广同步思考，筹建工作与其他工作同步推进“两个同步”；找准功能定位关键。明珠社区社会建设党委书记由明珠社区党委副书记兼任，党委班子其他成员由辖区内机关、企事业单位、社会组织党组织相关负责人兼任。

（明珠社区）

10月30日，明珠社区社会建设党委授牌仪式（区委群工委 供稿）

[花溪年鉴 HUA XI YEARBOOK 2016]

阳光社区

【概况】 阳光社区地处花溪城市中心，辖区总面积11.46平方千米，北起花溪河花溪大桥，南至区级行政办公中心，西起田园北路，东至大将山山脊，辖清溪、清华、花溪、仙人洞、棉花关、贵筑、望哨坡、徐家冲8个居委会，划分为120个网格。辖区总人口87216人。2015年新生人口399人，其中男200人，女199人，政策外出生3人，人口出生率5.765‰，比上年下降1.06‰，人口自然增长率2.875‰，比上年下降0.616‰，符合政策生育率99.2%。辖区楼群院落148个，主次干道16条、背街小巷33条、2个中心农贸市场、个体工商户2800余家，机关企事业单位963家。社区核定正式编制26人，现在编23人、在岗21人，下辖9个党支部，24个党小组，有直管党员600名。2015年，社区党委、社区服务中心围绕“三严三实”教育实践活动的深入开展，践行全心全意为人民服务的宗旨，围绕“筑坚强堡垒、树阳光形象、促和谐发展”主题活动的实施，巩固“新型社区·温馨家园”创建成果，并获省“民族团结进步示范社区”、贵阳市“安全文化建设示范社区”、花溪区“五好基层党组织”“我们的节日”花溪区2015年春节民族民间歌舞大联欢”三等奖、“第三次全国经济普查先进单位”“征兵工作先进单位”“尊师重教先进集体”“双拥示范单位”“充分就业社区”等称号。阳光社区木叶合唱团获贵州省第三届“福彩杯”老年合唱大赛二等奖。2015年，阳光社区的特色亮点工作被《贵州日报》《贵阳日报》、花溪电视台等新闻媒体报道49次。

（黄　璐）

【社会事业发展状况】　2015年，阳光社区按照“信息全采集、动态全掌握、服务全覆盖”的总体目标要求，制作“网格工作考核纪实”，强化网格工作考核、监督。完成网格信息采集68692人，采集率100%。七彩阳光社会工作服务社以“能力建设”和“陪伴成长”为主要工作方法，培育社区组织、增进社区互助、支持社区治理、推动社区公益。发展壮大17支文体志愿队伍。完成城镇新增就业1415人，城镇登记失业率控制在4%以内，全年组织133人参与职业技能培训，自主创业人数420人，带动就业343人，场租补贴55人次，新增创业实体420户。推荐22家个体工商户申请小额担保贷款，新增贷款32万元。城乡居民养老保险参保人数1243人，金额33.18万元。办理城镇职工基本医疗保险5人，城镇居民基本医疗保险559人。办理失地农民城镇职工养老保险参保396人。办理城镇居民医疗保险参保297人，续保75人。办理新型农村医疗保险参保3034人，参保率100%。合医报销15人次，报销86047.14元。审核、发放城乡低保559户964余人，发放金额472万余元；发放农村低保26户42人，发放金额8万元；办理临时救助47户100人，发放金额15.9万元；开展医疗救助81户，发放金额35.48万元；开展教育救助29人，发放金额7.45万元；申报、审核公租房家庭746户。申请实物配租360户，发放公租房租赁补贴630户。社区全年投入安防经费65万元，组建专兼职的巡逻队伍，做好楼群院落的值守，联合派出所，加大防控力度。2015年，社区实现刑事发案下降10%的既定目标，群众安全感测评分值为98.5%。坚持“整合工作机构、人员统一管理，整合工作目标，工作统一开展，整合工作内容、信息统一采集，整合工作目标、服务管理统一开展”为抓手的“四整合、四统一”工作机制，实现流动人口精细化服务与管理。在各居委会成立房屋租赁登记点，房屋租赁6775户，登记备案6449户，登记率95.2%。通过每月督查打分纳入“三按月”考核，安排社区流动协管员到各个居委会辖区暗访入户采集信息，及时和相关系统核对，确保流动人口登记信息及时准确率95%。符合办理流动人口居住证13941人，办理流动人口居住证13662个，居住证办理率98.%。在阳光社区就业的流动人口5685人，就业登记率100%。经派出所比对出重点人口37人，全部分门别类纳入管控，并落实相应的跟踪管理。核查的流动人口刑事犯罪嫌疑人在全员人口信息平台的录入率为100%，抓获的流动人口刑事犯罪嫌疑人与去年同比下降2.1%。全年举办禁毒宣传活动42次，发放禁毒宣传资料10万份，投入社区康复站建设经费5万元。完成8个“无毒害”居委会创建工作。

（黄　璐）

【为民办实事】　2015年，阳光社区完成8个“三年千院”小区升级改造项目，金额504万元。按照“一院一策、群众参与、长效治理”的原则，确保整治1个院落实现1个院落的自治。完成3个星级平安示范小区建设，并通过植树、新建小区绿化，绿色社区创建、城市综合提升改造等活动，新增和提升小区绿地建设。社区服务大厅实行AB角延时服务，周六、中午不休息，接待服务人数23250人次，其中延时工作时间接待办理3089人次，3000余人通过网上咨询实现到场即时办结。以社区大党委为核心，动员社会力量，组织和开展“七彩系列”主题活动：红色行动亮身份、黄色行动创文明、蓝色行动保平安、绿色行动优环境、橙色行动送温暖、青色行动助成长、紫色行动促和谐。与留守儿童、困境儿童家庭，结成一对一帮扶。联合辖区内高校、爱心企业、社会组织、志愿者共建，开展“手拉手扶老爱幼、心连心共享幸福阳光”主题系列活动。贵阳市科普大学阳光社区分校挂牌以来，邀请专家老师授课60余次。开设课程有预防保健、家庭教育、家庭理财、计算机、法律常识、就业技能、科学健身、科技制作、心理咨询等专业。组织科普培训、咨询、讲座、文艺演出、宣传等活动26场次。每年联系社区医院免费为辖区居民提供常规检查及咨询，发放各类科普宣传材料5500余份，接受咨询服务的群众达1600人次。建成居家养老支持中心，依托社区、居家养老服务队及家政公司和辖区医疗机构等社会资源，为辖区孤寡老人配备呼叫器，24小时为辖区老人提供各类生活照料、家政服务、紧急救援等。

（黄　璐）

【典型示范社区建设】　2015年，阳光社区狠抓社会治理“12371”典型示范，做到“以点带面、点面结合、同步提升”，筑牢基层社会治理工作“网底”，提高社区服务管理水平。阳光服务12371，即：“1”，以阳光党建为核心，构建区域化党建1+1模式；“2”，以实现“双全服务”为目标，努力突破服务时间和空间的限制；“3”，以“三社合力”为手法，创新社会动员和参与模式；“7”，以“七彩行动”作载体，提升社会治理能力；“1”，以“一院一策”抓实事，推进“温馨家园”建设。

（黄　璐）

9月27日，清华山庄小区业主依法行使民主权利，召开业主大会选举业主委员会（戴亦　供稿）

花溪年鉴 HUA XI YEARBOOK 2016

贵筑社区

【概况】　贵筑社区位于花溪区政府所在地。社区由尖山、天鹅、马洞、洛平四个村和云上、大寨两个居委会组成。辖区面积31.58平方公里，东临阳光社区，东南与清溪社区接壤，西至党武乡，北抵溪北、明珠社区，总人口28491人。区域内有小学6所，中学2所，农贸市场2家，有贵阳麟山化工有限公司、贵州中意食品有限公司等规模以上企业14家，以及花溪红科生态农业有限公司阳光水乡餐饮分公司等一批优秀非公有制经济实体。社区全年完成税收任务3200余万元，城镇居民人均可支配收入增长10%，农民人均纯收入增长13%。社会消费品零售总额增长13%。向区水务局协调农灌、饮水工程，对天鹅村、马洞村饮水设施及农灌进行维护改造，解决天鹅村、马洞村饮水困难问题，保障春耕生产活动的正常进行；完成山洪灾害预案的编制工作，定期对洛平水库进行安全检查。做好农机推广、安全管理和培训工作，参训率95%；与各村签订本年度农机安全责任书；做好测土配方、水稻、蔬菜栽培技术指导工作；开展空气质量环境整治，完成秸秆收集、堆储、提高秸秆综合利用效率。开展农村土地承包经营权确权登记颁证工作，完善1272户农村土地承包经营权确权登记颁证区级、乡级、村级档案归档工作。完成528户831.92亩中央财政农作物良种补贴统计上报（水稻）；完成831.92亩528户政策性水稻保险。2015年对猪瘟病、口蹄疫、蓝耳病防疫11510针次，山羊口蹄疫防疫80只，全年二次禽流感防疫26685针次，狂犬病防疫40只，猪瘟病、口蹄疫、蓝耳病、狂犬病免疫率100%。召开专题会议，布置防疫工作，做好禽类检疫工作和生猪屠宰场和瘦肉精检疫工作。确保违法占耕比例低于8%；配合区土储分中心完成土地一级开发收储地块工作任务。完成建筑控违拆违目标数。完善网格化管理体制，健全网格化信息数据库，社区覆盖率达100%。

（贵筑社区）

【社会事业发展状况】 2015年，贵筑社区育龄妇女9132人，已婚育龄妇女5839人；出生247人，一孩150人，二孩97人；死亡145人。符合政策生育率96.7%；出生率8.29‰，自然增长率3.7‰。信访处理回复及时率100%。全年征收社会抚养费25万元，涉及对象22人。独生子女保健费、奖励费申报6.1万元；落实关女总计申报282人，金额16.92万元；关女新农保参保补贴281人，金额1.12万元；合医补贴486人，金额3.4万元。2015年末从业人员总数12294人，城镇登记失业率2.4%。建立919家用工单位台账，收集流动人口就业人数1007人。城乡统筹就业完成815人，目标数780人，完成率104%。城镇新增就业完成735人，目标数700人，完成率105%。园区新增就业完成310人，目标数300人，完成率103%。失业人员就业完成100人，目标数80人，完成率125%。就业困难人员就业完成10人，目标任务数10人，完成率100%。农村富余劳动力转移就业完成80人，目标数80人，完成率100%。职业技能培训87人，目标数50人。完成率174 %。零就业家庭动态为零，援助户数3户，援助3人。辖区5户农村“零转移就业家庭”18位成员有5人就业，完成100%的农村“零转移就业家庭”实现每户至少有一人转移就业。新增创业实体入户调查163户。上报经营场所租金补贴31户，一次性自主创业奖励1户。申报创业培训人数19人。城乡居民社会养老保险参保缴费人数4559人，征缴金额92.29万元；办理被征地农民社会养老保险582人；办理企业离退休人员指纹生存认证912人。城镇居民办理基本养老保险73人，目标数50人，完成率140%。对辖区内24位托管人员进行社会化管理服务工作。

（贵筑社区）

【为民办实事】 2015年，开展“两严一降”大型宣传12次，发放宣传资料2万余份。各村居配备

4月29日，贵筑社区召开两严一降、禁毒、流动人口管理工作会议

（贵筑社区　供稿）

“两严一降”宣传小喇叭51台，不同时段播放安全防范知识；社区群众工作部和派出所、技防公司、文广局、阳光妈妈禁毒志愿者等单位共同开展12场入室盗窃技防宣传。增设视频监控探头58个，督促辖区私营商铺安装视频监控探头73个，社区自筹资金在背街小巷安装无线监控40余个，实现对主要区域全天监控。辖区内安装路灯578盏。为辖区安装“防盗门超B级锁芯”1590把（454+1136）。登记在册吸毒人员104名。全年开展禁毒宣传5次，发放宣传资料3000余份、悬挂横幅8条，接受咨询400余人次。排查房屋200间，参加排查人员130人次。未发现制毒、运毒、贩毒、非法种植毒品等事件。对辖区内5家烟花爆竹店、10家企业进行安全排查，加强安全教育。社区对老楼危楼进行全面排查，发现老楼危房一栋20户60人，并及时处理。做好护林防火工作，完成新一轮退耕还林调查摸底工作；组织实施林业有害生物调查。

做好饮用水源一级保护区村寨搬迁工作。制作100多个“禁止焚烧垃圾（秸秆）”宣传画张贴在每个垃圾池上，对辖区的企业进行排查。对思雅路砂石厂、混泥土厂（6家）下达停工停产、降尘、防尘处理通知书。建成星级平安示范小区（院落）1个，农村危房改造5户。完成造林、新增绿地建设工作。配合完成《贵阳建设全国生态文明示范城市规划》任务。

（贵筑社区）

贵筑社区2015年村级基本情况

村（居）名	户数（户）	户籍人口（人）	常住人口（人）	组数（组）	人均收入（元）	常年耕地面积（公顷）		劳动力（人）	自然村寨（个）	行政区域面积（平方公里）
						总面积	其中：田			
大寨	895	4823	4312	3	9802	46	22	2983	3	4.54
云上	932	5425	4593	6	10305	28	21	2967	6	5.79
洛平	986	4786	4653	5	12842	34	18	3048	5	5.1
尖山	351	1841	1789	3	8704	35	18	1048	3	4.1
天鹅	399	2036	2014	6	4641	96	29	1292	6	7.19
马洞	301	1463	1441	6	4712	78	20	1021	6	4.86

清溪社区

【概况】 清溪社区服务中心于2012年4月28日正式挂牌成立，地处花溪区城市中心南片区，东抵花孟社区，南接青岩镇，西、北与贵筑社区接壤。现辖桐木岭村、花溪机械厂和幸福小区两个居委会，辖区总面积15.39平方公里，户籍人口11510人，其中流动人口2248人4153户，农村人口3930人796户。辖区有驻区单位及企业100余家（规模以上企业7家）。学校、教育机构5所，医疗卫生2所。社区服务中心内设党群工作部、综合协调部，社会事务部、群众工作部、环境部，核定正式编制31人，在编在岗人员27人，退休人员13人，有共产党员30名。

（何　雁）

【社会事业发展状况】 2015年，城乡医疗救助6户，发放医疗救助金2.75万元。城乡临时救助9户，发放临时救助金2.3万元。因自然灾害受灾的有6户10人，发放救灾救济1050元。按时发放两参人员12人每月定补360元，在乡老复员军人2人，每月1539元，发放补助8.87万元。按时发放60岁以上退伍老兵16人的生活补助金1.67万元。2015年“八一”节为优抚对象发放慰问金8600元。发放两参人员14人的医疗保险补助1610元，城镇两参人员（3人）参加城镇职工基本医疗保险个人缴费返还资金7623元。发放农村义务兵家属优待金3.73万元。发放151人的高龄补贴11.05万元。清溪社区有水库移民68人，按时发放2015年第一季度水库移民补助款1.02万元。为辖区内退伍军人办理免费乘车IC卡A类45人，B类230人。为辖区60岁以上老年人办理老年证35个，70岁以上老人办理老年证31个。城镇新增就业303人，农村劳动力转移就业50人，园区就业50人，创业培训50人；小额担保无息贷款5人。返乡创业种植果树7人，发放奖励金3000元。辖区内享受场租补贴3人，发放场租补贴5400元。全年城乡居民养老保险参保1716人，历年累计参保2151人。失地农民养老保险参保30人。城镇居民医疗保险参保33人。办理新型农村医疗保险参保 3205人。全年办理生育服务证129本。发放独生子女保健费1.80万元（58人）。发放新农保补贴8160元（204人）。发放新农合补助2.12万元（303人）。发放特别扶助金2.82万元（10人）。发放关爱男孩奖励1.95万元（65人）。发放关爱女孩奖励3万元（100人）。符合计划生育少生快富政策2人，发放奖励1.2万元。应妇检966人，已妇检966人，妇检率100%。

（何　雁）

【为民办实事】 2015年，清溪社区根据辖区近期发案情况开展巡逻，科学安排地点、路线。民警每天在案件高发期的时间段巡逻、蹲点守候，开展整体联动、巡逻防范工作。整合辖区单位治安防范力量，动员社会义务巡逻。配戴印制有创“文明 平安 绿色”社区的袖套巡防；丰富社区文化生活；将珍爱生命、拒乘黑车、打击防范“两抢一盗”的宣传品发放到社区各村（居）民家中。在辖区公路沿线或车站站点、各村（居）委会场所、各自然村寨、各居民小区、各大中型企业、项目施工工地等安装录制有宣传内容的小喇叭32个，进行定时播放。购买100把U型锁，制作便民服务卡片发放到村（居）民家中。全体干部职工、村（居）支两委、派出所干警巡防、综治志愿者等100余人，每天晚上按照值班表在新牛马市至省委党校公路沿线、各自然村（居）寨、省委党校、9855厂、机械厂、公租房及辖区治安乱点等进行巡逻。

为使贵阳市保障性住房清溪社区低收入弱势群体能得到有效帮助，幸福小区党支部发起并成立桐木岭村保障房幸福小区爱心基金会。

为推进服务型党组织建设，在社区机关党支部开展多项民生事务实行代办或上门服务，十多个民生事务实行社区代办，提升服务群众质量。以前“合医报销”要经过7道程序，而现在只需将报销凭证交到社区全程代理点，其余6道程序由社区工作人员代办。开展“两提醒”服务，对到期未缴纳社保、医保的群众，主动打电话温馨提醒，方便群众及时缴费。将代办完的残疾证、居住证、生育证、独生子女证等十个民生服务送到村民家中，提升群众满意率。

（何　雁）

【落实流动人口三管工作】 按照“最大限度地增加和谐因素，最大限度地减少不和谐因素”的总要求，探索流动人口服务与管理的有效途径，坚持以“以房管人、以业管人、以证管人”的管理新机制，建立健全各部门齐抓共管，协调配合工作机制，开展流动人口和出租房屋调查登记专项行动，登记出租屋360户，办理居住证1145个，采集流动人口资料8159个，比对出重点对象27人，提高对流动人口服务与管理水平。

（何　雁）

清溪社区辖区项目建设情况表

	项目名称	项目情况
1	花安高速公路建设项目	征地260.123亩，清点林木8366株，果树7628株，清点坟墓160座，发放补偿金3381.4万元。
2	板桥1、2、3、4号地块综合开发项目	征地18.911亩，清点果树40376株，清点坟墓910座，发放补偿金876.96万元。
3	国家安全局业务用房项目	征地18.201亩，清点果树373株，迁坟19座，共计发放补偿金218.06万元。
4	贵阳市小河区强制隔离戒毒所项目	征地43.482亩，清点果树1165株，清点林木92株，迁坟3座，发放补偿金577.62万元。
5	思杨路建设项目	征地121.881亩，清点果树4052株，清点林木3172株，清点坟墓115座，发放补偿金1644.94万元。
6	清溪路（桐惠路）改扩建工程（清溪段）项目	完成前期测量土地408858亩，清点果树399株，清点林木681株，清点坟5座等协调服务工作。

（何　雁）

【基层党组织建设】 清溪社区党委启动桐木岭村党支部补选支部委员工作，通过召开村级全体党员动员测评大会、自愿报名、清溪社区党委资格审查等步骤完成桐木岭村党支部委员补选工作。机械厂片区现有326名党员，由机械厂服务中心临时党委进行管理，由于机械厂党员人数众多，居住分散，且年龄大，召开党员大会进行选举成立机械厂居委会党支部不切合实际，社区党委采取考察任命的方式成立机械厂居委会党支部，配齐党支部的成员。

（何　雁）

花溪年鉴 HUA XI YEARBOOK 2016

溪北社区

【概况】 溪北社区地处贵阳市二环城市带南段，坐落于花溪大道、甲秀南路两条主干道花溪北段，西抵石板镇，东、南与原小河区平桥、金竹、小孟、金欣社区接壤，是原花溪区的北大门，总面积22平方公里，辖吉麟、养牛、竹林、上水、石板井、董家堰6个居委会，6.34万人（常驻人口4.16万人，流动人口2.18万人）。辖区内有泰邦生物制药有限公司、穗黔物流、高原矿山机械厂等13家规模企业。有贵州民族大学、全国 211 重点大学贵州大学和贵阳孔学堂。贵阳国家级城市湿地公园贯穿溪北全境，文化、旅游资源得天独厚。

（张建国）

【社会事业发展状况】 2015年，溪北社区农业人口参合10119人，参合率达100%。对低保家庭和低收入困难家庭做到应保尽保，冬春救助发放43户105人，1.42万元；审核合作医疗费用，报销50.8万余元，其中大病补偿23人次，42.22万元，常规住院26人次，1.5万元，门诊3037人次，报销7.07万元。完成创业技能培训79人，城镇新增就业达763人；城乡居民养老保险和基本医疗保险基本实现全覆盖。

按时足额发放在乡老复军人、两参优抚对象的定期定量补助，为253名退役军人代办免费乘车IC卡，并及时发放生活补助补贴。春节期间，向61名重点优抚对象发放慰问金1.83万元，向35名农村籍退役老兵发放老年生活补助金1.755万元。

城乡居民养老保险参保人数为4383人。到辖区企业上门进行社会保险政策宣传率100%。符合条件的被征地农民参保率100%。

新增城乡就业763人，失业人员再就业90人，就业困难人员15人，农村富余劳动力转移85人。农村“零转移就业家庭”动态援助100%，控制城镇登记失业率为4%，完成小额担保贷款3 人，金额20万元。

2015年发放低保86.97万元。其中城镇低保1006户，发放金额61.85万元；农村低保62户114人，发放金额25.12万元。

（张建国）

【为民办实事】 2015年，溪北社区“三创一强一提升”工作成功通过市级复查，获得“文明社区”“绿色社区”“平安社区”称号。对辖区7名留守儿童实行结对帮扶关心其在校学习、生活，并在“六一”等节日开展慰问活动；动员吉麟居委会一名辍学留守儿童返校就读；协调解决竹林居委会一名留守儿童的户口问题。对辖区52家用人单位（企业或个体）劳动用工信息进行采集，并实施劳动监督，办理两起劳动仲裁纠纷案件。对96名行动不便的退休老年人进行上门认证，对辖区托管人员进行跟踪服务，适时开展上门慰问。2015年，社区排查调处各类矛盾纠纷50余起，妥善化解信访积案12件。

（张建国）

【重点项目建设工作】 1.启动天河潭大道建设项目的征地拆迁安置工作，天河大道全长7.2公里，溪北社区辖区内约2.1公里，占地约230亩。按照区政府要求的期限完成土地征收工作。2.凤鸣商务中心：项目于2014年4月份启动建设，涉及房屋4栋，约1200平方米，房屋及地面附作物征收及拆迁工作基本完成。3.董家堰一、二组地块：项目于2015年1月启动拆迁，涉及510户，175228平方米，完成个人土地的测量。4.2011H-27地块项目：项目于2013年启动，规划总面积218亩，截止2015年征地32.912亩，涉及农户37户，村民责任地约为70亩；涉及农房20栋。

（张建国）

黔江社区

【概况】 黔江社区服务中心成立于2010年3月16日，辖云凯、黄河、长江、珠江4个居民委员会，

90个居民小组。服务区域内有中海城市花园、云凯熙园、十里江南、江南苑、家和花园、乐街小区、榕筑大厦、小城故事、兴隆珠江湾畔等9个大型居民商住楼盘。社区服务中心设有党政工作部、社会事务部、城市管理部和群众工作部4个部室和1个便民服务大厅。服务大厅设有党员（报到）服务、民政、住房建设、技能培训、失业和暂住证办理、计生和流动人口服务等6个综合服务窗口。中心有工作人员144人，其中行政编制4人（领导班子4人），全额拨款事业编制12人，区直属部门下派社区工作人员128人。社区党委下辖5个党支部，有党员330名。

社区内有文化馆，图书馆，花溪区第一实验幼儿园、华烽幼儿园、贵柴幼儿园、精英第九幼儿园、黔汇幼儿园、兴隆珠江湾畔幼儿园，入园入托率100%；有花溪区第一实验学校，入学率100%；CC英语学校、飞舞艺术培训学校、阳光文化培训学校、樱花青少年业余培训学校。社区建立文化活动队伍近30支，创作一批贴近生活的优秀节目，利用已有的文化站、活动室、广场以及社区单位的各类文化设施，以“我们的节日”为载体，开展各类文化活动20余次。完善社区阅览室、青少年活动室、远程教育活动室硬件设施，配备电脑15台，图书室藏书3000余册，为居民免费开放。

（赵 灵）

10月20日，黔江社区举办庆“重阳”广场舞大赛
（黔江社区 供稿）

【为民办实事】 2015年，社区通过开展送岗位、送政策、送技能、送信息服务，让下岗失业人员及就业困难群体在家门口就能得到就业信息，新增就业人员1507人，辖区四个居委会均达到充分就业的标准；开展医疗帮扶，组织困难家庭独生子女、下岗待业育龄妇女、单亲贫困母亲、优抚对象等群体免费体检；实施关爱行动，对辖区的弱势群体实现应帮尽帮，为低保家庭、临时救助家庭以及重大疾病困难家庭、特困家庭送去各类帮扶资金28万元。

（赵 灵）

【社区事业发展】 2015年，黔江社区城镇居民最低生活保障户数 107户186 人，支出低保金90余万元；临时救助人员62人，发放救助金7万余元；发放80岁以上高龄补贴540人40万元；发放两参人员生活补贴及慰问金11万元。城乡统筹新增就业人员1507人，失业再就业人员601人。城乡统筹培训46人，其中19人是创业培训。城镇居民医疗保险参保 512人，城镇居民养老保险参保162人，灵活就业医疗保险参保73人，灵活就业养老保险参保50人。

（赵 灵）

【“两严一降”工作】 2015年，黔江社区推进“平安社区”创建活动，落实社会治安综合治理目标管理责任制，规范和维护社区治安秩序。2015年，社区“两抢一盗”发案数186起，与2014年相比下降25.6%。同时，社区建立健全社区法律服务、普法宣传、调解、帮教、信访等组织，增强社区化解矛盾、沟通党和政府同人民群众联系的功能，发挥社区作为城市稳定第一道防线的作用。2015年，社区及各居委会成功调解各类纠纷100余起。

（赵 灵）

【巩固创卫成果】 2015年，为迎接国家卫生城市复审过关，社区协调、发动居民群众、志愿者等各方力量，对背街小巷、楼群院落每周开展卫生大扫除活动，对居民小区房前屋后卫生死角、楼道乱堆乱放、绿化带枯枝杂草、白色垃圾和野广告等进行及时清理，累计清理野广告9000处，清除绿地杂草3000平方米，疏通老旧居民区排污沟、清掏化粪池等。出资2.4万元购买80个可移动垃圾桶放置到各居民小区；出资清运费用6万余元；整治清运垃圾80余车。为巩固“创卫”“创文”成果，社区组织力量整治辖区环境卫生，出资3万余元，清洗、喷刷辖区门面卷闸门147个；出资5万余元整治长江农贸市场下水道、冲洗市场通道、清运市场垃圾、加强市场保洁；出资5万余元，对纺纱厂排水系统进行升级改造，明沟暗渠进行疏通，保障复审工作的顺利完成。

（赵　灵）

【网格管理】　社区按照“方便管理、无缝衔接、相对稳定、一格多用”的原则，合理划分网格区域，按照200至400户划分1个网格，划分72个网格，现有68个网格员，网格长由居委会委员担任，形成居民委员会主任—社区工作人员—网格员为线条、社区居民参与、社区党委为核心的条块结合的社区网格化管理模式。网格建成后，社区实行管理内容标准化，主要以“三活”“四清”“五必报”为内容，“三活”即社区工作人员对责任网格的工作对象和工作资源准确掌握，成为本网格的“活户籍、活档案、活地图”。同时，推进管理人员责任化，在网格化管理中每位社区工作人员都将巡查作为日常工作，坚持每天巡查，实现人到格中去，在网格中察民情、访民意、解民忧、促和谐，成为发现、受理、处置、协调、报告的第一人。

（赵　灵）

【人口基本情况】　辖区总人口19930户，42462人，当年出生人口339人，死亡人口200人，迁入人口8861人，迁出人口1088人，出生率 8.3 ‰，自然增长率 3.4‰ 。居住以汉族人口为主，城镇化率100%。面积约3.06平方千米，人口密度每平方千米约13876人。

（赵　灵）

【卫生事业基本情况】　辖区内有社区医院2家，即瑞华社区卫生服务中心、黔江社区卫生服务中心。社区医疗卫生服务覆盖率100%。

（赵　灵）

清浦社区

【概况】　清浦社区是贵阳市首批开展城市基层管理体制改革试点工作的社区之一，是以永红厂、电杆厂、西工厂、柴油机厂和轴承厂等企业职工家属聚居区为主体的“单位型社区”，地处长江路以南，西南环线以北，黄河路以东，珠江路及其延伸段以西，有清水江、浦江、盘江3个居委会，面积约1.28平方公里，总人口为37211人。区域内有城管局经开区执法分局、经开区公安分局等机关单位；有二甲贵航300医院和清水江、浦江社区卫生服务站等医疗机构；有贵阳市三十四中、浦江小学、花溪区四小、南欣中学，田田英语培训学校等教学机构；有中行、建行、交行、信用社等金融机构；有毕节商会、律师事务所、会计师事务所、维修行业协会等社团；有小型酒店、超市及零商铺面1000余家。

社区党委有4个基层党组织（其中中心党支部1个、居委会党支部3个），党员282名。服务区域内有各级党组织136个（其中党委9个、党总支2

个、党支部117个、非公经济党组织7个，流动党员党支部1个）。

清浦社区内设“两办五部”，事业编制20名，现有在编人员19名，其中班子成员5名，中层干部6名，一般工作人员8名。2015年度，社区党委获贵州省“五好”基层党组织称号；盘江党支部获贵阳市“五好”基层党组织称号；浦江党支部获花溪区“五好”基层党组织称号；韩小明获贵州省优秀社区消防宣传大使称号；王胤获贵阳市优秀共青团员称号。

9月30日，贵阳市妇联、花溪区妇联、清浦社区、菊林书院等多家单位联合在浦江广场开展一场以“户户争创生态文明家庭，不让毒品进我家”为主题的文艺活动，清浦社区圆梦爱心社社长为大家宣读和发放《创建生态文明家庭，不让毒品进我家》倡议书。活动现场，除表演歌舞等文艺活动外，还开展知识抢答等活动，用寓教于乐的方式为辖区内居民群众开展一场禁毒宣传。

（清浦社区）

【社会事业发展状况】 2015年，清浦社区辖区内出生人口214人，人口出生率5.49‰，同比减少0.04个‰；死亡人口193人，人口自然增长率-0.89‰，同比减少0.7个千分点；完成2015年度计生奖励扶助资料的收集、审核和上报，包括独生子女伤残死亡28户、独生子女保健费领取对象350余人、圆梦小康父母残疾子女就学51人，发放金额近46万元。

劳动保障，新增创业实体237户，其中私营企业69户，个体工商户168。新增创业人数245人，新增创业带动就业人数403人。本年新增注册资金7542.88万元，私营企业6548.1万元，个体工商户994.78万元，入户成功率90%以上；发放场租补贴资金5.4万元，补贴户数31户，上交场租补贴16户，申请金额2.88万元；养老金指纹认证1892人，异地养老金认证78人；死亡离退休人员供养亲属领取生活补助费资格认证9人；发放托管联系服务卡1200张；城镇居民医疗保险新增参保人数191人；城镇居民养老保险新增8人。

2015年，社区享受低保家庭74户128人，其中新增低保户7户12人，截至11月，发放低保费542685元；为50户147人次申请临时救助款153100元；为13户32人次居民申请到医疗救助款215348元；全年办理退伍军人免费乘车卡580个，其中A类78个，B类505个。

（清浦社区）

【为民办实事】 花溪区爱华小学是清浦社区内一所民办小学，主要就读学生为周边外来务工人员及流动人口的子女。学校办学条件较差，学生家庭经济情况较差，父母又忙于生计很少过问孩子学习。社区领导了解情况后，联合区团委、关工委以及省外等多家单位多次对爱华小学的师生进行看望慰问。辖区内圆梦爱心社、奥运老年志愿队等也与爱华小学开展结对帮扶。在圆梦爱心社的协助下，爱华小学爱心书屋成立，多种课外书籍，免费向孩子们开放。同时爱心社的成员对书屋进行管理。10月，区团委书记李博带队到爱华小学进行实地走访，并为书屋送去四百余册新书。团区委还为圆梦爱心社的四名成员颁发“春

3月19日，外国友人为爱华小学捐赠图书
（清浦社区　供稿）

晖使者”聘书，鼓励其将志愿服务、无私帮助他人的美德继续发扬下去。

爱心社队员还定期到学校组织开展文体活动。队员轮流教孩子们跳舞，丰富孩子们的精神文化生活，促进其身心健康成长。在爱心社的带领下，学生们在“七一”建党节、“十一”国庆节期间，参加社区举办的文艺活动2次；2015年，到养老院等为老人们表演节目4次。

奥运志愿队的老年朋友在儿童节、建党节、端午节、国庆节、中秋节等重大节日到爱华小学看望孩子们，陪他们过节，指导孩子们排练节目；为孩子们送去学习文具及用品，有时跟孩子们一起做饭、包饺子。

除花溪区多家单位给予爱华小学帮扶外，外省甚至外国的爱心人士也加入帮扶队伍。3月，由上海心脏医疗协会发起，20余名国际友人及其他各界爱心人士组成的爱心团队来到爱华小学看望孩子们，并捐赠电脑1台、图书400余册、玩具、文具等，学校办学条件得到改善。

各界的爱心帮助也感染学生，孩子们在学习之余，主动参与志愿服务。他们多次到敬老院看望老人，为老人表演节目，陪老人聊天；或走上街头为群众发放爱护环境、两严一降、文明创建等宣传资料；到浦江广场等公共场所义务清理垃圾。2015年，孩子们到敬老院看望老人4次，在浦江广场及周围路线以发放传单等形式开展义务宣传10余次，到公共场所义务清理垃圾、清洁围栏等7次。

（王　胤）

【为群众排忧解难】 2015年5月30日晚8时，社区接到群众反映永红小区“115栋”楼房晃动并倾斜。社区得知后，在家领导、工作人员、居委会支书、主任等立即赶往现场查看，并将此情况第一时间上报经开区管委会。当即，经开区管委会主任钟阳、管委会副主任余大林到现场查看，社区立即组织工作人员对“115栋”和周边可能涉及的“126栋”一单元的居民60户161人全部安全转移。

31日，社区召开专题会议，研究周边安全隐患应急处置工作，成立“应急处置”“维稳工作”“后勤保障”等7个工作小组，首先在“115栋”周围三个路口有人24小时值守，阻止无关人进入该区域，登记并帮助匆忙离家的原“115栋”和“126”栋一单元居民返回家中取物；同时摸排矛盾纠纷，避免出现新隐患。

6月4日，在保证疏散的居民群众得到安置后，社区为群众发放生活和住宿补贴，抽调人员“一对一”帮扶包保；在居委会设立群众接访工作点，疏散群众入住的酒店设立服务工作站，接受群众反映诉求，化解矛盾纠纷，解决群众实际困难。

6月5日，永红小区“115栋”及“126栋”一单元楼房的鉴定有结果，“126栋”一单元安全，“115栋”还要进行纠偏。当天，“126”栋一单元居民开始陆续返家，“115栋”居民实行长期投亲靠友和在外租房，社区帮助个别困难群众（如残疾人彭某）寻找住房。

6月13日，“115栋”和“126栋”一单元60户161人全部得到安置，社区陆续为居民结算过渡期费用，发放疏散居民统一住宿餐补17850元，住宿费46432元。投亲靠友居民补助费72900元。

（王　胤）

瑞华社区

【概况】 瑞华社区于2010年3月16日正式挂牌成立。辖瑞和、华阳、大兴3个居委会，面积2.68平方千米，总人口28687人，有苗族、侗族、布依族、回族、土家族、蒙古族、壮族、瑶族等32

9月19日，非洲主流媒体考察团一行20余人到瑞华社区参观考察社区共建机制建立及提高服务群众水平情况（瑞华社区 供稿）

个少数民族。社区内有多家央属、市属企事业单位，是集商务、文化、宜居等为一体的“综合型社区”。社区服务中心内设党政工作部、社会事务服务部、城市管理服务部、群众工作部、网格办和便民服务大厅。便民服务大厅提供党务服务、城市管理服务、劳动就业服务、社会保障服务、民政服务、警务服务、计生卫生服务、志愿者服务和社区服务，并实行首问责任制。

瑞华社区党委辖1个党总支（华阳居委会党总支）、3个党支部（瑞和居委会党支部、大兴居委会党支部、瑞华社区服务中心机关党支部），党员513人，预备党员2人，入党积极分子2人，递交入党申请书1人。其中华阳党总支下设党支部5个（其中1个为流动党支部），党小组12个。

2015年，实现信访历史积案“百分之百有说法、百分之百有结论”和初信初访化解率96%以上，信访总量比2014年下降20%。社区刑事发案为105起，比2014年下降12.5%。安全感测评95.79%。

（王轶楠）

【社会事业发展状况】 2015年，瑞华社区人口出生率1.52‰，人口自然增长率1.16‰。城镇新增就业 1500人；城镇登记失业率控制在4%以内；失业人员实现再就业550人；城乡统筹培训17人；小额担保贷款2人；完成城镇职工基本养老、城乡居民社会养老、城镇基本医疗、失业、公伤、生育保险参保人数目标任务；社区服务中心劳动保障工作服务站就业服务信息网联网率100%。

2015年，瑞华社区自主创业经营场所租金补贴申请4人，奖励补贴发放金额21600元。通过社区网格员走访调查，对社区内自主创业个人及单位和户籍属于本社区创业实体在外人员进行小额担保贷款的相关政策与办理程序宣传，宣传34人，推荐小额担保贷款2人。社区创业领导小组对社区内的人员进行创业意愿搜集，相关政策宣传。创业项目征集1个、创业典型2个。

2015年，新增实体138家，成功入户107家，成功入户率77.5%。新增企业带动就业人数140人，新增注册资金7598.68万元。

社区托管离退休人员实际在册人数1242人。1月，社区正式启动领取基本养老金资格认证工作，完成认证1235人，采集307人。为社区居民办理城乡居民养老保险2人，办理城镇居民医疗保险306人。

（王轶楠）

【为民办实事】 2015年4月，瑞华社区在华阳厂家属区篮球场旁安装休闲椅，并为旧的休闲椅刷油漆，投入资金0.1万元。6月，疏通动力厂家属区124栋道路两侧排污沟及下水道，投入资金0.75万元。按照市、区解决群众“用水难”问题的要求，7月，完成螺栓家属区和华阳家属区的自来水网改造并通水，工程投入资金470余万元。2月，社区举办“弘扬核心价值观 欢乐和谐共圆梦——瑞华社区‘四进社区’文艺会演”。6月，大兴居委会组织文体队与盘江居委会、朱显村的少数民族村民举行联欢活动。7月，“华阳党总支纪念抗日战争胜利70周年歌唱会”。9月，社区举办“迎国庆庆中秋暨纪念抗战胜利70周年齐唱爱我中华社区红歌会”。11月，瑞华社区“阳光妈妈”志愿者协会举办“推进综合治理、珍爱生命·拒绝毒品 、流动人口管理”进社区文艺演出活动；举办“温馨家园大家乐和谐社区一家亲” “坚决打一场禁毒的人民战争”大型文艺演出，丰富社区群众文化生活。

（王轶楠）

9月25日，瑞华社区携手区群工委，邀请辖区中铁23局、华阳电工股份有限公司、华阳小学、花溪区实验中学等多家单位开展“爱我中华社区红歌会”

（瑞华社区　供稿）

【人口基本状况】 截至2015年末，瑞华社区总人口28687人，其中户籍人口16116人，非户籍人口12571人。现居住人口（人户同在、人在户不在）25719人。未居住人口情况：户在人不在2449人，人户均不在519人。总人口中以汉族为主，少数民族占总人口的13.9％。总人口中男性14429人，占50.3%，女性14258人，占49.7%。

（王轶楠）

兴隆社区

【概况】 2010年3月，按照中共贵阳市委、贵阳市人民政府的统一部署，原小河区开展贵阳市城市基层管理体制改革试点工作，将原黄河街道办事处所辖的部分居委会剥离，成立兴隆社区服务中心。辖锦江、兴隆、香江、淮河4个居民委员会，66个居民小组。辖区总人口18523户，39831人，居住有汉族、苗族、布依族、壮族、傣族、满族、仡佬族、土家族、侗族、彝族、白族等人口。面积约1.96平方千米。境内有兴隆城市花园、香江花园等14个大型商住楼。

社区中心设有党政工作部、社会事务服务部、城市管理部、群众工作部4个服务部门，1个便民服务大厅，有工作人员88人，其中正式在编人员17名（行政编制2人，全额拨款事业编制15人），城管下派人员2人，劳动协管员11人，计生专干27人，低保工作人员2人，公益性岗位31人。

境内驻有经开区管委会、政务服务中心和贵阳市国土资源管理局经开分局、贵阳市国税局经开分局、贵阳市地税局经开分局、经开区工商局等单位。

境内有家政服务企业一家（香江家政服务有限公司），位于境内香江路，主要开展钟点维护、中晚餐保姆、园林维护、新居清扫、卫生包月、刷漆打蜡、室内保洁、单位保洁、保洁培训等家政服务，可满足居民家庭家政服务的需要。

社区义工协会组织志愿者向各类弱势群体提供志愿服务16余次，1700人参与社区志愿活动，300名中小学生参加“小小志愿者”活动。

2015年7月，兴隆社区服务中心被中共贵阳市委党的建设工作领导小组评为“五好”基层党组织。

2015年12月，兴隆社区服务中心被贵阳市远程教育办公室评为贵阳市第七批基层党员干部现代远程教育“星级站点”。

2015年6月，兴隆社区服务中心团委被共青团贵阳市委评为2014年度“全市五四红旗团委”。

2015年1月，兴隆社区服务中心被贵阳市第三次经济普查领导小组评为“先进集体”。

2015年3月24日，兴隆社区服务中心被贵阳市爱国卫生运动委员会评为“优秀奖”。

2015年12月，兴隆社区服务中心舞蹈队被中共贵阳市委宣传部、贵阳市文学艺术界联合会、贵阳市文化新闻出版广电局联合评为贵阳市第四届“百姓健康舞”大赛表演二等奖。

2015年12月，兴隆社区服务中心锦江居委会被贵阳市财政局、贵阳市民政局联合评为贵阳市“星级居民委员会”。

（兴隆社区）

【社会事业发展状况】 2015年，兴隆社区完成新增就业1203人，占全年目标任务1200人的100.25%。其中，完成下岗失业人员就业645人，完成下岗失业人员培训50人；发放小额担保贷款6人。城镇失业率控制在1.4%以下，三个充分就业社区达标巩固率100%，就业转失业人员同比增幅也控制在15%以下。

新增城镇居民医疗保险参保320人，为辖区120名城镇居民申报城镇居民社会养老保险。拨付公益性岗位人员岗位补贴139793.6元，劳动协管员岗位补贴195876元。中心原有公益性岗位32人，退休15人，新增12人，清退4人，现在岗公益性岗位人员31人。

对24户公租房申请家庭进行收入调查核实；办理老年证205本；发放“两参人员”中央一次性补贴3960元，春节一次性慰问3300元；发放困难侨眷慰问金500元；为服务区253位80岁以上高龄老人（其中百岁老人2人）发放高龄营养补贴182540元整。高龄老人中男136人，女117人。

辖区低保户29户53人，发放城镇低保救助金210541元。其中发放城低保金191122.4元，发放中央一次性补贴19418.6元。残疾人家庭子女就读助学金3100元，残疾人基础信息录入1051户。

（兴隆社区）

【为民办实事】 2015年，兴隆社区两节期间，走访、慰问贫困残疾人及困难家庭15人，发放慰问金3000元；慰问烈军属167人，发放慰问金3.35万元；发放城乡临时救助3户3人4000元，城乡医疗救助5户9人3.29万元整。依托便民利民服务中心，为社区居民提供优质、高效的服务。2015年，出生人口293人，其中常住人口254人、流动人口39人，一孩228人、二孩63人、多孩2人、男孩140人、女孩151人，政策外出生4人；人口出生率为8.09‰，比上年下降1.2‰；人口自然增长率为2.15‰，比上年下降0.68‰；流动人口符合政策生育率为94.9%，比上年下降0.1%；常住人口符合政策生育率99.2%，比上年下降0.1。

（兴隆社区）

【中国人民解放军第四十四医院】 位于小河区黄河路67号，占地面积约240平方千米，是一所历史悠久、综合保障能力强，集医疗、教学、科研、预防和保健为一体的三级甲等医院，贵州省及贵阳市首批医疗保险定点医院。医院有医疗用房35平方千米，床位600张，设有23个科室、50余个专业，有工作人员700余名，其中高级职员60余人，中级职称200余人。拥有核磁共振、全身螺旋CT、三维彩超、直线加速器、X-刀、大型X光机、各式电子内窥镜、椎间盘镜、全自动生化分析仪及准分子激光治疗仪等先进医疗设备。医院有眼科、耳鼻喉科、肝胆外科、创伤外科、泌尿外科、老年内科、肿瘤科及优生优育专业等专科优势。年平均收治病人1万人次，门诊病人18万人次，大中手术4000余例，并承担国内外高等医学院专科、本科及硕士研究生的临床教学任务，年平均发表学术论文100余篇、交流论文200余篇，几年来获军地科技成果奖30余项。1999年通过贵州省高等医学院临床教学基地检查评审，经军、地批准挂牌为贵阳医学院非直属医院（黄河医院）。医院狠抓精神文明建设，先后获得“全国拥政爱民先进单位”“全国军民共建先进单位”“贵州省精神文明建设红旗单位”等称号，医院以一流的设备、一流的技术、一流的环境、一流的管理为患者提供一流的服务，努力向现代化医院的目标迈进。医院每年都要组派医疗队深入各扶贫点，进行专题讲座、教学查房、手术带教、病例讨论等。近年来该院先后组派37支医疗队、派出医务人员700人次，走遍贵州的山山水水，免费诊治病人65500余人，无偿提供价值200余万元的药品、器材。八一电影制片厂《西部军人》纪录片摄制组专题报道44医院的扶贫事迹，而44医院正是《西部军人》在西南地区唯一一所被选取镜头的军队医院。近几年还与上海八五医院、上海西郊骨科医院、武警山东总队医院、解放军161医院、南京81医院、武警南京医院、广州458医院、沈阳463医院等全国知名医院开展长期合作。医院在坚持为部队服务的同时，全面向地方开展优质的诊疗服务。

（兴隆社区）

平桥社区

【概况】 平桥社区辖五山、北门、中曹三个居委会。面积1.9平方公里，人口1.9万人，其中长住人口1.6万人，流动人口0.3万人。平桥社区服务中心设党政工作部、社会事务部、群众工作部、城市管理部四个部门。社区党委下辖5个基层党组织（中心党支部1个、“两新”党组织3个、居委会党支部1个）。社区党委实行区域化大党委制，兼职委员8名，其中兼职副书记由中建四局黔局总经理和贵阳矿山机器厂党委副书记担任，兼职委员由3个居委会党支部书记或主任及辖区企业党支部负责人担任。

平桥社区内有凯宏家居超市、黔城华联生活超市、中建四局施工公司、致远城达出租汽车有限公司、中建四局二公司、东风液压厂、矿山机器厂、贵阳市三十六中、小河第三实验小学、馨苑幼儿园等三十多家企事业单位。

社区党委采取措施开展平安社区建设，2015年辖区发案73起，与2014年85起相比，下降14%。

（平桥社区）

【社会事业发展状况】 2015年平桥社区完成城镇新增就业1451人，完成率100.00%，其中失业人员再就业380人，完成率100%。城镇登记失业率控制在2.96%。完成职业技能培训15人，完成就业小额担保贷款6人，并推荐工作。全年为居民办理职工养老保险120人、城镇居民医疗保险140余人，城乡居民养老保险新增9人，城镇居民养老保险缴费12600元。社区服务中心劳动保障工作服务站就业服务信息联网率100%。

（平桥社区）

【为民办实事】 2015年，第一批“三年千院”项目平桥社区投入100余万元改造西站家属小区、五山小区打造平安小区两个院落的升级改造，项目涉及强化安保、环境整治、优化功能等，安装太阳能路灯20盏、更换对讲系统防盗门28扇、补栽绿化带苗木320平方米、清掏化粪池3个、硬化路面800平方米、安装健身器材2套等。项目于10月23日通过区级验收。

社区投入20万元为辖区三个居委会供养三支巡逻队伍；每月投入8500元为三个居委会新增17名楼栋守护员；投入约10万元开展各类宣传活动，如迎新春筑平安春节文艺宣传活动、“邻里情、粽子香、邻里守望共话平安”活动。

（平桥社区）

【网格化服务管理】 平桥社区按照200~400户划分为一个网格的要求，辖区划分33个网格，其中，中曹居委会13个网格3389户，北门居委会11个网格2642户，五山居委会7个网格1795户，结合辖区实际划分2个企业公共网格。每个网格确定一名网格管理员，将辖区内的“人、地、物、情、事、组织”全部纳入网格进行统筹管理。建立《网格化问题解决制度》《情况跟踪反馈制度》《学习培训制度》《网格员绩效管理办法》等制度，完善网格化管理体制，配备8台专用电脑，全面提高网格化服务管理的信息化水平，做好基础数据的采集录入，健全社区网格化信息数据库，社区覆盖率100%。

（平桥社区）

航天社区

【概况】 航天社区服务中心成立于2011年4月29日，航天社区是以自然道路、河流、街道、巷道形成的地块划分的城市社区，面积约1.8平方公里，驻贵阳市花溪区漓江路141号，辖滨河、漓江、航天园3个居委会，现有蒙古族、苗族、回族、朝鲜族、布依族、水族、白族、壮族等31个少数民族。

社区党委现有3个党支部、直管党员157名。辖区人口有7900户、2.3万人。辖区内有中国航天科工集团061基地等大型国企和数十家民营企业，有漓江小学、航天园幼儿园、贝蕾中英文幼儿园、金博士幼儿园等教育机构，有贵阳银行、农村商业银行等金融机构，有经开区建设管理局、国税分局、小河供电局、漓江卫生服务站、航天园职工医务室等行政事业单位，有小型酒店、超市及零商铺面数百家。

（航天社区）

【社会事业发展状况】 2015年，航天社区加强对辖区内劳动力进行调查登记，完善各类数据库，开展经济普查工作；加强对公益性人员管理，发挥公益性人员力量，服务社区建设；做好灵活就业人员社保和医保补贴报销工作。

2015年办理就失业登记证60本，办理离退休人员指纹认证376人，纸质认证168人；完成新增就业信息采集和系统录入1107人，目标完成率为100.6%，顺利通过省级抽查；完成辖区内新增实体入户126家，采集到新增实体带动就业人数 184人；为24名自主创业的人员申请进行资料收集和资格初审，推荐6名创业人员办理小额担保贷款，上报创业技能培训人员55人；完成城乡居民基本养老保险参保106人，目标完成率为101%；完成养老应征缴金额20600元，目标完成率为343%；完成城镇居民基本医疗保险新增203人，目标完成率101%；完成人力资源调查，统计录入人力资源信息5530人。开展百分之一人口抽样调查，入户143户。

辖区有低保户数36户77人，取消低保户数3户6人，发放低保金33.3572万元；在元旦、春节期间，发放一次性补贴及各类补贴资金3.3万元；为13户居民办理临时救助，发放救助金25000元；申报医疗救助5户8人，发放救助金7500元，为22名辖区留守儿童建立基础档案，结合志愿、慰问等活动开展关爱帮扶；发放高龄长寿补贴44080元；全年为辖区老年人办理老年证30本。办理退伍军人免费乘车IC卡402人，发放退伍军人光荣牌441块、发放复退军人宣传手册327本，元旦、春节期间发放“两参人员”补贴1500元，保险补助金710元，发放两参人员生活补助费10800元、发放60周岁以上农村籍退役老兵生活补贴费990元；发放“两节”烈军属慰问金12200元。

（航天社区）

【为民办实事】 2015年，航天社区接待受理保障房咨询及申请5人次，审核并通过5份公租房申请、3份经适房申请，并通过市统一摇号，对辖区48户公租房保障户进行实物配租。

全年，航天社区申报“新型社区 温馨家园”社区公益事业项目（“三年千院”行动计划）3个，批复实施2个，投入资金总额187.5万元，内容涉及绿化工程、安保工程、健身器材安装及附属设施建设。根据市、区相关文件精神和要求，项目重点打造老旧居民小区，航天社区申报滨河居委会2个老旧居民小区改造，完善小区基础设施建设，改善居民生活环境。

航天社区督促辖区各路段门面经营户落实“门前三包”责任制，督促各居、小区物管做好小区卫生保洁工作；加强对保洁队员的监督管理，清除、覆盖野广告；加大力度整治漓江广场的夜市摊点及流动摊贩，防止反弹现象的发生。同时做好道路清扫保洁，消除卫生死角，环境绿化美化，环卫设施完善，污水排放通畅。2015年，社区开展环境卫生集中整治活动13次，出动工作人员700余人次，取缔违章占道经营1380余起，清理野广告2000多处，清理流动摊贩1500余起。

社区依托学雷锋群众工作志愿者服务站平台，坚持以人为本、自愿参与、务以实效的三项原则，新招募180名志愿者。组织志愿者活动40余次，1500余人次参与。开展以“我们的节日”系列传统节日活动和邻里守望志愿服务活动，开展清洁环境卫生，植树植绿志愿活动，提升群众的满意度。

（航天社区）

【人口基本情况】 截至2015年年底，航天社区总人口22947人，总户数 7956户。完成计划生育手术数298例，符合政策生育率达98.84%，和去年同期相比，符合政策生育率持平；计划生育居民自治率达100%；人口出生率为 7.30‰，人口自然增长率为1.98‰，流动人口符合政策生育率94.44%；流动人口登记准确及时率100%；无“两非”案件发生。

（航天社区）

航空社区

【概况】 航空社区面积1.26平方公里，辖枫阳、松花江、红林居委会，总户数4515户，人口11824人（其中常住人口10189人，暂住人口1635人）。辖区主要由贵州红林机械有限公司、贵州枫阳液压有限责任公司、王武监狱三家企事业单位组成，是典型的单位型社区。航空社区党委下辖社区服务中心党支部、松花江居委会党支部、枫阳居委会党支部，有党员66名，其中航空社区服务中心党支部党员14名，松花江居委会党支部党员23名，枫阳居委会党支部党员29名。社区大党委现有10名成员，其中书记1名、副书记5名（含3名兼职副书记）、委员4名，成员中有居委会党支部书记、驻区企事业单位党组织负责人和辖区公安派出所负责人，在组织体系上形成区域化党建格局。

社区开展文明创建活动，强化精神文明建设，开展“我们的节日”春节文艺表演活动，到贵阳森林公园开展2015年清明节祭扫活动；4月18日，组织红林门球队参加2015年贵州省乡镇社区门球赛；5月12日，组织红林健身秧歌队参加贵阳市老年人秧歌队比赛，并获得“优胜奖”第一名的成绩；9

月3日，纪念抗日战争胜利90周年期间红林居委会举办演讲比赛，枫阳居委会举办合唱比赛。

10月22日，航空社区举办2015年重阳节文艺表演活动（航空社区 供稿）

航空社区服务中心成立于2011年5月，由原来三江办事处和平桥办事处划分而来。2012年12月，贵阳市小河区航空社区服务中心更名为贵阳市花溪区航空社区服务中心。

（唐仁禹）

【为民办实事】 2015年，航空社区匹配“三创一强一提升”专项资金30余万元（其中建强基层党组织15万元），区级部门匹配50余万元用于辖区基础建设，投入100余万元用于制作“三创一强一提升”专项宣传品，打造完善5个标准化活动室，完成“文明社区”“绿色社区”的创建工作，并通过市级考核检查。城镇居民人均可支配收入确保增长10%。完成固定资产投资 1亿元。

（唐仁禹）

【社会事业发展状况】 2015年，航空社区城镇新增就业859人；城镇登记失业率控制在4%以内；城镇失业人员21人；完成职业技能培训50人。职业技能培训申请3人，创业培训申请17人；就业小额担保贷款新增贷款10万元，申报小额担保贷款4家，申报成功1家，贷款金额5万元；推荐4人小额担保贷款；完成城镇职工基本养老保险99人，3500元，超额完成180%；城镇居民医疗保险101人；城乡居民基本养老保险人数控制在104%；基金增收3500元，超额完成任务。

办理申请公共租赁住房登记10户，通过社区工作人员严格把关，实地入户筛选，10户在本年度已进行登记上报。2015年社区享受公共租赁住房户达到92户。

2015年出生人数65人，死亡人数为72人，符合政策生育率100%，出生率6.26‰，人口自然增长率-0.67‰；计划生育手术完成86列，其中上环68列，女扎18列；常住人口中育龄妇女2262人，其中已婚育龄妇女1556人。持证现孕27人，持证待孕74人；截止11月，发放生殖保健证68本，二孩证17本，独子证20本；流动人口总数1894人。流入人口1505人，18岁以上育龄妇女总数401人，持有效婚育证数401人，持证率100%。流入人口妇检401人，妇检率100%。流出人口389人，18岁以上育龄妇女总数101人，持有效婚育证数101人，持证率100%；2015年长效绝育奖4人，2400元；发放独生子女保健费92人，23650元，其中有8人享受独生子女一次性奖励费，2200元；失独扶助15人，20.89万元，其中有4人享受失独家庭一次性抚慰金10万元；圆梦小康16人，3.2万元。人均事业经费1元以上，加强协会宣传工作，确保政令畅通，顺利完成计生协会专项目标考核任务。

（唐仁禹）

【社区环境卫生治理】 2015年，航空社区配合经开区城市综合执法大队开展2次对松花江路段的延伸占道、“门前三包”落实、户外野广告、摆摊设点等整治，清除户外大小野广告1000余条。签订“门前三包”责任书84份，签订率为百分之百。清除乱涂乱画300余处，清理延伸占道20余处，清理摆摊设点占道经营300余处，清理卫生死角10余处，清理各类垃圾10余吨；社区除每月固定拿出3500元安排人清理松花江小区的垃圾外，增加1.5万元为三个小区购置70个垃圾桶，花费近10万元分2次开展对枫阳、松花江和红林三个居民小区的环境整治，清理楼道院落乱堆乱放、绿化带干树枝各类垃圾近200吨，整治绿化带种菜近500平方米，清理楼道院落野广告近1000余条，清理并疏通下水道近400米，有效控制松花江路王武监狱家属区段粪水外溢，修建20多个水泥礅，有效控制外来车辆乱停放在松花江居委会前面的空地上，为绿色社区和文明社区的创建提供硬件条件。加大辖区公厕的管理和维护，2次疏通公厕下水道，更换水箱1次，对松花江公厕定人、定岗，确保公厕的干净、整洁；为预防四害滋生，开展春、秋两季灭鼠，向三个小区投放鼠药近200斤，喷洒蟑螂、蚊等药近1000升，有效控制“四害”的滋生。

为创建绿色社区制作生态文明宣传栏4期、文明提示牌40块，发放各类宣传单和宣传册子500多份。组织开展生态文明志愿者活动和生态文明家庭志愿者活动7次，完成绿色社区的软件工作；城管队员加大巡查力度，巡查近400次，出动人员近1000人次，巡查违搭乱建40户，拆除违搭乱建2257平方米，对王武监狱出租用于驾校的违搭乱建已按程序上报相关单位。

（唐仁禹）

【平安社区建设】 航空社区落实社会治安综合治理工作领导责任制，坚持“书记抓、抓书记”。社区每月投入专项经费1.8万余元，在各居委会成立30人的“红袖标”楼群院落值守队伍并配备强光手电等器材，每天开展巡逻值守，楼群院落守护率100%。

推动平安社区、星级平安小区（院落）、平安网格等建设，2014年完成创建“平安小区”任务，2015年复查顺利通过。完善“两严一降”工作指挥调度机制、刑事警情分析研判机制、社会协同机制、宣传发动机制、督办倒逼机制等，取得良好效果。

6月30日，航空社区开展6月道德讲堂活动

（航空社区　供稿）

落实维稳工作“党政同责、一岗双责”责任制，健全完善矛盾纠纷的排查、化解、稳控处置“四位一体”长效工作机制。社区由服务中心群众工作部牵头，驻区143单位、183单位、武警六中队、辖区物业管理公司、各居委会参与的维稳协调联动机制，形成全社会化解突出矛盾纠纷、解决重大不稳定问题、防范群体性事件发生的合力。2015年调解民间纠纷27起，其中调解成功27起，成功率100%。矛盾纠纷排查发现率100%。

完善涉法涉诉信访工作“四个一批”工作机制，建立涉法涉诉信访工作台账，开展涉法涉诉信访案件化解工作，办结率100%。

开展“百县千乡万村无邪教创建示范工程”，做好敏感节点、重大活动期间的防范控制工作，强化反邪教警示教育宣传，推进教育转化。2015年开展宣传活动6次，制作宣传横幅24条，发放各种宣传资料2500余份，制作宣传栏3期12块。深入学校，加强对青少年进行反邪教育2次，确保反邪教警示教育横到边、纵到底。辖区有在册“法轮功”人员13人，其中有2人长期不在辖区居住，社区一方面利用居委会做好教育转化工作，一方面通过入户与“法轮功”邪教组织人员面对面交谈，及时掌握他们的思想动态，做好稳控工作，辖区未发生“法轮功”邪教组织人员滋事等情况。

（唐仁禹）

【禁毒工作】 2015年，辖区有登记在册吸毒人员62名(阿片类吸毒人员57人)，其中上网43人，社区戒毒、社区康复10人（执行率100%），强制隔离戒毒10人（强制隔离戒毒执行率100%），建立一人一档44人（建档率100%），死亡8人，解除社区戒毒（康复）4人；退休2人，就业人数44人。2015年查获吸毒6人，社区包居领导及网格包片干部主动上门对吸毒人员进行帮教、慰问，上半年慰问社区康复人员2人。2015年，社区禁毒专干与社区民警、网格员一起对吸毒人员进行入户走访26人，未完成14人。全年投入经费9000元，制作《2015年航空社区禁毒、安全防范知识彩页》5000份、《禁毒宣传小手册》4000份、《禁毒家庭承诺书》8600份。2015年组织开展10次“向毒品说‘不’，打一场禁毒的人民战争”主题鲜明的禁毒宣传活动，在辖区主要通道悬挂横幅12条，出宣传栏4期（16块）、制作永久性禁毒宣传标语1块，发放禁毒宣传资料2800余份、禁毒宣传小礼品2100余份，签禁毒家庭承诺书3000余份，签订率100%。“6·26国际禁毒日”期间，在红林、枫阳小学开展大规模禁毒签名活动宣传2次。在枫阳小区广场，组织播放禁毒宣传记录片，悬挂禁毒宣传横幅等方式进行禁毒宣传教育，让居民切身感受到毒品带来的危害，使广大居民防毒、拒毒意识日趋增强。

（唐仁禹）

【网格化服务管理工作】 2015年，航空社区全面推进社区网格化管理，建立网格化管理服务模式，分为3个网格区（分别是枫阳居委会网格区、松花江居委会网格区、红林居委会网格区），33个网格，网格化管理员33人，在网格管理工作中匹配专项工作经费。采集信息工作完成，社区群众全部录入网格系统，纳入服务范畴。

（唐仁禹）

金欣社区

【概况】 金欣社区是在城市基层管理体制改革中撤销办事处成立的新型社区。辖区有金溪、金农两个居委会，居住户4129户，居民12094人。其中常住人口8607人，流动人口3487人。辖区内有贵州省农业科学院、贵州省地矿局物化勘院、贵州朝晖天力柴油机有限公司、大有风机厂等企事业单位；有玉蝶电缆、主力电器贵阳分公司、新昌公司等30余家非公经济企业；有贵阳经济技术职业学校、贵州省农科院附中、花溪区民族学校、林城苗苗中学、花溪区第二实验幼儿园等六家中、小、幼教单位；有贵阳农村商业银行一家金融机构；有超市、餐饮及零商铺面150余家。社区所辖10个基层党组织，其中社区党委1个，中心党支部1个、居委会党支部7个、非公企业党支部1个，有党员137人。

2015年对“两湖一库”清淤项目工程、农科院油料所改建项目工程、贵阳市工读学校改扩建项目等相关资料及2014年余留项目等进行固定资产采集10400万元，超额完成2015年下达的工作任务。

社区年初与居委会、辖区企业签定30份安全生产目标责任书，要求居委会、企业明确1名安全生产负责人，落实安全生产责任制。开展安全生产大检查。对30家企业基本信息进行登记、巡查，做到每周巡查，建立巡查日志，完善台账；

将安全检查工作落实到常态化、日常化。

做好违建管控工作，明确社区党委书记负总责，社区主任抓落实，城市管理部、社区执法中队具体负责拆违控违工作。社区与金溪、金农两个居委会分别签订《2015年违建管控工作目标责任书》，将查违、控违、拆违工作列入居委会干部及网格人员年度考核的主要内容。2015年，拆除6起违法建筑，建筑面积为735平方米。

（金欣社区）

【社会事业发展状况】 2015年金欣社区采集流动人口信息3406人，全部录入贵阳市全员人口信息平台，实现就业率95 %；办理居住证281人。全年完成孕前优生健康检查任务30对，完成计生手术71例；完成宫颈癌筛查55例；流动人口妇检应检358人，实检358人，妇检率100%；录入就业信息667人、办理“就失业登记证”20本、创建充分就业社区2个、就业困难认定 6人、新增开发公益性岗位 5人、办理城镇养老保险待遇资格认证50人、办理城镇医疗保险 84人、退休人员指纹认证595人、办理遗属补贴10人、办理公岗退休 7人、全年公岗清退1人，辞职1人。录入花溪区城镇人力资源调查1277 份；对享受低保656 户次、14350人次，发放 37.9772万元低保金。低收入认定 73户220 人。全年享受80岁以上高龄生活补贴 155人，发放救助金金额 114260元。临时困难救助19 户40人、发放救助金94386 元。医疗救助 8户 23人、发放救助金40786 元；发放两参人员生活补助金额25920 元；优抚对象及烈军属元旦春节慰问金5100元；为退伍军人办理免费乘车卡A类 14人、B类83 人；为困难党员胡发元联系残联申请免费安装假肢、为低保户罗凌免费安装人工耳蜗，帮助他们维持正常生活需要；公租房上报93户，审批16户，有1户等审批结果；对4户退伍军人纳入保障房，并上报住建局；对12户公租房租赁补贴保障户出现家庭变更的情况，收集资料及时上报。

（金欣社区）

【为民办实事】 金欣社区联合各部门，围绕提高“群众满意度”的总体要求，开展集中走访和征询意见工作。一是结合“创绿”工作，投入10万元对朝晖厂老旧小区进行绿化升级改造，重新规划、设计、布局。动员居民清理绿地环境，栽种1000余株美人蕉，修建健身广场和安装健身器材，安装休闲椅子100张，并在椅子背后张贴“三创一强一提升”宣传资料，将居民休闲与社区工作有机结合起来，为居民营造一个整洁舒适的生活环境。二是清退占道经营、延伸占道50余家，签订门前三包300家。三是清运鑫中路上淤泥10余车，督促清运垃圾150余车，清理野广告10000余份。四是对金竹十字路口人行道破损眨眼石重新安装，修复金勺路破损路面，方便居民通行。五是在朝晖厂健身广场、篮球场安装防护栏，为居民出行提供安全保障，提升居民安全感和满意度。六是社区分别对电线厂周转房、农科院、齿轮厂旧家属区、鑫中路鞋王超市对面、金溪医院下水道进行修建，提高居住环境质量。七是为辖区居民安装节能路灯25盏，投资金约7万元，方便居民夜间出行。八是通过绿色社区联席会议，发动省农科院分别在隆平路和荷塘路修建两个市民广场，为居民休闲娱乐提供便利场所。九是安装B级锁芯54个和维修防盗门7道，增强群众安全感和提升防范意识。十是通过新安装80个摄像头，实现辖区监控全覆盖，并通过摄像头对违建、占道经营、张贴野广告等影响市容环境行为进行监督管理。

（金欣社区）

【入党积极分子培训工作】 金欣社区业余党校开办两期“金欣社区党委2015年入党积极分子培训班”，对社区机关党支部、金农党总支和贵州经济技术学校的28名入党积极分子进行培训。党委书记制定授课内容、编写教学提纲、准备课件材料、为每期学员上好第一课，身体力行为入党积极分子做好培训教育工作。对因工作无法参加正常学习的学员，利用下班或周末时间进行个别辅导，确保每位学员都能顺利毕业。批准机关党支部和金农党总支两名入党积极分子为预备党员。

（金欣社区）

【搭建“微信平台”】 金欣社区搭建“微信公众平台”。主要针对辖区内的居民、企业、商户的不同特点进行内容丰富、形式多样的网络宣传。先后开设“社区工作和活动信息”栏目，让居民群众知晓社区开展的工作和活动情况，共同参与社区事务。开设“居民关注”栏目，对社区建设的重大决策和涉及居民切身利益的问题及时进行公开，听取辖区居民的意见和建议。开设“便民利民”栏目，利用微信平台的在线服务为居民提供就业指导、计划生育、政策咨询、办理事务流程、预约式办理等业务，缩短服务项目路径，提高服务效率。开设“百事通”栏目，让居民群众通过该栏目的介绍，知晓大到国家大事，小到家庭问题的答疑解惑，成为居民群众的知心人、贴心人。

（金欣社区）

【“两严一降”工作】 2015年，金欣社区要求管理好服务好常住人口、流动人口、关爱群众、重管人口、利益诉求群体。在五类群体划分基础上，制作《金欣社区社会管理工作一览表》，明确目标责任。对五类群体通过《金欣社区楼群院落社会管理周报表》，实行每周动态管理。全年发案率与去年同期相比下降21%，8月、9月份实现连续两个月“零发案”。社区没有发生进京、赴省、到市上访事件。

（金欣社区）

【社区党的建设】 以“三创一强一提升”为抓手，巩固党的群众路线教育实践活动成果。一是与“大党委”签订《金欣社区共驻共建协议书》，同“大党委”成员共同担任轮值主席，协调开展治安、违建管控、市容环境整治，重点人员稳控和危房排查等工作。二是在“五级”党建管理模式基础上，设立和强化8个楼栋党小组的监督管理作用，解决朝晖厂道班路面破损和车辆乱停占道等问题。三是重新修订《金欣社区“三会一课”制度》，组织学习十八届三中、四中、五中全会、习近平总书记系列重要讲话精神等内容。四是通过开展“我们的节日”系列文艺会演、“三年千院”、“绿色网格”创建、党员承诺进小区等工作，通过创绿、创文、创建“先进社区党组织”的验收工作。五是认真开展“六个一”工作。在“春节”和“七一”期间，对17余名困难党员和老党员进行走访慰问，送去党组织对他们的关心和问候。六是发挥功能性党组织的特色优势，金欣艺术团党支部、金欣书画院党支部带领辖区党员、群众借助“我们的节日”活动平台，在春节、清明节、端午节等传统节日和“抗日战争暨世界反法西斯战争胜利70周年”纪念日，组织文艺会演，并将“三创一强一提升”宣传工作融入到活动中，使群众全面了解创建工作，参与到创建中来；在“两节”开展义务写春联、寒暑假期间开办“书画培训班”，义务为辖区中小学生培训书画，从而更好地营造节日氛围和丰富学生的假期文化生活。七是把党风廉政建设纳入学习教育计划。深入开展党纪政纪、法律法规学习，增强党员干部廉洁从政意识；严格执行中央八项规定、省委十项规定和市委二十九项实施细则，签订《党风廉政建设目标责任书》，将一岗双责落到实处。《金欣社区党风廉政建设重点工作任务清单》《金欣社区2015年廉政防控问题清单》和《金欣社区党风廉政监督责任清单》，明确风险事项、风险具体内容、风险登记等，从源头防止腐败的产生。开

1月23日，金欣社区联合贵州民族书画院、金欣书画院开展义务写春联活动（金欣社区　供稿）

展党风廉政建设为主体“层层约谈”制度，确定约谈范围，敲响思想警钟、筑牢防范底线。落实“两个责任”，党委定期听取违建管控专题汇报，纪委每月不定期的对辖区违建管控工作进行检查，建立巡查台账，确保辖区不出现党员干部违法参与“种房”的情况。强化民生监督特派组的监督作用，充实民生特派组工作人员力量，全面监督各类民生项目资金的使用和发放，切实维护群众根本利益。

（金欣社区）

【提升网格化服务水平】　网格化管理是城市基层管理体制改革中创新的一种基层社会管理模式。一是把党小组建在网格上。在金溪、金农居委会的14个网格建立14个党小组，制定党小组工作职责、划分党员责任区，要求党员把服务送到群众身边，发挥党员在社会治理和群众工作中的先锋模范作用。二是对社区内设结构进行调整和充实，统一设置“二办五部”，配齐工作人员、明确工作职责。三是建立健全社区网格化服务管理工作制度与职责。制定《网格办工作职责》《网格化服务管理工作职责》《网格化服务管理走访制度》《社情民意收集制度》《网格管理员工作职责》等制度，定期组织网格员进行学习培训，使网格员发挥“一网多责”作用。四是每周定期组织召开网格工作例会，网格信息员对本周工作完成情况、存在问题及时向相关部室负责人反映，避免因信息疏通不畅，造成工作的延误。五是根据区域网格化原则，建立“金欣社区集团号码簿”。网格信息员第一时间将网格内的市容环境、违章巡查、重点人员管控等信息上传至社区管理平台，推进社区管理和服务的全员化、信息化和精细化。六是加强检查考核。在各网格张贴网格信息公示牌。网格工作实行月、季度考核制，定期进行公示、接受群众监督。

（金欣社区）

黄河社区

【概况】　黄河社区服务中心于2011年4月29日正式挂牌成立。社区设立社区党委和社区服务中心。辖区面积9.2平方公里，辖大坡、中院、珠显、洛解4个行政村，共有村民小组33个，村集体土地基本被城市建设征用，有6个自然村寨作为城中村项目有待改造。辖区有人口13000余户、41000余人，其中常住户1973户、7790人；流动人口11000余户、33000余人，流动人口占总人口的80%。黄河社区党委现有6个基层党组织（其中农村党支部4个，非公企业党支部1个，机关党支部1个），党员264名，其中农村党员238名，非公企业党组织党员10名，机关党员16名。

黄河社区服务中心下设“五部两办”（党建工作部、社会事务部、城乡管理部、群众工作部、经济服务部和综合办公室、网格化服务管理办公室），设立便民利民服务大厅，大厅设有4个综合服务窗口，分别提供民政民族事务、劳动和社会保障、计生、城市管理和住房建设、综治调解和法律咨询等各项服务。社区有工作人员80人，其中行政编制9人（班子5人，主任科员1人，副主任科员1人，科员2人），全额拨款事业编制12人，其他类人员56人（含社区临聘人员及花溪区司法局、经开住建局下派人员）。

（黄河社区）

【社会事业发展状况】 2015年，黄河社区完成统筹培训34人，完成新增就业人数1034人，开展“以业管人”调查工作，调查用工单位数1096个，流动人口就业数1347。办理“就业失业登记证”98本；就业困难人员认定12人，其中7人已就业。2015年，辖区“城乡居民养老保险”参保59人，310人次缴费，缴费金额为12.19万元；15人新申领待遇；已拨付公岗两补37.34万元，劳动协管员两补17.34万元；申报场租补贴33户，发放 6.7万元；一次性创业奖励1户，发放奖金4000元。发放农村低保、农村五保户、城镇低保金4.79万元；发放两参人员及60岁农村籍退役士兵补贴9.5万元，发放两节慰问金1.29万元。办理退役军人乘车卡：A类43人，B类113人。两节慰问贫困残疾人10人，发放慰问金2000元；开展残疾人专项调查工作并录入残疾人专项调查信息系统，细化一户一档基础信息。慰问百岁老人1人，发放慰问金800元；慰问贫困老人10人，发放慰问金7200元。

实行“三按月”工作制度，落实手术326例；推动“双诚信双承诺”全面铺开，签订双诚信双承诺协议1669份，户籍人口签约率达99%以上，其中中院村签订748户、大坡村签订277户、洛解村签订393户、珠显村251户。开展定点定时妇检工作，截至10月开展4次集中妇检，共计12411人次。加强流动人口服务管理，征收社会抚养费13200元，收集流动人口居住证办理资料1665份，办理居住证1240个。

（黄河社区）

【为民办实事】 2015年，黄河社区一是开展“三创一强一提升”创建工作，投入60余万元，强化文明、绿色、平安社区硬指标落实，顺利完成验收。二是为丰富村民精神文化生活，组织建党94周年文艺汇演、大坡村“消暑纳凉”文艺晚会等活动。三是指导各村“成立村级股份有限公司”对村内闲置资源进行清查盘活，全年各村集体经济增长5%-10%不等，达到30万集体经济目标。四是推进“两严一降”专项工作。抓好群防群治，稳步推进“人防、物防、技防”工程。在各村制作黑板报、宣传栏55块、标语100余条，印制并发放法制便民服务卡、温馨提示及公开信宣传单20000余份。组织村民代表、小组长、各村沿街铺面470人参与“红袖套”项目，调动辖区群众参与平安社区创建工作。推进“物防、技防”安装工作，安装防盗门104扇、监视器152个、照明路灯70余盏、门锁插销500个，治安岗亭9个，报警灯箱39个。2015年，发案150起，与2014年同期177起相比，减少27起，下降15%；完成上级要求的刑事案件下降10%的工作目标。 五是加大违章建筑拆除力度，2015年拆除违法建筑26起，拆除面积2403平方米。及时处置并回复“12319”、百姓书记交流平台等交办的180余件环境卫生问题。配合全市开展贵阳市创建国家卫生城市复评工作，社区顺利通过检查。六是强化食品药品安全责任制，完成2015年食品药品安全监管目标责任书及目标细则，全年未发生一起食品药品安全事故。结合安全生产等专项整治工作，社区对辖区物流园、老旧村寨、人流密集场所、木材加工厂等，开展10余次消防安全大排查，下发限期整改通知书并限期整改。开展消防安全演练活动1次，结合安全生产宣传月活动一次，制作展板6块，横幅16条，宣传单100份，辖区未出现重特大安全事故。社区开展禁毒，宣传3次，发放宣传资料3000余份、悬挂横幅10条，接受咨询300余人次。加强冬季消防安全宣传，提高村（居）民防火防灾的意识，对辖区内6家烟花爆竹店、10家企业老楼危楼排查，防患未然。推进“网格化”服务管理，采取“出门一把抓、进门再分家”的工作模式，合力开展兜牢社区社会治理工作网底。建立机关党员与村党小组长及村民小组长“双线联系”制度，社区18名机关党员干部分别联系辖区20个村民小组的党小组长及村民小组长，划分党员责任区，协调村组工作。

（黄河社区）

【社区党建工作】 结合发展党员新“十六字”方针，严把党员“入口关”。2015年发展党员3名，平均年龄32岁。举办庆祝建党94周年文艺汇演、大坡村“消暑纳凉”文艺晚会等活动，丰富村民精神文化生活。运用远程教育平台组织党员干部学习34场次，参加人数280余人次。发挥社区业余党校阵地作用，聘请区级领导干部、专家学者上课，定期不定期地对社区党员进行理想信念、党性观念及科学文化知识教育，举办党务知识培训、“党员如何为社区建设作贡献”、学习“三严三实”报告会等各类培训班8期，培训社区干部和普通党员500余人次。落实“三会一评”工作法，规范社区议事会的组成、职责、议事内容、议事程序；实行社区党员“六必访”制度；建立社情民意畅通机制。设立“社区书记主任”信箱，开通社区服务热线，拓宽社情民意收集渠道。

坚持抓基层党建与落实党风廉政责任制相结合。社区党委履行党风廉政责任制，加强廉洁观、法纪观教育和警示教育，开展廉政文化进社区、进农村活动，推行党务、政务和村务公开，自觉接受群众监督，促进干部作风的转变，查处和解决群众关心的突出问题，提高办事的透明度和效率，树立良好形象。“一把手”班子成员带头学习并遵守《廉政准则》，严格按照中央八项规定、《党政机关例行节约反对浪费条例》、省委十项规定和市委二十九条实施细则、党员干部“四严格、十不准”，规范自己的行为，自觉接受社区群众的监督。

（黄河社区）

三江社区

【概况】 三江社区辖龙王、尖山、大寨、场坝、毛寨和周家寨6个行政村47个村民组，地处城郊结合部，总面积约6.72平方公里，属于典型的农村社区。三江社区有党的基层组织12个，其中社区党委1个，党支部11个（其中村党支部6个，非公企业党支部3个，供销社党支部1个，社区服务中心党支部1个），有党员413名。社区有人口62127人，其中常住人口13796人，流动人口48331人。辖区重点项目有市政项目，轻轨一号线（毛寨段）、麻堤河污水处理厂项目等重点建设项目。

（吴梦娜）

【社会事业发展状况】 2015年，三江社区完成城乡统筹就业1292人，其中城镇新增1064人，农村富余劳动力转移228人；为符合条件的下岗失业人员发放“就业失业证”35本；城乡统筹培训60人；为52个自主创业经营户申报场地租金补贴9.36万元；为4个返乡创业农民申报返乡创业补贴共计1.2万元；对新增创业实体名单进行入户调查，累计走访入户520余户。

做好新型农村社会养老保险收缴和养老金审核工作，全年收取1200余人59万余元，完成目标征收任务的151%，社区共参保4051人。

社区严把低保审核关，让辖区弱势群体“应保尽保”。2015年，为20户28人次发放城镇低保金16.86万元；为38户68人发放农村低保金18.83万元；为辖区12户困难群众发放临时生活困难救助及医疗救助15.26万元；为辖区内40名“两参”人员发放2015年度生活补助17.28万元；帮助6名两参人员申请优抚医疗救助金1.06万元；为辖区内124位80岁以上高龄老人发放高龄补贴4.54万元；为辖区老年人办理老年证58个。

2015年，社区人口自然增长率3.5‰，常住人口符合政策生育率99%，流动人口符合政策生育率95%。全年完成节育手术389例，与2014年同比增加94例。全年为387名流动人口办理婚育证，为符合条件的流动人口办理居住证24190本。

做好“控辍保学”相关工作，走访辖区学校，对辖区学校的学生辍学情况进行检查并登记；配合教育局，搞好辖区中小学生户籍情况核实表，做好辖区控辍保学相关工作。对辖区所有学校进行逐一走访，检查各学校的安全情况，完成相关数据采集，针对存在的安全隐患提出整改意见，对无证办学的学校提出整改要求。完善留守儿童、少年的相关信息的收集和取证工作，建立相应的台账，进行动态管理。签订《花溪区人民政府教育工作目标》和《花溪区人民政府2015年“9+3”计划目标》，并做好相关工作。

（吴梦娜）

【为民办实事】 2015年，三江社区以迎接国家卫生城市复审考核工作，巩固“国家卫生城市”荣誉称号为契机，组织包村干部、环卫工人，聘请专业清洁公司对辖区三江农贸市场、大寨农贸市场、明河路等市场及周边进行专项整治，清除市场内油污油垢、规范摊位摆放、清理占道经营。农贸市场环境发生根本变化，为辖区群众生产生活创造整洁有序的环境。

社区通过“新型社区·温馨家园”项目，分别为辖区毛寨村、场坝村、尖山村、龙王村安装太阳能路灯120盏，照亮辖区群众出行的道路，践行为群众服务的承诺。

根据2014年5月1日国务院公布的《社会救助暂行办法》，为辖区身患重症的郑女士等人申请大额临时救助，及时为困难家庭送去希望。

（吴梦娜）

【“新型社区·温馨家园”创建活动】 2015年，三江社区党委从年初就开始开展“三创一强一提升”创建工作，成立以社区党委书记、服务中心主任为组长的创建工作领导小组，就创建“先进社区党组织”“文明社区”“绿色社区”三块工作各自配备专门的工作人员，把创建工作作为社区2015年的中心工作来抓。把创建工作的各项指标与社区各项具体工作相结合，采取纵深融入的方式，经考核完成“先进社区党组织”“文明社区”“绿色社区”的创建工作，实现社区整体工作效能的提高。

（吴梦娜）

【网格化服务管理】 2015年，三江社区一是筑牢网底，以网格化实现以房管人，全面掌握辖区人口信息，及时提供有效服务。社区按照每300-400户确定为一个网格标准，将社区划分为79个网格，在明确网格数的基础上，社区着手绘制网格四级图，掌握辖区房屋分布情况。辖区有各种自搭房4529栋、房间数36063间，已全部编号上墙。社区网格一、二、三、四级地图绘制全部完成，为“以房管人”工作奠定基础。二是比对信息，动态掌握辖区重点人员情况。从辖区发案的总体情况来看，减少流动人口作案成为降发案的重点、难点。对此，社区通过网格员走家入户掌握基础信息。通过每天采集信息，网格员一方面可以对全员信息平台进行动态更新，另一方面能够及时将所采集的信息提供给辖区派出所进行信息比对，对比对出的重点人员，由社区民警和各村治保主任共同牵头落实管控。全年采集录入38884人，录入95%。对比对出的重点人员，由社区会同派出所采取有针对性的措施。

（吴梦娜）

【社区身边好人】 “你的纠纷就是我的纠纷，你的幸福就是我的幸福。”这是三江社区群众工作部刘光琳的座右铭。近四年来，社区里发生的夫妻矛盾、打架斗殴、邻里纠纷、土地纠纷、信访维稳……这些在老百姓看似非常棘手的问题，在刘光琳那里，总能弄个清楚、断个公道是非。在刘光琳看来，有没有荣誉一点都不重要，因为那是自己分内之事。踏实处理每件事，让人民群众满意，这才是他内心真正的快乐和幸福。

（吴梦娜）

小孟社区

【概况】 小孟社区位于贵阳市花溪区东北部，服务面积29.68平方公里。贵惠大道、开发大道贯穿整个辖区，金戈路、科技路、三号路、五号路连接东西。社区下辖红艳、王宽、王武、丰报云、翁岩、付官、陈亮7个行政村，28个村民组，总人口19871人，其中常住人口11972人，流动人口7899人，以布依族、苗族为主的少数民族人口约占总人口48.2%。社区党委下辖基层党组织8个（含7个农村党支部，一个服务中心党支部），有党员354人。现有大数据产业、新医药产业、高端装备制造业企业100余家，在建项目28个。社区有综合办公室、网格管理办公室、党建工作部、城乡管理部、经济服务部、社会服务部与群众工作部，现有在册干部职工24人，临聘及下派人员41人。

（小孟社区）

【社会事业发展状况】 全年小孟社区上报出生人口数201人，人口出生率9.99‰，符合政策生育率98.4%；城乡统筹就业1058人，其中城镇新增就业803人，农村剩余劳动力转移255人，新增创业实体129户，申报返乡创业资金补贴3人，发放场租补贴金额9000元；新型农村社会养老保险缴费1910人，完成缴费金额89万元；办理居民医保104人；农村社会养老保险保费87.14万元； 失地农民身份认证331户1249人；农村低保新增5户、取消1户、调整1户，有45户97人，发放低保金计8.36万元； 城镇低保取消1户1人、还有6户8人，发放保证金4.43万元；发放124人高龄老人补贴5.13万元；五保老人补贴1万元，困难医疗救助4人4.1万元；发放60周岁以上退役士兵补贴21.78万元、两参人员发放优抚金17.06万元、农村义务士兵家属优待金14.12万元，办理“两参人员”、退役军人乘车卡164张 ；失地农民增发养老金22人，新增60周岁申请待遇19人；发放“阳光家园”救助金5户2500元；持证残疾人254人，助残日慰问3户600元，办理残疾人乘车卡82人；元旦、春节慰问金1.5万元，“八一”慰问金3.81万元。

（小孟社区）

【为民办实事】 2015年，小孟社区完成职业技能培训51人。劝阻门面占道延伸经营1500余户、流动摊贩6000余户次，清理野广告6500余张，清运暴露垃圾500余吨，清运淤泥杂草100余吨。辖区刑事发案71件，与2014年同期相比下降15.5%，治安案件发案同比下降23.1%。全年为村民成功调解矛盾纠纷137件，成功率100%。社区兑现承诺400余件，制作长效宣传标语14幅，宣传栏7块，拨付“双诚信双承诺”工作经费1.95万元，发放“双诚信双承诺”宣传资料5000余份，发放“双诚信双承诺”宣传品到户2000余件。2015年完成4个村的房屋立面整治，打造美丽乡村示范点1个，建成文化小广场3个。社区分别开展禁毒宣传工作20余次，悬挂禁毒宣传横幅20条，张贴禁毒宣传小标语200余张。

组织开展“我们的节日”系列活动，辖区2325户家庭参与到五好文明家庭、学习型家庭、生态文明家庭创建活动，参与率78%，评选挂牌100户。在社区服务中心，重新完善各个活动室制度，图书室藏书1500余册，订阅报刊杂志35种；社区公共电子阅览室8台电脑已开通文化信息资源共享工程；社区四楼有100余平方米活动室，活动器材10余套；在各村配置活动室，农家书屋藏书达1000册，建有村民活动小广场，组建篮球队、足球队。社区设立“儿童之家”，配有儿童图书、动画片等物品。

（小孟社区）

【重要项目推进】 2015年，小孟社区重点项目有南片地块、市域快铁、玉蝶电线厂、143厂偏坡、王宽变电站输电线路塔基等重难点项目28个。在重点项目推进工作中，完成土地征收1403.341亩；农房征收361栋154344.38平方米；迁移坟墓1252座；调解施工、村民地界争议、地类争议、土地面积争议、村界争议、工程款项等引发的挡工堵路及各种纠纷100余起。

（小孟社区）

【“新型社区·温馨家园”创建活动】 2015年，小孟社区成立以党委书记为组长的创建工作领导小组，抓文明社区、绿色社区、平安社区、“先进社区党组织”创建活动，明确分工、细化责任。采用“三个强化”“四个抓手”“三个着力”“三个优化”工作模式强推创建工作。一是坚持社区大党委研究决策机制，共同参与社区重要项目、重大事项的研究与决策，以提升基层党组织战斗能力。二是社区成立10余支志愿服务队伍开展志愿服务活动，注册人数1524人。投入5万余元宣传经费，开展形式多样的宣传活动，发放宣传资料5000余份。开展“我们的节日”活动，利用暑假和周末，与学校共同开展未成年教育活动。三是社区成立工作领导小组，委托专业团队编制《贵阳市花溪区小孟社区服务中心生态文明“绿色社区”规划》，确保创建工作有序推进。社区利用道德讲堂、开展志愿活动等途径向村民讲解环保知识，倡导绿色生活、绿色消费，引导群众投入创建；通过社区驻村干部、志愿者、网格员的深入走访，掌握群众生活中的热点难点问题，并结合实际开展帮扶。四是建强村级巡防队伍，优化“防”“治”措施，加强思想防范，实行内防外堵，做好重点部位防治三方面安防体系；完善矛盾纠纷排查、调处、稳控、处置机制、完善社区警务联席机制及警情信息举报奖励机制、完善突发事件、重大灾害事故预警机制，打造创安预警网络。

社区党委定期听取工作汇报，研究解决工作中存在的困难和问题，协调资金加大投入。经过社区全体干部职工和各村两委干部、企业的共同努力，小孟社区顺利完成“新型社区、温馨家

3月3日，小孟社区开展“我们的节日·庆元宵”活动
（小孟社区　供稿）

园”的创建工作。

（小孟社区）

金竹社区

【概况】 金竹社区位于花溪区西北部，距贵阳市中心11公里，总面积17.6平方公里（含阿哈水库水域面积5平方公里）。金竹社区服务中心驻滥泥村（鑫中路），距贵阳市花溪区人民政府驻地12公里。辖金山、滥泥、竹林3个行政村，47个村民小组， 98%是布依族。境内地貌以丘陵为主，南部较为平坦，北部起伏较大，最低海拔1080米，最高海拔1300米，具有高原性和季风性气候特点，气候温和湿润，夏无酷暑，冬无严寒，基本无大的自然灾害，有利于农作物生长。

金竹社区服务中心是正科级事业单位，内设党政工作部、社会事务部、城市管理部、群众工作部四个机构和一个便民利民服务大厅。服务大厅办理劳动及社保、创业扶持、库区移民扶持、农村低保、民政工作、流动人口服务及计生服务六个事项。中心现有工作人员45人，其中行政编制7人，全额拨款事业编制16人，自聘人员9人，流动协管员3人、劳动协管员2人、低保专干1人，花溪区司法局下派人员2人、经开区城管局下派5人。

社区党委有五个党支部，有党员225名，预备党员3名，入党积极分子15名，无流动党员。下辖3个村委会有“两委”干部23名，“两委”委员“交叉任职”5名；100%高中以上学历，35岁以下的3名。辖区内有2所小学：金山小学有学生183人，教师12人；竹林小学有学生227人，教师13人。

辖区内有2所社区卫生室，有工作人员3人，其中专业卫生人员3人。2015年完成诊疗3000人次。

2015年，社区固定资产投资5500万元。

上报粮食农业种植保险17户33.3亩；解决移民存折账号遗失、错漏等情况81户。完成全年水库移民直补资金和项目扶持资金的申请上报及发放工作。发放移民老龄生活补助及移民大中专学生奖励57.25万元，发放粮差26.98万元。

（谢　勇）

10月22日，金竹社区“三创一强一提升”文艺演出
（金竹社区　供稿）

【社会事业发展状况】 社区新增城镇就业岗位80个，园区就业20个，城乡统筹培训61人（其中创业培训50人，农村富余劳动力技能培训11人）。对2015年新增创业实体65户（实际完成入户55户）进行入户调查及创业扶持政策宣传，完成自主创业经营场所租金补贴材料初审及入户核实3户。完成返乡农民工自主创业奖励资金申请4户，对7名遗属补贴人员和5名异地居住离退休人员进行异地纸质资格认定。

2015年新增参保人数78人，累计参保人数2123人，续交费779人次；全年收费221100元。

各类复退军人145人，其中两参人员25人，伤残军人1人，在乡老复员军人3人，60岁以上退役士兵20人，一般退役军人96人。配合区民政局开展对两参及60岁以上退役士兵的春节和“八一”慰问，发放慰问金3.07万元，发放春节期间军属慰问金16人3200元； 1人享受低保； 2人享受医疗补助共5169元，同时为辖区所有重点优抚对象更换优抚医疗证；因病临时困难救助有5户15人1.5万元；对辖区145名复退军人发放光荣牌；办理复退军人乘车卡90人，农村低保对象有92户 197 人，取消37户102人，新增4户 9 人，为低保户进行新农合医疗代缴补助的申报；11月发放医疗救助2人，金额2.82万元；发放临时困难救助33人，金额4.05万元；救助人数6人，发放房屋重建救助资金0.6万元；为辖区21名一级重度残疾人申报重度残疾人护理补贴；完成辖区内持有二代残疾证的0–15周岁未入学适龄残疾儿童少年的调查、登记、核准工作，辖区有9名未入学适龄残疾儿童填报《未入学适龄残疾儿童少年调查登记表》；为80名残疾人办理免费乘车卡；完成“阳光家园计划”残疾人托养服务（家庭）资助申请，有11人获得资助；辖区留守儿童13人，通过区民政社会救助体系，将7名困难留守儿童纳入农村最低生活保障对象，区妇联爱心结对帮扶，将竹林村2名困难留守儿童纳入帮扶对象。发放高龄营养补贴2.25万元；办理老年优待证10个。发放农村特困老龄人补助8人，发放金额3900元。

（谢　勇）

【为民办实事】 村民入股的形式成立村级经济发展公司，以金竹生态修复项目为平台，以现有花卉批发市场和零散苗木种植户为基础，各村以公司+农户+支部等多种模式流转土地，组建有苗木经营许可权限的苗木种植公司，发展产业项目和电商项目。在金竹板块开发建设过程中，以各村集体为平台组建劳务管理公司，引进建筑工程方面工程技术人才，建立具有建筑修缮资质的施工队伍、家政服务队伍、其他劳务服务队与生态总部城物业管理挂勾，为生态总部城提供劳务服务，解决农村富余劳动力在城市化进程中转移就业。

（谢　勇）

【新型社区·温馨家园”创建活动】 2015年，金竹社区实施“新型社区、温馨家园”项目申请4批，涉及21个项目（照明工程、环境整治、体育文体设施及串户路修建等）全部完成。所有项目的归档按照“新型社区、温馨家园”一目一档的要求整理完成。

（谢　勇）

【人口基本情况】 2015年，金竹社区有 6215 户，总人口18007人，常住人口出生人数133人，符合政策生育率98.4%；流出人口总人数193人，其中育龄妇女66人，流出后生育新生2人，流入人口总人数10935人，其中育龄妇女2995人，新生26人，流动人口符合政策生育率92.8%。完成计生手术数147例，其中女扎62例、上环70例、皮埋0例、甲乙手术6例、取消避孕措施8例。

（谢　勇）

【重点工程项目】 2015年，金竹社区启动安置房地块征地工作，完成滥泥村集体土地勘丈、公示并签订征收协议、协助征收部门完成征拆房屋征收前期摸底调查工作。参与多彩贵州街征收工作。为确保岷江路土石方爆破开挖，做好前期群众思想工作。协助贵和公司和国土局完成附属管道工程的临时借地工作。为保障阿哈水库溢洪口行洪安全，协助征收中心完成溢洪口地质灾害点房屋征收工作及地质灾害点处置前期准备工作；完善辖区现有人工湿地的排污管网建设，解决辖区生活污水问题。完成拆违控违工作，确保违建“零增长”。

（谢　勇）

花溪年鉴 HUA XI YEARBOOK 2016

花孟社区

【概况】 花孟社区成立于2012年10月12日，下辖4个基层党支部，党员210名。3个行政村（麦乃村、把伙村、杨中村），村两委成员24名，村民组长18名，党小组长15名，村民代表92名，有16个村民组，总面积20.4平方公里。现有2506户，总人口7535人，其中流动人口1257人，布依族、苗族占80%，属纯农业村落。生产作物以水稻和玉米为主，局部村组种有草莓，村集体经济发展和村民收入处于低水平阶段，没有规模化、专业化的种植、养殖业，村民仍秉承单家独户的传统农业。

花孟社区原为副科级财政全额拨款事业单位，后于2013年9月升格为正科级单位，核定编制24名，其中党委成员4名。实有在册干部职工23人，其中书记1名，主任1名，副书记1名，副主任1名，副主任科员2名，在编职工17名。

（花孟社区）

【社会事业发展状况】 2015年，花孟社区落实中央、省、市、区扶贫济困精神，向困难群众、优抚对象、扶持对象发放救助、慰问、扶持、补贴物资折合现金93万元。对违法建筑管控保持高压态势。社区制定控违拆违工作实施方案，建立控违工作网络，社区有控违专职队伍，村委会有控违专干，组里有控违监督员，村组干部、党员人人有控违任务。社区还公布控违举报电话，鼓励群众举报，发挥现代网络监督作用，确保控违工作落到实处。健全“控违全天候、巡查无缝隙、责任全覆盖”的工作考核机制，重心前移、强化事前监督，改变以往重拆除、轻前期管理的做法，坚持违法违章建筑零容忍，打早、打小、打了，实现巡查严控无死角、“新违建零增长”的目标。全年拆除违法建筑52户，5341平方米。

借助把伙村创建市级卫生村寨和杨中村农村环境综合整治的机会，开展辖区卫生环境改善，生态保护工作。2015年11月，接受市创建工作检查组检查验收。12月底，花孟社区绿色社区创建工作进行到全市创建公示阶段。

按照创建指标要求，着力开展道德讲堂、弘扬民族传统文化、志愿者服务、整脏治乱等各项工作，打造杨中村陇头寨创建示范点。11月，接受市级检查组的检查验收。12月，花孟社区文明社区创建工作进行到全市创建公示阶段。

2015年城镇新增就业目标任务80人，完成113人，完成率141.2%；园区新增就业目标任务50人，完成50人，完成率100%；农村富余劳动力转移目标任务50人，完成74人，完成率148%；职业技能培训目标任务50人，完成34人，完成率68%；2015年出生率8.37‰、人口自然增长率1.5‰。常住人口出生数50人，符合政策生育率98.1%。

（花孟社区）

【为民办实事】 2015年，花孟社区在事关人民群众生产生活等基础建设方面，争取上级资金1500余万元。投入资金190.5万元，安装把伙安全人饮水，改造杨中、麦乃安全人饮水管网；投入资金

7月31日，花孟社区召开“三员三长”暨网格化工作大会（花孟社区　供稿）

170.2万元，实施把伙、杨中、麦乃路灯工程，安装371盏路灯；投入资金279万元，实施把伙村道路硬化工程，杨中村串户路硬化和麦乃村串户路局部修缮；争取58.57万元资金，帮助辖区43户困难户实施危房改造；协调通讯部门安装把伙村移动通讯基站；投入资金近100万元，实施3个村村级综合楼改造；投入资金10万元，实施杨中、把伙两村级小学教学楼除漏、立面改造、围墙修复工程；推动“美丽乡村”建设，投入资金193万元，实施杨中村陇头寨改造提升工程；投入资金（一期）100.09万元，实施把伙村大塘寨小康寨建设工程。

围绕“绿、亮、净、美、畅、安”六类工程，加强水、电、路、讯等基础设施建设，全年争取到位资金260万元，申报项目资金9600（贷款申报项目）万元。发放救助、慰问、优抚、扶持等各类物资48万余元。

社区每年投入资金18万元，按月考核拨付工作经费，改变过去“突击”方式，开启村寨卫生管理常态。同时以“美丽乡村”、小康寨建设为契机，加强村寨排污、垃圾收集池、公厕等设施建设。

（花孟社区）

【加强村级基层组织建设】 2015年，花孟社区一方面加强对村两委干部能力、道德教育培训，使之在群众中发挥表率引领作用；另一方面大力提倡群众文明，寓教于乐，共开展“六月六”民族节庆、春节文体等大型活动5起，宣传良好民风、家风，弘扬良好社会风气，共建新型社区，温馨家园。根据农村工作特点，统筹“三员三长”六类人员，固本强基，兜牢社会治理网底，密织防盗、防抢、防邪、防火、防恐、防灾网络，维护群众生命财产安全。

7月18日，花孟社区举办我们的节日——“六月六”民族风情节（花孟社区 供稿）

（花孟社区）

【社区党建工作】 在党的群众路线教育实践活动期间，社区党委班子成员率先垂范，以集中学习、自学和党委中心组学习方式开展学习教育实践活动达50余学时。2015年，在落实“两方案一计划”，巩固党的群众路线教育实践活动成果同时，开展“三严三实”专题教育活动。社区党委制定《花孟社区党委委员自我约束九条规定》，购买《习近平用典》《哈佛气质课》《土地纠纷处理依据与解读》等资料。社区各村党支部，除自行组织开展“三会一课”外，社区党委成员到各支部上“微型党课”，指导各村开展学习教育活动。11月，社区接受市委组织部创建工作检查组检查验收，12月，社区建强党组织创建工作进行到全市创建公示阶段。

社区党委推进“四风”问题专项治理，社区有8位同志因执行不力、不遵守工作纪律等问题被问责。社区党委还制定《花孟社区服务中心干部职工季度测评办法》《花孟社区服务中心村两委成员季度测评办法》《花孟社区服务中心加减分办法》《花孟社区打招呼通知书》等制度，规矩在前，用制度管人，用“秤”“称”事，加强日常考核和管理。

落实党委领导的主体责任、纪委的监督责任与“一岗双责”分管领导的主体责任，层层签订党风廉政建设目标责任书，干部职工遵章守纪承诺书。抓好资金的监管，防止乱开支，巧列支，公款消费、旅游等。落实中央、省、市等一系列制度和规定，抓党风廉政建设宣传教育和案例警示教育，增强干部拒腐防变能力。抓好党风廉政约谈工作，使“党风”和“廉政”四个字切实入脑入心，全年开展党委主要负责同志与党委成员、党组织书记，班子成员与分管部门负责人、村两委主要负责同志与村两委成员等约谈70人次，增强党员干部心有所畏，言有所戒，行有所止的律己意识。

完善社区大党委运行机制，形成以社区党委为核心、村级党组织为基础、区域内有关组织共同参与的区域化共驻共建工作格局。指导各村党组织贯彻落实上级党委的路线方针政策，确保功能作用正常发挥。社区党委结合村情制定《麦乃村软弱涣散党组织整顿工作方案》，从10个方面督促和指导开展整改工作，2015年年底，麦乃村软弱涣散基层党组织成功摘帽。社区党委研究制定社区党委委员自我约束九条规定，按照“坚持标准、保证质量、改善结构、慎重发展”十六字方针做好党员发展工作。加强辖区村两委包组委员、网格员、治安巡防队员、党小组长、村民组长、育龄妇女小组长统筹工作，以强基固本，提升基层治理能力和水平。

（花孟社区）

【社会治理】 2015年，贵阳市社会治理工作会议召开后，社区结合实际，探索适合农村治理的工作模式，通过调研，发现“三员三长”资源闲散，各自为阵，其联系群众的桥梁和纽带作用也未能尽显。社区党委认为，“三员三长”是有组织的个体，是社区社会服务体系建设和基层治理的要员，是基层党委密切联系群众的桥梁和纽带，是上情下达和下情上传的必经通道，是各项具体工作能否顺利落地的抓手，是社会动员的基本力量。社区党委把七组作为本社区贯彻落实市、区社会治理工作会议精神，推动网格化管理，加强基层治理的试点，探索农村社区网格化管理下的“小单元治理”，同时探索社区服务“条专块统”新常态，取得初步成效。

推动社区干部和村委委员 “双线”联系村民组，密切联系群众，是花孟社区为强化社区党员干部密切联系群众，加强基层工作方式方法的积累，增强群众工作的措施，也是社区对辖区各村民组有效宣传政策和信息掌控的群众工作方式，在辖区安全隐患排查，留守儿童及空巢老人关爱，违法建筑管控等工作中发挥作用。

（花孟社区）

【重点项目建设】 2015年，花孟社区切实服务“四路两校一园区”项目建设工作，围绕“文化旅游创新区”三年行动计划，服务“四路两校一园区”等重点项目，与有关部门共同开展土地、房屋征收及坟墓迁移安置工作，全年项目征地1020亩，征拆房屋1.6万平方米。

（花孟社区）

（责任编辑　周年辉）

花溪年鉴 2016 HUAXI YEARBOOK

人 物

燕楼旧盘跳花场（李克平　摄）

领导人名录

本名录收录2015年花溪区党政机关、行政事业单位、区管国有企业的副科级以上班子领导干部，人名后有*的，是2015年因各种原因免职，其余为年底仍在职。

中共花溪区委员会

书　记：钟汰甬* 康克岩* 钟　阳
副书记：向子琨　秦建军　韩友芳（挂职）
常　委：宋　力　张江华* 吕念东* 汤慧勇
　　　　洪　兵　黄筱龙　卢代康
　　　　陈龚卒*（挂职）张建忠（挂职）

中共花溪区委员会各工作部门

办公室

主　任：周　印
副主任：张　莉　禹　易　郭　鑫

区委政策研究室

主　任：童建明
副主任：冉婷婷

督办督查局

局　长：李　蕾
副局长：郭荣建　刘洪军

机要局

局　长：赵克忠

保密办

主　任：刘海川

保密局

局　长：刘海川

深改办

专职副主任：雷安远

群众工作委员会

副书记：杨　刚（常务）　李　宏　徐群红
　　　　刘显福

群工中心

副主任：徐群红（常务）（兼）　王大清（兼）
　　　　周培涛（兼）

组织部

部　长：张江华*
副部长：方毓琴　陈建新　池晓静　赵明镜
部务委员：陈方霞
党的建设办公室副主任：夏　曦* 何才伟

宣传部

部　长：吕念东* 卢代康
副部长：侯　申（常务）　蔡　越　戴佳村

文明办

主　任：蔡　越
副主任：李文义

“整脏治乱”专项行动领导小组办公室

主　任：谢　梅

统战部

部　长：吕念东* 卢代康

副部长：王家才（常务）　蒙秉中

政法委

书　记：宋　力

副书记：李文和（常务）　杨方红　刘显福

游　浩

纪工委书记：李文和

维稳办

主　任：刘显福

副主任：赵　权

综治办

主　任：李文和

副主任：魏惠强

国安办

主　任：游　浩

副主任：安能文

禁毒办

主　任：杨方红

副主任：左丽达

机构编制委员会办公室

主　任：田晓筑

副主任：张路莎

编委办机构编制专职督查员：尹　梅

事业单位登记管理局局长：郑金萍

直属机关工作委员会

书　记：周啟松

副书记：杨洪媛　佘云云

纪工委书记：杨洪媛

离退休干部工作局

局　长：陈建新

副局长：陈玉和　高　源

老年大学

副校长：周国琴（常务）

党史研究室

主　任：郭　涯

副主任：黄依莉

党　校

校　长：张江华*

副校长：杨桂林（常务）　张庭跃

办公室主任：赵文忠

教务处主任：张　燕

后勤总务室主任：覃　英

中共花溪区纪律检查委员会

书　记：汤慧勇

副书记：王培华（常务）　汤　娜

常　委：程家新　任海峰　岳　莉　王效宙

监察局

局　长：汤　娜

副局长：任海峰　齐　松

第一纪工委（区监察局第一监察分局）

书　记（局　长）：王效宙

副书记（副局长）：杨扉扉　杨洪媛

第二纪工委（区监察局第二监察分局）

副书记（副局长）：赵志刚

第三纪工委（区监察局第三监察分局）
书　记（局　长）：岳　莉
副书记（副局长）：赵　平

第四纪工委（区监察局第四监察分局）
书　记（局　长）：任海峰
副书记（副局长）：周　平
办公室主任：刘　宇
干部室（纪检监察干部监督室）主任：刘　天
第一纪检监察室主任：周　刚
第二纪检监察室主任：付　旭
第三纪检监察室主任：艾凌云
案件审理室主任：徐显奇

花溪区第十六届人大常委会

主　任：任渝生
副主任：楚湘黔　张吉林　孙　昕（兼）
　　　　王小兵　张宝祎　吴治岑　张贵昇
党组书记：任渝生
副书记：张吉林

办公室
主　任：杨晓娟
副主任：周　海

花溪区第十六届人大常委会各专委

选举任免联络工委
主　任：龙兴灿

内务司法工委
主　任：刘贤忠

财经工委
主　任：甘　露

教科文卫工委
主　任：郭际昕

农经民宗工委
主　任：陈正华

城建环保工委
副主任：肖　莎

花溪区人民政府

区　长：向子琨
副区长：洪　兵（常务）　禄　竹　赵代刚
　　　　马　彪　秦永康　陈龚卒*（挂职）
　　　　谭　虎（挂职）　张建忠（挂职）
　　　　田社鸿*（挂职）
党组书记：向子琨

花溪区人民政府各工作部门

办公室（外事侨务办、国有资产监督管理办公室）
主　任：黄亚军
副主任：李　斌　池　巍　安雄鹰　彭科芬
　　　　田　晓　罗　充
纪检组长：马鸿飞

国有资产监督管理办公室
副主任：罗　明（常务）

应急办
主　任：黄亚军
副主任：金帮灿（常务）

国防教育办

主　任：车　伟

信访局

局　长：徐群红

副局长：王大清　周培涛

法制办

主　任：赵萍萍

人防办（交通战备办）

主　任：姚险峰

政务服务中心

主　任：石　雄

副主任：白荣智　李　媛

金融工作办公室

副主任：刘　容

发展和改革局

局　长：安中发

副局长：徐国霞　李　健

党委书记：安中发

纪委书记：罗呈敏

价格监督检查局

局　长：刘文云

节能减排监察大队

大队长：刘泽非

教育局

局　长：甘　健

副局长：唐海军　罗维佳

党委书记：甘　健

纪委书记：周　平

教育督导室副科级督学：卫文灿　冯　霞

科学技术局（知识产权局）

局　长：贺　智

副局长：李　琛　王　青

党组书记：贺　智

纪检组长：贺承铁

工业和信息化局

局　长：曾兴宽

副局长：龙玉昆　杨　勇

党委书记：曾兴宽

纪委书记：向　超

旅游局

局　长：王　伟

副局长：王　敏　蒋先美

党组书记：王　伟

纪检组长：唐琳莉

旅游执法大队

队　长：杨云深

民族事务局（宗教事务局）

局　长：杨通强

副局长：雷　英　夏筑生

党组书记：杨通强

纪检组长：周汝阳

民政局

局　长：黄兴翠

副局长：雷　兰　曾涛峰

党委书记：黄兴翠

纪委书记：杨泽珍

老龄委办公室

专职副主任：欧阳贵姿

司法局

局　长：王春风

副局长：董仁滨　汤　淼

党组书记：王春风

纪检组长：万春兰

政工科科长：文　江

依法治区办公室

专职主任：樊晓文

公证处

主　任：高卫政

财政局（农业综合开发办公室）

局　长：周会智

副局长：叶　刚　罗　倩

党委书记：周会智

纪委书记：童师慧

基层财政管理局

局　长：沈小平

国库集中支付中心

主　任：张万菊

财政局社区中心分局

局　长：王　丽

财政局孟关乡分局

局　长：田　凤

财政局青岩镇分局

局　长：王　彦

财政局黔陶乡分局

局　长：张　东*

财政局高坡乡分局局长：李灵开

财政局马铃乡分局

局　长：何正东

财政局燕楼镇分局

局　长：周　勋

财政局麦坪镇分局

局　长：熊燕芳

财政局久安乡分局

局　长：朱国林

财政局石板镇分局

局　长：刘祖坤

人力资源和社会保障局

局　长：方毓琴

副局长：雷　进　陈婷婷

党委书记：方毓琴

纪委书记：杨扉扉

就业局（区创业指导服务中心）

局　长：侯红波

劳动保障监察大队

队　长：夏安楠

社会保险收付管理中心

主　任：张吉英

人事劳动争议仲裁院
院　长：鲁惠敏

人才交流储备中心（区人才市场管理委员会办公室）
主　任：蒋明华

生态文明建设局（环境保护局、林业绿化局）
局　长：张君发
副局长：刘荣祥　邵先云　胡万福　徐应周
党委书记：张君发
纪委书记：谢能红

林业公安派出所
所　长：王春秋

环境监察大队
大队长：吴忠斌

住房和城乡建设局
局　长：卓　荦
副局长：殷丽霞　陈勇建
党委书记：卓　荦
纪委书记：吴利霞

房屋征收局
局　长：谢　冬
副局长：明祖平　徐　焱

棚户区城中村改造办公室
副主任：杨天斌

交通运输局
局　长：尹文君
副局长：陈小进　宋亚菲
党委书记：尹文君
纪委书记：骆建伟

公路管理所
所　长：何传琦

农业局（扶贫开发办公室）
局　长：刘光强
副局长：杨万军　杨条江
党委书记：刘光强
纪委书记：赵　平

农产品加工中心
主　任：赵利晖

动物卫生监督所
所　长：彭　羽

水务管理局（两库一河保护局）
局　长：张建军
副局长：艾　素　焦明书
党委书记：张建军
纪委书记：田　耘

商务局（粮食局）
局　长：班士平
副局长：徐世海　龙海波
党委书记：班士平
纪委书记：徐园琴

商务综合执法大队
队　长：邵朝海

卫生和计划生育局
局　长：张丽娜
副局长：黎昌华　唐　鸽　姚　军

党委书记：张丽娜
纪委书记：周琴云

卫生监督局
局　长：严　翔

卫生和食品药品监督管理局合医办
主　任：汪　莉

食品药品稽查执法大队
教导员：伍凤金

疾控中心
主　任：张著秋

流动人口管理办公室
主　任：梁小涛

人口与计划生育行政执法大队
大队长：张　珊

审计局
局　长：吴　萍
副局长：熊玉云　杨　帆
党组书记：吴　萍
纪检组长：王仁桂

城市管理局（城市综合执法局）
局　长：练余天
副局长：王　贵　刘兴吉
党委书记：吴诚书
纪委书记：吴啟文

城市综合执法大队
教导员：杜　军

市政管理所
所　长：罗梅迟

环境卫生管理所
所　长：聂　雁

统计局
局　长：邓彩红
副局长：涂贻荣　田　艳
党组书记：邓彩红
纪检组长：王兴芬

乡镇统计管理办公室（花溪区第三产业统计调查中心）
专职副主任：杨　俊

统计局统计执法中队
队　长：张　娜

文体广电局（新闻出版局、版权局）
局　长：杨　旭
副局长：阮启彬　龙聚盛
党委书记：杨　旭
纪委书记：王　敏

文化市场综合执法大队
队　长：郭益乾

文化馆
馆　长：曹　新

安全生产监督管理局
局　长：王文敬
副局长：周文林　徐会全
党组书记：王文敬

纪检组长：王永龙

安全生产监督执法大队
队　长：邓　钦

市场监督管理局（工商行政管理局、质量技术监督局、食品药品监督管理局）
局　长：邓松江
副局长：林　林　李　洁　盛建钧　赵　明
党委书记：邓松江
纪委书记：袁　敏

档案局（档案馆、区地方志编纂委员会办公室）
局长（馆长、主任）：杨　忠
副局长（副馆长、副主任）：杨　琴
党组书记：杨　忠

水利水电工程移民局
局　长：王　颖
副局长：左华忠
党组书记：王　颖
纪检组长：赵廷举

爱国卫生运动委员会办公室
主　任：胡　鸿
副主任：张能源

投资促进局（会展经济促进办公室）
局　长：黄昌伟
副局长：李化隆　王　斌
党组书记：黄昌伟
纪检组长：赵志刚

新闻信息中心
副主任：戴佳村*　何　东　姜　华

国家城市湿地公园管理处（花溪公园管理处）
处　长：李保军
副处长：王定忠
党委书记：李保军
党委副书记：王定忠

天河潭风景区管理处
处　长：吴镇地
副处长：林　华

生态工业（石材）园区建设开发办公室
副主任：管　路（常务）　徐国敏
综合协调部
副部长：张启勇

开发部
副部长：李迎春

供销合作社联合社
主　任：陈华信
副主任：赵　娟　毕　蓉
党委书记：陈华信
纪委书记：苏　峰
机关事务局
局　长：王忠华
副局长：周前超　黄作云

清华中学
校　长：兰　珩
副校长：宋文琳　韦朝中
党委书记：兰　珩
纪委书记：李　谦

花溪区人民医院
院　长：张应碧

副院长：叶　凌　吴　铎　田　巍
党委书记：张应碧

花溪区中医院
院　长：李红阳
副院长：祖　鹏
党委书记：李红阳

政协花溪区委员会

主　席：谌业华
副主席：孙剑　张朝洲　李　莎　李　瑾
何　勇　邹吉鸿　吴同恒*
秘书长：吴　硕
副秘书长：车　荣　徐　辉
党组书记：谌业华
办公室主任：吴　硕

政协花溪区委员会各专委

提案法制委员会
主　任：曾少海

经济科技委员会
主　任：田为民

文史宣传学习委员会
主　任：郭　霞

教文卫体委员会
主　任：项彦丽

委员联络办公室
主　任：梁国同

人口资源与环境委员会
副主任：欧阳桂枝

智力支边办
主　任：赵　欣

公检法部门

贵阳市公安局花溪分局
局　长：胡文院
副局长：刘冬红（常务）*　吴立新　周　勇
雷　军
政　委：王海涛
副政委：宋云喜
党委书记：胡文院
党委副书记：王海涛
纪委书记：李　凌

花溪区人民法院
院　长：吴　莎
副院长：方兴林　王　冰　伍　威
党组书记：吴　莎
纪检组长：郑品超
政工科科长：谢　彪

花溪区人民检察院
检察长：王筑生
副检察长：沈重实　范湘丽　周　伦
党组书记：王筑生
纪检组长：罗　康

群众团体

总工会
主　席：张吉林

副主席：廖俊文（常务）　游廷志　沈新秀

共青团花溪区委

书　记：李　博

副书记：李　茸

妇女联合会

主　席：李德琼

副主席：刘正琴

科学技术协会

主　席：盛亚平

副主席：余开阔

文学艺术界联合会

主　席：石文辉

副主席：刘华兴

工商业联合会（花溪区商会）

主　席：李亦然

副主席：何崇义　王家才（兼）

党组书记：蒙秉中

残疾人联合会

理事长：熊　忠

副理事长：徐忠云

残疾人综合服务中心

主　任：王　刚

红十字会

专职副会长：徐　洋

秘书长：刘建明

计划生育协会

专职副会长：熊　伟

秘书长：秦长芳

乡　镇

孟关乡

中共孟关乡委员会

书　记：吴小强

副书记：简秀华　宫连虎

纪委书记：张　鹏

政法委书记：金洪峰

组织委员：班　艳

孟关乡人大主席团

主　席：安能云

孟关乡人民政府

乡　长：简秀华

副乡长：金洪峰（兼）　杨佐荣（兼）

谭永龙　龙超林

武装部部长：杨佐荣

青岩镇

中共青岩镇委员会

书　记：孙昕

副书记：蔡　舟

纪委书记：侯忠昶

政法委书记：邹建云

组织委员：李绍明

青岩镇人大主席团

主　席：杨炳祥

青岩镇人民政府

镇　长：蔡　舟

副镇长：邹建云（兼）欧阳宇航（兼）

李雪斌　危大勇

武装部部长：欧阳宇航

黔陶乡

中共黔陶乡委员会

书　记：张　波

副书记：王明友　龙礼云

纪委书记：李丹

政法委书记：卢兆亮

组织委员：陈春婕

黔陶乡人民政府

乡　长：王明友

副乡长：唐克昌（兼）　徐明友

卢兆亮（兼）　李利健

武装部部长：唐克昌

高坡乡

中共高坡乡委员会

书　记：赵福兰

副书记：杨　洋　刘　飞

纪委书记：罗　刚

政法委书记：徐　金

组织委员：刘海峰

高坡乡人大主席团

主　席：李灵英

高坡乡人民政府

乡　长：杨　洋

副乡长：徐　金（兼）　唐家贵

王家乾（兼）　赵黎波

武装部部长：王家乾

马铃乡

中共马铃乡委员会

书　记：刘明福

副书记：班士秀　张顺忠

纪委书记：王　毅

政法委书记：安永德

组织委员：范如松

马铃乡人大主席团

主　席：罗　永

马铃乡人民政府

乡　长：班士秀

副乡长：安永德（兼）　王金礼

穆廷刚（兼）　易思宇

武装部部长：穆廷刚

燕楼镇

中共燕楼镇委员会

书　记：王效宇

副书记：周　治　尹　磊

纪委书记：曾志刚

政法委书记：吕　钢

组织委员：安　燕

燕楼镇人大主席团

主　席：魏绍伦

燕楼镇人民政府

镇　长：周　治

副镇长：吕　钢（兼）　刘明高

汪小波（兼）　魏华英

武装部部长：汪小波

麦坪镇

中共麦坪镇委员会

书　记：王明放

副书记：罗　宇　陈　勇

纪委书记：杨益翔

政法委书记：吴　波

麦坪镇人大主席团

主　席：周晓强

麦坪镇人民政府

镇　长：罗　宇

副镇长：吴　波（兼）　王成良

姚金义（兼）　李平勇

武装部部长：姚金义

久安乡

中共久安乡委员会

书　记：赵　蓉

副书记：杨　云　王洪斌

纪委书记：

政法委书记：李　军

组织委员：赵　伟

久安乡人大主席团

主　席：罗孝伦

久安乡人民政府

乡　长：杨　云

副乡长：李　军（兼）　王晓友

刘　龙（兼）　罗　军

武装部部长：刘　龙

石板镇

中共石板镇委员会

书　记：吴同恒*

副书记：欧阳旭燚　黎世林

纪委书记：赵福春

政法委书记：谢俭丽*

组织委员：曾　敏

石板镇人大主席团

主　席：石　军

石板镇人民政府

镇　长：欧阳旭燚

副镇长：谢俭丽*（兼）　陈超（兼）

袁　辛　曾志云

武装部部长：陈　超

社　区

明珠社区

中共明珠社区委员会

书　记：杜凤琴

副书记：钟　浩

纪委书记：钟　浩

政法委书记：钟　浩

组织委员：钟　浩

明珠社区服务中心

主　任：单长发
副主任：冯　莹　徐昕
武装部部长：钟　浩（兼）

阳光社区

中共阳光社区委员会
书　记：朱鸿峡
副书记：刘家庆　冉茂山
纪委书记：冉茂山
政法委书记：冉茂山
组织委员：冉茂山

阳光社区服务中心
主　任：刘家庆
副主任：林芝国　周恒莉
武装部部长：冉茂山（兼）

贵筑社区

中共贵筑社区委员会
书　记：沈　鹏
副书记：周春成　吴洪刚
纪委书记：吴洪刚
政法委书记：吴洪刚
组织委员：吴洪刚

贵筑社区服务中心
主　任：周春成
副主任：宋云仙　王欢
武装部部长：吴洪刚（兼）

清溪社区

中共清溪社区委员会
书　记：刘宝菊
副书记：周森林　程华强
纪委书记：程华强
政法委书记：程华强
组织委员：程华强

清溪社区服务中心
主　任：周森林
副主任：何爱国　汤锡伟
武装部部长：程华强（兼）

溪北社区

中共溪北社区委员会
书　记：李　智
副书记：余光平　孙定学
纪委书记：孙定学
政法委书记：孙定学
组织委员：孙定学

溪北社区服务中心
主　任：余光平
副主任：谭　梅　陈　洋
武装部部长：孙定学（兼）

黔江社区

中共黔江社区委员会
书　记：曾　军
副书记：肖明珠　夏　曦
纪委书记：夏　曦
政法委书记：夏　曦
组织委员：夏　曦

黔江社区服务中心

主　任：肖明珠
副主任：曾　挺
武装部部长：夏　曦（兼）

清浦社区

中共清浦社区委员会
书　记：彭　萱
副书记：梁洪峰　黎茵
纪委书记：黎　茵
政法委书记：黎　茵
组织委员：黎　茵

清浦社区服务中心
主　任：梁洪峰
副主任：王丽珍　胡亮
武装部部长：黎　茵（兼）

瑞华社区

中共瑞华社区委员会
书　记：王轶楠
副书记：刘　松　单文梅
纪委书记：单文梅
政法委书记：单文梅
组织委员：单文梅

瑞华社区服务中心
主　任：刘　松
副主任：徐　亮
武装部部长：单文梅（兼）

兴隆社区

中共兴隆社区委员会
书记：倪笑波
副书记：张海波　张伟
纪委书记：张　伟
政法委书记：张　伟
组织委员：张　伟

兴隆社区服务中心
主　任：张海波
副主任：张　东
武装部部长：张　伟（兼）

平桥社区

中共平桥社区委员会
书　记：万红梅
副书记：蔡　强　朱　雷
纪委书记：朱　雷
政法委书记：朱　雷
组织委员：朱　雷

平桥社区服务中心
主　任：蔡　强
副主任：吴永斌
武装部部长：朱　雷（兼）

航天社区

中共航天社区委员会
书　记：王尤平
副书记：唐　玲　颜　奇
纪委书记：颜　奇
政法委书记：颜　奇
组织委员：颜　奇

航天社区服务中心

主　任：唐　玲
副主任：王建敏
武装部部长：颜　奇（兼）

航空社区

中共航空社区委员会
书　记：王　军
副书记：刘　蓉　刘涛
纪委书记：刘　涛
政法委书记：刘　涛
组织委员：刘　涛

航空社区服务中心
主　任：刘　蓉
武装部部长：刘　涛（兼）

金欣社区

中共金欣社区委员会
书　记：李承龙
副书记：徐　刚　马　剑
纪委书记：马　剑
政法委书记：马　剑
组织委员：马　剑

金欣社区服务中心
主　任：徐　刚
武装部部长：马　剑（兼）

黄河社区

中共黄河社区委员会
书　记：黄筑东
副书记：高　伐　宋弗曦
纪委书记：宋弗曦
政法委书记：宋弗曦
组织委员：宋弗曦

黄河社区服务中心
主　任：高　伐
副主任：屠　波　何　禯
武装部部长：宋弗曦（兼）

三江社区

中共三江社区委员会
书　记：田　野
副书记：蒋顺强　杜昌云
纪委书记：杜昌云
政法委书记：杜昌云
组织委员：杜昌云
三江社区服务中心
主　任：蒋顺强
副主任：莫　飞　赵　杰
武装部部长：杜昌云（兼）

小孟社区
中共小孟社区委员会
书　记：徐书培
副书记：刘振宇　刘伟
纪委书记：刘　伟
政法委书记：刘　伟
组织委员：刘　伟

小孟社区服务中心
主　任：刘振宇
副主任：李　林　尹华
武装部部长：刘　伟（兼）

金竹社区

中共金竹社区委员会
书　记：梅　丽
副书记：周忠林　黄元鸿
纪委书记：黄元鸿
政法委书记：黄元鸿
组织委员：黄元鸿

金竹社区服务中心
主　任：周忠林
副主任：王安华
武装部部长：黄元鸿（兼）

花孟社区

中共花孟社区委员会
书　记：张　恩
副书记：杨　艳　胡乐
纪委书记：胡　乐
政法委书记：胡　乐
组织委员：胡　乐

花孟社区服务中心
主　任：杨　艳
副主任：袁耕耘
武装部部长：胡　乐（兼）

花溪年鉴 HUA XI YEARBOOK 2016

新任区委书记

康克岩，男，汉族，1963年6月出生，贵州盘县人。1984年8月参加工作，2001年6月加入中国共产党，大学学历，工学学士。

1980年9月至1984年8月在武汉测绘学院光学测绘仪器系光仪专业学习。1984年8月至1985年12月任新天精密光学仪器公司测试工艺员（其间：1985年6月至1985年12月在贵阳市对外经济协作办公室帮助工作）。1985年12月至1992年10月任新天精密光学仪器公司测试工艺员和工程师。1992年10日至1994年8月任贵阳国家高新技术产业开发区管委会办公室行政联络处副处长。1994年8月至1999年10月任贵阳国家高新技术产业开发区管理办公室主任助理和项目处处长。1999年10月至2002年4月任贵阳国家高新技术产业开发区管理办公室产业发展处处长。2002年4月至2005年8月任贵阳国家高新技术产业开发区管委会主任助理。2005年8月至2008年7月任贵阳国家高新技术产业开发区管委会副主任、党工委委员。2008年7月至2012年8月任贵阳国家高新技术产业开发区管委会副主任（正县级）、党工委委员。2012年8月至2014年5月任贵阳市工业和信息化委员会主任、党委副书记。2014年5月至2014年8月任贵阳市工业和信息化委员会主任、党委书记。2014年8月至2015年5月任贵阳经济技术开发区党工委副书记、管委会主任（副厅级），贵阳经济技术开发区工业园区建设开发办公室党委副书记、主任（兼）。2015年5月任贵阳国家经济技术开发区党工委书记、贵阳市花溪区委书记。2015年5月不再担任贵阳经济技术开发区工业园区建设开发办公室主任（兼）职务。2015年11月不再担任贵阳国家经济技术开发区党工委书记、花溪区委书记职务。

钟 阳，女，布依族，1972年1月出生，江西吉安人。1994年7月参加工作，1994年5月加入中国共产党，历史学学士，中央党校在职研究生学历。

1990年9月至1994年7月在西南民族学院历史系历史专业学习。1994年7月至1995年7月任共青团贵阳市委组织部干部。1995年7月至1996年12月任共青团贵阳市委组织部科员。1996年12月至1998年3月任共青团贵阳市委组织部部长助理。1998年3月至2000年3月任共青团贵阳市委组织部副部长。2000年3月至2002年5月任共青团贵阳市委组织部部长。2002年5月至2005年6月任共青团贵阳市委副书记、党组成员；2005年6月至2009年3月任共青团贵阳市委副秘书长。（其间：2004年9月至2007年7月在中央党校经济管理专业学习。）2009年3月至2009年6月任中共贵州省息烽县委副书记。2009年6至2011年7月任中共贵州省息烽县委副书记、县委党校校长。2011年7月至2011年10月任中共贵州省息烽县委副书记，县委党校校长，县委群工委书记、主任（兼）。2011年10月至2012年1月任中共贵州省息烽县委副书记、副县长、代理县长。2012年1月至2013年6月任中共贵州省息烽县委副书记、县长。2013年6月至2014年1月任中共贵州省息烽县委副书记、县长，息烽县工业园区建设开发办公室党委副书记、主任（兼）。2014年1月至2015年5月任中共贵州省息烽县委书记，息烽县工业园区建设开发办公室党委书记（兼）。2015年5月任贵阳国家级经济技术开发区党工委副书记、贵阳国家经济技术开发区管委会主任（副厅级），贵阳经济技术开发区工业园区建设开发办公室主任（兼）。2015年11月任贵阳国家级经济技术开发区党工委书记、花溪区委书记。

花溪年鉴 HUA XI YEARBOOK 2016

先进人物

全国禁毒先进工作者

黄永绂　花溪区阳光妈妈志愿者协会会长

全国科普示范带头人

项朝富　花溪区久安乡久安村

《求是》杂志网评月度优秀作者

蒋　敏　花溪区委组织部

贵州省劳动模范

吴　勇　花溪农商银行

贵州省优秀企业家

吴　勇　花溪农商银行

贵州省第二届返乡农民工创业之星

黎　艳　花溪区吉林幼儿园园长

谢发明　花溪区马铃乡励志民族手工艺品制作工作室经理

吴锦刚　花溪区菩馨苑酒楼经理

贵州省“文朝荣式好支书”

曹加明　花溪区麦坪镇杉一村党支部书记

贵州省优秀社区消防宣传大使

韩小明　花溪区清浦社区

民进贵州省委优秀会员

项彦丽

贵阳市优秀共青团员

王　胤　花溪区清浦社区

[花溪年鉴 HUA XI YEARBOOK 2016

花溪区第一批区管专家名录（23名）

一、教育类（按姓氏笔画为序，3名）

杨海莲　花溪区教育局教培中心教研员

张小波　贵阳市第三十八中学语文教师

谯晓南　贵阳市清华中学英语教师

二、文艺社科类（按姓氏笔画为序，3名）

石文辉　花溪区文联主席

姚志坚　花溪区孟关乡谷立小学教师

曹　新　花溪区文化馆馆长（研究馆员）

三、卫生医疗类（按姓氏笔画为序，2名）

阮　洁　花溪中医院妇科主任（副主任医师）

赵芝琴　花溪医院神经内科主任（主任医师）

四、工程类（按姓氏笔画为序，6名）

王　飞　花溪区水务局工作员（高级工程师）

刘欣晏　贵州泰邦生物制品有限公司常务副总经理

李　华　贵州星天电线电缆有限公司总经理、总工程师

杨　刚　贵州泰邦生物制品有限公司总经理

陈云华　贵州泰邦生物制品有限公司生产研发总监

赵　波　贵州风景雷诺汽车销售有限公司技术总监

侯文霞　花溪区市场监督管理局工作员

腾晓君　贵阳市城市规划局局长助理、花溪分局局长

五、三农类（按姓氏笔画为序，6名）

于天碧　贵州常吃常想食品有限公司法人、总经理

李应华　花溪区孟关乡沙坡村党支部书记

吴亨进　花溪区动物疫病预防控制中心副主任

赵利晖　花溪区农产品加工管理服务中心主任

胡吉峰　花溪区农业局植保站站长

彭华均　贵阳黔美多果蔬农民专业合作社总经理

六、经济类（1名）

龙建新　贵州星天电线电缆有限公司董事长

[花溪年鉴 HUA XI YEARBOOK 2016

花溪区2015年新闻人物

王贵文　麦坪乡中心小学教师

郭　娇　区新闻信息中心记者，久安乡久安村驻村干部

周天顺　马铃乡凯坝村党支部书记，花溪区第十六届人大代表

杨炳祥　青岩镇人大主席，花溪区第十六届人大代表

杨　刚　贵州泰邦生物制品有限公司总经理兼党支部书记，贵阳市第十三届人大代表

黄永绂　花溪阳光妈妈志愿者协会会长

逝世人物

刘志刚（1934年—2015年），男，汉族，江西南昌人，小学学历。解放初期孟关乡首批儿童团团长，中共党员、农业经济师。1950年5月参加工作，历任花溪区孟关乡改貌村文书、党支部书记、孟关乡党总支书记，公社党委副书记、书记，湖潮公社社长，石板公社联社社长，湖潮公社党的领导核心小组组长、革委会主任，区农业局局长，中共花溪区委副书记，政协花溪区第一、二、三、四届委员会主席、党组书记，区政府督导员。中共花溪区第三、四届委员会委员。贵阳市政协第六、七届委员。刘志刚一生工作勤奋，处事公道正派，在政协工作期间，为人谦和，能团结各界人士，充分发挥政协参政议政作用。刘志刚卸任政协主席，担任区政府督导员期间，以普通人身份长期到全区各乡镇走村串寨，帮助农民科学种田，发家致富，被农民称为老百姓的贴心人。

（程筑平）

（责任编辑　杨　琴）

花溪年鉴 2016 HUAXI YEARBOOK

统计资料

装备制造业发展（杨小平　摄）

2015年花溪区国民经济和社会发展统计公报

2015年，在区委、区政府的领导下，全区贯彻落实中央、省、市“稳增长、促改革、调结构、惠民生、防风险”等各项政策措施，抓住省、市支持花溪区建设文化旅游创新区和打造千亿级开放创新平台的机遇，守住发展和生态两条底线，树立并贯彻落实“创新、协调、绿色、开放、共享”的发展理念，围绕全年工作目标，适应经济发展新常态，化解经济下行压力，全区经济社会发展呈现稳中有进、民生持续改善的态势。

一、综合

初步核算，2015年全区生产总值494.97亿元，比上年增长12.4%。“十二五”期间年均增长16.1%。地区生产总值占全市的比重由2010年的12.4%提高到2015年的17.1%。第一产业增加值17.62亿元，比上年增长6.4%；第二产业增加值295.01亿元，比上年增长11.2%；第三产业增加值182.34亿元，比上年增长15.2%。人均生产总值77635元，比上年增长11.4%。

表1

2015年花溪区生产总值

指　标	绝对数(万元)	比上年增长(%)
生产总值	4949685	12.4
第一产业	176221	6.4
第二产业	2950090	11.2
工业	2425204	8.8
建筑业	524886	23.8
第三产业	1823374	15.2
交通运输、仓储和邮政业	227164	20.5
批发和零售业	211773	2.6
住宿和餐饮业	128597	6.5
金融业	361148	29.6
房地产	177919	19.1
营利性服务业	167158	11.3
非营利性服务业	549615	12.3

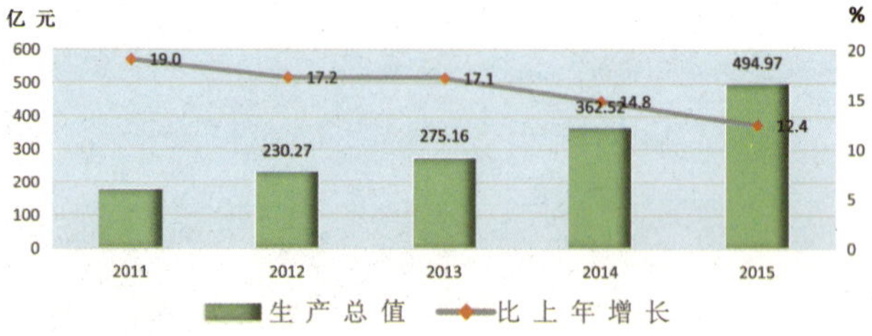

图1　花溪区　2011-2015年生产总值及其增长速度

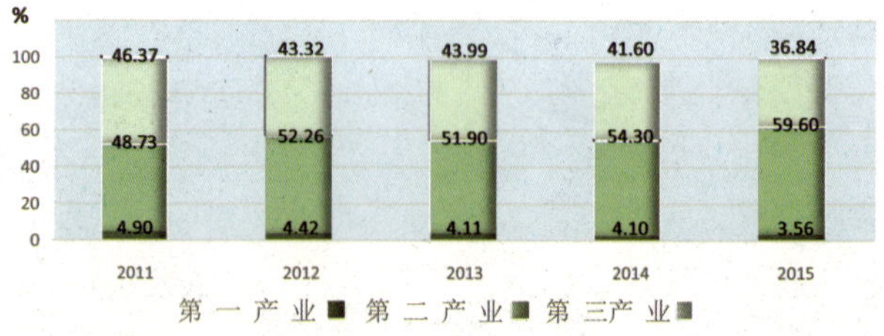

图2　花溪区　2011-2015年三次产业增加值占生产总比重

二、农业

2015年，农林牧渔业增加值17.62亿元，比上年增长6.4%。其中：种植业增加值12.64亿元，比上年增长8.1%；林业增加值0.01亿元，比上年下降42.0%；牧业增加值3.88亿元，比上年增长1.0%；渔业增加值0.005亿元，比上年增长0.2%；农林牧渔服务业增加值1.08亿元，比上年增长18.0%。

表2

2015年农林牧渔业增加值及其增长速度

指　标	绝对数（万元）	比上年增长（%）
农林牧渔业增加值	176221	6.4
种植业	126437	8.1
林业	100	-42.0
牧业	38810	1.0
渔业	51	0.2
农林牧渔服务业	10823	18.0

全年粮食作物播种面积8860公顷，比上年下降3.7%；油菜籽种植面积2567公顷，比上年增长4.6%；蔬菜种植面积16860公顷，比上年增长4.1%。

全年粮食总产量4.55万吨，比上年下降0.8%。油菜籽产量4595吨，比上年增长13.1%；蔬菜产量达40.59万吨，比上年增长4.0%。

表3

2015年主要农产品产量及其增长速度

指　标	绝对数（吨）	比上年增长（%）
粮 食	45520	-0.8
夏 粮	3316	-9.7
秋 粮	42204	0.0
蔬 菜	405865	4.0
油 料	4886	11.1
油菜籽	4595	13.1
水 果	4704	-7.5
茶 叶	955	1.4

年末生猪存栏8.03万头，比上年下降26.4%；家禽存栏107.63万只，比上年下降8.2%。全年生猪出栏14.21万头，比上年增长0.1%；肉类总产量1.77万吨，与上年基本持平；禽蛋产量5074吨，比上年增长2.0%；家禽出栏117.61万只，比上年增长0.2%。

表4

2015年主要畜产品和水产品产量

指　标	单 位	绝对数	比上年增长（%）
肉类总产量	吨	17655	0.0
禽蛋产量	吨	5074	2.0
猪出栏数	头	142103	0.1
家禽出栏数	只	1176129	0.2
水产品产量	吨	57	3.6

三、工业和建筑业

全年规模以上工业（年主营业务收入2000万元及以上工业企业）增加值242.20亿元，比上年增长8.1%；规模以上工业总产值630.55亿元，比上年增长11.3%。

表5

2015年规模以上工业（2000万元及以上口径）分行业增加值及其增长速度

指标名称	单位	绝对数	比上年增长（%）
烟草制品业	万元	1565069.10	-2.4
卷烟制造	万元	1565069.10	-2.4
汽车制造业	万元	81004.70	-6.5
改装汽车制造	万元	20685.40	85.6
汽车零部件及配件制造	万元	60319.30	-7.2
铁路、船舶、航空航天和其他运输设备制造业	万元	77213.70	22.4
制鞋业	万元	11999.00	-4.8
橡胶鞋制造	万元	11999.00	-4.8
医药制造业	万元	15460.30	11.6
中成药生产	万元	4574.90	-63.7
生物药品制造	万元	85000.70	9.7
金属制品业	万元	74461.10	8.2

续表

指标名称	单位	绝对数	比上年增长（%）
计算机、通信和其他电子设备制造业	万元	96289.20	23.4
水泥制造	万元	12184.40	20.7

表6

2015年规模以上工业（2000万元及以上口径）企业主要产品产量及其增长速度

指　标	单　位	绝对数	比上年增长（%）
自来水	万立方米	442.58	11.1
供电量	万千瓦时	33151.51	-12.9
软饮料	吨	128886.0	6.4
钢材	吨	321148.05	-14.8
中成药	吨	61.38	-37.8
玻璃容器	吨	34039.12	36.0
卷烟	亿支	553.70	-2.0
饲料	吨	102153	2.0
彩色电视机	万台	123.10	6.4

全区建筑业实现增加值52.49亿元，比上年增长23.8%。具有资质等级的建筑业企业26户。全年完成建筑施工总产值22.53亿元，比上年下降16.6%；施工面积4.02万平方米，比上年增长12.6%。

四、固定资产投资

全年固定资产投资（50万元及以上口径固定资产投资和房地产开发投资）464.61亿元，比上年增长20.4%。其中：城镇投资434.81亿元，比上年增长26.2%；乡村投资29.80亿元，比上年下降28.0%。第一产业投资0.74亿元，比上年下降67.1%；第二产业投资108.38亿元，比上年下降18.3%；第三产业投资355.49亿元，比上年增长41.6%。

表7

2015年固定资产投资（50万元口径）及其增长速度

指　标	单位	绝对数	比上年增长（%）
50万元固定资产投资	亿元	464.61	20.4
固定资产投资	亿元	349.94	25.9
房地产开发	亿元	114.67	6.2
按城乡分			
城镇	亿元	434.81	26.2
乡村	亿元	29.80	-28.0
按三次产业分			
第一产业	亿元	0.74	-67.1
第二产业	亿元	108.38	-18.3
第三产业	亿元	355.49	41.6

全年房地产开发投资114.67亿元，比上年增长6.2%，占全区固定资产投资的比重为24.7%。商品房销售面积95.51万平方米，比上年下降7.8%。商品房销售额60.51亿元，比上年下降5.6%。

五、消费品市场与物价

全年实现社会消费品零售总额208.64亿元，比上年增长11.2%。分行业看，批发业销售额53.04亿元，比上年下降2.4%；零售业销售额173.15亿元，比上年增长7.8%；住宿业营业额4.00亿元，比上年增长15.3%；餐饮业营业额10.72亿元，比上年增长17.1%。

限额以上企业实现零售额142.33亿元，比上年增长4.1%。其中：批发业销售额25.59亿元，比上年下降26.6%；零售业销售额141.08亿元，比上年增长1.7%；住宿业营业额1.59亿元，比上年增长7.4%；餐饮业营业额0.39亿元，比上年下降10.3%。

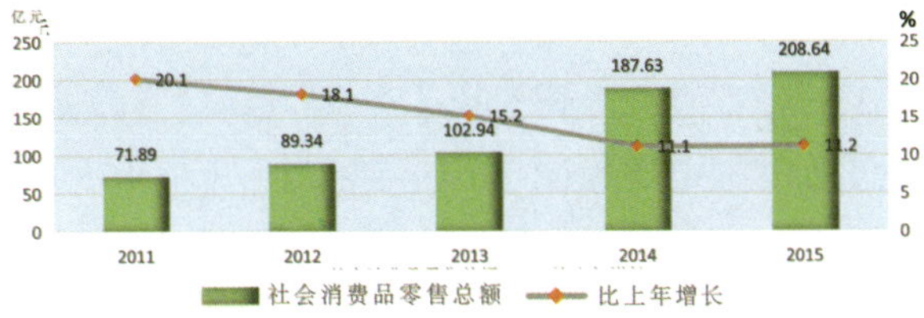

图3　　花溪区2011-2015年全消费品零售总额及其增长速度

全年居民消费价格指数102.3%，比上年上涨2.3%。扣除食品和能源价格指数102.2%，比上年上涨2.2%；服务项目价格指数104.7%，比上年上涨4.7%。消费品价格指数101.3%，比上年上涨1.3%。其中：食品类价格指数103.0%，上涨3.0%；烟酒及用品类价格指数102.9%，上涨2.9%；医疗保健和个人用品类价格指数100.2%，上涨0.2%；交通和通信类价格指数102.5%，上涨2.5%；娱乐教育文化用品及服务类价格指数104.6%，上涨4.6%。商品零售价格指数99.7%，下降0.3%。

六、对外经济

全年招商引资签约省级调度重点项目62个，市级调度重点项目47个，大健康招商签约项目5个。引进传化智能公路港、泰坦集团花溪智慧旅游等重大项目。全区引进省外到位资金442亿元，比上年增长20.0%；实际直接利用外资17385万美元，比上年增长20.2%；外贸进出口总额35840万美元，比上年增长38.6%。

七、交通、邮电和旅游

交通基础设施持续改善。杨孟路、田园南路等12条区域或城市干线（道）建成通车，形成以贵阳绕城高速、南环线、甲秀南路、贵惠大道、孟关大道等公路为主骨架，以县、乡公路为补充的公路网体系。全区公路通车路程达1080余公里，实现100%的村通油路或水泥路。孟溪路、花桐路、印象路、思杨路延伸段等城市路网正加快建设，全年组织实施招呼站建设60个；调整12辆花溪—青岩班线车辆在周末绕行溪南中学，调整花溪万达公司10路公交车延伸到石板井村，开通花溪—芦荻村农村班线；新增投放204辆LNG客运车，市民出行更加便捷。

全年花溪片区邮政业务收入2173万元，比上年增长18.4%。全区电信业务收入82674.60万元，比上年增长16.2%。全区年末固定电话用户17.17万户，比上年增长0.5%；移动电话用户113.03万户，比上年下降17.1%；计算机互联网宽带接入用户31.35万户，比上年增长30.2%。

全年旅游总人数1627.30万人次，比上年增长17.3%。其中，接待入境旅游人数3.96万人次，比上年增长6.9%。实现旅游总收入141.99亿元，比上年增长19.9%。

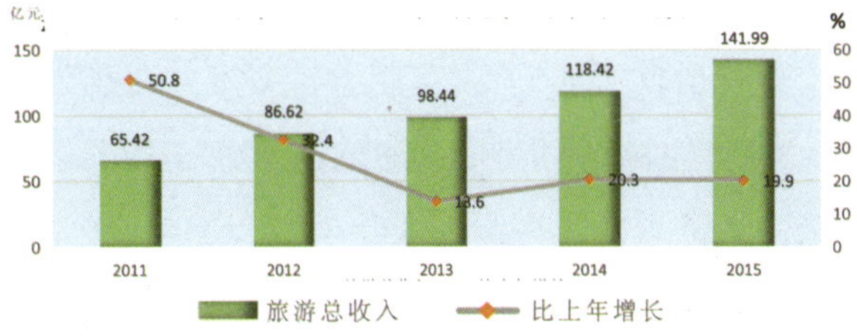

图4　　花溪区2011-2015年旅游总收入及其增长速度

八、财政与金融

2015年，全区实现财政总收入62.23亿元，比上年增长12.8%，“十二五”期间年均增长26.2%。其中，税收收入55.23亿元，比上年增长10.9%；公共财政预算收入33.89亿元，比上年增长15.0%，“十二五”期间年均增长29.9%。

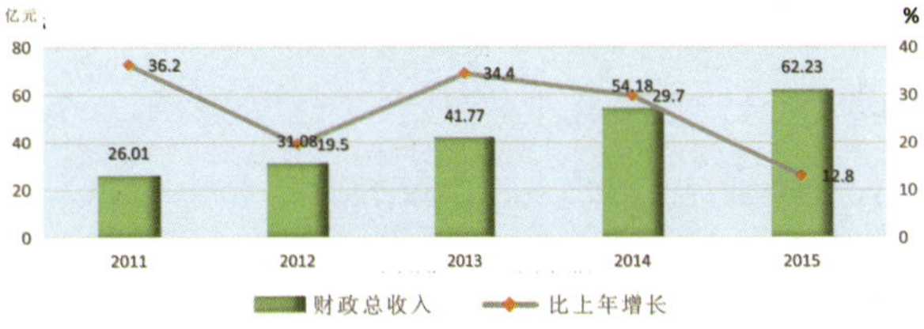

图5　　花溪区2011-2015年财政总收入及其增长速度

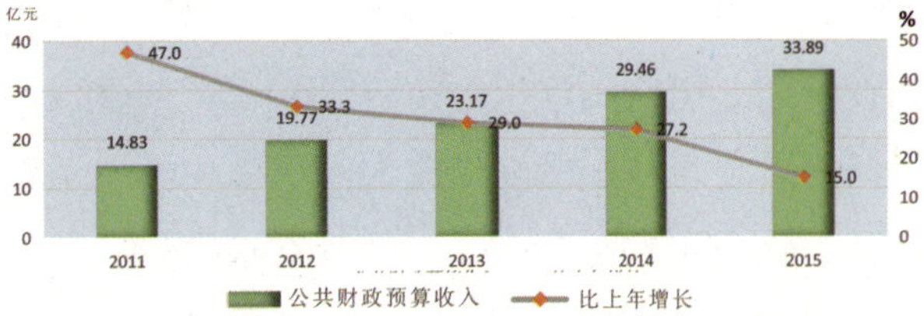

图6　花溪区2011-2015年公共财政预算收入及其增长速度

年末全区金融机构人民币各项存款余额726.80亿元，比年初增加148.27亿元，比上年末增长27.6%。年末金融机构人民币各项贷款余额527.51亿元，比年初增加135.89亿元，比上年末增长34.7%。

九、教育和科学技术

推动教育改革实验区、“9+3”行动计划等工作，开展50所农村义务教育阶段学校营养餐改善试点工作，补充学校学生宿舍供给，基本满足小学30%、中学70%的住宿率；完成1所幼儿园、6所学校塑胶运动场和5所寄宿制学校浴室的改扩建工作。实行“控辍保学”工作机制，确保适龄儿童依法接受义务教育，小学毛入学率116.67%，辍学率0.018%；初中毛入学率109.16%，辍学率0.499%；九年义务教育巩固率达91.8%。“三残”儿童少年入学率达86.27%；进城务工人员随迁子女义务教育阶段在公办学校就读比例60.7%。全区学前三年毛入园率106.88%；高中阶段毛入学率92.17%，中职学校在校生流失率1.9%。

全区有各类学校243所，城区148所，镇区32所，乡村63所。其中，幼儿园108所，九年义务教育阶段学校122所（小学82所，初级中学17所，九年一贯制学校23所），高中教育阶段学校11所（完全中学4所，高级中学3所，十二年一贯制学校4所），特殊教育学校1所，工读学校1所。全区有各类毕业生27296人；学前教育毕业生8516人，小学毕业生7122人，初中毕业生7824人，高中毕业生3742人，工读学校毕业生92人。全区招生30619人；学前招生10877人，小学招生8980人，初中招生6570人，高中招生4104人，特殊教育招生4人，工读学校招生84人。全区有在校生99803人；学前教育在校生20692人，小学在校生45981人，初中在校生20948人，高中在校生12091人，特殊教育在校生6人，工读学校在校生85人。

全年花溪片区专利申请914件，专利授权1151件，新增高新技术企业1家。通过强化科技创新支撑引领作用，推荐企业、部门申报省级项目8个，市级项目4个，获得省级项目立项6项，市级项目立项2项；引导实施《高压交联电缆生产自动化与计算机临近系统在生产中的推广应用》《“千人计划”大数据研究院项目》《花溪区商业网点规划编制》《花溪区公共服务管理平台系统建设》等各类科技创新项目24个。经开区专利申请891件，专利授权397件，新增高新技术企业5家。组织申报“真空镀铝转移PET基膜回用技术研究”、“特种截面Inco718高温合金焊接环件制造关键技术”等30多个国家、省、市科技项目。

十、文化、卫生和体育

全年举办文化活动52场，其中组织开展“送文化下乡”23场，文艺演出29场。开展“我们的节日——花溪区2015年春节民族民间歌舞大联欢”“灵秀花溪——第二届女子书法美术作品展”“文化惠民大舞台、市民才艺展风采”“四月八”“六月六”“花溪区纪念抗日战争暨反法西斯战争胜利七十周年”等活动；利用文化服务流动大篷车到乡镇开展辅导、培训43次，到学校开展民族文化进校园活动 56次。区图书馆接待读者3.2万余人次，图书借阅2.16万余册；积极开展农家书屋培训、“共筑中国梦、文化进万家”“流动书箱”进社区等活动。

全区年末区级以上医疗机构二级医院2所，三级医院3所；乡级医疗机构乡镇卫生院9所，社区卫生服务中心14所，计生服务机构6所；村级医疗机构社区卫生服务站12个，村卫生室147个。除区乡村三级医疗网络以外，厂矿、民营一级医院、门诊部、诊所等各级医疗机构148个。卫生技术人员4047人，其中执业医师1460人，执业助理医师72人，注册护士2157人。卫生机构床位总数3178张。

举办“2015贵阳国际马拉松赛”，组织开展“冬泳表演”、农村“小康杯”篮球赛、春节象围棋赛、职工篮球赛、职工足球赛等赛事活动；组织老年人参加“三八节”“重阳节”“手杖操、健步走”“全民健身——健步走”、太极拳等赛事活动。

十一、人口与就业

根据贵阳市1%人口抽样调查数据，全区年末常住人口64.17万人，比上年末增加0.83万人；年平均人口63.76万人。全区人口出生率10.58‰，人口死亡率5.01‰，人口自然增长率5.57‰。

全年城乡统筹就业24136人，其中，城镇新增就业19748人，比上年增长4.2%。完成职业技能培训2665人，其中，城镇失业人员培训1520人，农村劳动力培训1145人。发放就业小额担保贷款金额2604万元，新增扶持人数304人。创建充分就业社区34个，充分就业社区创建率为77.3%。就业失业登记证发放2389人，年末城镇登记失业率为3.1%。

十二、人民生活与社会保障

根据国家统计局花溪调查队住户调查资料，全年全区城镇常住居民人均可支配收入26532元，比上年增长8.9%；城镇常住居民人均消费支出17301元，比上年增长13.8%。农村常住居民人均可支配收入达12414元，比上年增长9.6%；农村常住居民人均消费支出11788元，比上年增长15.7%。

全区城乡低保对象4141户7569人，其中，城市低保对象1890户3348人，农村低保对象2251户4221人。城市低保标准由475元/月提高到530元/月；农村低保标准由200元/月提高到235元/月。全年发放城乡低保金2475.73万元，其中，城市低保对象22619户次40744人次，发放保障金1584.58万元，月人均补差392元；农村低保对象27132户次52428人次，发放保障金891.15万元，月人均补差169元，有力保障城乡困难群众的基本生活。不断加大五保供养资金投入，农村五保供养标准逐年提高，五保供养对象1449户次1493人次，全年发放五保供养金47.14万元。

年末全区参加城镇职工基本养老保险人数24939人，失业保险参保人数43413人，城镇职工医疗保险参保人数63386人，工伤保险参保人数43668人，生育保险参保人数51130人，城镇居民基本医疗保险参保人数116384人，城乡居民社会养老保险参保人数81887人。

十三、环境保护与安全生产

实施“治水”“治气”“控污”“增绿”等工程，青岩污水处理厂、石板污水处理厂建成并投入试运行，花溪城市生活垃圾综合处理项目加快建设。全年完成石漠化综合治理植被恢复工程1410.7公顷，实施环城通道绿化建设1293.11亩，造林绿化5546.1亩。全年新增绿地21.76万平方米，建成区绿化覆盖率达49.53%，人均公共绿地面积15.35平方米，全区森林覆盖率45.61 %。

全年COD削减量690余吨，氨氮削减量20余吨，减少燃煤15163.2吨，减少排放二氧化硫653.18吨，减少烟粉尘158.95吨，减少氮氧化物44.58吨。完成生态环境补水量13.55万立方米，环境空气污染指数（API）优良率达98%以上，集中式饮用水源水质达标率100%。

全年平均气温16.1℃，全年相对湿度83.0%，总降水量 1323.5毫米，日照时数1105小时。

全年发生生产安全事故32起，比上年下降25.6%；死亡22人，比上年下降4.4%；事故起数和死亡人数均实现“双降”。亿元GDP生产安全事故死亡率为0.044。

注释：

1. 公报中所列数据为初步统计数，统计指标相对数按同口径计算。

2. 公报所列数据按行政区统计，如无特殊说明统计口径均包括经开区和贵安新区直管区。

3. 部分数据因四舍五入的原因，存在着与部门统计数据不完全一致的情况。

4. 生产总值、各产业增加值和人均生产总值绝对数按现价计算，增长速度按可比价格计算。

5. 居民消费价格指数为贵阳市居民消费价格指数。

6. 部门统计资料来源于相关行业主管部门，经开区有关统计资料来源于经开区产业发展局。

（花溪区统计局　国家统计局花溪调查队）

（责任编辑　姚　毅）

花溪年鉴 2016 HUAXI YEARBOOK

附　录

2月25日，花溪区开展植树活动（杨小平　摄）

花溪年鉴 HUA XI YEARBOOK 2016

花溪区农村耕地撂荒情况调研报告（节录）

一、耕地撂荒的基本情况

全区辖4镇、5乡、18个社区服务中心（其中，农村社区8个）、122个行政村，常住人口62.61万人，农业人口25.63万人。耕地面积16.57万亩，常年撂荒耕地面积1.34万亩，约占全区耕地面积的8.08%；季节性撂荒耕地面积1.86万亩，约占全区耕地面积的11.23%。农村耕地撂荒现象较为严重的有石板、高坡等乡镇。其中，石板镇常年撂荒耕地面积8442亩，占该镇耕地面积的64%；高坡乡常年撂荒面积1628亩，占该乡耕地面积的12%。

二、耕地撂荒原因分析

（一）农业生产效益较低，农民不愿种粮，是农村耕地撂荒的主要原因。一是农业生产绝对效益较低。虽然国家对粮食收购有最低保护价，但主要的农业生产资料，如化肥、农药、农膜等价格持续上涨，种粮成本上涨比粮食价格上涨要快很多。粮食直补、良种补贴等支农惠农政策，在很大程度上被农业生产资料价格持续上涨所抵消，农民种粮的利润较低，加上耕种土地较为辛苦，农民投入与产出不成比例，自然就不愿种粮。二是农业生产比较效益偏低。由于经济社会的发展，各地均招商引资引入了大量的企业，农民进企业务工的工资收入远远高于在家种粮的农业收入，农民对耕田种地自然就越来越不感兴趣，因此农村绝大部分劳动力都进城务工去了，从而导致耕地撂荒。

（二）农业基础设施薄弱，抗灾能力较差，是农村耕地撂荒的重要原因。一是农田水利设施建设相对滞后形成撂荒。在农村的大多数地方，山塘、水库、灌渠水陂等水利设施年久失修，蓄水引水能力下降，灌溉面积减少，造成耕地撂荒。二是部分农村区域交通不便，农民耕种投入多产出少，农民不愿耕种，土地大面积成片抛荒。三是农业生产防范自然风险的设施较差。近年来旱、涝、霜冻、病虫等自然灾害频繁，而农业生产抗自然灾害方面的基础设施相对薄弱，农业抵御自然灾害能力差，增加了农业生产的自然风险程度，提高了生产成本，影响了农民耕种的积极性。

（三）随着城镇化发展，农民向城镇转移，是农村耕地撂荒的直接原因。随着城镇化步伐的加快，非农产业和城市对农村劳动力的吸纳能力大为增强，农民对土地的依赖程度下降。城市在经济收入、生存条件、社会福利、精神文化生活等方面都优于农村，使农民对城市这片热土非常向往，当土地经营达不到自己的利润需求和收益预期时，在生存空间扩大、转移就业机会增多、家庭收入重心转移的情况下，农村大部分青壮年劳动力外出务工、经商或从事非农产业，有的农户甚至举家迁徙，导致农业生产劳动力严重不足，这就直接造成了农村耕地撂荒。我区农村耕地撂荒特点是：季节性撂荒多于长年性撂荒，举家外出撂荒多于留守在家撂荒，长年性撂荒集中在旱地、季节性撂荒集中在水田。

三、遏制耕地撂荒的建议

（一）加大法制宣传力度，强化耕地保护意识。加大对《中华人民共和国土地管理法》《中华人民共和国农村土地承包法》《中华人民共和国基本农田保护条例》等法律法规的宣传力度，在全社会形成“珍惜耕地光荣，撂荒耕地就是浪费”的共识，教育和引导广大农村珍惜耕地，充分认识国家粮食安全与基本农田安全的重要意义，进一步提高广大干部群众对制止耕地撂荒现象的重要性和必要的认识，切实加强各级各有关部门抓好撂荒耕地治理工作的责任感和紧迫感，当好耕地的“保护神”，为制止耕地撂荒营造良好的社会舆论氛围。

（二）建立健全责任体系，加强撂荒耕地治理。建议区委、区政府将耕地撂荒治理纳入全区农业农村工作考核的重要内容，建立撂荒耕地治理目标管理责任制，与各乡（镇）、社区、村层层签订撂荒耕地治理责任状，并加大对耕地撂荒治理的考核力度，严格兑现奖惩。区直相关部门、乡（镇）、社区要组织力量深入村组、农户和田间地头，通过发放宣传资料、入户走访等方式，开展耕地撂荒治理宣传教育，帮助和指导农户落实治理措施，恢复撂荒耕地农业生产。区财政、农业、交通、水务、生态、国土等有关部门要加强配合，各司其职，各负其责，为耕地撂荒治理提供政策、资金、技术、物资等服务，共同抓好撂荒耕地治理工作。

（三）加大科技推广力度，切实提高农业效益。加大农业技术培训力度，采取广播宣传、印发资料、举办培训班等形式加大农业技术的推广，提高农民的科技素质。因地制宜，科学指导，广泛引进和推广优良品种，推广高产高效的秋冬季作物。改进传统的耕作方式，加大适合本地操作的新型农业机械的推广使用力度，减少耕作土地的劳动强度和人工投入，提高土地产出率和农业资源的利用率，切实提高农业产业效益。坚持重规模、重效益的原则，优化结构，合理布局，切实抓好秋冬季农业生产，提高耕地复种指数和种植效益，努力减少季节性撂荒，促进农业增效和农民增收。

（四）改善农业基础设施，提高农业防灾能力。农业、交通、水务、生态、国土等部门的政策性资金要向耕地撂荒现象较为突出的乡（镇）、社区倾斜，实施综合开发，大力改善农业生产条件基础设施，提高农业防灾减灾和农田灌溉能力，实现“旱能灌、涝能排”，促进农作物增产增收。按照“统一规划，综合治理，先易后难，分期实施，以点带面，分类指导”的原则，加强中低产田改造，提高耕地质量和种植效益。通过调整种植业结构，增加养地作物，增施有机肥，并进行生态农业建设，进行水、土、田、林、路综合治理，提高耕地的可持续生产能力和防灾减灾能力。

（五）落实强农惠农政策，激发农民种粮热情。坚决执行《中华人民共和国土地管理法》《中华人民共和国基本农田保护条例》等法律法规规定，严格按照“谁种粮，谁受益”的原则，落实强农惠农政策。同时，按照《贵州省土地管理条例》的相关规定，抓紧制订耕地撂荒处罚办法，对耕地撂荒行为进行严厉查处，预防和制止耕地撂荒现象发生。加大农业补贴的监管力度，规范补贴发放程序，水稻良种补贴、粮食直补、农机补贴及其他综合补贴必须发放给直接经营者，对耕地撂荒的农户，一律停发，以充分发挥农业补贴资金对农业生产的激励作用，激发农民种粮热情。

（六）推进统筹城乡发展，正确引导劳务输出。大力加强农村卫生体系建设，巩固新型农村合作医疗制度，为广大农村创造良好的就医环境，让群众真切感受到改革发展带来的丰硕成果。巩固提高义务教育质量和水平，合理配置公共教育资源，重点向农村地区倾斜，加快缩小教育差距的步伐。大力实施“回乡创业工程”，整合各方面的帮扶资金，鼓励外出农民工回乡创业。对回乡创业项目要简化办事程序，提高服务效率，在落户登记、开工建设、生产经营过程中，实行“一条龙服务”，为农民工回乡创业建立绿色服务通道，就近吸纳劳动力，实现农民务工与农业生产两不误。

花溪区智力支边办公室

2015年11月30日

花溪区村干事机制实践探索

实施背景：2013年7月，为整合村域资源，实现抱团取暖、资源并大、实力并强、班子并优，特别是建强建优基层组织，改善部分村党员少、能人少的现状，花溪区马铃乡先行先试，整乡推进行政村合并工作，把原来的8个行政村合并为3个行政村。但是要把村里的资源更好整合起来，把优势集中到发展壮大村集体经济上来，把村支两委班子团结起来，把村干部和村民的积极性激发起来……经验告诉我们，必须要有一个统领核心。具体地说，就是必须要有乡党委、政府的力量去统筹推动。因此，2013年8月，花溪区坚持问题导向，在马铃乡试点的基础上，强化驻村工作，大胆探索村干事工作机制，指导马铃乡从乡镇层面在3个行政村各派住了2名村干事。此举可有效解决联系和服务群众“最后一公里”问题，能着力培养一支忠诚、干净、担当的基层干部队伍，特别破解基层组织软弱涣散和村集体经济薄弱的现状，努力实现全面小康的目标。

主要做法：具体就是从各乡镇下沉49名经验足、激情高、能力强的公职人员全部脱产到48个村任“村干事”。村干事顾名思义就是在村干事的人，这个人必须是综合能力强、农村工作经验足、干事激情高，有潜力、可培养的公职人员。与村干部区别是由国家财政负担工资福利、具有编制的体制内工作人员；与驻村干部的最大区别是把驻村干部的临时性变为固定性和长期性；与其他公职人员的区别是其工作岗位和办公地点在村里，不承担派出前所有业务工作。

工作成效：花溪区村干事工作机制已经实施近两年，从目前来看，阶段性成果比较明显。从村一级几项重要的工作来看，村党组织运行不断走向规范化，村级集体经济进一步发展壮大，扶贫工作更加精准，民生工作更加贴心……

一是理顺了村级管理运行机制。原来村民办事找不到人，办事跑空趟，来回跑冤枉路。村干事到村后，帮助村支两委明确了工作职责，党支部活动运行规划化，轮流坐班制，规范了村综合楼的管理，通过设置便民利民服务大厅、群众工作室、党代表工作室等，每天都有人上班，群众办事找得到人了，办事也不用出村了。

二是推动了村集体经济发展。推动村集体经济发展，是村干事到村后首要考虑的问题。村干事深入及时捕捉村民想发展的思想动态，结合村寨实际，通过向上积极争取项目、向下积极宣传发动，积极推动村集体经济发展。在久安乡小山村，我们的村干事通过与村支两委的共同努力，利用有赞微商城建立“贵茶久安乡小山村直销店”微店铺，开启了农村电商模式。这不仅是村集体经济兜底扶贫的一种新路径，更是“大数据”精准扶贫的一种新模式。

三是激发了村级党组织的凝聚力。村干事通过平时走村窜户的工作，着力挖掘、引导农村致富能手、外出务工经商人员、复转军人等农村能人参加村级组织活动，同时摸排村里面的不稳定因素，及时上报，同步化解，确保一方面平安稳定，引导广大村民在村党组织的带领下，将精力集中到村里面的中心工作上来。现在村干事一方面与村支两委相互监督，相互影响；另一方面大家拧成了一股绳，有什么事共同商量、共同来推进村里的发展。

四是办理了一批顺应民心的实事。村干事作为党委政府联系群众的纽带，了解民情、收集民意，办理实事，肩负着“为群众办实事、由群众说党好”责任。比如，马铃村村干事在走村串户中，记写民情日志成了他的一种习惯。哪家要办理合医，哪家想安装电表，他的民情日志里都记得清清楚楚。翻开这个小本本，仅一月就办理了40多件实事。在群众路线教育活动中省委第一督导组组长到马铃乡督导调研时就作出了“坚持换位思考，扎实为民办事”的肯定。

应用价值：《人民日报》（2015年7月1日11版）题目为《在提升基层治理中解决问题》的评论文章中提出：“对于基层，需要放在基层治理的大势之下，以改革发展的视角来看。基层治理的核心是人，其中基层干部尤为关键。”从设计初衷到具体实践，我们发现“村干事”工作机制是当前农村基层治理科学化，特别是抓基层、打基础的一项有益探索，具有针对性、可复制、能推行。

一是“焊头”变“榫卯”，“焊接点”成“融合点”。从当前基层治理现状来看，乡镇与村之间的管理关系来看，行政传导和管理方式是一种硬邦邦的传统“电焊模式”，中间存在“断层”。中国木建房屋结构中“榫头”与“榫槽”扣合的“榫卯”思维给了我们启发。党委、政府行政传导和管理方式要有效，在乡镇一级必然就要有一个“榫头”扣合融入到“三农”工作的“榫槽”之中，形成你中有我，我中有你的“榫卯”融合结构。这种结构相对“焊接”结构牢固得多。花溪区实行的“村干事”工作机制，正是这种榫卯结构思维的成功“移植”。这个“村干事”代表的就是乡镇党委政府的“榫头”。实践表明，这就是一种实实在在，行之有效的农村基层治理模式。

二是“时间”变“空间”，“存量”成“增量”。正如一个硬币的两面，任何事物都具有两面性，对于基层而言依然如此。从不足方面而言，新常态下农业农村自身内部和外部环境发生了重大变化。内部上讲，农村“两化三留守”矛盾问题严峻；外部上讲，“黄箱政策”接近上限，在生产成本、财政补贴压力两个“天花板”的挤压和资源环境两道“紧箍咒”的约束。而要破除现有蕃篱，对像花溪高坡、马铃等这些偏远的农村来讲，关键靠改革、靠机制、最终是要靠干部。说到底，就是农村的“事”，还是要有人去“干”，而这个人正是“村干事”！中央、省、市、到区，人力、物力、财力都向基层倾斜，这样一个宝贵的时间，换来了基层落实“大数据、大扶贫”战略的空间；这样一个充足的存量，换来了基层后发赶超、突飞猛进的增量。而这样一个时空下的顶层设计要得到实实在在的落实，对于最基层来说，关键的就是有人来推动、来实现。“村干事”——正是关键之举！

三是“条条”变“点点”，“客人”成“亲人”。从当前省、市党建扶贫扶智的工作来看，较多是从上级“条条”派驻干部到村进行帮扶，出人、出力又出物，对农村发展做出了较大贡献，但实际操作中却存在一些问题。客观上，上面派驻到村的干部，对村情不熟悉，与村支两委干部和老百姓也不熟，在老百姓眼中始终是“客人”。主观上，个别驻村干部自己认为这是完成任务，只是下来打一趟，打心里就没有把自己当作村里的“主人”来看待，导致在岗不在心、更有甚者是神龙见首不见尾，村里单位两头不见人，这样的结果自然致使一些民生政策难以精准落实到位。而我们推行村干事工作机制，一方面，村干事本身就在乡镇工作，在老百姓眼中就是“亲人”和“主人”，做起群众工作来自然就得心应手。另一方面，村干事是从乡镇下沉到村里的干部，不承担乡镇内部工作，乡镇也没有他的办公桌椅，工作地点和工作职责都在村里，相关涉农惠农工作自然就落实到点点上了。

花溪区实施村干事工作机制，作为“榫头”的村干事直接将“黄箱政策”送到农民手中，达到交流面对面，服务零距离的效果。这就不仅仅是思想意识上的岗位在村、阵地在村，而是一种实实在在的农村基层治理模式的有益探索。

（中共花溪区委党的建设办公室）

关于社区服务管理创新的调研报告

习近平总书记在省部级主要领导干部学习贯彻十八届三中全会精神全面深化改革专题研讨班开班式上强调，加强和改善城乡社区管理服务是创新社会治理体制的重要内容，需要统筹协调、齐抓共管。因此，社区作为加强和创新社会治理的基本单元，如何适应新形势新任务的需要，进一步完善基层群众自治制度，健全基层管理和服务体制，进一步组织动员社会力量，打造“一核多元”社区治理构架，为构建“服务群众、凝聚人心、优化管理、维护稳定”的新型社区奠定坚实基础，具有十分重大的现实意义。

一、加强和创新社区服务管理的重要意义

（一）加强和创新社区服务管理是构建和谐社会的必然要求。社区是社会稳定和谐的基本载体，社区发展状况如何，直接关系着群众的切身利益、生活质量和社会稳定，社区建设已成为提高市民生活质量的民心工程。这就要求我们全面加强和创新社区服务管理，从而实现整个社会的和谐稳定。

（二）加强和创新社区服务管理是服务群众、凝聚人心的重要途径。社区是城市社会的细胞，是城市构成与管理的基本单元，是居民群众的社会生活共同体。紧紧抓住社区居民关心的热点、难点问题，开展服务管理工作，可以进一步密切党群关系，可以进一步让广大群众感受到党和政府的关心，可以进一步凝聚广大群众参与社区共建共享的积极性和实践性。

（三）加强和创新社区服务管理是深化行政管理体制改革的时代要求。强化社区公共服务是进一步推动政府职能转变的合适切入点，将适合由社区办理的事务交给社区，促进政府依法行政与社区依法治理的有机结合，有利于使党委、政府的决策更好地落实在基层。

二、社区服务管理创新工作基本情况

社区高度重视“一委一会一中心”作用，通过组织动员社会力量，打造“一核多元”社区治理构架，提升社区服务能力水平。

（一）坚持“一个核心领导”，即建立社区“大党委”统一领导社区服务工作。

社区党委作为党在城市基层工作的领导核心，在班子成员的结构设置上，增设了居委会、辖区内“两代表一委员”等，进一步提高了社区群众参与社区建设的积极性和主动性。此外，社区党委实行“兼职委员”制，通过组织联建，将驻社区单位党组织负责人选聘为“大党委”兼职委员，为辖区各利益主体、共驻单位齐抓共管，合力推动区域化党建和社区服务建设提供了组织保障。（目前社区党委共有专职委员8名，兼职委员4名）。“大党委”的建立，一是统一了社区服

务工作号令，解决了各自为政、多头指挥、步调不一致的问题；二是在大党委统一协调下，克服了各单位、各小区服务能力和水平参差不齐的问题，使服务的长度和力度基本达到一致；三是形成了统一的信息管理，加强了各居委会和各单位之间的信息交流、工作交流和经验交流。这三个方面的优势对于提升社区整体服务功能和服务水平，真正起到了积极作用。

（二）坚持"一个中心职能"，多方位、多层面、多元化开展服务工作。

针对城市利益群体多元化，利益冲突多样化这一实际情况，瑞华社区在发挥社会党委核心作用的基础上，依托社会力量，在多方位延伸服务触角和多层面拓宽服务领域的同时，搭建起多元化服务平台，有效地提升了服务水平和效应。

一是行业聚力，打造多元共治结构。在服务管理上，社区通过网格化管理将驻社区单位、门面信息采集纳入系统管理，逐步完善社会化服务，解决了辖区企业的后顾之忧，让他们能安心生产经营。在组织活力上，为改变动力厂、螺栓厂破产改制，党员较多，党组织不健全，党员涣散的现状，瑞华社区党委打破常规，拟与联源公司党委成立联合党总支，共同指导党员开展活动，重新激发组织活力，积聚党员力量。在联动机制上，社区通过与大兴房地产公司、联源公司、华阳厂等单位建立联席会议工作机制，切实做到了工作联动、活动联办。如：春节联合慰问、"金秋送爽、瑞和欢歌"等文艺汇演等活动就是由辖区单位联合举办。

二是联合共建，激活区域化党建活力。社区党委积极主动与社区单位签订"党建共建协议"，开展"八联"（即：思想工作联做、城市卫生连管、社会治安联防、社区服务联办、计划生育联抓、科学文化联教、社区党建联动、社区贫困共扶）活动。去年，社区联合花溪区文化馆、三〇〇医院社区分院、贵州省同济堂中医馆等单位组织开展"名老中医进社区"，"义诊"，"十八届四中全会"主题宣讲，"身边人讲身边事报告会"，"温情五月，和谐社区"等多项活动。

三是开好居民议事会，巩固民主管理桥梁。瑞华社区2010年成立居民议事会，通过广泛征询居民需求，协调各方社会力量献计出力，对社区实事项目、治安稳定、环境卫生、民生救助、财务管理使用等重点工作进行民主协商、民主监督，完成了一批群众喜闻乐见的"新型社区·温馨家园"项目（即：对动力、螺栓厂部分破损道路进行修复及硬化，修缮值班室、增设铁门；对华阳厂家属区下水管道进行疏通，改造小广场、篮球场，安装摄像头9个；为各小区安装路灯共60余盏、健身器材共80余件等）；组织清除各小区积存垃圾3000余吨、野广告4000余处，增设垃圾桶300余个、石坐凳50余个；参与讨论监督供水公司实施水网改造，全面解决了瑞和家园、螺栓厂和华阳厂家属区"供水难"问题；讨论确认低保户共24户，42人，近两年来发放低保金共22.3万元。

（三）积极创新工作方式，党政协同一致加强标准化建设。

社区服务中心作为基层管理体制改革后行政资源、社会资源和服务功能的承接者，是政府在社区工作的唯一平台，是面对居民提供服务的第一线。在社区党委的引领下，通过精细化整合业务流程，不断探索便民服务新方向，积极构建了社会事务党政协同治理的现代公共治理结构。

一是工作职责标准化。社区各项工作流程，按照"工作项目化、服务程序化"的要求，将对社区群众服务的各项工作和对各职能部门以及工作人员的管理精确到每一个岗位、每一个环节、每一个事项。无论对哪个居委会和小区，无论对群众什么样的需求，无论对服务部门哪个岗位都有具体化明确的标准，不仅让服务对象感受到社区服务的能力在加强，水平在提升，而且避免了群众因工作人员生疏不一导致服务感受出现误区的问题，从而使得服务工作更规范，更温馨和贴近群众。

二是信息沟通常态化。社区为实现统一指挥，统一管理，统一服务，建立了统一的网格化管理信息系统和规范化的工作制度。信息系统明确了社区服务中心各部门工作联系制度，单位与社区之间的衔接方式与工作职责，统一、规范了办事流程，使得社区对服务对象的服务能够在“第一时间”到达“第一现场”完成“第一动作”，不仅解决了知情“早”的问题，而且实现了服务“快速”和“准确到位”的问题。

三是严格“首问责任制”管理。社区将便民服务大厅23项业务办事事项所需的材料及办理流程一一梳理、整合细化，打造了“大厅受理(必要时网格管理员协助核实有关信息)--后台受理（必要时网格入户配合办理）--业务负责人--区职能部门”的无缝衔接办事服务模式，坚持向“全科医生”方向培养每一位办事服务人员，实现了一次性告知制的全面落实。

三、当前社区服务管理创新工作存在的问题

通过近六年来的工作实践，瑞华社区在城市基层管理体制改革试点中积极探索创新，全面打造“瑞华模式”，为成功建设新型社区服务中心积累了一定经验，但在寓管理于服务的实践中，还存在一些不足和困难：

（一）任务与职能不匹配。社区服务中心主要承担的是社区管理与服务职能，而实际工作中，一些部门却把社区当成自己的“腿”，将许多本该由职能部门完成的工作都交给社区来完成，年终还对社区进行考评，社区负担过重，导致一些应由社区服务与管理的事务反而无暇顾及。

（二）社区建设缺少资金保障。基层管理体制改革后，社区服务中心不再承担经济职能，社区的一切日常事务及“政府购买服务”项目经费全靠中心支持，同时还要承担各职能部门下沉到社区的相关工作（通常社区没有经费预算，各职能部门又没有经费保障）。随着物价不断上涨，各项工作不断下沉，工作人员不断增多，社区经费只能勉强维持日常工作运转，难以满足群众日益增长的社会服务需求。比如：瑞华社区辖区大多为老旧小区，小区内各种配套设施不完善，基础设施差，社区虽通过“新型社区·温馨家园”项目对部分老旧小区进行了改造，但因资金有限，改造也不彻底。再如：由于社会组织的属性为非营利性，且目前区政府没有支持社会组织发展的专项资金，社会组织活动经费申请困难，自身生存与发展陷入困境。

（三）创新机制有待进一步完善。《网格化管理考核办法》《关于进一步加强居委会管理的措施》等激励体制在公平可行、激励监督方面仍存在缺陷，以致少数居委会、部分社区干部工作散漫、缺乏“精气神”。

（四）干部队伍整体素质不高，能力不强。当前，基层干部队伍文化程度普遍偏低，年龄结构不甚合理，接受专业社会工作培训的机会匮乏，导致他们的政策理论水平偏低，学用结合能力差。

四、加强和创新社区服务管理工作的对策建议

下一步社区将坚持“四个全面”战略布局，以敢想敢干、勇于担当的决心和勇气继续探索改进、放手实践，将城市基层管理体制改革及社会管理进程向纵深推进。

（一）进一步推动社区组织化建设。大胆建议理顺政府职能部门与社区的关系，建立双向考

核机制；着眼于干部队伍建设，经常性自主或联系专业机构对现有社区干部开展培训，特别是新形势下社会工作经验及能力的提升，还有就是引进专业社工。

（二）进一步整合社区内外资源。发动社会力量，通过驻社区单位、社会福利募捐及个人资助等社会性筹资，为社区建设提供资金支持，发动社会力量支持社区养老院、福利院建设，配合市、区相关部门做好居家养老工作，为城市社区内行动不便、无儿无女的老人提供系统服务，让他们切实感受到社区关怀。

（三）进一步优化社区信息化建设。继续用好社区网格化管理这一载体，通过网格化管理平台二次升级建设，努力找准网格化管理同社区各项业务工作及各种服务功能紧密结合的切入点，将社区服务管理职责及群众多样化需求全面植入网格化社区综合管理服务信息平台。

（王轶楠）

花溪年鉴 HUA XI YEARBOOK 2016

话花溪祭祀

花溪地区、特别是青岩古镇的许多祭祀活动早已失传，这里就花溪现代家庭祭祀的神榜、墓碑写法的有关问题做些阐释，旨在弘扬民俗文化。

祭祀，是人们追念逝者的一种仪式。《说文解字》中祭：祭祀也，从示，以手持肉也。祀：祭也，祭不已也。《古今汉语词典》中对“祭祀”是这样解释的，“祭祀，备置供品向神明或先祖致祭行礼的仪式。如鲁迅《祝福》：‘四叔家里最重大的事件是祭祀，祥林嫂先前最忙的时候也是祭祀’”。

神榜“天地君（国）亲师位”，天，《说文》曰：“天，颠也。至高无上。从一从大。”一为惟初太始，道立于一，肇分天地，化成万物。又为数也，始也。大为大而无边，大到极点，无极而太极也。天在易学里叫乾。乾字藏乙，乙即一之动；天其色为玄，玄字藏幺，幺即一，藏于幽。玄即天，为万物之源。中国文字，二为古上字，天应看做是人字与上（二）字的会意字，人人头上都有一层天。天指人头上的天空、天体。天由人来分，上高玄黑为天，下低黄土为地。地在易学里叫坤，《说文》曰：“地也，《易》之卦也。从土、从申；土位在申。”该书又说：“地，元气初分，轻清阳为天，重浊阴为地。万物所陈列也。”《管子·形式解》曰：“地生养万物”。指的就是大地、田地。现在，家庭祭祀的神榜中就有“土能生万物，地可发千祥”“土产无价宝，地生有道财”“土中生白玉，地内出黄金”“土产黄金果，地生白玉珠”等联语，寄托了主人家对来年美好生活的期盼。

青岩古镇家庭祭祀场所堂屋“神榜”的安置，过去是要特意请德高望重、擅长书法的先生来家中写，水平高的先生会因人而异，根据主人家族情况编写典、雅、切的对联，典即用典，雅即有文采，切即贴切。如“乃祖曾将半部论语治天下，后人当以千秋俎豆祭堂前”“一勤天下无难事，百忍堂中有泰和”“西岐家风昭百代，南黔世泽播千秋”和“是宗是祖普同共养，若子若孙受享荣华”等对联，懂行的人一看便知道主人家姓“赵”“张”“周”和“一门两姓”。先生一般先写对联和“天地君（国）亲师位”六个大字，因为写大字时要站着才能挥洒自如，在一旁服务的主人家，看到先生写到“位”字，轻轻地将椅子挪到先生的身后，先生写完最后一横，如释负重，自然入“位”，歇息喝茶，然后坐着写其他的牌位小字。先生书写神榜时要严肃认真，一笔不苟，用楷书繁体，写六个大字时，从大到小顺序不能错乱，笔画该分开的自然分开、该封闭的定要封死、该留口的就会留口，有约定俗成的书写要求。写好的字不能用火烤干，摆在地上的神榜不能从上面跨过，要绕开走。书写神榜的报酬一般不封整数，多带二、六、八或九等尾数，主人用红封交付俗称喜封。进餐时，先生必须坐“上位”，即背对堂屋祭祀的神道，以示对先生的尊敬，因为神道有“师”之位，主人心中自然有“师”了。而今“师风”日下，唯利是图，有辱“师位”，深感汗颜。

神榜写好后，安放或张贴也有讲究，如果是把破旧的神榜换下要选好日子（一般在除夕），自己张贴就行。但若是在新房安放神榜或迁移、迎接香火，除要选好日子外，还要请道士择吉日安神位，有一定的安置仪式。随着科学技术的发展运用，装潢店电脑打字刻字取代了先生，若不是主人家送来做神榜的底单，装潢店用联大多为“圣神一堂常赐福，祖宗百代永流芳”“千家一面”的通用对联。一套神榜几百元至上千元从装潢店即可买来，择日安在堂屋中就行了，连点烛都是用电的代替，无烟火，安全卫生，经久耐用。神榜安置没有过去那样讲究，一些民俗文化便随之消失。

那么，民俗祭祀神榜中“天地君（国）亲师位”六个字的标准写法有什么要求呢？

“天”字不顶头。“天”字上面的一横，寓示广袤无垠的天空，下面的“人”是不能欺天的，是不可能顶到“天”的。如劝人向善的俗语：“人莫欺心头上看，离地三尺有青天”。所以“人”字的一撇，不能写顶到上一横的“天”。“天”字的第一横，也寓示高于自己以上的人、事和物，以不顶为好。例证是：北魏《崔敬邕墓志·石碗墓志》、王羲之《兰亭序》、隋《龙藏寺碑》、欧阳通《泉男生墓志》、李邕《麓山寺碑》、颜真卿《清远道士诗》、柳公权《玄秘塔碑》、智永《千字文》、褚遂良《雁塔圣教序》、蔡襄《谢赐御书诗》、赵佶《瘦金书千字文》等楷书碑帖中的“天”字，古代的书法家们都没有写顶“天”。当然，也有顶天的写法，但作为祭祀神榜来说，是非常严肃的大事，为对上“天”表示敬畏，以不顶“天”为好。

“地”字不相连。“地”字的偏旁“土”与“也”，笔画不要相连。如：北魏《李璧碑》、王羲之《兰亭序》、智永《千字文》、欧阳询《九成宫醴泉铭》、虞世南《孔子庙堂碑》、褚遂良《孟法师碑·雁塔圣教序》、黄庭坚《伯夷叔齐庙碑》、赵之谦《楷书选字》等碑帖中的“地”字，左右偏旁是互不相连的。土地为人的立足之本，每个人、每个家庭、每个国家都有不同的地理位置，不同的立足范围，各自分开不能混在一起。如果人类社会都没有各自不同的起点和根据地，没有自己的东西，成何体统？

“君（国）”字不开口。“君（国）”的“口”字，作为祭祀神榜的写法应当不开口。“君口常开”，对最高权力的君王自己和广大百姓来说并非好事，因为“信口雌黄”“朝令夕改”“言而无信”轻易表态都会带来灾祸，说多了也有“泄密”之嫌。俗话说“祸从口出”，所以《弟子规》云：“说话多，不如少”；《警世通言》中也有“逢人且说三分话 ”之训。曾国藩另名曾三戒，其首戒是：戒多言。一般人都知道“三缄其口”，更何况堂堂一国之君？智永《千字文》、柳公权《玄秘塔碑》、蔡襄《谢赐御书诗》、欧阳询《皇甫府君碑》、米芾《三希堂法帖》等碑帖“君”字的“口”都是封闭的。现代无君，于是有的神榜用“国”字代“君”字，同样，国的外框不能写松缺断开，不能开口。在汉《张迁碑·礼器碑》、郑道昭《郑文公下碑》、北魏《王文祥造像记》、东魏《敬使君碑》、欧阳询《九成宫醴泉铭·皇甫诞碑》、欧阳通《道因法师碑·泉男生墓志铭》、颜真卿《建中告生帖·东方朔画像赞》、米芾《三希堂法帖》、南宋《爨龙颜碑》等碑帖中的“国”字的写法，均为四周封闭，无一缺口。国家城墙缺了口，守护不了，国破必不是好事。

“親”字不闭目。“亲”繁体字右边是“見”字，見的上半部为“目”，目指眼睛。无论在世与否，祖宗、亲人的眼睛不应闭着视而不见，而应当对后代施恩护佑、关爱有加，对子孙的操行严加监督，在冥冥中分别酌情给予奖励惩处，祖先的英灵全凭眼睛看着、瞪着，所以“親”字右上部的“目”要“开眼”，书写时不能全部闭合，才符合要求。在北魏《元倪墓志·高湛墓志·元诊墓志》、黄庭坚《诸上座帖》、颜真卿《建中告生帖·麻姑仙坛记》、柳公权《玄秘塔碑》、赵孟頫《六体千字文》等碑帖的“親”字写法中，“目”字有的是左上角开口，有的是右下角开口。意思是眼睛无论朝上朝下都不是闭着的，而是睁“开”的。浙江海宁人陈奕禧曾任贵州石阡知府，有一副红色捶拓的楷书大字题刻拓片“奇觀”，其“觀”字的“目”写成竖低横折高，留出一个与“目”横画间距等高的“空”；黄鹤楼景点岩石上有李太白榜书“壮觀”（横式）二字，其“目”字的左上角也是开口的，“壮”字两横之间的右边还多写了一点。我的理解是：闭着眼睛就看不到“壮觀”的景致了，希望这样“壮觀”的景致“多一点”。从书法角度来说，二字笔画一多一少，少者加一点，以解决视觉上一轻一重的问题。增减笔画在书法作品中是一种普遍现象，约定俗成，不能随心所欲。

“師”字不带刀。即书写“師”字时，省略左上一撇，余下所有笔画或平或直，没有不偏不正之形，而这寓意深刻的“正形无偏差”，正是“为人师表”、“师道尊严”的需要。“師”字左边的“丿”，毛笔写出来很像一把刀，因为练毛笔字写“丿”时，口诀是：“一撇如刀，一点如桃”。師乃文人，无需带刀，屈原佩剑，表示等级身份，属于一种礼仪。而作为师长而言，行为端正，循规蹈矩不出格，不动武（不带刀），做事稳沉，给人以平稳的表率作用。如：北魏《惠感为亡父母造像记·马鸣寺碑》、隋《龙藏寺碑》、智永《真草千字文》、欧阳询《九成宫醴泉铭·皇甫诞碑》、颜真卿《多宝塔碑》、虞世南《孔子庙堂碑》、李邕《麓山寺碑》、褚遂良《孟法师碑·雁塔圣教序·大字阴符经》、王知敬《卫景武公碑》等碑帖的“師”字都无撇。从书法的角度而言，省去一撇，更容易表现左右上部齐平的书写技巧，达到协调、美观的目的。

“位”字不翘脚。指书写“位”字时，右边“立”字的两点要求写得四平八稳，不能形断意连，写“点”现“勾”，像不懂规矩的人在长辈面前翘脚一样。如：汉《石门颂》、郑道昭《郑文公下碑》、智永《真草千字文》、颜真卿《东方朔画像赞》、柳公权《神策军碑》、南宋《爨龙颜碑》、虞世南《孔子庙堂碑》等碑帖中的“位”字，其“点”都是无“勾”的，写得很规矩。当然，根据不同场合的需要，为了活泼生动，古碑帖中“位”字也有翘脚飞动的写法。另外，还有一种“位不离人”的说法，即写“位”字时，右边的横要与左边的“单人旁”相连，表示神榜中的“牌位”要“有后人供奉”，寓示传薪继火，后继有人。

生活中发现，神榜居中的“天地君（国）亲师位”和我们通常看到的墓碑中间碑文都是六个字，为什么呢？

中国人有“视死如生”的习俗，老年人死了，说成是“老了”“回老家了”，丧事称之为“白喜”，结婚称之为“红喜”，都是“喜”事。特别是古代位高权重者死了，其墓葬均按生前的生活需求来设计施工安置。现在人死了，一座坟茔，一套墓碑，便于祭祀。民国至今，花溪区周边地区的墓碑文字，中间大多数也和“神榜”中“天地君（国）亲师位”“镇宅土地神位”一样都是六个大字，这是因为中国传统祭祀文化中，有道教《小黄道》和《大黄道》的讲究。

《小黄道》的口诀：是指“生、老、病、死、苦”五个字。若逝者碑文姓名用五个字表述，那第五个字落在“苦”字上，“死了”便是“苦”，不吉利，与死了得解脱，到了“极乐世界”不相符。选择六个字顺序数下，到第六个字返回落在“生”字上，逢“生”字过，这与民间所说的“投生”是一致的。选用六个字顺数，这样两头正好为“生”字序列，从头到尾，从上到下都“生生不息”，自然大吉大利。如果逝者是二字单名，也要加上一“讳”字，如：周文，墓碑写为：周公讳文之墓；姓名是三个字的不用加“讳”字，如：周公文武之墓；复姓名是四个字的，则去掉“公”字或“母”字加“之墓”或保留“公”字或“母”去掉虚词“之”字；单姓名四个字的保留“公”字或“母”字和“墓”字，等等，多种写法。因此，神榜的六个大字是符合《小黄道》的。再说，“六”与“禄”谐音，谁不喜欢？但是，宗教信仰自由，有的人家信奉真主，先生中西结合，对联写为“无始无终真主宰，宣仁宣义大权衡”，神道中间大字按《大黄道》写为：“肇造天地人物真主神之位”，十一个字，又有何说法呢？

这正如有的墓碑中间碑文是十一个字一样，是按《大黄道》来写的。《大黄道》口诀：是指“道远几时通达，路遥何时还乡”十二个字。从字数选择来看，逢“走之底”的字过。即：顺数1、2、5、6、8、11或13、14、17、18、20、23等数合“大黄道”吉利。因此，墓碑中间大字、灵堂布帷上灵牌的大字等等，都是依次顺着往下数，落在逢“走之底”的字收尾，定出文字字数。如“金筑夜郎侯四世祖讳镛墓”“显考赵公ＸＸ老大人之墓”“上上寿王公讳Ｘ大人之墓”、“显妣潘母陆氏孺人之佳城”、“新逝耄寿钱公ＸＸ之灵位”，都是十一个字。当然，还有其他数字的，但基本上都是符合《大黄道》，除非请到的人是“外行”。古人认为，子、丑、寅、卯、辰、巳、午、未、申、酉、戌、亥这十二地支是分黄道黑道的，一青龙黄，二明堂黄，三天刑黑，四朱雀黑，五金匮黄，六天德黄，七白虎黑，八玉堂黄，九天牢黑，十玄武黑，十一司命黄，十二勾陈黑。为了便于记忆和查对，古人想出了一个办法，用“道远几时通达，路遥何日还乡”这十二个字对应地支，凡与带“走之底”的字对应的就是黄道。这“十二字黄道法”应用广泛，查日子，撰碑帖，道士们写表文，都会用到。我们知道，道士或者算命先生经常“掐指一算”，他们掐指的时候，心中多是默念着这十二个字的。

（原载《花溪艺苑》　作者：樊晓文）

（责任编辑　杨　琴）

索 引

非音序

A

B

C

D

E

F

G

H

J

K

L

R

S

岳阳县年鉴

YUEYANG COUNTY YEARBOOK

（2017）

中共岳阳县委员会
岳阳县人民政府 主办

岳阳县委党史地方志办公室 编

方志出版社
Publishing House of Local Records

图书在版编目（CIP）数据

岳阳县年鉴．2017 / 岳阳县委党史地方志办公室编
--北京：方志出版社，2017.8
ISBN 978-7-5144-2518-5

Ⅰ．①岳… Ⅱ．①岳… Ⅲ．①岳阳—2017—年鉴
Ⅳ．①Z526.44

中国版本图书馆 CIP 数据核字（2017）第 220031 号

岳 阳 县 年 鉴（2017）

编　　者：岳阳县委党史地方志办公室
责任编辑：齐　笑

出 版 人：冀祥德
出 版 者：方志出版社
地址　北京市朝阳区潘家园东里 9 号（国家方志馆 4 层）
邮编　100021
网址　http：//www.fzph.org
发　　行：方志出版社图书经销中心
电话（010）67110500
经　　销：各地新华书店
印　　刷：岳阳鑫容印刷有限公司

开　　本：889×1194　　1/16
印　　张：20.5
字　　数：572 千字
版　　次：2017 年 8 月第 1 版　　2017 年 8 月第 1 次印刷
印　　数：0001~1000 册

ISBN　978-7-5144-2518-5　　定价：280.00 元

编 辑 说 明

一、《岳阳县年鉴》以马克思列宁主义、毛泽东思想、邓小平理论、“三个代表”重要思想、科学发展观指导，贯彻落实习近平总书记系列重要讲话精神和治国理政新理念新思想新战略，坚持辩证唯物主义和历史唯物主义的立场观点和方法，全面客观记载2016年岳阳县自然、政治、经济、文化和社会发展的基本情况，为社会各界和海内外人士了解和研究岳阳县提供基本资料。

二、本年鉴采用分类编辑法，以篇目、分目、条目组成框架结构的主体部分，全书条目标题统一用黑体加方头括号（【】）表示。

三、本年鉴记述时限为2016年1月1日至12月31日，特载部分内容涉及2017年；乡镇和县直单位的工作分别按2016年乡镇区划调整和政府机构改革前的情况记述。

四、本年鉴所载领导人名录以2017年6月30日在职为准，以各单位提供的资料为主要依据。

五、本年鉴稿件内容和数据均由各单位提供并经撰稿单位领导审核，然后由年鉴编辑部编辑，年鉴编委会终审定稿。凡涉及全县性的经济和社会发展的主要数据，均以县统计局提供的数据为准。

《岳阳县年鉴》编辑委员会

张文毅　　岳阳县张谷英镇党委书记

吴承棉　　中共岳阳县纪委副书记、监察局局长、预防腐败局局长

易树芝　　中共岳阳县委统战部常务副部长

郑少华　　岳阳县农村信用合作联社理事长

钟　沁　　岳阳县人民检察院党组书记、检察长

钟九生　　岳阳县人力资源和社会保障局党组书记、局长

柳卫平　　岳阳县农业局党委书记、局长、县委农办主任

胡团生　　岳阳县环境保护局党组书记、局长

胡志刚　　岳阳县建材产业改造升级管理办公室党组书记、主任

荣旭东　　岳阳县安全生产监督管理局党组书记、局长

姜宏毅　　岳阳县移民局党组书记、局长

袁文琪　　岳阳县财政局党组书记、局长

黄运斌　　中共岳阳县委办公室常务副主任

梁亿仲　　岳阳县筻口镇党委书记

龚六一　　岳阳县广播电视台党组书记、台长

童　铮　　岳阳县长湖乡党委书记

喻新亚　　岳阳县人民医院院长

《岳阳县年鉴》编辑部

主　　编	易新岳
常务副主编	曹　瑜
组　　稿	任冬姣
编　　辑	费淑荷
摄　　影	王根良
	许伟军
	李斌斌
版式设计	李仕玉
校　　对	任　学

目　录

CONTENTS

特　载

SPECIAL EDITION

巴陵论坛

BALING FORUM

大事记

THE CHRONICLE OF EVENTS

岳阳县综述

YUEYANG COUNTY GENERAL INTRODUCTION

政 治
POLITICS

军事武装

ARMED FORCES

法 治

RULE OF LAW

社会团体

SOCIAL ORGANIZATIONS

综合经济与管理

COMPREHENSIVE ECONOMY AND MANAGEMENT

工信·电力

INDUSTRY AND INFORMATION TECHNOLOGY & ELECTRICITY

农业·林业·水利

AGRICULTURE & FORESTRY & WATER CONSERVANCY

东洞庭湖管理

EAST DONGTING LAKE MANAGEMENT

贸　易

TRADE

城乡建设·房地产·环境保护

URBAN AND RURAL CONSTRUCTION & REAL ESTATE & ENVIRONMENTAL PROTECTION

交通·邮政
TRAFFIC & POST OFFICE

财政·税务
FINANCE & TAX

银行·保险
BANK & INSURANCE

教育·体育·科技
EDUCATION & SPORTS & SCIENCE AND TECHNOLOGY

文化·广播电视·旅游
CULTURE & RADIO AND TELEVISION & TOURISM

卫生与计划生育
HEALTH & FAMILY PLANNING

社会生活
SOCIAL LIFE

乡镇概况
SURVEY OF TOWNS

附录：岳阳县特色农产品简介

APPENDIX: THE INTRODUCTION TO CHARACTERISTIC AGRICULTURAL PRODUCTS IN YUEYANG COUNTY

岳阳县行政区划图

审图号：湘S(2017)132号

荣湾水库
白洋
城北
天鹅北路
天鹅小学
地税局
新华书店
果品市场
技监局
自来水二厂
自来水公司
恒鑫纺织公司
荣站
荣站小学
荣东路
庆丰东路
八中
大园岭市场
国税局
天城花园
中山科技学校
卫农
巴陵
富荣西路
工商局
政务中心
环保局
怡和花园
劳动局
明德小学
天祥房地产
城西
中医院
交警大队
计量局
庆丰市场
庆丰花园
惜源宾馆
老干局
烟草局
国土局
房产局
旅游局
计生局
电力局
庆丰
二中
职业中专
街赵
人民医院
民政局
荷花塘小学
检察院
小天地宾馆
君和大酒店
招商局
城关派出所
荣家湾站
司法局
县政府
石油公司
同心
龙都宾馆
乡企局
档案局
万福来宾馆
县委
富雅大酒店
邮政局
青华源宾馆
老街
镇医院
国税分局
锦秀阳光酒店
电信局
教育宾馆
广播局
保险公司
财政局
天鹅
法院
公安局
农业局
教育局
一中
妇幼保健院
向阳
林业局
城南
建设局
中心市场
血防医院
粮食局
血防办
农机局
东海人酒店
镇一中
审计局
环保局
水利局
工商局
城东
倾城主题酒店
卫生局
规划局
医药局
文化局
交通局
物质总公司
体育局
云龙宾馆
总工会
副食居民小区
汽车站
畜牧局
荣城鑫都
公用事业公司
民康公司
亿丰时代广场
金鑫商务大酒店
城南汽车站
盐业局
加油站
枫桥
枫桥小学
月西路
南街
荣家湾镇
新长征小学
县委党校
中医院
机瓦厂
南天大酒店
公路局
汇鑫油脂公司
汇鑫环保科技公司
秦皇岛益海岳阳公司
海天客房
新科职业技术学院
桥东
月西
京广铁路
文胜北路
长风南路
荣新西路
青山南路
兴荣西路
X052

岳阳县城区图

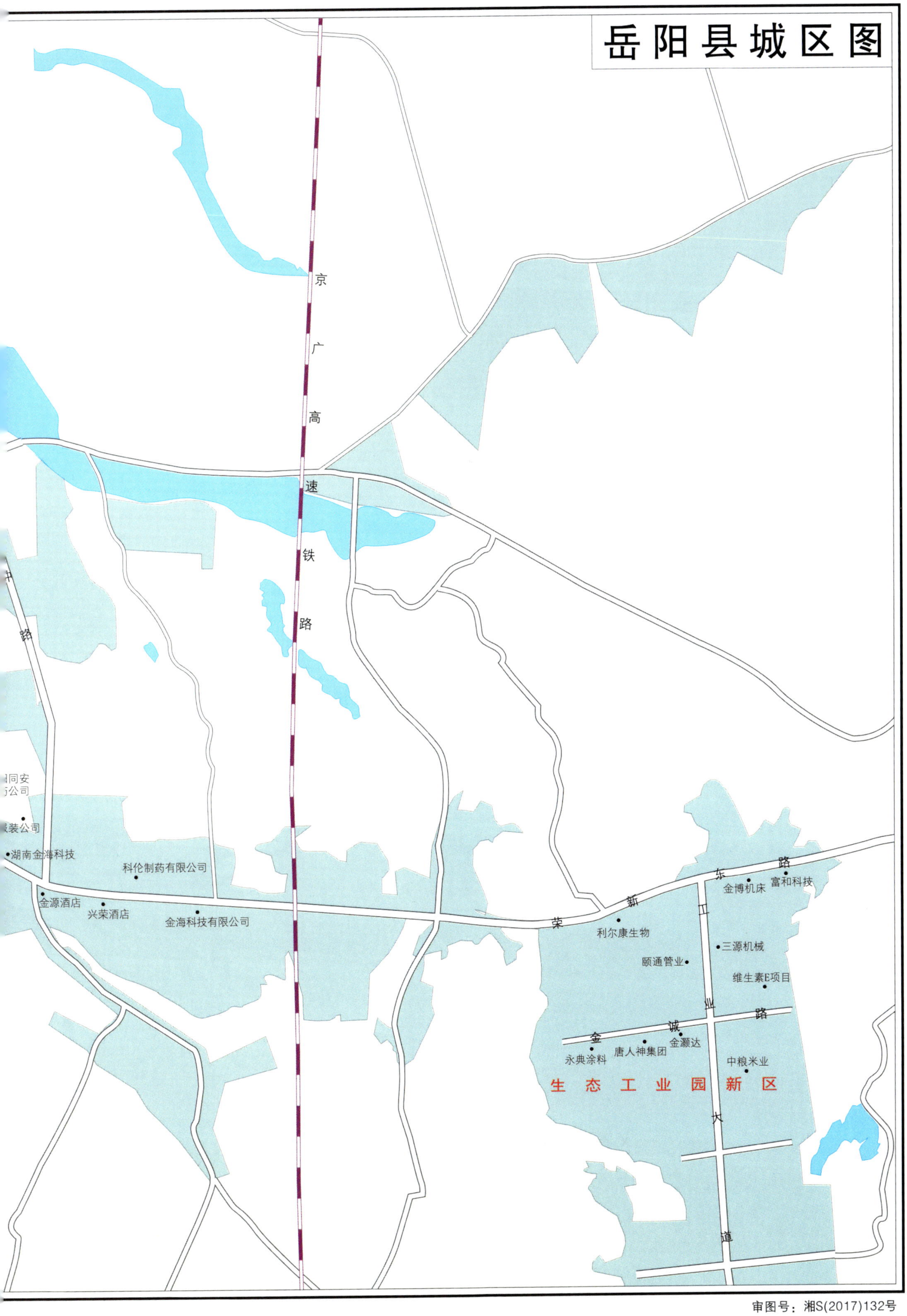

审图号：湘S(2017)132号

县域风光

2016年12月10日，湖南省委副书记乌兰（右二）在市委副书记、市长刘和生（右一），县委书记田文静（右三），县委副书记、县长曾平原（左一）等市县领导陪同下，到岳阳县调研电子商务等工作。

（陈巍/摄影）

2017年2月14日，湖南省委常委、统战部部长黄兰香（左二），省政协副主席、民盟省委主委杨维刚一行到岳阳县调研经济社会发展与统一战线工作，市县领导李爱武、熊炜、万岳斌、刘晓英、田文静（左一）等陪同调研。

（许伟军/摄影）

荣岳公路跨越新墙河

摄影：王根良

美丽县城荣家湾

中洲宝塔掠影

天下古村张谷英

道教圣地——大云山

渔舟唱晚

摄影：王根良

千岛之湖——铁山水库

万鸟飞翔东洞庭湖

摄影：王根良

特　载

特　　载

创新开放　实干担当
切实肩负起加快岳阳县发展的神圣使命
——在全县负责干部会议上的讲话

中共岳阳县委书记　田文静

(2017 年 2 月 10 日,根据录音整理)

新年新气象,新年新使命。今天,我们召开全县负责干部会议,主要目的是深入贯彻落实中央、省、市一系列决策部署精神,全面总结 2016 年,科学部署 2017 年,团结带领全县广大干部群众,创新开放,实干担当,切实肩负起加快岳阳县发展的神圣使命,努力谱写富饶美丽幸福岳阳县的崭新篇章,以优异成绩迎接党的十九大胜利召开。下面,我讲五个方面的意见。

一、不忘初心,始终激扬发展斗志

刚刚过去的 2016 年,是很不平凡的一年。这一年,我们进行了合乡并村改革,完成了县乡同步换届。这一年,我们团结一心,众志成城,取得了抗击特大洪涝灾害的胜利。这一年,面对全国经济持续下行和产业转型升级的双重压力,全县经济继续保持了平稳较快发展。全年共完成地区生产总值 286.54 亿元,增长 8.2%;固定资产投资 263.68 亿元,增长 11.6%;财政总收入 8.98 亿元,增长 10.3%;城乡居民人均可支配收入分别达到 24287 元、13822 元,增长 9.4%和 8.4%;全面小康建设整体实现程度达到 89.7%。

同志们,一个地方的改革和发展,是一脉相承、薪火相传、生生不息的壮丽事业,是历史累积和接续奋斗的过程。当前,岳阳县已经站在新的历史起点上,加快发展,其时已至,其势已成,其风正劲。对此,我们充

满信心。这份信心主要来自三个方面:

第一,加快发展,我们已奠定坚实基础。近年来,我们始终以经济建设为中心,坚持稳中求进的总基调,经济发展呈现缓中趋稳、稳中向好的态势。从综合实力来看,2016年,地区生产总值、财政总收入、固定资产投资、社会消费品零售总额、城乡居民人均可支配收入等主要经济指标稳中有进,其中有几项在全市排名靠前。从社会事业来看,教育、卫生、文化、社会保障等事业蓬勃发展,脱贫攻坚纵深推进,民生福祉明显改善,群众获得感不断增强。从先进荣誉来看,先后获评国家农村职业教育和成人教育示范县等7项国家级荣誉,全省美丽乡村建设先进县、首批知识产权建设强县等29项省级荣誉,全市综治工作先进县、安全生产工作先进县等35项市级荣誉,特别是基层党建进入全市先进行列。防汛抗旱、精准扶贫、环境整治、廉政建设等一批工作被中央电视台、人民网、中国日报等中央主流新闻媒体正面报道7次,湖南日报、湖南卫视、湖南经视等省级主流新闻媒体正面报道49次。这些成绩,为我们加快发展奠定了坚实基础,增添了底气和勇气。

第二,加快发展,我们面临着大好机遇。"一带一路"、长江经济带、洞庭湖生态经济区、长江中游城市群建设等国家战略持续加力发力,岳阳县处于几大战略交汇叠加的黄金节点,完全可以抢抓政策机遇。2016年12月,国务院批复《促进中部地区崛起"十三五"规划》,提出将做大做强岳阳等区域中心城市,岳阳县是岳阳市"1+4+2"大城市圈①的重要组团,完全可以借翼腾飞。同时,从中央经济工作会议确定的2017年政策思路来看,县域经济面临三大机遇:一是提速新型城镇化。特别是加大新型特色小城镇的支持力度,从基础设施、教育、医疗等公共服务方面,将更多政策关注和资源投向县域,可望带动县域更快发展。二是加快农业供给侧改革。将在发展农业新技术、绿色优质农产品供给、农村环境综合治理、退耕还林还湖、土地流转等方面加大支持力度。三是全力推进精准扶贫。2017年,中央和湖南省专项扶贫资金将分别在1000亿元和20亿元以上,从产业扶贫、易地搬迁扶贫、教育扶贫和健康扶贫等方面加大投入力度。这些利好政策,将为我县进一步发挥优势、挖掘潜力、加快发展提供广阔的空间。

第三,加快发展,我们形成了浓厚氛围。从领导班子来看,县"四大家"精诚团结,乡镇和部门领导班子锐意进取,县第十二次党代会和县第十七届人大一次会议确定的全县发展思路,得到了广大干部群众的充分认可,形成了高度一致的发展共识。从干部队伍来看,通过机构改革、合乡并村和换届选举,广大干部进一步坚定了发展信心,鼓足了发展干劲。从社会各界来看,广大人民群众对县委、县政府,对乡镇和部门的工作满意度明显提升,特别是岳阳县在外乡友,不遗余力关心支持家乡发展。2015年12月6日,我们举办的"同心携手·为爱传递"精准扶贫大型公益慈善募捐活动,现场募集爱心善款5474万元,是全市精准扶贫中社会支持最大的县市区。我们坚信,有县内县外"两个岳阳县"持续共同努力,建设富饶美丽幸福岳阳县的宏伟蓝图一定会成为美好现实。

二、明确目标,牢牢把握发展主动权

今年是党的十九大召开之年,是贯彻落实省、市、县党代会精神的第一年,是供给侧结构性改革的深化之年,也是我县脱贫攻坚和全面建成小康社会的决战决胜之年,做好今年工作,意义重大,影响深远。

今年全县工作的指导思想是:全面贯彻落实中央、省、市一系列决策部署精神,主动适应经济发展新常态,大力实施创新引领开放崛起战略,紧紧围绕岳阳"一极三宜"江湖名城建设,做大新型工业,做强现代农业,做活生态旅游,做旺商贸物流,做美县城集镇,突出项目兴县,强化实干担当,加快全面建成小康社会步伐,努力打造"产业兴旺、生态美好、民生殷实、社会和谐"的富饶美丽幸福岳阳县。

奋斗目标是:地区生产总值增长9%,达到312亿元;公共财政预算收入增长10%,达到9.87亿元;固定资产投资增长18%,达到311亿元;社会消费品零售总额增长13%,达到107亿元;城乡居民人均可支配收入分别增长9.5%、10%,达到26594元和15204元;其他各项指标均按全面建成小康社会考核指标体系进度要求完成。

县委确定上述目标,主要有三个方面的考虑。一是符合发展需要。我们设定的经济增长预期目标,结合了中央、省、市经济工作会议精神,结合了市委、市政府对岳阳县发展提出的要求，结合了岳阳县“十三五”规划要求，是县第十二次党代会提出的今后五年发展目标的细化。二是切合县情实际。近年来，我县经济基本保持在中高速增长，只要全县上下团结一心、真抓实干，这些目标是可以实现的，甚至是可以超额完成的。三是顺应群众意愿。当前，全面小康建设如火如荼，群众对建设富饶美丽幸福岳阳县的期盼日益强烈，我们必须充分发挥聪明才智，广泛凝聚工作合力，向全县人民交上一份满意的答卷。

要实现上述目标，必须不断增强加快发展、建功立业的责任感、紧迫感，积极解放思想、创新开放、攻坚克难、拼搏进取，确保各项工作落到实处、取得实效。

*面对激烈竞争，我们必须加快发展。*在凭发展论英雄的当下，区域竞争日益激烈，我们不进则退，慢进也是退。如果不加快发展，补齐短板，不仅已有的优势会失去，存在的差距还会拉大。只有高标准定位，变压力为动力，撸起袖子加油干，才能抢抓发展先机，赢得发展主动权。作为肩负岳阳县发展神圣使命的广大干部，特别是我们领导干部，务必要把握难得的利好形势，务必要抢抓宝贵的发展机遇，真正以时不我待、只争朝夕的紧迫感，以永不自满、赶超跨越的精气神，加快推动我县从工业弱县向工业大县转变、农业大县向农业强县转变、旅游富县向旅游名县转变、商贸边县向商贸要县转变，一步一个脚印实现突破、加快发展。

*面对严峻挑战，我们必须加快发展。*随着全县经济结构调整的不断深入，重点项目的快速推进，因利益关系调整引发的征拆难、用地难、融资难等问题不断出现，如何处理好各种各样的矛盾，协调好方方面面的关系，破解各种瓶颈制约，化解不利因素影响，是我们面临的最大挑战。要从根本上改变发展不足的现状，就必须加快发展，在发展中不断解决矛盾和问题。困难并不可怕，只要精神不滑坡，办法总比困难多。所谓君子忧道不忧贫，关键在于态度。把困难举在头上，它就是灭顶石；把困难踩在脚下，它就是奠基石。可怕的是，在困难面前丧失了信心、丧失了斗志、丧失了勇气，自己先打败了自己。只要我们有遇强越强、遇勇越勇的顽强作风，有永不言败、敢争敢胜的拼搏精神，就一定会在应对挑战中赢得主动，在破解难题中奋力前行。

*面对美好愿景，我们必须加快发展。*建设富饶美丽幸福岳阳县，是我们的神圣使命，也是全县人民的共同愿景。再美好的蓝图，如果不狠抓落实，也是镜花水月；再灿烂的愿景，如果不付诸行动，也是空中楼阁。党和人民把我们推上了干事创业的光荣舞台，我们就要不辱使命、不负重托，努力兴一方经济、富一方百姓、促一方和谐、倡一方文明，真正干一番事业、求一番作为。这是我们每一位领导的应当职责，是每一位干部的应尽本分，是每一位公仆的应有情怀。没有这种情怀，尽不到这份职责，群众就会对我们失去信心、失去希望，老百姓就会戳我们的脊梁骨。所以，我们一定要珍惜事业舞台、珍惜工作平台，努力在加快岳阳县发展的伟大事业中，干出一番无愧于组织、无愧于时代、无愧于人民的业绩。

三、创新开放，加快新常态下的经济发展

当前和今后一个时期，发展不足仍然是岳阳县的基本县情，加快发展仍然是全县上下的根本任务。只有抓住创新开放这个灵魂，崇尚创新，厚植开放，新常态下的县域经济发展才会焕发生机，充满活力。今年要重点做好五个方面的工作：

1.突出工业主导，奏响转型升级“大合唱”

2016年，我县完成地区生产总值286.54亿元，财政总收入8.98亿元，财政总收入与地区生产总值严重不匹配，只占地区生产总值的3.1%，根本原因就是产业结构不优，工业的主导地位不突出。因此，我们必须旗帜鲜明地树立重工业、强工业、兴工业的导向，以工业发展带动三次产业扩量提质。做大新型工业。坚持把新型工业化作为加快发展的第一推动力，积极对接“中国制造2025”[②]，加快发展生物医药、装备制造、新型建材、农产品和食品加工等传统产业，积极培育发展电子信息、新材料和新能源等战略性新兴产业，着力推动上下游配套企业向主导产业集聚，进一步延伸产业链条、壮大产业集群。积极对接供给侧结构性改革，支持和鼓励企业技术创新、设备更新、产品出新，清理、淘汰“僵尸企业”。严格落实“园区十条”[③]，全力推进“135”工程[④]，完成县生态工业园五期扩园，加快标准化厂房建设，配套完善水、电、路、污水处理等基础设施，提高园区承载能力。做强现代农业。全面实施“品牌兴农”战略，加大对农业产业化龙头企业的支持力度，在坚守耕地红线的基础上，依法推进土地经营权有序流转，鼓励农业适度规模经营，促进农业产业化、规模化、机械化。大力发展农民专业合作组织，构建“公司+合作社+农户”模式的新型农业体系。以阿里巴巴农村淘宝岳阳县服务中心为平台，采取“政府引导、企业运作”的方式，加快村级服务站建设，为优质农产品网上销售提供便捷服务。大力引导工商资本下乡，培育以休闲观光、自由采摘、劳动体验等为主题的特色农业。做活生态旅游。以东洞庭湖、张谷英村、铁山湖三大板块为重点，打造“湖光山色、淳美巴陵”旅游品牌。高标准、高品质规划东洞庭湖生态游，着力引进旅游商业产品和配套设施，建设令人流连忘返的芦苇湿地公园。做大做强张谷英民俗文化游，引进战略投资者，把张谷英村与刘备洞、十万亩竹海等周边景点串联起来，做优规划，做美景点，做精线路。以铁山湖为圆心，以大云山、相思园、公田温泉为半径，统筹开发铁山景区山水游，将铁山景区建设成岳阳楼—洞庭湖国家重点风景名胜区的精品景区。做旺商贸物流。充分发挥岳阳县通江达海的水陆交通优势，以京珠高速、岳望高速、107 国道为节点，以鹿角码头为平台，在新开镇、新墙镇、荣家湾镇打造物流基地，延伸发展仓储、包装、加工、采购、配送等物流服务，形成功能完善、增值效应强的物流产业链。大力实施“万村千乡市场工程”⑤，以“互联网+”为支撑，推进物流公共信息平台建设，支持传统物流业应用大数据、物联网等先进信息技术，建设智能化仓储体系、配送系统，逐步形成以“互联网+物流+金融+电商+产业”为主体的现代物流业态模式，打造第三产业升级版。加强房地产市场引导和监管力度，促进房地产业平稳健康发展。

2.强化项目支撑，打造经济提速“大引擎”

牢固树立“抓项目就是抓发展、抓发展就要抓项目”的理念，以项目促投资、扩需求、稳增长。加强项目对接。认真研究国家产业发展政策和资金投向，把握国家加大农业、水利、民生、文化、社会事业等领域投入力度的有利时机，以基础设施、产业发展、民生项目为重点，谋划一批重大产业和基础设施项目，推出一批发展潜力大、带动效应强、政策融合度高的项目。对项目库实行动态管理，按照“谋划一批、成熟一批、申报一批”的要求，不断充实完善项目库。加速项目引进。放大我县区位交通、产业基础、人文资源等优势，转变招商理念，拓宽招商视野，创新招商方式，积极承接“长三角”“珠三角”地区产业转移，坚持“招大、招群、招特”，开展点对点、专业化精准招商，着力引进一批重大产业项目特别是重大工业项目，不断强化支撑带动效应。加快项目建设。紧盯前期、开工、在建、竣工四个环节，探索推行全项目链管理模式，促进前期项目尽快签约、签约项目尽快开工、开工项目尽快竣工、竣工项目尽快投产。持续开展企业和产业联手帮扶行动，坚持并完善县级领导联系重大项目的工作机制，通过领导干部带头到项目建设一线搞服务、办实事、解难题，形成大抓项目、抓大项目的热潮。

3.建设新型城镇，构建市县融城“大格局”

以交通、水利、能源和信息等基础设施建设为重点，抢抓市县融城机遇，推进城乡统筹协调发展。坚持交通先行。今年要完成 G240 岳阳县段拓宽工程、岳荣新公路升级改造，全面启动 G240 绕城线、S316 黄沙街至张谷英段、S318 岳阳至月田段、S211 麻黄线建设，加快乡村公路提质改造，着力构建“对外大通畅，对内大循环”的综合交通体系，打造“半小时经济圈”。推进市县融城。以县城面积达到 30 平方公里、人口达到 20 万为目标，对接主城区，融入大岳阳，加快市县融城步伐。把麻塘、新开作为市县融城的前沿阵地，加快道路交通等基础设施建设，实现与市区规划无缝对接、产业错位发展、基础共建共享、管理高度融合，实现互利共赢，促进共生共荣。做美县城集镇。以荣湾湖公园为核心，加大新城区建设力度，拉开城市骨架。以棚户区改造为核心，完善城区路网、地下管网以及背街小巷升级改造，破解城市建设难题，加快县城提质。推进小游园建设和街道绿化景观建设，提高县城生态宜居指数，确保今年成功创建省级园林县城。开展精神文明建设行动，提升市民道德素质和文明素养，积极创建全国文明城市。以多样化、专业化、特色化为方向，建设一批县域中心镇和次中心镇，培育一批布局合理、功能完善的工业强镇、商贸重镇、旅游名镇和森林小镇。建设美丽乡村。巩固农村环境整治成果，加强环境卫生宣传教育，积极开展农村环境整治、养殖污染治理、农村水源保护“三位一体”的农村环境综合整治工程。规范村民集中建房,加快推进农村道路互联互通、农村电气化、安全饮水等项目建设,扎实推进村庄整治,完善村规民约,倡导文明新风,让乡村有乡味、有乡俗、有乡韵。

4.加强生态保护,绘出绿水青山“大画卷”

决不以牺牲环境为代价去换取一时的经济增长,更加自觉地推动绿色发展、循环发展、低碳发展。严格执行环保准入机制。坚持项目建设以生态环保为底线,做到“三个一律”:跟踪洽谈的项目,如果环评没有过关,无论投资规模有多大,一律不引进;落地建成的项目,如果环保没有达标,无论科技含量有多高,一律不允许生产;开工投产的项目,无论税收贡献有多大,没有达标排放且经核实的,一律停产整顿。加大环境保护执法力度,严格环境监管,着力推进总量减排,严厉打击超标排污、排放有毒有害物质、未批先建等违法行为,全面完成市政府下达的各项减排指标任务。实施生态环境治理行动。深入实施大气、水、土壤三大污染防治行动,加强东洞庭湖、新墙河等重点水域生态环境综合整治,严厉打击非法捕捞、采砂、排污、营运等行为。加大铁山水资源保护与库区民生保障力度,今年重点做好四件事:一是污水处理,确保月田、毛田两个集镇的污水处理厂建成并投入运营;二是垃圾转运,在库区中心集镇建设垃圾压缩中转站,实现所有行政村的垃圾集中转运;三是严控建房,实行联合审批制,严控新增建筑;四是规模退养,3月底前要将库区所有规模养殖业全部退出。通过扎实有效的生态治理,让人民群众喝上干净水、呼吸上新鲜空气、吃上放心食品。加强生态文明宣传教育。在广播、电视、报纸、网站等媒体以及微信、微博等新兴媒体常年开设环保专题,推进环保宣传进社区、农村、学校、企业、机关等“五进”活动,在全社会牢固树立尊重自然、顺应自然、保护自然的理念,增强全民节约意识、环保意识、生态意识,营造爱护生态环境的良好风气。

5.破解发展难题,形成要素聚集“大洼地”

当前,我们面临一系列的发展难题,要加快发展,就必须突破瓶颈制约。破解征地拆迁难题。加强调查研究、注重集思广益,切实做到问计于民、问需于民。除货币补偿外,探索多元化征地补偿模式,消除群众的后顾之忧。遵循“依法拆迁、有情操作、文明办事”的工作方式,执行标准不走样,一把尺子量到底,做到公平征拆、和谐征拆。加大禁违拆违力度,确保新增违法建设“零增长”、存量违法建设“负增长”;对漫天要价、恶意刁难的行为依法处理,对充当“保护伞”和浑水摸鱼的少数干部严厉打击。破解企业融资难题。畅通供需信息渠道,通过召开融资需求发布会、融资项目推介会等多种形式,开展银企对接服务。科学引导和有序规范各类社会资本参与小额贷款、村镇银行、民间担保等金融活动,努力营造健康、高效的民间金融环境。破解经济环境难题。认真落实重大项目联审联批例会制度,建立行政审批绿色通道,提高项目申报、审批效率。建立民主评议行风、企业和商户评议管理部门、服务对象评议服务部门等制度,把评判权直接交给服务对象,并将评议结果与干部实绩考核和使用挂钩。强化行政执法举报投诉、监督约束、责任追究等制度的执行和落实,谁破坏经济环境、损害岳阳县形象,就拿谁帽子、端谁饭碗。严厉打击强揽工程、强买强卖、强装强卸、阻工闹事等破坏经济环境的行为,接到举报,即时受理、快速出击、限时办结。破解砂石管理难题。坚持保护为主、以开发促保护的原则,依法尽快收回东洞庭湖陡砂坡和金盆港采区河道采砂权,开展国家公职人员涉砂涉矿经营活动专项清理行动,组建东洞庭湖砂石资源开发有限公司,统一组织领导,统一开采经营,统一规费征收,统一综合执法,统一收益分配,探索做好保护、开发、管理结合文章,实现东洞庭湖可持续发展。

四、决胜小康,全力保障和改善民生

始终坚持以人民为中心,积极顺应人民群众对美好生活的向往,加快全面建成小康社会步伐,努力让改革发展成果更多更公平地惠及全县广大人民群众。

1.坚持精准发力,打赢脱贫攻坚硬仗。以铁山库区为主战场,全力推动精准扶贫三年攻坚行动,确保年度脱贫目标任务圆满完成,坚决不让一个人在全面小康路上掉队。扎实开展精准识贫、精准扶贫、精准脱贫,全面落实“五个一批”“六个精准”[⑥]等要求,树立“党建+”思维,探索“党建+产业脱贫”“党建+电商扶贫”“党建+教育扶智”等模式,通过产业扶持、易地搬迁、金融支持、教育助学、政策兜底、社会保障等举措,确保扶贫对象“两不愁、三保障”[⑦]。坚持领导挂帅、部门帮扶、干部驻村，实行党员干部进村入户结对帮扶。严格落实督查讲评、考核问责机制，突出贫困人口减少、贫困家庭收入增加、生活质量提高等考核评价指标，确保真扶贫、扶真贫、真脱贫。加强贫困群众思想引导，激发脱贫攻坚内生动力，提高自我脱贫致富能力。

2.秉承为民情怀，解决民生突出问题。持续加大民生投入，全面完成省、市为民办实事项目和县定民生实事任务。实施更加积极的就业创业扶持政策，加强就业创业培训和职业技能培训，精准托底帮扶就业困难人员，实现“零就业”家庭动态清零，突出解决好大中专毕业生、城镇新增劳动力、农村劳动力和失地农民等重点群体就业问题。建立劳动争议第三方调解机制，加大对工伤纠纷、拖欠农民工工资等突出问题的处理力度，构建和谐稳定的劳动关系。建立健全符合县情、覆盖城乡、可持续的社会保障体系，实现人人享有基本社会保障、人人基本生活均有保障。全力推进社会救助“阳光行动”，做好社会福利、社会慈善、社会养老、优抚安置等工作。加快保障性安居工程建设，突出做好农村危房改造和城市棚户改造工作。

3.注重统筹兼顾，加快发展社会事业。坚持教育优先发展战略不动摇，加快推进薄弱学校改造与合格学校建设，切实加大“阳光招生”力度，全面加强教师队伍建设，着力打造优质教育品牌，促进各类教育均衡发展，确保顺利通过国家和省教育督导评估。推动全民健身和全民健康深度融合，积极开展群众体育健身活动，大力发展公共体育事业。坚持以提高人民卫生与健康水平为中心，加快城乡医疗卫生重点项目和基础设施建设，推进公立医院综合改革，巩固国家基本药物制度，规范县乡医院和村卫生室管理，提高基本公共卫生服务水平，全力打造“健康岳阳县”。落实好“全面二孩”生育政策，加强计划生育服务管理，促进出生人口结构优化和素质提高。加强公共文化服务体系建设，不断扩大文化共享，持续推进文化惠民，创建省级现代公共文化服务体系示范县。加强公民思想道德建设，扎实开展道德讲堂活动，弘扬孝友美德，培育良好家风。着力推进殡葬改革，提高殡葬管理与服务水平。加大科普工作力度，统筹推进编制、审计、统计、广电、经管、供销、通信、邮政、气象以及史志、档案、保密、老干、残联、民族宗教等各项事业发展。

4.加强依法行政，推进民主法治建设。深化司法体制改革，坚持司法为民，推进司法公正，大力支持审判机关、检察机关依法独立公正行使审判权、检察权，确保每一个司法案件都能得到公平正义处理，得到人民群众普遍认同。加强公共法律服务体系建设，推广筻口镇和荣家湾镇粤西社区公共法律服务工作站点的成功经验，实现乡镇公共法律服务工作站全覆盖，村级公共法律服务工作点建设完成80%以上。深入开展普法宣传教育，提高全民法治观念和法律素养，在全社会形成依法办事、依法维权的良好氛围。加强党委对人大、政府、政协的核心领导，积极支持人大、政府、政协依法履职尽责，充分发挥工会、共青团、妇联等群团组织的桥梁纽带作用，扎实推进工商联等最广泛爱国统一战线工作。落实党管武装责任，加强国防、人防、消防工作，巩固“双带双促”活动，提高“双拥共建”水平，促进军政军民团结。

5.突出和谐稳定，创新社会治理方式。加快推进城区网格化管理，创新“精细化管理、人性化服务、多元化参与、信息化支撑”管理模式，大幅提升基层社会治理能力和社区便民服务水平，做到“数据多跑路、群众少跑腿”。加强社会治安防控体系建设，增加全县电子监控设备的密度和广度，有效提升案件侦破水平和社会管控能力。加大信访维稳力度，健全完善社会矛盾排查预警和调处化解机制，加强敏感群体、特殊群体防控，突出抓好矛盾化解、应急处理、网络舆情等工作，着力解决群众合理合法的利益诉求。切实抓好安全生产，加强对企业生产、水陆交通、非煤矿山、防汛抗旱、食品药品、危化物品等重点领域的安全隐患排查，依法全面关停全县烟花爆竹生产企业。加强社会治安综合治理，坚持高压打黑、铁腕禁毒、重拳治赌、强力扫黄，坚决打击各类违法犯罪活动，保障人民生命财产安全，营造和谐稳定的社会环境。

五、实干担当，全部忠诚促发展

市委提出，要实干担当加快岳阳发展。党员干部特别是在座的领导干部，是建设富饶美丽幸福岳阳县的主力军，唯有满怀激情干事业，全部忠诚促发展，才能不负重托、问心无愧。忠诚、实干、担当，就是我们的“试金石”。

竭尽忠诚，实干担当，要看在不在想事谋事。人总是要有点精神的。实践证明，一个人的精神面貌直接关系到他的作为、地位和前途；干部群众的精神面貌直接关系到地方的稳定、建设和发展。一年来，特别是县第十二次党代会以来，我县广大干部群众的精神面貌总体是好的。无论是在新农村建设的主阵地，还是在经济建设的主战场，无论是在开放招商的最前沿，还是在农村工作的第一线，许多干部都冲锋在前、苦干在前、奉献在前，体现出想干事、会干事、在干事、能成事的精神面貌。但是，也有少数干部，甚至领导干部，在工作中要么不愿想、不去想，要么不愿干、不会干，要么点子不多、办法不多，打不开工作局面。县乡换届以来，各部门、各乡镇的工作也呈现出两种态势：有的部门工作有声有色、有模有样，而少数部门还在守摊子、混日子；有的乡镇工作是井然有序、生机勃勃，而个别乡镇还是一潭死水、一事无成。为什么会有这么大的反差呢？表面上看，是条件问题，是基础问题，但实质上还是人的问题，特别是精神面貌的问题。所以说，我们讲满怀激情干事业，全部忠诚促发展，就一定要想事谋事，就一定要振奋精神，勇于进取，勇于拼搏，勇于负责，这样才能把工作搞上去，打开工作新局面。

竭尽忠诚，实干担当，要看是不是尽职尽责。当干部，就要尽职尽责，既推进经济发展，又推动事业进步，使岗位工作有"亮点"，单位发展有"看点"。当前有一些干部，对人没有热情、对民没有真情、对事没有激情，得过且过，当一天和尚撞一天钟，有的甚至连钟都不撞，在困难面前躲躲闪闪，在重任面前推三阻四，工作没搞好不从自身找原因，总说这里难、那里难，客观理由一大堆。为什么同一个岗位，有人干几年毫无起色，有人干几年成绩斐然？为什么条件差不多的乡镇，有的几年下来山河依旧，有的几年下来大为改观？这就说明地域不分南北，条件不分好坏，关键是事在人为，在于干部是否尽职尽责。全县干部特别是在座的领导干部，都要扪心自问：自己是当了加快岳阳县发展的"护航人"，还是做了"绊脚石"；是"加了油"，还是"添了乱"；是夯实了岳阳县发展的根基，还是松动了岳阳县发展的墙脚。要经常与组织的重托比一比、拿群众的期望量一量、用党性的镜子照一照，自己有没有"为官一任、造福一方"，自己的工作能不能经得起组织的考量、人民的评判、历史的检验。要在比较中找出差距、找出不足，在比量中激发动力、激发干劲，在比照中奋力拼搏、争创一流。不能当"太平官""清闲官""平庸官""坏事官"，不能当有始无终的"开头干部"、吹牛拍马的"广告干部"、不务正业的"吃喝干部"、似干非干的"混事干部"。不要留骂名，要留美名。

竭尽忠诚，实干担当，要看会不会同心同德。溪流孱弱，江河浩荡。我们要立大志，干大事，创大业，必须上下同心，左右同力，内外同向。如果不能齐心协力、共谋发展，哪怕个人能力再强，也不可能实现我们确定的目标。首先，要与组织同心同德。坚决维护县委、县政府的权威，有令必行，有禁必止，确保政令畅通，全县一盘棋。其次，要与同事同心同德。人不怕工作累，最怕就是心累。所谓心累，就是人与人之间貌合神离、钩心斗角的累。一个单位、一个班子，如果内部相互猜忌、相互拆台，搞得以邻为壑、以人为仇，还怎么去抓机遇、谋发展、创大业。只有心齐，才能气顺劲足，才能事业有成。所以说，要以团结为重，以团结为本，积极唱好"将相和"，不"扯皮"、不"找茬"，更不当面一套、背后一套。作为党员干部，特别是领导干部，要有容人容事、不计恩怨的雅量，有相互谅解、坦诚相见的气度，有闻过则喜、从谏如流的胸襟。再次，要与群众同心同德。岳阳楼有一副对联，叫作"四面湖山归眼底，万家忧乐到心头"。我们共产党人的干部，就要有这样的胸襟品格，要把实现好、维护好、发展好人民群众的根本利益，作为最大的政治，最好的政德。大家都知道，华西村之所以能成为享誉全国的"天下第一村"，最核心的是有一位以民为本的"领头雁"。该村原党委书记吴仁宝，始终坚持不拿全村最高工资、不住全村最好房子、不得全村最高奖金，全身心投入工作，影响和推动着华西村的创业致富，创造了村级经济发展的神话。我们所有的干部，都要以吴仁宝为榜样，牢固树立"有富民享、有难官当"的责任意识，提高帮富的素质、致富的能力、共富的境界，不能"有富官享、有难民当"。要知道，群众在我们心里的分量有多重，我们在群众心里的分量就有多重。今天在座的各级干部，一定要时刻记住自己来自老百姓、退下来也还是老百姓，在思想上多一些平民情结，在工作中多一些亲民作风，真正把老百姓的小事当作大事来办，真心关爱困难群众，尽力解决人民群众关心的“筷子”“房子”“孩子”“票子”等实际问题，真正让人民群众的生活过得更加幸福、更加美好。

竭尽忠诚，实干担当，要看能不能自警自省。廉洁是党员干部为官从政的底线要求，一旦突破，不论多么位高权重，不论作过多大贡献，都会受到党纪国法的严惩。各级干部身处各种利益关系的中心区，身处各种人情世故的交汇处，身处各种贿赂犯罪的指向点，如果不坚持自警自省，就难免会引祸上身。思想要“清白”。始终坚定理想信念，不断增强党性修养，不要既想当官、又想发财，不要总跟别人比房子大、票子多、车子好。古人讲得好：良田万顷，日食三餐；广厦千间，夜卧八尺。领导干部如果在物质上总是不满足、在心理上总是不平衡，迟早是要栽在“钱眼里”的。只有保持纯净的思想和健康的心态，在物质享受上向低标准看齐，在工作成绩上向高标准看齐，才会树正气、有底气。用权要“清白”。时刻把纪律规矩挺在前面，严格落实《党章》和《准则》《条例》要求，坚持依法依规用权，自觉抵制腐败。以权谋私虽然能得到暂时的利益，但最终会失去名誉、地位、金钱、家庭、幸福，甚至生命，这笔账怎么算都是得不偿失。所以，要学会算账，懂得取舍，打消火中取栗、掩耳盗铃的念头，把握好来之不易的幸福生活。管人要“清白”。严格落实“一岗双责”，管好班子、带好队伍，经常对班子成员和下属拉拉袖子、咬咬耳朵、敲敲警钟，做到防微杜渐；管好家人和身边的工作人员，经常打打“预防针”、念念“紧箍咒”，防止他们打着自己的旗号办事情、揽项目，成为权力的“触手”，防止他们被别有用心的人“围猎”，成为腐败的“帮凶”，真正做到拒腐防变全天候、全方位、全覆盖。

同志们，做好全县的工作，重点在基层，难点在乡村。今天的会议要求乡村两级负责干部参加，就是要在全县形成更加重视基层、关心基层、支持基层的氛围，使每个基层组织都成为坚强的战斗堡垒，每名党员都成为一线的先锋模范。要更加突出基层党建，真情关怀、真心爱护基层干部，逐步提高基层干部的政治待遇、经济待遇，让基层干部有干头、有甜头、有奔头，满怀激情扎根基层、奉献基层。要进一步加大保障力度，将财力、人力和精力向基层倾斜，将更多的心思用在基层，将更大的功夫下在基层，将更多的资源投向基层，确保基层有人管事、有钱办事、有处议事。要把基层干部作为各项工作落实的关键，充分发挥基层干部在脱贫攻坚、经济发展、改善民生、维护稳定中的重要作用，做到在实践中锻炼、考验和提高干部，全力打造一支有激情、重实干、敢担当的干部队伍。

特别要强调的是，3 月份将全面启动村级换届工作。今年的村级换届有其特殊性，与往年相比，情况更复杂，县、乡、村三级都要引起高度重视。县委组织部、县民政局要结合实际，广泛开展调查研究，科学制定村级换届的工作方案，把工作做细、做实、做到位；换届选举期间，要成立指导组，下到各乡镇进行培训宣传、现场指导。县纪委、县监察局要迅速研究制定换届选举的纪律要求，要像县乡班子换届选举一样，成立督导组，对换届风气进行明察暗访，对选举过程中出现的不正之风和非组织活动，尤其是黑恶势力、家族势力、宗教势力的干预，一旦发现，立即严肃查处、严厉打击。对贿选、抢票、冲击选举场所、借机闹事等非法行为，县公安机关要坚决予以打击，涉嫌违法犯罪的，移送司法机关从严处理。

同志们，新的一年孕育新的希望，新的队伍焕发新的气象。让我们紧密团结在以习近平同志为核心的党中央周围，在市委、市政府的坚强领导下，团结一心、拼搏进取，创新开放、实干担当，切实肩负起加快岳阳县发展的神圣使命，用扎扎实实的业绩向党的十九大献礼！

注释：

①“1+4+2”大城市圈：围绕打造 200 万人以上大城市圈目标，积极拓展城市发展空间，加快推进以岳阳市中心城区为核心圈，以经开区、南湖新区、云溪区、君山区为内圈，以临湘市、岳阳县为外圈的“1+4+2”城市组团，实现规划无缝对接、产业错位发展、交通快速便捷、管理高度融合，把岳阳建成长株潭城市群和武汉城市圈间的区域中心城市。

②中国制造 2025：是中国政府实施制造强国战略第一个十年的行动纲领。《中国制造 2025》提出，坚持“创新驱动、质量为先、绿色发展、结构优化、人才为

本”的基本方针，坚持“市场主导、政府引导，立足当前、着眼长远，整体推进、重点突破，自主发展、开放合作”的基本原则，通过“三步走”实现制造强国的战略目标：第一步，到2025年迈入制造强国行列；第二步，到2035年中国制造业整体达到世界制造强国阵营中等水平；第三步，到新中国成立一百年时，综合实力进入世界制造强国前列。

③园区十条：市委、市政府《关于进一步促进园区产业发展的意见》确定的“明确园区发展目标，依法下放行政许可审批权限，优化园区外部环境，鼓励园区招商引资和做大规模，保障园区建设用地，加大财政支持力度，加强园区干部队伍和人才建设，鼓励建立园区绩效工资制度，加强园区工作考核，建立健全约束机制”十条举措。

④“135”工程：2014年10月31日，湖南省产业园区工作会议提出，在全省建设100个产业园区、3000万平方米标准厂房、引进5000个创新创业企业。

⑤万村千乡市场工程：由商务部启动，通过安排财政资金，以补助或贴息的方式，引导城市连锁店和超市等流通企业向农村延伸发展“农家店”，着力构建以城区店为龙头、乡镇店为骨干、村级店为基础的农村现代流通网络，使标准化农家店覆盖全国50%的行政村和70%的乡镇。

⑥五个一批、六个精准：五个一批指发展生产脱贫一批、易地扶贫搬迁脱贫一批、生态补偿脱贫一批、发展教育脱贫一批、社会保障兜底一批；六个精准指扶持对象精准、项目安排精准、资金使用精准、措施到户精准、因村派人精准、脱贫成效精准。

⑦两不愁、三保障：《中国农村扶贫开发纲要(2011—2020年)》提出，到2020年我国扶贫开发针对扶贫对象的总体目标是：“稳定实现扶贫对象不愁吃、不愁穿，保障其义务教育、基本医疗和住房”，简称“两不愁、三保障”。

岳阳县人民代表大会常务委员会工作报告

——2016年11月29日在岳阳县第十七届人民代表大会第一次会议上

岳阳县人民代表大会常务委员会主任　汤森林

十六届工作回顾

县十六届人大常委会履职四年，始终高举中国特色社会主义伟大旗帜，坚持党的领导、人民当家做主、依法治国有机统一，全面贯彻党的十八大及十八届三中、四中、五中全会精神，紧紧围绕"全面建成小康社会"目标，紧紧依靠县委的正确领导和全县人大代表、人民群众的监督支持，依法履职、务实工作、积极作为，充分发挥了地方国家权力机关的作用。四年来，共召开常委会会议26次，召开主任会议62次，听取审议县"一府两院"专项工作报告41项，任免了一批国家机关工作人员，较好地完成了县十六届人大一次会议确定的目标任务，为全县经济建设、政治建设、文化建设、社会建设和生态文明建设做出了积极贡献。

一、扎实开展监督工作，推动"一府两院"依法履职

根据监督法赋予的职权，常委会围绕推动经济社会健康发展、推进依法治县和维护公平正义，围绕社会热点问题和群众关心的民生实事，精心编制监督计划，综合运用多种监督手段，切实加强对"一府两院"的法律监督和工作监督，着力提高监督实效，推动"一府两院"依法履职。

（一）突出对计划和财政预决算审查监督。国民经济和社会发展计划、财政预决算是年度监督的常规项目，常委会注重突出重点，牢牢把关，努力维护经济社会健康发展。按年度审查国民经济和社会发展计划及财政预算草案，听取计划和财政预算的执行情况、财政审计报告，审查批准财政决算。审查计划时，重点放在县本级财政投入和政府举债投入的项目细化上，减少项目决策和计划调整的随意性，跟踪督促计划落实。审查财政预决算时，重点放在全口径财政预算的实施、一般公共财政预算的细化、县本级专项资金的管理、政府举债和财政收入的质量上，确保县级财政量入为出、收支平衡。同时加强对乡镇财政预算监督工作的指导，推动乡镇财政预算逐步走向规范化、制度化。

（二）突出对重点热点问题开展监督。围绕事关改革发展稳定和社会关注的重大问题，常委会精心筛选议题，有针对性地开展监督。突出监督环境保护。按法律要求将环境保护列为常委会每年必审的常规工作，突出以改善环境质量为核心，重点对水资源环境保护开展了调查，对畜禽养殖污染治理开展了视察，督促县人民政府加强了对铁山水库、新墙水库、费家河等饮用水源地及东洞庭湖生态资源的保护，出台了畜禽养殖污染防治规划，在全县划定适养区、限养区、禁养区。督促环保部门加大了对陶瓷、造纸、食品加工等重点排污企业的监管整顿力度，促使全县69家企业实现了达标排放。突出监督城市建设。听取审议县城控详规划编制及执行情况的报告，推动县人民政府在绿地指标把关、私人建房审批、居民点规划等方面加强监管和执法力度。突出监督园区发展。专题听取生态工业园、台创园、建材园招商引资、项目建设及环境污染治理情况，对制约园区发展的招商、环保、征地、融资等问题提出了意见和建议。突出监督惠农政策落实。我县是农业大县，常委会听取审议了农民专业合作组织建设及土地流转、"一事一议"、基本农田保护、农业品牌创建、农业综合开发、粮食生产、移民后扶项目资金使用、生态能源建设、美丽乡村建设等工作情况，坚持为农业增效、农民增收、农村发展鼓与呼。突出监督项目建设。组织代表深入荣湾湖、荣公线、梅城线、环洞庭湖国土整理、铁山水资源保护、城区道路升级改造、鹿角码头、东洞庭湖生态资源保护、G240等项目现场开展视察活动，凝聚发展共识，促进项目建设，推动快速发展。

（三）突出对民生实事开展监督。常委会始终将民生问题作为监督重点，坚持为民说话、为民办事，切实维护人民群众的合法权益，保障人民群众共享改革发展的成果。教育是民生之基，针对我县义务教育学校普遍背负沉重的高成本债务，校长忙于筹资金无心抓教学，教育质量难以保障的突出问题，常委会2013年听取审议了教育债务及化债资金使用情况，提出了妥善化解教育债务、规范教育财务管理等审议意见，2014年、2015年连续听取整改落实情况。常委会的持续跟踪监督促使县人民政府作出决定，由县财政接管义务教育学校1.45亿元债务，并出台了严格的学校财务管理制度。此举为财政每年节约了近千万元的利息开支，让各学校校长能安心抓教学，还我县的义务教育一个轻松、健康的发展环境。常委会连续三年听取审议城乡居民最低生活保障政策实施情况，促使县人民政府开展低保"阳光行动"，将库区、山区乡镇的保障面分别提高到4.0%、3.8%，妥善处理了因征地拆迁遗留下的"群体保"，全面清理了"人情保"，维护了低保政策的公平性，彰显了低保政策的扶贫济困宗旨。听取审议了全县新型农村合作医疗保险、城镇居民基本医疗保险和城镇职工医疗保险运行情况，根据调查收集到的群众意见，推动卫生部门重启"农合"缴费个人账户，提高了乡镇卫生院的报销比例，规范了报销程序，保障了医保基金运行安全。常委会还听取审议了校车安全管理、计划生育社会抚养费征收使用、药品和医疗器械安全监管、文化市场综合执法、保障性住房建设分配、公共卫生服务等关系群众切身利益的工作情况，督促县人民政府及主管部门依法行政，推动我县社会事业健康发展。

（四）突出对法律法规实施开展监督。保障法律法规贯彻实施是基层人大常委会的重要职权，常委会通过开展执法检查和普法学习活动，积极推动依法治县。开展了《中华人民共和国职业病防治法》执法检查，推动建立了"政府领导、部门实施、企业配合、职工参与"的职业病综合防治机制，督促企业开展了隐患治理并第一次开展职业病普查，督促卫生部门降低了职业病检测费用，提高了企业和劳动者的职业病防范意识，取得了良好的社会效益。开展了《中华人民共和国体育法》执法检查，督促县人民政府将体育事业经费、体育基础建设经费、全民健身经费等纳入了财政预算，修缮了县职校体育场并免费向市民开放，将因修建厚德广场占用的体育健身场地归还于群众。开展了《中华人民共和国道路交通安全法》执法检查，督促县人民政府完善了部分交通安全设施。开展了《中华人民共和国工伤保险条例》执法检查，推动了工伤认定的客观公正、基金支付的规范有序，切实维护了劳动者权益。此外，常委会还对环境保护法、行政诉讼法、职业教育法、农产品质量安全法等15部法律法规贯彻实施情况开展了检查，配合上级人大开展了《湖南省安全生产条例》等法规执法检查。举办了城乡规划法、环境保护法、预算法等法律培训班，提高执法人员的法律素质。认真开展规范性文件备案审查工作，四年共接受县人民政府报备规范性文件109件，乡镇人大主席团报备25件，向市人大常委会报备16件。

（五）突出对政府部门工作开展评议。常委会每年听取县人民政府一至两名副县长分管工作情况的报告，客观指出工作中存在的问题，提出意见和建议，督促副县长规范履职、依法行政。常委会对25个单位的工作进行了评议，邀请政府工作部门负责人、乡镇人大主席及部分人大代表列席评议会，在分别听取被评单位工作汇报、财务审计报告、调查报告的基础上，提出整改意见，来年听取整改落实情况。对被评单位的工作情况和整改情况进行满意度测评，并在县电视台公示。2015年评议县卫生局工作，由于该局存在财务、专项资金管理方面的问题，测评时有6票不满意。常委会提出了整改意见，督促县卫生局及时将专项资金拨付到各乡镇卫生院，并严格规范了机关财务管理，2016年听取整改情况测评时，满意率达到92%。评议找问题，测评促整改，通过工作评议有效地督促各单位依法、规范履职。

（六）突出对司法工作开展监督。司法机关是维护社会稳定、保障社会公平正义的最后一道防线，常委会认真对司法机关开展监督，致力于推动司法公正，为经济社会发展提供良好的法律环境。制定了《岳阳县人大常委会司法监督办法》，让司法监督工作有章可循；制定了《岳阳县司法执法人员学法用法考试办法》，督促司法人员学好法律、用好法律。听取审议了法律援助、禁毒工作情况的汇报。对“两院”副职分管工作进行评议，听取了县人民法院申诉复查和申请再审案件处理、执行工作、民事审判工作、立案和审判监督工作、行政诉讼法贯彻实施等情况，督促县人民法院依法行使审判权；听取了县人民检察院刑事诉讼监督工作、反渎职侵权工作、反贪污贿赂工作、民事行政检察监督工作等情况，督促县人民检察院依法行使检察权。

二、依法开展人事任免，加强地方政权组织建设

常委会坚持党管干部和人大依法任免相结合的原则，研究出台了《岳阳县人大常委会人事任免办法》，建立起任前调查、法律知识考试、供职发言、投票表决、颁发任命书、电视台公示和任后监督等完整、规范的任免制度。认真落实宪法宣誓制度，增强被任命人员的法律意识、责任意识。本届常委会共任命国家机关工作人员83人，其中决定任命县人大常委会工作机构负责人2人，决定任命县人民政府组成人员49人，任命“两院”职务人员32人；任命人民陪审员75人，决定免职和接受辞职39人。通过依法行使人事任免权，为地方国家机关的正常运转提供了法律保障。

三、依法决定重大事项，推动地方经济社会发展

讨论决定重大事项是地方人大常委会的重要权力，我们围绕全县改革发展稳定大局，立足长远、把握关键，依法行使重大事项决定权。四年来，常委会在深入调研、多方听取意见、充分审议的基础上，先后作出了批准创建国家卫生县城实施方案、城区道路升级改造工程实施方案、麻塘城乡统筹示范区概念性规划编制方案、岳阳县乡镇区划调整改革方案、用优质资产置换县信用联社涉政类不良贷款、城市棚户区改造政府购买服务资金列入财政预算等15项决议决定，及时将县委关于经济社会建设中的一些重大决策和部署，依法转变成为全县人民的意志，推动了一系列重大项目的实施。

四、坚持和完善人大制度，认真做好代表工作

常委会不断加强代表工作，完善服务和保障机制，创新工作载体和形式，畅通代表参政议政渠道，为代表依法履职创造条件，充分发挥代表在管理地方国家事务中的作用。

认真督办议案建议。常委会坚持把督办代表议案、建议作为联系代表、为代表和人民排忧解难的重要途径。每次代表大会后将收集到的代表建议按管辖权分配到各委室，分管副主任牵头，各委室分工督办。分系统召开了督办会，建立了督办台账，将代表建议办理列入承办单位的人事任免、工作评议考察项目，并推动建议办理纳入县委、县政府绩效考核指标。四年共确立议案2件，其中创建国家卫生县城的议案已经办结，县城被国家爱国卫生运动委员会授予“卫生城市”称号，创建省级园林县城的议案正扎实推进。四年共收到代表建议批评意见383件，全部书面答复代表，除76件暂时不具备办理条件外，其余均已办结，办结率100%，代表满意率96%以上。同时，常委会通

过认真处理和督办人民来信来访，加强与人民群众的联系，四年共受理人民群众来信来访186件，分别交相关职能部门落实，部分信访件由常委会领导督办，督促解决了一些事关人民群众切身利益的实际问题。我县在承办市七届人大二次会议确立的《关于加快创建“美好社区、温馨家园”议案》过程中，全县上下共同努力，社区基础设施得到改善，服务管理水平得到提升，群众切身感受到了创建带来的实惠，议案办理取得了实效，受到了市人大常委会的充分肯定。

搭建代表履职平台。常委会将人大代表工作室作为代表履职的重要平台来打造，积极指导各乡镇建设代表工作室，开展代表与选民交流、听取群众意见等活动。我县有12个人大代表工作室被市人大常委会评为“优秀代表履职平台”并进行了表彰。开展优秀人大代表、优秀人大工作者评选活动，督促代表学先进赶先进。组织代表参加市县培训班，开阔视野，学习法律，提升素质，增强代表依法履职的能力。坚持邀请乡镇人大主席、副主席、县人大代表列席常委会会议，参加常委会调研、视察活动，坚持为代表赠订《人民之友》《人大导刊》等杂志，寄送县人大常委会公报，切实保障代表知情权，丰富闭会期间代表活动。

指导乡镇人大工作。常委会印发了《关于乡镇人大工作的指导意见》，建立了联系指导乡镇的制度，对乡镇人大工作实施目标考核。全县各乡镇人大工作有声有色，积极开展工作评议，积极督办代表建议，拓展县乡代表活动载体。其中筻口镇代表建议督办、公田镇人大评议政府及其部门工作、杨林乡代表“亮身份、树形象、做贡献”活动、新开镇代表工作室建设、张谷英镇人大推动制订村规民约等工作取得了较好的效果。

精心组织换届选举。本次人大换届选举提前一年，同时面临着镇、村行政区划调整带来的新情况、新问题。常委会提前组织调查研究，坚持党的领导，严格依法办事，精心组织部署，充分发扬民主，深入督查指导，稳妥调处矛盾，整个换届选举工作进展顺利。选民登记站、投票站得到全面推广，全县共登记选民568361人，80%以上的选民参加投票选举，共选出新一届县人大代表253人，乡镇新一届人大代表1024人，代表的整体素质明显提高，结构比例进一步优化。10月下旬至11月上旬，各乡镇都依法召开了新一届人民代表大会第一次会议，选举产生了乡镇新一届人大、政府班子成员。

五、积极加强自身建设，努力提高人大工作水平

为了适应改革开放和民主法制建设的新形势，常委会不断加强和改进自身建设及机关建设，努力提高工作水平和履职实效。

加强党建工作，改进工作作风。常委会按照县委部署积极开展“党的群众路线教育实践活动”“三严三实”专题教育活动、“两学一做”活动，以党建促进机关建设和工作水平提升。加强党风廉政建设，履行“两个责任”，根据“八项规定”的精神，完善了人大机关“三公”经费管理制度、财务管理制度并严格遵守。规范了机关调研、常委会议事及机关日常工作制度，坚持接地气、连民心、办实事，打造作风优良、务实高效的机关。

开展学习培训，提升队伍素质。通过举办专题学习会等形式，深入学习十八大以来中央和省委的重大决策部署，认真领会中央各次全会精神，明确人大工作的主要任务和努力方向，推动地方人大工作与时俱进。围绕监督取得实效，扎实开展业务知识、法律知识培训，组织常委会成员及机关干部到全国人大培训基地参加履职培训，着力提升人大常委会干部队伍素质。

加强宣传交流，扩大社会认知。保持与市人大常委会及兄弟县市人大常委会的联络和交流，就全口径预算管理、重大事项决定等工作前往茶陵县、麻阳县等地进行了学习考察。认真做好人大宣传工作，及时报道常委会组织的各项重大活动，四年来在省市县媒体发表通讯、文章200余篇，进一步提升了我县人大工作的社会知晓度和影响力。配合省、市人大常委会扎实开展了“环保世纪行”“农产品质量安全行”“农民健康行”“民族团结进步行”活动。

参与中心工作，服务全局发展。常委会领导联系的全国文明县城创建、省级园林县城创建、G240岳阳县段拓改工程、东洞庭湖砂石管理、亿丰时代广场、巴陵农商银行筹建、盛园小区、洞庭美域小区等重点项目推进顺利。常委会机关积极参加企业帮扶、新农村建设、扶贫攻坚、防汛救灾等工作，通过参与各项中心

工作，在做好人大工作之外，为地方经济社会的发展做出了努力和贡献。

各位代表！县十六届人大常委会工作所取得的成绩，是在中共岳阳县委的正确领导下，常委会组成人员、全体代表和机关工作人员共同努力的结果，是县人民政府、县人民法院、县人民检察院积极配合、广大人民群众和社会各界大力支持的结果。在此我受县十六届人大常委会的委托，向关心和支持人大工作的县委、“一府两院”、县十六届人大代表、全县人民群众和社会各界表示崇高的敬意和衷心的感谢！

县十六届人大常委会各项工作虽然取得了一定的成绩，但也应当看到，我县人大工作与宪法和法律的规定，与民主政治建设的要求，与人民群众的愿望，还存在一定的差距和不足。主要表现在监督力度仍显不足，代表活动尚需完善，自身建设有待加强等。对此，我们将在今后的工作中努力加以改进。

各位代表，人民代表大会制度是我国的根本政治制度，必须长期坚持，不断完善；人大工作是党和国家工作的重要组成部分，必须围绕中心，服从大局；地方人大工作是人民代表大会制度的生动实践，必须与时俱进，开拓创新。回顾这届人大常委会的工作，我们深深地体会到：只有始终坚持党的领导、人民当家做主和依法治国的有机统一，人大工作才能保持正确的政治方向；只有始终坚持围绕地方经济社会发展大局，关注民生、维护正义，人大工作才能找准依法履职的最佳切入点；只有始终保持同人民群众的血肉联系，充分发挥人大代表的主体作用，人大工作才能有坚实的履职基础；只有始终坚持抓好自身建设，努力提高履职能力和水平，人大工作才能不断开创新局面。

十七届工作建议

各位代表，未来五年是全面建成小康社会的决胜时期，岳阳县面临着新一轮快速发展的良好机遇。县十七届人大常委会要认真贯彻市七次党代会和县十二次党代会精神，围绕县委提出的“产业兴旺、生态美好、社会和谐、民生殷实、走势强劲”奋斗目标，不断强化监督职能，充分发挥代表作用，求真务实，积极作为，为推进基层民主法制建设、打造富饶美丽幸福岳阳县做出积极贡献。

一、以促进民生改善为己任，进一步强化监督工作

常委会将按照监督法的要求，健全监督机制，规范监督行为，加大监督力度，增强监督实效。要坚持问题导向，综合运用执法检查、听取和审议专项工作报告、工作评议、人大视察等有效的监督形式，督促和推动“一府两院”依法行政、公正司法。要把监督工作的重点放在关系改革发展稳定大局和人民群众切身利益、社会普遍关注的问题上，围绕重点、热点及民生问题，多搞有深度的调研、多提建设性的意见、多做实质性的工作，推动问题解决，切实实现好、维护好、发展好广大人民的根本利益。着力对国民经济和社会发展计划及实施情况开展监督，跟踪“十三五”规划实施情况，将县财政投入的项目、政府举债建设的项目纳入重点监督对象，做到有计划才能列预算，督促项目按照计划的投资额度和时间进度实施，提高资金使用效益。着力加强政府全口径预算决算审查监督，加强预算执行刚性，及时公开预算执行情况，对重点支出、重大投资项目资金的使用及绩效、财政转移支付安排执行情况、超收收入安排情况等进行重点审查，强化对财政专项资金、政府性债务、财政基金和部门预算决算的审查监督。加强对审计发现问题的督促整改，常委会将听取整改情况报告并开展满意度测评。开展常委会听取政府工作报告落实情况的监督，加大督促落实和跟踪问效，切实推动工作改进、问题解决。探索建立人大常委会讨论决定重大事项的办法，明确重大事项范围，提高科学决策、民主决策、依法决策水平。认真对政府部门开展工作评议，推动县委对人大评议、测评结果的采信和使用，提高监督的实效。正确处理同“一府两院”监督与被监督的关系，做到在监督中体现支持，在支持中实现监督。

二、以营造良好环境为目标，进一步推进依法治县

推进法治建设是十八届四中全会提出的国家治理基本形式，是全面建成小康社会、全面深化改革、完善和发展中国特色社会主义制度必然要求。常委会将致力于推动法治社会建设，为经济社会发展营造良好的环境。扎实开展法制宣传教育，督促政府抓好法制工作，抓好“七五”普法教育，推动法律“六进”活动，不断提高各级干部和广大群众的法律意识、法律素质。加强规范性文件备案审查制度和能力建设，积极开展主动审查，健全备案审查工作规程。加强对执法、司法工作的监督，督促“一府两院”完善并落实执法责任制及责任追究制，坚决纠正有法不依、执法不严、违法不究现象，不断推进执法权限法定化、执法责任明晰化、执法程序公开化、执法行为规范化，坚决维护宪法法律尊严，维护社会公平正义，把依法治县工作不断引向深入，着力营造良好的法治环境。

三、以发挥代表作用为重点，进一步推进基层民主

根据中央和省委文件精神，进一步加强和改进基层人大工作，推进基层民主建设进程。一是努力提升代表素质。常委会将采取专题辅导的形式对新一届县人大代表开展轮训，重点培训代表认识人大的地位、性质、作用，明确代表的权力和职责，要让代表深刻认识到，人大代表不仅是一项荣誉，更是一种职务、一种责任，要让代表熟悉人大业务，迅速进入角色，认真履职。二是建立健全对代表的激励和约束机制，广泛收集和宣传代表的典型事迹，扩大人大代表和人大工作的社会影响，有选择性和针对性地听取代表履职情况的汇报，适度开展代表向选民述职活动，促进代表规范履职、模范履职。三是多形式开展闭会期间活动，定期向代表通报有关工作情况，保障代表的知情权、议政权和监督权，坚持邀请乡镇人大主席、县代表列席人大常委会会议，参加常委会视察活动，拓展代表活动的形式和内容。四是密切代表和选民的联系，畅通民主渠道，扩大公民有序的政治参与，调动一切积极因素，凝聚各方面的智慧和力量，最大限度激发代表投身人大工作及经济建设、社会事业发展的热情。五是认真督办代表议案和建议，切实加大协调督办、跟踪督办、现场督办、领导重点督办的工作力度，探索建立建议办理测评机制，努力提高议案、建议办理的质量和实效。

四、以务实高效创新为理念，进一步抓好自身建设

始终坚持党的领导，正确把握和处理好坚持党的领导、人民当家做主和依法治国的关系，进一步提高围绕大局统筹谋划人大工作的能力，把党的主张转化为国家意志的能力，加强社会主义民主政治建设的能力，密切联系群众的能力，以及促进社会和谐、推动科学发展的能力。按照政治坚定、作风过硬、业务精通、务实高效、勤政廉洁的要求，开展常委会成员教育培训活动，加强机关干部队伍建设，切实发挥人民代表大会机构和常委会工作机构的作用，使常委会机关更具生机和活力。认真听取群众呼声，积极回应群众关切，深深地把人大工作植根于人民群众之中。认真贯彻党的群众路线，严格遵守作风建设有关规定。坚持把调查研究贯彻于常委会工作的全过程和各个方面，真正吃透上情，掌握下情，了解实情，熟悉要情，不断增强常委会议事决策的前瞻性、科学性、针对性和实效性。多开展有深度的调研，撰写有力度的调查报告，为县委决策提供依据。密切和社会的广泛联系，积极推介人大工作，推介人大战线的先进事迹和先进人物，扩大人大工作的社会影响力；加强人大工作交流，学习和借鉴兄弟单位的先进工作经验。加强对乡镇人大主席的培训，认真联系和指导乡镇人大工作，深入推进基层民主法治建设。

各位代表，县十六届人大常委会已经完成使命，县十七届人大常委会即将选举产生。愿新一届人大常委会在中共岳阳县委的坚强领导下，高举中国特色社会主义伟大旗帜，围绕岳阳县改革发展稳定、民主法治建设和民生福祉改善，积极履行人民代表大会的职责，扎实做好人大常委会各项工作，与时俱进，开拓创新，为岳阳县全面建成小康社会做出新的积极贡献。

政府工作报告

——2016年11月27日在岳阳县第十七届人民代表大会第一次会议上

岳阳县人民政府代县长　曾平原

一、过去四年工作回顾

过去四年，在县委的正确领导下，在县人大、县政协的监督支持下，全县上下凝心聚力，攻坚克难，较好地完成了第十六届人民代表大会第一次会议确定的目标任务。

县域经济持续发展，综合实力明显增强。地区生产总值由2012年的188.7亿元增长到2016年的284.3亿元（预计数，下同），年均增长10.4%。公共财政预算收入由6.09亿元增长到8.64亿元，年均增长9.14%。固定资产投资由150.8亿元增长到250亿元，年均增长19.3%。社会消费品零售总额由58.4亿元增长到95.1亿元，年均增长13%。

产业结构不断优化，发展质量稳步提高。三次产业结构由20.6:50.3:29.1调整为17.6:48.4:34。工业经济迅速壮大。县生态工业园、建材园、台创园“三园”发展格局已经形成，县生态工业园获批省级高新技术产业园区；生物医药、机械制造、建材、农副产品及食品加工等产业加快发展；规模工业企业达到145家，其中高新技术企业16家、高新产品企业42家。认真落实“园区十条”[1]，加快推进“135”工程，完成18.7万平方米标准厂房建设。农业发展提质增效。12万亩水稻基地被评为全国绿色食品原料标准化生产基地。我县连续8年被评为全国粮食生产先进县或全省粮食生产标兵县。农业品牌创建加快推进，新增国家级品牌11个、省级品牌29个。第三产业蓬勃发展。张谷英景区被评为国家AAAA级景区，大云山国家森林公园、相思山景区被评为国家AAA级景区，旅游接待总人数、综合收入分别增长150%和160%。引进2家银行和5家保险机构，农村信用社改制工作稳步推进。搭建创新创业平台，引进“农村淘宝+智慧县域”，农村电商蓬勃发展。

基础建设扎实推进，城乡面貌明显改观。重点工程加快推进。全力做好蒙华铁路、岳望高速、京港澳高速新开连接线建设协调工作，完成大凤线一期、S208杨林至张谷英段、S312新墙至公田段改造升级，硬化升级农村公路1028公里，完成危桥改造和渡改桥116座。实施中小河流治理、麻塘垸堤防加固等水利项目15个，解决农村41.6万人饮水不安全问题。完成农村电网升级改造和小水电整治，获评全省新农村电气化县。县城品位不断提升。成功创建国家卫生县城，并顺利通过国家卫生县城复审省级验收；获评全国文明城市提名城市（县级）；积极创建省级园林县城，建成小游园4个，县城建成区绿地率达到27.34%。荣湾湖建设开发扎实推进，完成荣湾湖广场、城南河风光带一期工程建设。人居环境更加优美。持续开展“洞庭风雷”行动和铁山水资源保护行动，东洞庭湖、铁山水库、新墙河水域水环境质量不断提高。全面落实“三鼓励、四禁止”[2]，引导村民规范建房，扎实推进村庄整治。美丽乡村建设成效明显，新墙镇清水村、筻口镇西冲村、张谷英镇张谷英村获评全国文明村，我县被评为全省城乡环境十佳县、全省社会主义新农村建设先进县。

*社会事业全面发展，民生福祉不断改善。*城镇居民人均可支配收入达到24189元，农村居民人均可支配收入达到13893元，分别比2012年净增7273元、4961元。民生支出占财政支出的比重达到70%以上。强力推进精准扶贫，全县贫困村基础设施明显改善，贫困人口收入稳步增加，9759户29896人实现脱贫。完成农村中小学校危房改造25.9万平方米，投入1.58亿元全面化解了义务教育阶段学校和公办幼儿园的债务，推进高中学校阳光招生，实施偏远山村教师岗位津贴制度。推进公立医院改革，全面实施国家基本药物制度，完成县中医院整体搬迁，建立统一的城乡居民基本医疗保障制度。我县连续11年被评为全省人口计生工作先进县。新建公租房、廉租房3037套，完成城市棚户区改造2957户13.4万平方米。新墙河抗战文化保护工作强力推进，大云山“三战三捷”摩崖石刻被评为全国重点文物保护单位，并入选第二批国家抗战纪念设施遗址名录。广播电视“村村通”工程稳步实施，公共文化服务体系不断完善。县综合档案馆、公共法律服务中心、社区矫正中心建成并投入使用。扎实开展安全生产大管控、大排查、大整治行动，强力推进“打非治违”[3]专项整治行动，连续两年被评为全省安全生产先进县。加强食品药品安全监管。切实抓好综治民调工作，妥善处置各类突发事件，社会大局和谐稳定。

*改革开放更加深入，服务水平显著提升。*完成政府机构改革、乡镇行政区划调整改革，推进“五证合一、一照一码”[4]登记制度改革，在全省率先开展农村土地承包经营权抵押贷款试点，全面启动不动产统一登记发证工作。认真办理人大议案建议386件、政协提案390件。推行建设工程项目联合审批，36项收费纳入“一票制”收费目录。扎实开展“严规矩、抓收入、争项目、降风险、优环境、促发展”活动，完善财税管理，规范“三公”支出，优化发展环境，加强政府自身建设。积极开展党的群众路线教育实践活动、“三严三实”专题教育和“两学一做”学习教育[5]。加强编制管理，加大人才引进力度。监察审计工作深入推进，廉政建设得到加强。

同时，国防和后备力量建设取得新成绩，人民防空、消防、武警、供销、民族宗教、侨务、老干等工作得到加强，烟草、石油、移动、电信、联通、邮政、盐业、气象等部门取得新业绩，工会、共青团、妇联、工商联、科协、文联等群团组织及其他社会团体做出了积极贡献。

各位代表！这些成绩的取得，是市委、市政府和县委正确领导的结果，是县人大、县政协监督支持的结果，是全县上下共同努力的结果。在此，我代表县人民政府，向全县人民及所有关心、支持岳阳县建设发展的社会各界人士，表示衷心的感谢！

回顾四年来的工作，我们深切地体会到：要实现全县经济社会又好又快发展，必须始终坚持县委的核心领导，充分调动各方的智慧和力量，团结一心，真抓实干，凝心聚力抓发展；必须始终坚持解放思想，敢闯敢试，勇于突破经济社会发展瓶颈制约；必须始终坚持求真务实，敢于担当，心无旁骛干事业，扑下身子抓落实，拼抢赶超争一流；必须始终坚持以人为本，充分尊重群众、依靠群众，带着责任和感情为群众办好事、做实事、解难事。

同时，我们也清醒地看到，经济社会发展还面临不少困难和问题，主要表现在：全面建成小康社会实现程度偏低，精准脱贫任务还十分艰巨；经济总量不大，产业结构不优，收入质量不高，增长动力不足；城乡规划管理滞后，征拆难、用地难、融资难、环境优化难等问题依然突出；安全生产、信访维稳、社会治理等公共安全领域还存在一些薄弱环节，基本公共服务不均衡；少数政府工作人员服务意识、责任意识、担当意识、创先争优意识还不够强，抓落实的能力水平有待进一步提高。对此,我们一定要自我警醒、自我加压、自我完善,以蓬勃的朝气来推动发展,以昂扬的锐气来破解难题,以浩然的正气来严格执法,促进全县经济社会又好又快发展。

二、今后五年主要目标和任务

未来五年,是全面建成小康社会的决胜期,是“十三五”规划实施的攻坚期,也是全面深化改革、实现跨越发展的重要战略机遇期。国家实施长江经济带、洞庭湖生态经济区、长江中游城市群建设等重大战略,湖南实施“一核三极四带多点”[6]区域发展战略,岳阳市强力推进“一极三宜”江湖名城[7]建设,我县面临多重战略叠加的历史机遇。特别是县第十二次党代会确定“建设富饶美丽幸福岳阳县”战略目标,全县干部群众谋发展、抓发展、促发展的氛围日益浓厚,干劲更加充足。面对良好机遇,我们要以坐不住、等不起、慢不得的责任感和紧迫感,坚定信心,抢抓机遇,在引领发展新常态中赢得主动,在集聚发展新动能上取得突破,推动岳阳县跨上一个新的发展台阶!

今后五年政府工作的指导思想:深入学习贯彻习近平总书记系列重要讲话精神,全面落实党的十八届六中全会和省、市、县党代会精神,按照“五位一体”[8]总体布局和“四个全面”[9]战略布局,全面贯彻“五大发展”[10]理念,坚持创新引领、开放崛起,紧紧围绕“一极三宜”江湖名城建设,强力推进基础设施先行、产业转型升级、城乡一体统筹、生态环境保护、改革攻坚与投资驱动、民生优先保障战略,做大新型工业,做强现代农业,做活生态旅游,做美县城集镇,决胜全面小康,努力建设产业兴旺、生态美好、社会和谐、民生殷实、走势强劲的富饶美丽幸福岳阳县。

主要目标:地区生产总值年均增长9%以上,公共财政预算收入年均增长10%以上,规模工业增加值年均增长10%以上,城镇居民人均可支配收入年均增长9.5%以上,农村居民人均可支配收入年均增长10%以上。具体到2021年:

——迈上“三个台阶”。地区生产总值迈上400亿元台阶;公共财政预算收入迈上14亿元台阶;城乡居民人均可支配收入迈上38000元和22000元台阶。

——推进“三个加快”。加快启动环洞庭湖地区经济走廊建设;加快进入全省经济发展快进县;加快打造服务市区、融入市区、对接市区的“后花园”。

——确保“三个提高”。提高交通通畅能力,确保城乡路网全面覆盖;提高生态环境质量,确保东洞庭湖、铁山水库及其他重要饮用水源地保护全面落实;提高城镇建设管理水平与社会文明程度,巩固国家卫生县城创建成果,确保全国文明城市、省级园林城市一举创建成功。

(一)坚持跨越发展,强力推进基础设施先行

按照规划引导、适度超前、分批实施、有效保障的原则,扩大交通、水利、能源、信息领域投资,加快构建内外联通、安全高效、节能环保、保障有力的现代基础设施体系。

突出交通先行。按照“提升干线、加密路网、打通节点、确保畅通”的思路,构建大交通运输体系,实现路网建设与扶贫攻坚、融城拓城、资源要素利用有效结合。全力推进G240岳阳县段拓改工程、G240绕城线、S316黄沙街至张谷英段建设,规划实施S318新开至月田段、107国道东移工程,着力实施S206毛田至月田段、S312公田至相思段升级改造。加快实施农村公路拓宽提质改造工程、县乡道路生命安全防护工程和危桥改造工程,逐步消除“断头路”。依法推进扁山浮吊锚泊基地建设。

突出水利保安。完成洞庭湖区沟渠塘坝清淤增蓄工程建设,大力实施城市防洪闭合圈、中小河流治理、新增病险水库除险加固、垸区堤防加固工程等项目,加快推进小型灌排泵站改造、大中型灌区续建配套、农田水利“百千万”工程、小农水重点县等项目,建立安全有效的防洪抗旱保障体系。加强农村饮水安全增效扩容与提质改造工程建设,全面解决农村饮水不安全问题。

突出能源和信息保障。推进城乡电网一体化建设,完成新一轮农网改造升级工程,新建植山110千伏变和坪中、张谷英、甘田3个35千伏变,改造葵花110千伏变和月田、麻塘、黄沙街3个35千伏变。加快天然气基础设施建设,建成城市辅助气源及备用气源,力争天然气用户达到2.5万户以上。积极推进农光互补分布式光伏发电和农光渔光互补光伏发电项目,加快推进规模化生物天然气工程。同时,加快建设新一代信息基础设施,力争98%以上行政村实现光纤

到村,85%以上自然村实现光纤、4G网络覆盖，提高网络覆盖能力和信息应用水平。

(二)坚持创新发展,强力推进产业转型升级

转变发展方式,转换发展动能,逐步建立现代产业体系,进一步提高发展质量和效益。

做大新型工业。坚持工业强县战略不动摇。实施园区倍增计划。完善园区管理体制,真正把园区打造成为经济转型和创新发展的先行区。加快扩园满园兴园步伐,配套完善园区水、电、路、污水处理等基础设施,加快推进"135"工程,力争全县工业园区建成区面积达到8平方公里,实现固定资产投资总额、上缴税金、单位土地面积规模工业增加值、高新技术产业产值占比翻番。实施企业成长计划。坚持创新引领,支持企业技术创新、设备更新、产品出新,增品种、提品质、创品牌,力争全县规模工业企业达到200家,规模工业增加值突破200亿元，税收过5000万元企业达到5家,新增高新技术企业10家以上、高新技术产品30个以上，新增中国驰名商标和省级著名商标10个以上。扎实开展联手帮扶企业行动,完善"一票制"收费制度。清理、淘汰"僵尸"企业,提高土地利用率。实施产业培育计划。改造提升传统产业,力争生物医药、机械制造、建材、农副产品及食品加工等产业规模企业达到150个,产值过600亿元。大力发展电子信息、新材料、新能源等新兴产业,力争规模企业达到50个,产值过200亿元。

做强现代农业。坚守耕地红线,坚持藏粮于地、藏粮于技,稳定粮食产能,巩固粮食生产先进县地位。坚持产业富民,提高农业产业化、规模化、机械化程度,走"公司+合作社+农户"的绿色发展之路,让农村更加富饶。坚持品牌兴农发展战略,提升标准化生产能力,增强无公害、绿色有机农产品影响力,力争新增国家级品牌10个、省级品牌16个。强力推进产油大县建设,力争油料生产成为我县的重要品牌产业。稳妥推进农村土地有序流转,全面完成农村土地承包经营权确权登记颁证工作,积极开展土地经营权抵押贷款试点,发展多种形式适度规模经营。深入实施新型职业农民和新型农业经营主体培育工程,着力培育一批有文化、懂技术、会经营的新型职业农民。加强农技推广队伍建设,着力培育一支扎根农村、业务精湛的农技推广队伍。

做活生态旅游。建设精品景点。积极融入长(沙)岳(阳)湖湘文化旅游走廊建设,实施岳阳县旅游提质升级工程,加快张谷英景区、大云山国家森林公园旅游开发和东洞庭湖芦苇荡旅游开发，加快公田温泉、相思山景区建设,有序发展农家乐、小型采摘园等特色旅游项目。开发精品线路。突出"村、山、泉、湖"特色,整合优质旅游资源,精心打造张谷英村民俗文化游、大云山宗教体验游、公田温泉休闲游、东洞庭湖芦苇生态游等特色旅游线路。主动对接长株潭和周边旅游市场,积极融入全省旅游网络,推动线路资源同享、经济效益同创、旅游产业同兴,确保成功创建全省全域旅游示范县。实现精品服务。推动旅游业与商贸、文化、娱乐业融合,加快五星级酒店、特色街区、旅游商店等业态发展,带动市场消费。加快特色旅游商品开发,拉长产业链条。力争年接待游客总人数突破800万人次、旅游收入突破65亿元。

做旺现代服务业。实施"互联网+"行动计划,深入推进"农村淘宝+智慧县域",建设智慧物流,打通农村电商"最后一公里",打造湖南省电子商务示范基地。加快鹿角码头配套项目建设,支持荣家湾、新开、新墙等区域物流园做强做大，推进城乡专业市场提质升级,打造中南地区物流中转区。完成巴陵农村商业银行组建,积极引进商业股份制银行和村镇银行;加强金融安全区生态建设，巩固省级金融安全区创建成果,防范区域性金融风险。提升县城房地产开发水平,引导和规范乡镇房地产开发,促进房地产业持续健康发展。

(三)坚持协调发展,强力推进城乡一体统筹

以规划为引领,坚持以城带乡、城乡一体,实施"一核三带三极多点"战略,以县城为核心,以G240、107国道、荣公公路经济带为重点,以公田、新开、新墙为增长极,以各乡镇和园区为依托,形成核心引领、板块联动、极带互动、多点支撑的城乡发展新格局。

加快县城提质扩容。推进大建设。探索荣湾湖建设开发新模式,实施荣湾湖景观绿化工程,推进城南河二期和富荣西大桥建设,新增建成区面积7平方公里。大力推进城镇棚户区改造,力争完成省定棚户区改造任务。加快海绵城市[11]建设,努力实现县城水体

的自然循环。加强城区综合路网建设,完善城区环线公路和跨铁路城市道路,改造背街小巷道路,拉通循环畅通、四通八达的道路骨架。推进电动汽车充电桩、地下通道、公共停车场、公共绿地、道路照明等公共设施建设,实施地下综合管廊和排洪排污等设施建设,完成城区生活用水扩容提质保安工程,完成亿丰时代广场二期和城区"四馆一中心"[12]建设。实施大创建。巩固国家卫生县城创建成果,开展"六大整治"和精神文明建设行动,实现城市品位和市民素质同步提升。加快白洋水库风光带建设,推进"森林城市""城市绿地"工程,力争城镇建成区绿地覆盖率达到35%以上,创建全国文明城市和省级园林城市。强化大管理。建设数字化城管,加快智慧城市建设,构建网格化管理服务体系,打造交通便捷、功能完善、生态文明、环境优美、安全法治、宜居宜业的新荣城。

*加强集镇建设与管理。*按照突出重点、彰显特色、引领示范的原则,以多样化、专业化、特色化为方向,推进新墙、公田、新开等县域中心镇和次中心镇提质扩容,着力培育一批布局合理、功能完善的工业强镇、商贸重镇,推进以张谷英民俗文化、公田温泉休闲为代表的旅游名镇建设,推进以月田、毛田为代表的森林小镇建设。以新墙河、107国道、G240、S318、S316、荣公公路为主轴,加快沿线集镇建设,完善水、电、路、气、污水处理等基础设施。开展"秀美城镇"创建活动,全力提升城镇管理水平,改善人居环境。

*加快美丽乡村建设。*将美丽乡村建设与精准扶贫、乡村旅游、规范村民建房等工作有机结合起来。深入开展农村环境整治,实行垃圾分类减量,推进农村保洁常态化。强化村庄整治,深入推进农村改水、改路、改厨、改圈、改厕,确保全县农村生活污水得到有效治理,到村组道路全面硬化,无害化卫生厕所普及率达到80%。充分发挥村民理事会作用,完善乡规民约,传承孝友文化,摒弃陈规陋习,倡导文明新风。

(四)坚持绿色发展,强力推进生态环境保护

把生态文明建设摆在更加突出的位置,推进绿色发展、绿色惠民,加快建设天蓝地绿水清土净的生态强县。

*加强铁山水资源保护。*不折不扣落实市委、市政府《关于进一步加强铁山饮用水水源保护与库区民生保障的意见》,坚持"保护优先,以保障促保护"思路,完善库区管理、投入、生态补偿机制,全力推进控建、控伐、控采、控工、控养、治污等"五控一治"。认真实施铁山水库生态环境保护项目,严格控制集雨范围内新增建筑、新上工矿企业与规模养殖场,强力推进水源地规范化建设和生态修复工程。全力做好库区污染源治理、禁养退养、控建拆违等工作,切实解决库区污水处理和垃圾收集转运问题,严格库区建房审批,坚决保护好全市人民的"大水缸"。

*加强东洞庭湖保护和开发。*认真开展洞庭湖水环境综合整治五大专项行动[13],持续推进"洞庭风雷"行动。探索东洞庭湖综合治理新模式,依法规范采砂、捕捞、养殖等行为,做到依法保护、依法治湖、依法治砂、依法治渔、依法管航。加快涉湖产业发展,充分发挥东洞庭湖区生物资源、自然资源和岸线资源优势,大力开发生物质能、太阳能、风能等绿色能源,有序发展食品加工、生态旅游、航运物流、砂石稀土和工业硅等产业,积极培育具有大湖特色的产业体系。

*加强山水田土资源保护。*坚守生态红线,对基本农田实行最严格的保护制度。深入实施大气、水、土壤污染防治行动计划,切实保护好新墙水库、岳坊水库、坪桥湖、费家湖、新墙河等重要饮用水源地,对铁山供水渠道实行全程管理、全程保护;推进规模化畜禽养殖污染集中连片防治,完善病死畜禽无害化处理体系。坚持"三个原则""五个一律"[14],铁腕整治河道非法采砂、非法探矿采矿、非法占用林地等行为。大力实施国家储备林试点县项目,加强天然林资源保护,严格落实森林防火责任追究办法,构建生态绿色屏障。全面完成省、市下达的节能减排任务。留住青山绿水,记住浓浓乡愁,让人民群众呼吸新鲜空气,喝干净水,吃放心食品。

(五)坚持开放发展,强力推进改革攻坚与投资驱动

全力推进改革攻坚,积极"走出去、引进来",努力实现更宽领域、更深层次、更高水平的发展。

*改革攻坚驱动。*全面深化改革,精准对接群众所盼、民心所向、发展所需抓改革。抓好供给侧结构性改革,全面落实"三去一降一补"[15]。深化财税体制改革,建立现代财政制度和项目管理制度。深化市场配置要

素改革和商事制度改革，全面落实不动产登记制度。深化农村改革,建立“三权分置”[16]的农村土地管理制度。抓好园区管理体制改革,全面落实“园区十条”。深化政府行政审批制度改革,转变政府职能。实施人才强县战略,落实“四海揽才”计划,抓好人才工程建设与人才工作制度改革。以创新创业为目标,抓好系列有利于创新创业的体制机制改革,以体制创新带动创新创业,以制度创新增强发展动能,让创新的源泉充分涌流,让创新的激情竞相迸发,让创新的效益充分发挥。

政府投资驱动。抢抓国家实施积极的财政政策、稳健的货币政策和国有金融投资机构支持 PPP[17]项目的良好机遇,积极融资争资,补齐基础设施短板。重点围绕基础设施、城市建设、民生实事、社会事业、生态环保等方面,精心做好项目储备和申报,全力争取国家重点投入项目和金融投资。探索政府和社会资本合作模式,引导鼓励社会资本参与重点领域项目建设和运营。

招商引资驱动。创新招商方式,积极开展产业链招商、资源招商、平台招商、以商招商和全民招商。狠抓招商引资项目库建设,重点围绕生物医药、机械制造、建材、农副产品及食品加工等优势产业,加大招商力度,延长产业链条;重点围绕荣湾湖建设开发、光伏发电、生态旅游等领域,着力引进一批大项目、好项目。大力改善投资环境,努力形成亲商、爱商、重商、尊商、安商、扶商的良好氛围。

项目建设驱动。实行“一个项目、一名县级领导、一个责任单位、一支专门队伍、一抓到底”的工作模式,强力推进“三百工程”,力争完成 150 个政府投资性项目和 150 个产业项目。分年度储备一批,完成前期工作一批,启动建设一批,竣工交付一批。强力推进土地依法征收、禁违拆违治违和棚户区改造,为项目建设提供有力的用地保障。加强项目建设管理,实行挂图作战与挂号销号制度，努力提高项目履约率、开工率、资金到位率、竣工交付率、投产率。

(六)坚持共享发展,强力推进民生优先保障

全面落实各项惠民政策，加快解决民生突出问题,在学有所教、劳有所得、病有所医、老有所养、住有所居上持续取得新进展,努力让全县人民过上更加幸福的美好生活。

社会保障优先。全力推进精准扶贫。把打赢脱贫攻坚战作为“十三五”规划最大的民生政治任务来抓,确保稳定实现全县贫困人口不愁吃、不愁穿,义务教育、基本医疗、住房安全有保障。把铁山库区作为扶贫攻坚的主战场,实现库区农民人均可支配收入增幅高于全县平均水平,基本公共服务主要领域指标接近全县平均水平。充分扩大就业创业。加强创业培训和职业技能培训，持续实现城镇零就业家庭动态清零,帮助大中专毕业生、城镇新增劳动力、农村劳动力等群体实现多渠道就业。推进质量强县战略,加强市场监管,努力营造规范有序、公平竞争的市场环境,全力支持小微企业成长,积极推动全民就业创业,形成“大众创业、万众创新”的良好局面。坚决守住民生底线。全面落实惠农减负政策,加强农村集体“三资”管理,大力扶持村级集体经济发展。健全覆盖城乡居民的社会保障体系，稳步提高社会保险统筹层次和覆盖范围。完善社会救助体系,做好社会福利、社会慈善、社会养老、优抚安置等工作,支持残疾人事业发展,加快殡葬改革。加强保障性住房建设和管理,完成危房改造任务 2.1 万户。认真办理民生实事,积极开展民生实事群众评议活动。

社会事业优先。以教育强县为目标,狠抓教育教学质量,稳步解决城乡“大班额”问题,促进教育均衡发展;普及高中阶段教育,全面化解高中阶段学校债务,分类推进中等职业教育免除学杂费;办好幼儿教育和职业教育,扶持、规范民办教育发展;加强教师队伍建设，着力解决教师男女比例失调和老龄化问题。强力推进公立医院改革,建立覆盖城乡居民的基本医疗卫生制度,规范县乡医院和村卫生室管理,全力打造“健康岳阳县”。实施全面两孩政策,完善计划生育服务管理,促进人口均衡发展。广泛开展爱国卫生运动和全民健身运动。深入推进新墙河抗战文化保护与利用工作,积极创建省级现代公共文化服务体系示范县。推进公民思想道德建设工程,加强未成年人思想道德建设,培育传承良好家风家教、校风校训、企业精神和乡贤文化。完成第三次全国农业普查。加大科普工作力度,加快广播电视、党史方志、档案管理、气象防灾等各项事业发展。

社会治理优先。完善重大决策社会稳定风险评估机制，完善社会矛盾排查预警机制，增强自然灾害、突发事件应急预警处置能力。推进“互联网+信访”，完善涉法涉诉信访事件依法终结制，落实信访维稳责任制和责任追究制。抓好“七五”普法，加强乡镇、村(居)公共法律服务平台建设，推进社区矫正与社区禁毒工作规范化。落实社会治安综合治理领导责任制，推进立体化、信息化社会治安防控体系建设，推行网格化治理，坚持高压打黑，铁腕禁毒，重拳治赌，努力建设更高水平的平安岳阳县。密切同各民主党派、工商联和无党派人士的合作共事，做好宗教、侨务、港澳台等工作，不断巩固和发展最广泛的爱国统一战线。广泛开展志愿服务公益活动，关爱农村留守儿童、留守妇女、留守老人等特殊群体。

强化安全监管。以最坚决的态度坚守安全生产红线，以最严格的要求落实安全生产责任，以最严厉的手段深化隐患整改，建立健全隐患排查治理体系、安全预防控制体系和应急救援体系。稳妥、有序推进烟花爆竹企业退出专项行动，重点抓好危化物品、油气管道、烟花爆竹、水上交通、道路运输、非煤矿山、校车等领域的安全专项整治，坚决遏制较大事故发生。全力推进食品安全战略，以最严谨的标准、最严格的监管、最严厉的处罚、最严肃的问责，加强食品药品安全监管，积极创建省级食品安全县，切实保障群众食品安全和用药安全。

三、2017 年工作重点

预期目标：地区生产总值增长 9%，达到 310 亿元；公共财政预算收入增长 10%，达到 9.5 亿元；固定资产投资增长 18%，达到 295 亿元；社会消费品零售总额增长 13%，达到 107 亿元；城乡居民人均可支配收入分别增长 9.5%、10%，分别达到 26480 元、15280 元；各项社会事业都有新进步。实现上述目标，重点是抓好以下四个方面的工作。

(一)狠抓项目建设。交通项目：做好岳望高速、蒙华铁路、岳长城际铁路建设协调工作，完成岳望高速连接线建设。完成 G240 岳阳县段拓改工程、柏凤线柏祥至进化段建设。启动 G240 绕城线、G240 湖滨至荣家湾段提质改造工程。完成 S316 黄沙街经长湖、柏祥、步仙至张谷英段的前期设计工作，并适时启动升级改造工程。按照市委、市政府统一部署，积极抓好 107 国道东移工程、S318 新开至月田段提质改造工程。完成危桥改造 8 座、生命安全防护工程 198 公里、拓宽提质工程 55 公里。水利项目：完成县城供水输水管复线和防洪闭合圈一期建设。完成大坳水库除险加固、垸堤险工险段加固、病险水库加固等工程。按省、市进度安排，抓好中小河流综合整治、小(2)型水库除险加固、农业综合开发、小型农田水利建设。做好中洲水厂、黄沙街水厂饮用水源保护与供水工作，做好铁山水库及其南灌渠、新墙水库的饮用水源保护工作，适时完善柏祥饮用水工程。解决贫困村 3.5 万人饮水不安全问题。城市建设项目：完成公用停车场、8 条市政道路和 2 条污水管网建设，改造、新建 3 个小游园，新增绿地面积 20 万平方米。力争完成 19 个 4693 户棚户区改造项目，改造面积 42.2 万平方米。寻找战略合作伙伴，加快荣湾湖建设开发，加快征拆腾地，推进景观绿化工程，启动城南河二期规划设计。生态环保项目：完成铁山水库生态环境保护一期工程。完成钒矿重金属污染综合治理、铁山水库生态环境保护二期、东洞庭湖流域生态环境综合整治、新墙河流域环境综合整治等项目前期工作，适时启动建设。有序启动环洞庭湖水环境保护畜禽退养、养殖废弃物循环综合利用等项目，加快农村土地综合整治、地质灾害综合防治、新墙河国家湿地公园等项目建设。社会事业项目：改造薄弱学校 1.8 万平方米，启动城区新建小学建设和公田镇中心小学整体搬迁，完成岳雅国际实验学校一期工程；启动县妇幼保健中心整体搬迁；推进农村综合服务平台建设。

(二)狠抓产业发展。工业方面：完成县生态工业园五期扩园 1500 亩土地征拆、“三通一平”和区域路网建设，启动污水处理厂建设，确保兴业光伏发电、怡鑫能源等项目建成投产。支持科伦、健强、民康等企业延长产业链条，加大新产品开发应用力度，力争生物医药产业新增项目 5 个、产能 8 亿元。推进亚泰、天欣、宏康、百森、金城等陶瓷企业节能改造，支持陶瓷、建材产业升级转型、产品升级换代，加大新产品研发力度，力争陶瓷、建材产业新增项目 2 个、产能 1 亿元。台创园污水处理厂竣工投入运营，加快推进湘佳牧业、九九生物科技、惠众食品等项目建设，支持农副产品及食品加工企业落户台创园，力争新增项目5个、产能6亿元。加快“腾笼换鸟”步伐，完成2家以上企业的闲置土地收回与开发利用。农业方面：巩固粮食生产大县地位，稳定粮食生产。认真实施产油大县项目。继续开展品牌创建活动，新增省级以上农业品牌5个、农民合作社5家。三产方面：加强张谷英传统村落保护，完成第四期、启动第五期文物修缮工程；推进大云山抗战文化遗址项目建设，做好东洞庭湖芦苇荡旅游开发前期工作；确保岳阳欢乐地水上乐园开园营业，加快公田温泉、相思山景区建设。大力发展农村电商，力争“农村淘宝”村级服务站达到100家。

（三）狠抓基础工作。一是精准扶贫。强化属地乡镇责任、部门责任、行业扶贫责任、联点单位责任，全面落实“四个切实”“五个一批”“六个精准”[18]要求，以产业扶贫为重点，全力推进脱贫攻坚，确保贫困村如期摘帽、全县贫困人口如期脱贫。二是全面建成小康社会。按照“一个指标、一套方案、一名领导、一个班子、一抓到底”的要求，对照目标找差距、补短板，进一步强化责任、明确目标、狠抓落实，确保如期全面建成小康社会。三是重点民生实事。认真办理省、市民生实事，精心组织，加强配合，扎实推进，确保民生实事落到实处、见到实效。四是底线工作。稳妥推进14家烟花爆竹生产企业退出工作，铁腕打击非法违法生产经营行为，全面加强安全生产监管执法。深入开展平安岳阳县创建活动，全力做好综治民调工作，加大社会治安防控体系建设。从严打击黄赌毒、黑恶势力和侵财犯罪行为，从严打击破坏公共秩序、公共资源的违法犯罪行为。推进阳光信访、责任信访、法治信访，积极做好积案化解工作，确保社会大局稳定。加大对重点区域、重点产品、重点环节、重点场所的监督检查力度，强化食品药品安全风险排查和治理。严格执行人口计划生育政策，完善计划生育目标管理责任制，加强出生人口性别比综合治理，强化基层基础工作。

（四）狠抓严格执法。重点是“两保护”“四整治”“五规范”。“两保护”，一是加强铁山水资源保护，严禁外来人口迁入，严禁村民违规建房，严禁毁林开垦，严禁一切采砂采矿行为，严禁工业项目进入，2017年3月底前完成铁山水库一、二级保护区和南灌渠沿线、新墙水库周边退养工作；二是加强东洞庭湖生态保护，严厉打击非法采砂、非法捕捞、非法排污、非法营运行为，开展春季禁渔和人工增殖放流，实施受损生态湿地修复工程，加强野生动植物保护。“四整治”，一是开展东洞庭湖采砂秩序整治，依法从严整治非法、违规开采行为，严格船舶管理和计量管理，确保有序开采、依法开采；二是开展新墙河非法采砂整治，严厉打击非法采砂行为，坚决遏制反弹现象；三是开展矿山秩序整治，严格按照“三个原则”“五个一律”，坚决取缔、关闭无证非法矿山和洗矿场，关停黏土砖瓦厂；四是开展公路路域环境综合治理，全面清理整顿马路市场，整治集镇路段环境，消除道路交通安全隐患，加强超限超载运输治理，打造“畅、安、美、洁、舒”的路域环境。“五规范”，一是规范税收征管，严格落实《中华人民共和国税收征收管理法》，做到应收尽收，坚决杜绝“跑、冒、滴、漏”现象；二是规范用地管理，推行园区企业准入和退出机制，严格规范土地流转行为，坚决杜绝圈地行为，确保土地管理依法有序；三是规范村民建房，严格落实“三鼓励、四禁止”要求，从严控制临路建房，从严控制临饮用水源建房，从严控制超面积建房；四是规范城乡规划管理，强化规划执行，严禁旧城区拆旧建新，严禁小产权房建设，严厉打击违法建设、违章建设；五是清理规范政府部门行政审批中介服务事项，切实减轻企业和群众负担。

四、加强政府自身建设

始终坚守权为民所用、情为民所系、利为民所谋的民本情怀，牢记科学行政、民主行政、依法行政的法治理念，努力建设人民满意的政府。

努力建设法治政府。把政府工作全面纳入法治轨道，确保权力在法治框架内运行。坚持科学决策、依法决策、民主决策，健全重大决策合法性审查机制和政府法律顾问制度，凡政府作出的重大决策，必须依法报县委常委会、县人大常委会，并民主协商在前。坚持依法行政、依法办事，加快政府职能转变，严格执行权力清单、责任清单和负面清单制度。主动接受党内监督、民主监督、法律监督、舆论监督，让人民监督权力，让权力在阳光下运行。加强政府诚信建设，全面提升政府公信力。

努力建设勤政政府。完善绩效考核评价体系，明确乡镇“一组经济数据、一个秀美集镇、一个主导产业、一个招商项目、一批重点工程、一批民生实事、一批保护任务”的工作责任，强化县直部门职能管理、严格执法、依法行政等工作考核，充分发挥绩效考核的导向、激励和约束作用。创新公务员队伍管理机制，下决心、想办法、出硬招，向“庸、懒、散”开刀，对“浮、拖、软”宣战，坚决整治不作为、慢作为、乱作为行为。政府与政府部门工作人员要以身作则、靠前指挥，做到问题在一线解决，形象在一线树立，政绩在一线创造。

努力建设务实政府。强化担当意识和务实精神，不尚虚荣重实绩，不务虚功鼓实劲，不图虚名求实效，积极破解经济社会发展中的瓶颈制约。制定《集体土地征收与房屋拆迁补偿安置办法》，出台《国有土地上房屋征收与补偿办法》《失地农民保障办法》，加强征拆专业队伍建设，完善征拆机制程序，统一征拆标准，做到阳光征拆、公平征拆、法制征拆。实施土地增减挂钩，推进拆旧复垦，加大“三类用地”[19]开发利用，集约节约用地。动真格、出重拳、用实招，推进征拆环境、建设和治安环境、政务环境、诚信环境、法治环境、舆论环境“六大整治”，坚决打击“三非”“三强”“三抢”[20]等违法行为，努力营造宽松、和谐、安全、公平的发展环境。

努力建设高效政府。精简办事程序和环节，推进行政决策公开、执行公开、管理公开、服务公开和结果公开，推行“双随机、一公开”[21]监管。精心用好财政资金，整合优化项目资金，严格清理财政结余结转资金，着力提高资金使用绩效。坚持厉行节约、勤俭办事，压缩一般性支出，切实做到“三公”经费只减不增，打造低成本政府。

努力建设清廉政府。认真贯彻落实《中国共产党党内监督条例》《中国共产党问责条例》，严格落实“两个责任”，强化“一岗双责”，持续开展“雁过拔毛”式腐败和“纠‘四风’治陋习”专项整治。严肃财经纪律“十条禁令”[22]，严明干事创业“六条铁规”[23]，明确责任追究“三不放过”[24]，建立结构合理、配置科学、程序严密、制约有效的权力运行机制。严格规范建设工程招投标、政府采购、国有资产转让等公共资源管理，加大对重点领域、重点项目、重点资金的审计监督力度，努力营造风清气正、干净廉洁的政务环境。

各位代表！展望新征程，我们任重道远；肩负新使命，我们责任重大。让我们在市委、市政府和县委的坚强领导下，在县人大、县政协的监督支持下，凝聚全县人民的智慧和力量，解放思想，锐意进取，求真务实，奋力拼搏，为建设富饶美丽幸福岳阳县而努力奋斗！

注释：

1.“园区十条”：市委、市政府《关于进一步促进园区产业发展的意见》确定的“明确园区发展目标，依法下放行政许可审批权限，优化园区外部环境，鼓励园区招商引资和做大规模，保障园区建设用地，加大财政支持力度，加强园区干部队伍和人才建设，鼓励建立园区绩效工资制度，加强园区工作考核，建立健全约束机制”十条举措。

2.“三鼓励、四禁止”：鼓励适度集中建房、鼓励按示范图建房、鼓励开展村庄整治，禁止未经审批建房、禁止占用基本农田建房、禁止在山洪地质灾害易发点和影响水工程运行地段建房、禁止建新房不拆旧房。

3.“打非治违”：打击非法、违法生产，治理违规、违章作业。

4.“五证合一、一照一码”：在全面实施工商营业执照、组织机构代码证、税务登记证“三证合一”登记制度改革的基础上，再整合社会保险登记证和统计登记证，实现“五证合一、一照一码”。

5.“两学一做”学习教育：“学习共产党党章党规，学习贯彻习近平总书记系列重要讲话精神，做合格党员”学习教育。

6.“一核三极四带多点”：“一核”是指长株潭两型试验区；“三极”是指岳阳新增长极、郴州新增长极和怀化新增长极；“四带”是指京广高铁经济带、环洞庭湖经济带、沪昆高铁经济带、张吉怀精品生态文化旅游经济带；“多点”是指依托国家级新区、国家级经济技术开发区、高新技术开发区和各类特色园区，形成多个基础扎实、实力雄厚、特色明显、产城融合的新增长点。

7.“一极三宜”江湖名城：市委六届第十一次全体(扩大)会议提出的发展战略。“一极”，即湖南发展新增长极；“三宜”，即宜居、宜业、宜游；“江”，即长江、汨罗江等；“湖”，即洞庭湖。

8.“五位一体”总体布局：经济建设、政治建设、文化建设、社会建设、生态文明建设五位一体总体布局。

9.“四个全面”战略布局:全面建成小康社会、全面深化改革、全面依法治国、全面从严治党。

10.“五大发展”理念:创新、协调、绿色、开放、共享五大发展理念。

11.海绵城市:通过加强城市规划建设管理,充分发挥建筑、道路和绿地、水系等生态系统对雨水的吸纳、蓄渗和缓释作用,有效控制雨水径流,实现自然积存、自然渗透、自然净化的城市发展方式。

12.“四馆一中心”:图书馆、文化馆、博物馆、美术馆和青少年文化活动中心。

13.洞庭湖水环境综合整治五大专项行动:洞庭湖区沟渠塘坝清淤增蓄、畜禽养殖污染整治、河湖围网养殖清理、河湖沿岸垃圾清理、重点工业污染源排查行动。

14.“三个原则”“五个一律”:除了高岭土和东洞庭湖砂石资源以外,原则上不再新办理矿产资源开采证;原有证件到期的,原则上不延期;取得矿权但尚未开工采矿的企业,原则上由发证机关收回许可,不再开工开采。凡出现较大安全生产事故的,一律关停;凡在岳阳中心城区视线范围以内的,一律关停;凡严重破坏生态环境的,一律关停;凡手续不全的,一律关停;凡超深越界开采、非法开采的,一律关停。

15.“三去一降一补”:去产能、去库存、去杠杆,降成本,补短板。

16.“三权分置”:所有权、承包权、经营权三权分置。

17.PPP:政府和社会资本合作,是公共基础设施中的一种项目融资模式。

18.“四个切实”“五个一批”“六个精准”:“四个切实”,即切实落实领导责任,切实做到精准扶贫,切实强化社会合力,切实加强基层组织;“五个一批”,即发展生产脱贫一批、易地扶贫搬迁脱贫一批、生态补偿脱贫一批、发展教育脱贫一批、社会保障兜底一批;“六个精准”,即扶持对象精准、项目安排精准、资金使用精准、措施到户精准、因村派人精准、脱贫成效精准。

19.“三类用地”:批而未供土地、闲置土地、低效利用土地。

20.“三非”“三强”“三抢”:非法建设、非法生产、非法经营;强买强卖、强揽工程、强行阻工;抢搭、抢种、抢建。

21.“双随机、一公开”:在监管过程中随机抽取检查对象,随机选派执法检查人员,抽查情况及查处结果及时向社会公开。

22.“十条禁令”:严禁预算外或超预算列支;严禁财政性和政府性资金体外循环;严禁挪用截留惠农资金和用假发票、假支出套取资金;严禁未经合法程序审批擅自变更、追加工程量,擅自装修办公用房、辅助用房,擅自采购相关设施设备;严禁变相发放津补贴及福利待遇;严禁超标准招待、违规接待;严禁以公款搞赞助、拉赞助;严禁公款私存、白条入账、兼职取酬;严禁乱收费、乱罚款、乱摊派、私设小金库;严禁变相违规举债。

23.“六条铁规”:铁一般的预算,铁一般的计划,铁一般的担当,铁一般的纪律,铁一般的考核,铁一般的奖惩。

24.“三不放过”:责任者没有得到处理不放过,原因没有找到不放过,解决和预防措施未落实不放过。

坚定维护核心 积极服务中心
为协力推进富饶美丽幸福岳阳县建设而努力奋斗

——2016年11月26日在政协岳阳县第十三届委员会第一次会议上

十二届县政协工作回顾

四年来，县十二届政协常委会在中共岳阳县委的坚强领导下，高举中国特色社会主义伟大旗帜，团结和带领广大政协委员，紧扣团结民主两大主题，服从和服务全县工作大局，积极履行政治协商、民主监督、参政议政职能，推进协商民主广泛多层制度化发展，为全县深化改革、加快发展和全面建成小康社会献计出力，县政协作做了应有的贡献。

一、夯实共同的思想政治基础，把握了政协事业正确推进的大方向

常委会坚持理论引领和思想建设，以“听党话、尽职责、守底线”为参政理念，为营造巩固和谐共进、团结奋斗的氛围，不断增强自身政治定力，凝聚政协组织和政协委员的政治共识。

*在政治意识上紧跟一步，锤炼了把握力。*常委会始终把贯彻落实各级党委的重大决策和部署摆在首要位置，认真贯彻习近平总书记系列重要讲话、中央和省市县委全会重要精神，深入领会“四个全面”战略布局和“五大发展理念”等重大理论成果，在政协组织和全体政协委员中增强以习近平总书记为核心的党中央领导的核心意识，做到学懂学透，真用活用，将其贯穿于政协履职实践的全过程，使政协各参加单位、社会各界人士的思想高度统一，始终与党思想同心、目标同向、步调同行。围绕各级党委关于加强协商民主建设、改进人民政协工作的重要文件和上级政协的重要会议精神，组织专题学习，深刻理解新时期加强社会主义民主政治建设和人民政协协商民主建设的重大部署，更加明确政协履职的基本遵循和努力方向。政协党组和常委会认真学习《关于新形势下党内政治生活的若干准则》，按照县委书记田文静同志提出的“政协工作要顾全大局，讲政治，把握正确的政治方向，围绕党委中心工作和政府重点工作来开展”的指示精神，将县委统一安排部署的工作任务和专项活动，视为政协参政为民的分内之事、应尽之职，同规划、齐推进，践行了政协队伍的政治承诺和责任担当。

*在理论视野上远谋一层，找准了结合点。*常委会

坚持以理论武装推进政协队伍履职能力现代化建设，动员和带领广大委员积极参与县域经济社会发展、协商制度安排、民主政治建设等课题研究，以理论创新推动工作实践。《县级财政预决算协商监督的思考》《试论协商民主的时代价值》《法治建设背景下基层政协协商民主理论与实践探讨》《当前乡镇政协联络机构的职位定性、工作定位、发展定向的问题研究》等论文，有的在省、市政协理论研讨征文中获得了最高奖项，还有的理论文章和实践案例为中国社科院相关研究所采用和引用。

*在知情明政上深入一层，搭建了新平台。*常委会利用专题讲座、网络教育、中心组学习、现场教学等学习平台，积极参加省市政协理论培训班、县委理论中心组学习、法治湖南、党的十八届五中、六中全会精神、履行政协三项职能规定等政策理论专题学习，及时系统地把握当前发展形势。特别是邀请省市政协领导和专家为政协委员讲课，组织政协常委、乡镇政协联络办主任、县直政协联络组组长赴东井冈干部作风教育学院，参加政治素养和参政能力提升专题培训班学习，让委员们以更加丰富的知情实践服务新常态，为县委县政府科学决策民主决策提供更富前瞻性、更具建设性的咨政参考。

二、服务全县工作大局，开创了协商民主广泛多层制度化发展的新局面

常委会坚持紧扣改革发展大局和县委战略全局，开展广泛多层协商议政活动，协力推进县委“产业兴旺、生态美好、社会和谐、民生殷实、走势强劲”的富饶美丽幸福岳阳县战略大局。

*为县委县政府重大决策部署提供前瞻性意见，开展专题政治协商。*常委会精选课题，在县级工业园转型升级、构建乡村休闲新业态、打造都市度假旅游圈等方面，形成了一批有分量的调研成果。围绕全县国民经济和社会发展“十三五”规划建议的制定，就洞庭湖生态经济圈项目库建设、省市项目对接、县域内长江岸线资源开发等重大课题，与县政府及县发改、财政、水务等部门主动协商，深入交换意见。

*为“一府两院”重要工作推进提供建设性意见，开展专题咨政建言。*四年来，共有50多位委员在统筹园区发展、铁山库区保生态保民生、农业品牌建设、职业教育发展、破解征地拆迁和用地难题、防范民间融资风险、“阳光招生”、提升县城综合服务功能、完善司法救助机制等领域，向“一府两院”和相关部门提出建议。共召开常委会议24次、主席会议32次，就提案办理工作、重大民生工作、重点工程建设等，召开议政性常委会议，为县域经济社会发展的重大工作部署和推进提供决策参考。

*为经济社会发展重大事项决策提供针对性意见，开展专题协商议政。*常委会注重借助省政协远程网络新平台、利用主席列席市政协常委会专题协商会，发挥政协提案对经济社会发展的推动作用，就县域经济社会发展全局性、前瞻性、热点性等重点领域与重大课题开展专题协商议政。围绕市区南延战略、铁山库区精准扶贫、承接珠三角产业转移、发展农民专业合作社、推动文明县城创建工作常态化、稳定边远山区教师队伍等建言，切合我县发展大势，顺应了各界呼声；围绕财政预算执行、义务教育阶段教育收费、公共事业收费与管理、园林县城建设总体规划与推进、县城公共基础设施建设等课题，提出了一些势在必行、切实可行的协商意见。

三、完善机制提升组织化水平，增强了民主监督的公信力

常委会围绕县委、县政府重大决策部署，积极探索民主监督的有效途径，探索和创新民主监督工作机制，切实增强了监督实效和社会影响。

*抓大放小，重点开展专项集体监督。*常委会坚持发挥主席会议、常委会议在“三重一大”事项决策、部署和推进中的专项集中监督作用。先后围绕铁山水资源保护、城南河治理、村庄环境整治、美丽乡村建设等进行全程监督。在深入调研的基础上，提出铁山水资源保护必须采取民生保障和生态保障并行实施的方案，纳入了市政协和市政府专题协商会议题。针对边远山区学校和教学点教师招不进、留不住、心难安的现状，常委会向县政府提出改进教师招录分配机制、改进财政支持办法、改进教师人事编制管理制度的建议，顺应了社会呼声和群众期待。

*热点冷思，合力推动委员视察监督。*常委会坚持把委员视察作为民主监督的重要抓手，围绕梅城线改造、荣湾湖建设开发、临街小游园建设、县城污水处理

厂建设、新墙河抗战史料陈列馆建设等重点工程，工业园提质改造、企业周边环境综合治理等重点工作，先后组织200多人次的委员专项视察监督活动，提出针对性的意见建议30余条，推动了部门工作。

寓帮于督，创新开展民主小组监督。常委会在全市政协系统开创了委派民主监督小组制度和常态化的工作机制。常委会向公安、财政、人社、水务等8个单位派驻了民主监督小组，同时吸收乡镇联络办和县直联络组的委员参加。四年来，民主监督小组积极履行监督职能，围绕警风警纪、惠农项目资金落实、失地农民保障、政务中心职能强化等重大决策落实、重点工作推进，通过走访、视察、座谈、问卷调查、现场监督和大会评议等形式，提出了整改意见。

四、打造参政议政亮点，推出了建言出力的重头戏

常委会充分发挥渠道畅通、智力密集的优势，通过开展调研、反映社情民意、参与全县中心工作等形式，努力把参政议政的成果融入岳阳县改革发展实践中。

调查研究力创新成果。常委会创新调研建言课题优选机制，每年通过政协系统自上而下和自下而上遴选30多个调研课题。建立了一个由政协委员与政协工作者全员参与的“大调研”格局。开展了一系列紧跟发展大势、紧贴一线需求、紧扣政协履职的专题调研。四年来，共开展各类专题调研80余次，东洞庭湖生态保护与开发利用、县级工业园提质改造、山岳旅游资源整合、库区精准扶贫、新型社区综合治理等方面的调研成果，受到县委县政府与省市政协的重视，县委副书记、代县长曾平原同志在《征地拆迁要有更新的思路》调研报告上作了重要批示。

社情民意力登新台阶。常委会充分挖掘委员履职潜能，畅通党政部门与政协委员、界别群众的民意上达与互动渠道，及时收集和反映社情民意信息，帮助党政部门不断优化社会管理，改进工作作风。四年来，共呈报市政协、县委、县政府及相关部门社情民意信息60多条，乡镇联络办和县直联络组报送的关于农村校车补贴政策、建立杆线报警急救定位系统、解决县城小巷无名和门牌无号问题、农村饮用水安全和统筹解决铁山库区特殊群体建房问题等16条信息，被市政协社情民意专报采用，有的引起了市县领导的重视和关注。

中心工作力争新贡献。常委会紧跟县委部署，主动以一线姿态，积极参与所联系的柏祥镇精准扶贫、新农村建设、后进村帮扶等工作，投身“一进二访”“党员进社区、竞赛当五员”等专项整改与主题教育工作、全国文明县城和国家卫生县城创建活动；认真落实县委县政府交办的麻塘新开城乡示范区创建、农业品牌创建、“水下宋城”项目的牵头领办工作与岳阳安达公司、鹿角供销社等企业的帮扶与解困工作，积极倡导委员参与爱心志愿活动。四年来，累计落实各类帮扶解困、扶危助学资金100余万元，协助安置就业岗位近100个，建成冬枣扶贫开发项目基地100余亩，牵头化解了企业发展的一些难题。特别是以政协委员为主体主导的“微水”爱心志愿服务团队，已超过300人，关爱留守儿童和孤寡老人、参与保护洞庭湖生态环保等大型公益行动，在全省造成了较大的反响。

五、紧扣团结民主主题，找准了履职为民和谐共进的切入点

常委会坚持团结和民主两大主题，认真做好联系各界、协调关系、凝聚人心的工作，营造良好政治环境，汇集和谐发展动力。

深入基层联络服务。一方面开展主题履职活动。在政协委员中开展以“建言优化发展环境，提升议政出谋水平；建功项目建设，提升参政出力成效”为主要内容的“两建两提”主题活动；开展以“比履职为民树公信，比参政务实树业绩，比自律清廉树口碑”为主要内容的“三比三树”主题活动；开展以“开展一次对口协商、完成两篇调研报告和组织三次专委会活动”为主要内容的“一二三”主题履职活动；在全体政协委员中开展“送学费助学业、送点子助创业、送信息助就业”的“三送三助”扶贫攻坚活动，激发了委员参政为民的履职热情。另一方面开展界别履职活动。采取界别调研视察、座谈交流、界别提案、界别社情民意、界别公益活动等形式，推动了界别的有序政治参与，密切了界别委员与基层群众的联系，增进了政协界别的社会价值与政治认同。

加强联谊交流合作。常委会注重加强与工商联、党外人士的联系与合作，积极发挥群团组织和社会新阶层的作用,努力搭建好参政议政平台。加强与兄弟县市区政协组织的横向交流与上级政协组织及专委会的纵向联络,先后接待了来自广东、湖北、江西、贵州、上海、河南等省外,及郴州、益阳等省内的30多个兄弟县市区政协调研考察团,同时与市政协、省政协及相关专委会就生态环保、民俗文化旅游资源开发等多个课题,开展协同调研,为县委新常态下的科学决策和民主决策提供了参考与借鉴。

弘扬地域特色文化。常委会动员和组织学有专长、业有专攻的政协委员,围绕县志编撰、新墙河抗战文化史料、张谷英孝友文化、大云山道教文化的传承与发展、革命烈士刘士奇等巴陵红色文化、方钝等乡贤先哲,在外创业的岳阳县籍商界风云人物和著名专家学者,广泛收集、整理与推介独特的文化资源,形成了建设富饶美丽幸福岳阳县不可多得的宝贵精神财富。

六、夯实自身建设基础,培强了履职能力现代化建设的原动力

常委会始终坚持把加强自身建设作为政协履行职责、提高效能的重要工作来抓,不断探索强基固本的有效途径,着力提升政协工作水平。

抓严了专题学习教育。常委会深入开展群众路线教育实践活动,深入开展"三严三实"与"两学一做"主题教育,坚持"规定动作不走样,自选动作有特色"。坚持以《中国共产党党内监督条例》《中国共产党廉洁自律准则》和《中国共产党纪律处分条例》等党规党纪学习为抓手,切实增强政协委员和政协机关干部的底线意识与看齐意识,严守政治纪律和政治规矩。系统学习《党章》《政协章程》《习近平总书记系列重要讲话精神》、省市县委转发关于政治协商、民主监督、参政议政的规定等文献文件精神,选编《政协工作者手册》《政协委员手册》《人民政协协商民主70问》等政协业务知识用书。通过系列专题学教活动,进一步深化了纪律规矩意识和政协履职意识,使机关全体干部职工进一步明确了"忠诚"与"履职"的切入点,明白了"严"和"实"的着力点,明晰了理论与实践的结合点。

突出了委员主体作用。将委员参加政协会议活动、提交提案、报送社情民意信息等履职情况详细进行记录,作为委员留任和评优评先的重要依据。进一步发挥专委会、联络办(组)的基础作用,落实各专委会和界别与县直有关部门的对口联系制度,强化对各界别、联络办(组)开展履职活动的指导和支持,发挥委员资源优势和整体作用。

规范了机关队伍建设。对照中央八项规定,规范办文、办会、办事程序,进一步营造了踏实干事、用心做事、规范办事的浓厚氛围。认真做好了老干和工青妇工作,同时争取县委重视关心,加强政协干部交流,认真做好宣传报道,传递政协声音,营造良好的履职氛围。

各位委员,四年来县政协工作所取得的成绩,是中共岳阳县委坚强领导的结果,是县人大常委会、县政府大力支持的结果,是县直各部门、各乡镇党委政府和社会各界积极给力的结果,是政协各参加单位、广大委员和机关全体同志忠诚履职、团结奋斗的结果,在此,我代表常委会表示衷心的感谢!

在肯定成绩的同时,我们也非常清醒地认识到工作中还有许多不足之处。主要是部分提案质量不高、个别课题调研深度不够、委员履职参与不够均衡、人民政协协商民主的机制还不能完全适应新时期的政协工作需要、履职成果转化落实还不够到位等。这些不足,有待于新一届政协更好地研究解决。

对十三届县政协工作的建议

各位委员,即将开始的县十三届政协任期的五年,是全面建成小康社会的决胜期,是全面深化改革的攻坚期,也是再创辉煌的战略机遇期。特别是县第十二次党代会确定"建设富饶美丽幸福岳阳县"战略目标,为政协工作赋予了光荣使命,这五年,也是推进协商民主广泛多层制度化纵深发展、加速政协政治机关、办事机关与服务机关建设的重要五年,政协委员责任重大,大有可为。

县十三届政协工作的指导思想和总体目标是:高举中国特色社会主义伟大旗帜,以马克思列宁主义、毛泽东思想、邓小平理论、三个代表重要思想、科学发展观为指导,深入贯彻习近平总书记系列重要讲话精神和党的十八大、十八届三中、四中、五中、六中全会精神和省市县党代会精神,紧跟和服从县委"做大新型工业,做强现代农业,做活生态旅游,做旺商贸物流，做美县城集镇，团结一心，真抓实干，加快全面建成小康社会步伐”的战略大局，坚定不移地维护和拥护党的领导，积极履行政治协商、民主监督、参政议政职能，为建设“产业兴旺、生态美好、社会和谐、民生殷实、走势强劲”的富饶美丽幸福岳阳县献计出力。为此，建议十三届县政协着力抓好以下四个方面的工作。

一、切实增强政治自觉，忠诚维护核心，大力弘扬履行三大职能的主旋律

突出思想政治建设，围绕十八大以来中共中央重大方针政策和习近平总书记系列重要讲话，组织开展形式多样、务实有效的学习活动。深刻理解中央关于政协工作的新观点新论断，明确政协工作的前进方向；学习领会党的十八届六中全会精神和省第十一次党代会精神，引导政协委员牢固树立四个意识，坚决维护和拥护以习近平同志为核心的党中央领导，增强政治鉴别力，锤炼政治敏锐性，牢固树立创新、协调、绿色、开放、共享的发展理念。认真贯彻落实县十二次党代会精神，找准政协发挥作用的重点领域和主攻方向，确保调研更深、研析更准、建言更实，进一步推动政协工作，使政治协商更有为、民主监督更有力、参政议政更有效，切实把县委县政府的决策部署转化为社会各界的政治共识和自觉行动。按照中央省市县关于加强社会主义协商民主建设的相关文件精神，围绕构建和完善人民政协协商民主制度体系建设的要求，加快实施细则的制订，开创我县协商民主与参政议政的新格局，不断巩固“商以求同、协以成事”的协商理念，不断夯实团结奋斗的共同思想政治基础。

二、围绕发展大局，积极服务中心，努力当好建设富饶美丽幸福岳阳县的智囊团

常委会要围绕中心、服务中心，凝聚人心、精准发力，将助推经济转型、社会转型、发展转型作为履职的重中之重，深谋务实之策、广纳睿智之言。

*要将政治协商的着力点放在重要领域和关键环节的深入推进上。*未来五年，岳阳县将走进大发展、大变化的新时代，将启动环洞庭湖地区经济走廊建设，进入全省经济发展快进县，打造服务市区、融入市区、对接市区的“后花园”。同时，岳阳县将确保提高交通通畅能力，完善城乡路网布局；提高生态环境质量，确保铁山水库、东洞庭湖水域生态、饮用水源地保护全面落实；提高城镇管理水平与社会文明程度，巩固国家卫生县城创建成果，确保全国文明县城、省级园林城市一举创建成功。常委会就是要商大计、议大政、协大事，精准调研，定向直供，开展多层次议政性协商，为县委县政府科学民主决策提供民意支撑和智力支持。

*要将民主监督的着力点放在重大决策部署和发展举措的贯彻落实上。*未来五年，县委、县政府将坚定不移推进跨越发展，强力推进基础设施先行；坚持创新发展，强力推进产业转型升级；坚持协调发展，强力推进城乡一体统筹；坚持绿色发展，强力推进生态环境保护；坚持开放发展，强力推进投资驱动；坚持共享发展，强力推进民生优先保障。助推这些重大战略举措的落实落地，政协要加强民主监督工作，寓监督于支持中，要提高民主监督小组的监督深度、监督力度和互动幅度，持续发力，重实增效；要围绕重点工程、重大项目、重要工作的落实，创新视察监督方式方法，助推工作落实。

*要将参政议政的着力点放在破解经济社会发展突出问题的对策研究上。*要围绕园区产业培育、美丽乡村建设、生态旅游、农村电子商务、项目建设、经济环境治理、铁山库区生态保护和民生保障等重点领域，多搞调研，深入调研，开展多种形式的参政议政活动，为县委县政府提出切实可行的意见建议。

三、顺应群众期待，深入紧贴民心，同心奏好共创社会和谐的大合唱

要充分发挥政协代表性强、视野开阔的优势，围绕落实各项惠民政策，加快解决民生突出问题等社会关注的热点问题履职尽责。强化“履职为民”理念，充分运用人民政协这一民主形式和议事平台，积极做好察民情、顺民意、解民忧、增民利、聚民心的工作。突出社会发展“短板”与民生改善“弱项”，选择精准扶贫、教育改革、生态保护、关爱农村留守儿童、农村生活污水治理等课题组织开展调研视察，推动政策制订与落实；继续开展委员服务基层、投身“三送三助”扶贫攻坚活动，强化政协界别特色，为群众诚心诚意办实事、尽心尽力解难事、坚持不懈做好事；不断拓宽渠道、完善机制，及时收集和反映社情民意信息，紧扣各界群众的诉求、意愿和期盼，争取社情民意信息工作再上一个新台阶；进一步加强与社会各界的沟通和联系，充分发挥工商联、无党派人士和新的社会阶层联谊会、商会等新型社会组织的作用，进一步拓展和优化统一战线平台。

四、树好队伍形象，夯实工作重心，认真构建强基固本的新格局

要按照从严治党的要求，严格落实党风廉政建设责任制，切实强化全面从严治党主体责任，完善长效管理机制，加快政协工作制度化、规范化、程序化建设进程，进一步提升政协机关服务能力和履职水平；进一步完善协商成果的办理、督办和反馈机制，加大协商成果的转化运用力度，推进重点提案、重要建议的办理落实。强化委员主体意识，健全完善委员履职数据库。增强专委会工作的针对性和实效性，重视界别活动功能，发挥乡镇联络办和县直联络组的作用，优化活动平台，拓展活动载体，使履职活动更加经常、更加丰富、更加规范、更加有效，更好地彰显特色、服务大局。继续推进履职手段创新，进一步加强政协理论研究，发挥互联网等新兴媒介作用，做好信息宣传、省政协远程协商议政云平台建设，拓宽履职渠道，增强履职效果。加强政协干部的交流、选拔和运用力度，将热爱政协工作、热心公益事业的优秀人才吸收到政协队伍中来，继续坚定不移地抓紧、抓好政协干部的理想信念教育与业务理论培训；要进一步加强政协组织之间的上下互动与横向交流，推动政协工作全面持续健康发展。

各位委员、同志们，政协工作任重道远，政协委员使命光荣。让我们紧密团结在以习近平同志为核心的党中央周围，在中共岳阳县委的坚强领导下，同心同德，群策群力，竭忠尽智，履职为民，为建设富饶美丽幸福岳阳县而努力奋斗！

巴陵论坛

巴陵论坛

全力打好脱贫攻坚大会战

田文静

脱贫攻坚是必须完成的政治任务，也是关乎全面小康的第一民生工程。作为今年全市“四大会战”的重点战役之一，市委书记胡忠雄指出，精准扶贫要在“扶谁、谁扶、怎么扶、扶得怎么样”四个环节上下功夫。这为全市脱贫攻坚指明了方向、理清了思路、明确了要求。岳阳县现有建档立卡贫困人口43738人、贫困村46个，其中铁山库区有建档立卡贫困人口11996人、贫困村24个，是全市脱贫攻坚的主战场之一。我们将严格按照市委、市政府的部署要求，带着责任，带着感情，全力打好脱贫攻坚大会战。

一、坚持精准识别。精准识别贫困对象是脱贫攻坚的前提和基础，事关攻坚战的成败。只有瞄准贫困人口，做到精准识别，才能精准发力、精准帮扶。严格标准。坚持公平、公正、公开的原则，要求广大扶贫工作者用真情、识真贫，严格按照“户申请、村审议、乡镇审核、县复审”的程序，重点围绕“五个一批”，通过进村入户、访困问需、访贫问计等更加细致、深入、有效的活动，对贫困户进行再识别，把对象核准、情况摸清、信息录齐，做到贫困人口不漏一户、不漏一人。严格要求。组织党员干部进行拉网式全覆盖排查过程中，在组织、方法、纪律等方面都作出明确要求，力求群众参与最大化、矛盾纠纷最小化、政策执行最公正、任务落实最高效，坚决杜绝人情户、关系户现象，坚决制止搞变通、打折扣风气，坚决问责弄虚作假、徇私舞弊行为。严格管理。健全贫困对象动态管理机制，重点将不符合条件的“四类人员”清理出去，将符合条件的低保户、残疾人户、重灾户、移民户、因病返贫户等“五类人员”纳入进来，做到“应出尽出、应进尽进”。

二、全面压实责任。事在人为，业以人兴。打赢脱贫攻坚战，既需要一支视使命为生命、变压力为动力的干部队伍，更需要我们的干部以身作则、率先垂范。健全工作机制。坚持县委、县政府统一调度，整合人、财、物、技术等资源，加强横向联动、互补互促、正向给力，形成县级牵头抓总、统筹安排，部门分工负责、前沿攻坚，镇村具体承接、靠近落实的工作格局，做到不打乱仗。建立一名县级领导联贫困村、2—3个县直单位帮扶、中层以上骨干联户的对口帮扶机制，确保每个贫困户都有帮扶责任人。特别是将交通偏僻、基础设施薄弱，脱贫任务重、压力大的库区贫困村作为县级领导联村的首选之地。做实驻村帮扶。选优配强驻村第一支部书记，选派一批能够做事、愿意做事，并且能够把事做好的干部驻村帮扶，着力打造一支懂扶贫、通民情、接地气、善落实的干部队伍，解决好派什么人、做什么事的问题，让“精准滴灌”扶贫的“管道”

更加畅通。要求广大扶贫工作者要带着真感情入村入户、驻村驻户，深入了解贫困村和贫困群众基本情况，熟悉当地资源、环境等各方面优势，真正把贫困村摘帽、贫困户脱贫的担子担起来，真正做到在扶贫一线落实任务、解决问题。通过实实在在的扶贫工作成效，让老百姓发自内心为扶贫工作“点赞”。形成社会合力。组织人大代表、政协委员、企业老板等社会力量帮扶，充分发挥他们的自身优势和模范作用，统一平台资源，真正使他们加入到扶贫工作中来，成为大会战的战斗员，为扶贫注入新的活力。目前，全县共有3000多名党员干部、爱心人士投入到脱贫攻坚中来，确保14828户贫困户“户户有人帮、户户有人扶”，真正做到帮扶工作“全覆盖”。

三、紧扣工作重点。任何工作，只有善抓重点、分清主次，才能有的放矢、取得实效。推进脱贫攻坚，提高精准扶贫的成效，必须按照“优先保障、聚焦重点、靶向施策”的思路精准发力、强力推进、全力落实。加大资金投入。充分发挥扶贫资金的杠杆撬动作用，为实现脱贫目标保驾护航。2016年，县财政安排专项扶贫资金1800万元，比2015年增长80%，并整合涉农资金6000万元，以及2016年12月“同心携手为爱传递”大型慈善公益活动募集的爱心善款5474万元，全部用于脱贫攻坚。同时，各扶贫单位在资金整合、项目安排方面，扶贫工作领导小组要加强调度，建立健全项目和资金监管机制，不断完善、规范扶贫资金使用机制、管理办法，公开公示、阳光运行，确保每一分钱都用在项目上、用在贫困户身上。明确工作重点。今年，我们确定了产业扶贫、劳务协作扶贫、危房改造扶贫、易地搬迁扶贫、教育助学扶贫等“十大工程”，明确每项工程都由一名县级领导牵头、相关部门配合，制定切实可行的具体方案，进一步明确目标要求，细化工作任务，确保高位推动，全力推进。要始终围绕这些方面精准发力，真抓实干，一件实事一件实事地办，一项工作一项工作地干，哪个月哪个村哪些户哪些人能够脱贫，通过什么方式脱贫，都要心中有数、清晰明了，坚决克服贪大求全、急功冒进，坚决杜绝搞假扶贫、被脱贫、“数字”扶贫。做好结合文章。坚持政府引导与市场主导相结合。确定扶贫产业项目时，坚持一切从实际出发，以市场需求为导向，注重因地制宜，因村施策、因户施策，不搞一刀切、齐步走。目前，全县已确定光伏发电、竹笋加工，红心柚、猕猴桃、蘑菇、绿色蔬菜种植，中蜂、稻虾养殖等扶贫产业。坚持扶贫与扶智结合。依靠和发动群众，打破他们等靠要的思想，教育引导他们借势借力、实干巧干、改变穷貌。坚持脱贫攻坚与基层党建相结合。要求组织部门加强调研指导，做好示范引领，把扶贫工作作为今年基层党建的重点，做出特色、打造亮点，通过深入开展“支部＋能人＋贫困户”活动，创新开展“引老乡、回故乡、建家乡”活动，充分发挥村党支部的战斗堡垒作用、经济能人的模范引领作用，共推贫困户脱贫致富。

四、严格督查奖惩。脱贫攻坚的成功与否，不是纸上数据说了算，而是要用事实说话、让群众发声。我们坚持以民调为依据，定期开展电话询查、问卷调查、上户抽查等工作，用好督查考核“指挥棒”，传导压力，激发动力。严格督查讲评。坚持一把尺子量到底、一个标准管到底，由县委、县政府督查室联合县扶贫办，对照目标要求，加强督促检查，实行“一月一统计、一季一调度、半年一讲评、一年一考核”，做到督查必有通报，通报必点责任人和责任单位，确保各项举措落地生根，真正达到以督查促落实、抓整改、求实效的目的。严格兑现奖惩。制定《岳阳县脱贫攻坚责任追究办法》，对综合排名前一、二、三名的乡镇和主要行业部门，分别奖励工作经费30万元、20万元、10万元。对排名末位的乡镇，取消主要负责人和分管负责人评先评优资格；对排名后两位的贫困村支部书记和驻村帮扶第一书记、排名后三位的非贫困村支部书记，启动问责程序，问题严重的予以免职。通过奖优罚劣，真正实现以督查促落实、抓整改求实效，以实实在在的成绩赢得民心、赢得胜利。

（作者系中共岳阳县委书记）

加强自身建设　提高服务水平

曾平原

为加快"一极三宜"江湖名城建设，岳阳县政府将围绕"做大新型工业，做强现代农业，做活生态旅游，做美县城集镇，打造产业兴旺、生态美好、社会和谐、民生殷实、走势强劲的富饶美丽幸福岳阳县"的思路，扎实开展"严规矩、抓收入、争项目、降风险、优环境、促发展"活动，不断提高工作水平，务求工作实效。

以讲规矩、守纪律为抓手，建设法治政府。坚持以"职能科学、权责法定、执法严明、公开公正、廉洁高效、守法诚信"为目标，扎实推进法治政府建设。一是依法全面履行职责。深化政府机构改革，推进机构、职能、权限、程序、责任法定化，加快推行权力清单、责任清单和负面清单制度；深化行政审批制度改革，多做行政审批、市场壁垒等"路障"的"减法"，多做开拓市场空间、扩大创业天地的"加法"，坚决克服政府职能错位、越位、缺位现象。二是健全依法决策机制。完善《岳阳县人民政府工作规则》，健全周末县长碰头会、月末和月初县政府常务会制度、重大决策合法性审查机制和政府法律顾问制度，凡今后作出的重大决策，必须严格履行公众参与、专家论证、风险评估、合法性审查、集体讨论决定等程序，必须依法报县委常委会、县人大常委会和县政协常委会。三是严格规范公正文明执法。迅速开展行政执法人员清理活动，全面实行行政执法人员持证上岗和资格管理制度。对东洞庭湖、铁山水资源保护、城市规划、控建拆违等热点难点问题，始终坚持"依法行政、严格执法，公正公平、阳光执法"，做到依法治湖、依法治砂、依法管航、依法保护、依法严格管好规划和开展控建拆违。四是强化权力运行监督。认真执行《政府信息公开条例》，以公开为常态、不公开为例外，推进决策公开、执行公开、管理公开、服务公开和结果公开。切实加强财政资金分配使用、国有资产监管、政府采购、公共资源转让、公共工程建设等领域的监督，主动接受党内监督、民主监督、法律监督、舆论监督，让权力在阳光下运行。

以明责任、重调度为抓手，建设勤政政府。克服经济下行压力加大、改革转型任务艰巨、社会矛盾较多等困难和问题，千方百计解难题、破瓶颈、促发展。把领导带头落到实处。全面推行重点工作、重点工程"四个一"制度，即一名县级领导、一个县直单位、一个属地乡镇、一个专门班子。特别在当前换届选举岗位人员交接期间，坚持把县级领导当局长用，以身作则，靠前指挥，做到问题在一线解决、形象在一线树立、政绩在一线创造。把绩效考核落到实处。不断完善岳阳县党政绩效考核评价机制、激励机制和约束机制，按照市委、市政府对县域经济考核"六个一"的要求，对乡镇确定了即一组经济数据、一个秀美集镇、一个优势产业、一个招商项目、一批重点项目、一批民生事实、一批保护任务等"七个一"的内容；对县直行政执法部门增加"严格执法"的内容。充分发挥绩效考核的导向、激励、约束作用，奖优罚劣，治庸提效，以科学的考核促进干部谋事干事成事。把督查调度落到实处。定期召开工作调度会，建立全县2016年重点工作责任清单，明确责任单位、目标任务和工作要求。扎实开展大调度、大督查活动，各牵头县级领导一周一检查、半月一调度、一月一通报，扎实推动各项工作落到实处。

以抓财税、保运行为抓手，建设实力政府。坚持综合施策，多管齐下，克服全县重点税源企业入库税收减少、东洞庭湖砂石收入断崖式下降、房地产市场持续低迷等重大挑战，确保财政平稳运行。一是坚持综合治税。成立税收保障领导小组，建立联席会议制度，强化税收保障协调。切实加强建筑业、房地产业税收融合征管和税费一体化征管工作，紧盯建筑业、房地产业、涉湖、涉砂、涉纸、涉运业税收，坚决避免“营改增”后征管主体变化出现税收流失，做到应收尽收。二是运用利好政策。认真研究国家产业政策，紧紧围绕东洞庭湖、铁山水资源、新墙河流域治理、防汛等领域做文章，认真落实7月5日李克强总理在岳阳召开的防汛工作座谈会精神，积极申报洞庭湖防洪保安、中小型水库、城市防洪闭合圈、城市地下管网、海绵城市等项目。积极围绕保障性住房、城市防洪、国家储备林、交通建设和洞庭湖治理等项目做好融资工作。三是加强财源建设。主动开展点对点、一对一招商，认真落实市委“园区十条”，全力优化园区管理体制机制，全力提升园区承载能力，全力优化园区发展环境，全力改造提质传统产业，发展新型产业，培育新型财源，壮大基础财源。四是强化资金整合。严格按照财务管理制度整合专款资金，真正使专项资金用在刀刃上。五是统筹盘活资源。推行园区企业准入和退出机制，清理淘汰“僵尸”企业；清理闲置土地，提高土地利用效率；以开发促保护，坚持依法治砂，切实盘活砂石资源。

以补短板、办实事为抓手，建设民生政府。把保障和改善民生作为政府工作的出发点和落脚点，围绕民心所向、民意所需、民生所在，积极补齐民生短板，让人民群众有更多的获得感。一是全力推进精准扶贫。把精准扶贫作为重要政治任务，进一步强化属地乡镇责任、部门责任、行业扶贫责任、联点单位责任，采取超常规举措，拿出过硬办法，坚决打赢脱贫攻坚战，确保全年14006名贫困人口如期脱贫。二是全力推进铁山水资源保护。坚持“保护优先，以保障促保护”的思想，全力推进控人、控建、控伐、控采、控工、控养、治污等“六控一治”措施，建立完善铁山水资源保护工作长远规划，理顺机制、规范管理，广泛宣传、全员动员，从严执法、多管齐下，努力保护好岳阳市人民的“大水缸”。三是全力推进民生实事。全力推进26件省市重点民生实事；坚持从“小”事入手、“难”处着力，重点推进规范农民建房、合格学校建设、棚户区改造、城区自来水备用原水管网建设等民生实事，及时回应群众关切，努力将实事办到群众心坎上。

以重监管、抓问责为抓手，建设廉洁政府。把党风廉政建设作为主体责任来履行，不断探索体制机制创新，推进廉洁政府建设。把纪律挺在前面，重申财经纪律“十条禁令”。即：严禁预算外或超预算列支；严禁财政性和政府性资金体外循环；严禁挪用截留惠农资金和用假发票、假支出套取资金；严禁未经合法程序审批擅自变更、追加工程量，擅自装修办公用房、辅助用房，擅自采购相关设施设备；严禁变相发放津补贴及福利待遇；严禁超标准招待、违规接待；严禁以公款搞赞助、拉赞助；严禁公款私存、白条入账、兼职取酬；严禁乱收费、乱罚款、乱摊派、私设小金库；严禁变相违规举债。把规矩立在前面，严明干事创业“六条铁规”。铁一般的预算，坚持预算就是决算，坚决不搞年终追加，杜绝违规举债。铁一般的计划，县委、县政府下达的计划，原则上必须超额完成或者全面完成，决不允许谈条件、打折扣、搞变通。铁一般的担当，严格按照责任分工，切实履行职责，决不允许推诿扯皮、敷衍塞责、庸政懒政。铁一般的纪律，严格执行政治纪律、组织纪律、保密纪律、群众纪律、财经纪律、工作纪律和生活纪律，谁胆敢越线，都要付出代价。铁一般的考核，完善督查制度、情况通报制度、考核结果运用制度，把督查考核变成常态。铁一般的奖惩，严格按制度奖罚到位，决不允许吃大锅饭，决不允许“干与不干一个样，干好干坏一个样”。把执纪严在前面，明确责任追究“三不放过”。紧紧抓住责任追究这个关键环节，严格执行审计监管和反向问责制度，对违规单位及时提醒整改，对存在违规嫌疑的诫勉谈话，对存在违纪违规事实严格责任追究，不搞“下不为例”，不搞“集体负责”，做到责任者没有得到处理不放过，原因没有找到不放过，解决和预防措施未落实不放过，真正让制度成为带电的“高压线”。

（作者系中共岳阳县委副书记、县人民政府县长）

关于做好县级人大监督工作的思考

汤小娥

县级人大常委会是最基层的人大常设机构,也是地方权力机关、民意收集机关、代表服务机关。因党管全面工作,在县级人大常委会三项主要职权中,重大事项决定、人事任免到人大通过时,往往是履行法定程序。对"一府两院"执法情况、工作情况的监督权,就成为县级人大常委会工作量最大、内容最多、范围最广、人民群众最关注的一项法定职权。县级人大常委会如何依法抓好监督、有没有监督权威和效果,几近成为衡量一个县级人大常委会是否完善规范、能否与时俱进的基本标尺。

一、县级人大监督工作的至关重要

县级人大监督工作, 既是宪法和法律的要求,也是推动"一府两院"依法行政、公正司法的现实需要,同时还是做好人大工作的重要手段、重要体现。

1.抓好人大监督工作,是坚持和完善人民代表大会制度的内在要求。宪法规定,人民代表大会制度是我国的根本政治制度, 人民代表大会是国家权力机关,国家行政机关、审判机关、检察机关都由人大产生,对人大负责,受人大监督。人大及其常委会对"一府两院"进行监督,是代表国家和人民进行的具有法律效力的监督。通过人大监督,确保行政权、司法权得到正确行使,确保公民、法人和其他组织的合法权益得到尊重和维护。

2.抓好人大监督工作,是推动"一府两院"依法履职的重要手段。"一府两院"行使行政权、审判权、检察权,权力的运行必须受到监督,人大对"一府两院"的监督是法律监督,是最直接最有效的监督。特别是在依法治国的背景下, 人大及其常委会依法行使监督权,目的就是保证宪法和法律得到全面、正确的贯彻实施,使"一府两院"在行使职权时,能够充分体现党的主张,真正代表人民意志。人大的监督,是保障"一府两院"依法行政、公正司法的重要手段。

3.抓好人大监督工作,是加强和改进人大自身工作的重要途径。监督工作的效果如何,直接关系到人大常委会职能的发挥,监督工作的效果是衡量人大常委会工作质量的重要尺码。特别是对于县级人大来说,最重要的工作就是行使好监督权,可以说县级人大抓好了监督工作,整体工作水平就有了保障,人大的权威就得到了体现。加强和改进县级人大工作的最佳突破口就在监督工作,最方便操作、最容易出成效的工作也是监督工作。

二、改进县级人大监督工作空间较大

县级人大常委会按照监督法的要求,认真行使监督权,在推动"一府两院"依法履职方面做了出了一定的成绩,推动了地方经济社会的发展,但是与法律要求和人民期望对比,县级人大常委会监督工作相对滞后,仍有较大的上升空间。

1.监督意识不强。从字面上理解,"监督"应该是"揭短""挑毛病",不是"唱赞歌""和稀泥"。从人大工作的出发点来看,监督的实质和目的是指出"一府两院" 工作中不符合法律要求和职责要求的不足之处,推动和促进"一府两院"工作的合法、规范,更好地履职为民。但在实际工作中,县级人大的监督往往落入"一元化""一家人""和谐曲"的窠臼。监督好坏无关要紧,影响和谐上纲上线,人大工作者不求有功,但求无过。所以监督起来理不直,气不壮,监督与被监督的意识淡薄。

二是监督范围不全。县级人大常委会监督对象基本上以本级政府所属工作部门为主。对本级政府和法、检两院,除在每年一次的人民代表大会上听取其工作报告外，闭会期间的监督比较少。至于本县行政区域内的垂直管理单位，由于其人财物不受本县的制约，大多游离于县级人大及其常委会的监督之外。县级人大监督范围也大多是只对事不对人，基本局限在针对单位的工作情况，而对个人执法情况和岗位履职行为很少触及。

三是监督手段不硬。法律赋予人大及其常委会的监督手段有很多，但在基层人大实际监督工作中运用的很少。在县一级人大，用得多的是听取审议工作报告、调查、视察、执法检查、工作评议、规范性文件备案审查等一些常规监督手段，这些监督手段比较“柔和”，运用比较广泛。但是监督法中刚性、强制性、制约性的监督手段，如询问和质询、特定问题调查、撤职案的审议和决定等能够更好更快更有效解决问题的监督手段，却基本没有运用。

四是监督实效不佳。由于上述普遍存在的意识不强、范围不全、手段不硬等问题存在，导致县级人大的一部分监督工作往往流于形式，成为“走过场”。特别是对人大决议、决定和审议意见的跟踪监督手段不多，“议而不决、决而不行、行而无果”的现象在一定范围内存在。虽然监督程序环环相扣，评议发言有板有眼，但对监督中发现的问题，人大跟踪问效不够，政府后续整改不力，党委部门采信不多，社会各界反响不好，其监督的实际效果就大打折扣。

三、加强县级人大监督工作掣肘较多

县级人大及其常委会监督工作中存在的这些问题，其原因很多，主要是以下四个方面。

1.体制制约。人大是最高权力机关，但不是最大权力机关，政府只是行政机关，却是政务直管机关。县级人大常委会主任不是同级党委常委，而县级政府行政长官不仅是同级党委常委，且都担任同级党委副书记，形成了事实上的人大常委会与政府实际排位倒挂，监督与被监督关系错位，不便监督。目前，以经济工作为中心，政府在开展重大经济活动时，往往以党委常委会会议形式决策，与同级党委联合行文，以示工作的重要性，但由此造成了地方党政不分和以党代政现象，使人大监督对象混乱化、复杂化，有时监督起来碍手碍脚、无从下手。

2.关系复杂。一个县级行政区，地域不大，人口不多，干部之间相互熟稔，监督者与被监督者可能是曾经的同事，或者是亲戚朋友，监督者日后可能成为被监督者，被监督者也有可能成为监督者，关系错综，开展监督时不得不考虑方方面面的因素，监督工作开展起来就倍显艰难。因此县级人大在开展监督时，可能会对问题避重就轻、敷衍应付，奉行好人主义，不愿也不屑得罪人，出现碍于情面、不愿动真碰硬的现象。

3.监督缺位。电力、税务、邮政、电信、金融等部门属于垂直管理单位，人财物都不受当地的制约，对这些部门，人大也没有直接有效的监督手段。而这些部门的工作与当地人民群众的生产生活最为密切，与之相关的具体问题群众反映也最为强烈，解决这些问题又是最为头疼。垂直管理单位几乎成了监督的盲区。

4.机制缺失。《中华人民共和国各级人民代表大会常务委员会监督法》规定了人大常委会的一些基本职权，但缺乏具体的实施细则和操作手段。各地人大常委会对监督制度的建设也不尽完善，造成了监督机制软件上的缺失。从硬件上讲，当前县级人大常委会的机构设置、人员配备、办公条件等与监督的现实需要还存在较大差距。大多数县级人大常委会工作机构，仅设置主任1人、副主任1人，人员严重不足，监督力量非常有限。人大无上级，政府是平级，眼色看党委，造成人大监督先天不足，监督好坏一个样，管事多了不一样。

四、县级人大监督工作重点“三抓”

随着依法治国、建设社会主义法治国家的步伐不断加快，各级人大及其常委会已经走到民主法治建设的最前沿。要促进社会主义民主法制建设，积极有效地提升人大监督水平，县级人大常委会工作应有更大作为。

1.抓基层，切实加强人大干部队伍建设。打铁还须自身硬。人大工作不是“火线”，也并非“二线”，法律授权、民意所赋，党委重托，人大工作任何时候没有任何理由可以迟缓。任免在先，民意为重，支持并进，监督同行，过程审议，决议决定，人大实际工作要做到雷厉风行，立说立行，高效运行。组织对人大干部安排或许有退‘二线’之意，那是干部安排个体因素，但并不等同人大工作就不是前线。县级人大常委会要加强常委会组成人员及机关干部的自身建设，基础工作应放在在调优配强人大干部队伍上，要选用精通法律、精懂业务、年富力强的干部到人大任职，实行任届定期轮换工委主任，保持人大中层干部进得来，干得好，上得了。保持人大干部队伍年龄有梯次，主体力量年轻、精干，使之依法监督有层次，干事创新有激情。

2.抓基础，搭建人大监督工作新平台。要强化指导乡镇人大工作，探索代表之家和联系选区选民制度，保持人大常委、人大代表同人民群众的密切性联系，充分收集民意，提高代表监督积极性。要建章立制，规范运作，从健全制度入手，全面规范监督制度化建设，提高人大依法履行职责的能力。同时要积极创新提高人大监督实效。第一，选题坚持少而精，要聚焦全县热点、紧盯工作重点。第二，监督注重实效性，视察既看面又看点，评议既要评好也要评差，整改力求稳、准、实。人大监督是法律监督，必须要以抓铁有痕、踏石有印的效果取信于民。

3.抓制度，开创人大监督工作新局面。人大工作创新要从经常性工作做起，从尚未做的工作做起，从管用的工作做起，找准“切入点”，抓住“着力点”，寻求“结合点”，让人大工作从“第二线”转变到民主法制建设的“第一线”。当前可以探索建立两项制度。一是定期召开人大代表座谈会制度。围绕经济建设、优化环境和社会稳定选好议题，每半年举行一次人大代表座谈会，县委书记、人大常委会主任、县长及与议题有关的部门领导参加座谈会。二是探索加强跟踪监督的制度。对人大常委会监督“一府两院”提出的意见，要开展持续跟踪监督，对整改情况开展满意度测评，对满意率低于80%的要督促继续整改，继续听取整改情况并测评，直到满意率达标。对宪法和法律赋予人大的职权，如质询和询问权、特定问题调查权等，要完善相应的操作程序和方法，根据监督的对象和内容，有重点、有选择地尝试运用这些权力，通过集体行权和法定形式，在实践中提升人大监督工作新成效。

人大要努力做到既敢于监督又善于监督，既经常监督又创新监督。在坚持运用多种监督手段，确保各项措施到位的同时，要勇于创新和灵活运用多种有效的监督形式，保持监督的多样性。只有充分运用好“监督”这一最重要、最有效的权力手段，县级人大工作才能出成绩、见成效，才能有效地推动人大工作与时俱进，推动地方经济社会健康快速发展。

（作者系岳阳县人大常委会党组书记、主任）

与时俱进　忠诚担当
为协力推进富饶美丽幸福岳阳县建设再立新功

袁陆保

党的十八大以来尤其是党的十八届六中全会以来，以习近平同志为核心的新一届中央领导集体，紧扣新常态，提出了一系列治国理政的新理念新思想新战略，政协工作迎来了重大的发展机遇，同时也面临着前所未有的挑战。尤其是县第十二次党大会召开以来，全县上下在中共岳阳县委的坚强领导下，围绕富饶美丽幸福岳阳县建设，各项事业呈现出良好开局。如何更好地服务全县大局，更深入地对接好县委、县政府决策部署，是摆在十三届县政协领导班子和全体县政协委员面前的一件刻不容缓的重大政治任务。

一、维护核心，服务中心，全力助推县域经济社会发展，是政协工作的基本遵循

习近平总书记指出“人民政协事业要沿着正确方向发展，就必须毫不动摇坚持中国共产党的领导，中国共产党是中国社会主义事业的领导核心，坚持党对人民政协工作的领导，是人民政协兴旺发达的根本保证。”人民政协工作必须强化核心意识，始终坚持和服从县委的核心领导，充分发挥政协党组在政协工作中的领导作用。按照“五位一体”总体布局和“四个全面”战略布局要求，高举爱国主义和社会主义旗帜，牢牢把握政协工作的政治方向。自觉与县委、县政府目标同向、思想同心、工作同步，努力做到思想上不错位、工作上不越位、履职上不缺位。全力争取县委、县政府对政协工作的重视和支持，确保人民政协事业沿着正确的政治方向健康发展。同时服务中心工作是政协履职的重要原则，2017年是十三届县政协的开局之年，是顺利实施“十三五”规划、加快全面建成小康社会、推进扶贫脱贫攻坚的关键之年，县委书记田文静代表县委在县第十二次党代会上提出的“做大新型工业，做强现代农业，做活生态旅游，做旺商贸物流、做美县城集镇”的发展战略，和建设“产业兴旺、生态美好、社会和谐、民生殷实、走势强劲”的发展目标，是指导我们做好当前政协工作的行动指南。全县各级政协组织和全体政协委员要牢固树立创新、协调、绿色、开放、共享的发展理念，选准政协履职的结合点、共振点和切入点，深入调查研究，积极建言献策，确保政协工作与县委的中心工作和县域经济社会发展的整体要求相适应、相统一、相协调。为全县的经济社会发展献智献力、建功立业、增光添彩。

二、不忘初心，倍加用心，忠诚履行人民政协三项职能，是政协工作的第一追求

“大厦之成，非一木之才；大海之阔，非一流之归”，人民政协是中国共产党领导的多党合作和政治协商的重要机构，是国家治理体系的重要组成部分。我们要始终牢记使命，不断加强学习，更加用心尽力，以改革思维，创新理念，务实举措，大力推进履职能力现代化建设；要不断健全民主协商制度，把政治协商纳入决策程序，强化协商制度，把协商民主纳入民主建设的总体布局中；要不断优化协商民主的制度设计，强化协商成果的运用和反馈；要不断完善专题协商，对口协商，界别协商，提案办理协商，努力开创多层次、全方位、更富实效的协商局面；要坚持从大局出发，以问题为导向，深入基层，深入一线，摸清真实情况，集聚界别智慧，提升建言品位；要敢于坚持真理，及时修正错误，切实做到维护核心有定力、履行职能有实举、服务大局有实绩，建言献策有提高、建真言，谋良策，出实招，使政治协商有高度，民主监督有力度，参政议政有深度，将政协机关建设成为团结的“集结地”、民主的“大本营”。

三、紧贴民心，弘扬爱心，积极践行参政为民价值理念，是政协工作的最大本分

人民政协的血脉在人民，根基在人民，力量在人民。我们一定要以人民群众的利益为重，以人民群众的期盼为急，充分发挥界别特点和优势，协助县委、县政府做好惠民生、保稳定、促发展的工作；要充分发挥各民主党派、工商联、人民团体的作用，把全县上下不同党派、不同阶层、不同民族、不同宗教信仰的人群团结起来，为他们知情明政、参政议政、建言献策创造良好条件，筑牢团结的根基；要强化“人民政协为人民”的理念，深入人民群众之中，倾听群众的意愿，时刻把人民群众的安危冷暖挂在心上，切实发挥好县委、县政府联系人民群众的桥梁和纽带作用，真正做到心为民所系，言为民所建，策为民所谋，切实维护人民群众的根本利益。

四、坚定信心，协力同心，不断加强政协队伍自身建设，是政协工作的永续追求

加强自身建设是人民政协永葆生机与活力的源泉。面对政协工作的新形势、新任务、新要求，必须紧扣“书香政协、有为政协、活力政协、智慧政协、品质政协”重点，突出政协界别特色，发挥委员主体作用，全力建设有为型政协、创新型政协、清廉型政协。

之所以讲建设“有为型”政协，就是既要做到内部团结和谐，又要最大限度地调动一切积极因素，最大限度激发社会活力，尽最大努力做到在服务大局、服务群众上有创造，在履行政治协商、民主监督、参政议政三大职能上有作为，在团结民主、凝心聚力上有力量。

之所以讲建设“创新型”政协，就是要创新工作载体，完善工作机制，广聚众智，广交朋友，广开言路，积极构建开放融洽体系，树立“政协工作生动活泼、政协组织生机盎然”的形象。

之所以讲建设“清廉型”政协，就是要始终做到心中有党，心中有民，心中有戒，把干净做事作为做人从政的基本准则不动摇，按照“三严三实”和“两学一做”基本要求，紧握戒尺，保持定力，守好本分，坚持用党纪、政纪和法律法规严格要求自己，带头严守政治纪律和政治规矩，自觉践行和弘扬社会主义核心价值观，锤炼道德品行，改进工作作风，堂堂正正做人，踏踏实实做事，清清白白从政，努力打造一支敢担当、勤实干、高素质、有作为的政协工作队伍。

新的形势和机遇为人民政协搭建了发挥才智、建功立业的大舞台，新的任务和要求赋予了政协委员建言献策，展示风采的新使命。我们必须一如既往地坚持在中共岳阳县委的坚强领导下，积极践行“坚定维护核心、坚决服务中心、坚持紧贴民心”的参政和服务理念，继承和发扬好历届政协的好传统、好作风和好经验，不辱使命，不负重托，同心同德，务实担当，为更好地发挥人民政协协调关系、汇聚力量、建言献策、服务大局的作用，不断开创我县政协工作新局面，协力推进富饶美丽幸福岳阳县建设贡献我们的智慧和力量。

（作者系岳阳县政协党组书记、主席）

大事记

大 事 记

1月

1月11日,衡阳县“四大家”领导到岳阳县考察。

1月14日，湖南省人民政府副省长何报翔到岳阳县调研文化事业建设。

2月

2月2日,中共岳阳市委书记盛荣华到月田镇走访慰问困难群众。

2月26日，岳阳县荣获全省知识产权工作先进县。

3月

3月2日,岳阳县委经济工作暨全县三级干部会议召开。

4月

4月13日,中共湖南省委常委、省军区司令员黄跃进到岳阳县检查调研武装工作。

4月20日,阿里巴巴“农村淘宝+智慧县域”项目落户岳阳县。

4月29日,岳阳县乡镇党委换届工作圆满完成。

5月

5月17日，岳阳县党政主要领导任职期间经济责任审计进点会召开。

6月

6月2日,全县领导班子换届考察动员会召开。

6月30日，岳阳县召开庆祝中国共产党成立95周年大会。

7月

7月5日,岳阳县启动防汛二级响应。

7月7日，省换届风气巡回督查组到岳阳县督查。

8月

8月2日,岳阳县召开创建全国文明城市工作推进会。

8月4日,湖南省委宣传部调研岳阳县农村精神文明建设。

8月13日,岳阳县召开全县领导干部大会,市委常委、岳阳军分区政委张作坤代表市委宣布省委决定:毛知兵不再担任岳阳县委书记、常委、委员职务,田文静任岳阳县委委员、常委、书记;张中于不再担任岳阳县委副书记、常委、委员职务,并提名免去岳阳县人民政府县长职务,曾平原任岳阳县委委员、常委、副书记,并提名为岳阳县人民政府县长候选人。

8月17日，岳阳县召开换届交流任职领导见面会,宣布了万东、赵瑾、苏红琳、周鹏、付学文、张奕6人交流任职的决定。

8月24日,湖南省委常委、省军区司令员黄跃进到岳阳县调研“双带双促”和优抚政策落实情况。

8月28日，中国共产党岳阳县第十二次代表大会隆重开幕。

9月

9月1日,《岳阳县年鉴（2014)》获全国通报表扬。

9月26日,岳阳市云溪区“四大家”领导到岳阳县考察。

10 月

10 月 13 日,屈原区党政领导到岳阳县考察。

11 月

11 月 14 日,全市基层党建工作现场会在岳阳县召开。

11 月 26 日,政协岳阳县第十三届委员会第一次会议隆重开幕。

11 月 28 日,岳阳县第十七届人民代表大会第一次会议隆重开幕。

12 月

12 月 1 日，岳阳县第十七届人民代表大会第一次会议胜利闭幕。

12 月 2 日，湖南省交通运输厅厅长胡伟林一行到岳阳县调研交通基础设施建设工作。

12 月 7 日，岳阳县举行精准扶贫大型公益慈善募捐晚会。

12 月 12 日,国税局档案工作规范化管理获评省特级。

12 月 12 日,中共湖南省委副书记乌兰到岳阳县考察农村工作。

12 月 16 日，水利部副部长田学斌到公田镇调研。

12 月 19 日,中共岳阳市委书记胡忠雄到岳阳县调研指导。

12 月 21 日,岳阳县顺利完成省脱贫攻坚现场考核验收。

岳阳县综述

岳阳县综述

历史沿革

【概况】 岳阳县历史悠久，夏、商为三苗之地。西周、东周属楚。秦属长沙郡罗县，西汉为长沙国下隽县境，东汉下隽县地复属长沙郡。三国时属吴，隶属长沙郡。西晋太康元年（公元280年）分下隽县西部，隶属长沙郡。南朝宋元嘉十六年（439）置巴陵郡，隋开皇九年（589）改巴陵郡为巴州，十一年改巴州为岳州，隋大业元年（605）易名罗州，三年改罗州为巴陵郡，巴陵县隶属随之变更。唐宋巴陵县属岳州（巴陵郡），元属岳州路，明清属岳州府，民国二年（1913）废岳州府，巴陵县改为岳阳县，后设湖南第一行政督查区，岳阳县属之。1949年7月20日岳阳县和平解放，属长沙专署管辖，1952年9月长沙专署改名湘潭专署。1960年1月2日，经国务院批准，析岳阳县城关镇、城陵矶镇为岳阳市，由岳阳县代管。1962年10月20日国务院决定撤销岳阳市，复为岳阳县城关镇。1964年9月22日置岳阳专署，岳阳县属之。1975年10月29日，国务院下函恢复岳阳市，与岳阳县同属岳阳行署管辖。1981年10月20日经国务院批准，湖南省人民政府于11月10日通知撤销岳阳县，并入岳阳市，隶属岳阳地区。1983年2月。岳阳市升为省辖市，同年7月13日经国务院批准，8月19日湖南省人民政府通知恢复岳阳县建制，归岳阳市管辖，岳阳县隶属岳阳市。

地　理

【位置面积】 岳阳县位于湖南省东北部，东接湖北省通城县，东南连平江县，南抵汨罗市，西南以湖洲与沅江市、南县交界，西与华容县、君山区毗邻，并与临湘市、岳阳楼区、君山区接壤。县界极端位置，东至月田镇钟山村钟家山南麓，南至长湖乡民主村王家寮分水岭，最西、最北均以东洞庭湖湖洲与君山区相接。2016年年底，全县土地总面积280983.36公顷，其中耕地49154.42公顷，园地4027.82公顷，林地88914.71公顷。草地3263.04公顷、城镇村级工矿用地13150.02公顷、交通运输用地3641.66公顷、水域及水利设施用地113074.41公顷、其他土地57580公顷。

【地貌】 县境地貌自东北幕阜山余脉向西南东洞庭湖呈降阶梯状倾斜。山地主要分布在毛田镇、月田镇、张谷英镇、云山乡、相思乡、饶村乡及公田镇。主要山脉有相思山、大云山。其中相思山位于岳阳县与湖北省通城县交界处，主峰眉毛尖海拔957.20米，为全县最高山峰。大云山位于县境东北部，与临湘市交界，主峰相公尖海拔909.70米。全县海拔300米以上的主要山脉有：位于云山乡的大云山，海拔909.70米；位于相思乡的相思山，海拔957.20米；位于饶村与张谷英交界处的大峰山，海拔554.10米；位于麻塘镇境内并沿京广铁路南北延伸的麻布大山，海拔352.70米；位于毛田镇的铜鼓山，海拔535.90米；位于月田镇的白石山，海拔595.70米；位于张谷英镇的小水尖，海拔641.20米；位于柏祥镇的石头山，海拔358.20米；位于步仙乡的红花尖，海拔364.20米。丘陵主要分布于盆地周边或山间山麓旁侧。岗地主要分布于东洞庭湖东岸的麻塘镇、城关镇、黄沙街镇及新墙河两岸。平原主要分布在筻口、新墙、公田、鹿角、城关等乡镇，全县水域面积1100平方千米，主要为县辖东洞庭湖水面。

【河流湖泊】 县境主要河流有直泄东洞庭湖的新墙河、费家河、坪桥河、铜鼓河；有直入南洞庭湖的罗水河。河网水系归属相对集中，沙港、游港河为新墙河两大支流，其中沙港河发源于平江县板江乡大坳岭，自月田江坝入县境。流经月田、湾头、杨林、熊市，至筻口镇的三港嘴汇合游港河后入新墙河主流。游港河发源于临湘市药姑山，由西塘入县境，经筻口至三港嘴汇入新墙河主流。沙港、游港河自三港嘴汇流后流经新墙、荣家湾从破岚口入东洞庭湖，主流全长26.80千米，流域面积418平方千米。费家河发源于袁家里，流经黄秀桥、宝塔，河流长20千米，流域面积85.60平方千米，坪桥河发源于长湖乡胡仙山，流经三友、凌云、黄沙街、坪桥，河流长22千米，流域面积85.40平方千米。罗水河发源于张谷英镇桂峰村坳背里，经岳坊、步仙桥进入汨罗市，在县境长42千米，流域面积133.20平方千米。铜鼓河发源于茅栗铺，流经赵建中、磨刀、麻塘，河流长16千米，流域面积32.10平方千米。

县境湖泊有与长江相通的东洞庭湖，有与境内河流相连的内湖。县境内有大小内湖17个。

自然资源

【概况】 岳阳县资源丰富，县境内已探明的矿藏有20多种，其中钒矿储量占全世界的四分之一，独居石、砂石等资源储量居湘北地区之首。东洞庭湖砂石资源蕴藏量丰富，总储量65500万吨，年可开采量达1380万吨，主要分布在东洞庭湖、新墙河流域及其滨湖地带。

岳阳县属亚热带常绿阔叶林区，植物资源十分丰富。境内有木本类植物92科，829种，其中乡土树种82科、655种。属国家及省定保护的有银杏、杜仲、桢楠、青檀、香桦、花桐木等14科、24种。用材树种主要有杉、松、樟、枫、檫、楠、桐、柏等。2016年全县完成植树造林面积3133公顷，林木绿化率达39.6%，森林蓄积量305万立方米，森林资源蓄积量净增长率达到4.0%，森林覆盖率达30.46%。

旅　游

【概况】 岳阳县旅游景点主要有大云山、张谷英民俗文化村、相思山公园、铁山水库。

大云山　大云山位于岳阳县东北部，面积128.28平方千米。大云山群峰耸立，怪石嶙峋，飞瀑流泉，洞府幽深。1996年建立大云山国家森林公园，公园核心景区面积340公顷，分为祖师殿和真君殿两个景区，有48处景观景点。大云山植物资源丰富，植被覆盖率80%，年平均气温18℃，7月最高气温32℃。大云山森林旅游已纳入中国优秀旅游城市岳阳市旅游规划，被列为岳阳十景之一、岳阳东部宗教生态旅游区、岳阳市重点生态旅游线，2009年12月被评为国家AAA级景区。大云山集道教、佛教、旅游、避暑于一体，每逢三月三、九月九，朝庙求签者络绎不绝，是人们朝拜观光游览的理想之处。

张谷英民俗文化村　张谷英民俗文化村位于县境东部张谷英镇张谷英村，占地5万多平方米。历经明清时期，先后建成房屋1732间，大部分保存完好，在全国古建筑群中，号称“天下第一村”。房屋大都依山而建，伴溪而筑，栋宇相连，到处是曲径通幽，小桥流水。其严谨的整体结构、独具匠心的内部装饰、通达合理的排水系统，既体现了传统民居的风格特征，又迥异于传统民居的诸多共性，被公认为古代建筑史上的“三绝”。湖南省将该村定为“湘北农家乐旅游点”，岳阳市将其列入岳阳十大景点之一。其大小景点有狮象把门、文塔、天灯、仙人石、龙珠石、当大门、青云楼、上新屋、王家塅、百步三桥、龙涎井、长寿井、龙形山、张谷英墓、孝子坟、垫公墓、藏谷洞、民俗陈列馆、王震办公旧址等20余处。2001年6月，张谷英民俗文化村被国务院批准为“国家重点文物保护单位”。2003年10月，张谷英村被建设部、国家文物局公布为第一批历史文化名村。2013年1月张谷英景区被全国旅游景区质量等级评定委员会公布为国家AAA级旅游景区。

相思山公园　相思山公园位于岳阳县东部的相思山，与湖北通城、江西修水接壤，绵延10余千米，平均海拔700米以上，其主峰相思山（眉毛尖）海拔957.2米，年平均气温15℃，是极佳的旅游、观光、度假、休闲、避暑、会务等理想场所。相思山原名相师山，相传此地是汉高祖刘邦请张良第二次出山的地方。相思山名胜古迹颇多，历代曾建殿、宫、寺、庙多处，著名的有白云观、芙蓉寺、张良庙等。旅游区由世界爱情文化生态旅游谷、同乐谷、相思瀑布、相思峰以及相思村等景区组成。

铁山水库　铁山水库位于大云山东南山脚，面积41.6平方千米，总容量6.35亿立方米，147座大小岛屿布列其间，四周青峰倒映，库面波光粼粼，显得扑朔迷离，绚丽多姿。库区主要名胜古迹有斩龙潭、狮子洞、飞鸣寺、八仙台等10多处。铁山水库已成为游人泛舟赏花、驻水垂钓、射击狩猎、嬉水游泳、避暑养心的胜地。

（曹　瑜）

行政区划

【行政区划变更】　2005年12月27日，岳阳市人民政府办公室根据省民政厅《关于将岳阳县康王乡等三个乡镇划归岳阳楼区管辖的批复》（湘民行发〔2005〕33号）精神，下达岳政办函〔2005〕170号《关于同意将岳阳县康王乡等三个乡镇划归岳阳楼区管辖的批复》，同意将岳阳县康王乡、三荷乡、西塘镇成建制划归岳阳楼区管辖。所划2乡1镇的行政建制、行政区域、政区名称和政府驻地不变。

2015年12月1日，岳阳市人民政府根据《湖南省民政厅关于同意岳阳县乡镇区划调整方案的批复》（湘民行发〔2015〕108号）文件，下达岳政函〔2015〕209号关于转发《湖南省民政厅关于同意岳阳县乡镇区划调整方案的批复》的通知，经研究报省人民政府批准，同意城关镇、鹿角镇、麻塘镇成建制合并设立荣家湾镇；云山乡、毛田镇、相思乡成建制合并设立毛田镇；甘田乡、公田镇成建制合并设立公田站；张谷英镇、饶村乡成建制合并设立张谷英镇；步仙乡撤乡设镇为步仙镇。本轮乡镇区划调整后，岳阳县共减少6个乡镇建制，现辖荣家湾、新开、

岳阳县2016年行政区划

表1

乡镇名称	辖村(居)民委员会	辖村(居)民小组	辖村(居)民委员会名称
毛田镇	17个村、1个居委会	589个村民小组、2个居民小组	南冲村　芭蕉村　英桥村　孟城村　毛田村　道仁村　小港村　相思村　卢塅村　李塅村　珠港村　中兴村　白若村　云山村　西台村　鸣山村　黄道村　八斗居委会
黄沙街镇	13个村 1个居委会	429个组 14个居民小组	复兴村　荷塘村　和谐村　刘士奇村　大金村　中兴村　新天村　三和村　黄秀村　大明村　龙凤村　黄沙村　苍坪村　黄沙居委会
杨林乡	8个村	282个组	尚书村　花果园村　兰泽村　城山舟村　溪源村　姑桥村　王安村　杨林街村
月田镇	14个村 1个居委会	535个组 5个居民小组	红光村　花苗村　改港村　江塓村　大界村　茨洞村　稻田村　月东村　月田村　白竹村　立新村　相思山村　黄岸村　铁山湖村　月田居委会

续表 1

乡镇名称	辖村(居)民委员会	辖村(居)民小组	辖村(居)民委员会名称
新开镇	9 个村 1 个居委会	399 个组 1 个居民小组	万福村　马店村　常山村　朱砂桥村　新开村　马山村　龙湾村 友谊村　共和村　新开塘居委会
公田镇	13 个村 1 个居委会	256 个组 10 个居民小组	飞云村　塘田村　港口村　饶港村　大塅村　东淇村　东新村 横铺村　甘田村　五龙桥村　向佳村　长安村　铁山村 公田居委会
筻口镇	13 个村 2 个居委会	571 个村民小组 36 个居民小组	筻口居委会　老街居委会　明星村　漆市村　移山村　游港村 大塘村　释迦寺村　朱仑村　沙南新村　潼溪村　三港咀村 笔架山村　熊市村　西冲村
中洲乡	8 个村	190 个组	巴陵村　平江河村　三江村　北垸村　坪桥湖村　中洲村　机场村 宝塔村
步仙镇	9 个村	311 个组	关王村　松溪村　狮山村　仙桥村　步仙湖村　新合村　凤凰村 安山村　北斗岭村
柏祥镇	8 个村 1 个居委会	350 个组	临港村　桑园村　七一村　伏太村　中村村　柏祥村 万庆村　十步桥村　刘明居委会
张谷英镇	13 个村 1 个居委会	416 个组 1 个居民小组	天龙村　渭洞村　风水村　张谷英村　大明山村　五洋村　松树村 芭蕉村　倒溪村　莲花湖村　饶村村　大峰村　朱公桥村 渭洞居委会
长湖乡	10 个村	402 个组	白羊村　范家村　长湖村　京广村　燎原新村　团结村　荆洲村 洪桥村　自强村　大众村
荣家湾镇	19 个村 20 个居委会	793 个组 103个居民小组	荣湾湖村　东方村　城东村　六合垸村　兴园村　文发村　友爱村 欣荣村　公诚村　荣鹿新村　牛皋村　岳武村　鹿角村　金垅村 麻布山村　麻塘村　畔湖新村　洞庭村　东风村 城北居委会　卫农居委会　荣站居委会 文胜居委会　枫桥居委会　城南居委会　月西居委会　桥东居委会 南街居委会　集镇居委会　同心居委会　庆丰居委会　城西居委会 天鹅居委会　老街居委会　街赵居委会　向阳居委会　巴陵居委会 鹿角居委会　麻塘居委会
新墙镇	7 个村 2 个居委会	282 个组 9 个居民小组	双枫村　清水村　三合村　高桥村　燎原村　新华村　马形村 十二公里居委会　老街居委会

筻口、公田、毛田、月田、张谷英、柏祥、新墙、黄沙街、步仙 11 个镇,杨林、长湖、中洲 3 个乡,总面积 2893.3 平方千米,总人口 72 万人，县人民政府驻地城关镇名称变更为荣家湾镇。

人口状况

2016 年年末，全县总户数 240553 户，年末户籍总人口 729420 人，其中男性 382900 人，女性 346520 人，男女性比例为 104.9:100；城镇人口 151736 人，乡村人口 577684 人。年末全县常住人口 73.81 万人,其中城镇人口 35.25 万人,城镇化率 47.8%,比上年末提高 1.9 个百分点。2016 年全年出生人口 10369 人，出生率为 14.05‰;死亡人数 4656 人,死亡率 6.31‰，人口自然增长率为 7.74‰。

国民经济和社会发展

【2016 年国民经济和社会发展】 2016 年,县委、县政府带领全县人民深入贯彻落实上级各项决策部署,坚持“科学决策、求真务实、牢记宗旨、执政为民,团结奋斗、不辱使命”的执政和发展理念,紧紧围绕“四个全面”战略布局,攻坚克难,锐意进取,全县经济保持了平稳较快发展，社会事业全面进步,实现了“十三五”良好开局。

【经济综合实力增强】 全县实现地区生产总值 2865426 万元,按可比价计算,同比增长 8.2%。其中第一产业增加值 530273 万元,同比增长 3.0%。第二产业增加值 1355205 万元,同比增长 8.7%,其中,工业增加值同比增长 8.5%;建筑业增加值同比增长 12.1%。第三产业增加值 979948 万元,同比增长 10.4%。按年平均常住人口计算,人均生产总值 38948 元,比上年增加 3316 元，同比增长 9.3%。三次产业结构比例由 2015 年的 18.5:48.3:33.2 调整为 18.5:47.3:34.2,第一产业持平,第二产业下降 1 个百分点，第三产业上升 1 个百分点。

【农业和农村经济稳步发展】 全县农林牧渔业实现增加值 535330.3 万元,同比增长 3.1%。其中农业增加值 242764 万元,同比增长 1.22%；林业增加值 9824.8 万元,同比增长 6.36%;牧业增加值 223115.9 万元，同比增长 4.63%；渔业增加值 54568.79 万元,同比增长 4.78%;农林牧渔服务业增加值 5056.83 万元,同比增长 10.0%。

全县农作物总播种面积 141.29 千公顷,同比增长 0.4%。其中粮食作物播种面积 91.99 千公顷,同比增长 0.3%;油料播种面积 19.2 千公顷,同比下降 0.5%;蔬菜（含菜用瓜）播种面积 13.87 千公顷，同比增长 3%。粮食总产量 518507.9 吨,同比下降 1.8%;油料产量 32977.38 吨，同比下降 0.6%；蔬菜类产量 462170 吨,同比增长 5.0%。

年末有林地面积 8286.37 公顷,其中楠竹面积 1167.12 公顷。苗圃总面积 481.47 公顷,苗木年销售量 1792 万株（包含绿化苗木）。本年全县活立木总消耗量(含“四旁”消耗和自然枯损)116520 立方米,楠竹消耗 22 万株。

全县年末牛存栏 7.22 万头，同比下降 3.0%。全年出栏肉猪 136.2 万头,同比下降 2.4%;年末生猪存栏 76.45 万头，同比下降 2.7%,其中母猪存栏 7.56 万头,同比下降 1.6%。山羊存栏 5.99 万只，同比下降 2.9%。活家禽存笼(鸡鸭鹅)505.4 万羽，同比增长 2.9%；当年家禽出笼 547.1 万羽，同比增 3.6%；当年禽蛋产量 17782 吨,同比增长 2.3%。肉类总产量 105870 吨，同比下降 1.7%，其中猪肉产量 92616 吨，同比下降 2.4%。

全县淡水养殖面积 10.24 千公顷,同比增长 1.3%;水产品总产量 54978 吨,同比增长 4.6%。

全县农业机械总动力 81.52 万千瓦,同比增长 8.5%;农用化肥施用量 38918 吨(折纯),同比减少 0.4%。

【工业经济快速增长】 据初步核算，全部工业实现增加值 128.16 亿元,同比增长 8.5%。至 2016 年年底,全县规模工业企业达到 147 家，实现规上工业增加值 111.15 亿元,同比增长 8.9%;实现工业总产值 493.45 亿元，同比增长 9.2%,产销率 99.91%。大中型企业完成产值 74.9 亿元，同比下降 0.05%，占全县规模工业企业的 15.18%。从轻重工业看，轻工业产值 290.76 亿元，同比增长 16.5%，重工业产值 202.69 亿元，同比增长 0.03%；从注册类型看，国有控股企业产值 22.99 亿元，集体企业产值 2.86 亿元，有限责任公司产值 35.16 亿元，股份有限公司产值 8.98 亿元，私营企业产值 418.53 亿元，外商及港澳台商投资企业产值 4.93 亿元。68 家高新科技企业，全年实现工业总产值 284.3 亿元，同比增长 63.3%。

全年规模以上工业企业实现利润 27.3 亿元，同比增长 13.75%，其中国有企业 0.93 亿元，同比增长 12.04%；集体企业 0.1 亿元，同比增长 250%；股份制企业 2.77 亿元，同比增长 42.7%；外商及港澳台商投资企业 0.07 亿元，同比增长 40%。

【建筑行业稳步发展】 全县全社会建筑企业增加值 73577 万元，同比增长 12.1%。全县具有资质等级的建筑业企业 13 家(不含劳务分包企业)，其中有工作量的企业 13 家，完成施工总产值 14.9 亿元，同比下降 1.7%。房屋建筑施工面积 63.54 万平方米，房屋建筑竣工面积 55.22 万平方米，同比分别下降 3.7%、8.8%。

【固定资产投资平稳增长】 全县完成固定资产投资 263.68 亿元，同比增长 11.6%，其中完成工业固定资产投资 123.1 亿元，同比增长 11.7%。全年计划总投资 5000 万及以上项目 48 个，累计完成投资额 39 亿元，占整个固定资产投资的比重达 14.8%。分产业看第一、二、三产业分别完成投资 23.05 亿元、147.72 亿元、85.46 亿元，同比分别增长 15.1%、8.7%、15.6%。分经济类型看，国有投资 26.1 亿元，同比增长 7.87%；非国有投资 237.58 亿元，同比增长 12.12%；民间投资 237.58 亿元，同比增长 12.12%。分投资方向看，民生投资 27 亿元，同比增长 56.4%；生态投资 26.9 亿元，同比增长 32.6%；基础设施投资 41.45 亿元，同比增长 37.24%；高新技术产业投资 14.3 亿元，同比增长 18.9%；技改投资 90.08 亿元，同比下降 2.1%；战略性新兴产业投资 74.11 亿元，同比增长 35.1%。

全县房地产开发投资 7.45 亿元，同比增长 14.8%。其中，住宅投资 5.6 亿元，同比增长 6.3%。商品房销售面积 25.31 万平方米，同比增长 6.3%。商品房销售额 9.89 亿元，同比增长 11.1%。年末商品房待售面积 4.01 万平方米，同比下降 4.5%，同比减少 0.77 万平方米。

【居民消费持续增长】 全年社会消费品零售总额 95.11 亿元，同比增长 12.1%。按销售地区分，城镇市场消费品零售额 80.15 亿元，同比增长 12.1%；乡村市场消费品零售额 14.96 亿元，同比增长 12.0%。按行业分，批发业和零售业分别实现零售额 10.21 亿元、75.82 亿元，同比分别增长 11.7%、12.1%；住宿和餐饮业分别实现零售额 0.92 亿元、8.16 亿元，同比分别增长 10.8%、12.1%。

完成外贸进出口 1645 万美元，同比下降 20.4%。其中出口 738 万美元，下降 26.5%；进口 907 万美元，下降 14.7%。进出口差额(出口减进口)-169 万美元。引进外资 3600 万美元，同比增长 111.7%。

【交通运输业平稳发展】 全年公路货运量 1406 万吨，客运量 3664 万人；货物周转量 68565 万吨千米，旅客周转量 25670 万人千米。全县公路通车里程 2941.376 千米，其中等级公路 2892.823 千米，农村通公路行政村比重达到 100%。全县营运客车 376 台，其中省际客车 1 台，市际客车 8 台，县际客车 220 台，县内客车 145 台，旅游车辆 2 台。全年新注册机动车 5038 辆，其中小型汽车 2276 辆。

【邮电通信业持续发展】 全县邮政业务总量 5206 万元，同比增长 19.5%，其中邮务类 1467 万元(邮务类中速递物流类 257 万元)，代理金融类 3739 万元。电信业务总量 5540 万元，同比增长 11.9%，本地计次制电话用户 101769 户，英特网注册拨号用户 30212 户。联通业务总量 4000 万元，同比增长 5.3%。2016 年年末移动日均通话客户为 25.8 万户；全年业务总量 1.59 亿元；互联网用户 15.37 万户，其中 4G 用户 13.8 万户，宽带用户 1.57 万户。

【旅游产业日益兴旺】 2016年全县旅行社已达8家(其中门市部7家)，全县全年共接待中外游客390.38万人次，同比增长22%，旅游综合收入达31.72亿元，同比增长22.5%。张谷英共接待游客81.12万人次，旅游综合收入5.03亿元，同比分别增长4%、3%；大云山共接待游客51.45万人次，旅游综合收入1.47亿元，同比分别增长5%、4%；相思山共接待游客8.48万人次，旅游综合收入0.315亿元，同比分别增长6%、5%。

【财政收入平稳增长】 全县公共财政预算收入8.98亿元，同比增长10.3%。地方公共财政预算收入5.59亿元，同比增长16.4%，其中税收收入3.03亿元，同比增长9.5%，非税收入2.56亿元，同比增长25.9%。财政总支出35.68亿元，同比增长11.9%，其中教育支出6.06亿，同比增长25.9%；文化体育与传媒支出1.48亿元，同比增长21%；社会保障和就业支出5.90亿元，同比增长2.1%；医疗卫生与计划生育支出4.58亿元，同比增长1.1%；农林水支出6.35亿元，同比增长0.9%。

【金融存贷稳步增长】 全县金融机构各项存款余额139.35亿元，同比增长22.6%，其中住户存款余额91.30亿元，同比增长20.7%，非金融企业存款余额19.33亿元，同比增长44.5%。全县金融机构各项贷款余额61.01亿元，同比增长4.7%，其中住户贷款余额26.56亿元，同比下降0.6个百分点，非金融企业及机关团体贷款余额34.45亿元，同比增长9.1%。

【保险事业提速发展】 2016年全县保险机构12家，保险收入2.75亿元。其中人寿保险保费收入6781.7万元，同比增长6.1%，财产保险保费收入2946.57万元，同比增长15.8%。全县保险机构理赔支出1.45亿元。其中人寿保险387.32万元，同比增加9.1%；财产保险2111.68万元，同比增长28.7%。

【基础教育不断巩固】 全县各类学校145所(不含幼儿园)，其中普通小学65所，小学教学点47个，初中学校17所，九年一贯制学校9所，高中学校4所，中等职业教育学校2所，特教学校1所。在校学生人数69575人，其中普通小学38647人，普通初中16869人，普通高中8721人，中等职业教育学校5203人，特殊教育学校135人。全县幼儿园194所，其中公办幼儿园27所；在园幼儿20643人。小学适龄儿童入学率100%，高中阶段教育毛入学率93.6%。

【科技工作快速发展】 全县高新产品企业和高新技术企业总量达到68家，其中高新技术企业18家，高新技术企业中国家火炬重点高新技术企业1家。全县拥有省级工程(技术)研究中心3家，市级工程(技术)研究中心4家。2016年申报国家专利258件、授权专利128件（其中授权发明专利11件，现有有效发明专利44件）。开展专利执法检查行动12次。湖南科伦“粉液双室袋包材及产品技术研究和应用”发明荣获“2015年度岳阳市科技进步一等奖”、获“湖南省科技进步奖技术发明二等奖”。岳阳县豆豆创客空间被省科技厅认定为全省首批众创空间。岳阳县被授予“2016年湖南省知识产权建设强县”。2016年，高新技术产业增加值59.85亿元，同比增长23.5%，高新技术产业增加值占GDP比重达到20.89%，比上年提高2.69个百分点。

【公共文化服务体系建设卓有成效】 顺利通过创建国家公共文化服务体系示范区检查验收。岳阳花鼓戏传承剧院完成改造，县博物馆(美术馆)建成开放，县城富安数字影城投入使用，填补了文化空白。完成了乡镇综合文化站和部分村(社区)文化活动室提档升级，农家书屋建设实现了村级全覆盖，补齐了文化短板。开展“演艺惠民·送戏下乡”108场，“欢乐潇湘·幸福岳阳·秀美巴陵”大型群众文艺会演乡镇和全县复赛专场19场，组织开展“红旗颂”大型群众合唱活动，代表全市参加全省“我们都来跳”社会主义核心价值观原创广场舞大赛喜获银奖。申报了非物质文化遗产保护项目13个，搜集整理岳阳花鼓戏传统剧目97台，云山山歌成功入选省级非遗推荐项目名单，提升了文化服务后劲。

【卫生事业健康发展】 年末全县

共有卫生机构39个,其中,医院3个,妇幼保健院1个,卫生院21个。卫生技术人员1501万人,同比增长1.8%,其中,执业医师801人,同比增长2.8%;注册护士775人,同比增长7.6%。卫生机构床位数2308张,同比增长23.7%,其中医院及妇幼保健院1140张,同比增长19.4%;卫生院1168张,同比增长28.2%。全年诊疗病人193.91万人次,其中医院诊疗23.93万人次,卫生院诊疗30.88万人次,妇幼诊疗2.28万人次。

【体育事业蓬勃发展】 2016年,为全县79个行政村配备了60幅高标准篮球架,积极向省体育局争取到61条健身路径器材落户于全县广大农村;新成立了群众体育组织和健身队伍4个,全年参加健身活动的群众达180000多人次。8月参加省摔跤、举重、拳击三个项目的比赛获得9金2银5铜,还向省试训、集训和武汉体院输送了20名优秀苗子。至2016年11月28日,全县乡、村、学校、企、事业单位建有羽毛球场、乒乓球场、篮球场、田径场等运动场地(馆)904个,面积达758491平方米,人均拥有公共体育设施面积已达1.05平方米。

【环境和安全生产】 全县城镇污水处理率77.7%,农村生活污水处理率59.8%,地表水质达标率97.2%,农村安全饮水比率100%,农村垃圾集中处理率96.9%。全年境内年度最高气温为36.7℃,最低为-3.6℃,全年平均气温18.2℃,年降水量1278.3毫米。

初步核算,全年能源消耗总量134.4万吨标准煤,单位GDP能耗0.515吨标准煤/万元(2010年不变价),下降6.53%。规模工业综合能源消费量70.14万吨标准煤,比上年上升3.25%,其中六大高耗能行业综合能源消费量44.06万吨标准煤,下降3.4%。

2016年全年全社会用电总量101771万千瓦小时,同比增长13.7%。其中工业用电量61774万千瓦小时,同比增长13.3%。

2016年度生产安全事故死亡13人,亿元GDP生产安全事故死亡率为0.0454%。全年发生道路交通事故7起。全年刑事案件(结案)330件,犯罪(判决)人数396人,民事案件结案数3946件。

说明:

1. 本公报中数据均为初步统计数。

2.地区生产总值,各产业增加值绝对数按现价计算,增长速度按不变价格计算。

3.从2011年开始,纳入规模以上工业统计范围的工业企业起点标准从年主营业务收入500万元提高到2000万元。固定资产投资统计标准从计划总投资50万元提高到500万元。

4.因城镇化建设扩充,导致林地面积与2015年相比略有减少。

5. 道路交通事故因统计标准不同(2015年及以前包括各类大大小小的交通事故,2016年起仅包括有死亡人员的交通事故),所以数据有差异。

6.移动公司因营改增原因,导致2016年业务总量数据与2015年持平。

(县统计局)

精神文明建设

一、以全国文明城市创建为重点,深化拓展群众性精神文明创建

1.推进全国文明城市创建。一是筑牢机制保障。2016年年初,县文明委下发工作方案,明确了全国文明城市创建五大工程,制定了工作任务分解表,把责任分到了单位和具体负责人。二是工作强势推进。召开了文明城市创建“十大行动”推进会,召开了城区社区创建培训会。7月中下旬,邀请国家统计局岳阳调查队对岳阳县210个样本点进行了文明程度指数模拟测评。8月1日,召开创建全国文明城市工作推进会,对模拟测评存在的问题进行讲评,对迎检工作进行部署。8月中旬省文明办对岳阳县文明程度指数进行测评,在全省40个测评县市中排名第五,在6个提名城市中排名第四。

2.深化文明单位、文明社区、文明窗口等创建。一是积极做好申报工作。制定了2020年城区文明单位比例达到80%,乡镇文明村镇的比例达到60%的创建目标,2016年新申报市级以上文明创建先进18家,县级文明创建先进14家。二是加强创建培训。4月,在县烟草局召开了文明单位创建现场会,8月底,在新墙镇清

水村召开了文明村镇创建现场会，9月，组织新申报市级以上文明单位参加了全市文明单位培训班。三是加强动态管理。加强对各级各类文明创建单位创建过程的督查指导，开展了两次文明单位的复查，对工作不主动、责任落实不到位的单位进行了通报，对1个文明进行了摘牌。

3.加强农村精神文明创建。一是倡导乡风文明。在每个村的人流密集处，建立“图说我们的价值观”、中国梦固定公益广告宣传牌。深入推进“五下乡”志愿服务活动，将志愿服务延伸到农村千家万户；举行了岳阳县第三届全民广场舞大赛，进一步丰富了群众的文化生活。二是开展文明创评。以全国文明村张谷英村、新墙镇清水村、筻口镇西冲村为引领，开展文明创建。组织开展文明家庭等系列评选表彰活动，通过好家风的建设，助推了全县农村社会文明程度不断提升。

二、以践行社会主义核心价值观为主线，广泛开展公民思想道德实践

1.加大公益广告宣传。一是各类媒体固定位置常态化刊播公益广告；二是对已损坏的户外公益广告进行更换，对还没有覆盖的县城重要部位进行增补；三是县直各级单位、各乡镇村在显眼位置长期刊播了一定数量的社会主义核心价值观公益广告。

2.开展“我们的节日”主题活动。结合“五下乡”活动，组织开展了2016年“我们的节日·红红火火过大年”活动；在元宵节开展了“猜灯谜闹元宵”活动。在县烈士陵园开展了以“重温誓词　唱红歌　祭英烈”为主题的清明节祭奠活动，全县各中小学校开展了“网上祭英烈”活动。10月9日，湖南省2016年我们的节日·重阳主题活动在岳阳县举行。

3.深化道德讲堂活动。印发了《关于深化道德讲堂活动》的通知，召开了深化道德讲堂专项工作部署会，要求以“身边人讲身边事、身边人讲自己事、身边事教身边人”为基本形式，按照“八有”的工作要求，在全县党政机关、学校、社区、企事业单位和民营企业继续深入、广泛开展道德讲堂活动。

4.开展先进典型选树。一是道德模范。表彰了王茂光等10名孝老爱亲、助人为乐、敬业奉献、见义勇为道德模范和4名道德模范提名奖获得者；举办了岳阳市第五届道德模范丁群芳先进事迹报告会，承办了市道德模范巡讲报告会岳阳县专场；开展了道德模范送温暖活动。二是身边好人。积极推介身边好人，岳阳县教师丁群芳获评4月中国好人，县人民医院泌尿外科主任王石虎获评5月湖南好人。5月，《湖南日报》、湖南卫视、湖南都市频道等10家省直新闻媒体到张谷英镇采访报道了丁群芳。三是孝友之星。县文明委开展了首届孝友之星评选活动，通过广泛宣传发动、层层创评推荐、初审评议、现场调查、征求意见、媒体公示、综合评定等程序，共评选出了熊萍霞等10名孝友之星。

5.推进诚信建设。依托政务中心、法院、市场管理局、税务、人民银行等单位，建立了“红黑榜”制度。对诚信企业和模范个人进行嘉许，对失信企业和个人进行惩戒和公布。利用道德讲堂、新闻媒体、“3·15”消费者权益日等重要时间节点开展诚信宣传教育，培养了群众的诚信观念和规则意识。

6.开展节俭养德行动。在全县486家餐饮单位、112家单位和学校公共食堂全面普及“文明餐桌”行动，在全县营造了文明节俭的社会风尚；开展“节约一滴水”“节约一度电”“节约一张纸”等等“节俭养德”活动。

7.推进文明旅游行动。开展文明旅游宣传活动，在出入境办证大厅、旅行社、星级宾馆等摆放大量的文明旅游宣传材料，各类媒体采取正面宣传与反面曝光相结合的方式，对文明旅游行动开展常态化宣传；全县3个旅行社全部落实了行前教育、行中引导、行后总结制度。

8.做好网络文明传播。建好了岳阳县文明网，专人负责日常工作；以各级文明单位为主体，经常开展网上传播活动，提升了网络文明传播工作水平；经常利用微信、微博、客户端等新技术应用平台开展网上传播活动。

三、以雷锋家乡学雷锋为引领，推进学雷锋志愿服务制度化

1.弘扬志愿服务精神。3月4日，举行了全县2016年“学雷锋志愿服务天天行”活动启动仪式；12月15日开展了全县志愿服务知识培训；积极向省志愿服务网站推稿，全年向各级媒体发稿188篇，向市志愿服务简报报送志愿服务信息130余条。

2. 开展志愿服务活动。2016年开展以关爱空巢老人、留守儿童、困难职工、残疾人为对象的系列志愿服务活动500余次，志愿者们扶贫济困、义务献血、禁毒宣传、关爱留守儿童、关爱残疾人，他们的身影出现在全县各大活动现场，各种需要帮助的人群身边。

3.完善志愿服务机制。培育和发展志愿服务团队，鼓励引导成立专业性较强的民间志愿服务组织——岳阳县青商公益；召开了志愿服务先进典型表彰大会，表彰了2015年度县文化馆等5个优秀志愿服务集体，谢泽华等10名优秀志愿服务个人；为400名志愿者购买公益保险，为志愿者开展志愿服务解除后顾之忧。

四、以文明校园创建为载体，加强和改进未成年人思想道德建设

1.深化文明校园创建。按照到2020年高校、中小学文明校园创建活动100%覆盖的目标，深入开展"文明校园"创建；把核心价值观教育与常规教学、重要时间节点、校园文化建设有机结合；健全学校、家庭、社会"三结合"教育网络。

2.加强活动阵地建设。加强对全县乡村学校少年宫的督查指导，组织各少年宫负责人参加了全市乡村学校少年宫现场会，观摩学习了全市优秀少年宫的软件、硬件建设。

3.净化社会文化环境。继续坚持不懈地抓好荧屏、声频净化和网吧、校园周边环境建设，整治未成年人在营业性网吧上网问题，坚持从解决群众反映强烈的违法违规行为入手，集中治理文化市场存在的突出问题。

（孙　晗）

县、县直系统及部分驻县单位领导干部名录

（负责人任职时间截至2017年6月30日）

中共岳阳县委员会

书　记　田文静
副书记　曾平原
　　　　王保林
常　委　万　东
　　　　余泽世
　　　　吴跃中
　　　　赵　瑾
　　　　周　鹏
　　　　洪国明
　　　　易新岳
　　　　王卫兵
　　　　苏红琳

岳阳县人大常委会

主　任　汤小娥
副主任　刘小良
　　　　张艳生
　　　　胡海平
　　　　易治国
　　　　许吉程

办公室

主　任　何　勇
副主任　罗奕博
　　　　刘　亮
纪检委员　龚明华
工会主席　王　敏

法制委员会

主　任　郑一夫
副主任　何燕花

农业农村工作委员会

副主任　蒋中华

内务司法工作委员会

主　任　周久来
副主任　任凯鹏

代表联络工作委员会

主　任　刘　齐
副主任　柳　平

财经工作委员会

主　任　梁绪华
副主任　陈　明

科教文卫工作委员会

主　任　蔡平凡

城乡建设环境资源工作委员会

主　任　陈完良
副主任　李淑晖

岳阳县人民政府

县　长　曾平原
副县长　万　东
　　　　周　里
　　　　彭碧芳（女）
　　　　付学文
　　　　杨　谦（挂职）
　　　　胡秉阳
　　　　杨前进
　　　　张　奕

政协岳阳县委员会

党组书记、主席　袁陆保
党组副书记、副主席
　　　　陈　明
　　　　甘柏旺（兼）
　　　　彭荣欣（兼）
　　　　余望新（兼）
　　　　刘　岳

办公室

主　任　毛世红
副主任　刘细辉
纪检员　周成方

学习文史提案委员会

主　任　吴立文
副主任　付白玉

法制群团联络委员会

主　任　刘琦新
副主任　庞玉红

经济科技委员会

主　任　刘森清
副主任　汪秋宝

文教卫体委员会

主　任　黎鸿南
副主任　王林志

岳阳县人民武装部

部　　长　洪国明
副部　长　吴　杰
政工科长　王维一
后勤科长　汪　楷

中共岳阳县纪律检查委员会(监察局)

书　记　赵　瑾
副书记、监察局局长、预防腐败局局长
　　吴承棉
副书记　杨望龙
　　陈庆军
常　委　龙洛阳
　　黄　静
　　杨斌君
　　古阁城
　　李炜东
监察局副局长
　　李林勇
　　龙洛阳
　　余望新
预防腐败局副局长
　　姚小孔

县委办系统

县委办公室

主　　任　易新岳
常务副主任　黄运斌
副　主　任　李传忠
　　周世求
　　刘雪梅
　　任元中

县档案局

党组书记、局长　周世求
副　局　长　汪自兴
　　李七林
纪检组组长　李阳彬

县委史志办

副主任　曹　瑜
　　刘　潇

县接待办

主　任　刘雪梅(兼)

县绩效办

主　任　李传忠(兼)
副主任　刘小文
　　邓　伟

县委机要保密局

局　长　周闰年
副局长　冯岳斌

县委政策研究中心

主　任　冯　营
副主任　刘其波

县委改革办

主　任　易新岳(兼)
副主任　王　靖(兼)
　　冯　营(兼)
　　许玉石

组群统战系统

县委组织部

部　　长　周　鹏
常务副部长　刘卫兵
副　部　长　罗新喜
　　陈　鑫(兼)
　　苏艳明
部务会成员　江新德
部务会成员、部纪检委员
　　龚克雄
部务会成员　李　龙

县编办

党组书记、主任　谢雨星
副　主　任　陈　玲
　　彭拥军
纪检组组长　易　淼
事业单位登记管理局副局长
　　钟礼霞

县总工会

党组书记、副主席　许石雄
副　主　席　兰天喜
　　胡光霞
纪检组组长　卢继红
党组成员　李建云

团县委

书　记　何铁飞
副书记　王尹静
　　　　谭宇明

县妇联

主　席　冯　艳
副主席　陈　敏

县委老干部工作局

党组书记、局长　陈　鑫
副　局　长　卢　映
纪检组组长　黄克荣

县委党校

校　　长　余大红
副　校　长　姜中葵
纪检组组长　张爱斌

县科协

主　席　刘拥政
副主席　杨鹏飞

统战系统

县委统战部

部　　长　苏红琳
常务副部长　易树芝
副部长、工商联党组书记
　　　　毛金根

县工商联

主　　席　李赐柚
党组书记　毛金根(兼)
副 主 席　张从农
　　　　　汪　洋
党组成员　何水滔(兼)
　　　　　姜三平

宣传系统

县委宣传部

部　　长　王卫兵
常务副部长　方曙光
副　部　长　陈　俊
　　　　　　吴拥民
纪 检 委 员　李月争
副处级干部　甘治国
　　　　　　王创新

县文化旅游广电新闻出版局

党组书记、局长　黎晓军
副书记、副局长　袁　正
副　局　长　万　铁
　　　　　　方楚生
　　　　　　刘沙沙
　　　　　　万明星
　　　　　　刘映辉
纪检组组长　戴洪波
副　局　长　付海兵
　　　　　　欧小元
党 组 成 员　李小雄

县文联

党组书记、主席　万　强
副主席　陈科辉(兼职)
　　　　吴小平(兼职)

县广播电视台

党组书记、台长　龚六一
副书记、副台长　王根良
副　台　长　周　克
　　　　　　罗海波
　　　　　　杨四恩
纪检组组长　万满平
党组成员、总工程师　方永江

张谷英管理处

党组书记、主任　毛一民
副书记、副主任　黄丽娟
副　主　任　敖　锦
纪检组组长　周佳良

县新华书店

经　理　彭建武
副经理　易　兵
　　　　尹小文

政法系统

县委政法委

书　　记　余泽世
常务副书记　方　兴
副　书　记　颜学进
　　　　　　郭胜强
　　　　　　汪卯山
纪检组组长　毛四兵
办公室主任　蒋　拓

防范整治邪教工作办公室

主　任　郭胜强
副主任　陈燕辉(兼)
　　　　李　勇
　　　　(兼县委宣传部副部长)

县公安局

党委书记、局长　付学文
副书记、政委　方　屏
副书记、副局长
　　　　高跃元
　　　　李干取
　　　　王四清
副　局　长　毛罗生
　　　　黎细定
　　　　陈燕辉
　　　　易双明
　　　　万岳平
纪委书记　钟仁贵

县交警大队

大队长　赵兵荣
教导员　付卫国
副大队长　余楚高
副教导员　费春来
副大队长　黄海球
　　　　唐宏国
副书记　张四清
　　　　张海湘

县人民检察院

党组书记、检察长　钟　沁
副书记、副检察长　张正球
副检察长　李小波
党组成员、副检察长　隋　杰
　　　　袁会虹
纪检组组长　陈长生
政治部主任　吴　勤
工会主席　何星明

县人民法院

党组书记、院长　杨水平
副书记、副院长　张　维
　　　　陈业文
党组成员、副院长　肖志军
　　　　戴清波
副院长　欧阳磊
政治部主任　赵　慧
纪检组组长　龙　兵
党组成员　易　斌
审判委员会专职委员
　　　　张建明
　　　　付建军
　　　　李克毅

县司法局

党组书记、局长　袁召舟
副书记、副局长　易辉宇
副局长　杨文甫
　　　　胡鹤鸣
纪检组组长　万烈欣
党组成员　兰双虎
工会主席　李才易

县武警中队

指导员　姜　炜
队　长　胡　超

县消防大队

教导员　公绪鑫
大队长　丁向阳

县政府办系统

县政府办公室

主　任　王　靖
副主任　许东望
　　　　侯练兵
　　　　黄甲地
　　　　续　涛
　　　　侯小波
　　　　李　荣
　　　　李凌东
　　　　陈拥军
纪检组组长　谢秋明
副处级干部　陈晓华
　　　　周　岩
　　　　廖孝坤

县政府经济研究中心

副主任　杨　哲

县人民防空办公室

主　任　刘亮甫
副主任　梁望春
　　　　赵佳喜
纪检组组长　黄金印

县民族宗教事务局

局　长　陈拥军

副局长　李三军

县信访局

党组书记、局长　周　年
副　局　长　蒋仕林
李大亮
杨战军

县民政局

党组书记、局长　李君梅
副　局　长　彭六军
彭荣欣
皮定关
刘一强
周卫兵
纪检组组长　李九斤

县残联

党组书记、理事长　刘　滔
副理事长　胡　斌
吴　锐
纪检组组长　蒋　莉
党组成员　吴雪兵

县审计局

党组书记、局长　李　航
副　局　长　兰　勇
廖　翔
卢兴国

县国土资源局

党组书记、局长　任三星
副　局　长　狄春桃
刘百川
吴　杰
纪检组组长　毛彬生
副　局　长　陈上立
党组成员　杨　碧
总工程师　李　霄
总经济师　朱勇为

县卫生和计划生育局

党组书记、局长　刘修平
副书记、副局长　许文杰
副　局　长　张湘玉
纪检组组长　姚凤鸣
副　局　长　吴立山
杨立强
陶小知
姜炎星
程朝晖
党组成员　许　琦
吴修明

县人民医院

院　　长　喻新亚
党总支书记　邓寿停
副　院　长　谷四英
方水平
纪检组组长　易书联
副　院　长　钟正如
工会主席　李三玉

县环境保护局

党组书记、局长　胡团生
副书记、副局长　邹水生
副　局　长　付俊杰
刘　昭
戴忠军
任志勇
任泽凤
纪检组组长　喻军辉
总工程师　王石满
党组成员　彭向东

县科技局

党组书记、局长　何新文
副　局　长　淦森柏

县食品药品工商质量监督管理局

党组书记、局长　陈晓军
副　局　长　舒先平
李西兵
纪检组组长　李育军
副　局　长　姚望华
许灿武
高钱钢
彭　勇
李　涛
李建华
冯小兰
党组成员　谢利民

县安全生产监督管理局

党组书记、局长　荣旭东
副书记、副局长　杨柏松
副　局　长　任康铭
吴江华
黄岳华
蔡彦华
纪检组组长　张　宏
总工程师　毛小雄

县移民局

党组书记、局长　姜宏毅
副　局　长　付五魁
杨交辉
许岳文
纪检组组长　周湘福

县贸易促进委员会

会　长　彭　华
副会长　李　志
李　丹

县城市建设投资管理中心

党组书记、主任　黄　洋
副　主　任　余新波
胡乃之
李环球
纪检组组长　胥洪涛
党组成员　赵耕耘

县生态工业园

党组书记、主任　梁绪望
副书记、副主任　张兴中
副　主　任　彭友桂
邹岳军
吴少锋
刘望才（挂职）
纪检组组长　钟三红

湖南岳阳台湾农民创业园

党组书记、主任　邹飞跃
副书记、副主任　尹爱华
副　主　任　胥望荣
何德保
纪检组组长　段钧溢

县建材产业改造升级管理办公室

党组书记、主任　胡志刚
副书记、副主任　毛　征
副　主　任　陈　晖
罗乐之
纪检组组长　李新辉

县荣湾湖建设开发服务中心

党组书记、主任　任新庆
副　主　任　刘满荣
龙望保
纪检组组长　周　林

县住房公积金管理中心

主　任　徐　云
副主任　李东文

县政务服务中心

主　任　许东望
副主任　李骁勇
崔　露

东洞庭湖河道采砂管理局

党组书记、局长　付鸾声
副书记、副局长　刘庆福
副　局　长　唐卫平
纪检组组长　方立军

县铁山水资源保护综合执法局

党组书记、局长　邹三龙
副　局　长　杨亚龙
杨拥军
刘玉谦
纪检组组长　唐小虎

发改系统

县发展和改革局

党组书记、局长　张忠新
副书记、副局长　龙新献
党组成员、副局长
方秋平
姜曙光
副　局　长　邓　斌
纪检组组长　任畅学
党组成员、副局长　杨经纬
副　局　长　杨　洲
党组成员　孙培林
龚湘华

县人力资源和社会保障局

党组书记、局长　钟九生
副书记、副局长
刘才伟
毛武雄
杨　柳
副　局　长　骆　斌
王生龙
王国雄
李马志
廖　凌
党组成员、纪检组组长　胡　扩
党组成员、就业局局长　陈细水

县统计局

党组书记、局长　龙世勇
副　局　长　肖典先
何凯辉
敖　珊
纪检组组长　陈石文
总统计师　李　锐

农林水系统

县农业局

党委书记、局长、县委农办主任
柳卫平
副　局　长　陈碧芳
刘长银
许　波
付绪兵
钟　波
甘德宜
张　斌
党委委员　付　玲
董卫国
袁高鹏

县扶贫开发领导小组办公室

党组书记、主任　彭四旺
副　主　任　续海山
李岳平
纪检组组长　刘　卫

县水务局

党委书记、局长　李凌峰
副书记、副局长　张盟苒
副　局　长　王卫斌
吴爱桃
周小秋
党委委员、副局长　刘　毅
总工程师　刘季用
党委委员　龚　琪

县林业局

党委书记、局长　任小军
副书记、副局长　易正凡
副局长　王　露
余　华
邹　琦
刘君保
王　勤
纪委书记　杨向荣
总工程师　蒋雄刚
党委委员　王映平

县畜牧水产局

党委书记、局长　陈　琳
副局长　王麒麟
唐利辉
敖　伟
陈石准
纪委书记　陈石准
刘志宇
总畜牧师　孙晓香
党委委员　黄　信

县农机局

党委书记、局长　龚绪海
副局长　熊　希
龚海波
梁　华
纪委书记　夏　明
工会主席　谢云峰

县农村经营管理局

党组书记、局长　李革伟
副　局　长　孙朝阳
易顶盛
卢权力
费荣辉
纪检组组长　陈兵良
党组成员　沈珊珊

大云山国家森林公园

书记、主任　付红宾
副　主　任　谢模勇
李　明
纪检组组长　王小林
工会主席　袁金龙

工信系统

县工业和信息化局

党组书记、局长　刘传雄
副书记、副局长　李　祎
副　局　长　李际忠
梁叶青
任联忠
李立新
纪检组组长　易洛斌

国网岳阳县供电公司

总　经　理　刘中邵
党总支书记　朱金先

副总经理　傅　钟
　　　　　刘　俭
　　　　　冯　亮

县邮政分公司

书记、总经理　宋　炜
副总经理　黄大军
　　　　　范　亮
　　　　　王　柯
纪检书记　范　亮

县电信分公司

总　经　理　万　勇
副总经理　许新宇
总经理助理　冯群华
　　　　　　丁瑞明

县移动公司

经　理　兰志刚
副经理　秦　力
　　　　罗　霄

县联通公司

经　理　胡登高

县石油公司

经　　理　殷卫东
副经理　任曙会
经理助理　刘　盈

县盐业公司

经　理　杨远红
副经理　周　军

交通系统

县交通运输局

党委书记、局长　袁干保
副局长　甘柏旺
　　　　龚荣兵
　　　　黎　明
　　　　彭泽龙
　　　　江拥军
纪委书记　荣卫忠
总工程师　江泽红
党委委员　江泽红

县公路局

党委书记、局长　杨学军
副　局　长　徐庆和
　　　　　　鲁　红
　　　　　　罗喜军
纪委书记　万祖毅
主任工程师　童新波
党委委员　易四现
工会主席　阎德元

建设系统

县住房和城乡建设局

党委书记、局长　姚正大
副局长　肖朝辉
　　　　李美球
　　　　陈定龙
　　　　袁　来
　　　　刘尽欢
　　　　吴红兵
纪委书记　许奇龙
总工程师　侯新求
党委委员　胡海保
　　　　　龙望保

县规划局

党组书记、局长　万次龙
副　局　长　李聘宏
　　　　　　孙细金
　　　　　　周水果
　　　　　　刘新球
纪检组组长　童　军

县房地产管理局

党组书记、局长　陈　铭
副　局　长　王秀云
　　　　　　许海峰
　　　　　　孙友德
纪检组组长　张四文
党组成员　谭伯渊

商务系统

县商务粮食局

党组书记、局长　刘　遂
副　局　长　付六生
　　　　　　张铁军
　　　　　　狄罗新
　　　　　　杨　晴
纪检组组长　彭拥军
党组成员　童宗旺

县财政局

党组书记、局长　袁文琪
副书记、副局长　吴军威

副 局 长 汪 辉
胡 晖
彭泽民
党组成员 黄甲征
刘奇爱

县供销社

党委书记、理事会主任 聂再祥
副 书 记 游斌强
理事会副主任 任小元
监事会副主任 付湘江
理事会副主任 涂正望

县国税局

党组书记、局长 谢 斌
副 局 长 高良敏
郭 煜
吴喜保
纪检组组长 童双权

县地税局

党组书记、局长 戴学斌
副 局 长 王 耘
黄 斌
胡 风
胡永忠

县烟草专卖局(分公司)

局长、经理、党组书记
周小红
副 局 长 丁孟祥
纪检组组长 陶 明
副经理、党组成员
胥 铭

金融系统

县人民银行

行 长 李雄兵
副 行 长 谢小龙
谢爱华
纪检组组长 兰志宏
党组成员 戴卫华
李 凯

县农业银行

党委书记、行长 李 斌
副行长 张克新
彭泽交
刘卫国

县农业发展银行

行 长 李建平
副行长 凌 辉
黎 明

县工商银行

行 长 江志华
副行长 胡向东
汪新时

县建设银行

行 长 罗兴保
副行长 戴 伟
付 李

县中国银行

行 长 陈辉平
副行长 谢小二
夏志国

县信用联社

党委书记、理事长 郑少华
党委副书记、主任 李 令
纪委书记、监事长 张天智
副 主 任 付良军
艾佑知
主任助理 余 乐

县邮政储蓄银行

行 长 陈忠世
副 行 长 李永莉
行长助理 杨 林

华融湘江银行

行 长 陈红霞
副行长 许 琼

县人寿保险公司

经 理 黄 琴
副经理 侯卫宏

县财产保险公司

经 理 唐克强
经理助理 黄 勇
陈昊文

中华联合保险公司

经　理　荣时遇
副经理　邓日欣
　　　　胡菊兰

湖管系统

县东洞庭湖管理局

党委书记、局长　王满星
副 局 长　李利平
　　　　　胡晓峰
　　　　　梁大寒
　　　　　张亮辉
纪委书记　施华兵
党委委员　陆文兵
　　　　　葛阳玲

县渔政局

党组书记、局长　陈君辉
副　局　长　李文芳
　　　　　　蒋灵芝
　　　　　　李海波
　　　　　　李　锋
　　　　　　阮振国
纪检组组长　杨　智
党 组 成 员　杨利文
　　　　　　何　辉

湖南洞庭苇业有限责任公司

党委书记、总经理　李天怀
副总经理　李建红
　　　　　费春霞
　　　　　方振湘
　　　　　葛能文
　　　　　颜昌勇
党委委员　张千林
　　　　　付锦球
纪委书记　廖　辉
党委委员　荣光明
副总经理　文　哲
　　　　　瞿芳霞

教育系统

县教育体育局

局　　长　王　敏
党委书记　李爱民
副书记、副局长　李丽荣
副 局 长　毛金金
　　　　　佟靠山
　　　　　张登高
　　　　　黄　晨
纪委书记　王　鹏
党委委员　李智勇
　　　　　易照华
　　　　　陈亚辉
　　　　　万琼峰

县一中

党 委 书 记　李道儒
副书记、校长　郭光前
副　校　长　卢小柱
　　　　　　晏石文
工 会 主 席　蒋远新

职业中专

校　　　长　汪东九
副书记、副校长　李　波
副　校　长　李毓东
　　　　　　袁金良
工 会 主 席　晏菊梅

乡镇领导干部名录

麻塘办事处

工 委 书 记　付文勇
副书记、主任　王四平
副　书　记　胡华盛
人 大 主 席　张学维
政协联络办主任　周满六
纪 委 书 记　李小雄
工 委 委 员　冯荣保
副　主　任　蒋仕涛
　　　　　　彭　会

荣家湾镇

党 委 书 记　李德军
副书记、镇长　孙荣华
副　书　记　廖焱丰
　　　　　　刘望才(挂职)
人 大 主 席　周　兵
政协联络办主任、副镇长
　　　　　　黄光明
纪 委 书 记　曾伟波
党 委 委 员　邓　飞
　　　　　　李　刚
　　　　　　李凤雷(挂职)
　　　　　　付　正
副　镇　长　张　韶
　　　　　　李　丹
　　　　　　袁检保
　　　　　　侯益波
　　　　　　黎细华

人大副主席　万　兴

新开镇

党委书记　孙　肱
副书记、镇长　毛红波
副书记　付海霞
人大主席　张学维
政协联络办主任　冯彦平
纪委书记　蔡春华
党委委员　付水霞
童卫华
易阳兵
副镇长　赵玮华
张　勇

筻口镇

党委书记　梁亿仲
副书记、镇长　刘　炜
副书记　黄　海
人大主席　徐勇军
政协联络办主任　任明星
纪委书记　龚小峰
党委委员　冯学礼
张永胜
黄湘群
副镇长　黄湘群
林　凯
汤　丽
人大副主席　张永胜

公田镇

党委书记　任伟平
副书记、镇长　高兴球
副书记　杨法新
人大主席　任　畅
政协联络办主任　易志坚
纪委书记　刘拥华
党委委员　高湘元
高大军
刘新华
副镇长　高湘元
熊　立
张　燕

毛田镇

党委书记　李　林
副书记、镇长　刘三军
副书记　张鹏飞
人大主席　李龙波
政协联络办主任　李灯保
纪委书记　李小雄
党委委员　龙新宇
邓党生
万红娟
副镇长　许　维
龙新宇
袁雪峰

月田镇

党委书记　续广宁
副书记、镇长　付海苗
副书记　毛　瑞
人大主席　李旭东
纪委书记　赵波林
党委委员　汪庆宇
李　宏
李睿超
副镇长　汪庆宇
刘奇勇
陈巨松
人大副主席　李元满

张谷英镇

党委书记　张文毅
副书记、镇长　毛绍波
副书记　邹　翔
人大主席　胡华盛
政协联络办主任　付伟中
纪委书记　许干群
党委委员　钟志斌
余秋根
万　懿
副镇长　万　懿
易　艳
邓玉清
人大副主席　余秋根

杨林乡

党委书记　程立斌
副书记、乡长　陈登高
副书记　许陆军
人大主席　刘一标
政协联络办主任　余艳智
纪委书记　孙朝晖
党委委员　黄加宝
王　会
罗　默
副乡长　欧阳玲芝
罗　默
人大副主席　黄加宝

步仙镇

党委书记　毛　鸥
副书记、镇长　汤少文
副书记　刘庆华
人大主席　卢亚军

纪委书记　陈群风
党委委员　万　群
　　　　　李佑军
　　　　　李忠耘
　　　　　王建平
副镇长　龙光宇
人大副主席　李忠耘

柏祥镇

党委书记　周代建
副书记、镇长　吴　进
副书记　刘　盟
人大主席　戴永红
纪委书记　李简政
党委委员　姚飞梁
　　　　　吴红波
　　　　　姜宗干
　　　　　黄飞龙
副镇长　姚飞梁
　　　　许志敏
人大副主席　黄飞龙

新墙镇

党委书记　杨　盛
副书记、镇长　周立雄
副书记　张　磊
人大主席　朱雄光
政协联络办主任　彭文荣
纪委书记　周满六
党委委员　黄细波
　　　　　李志宏
　　　　　刘　衍
副镇长　袁　明
　　　　陈湉晴
人大副主席　李志宏

长湖乡

党委书记　童　铮
副书记、乡长　王四平
副书记　李海鸣
人大主席　周三波
政协联络办主任　冷清波
纪委书记　胡德意
党委委员　吴建军
　　　　　袁　雁
　　　　　冯荣保
副乡长　吴建军
　　　　姜新伙
　　　　戴燎云
人大副主席　袁　雁

黄沙街镇

党委书记　吴旺兴
副书记、镇长　费时铭
副书记　鲁　伟
人大主席　梁拥军
政协联络办主任　秦　毅
纪委书记　王　庆
党委委员　刘　勇
　　　　　董细红
　　　　　方　魁
副镇长　刘　勇
　　　　毛爱民
人大副主席　方　魁

中洲乡

党委书记　刘四兵
副书记、乡长　王　勇
人大主席　毛虎勇
政协联络办主任　胡孟生
纪委书记　付　勤
党委委员　周正操
　　　　　万海勇
　　　　　荣来归
副乡长　周正操
　　　　费军民
人大副主席　荣来归

政　治

政 治

中国共产党岳阳县委员会

重要会议

【县委经济工作会议】 3月1日上午，县委经济工作暨全县三级干部会议在县花鼓戏传承剧院召开。会议主要任务是，深入学习习近平总书记系列重要讲话精神，贯彻落实中央、省委、市委近期一系列主要会议精神，回顾总结2015年全县工作，全面部署2016年工作，动员全县上下紧紧围绕“四个全面”战略布局，深入推进“一二三四”发展战略，坚定信心，真抓实干，确保全面完成今年各项工作目标任务，为“十三五”发展开好局、起好步。县委常委会全体组成人员在主席台就座。其他县领导，各乡镇、县直正科以上单位党政主要负责人及全县各村、居委会党支部书记、部分企业负责人等800多人参加会议。

县委书记毛知兵作大会主题报告。毛知兵指出，2016年是推进“十三五”规划的开局之年，也是全面建成小康社会的决胜之年。他强调，2016年全县要具体抓好六个方面的重点工作：突出创新，抓项目建设；突出孝友文化，抓旅游开发；突出小康社会建设，抓农村工作；突出综治民调，抓安全稳定等底线工作；突出文明创建，抓城市建设；突出党建，抓党风廉政建设和“两学一做”(学习党章党规，学习习近平总书记系列重要讲话，做合格共产党员)教育活动。

县委副书记、县长张中于主持会议，并对全县工作进行安排部署。张中于要求，2016年要争项目、招项目、建项目，全力推进项目兴县；要加快园区平台建设、推进互联网+现代农业、实施旅游兴县、优化环境，全力推进创新创业；要继续做好库区两保工作，深入开展东洞庭湖生态环境综合整治、矿产整规和病死畜禽无害化处理体系建设，全力推进绿色发展；要狠抓精准脱贫攻坚、新型城镇建设及美丽乡村建设，全力推进共建共享；要切实抓好综治民调、信访维稳、安全生产、改革稳定等各项底线工作，全力推进和谐稳定。张中于强调，要明确任务，细化分工；强化责任，积极作为；严格考核，确保实效。

县委副书记汤小娥在会上宣读了2015年度全县综合绩效评估、精准扶贫工作、安全生产、综治工作、文明创建工作、信访工作、人口计生工作、争取国家重点投入、重点工程建设、为民办实事等十项考核结果的通报。

【领导班子换届考察工作动员会】 6月1日，全县领导班子换届考察工作动员会召开。市委换届考察组组长、市委组织部副部长张赟出席会议并就领导班子换届考察作动员讲话。县委书记毛知兵主持会议。县领导张中于、汤小娥、汤森林、彭西罗等县领导及县直各单位、各乡镇主要负责人参加会议。

毛知兵在代表县委班子述职时指出，2011年以来，县委深入贯彻党的十八大和十八届三中、四中、五中全会精神、紧紧围绕“四个全面”战略布局，切实践行“科学决策、求真务实、牢记宗旨、执政为民、团结奋斗、不辱使命”的执政和发展理念，全力实施“融入一区一带、打造两城两景、发展三园三区、着力四抓四促”的发展战略，主动适应经济新常态、积极融入“一极三宜”江湖名城建设，县域经济发展稳步提速，城乡建设统筹推进，民生福祉不断增强，从严治党成效显著。

毛知兵强调，此次领导班子换届工作关系着全县经济社会稳定发展的大局，各级党组织、广大干部要高度统一思想，充分认识换届工作的重要意义，坚决贯彻中央、省委、市委关于换届工作的指示精神。毛知兵要求要严格按照换届政策和纪律要求，做到讲纪律、讲规矩、讲感情、讲政治，推动换届工作稳妥有序进行，确保换届工作风清气正。

【庆祝中国共产党成立95周年大会】 6月29日上午，岳阳县庆祝中国共产党成立95周年大会在县花鼓戏传承剧院召开。县委常委会全体组成人员在主席台就座。全体县级领导，各乡镇党委书记、副书记，县直单位主要负责人、分管党务副职，先进基层党组织负责人、优秀共产党员和优秀党务工作者代表，50年以上党龄老党员代表共600余人参加会议。

县委书记毛知兵代表县委向受到表彰的先进集体和优秀个人表示祝贺，向战斗在全县各行各业、各条战线的广大共产党员和党务工作者致以诚挚的问候。毛知兵在讲话中回顾了中国共产党95年的光辉历程及岳阳县近年来经济社会发展取得的成绩。

他要求，全县各级党组织和党员干部要以党的十八大报告提出的“两个一百年”为奋斗目标，把思想和行动统一到全面小康这一大局上来，充分发挥模范带头作用，争当项目建设的“排头兵”、改善民生的“先锋队”、维护稳定的“压仓石”。

县委副书记、县长张中于主持会议，张中于要求，全县上下一定要认真领会大会精神和毛知兵书记的重要讲话精神，自觉向先进学习，向典型看齐，争取出现更多地为岳阳县发展做贡献的骨干分子和中坚力量；要始终保持攻坚克难、奋发进取的精神状态，深入贯彻落实党的十八大和十八届三中、四中、五中全会精神，坚持创新、协调、绿色、开放、共享发展，围绕建设“一极三宜”江湖名城，实施“融入一区一带、打造两城两景、发展三园三区、着力四抓四促”战略，坚定信心，抢抓机遇，开拓创新，砥砺前行。

【全县领导干部大会】 8月13日，岳阳县召开全县领导干部大会。市委常委、岳阳军分区政委张作坤，市委组织部副部长张赟代表市委宣布省委决定：毛知兵不再担任岳阳县委书记、常委、委员职务，田文静任岳阳县委委员、常委、书记；张中于不再担任岳阳县委副书记、常委、委员职务，并提名免去岳阳县人民政府县长职务，曾平原任岳阳县委委员、常委、副书记，并提名为岳阳县人民政府县长候选人。

全体在职县级领导，曾经担任县委副处级以上领导职务的离退休人员，县直部门主要负责人，各乡镇党委书记、乡镇长；县人大、县政协各委、室主任，县纪委常委等参加会议。

【中国共产党岳阳县第十二次代表大会】 8月28日上午，中国共产党岳阳县第十二次代表大会隆重开幕。大会的主要任务是：总结过去五年奋斗历程，描绘未来五年发展蓝图，选举产生新一届县委班子和县纪委班子。大会的主题是：团结一心，真抓实干，在岳阳县全面建成小康社会新征程上阔步前进。市委指导督导及纪律检查组副组长、市委组织部副部长张赟，县委常委会全体组成人员在主席台前排就座，会议主席团其他成员在主席台就座。会议由曾平原主持。

田文静代表中共岳阳县第十一届委员会向大会作了题为《团结一心，真抓实干，在岳阳县全面建成小康社会新征程上阔步前进》的工作报告。

报告全面总结回顾了过去五年的工作。报告明确今后五年的指导思想是：深入贯彻落实中央和省、市决策部署，以“四个全面”战略布局为总揽，以“五大发展”理念为引领，主动适应经济发展新常态，紧紧围绕岳阳“一极三宜”江湖名城建设，做大新型工业，做强现代农业，做活生态旅游，做美县城集镇，团结一心，真抓实干，加快全面建成小康社会步伐，为打造“产业兴旺、生态美好、社会和谐、民生殷实、走势强劲”的富饶美丽幸福岳阳县而努力奋斗。今后五年的奋斗目标是：经济持续发展，生态明显改善，城乡更加秀美，民生更加殷实，社会和谐稳定，党建全面加强。报告强调，为实现以上各项目标任务，今后五年必须凝心聚力，扎实抓好四个方面的重点工作：主攻项目建设，增强发展后劲；加快转型升级，培育现代产业；统筹城乡发展，实现秀美宜居；坚持共建共享，致力民生改善。

会上，县纪委书记赵瑾代表中共岳阳县纪律检查委员会向大会作题为《聚焦主责主业、严明纪律规矩，深入推进党风廉政建设和反腐败斗争》的工作报告。报告回顾总结了过去五年全县的纪检工作，提出了未来五年全县纪检工作的总体思路和目标。中共岳阳县委组织部就全县党费收缴、使用、管理情况向大会进行了书面报告。

重要文件

县委、县政府《关于加大农业品牌创建力度加快农业现代化建设的实施意见》（岳县发〔2016〕3号）。主要内容是：一、指导思想。二、发展目标。三、主要任务。加快推进农业标准化生产、加快发展生态循环农业、加强农产品质量安全监管、提高品牌科技含量、培育农业品牌创建主体、严格农业品牌认证和管理、建立农业品牌目录制度、打造岳阳农产品整体品牌形象、推进品牌农产品市场销售、发展农产品电子商务。四、保障措施。加强组织领导、强化财政扶持、突出保护管理、建立参与平台、严格督查考核、加大宣传推介。

县委、县政府《岳阳县人民政府职能转变和机构改革方案的实施意见》（岳县发〔2016〕5号）。主要内容是：一、指导思想和基本原则。切实转变政府职能、因地制宜推进改革、依法依规加强管理、积极稳妥有序实施、严格控制机构编制。二、积极推进政府职能转变。大力推进简政放权、进一步改善政府管理、依法行政，规范行政权力运行。三、深化政府机构改革。优化组织结构，合理设置政府工作部门；加强协调配套，统筹推进相关改革；规范机构设置，理顺职责关系。四、严格控制机构编制。严控机构编制总量、创新机构编制管理、严肃机构编制纪律。五、切实抓好组织实施。加强组织领导、抓好组织实施、做好“三定”工作、严格落实责任。

重大活动

4月20日，岳阳县举行阿里巴巴集团“农村淘宝+智慧县域项目”签约仪式。县领导毛知兵、张中于、李勇、向风行、彭碧芳，阿里巴巴集团农村淘宝事业部区域经理刘寒等出席签约仪式，县直相关部门负责人及各乡镇长参加。该项目将以电子商务平台为基础，通过搭建县乡两级服务网络，突破物流、信息流的瓶颈，不仅让县域农民能购买到价廉物美的商品，还可以让农村的农副产品等通过网络扩大销售范围，实现“网货下乡”和“农产品进城”的双向流通，从而解决农村买难、卖难的问题。根据项目协议，到2017年年底，岳阳县将建成“农村淘宝”县级服务中心1个，村级服务站160个，实现村级服务站全覆盖，初步建成统一开放、竞争有序、诚信守法、安全可靠的农村电子商务市场体系。

12月1日，省交通厅厅长胡伟林一行到岳阳县调研。市县领导杨昆、田文静、曾平原、汤小娥、袁陆保、易新岳、杨前进、甘柏旺等参加调研。调研组先后来到S318、岳望高速跨线桥、G240、S316等重点路段，详细了解岳阳县交通基础设施建设情况。

在听取情况汇报后，胡伟林对岳阳县交通基础设施建设工作给予充分肯定，他指出，岳阳县是湖南省融入长江经济带发展战略的重点区域，加快改善交通基础设施建设对促进县经济发展有着重要意义。胡伟林强调，要抓住机遇，精心编制，做好“十三五”交通运输发展规划前期工作；要积极与上级主管部门对接，抓实抓好农村公路项目计划的基础工作。胡伟林表示，将尽力支持岳阳县S316、S210公路水毁恢复重建，积极协调岳望高速公路建设单位尽快复工。

12月6日晚，由岳阳县委、县政府举办的“同心携手为爱传递”精准扶贫大型公益慈善募捐晚会在花鼓戏传承剧院隆重举行。副省长何报翔、副市长李激扬、县领导田文静、曾平原、王保林、汤小娥、袁陆保等出席。岳阳县籍众多商界精英、学界名家、爱心人士等参加。县委书记田文静在晚会上致辞。晚会由湖南卫视著名主持人、新闻主播魏哲浩主持。李重立、熊峰、王学琳等10位被评选出的最美扶贫人物在晚会上受到表彰。本次活动共筹集善款54745389元。

12月10日,省委副书记乌兰到岳阳县调研农村电子商务和村民集中建房工作。她强调,要深入贯彻省第十一次党代会精神,充分发挥产业和区位优势,大力实施创新引领开放崛起战略,不断开创经济社会发展新局面。省农委主任刘宗林,市、县领导刘和生、熊炜、谈正红、李激扬、田文静、曾平原、易新岳等参加调研。

12月18日,市委书记胡忠雄到岳阳县调研指导,他强调:岳阳县要全力以赴做好扩县城、除水患、畅交通、强工业、抓党建等工作,快速融入全市经济社会发展中。市委副书记李爱武,市委常委、市委秘书长谈正红一同调研,田文静、曾平原、王保林、汤小娥、袁陆保等全体县“四大家”领导参加汇报会。

胡忠雄对岳阳县为岳阳市发展做出的贡献给予充分肯定。就如何促进县域经济加速发展,胡忠雄强调:要扩县城,岳阳县是市中心城区南延发展的重要组成部分,在县城的规划、建设和管理中,岳阳县要和市中心城区对接呼应,共谋共生,互利共赢,要通过交通干线的连接,与市区形成整体,构建城市圈;除水患,铁山水库是全市的饮用水源地,要将水资源保护当作一项重要政治任务落实好,全力做好截污、退养等工作,在东洞庭湖湿地保护方面,市县要共同努力,进一步分清责任,规范采砂秩序,确保资源合理利用;畅交通,要贯通“五纵三横”的交通网络,利用高速公路出口,快捷地连接县城和市中心城区,实现与市区共建共享;强工业,通过调整产业布局,做大新型工业、做强现代农业、做活生态旅游、做美县城集镇,要把工业发展摆在首要位置,做大做强现有园区和农产品加工业,真正让工业成为县域经济发展的支柱产业;抓党建,县委要高度重视,把扶贫工作的成效当成检验抓党建工作的成果,村级合并后续工作要认真研究,化解矛盾,防微杜渐。

2016年县委、县政府重点工作考核情况

先进集体名单

一、全面建成小康社会综合绩效评估工作

1.优秀乡镇

张谷英镇、筻口镇、中洲乡、黄沙街镇

2.优秀县直单位

县委办公室、县政府办公室、县委编办、县残联、县财政局、县农业局、县畜牧水产局、县环保局、县渔政局、县安监局、县职业中专、县移民局、县扶贫办、县张谷英管理处、县苇业公司、县中华联保公司、县中国银行、县烟草公司、县国税局、县地税局

二、年度考核“好”领导班子

张谷英镇、中洲乡、县委党校、县委老干部局、县人民检察院、县安监局、县发改局、县水务局、县农业局、县财政局、县移民局、县广播电视台、县生态工业园、县张谷英管理处、县东管局

三、全面建成小康社会推进工作指标值提升幅度明显且完成目标任务的责任单位

县工信局、县科技局、县商务粮食局

四、脱贫攻坚工作

1.省脱贫攻坚示范村

和平村(筻口镇)

2.县脱贫攻坚红旗单位

第一名:毛田镇、县移民局

第二名:公田镇、县财政局

第三名:中洲乡、县信用联社、县交通运输局

3.县脱贫攻坚优胜单位

优胜乡镇、村:

长湖乡、新墙镇、黄沙街镇高塘村、月田镇赵洞村、毛田镇八宝村、新墙镇袁岭村、柏祥镇四知村、中洲乡白沙村、毛田镇邹段村、公田镇飞云村

优胜县直单位:

县住建局、县国土资源局、县委组织部、县委编办、县安监局、县审计局、县委宣传部、县委统战部、县工商联、县水务局、县城建投、县监察局、县广播电视台、县残联、县教育体育局、县林业局、县农业局、县发改局、县东管局、县中华联保公司

五、安全生产工作

1.省安全生产优胜单位

中洲乡、县安监局

2.市安全生产优胜单位

筻口镇、柏祥镇、公田镇

3.县安全生产优胜单位

杨林乡、毛田镇、县教育体育局、县铁山水资源保护综合执法局、县住建局、县水务局、县环保局、县交通运输局、县国土资源局、县林业局、县公安局、县食品药品工商质量监督管理局

六、社会治安综合治理工作

1.优胜乡镇

全市优胜乡镇:长湖乡

全县优胜乡镇:新墙镇、张谷英镇、公田镇

2.优胜县直及驻县单位、单独院落单位

县人民法院、县人民检察院、县司法局、县食品药品工商质量监督管理局、县住建局、县商务粮食局、县财政局、县统计局、县供销社、县城建投、县东管局、县教育体育局、县工信局、县国土资源局、县二中、县水务局、县农业局、县渔政局、县委编办、县荣湾湖开发服务中心、神斧集团向红机械化工有限责任公司

七、文明创建工作

1.文明单位

湖南省文明标兵单位:县人民法院、县国税局

湖南省文明单位:县地税局、县移动公司

湖南省文明村镇:杨林乡

岳阳市文明标兵单位:县残联

岳阳市文明村镇:筻口镇 、张谷英镇天龙村

岳阳市文明单位:县公路局、荣家湾镇新长征小学、县文化馆

岳阳市文明社区:荣家湾镇天鹅社区

岳阳县文明村镇:筻口镇游港村、新开镇马山村、中洲乡三江村、长湖乡自强村、公田镇飞云村

岳阳县文明单位:荣家湾镇人民法庭、杨林乡中心学校、中洲乡林业站、步仙镇中心小学、黄沙街镇中心幼儿园、公田镇公共文化发展中心

2. 创建全国文明城市工作优胜单位

县住建局、县商务粮食局、县食品药品工商质量监督管理局、县交通运输局、县文旅广新局、县交警大队、县教育体育局、县房产局、县政府政务服务中心、县统计局、荣家湾镇

八、信访工作

1.优胜乡镇

荣家湾镇、筻口镇、新开镇

2.优胜县直单位

县国土资源局、县公安局、县住建局、县人民法院、县人民检察院、县水务局、县工信局、县东管局、县规划局、县渔政局、县铁山水资源保护综合执法局、台创园、县扶贫办

九、人口和计划生育工作

1.优胜乡镇

长湖乡、新开镇、新墙镇

2.优胜县直及驻县单位

县农业局、县财政局、县住建局、县移民局、县食品药品工商质量监督管理局、县人社局、县人民检察院、县国税局、县工信局、县审计局、县水务局、县国土资源局、县苇业公司、县经管局、县铁山水资源保护综合执法局、县规划局

十、争取国家重点投入工作

1.优秀项目

一等奖

县城建投的2017年棚户区(城中村)改造(一期)建设项目;

县发改局、县水务局和县水建投的城市防洪工程建设基金项目;

县移民局的移民后扶项目;

县财政局的一般性转移支付项目;

县农业发展银行支持县域经济发展融资。

二等奖

县发改局的保障性住房小区外配套基础设施建设项目;

县住建局的洞庭湖河湖沿岸垃圾治理项目;

县国土资源局的新增建设用地土地使用费项目;

张谷英管理处的张谷英村古建筑群文物修缮工程项目;

县建设银行、县农业银行和县华融湘江银行支持县域经济发展融资。

三等奖

县畜牧水产局的畜禽粪污综合利用社会化服务试点项目;

县房产局的公租房建设项目;

县发改局和县生态工业园的生态工业园污水处理工程项目;

县农业局的优质稻产业发展项目;

县渔政局的鹿角渔港建设工程项目。

2.优胜单位

县城建投、县发改局、县移民局、县财政局、县住建局、县国土

资源局、县房产局、县农业局、县交通运输局、县工信局

十一、重点工程项目建设

1.优秀项目

一等奖

G240岳阳县段拓改工程

二等奖

城市防洪闭合圈建设、荣家湾镇农科村集中建房示范点建设

三等奖

“135”工程建设、县人民医院门急诊大楼建设

2.优质服务单位

县政府政务服务中心、县公安局、县发改局、县规划局、县国土资源局、县林业局、县环保局、荣家湾镇、新开镇、筻口镇

十二、省市重点民生实事工作优胜单位

毛田镇、中洲乡、县房产局、县农业局、县交通运输局、县残联、县食品药品工商质量监督管理局

十三、美丽乡村建设工作

1.美丽乡村建设优胜乡镇

中洲乡、新开镇、新墙镇、筻口镇

2.美丽乡村建设示范村

公田镇戴家村

荣家湾镇农科村

长湖乡高家村

张谷英镇伍相村

筻口镇大塘村

3. 美丽乡村建设优胜帮扶单位

县财政局、县纪委、县委宣传部、县发改局、县烟草公司、县国土资源局、县教育体育局、县卫计局、县移民局、县林业局、县人民法院、县畜牧水产局、县住建局、县城建投、县中华联保公司

4.规范村民建房优胜乡镇

中洲乡　筻口镇

十四、乡村环境卫生整治工作

1.优胜乡镇

第一名：中洲乡

第二名：公田镇

第三名：新开镇

2.优胜农林场

县原种场

3.清洁村

荣家湾镇：东方村、牛皋村、畔湖新村、东风村

新开镇：万福村、龙湾村、朱砂桥村

筻口镇：大塘村、移山村、沙南新村

公田镇：飞云村、港口村、塘田村、大塅村

毛田镇：黄稻村、毛田村、珠港村、西台村

月田镇：立新村、白竹村、红光村、黄岸村

张谷英镇：张谷英村、倒溪村、大峰村

杨林乡：兰泽村、杨林街村

步仙镇：步仙湖村、新合村

柏祥镇：桑园村、七一村

新墙镇：三合村、高桥村

长湖乡：范家村、团结村

黄沙街镇：三和村、复兴村

中洲乡宝塔村、中洲村、三江村

十五、禁违拆违治违工作

1.优胜乡镇

一等奖：新开镇　中洲乡

二等奖：公田镇　长湖乡

2.优胜县直单位

县规划局、县委组织部、县住建局、县公安局、县张谷英管理处

3.优胜村(居委会)

荣家湾镇：荣站居委会、枫桥居委会、畔湖新村、牛皋村

新开镇：新开村

毛田镇：道仁村

公田镇：大塅村

月田镇：稻田村

黄沙街镇：中兴村

十六、“联手帮扶企业”工作优胜单位

县林业局、县住建局、县财政局、县移民局、县卫计局、新开镇

十七、反腐倡廉建设

1.优胜乡镇

毛田镇、张谷英镇、黄沙街镇、中洲乡

2.优胜县直单位

县委编办、县委党校、县委老干部局、县广播电视台、张谷英管理处、县公安局、县人民检察院、县残联、县审计局、县环保局、县安监局、台创园、县铁山水资源保护综合执法局、县食品药品工商质量监督管理局、县扶贫办、县发改局、县畜牧水产局、县工信局、县财政局、县国税局、县地税局、县东管局、县渔政局、县教育体育局

县委办公室工作

【概况】 县委办公室内设科室：秘书组、常委秘书室、信访接待室、督查室、行政组、政工组、机关联合工会、法规组、绩效考评办；归口管理单位：县委史志办、县委

县政府接待办、县绩效管理办公室、县委政策研究中心、县委改革办、县委机要保密局。

【秘书工作】 2016年，县委办秘书科围绕县委中心工作和县委办总体思路，认真履责，取得了较好成绩。规范文电办理。建立《收发文工作标准》，将《收发文工作流程》装贴上墙，落实公文送审签发台账，确保文电办理 “零差错”；严格按照发文标准要求，对没有实质内容、可发可不发的文件，一律不发，2016年全县性发文数量较上年减少20个，精简了发文的数量、保证了公文的质量。二是精细会务接待。创新会务接待，建起《会议信息资料库》，将不同会场、宾馆、与会人员等多重信息编印成册，建立公安、信访、交通、城管、卫生、广电等部门和承办单位参加的会务协调机制，做到会务接待事前有方案、事中有流程、事后有专档。三是提供优质服务。2016年，县委主要领导进行了调整，秘书科主动适应新要求、新方法，改变过去思维定式，变按领导意图谋事、办事、成事，跳出被动，主动应对，把服务的水平提升了一个层次，把适应的程度提升了一个高度，提高了领导、机关、基层和群众的满意度。

（鲁小黄）

【党内法规工作】 县委办公室法规组的主要职责是管理全县党内规范性文件，具体为：负责县委、县委办公室文件审核工作；负责县委党内法规审核工作，围绕党内法规建设开展相关调研；负责办理县纪委、县委各部委和各乡镇党委规范性文件备案审查，承办县委党内法规和县委规范性文件报送市委备案及相关工作；负责组织协调县委党内法规和县委规范性文件的解释、清理工作；负责全县党委系统法规工作的业务指导和督促检查。2016年，全县共下发各类文件131个，其中党内规范性文件5份报送市委备案全部审核通过。县委办公室荣获全市2016年度党内规范性文件备案工作优秀单位。

（兰　伟）

【督查工作】 2016年，县委督查室紧紧围绕全县工作大局和县委、县政府重大决策、重要工作部署，积极发挥党委督查工作职能，创新思路，较好地完成了全年各项督查工作任务。一是突出抓好党委决策、部署的贯彻落实。围绕县委决策督重点。年初，县委督查室对省市重要会议精神、县委负责干部会议精神贯彻落实情况进行了督查，有力促进了上级党委和县委的方针、政策、决策在基层尽快贯彻落实。在防汛抗灾工作督查中，历时15天全天候对防汛工作进行督查，下发督查通报15份，立案处理20人，为岳阳县防汛工作取得全面胜利提供了强有力的纪律保障。协助部门督难点。2016年，全县开始迎国家卫生县城复审省级明察暗访，从4月起，围绕爱国卫生、交通秩序、环境保护等7个方面，实行每日督查、每日报告、每日曝光、每日通报、每月调度、现场督办，对9个行动不力的单位主要负责人进行了集中约谈，从而确保了省级明察暗访顺利通过。贴近群众督热点。在开展全县精准扶贫工作督查时，采取明察暗访相结合的方式，入村入户详细了解致贫原因、村第一支部书记扶贫及脱贫工作开展情况，将存在的问题及时反馈给县级领导，为推动全县精准扶贫工作，提供了强有力的事实依据。2016年，共开展调查研究5次，撰写调研报告5篇，为党委政府提出了一系列建设性意见和建议，得到了县委主要领导的肯定；共组织开展精准扶贫、重点工程、两学一做、基层党建等事关全局发展的大事要事督查活动65次，撰写督查汇报35篇，下发督查通报21期，较好地服务了县委中心工作，推动了重要决策的落实。二是严格办理领导批示、上级交办的专项事项。及时办理上级的专项查办件。对于上级交办的专项督查事项，严格按照程序和要求，保质保量及时办结上报。在处理童溪光批示件中（岳批查〔2016〕4号），按照市委主要领导的批示精神加强与县铁山水资源综合执法局、环保局、月田镇政府、毛田镇政府等单位的沟通配合，及时提出有针对性的督查工作意见，推动市委主要领导的指示精神落到实处。一年来，共收到市主要领导批示件（或群众来信）5份，办理批示件5份，按时办结率100%。按时按质完成主要领导的批示件或交办事项。在县人大、政协两会召开期间，县委督查室全程参与会风会纪监督检查，严肃了工作纪律，营造了风清气正的换届环境。2016年，共完成县委主要领导批示件25次。进一步规范办理程序。严格按市委督查室下发的《市委主要领导批示件办理工作规程》和《市委主要领导群众来信办理工作规程》的要求，深入开展调查研究，协调相关部门认真组织落实，在规定的时间内及时予以回复，同时规范和完善了主要领导批示交办件办理流程，提高了办理工作的实效和质量。三是组织协调搞好迎检接待和绩效考核工作。迎接上级督查方面。细心制定接待方案，精心准备迎检资料，用心搞好会场布置、食宿、现场等各项迎检工作，收到了良好的反响。全年共筹备专项督查16次。开展县绩效考核工作方面。年初，做好了绩效考核优胜单位奖金发放等会务工作，会同县绩效办认真开展了日常绩效考核工作和年度市综合绩效评估迎检工作。针对全县1—9月5个省绩效评估指标和4个省市民生实事指标进度滞后问题，对所涉及的相关单位工作推进情况进行了严格的督查，并及时组织相关部门负责人召开交办工作推进会，有力地促进了该项工作的落实。

（许石仲）

政研工作

【概况】 县委政策研究中心为正科级行政支持类事业单位，归口县委办公室管理，下设综合组、调研组、信息组三个股室，定编7名。2016年，在市委政研室的科学指导下，在县委办的正确领导下，县委政研中心严格按照“五个坚持”要求，继续发扬“团结、和谐、活跃、奋进”的优良传统，满怀激情，忠诚奉献，确保了各项工作齐头并进，较好地完成了目标任务。

【理论学习】 政研中心坚持把加强学习放在首位，通过持续深入的学习来保持政治上的敏锐性、思想上的活跃性、观念上的先进性，确保“参”在点子上，“谋”在关键处。深入学习党的十八大、十八届三中、四中、五中、六中全会精神以及习近平总书记系列重要讲话精神，不断加强理论学习，坚定政治立场；认真学习有关法律、经济、财政、农业、管理等知识，不断拓宽知识面，增强决策服务能力。开展“跟班学习”活动，先后组织6名乡镇和县直单位办公室人员到政研中心跟班学习，采取师徒结对、集中授课、实践锻炼等方式，促进学习人员和政研中心干部加强交流、共同学习、相互提高。灵活开展自学活动，坚持把“两学一做”学习教育作为重大政治任务来落实，积极参加县委办组织的各类学习活动，要求政研室每位成员认真浏览各级党委、政府网站，捕捉重要信息，定期组织集中研讨，交流自学心得，分享学习成果，全面提高干部的政策理论水平和分析问题、解决问题的能力，为更好地参谋决策奠定了坚实基础。

【文稿撰写】 政研中心克服人手少、条件差、任务重等困难，全力以赴，倾心服务，充分发挥团队优势，优质高效完成了一批重要文稿的撰写。先后起草了全县三级干部大会报告、精准扶贫、全面小康建设、换届选举、“两学一做”专题教育等重要会议讲话，以及向上级领导的汇报等各类材料200余篇，认真编辑《县委通报》17期、《领导参阅》3期，并在省市主流媒体上发表文章8篇，高标准完成文稿服务。特别是立足当前岳阳县经济社会发展面临的战略机遇和近年来的发展态势，在全面调研思考的基础上，形成了《团结一心真抓实干在岳阳县全面建成小康社会新征程上阔步前进》的县十二次党代会报告，提出了“加快全面建成小康社会步伐，建设富饶美丽幸福岳阳县”的奋斗目标和“做大新型工业，做强现代农业，做活生态旅游，做旺商贸物流，做美县城集镇”的发展战略，得到县委主要领导的充分肯定，在全县干部群众中引起强烈反响，达到了凝聚共识、激发斗志、促进工作的目的。

【参谋辅政工作】 在文稿任务繁重的情况下，政研中心紧紧围绕“四个全面”战略布局和“一极三宜”江湖名城建设，抓住经济社会发展中的热点、难点问题，积极组织开展调研活动。今年来，着眼产业转型升级、精准扶贫推进、全面小康建设、城乡统筹发展、农业品牌创建、铁山水资源保护等重大课题，深入企业、深入农村、深入外县，掌握实情，积极探索，撰写了《经济新常态下做大新型工业的调查与思考》《赴河南修武福建漳浦两地台创园学习考察报告》《挖掘孝友文化打造旅游品牌》等一批高质量的调研报告，为县委决策提供了客观依据和决策参考。此外，还如期完成了《岳阳县东洞庭湖湿地保护的做法、成效及存在问题》等省市约稿调研材料。

【队伍建设】 按照县委党风廉政建设责任制的要求，政研中心进一步加强了对全体党员干部党风廉政建设工作，强化责任意识，加强反腐倡廉宣传工作，让政研中心干部筑牢党纪、国法和思想道德拒腐防线。严格执行作风建设相关规定，即使任务再重、困难再大，也保持良好的工作状态，从无怨言；即使工作需要，在城区内办事，也从不接受吃请，坚决做到洁身自好，干净干事，把时间、精力放在工作上，时刻维护自身的良好形象。坚持开展成员交心谈心活动，每当家庭有矛盾，工作受挫折，生活有困难时，同事之间总是和衷共济，缓解困难和压力。在政研中心内部深入开展创先争优活动，切实增强履行“一岗双责”的责任感，实现做事、管人、促廉相结合，打造一支特别能吃苦、特别能战斗、爱岗敬业、团结奋进的队伍。

（余灿宇）

改革工作

【概况】 县委全面深化改革领导小组办公室（简称县委改革办）是县委全面深化改革领导小组常设工作机构，设主任1人，副主任若干人，其中专职副主任2人，受领导小组领导，负责处理领导小组日常事务工作。组织开展岳阳县全面深化改革重大问题的政策研究，统筹协调有关方面提出改革方案和措施，协调督促有关方面落实领导小组决定事项、工作部署和要求，负责向岳阳市委改革办的情况汇报、具体事项请示、资料报送等工作联系。

【理顺工作网络】 实行“制度上墙，责任定人”，明确领导小组、改革办、各专项小组及联络员的岗位职责，细化量化工作任务，形成了分工负责、协作配合的工作运行机制；建立了县委全面深化改革工作QQ群，加强上下联络，每月定时报送各专项小组改革动态；各专项小组每季度召开一次会议，研究改革方案、改革事项、改革举措和需要协调解决的问题，并邀请县委改革办参加会议；特别是涉及牵头单位、责任单位较多的经济体制改革专项小组、行政机构改革专项小组、生态文明体制改革专项小组建立了一体部署、一体落实、一体督办的联办机制。同时，坚持把改革信息报送作为一项经常性、基础性工作来安排，要求各专项小组每月向县委改革办报送1—2条改革动态信息，每季度向县委改革办的《改革简报》报送1—2篇有深度、有价值的典型材料。同时，为了让全面深化改革的含金量得到充分体现，在《湖南日报》《改革简报》《民本岳阳》等省市宣传媒体报送改革材料30多篇。

【重点改革工作】 经济体制改革方面，着力推进财税体制、绩效评估投资、商事制度、公车制度、价格机制、不动产登记、行业协会商会、园区转型升级、湖南巴陵农村商业银行筹建等改革工作。农村体制改革方面，着力推进农村土地确权颁证、农村土地经营权抵押贷款、精准扶贫和精准脱贫、规范农村村民建房、农村电子商务发展。生态文明体制改革方面，完成环保监察机制改革，推进环保项目建设，在全省率先建成病死畜禽无害化处理体系，进一步加强铁山库区“两保”工作。行政体制改革方面，完成县级政府机构改革和合乡并村改革，进一步规范机构编制管理，强力推进行政审批制度改革。民主法制领域改革方面，建立健全民主制度，加强非公经济领域统战工作，加强党外代表人士队伍建设。文化体制改革方面，加快国家公共文化示范区创建，实施文化惠民工程，打造公共服务品牌，推进政务新媒体建设。司法体制和社会体制改革方面，推进乡村教师支持计划改革、县级公立医院综合改革、司法机制改革，推进司法所规范化建设和公共法律服务中心建设，推动大众创业万众创新。党的建设制度改革方面，扎实推行党建精细化管理：制度建设精细化、管理模式精细化、活动开展精细化、工作落实精细化。纪律检查体制改革方面，压实“两个责任”，推进专项整治,加强纪律审查。

【督查考核工作】 按照岳阳市2016年度全面深化改革评估办法,出台了《岳阳县全面深化改革评估办法》,将全面深化改革工作纳入年终绩效考核范围,重点围绕年度改革工作要点和各项改革任务进行时间倒排,做到任务到人、责任到岗、进度到月。同时制定公平公正、科学管用的督察考核机制,不定期开展督察,深入掌握各乡镇各相关部门改革动态和改革事项推进具体情况,并编发《改革通报》3期,使改革督察经常化、常态化,有效传导改革攻坚的动力和压力,确保全面深化改革各项目标任务落到实处。

综调工作

【信息编报】 坚持紧贴社会热点焦点,不断完善工作制度,拓展信息渠道,增强了信息服务的及时性和有效性,为促进党委科学决策发挥了重要作用。2016年,共编发《岳阳县情况》11期、《要情汇报》7期,优质高效完成了各类文稿撰写70多篇,较好地发挥了信息工作的耳目、助手、预警作用。向省办、市办报送信息1100多条(篇),《三措并举抓试点 惠农活农见成效—岳阳县农村承包土地经营权抵押贷款试点》《当前洞庭湖芦苇企业发展存在"四大困境"亟待重视》《农村三权抵押贷款实施面临三大潜在风险不容忽视》《当前部分基层纪检监察部门不当执纪影响我国从严治党成效亟待重视》等18篇文章在省、市级刊物刊发。

（任卓嘉）

保密工作

【概况】 岳阳县国家保密局和中共岳阳县委机要局、岳阳县国家密码管理局实行三块牌子,一套人马,为归口县委办管理的正科级行政机构,主管全县的保密工作,同时承办县委保密委员会的日常工作。2016年,县机要保密工作认真贯彻落实上级会议精神,将"两学一做"学习教育活动转化为做好工作的动力,认真履行职责,扎实开展工作,不断提升工作水平,圆满完成了各项工作任务。2月4日,局长周闰年被人社部国家保密局授予"全国保密工作先进工作者"荣誉称号(享受省部级先进工作者和劳动模范待遇)。机要工作荣获2016年度全省党政密码工作先进单位称号。

【开展网络检查清理】 根据《信息公开发布保密审查制度》,县国家保密局经常组织对全县50多家互联网站进行保密检查和涉密信息检索清理。2016年1月,县委保密委员会向各乡镇、县直及驻县各单位保密领导小组下发了《关于开展全县机关单位互联网门户网站和信息发布平台涉密信息检查清理工作的通知》。重点检查了县政务公开中心的岳阳县政府门户网、县委宣传部的岳阳县新闻网和红网岳阳县站的信息发布登记表和审查情况;要求政务中心在政府门户网站后台登录窗口显示"岳阳县国家保密局温馨提示:涉密信息不上网,上传信息要审批";通过检查清理,起到了很好的保密宣传教育作用。

【落实保密工作责任制】 根据《党政领导干部保密工作责任制规定》,党政领导干部在进行个人述职、参加民主生活会时,应当将履行保密工作责任制情况列为述职和报告内容。2016年1月,根据有关单位民主生活会会前征求意见函,县国家保密局分别向县委常委会、县人民政府党组及21个单位的党委(党组)民主生活会提出意见和建议,建议民主生活会时,将党政领导干部履行保密工作责任制情况列为述职和报告内容,并形成常态,同时在会议记录时,记录在案,以备查。县委县政府及其他9个单位(县政协、县委办、县委政法委、县检察院、县经管局、县体育局、县人防办、县规划局、县残联)的党委(党组)已将党政领导干部履行保密工作责任制情况列入了年度述职和民主生活会的内容。民主生活会时,有关领导谈了自己对保密工作的认识及存在的薄弱环节,针对存在的问题,对本单位2016年保密工作进行了研究和部署。

【保密管理工作】 2016年初,按照市国家保密局《关于转发湖南省国家保密局〈关于开展全省涉密计算机、涉密网络户籍化管理工作的通知〉的通知》(岳政保〔2015〕2号)和《关于学习贯彻〈涉密人员保密管理指南〉的通知》等文件要求,开展全县各相关单位涉密计算机、涉密网络和涉密人员的确定登记审查工作。登记涉密人员121人,签订了保密责任承诺书;登记涉密单机15台、涉密网络终端78台、非本单位涉密网络3个,安装“三合一”10套。

【周闰年被授予“全国保密工作先进工作者”荣誉称号】 2016年2月4日,人社部、国家保密局印发《人力资源社会保障部 国家保密局关于表彰全国保密工作先进集体、先进工作者和劳动模范的决定》(人社部〔2016〕14号)文件,局长周闰年被人社部国家保密局授予“全国保密工作先进工作者”荣誉称号(享受省部级先进工作者和劳动模范待遇)。2月19日,局长周闰年在北京京西宾馆参加全国保密工作第一次全体会议并领奖。

【岳阳市委授予周闰年“全市优秀共产党员”】 6月,岳阳市委授予局长周闰年“全市优秀共产党员”。岳阳县委开展“党旗飘扬先锋先行”活动,将周闰年局长的先进事迹制作成5分多钟的专题片,于6月23日和24日,在县电视台《巴陵新闻》中连播两晚。6月29日上午8:30,周闰年局长在县花鼓戏传承剧院参加岳阳县庆祝中国共产党成立95周年大会上,作为优秀党员代表,作了题为《忠诚履职 砥砺前行》的典型发言。

【中办机要局到岳阳县调研】 4月9日上午,中办信息中心高级工程师倪人杰、省委机要局信息技术中心主任江河、市委副秘书长胡玮、市委机要局局长邹青松等一行领导到岳阳县调研电子政务内网建设准备及党政内部工作专网使用管理维护情况。县委机要局局长周闰年汇报了县电子政务建设准备情况、党政内部工作专网使用维护情况,并提出了相关建议。

【开展全县保密自查和抽查工作】 根据省市文件要求,继2015年开展保密全面检查后,2016年4月29日,县国家保密局对各单位下发了《关于组织开展机关单位保密自查自评工作的通知》,要求各单位建立保密工作自查自评工作机制,报送本单位保密领导小组和自查情况汇报;5月4日,对53个部门部位下发了《关于对保密自查自评工作情况进行抽查的通知》;5月17日起,周闰年局长带领检查组,到抽查单位进行督促检查,每到一个单位,都按检查情况填写《保密检查反馈表》,每查一台电脑都粘贴警示语明确责任人,如实指出问题,督促指导整改,真正做到了不留情面,不走过场。共查部门部位53个,检查电脑131台,全县已有470台计算机粘贴了保密警示语,明确了责任人。

【学刊用刊投稿工作】 4月19日,县国家保密局将《保密工作》2016年第2期“案与法”栏目登载的《从几起案件谈涉密测绘成果使用管理》一文下发到有关的10个部门(县林业局、县国土局、县水务局、县住建局、县规划局、县荣湾湖开发中心、县建材办、县生态工业园、台创园、县城建投),要求结合实际,认真组织学习,举一反三,查找本单位保密工作中存在的问题和不足,并加以整改。2009—2016连续8年,均超额完成《保密工作》征订任务。周闰年局长撰写的《履职尽责永远在路上》一文,在2016年《湖南保密》第2期刊发;《忠诚履职 砥砺前行》在2016年《湖南保密》第3期上刊登。

【省国家保密局到岳阳县检查】 6月14日下午,省国家保密局监管处处长邓忠泽、省国家保密局监管处调研员许志、市委副秘书长胡玮、市国家保密局局长刘利民等一行到岳阳县检查指导保密管理工作,检查组对岳阳县的保密工作给予了高度评价。

【试卷保密监督工作】 2016年,局长周闰年协助县教育局召开保密保安工作会,会上进行保密教育,强调保密纪律,增强保密意识;制订了高考学考试卷保密工作实施方案;考前,对考点保密室、考务办和监控室进行督促检查;考中,抽查试卷保密室值班情况;考后,派专人随专车接送试(答)卷,未发生泄密事故。周闰年在考场外一直等到试卷发完,考生开始答题,没有对试卷有任何疑虑后才离开。

(冯岳斌 朱志雄)

接待工作

【概况】 县委县政府接待办公室主要负责县"四大家"接待工作。2016年，接待办严格严格执行中央、省、市相关规定，立足服务保障，着眼创新发展，以严谨的作风，认真的态度和扎实的工作，确保了每次接待任务的圆满完成。共接待来宾110批次，约2000余人。以强化责任来保障服务质量，以严格管理来提升接待水平，始终坚持在"服务"二字下功夫、做文章。

【接待精准扶贫大型慈善募捐晚会乡友】 2016年12月6日，接待精准扶贫大型慈善募捐晚会乡友70多名，其中包括湖南省人民政府副省长何报翔。

【接待多位省级领导到岳阳县调研】 2016年6月15日，接待省委宣传部副部长孔和平一行。2016年8月3日，接待省委宣传部副部长刘进能一行。2016年8月18日—2016年8月21日，接待省调查总队文明指数测评组。2016年8月22日，接待省委常委、省军区司令员黄跃进调研组一行。2016年10月21日，接待湖南省人民代表大会环资委副主任姜玉泉一行。2016年12月1日，接待省交通运输厅厅长胡伟林一行。

（唐　荔）

全面小康建设综合绩效考核工作

【概况】 2016年，岳阳县加快推进全面建成小康社会，将绩效考核与小康指标考核相融合，开展全面建成小康社会综合绩效评估，科学制定全面小康绩效评估指标体系，改进评估方法，严格结果运用，全面小康建设工作得到稳步推进。

【科学制定综合评估体系】 在整体构思全面小康考评体系和设计考评方案时，将考核主体、考核对象、考核指标、考核方法统筹起来通盘考虑，坚持分类指导的原则，充分考虑各考评对象现有基础、发展水平、部门职责和工作性质的差异，从具体指标目标值设置、权重赋予、考评分类上区别对待。将14个乡镇按自然条件和发展基础分为A、B二大类，设立不同的指标体系进行考核评比，同时成立乡镇指导小组负责指导乡镇的小康社会建设工作；将县直部门根据职责职能分为社会管理部门、经济管理部门、司法执法部门、党务群团部门、其他管理系列、驻县企事业单位系列、参考不参评系列等7个系列，从而保障了考评体系的科学性严密性、方案的合理性可行性。

【科学设计综合评估指标】 在原有的绩效评估指标体系上，融入小康社会考评指标，并以小康考评指标为考核的主要导向，在权重上向小康考评指标倾斜，构建新的以小康工作为主的指标体系。设定乡镇小康考核指标时，重点选取需要乡镇配合共抓且难度比较大的7项指标，权重为200分，并且规定年底总分未达到200分、未进入同类乡镇前三名的取消评优资格。同时在县综合绩效考核体系中增加24家县直部门小康工作的考核权重，既考核指标年度目标任务完成情况，又考核日常工作推进情况，并规定未达指标目标值、未进入全市同类县市区前两名的取消评优资格。

【强化督查、调研、调度、讲评】 2016年，县绩效办多次到承担小康指标任务的22家责任单位进行督查调研，每次督查结束后，向领导小组提交书面汇报材料，形成短板指标分析调研报告，下发督查通报，特别是三季度测算结果出来后，县小康办对负责16项短板指标的10个责任单位分别下发了督办函。同时，县里对全面小康工作严格实行半月一调度，一月一讲评。12月9日上午，书记田文静召集短板指标责任部门主要负责人和分线主管县级领导及县问责办，对小康建设进行专门调度，强化责任。12月9日下午，县长曾平原又召集小康指标责任部门会议，对年度提升目标进行细化、调整，明确要求，责任到人。全面小康分管领导县委常委县委办公室主任易新岳多次召开22家责任单位主要负责同志调度、讲评会，查找差距，分析形势，商量对策，全力攻坚，确保毫厘不差完成年度工作目标任务。

【分阶段进行综合评估】 采用日常考评与年终考评相结合的方式推动小康指标任务完成。7月，开展了上半年绩效考核，其中小康指标是主要考核内容，对全县所有乡镇、县直单位进行了考核评估，并分类别排名先后。年底全面展开了2016年全面建成小康社会综合绩效评估工作。把考评结果作为改进工作、经济奖惩的重要依据，作为评估单位领导政绩和工作人员业绩、行政问责的主要依据。并通过合理有效运用考评结果来推动全面建成小康社会各项指标的完成。

（邓 伟）

史志工作

【概况】 2016年，史志办以《岳阳县志（1978—2007）》《岳阳县年鉴（2016）》编纂工作为中心任务，各项工作齐头并进。多次修改《岳阳县志（1978—2007）》并完成终审。全面完成《乡镇简志》编纂工作。《中国共产党岳阳县历史（1921—2005）》顺利出版发行。启动了《中国名镇志——张谷英镇志》编纂工作，并在年内完成了初稿。其中，《岳阳县年鉴（2014）》获全国地方志优秀成果二等奖并获全国通报表扬。

【《岳阳县年鉴（2016）》公开出版发行】 8月30日，由县委、县政府主办，县委史志办主编的《岳阳县年鉴（2016）》公开出版发行，并获评湖南省志编纂委员会颁发的湖南省第四届优秀年鉴成果二等奖。该年鉴全面、系统、详实地记载了岳阳县2015年度的政治、经济、文化、社会等方面的重大历史事件和现状，反映了岳阳县在改革开放和现代化建设中的新情况和新成就，具有一定的地方特色和时代特色。全书指导思想明确、结构合理、编排规划，体现了年鉴的科学性、客观性和实用性。对各界人士认识和了解岳阳县提供了较翔实的资料，为各级领导决策提供了参考依据，为开展对外交往、招商引资以及全民创业提供了窗口和桥梁。

【《岳阳县志（1978—2007）》终审工作】 《岳阳县志（1978—2007）》继2015年完成省级评审后，2016年，组织专门力量对照评审意见进行查漏补缺，已基本完成资料补充、文字修改工作。

【《乡镇简志》编纂工作】 2016年，县史志办加快乡镇简志的资料收集、整理到编辑工作，于8月已全面完成《岳阳县乡镇简志》的编写工作。全书20余万字，已送市委史志办评审。

【《中国共产党岳阳县历史（1921—2005）》出版发行】 《中国共产党岳阳县历史（1921—2005）》于2015年12月由中共党史出版社出版，2016年6月，在全县各级党组织出版发行。该书以翔实可靠的史料和流畅严实的语言，系统、全面、客观地记载了岳阳县地方党组织领导岳阳县人民进行革命建设、改革开放以及自身建设的艰苦奋斗历程，是一部正确总结岳阳县历史经验的权威性党史基本著作。

【启动《中国名镇志——张谷英镇志》编纂工作】 2016年，张谷英镇被中国地方志指导小组列入中国名镇志文化工程编纂出版计划。8月，县史志办与张谷英镇取得联系，并组织专门班子启动了《中国名镇志——张谷英镇志》的编纂工作，已完成初稿60余万字。

【《岳阳县年鉴（2014）》获全国地方志优秀成果二等奖并获全国通报表扬】 2016年7月11日，在山西太原召开的第一次全国年鉴工作会议上，中国社会科学院副院长、中国地方志指导小组常务副组长李培林宣读了《中国地方志指导小组关于对全国地方志优秀成果（年鉴类）的通报表扬》（中指组字〔2016〕6号），由中共岳阳县委、县人民政府主办，岳阳县委史志办主编的《岳阳县年鉴（2014）》获评县区级综合年鉴二等奖，并获全国通报表扬。

全国地方志优秀成果（年鉴类）评选由中国地方志指导小组组织，经各地各部门推荐、专家小组审读、全国地方志优秀成果终审委员会及其办公室审核，在全国地方志系统最具权威性、也最具影响力。全国通报表扬406部，湖南省有12部年鉴获全国通报表扬,《岳阳县年鉴(2014)》是全国56个县区级综合年鉴优秀成果之一,是湖南省县区级唯一获得全国二等奖殊荣的综合年鉴,是岳阳市唯一获此殊荣的县区级综合年鉴。

(费淑荷)

档案工作

【概况】 县档案局内设办公室、档案管理、法规、业务、科教等五个股室。2016年,全县档案工作按照“全市争第一,全省争先进,全国争地位”的总要求,全体档案工作者扬朝气、加压力、抓关键、走快步,以“新馆正式运行”为契机,满怀心志,费尽心思,用尽心血,开启了恢复县建制以来档案事业崭新的篇章。第一次用上了符合国家标准的县级综合档案馆,第一次启动了档案接收进馆工作,第一次大会表彰了优秀档案论文并颁发奖金。各项工作得到了上级充分肯定,2016年再次荣获全市档案工作绩效考核先进单位。

【档案环境建设】 2016年是全县档案事业发展环境显著优化的一年。县委、县政府把档案事业的发展列入全县经济社会发展总体规划。县委、县政府主要领导多次深入档案局调研指导,听取档案工作汇报,出席相关活动,解决基础设施、人员经费、岗位津贴等瓶颈问题。2016年,县档案馆投入近300万元,购买了密集架、去湿机、办公桌椅、办公电脑,布置了档案查阅接待室、数字化用房和党员活动室,省档案局对岳阳县档案新馆功能建设给予了充分肯定。新馆落成后,全县档案工作环境越来越优。

【档案法制】 在“6·9”档案日前夕,组织学习了《档案法》《档案法实施办法》和国家监察部、国家档案局30号令。再次改进了档案行政执法检查办法,发挥系统监督指导作用,从县委办、农口、政法、建设等系统牵头单位抽调一名副职参与检查;检查既看面上工作,又重点检查上年度问题整改情况,检查结果当场签字亮分。2016年共下发整改通知书7份,列出问题清单128份,5个乡镇、2个县直单位拿出了整改措施。

【档案馆工作】 2016年,是县档案新馆正式投入使用的第一年,县档案馆接收了县纪委案件档案和已撤并的麻塘镇档案,征集万氏族谱52卷,收集省、市领导来县视察工作的图片资料20余件。各地馆藏不断丰富,荣家湾镇、公田镇、毛田镇、张谷英镇加强了原撤并乡镇的档案管理。同时,信息化建设迈开了步伐。县档案馆建立了信息中心,配备了专用电脑、高速扫描仪,聘请了专业人员,录入洞庭湖生态经济区专题档案条目300多条,扫描档案3000多页。全年共接待查阅者4700多人次。县档案馆宽敞明亮的档案查阅利用室得到了社会的充分认可,为解决农村山地纠纷、社会养老保险年龄纠错等重要民生问题提供了优质服务。

【档案业务】 进一步规范了新农村档案、专业档案、项目档案、机关档案的管理。县纪委、县人大办、县政协办、县审计局、新开镇、荣家湾镇等近30个单位接受了县档案局的业务指导,新墙镇、国税局、食品药品工商质量监督局等8个单位的机关档案进行了规范化整理,县国税局机关档案室成功晋升省特级。县档案局指导已撤并的单位集中统一管理档案,协助移交进馆单位的档案清点造册,审查批准了部分撤并乡镇文件材料归档范围和档案保管期限表,指导检查了部分乡镇汛期档案安全保护工作,参与了全县土地确权档案的指导工作,认真开展了重点工程项目档案管理和新墙河流域湿地公园档案的采集工作。

(唐 尧)

组织工作

【概况】 县委组织部内设干部办、党建办、办公室、远程中心、干部档案室、公务员管理办公室、村(社区)治理绩效办公室、干部监督问责办公室,有在编在职干部职工24人;加挂中共岳阳县委县直机关工作委员会牌子。2016年,县委组织部围绕中心、服务大局,履职尽责、务实创新,抓大事、办要事、解难事,以创先争优精神强力推进组织工作,为建设富饶美丽幸福岳阳县提供了坚强组织保证。一是基层党建全面加强、名列前茅。全市党建工作两次现场会在岳阳县召开，岳阳县在全市党建考核的现场核查、民调、书记述职评议上，拿到了三个第一。二是县乡换届圆满顺利、风清气正。新一届县党代会和县人大、县政协会议胜利召开，推荐提名工作和严肃换届纪律得到上级肯定和好评。三是干部选任严谨规范、管理严格。树立正确选人用人导向，主职干部调整做到“稳、准、顺、活、快”；全年党员干部教育培训3200余人次，加大“为官不为乱为”问责力度，做到有案必查、绝不姑息。四是“两学一做”提质增效、亮点纷呈。全县营造了比、学、赶、超的浓厚氛围，开展“亮身份、明责任、做表率”主题活动得到市委常委、组织部部长王瑰曙高度评价，“两新”组织党建工作和流动党员管理经验得到领导肯定和全市推介。五是人才工作深入推进、反响良好。揽才平台建设计划拓开事业单位引才绿色通道，科技特派员培训任务圆满完成，深入开展了十大创新创业杰出青年和岳阳名医评选，落实了扎根山区教师医生支持计划专项资助，进一步激发了活力。

【“两学一做”学习教育】 把“两学一做”学习教育作为2016年党建工作龙头任务，全面抓好落实。坚持“三个到位”，确保学习教育全覆盖。责任落实到位，切实做到“书记抓、抓书记”，县委书记带头以普通党员身份参加支部集中学习并讲授主题党课。培训辅导到位，举办了中青班“两学一做”专题知识竞赛、260人党务骨干培训班。宣传引领到位，开设四大媒体“两学一做”专栏，编印30000份口袋学习手册，举办了“两学一做”主题演讲比赛、书法比赛。突出“四大举措”，确保学习教育新常态。突出分类指导，采取寄信、结对帮学、上门讲学、信函、微信、QQ等方式帮助学习。突出问题导向，开展软弱涣散党组织专项整顿，常态化开展党员干部“一进二访”活动。突出督导整改，先后4次深入14个乡镇、81个县直单位进行全面督导并下发督查通报，督促整改问题150多个，取得了良好成效。突出典型引导，推进“革命传统”“先锋先行”教育，隆重举行纪念建党95周年及“慰问老党员、重温誓词、表彰先进”系列活动。践行“三大攻坚”，推进学习教育大融合。深入开展“亮身份、明责任、做表率”活动，把防汛抗灾一线作为“两学一做”学习教育的考场，党员抢险队60多个，8000多名党员干部参加，涌现出10余个先进基层党组织和30多个优秀典型。弘扬廉政文化助推旅游发展，先后开展了2016首届岳阳百千米孝友行活动、“学党章党规、诵廉篇经典、铸忧乐情怀”主题活动。力践助民承诺推动精准扶贫，1200余干部深入93个贫困村和软弱涣散村、13266户贫困户开展“一进二访”活动，解决突出问题602个。

【基层党建七项重点任务工作】 2016年，岳阳县按照中组部统一部署，将规范落实开展党员组织关系集中排查、党代会代表和党员违纪违法未给予相应处理情况排查清理、基层党组织按期换届专项检查、党费收缴工作专项检查、集中推进非公企业和社会组织“两个覆盖”、抓党建促脱贫攻坚工作、抓严抓实领导机关党员干部学习教育等基层党建7项重点任务不折不扣落实到位。全县查找出失联党员316名，对189名党员进行了组织处置；清理被终止代表资格、停止执行代表职务的党代会代表10人，被终止人大代表资格、暂停执行人大代表职务的党员5人；没有按期换届的基层党组织全部完成换届任务；党费收缴检查工作共覆盖738个党支部（并村改革前为1135个支部），31689名党员，已补交党费55余万元；加强了“两新组织”党建，成立了“两新”党工委和园区综合党委，打造了天欣陶瓷、新科职校两个示范点，按省市要求对新成立的“两新”党组织按每个支部5000元的标准安排启动经费；47个县级扶贫村均选派第一书记，出台《岳阳县村党组织第一书记管理细则（试行）》，对第一书记加强全方位管理和考核；制订了学习教育方案和学习计划，组织党员干部开展个人自学、集中学习、专题研讨，县处级党员领导干部开展了9次集中学习，同时县处级党员领导干部都以普通党员身份参加所在支部的学习，并指导、督促联系点开展学习教育，发挥领学促学作用。全县各级党委（党组）领导班子向县处级党员领导干部看齐，既做好对本单位学习教育的指导督促，又以普通党员身份与党员一起学习讨论、一起接受教育。

【组织中国共产党岳阳县第十二次代表大会】 2016年8月27至29日，中国共产党岳阳县第十二次代表大会在岳阳花鼓戏传承剧院胜利召开。45名县委委员、9名候补委员，25名县纪委委员，32名出席岳阳市第七次党代会代表候选人全部高票当选。在随后召开的十二届县委一次全会上，选举产生了新一届县委常委会。整个换届选举过程平稳有序，风清气正，实现了组织意图与代表意愿的高度统一。精心谋划，强化组织领导。先后召开4次常委会、2次全委会传达贯彻中央、省市有关精神，研究部署相关工作；成立了由县委书记为组长的换届选举工作领导小组；细化责任分工，将任务具体到单位、到个人。严守底线，强化纪律意识。组织观看《镜鉴》，签订正风肃纪承诺书，将“九个严禁、九个一律”宣传卡印发到每一名党员手中。开展谈心谈话，教育引导各级党员干部讲政治、讲党性、顾大局，正确对待个人的进退留转，自觉服从组织安排。成立换届风气监察组，实行驻会督导，与代表同吃同住同讨论，形成严明换届纪律的高压态势。突出规范，严格程序落实。按照党代表选举和大会规范要求，严格代表考察和选举程序，严格党代会召开程序，严格文稿审批程序，有效保证大会顺利圆满召开。尊重民意，扩大党内民主。采取下发征求意见稿和召开座谈会等形式充分征求各级党组织对大会报告的意见，多次进行修改完善；按照“两推一选”的方式推选党代表，组织专门力量民主推荐和考察提名“两委”委员；首次推行代表提案，大会期间共收到代表10人以上联名提出的提案23件，参与提案的代表246人，占代表总数的64.6%。

【完成乡镇党委换届】 按照省、市委的统一要求和县委的安排部署，于2016年4月底全面完成14个乡镇党委换届选举工作。在新当选的126名乡镇党委委员中，大专以上文化118名，占93.6%；40岁以下61人，占48.4%；女性2人，占1.6%。组织提名的126名乡镇党委委员均满票或高票当选。强化组织领导，确保准备工作扎实充分。成立以县委书记为组长的换届工作领导小组。县委先后召开2次专题常委会、3次工作部署会和2次业务培训会，确保乡镇党委换届工作一开始就实现高起点开局、高标准起步。由县纪委副书记、县委组织部副部长牵头，办室主任负责，成立4个督导组，全程指导换届选举业务工作，保证业务指导有力。强化民主公开，确保选举程序严格有序。按超出分配代表名额30%的人数，以“两推一选”方式推选党代表。通过组织推荐和群众推荐相结合的方式酝酿提出代表候选人预备人选，在公示的基础上，由选举单位召开党员大会选举产生党代表。在乡镇党委换届候选人推选过程中，以组织推荐和群众公认相结合的方式产生候选人。考察组座谈接触30名以上的乡镇机关干部、部门负责人、村支部书记，产生候选人推荐人选，并召开全额定向推荐大会，产生乡镇党委和纪委领导班子候选人。强化纪律约束，确保换届风清气正。县纪委、县委组织部组织相关人员观看了《不可触碰的底线》，各乡镇正式选举前组织乡镇党代表和相关人员观看《镜鉴》，全县形成了严明换届纪律的高压态势。按照换届关联度情况组织乡镇党代表、基层党组织书记等相关人员签订《正风肃纪承诺书》达4000余份。

【落实市委“三大三强”行动工作】 2016年，岳阳县坚持重心下移，按照市委“三大三强”（大投入，强化基本保障；大培训，增强能力素质；大调整，选优配强基层党组织书记）行动要求，从人、财、物全方位向基层党建工作倾斜。强化服务，基层基础有效夯实。村级运转经费实现翻番，2016年县级财政党建经费投入超过4500万元，161个行政村村均运转经费达到24万元，全部实现翻番。整乡推进、整县提升工作经费纳入财政预算，县委常委会研究同意从2016年起每年投入60万元，配套1/3的乡镇村级组织建设，并纳入财政专项预算。坚持以点带面、典型引路为原则，先后培树了5个县级、14个乡镇级党建示范点，做到基层党建示范点建设一批，成功一批，带动一批。教育培训，全面提升能力素质。全县14个乡镇先后组织6000余名党员开展冬春训。5月30日，举办了全县党务骨干培训班，对党支部专题组织生活会、民主评议党员，软弱涣散基层党组织整顿、党员组织关系集中排查等业务工作进行了具体辅导。全面轮训了全县基层党组织书记，实现了全县村、社区、县直机关、“两新”组织、贫困村和软弱涣散村党组织第一书记培训全覆盖。优化配置，选优配强党组织书记。以乡镇区划调整为契机，调整了6名乡镇党委书记。并村改革后，全县558个村合并为161个村，14个乡镇合并村临时党组织书记均配备到位。同时，按要求调整撤换了一批“一大三低”村党组织书记，根据实际情况下派了部分优秀党员干部担任合并村临时党组织书记，从县直各单位、乡镇选派了一批优秀党员干部到贫困村、软弱涣散基层党组织担任第一书记。

【举行庆祝建党95周年系列活动】 2016年6月29日，岳阳县庆祝中国共产党成立95周年大会在县花鼓戏传承剧院召开，共600余人参加会议。会议回顾了中国共产党95年的光辉历程及岳阳县近年来经济社会发展取得的成绩，要求全县各级党组织和党员干部要以党的十八大报告提出的“两个一百年”为奋斗目标，把思想和行动统一到全面小康这一大局上来，充分发挥模范带头作用，争当项目建设的“排头兵”、改善民生的“先锋队”、维护稳定的“压仓石”。新发展的95名共产党员面向党旗庄严宣誓，全体与会人员起立重温入党誓词。会议为14名50年党龄的老党员代表颁发纪念章，省级优秀共产党员黄亚飞等5名人分别作了典型发言。县直各单位党组织负责人向县委递交抓党建工作责任状。经过层层推荐和评选，中洲乡党委书记许吉程被评为全省优秀乡镇党委书记，张谷英镇居公完小教师黄亚飞被评为全省优秀共产党员。县委机要局局长周闰年，杨林乡杨林村原党支部书记方取家，县广播电视台原鹰嘴山发射台台长陈正宜被评为全市优秀共产党员；县纪委副书记、监察局局长易治国，县委组织部纪检委员、县直机关工委副书记龚克雄，县教育体育局副局长梁贤定，县工业和信息化局人事股股长刘小伍被评为全市优秀党务工作者；筻口镇释迦寺村党总支书记刘宝书被评为全市优秀村党组织书记。县委下发了《中共岳阳县委关于表彰全县先进基层党组织、优秀共产党员、优秀党务工作者的通报》（岳县委〔2016〕18号），表彰了50个先进基层党组织、50名优秀共产党员、50名优秀党务工作者。

【全面落实党建工作精细化管理】 2016年，岳阳县通过精细化方案、精准化定责、精心化创建推进基层党建工作精细化管理，开创了全县党建工作的新局面。量化考核，明确任务。建立目标考核体系，以市委“三大三强”行动要求为统领，出台《岳阳县基层党建工作精细化管理考核办法》，将乡镇考核内容细化14个大项65个子项目；将县直单位考核内容细化成9个大项36个子项目，让基层从一开始就找准发力方向。建章立制，明晰责任。扎实开展“书记谈党建”活动，出台《党委（党组）成员联系基层党建工作责任制度》《党建工作责任清单制度》，统一全体党员领导干部管党治党意识，构建“党组织书记亲自抓、分管领导专职抓、组织委员具体抓、组织干事细致抓、党建指导员协助抓”的党建工作格局。县委组织部每月下发工作清单，每季度开展党建督查，半年进行工作讲评，年终召开述职评议会，确保了各项工作的落实。示范引领，明确标准。按照“抓乡促村、整乡推进、整县提升”的要求，出台《岳阳县基层党建“整乡推进、整县提升”实施方案》，党建办干部联点指导，投入示范点建设经费100余万元，2016年建成示范点30个，5个乡镇实现整乡推进。示范点建设，为全市基层党建工作树立了样板，2016年11月市委组织部副部长张赟在岳阳县主持召开全市基层党建工作现场会，会后部分县市区委组织部又专题组织乡镇党委副书记到岳阳县参观学习。

【组织党务骨干和党组织书记培训工作】 2016年5月30日，县委组织部举办岳阳县党务骨干精细化管理业务培训班，县直单位分管领导、政工人事股长，乡镇党委副书记、组织委员、组织干事、大学生村干部共260多人参加。选送20余名党务骨干和优秀支部书记赴浙江大学、复旦大学学习。同时,分4期对全县村党组织书记,社区党组织书记,县直机关及“两新组织”党组织书记,贫困村、软弱涣散村党组织第一书记进行了专题培训。2016年10月20日至21日,在县委党校举办岳阳县社区党组织书记培训班,10个乡镇31名社区居委会党组织书记参加培共培训,并组织到岳阳楼区社区进行了现场观摩;2016年11月23日至24日,在县委党校举办岳阳县第一书记培训班,共培训63名贫困村、软弱涣散基层党组织第一书记;2016年12月2日,在县委党校举办了岳阳县县直机关和非公企业、社会组织党组织书记培训班,其中培训县直机关党组织书记271人,非公企业党组织书记29人,社会组织党组织书记9人;2016年12月7日至8日,在县委党校举办了岳阳县农村党组织书记培训班,共培训161名农村党组织书记,并组织到党建示范点荣家湾镇畔湖新村、新墙镇清水村、筻口镇西冲村进行了现场观摩。

【干部日常管理工作】 一是严格选拔任用工作标准,不断强化班子队伍建设。严格把握干部选拔任用四条原则:坚持正确的用人导向,贯彻落实《党政干部选拔任用工作条例》,选优配强干部队伍,推进干部“能上能下”。2016年全年共提议干部任免11次,涉及干部任免446人,其中政府机构改革领导干部调整121人,乡镇换届干部调整125人、公开选拔乡镇领导干部13人,其他187人。二是严格执行干部考核工作,不断提高识人用人水平。加强常态化考核工作,修订了科级班子和科级领导干部平时考核细则,进行了半年履职情况平时考核,完成了2016年度全县各乡镇、县直各单位领导班子和领导干部考核工作。三是严格干部日常管理要求,不断增强服务意识。完成各单位科级干部工资正常晋档晋级审核工作、公务员录用与转正,公车改革审批、80余名干部退休,75名人员流动调配手续办理、工作,同时,经过职务与职级并行业务培训、单位摸底、单位呈报、查阅档案、初步审查、信息反馈、情况核实、最终审核等环节,共查阅档案近一千份,实事求是核对了每一位审批人员的信息,完成职级晋升最终审核708人,其中晋升为正处级5人,晋升副处级147人,晋升为正科级189人,晋升为副科级367人。

【县政府机构改革和乡镇换届选举工作】 一是思想工作到位。在县政府机构改革和乡镇党委换届时参与了对所有单位班子成员面对面的谈话活动。在乡镇人大、政府换届前,组织开展谈心谈话活动,广泛接触干部职工和代表,并重点做好乡镇区划调整及换届未继续提名等干部的思想政治工作,确保了干部队伍的思想稳定。二是政策激励到位。在市委出台干部人事政策后,按照县委要求,及时拟订相关政策,从多方面激励干部响应改革、支持改革、顺应改革。乡镇党委副书记、人大主席、政协联络办主任进城优先安排,其中8名任职时间较长的党委委员均安排了领导职务,享受到了激励政策。同时,还有38名乡镇、县直单位领导干部响应人事政策退出领导岗位。三是纪律监督到位。签订承诺书、播放警示教育片、加强监督检查等等一系列措施严格落实,确保了乡镇党委换届风清气正。县政府机构改革中,合并大小单位16家,合并单位班子成员和其他工作人员均到岗到位,各项工作有序推进,平稳顺利。

【市县乡人大代表、市县政协委员推荐提名工作】 一是制定工作方案。按照省、市相关文件要求,就提名人选结构要求、组织议事联系机制、分工分期分员的履职任务,双查联审严督的纪律要求以及时间关、人选关的督查落实,反复酝酿协商,制定或协同制定了岳阳县《岳阳市第八届人大代表、政协委员推荐人选产生的原则与构成》《岳阳县第十七届人大代表和政协岳阳县第十三届委员会委员推荐提名工作方案》,《联审工作方案》《考察工作方案》,为各项工作任务及时有效落实打下了坚实基础。二是强化工作落实。在考察初步建议人选工作中,创新工作举措,要求考察对象人人作出自觉遵守“九严禁”换届纪律、没有“不得提名代表委员十六种情形”的承诺,得到了市督导组的表扬。共考察县人大代表402人,县政协委员248人。在联合审查工作中，发出审查名单先后共三批次，共706人次，其中市代表、委员61人，县人大代表400人,县政协委员245人。认真核实单位审查结论，三批次共取消人选23人，其中违纪1人、违法2人、扶贫工作未落实1人、违反计生政策16人、承担环保违法责任1人、不良信用记录2人。共产生县人大代表建议人选377人,县政协委员建议人选217人。

【应用型人才队伍建设】 一是突出人才引进,服务经济发展。2016年县编委下达“四海揽才”招聘用编计划10名，重点引进“211”“985”工程院校本科及以上学历或中级以上专业技术职称的各类紧缺人才。报名应聘人员共有41人,其中硕士研究生21人。往年难以招聘的生物、麻醉、植物工程、生态环境等方面的专业人才,这次全部达到开考比例，缓解了县域经济发展过程中急需紧缺专技人才的紧张状况。二是注重人才培养,面向基层选拔。认真落实省委组织部在乡镇事业编制人员、优秀村干部、大学生村干部中择优选拔乡镇领导班子成员的政策精神,制定《岳阳县从“三类人员”选拔乡镇换届人选工作方案》,明确乡镇党委对“三类人员”资格审查的主体责任，县纪委全程监督,采取“差额考试、差额考察、部务会差额比选、常委会差额票决”的方式公开选拔,有128名人员参加笔试、43名人员参加面试、28名人员参加体检和考察。经过所有工作程序,13名副乡镇长全部到岗到位，为乡镇干部队伍建设注入了新的活力。

（胡朋　周立飞　李福缘）

机构编制工作

【概况】 县委编办机关内设综合室、机构管理室、编制管理室(加挂实名制管理室牌子)、事业单位登记管理室4个股室，同时加挂岳阳县事业单位登记管理局牌子,实行两块牌子一套人马。机关下设一个事业单位——信息中心,核定全额拨款事业编制2名。2016年，县委编办紧紧围绕全县改革发展大局，不断创新体制机制，深入推进机构改革和政府职能转变,规范机构编制管理,全县机构编制管理工作逐步实现了规范化、精细化。

【机构改革】 县政府工作部门由27个精简到24个,精简政府工作部门3个(卫生局与计生局合并;食药、工商、质监三局合一)、精简县委工作部门1个(农办);撤销正科级事业局3个(招商局、旅游局、体育局)、撤销正科级实体机构2个(物价局、粮食局);对涉改单位的内设股室和下属单位重新调整，共精简内设股室和下属单位14个。行政审批制度改革有序推进，县直机关事业单位原有行政审批项目325项,通过改革,精简、合并129项,现保留196项,精简率达39.7%。积极配合做好公务用车制度改革工作。一是停办一般公务用车编制用编手续。二是积极配合摸清全县党政行政机关和参照公务员法管理事业单位机构设置情况，确保涉改单位应改尽改。三是积极配合摸清全县涉改单位实有车辆情况，确保涉改车辆应减尽减。四是积极配合摸清全县涉改单位司勤人员基本情况，确保涉改单位司勤人员应消尽消。

【机构编制管理】 2016年，岳阳县公开招录、招聘人员372人,外地调入17人，退役士兵安置60人。行政事业单位新进人员449人，较市定控制计划465名少进16人，较2015年自然减员467人,净减18人。行政事业单位人员编制连续15年保持负增长,已累计净减人员2500人,按人均财政下拨经费5万元计算，年节省开支1.25亿元。2016年全县公检法、乡镇机关和参公事业单位通过全省公开招录的方式，共招录公务员(含参公人员)62名,充实基层一线干部力量。在事业单位进人方面，面向社会实行公开招聘,2016年在教育、卫生、建设、交通、水利等部门招聘专业技术人才313人，基本满足了县域经济发展对人才的需求。

【规范编制核准程序】 2016年，县编办严格遵循省委组织部、省编办、省人社厅、省公务员局联合下发的《关于进一步规范机关事业单位人员流动调配工作的意见》(湘组发〔2015〕26号)文件精神执行人员选调工作，规范人员选调编制核准程序，依规核准编制，制定了“岳阳县机关事业单位人员流动调配编制使用核准申报表”(简称“申报表”)和“岳阳县机关事业单位人员流动调配编制核准通知单”(简称“通知单”)两张表。单位选调人员先领取“申报表”，填写好用人单位编制计划数、编制性质、经费性质以及选调人员的编制性质和经费性质，由编制室审核后，报主管领导、编办主任审签，再报编委主任审批。编委主任批准后，向用编单位下达“通知单”，用编单位凭“通知单”向相关单位申请办理调动手续。

【实行预备期编制管理】 岳阳县乡村教师队伍年龄老化、流失严重，请产假的多，为了解决这个问题，2016年，县编办会同各相关部门赴平江等地实地考察，尝试开展小学定岗教师招聘，面向社会招聘小学定岗教师200名。先不列编制，设立5年预备期，预备期内与正式在编教师同工同酬，财政全额预算经费，预备期内不得调动和借用。5年预备期满，经考核合格，同意留任并签约为村小、教学点的小学定岗教师即解决全额拨款事业编制。考核不合格和不愿继续留任的小学定岗老师予以解聘。这一办法缓解了乡、村教师的供求矛盾。

（龚苗苗）

党校工作

【概况】 岳阳县委党校是行政支持类副处级事业单位，设有办公室、教研科、社会培训科、行政事务室等4个科室。教职工27名，其中在职19名，有高级讲师3名，讲师7名。校园面积26700平方米，建筑面积8100平方米，已具备同时容纳300人的办学规模，先后被评为“省级甲等县级党校”“市级文明单位”“省级园林单位”。2016年，县委党校贯彻落实全国党校工作会议精神，以党校姓党明方向，以质量立校强队伍，以从严治校立规矩，突出主业主课，增强看齐意识，全力提升党员干部教育培训工作水平。

【教育培训工作】 全年共举办培训班18期，培训学员3016人，其中，基础理论、党校教育等课程占总课程比例达到80%，优化了主体班课程设置，明确了教员教学研究的主攻方向。按照中央党校教学改革会议精神，精心打造党性教育模块，开设了《传承革命精神，彰显为民情怀》《习近平总书记治国理政思想》《党风廉政建设》《中国共产党章程》学习辅导、《“四铁”是党员干部补钙壮骨的良方》《铲除政治“小圈子”，抵制腐败亚文化》等8个专题课。全年共推出了29个既富于时代气息，又贴近干部实际的优秀专题课，课题更新率在52%以上，教学质量测评优良率一直保持在95%以上。

【科研咨政工作】 《农村基层党组织党性教育科学化研究》《洞庭湖生态经济区旅游产业发展路径研究》两个省级科研课题均已结项，《农村电子商务产业发展趋势研究》课题已立项。全年共撰写各类学术文章21篇，获奖刊发19篇。其中《共产党人担当精神的思想根基·时代价值·实践路径》《张谷英村孝友家风的历史传承及时代价值》等文章获全省党校系统理论研三等奖;《用活独特优势，不辱光荣使命》等文章成为省委党校“全省党校系统校长培训班经验”推介文章,《农村基层党组织党性教育科学化研究》入选入选省级刊物《湖南省党校系统理研会论文选编》;《洞庭湖生态经济区县域建设与发展》在《岳阳职业技术学院学报》2016年第2期刊发;《树立崇高理想，强化宗旨意识，做合格共产党员》《农村基层党组织党性教育现状评估·因素分析·对策思考》在市级刊物《岳阳论坛》上发表;《关于创新我县农村人情送礼习俗的建议》入选县政协优质提案库1号提案;《践行职责重托，做好学做文章》在全县“两学一做”学习教育情况简报第25期刊发。

【校园建设】 县财政投入资金150多万元，改善了学员食宿，改造了学员教室，校园电网进行了提质增容，报告厅屋面进行了整体更新，办公楼进行了修缮。办班培训和会议服务各项设施设备基本配套完善，校园环境进一步绿化、亮化、美化。

【会务接待工作】 县委党校全年共承办各类会议156场次，没有出现大的事故和差错。其中，承办的县政协一次全会，安排住宿170人次，餐饮200多人次，会场6个，会期服务4天，得到了政协委员的好评和领导的肯定，展示了党校会务工作形象。

【理论宣讲工作】 围绕“学习十八届六中全会精神”县委党校开设总辅导等4个专题，为全县3000名党员干部授课56堂次；围绕“两学一做”学习教育，分四个阶段，专题宣讲近100堂次；围绕“七一”党日活动，先后派5名骨干教师在外授党课16堂次；围绕“教师包乡镇”做法，积极开展“送教下乡”活动，全面系统为党员干部讲好党课。

（袁　艳）

老干部工作

【概况】 中共岳阳县委老干部局是全县离退休干部管理和服务的工作机构，归口县委组织部管理，内设办公室、生活待遇股、组织宣教股三个股室，配备班子成员3名，有在编干部职工14人，退休5人，下辖老干（老年）活动中心（加挂“县老年大学”），挂靠管理“五老”组织6个（县关心下一代工作委员会、县老年书画协会、县老年人体育协会、县老年科技工作者协会、县老年保健协会、县老年大学）。

2016年，县委老干部局紧扣县委、县政府工作决策部署，精准聚焦中央、省、市系列文件精神，牢牢把握“为党和人民的事业增添正能量”价值取向，强力推进“2233”战略，着力打造“进步老干、效能老干、阳光老干”，克难攻坚，实干担当，全县老干部工作转型发展取得新成绩，被县委、县政府评为全面建成小康社会综合绩效评估良好集体，被市委老干部局授予“年度先进集体”，组织部副部长、老干局党组书记、局长陈鑫被省委老干部局授予“全省先进个人”荣誉称号。

【成立离退休干部党工委】 2016年6月13日，县委下发《关于成立中国共产党岳阳县离退休干部工作委员会的批复》（岳县委〔2016〕17号），批复明确县离退休干部党工委作为县委的派出机构，在县委组织部指导下开展工作，日常管理由县委老干部局党组负责。县离退休干部党工委主要职责是：宣传贯彻执行党的路线、方针、政策，组强离退休干部认真学习党的基本理论、路线、纲领，学习党章和党的基本知识；指导协调全县离退休干部党的建设，开展离退休干部党建工作调查研究，及时向县委提出改进工作的意见建议；指导各级老干部门和离退休干部党组织开展宣传、纪律检查工作；组织开展离退休干部党员教育培训和服务管理，发展离退休干部党员，引导离退休干部党员发挥先锋模范作用；完成县委交办的其他工作。县离退休干部党工委设委员7名，其中书记1名，由县委组织部副部长、老干部局局长兼任；副书记3名，由县委组织部党建办主任、县委老干部局分管组织宣教股的副局长和县老龄办主任兼任；其他委员3名。县离退休干部党工委下设办公室，办公室设县委老干部局。

【“两项建设”工作】 以学习贯彻中办发〔2016〕3号、湘办发〔2016〕21号文件精神为主线，强化思想政治引领，指导老干部关注“共产党员”和“岳阳党员E家”微信公众号，利用网络学习，开展网宣工作；推进“两学一做”学习教育，举办老干支部书记培训班2期，教育引导广大离退休干部和党员始终保持对党忠诚的政治品格和公仆本色。强化离退休干部党组织建设，积极落实中央、省、市系列文件精神，在全市老干系统率先成立了县离退休干部党工委，并共同探讨出台了《岳阳县离退休干部服务管理办法》；积极担当离退休干部党建工作主体责任，建立了“三定、四包、五清”工作机制和班子成员联系党支部制度，指导全县25个老干支部进行了换届；结合“服务型离退休干部党组织”创建、评选、挂牌活动，继续深入推进“先锋、安家、阵地”工程，黄沙、新开两镇老干支部被评为市级“示范性服务型离退休干部党支部”。

【活动开展】 紧紧围绕“展示阳光心态、体验美好生活、畅谈发展变化”为主要内容的“为党和人民的事业增添正能量”价值取向，积极支持引导各老年组织发挥作用。县关工委扎实开展“一观二史三爱”主题教育活动，在全县举办了“老师您好，我的好老师”中小学生主题演讲比赛，开展了岳阳县第二届“最美孝心少年”推选与表彰活动，表彰了5名“最美孝心少年”、14名“孝心少年”。县老年科协积极联手省市老专家、老教授推进富硒品牌创建，着力开发富硒循环经济、建立可溯源系统、创立了“岳州”富硒品牌和“相思山”有机品牌。县老年书协、老年大学深入推进了“谈家风、传作风、赞新风”和“书画四进写生”活动，老年艺术大学举办的汇报演出获良好反响。县老年保健协会强力推进自我保健意识教育与培训，黄沙街镇再茂村获全省“百岁健康村”荣誉。县老年体协在全市第二十三届门球赛中取得优秀成绩，并成功承办了县直和乡镇“老年门球赛”。

【服务管理】 以关心老干部为职责、以爱护老干部为义务、以服务老干部为使命，全力营造尊老、敬老、爱老浓厚氛围，老干部满意度明显提升。坚持落实老干部阅文、参观学习、情况通报、重大节日走访慰问等制度，组织老干部参与了全县经济形势通报会、乡镇区划调整意见征求会、重阳节座谈会和春节团拜会等；为老干部订阅了《老年人》“手机报”《中国老人报》《巴陵通讯》《学习参考》等学习资料；巩固了离休干部“三个机制”成果，不折不扣确保了“两费”到位，让老干部共享了改革发展成果。高度重视做好老干部信访诉求，加大特殊困难离退休老干部帮扶力度，2016年共接待老干部及遗孀168人次，帮助老干部解决实际困难和问题18件；加大亲情化、个性化、多样化服务，坚持“六必访”（生病、寿辰、佳节、纠纷、困难、丧葬）和“五个一”（一张笑脸、一声问候、一杯热茶、一张凳子、一份耐心）服务管理机制，努力让老干部得到更多归宿感。

【队伍建设工作】 通过“两学一做”学习教育着力打造勤学善为的干部队伍，2016年，局党组和县离退休干部党工委坚实履行了以“两学一做”为核心抓手的党建工作，加强了对局机关支部和全县60多个基层支部的学习教育，并于8月和10月对各支部开展了督查督导，其中新开镇、黄沙街镇两个离退休老干支部“两学一做”学习教育得到市局领导“真学、真做、真示范”的高度评价，接受了其他县市区兄弟单位的观摩学习，机关支部也被县委评为全县先进基层党组织。通过增进配合意识着力打造团结协作的干部队伍，进一步突出党组核心，全力加强对领导班子“四个意识”教育，坚决执行党组决定的统一性和严肃性，树立集体领导权威；进一步强化组织协调，一把手做到靠前指挥，勇于负责，副职做到用心做好分管工作，勇于拾遗补阙，其他干部整体联动，不做局外人、不做旁观者；进一步执行民主集中制，一把手与副职、副职与一般干部之间做到了坦诚相见、合作共事，大事先商量，小事常沟通，以共同的事业追求形成心齐气正、风正劲足的格局。通过真抓实干着力打造务实求为的干部队伍，在干部队伍中努力倡导争先创优、工作一流的价值观，牢固树立“不进则退、慢进也是退”的危机感，根据《2016年机关干部目标管理考核实施细则》，将各项工作任务量化到岗、责任到人，做到人人身上有担子、个个身上有压力，以时不我待的执着追求积极稳妥推进老干部工作转型发展。

（陈细勇）

宣传思想工作

【概况】 县委宣传部内设机构4个：办公室、新闻办、理教办、文化产业办；下设二级事业单位4个：新闻中心、文明办、网络建设与管理中心、《巴陵通讯》编辑部。2016年，县委宣传部认真贯彻落实县委、县政府决策部署，积极思考、主动作为，打基础、抓重点、出亮点、树品牌，为岳阳县改革发展擂鼓助威、鸣锣开道，为加快建设“一极三宜”江湖名城、谱写富饶美丽幸福岳阳县篇章提供了有力的思想保证、精神激励、舆论推动和文化支撑。

【理论宣教】 组织宣讲团和微宣讲小分队，利用“大讲堂”“小分队”“小册子”“小阵地”等多种形式，认真学习宣传贯彻党的十八届六中全会、习近平总书记系列重要讲话和省、市、县党代会精神，武装干部群众思想，凝聚推动发展的强大合力。充分发挥县委中心组学习示范引领作用，全面开展学习型党组织建设“五创两评”“千名书记讲党课”“品读经典·引领进步”等活动，县委中心组开展了6次集中学习讨论，各单位“争创学习型组织，争做学习型干部”形成浓厚氛围。

【新闻舆论】 重点策划推出了《铁山水资源保护》《互联网+农业》《文明花开荣城艳》《党旗高扬先锋先行——庆祝建党95周年》《防汛抗灾　众志成城》《换届选举进行时》《五年新画卷　喜迎党代会》《辉煌巴陵　‘岳’进小康》《决胜全面小康》《两学一做》《精准扶贫》等多个主题报道，并针对洞庭湖春季禁渔、张谷英孝友家风、禁毒宣传、农村淘宝开业等工作，多次邀请中央、省、市媒体集中采访，全方位、多角度宣传推介岳阳县。共在市级以上主流媒体刊播报道近600条，其中中央电视台、人民网、新华网等中央媒体54条，《湖南日报》、湖南卫视等省级媒体126条，《岳阳日报》290条（头版头条12个），妥善处置涉县舆情348条，有效提升了岳阳县的知名度、美誉度。

【精神文明】 持续推进全国文明城市创建活动，大力弘扬社会主义核心价值观，认真抓好群众性精神文明创建活动，深化文明单位、文明家庭、文明校园、文明社区等创建，广泛开展了学雷锋树新风、公益广告宣传、志愿者服务、崇德向善、网络文明传播、诚实守信、道德讲堂、我们的节日、未成年人思想道德建设、文明餐桌、文明交通等精神文明建设行动，不断提升社会文明程度，形成良好社会风尚。在湖南县2016年城市文明程度指数测评中，岳阳县在40个测评县市中排名第五，在6个提名城市中排名第四。新创建省级文明先进单位5个，市级文明先进单位7个，县级文明先进单位11个。

【宣扬榜样力量】 致力于评典型、推典型，以典型榜样凝聚社会正能量。开展了岳阳县第三届道德模范、首届“孝友之星”评选表彰活动，评选表彰10名道德模范、4名道德模范提名奖和10位孝友之星。张谷英镇教师丁群芳被评为“中国好人”，县人民医院医生王石虎被评为“湖南好人”。丁群芳、王石虎先进事迹受到各级媒体的广泛报道，成为党员干部学习的楷模和标杆。

【文化活动】 举办了“欢乐潇湘”百姓大舞台文艺会演、“孝行岳阳·友爱天下”张谷英百千米公益徒步、全民广场舞大赛、送电影送戏下乡等活动，丰富群众生活，陶冶情操。特别是“孝行岳阳·友爱天下”张谷英百千米公益徒步活动，参与干部群众众多，得到省市30余家媒体的广泛报道，成为岳阳县孝友文化的新名片。湖南省“我们的节日·重阳”暨“孝友之星”颁奖晚会在岳阳县成功举办，获得省委宣传部、省文明办肯定。

【新媒体】 创建了“新巴陵”手机客户端、“微巴陵”微信公众号两大新媒体，手机报用户拓展到10万户，县内六大媒体（电视台、新闻网、手机报、《巴陵通讯》、微巴陵公众号、新巴陵客户端）互为依托、信息共享，促进了传统媒体和新媒体的融合发展。

（陈嵬　刘挥）

统战工作

【概况】 县委统战部内设办公室、党外干部办、台湾工作办公室（中共岳阳县委台湾工作办公室、岳阳县人民政府台湾事务办公室）、民族宗教工作办公室、经济联络办5个内设机构。2016年年底有干部10人。2016年，全县统一战线认真贯彻落实中央、省委和市委统战工作决策部署，牢固树立“同心”理念，深入实施“凝心聚力‘十三五’行动”，围绕中心，担当实干，为建设富饶美丽幸福岳阳县做出了积极贡献。

【扎实开展“两学一助”学习教育】 为呼应中共“两学一做”学习教育，根据省委、市委统战部统一部署，在全县党外人士中开展学系列讲话，学优良传统，助力新湖南（简称“两学一助”）学习教育。9月29日，全县“两学一助”学习教育动员会在县政务服务中心召开。会议由县委常委、统战部部长苏红琳主持，县委副书记王保林作动员报告，全县统一战线代表人士、乡镇统战委员、统战系统全体机关干部110多人出席。会议下发了实施方案，对“两学一助”学习教育作了全面安排和部署。会后，省社院副院长、党组成员周述杰为全体与会人员上了一堂“习近平总书记关于统一战线的新思想新观点新理念新战略”的统战理论课。围绕“两学一助”学习教育，县委统战部先后组织开展了“建言党代会”，“凝心聚力‘十三五’，共画最美同心圆”主题征文，统一战线知识竞赛，网上社院学习等丰富多彩的学习实践活动，切实起到了引导统战人士不忘多党合作初心，增强“四个自信”，在举什么旗、走什么路这个根本问题上态度更加明确、立场更加坚定的良好效果。

【做好党外代表人士安排使用工作】 做好实职安排。把党外干部人事调整纳入全县干部人事调整计划。在全县机构改革中，3名乡镇党外干部交流到县直任实职、1名党外干部提拔为副镇长；县直部门9名党外副职保留原实职岗位，2名党外干部得到提拔重用。全县党外干部没有因政府机构改革减少实职职数。做好政治安排。与县委组织部、县人大党组、县政协党组加强沟通协商，严把党外代表委员政治关、素质关、结构关，代表委员推荐选举工作风清气正。在新一届县政协委员中，党外委员的比例为60%，党外常委的比例达67%，均符合或超过了政策要求。在新一届县人大代表、人大常委中，党外人士分别为32名、8名。54 名市人大代表中，非公经济人士、工人、农民、专业技术方面的党外人大代表为21名，占比高达38.9%。

【非公有制经济领域统战工作】 深入开展“访民企、办实事、强信心”调研活动。在县委常委、统战部苏红琳带领下，机关干部走访企业52家，召开座谈会3场110多人次，深入宣讲习近平总书记在全国政协联组会上的重要讲话精神及省委省政府《关于促进非公有制经济发展的若干意见》等政策文件精神，推动构建“亲”“清”政商关系，收集意见建议21条。积极开展“引老乡、回故乡、建家乡”行动。以县总商会为平台，组织非公经济人士代表到浙江、深圳等地学习考察，参观走访企业35家，与异地商会开展商务对接座谈活动8场次，大力宣传推介岳阳县经济发展优良环境，引导寓外乡友回乡投资创业，达成投资意向5个。引导非公经济人士积极履行社会责任。与县工商联联合举办“同心携手 为爱传递”精准扶贫公益募捐活动，全县非公有制经济人士、宗教人士等积极参与，募集扶贫善款48.6万元。同时，大力呼吁引导县内外非公有制经济人士投身县委脱贫攻坚重大部署，得到热烈响应。2016年，县内外非公经济人士捐赠款物价值6000多万元，为推动民生改善、促进社会和谐发挥了积极作用，树立了非公经济人士良好社会形象。

【民族宗教事务管理工作】 深入开展民族团结宣传教育和民族团结进步创建活动，妥善处理涉及民族因素的矛盾和纠纷，依法保护少数民族合法权益，与公安、卫计、教育、人社、城管等部门密切配合，做好少数民族流动人口的服务保障工作。加强与城管、工商等部门协作，耐心细致做好涉疆少数民族群众摆摊设点劝解工作，全年没有发生一起因违规摆摊设点引发的涉疆少数民族群众恶性事件。深入开展“教风年”“宗教慈善周”等活动，妥善调处多起宗教领域矛盾，配合国安部门做好反渗透、打击邪教等工作，全县宗教领域和谐稳定。

【台海同胞服务接待工作】 认真贯彻落实中央对台工作方针政策，切实做好港澳台同胞及海外侨胞来岳阳县参观访问接待工作。2016年，先后接待了全国台企联老板代表团、台湾岳阳同乡会新任会长周习之、台湾嘉义地区农会代表、美籍华人贺一平父子、黄开基等台海各界人士6批次155人次，宣传推介了岳阳县开放发展良好态势，为促进岳台两地经贸文化交流做出了贡献。妥善处理涉台纠纷，为台胞台属解决财产纠纷、遗产处理、住房困难等问题多个。

【机关党建工作】 以“两学一做”学习教育为契机，组织党员干部学好党章、学深党规、学透讲话，深化思想认识，坚定理想信念。机关干部人均记学习笔记15000字以上，撰写学习心得2篇以上。班子成员围绕“四讲四有”带头讲党课、谈体会，对照《准则》《条例》要求开好民主生活会，严肃认真开展批评和自我批评。扎实开好组织生活会，全体党员按照要求深入剖析自身存在的问题，提出整改措施。按要求开展党费收缴排查、党员民主评议等工作。加强警示教育。组织党员干部学习《镜鉴》《警钟》《不可触碰的底线》等警示教育片，引导党员干部树牢正确的人生观、价值观、政绩观，不断增强“四种意识”。

（何水滔）

中共岳阳县纪律检查委员会(监察局)

【概况】 县纪委、监察局内设办公室（案管、信息中心）、组织部、党风政风监督室（廉政教育中心）、信访室（预防腐败）、第一纪检监察室至第四纪检监察室、案件审理室9个内设机构，按有关章程规定设置机关党委（宣传教育）、机关工会。2016年以来，县纪委、监察局在市纪委监察局和县委的坚强领导下，认真贯彻落实上级反腐倡廉工作部署，突出主责主业，聚焦中心任务，认真开展监督执纪问责，全县党风廉政建设和反腐败工作取得了新进展、新成效。

【党风廉政建设责任制】 县委高度重视党风廉政建设和反腐败工作，旗帜鲜明、领导有力；全县各级党组织按照党中央、省委、市委反腐倡廉决策部署，认真履责、严抓严管；全县各级纪检监察组织聚焦监督执纪问责，从严监督、强力反腐，形成了齐抓共管的良好局面。积极协助县委抓好全县党风廉政建设责任制的落实，健全责任分解、责任考核、责任追究机制。及时召开县纪委全会和反腐败协调小组会议，将反腐倡廉工作任务分解、细化到每个县委常委、副县长及各个牵头单位和责任单位，完善责任体系。制定《“两个责任”目标管理考核办法》，对“两个责任”落实情况进行检查考核，在2016年度落实党风廉政建设“两个责任”情况考核中，4个乡镇、23个县直单位被评为反腐倡廉建设工作先进单位，1个单位被确定为不合格单位，15个单位被取消评先评优资格，考核结果在全县负责干部会上予以通报，积极传导履责压力。认真贯彻落实《中国共产党问责条例》，对发生顶风违纪行为的地方和单位，既查处党员干部违纪行为，又追究党委主体责任、纪委监督责任。2016年，共查处责任追究案件4起8人，释放了失责必问、问责必严的强烈信号。

【领导干部廉洁自律工作】 县纪委加强对选人用人的监督，认真落实换届人选考察、“三类人员”考察考录等廉政情况征求意见工作，对教育系统、卫生系统“四海揽才”等招聘工作进行了有力监督。加强干部个人事项备案，54名科级干部就操办婚丧喜庆事宜进行了备案登记，因私出国（境）备案登记90人，因公出国（境）备案登记2人，开展廉政征求意见52批次2344人，涉及169个单位。全面推行制度廉政性评估，审核评估规范性文件84份，非规范性文件128份，提出评估意见建议112条，从源头上防控了廉政风险。启动全县台职人员出境出国证件申领审批制度，强化防逃预警措施。对77名新任科级领导干部开展了廉政培训，组织进行了党风廉政和党纪条规知识测试。

【纪律审查工作】 县纪委坚持把纪律挺在前面，保持力度不减、尺度不松，不断探索运用监督执纪“四种形态”，严格按照“六大纪律”开展纪律审查工作。健全审查机制，充分发挥反腐败协调小组作用，2016年县公安部门向县纪委移送党政事业单位工作人员涉赌线索8条，涉毒线索14条，均得到有效处理，进一步形成了查办案件的工作合力。加强信访举报处置，对问题线索集中管理，快速分流，做到“零暂存”“零留存”。研究出台《信访举报件及问题线索管理暂行办法》，进一步规范信访举报件、问题线索、函询、交办工作流程，不断健全审查机制。2016年，共接待群众来信来访379件次，受理信访举报242件次，按期回复上级交办信访18件，均得到妥善快速处理。保持高压态势，强化对监督执纪“四种形态”的认识和运用，坚持把纪律挺在前面，实现了从“查办大要案”到“管住大多数”的转变。2016年，对有轻微违纪倾向人员函询17人次，诫勉谈话19人，立案194件205人，结案190件193人，其中自办案件74件85人，涉及科级干部22人，重点查办了移民局原党组副书记高某等人违规中餐饮酒案；县疾控中心主任鲁某违规发放红包案；公田镇党委委员高某工作失职案；林业局副局长易某违规发放津补贴案，保持了纪律审查的高压态势。推动纪律审查向基层延伸，深入开展“雁过拔毛”式腐败问题专项整治，共清理2013—2015年86项涉农资金近40亿元，收缴违纪资金50.33万元。2016年共查办“雁过拔毛”式腐败问题案件29起，22个典型案例分4期在全县通报，4名村党支部书记被给予开除党籍处分，充分发挥了查办案件的震慑作用。确保审查效果，坚守安全底线，落实纪律审查安全责任制，全面规范乡案县审流程，把好案件质量关和案卷资料关。按照省纪委要求建设标准化谈话室，出台《规范初核和立案调查谈话阶段取证工作的实施办法》，严格谈话室管理，进一步保障纪律审查安全。强力消除执纪审查空白点，原有5个乡镇空白点已消除4个，已圆满完成既定任务。加强案件查办回访工作，共393个回访任务，排除两次处分的人，应回访人数为386人，现已完成357人，其中态度为“积极改正”的占比94.7%，回访覆盖率达到92.5%，确保纪律审查的质量和效果。

【监督检查工作】 县纪委围绕中央、省、市、县重大决策部署开展监督检查，加强对征兵工作、乡镇区划调整、“两学一做”等工作的监督检查。在2016年抗洪救灾工作中，坚持以铁的纪律压实防汛责任，组成4个督查组开展24小时不间断督查，对防汛不力的第一时间按程序立案、取证、审理、通报，共20名党员干部因防汛不力被立案查处，5名党员干部被诫勉谈话，确保安全度汛。按照市纪委统一部署，开展县市区“纠‘四风’、治陋习”及“雁过拔毛”式问题交叉检查，派出9人对湘阴县开展2次监督检查，共发现违纪线索46条，及时上报市纪委。对换届风气开展全程监督，严格监督把关，落实“四必”要求，共对916人进行了廉政把关。加强监督检查，乡镇党委换届期间派出4个巡回督查组开展监督，县委换届期间牵头成立14个驻会监督组共派出23人参与监督，乡镇人大、政协换届期间，派出9人参与监督考察，县人大、政协换届期间下设16个会风会纪监督小组，与代表委员同吃、同住、同开会，严格做到“12个查看”，确保换届风清气正。

【干部作风建设】 紧紧扭住“四风”突出问题，不断巩固作风建设成果，营造良好党风政风。紧盯重要节点，抓住元旦、春节、五一、端午、中秋、国庆等重要时间节点，提前出台督查方案，4个纪检监察室和党风政风室分别派出监督检查组，深入全县各单位以及宾馆茶楼、农庄饭店、办事服务窗口等地就公款吃喝、中餐饮酒、违规请客、公车私用等“四风”突出问题进行明察暗访。创新监督举措，公布举报热线，出台举报奖励措施，成立微信受理举报平台，发动群众和媒体参与监督，让“四风”问题无处遁形。狠抓突出问题，开展“三公”经费专项检查，部署对38个县直单位2014—2015年“三公”经费开支情况、津补贴发放情况开展重点检查，发现超标开支公务接待费等问题22个，收缴10个单位违纪资金共196.8万元。对4个县直单位、3个乡镇食堂财务进行全面检查，对发现的突出问题进行整改。针对违规收送红包礼金问题，开展杜绝违规收送礼品礼金公开承诺活动，共有217名党政主要领导干部、纪检干部在县城集体公开承诺，并在全县各地方、各单位深入推进。2016年共督促76人次上交红包礼金81.55万元，6人次上交礼品33件。主推专项整治，部署开展“纠‘四风’、治陋习”专项整治，重点整治违规公款吃喝、违规发放津补贴或奖金福利、违规操办婚丧喜庆事宜、违规收送礼品礼金、参赌涉赌和吸毒涉毒等“六大陋习”。2016年，共查处“四风”案件29起44人，其中公车私用案1起1人、打牌赌博案11起15人、违规接受宴请案1起9人、违规发放津补贴2起5人，违规操办婚丧喜庆事宜2起2人，涉毒案12起12人，其中组织处理5人，党纪政纪处分31人，6名党员干部受到责任追究，“四风”陋习得到有效遏制。

【党风廉政宣传教育】 加强纪律条规学习，深入推进《习近平关于严明党的纪律和规矩论述摘编》和“两准则、三条例”的学习教育，将纪律条规学习纳入县委中心组学习内容，覆盖到全县党员干部。订购廉政自律准则、纪律处分条例合订本3万册，做到全县所有党员人手一册。将地方特色的孝友文化融入大型活动，岳阳县以孝友家风促廉政政风的工作经验被《湖南纪检监察动态》和三湘风纪网推介。开展学生倡议、诵读“家训族戒”、齐唱《劝孝歌》等活动，推进孝友文化进农村、进家庭、进校园、进景区。开展“孝行岳阳　友爱天下”百里行活动，整个活动参与人员1600人，深入推动了岳阳县孝友文化传播。开展“学党章党规　颂廉篇经典　铸忧乐情怀”主题活动，共组织全县350名党员干部参加，推动崇廉尚政政风形成。

【自身建设】 始终把自身建设放在重要位置，以“严管就是厚爱”的要求不断加强内部监督，打造过硬队伍。加强教育培训，完善机关党建格局，从严教育管理，扎实开展“两学一做”学习教育，共开展书记讲党课活动1次，集中讨论4次，不断增强“四种意识”。坚持“一月一课一学”制度，组织开展学习“两准则、三条例”“七一讲话”“长征精神”“十八届六中全会”等集中学习活动，不断提高业务水平和思想水平。加强对纪检干部的业务培训，先后有3名干部到省市纪委跟班学习，14名新任乡镇纪委书记参加业务培训班。2016年组织乡镇、县直纪检监察干部共5人到县纪委各业务室跟班学习，干部整体业务能力得到了进一步提高。配优配强力量，深化推进“三转”要求，明确各乡镇纪委书记、县直部门纪检组长不得兼管或直接参与纪检监察以外的其他工作，对乡镇、县直单位纪检干部分管工作进行了集中清理，督促乡镇纪委书记突出主责主业，乡镇纪委副书记全部做到专人专职。圆满完成了县纪委换届和乡镇纪委换届，交流1名副书记至交通局任局长，1名预防腐败局副局长和1名室主任新提拔为常委，配优配强14个乡镇的纪检监察干部共93人。严格落实“两个提名”办法，共交流调整纪检干部2批41人，其中9名纪检组长转任副局长，28人新任纪检组长，保持了队伍战斗力。严格监督管理，以市纪委内部巡察为契机加强内部监督和制度建设，高度重视整改工作，对巡察组反馈的5个方面21个问题全盘接收，立行立改。迅速成立整改工作领导小组，召开书记碰头会和班子成员会，出台整改方案和整改任务分工表，按照定时间、定人员、定措施、定目标、定职责的要求，一个一个问题抓整改，一项一项制度抓落实，确保整改到位。加强内部监督，对纪检干部存在的问题不回避、不遮丑，坚决防止“灯下黑”，2016年共收到反映纪检监察干部信访举报5起，转立案2起，诫勉谈话1人，其中1名乡镇纪委委员因打牌赌博被予党内严重警告处分并免去纪委委员职务，班子和队伍的凝聚力、战斗力不断增强。

（邹毓望　周瑾）

岳阳县人民代表大会常务委员会

【概况】 岳阳县人大常委会机关原有“一办六委”7个正科级工作机构，分别为办公室、选举任免联络工作委员会、财政经济工作委员会、教科文卫工作委员会、环资城建工作委员会、农业农村工作委员会、内务司法工作委员会。2016年11月27日，岳阳县第十七届人民代表大会第一次会议第一次全体会议表决通过设立岳阳县人民代表大会法制委员会、岳阳县人民代表大会财政经济委员会两个专门委员会，同时撤销原岳阳县人大常委会财政经济工作委员会。专门委员会的工作人员由代表大会确定，受代表大会领导，向代表大会报告工作，闭会期间受县人大常委会的领导和监督。岳阳县第十七届人大常委会组成人员35人，其中主任1人，副主任5人，委员29人，常委会组成人员中驻会23人，兼职12人。2016年县人大常委会围绕全县经济社会发展大局，依法履职、认真监督，审查批准了2016年国民经济和社会发展计划、2016年财政预算，作出了批准2015年财政决算的决定，开展《中华人民共和国水法》《中华人民共和国行政诉讼法》执法检查活动，听取和审议了县城中心城区背街小巷改造、禁毒工作、美丽乡村建设、环境保护等专项工作情况，提出了审议意见，推动了相关工作的规范和落实。2016 年是县乡人大换届选举之年，县人大常委会坚持党的领导，严格依法办事，精心组织部署，充分发扬民主，全县共划分 117 个选区，登记选民 568361 人，80%以上的选民参加投票选举，共选出新一届县人大代表 253人。11 月 26 日至 30 日，召开了岳阳县第十七届人民代表大会第一次会议，选举产生了岳阳县新一届人大、政府领导班子成员，选举产生了县人民法院院长、县人民检察院检察长、县十七届人大常委会委员、岳阳市第八届人大代表。

重要会议

【全市人大农业农村工作会议在岳阳县召开】 2016 年 4 月 1 日，全市人大农业农村工作会议暨农产品质量安全行活动部署会议在岳阳县召开。岳阳市人大农业农村工作委员会部分成员、各县市区人大常委会分管农业农村工作的副主任及农工委负责人参加会议，岳阳市人大常委会副主任许伟奇、市人大农业农村委员会主任委员万旦明、岳阳县人大常委会主任汤森林等出席会议。与会人员先后到岳阳县柏祥镇病死猪无害化处理场、杨林乡全民鸽业、新墙镇休闲观光葡萄园、荣家湾镇农村电商物流园等部分农业项目现场进行参观。每到一处，工作人员都详细介绍了项目的运作情况，仔细回答与会人员的提问。与会人员对岳阳县农业项目开发运作情况表示认可和赞同。

【县第十六届人大常委会召开第二十次会议】 2016 年 4 月 15 日，岳阳县第十六届人大常委会第二十次会议在县城召开。县人大常委会主任汤森林，副主任许欧蛟、袁文、张艳生、周建军、胡海平及常委会成员出席会议；县人民政府常务副县长李勇，副县长刘小良、易新岳、周里、刘四清，县人民法院院长杨水平，县人民检察院检察长段德平等县领导列席会议相关议程。

会议听取并审议了县人民政府提交的《岳阳县 2016 年国民经济和社会发展计划(草案)》。会议认为，岳阳县 2016 年国民经济和社会发展计划(草案)紧扣“项目兴县、工业富县、统筹城乡、突出民生”的重点，指导思想明确，具体措施有力，预期目标可行。会议表决通过了这份草案，要求县人民政府及各有关部门严格按计划推进项目建设，加大争资力度，抓好计划执行。

会议听取并审议了县人民政府提交的岳阳县 2016 年财政预算(草案)。会议认为，岳阳县 2016 年的财政预算(草案)坚持了量入为出、统筹兼顾；突出了保基本、保民生、保运转，体现了公共财政的本质属性，符合该县实际。会议表决通过了这份草案，要求县人民政府及相关部门严格执行本次会议批准的财政预算方案，进一步壮大财源，加强财务监管，积极争取资金，提高财政资金使用效益，确保县级财政高效平稳运行。

会议任命陈晓军为岳阳县市场和质量监督管理局局长。新获得任命的市场和质量监督管理局局长在常委会会议室进行了宪法宣誓。这是岳阳县人大首次组织宪法宣誓活动，对该县推动宪法实施、推进依法治县具有重大的意义。

会议还听取和审议了县人民法院关于《中华人民共和国行政诉讼法》贯彻执行情况的报告，作出了关于进一步加强《中华人民共和国行政诉讼法》贯彻实施的决议；听取和审议了县人民政府关于《中华人民共和国水法》贯彻执行情况的报告；听取了县人民政府关于保障性住房建设审议意见落实情况的报告、关于文化市场综合执法审议意见落实情况的报告。会议还补选了一名岳阳市第七届人大代表。

【县第十六届人大常委会召开第二十一次会议】 2016 年 6 月 13 日上午，县十六届人大常委会第二十一次会议在县委党校召开。县人大常委会主任汤森林，副主任许欧蛟、袁文、张艳生、周建军、胡海平出席会议。县人民政府县长张中于，副县长刘小良、易新岳、刘四清，县人民法院院长杨水平，县人民检察院检察长段德平等列席会议相关议程。

会议首先进行了人事任免议程。县人民政府县长张中于提出人事任免议案，各拟任对象分别就拟任岗位的工作打算向人大常委会汇报。在听取了拟任对象的供职发言和县人大常委会任前调查报告后，常委会以无记名投票的形式表决通过了10名拟任对象的任职议案。县人大常委会主任汤森林为获任命的人员颁发了任命书。此次会议任命的10人在会上进行宪法宣誓。会议还表决通过了县人民法院人民陪审员、县人民检察院检察员的任免事项。

会议听取了中心城区背街小巷改造情况的报告，常委会对县人民政府采取政府和居民共同投资改造背街小巷的模式予以肯定，就调查中发现的问题提出了审议意见，要求县人民政府和相关部门各负其责、协调配合，力争在2~3年时间内完成县城背街小巷的改造工作。会议听取和审议了全县禁毒工作情况的报告，要求县人民政府加大对禁毒工作的重视和投入，进一步创新宣教模式，保持打击涉毒犯罪的高压态势，构建禁毒社会网络，切实维护社会和谐稳定。会议还听取了《中华人民共和国农产品质量安全法》贯彻实施情况审议意见落实情况的报告。

【县第十六届人大常委会召开第二十二次会议】 2016年8月23日，岳阳县第十六届人大常委会第二十二次会议在县城召开。县人大常委会主任汤森林，副主任许欧蛟、袁文、张艳生、周建军、胡海平出席会议。县人民政府代县长曾平原，副县长万东、刘小良、易新岳、付学文、张奕等列席会议相关议程。县人民法院院长杨水平，县人民检察院检察长段德平列席会议。

会议通过了人事任免事项。会议接受张中于辞去岳阳县人民政府县长职务，决定任命曾平原为岳阳县人民政府副县长，并决定由其代理岳阳县人民政府县长；会议接受李勇、刘四清辞去岳阳县人民政府副县长职务，决定任命万东、付学文、张奕为岳阳县人民政府副县长；接受刘四清辞去岳阳县公安局局长职务，决定任命付学文为岳阳县公安局局长；任命钟沁为岳阳县人民检察院检察委员会委员、副检察长。

会议听取和审议了岳阳县2016年上半年国民经济和社会发展计划执行情况的报告。会议审议认为，2016年上半年全县国民经济和社会发展计划主要指标完成良好，经济运行平稳，计划执行情况较好，但也存在经济运行质量不优、项目计划推进不力、招商引资氛围不浓等困境。对此，县人大常委会提出审议意见，要求县人民政府强化领导，攻坚克难，全力推进项目建设，努力营造良好的招商引资氛围，实现经济高效运行，确保全年工作目标任务顺利完成。

会议听取和审议了岳阳县2015年县级财政决算（草案）和2016年上半年财政预算执行情况的报告，听取和审议了关于2015年度县级财政预算执行和其他财政收支情况的审计报告。会议审查认为，2015年各项民生及重点支出得到了保障，财政收入总体平衡，较好地完成了年度财政预算任务；审计报告提供的数据真实可靠，提出的结论客观公正，指出的问题客观实在，充分发挥了同级审计的监督作用；2016年上半年财政预算执行总体情况良好。会议决定，批准该县2015年县级财政决算。针对全县财政运行中存在财政质量下降、预算编制不够合理、专项资金使用不规范、投融资资金监管没到位、财政公开程度不高等问题，常委会要求县人民政府加强财政监管力度，提高财政质量，强化审计查出问题的整改，努力化解财政运行中的困难和矛盾，确保全年财政收支目标任务顺利完成。

代县长曾平原在会上讲话。他就县人大常委会的任命和对政府工作的支持表示感谢，认为人大为政府的依法履职提供了法律保障。曾平原表示将虚心接受人大常委会就国民经济和社会发展计划及财政工作提出的审议意见和建议，认真抓好整改落实工作，努力建设法治、高效、务实、实力、廉洁政府，推动岳阳县经济社会健康持续发展。

会议还听取了县人民政府关于《中华人民共和国环境保护法》《中华人民共和国水污染防治法》《中华人民共和国大气污染防治法》贯彻执行情况的报告；听取和审议了全县美丽乡村建设工作情况的报告。

【县第十六届人大常委会召开第二十三次会议】 2016年9月2日，岳阳县第十六届人大常委会第二十三次会议在县城召开。县人大常委会主任汤森林，副主任许欧蛟、袁文、张艳生、周建军、胡海平出席会议。县人民政府副县长万东、县人民法院院长杨水平、县人民检察院副检察长钟沁列席会议相关议程。

会议审议了岳阳县县、乡两级人民代表大会换届选举有关工作的议案，依法作出了关于岳阳县县乡两级人民代表大会换届选举有关事项的决定、关于乡镇新一届人民代表大会代表名额的决定、关于任命岳阳县选举委员会成员的决定、关于任命岳阳县乡镇选举委员会成员的决定。会议决定，岳阳县县乡两级人民代表大会换届选举工作从2016年7月上旬开始，到2016年12月下旬结束;各选区于10月底前选举出岳阳县第十七届人民代表大会代表和新一届乡镇人民代表大会代表；岳阳县第十七届人民代表大会第一次会议和乡镇新一届人民代表大会第一次会议在11月底之前举行。

本次会议还对湖南巴陵农村商业银行股份有限公司筹建工作开展了视察。

【县第十六届人大常委会召开第二十四次会议】 2016年9月30日，岳阳县十六届人大常委会第二十四次会议在县城召开。县人大常委会主任汤森林，副主任许欧蛟、袁文、张艳生、周建军出席会议。县人民政府副县长周里、张奕列席会议相关议程。县人民法院、县人民检察院、县人民政府工作部门、被评议单位主要负责人、各乡镇人大主席列席会议。

会议对县人力资源和社会保障局、县地税局、县民政局、县农业局、县交通运输局、县文化旅游广电新闻出版局6个单位的工作进行了评议。会议分别听取了各单位主要负责人作的工作情况报告、审计局提供的近两年财政收支情况的审计报告、人大常委会工作评议调查组的调查报告。县人大常委会在深入调查、广泛征求意见、开展民主测评的基础上，充分肯定被评议单位所取得的成绩，认为各被评议单位按照法定职能，依法行政、规范执法、严格监督、科学管理，在各自的工作领域做出了出色的成绩。同时客观指出了各单位工作中存在的问题，提出了评议整改意见，要求各被评议单位提高认识、认真整改，来年将听取整改情况汇报。

会议审议了县人民政府提出的关于用优质资产置换县信用联社涉政类不良贷款的议案，决定同意县人民政府用优质资产置换县信用联社涉政类不良贷款。会议还听取了县人民政府关于生态能源建设审议意见落实情况，听取了县十六届人大四次会议代表建议办理情况的报告。

【县第十六届人大常委会召开第二十五次会议】 2016年11月3日，县十六届人大常委会第二十五次会议在县城召开。县人大常委会主任汤森林，副主任许欧蛟、袁文、张艳生、周建军、胡海平出席会议。县人民政府代县长曾平原、县人民法院院长杨水平、县人民检察院副检察长钟沁列席会议相关议程。

会议审议了县人民政府关于2016年县本级政府性融资项目计划的报告。常委会在充分审议的基础上，作出了关于批准县人民政府《关于2016年县本级政府性融资项目计划的报告》的决议，并决定批准县人民政府提请审议的关于将G240岳阳县段拓改工程、城市棚户区改造、城区水环境综合治理等8个项目政府购买服务列入财政预算的议案。常委会要求县人民政府相关部门认真落实会议作出的决议，依法依规筹措资金，切实加强预算管理，合理编制投资计划，强化项目推进监管，完善评价监督机制，提高资金使用效益。

会议还审议批准了了对个别县十六届人大代表采取司法强制措施的事项。

【县第十七届人民代表大会第一次会议】 2016年11月27日上午，岳阳县第十七届人民代表大会第一次会议在县城花鼓戏传承剧院隆重开幕。来自全县各行各业的县人大代表肩负着73万人民重托和期望，齐聚一堂，认真履行宪法和法律赋予的神圣职责，共商发展大计，同绘美好蓝图。会议应到代表253名，实到252名。

市委派驻岳阳县换届工作督导及纪律监督组副组长张赟、黄三梅应邀到会指导。

会议由大会执行主席汤森林主持。大会主席团执行主席田文静、曾平原、王保林、汤森林、汤小娥、赵瑾、周鹏、许欧蛟、张艳生、胡海平、袁召舟、李凌峰、黎晓军在主席台前排就坐。在主席台就坐的还有彭西罗、袁陆保、万东、余泽世、洪国明、易新岳、王卫兵、苏红琳和大会主席团其他成员及在家的其他县领导、部分老领导、法检两院负责人等。

县委副书记、代县长曾平原代表县人民政府向大会报告工作。报告共分四部分,分别是对过去四年工作的回顾、今后五年主要目标和任务、2017 年工作重点、加强政府自身建设。

大会还向全体代表书面报告了县 2016 年国民经济和社会发展计划执行情况及 2017 年计划(草案)、岳阳县 2016 年财政预算执行情况及 2017 年财政预算(草案)、岳阳县十六届人民代表大会第四次会议议案、建议批评意见办理情况。大会以举手表决的形式通过了岳阳县第十七届人民代表大会第一次会议议案审查委员会、国民经济和社会发展计划、财政预算审查委员会名单。

列席本次会议的有县十三届政协委员，县直及驻县各单位主要负责人。

2016 年 11 月 30 日上午,全体与会代表采取无记名投票的方式，依法选举汤小娥为县第十七届人大常委会主任；曾平原为县人民政府县长;刘小良、张艳生、胡海平、易治国、许吉程为县第十七届人大常委会副主任;万东、周里、彭碧芳、付学文、胡秉阳、杨前进、张奕为县人民政府副县长;杨水平为县人民法院院长；钟沁为县人民检察院检察长；万意等 29 名同志为县第十七届人大常委会委员;万东等 54 名同志为市第八届人民代表大会代表。会议表决了县人大法制委员、财政经济委员会主任委员、副主任委员人选。新当选和通过任命的人员集体向宪法进行了庄严宣誓。

新当选的县人大常委会主任汤小娥在会上发表就职讲话。他指出,县十七届人大受命于全面深化改革、全面建成小康社会的重要时期,要继承和发扬历届县人大常委会的优良传统,乘势而上,尽职尽责积极作为，在县委的坚强领导下,把信任化为责任,把支持化为动力,忠实履行宪法和法律所赋予的职责,为实现本次大会确定的各项目标任务、建设富饶美丽幸福岳阳县做出新的更大贡献。

新当选的县人民政府县长曾平原发表就职讲话。曾平原表示,接过县长的接力棒,将牢记“天道酬勤”“勤能补拙”的古训,以县为家,以诚为贵,以勤为基,以实为要,以廉为本。在今后的工作中将做到,讲政治、顾大局,凝心聚力抓发展;讲担当、抓落实,干事创业做表率;重民生、解民难,为民尽责求实效;守规矩、知敬畏,廉洁自律树形象，倾注全部精力和心血,贡献全部智慧和力量,努力推动岳阳县跨上一个新的台阶。

县委书记田文静在闭幕式上讲话。他代表中共岳阳县委,向大会的圆满成功和新当选的县人大、县政府新一届领导班子、县人民法院院长、县人民检察院检察长表示热烈的祝贺！向为大会圆满成功付出辛勤努力的代表们表示衷心感谢。田文静指出:未来五年,发展机遇前所未有,面临的挑战也前所未有，县委殷切希望全体人大代表、党员干部,以高度的政治自觉，高度的责任担当,以“领跑”的心态、“奋发”的状态、“看齐”的意识、“严实”的作风,率先投身加快发展的新实践，奏响建设富饶美丽幸福岳阳县的“大合唱”,在全面建成小康社会的伟大征程上书写更加辉煌的时代篇章。田文静对全体人大代表和党员干部提出要求,要坚定信心,以新理念引领新发展;要创新开放,以新作为促进新发展；要扎实苦干,以新作风保障新发展;要做好表率,以新形象展现新发展。田文静号召全县上下紧密团结在以习近平同志为核心的党中央周围,牢记使命,不负重托,同心同德,锐意进取，为全面建成小康社会作出新的更大贡献，谱写建设富饶美丽幸福岳阳县的崭新篇章!

大会还审议通过了《关于政府工作报告的决议（草案)》;《关于岳阳县 2016 年国民经济和社会发展计划执行情况和 2017 年计划的决议（草案)》;《关于岳阳县 2016 年财政预算执行情况和 2017 年财政预算的决议(草案)》;《关于岳阳县人大常委会工作报告的决议（草案)》;《关于岳阳县人民法院工作报告的决议（草案)》;《关于岳阳县人民检察院工作报告的决议(草案)》。

【县第十七届人大常委会召开第

一次会议】 2016年12月29日上午，岳阳县第十七届人大常委会第一次会议在县城召开。县人大常委会主任汤小娥，副主任刘小良、张艳生、易治国、许吉程及常委会组成人员出席会议；县人民政府副县长万东、杨前进，县人法院院长杨水平，县人民检察院负责人钟沁等列席会议。

本次会议是新一届县人大常委会第一次会议。会议学习了省委关于加强县乡人大工作和建设的实施意见，并开展了常委会组成人员履职培训。汤小娥从"讲政治、坚持正确方向；学业务、依法开展工作；严要求，提升履职水平；守规矩，树立良好形象"四个方面进行了履职辅导，他要求县十七届人大常委会要在县委的正确领导下，加强团结，发扬民主，凝心聚力，务实求为，努力开创新一届人大常委会工作的新局面，为推动岳阳县的经济社会发展和民主法制建设做出积极贡献。

会议审议了县人民政府提出的《关于撤销岳阳县杨林乡设立岳阳县杨林街镇的议案》《关于将湖南省岳阳县城市防洪工程项目委托代建购买款纳入财政预算的议案》。常委会经过深入调查、认真审议，分别作出了关于撤销岳阳县杨林乡设立岳阳县杨林街镇的决议、关于将岳阳县城市防洪工程项目委托代建购买款纳入财政预算的决议。

重要活动

【县人大常委会首次举行宪法宣誓】 "我宣誓：忠于中华人民共和国宪法，维护宪法权威，履行法定职责，忠于祖国、忠于人民，恪尽职守、廉洁奉公，接受人民监督，为建设富强、民主、文明、和谐的社会主义国家努力奋斗！"4月15日召开的岳阳县十六届人大常委会第二十次会议上，在县人大常委会主任汤森林监誓下，新当选的县市场和质量监督管理局局长陈晓军左手抚按《中华人民共和国宪法》，右手举拳，在国旗前庄严宣誓。这是岳阳县人大常委会议首次实施宪法宣誓制度。

宪法是国家的根本大法，具有最高的法律地位、法律权威、法律效力。为彰显宪法权威，激励和教育国家工作人员忠于宪法、遵守宪法、维护宪法，第十二届全国人大常委会第十五次会议通过了实施宪法宣誓制度的决定。省第十二届人大常委会第十九次会议通过了《湖南省实施宪法宣誓制度办法》，要求全省地方各级人民代表大会选举和县级以上地方各级人大常委会任命、决定任命的国家工作人员，在就职时公开进行宪法宣誓。作为首位"宣誓人"，陈晓军坦言，宪法宣誓让他感受到了宪法的神圣，也更让他铭记自己的权力来源于人民、来源于宪法，激励自己要以高度的事业心、责任感，切实履行职责。

【举办基层人大代表培训班】 4月16日，岳阳县基层人大代表培训班在县委党校举行开班式。县人大常委会主任汤森林、副主任袁文，以及来着全县各乡镇、县直各战线的近180名基层人大代表参加了开班式。

县人大常委会主任汤森林在开班式上讲话。他结合当前人大工作的形势，对参加培训的人大代表提出了要求：一是要充分认识人大代表的性质、地位，切实增强责任感和使命感；二是要加强学习，不断提高人大代表的素质和执行代表职务的能力；三是要依法履职，充分发挥人大代表的作用；四是要端正态度、认真学习，确保圆满完成学习任务。

据悉，本次基层人大代表培训将持续两天时间，主要围绕熟悉掌握人大业务、提升人大代表履职能力、发挥人大代表作用等内容开展授课。

【县人大常委会部署"两学一做"学习教育活动】 2016年5月13日，县人大常委会召开机关干部会议，部署"两学一做"学习教育活动，汤森林、许欧蛟、袁文、张艳生、周建军、胡海平等县人大常委会领导及全体机关干部参加会议。

会上，张艳生副主任宣读了"两学一做"学习教育实施方案，对县人大开展"两学一做"学习教育活动的总体要求、学习教育内容、主要措施、组织领导等工作进行了具体部署。要求全体党员通过学习党章党规、学习系列讲话，进一步坚定理想信念，提高党性觉悟，进一步增强政治意识、大局意识，坚定正确的政治方向，进一步树立清风正气，严守政治纪律规矩，进一步强化宗旨观念，发挥模范带头作用，做合格的共产党员，为推动人大工作与时俱进、推进基层民主政治建设提供坚强的组织保障。

会议还就即将举行的县乡人大换届选举工作进行了部署，组织收看了换届纪律、衡阳破坏选举案件的视频，学习了换届纪律要求的文件。袁文副主任传达了湖南省委人大工作会议精神，并对全县县乡人大换届选举前期工作进行了初步安排。

汤森林在会上讲话。他要求人大机关全体党员积极参与“两学一做”活动，通过学习党章党规明确政治规矩，学习系列讲话明确政治方向，完成规定的学习动作，修炼正确的人生观和世界观，做讲政治、有信念，讲规矩、有纪律，讲道德、有品行，讲奉献、有作为的合格共产党员。

【县人大常委会听取工作评议整改情况】 2016年6月13日，县十六届人大常委会第二十一次会议专题听取了县十六届人大常委会第十七次会议评议单位工作整改情况的报告。县人大常委会主任汤森林，副主任许欧蛟、袁文、张艳生、周建军、胡海平出席会议，县人民政府常务副县长李勇，副县长周里，县人民法院院长杨水平，县人民检察院检察长段德平，被评议单位正副局长等列席会议。

2015年9月，县十六届人大常委会第十七次会议对县水务局、县统计局、县林业局、县工业和信息化局、县卫生和计划生育局等5个单位的工作进行了评议，提出了评议意见。时隔近一年，此次会议分别听取了5个单位的整改情况汇报和人大常委会的调查报告，并对整改情况进行了满意度测评。常委会认为，5个单位都高度重视人大工作评议提出的问题和建议，及时制定了整改方案，对照评议意见积极整改，特别对审计查出的问题进行了整改，取得了良好的效果。县人大常委会对以上5个被评议单位的整改工作表示满意。

会议还听取了县人民政府关于公共卫生服务工作审议意见落实情况的报告。

【毛知兵调研县人大工作】 2016年6月17日，县委书记毛知兵到县人大常委会调研人大工作。县领导汤森林、李勇、余泽世、王保林、许欧蛟、袁文、张艳生、周建军、胡海平等参加座谈。

座谈会上，县人大常委会党组书记、主任汤森林就县人民代表大会和常委会的基本情况、县级人民代表大会及其常委会的法定职权、县乡人大换届选举工作初步方案、县乡人大工作目前存在的困难进行了汇报。

岳阳县十六届人民代表大会于2012年12月开始履职，批准代表名额258名，目前实有代表253人，另外编组在岳阳县的省十二届人大代表6名，市七届人大代表55名。根据新修订的《中华人民共和国村民委员会组织法》规定，地方人民代表大会及其常务委员会主要有开展执法检查、监督“一府两院”工作、讨论决定本行政区重大事项、选举和任免国家机关工作人员这四大权力。

在听取县人大常委会工作汇报及建议后，毛知兵对县人大常委会近年来所做的工作给予了充分肯定。他表示，县委将按照省委人大工作会议精神，加强和改进党对人大工作的领导，高度重视人大基层基础工作，切实加强县乡人大工作和建设，为做好人大工作提供坚强保障。同时，毛知兵要求，县人大常委会要切实做好县乡人大换届选举准备工作，把各项工作做细、做实，确保县乡人大换届选举工作顺利完成。就县人大常委会提出的配优配好乡镇人大工作班子，优化人大相关干部年龄结构和交流任用机制，设立财政经济专门委员会，增加常委会专职组成人员等问题，毛知兵逐一作出回复，表示县委将按照上级文件精神，全力支持人大各项工作。

【汤森林到长湖乡指导精准扶贫工作】 2016年7月28日，县人大常委会主任汤森林到长湖乡湖头村调研精准扶贫工作。县人大办、县工商联、县扶贫办、县财政局及长湖乡等单位主要负责人陪同调研。

汤森林一行走进困难农户家中，详细了解贫困户的生产和生活情况，了解脱贫措施落实情况，并送上了慰问金。在湖头村村部，汤森林与县乡干部就该村的精准扶贫工作情况进行了座谈。在听取了各方面的工作汇报之后，汤森林对湖头村过去一段时间的精准扶贫工作表示肯定。对于今后的扶贫工作，汤森林强调，一是要精准到户，因户施策，精准用好“五个一批”政策，把帮扶措施落实到户；二是要着眼长远，依托大户的技术、市场等资源，让有劳动能力的贫困户搭上产业扶贫的快车，实现长久的脱贫；三是要真心帮扶，各帮扶单位落实扶贫工作的各项要求，真心实意，精准发力，做到扶真贫、真扶贫；四是要规范管理，乡、村干部和驻村扶贫队员要认真做好日常工作，做好扶贫资料的收集和整理，规范化、精细化管理扶贫台账。

【田文静到县人大常委会调研】 2016年8月18日，县委书记田文静一行到县人大常委会调研，县委副书记、县长提名人选曾平原参加调研活动。县领导汤小娥、汤森林、余泽世、王保林、许欧蛟、张艳生、周建军等参加座谈。

县人大常委会主任汤森林向田文静一行汇报了县人民代表大会及其常委会机关的情况。汤森林代表县人大常委会，对田文静、曾平原来岳阳县工作表示热烈欢迎。他表示，县人大常委会坚决拥护省委、市委人事安排的决定，坚决维护岳阳县委的领导核心，紧紧围绕县委工作大局，忠诚履职，积极作为，自觉坚持在县委领导下依法开展工作。

田文静对岳阳县人大常委会的工作表示肯定。他强调，人大工作要把握正确的政治方向，坚持党的领导，依法监督，服务大局，代表人民；人大要充分行使职权，履行职权，依法办事，县人大常委会要有重点、有针对性地抓好监督工作。田文静要求县人大常委会立即着手换届选举工作，严肃换届纪律，把好人大代表推荐关，选举好县人大、政府班子。田文静表示，人大工作是党的工作重要组成部分，人大干部应当受到社会的充分尊重。县委将一如既往地关心、支持人大工作，加强县人大常委会建设，配优配齐人大干部，让人大常委会机关成为储备干部、培养干部的摇篮。田文静希望县人大常委会继续发扬优良传统，齐心协力、依法履职，支持县委县政府抓好各项中心工作，共同建设岳阳县的美好明天。

【县人大常委会视察重点项目】 2016年9月29日，县人大常委会对在建的重点工程项目建设情况开展了视察。县人大常委会主任汤森林，副主任许欧蛟、袁文、张艳生、周建军及常委会成员23人参加视察活动。

在岳阳县丰利纸业有限公司9万吨/年特种纤维素项目现场，常委会组成人员认真听取了项目负责人的介绍。该项目为山东恒联集团与岳阳县丰利纸业合作项目，总投资3.3亿元，依托丰利公司的公用设施和环保设施，发挥恒联集团的管理及技术优势，实现浆纸联产、热电联产、固废循环利用。该项目的产品特种纤维素主要用于纺织、电子、食品、医药等领域，具有较高的附加值。项目计划2016年11月可全线投产，投产后可实现年销售收入11亿元，新增就业岗位200个，实现税收5000万元。

常委会沿G240拓改项目全线开展了视察，并在部分标段听取了项目部负责人的介绍。G240岳阳县段全长18.26千米，全线采用一级公路标准设计，路基宽25.5米，双向四车道，设计行车速度80千米/小时，估计总投资4.78亿元。该项目已于7月1日正式开工，目前已完成土地征收、杆线管网移位等工作，土方工程顺利推进，预计年底可完成桥涵、土方工程。

常委会还视察了湖南贝特新能源空调及压缩机生产项目、阳光创新置业标准化厂房等项目。

【汤小娥到长湖乡指导党建工作】 2016年12月27日，县人大常委会主任汤小娥一行到长湖乡洪桥村调研指导党建工作，洪桥村党支部是汤小娥联系的软弱涣散基层党组织。在洪桥村村部，汤小娥仔细听取了该村的情况介绍，就如何抓好党支部工作、以基层党建带动各项工作的开展，汤小娥向在场的乡、村干部提出了要求：一是合村要合心，合并之后的村级班子要合心合力，做到心往一处想、劲往一处使，努力营造团结共事的和谐局面，共同推动村集体的发展，为村民谋福祉。二是要发挥党支部的核心作用，一个地方发展的关键在核心，核心在党支部，要加强党支部建设，加强党员管理，团结发动广大群众，充分发挥党支部的领导作用。三是要努力抓好当前的工作，乡党委政府要加强工作协调指导，督促村重点做好综治维稳、安全生产、城乡居民医保、新农保收缴、精准扶贫等工作。

重要决定、决议

【关于召开县第十七届人民代表大会第一次会议的决定】 2016年11月18日县第十六届人大常委会第二十六次会议决定，岳阳县第十七届人民代表大会第一次会议定于2016年11月26日至30日在县城召开。

（一）听取和审查岳阳县人民政府工作报告；

（二）审查岳阳县2016年国民经济和社会发展计划执行情况及2017年国民经济和社会发展计划（草案）的报告

批准2017年国民经济和社会发展计划；

（三）审查岳阳县2016年财政预算执行情况和2017年财政预算（草案）报告

批准岳阳县2017年县级财政预算；

（四）听取和审查岳阳县人民代表大会常务委员会工作报告；

（五）听取和审查岳阳县人民法院工作报告；

（六）听取和审查岳阳县人民检察院工作报告；

（七）选举和表决事项

选举县人大常委会主任、副主任、委员，选举县人民政府县长、副县长；选举县人民法院院长；选举县人民检察院检察长；选举出席岳阳市第八届人民代表大会代表。表决通过《关于同意设立县人民代表大会法制委员会、财政经济委员会的决定（草案）》。表决通过县人民代表大会法制委员会、财政经济委员会主任委员、副主任委员名单；

（八）其他事项。

【关于批准《县人民政府关于提请审议置换县农村信用联社涉政类不良贷款的议案》的决定】 2016年9月30日，岳阳县第十六届人大常委会第二十四次会议听取和审议了县人民政府《关于提请审议置换县农村信用联社不良贷款的议案》。会议决定批准这个议案。根据县政府第二十四次常务会议纪要精神，同意县人民政府置换县农村信用联社不良贷款23020万元。其中以中央财政债券现金置换11456万元；以原云山、甘田、饶村、相思乡政府四宗闲置土地（含附属资产）置换11564万元。请县人民政府抓紧落实好相关工作，顺利推进巴陵农商行组建，加快农村金融改革，促进全县经济持续健康发展。

【关于乡（镇）新一届人民代表大会代表名额的决定】 2016年9月2日岳阳县第十六届人大常委会第23次会议，根据《中华人民共和国全国人民代表大会和地方各级人民代表大会选举法》第十二条、第十三条和《湖南省县级以下人民代表大会代表直接选举细则》第九条、第十条的规定，岳阳县第十六届人大常委会确定的各乡（镇）人民代表大会代表的名额为1032名，报市人大常委会备案。荣家湾镇、公田镇、毛田镇、张谷英镇行政区划调整，代表名额变更为：荣家湾镇149名，公田镇71名，毛田镇78名，张谷英镇71名。其他乡镇代表名额不变，分别为：新墙镇63名，黄沙街镇73名，筻口镇81名，月田镇69名，柏祥镇61名，中洲乡61名，新开镇67名，步仙镇63名，长湖乡64名，杨林乡61名。

【关于批准2015年县级财政决算的决议】 2016年8月23日，岳阳县十六届人大常委会第二十二次会议听取和审议了县财政局长袁文琪受县人民政府委托所作的《关于2015年县级财政决算（草案）的报告》和县审计局局长刘卫兵同志受县人民政府委托所作的《关于2015年度财政预算执行和其他财政收支情况的审计工作报告》。会议同意县人大财经工委提出的《关于2015年县级财政决算（草案）和2016年上半年财政预算执行情况及2015年度县级财政预算执行和其他财政收支情况审计报告的初审报告》。会议经过认真审议，决定批准岳阳县2015年县级财政决算。

【关于批准县2016年财政预算的决定】 2016年4月15日，县十六届人大常委会第20次会议依据《湖南省县级以上人民代表大会常务委员会预算审查监督条例》和岳阳县第十六届人民代表大会第四次会议《关于岳阳县

2015年财政预算执行和2016年财政预算情况的决议》授权，对岳阳县2016年财政预算进行了认真审查，决定批准岳阳县2016年财政预算。

【关于批准岳阳县人民政府《关于提请审议将岳阳县城区水环境综合治理建设工程项目政府购买服务资金列入财政预算的议案》的决定】 2016年11月3日，岳阳县第十六届人大常委会第二十五次会议听取和审议了岳阳县人民政府《关于提请审议将岳阳县城区水环境综合治理建设工程项目政府购买服务资金列入财政预算的议案》(岳县政函〔2016〕112号)。

会议决定：同意县人民政府以政府购买服务方式采购湖南省岳阳县城区水环境综合治理建设工程项目建设服务的承接主体，政府购买服务资金约68589.14万元。同意将该项目的政府购买服务资金列入县财政预算。

【关于批准岳阳县人民政府《关于提请审议将湖南省洞庭湖生态经济区新墙河流域荣家湾段防洪综合治理工程建设项目政府购买服务资金列入财政预算的议案》的决定】 2016年11月3日，岳阳县第十六届人大常委会第二十五次会议听取和审议了岳阳县人民政府《关于提请审议将湖南省洞庭湖生态经济区新墙河流域荣家湾段防洪综合治理工程建设项目政府购买服务资金列入财政预算的议案》(岳县政函〔2016〕113号)。

会议决定：同意县人民政府以政府购买服务方式采购湖南省洞庭湖生态经济区新墙河流域荣家湾段防洪综合治理工程建设项目建设服务的承接主体，政府购买服务资金约63883.57万元。同意将该项目的政府购买服务资金列入县财政预算。

【关于批准岳阳县人民政府《关于提请审议将G240岳阳县城区至湘阴公路改建工程(岳阳县段)项目政府购买服务资金列入财政预算的议案》的决定】

2016年11月3日，岳阳县第十六届人大常委会第二十五次会议听取和审议了岳阳县人民政府《关于提请审议将G240岳阳县城区至湘阴公路改建工程（岳阳县段）项目政府购买服务资金列入财政预算的议案》(岳县政函〔2016〕114号)。

会议决定：同意县人民政府以政府购买服务方式采购G240岳阳县城区至湘阴公路改建工程(岳阳县段)项目建设服务的承接主体，政府购买服务资金约64242.17万元。同意将该项目的政府购买服务资金列入县财政预算。

【关于批准岳阳县人民政府《关于提请审议将岳阳县农村综合服务平台建设项目政府购买服务资金列入财政预算的议案》的决定】 2016年11月3日，岳阳县第十六届人大常委会第二十五次会议听取和审议了岳阳县人民政府《关于提请审议将岳阳县农村综合服务平台建设项目政府购买服务资金列入财政预算的议案》(岳县政函〔2016〕116号)。

会议决定：同意县人民政府以政府购买服务方式采购岳阳县农村综合服务平台建设项目建设服务的承接主体，政府购买服务资金约19769.20万元。同意将该项目的政府购买服务资金列入县财政预算。

【关于批准岳阳县人民政府《关于提请审议将岳阳县2017年棚户区(城中村)改造(一期)建设工程项目政府购买服务资金列入财政预算的议案》的决定】 2016年11月3日，岳阳县第十六届人大常委会第二十五次会议听取和审议了岳阳县人民政府《关于提请审议将岳阳县2017年棚户区(城中村)改造(一期)建设工程项目政府购买服务资金列入财政预算的议案》(岳县政函〔2016〕118号)。

会议决定：同意县人民政府以政府购买服务方式采购岳阳县2017年棚户区(城中村)改造(一期)建设工程项目的承接主体，政府购买服务资金约231386万元。同意将该项目的政府购买服务资金列入县财政预算。

【关于批准岳阳县人民政府《关于提请审议将岳阳县2017年棚户区(城中村)改造(二期)建设工程项目政府购买服务资金列入财政预算的议案》的决定】 2016年11月3日，岳阳县第十六届人大常委会第二十五次会议听取和审议了岳阳县人民政府《关于提请审议将岳阳县 2017 年棚户区（城中村）改造（二期）建设工程项目政府购买服务资金列入财政预算的议案》（岳县政函〔2016〕117 号）。

会议决定：同意县人民政府以政府购买服务方式采购岳阳县 2017 年棚户区（城中村）改造（二期）建设工程项目建设服务的承接主体，政府购买服务资金约 77500.30 万元。同意将该项目的政府购买服务资金列入县财政预算。

【关于批准岳阳县人民政府《关于提请审议将岳阳县 2016 年棚户区（城中村）改造建设工程项目政府购买服务资金列入财政预算的议案》的决定】 2016 年 11 月 3 日，岳阳县第十六届人大常委会第二十五次会议听取和审议了岳阳县人民政府《关于提请审议将岳阳县 2016 年棚户区（城中村）改造建设工程项目政府购买服务资金列入财政预算的议案》（岳县政函〔2016〕119 号）。

会议决定：同意县人民政府以政府购买服务方式采购岳阳县 2016 年棚户区（城中村）改造建设工程项目建设服务的承接主体，政府购买服务资金约 102358.79 万元。同意将该项目的政府购买服务资金列入县财政预算。

【关于同意撤销岳阳县杨林乡设立岳阳县杨林街镇的决议】 2016 年 12 月 29 日，岳阳县第十七届人大常委会第一次会议审议了岳阳县人民政府提出的《关于撤销岳阳县杨林乡设立岳阳县杨林街镇的议案》。

会议认为，撤销岳阳县杨林乡设立岳阳县杨林街镇，符合国家相关规定，有利于历史传承，有利于充分发挥地方特色资源优势，有利于促进城乡统筹发展。

会议决定，同意岳阳县人民政府撤销岳阳县杨林乡，设立岳阳县杨林街镇（镇人民政府驻地暂定在城山舟村），由县人民政府按照有关规定做好申报工作。

【关于批准岳阳县人民政府《关于提请审议将岳阳县铁山水库生态环境保护项目（一期工程）政府购买服务资金列入财政预算的议案》的决定】 2016 年 11 月 3 日，岳阳县第十六届人大常委会第二十五次会议听取和审议了岳阳县人民政府《关于提请审议将岳阳县铁山水库生态环境保护项目（一期工程）政府购买服务资金列入财政预算的议案》（岳县政函〔2016〕120 号）。

会议决定：同意县人民政府以政府购买服务方式采购岳阳县铁山水库生态环境保护项目（一期工程）建设服务的承接主体，政府购买服务资金约 55468.52 万元。同意将该项目的政府购买服务资金列入县财政预算。

【关于进一步加强《行政诉讼法》贯彻落实的决议】 2016 年 4 月 15 日，岳阳县第十六届人大常委会第 20 次会议听取并审议了岳阳县人民法院院长杨水平所作的《关于贯彻落实行政诉讼法情况的报告》。会议认为，2013 年以来，县人民法院按照“保护当事人合法权益、及时解决行政争议、促进行政机关依法行政”的工作要求，积极创新、扎实开展行政审判工作，各行政机关努力履行行政诉讼法定义务，为促进法治岳阳县建设，保障岳阳县经济社会的发展做出了积极贡献。但在法律意识、审判履职能力、司法环境等方面仍存在一些问题和不足。为进一步贯彻落实《中华人民共和国行政诉讼法》，结合全县实际，特作如下决议：

一、全社会要正确认识行政审判工作。行政审判工作是宪法和法律赋予人民法院的重要职责，是对行政行为合法性的司法审查，是对行政权力运行的司法监督。行政审判工作对于保护公民、法人和其他组织的合法权益，监督依法行政，纠正违法或不当行政行为，维护和支持行政执法权威，推进社会治理创新和法治岳阳县建设，保障经济社会又好又快发展具有重要作用。各有关单位以及社会各界应当关注、支持行政审判工作。要加强法制宣传教育，把行政诉讼法和相关法律法规作为法制宣传教育的重要内容，不断增强国家行政机关及其工作人员依法行政的自觉性，培养和提高公民、法人和其他组织依法维权的意识和能力。

二、县人民法院要充分发挥行政审判职能。要依法严格审理和裁判行政案件，采取切实可行的措施，进一步提高行政审判工作的质量和效率。要认真贯彻执行行政诉讼法和相关法律法规，加大对公民、法人和其他组织合法权益的保护力度。要依法审查和纠正公民告诉的违法或不当的行政行为,防止行政权力滥用。对于合法的行政行为，应当依法予以维护和支持。要积极探索行政审判工作的新机制，加大协调和解工作力度，促进纠纷的实质性解决。要大力加强行政审判法官队伍建设,充实行政审判力量,切实加强职业道德和廉洁自律教育，不断提高行政审判法官的思想道德素质和司法能力。

要探索行政审判白皮书制度。建立败诉和重大案件定期分析、建议制度,充分利用行政审判白皮书形式及时向县人民政府提出司法建议，促进行政机关规范执法行为。

三、全县行政机关要自觉接受法院的司法监督。要积极配合法院的行政审判工作，进一步完善行政应诉制度，对法院依法受理的行政案件,应当积极应诉,依法及时向法院提交作出具体行政行为的依据和证据,认真落实行政机关负责人出庭应诉制度,自觉履行法院的生效判决、裁定，维护法律的严肃性和权威性。要认真研究法院提出的司法建议，解决好行政执法中存在的一些普遍性的问题,不断提高依法行政水平。

县人民政府要完善行政机关负责人出庭应诉监督机制，将其作为依法行政考核的重要内容，纳入全县党政绩效评估体系。要重视法院行政审判白皮书提出的司法建议,对重复引发行政诉讼、败诉率较高的行政行为要及时关注，从根本上解决不当行政行为带来的违法现象。

四、县人大常委会要监督并支持法院行政审判工作。要适时组织检查、视察、专题调研,有计划地听取和审议法院行政审判工作开展情况的报告，依法监督法院的行政审判工作，支持法院依法独立公正地行使审判权。

岳阳县人民政府

重要会议

【县委经济工作会议】 3月1日，县委经济工作会议暨全县三级干部大会召开。县长张中于安排部署了2016年经济工作,要全力推进项目兴县,加快园区平台建设,全力推进创新创业，突出生态保护,狠抓精准脱贫攻坚,切实做好农业农村工作，认真做好人口与计划生育工作,坚持做好“底线”工作。

【迎接国家卫生县城复审工作动员会】 4月20日,全县召开迎接国家卫生县城复审动员大会。会议全面部署了迎接国家卫生县复审工作。县长张中于要求全县各级各部门要切实做好强化组织领导、广泛发动宣传、坚持问题导向、深入开展专项整治、加强协调调度、严肃督查问责等六个方面的工作，夺取复审迎检工作的最后胜利。

【全县安全生产暨食品安全工作会】 9月5日，全县安全生产暨食品安全工作会召开。县委副书记、代县长曾平原要求强力推进烟花爆竹、道路交通、水上交通、非煤矿山安全等专项整治；强化举措,通过管源头、严整治、抓体系、全力推进食品安全工作;敢于担当,明确工作责任、夯实基层基础、依法严厉打击、督查问责到位,坚决落实县委、县政府决策部署，以对人民群众极端负责的精神,切实把工作抓得更紧、更实、更细，全力推进安全生产和食品安全工作，确保全县安全形势稳定向好，为建设富饶美丽幸福岳阳县营造平稳有序的安全环境。

【全县中期经济工作调度会】 9月14日,全县中期经济工作调度会召开。县委副书记、代县长曾平原在会上作重要讲话，全面深刻分析了当前经济工作形势，对后段经济工作提出了具体要求:全县上下务必坚定信心,振奋精神,严格按照“严规矩、抓收入、争项目、降风险、优环境、促发展”活动要求,对照目标找差距,对照差距想办法,压实工作责任,盯紧目标不放松、狠抓落实不懈怠,以昂扬的斗志、进取的精神、扎实的举措冲刺攻坚，确保全面完成全年工作目标和任务。

【全县农村秋冬生产暨森林防火工作会】 10月24日，全县农村秋冬生产暨森林防火工作会议召开。县委副书记、代县长曾平原在会上作重要讲话。会议强调秋冬生产是农业安全的基础,务必紧抓紧管;森林防火是生态安全的关键,务必紧盯紧跟;“三农”工作是政治安全的保障,务必紧督紧促。他要求各级要强化组织领导,层层落实责任,加快工作进度,高质量、高标准地落实各项目标任务。

【全县三季度经济及重点工作调度会】 11月1日,全县三季度经济及重点工作调度会召开。会议深入分析了全县前三季度经济发展形势,认真研究当前存在的问题和困难并切实加以解决。县委副书记、代县长曾平原就下阶段全县经济工作进行了安排部署,要求各乡镇、部门要狠抓项目建设,狠抓增资融资,狠抓招商引资,狠抓产业发展和企业提质增效;强力推进土地依法征拆、银企合作、联手帮扶、产业扶贫;依法从严开展征地拆迁、加强税收征管、保护铁山水资源、加强东洞庭湖的采砂管理等工作,为建设富饶美丽幸福岳阳县做出新的更大的贡献。

重要文件

《岳阳县人民政府关于公布县政府工作部门责任清单(暂行)的通知》(岳县政发〔2016〕1号)。主要内容是:公布县政府工作部门责任清单,共公布了县政府43个工作部门主要职责589项、与相关部门有职责分工或交叉的职能286项、建立事中事后监督监管制度305项、公共服务事项266项。

《岳阳县人民政府关于做好2014年度退出现役士兵接收安置工作的通知》(岳县政发〔2016〕2号)。主要内容是:依法及时做好符合条件退役士兵的安置工作,全力组织好自主就业退役士兵职业教育和技能培训。

《岳阳县人民政府关于公布规范性文件清理结果的决定》(岳县政发〔2016〕3号)。主要内容为:废止《岳阳县人民政府关于贯彻实施〈湖南省政府服务规定〉的通知》(岳县政发〔2011〕10号)等2件规范性文件;宣布《岳阳县人民政府办公室关于在全县开展脊髓灰质炎疫苗强化免疫工作的通知》(岳县政办函〔2010〕143号)等12件规范性文件失效;重新公布《岳阳县人民政府关于切实保护东洞庭湖资源的通告》(岳县政通〔2010〕3号)等71件规范性文件。

《岳阳县人民政府办公室关于印发〈岳阳县农村“五保”对象住院基本医疗保障实施办法(试行)〉的通知》(岳县政办发〔2016〕1号)。主要内容是公布岳阳县农村五保对象住院基本医疗保障实施办法,有力加强了农村五保户医疗保障。

《岳阳县人民政府办公室关于印发〈岳阳县乡村教师支持计划(2016—2020年)实施细则〉的通知》(岳县政办发〔2016〕4号)。主要内容是要求各乡镇人民政府,县直及驻县各有关单位严格执行《岳阳县乡村教师支持计划(2016—2020年)实施细则》,深化岳阳县教育领域综合改革,加强乡村教师队伍建设,推进城乡教育均衡发展。

《岳阳县人民政府办公室关于印发〈岳阳县政府购买服务管理暂行办法〉的通知》(岳县政办发〔2016〕7号)。各乡镇人民政府,县直各单位认真遵照执行《岳阳县政府购买服务管理暂行办法》,从制度上规范政府向社会力量购买服务提高公共服务的质量和效率。

《岳阳县人民政府办公室关于印发〈岳阳县食品安全事故应急预案〉的通知》(岳县政办发〔2016〕9号)。要求各单位认真执行《岳阳县食品安全事故应急预案》,建立健全食品安全事故应急反应机制,迅速、高效、有序应对处置食品安全事故,最大程度降低食品安全事故的危害,保障公众身体健康和生命安全,维护社会稳定。

重要活动

【月田污水处理厂竣工运营】 1月8日,月田污水处理厂竣工运营启动。副市长熊炜出席启动仪式,月田污水处理厂总投资3700万元,是全市“双百”工程重点推进项目,将承担月田集镇及周边2个村1万多人的生活污水处理任务,启动后将有力保护全市人民的“大水缸”。

【首届岳阳百千米·张谷英孝友行活动】 5月21日，2016年首届岳阳百千米·张谷英孝友行活动正式拉开帷幕。本次徒步活动以张谷英孝友行为主题，突出参与、坚持、快乐、公益宗旨，注重展示岳阳县自然风貌、生态环境、历史文化和人文风情。有利促进了岳阳县“旅游+体育”“旅游+文化”联动发展。

【阿里巴巴岳阳县农村淘宝服务站开业】 6月18日，阿里巴巴“农村淘宝”岳阳县服务中心正式开业。“农村淘宝”项目是与阿里巴巴集团合作的电子商务项目，是实施“互联网+”行动的重要载体，对推动电子商务与岳阳县优势产业的深度融合，积极构建具有岳阳县特色的电商运营体系具有重要意义。

【G240岳阳县至湘阴段拓改工程开工典礼仪式】 7月1日，G240岳阳县至湘阴段拓改工程开工典礼仪式隆重举行。刘和生市长出席了开工典礼仪式。G240岳阳县至湘阴段拓改工程总投资17.9亿元，既是岳阳市2016年的重点工程，也是功在当代、泽被后世的实事工程。该项目的启动实施，是全市“十三五”规划重点交通基础设施建设的开篇大作，工程竣工后，有利于加快市县融合，是方便百姓的民生路，也是沿线群众奔小康的致富路。

县政府办公室工作

【概况】 2016年，县政府办紧扣全县发展大局和中心工作，以更加过硬的作风，以更高层次的参谋，以更高水平的服务，充分发挥综合协调、督办落实、参政设谋作用，较好地完成了各项工作任务。上下协调促发展。与县委办、人大办、政协办配合默契，搞好县政府领导成员之间的协调，加强同乡镇及县直部门办公室的协调，确保上下配合、政令畅通。加强民宗工作，积极推进人防建设与经济社会融合发展。精细管理促规范。严格控制接待费用，执行量化标准，实行先审批后接待，有效规范了各种非生产性开支的使用，实行车辆经费包干、打字费用包干、一般来客食堂就餐等；坚持公物采购制度，严格按照先申报审批后采购的程序办事，严厉杜绝制止无采购单入账的条据报账；坚持24小时值班制度，确保了政令畅通、信息畅通，突发事件能够及时有效处置；强化司机教育培训，加强公务用车管理，确保行车安全；规范政府大院管理，加强机关院内卫生保洁，美化了机关院落环境；加强政府大院水电管理，厉行节约，坚决杜绝长明灯、长流水等浪费现象；加强值班巡逻保卫，实行24小时巡逻值班制，有效杜绝了机关院内偷盗事件的发生。整章立制促工作。建立考勤签到制度，规定工作日早上八点统一签到，实行专人把关，定期通报考勤情况；特殊情况需请假的，规定必须按层级管理请示请假，休年休假的必须把工作统筹到位。完善值班责任制度，落实工作日专职副主任“坐店”值班制度，并按规定填好值班日志，做好值班时期的协调和应急处置；办公室值班实行24小时制，实行节假日办公室领导带班制度，24小时跟值班。

【文秘工作】 坚持“零失误、零差错、零缺陷”的目标，牢固树立精品意识和效率意识，不断提高办文办会质量和接待服务水平。一年来，共组织大小会议280多次，下发会议通知1200多次，接转领导批示件及群众来信210余件，收发各类文件、电报传真480多件，起草、审核、印发县政府、县政府办各类文件520多件，接待群众来访800多人次。

【督查工作】 围绕县政府的重大决策和重要部署，不断创新督查工作思路、改进督查方式，拓展督查视野，有计划、有重点、有针对性地开展各项督促检查和反馈工作，较好地发挥了督查工作服务中心、服务大局、推动工作落实的作用。全年围绕东洞庭湖清障、月田污水处理厂建设、农村环境整治、防汛、规范村民建房、安全饮水等组织开展较大规模的督查活动60余次，制发《情况汇报》8期，下发督查通报22期；办理市政府下达督办事项10件、县领导批转重要请示报告100余件、市长信箱信访件179件。

【法治工作】 积极发挥政府法律参谋助手作用，做好法制把关和合理提出法律意见，促进了县域经济稳健发展。严格规范性文件管理。全年“三统一”登记的规范性文件31件。清理规范性文件400余件。严格实行行政执法人员持证上岗和资格管理制度，2016年第五轮累计培训行政执法人员1345人，行政执法人员信息全部录入行政执法人员信息管理系统。发挥行政复议化解矛盾纠纷的主渠道作用，全年共受理行政复议案件13起，行政复议案件都实现了案结事了。

【应急管理工作】 建立应急管理工作责任制，完善了《岳阳县2016年基层应急管理规范化建设工作实施方案》，把应急管理工作纳入年终绩效考核内容。加强业务培训和应急演练，组织开展了业务知识培训班。重视隐患排查，全县共排查出各类突发事件危险源60处。

【“12345”热线工作】 紧紧围绕“受理快、办理实、处理好”的目标，全年共受理热线工单13245件，办结率100%，按期办结率99.97%，回访抽查满意率95%以上，综合指标值98.6，办理数量和质量居全市前列，被评为全市“12345”公众服务热线工作优秀单位。

【侨务提案工作】 坚持把工作重心放在交办督办人大代表、政协委员的议案、建议、提案上，共交办督办各类建议、提案156件，做到了年初有交办、中途有督办、年终有检查，办复率100%，受到了人大代表和政协委员的好评。

（罗 佳）

经济研究工作

【概况】 县人民政府经济研究中心成立于2011年4月，内设综合室、调研室、信息室3个股室，共有工作人员5人。中心成立以来，紧紧围绕县委、县政府的工作思路和工作重点，不断加强全县经济社会发展情况调查研究，充分发挥参政设谋作用，为全县经济社会发展提出了切实可行的思路和举措。

【综合工作】 围绕全县经济社会发展的重点工作部署、相关政策贯彻和重大工程事项等热点、难点问题，全力服务县域经济社会发展。2016年共为领导撰写重要文稿102篇，起草重要文件9个，其他材料290篇。同时，编印《政府通报》8期，发表领导署名文章9篇，客观、科学推介了岳阳县的工作。

【调研工作】 围绕农村电商发展、“一产”联接“三产”、铁山库区“两保”工作、县域经济社会发展等热点、难点问题开展专题调研，形成了《“塔”上通信事业发展新征程》《不让库区群众在全面小康路上掉队》《改革不能卡在“最后一千米”》等数篇调研报告，为推进县域经济发展、解决民生难点等问题提出了许多合理化建议。

【信息工作】 结合全县工作中心，把握阶段工作重点，围绕县政府领导的关注点、基层群众的聚焦点、上级机关的兴奋点，及时收集、报送信息，为领导科学决策提供准确、快捷、具有参考价值的信息服务。全年向省、市报送80条，及时宣传了岳阳县工作动态和典型经验。

（罗 佳）

民政工作

【概况】 岳阳县民政局系统共有干部职工175人，其中退休人员40人。民政局机关内设12个股（室），即办公室、民间组织管理股、优抚股（加挂岳阳县双拥办牌子）、复员退伍军人安置办（加挂军队离退休干部管理办公室牌子）、救灾救济股（加挂社会捐助接收工作站牌子）、社会事务与基层政权股（加挂县区划地名办公室牌子）、老龄委员会办公室、计划财务股、人事股、法规股（加挂行政审批办公室牌子）、监察室、工会；下辖10个二级机构，即岳阳县社会救助局、岳阳县殡葬管理所、岳阳县社会福利院、岳阳县光荣院、岳阳县婚姻登记中心、岳阳县社会福利有奖募捐委员会办公室、岳阳县救助管理站、岳阳县军队离退休干部休养管理所（加挂退伍军人接待站牌子）、岳阳县老区经济开发促进会办公室、岳阳县慈善总会办公室。

【社会救助工作】 2016年，岳阳

县有保障城市低保对象5358户8208人，农村低保对象12506户19756人，城市低保月人均补差268元,农村低保标准月人均补差121元。全县共有特困人员6351人,供养标准270元/人/月,集中供养标准450元/人/月,丧葬费标准由1000元提高2000元。全县一站式结算救助5422人次,发放救助金289万元；医疗救助7115人次，发放救助金1051万元,及时有效地解决了城乡居民临时性、突发性生活困难等问题,有效保障了困难群众的基本生活需求。全力落实《社会保障兜底脱贫对象认定试点工作方案》,针对现农村低保对象和扶贫对象中部分或完全丧失劳动能力，无法依靠产业扶持和就业帮助脱贫的对象，发放标准为每人220元/人·月,全面完事实任务。

【救灾救济工作】 从7月初至8月初,洞庭湖持续超警戒水位,岳阳县14个乡镇发生洪涝灾害,全县15个堤垸中,小毛家湖、泥家湖、古港、杨柳4个垸子施行行洪。全县11.8万人受灾,紧急转移安置灾民2150人。灾情发生后，县民政局科学应对，全局分8个工作小组,由班子成员带队,第一时间赶赴灾区一线查看灾情,帮助村民抗灾自救，下发救灾应急资金和物资，确保受灾群众的基本生活。

【优抚安置工作】 2016年，县民政局发放义务兵优待金493.8万元、退役士兵一次性经济补贴253.4万元,发放重点优抚对象救济款380万元、伤残军人特殊生活困难救助款343万元、农村特困优抚对象临时救助款380万元，确保了优抚对象的补助经费及时足额发放到位，维护了优抚对象合法权益和社会稳定；全县符合安置条件的49名退役士兵一次性全部以全额事业编制安置上岗;共培训退役士兵245名,就业率达100%。

【老年福利工作】 2016年，县民政局对全县65岁以上、完全失能和部分失能的3243位困难老人，全部发放基本养老服务补贴,覆盖率达100%。

【福彩发行工作】 5月7日至15日，经上级民政部门和县人民政府批准,成功举办"福利公益行，走进岳阳县"现场即开型福利彩票销售活动，活动共发行彩票1485万元,发行取得圆满成功。

【流浪乞讨人员救助工作】 2016年，县民政局共接待和劝导救助人员1933人次,对符合救助条件的1835人给予救助,其中精神病人和危重病人112人，流浪未成年人86人,受助人员都得到了妥善安置,救助率达100%。多次在街头展开临时救助，共发放棉衣220余套,矿泉水150余件,方便面90件。

【孤儿管理工作】 2016年，县民政局共申报审批孤儿450人,发放机构孤儿资金60万元,发放散居孤儿生活费120.8万元。规范福利院孤残儿童集中带养，充分发挥福利院人力资源作用，孤儿的带养费用每位减少5000元,全年节省资金10万元。全年共办理收养登记3例,合格率为100%

【残疾人两项补贴发放工作】 2016年，县民政局共申报审批重残生活补贴8183人，护理补贴384人，三、四级困难残疾补贴1931人。发放补贴资金10185.06万元。

【慈善管理工作】 加强慈善活动的宣传和监督，提高慈善活动的公信度、透明度，营造了扶贫济困、互帮互助的良好氛围。岳阳县电力公司职工姚军良，一直热心参与公益事业，近年来参与义卖39次，多次被评为"县优秀志愿者""市最美志愿者""湖南慈善奖最具爱心慈善楷模"。微水爱心社组织十几场的义捐、义卖等爱心活动,受到社会各界的一致好评。12月6日,成功举办"同心携手，为爱传递"精准扶贫大型公益晚会现场共募爱心款5371万元。

【基层政权工作】 岳阳县乡镇区划调整改革工作按省、市计划目标全面完成,全县20个乡镇调整为14个乡镇,558个建制村合并为161个建制村，比省市下达的指标任务多减少2个，减幅为71.1%。

【社会组织管理工作】 全年新增社会团体10家、民办非企业单位

6家，注销社会组织3家，完成社会组织变更登记4家、发证换证58家，完成支部换届选举9家。

（朱建国　陈再兴）

移民工作

【概况】 2016年，县移民局在移民后扶工作上按照市、县考核任务要求，着力规范管理，夯实业务工作，同时不断强化干部队伍建设，统筹推进移民后扶工作，取得了一定的成效。

【助推移民产业开发】 2016年，为加强移民致富步伐，县移民局加大了移民产业开发力度，利用库区、丘陵区、湖区特点和优势，因地制宜建成移民产业开发基地。在张谷英镇花园村发展油茶26.67公顷；在毛田镇八斗村、月田镇高雅村、张谷英悯港村等地发展红心柚33.33公顷；在中洲乡发展蔬菜66.67公顷。100%完成了产业开发考核任务。

【开展移民培训工作】 2016年，县移民局全方位放开移民各类资质证书的补贴，开办了13期实用技术培训班，共培训人员1229人。其中实用技术培训706人，技能培训523人（其中含省厨师培训60人，汽车驾驶员培训258人），送省培训6人。实现转移就业327人。完成计划任务的143%。超计划任务369人，超30%。

【开展行业精准扶贫工作】 2016年，县移民局制订了三年行业和年度扶贫规划，对全县贫困移民进行了精准识别，全县建档立卡贫困移民3663人，按照2016年精准扶贫工作目标责任书和“五个一批”开展精准扶贫要求，新建红心柚基地33.33公顷；安排90万元培训经费优先培训贫困移民；所有15个贫困移民村都安排了项目资金用于生产开发和基础设施建设；安排200万元用于移民避险解困搬迁；安排60万元用于丧失劳动能力贫困移民的兜底救助。

【湖南省移民局局长李新连到岳阳县调研移民后扶工作】 2016年9月6日，湖南省移民局局长李新连率调研组到岳阳县调研移民后扶工作，市政协副主席欧江平、市政府副秘书长陈正文、县委副书记、代县长曾平原、副县长张奕及市、县相关部门负责人陪同调研。调研组一行先后实地察看了毛田镇铁山水库库区南庙、小港、立坪、湾丘“四小龙”移民生产、生活现状、“四小龙”移民整体搬迁安置点、中洲乡黑泥村铁山移民安置点、中洲乡移民后扶项目工程黑七公路和湖南洞庭水湘食品有限公司等地。

调研组在察看现场和听取汇报后，对岳阳县在移民后扶工作中所做的工作给予充分肯定，并指出水库移民后期扶持工作任务艰巨、使命光荣，希望进一步抓好移民后扶各项工作，切实为库区群众着想，落实好党的移民后扶相关政策，开展好精准扶贫工作，着力提升移民致富本领，加快推进移民产业开发，推动库区移民后期扶持工作再上新台阶。

【开展“雁过拔毛”式腐败问题专项整治工作】 2016年，县移民局安排三个工作小组对全县14个乡镇2013年至2015年移民资金使用管理情况开展督促检查。对存在的问题做到“四个不放过”。即问题不查准不放过，原因不分析透不放过，整改措施不到位不放过，群众不满意不放过。问题解决了进行销号，问题推不动，进行挂牌整治。全面清理了移民后扶项目四大类资金7917.84万元(其中2013年2472.32万元;2014年2584.54万元;2015年2860.98万元)。其中600元以内2600.8万元;600元以外4932万元;移民扶助金280.04万元；应急资金105万元。发现问题线索2个，杨林乡白泥村原村支书李某某违规使用移民直补提留资金1.9万元，县纪委作出对其党内严重警告的处分。柏祥镇松岭村村主任(兼报账员）方某某私设小金库，将该村2007年至2015年的“两者结合”的村级提留款3.25万元没有入账，在检查发现后及时补开了收据入账。

（何军生）

信访工作

【概况】 岳阳县信访局内设办公室、接访室、办信室、督办室、信访联席办、社会矛盾调处中心、人民来访接待中心。2016年,到县以上信访总量22755人次(其中信件121件),其中,到县集访45批670人次;进京上访23人次,其中重复非访5人次;赴省上访24批88人次,其中集访4批51人次,非访3批30人次;到市上访比2015年略有下降。初信初访交办率100%,办结率100%。市联席办交办信访积案19个,已全部化解。

【非法上访稳控工作】 按照省市的统一部署,G20峰会期间,县信访局重点做好了王某、付某、易某等人的稳控工作。8月28日,王某进京上访,接回后,公安部门依法给予其治安拘留,有效打击了其非法上访行为。

【"两学一做"学习教育活动】 一是高度重视,明确责任。成立了局机关"两学一做"学习教育领导小组。二是制订方案,动员部署。制订了县信访局"两学一做"学习教育、"巴陵先锋先行"主题实践活动实施方案及党支部整改方案等,召开了动员大会。三是规定动作,落实到位。建立了党员活动室,规范了党建阵地;先后召开党建研究、专题讨论、民主生活会、集中学习等会议23次;开展了党组书记、支部书记讲党课活动;查找了党支部和党员存在的突出问题,并进行了切实有效的整改;选树了先进典型,创建了示范岗位;实行了党员公开承诺;签订了承诺践诺书;开展了党组织关系排查,严格了党员日常管理,党建工作成效明显。

【开展部门联合接访活动】 县涉法涉诉联合接访每周二在接访中心举行,由县委政法委牵头,公检法司班子成员轮流参与,在县人民来访接待中心坐班联合接访,对涉法涉诉问题联合会诊,实行一站式接待、一揽子解决,年度值班人员在宣传窗内公示,方便人民群众对应反映问题。

【实现网上信访受理办理全覆盖】 县信访局按照全省信访系统的统一部署,全面开通了网上信访,实现了信访信息平台的全覆盖,本级来信来访均及时录入,确保了所有信访事项"网下办理、网上流转",信访群众可以通过网络平台投诉并查询办理结果。按照依法逐级走访办法,越级上访,各级将不再予受理。同时,在全县范围内建立了一套纵向到底、横向到边、反应灵敏的网络体系。全县14个乡镇都设立了群众工作站(便民工作站),各行政村、居委会均设立了群众工作室(便民工作点),县直各单位均设立了信访室(办)。在县信访局统一调配下,充分发挥了基层基础群众网络作用,及时有效地化解了群众疑难问题200多个。

【开展"网上信访日"、依法逐级走访等培训宣传活动】 4月28日,县信访局在县城开展"网上信访宣传日"活动,积极推广"互联网+信访"工作模式,大力宣传网上信访,让人民群众充分体会网上信访,足不出户,高效快捷,公开透明,从而引导群众多"上网",少"走访"。6月和12月,先后派乡镇、部门主管及信访局干部7人次参加市委组织部与市信访局在清华大学联合举办的两期"信访系统领导干部能力提升研修班"。5月6日,召开了全县信访工作暨网上信访应用培训会议,全县乡镇主管、专干和40多个部门单位信访室主任参加了会议。会议就基层基础强化年、"千案攻坚""两学一做""三讲三创"活动等五项重点工作进行了安排部署,市信访局专业人士就接访、办信及网上办理业务进行了专题培训。

【争取特殊疑难信访专项资金】 争取上级下拨特殊疑难信访专项资金40万元,同时,按照上级要求1:1.5的比例,县财政配套了专项资金60万元,已解决特殊疑难信访问题16个,并全部进行了网上录入。

【强化督促督查推动积案有效解决】 岳阳县列入全省"千案攻坚"信访件8件,其中黄牌2件、蓝牌6件。建立了精准电子台账、以账管实。按照上级要求已全部办结,并进行了网上全录入。

(杨战军)

政务服务工作

【概况】 2011年4月,岳阳县政务公开中心更名为岳阳县人民政府政务服务中心,属行政支持类正科级事业单位，归口县政府办管理，中心内设办公室、业务管理室、监督室、电子政务室、门户网管理股、财务室6个股室，是集信息公开和咨询投诉，行政审批、收费和公共服务，管理、协调和效能监察为一体的“开放式、一站式”政务服务机构。现有26个县级部门和机构进驻窗口，窗口工作人员160余人，设定集中受(办)理的行政审批和公共服务事项。办事大厅配备了商务中心、银行、休息区、电子信息屏、指示标志、行政服务指南、书写文具等多项便民服务设施；设置了政府信息公开查阅点，办事者可以方便地浏览政府门户网站，查询相关办事信息、办事窗口、办事须知和办事流程，随时查询到申办事项的办理状态。2016年，县政务服务中心按照省、市政务公开政务服务的要求，紧扣县委、县政府工作目标及重点工作，坚持“便民、高效、公正、透明”的服务宗旨，全面加强政务公开与政务服务工作，进一步提高政务公开工作水平，完善政务服务工作机制，有力地推动了中心各项工作的开展，在优化岳阳县政务服务环境等方面发挥了重要作用。

2016年，县政务服务中心被市委、市政府评为2016年度政务公开政务服务工作综合先进单位、依法行政工作优秀单位、“12345”公众服务热线优秀单位，顺利通过2016年省级文明窗口单位复查，县政府门户网连续三年获得中国政务网站优秀奖。

【参加2016年中国“互联网+政务”发展论坛暨2015年度中国优秀政务平台评估总结大会】 3月23—26日，2016年中国“互联网+政务”发展论坛暨2015年度中国优秀政务平台评估总结大会在北京召开，全国人大、政协、中组部、中宣部、中统部、首都文明委等中央各国家机关代表，各级党委、委办厅局、市以及县级单位代表等233人参加会议，岳阳县政府门户网站荣获“2015年中国政务网站领先奖”，获邀参加会议。会议邀请了全国电子政务、智慧城市、信息化主管单位领导和评估组专家致辞；优秀中央国家机关及地方政务网站、微博微信、智慧城市代表分享经验；知名专家学者组织开展全国“互联网+”培训，为岳阳县推进“互联网+政务”指明了方向。

【县级公共资源交易平台整合工作启动】 7月27日，县政府组织召开整合建立统一的公共资源交易平台工作部署会议。会议指出工程建设项目招标投标、国有土地使用权和矿业权出让、国有产权交易、政府采购等应当纳入公共资源交易平台。会议强调县级政府不得再新设公共资源交易平台，已经设立的应整合为市级公共资源交易平台的分支机构。根据会议精神，为切实做好整合建立统一公共资源交易平台工作，8月1日起，除7月已发公告的4宗建设工程招投标项目外，县政务服务中心公共资源交易平台停止进场申请及场内交易。县政务服务中心公共资源交易平台进驻单位(建设工程交易中心)已于8月底搬离中心，回原单位办公，公共资源交易平台已于8月底关闭，停止运行。

【岳阳县不动产登记中心挂牌成立】 9月30日，岳阳县不动产登记中心揭牌暨首批不动产权证颁发仪式在县政务服务中心举行，这标志着岳阳县不动产登记和机构整合工作初步完成，正式转入不动产统一登记实质性工作阶段。副县长刘小良，政协副主席许安全及省、市、县相关单位负责人出席揭牌仪式并向获得首批不动产权证书的6位市民颁发证书。整合不动产登记职责、建立不动产统一登记制度，是中央全面深化改革、政府推进职能转变的重要内容，是县委、县政府推进简政放权、减少多头管理、方便企业和群众的有效举措，对进一步健全现代产权制度、保护群众财产合法权益具有重要意义。

【全县政府网站集约化建设与绩效评估迎检工作推进会召开】 11月9日，全县政府网站集约化建设与绩效评估迎检工作推进会在政务服务中心二会议室召开。副县长杨谦出席会议，全县各乡镇政府网站分管负责人、建有政府网站的县直单位分管负责人及重点领域政府信息公开的部门分管负责人参加会议。会议对全县政府网站存在问题列出详细清单，提出了具体整改要求。副县长杨谦指出，政府网站是政府密切联系群众的重要桥梁，是政府履行职责的重要平台，是政府加强自身建设、推进依法行政的重要载体，是政府信息公开的重要渠道，是大家干事创业的重要舞台，要求全县各部门、乡镇加强认识，提高要求，进一步增强政府网站建设的紧迫感和责任感，努力打造全国一流的政府网站。

【开展“移动杯”“服务在窗口　好人在身边”征文比赛活动】 12月8日上午9点，岳阳县2016年移动杯“服务在窗口　好人在身边”征文比赛颁奖典礼在政务服务中心二会议室举行。市政务服务中心主任徐继兴，副县长杨谦，县委宣传部、县教体局、县移动公司等单位领导出席颁奖大会。此次征文比赛历时四个多月，共收到全县政务服务窗口系统工作人员的参赛作品88篇，共评出一等奖3名，二等奖5名、三等奖7名、优秀奖15名。

【省政府办公厅巡视员熊惠明一行到岳阳县调研政务公开政务服务工作】 12月13日，省政府办公厅巡视员熊惠明率省政务公开办一行到岳阳县督查调研政务公开政务服务工作情况。市政府巡视员苏耀辉、市政务服务中心主任徐继兴、副县长万东等陪同调研。熊惠明一行首先来到杨林乡便民服务中心，详细了解了岳阳县乡镇便民服务中心和村级代办点的建设和发展情况。随后，到县政务服务中心，听取了县中心主任许东望的汇报。熊惠明对县政务服务中心在硬件和软件建设上取得的成绩予以充分肯定，对政务公开政务服务工作予以高度评价。他指出，要进一步认真贯彻落实中办国办印发的《关于全面推进政务公开工作的意见》和省办印发的《关于全面推进政务公开工作的实施意见》两个文件精神，推进岳阳县政务公开政务服务工作进一步向深度发展；积极探索建立政务公开政务服务工作新机制，全面提升工作水平；地方党委政府要进一步加大支持力度，加强对从事这项工作的同志的关心关怀，调动全体人员的工作积极性和创造性。

（李翊　张谦）

住房公积金管理工作

【概况】 岳阳市住房公积金管理中心岳阳县管理部于2007年7月成立，是岳阳市住房公积金管理中心（直属岳阳市人民政府不以营利为目的的独立的副处级事业单位）在岳阳县设立的办事机构，实行垂直管理，主要负责岳阳县区域内住房公积金的归集、缴存、提取、贷款等管理工作。

岳阳县管理部围绕“抓发展、保安全、强内控、增效益、惠民生、优服务”的总体目标，致力于推动岳阳县住房公积金制度的建立和发展。2016年，全县住房公积金工作总体运行继续保持健康发展态势。截至2016年12月，共归集住房公积金1.83亿元，占年计划127%，累计归集住房公积金总额达7.11亿元，归集余额达4.96亿元；全年共向643户干部职工发放个人住房贷款1.79亿元，累计发放个人住房贷款5.61亿元，个贷余额达4.47亿元，完成全年计划120%；干部职工提取住房公积金7473.59万元。新增建制单位31个，其中民营企业19家，共新增623人。

【政策宣传】 岳阳市住房公积金管理中心岳阳县管理部充分利用多种宣传渠道，提高全社会对住房公积金的认知率和支持率。第一，做到电视上有画面、有声音。与县电视台联系，拍摄公积金政策宣传片，并在固定时间段于县电视台播出；第二，做到平面媒体上有政策，有曝光。在办公楼内醒目位置设置了宣传栏，让办理业务的客户进门就能了解最新政策，同时通过执法大队曝光了一批欠停缴单位；第三，做到户外广告有气势、有形象。在县人流量最大的交通枢纽位置设立了大型广告牌，用简单易懂的内容形象宣传了公积金的用处和优势，让全县人民知道我们到底是做什么的；第四，做到在楼盘有人员、有指南。邀请了全县在售楼盘的负责人来管理部召开公积金政策宣传工作大会，并与开发商合力对贷款和提取政策做宣传，在各处售楼盘挂宣传横幅，摆放政策指南并定时安排工作人员在各楼盘与购房者面对面宣传解答。实现了电视、平面、户外、楼盘四种宣传方式联动。

【便民服务】 2016年9月4日，

岳阳市住房公积金管理中心岳阳县管理部秉承着为缴存人提供优质服务的宗旨，在了解到贷款户曾新春因身体状况原因行动不便，不能来到管理部签订贷款抵押合同情况后，工作人员利用周末休息时间来到9634厂，为行动不便的贷款户进行上门签订贷款抵押合同。近几年岳阳县住房公积金管理部将“以便民、利民、惠民”服务为宗旨，在大厅设置了便民饮水机，坚持统一工服、挂牌上岗、微笑服务、一次性告知，进一步简化办事程序，提高了服务效率，了解客户难处，设身处地地为各户解决难题，大力倡导“马上服务、高效服务、温馨服务、规范服务”的理念，继续推行“延时服务”“预约服务”“绿色通道服务”“上门服务”等多种服务形式。

【归集执法】 岳阳县管理部始终把归集扩面作为年度工作重点来抓，而民营企业建制又是重中之重，为了加快建制速度，从三个方面着手。第一，通过政策宣传提高认知，增强企业法人依法履行缴存义务的责任意识和职工维权意识，形成管理部依法推进、单位积极配合、职工主动参与的良性互动局面，全年走访各企业50余次。第二，通过政策推动，形成建制氛围。上半年争取县委、县政府重视，在全县促进民营企业发展的大会中经领导之口说出了住房公积金是留住优秀人才的保障措施之一。第三，加大执法力度。对规模较大、经营正常、效益较好但拒不建制的单位，坚持摸清单位信息、上门宣传政策、发放缴存告知书、直至启动执法程序，做到依据明确、程序合法、有理有据，形成执法威慑力、扩大社会影响，从面上促动未建制企业开户缴存，全年共立案18起，结案17起。

（蒋巧霞）

安全生产监督管理工作

【概况】 岳阳县安全生产监督管理局为正科级行政单位。有内设机构6个，分别为办公室（加挂行政审批办公室、法规股）、非煤矿山和危险化学品安全监管股、烟花爆竹监管股、综合协调股、行业安全监督管理股（职业安全健康监督管理股）、监察室，二级机构为安全生产监察执法大队（应急救援指挥中心）。

2016年，岳阳县安全生产工作全面落实国务院、省、市对安全生产工作的部署，坚持安全第一、预防为主、综合治理的方针，牢固树立“红线”意识和“底线”思维，严格落实安全生产“党政同责、一岗双责、齐抓共管、失职追责”要求，强化生产经营单位主体责任落实，建立企业负责、职工参与、政府监管、行业自律、社会监督的机制，加强日常监管，深化打非治违，强化专项整治，全面实施年度监管执法计划，全面统筹全县安全生产综合监管，防止和减少安全事故，保障人民群众生命和财产安全，确保全县安全生产形势持续稳定好转，营造安全发展良好环境。岳阳县被市委评为“岳阳市安全生产先进县”，县安监局被省政府评为“湖南省安全生产先进集体”、被县委、县政府评为“岳阳县全面建成小康社会综合绩效评估优秀单位”。

【突出安全生产地位】 坚持“抓安全就是抓政绩、抓安全就是抓民生”的理念，全力突出“安全生产是底线”的重要地位。一是领导更重视。县委、县政府把安全工作列入常务会专题研究，列入《政府工作报告》重点部署，安排县委专职副书记联系、常委副县长分管安全生产工作。书记、县长亲自部署、一线调研，定期听取安全生产情况汇报。各乡镇、部门实行安全工作一把手负责制，安全工作亲自部署，亲自督查。二是投入有保障。县财政将县安监局人头经费提高至全县最高标准，达到6万元/人·年。三是关爱有行动。真情关心基层安监人员的生活待遇，将各乡镇、县安委会成员单位安全生产工作岗位津贴一并纳入财政预算。

【夯实安全生产责任】 严格按照“党政同责、一岗双责、齐抓共管、失职追责”和“三个必须”的要求，进一步夯实安全生产责任。一是落实领导责任。县委中心组定期组织学习相关规定，明确党政领导安全生产职责。各县级领导认真履行“一岗双责”，深入基层、深入一线带队开展安全督查。二是落实监管责任。进一步明晰部门监管职责和乡镇属地监管职责，层层签订责任状，细化责任目标，落实安全生产责任，完善安委会工作制度，定期组织开展联合执法和安全生产督导。三是落实主体责任。突出抓好企业主体责任落实，力求从源头上消除安全隐患。以谈心谈话促安全意识提升；以宣传教育促主体责任落实;以标准化建设提升本质安全水平;以监管执法倒逼企业主体责任落实。

【开展安全生产整治工作】 扎实开展“监管执法年”行动,按照“全覆盖、零容忍、严执法、重实效”的要求,严格落实停产整顿、关闭取缔、上限处罚和严厉追责的“四个一律”执法措施,扎实开展安全生产专项行动。突出道路交通安全整治,加强校车、客车等重点车辆动态管理,加强交通违法整治,严肃查处交通违法行为。突出水上交通安全整治,加强对重点船舶、重点水域、重点时段的监控。突出非煤矿山整治,完善工作机制,严厉打击非煤矿山违法违规行为和非法生产活动。突出烟花爆竹整治,制订退出规划和工作方案,成立了专门工作组，开展百日执法行动,目前已退出9家企业。突出消防安全整治，加强对人员密集场所和三合一、多合一场所的专项检查,大力消除火灾隐患。突出湖区采砂整治，开展东洞庭湖联合执法集中行动。

【健全安全生产机制】 一是机制体制更完善。健全了领导定期调研机制，健全了安全生产监管机制，健全了安全生产联合督查机制,健全了安全隐患交办机制,健全了安全生产会审制度，健全了安全生产信息公开制度。二是机构建设更健全。全县10个安全生产监管任务较重的乡镇单独设立了安监站，配备了2名以上专职安监员,特别是荣家湾镇,配备了10名专职安监员。其余乡镇设立安监站,挂靠在社会发展办,配备1名专职安监员、1名以上兼职安监员。三是示范乡镇再扩容。经考核验收，中洲乡已成功创建省级示范乡镇，截至2016年，全县省级示范乡镇已达6个，市级示范乡镇已达8个。

（任东山）

铁山水资源保护

【概况】 岳阳县铁山水资源保护综合执法局于2015年6月组建成立,直属岳阳县人民政府管理,负责铁山饮用水水源保护和库区民生保障工作(简称“两保”),总体工作思路是“强基础、严管理、讲公心、正风纪、促两保、创双优”。内设办公室、计划财务、政策法规、资源保护、规划建设5个股室，下设毛田、月田两个执法大队,现有干部职工36人。铁山水库水域面积41.6平方千米，校核水位93.2米,水岸沿地表外延200米范围内有库区核心村66个(含2个居委会),2016年机构改革后并入毛田、月田、公田3镇的23个库区新村（含两个集镇居委会)。水库总库容6.35亿立方米，承担着66666.67公顷农田灌溉和100多万人生活饮水的重任，是岳阳的重要战略资源，也是连接千家万户的民心纽带。

【基础工作】 为充分宣传铁山库区“两保”精神和相关政策,县铁山水资源保护综合执法局印发“两保”宣传手册3000余份;在毛田、月田、公田等交通主干道上书写固定标语60余条;2016年1月10日,《岳阳日报》头版头条刊发《让市民喝上铁山放心水》专文,9月23日,《岳阳日报》头版头条刊发《清了水质,暖了民心》专文,9月23日,岳阳新闻报道岳阳县加强铁山库区“两保”工作。同时,县铁山水资源保护局全面掌握了库区六类基本情况：①二级保护区常住居民（集雨区总人口11.8万人,其中二级保护区户籍人口4.6万人);②核心库区村临水100米以内的危旧房屋1253栋、1571户，其中已建新未拆旧的有131户；③集雨区生态公益林面积(一、二级保护区4533.33公顷,准保护区11400公顷);④库区各类型困难户情况（“五保”556户,特困547户,低保997户,残疾477户);⑤“四池净化”户数及建设情况（2015年建设任务1455户，2016年建设任务2000户)；⑥畜禽规模养殖业退出和影响水源安全的生产企业关停摸底（规模养殖户共267户，污染企业共119家)。以上六类信息全部建立了电子文档和纸质台账，做到信息详尽、数据准确,并及时比对更新,实行动态管理,为“两保”各项方案的出台或重大事项的决策提供了真实依据，推动了各项工作的有序开展。

【水源保护】 县铁山水资源保护综合执法局严格实施“六控一治”的水源保护措施。控迁，严格控制库区人口非自然增长，除婚姻、生育、退伍等法定政策原因外，库区内各村(居委会)禁止外来人口迁入，库区人口“只出不进”。控建，将铁山库区一级、二级保护区禁违治违拆违工作列为铁山水资源保护重中之重的工作，对禁建区、严控区、规划区的村民建房申请严格把关，严禁不审批建房、不按规范建房，对违章建设坚决予以拆除。2016年，共开展15次控建拆违执法行动，拆除2730平方米面积的违章建筑，无一例新增违法建设。控伐，严禁毁林开垦，已经开垦的必须退耕还林；一级保护区、二级保护区全部实行封山育林，准保护区禁止皆伐，抚育性间伐必须经过审批。控采，加强对采石、采矿、取土使用林地的管理，严禁乱批、占用林地；禁止库区内一切采砂活动，库区原有28条采矿砂船全部解体上岸，没有新增。控工，严格控制库区竹木加工、预制构件业等生产企业的办证、续证；禁止一切工业项目进入库区，不新增工矿、木材加工企业。控养，按照《岳阳县铁山库区畜禽养殖业退出工作实施方案》，2016年已有13户大中型养殖户签订退养协议启动退养。治污，改变原垃圾焚烧填埋处理方式，创造性提出“户分类、村收集、镇集中、县运转”的库区垃圾处理模式，不再在库区新建垃圾焚烧炉和垃圾残渣填埋场，购置了1台压缩式垃圾中转车，新建了月田、毛田2个垃圾压缩中转站，压缩后的垃圾统一转运至新开垃圾填埋场，科学有效地解决库区垃圾污染问题。继续推进集镇以外的临水居民生活污水净化设施建设，2016年已建成“四池净化”四格池2000个。周代安置点、道院安置点、执法大队办公区等均建设了联户型污水净化处理设施。临水散户、联户居民生活污水也相应逐步得到了有效处理，达到了治污的良好效果。

【民生保障】 对后靠建房或居民集中安置点建房的居民，按市县8:2分担的比例，每户给予4万元奖励，对确有建房困难的特困危房改造户，按市县8:2分担的比例，每户给予1万元补贴。2016年，库区有122户申报建房奖励或补贴，通过审阅资料、实地查看、基层走访等形式调查核实，共审核通过80户，发放奖补资金154.8万元。按照《岳阳县铁山库区大病医疗救助资金管理办法》，共有90户居民获得大病医疗救助，打卡发放救助资金共59.71万元。按照《岳阳县铁山库区二级保护区特困户救助办法》，对铁山库区一、二级保护区内的特困户审定进行动态管理，建立救助档案，实行一年一核、一年一审。2016年度共发放救助资金156万元。按照《铁山库区生态公益林补偿资金的管理使用方案》，会同相关职能部门将资金核算到了库区各乡镇。2016年6月底，将729.669万元生态公益林补偿资金全部打卡发放到位。2016年，规划在公田镇黄田村建设一个公共墓地，10月正式动工建设，至年底已完成土石方、墓穴砌筑等基本建设，预计2017年3月底前可全部竣工验收。

【精准扶贫】 县铁山水资源保护综合执法局确定一名副局长专抓精准扶贫工作，指派一名干部驻杨塅村担任第一书记，班子成员人人都建立了结对帮扶卡，不定时到扶贫点进行实地走访和调研。按照输血与造血相结合的方式，一是积极引导贫困群众发展种植业脱贫，通过分析和论证，在杨塅村引进了13.33公顷雷公藤药材种植项目，土地整形由铁山执法局负责，项目老板提供种苗并负责药材收购，群众只负责日常的管理，此项目很受群众欢迎。二是整合行业扶贫资金1080万元，投放到库区贫困村贫困户，确保真扶贫、扶真贫。积极响应县委政府号召，积极开展精准扶贫爱心捐赠活动，组织党员干部带头捐款，共计捐款4100元。

（付望琪）

东洞庭湖河道采砂管理工作

【概况】 2013年12月24日岳阳县东洞庭湖河道采砂管理局（以下简称“县砂管局”）挂牌成立，由县人民政府直接管理，是财政全额拨款正科级纯公益事业单位。机关内设办公室、财计股、监察室、人事股、砂政股等5个股室，及岳阳县东洞庭湖砂石资源开发有限公司(以下简称“砂石公司”)一个二级机构,在编人数90人。

岳阳县东洞庭湖河道采砂管理局的主要职责是负责东洞庭湖河道采砂的统一管理,组织实施和监管检查工作;会同相关部门做好采砂规划的编制和采砂许可的初步审查,制定年度开采计划和实施方案,现场管理和监督办法;负责东洞庭湖河道砂石资源有偿出让价款的征缴工作。协助河道采砂生产涉及的税费、政府性基金征缴;负责采区现场的生产,运输相关安全管理工作和砂石开采量监管工作,做好现场管理人员培训和廉政教育;承办县委、县政府交办的其他事项。

【采砂秩序管理】 为贯彻落实省委书记杜家毫在《湘江保护和治理委员会2016年第一次全体会议》的要求及落实市委市政府工作会议精神。由县委、县政府牵头,制定了《岳阳县东洞庭湖规范河道采砂秩序集中整治工作方案》,于2016年9月进行了先期宣传通告。通过6天集中整治行动,对未取得采砂许可证的8艘采砂船舶已指定到集中水域停靠,对超载的4艘运输船舶各处10400元罚款;对2艘存在严重安全隐患的船舶下达了停采整改3天的通知,9月18日晚,组织联合执法30余人对东洞庭湖水域资源盗采船只开展清查打击行动,查获非法采砂船3艘,现场带离违法作业人员10人到公安局问话,已刑拘3人,同时,对3艘参与盗采行为的运输船各处1万元罚款,收到了整治成效。

【经营模式】 为规范东洞庭湖河道砂石资源的开采、销售、运输行为,切实保护东洞庭湖生态资源和环境,县人民政府决定对洞庭湖河道砂石开采实行政府经营,并制定《岳阳县东洞庭湖河道采砂政府经营实施方案》。并建立政府统一经营管理模式(即统一组织领导、统一定征收、统一综合执法、统一收益分配)。

【机构设置】 为贯彻落实县委、县政府要求,按《岳阳县东洞庭湖河道采砂政府经营实施方案》。一是配强砂管办力量,砂管办设立执法一大队、执法二大队和财税稽查征收所,共53人。执法二大队分为二个中队和价格调查中队,负责执法监管。负责对采区生产现场执法管理、对违规作业的船只进行打击处理、对运输船超载货吨位进行稽查。负责打击盗采,查处运输船超载航行、夜间航行、恶劣天气航行。对工作人员依法履职的各环节进行监督,作风与廉政建设情况进行监督。二是完善砂管局职能,砂管局下设办公室、砂政股、监察室、人事股、财计股,负责行政监管。砂管局领导班子对砂石采、运、售及收入入库、成本核算、资产管理进行全过程监督并负主体责任。砂管局纪检组负责对砂石公司生产管理,工作人员廉洁自律、依法依规办事等方面进行监督。安监股负责对砂石公司安全生产方面进行监督。财计股负责砂石公司的财务核查监督,砂政股负责对工程船的生产经营进行监督。三是组建砂石公司,县属国有全资企业,公司设总经理(法人)1人,副总经理2人,下设综合协调部、生产管理部、经营管理部、安全管理部、监督管理部,财务管理部,公司配备工作人员100人。主要职责是贯彻执行河道采砂等有关法律法规;负责东洞庭湖河道采砂及其副产品生产、经营、销售;运输船量方、砂石资源价款、税费、政府性基金征缴;采区生产,运输等相关安全管理;公司员工业务培训和廉政教育;负责砂管办、砂管局交办的其他工作。

(朱世敬)

民族宗教工作

【概况】 2011年7月,岳阳县人民政府民族宗教事务局正式挂牌成立,由县人民政府直接管理。其前身为岳阳县民族宗教事务办公室,于1995年4月成立,归口县委统战部管理。县民族宗教局成立后,认真贯彻落实市县民族宗教工作各项会议精神,切实抓好民族宗教政策法规的宣传贯彻和落实,依法加强民族宗教事务的管理,至2016年年底,未发生影响较大的民族与宗教矛盾问题,较好地维护了民族宗教领域的和谐稳定。大云山祖师殿于2012年被省宗教局评为全省“和谐寺观”。

【政策法规宣传】 2016年,全面开展和落实法律法规宣传，加强对民族宗教的法律、法规及相关政策的学习和宣传，并在各乡镇和宗教团体、宗教活动场所进行“宣传月”活动，通过活动来贯彻党对宗教方面的思想，使宗教教职人员更加坚定对党的领导。

【宗教教职人员管理】 2016年全县的宗教活动场所为86个(佛教31个、道教31个、基督教23个、天主教1个)。已备案教职人员61人(佛教 17人、道教 12人、基督教30人、天主教2人)。并严格按照国家宗教局基础信息采集系统(2013版)进行收集、更新、校正和录入。

【做好协调工作】 加强安全管理。对各乡镇和各宗教团体、活动场所定期进行隐患排查，把事故发生率降到零。开展以“规范”为主题的和谐寺观教堂创建活动。积极响应国家宗教局2016年开展以“规范”为主题的和谐寺观教堂创建活动，进一步规范宗教活动场所在财务、场所建设、教职人员等方面的管理。

2016年,针对各单位和部门，积极做好各项协调工作。积极调解新疆籍人员和县城管大队发生的矛盾。

【献爱心活动】 在县民宗局的积极引导和带动下,2016年县佛教协会、道教协会和基督教开展了多项爱心助学捐助等活动。香港基督教房角石协会在县一中资助17名品学兼优的困难学生。县佛教和道教协会分别资助了1名困难大学生，一直资助到他们大学毕业。

（方　明）

荣湾湖建设开发

【概况】 岳阳县荣湾湖建设开发服务中心，为正科级纯公益类事业单位,直属县人民政府。核定全额拨款事业编制13名,内设办公室、规划建设股、项目开发股、财务室、政策法规股5个内设机构及岳阳县荣湾湖管理所1个二级机构，在编人数19人。2012年1月1日正式挂牌成立。

荣湾湖位于岳阳县城西北方向,紧邻城区,为岳阳县城的北大门，是在城南河出口拦坝修建的一座兼有灌溉、防洪和养殖功能的小(1)型水库,水库集雨面积21.3平方米,正常蓄水位30.5米,正常库容309.6万立方米,正常蓄水面积1050600平方米。

荣湾湖综合治理工程本着“生态、休闲、文化”的设计理念，将对荣湾湖进行生态、防洪、景观改造，用5年至8年的时间将荣湾湖打造成集城市公园、水上公园、森林公园于一体的县城新亮点，并建成面积7平方千米的新荣城。2011年,苏州园林设计院编制了荣湾湖修建性详细规划,该规划方案把公园分五个功能区：城市广场景观区、商业水街景观区、湿地公园景观区、城市森林公园景观区、滨水健身体育休闲景观区。该项目总投资约15亿元，主要工程有：环湖快速通道、桥梁、城市广场、排涝泵站、岸线、给排水、绿化亮化等工程。

【长丰路以东湿地景观工程建设】 长丰路以东湿地景观工程是县委、县政府提升城市品位,创建全国文明县城、创建省级园林城市的重要举措。该工程位于长丰路以东的荣湾湖北部湿地地区,北接兴无路,东临小毛家湖,是荣湾湖综合治理项目的重要组成部分。于2016年3月开工建设,建成后的湿地景观区总面积45.95万平方米,其中水域面积26.33万平方米，绿地面积17.63万平方米，铺装、栈桥及沿湖游路面积1.76万平方米，市政污水主管网长2.5千米,总投资4000万元。该工程的建设主要是为广大市民提供出行、休闲、观景及室外活动场所。2016年完成了乔、灌木栽植，广场铺装,雨、污水管线,公厕,廊架,2.5米游路铺装,停车场,景观照明配电箱安装,岸线松木桩及5米游路基层等工程。

【天鹅北路荣湾湖快速通道建设】 天鹅北路属于荣湾湖快速通道，该项工程北接乐祥路，南与已建成的天鹅路相连，工程全长2.31千米,设计为沥青路面,雨、污水分流,定位城市次干路,K1+750—K2+310樟树潭屋段宽20（3+14+3)米,K0+860—K1+720大堤段宽15(11+4)米,总投资2000万元。2016年完成了樟树潭屋段的所有道路工程。

（程　敬）

扶贫开发工作

【概况】 岳阳县扶贫开发领导小组办公室成立于2016年4月，为县政府直属公益一类事业单位，正科级。内设综合办公室、规划财务股、社会管理股、产业开发股4个股室和信息培训中心1个二级机构。事业编制14名，财政全额拨款。主要职责是贯彻执行国家、省、市有关扶贫开发的方针、政策和法规，研究拟订全县扶贫开发的地方性政策、措施及全县扶贫开发中长期发展规划和年度计划，并组织实施；拟订全县扶贫开发资金的分配方案，监督、检查扶贫开发资金的使用情况；组织全县社会扶贫，督促、指导、协调对口包村扶贫工作等。2016年在全省二类县市脱贫攻坚考核验收中排名19位，被市委市政府评为“脱贫攻坚先进县”，被县委县政府评为“全面建成小康社会综合绩效评估优秀单位”“信访工作优胜单位”“反腐倡廉建设优胜单位”。

【精准扶贫工作】 岳阳县按照“领导挂帅、部门帮扶、干部驻村”的思路，完善了一名县委常委联系一个乡镇，一名县级领导牵头、2—3个县直单位帮扶一个贫困村的对口帮扶机制。全县安排驻村帮扶单位100个，驻村第一支部书记47人，驻村队员100余人，各乡镇党政干部、七所八站干部和村支两委干部全部入村入户结对帮扶，实现驻村帮扶、结对帮扶覆盖率达100%。召开全县精准扶贫推进会，开展“一进二访”“两学一做”等主题活动，各驻村工作队与村组干部、党员、村民代表、贫困户一起商讨精准扶贫计划，按照“五个一批”要求，因村因户因人施策，科学制订贫困村、贫困户帮扶计划，并指导、协调和督促所驻的贫困村实施各种产业发展计划和开发项目。2016年，全县脱贫2684户8206人。

【产业扶贫工作】 岳阳县出台了《关于鼓励岳阳县龙头企业或合作社参与精准扶贫的奖励办法（试行）》，坚持“四跟四走”产业扶贫模式，实行“龙头企业带动，合作社推动，大户带贫困户联动”，推进产业脱贫。全县发展蔬菜、水果、油茶、红薯、龙虾、土鸡等种养殖业，面积达2000公顷。如中洲乡黑泥村蔬菜种植13.33公顷、龙虾养殖33.33公顷；筻口镇和平村开发优质水果基地333.33公顷；月田镇白石村种植油茶40公顷。盛源林业、菁华果业、邓谷红薯、罗内土鸡等农业合作社积极参与脱贫攻坚，带动3000多户贫困户人均增收近5000元。菁华果业“公司+基地+贫困户”“电商+扶贫”的产业发展模式得到省市领导的高度肯定，市委书记胡忠雄、副市长李激扬在平江的联点村上予以推行。

【社会扶贫工作】 县扶贫办积极争取并协调上级对口单位、社会各界的帮扶支持、项目资金投入。深入发动，精心组织开展“同心携手、为爱传递”精准扶贫大型公益活动，邀请省市领导、本土及寓外企业家、乡友100余人参加募捐晚会，县四大家领导、县直单位、乡镇及社会各界爱心企业、人士均踊跃捐款，活动共募集资金5500余万元。各社会团体也积极参与扶贫，如岳阳县“微水”爱心志愿者协会组织开展助学、帮扶贫困老人等公益活动100多场，2016年累计捐赠100多万元。

【安居扶贫工作】 岳阳县组建易地搬迁工作指挥部，建立工作联席会议制度，编制《岳阳县“十三五”易地扶贫搬迁总体规划》《2016年岳阳县易地扶贫搬迁实施方案》和《集中安置点可研报告》，按照“搬得走、稳得住、可发展、能致富”的基本原则，采取投亲靠友自主搬迁和易地扶贫搬迁集中安置、铁山水资源保护集中安置、地质灾害易发点避险安置等多种方式结合的形式，坚持规划先行，合理确定搬迁规模，区分轻重缓急，有序组织实施。投入4497万元，因地制宜选定毛田、月田、公田三个乡镇、7处集中安置点，全县共搬迁303户886人。按照“指标优先安排，资金优先保障，建设优先启动”的措施，落实825户贫困户、150户重度贫困户的危房改造工作。

【金融扶贫工作】 岳阳县积极贯彻落实中央、省、市相关文件精神，遵循政府主导、金融参与、龙头引领、产业带动、风险防控的工作思路和商业可持续原则，围绕“有需求、贷得出、收得回”工作目标，做实贷款发放工作，以贫困农户作为承贷和受益主体，贷款资金由新型农业经营合作组织负责统一使用和偿还，具体由扶贫办、信用社、新型农业经营合作组织和贫困农户签订四方协议。同时，全面推行《岳阳县小额信贷试点实施方案》，在全县58个贫困村开展小额信贷工作。2016年，向贫困户发放小额信贷资金5158万元，完成省定总任务数(4582万)的112.6%。

【推进就业转移工作】 县扶贫办开展新型农村职业实用技术培训，培训贫困家庭两后生、创业致富带头人、贫困学员800余名。举办两次专项招聘会，提供就业岗位3000多个，帮助1200余贫困人口实现就业。二是推进教育助学。实施“贫困学子关爱工程”，补助各阶段贫困学生7000余人，发放资金800余万元。特困家庭寄宿学生扶贫助学、职业教育扶贫补助应补尽补覆盖率100%。三是推进医疗救助。全面实施困难残疾人生活补贴和重度残疾人护理补贴民生工程。实现基本养老服务补贴覆盖率100%。向4313户贫困人口落实医疗救助款2237.43万元。四是推进政策兜底。全面实施困难残疾人生活补贴和重度残疾人护理补贴，将符合条件的贫困家庭全部纳入低保范围，做到应保尽保。同时将农村扶贫标准与农村低保标准“两线合一”。向政策兜底户1321户3038人发放兜底资金200余万元。

【基础设施建设】 县扶贫办整合涉农资金3000余万，按照“缺什么、补什么”的原则，加快补齐基础设施发展短板，着力推进交通、饮水、危房改造、广播电视等基础设施建设。完成省计划贫困村道路提质改造20.8千米，建制村班车通车率100%；实施了高雅、媳岭、许胜等9个贫困村安全饮水工程，共1842户，7096人喝上放心水；完成了4个贫困村电网升级改造；实施广播村村响、电视户户通工程，为贫困户免费安装15000户卫星电视；实施贫困村网络宽带公共服务设施建设，新建了4座信号塔，农村网络宽带全部到村；组织科技人员200余人次深入46个贫困村开展技术扶贫服务，对贫困户进行养殖、种植等技术培训。

（刘必武）

政协岳阳县委员会

【概况】 政协岳阳县第十三届委员会设荣家湾镇、新开镇、筻口镇、公田镇、毛田镇、月田镇、张谷英镇、杨林乡、步仙镇、柏祥镇、新墙镇、长湖乡、黄沙街镇、中洲乡等14个乡镇政协联络办，党群、宣教、社科、工交、工商联、农水、财贸、机关等8个县直联络组。十三届县政协有政协委员216名，分属18个界别。

十三届县政协常务委员会由主席、副主席、秘书长和常务委员组成，共计33名，其中主席1名，副主席5名(驻会副主席2名，兼职副主席3名)，秘书长1名，常务委员26名。

县政协机关设有办公室，文史提案委员会、经济科技委员会、文教卫体委员会、法制群团联络委员会等“一办四委”。至2016年12月31日，县政协机关有在职干部职工26人（其中干部23人，职工3人)，退休人员17人。在职干部职工中，有妇女干部4人，中共党员25人。

【政协岳阳县第十三届委员会第一次会议】 2016年11月25日至28日，中国人民政治协商会议岳阳县第十三届委员会第一次会议在县城荣家湾召开。县政协副主席陈明代表县政协第十二届常委会在大会上作了题为《坚定维护核心，积极服务中心，为协力推进富饶美丽幸福岳阳县建设而努力奋斗》的工作报告；县政协副主席甘柏旺在会上作了提案工作报告。会议审议通过了政治决议及有关决议。县委书记田文静在大会闭幕式上作了讲话，县委副书记王保林在大会预备会议上作了讲话。

按照中央省市关于提前换届的指示精神，十二届县政协任期四年（2012年11月—2016年11月）。本次会议选举产生了新一届县政协领导班子。会议选举袁陆保为政协岳阳县第十三届委员会主席，陈明、甘柏旺(兼)、彭荣欣(兼)、余望新(兼)、刘岳为政协岳阳县第十三届委员会副主席；选举李林为政协岳阳县第十三届委员会秘书长；选举王强、王卫斌、毛世红、卢桂枝（女）、付六生、刘帅（女）、刘果强、刘琦新、刘淼清、许岳文、苏艳明、杨洲（女）、吴立文、何德保、汪秋宝、张志奇、陈琳、易顶盛、周胜军、孟伟、姜新伙、敖珊（女）、黄伟平、隋武松、曾庆美（女）、黎鸿南等26人（以姓氏笔画为序），为政协岳阳县第十三届委员会常务委员会委员。

全体县委常委，县人大主任、拟提名县人大主任，县政协主席、拟提名县政协主席，县政府副县长，县政协副主席，县法检“两长”，县政协原任主席；乡镇党委书记、县直及驻县正科以上单位主要负责同志，应邀出（列）席会议开幕式和闭幕式。

【政协岳阳县第十二届委员会常务委员会第二十次—二十四次会议】 2016年3月25日，政协岳阳县第十二届委员会常务委员会第二十次会议在县政协机关会议室召开。会议共有两项议程，协商2016年全县财政预算编制（草案），审议《政协岳阳县委员会2016年工作要点》。会议由县政协党组副书记、副主席陈明主持，会期半天。

2016年6月21日，县政协在县农办五楼会议室召开政协岳阳县第十二届委员会常务委员会第二十一次会议。评议县政协十二届四次会议关于《构建乡村休闲新业态，打造都市度假旅游圈》建言落实情况，协商县政协人事任免提名人选，审议县政协《常委会议事规则》与《专门委员会通则》两个规则修正案（草案）。县人民政府副县长周里，县政府办副主任侯练兵、县文化旅游广电新闻出版局局长郑一夫、县文化旅游广电新闻出版局党组副书记、副局长袁正应邀列席会议。会议由县政协党组成员、副主席许安全主持，会期半天。

2016年9月23日，县政协在县政协机关会议室召开政协岳阳县第十二届委员会常务委员会第二十二次会议。会议主要有两项议程，一是听取全县美丽乡村建设工作情况通报；二是通报十三届县政协换届有关工作。县农业局局长王靖同志应邀列席会议。会议由县政协党组副书记、副主席陈明主持，会期半天。

2016年10月21日，政协岳阳县第十二届委员会常务委员会第二十三次会议在县政协机关会议室召开。会议有两项议程：一是协商通过十三届县政协委员建议名单；二是协商县政协十二届常委会工作报告与提案工作报告征求意见稿。会议由县政协党组成员、副主席许安全主持。

2016年11月25日上午，县政协党组书记、主席彭西罗在县委党校多功能厅，主持召开政协岳阳县第十二届委员会常务委员会第二十四次常委（扩大）会议，各乡镇、县直政协联络主任（组长）和县政协机关“一办四委”主任列席会议。

本次会议共有七项议程：1.听取县政协十二届常委会关于县政协十三届一次会议的会务筹备工作情况；2.审议通过县政协十三届一次会议议程和日程（草案）；3.通报十三届县政协常委会产生情况，协商十三届县政协常委会成员建议名单；4.审议通过县政协十三届一次会议主席团成员、主席团会议主持人、大会秘书处秘书长、副秘书长建议名单；5.通过县政协十三届一次会议分组办法（草案）及各组召集人建议名单；6.通过县政协十三届一次会议提案审查委员会组成人员建议名单；7.安排县政协十三届一次会议有关工作。

【提案工作】 县政协十二届一次会议以来，全体委员以高度的政治责任感和强烈的历史使命感，坚持“围绕中心、服务大局、提高质量、讲求实效”的提案工作方针，紧扣岳阳县改革开放、经济建设和社会发展等方面的重大问题，着眼于群众最关心、最直接、最现实的热点、难点，积极运用提案的形式建言献策，为推动经济社会健康持续发展做出了积极贡献。四年来，共提出提案399件，经审查立案392件，未予立案7件，在立案提案中，关于经济建设方面的151件，社会事业方面的116件，党群政法方面的56件，社情民意方面的69件。所提问题和建议已经解决或采纳的A类提案166件，占42%；正在解决或列入规划逐步解决的B类提案194件，约占49%；因条件限制或其他原因，暂不能解决的C类提案26件，占7%；留作参考的D类提案

6件，占2%。所有立案提案回复率和办结率达100%，满意率和基本满意率在95%以上。对于个别办理尚不满意的提案，承办单位通过加强与提案人的交流和沟通，也作出了合理的答复，委员表示认同。

【调查研究】 2016年，县政协继续不断加大调查研究工作力度，按照县委年度工作思路确定的工作重点和县政协十二届四次会议确立的重要领域，配合和服务省市政协调研安排，着眼项目兴县战略，围绕山岳旅游资源整合、精准扶贫、乡村教师队伍建设等课题，开展专题调研。形成了《放眼全域旅游大视野，突显孝友文化新主题——关于加速推进旅游兴县战略的调研与思考》《差异化精准施策，全方位决胜攻坚——岳阳县铁山库区脱贫攻坚工作调查与思考》和《以改革思维突破我县教师队伍招不进、留不住难题的建议》等调研成果。政协的调研建议，得到了省市政协相关专委会和县委县政府的高度认可，其中《以改革思维突破我县教师队伍招不进、留不住难题的建议》关于“改进教师招录分配机制、改进财政支持办法、改进教师人事编制管理制度”等方面的建议，引起了县委县政府主要领导的高度重视，得到了很好的采纳。

为进一步改进调研建言工作，发挥好委员的主体作用和专委会的专业优势，县政协将调研建言贯穿于政协专委会和政协委员的主题履职实践。在政协各专委会中，推动开展以“开展一次对口协商、完成两篇调研报告和组织三次专委会活动”为主要内容的“一二三”履职主题活动，在全体政协委员中继续深入开展以“撰写一篇高质量的调研报告，提交一份高质量的提案、反映一条高质量的社情民意”为主要内容的“三个一”主题活动。2016年来，各专委会和广大政协委员围绕东洞庭湖生态补偿机制建设、铁山库区精准扶贫、畜禽水产品质量安全快速检测机制建设、乡村合并背景下“一村一校”教育布局、县城交通安全设施建设等课题和人民政协理论研讨的重点领域，积极调研。其中由县政协机关干部撰写的《新常态下基层政协民主监督工作的实践与思考》和《浅谈在全面建成小康社会中如何发挥政协优势和作用》等理论文章，分别荣获湖南省政协2016年度优秀理论文章二等奖和三等奖。

【视察评议】 2016年6月21日，县政协党组成员、副主席许安全主持召开县政协常委会议，就县政协十二届四次会议关于《构建乡村休闲新业态，打造都市度假旅游圈》建言落实情况进行视察评议。县人民政府副县长周里，县政府办副主任侯练兵、县文化旅游广电新闻出版局局长郑一夫、县文化旅游广电新闻出版局党组副书记、副局长袁正应邀列席会议。常委们围绕张谷英民俗文化的传承与发展，新墙河、大云山、东洞庭湖旅游资源以及新墙河抗战史料、刘士奇烈士故居等红色旅游资源的保护与开发等议题，提出了很好的意见与建议，引起了与会县领导的广泛共鸣。

2016，全县县乡两级政协组织围绕精准扶贫、美丽乡村建设、东洞庭湖生态补偿机制建设、铁山库区集镇污水处理工程、重点提案督办、校车安全、食品安全、辖区内重大民生实事项目和乡镇部门工作等课题，开展形式多样的视察评议活动，提出的建设性意见和建议得到了县乡党委政府和有关部门的重视与采纳，推动了全县相关工作的有序开展。

重要决议

中国人民政治协商会议岳阳县第十三届委员会第一次会议，于2016年11月25日至28日在县城举行。会议审议通过了陈明同志代表县政协十二届常委会所作的《坚定维护核心，积极服务中心，为协力推进富饶美丽幸福岳阳县建设而努力奋斗》的常委会工作报告，甘柏旺同志代表县政协十二届常委会所作的提案工作报告；听取了中共岳阳县委领导的讲话；列席了县人大十七届一次会议，听取和协商了县政府工作报告、法检两院工作报告和财政、计划工作报告；协商了重要人事安排；选举产生了政协岳阳县第十三届委员会主席、副主席、秘书长和常务委员。会议期间，与会委员以高度的政治责任感和使命感，坚守政治规矩与政治纪律，围绕县委确立的“产业兴旺、生态美好、社会和谐、民生殷实、走势强劲的富饶美丽幸福岳阳县”战略目标，畅所欲言，建言献策。会议圆满完成了各项议程，是一次求真务实、开拓创新、民主和谐、团结鼓劲的大会。

会议认为，县委对县政协切实履行三大职能、积极服务全县大局、加强队伍自身建设等方面的工作，给予了充分肯定，对县政协和广大政协委员寄予了殷切厚望。政协岳阳县第十二届常委会在中共岳阳县委的坚强领导下，服从和服务县委、县政府工作大局，不断推进政协工作制度化、规范化、程序化建设，积极发挥政协委员的主体作用、协商议政的参谋作用与民主监督的推动作用，为加快全面建成小康社会做出了积极贡献。全县政协工作呈现出党委重视、政府支持、政协主动、各方配合的生动局面。

会议认为，面对复杂多变的宏观经济形势，县委、县政府主动适应经济新常态，负重奋进，攻坚克难，产业结构不断优化，基础建设稳步推进，民生福祉不断改善，保持了县域经济社会持续健康发展的良好态势，全县综合实力明显增强。

会议认为，县人民政府代县长曾平原代表县人民政府所作的《政府工作报告》，实事求是总结了过去的工作，客观分析了存在的困难和问题，提出了新的战略目标和工作重心。建议县政府围绕县委“做大新型工业，做强现代农业，做活生态旅游，做美县城集镇，加快全面建成小康社会步伐，建设富饶美丽幸福岳阳县”奋斗目标，在推进基础设施、产业转型升级、城乡一体统筹、生态环境保护、投资驱动发展、民生优先保障等领域，坚定信心，抢抓机遇，在引领发展新常态中赢得主动，在集聚发展新动能上取得突破，推动岳阳县工作跨上一个新的台阶。

会议号召，全县政协委员和社会各界人士要更加紧密地团结在以习近平同志为核心的党中央周围，以党的十八届三中、四中、五中、六中全会和省第十一次党代会、市第七次党代会、县第十二次党代会精神为统领，在中共岳阳县委的坚强领导下，凝聚正能量，弘扬主旋律，加强履职能力建设，为助推“十三五”规划的顺利实施，为全面建成小康社会、建设富饶美丽幸福岳阳县做出新的更大的贡献。

重要活动

【县政协换届选举活动】 县政协换届选举是全县政治生活中的大事。2016年作为市、县“四大家”领导班子同步提前一年换届的首次尝试，面对新形势、新任务和新要求，县政协党组高度重视，坚持在县委的领导下，认真贯彻落实中央省市县换届工作要求，积极配合县委组织部、县委统战部开展换届选举工作。自8月中旬召开换届选举动员会开始，历时近4个月，高标准完成了十三届县政协的换届选举工作，确保了换届选举圆满顺利、风清气正。

换届期间，县政协成立了由党组副书记、副主席陈明任秘书长的大会秘书处，并在大会秘书处组建了换届风气与会风会纪督查组、文秘资料、提案征集、会务宣传、组织联络、后勤保障等六个工作组。同时，坚持严格标准，把好推荐提名关。严格按照中央省市县委关于委员推荐提名的政治标准和政策要求，开展委员人选的酝酿、座谈、推荐提名、协商考核以及由22个部门组成的委员人选资格联查联审，严把政治关不动摇，严把政策关不走样。严格纪律，把好纪律教育关。通过组织观看《镜鉴》《不可触碰的底线》《警钟》等专题警示教育片，召开正风肃纪专题民主生活会、谈心谈话会，党组学习会，签署《换届纪律承诺书》，组织委员开展换届纪律与会风会纪教育，系统学习中央“九个严禁、九个一律”、省委“约法三章”“三个一律”和市委“三个严查快办”等换届纪律要求，积极做好会前的宣传教育工作；会议期间，从县纪委、县委组织部、县委统战部与“两办”督查室抽调精干力量组成会纪会风督查组，驻会督查巡察，与委员同吃同住同与会；在委员住宿地、主会场和分会场设立举报箱，张贴换届纪律要求、公布举报电话。严密组织，把好会务组织关。按照县委要求，全体与会委员（含住县城的委员）统一食宿，编席用餐，对号入住；严格会议请假制度、考勤制度、安保制度；安排专人随车服务，规范委员往返会场乘车秩序，将委员会议期间的一切活动纳入规范有序的管理中，确保了每一个环节、每一个细节未出现任何差错与纰漏。

【市政协主席、市政府常务副市长陈奇达到岳阳县调研】 2016年6月7日，岳阳市政协党组书记、主席、市人民政府常务副市长陈奇达到岳阳县政协调研指导工作。陈奇达高度肯定了岳阳县近年来的工作，并就即将开始的县乡换届选举工作寄予了殷切厚望，提出了具体要求。县委书记毛知兵，县委副书记、县长张中于，县政协党组书记、主席彭西罗，副主席陈明、甘柏旺、彭荣欣、许安全、余望新，县政协党组成员、代秘书长李林和政协机关各专委主任参加座谈会。

【市政协党组副书记、副主席李可波到岳阳县调研】 2016年4月25—26日，市政协党组副书记、副主席李可波率市政协经科委及相关部门负责人到岳阳县调研山岳旅游资源整合工作。调研组一行实地考察了岳阳县大云山凌云宾馆改扩建现场、祖师殿、“三战三捷”碑刻、张谷英屋场、梅城公路岳平两县连接处等旅游景点和基础设施建设项目，并召开了专题座谈会。会上，县委书记毛知兵介绍了岳阳县的旅游兴县战略和正在实施的张谷英、大云山、公田温泉、东洞庭湖四大旅游板块情况；副县长刘曙光汇报了岳阳县旅游业发展情况。

李可波充分肯定了岳阳县在旅游发展方面取得的成绩，并就做好下一阶段的旅游工作，从“确保路通路畅，推进禁采禁挖禁伐、控建控污控葬、治乱治违治脏，加大旅游资源和项目资金整合力度”等三个方面，提出了具体的意见与建议。县政协党组书记、主席彭西罗，县政协党组副书记、副主席陈明参加调研。

【参加湘鄂赣边境毗邻县（市）区政协工作研讨会】 2016年5月25日至27日，湘鄂赣边境毗邻县（市）区政协工作研讨会第44次会议在湖北省嘉鱼县政协举行。来自湘鄂赣边境24个毗邻县（市）区成员单位的百余名政协代表参加会议。岳阳县政协在研讨会上做了题为《完善民主监督委派机制，提升基层民主监督实效》的经验交流。

（周成方）

军事武装

军事武装

县人武部工作

【概况】 岳阳县人民武装部全称为中国人民解放军湖南省岳阳县人民武装部，属于中国人民解放军编制序列，正团级单位，下设军事科、政工科、后勤科，编制干部8人、职工3人。县人武部作为全县的军事领导指挥机关，是同级地方党委的军事部，兼同级人民政府的兵役机关，接受上级军事机关和同级地方党委的双重领导，主要负责全县的民兵预备役、兵役和动员工作。

2016年，岳阳县人武部在省军区、军分区和县委、县政府的正确领导下，围绕贯彻落实上级党委全会精神，以强军目标为导向，以“两学一做”学习教育活动为牵引，切实转变作风，扎实开展工作，充分发挥武装工作服务经济社会的作用，年度工作有效完成，得到上级的高度肯定，人武部被军分区评为安全工作先进单位和后勤建设先进单位。

【党委班子建设】 2016年，人武部党委“一班人”讲政治、顾大局，及时传达学习上级讲话精神、命令指示和规定要求，真正领会精神实质，抓好贯彻落实。坚持将“两学一做”学习 教育活动与主题教育结合起来抓，通过正面引导、警示教育、对照检查、严格整改等方法，进一步强化班子成员对作风建设新常态的思想认识，增强党性观念。深刻认识党中央正风反腐的坚强决心，彻底肃清郭伯雄、徐才厚等案件影响，在大是大非面前保持头脑清醒。高度认识和支持军队改革之强军兴军战略，以稳定的思想，积极的态度干好本职工作。

【思想政治工作】 深入组织开展强军主题教育和“两学一做”学习教育活动。4次组织党课教育，部领导亲自备课教学。利用每天早交班的时间，传达学习十八届六中全会精神，学习《廉洁自律准则》和《党的纪律处分条例》等，并适时引导干部职工展开讨论交流，使干部职工在思想上、行动上与党中央保持高度一致，理想信念更加坚定，执行新政新规更加自觉，成为政治上绝对忠诚的明白人。

【战备训练工作】 围绕军事斗争准备中心任务，坚持以军事训练为中心，以提高战斗力为标准，扎实开展战备训练工作。严格落实战备值班制度，组织战备方案修订，修订完善5类31项战备方案计划。严密组织军事训练，以军事理论学习、课题研究作业、轻武器射击、体能训练等科目为重点，认真开展首长机关在职训练和民兵分队训练。完成民兵应急队伍、支援队伍和储备队伍7期共376名民兵训练，民兵训练完成率达到100%。

组织荣家湾、中洲、长湖、月田4名新任职武装部部长参加省军区集训，取得优异成绩，其中月田镇武装部部长李宏被评为“先进个人”。扎实开展民兵整组工作。组织召开全县民兵整组工作会议，进行民兵整组动员部署并组织业务培训。两次组织所有专武干部进行2天时间的业务培训，学习民兵整组及基层规范化建设有关业务知识，统一阵地设置和软件资料标准，提出要求。认真督导检查，3次深入各乡镇专项督查整组工作，主动与乡镇主要领导沟通，对不符合要求的阵地进行了调整，补充了缺少的民兵应急分队物资器材。4月12日，省军区黄跃进司令员到岳阳县检查调研时，对民兵整组工作完成情况给予了高度评价。

【抗洪抢险】 2016年7月，县人武部将民兵应急连人员集中在人武部待命，先后出动十余批、500余人次，完成了小毛家湖巡逻搜救抢运物资、费家湖堤坝加固、白羊水库大堤抢险、古港垸转移受灾群众等任务。得到了各级党委政府和人民群众的充分肯定。

【征兵工作】 2016年，扎实开展征兵宣传，及早部署，及早展开。5月，会同县教育局组织各高级中学校长召开征兵宣传协调会；6月，组织干部到各高级中学现场进行征兵政策宣传，并进行网上报名登记。组织人武部全体干部两次到乡镇，督查征兵政策宣传和征兵发动工作。征兵过程中，注重把好体检关，严格落实责任追究制度，做到谁检查、谁签字、谁负责。

【党管武装工作】 3月15日，组织召开全县党管武装暨国防动员和民兵预备役工作会议，县委书记毛知兵、县长张中于、常务副县长李勇出席会议并讲话，强调基层武装工作的重要意义和乡镇党委书记的职责，大力加强全县基层武装工作落实。注重吃透弄懂党管武装工作政策法规。经常集体学习和研究党管武装的相关文件规定，掌握开展工作的方式方法，多次召开部党委会专题研究民兵整组、“两学一做”学习教育活动、学习十八届六中全会精神、军事训练和演习、征兵、安全稳定等大项工作。主动向县委、政府领导汇报武装工作开展与落实情况，县委领导高度重视，积极参与响应县里开展的创建文明县城、扶贫帮困“一进二访”等各项活动，营造文明创建氛围，坚持把开展“双带双促”活动作为维护和谐稳定的重要抓手，激励复退军人弘扬传统、珍惜荣誉、保持本色，帮助他们转变就业观念、实现自主创业。8月23日，省军区黄跃进司令员到岳阳县检查调研“双带双促”工作时，对县里的工作给予了高度评价。积极参与精准扶贫，多次带领人武部干部深入到毛田镇永兴村、中洲乡北垸村扶贫，与贫困户结对帮扶共投入3万余元帮助发展种养殖和酿酒，积极协调有关部门共筹集资金50余万元扶助基础设施建设。适应当前维稳处突要求，加强应急分队建设训练及器材配套，并与民政、信访等部门联系，及时掌握社民情动态，随时做好应急处突准备。

【部队正规化建设】 2016年，人武部坚持依法从严治军的方针，结合“条令月”和“百日安全活动”，加强条令条例的学习，从规范“战备、训练、工作、生活”四个秩序入手，突出人员、车辆、武器装备、营院、保密和重大演训活动等重点，抓好安全防范。严格落实一日生活制度，每月进行安全形势分析。加强营院自身防卫，购置营门防暴恐器材，组织民兵进行营门反恐演训；加强重要事项安全经费投入，营院和重要场所全部安装了视频监控系统，车辆都购买了保险。一年来，人武部无案件、无事故、无军警民纠纷、无政治性问题、无严重不良倾向，做到高度稳定和集中统一。

【后勤保障工作】 根据年度任务科学制定年度预算，确保各项经费向战斗力倾斜，确保年度大项任务有效完成。根据改作风、纠“四风”要求，坚持落实《经费管理规定》《军车使用管理规定》《公寓房使用管理规定》等规章制度，严格按规定管钱、管车、管物，坚决抵制公车私用、超规格接待、超标准用房等现象。

（王维一）

人民防空工作

【概况】 岳阳县人民防空办公室是综合管理全县人民防空事业的主管部门，为正科级行政支持类事业单位。核定人员编制8人，现有干部职工7人，其中党员7人，本科学历4人，专科学历3人。内设综合室、工程管理股、指挥通信股、财务计划股四个股室。主要职责为：组织和指导制定城市防空袭方案；监督检查群众防空组织建设、训练；组织管理人民防空通信警报建设；对人民防空工程建设（含结合民用建筑修建防空地下室）实施计划、技术和质量管理；组织开展人民防空宣传教育工作；战时组织开展城市人民防空袭斗争。

【营造重视人防氛围】 一是争取领导重视。利用人防工作军地双重管理的特殊性，积极向县委、政府和人武部主要领导汇报人防工作。2016年4月5日，召开全县人防工作联席会议，主管人防工作的县委常委、副县长与县委常委、人武部政委出席会议并作讲话，与人防工作密切相关的单位出席会议，研究部署2016年人防工作。二是突出主题宣教。围绕"居安思危、备战人防"主题、围绕人防事业新出台的政策法规、围绕县城"五创提质"活动，深入中小学校和社区宣传人防应急知识。在县委党校创建人防宣传教育基地，开设人防宣传专栏，干部群众和中小学生的人防观念、备战意识得到较大提升。三是创新宣传方式。采取干部和群众较为容易接受、喜闻乐见的方式宣传人防知识。2016年1月，邀请县书法家协会和县楹联协会在街赵社区居民开展送春联及人防宣传活动，共写春联400余副，发放人民防空宣传资料1000余份，得到居委会和社区居民高度好评。10月，邀请市委党校彭亚霖教授在县委党校主题班讲授人防知识教育课，在干部队伍中形成人防宣传教育常抓不懈的氛围。免费为县城中小学校订购《人防小博士》2400册，做到人防应急知识从娃娃抓起。四是突出社会宣教。在"5·12"防空应急知识宣传活动、"11·1"防空警报试鸣日活动中，组织中小学校开展防空疏散演练活动，在城市中心地段搭建人防应急知识宣传咨询台，共发放宣传资料2000余份，集中宣讲人防知识2场次，接受咨询100余人次。

【提升法治人防水平】 一是一个政策抓到底。按照"以建为主、以收促建"的原则严格审批，符合修建防空地下室的报建项目一律按要求配建，符合法定条件易地建设项目依法依规缴纳易地建设费，坚决杜绝随意减、免、缓等现象，有效地提高了人防执法执收的权威性和严肃性。二是一个前置用到底。将人防审批作为城市建设规划审批的前置条件，将全县违法建设纳入全县人防违法建设整治范畴，加大巡查、打击力度，三是"一站式"服务到底。所有行政审批项目在政务中心实行"一站式"办理，易地建设费实行"一票制"收费。2016年，共征收易地建设费340多万元。

【强化体系人防效果】 一是强化指挥体系建设。编制新版《岳阳县防空袭预案》。二是加强警报设备维护管理。成功实现防空警报覆盖率、统控率、警报试鸣率100%，城区覆盖率100%，社会化管理率100%。三是加强人防工程建设管理。编制《岳阳县城市人防工程规划》，规划岳阳县2016—2030年的人防建设。富安商业广场人防结建工程竣工，荣湾首府防空地下室已完成主体验收。对全县早期人防工程进行了安全检查，与相关单位签订工程维护管理责任状，落实维护管理制度。

【推进"准军事化"人防队伍建设】 一是落实组织保障。把岳阳县人民防空办公室从县政府办单列出来，作为政府工作部门，配齐配优领导班子。人防建设资金、人防办工作经费纳入县级年度财政预算。充实工作人员，2016年县委编办根据人民防空工作实际情况，新增一名行政编制、一名三性用工编制。二是落实管理制度。建立绩效考核制度，实行目标管理，将责任层层落实到股室、到个人。完善机关管理制度，重新编制了《岳阳县人防办机关管理制度汇编》，严格按制度管人管事。严格落实全面从严治党，树牢全面从严治党观念，引领岳阳县人民防空办公室党员落实从严管党治党要求，积极适应全面从严治党新生态。

（刘平辉）

武装警察工作

【概况】 中国人民武装警察部队岳阳县中队（简称武警岳阳县中队），正连级单位。1949年1月组建，2006年扩编至38人。2016年2月中队搬入鹿角镇葵花村新营区，主要担负岳阳县看守所外围武装看守勤务和岳阳县其他临时性勤务。2016年，武警岳阳县中队以贯彻落实习主席一系列指示精神为指导，以《军队基层建设纲要》和《基层正规化管理规定》为依据，以建设一支听党指挥、能打胜仗、作风优良的现代化武装警察力量为目标，始终坚持依法治警、从严治警方针。坚持把思想政治建设摆在首位，严格管理，严格训练，科学建队，完成了以执勤和处置突发事件为中心的各项任务。通过全体官兵的不懈努力，中队安全稳定，管理秩序正规，内外部关系和谐；官兵士气高昂、作风严谨、奉献和进取的意识强；中队全面建设得到全面提高，经受住了重重困难和考验，出色完成了上级交给的各项工作任务。2016年，中队被总队评为安全工作“五无”单位，荣立三等功1人、被支队评为优秀士兵10人、受到支队嘉奖12人、二班荣立集体三等功；全年发展党员4名，团员13名；中队看守目标全年安全无事故。

【组织建设】 中队党支部始终坚持“靠政治统班子、靠集体强班子、靠事业兴班子、靠制度管班子、靠形象立班子”，支部班子战斗力、凝聚力、向心力不断提升。注重理论武装，严密组织理论学习，认真学习全国两会、十八届五中、六中全会和习主席一系列重要指示精神，支委成员政治素质、理论素养、思维层次不断提高。注重制度落实，始终贯彻民主集中制和“三个法规性文件”，支部团结和谐，依法民主科学决策水平不断提高。注重作风建设，严密组织开展“两学一做”学习教育活动，党员干部作风建设成效明显。

【思想政治建设】 大力加强党的创新理论武装，突出抓好党的十八大、十八届五中、六中全会和习主席一系列重要讲话精神学习，官兵“三个绝对”的思想根基更加牢固。扎实开展改革强军主题教育活动，有效整合教育内容，积极参加上级组织的网络授课和优质课评比，配合开展“树立正确理念、明辨是非界限”大讨论，教育的“一感三性”不断提升。扎实做好经常性思想工作，充分发挥“三互”“双四一”“五个过一遍”等载体作用，持续深入开展“深知兵、真爱兵”和法律、心理服务工作，真诚帮助战士解决家庭涉法等困难，确保了官兵思想稳定。

【执勤战备】 深入学习贯彻执勤各项规定，严格落实执勤八项制度，积极开展“三共”“三个一遍”活动，抓“三化两扩展”建设和执勤隐患治理，看守目标实现全年安全无事故。强力推进“五种力量”建设，投入购买配置反恐装备，加强人装结合训练，反恐应急力量建设初见成效。严格落实战备制度，坚持每周开展拉动演练，始终保持了“箭在弦上、引而待发”的高度戒备态势。2016年，中队先后出动官兵156人次，完成城市武装巡逻、驻地抗洪救灾、执勤安保等各类临时勤务多起，受到县委县政府充分肯定和人民群众的高度赞扬。

【军事训练】 严格按照“能打仗、打胜仗”要求，大抓军事训练，在指挥手段、人装结合、战法研究、指挥效能上下功夫，提高任教组训能力和应对复杂局面能力。探索保障模式，加强小场地以及教材、器材等设施配套建设与管理，实现资源的优化配置和高效利用。抓好官兵基础体能、教练员和特战骨干训练立足实际需求，官兵素质较之以往有了明显提高。严密组织“卫士—16”演习，扎实做好第二批新兵教育训练，部队整体训练水平得到提升。

【行政管理】 认真学习贯彻习主席依法治警、从严治警指示精神，坚持抓警官带部队，抓规范促养成。严格依据两个《正规化管理规定》，从严规范部队“四个秩序”，坚持每周不少于2次对正规化管理工作进行突击检查，进一步提高了部队正规化水平。扎实开展“条令学习月”活动，突出抓好干部、士官和公勤人员管控，从严治理涉法、涉密、涉网问题，建立“挂账销号”“五个一遍”工作机制，不断深化治理“五个重点问题”，深入开展4个波次的安全大检查活动，排查隐患、整改提高，确保了部队安全系数。对重点关注人员实行三级联包、挂号督办、跟踪问责，全时全程跟踪防控，构筑了运用制度抓安全、保安全的防护网络。

【警民共建】 中队官兵“视驻地为故乡，视人民为父母”，认真搞好拥政爱民工作，大力开展义务植树、无偿献血和捐资助学、扶贫帮困活动，先后出动政治思想强、军事技术精的优秀骨干人员50

余人次；中队官兵为鹿角镇敬老院孤寡老人常年为挑水、洗衣服、看病、打扫卫生等事迹先后被《解放军报》《人民武警报》等多家媒体报道。

【后勤建设】 深入贯彻习主席“厉行勤俭节约，反对铺张浪费”的重要批示精神，严把经费预算、审批、大宗物资采购等关口，广泛开展群众性节约活动，行政开支、公杂开支均有不同幅度地下降。因地制宜开展农副业生产，广泛开展“发展菜园经济，提高保障能力”活动，全年养殖鸡鸭120只，收入8680元，种菜收益2950元，极大地丰富了官兵的“菜篮子”。扎实开展岗位练兵活动，每周组织开展卫生员、炊事员等后勤专业兵训练，后勤队伍素质得到加强。充分发挥“双重保障”优势，中队领导主动向县委县政府汇报工作、协调关系，走开了部队、地方双重保障路子，确保了中队工作有序进行

（姜　炜）

公安消防工作

【概况】 岳阳县公安消防大队是一支担负着全县火灾扑救和各类灾害事故抢险救援及消防监督管理工作的正规化、专业化部队。是公安机关的职能部门之一，也是各级政府对消防工作的行政管理部门，是担负消防安全保卫任务的武装力量。大队共有官兵32人，其中干部8人，战士18人，合同制消防员和文职雇员6人。大队现有消防执勤车5辆，其中泡沫水罐车1辆、抢险救援车1辆、举高喷射消防车1辆、普通水罐车1辆、云梯消防车1辆，行政车2辆。

2016年，岳阳县消防大队在县委、县政府和县公安局的领导下，全体官兵凝心聚力、和谐奋进、乘势而上，积极打造一支攻无不克、战无不胜的岳阳县消防铁军，并加大消防监督检查的力度，大力消除火灾隐患，全力确保了辖区火灾形势持续平稳和部队内部高度稳定，圆满完成了以防火和灭火救援工作为中心的各项工作。县消防大队获2016年湖南省消防支队执法质量考评第一名，被岳阳市消防支队评为2016年防火工作第一名，大队长公绪鑫获县安全生产工作优秀个人称号。

【党委班子建设】 2016年，大队以提高班子领导能力为根本，努力完善领导干部能力提升机制，将各级班子建成政治坚定、团结协作、精干高效、勤勉清廉的坚强领导集体。一是带过硬队伍。大队以提升官兵能力素质为关键，全面推进理论武装、能力培训和知识更新，深化队伍纪律和作风建设，增强党员队伍模范表率作用，努力促进官兵综合素质和履职能力显著提升。二是争人民满意。大队以人民群众满意为第一标准，从人民不满意的地方改起，从人民最期盼的事情做起，忠诚履职，竭诚服务，不断提升群众满意度和美誉度。

【思想政治建警】 大队在坚持部队管理和各项业务工作开展的同时，始终高举中国特色社会主义伟大旗帜，深入贯彻落实党的十八大、十八届四中全会精神和中央战略部署，积极围绕省委、省政府“四化两型”建设总思路，紧紧抓住重大历史机遇，始终坚持政治建警、从严治警方针，以党的建设为龙头，以基础信息化、警务实战化、执法规范化、队伍正规化“四项建设”为主线，以提升部队战斗力为核心，以维护“两个稳定”为重点，改革创新，锐意进取，全面打造现代化消防铁军，努力谱写岳阳县消防事业跨越发展的崭新篇章。

【铁军中队建设】 按照“训战一致”的原则，大队紧贴实战推进全员岗位练兵，健全科学的组训、奖励、督导和保障机制，提升灭火救援实战化水平。突出基地化岗位轮训，强化单兵基础训练、班组战术训练，抓好全员、全装、全队的协同合成作战训练，提升基层单位整建制独立作战能力。立足于“灭大火、打大仗、打胜仗”的需要，加强区域性、综合性实战演练，全面检验部队在复杂条件下打赢制胜能力。2016年，大队成功处置各类火灾事故115起（不含森林火灾），疏散抢救被困群众653余人，挽回经济损失890余万元，赢得了各级党委政府和社会群众的高度肯定和广泛赞誉。

【消防监督管理】 大队在夏季消防专项行动、劳动密集型企业专

项整治、重大火灾隐患的排查整治、和消防安全专项检查行动为主线，结合辖区实际，联合相关部门，深入开展了消防安全专项整治、高层建筑专项治理、学校安全专项整治、构筑社会消防安全“防火墙”工程等专项治理。大队全年共检查社会单位1321家，发现火灾隐患1485处，整改隐患1353处，下发责令改正通知书1078份，下发行政处罚决定书24份，临时查封11家，三停9家，罚款374500万元，拘留2人，使一大批火灾隐患得以消除，一些消防违法行为得到处罚，净化了辖区的消防环境，确保了全县火灾形式持续平稳。

【党风廉政建设】 大队着重建立健全惩治和预防腐败体系长效机制，实现“班子廉政、机关廉勤、干部廉洁、部队风正”的目标。强化纪检审计部门职能，全面加强对消防执法、选人用人、财物管理、作风建设四个重点领域的有效监督，“零容忍”查办违纪违法案件，严厉惩处腐败分子。大队还积极应用廉政风险防控管理系统，建立廉情分析预警和廉政风险防控动态管理机制，进一步提高反腐倡廉建设科学化水平。

【消防宣传工作】 消防宣传工作是提高全面消防安全意识的重要手段，大队采取在高速路张贴标语、悬挂宣传口号、并利用媒体宣传、开培训班、举行盛大的宣传活动等不同方式进行消防宣传。2016年大队全年共开展消防安全培训人员近2000余人，结合“119”消防宣传月活动等重大宣传活动为契机，共开展大型消防宣传10余次，播放宣传广告85条次，悬挂条幅55条，发放资料3000余份。（李　卓）

法　治

法 治

政法委及综治办

【概况】 中共岳阳县委政法委员会内设机构5个：办公室、社会治安综合治理室、执法监督室、政工室、涉法涉诉信访接待服务中心；正科级行政单位2个，分别是岳阳县社会管理综合治理委员会办公室、岳阳县维护社会稳定工作领导小组办公室。2016年，县委政法委认真践行实践科学发展观，牢牢把握“发展是第一要务，稳定是第一责任”这一主方向，全力维护社会大局稳定，着力服务县域经济建设，全面落实政法综治工作各项责任和措施，为岳阳县经济社会健康发展和人民群众安居乐业营造了一个和谐的社会环境。

【涉稳源头管控】 按照“属责管理、属地管理”“五个一”(一个问题、一套班子、一名领导、一个方案、一抓到底)的原则，对重点稳控群体中的挑头者盯紧看牢，依托基层组织，利用相关部门职能，因“群”施策，有困难的开展帮扶，没困难的加强日常联络，巩固感情，把邪教痴迷人员、重点信访人员、社会失意群体、涉军挑头人物、民办教师、原公社电影放映员、银行协解员等各类重点人员牢牢掌控在视线范围之内，全年没有发生一起因维权、信访人员过激行为造成影响恶劣的涉稳案事件。同时，认真做好社会稳定风险评估工作。全县稳定风险评估工作通过不断探索和完善，逐步建立了重大决策社会稳定风险评估的长效机制，把风险评估作为重大决策出台的前置程序和刚性门槛，努力消除因决策失误引发的矛盾纠纷和影响恶劣的案事件。发改、规划、住建等相关职能部门根据各自的职责，出台了相应的部门工作制度。蒙华铁路等一批重点工程项目都按程序进行了社会稳定风险评估，项目建设顺利推进，全年没有发生一起群众大规模阻工事件。

【矛盾纠纷化解】 落实乡村两级责任。按照“属地管理、属责管理”的原则，将责任落实到具体责任人。坚持“相信群众、依靠群众、就地解决”，做到“小事不出村组、大事不出乡镇、矛盾不上交”。2016年，全县司法部门共排查、化解各类矛盾纠纷近3000起，民转刑案件为零。约30起群体性上访事件得到及时介入、妥善处置。坚持定期联合接访。继续开展联合接访活动，加大各类矛盾纠纷的调处和化解力度。全年共接待县以上上访1103人次，受理各级投诉、转办信件251件次，化解涉法涉诉案件83件，有效提高了涉法涉诉信访案件的办理效率。根据中央政法委关于将涉法涉诉信访与普通信访分离的改革要求，2014年，岳阳县委政法委率先在全市成立涉法涉诉信访接待中心，进一步规范信访秩序，有效提高了涉法涉诉信访案件的化解、处置水平。积极化解信访积案。在涉法涉诉历史遗留问题上，逐个进行清理，全年共妥善化解各类积案41起。李池波、刘仲香、周石根、龚裕良等多起10年以上的积案都得到有效化解。为了确保息访事了，个别案件听证会开到了乡镇甚至村组一级，邀请当事人的亲属、邻居、群众、村组干部、人大代表和政协委员现场听证。对部分法律意识强，理性维权的涉法涉诉对象，积极引导通过法律途径解决纠纷；对困难对象提供法律援助，免除其诉讼费用。

【涉稳事件处置】 依法处置突发性事件。出台《岳阳县群体性事件处置预案》，明确规定事件发生后，乡镇党政主要负责人必须第一时间赶赴现场处置，涉及人员多或需要协调的较大案事件，县委、县政府分管领导带队现场指挥。岳阳县委政法委把“三项行动”作为政法工作的重要内容和载体强力推进，2016年，处置“3·16”中医院事件、“5·11”人民医院事件、东方路药店闹事等医患纠纷，先后共抓获涉医闹人员24人，刑拘2人，被岳阳市“三项行动”指挥部全市通报表扬。依法处置金融领域事件。金融领域的案事件涉及人员多、涉及面广，极易引发群体性事件或越级群访。颐通管业、丰润公司、华雄陶瓷等案事件，都逐一按法定程序，依法依规处置，没有引发刑事和治安案件。2016年，根据市“三项行动”指挥部统一安排部署，对全县农业合作社、担保贷款公司、县内企业、建筑和工程项目等单位和行业进行了拉网式的风险排查。共排查出涉及金融领域的问题21个，其隐患和问题都在可控范围内运行。同时也办理了岳阳永信投资公司、王忠非法吸收公众存款、岳阳县天祥房地产开发有限公司等4起金融领域的案件，查封关停荣家湾镇民中路“投资创富投资担保公司”。依法处置维权群体。由于历史原因，岳阳县涉稳群体多，人员构成复杂，每年都会向县委、政府讲困难、提诉求。在高标准落实政策的同时，与维权群体中的挑头人物深沟通、讲县情、摆事实，寻求对县委、县政府工作的理解和支持；对于极个别借机想达到私人目的的，保持有理有节，决不妥协；对无理取闹的，适时进行训诫。

【社会乱源整治】 铁腕整治，重拳出击。始终保持对违法犯罪的高压打击态势，深入开展“百日会战”等专项整治行动。2016年，政法系统共抓获违法犯罪人员2341人，其中涉及“六类”（黑恶势力、黄、赌、毒、盗抢、青少年犯罪）违法人员912人，逮捕285人，起诉213人，判决187人。打击黑恶势力方面：打掉新开廖超勇、月田韩世忠等恶势力团伙4个，抓获团伙成员38人，刑拘21人，判处实刑18人。打击侵财方面：破获案件87起，抓获137人，刑事拘留113人，判处76人。禁赌方面：将工作重心由打击流动赌博团伙向群众身边的麻将馆转移，下发禁赌通告。关停麻将馆61家，抓获涉赌人员135人；办理涉赌刑事案件21起，刑拘27人，判处实刑19人。禁毒方面：不定期对娱乐、宾馆等重点场所开展清查行动。破获部督毒品案件3起，缴获毒品46千克，刑事拘留23人。查获吸毒人员336人，其中强制戒毒261人；收押重症涉毒人员73人次，县收治中心在押63人。扫黄方面：对新墙东街、城区东方路一带、二致富街涉黄地方，采取干部干警包门店，昼夜巡逻无缝隙的模式，整治效果明显。服务经济发展方面：扎实开展“五打五整治”等专项行动，在“蒙华铁路”“岳望高速”、东洞庭湖砂石整治等项目上，破获案件35起，打击处理86人。特别是东洞庭湖非法采砂系列案中，已抓获涉案人员27人，其中批捕18人，此案正在依程序办理中，长时间砂石开采混乱秩序得到了有效整治。

【全方位防控】 防案关键在防人。在城关地区24小时不间断开展巡逻，提高群众安全感。县公安局巡逻大队联合武警，分三个班次不间断在大街小巷徒步巡逻，提高见警率，提升快速处置突发案事件的能力和水平。城关镇聘请40名退伍军人组织专业巡逻队，通宵达旦在背街小巷进行骑单车的方式巡逻，提醒群众加强防范。各乡镇都组织了专业巡逻队，由派出所干警带队在辖区内主要路段和人口相对集中的地方开展夜间巡逻，有效挤压犯罪空间，全力提升人民群众安全感。

【综治民调工作】 努力建设平安岳阳县。2016年，全省综治民调岳阳县继续保持在全省中等偏上水平，人民群众的安全感、幸福感和满意度持续向好。为确保综治民调工作落到实处，出台《岳阳县综治民调工作责任追究和奖惩暂行办法》，各乡镇和县直部门一把手向县委递交了责任状，进一步明确了各级、各部门的责任。特别是针对在平安创建工作中不作为、乱作为的干部、干警，将启动问责程序,问题严重的先免职再查处。平安创建,重点在宣传、关键在务实。2016年,在全县范围内逐步开展平安家庭、平安商铺、平安校园等基层平安创建活动,积小安为大安。为最大限度提高平安创建工作的知晓率和支持率,向群众倡导“平安共建,平安共享”的理念,积极引导群众参与到平安创建活动中来,印制《岳阳县平安创建手册》22万份,制作宣传扇3万把,发放到每一个农户、居民以及门店经营主手中;从新墙到城关地区的沿线,树立大型宣传广告牌20块;在城区主要路段悬挂大型平安创建宣传海报18块;在县电视台开辟“平安巴陵在线”专栏,在红网“手机报”开辟“平安快报”专栏,及时播报平安创建工作动态和先进典型。2016年6月26日国际禁毒日,在城区开展了为期一周的宣传活动,6月26日当天,全体在家的县级领导带队,在城区开展了“防毒拒毒、健康人生”万人大游行活动,在群众中形成了良好的禁毒工作氛围。为确保各项工作能够有效落实,从政法系统抽调工作人员组成六个专项督查组,对乡镇、县直及驻县部门开展工作督查活动,了解群众需要关心的实际问题,征询群众对政法工作的意见和建议。对群众所关心的热点、难点问题,积极引导思想,尽最大努力帮助解决,解决不了的问题向相关职能部门反馈备案。对工作督查中发现存在的问题,每周督查一次,通报一次,全力确保综治民调工作各项措施的落实。

【执法监督工作】 开展专项整治行动。落实中央、省、市纪委会议精神,在政法系统不定期地开展“雁过拔毛”式腐败问题和“纠‘四风’、治陋习”专项整治活动以及纠正涉法涉诉中损害群众利益行为专项整治行动,严格查处“金钱案、人情案、关系案”,着力维护人民群众的合法权益,提升人民群众对政法队伍的满意率。加大执法监督力度。对上级案件督办件及时查实回复;对执法办案中的过错、瑕疵及时纠正;对于群众诉求不及时受理、不按期办结、有错不纠的,依纪依法追究办案人员和相关领导责任,使广大政法干警敬畏法律、敬畏人民,依法用权、秉公办事。督促落实执法公开。深化执法公开,构建开放、动态、透明、便民的阳光执法司法新机制。公安工作除涉密和办案暂时不予公开之外,所有案件实行网上公开流程办理,增强了公安工作的透明度。检察部门继续深入开展“阳光执法”活动,畅通检务公开渠道,以公开为常态,以不公开为例外,所有案件信息在院办公楼大厅电子显示屏滚动播出。每年组织各界群众代表参加检察院“检察开放日”活动,零距离感受“阳光执法”的工作氛围。县法院认真落实《关于人民法院在互联网公布裁判文书的规定》的要求,建设了数字法庭,通过裁判文书上网,增强审判工作的透明度,加强司法监督,增强司法民主,充分满足公众对审判工作的知情权。2016年县法院文书上传率100%,实现了报表零误差,名列全市法院前列。司法救助严格把关。涉法涉诉信访问题中有相当一部分案件是因为当事人由于生活贫困而无钱无力通过诉讼程序解决矛盾,或肇事者逃逸致当事人人身受到侵害、财产遭受损失所遗留下来的。按照国家司法救助制度,结合实际,适当救助,严格把关,全年共对33件案子的当事人实施救助,救助金额121万元。将法律援助工作延伸到农村基层一线,让法律援助更贴近人民群众,使困难群众真正享受到法律的公平与正义,有效预防和减少涉法涉诉重复上访。

【铁路联防工作】 岳阳县有京广铁路36.4千米,京广高铁客运专线32.9千米。近年来,岳阳县铁路护路联防工作小组牢固树立“铁路安全无小事”的观念,切实担负起保障铁路安全责任,确保“两线”铁路运输安全畅通,实现了“五杜绝”“两确保”、路外伤亡零指标目标。2016年被评为全省铁路护路联防先进单位,并获得省级“平安铁路示范县”荣誉称号。

【组织机构】 县委、县政府、县综治委始终把铁路安全作为促进社会稳定、经济发展的一项重要工作来抓,切实加强领导,周密安排部署,落实领导责任。主要领导多次了解护路工作情况,帮助解决“修、封、保”资金25万元,解决高铁水系遗留问题修电排经费20万元。县综治委将铁路护路联防工作纳入到社会治安综合治理目标责任,做到同部署、同落实、同检查、同考核，层层签订责任书，将各项工作指标任务细化，分解到单位和责任人，为护路工作指明方向。沿线乡镇、村、组落实了护路领导机构，专人分管，专人负责，做到了有班子、有牌子、有制度、有台账、有日志，护路网络更进一步完善，为铁路护路联防工作提供了强有力的组织保障，确保了一线平安。

【宣传教育】 每年4月，按照上级要求，联合教体局、团县委在全县铁路沿线开展宣传教育月活动。印发作业本6000份，发到沿线中小学生手中，印发打造平安铁路、构建平安岳阳县倡议书3000份，张贴到沿线村、组学校；在开学前、放假前，县护路办组织沿线派出所民警和护路队员到沿线中小学校开展铁路安全宣传教育进校园、进班级活动。2016年，县政府投资5万元在黄沙街镇中心校创办了岳阳县铁路安全教育警示基地，被省护路办领导点赞，称之为全省第一家。积极组织沿线学生到基地现场参观，使学生更进一步了解铁路，爱护铁路，保证自身安全。通过学生“小手牵大手”为切入点，将铁路安全教育纳入到法制安全教育课内容，辐射到每个家庭，形成全民参与护路联防的工作局面。

【创新平台】 2016年，建立县护路工作微信平台，将沿线铁路派出所公安民警及铁路工务、电务、车务等相关单位纳入各多镇铁路护路群，将宣传活动的内容、重要事项、法律法规、铁路安全保护条例等内容利用微信向群内发送。2016年，麻塘责任区保安在巡线时，发现一村民在离高铁线安全保护距离内建房，马上将此信息发送到群内，县护路办获悉后，立即组织镇控建办、护路办、国土所赶到现场进行了整改。县护路办利用微信督查护路队员上路上线情况，对突出个人按微信发布情况，按季度“一事一奖”给予每件30~60元的奖励。湖南省开展“二十佳”微信评选活动，岳阳县每月都有“二十佳”微信获奖，“二十佳”年度评选活动，荣家湾镇护路微信群获得荣誉称号。

【隐患整改】 按照“属地管理”和“谁主管，谁负责”的原则，加大隐患排查处置力度。2016年，广铁集团公司发布全省162个涉铁安全环境问题，岳阳县有2个。县护路办接到交办函后，立即向县政府报告，召开相关单位责任人会议，在一个星期内进行了整改，县住建局在整改中用去资金10余万元。在京广线K1458地段，有处横跨京广线的渡槽，因年久失修，渡槽栏杆严重损坏，对铁路安全存在较大的安全隐患，一旦上面的水泥结构脱落，就会影响到列车安全。县水务局组织工程技术员现场察看，作出详细施工计划，安排资金10万元，待铁路部门的计划确定后施工。至2016年，岳阳县整改栅栏隐患80余处，协助电务砍青30余处，化解涉铁矛盾20余起，扑灭山火20余次。黄沙街镇扑灭山火的事迹，在中央护路办铁路护路杂志进行了刊登并得到省护路办的奖励。

【整合力量】 路地配合、护路联防，关键在“联”。岳阳县护路办积极主动联系铁路多个部门，互通电话、互开会议、互商策略，做到了信息共享、工作联动。在“修、封、保”工作中，得到工务部门的大力支持。2016年修建涵洞，确保了沿线人民群众横跨铁路的生命财产安全。在队伍管理中，岳阳县护路办和铁路派出所制定了一套完整的巡线守点制度，对重点口子、重点部位，有护路队员重点看守，确保安全落到实处。在协调路地纠纷处理过程中，护路工作者积极主动，担当起宣传教育的主力军，将矛盾纠纷化解在萌芽状态。在打击处理清理废品收购站点时，配合派出所重点整治，确保一线平安。

（徐春霞　张罗）

防范整治邪教工作

【概况】 2016年，县委防范和处理邪教问题领导小组办公室深入贯彻落实习近平总书记关于“防控风险、服务发展”的批示，按照孟建柱同志“解难题、补短板、抓落实”的要求，统筹谋划，锐意进取，主动作为，推动反邪教工作纵深开展，有效提升了全县防范和处理邪教工作的水平。岳阳县多次受到省委防范处理邪教办表彰，连续三年被评为全市反邪教工作先进单位。

【防范控制工作】 2016年，县委防范处理邪教办以G20杭州峰会等重大活动和各敏感节点安保为重点，严格落实各项防控措施，利用综治平台以及群众自治组织扎实开展情报预警、人员稳控等工作，全面实现了“三个零”（零进京、零聚集、零插播）指标管理目标。

【反宣币清缴工作】 按照省委防范办、省公安厅统一部署，开展了集中收缴“法轮功”邪教反宣币专项行动，全县共收缴兑换反宣币1200余张、金额5000余元。

【教育转化和解脱工作】 始终坚持封闭式集中办班攻坚不动摇，紧密结合挂牌攻坚、社会力量帮教等有效手段，重点对涉案人员、诬告滥诉人员开展了有效教转攻坚工作，县防范处理邪教办会同相关乡镇深入细致做好对象进班铺垫教育工作。通过相关乡镇和有关单位的共同努力，全县共教育转化7人。稳妥、规范地开展了解脱工作，本着实事求是、成熟一个解脱一个的原则，共解脱“法轮功”已转化人员20名。

【基层基础工作】 深入贯彻落实省委、省政府“两办”《关于加强防范处理邪教基层基础工作的意见》，通过积极汇报，争取领导重视支持。2016年4月8日，县委常委会召开专题会议研究防范处理邪教工作，会议明确给县委防范办增加人员编制3名，增加经费预算15万元，解决办公场地和副主任兼职问题，县委防范处理邪教办副主任兼任县委宣传部副部长。县委防范处理邪教办新装修150平方米办公房，设有主任室、保密室、教育室、综合室等办公室，添置4台办公电脑、2台打印机、3台空调、6套办公桌椅、1个保密柜等办公用品。全县14个乡镇和湖南洞庭苇业有限责任公司共明确了15名反邪教专（兼）干，安排了1~2万元工作经费。8月17日，全省召开贯彻落实省“两办”《意见》情况专题会，岳阳县作为唯一县市区在会场设置了两块专门展板。

【宣传教育工作】 2016年，县委防范处理邪教办和各乡镇投入10多万元，在县城厚德广场城北边通道设立反邪教宣传长廊，各乡镇在集镇人口流动密集地段制作了大型户外反邪教喷绘；将反邪教警示教育纳入了党委学习中心组、党校主体班、党员远程教育、基层干部培训学习内容；深入开展防邪知识“进家庭、进校园”活动，将反邪教警示教育全面覆盖到中、小学校；评选无邪教村（社区）示范点，将“无邪创建”内容纳入到平安创建、文明单位评选、基层组织建设等项目中；广泛开展了反邪教舆论宣传活动，县电视台、门户网站、手机报等主流媒体连续刊发和播放反宣币清缴公告等，积极营造了全社会抵制邪教、崇尚科学的浓厚氛围。

【涉网涉外斗争】 县委防范办继续主动与宣传、教育、文联、妇联、团委等部门和单位联系，组织人员向“两网”投送稿件，将涉网斗争纳入全县反邪教综治考评，加强网上侦查，对重点嫌疑对象实行诫勉谈话，强化专案经营，起到了较好的警示作用，2016年，“法轮功”邪教反动宣传网站“明慧网”上全县的涉网有害信息明显减少。积极培养反邪教网络宣传优秀写手，完成了“凯风网湖南频道”“洞庭云帆网”年度上稿任务。

（李 勇）

公安工作

【概况】 岳阳县公安局成立于1984年，现有建制室所队40个，其中基层派出所20个，内设室所队20个。全局共有在编在职民警431人，一线执法勤务机构警力约占全局民警总数的87%。

2016年，面对社会矛盾相互交织、风险隐患大量增多的复杂形势，在县委县政府和上级公安机关的坚强领导下，全县各级公安机关始终着眼县域经济发展及治安稳定大局，在打防管控、基础建设和队伍管理中因情施策、忠诚履职。全年全局共接警20473起，调处纠纷1981起，处理交通事故7506起，立刑事案件1232起，刑事拘留480人，逮捕直诉535人，办结行政案件965起，行政拘留1090人，强制戒毒207人。圆满完成了全年公安工作任务。县公安局被评为全省县级公安机关执法质量考评优秀单位、全省收缴整治枪爆物品成绩突出单位、省级文明卫生单位、全市公安机关党风廉政建设优秀单位、全县安全生产、文明城市创建、禁违拆违治违、反腐倡廉等优胜单位,共有101名公安民警获得省、市、县级荣誉。

【维稳工作】 情报信息方面,全年全局被公安部、省厅、市局采用情报信息210条,县委、县政府采用情报信息219条。提前介入处置较小规模的串联集会活动37次,劝返进京赴省到市上访人员26人次。警保卫及群体性事件处置方面,共完成各级警保卫任务19场次,快速处置各类群体性事件20余起。特别是在处置涉及长湖乡百森陶瓷、杨林乡水上乐园、新开镇岳望高速、荣湾镇宏泰陶瓷等企业、项目的群体性事件中,县公安局民警讲政治、讲大局,令行禁止、作风果断,取得了良好的社会效果。治安防控方面,对全县各个内保单位、公共娱乐场所的治安防控及消防安全进行了大清查、大整顿,排除隐患276处。对全县70家涉爆、涉枪单位,200个烟花爆竹销售点,进行了不定期排查,整改隐患13处,全年没有发生一起大的安全事故。在城区坚持24小时专业巡逻,让群众白天见警察、晚上见警灯,提升了百姓的安全感。监管及办案中心安全管理方面,认真落实各项值班备勤制度,管理规范有序,确保了全年无事故发生。接处警工作方面,在全年近2万余起接处警中快速反应、高效履职,保证了群众的报警求助在第一时间得到呼应,较好完成了全年的接处警工作任务。

【案件侦破工作】 命案侦破和打黑恶工作中,全年发生的3起命案全部告破。连续6年实现不欠“人头账”。成功打掉了5个涉恶团伙,起诉判决28人,全县的涉恶团伙基本销声匿迹。2016年春节,全县发案数较2015年同期下降41%,刑事发案数较2015年同期下降77%。禁赌扫黄工作中,共查处涉赌违法人员257人,刑事拘留38人。关停临街麻将馆30余家,收缴麻将机70余台。打掉多个涉黄窝点。全县涉赌涉黄现象得到根本遏制。打击涉毒犯罪上,全年侦破涉毒刑事案件56起,其中部督、省督案件2起,刑事追究56人,逮捕起诉59人,缴获毒品近41千克。破部督、省督案件数位列全市前列。打击侵财犯罪中,全年破获侵财案件148起,逮捕起诉120人,破获了系列盗窃电缆线、系列盗砸汽车玻璃等一批有社会影响力的案件。维护经济秩序上,侦破了多起影响大、案情复杂的经济类刑事案件,为国家、集体及个人挽回损失5000余万元,有力推进了县农商银行的组建。打击“三堵三强”中,以县域“蒙华铁路”“岳望高速”等重点工程项目建设为重点,全年共破获“三强”“三堵”案件35起,打击处理86人。整治交通秩序上,交警及各派出所围绕“九打九整治”专项行动,紧扣“文明县城创建”,全年处置各类交通事故7506起,立刑案43起,起诉60人,实现了“压事故、保畅通”的目标。维护森林安全方面,森林公安扎实开展森林火灾案件查处专项行动,破获林业刑事案件13起,确保了森林安全、林区秩序。在大案要案办理上,打掉一个被全国“扫黄打非”办及公安部挂牌督办、作案遍布29个省市、涉案达268人的特大网络贩卖淫秽物品犯罪团伙,抓获犯罪嫌疑人17名。该案成为湖南建省以来打击利用网络传播淫秽色情的第一大案。侦办了东洞庭湖非法开采砂石窝案,先后对23名涉案嫌疑人采取刑事强制措施。同时,破获“8·26”妨害公务案、步仙持枪故意伤害案等一系列典型案件,取得了较好的法律、社会效果。

【执法服务工作】 信息建设有新突破。全局“三实”及治安信息采集超过130余万条,信息采集的数量和质量位居前市前列。全县6000多名重点人员的底数基本澄清,在控率达到97%,照片上传率达到86%。全年向市局报送情报研判及案事件信息205条,没有发生信息迟漏报等现象。服务群众有新提高。贯彻落实省厅30项便民措施。各窗口单位最大限度地提升服务水平。全局全年受理人口信息变更、证照办理申请6万人次,办理二代身份证和出入境证件6.8万个,办理车辆及驾驶人证照8000余个。在文明县城创建中,全年劝导行人近万人次,力保群众安全出行。向公安机关报过警、办过事的人员,回访率达100%,对不满意样本全部跟踪督办、查找原因,认真整改,受到好评。规范执法有新成效。制定了《2016年执法规范化建设重点任务绩效评估方案》,将执法资格考试、办案场所应用、执法记录仪使用、讯问犯罪嫌疑人同步录音录像、执法信息公开等重点工作,细化分解到各单位。出台了《严格执行办案审核审批程序规定》《强化执法办案区使用管理若干规定》等一系列制度。开展了立案不实及“四公开、四整治”等专项活动,共清理取保监居案件282起,清理取保金47笔,抽查案件2687起,对1个单位2名民警进行了执法过错责任认定。全年共接待来访群众92人次,受理信访事项38起,办结38起。认真办理并回复人大代表和政协委员提案建议11件。

【队伍建设】 狠抓教育引领。以“两学一做”等主题教育活动为载体,从教育入手,正反两面对典型民警剖析通报,让民警在教育中警醒,在学习中进步。党建工作中,局机关20个党支部全部顺利换届,落实了“三会一课”、党委中心组集中学习等制度。狠抓制度管人。制定《岳阳县公安局党风廉政建设党委主体责任、纪委监督责任的实施细则》《2016年全县公安反腐倡廉工作要点》,把党风廉政建设工作细化分解为19项重点和30项具体任务,以责任状的形式交办、落实到各室所队。财务管理出台了“六严控、四严肃”十条硬规定,对公务接待费用、公务用车费用、办案成本控制、白条入账及公务卡结算、办案和收费纪律、福利和补贴发放、理财纪律等方面设定了“防火墙”和“高压线”。活跃警营文化。组织民警观看了《权力失控之害》《警钟》等警示片,参加了全县“杰成杯”乒乓球比赛。全年妥善处置涉警舆情43起,在各级媒体发稿124篇,制作街头宣传专栏4期。强化实战训练。全年共参与省厅、市局集中培训18期,送训民警159人,所有参训民警都合格结业。组织300多名民警参加初级、中级、高级执法资格考试。做好惠警实事,完成了省、市两级警察基金会的募资任务,为在编民警和工勤人员办理了补充医疗保险。组织全局民警进行了健康体检。落实了民警的执勤岗位津贴,兑现了乡镇补贴。全年走访慰问民警及家属226人次,送去各类慰问金13万余元。严查队伍问题。2016年,共立案查处民警违法违纪案件5起5人,给予纪律处分、组织处理4人,立刑事案件1起,被采取强制措施1人。共约谈民警19人次,诫勉谈话3人次,通报批评11名民警3个单位,停止执行职务3人次,禁闭2人次。

重大案例

破获系列盗窃家禽家畜案件

2014年以来,岳阳县新墙、步仙、柏祥、公田等乡镇连续发生数十起盗窃家禽案件,群众反响强烈。县公安局党委高度重视,要求刑侦大队成立专案组,全力破案,切实保护群众财产安全。通过大力侦查,专案民警发现多起盗窃家禽案件可能系同一团伙所为,且嫌疑人具有一定的反侦查能力。经过深入分析研判,成功锁定了犯罪嫌疑人彭某某等人。2015年10月专案组民警在副局长万岳平的带领下在新墙镇成功将系列盗窃家禽案的犯罪嫌疑人彭某某、肖某某抓获。该大队通过审查深挖,锁定了该盗窃团伙的一名犯罪嫌疑人刘某某,且系该团伙的主犯,一直在逃。办案民警一方面对犯罪嫌疑人刘某某采取网上追逃,一方面通过特情掌握刘某某活动线索;1月8日凌晨,办案民警接到线索后在长湖乡旱坪村将在逃的刘某某抓获。至此,此系列盗窃家禽案件嫌犯悉数被抓获归案。

2016年1月8日,县公安局刑侦大队深挖案件线索,再次抓获一名系列盗窃家禽案件的犯罪嫌疑人刘某某。至此,刑侦大队已抓获此系列盗窃家禽案件彭某某、肖某某等3名犯罪嫌疑人,侦破案件13起。

抓获一名销售伪劣产品犯罪嫌疑人

2014年6月至2014年11月,万某城伙同刘某某(到案)、付某某(到案)三人合伙从福建省云霄县方汉鑫处购进黄芙蓉王假烟,三人中万某某负责出资、刘某某、付某某两人负责与方某某联系购进假烟,并将假烟销售出去。方某某将黄芙蓉王假烟以80元到90元每条的的价格销售给他们,刘某某等人通过电话订货后,将货款在银行直接汇给方某某,方某某再通过韵达快递、中通快递等物流将假烟发送到岳阳县,刘某某等人在取货后，由刘某某、付某某两人出去销售，两人将购进的黄芙蓉王假烟作真烟以180至210元不等的价格销售分散、小量的销售给岳阳县荣家湾镇、新墙镇、黄沙街镇、张谷英镇、中洲乡、长湖乡以及岳阳市区的部分零售商铺。5个月时间，万某某等三人人平均5天在方某某处购进一批假烟销售，每次购进的假烟数量为10条到30条不等，共计购进了300余条假烟销售了，销售总金额共计6万余元，三人各自从中渔利1万余元。

2016年1月20日，县公安局局治安管理大队通过缜密侦查，在荣家湾镇雷霆网吧将销售伪劣产品的犯罪嫌疑人万某某(男，18岁，岳阳县荣家湾镇人)抓获。

破获一起故意伤害致人死亡案件

2月28日晚21时20分，新开中心派出所接到辖区群众报警称上文村有人被砍伤，民警迅速赶到现场并将伤者送至岳阳市医院进行救治，经初步调查，发现系黄某某与黄某某因宅基地发生纠纷，当晚21时许，黄某某持菜刀到黄某某家中闹事，随后与黄某某发生争执，黄某某也从家中拿出刀具与黄某某互砍，期间黄某某的妻子周某某在现场帮忙，造成黄某某、黄某某、周某某均不同程度受伤。黄某某因抢救无效死亡，黄某某、周某某仍在抢救中。

2016年2月28日，县公安局新开中心派出所将犯罪嫌疑人黄某某(男，61岁，新开镇上文村人)抓获，破获一起故意伤害致人死亡案件。县公安局会同新开镇政府积极做好死者黄某某家属的稳控工作。

破获一起挪用资金案

2月29日，县公安局经侦大队民警通过缜密侦查，抓获2名涉嫌挪用资金案的犯罪嫌疑人方某某(男，41岁，杨林乡人)、李某(男，29岁，荣家湾镇人)，破获一起挪用资金案。

自2015年7月至12月任鹿角信用社会计兼信贷会计的李某违反信贷规定，擅自审批发放贷款3笔共计金额15万元，并且不将违规发放的贷款交付贷款户，而是将贷款资金挪作自用，导致贷款户信用受损失。2015年1月至2016年1月期间，岳阳县杨林信用社信贷会计方某明根据原岳阳县杨林信用社营业员李某提供的客户资料，在未经调查，未经杨林信用社主任审批情况下，利用其掌握信用社信贷审批系统里的账户和密码，私自发放贷款171笔，共计人民币870万元贷款给李某提供的账户上，李某将其中大部分资金挪作他用。

破获系列技术开销盗窃案件

2016年初，刑侦大队陆续接到多起通过技术开锁手段进行入室盗窃的报案，案发地点主要集中在荣家湾镇城南、城北两个派出所辖区的居民小区。犯罪嫌疑人通过技术开锁入室盗窃，猖狂作案，如入无人之境，严重影响了小区居民的日常生活和生命财产安全，破坏了小区安静和谐的生活氛围。刑侦大队民警克服困难，利用信息作战平台和多技术手段锁定了犯罪嫌疑人李某某。为了使这个“开锁能手”尽快归案，减少社会危害，办案民警转战湖南多个县市区开展追逃工作。3月3日，刚从外地潜回耒阳家中的犯罪嫌疑人李某某被民警抓获，至此成功摧毁了这一利用技术开锁的盗窃团伙，破获入室盗窃案多起。

县公安局禁毒大队联合岳阳楼分局破获一起毒品案

自2016年4月初接到线索后，县公安局禁毒大队迅速成立专案组，在副局长易双明的带领下，先后出动50余名警力，连续两个星期在岳阳市区跟踪掌控，蹲点守候。21日凌晨1时许，在岳阳楼分局禁毒大队民警的配合下，行动组于凌晨1时许果断收网，在岳阳楼区某宾馆内成功抓获涉毒犯罪嫌疑人张某某、杨某某(女)、张某某、陈某某、游某某、王某、陈某(女)、陈某某、张某等9人，缴获毒品8000余克、仿制式枪一支、毒资3万余元。9名犯罪嫌疑人均被依法处理。

破获二起故意杀人案件

2016年05月01日16时30分许，县公安局指挥中心接到报警称：在岳阳县月田镇茨洞村有一疑似精神病人持刀将同村两位老人砍死，并砍伤一中年男子。

月田派出所第一时间赶到现场将凶手余某(男，29岁，月田镇茨洞村人)控制，并保护案发现场。据群众反映：余强于近期在外公务因患精神病回家，经调查，5月1日下午16时许，余强持刀将邻居余志成（男，75岁，月田镇茨洞村人）、陈小元（女，70岁，月田镇茨洞村人）夫妇砍死，余志成在家的儿子余某某（男，46岁，月田镇茨洞村人）赶到现场后被余某砍伤。县公安局组织刑侦、法医等正在现场取证调查。其他维稳事宜也在政府的主导下有条不紊地进行。余某已被刑事拘留。

2016年5月14日上午，岳阳县局指挥中心接到报警称：在岳阳县步仙镇关王村公路边发现一具身有多处刀伤的男性尸体，请求民警出警。

接到报警后，县公安局指挥中心迅速向步仙派出所、刑侦大队下达出警指令，步仙派出所民警第一时间赶赴事发现场对现场进行保护。副县长、公安局局长刘四清接报后，立即作出指示，成立专案组要求迅速破案，局党委委员、副局长万岳平带领刑侦大队民警赶赴现场指挥破案。

专案民警通过连续24小时作战，迅速锁定嫌疑对象，并于5月15日上午将犯罪嫌疑人唐某某（男，20岁，岳阳县柏祥镇人）抓获归案。犯罪嫌疑人唐某某已刑事拘留，案件仍在进一步侦办中。

破获系列盗窃车内财物案件

10月4日，荣家湾镇9634家属区发生多起砸车玻璃盗窃车内财物案件，受害人损失较大，周边群众对社会治安问题反响强烈。刑侦大队接警后，立即组织精干力量上案，通过大量走访摸排工作，最终锁定有吸毒前科的刘某某。专案民警通过“三实”人口登记信息，获知其居住位置。为避免打草惊蛇，民警在刘某某居住地附近采取蹲点的方式伺机抓捕，并于10月28日凌晨将正准备回家的刘某某成功抓获。经审讯，刘某某对其涉嫌系列砸车玻璃盗窃车内财物的犯罪事实供认不讳。

目前，犯罪嫌疑人刘某某已被依法刑事拘留，相关案件侦查工作正在进行中。

破获系列撬窗盗窃办公室财物案

10月11日，岳阳县荣家湾镇发生多起撬窗盗窃办公室财物案，一时间造成县城机关工作人员人心惶惶，人民群众迫切要求公安机关迅速破案抓获嫌疑人。刑侦大队接警后，立即组织精干警力上案，通过大量走访排查工作，锁定有前科人员袁某某。经过多日蹲点守候，于10月27日晚，成功在荣家湾镇某地将袁某某抓获。经审讯，袁某某对其撬窗盗窃农业银行岳阳县支行等单位办公室内财物的犯罪事实供认不讳。

县公安局破获公安部联合全国扫黄打非办挂牌案件“4·25”网络贩卖淫秽物品案

2016年4月18日，在接到市公安局指定办理“4·21”网络贩卖淫秽物品案件的指令后，县公安局党委高度重视，在第一时间成立专案班子，精细谋划，快速运作。在市“扫黄打非”办、市公安局、市文化局的全力支持、指导下，打掉了一个被省、全国“扫黄打非”办及公安部挂牌督办、作案区域遍布29个省市、涉案达268人的特大网络贩卖淫秽物品犯罪团伙。截至2016年年底，该团伙17名首要骨干分子全部落网，目前已刑事拘留13人，逮捕7人，行政拘留1人，教育训诫3人。该案成为湖南建省以来打击利用网络云盘传播淫秽色情的第一大案。

（刘 正）

交警工作

【概况】 岳阳县公安局交警大队成立于1987年，现有正式民警71人，设一线所队10个和内设所队6个，肩负全县的道路交通秩序管理和交通事故处理及车辆、驾驶员的管理等工作。2016年，交警大队民警不断深化对党章党规、系列讲话，党的路线、方针、政策的学习，围绕“保安全、保畅通、保稳定”的工作目标，全警动员、全力以赴，强化组织部署、源头管理、排查治理、路面管理、宣传教育等工作，确保全县道路交通安全畅通，圆满完成全年的工作任务，取得突出的成绩。全年共办理交通违法案件39775起，接处警7170起，处理重大交通事故109起，刑事拘留43人，逮捕28人，起诉60人，取保候审44人，行政拘留30人。全年查处酒驾97起，查处超速55172起，大货车违法3061起，涉牌涉证578起。红绿灯和电子卡口及时录入有效数据43241起。车辆注册登记5362台；转移登记662台；变更登记2042台；核发检验标志8896台；受托检验5175台；办理驾驶证1328本，补证换证4710本，驾驶人年审1761次，满分学习734人次，注销登记315个。2016年，41名交警被市、县、大队评为先进个人。

【多举措应对低温冰冻天气】 2016年1月20日，市公安局党委委员、副局长王景亮到岳阳县督导低温冰冻天气道路交通应急管理工作。交警大队长赵兵荣汇报了应对低温冰冻天气采取的措施，以及2016年全县春运动员会筹备工作情况。王景亮强调，由于受强冷空气影响，有长达一周的雨雪冰冻天气，为防止大量车辆滞留在冰雪之中，防止造成重特大交通事故，防止严重交通堵塞，一是要以道交委名义向公路局、交通局、盐业公司等单位发文加强应急准备；二是草、沙、盐等防冻物质要提前备足；三是在临水临崖、急弯、陡坡、上下坡处要做好防滑准备；四是管理好山区交通，在冰冻天气，该封路的一律封路，要设立警示标志。县交警大队高度重视，根据县情研究了多项办法，确保境内交通平安畅通。

【开展交通安全宣传进环卫所活动】 2016年3月15日，交警大队组织精干力量到岳阳县环卫所开展交通安全宣传活动。岳阳县环卫所共有干部职工400多人，环卫车辆26台，在作业时，每时每刻都要承受交通的压力和威胁。为此，交警大队专门制作了便于携带的小卡片，印制交通安全常识进行温馨提示发放给每一位环卫工人。法制中队中队长吴加庆对环卫所26名驾驶人和30余名清扫垃圾组长面对面进行交通安全业务辅导，从车、驾驶人和交通安全意识方面分析现状，剖析典型案件，指出环卫工人要自觉守法，绷紧交通安全弦，注意交通安全。

【开展执法记录仪学习培训】 执法记录仪能够客观真实地记录交通警察执勤执法全过程，是评价、考核、监督交通警察出勤、办事、执法、办案和遵规守法的重要依据；是交通警察加强自我约束，规范执勤执法言行，提升工作水平和工作效果的重要手段。2016年3月，交警大队分三批次组织民警学习“湖南省公安交警部门执法记录仪使用监督管理办法”。4月聘请专家讲课，主办一期执法记录仪学习班，真正做到执法记录仪与日常工作连为一体。从4月起，全大队交通警察在道路上执勤、查处交通违法行为、处理交通事故以及从事驾驶人考试和机动车查验时，必须使用执法记录仪进行全程录音录像。

【组织驾驶人文明劝导】 按照公安部令第123号文件规定，机动车驾驶人在一个记分周期内累计记分达到12分的，应当在十五日内到机动车驾驶证核发地或违法行为地公安机关交通管理部门参加为期7日的道路交通安全法律、法规和相关知识学习。2016年4月26日，交警大队驾管所召集26位扣满12分的驾驶人上交通法律法规课，分别就每个人的交通违法行为点评，指出违法性和危害性，阐述遵章守纪的重要性，宣讲交通安全知识，要求抓紧时间学习，参加科目一理论考试。随后，驾管所指导员张站良带领这26位驾驶人走上街头，分发小黄幅和红绿色指挥旗，在城区云龙宾馆红绿灯、万福来红绿灯、交警大队门口红绿灯劝导交通。

【“春雷行动”工作督查】 2016年4月29日上午，市公安局交警支队党委委员、办公室主任唐庆国到交警大队督导“春雷行动”。检查组到新墙中队翻阅了执法台账，实地察看民警路面执法情况，并到湘运公司、春雷校车公司检查重点车辆违法清零情况。检查组听取汇报后对交警大队所做的工作表示肯定，并要求高度重视“五一”值班备勤工作，加强境内主干道巡逻，要见人见警车，全力确保道路平安畅通，确保景区交通秩序井然有序；民警、协警在执勤执法时，要加强安全防护，严防出现伤人突发意外事件，要对照“春雷行动”工作目标和举措加大工作力度。“春雷行动”开展以来，共查处酒驾13起，毒驾1起，行政拘留3人，无证驾驶11起，未悬挂号牌5起，故意遮挡号牌2起，使用伪造、变造号牌1起，货车超载21起，现场处罚44起。

【县委常委、政法委书记余泽世调研交警工作】 2016年9月5日，县委常委、政法委书记余泽世在副县长兼公安局局长付学文等的陪同下，到交警大队调研道路交通安全管理工作。调研会上，交警大队长赵兵荣汇报了交警大队警力配置、全县交通事故、当前开展的工作等情况，提出了面临的困难和问题：一是爱心护路部分乡镇力度不够，效果不好；二是城区残疾人摩托车、载客摩托车有所反弹；三是城区拥堵面增大，停车场建设严重滞后；四是农村道路设施不足，建设规划中考虑安全因素不够，"三同时"不到位；五是落实乡镇交通安全责任制缺乏制度保障；六是交通管理科技化建设有待加强；七是交通事故调处司法程序缺乏后续手段。余泽世强调，交通安全和交通秩序是当前交通管理工作中最大的问题，县委政法委在今后尽可能为交警提供一个好的环境，为交警减压减负。

【全县中小学生"知安全风险，会紧急避险"活动启动】 2016年10月21日，全县中小学生"知安全风险，会紧急避险"启动仪式在县城荣家湾镇明德小学举行，县直相关单位及各乡镇中心学校分管安全的副校长和安全专干、交警中队长、明德小学600余师生参加启动仪式。本次活动以保护中小学生出行安全为目标，以"知安全风险，会紧急避险"为主题，以开展"学生安全出行大调查"为抓手，以"交通安全新童谣，交通安全小画家作品大征集""文明交通进校园"宣讲，"交通安全体验实践活动""平安上学路"护卫活动等为切入点，进一步强化中小学生的交通安全意识，培养良好的交通行为习惯，提升交通安全风险防范能力，做到人人懂安全，时时想安全，处处讲安全，力争全县中小学生交通安全基本常识普及率达100%。

【移交网上追逃人员】 2016年11月10日，岳阳县交警公田中队中队长毛斌率民警李秀忠、协警付勇在306省道执勤，发现一辆牌号为鲁Q03XXD的大货车有超载嫌疑，拦下此车并检查车辆手续。驾驶员不能当场出示驾驶证，并拒绝回答民警的提问。民警将人和货车强制带至公田中队院内，开展询问工作，并与公田派出所联系开展联合办案。经查驾驶人英某某，黑龙江桦南县人，未取得驾驶资格，于2012年10月27日在浙江省岱山县高亭镇骑摩托车将一骑电动车的男子撞成重伤后逃逸，后被岱山县警方网上追逃。交警大队与岱山县警方取得联系，遂将英某某移交岱山县警方。

（王海波）

检察工作

【概况】 岳阳县人民检察院共有专项政法编制76人，在职干警74人，中共党员58人，目前领导班子成员8人（检察长、副检察长5人，纪检组长1人，党组成员2人），其中员额检察官26人，检察辅助人员26人，司法警察12人，司法行政人员10人。设办公室、纪检组、监察室、政治部、工会、行装科、侦查监督科、公诉科、监所检察科、民事行政检察科、控告申诉检察科、职务犯罪预防科、反贪污贿赂局、反渎职侵权局、法警大队、技术科、案件管理办公室（检务督察室）、东洞庭湖检察室等18个内设机构。2016年，该院获得"湖南省检察机关信息化建设先进单位"、全县"好领导班子""综治工作优胜单位"，"党风廉政建设先进单位"，"信访工作优胜单位"等荣誉。

【审查逮捕和起诉】 2016年，县检察院共批准逮捕221件290人，案件数同比上升16%；共起诉259件377人，案件数同比上升15%，无一错捕错诉案件。贯彻宽严相济刑事政策，依法不批捕73人、不起诉33人，对未成年人犯罪作出不批捕决定7人，附条件不起诉5人，出台《关于在未成年人刑事案件工作中加强联系协作的实施意见》，未检工作全面加强。

【查办和预防职务犯罪】 2016年，县检察院共立案侦查各类职务犯罪案件12件11人。按照侦查一体化部署，查处岳阳市驾管所贪贿案件10件10人，判决3人；参与办理桂阳县原县委书记李向阳贪贿系列案，以事立案查处东洞庭湖环境破坏和污染案件。清理历年积案，共侦查终结16件17人，起诉9人，判决9人。加强职业犯罪预防工作，全年开展“警示教育活动”10场次，受教育党员干部达1000余人次。

【诉讼监督】 2016年，县检察院共办理立案监督案件11件，办理监督立案5件，监督撤案6件，对侦查活动违法提出纠正33件次，纠正漏捕25人，同比上升78%，纠正漏诉12人；办理抗诉案件1件，对审判活动提出纠正意见2件；督促有关行政机关依法履职2件。认真开展羁押必要性审查工作，建议办案机关变更强制措施75人，对全县417名社区矫正对象建立台账，督促监管部门对违反规定的1名监外服刑人员重新收监。进一步畅通信访渠道，及时妥善处理各类举报、控告、申诉案件24件。其中，监所科对程小勇等4人违法发放贷款案件，开展羁押必要性审查，建议变更强制措施，此案被高检院评为2016年度全国羁押必要性审查精品案件。

【队伍建设】 县检察院深入开展“两学一做”学习教育，召开2016年度党组专题民主生活会，通过加强学习教育，深化问题查摆，落实整改措施，强化整章建制，做到了“红脸出汗，鼓劲加油”，班子民主测评已连续4年满意率100%。创建学习型机关，开展“青年论坛”“公诉沙龙”等活动，与湖南理工学院联合成立人才培养基地，全院共有29人次获上级检察机关和县委表彰和奖励。圆满完成员额制检察官遴选工作，按照“具有独立办案能力，能独立对办案负责”的原则，确定27个员额检察官名额，遴选出26名员额检察官。

（潘青梅）

法院工作

【概况】 岳阳县人民法院现有在职干警104人，合同制辅警、书记员31人，其中，中共党员72人，本科以上学历93人，研究生学历4人，审判员74人，法警17人。院班子成员9人(院长1人，副院长5人，党组成员3人)，审委会专职委员3人。基层党组织设机关委员会1个，党支部8个。机关内设办公室、政治部、工会、监察室、审管办、立案庭、法警队、执行局、民一庭、民二庭、民三庭、行政庭、刑一庭、刑二庭、审监庭、技术室，下设荣家湾、公田、筻口、新墙、东洞庭湖5个法庭。

2016年，县法院紧紧围绕“努力让人民群众在每一个司法案件中都感受到公平正义”的目标，按照“迈稳步、不停步、年年有进步”的工作基调，坚持以“转变工作作风、提升司法绩效、坚守四无底线、争创五好法院”为工作主题，认真履行宪法和法律赋予的神圣职责，为岳阳县全面建成小康社会提供有力的司法保障和司法服务。2016年共受理各类案件4891件，办结4025件，法定审限内结案率99.77%。成功通过省级文明标兵单位验收，获得全市法院司法绩效第一名，综治民调排名全省前30强，居岳阳县行政执法单位第一，连续两年荣获全市法院党风廉政建设先进单位，继续保持湖南省五星级司法警队、档案管理省特级称号，出色完成县委、县政府各项中心工作任务。

【刑事审判】 审结各类刑事案件330件，判处罪犯385人。严厉打击绑架、强奸、故意伤害、涉黑涉恶等严重侵犯人身权利的暴力犯罪，判处罪犯58人；严厉打击抢劫、抢夺、盗窃等多发性侵财犯罪，判处罪犯74人；严厉打击涉黄赌毒等妨害社会管理秩序的犯罪，判处罪犯135人，促进了社会和谐稳定。

【民商事审判】 推行繁简分流、诉前调解、小额速裁等庭审方式，以“辨法析理、定纷止争、胜败皆服”为宗旨，审结各类民事案件2391件。优先审结追索劳动报酬、医疗纠纷、食品安全等涉民生案件133件，维护人民群众合法权益；及时审结子女抚养、老人赡养等婚姻家庭类案件626件，维护社会公序良俗；快速审结金融、建筑、买卖等合同纠纷案件1139件，维护人民群众合法权益，促进市场经济发展。

【行政审判】 审结各类行政诉讼案件119件，审查非诉行政执行案件94件，依法推进城南河改造、岳望高速、蒙华铁路、G240岳阳县段改造等重点工程建设。坚持保护行政相对人合法权益与监督行政机关依法行政并重，有力维护行政执法权威，推进法治政府建设。

【执行工作】 执结案件983件，执结标的达2.4亿余元。致力于破解执行难瓶颈，建立执行指挥中心，完善执行网络查控机制，大力推进失信联合惩戒体系建设，在互联网、报纸、户外等平台公开发布失信被执行人名单84人次，将208名自然人、32名法人或法人代表纳入“黑名单”，司法拘留120人，以拒不执行判决、裁定罪追究刑事责任5人。先后开展“涉信用社案件”“涉农业银行案件”等专项执行活动，受到社会广泛好评。

【司法服务】 注重司法便民实效。坚持“司法便民服务20条”，进一步健全诉讼服务中心功能，全面实行立案登记制，坚持假日法庭、午间法庭、巡回开庭常态化，群众诉讼更加高效便捷。加大司法救济力度，为困难当事人减缓免诉讼费175万元，提供司法救助86万元。同时，注重化解信访维稳积案，共处理各类来信来访468人次，化解信访案件201件，没有发生新的赴省进京上访现象。有力推进中心工作。积极开展新农村建设、精准扶贫、防汛救灾、公益募捐、志愿者服务活动等工作，院领导带头为精准扶贫募捐近万元，多次深入扶贫村、点和新农村建设驻地，注重“输血”和“造血”同步推进，扶贫扶智、精准帮扶，如期如质完成了工作任务，联点的伍相村被评为“全市美丽乡村”。扎实开展禁毒宣传、医患矛盾纠纷综合整治和防范处置非法集资专项行动，依法高效处理“医闹”案件4件、打击非法集资犯罪5起、组织禁毒宣传1万余人次。通过禁毒宣传进校园、毒品案件庭审直播、法官访民情、讲座进社区等多种司法服务活动，助推平安岳阳县和法治岳阳县建设。自觉接受各方监督。始终坚持党的领导，自觉接受人大的工作监督、政协的民主监督、检察的法律监督和社会的舆论监督。积极配合省人大代表团视察及市中院司法巡查，认真落实县人大及其常委会有关决议、决定，主动向人大汇报工作情况。加强与人大代表、政协委员的沟通联络，邀请代表委员视察工作、评议庭审167人次，向代表委员邮寄《审判之窗》8000余份，举办人民陪审员培训班，安排人民陪审员参与案件审理1208场。

【规范管理】 突出司法公开。以公开为常态、不公开为例外，依托现代信息技术，全面推进审判流程公开、裁判文书公开、执行信息公开三大平台建设，裁判文书上网公示2813件，庭审直播12场，同时借助“一网两微两端”平台及时发布法院工作动态，切实提高法院工作透明度。提升司法绩效。充分运用数字法院系统，加强审判流程管理，定期以《审判管理通报》的形式对各项指标进行跟踪督促管理，全年共发《审判管理通报》12期。完善案件质量评估体系、健全案件评查制度、强化审务监督机制，定期考核案件质量情况，每月两次对全院干警的审判纪律、庭审规范、司法作风等进行巡查，组织评查案件657件、实行庭审评查13场。开展“院长、庭长办案季”活动，推进院、庭长带头办理疑难、复杂案件常态化。在岳阳市法院系统司法绩效考评中，县法院案件质量、人民陪审员参陪率、裁判文书上网率，均居全市法院前列。强化政务管理。按照公平、公正、公开、选优的原则，圆满完成首批员额制法官入额遴选工作。进一步加强财务管理工作，执行案件款物管理工作受到市中院督查组的表扬。进一步加强安全保卫工作，为机关和法庭配齐了安保设备，组织司法警察集中训练，圆满完成“大比武”任务。进一步加强舆情监控工作，充实舆情监控和网评队伍，通过“内聘外请”强化对舆情监控，加强正面宣传力度，联合政法系统加大打击拒执和妨害法院执行公务的犯罪行为，营造社会舆论正能量。

【文明创建】 通过组织道德讲堂、文明宣讲、演讲比赛、志愿者服务，高标准建设文化长廊、创文长廊和院史馆等，丰富文明创建载体，培育法院文化，陶冶法官情怀，2016年，县法院成功通过省级文明标兵单位验收。

【队伍建设】 坚持政治建院。县法院认真组织学习《关于新形势下党内政治生活的若干准则》和《中国共产党党内监督条例》等管党治党党纪党规，扎实开展“两学一做”学习教育、“巴陵先锋先行”主题实践活动以及“增强四个意识，做到三个看齐”专项行动，院长带头讲党课、学党章党规、系列讲话以及参加专题讨论，全体党员较好完成规定动作，全院干警的政治意识、大局意识、核心意识、看齐意识进一步增强。始终把党建工作作为党组特别是党组书记的第一责任，把党建工作列入重要议事日程，全年将队伍建设与审判执行工作同部署、同检查、同考核。2016年，成立了机关党委，明确一名党组成员兼机关党委书记具体抓党建，打造党员学习阵地、设立党务公开栏、组织演讲比赛，提高了党员讲政治、讲大局、讲奉献、讲业绩的积极性，党支部战斗堡垒作用和党员先锋模范作用得到较好发挥。推行人才强院。共举办各类业务培训10余期，培训干警600余人次，分批安排36人次到北京大学和上级法院进行深造，全院干警形成了“少上宴桌、不上赌桌、多上书桌、好好工作”的良好氛围。坚持开展岗位练兵，适时组织办案竞赛、优秀庭审、优秀裁判文书评比活动，有效促进干警司法能力提升，在员额制考试中，县法院参加入额考试法官的整体成绩居于全市前列。强化廉政兴院。全面落实从严治党要求，把守纪律、讲规矩摆在突出位置，组织干警认真学习贯彻《中国共产党纪律处分条例》和《中国共产党廉洁自律准则》等党内规章制度，扎实开展警示教育周、“纠四风、治陋习”和整治“雁过拔毛”式腐败等专项行动，严格执行中央“八项规定”，着力解决“六难三案”问题。认真落实党风廉政建设“两个责任”，强化领导干部“一岗双责”，并通过开通举报网站、聘任廉政监督员、发放廉政监督卡等，加强对重点岗位、重要环节和廉政节点的日常监督，给每位干警都戴上了“紧箍咒”，对违法违纪设置了“高压线”，县法院连续三年实现和保持了“干警零违纪”的工作目标，全院6名干警被评为岳阳市优秀办案能手，15名干警被县委、县政府嘉奖，院长被评为全市优秀领导干部。

（杨　红）

司法行政工作

【概况】 司法局是县人民政府工作部门，主管全县司法行政工作，主要职能有：普法宣传、法律服务、法律援助、刑罚免收监执行、社区矫正教育、司法鉴定、司法考试、律师管理、公证服务、人民调解、安置帮教、司法戒毒收治、司法协助等。局机关内设办公室、基层工作股、社区矫正股（中心）、法制宣传股、计财股、政工人事股、纪检监察室、政策法规股、公证处、法律援助中心10个职能股室，下设一个二级机构——重症涉毒人员收治中心，辖15个基层司法所。现有在编干部100人，其中机关政法专项编26人，事业编7人，县收治中心事业编17人，15个基层司法所政法专项编50人。2016年，在县委、县政府的正确领导下，在县人大和县政协的监督支持下，县司法局紧紧围绕县委、县政府中心工作，充分发挥职能作用，坚持服务大局、服务群众，为全县科学发展、和谐稳定创造良好的法治服务环境，开展大型法治宣传主题活动12次，成功化解各类矛盾纠纷1500余起，接受法律咨询12000人次，办理法律援助240余件，办理公证案件近千件，积极为富饶美丽幸福岳阳县建设作出了新的更大贡献，中洲司法所被评为省模范司法所，杨林、毛田司法所授予省规范化司法所。

【司法所收编直管】 通过两年的努力，2016年3月，县委、县政府主要领导研究决定，乡镇司法所作为县司法局在乡镇的派出机构，实行县司法局与乡镇人民政府双重领导、以县司法局为主的管理体制。全县共设立15个司法所（名称统一为：“岳阳县司法局XX（乡镇名称）司法所”，共核定基层司法所政法专项编制50名，县财政局按每人2.2万元的公用经费足额预算到县司法局，由县司法局统一管理，实现了县局对基层司法所人、财、物、事的全面上收，理顺了组织机构管理。

【法律体检工作】 根据省厅文件精神，4月，县司法局对自2013年以来全县司法行政系统的法治状况进行了全面“体检”。共查找出9大类11个法律风险问题，列成整改清单，明确整改期限和整改责任人，制定整改措施并及时加以整改，工作落实获得市局的肯定，7月，代表岳阳市迎接省厅检查，得到了省司法厅的高度评价。

【规范化建设和管理年活动】 司法局积极向县委、县政府主要领导汇报，坚决收回了被挤占、出租和出借的司法所办公业务用房，并主动与乡镇联系沟通，争取到各乡镇党委、乡镇政府支持，各司法所基层基础建设得到了很大的改善。除柏祥所还在积极协调外，其余各所业务用房均达到司法部“五室四化”标准。

【公共法律服务体系建设】 继建成县本级公共法律服务中心后，9月，司法局在荣家湾镇、筻口镇、荣家湾镇粤西社区、巴陵社区相继试点建成乡、村两级公共法律服务工作站点，提供人民调解、法律咨询、法律援助指引、公证指引等业务，积极将公共法律服务拓延至乡、村、组，得到领导和群众的高度评价。

【社区矫正工作】 司法局4月、5月相继开展社区矫正防脱管专项活动和社区矫正安全隐患排查专项活动，取得良好效果。全县累计接收社区矫正对象1199名，目前在管对象374名，无一例重新违法犯罪和脱、漏管现象发生。

【无纸化考试工作】 9月，司法局组织召开2016年学法用法无纸化考试培训会，邀请黄翔平讲师对《无纸化学法用法及考试系统》进行了实操演示。开展无纸化学法用法考试是“七五”普法期间，全县运用现代网络信息手段创新普法形式的新举措，能够有效解决“订购教材发牢骚，普法考试团体抄”传统纸质普法考试顽疾，能够有效杜绝代考、抄袭等瓶颈问题。将进一步深化普法重点对象学法用法工作，进一步提高全县普法创新能力，推动法治岳阳县建设工作再上新台阶。

【法律服务工作】 司法局组织知名律师下乡送法，5月，在公田镇龙山村举办了“法治宣传教育服务推进扶贫攻坚”主题活动，重点讲述《湖南省农村扶贫开发条例》《中华人民共和国农村土地承包法》《中华人民共和国农业法》《中华人民共和国劳动合同法》等与人民群众息息相关的法律法规，现场解答法律咨询110余次，为群众提供送上门的法律服务；加大法律援助宣传力度、简化援助程序、降低援助门槛、提高办案质量，很好地缓解了困难群众请律师难、打官司难的社会问题；简化公证办理程序，相继开通了“电话预约”“绿色通道”等举措，法律保障功能进一步发挥。

（易利秋）

社会团体

社会团体

工会工作

【概况】 岳阳县总工会现有干部职工34人,其中退休干部9人,职业化工会工作者4人,下设机关工会、办公室、组织部、经济工作部、法律保障部、财务部、女职工部、经审办共8个部室和工人文化宫、困难职工帮扶中心两个二级机构。管理全县359个基层工会(含区域性、行业性工会组织),工会会员3.87万人。

2016年,县总工会在县委、县政府的坚强领导下,带领全县各级工会组织高举中国特色社会主义伟大旗帜,以“两学一做”专题教育为统揽,深入学习贯彻落实党的十八届五中、六中全会和党的群团工作会议精神,以服务大局、服务基层、服务职工为目标,切实履行职能职责,以发展和谐劳动关系、维护职工合法权益为主线,积极探索构建工会组织建设新模式,全面推进岳阳县职工维权新机制。在推进固本强基、技术创新、依法维权、帮扶职工、素质建设等“五项工程”建设中,努力带领全县广大职工在自主创新、和谐创建中充分发挥了主力军作用。

【基层组织建设】 2016年,县总工会把壮大组织队伍和加快标准化建设步伐作为全年工作的重要内容。按照“六有和五个好”的要求,从基层工会阵地建设入手,制作了阵地建设统一标准,努力推动企业实行劳动合同制度,提高劳动合同签订率,着力把农民工、女职工在内的职工就业质量、工资支付情况、劳动保护状况、“五金”缴纳情况等纳入劳动合同和工资集体协商的签订内容。全年共新建工会组织84家,发展会员7045人,签订37份工资集体协商文本。同时,加强职工爱心驿站建设,在城关范围内建立了邮政局爱心驿站和荣家湾镇便民服务中心爱心驿站。

【维护职工权益】 按照“组织起来,切实维权”的要求,县总工会把维权工作作为工会发挥职能作用的首要任务来抓。全年共免费接待130多人法律咨询,办理了30多起维权案件,其中农民工13例。通过为困难职工排忧解难,使他们切实感受到党和政府的关怀与温暖,推进“送温暖工程”社会化、常态化、制度化,不断增强工会组织的影响力和凝聚力。

【解困脱困工作】 2016年,各级工会认真贯彻落实中央和省、市再就业工作会议精神,坚持把扶贫帮困和促进再就业作为服务大局和维护职工合法权益的头等大事来抓,尽其所能为困难职工排忧解难。2016年春节、端午节期间,共为全县615名困难职工发放生活救助和医疗救助金36万元;通过“双联”帮扶工作,组织98个县直单位联系15家困难企业,998名机关干部联系1542名企业困难职工,解决帮扶资金74.9万元;实施“金秋助学”活动,累计筹集资金近39万元,帮助259名困难职工子女圆了大学梦;开展职工医疗互助活动,为全县7000多名职工办理了职工医疗互助,做好女职工“双癌”保险和女职工双病普查工作。围绕就业技能培训、就业岗位介绍、就业基地建设三大工作重点,依靠帮扶中心与科伦制药有限公司、同安药业有限公司等一批用工数量大的企业单位建立了用工情况热线联系，充分挖掘就业岗位，做好职业介绍工作。全年共为96名下岗职工提供了就业服务，帮助32名下岗职工实现了重新上岗就业。

【助推县域经济发展】 大力宣传、弘扬、传承劳模精神，扎实做好劳模的选树、培养、管理工作，认真落实尊重劳模社会地位、生活保障和长远发展的工作。截至2016年全县共推荐评选出全国劳模3名、省级劳模26名、市级劳模19名、县级劳模17名。2016年开展劳模献计献策活动，通过集中座谈和个别走访等形式，围绕岳阳县“科技强县、旅游兴县”战略，收集好的意见、建议100余条，发挥了劳模智慧和展现劳模风采。开展丰富多彩的职工业余文化活动，充分展现职工风采，共建共享发展成果。2016年，组织参与了“欢乐潇湘·幸福岳阳·秀美巴陵”大型职工文艺会演、“杰成杯”岳阳县第七届乒乓球赛、“亿丰·悦冠荣城杯”岳阳县第一届棋艺大赛、“悦冠荣城杯”岳阳县第一届太极拳比赛。

（刘　青）

团县委工作

【概况】 共青团岳阳县委员会属正科级单位，机关内设3个职能部室：办公室、组宣部和对外联络部。现有工作人员4人，党员3人。共青团岳阳县委员会始终坚持以科学发展观为统领，围绕党的中心任务，努力践行组织青年、引导青年、服务青年和维护青少年合法权益四项职能，团结带领广大青年，想事谋事、尽职尽责、同心同德，为建设富饶美丽幸福岳阳县贡献力量。

【“两学一做”工作】 团县委制定了《团县委“两学一做”学习教育活动方案》，认真落实了学习教育各项规定动作，并做好自选动作突出亮点：6月，选派一名青年干部代表，参加岳阳市“两学一做”知识竞赛；7月，在青年中开展“巴陵先锋先行”主题实践活动；8月，由县委组织部主办，团县委与县妇联联合承办的全县“两学一做”演讲比赛。

【注重学习引导】 2016年1月，团县委派员参加市委党的群团工作会议，学习传达会议精神；3月，召开全体机关干部会议，传达2016年县委经济工作会议暨全县三级干部大会、县纪委十一届九次全会、县人才工作领导小组会议精神；4月，组织学习传达省委书记徐守盛、市委书记盛荣华指示精神；5月，参加全市少先队工作培训班，学习传达团省委副书记廖良辉讲话精神；7月，专题学习习总书记“七一”重要讲话精神；同月，召开机关干部防汛救灾动员会；9月，学习县委书记田文静在县党代会上的报告；10月，学习市委书记盛荣华在市党代会上的报告；11月，学习传达十八届六中全会精神；12月，学习省委书记杜家毫在省党代会上的报告；同月，组织学习县政府工作报告。

【精准扶贫工作】 落实精准扶贫工作责任：坚持每月定期走访联点村——月田镇上洞村；11月，在县政府的帮助下，为上洞村争取了10万元项目经费用于其产业扶贫；在牵头单位县畜牧局的帮助下，购买价值5000元的鸡苗给贫困户；12月，“一元捐”项目共资助该村贫困学生7人，共计7000元。参与全县扶贫公益活动：10月，单位全体干部4人参与爱心募捐，共捐款1000元至岳阳县慈善总会爱心账户；11月，安排志愿者3人，配合县扶贫办，共核查贫困户300余户；12月，参与“同心携手、为爱传递”精准扶贫大型公益慈善募捐晚会，负责晚会的志愿服务及场外义卖环节，共计组织志愿者26人，义卖所得资金356元，已按要求汇缴至县慈善总会爱心账户。全力开展各类助学活动：2月，通过共青团贵定县委员会给贵定一中原岳阳县贫困学生王娟送上了资助款一万元；12月，在新墙镇中心学校开展了“青春扶贫”爱心助学活动，对来自全县各乡镇的22名困难学生进行了帮扶，现场结成对子并签订了持续帮扶协议5份，并在场为学生提供了爱心助学款共22000元；在全县范围内开展“一元捐”活动，共筹得“一元捐”资金共20357.5元，位列全市各县市区第二；配合省招商银行、湖南交通广播电台在县一中体育馆开展“为爱接力、让梦起航”助学项目，共帮扶困难新生16人，帮扶资金80000元；发放“圆梦红土地”大型公益活动贫困高中生资助项目的资助款共9000元；发放由岳阳恒帮投资管理有限公司企业家一对一帮扶款项12000元给3名一对一帮扶学生。

【就业创业工作】 发挥榜样示范作用：3月，配合县人才工作领导小组召开了全县人才工作暨“十大创新创业杰出青年”“巴陵名师”表彰会；11月，与县委组织部、县科技局联合举办了第二届“十大创新创业杰出青年”评选活动。及时帮助就业创业创新：2月，配合县人社局举办岳阳县2016年“春风行动”大型招聘会；5月，积极配合团市委开展全市第三届创新创业大赛，推荐岳阳县优秀创新创业青年，积极参与报送团市委“青年创新创业优秀项目展示暨创投对接沙龙”创新项目8个；9月，积极参与全市中学（中职）科技创新示范竞赛，推报论文及制作共11件；将开展2016年湖南省“湖湘青年英才”支持计划工作的文件及时传达给岳阳县青年创业代表，组织发动符合条件的青年创业者们积极参加、报送资料。服务农村淘宝开业：发挥自身优势，在广大青年中广泛宣传“农村淘宝”，为“农村淘宝”工作打下了坚实宣传基础。

【开展志愿服务】 服务党政中心的活动：1月，配合县委宣传部举行2016年“红红火火过大年”暨“五下乡”志愿者服务活动，免费发放青少年书籍100多本，并现场提供业务咨询解答；7月，组织志愿者10人，到中洲大堤上为抗洪抢险的战士们运送爱心物资；在各关键时间节点，按照县委统一部署，安排志愿者在主要交通路口开展了劝导活动共计7次，时间达16天。积极开展特色主题活动：6月，与县妇联联合举办了“绿色巴陵、青春有约”联谊活动，80余位来自各个单位的男女青年欢聚一堂、结交朋友；9月，与县教体局、文明办一同举办了“预防溺水、应急知识进校园”活动的启动仪式；10月，与县教体局、交警大队以及人保公司一起开展了“知安全风险、会紧急避险”活动。开展全年各节庆节点的主题活动：3月，组织动员下属团委（团支部、少先大队）开展了扶贫助困、网络文明志愿服务、关爱农民工子女、青少年普法维权矫正、义务献血、义务植树、义务卫生清洁等多项志愿服务活动；同月，组织全县各乡镇、部分县直单位团干部，学校团委书记、少先队大队辅导员等近50余名，在荣家湾镇沿河村进行了义务植树活动，共种下200余棵樟树；同月，协助县人民政府、县市场和质量监督管理局承办了“3·15”国际消费者权益日主题活动，组织了20余名县直单位团委书记作为消费维权志愿者宣读了“志愿者”誓词。

【强化自身建设】 与下属团组织加强联系：积极联系各单位，收集完善了最新的团干部名册；下属团组织工作主动性加强，积极开展青年活动，并发送基层团讯给团县委。不断规范团员发展工作：对确定的2400个入团名额进行了科学分配，为团员发展工作打下了坚实组织基础；9月，对全县团员发展进行了第二轮摸底，并安排了下半年团员发展任务。严格机关工作要求：贯彻落实组群系统纪检工作交流会精神，全体机关干部签订了责任书，就遵守工作纪律作出了承诺。

（王　芳）

妇联工作

【概况】 2016年，县妇联在岗干部5人。该会坚持以党的十八大精神为指导，围绕岳阳县妇女儿童发展规划，坚持一手抓发展，一手抓维权，全面提高妇女整体素质，全力维护妇女儿童合法权益，动员带领广大妇女为推进妇女工作新跨越而努力奋斗。

【妇女发展工作】 县妇联开展“双学双比”活动。2016年，岳阳县兴相油茶农民专业合作社理事长付素辉在岳阳市首届巾帼创新创业大赛中荣获三等奖，她本人也被评为2016年度市“巾帼建功标兵”，同时还做好了“双学双比”与文明创建的结合文章，继续在全县深化开展“清洁家园·巾帼行动”活动，认真组织“三个一”活动，通过与农村妇女进行面对面的宣传，增强了她们的环境卫生意识，激发了她们净化美化家园和争创卫生城镇、卫生农户的热情，营造了良好的氛围。“巾帼建功”活动。在城镇以“巾帼文明示范岗”为载体，发动在职妇女岗位建功，培创了一批“巾帼文明示范岗”，其中县不动产登记中心被评为市级“巾帼文明岗”；“文明创建”活动。积极参与文明县城创建，广泛开展最美家庭、平安家庭、无毒家庭、好婆婆、好媳妇、好儿女等一系列评选活动，全县90%以上家庭参评，并在年初召开了全县“最美家庭”表彰会，会上表彰了郭青保家庭等20户家庭为岳阳县“最美家庭”，并向全县发出了《“反家暴 创平安 促和谐”倡议书》。成立了巾帼志愿者小分队，开展了文明公德宣讲、“净绿”行动、“低碳家庭·时尚生活”宣传等活动。

【妇女维权】 县妇联利用节庆联合司法局通过悬挂宣传横幅、制作板报、出动宣传车等方式，积极宣传男女平等基本国策、《中华人民共和国妇女权益保障法》《中华人民共和国婚姻法》《中华人民共和国未成年人保护法》等多种法律法规，同时还编印了3000册《中华人民共和国反家庭暴力法》宣传手册分发至广大市民手中，进一步提升了法律知识的普及率，营造了良好的学法用法氛围。通过举办反家暴法律知识讲座、“家庭律师社区行”活动有效增强了岳阳县广大女干部的法律素养，提高了维权工作能力。2016年，共接待来信来访28件，办结27件，办结率达96%。

【服务妇女儿童】 妇联作为广大妇女儿童的娘家，2016年，主要从以下几个方面服务广大妇女儿童：一是服务妇女就业。继续协助县人力资源和社会保障局举办了“春风行动大型招聘会”，通过村级妇代会主任走村入户宣传，以乡镇妇联为单位组织待业青年和返乡农民前往招聘会现场，确保了活动的实效性，据统计，共有200余名妇女当场签订了用工意向协议。二是开展农村适龄妇女免费“双癌”检查工作。2016年，农村适龄妇女“两癌”免费检查工作纳入省委、省政府重点民生实事项目。为切实做好这一工作，县妇联专门下发了岳县政办函【2016】44号文件，明确了2016年的目标任务是15000人，11月中旬就全面完成整个检查任务，并为“两癌”患病贫困妇女争取救助款十余万元。三是继续开展特困孤儿、事实孤儿救助行动和留守儿童关爱活动。2016年，该会继续与县扶贫办对接，对铁山库区3个乡镇的特困孤儿和事实孤儿进行扶持，每人每年一次性发放助学金1000元，共发放助学金95000元。8月，还与县教育局开展了留守儿童关爱活动，深入留守儿童家中发放了学龄儿童自我防护方面的宣传资料，并由“爱心妈妈、爱心爸爸”对留守儿童一对一进行了心理咨询，同时，深入24户特困留守儿童家进行看望慰问，共送去慰问金4800元。9月，县妇联在张谷英镇渭洞完小启动了“知心屋”项目，配备了专门的社会心理工作者，定期为留守儿童开展团体辅导、个体心理咨询等活动。

【基层组织建设】 全县共有14个乡镇妇联、44个县直妇委会、163个村(居)妇代会。在加强队伍建设的同时，县妇联十分注重女干部队伍素质的提高，通过召开基层组织建设调研座谈会、选派女干部参加各种各样的培训等方式不断提高女干部的综合素质，积极向组织部门推荐女干部，为女干部的发展铺路。

（李曙红）

科协工作

【概况】 岳阳县科学技术协会共有13个自然科学学会组织，学会会员4200人，27个农村专业技术协会，其中4个农村专业技术协会，3个农村科普示范基地，1个科普示范社区受到中国科协表彰。2016年，岳阳县科学技术协会立足部门职能，坚持“三服务”的工作原则，按照《中华人民共和国科学技术普及法》的要求，团结和动员全县广大科技工作者，充分发挥学科众多，人才荟萃的资源优势，推广先进技术，开展实用技术培训，搭建学术交流的平台，落实“基层科普行动计划”，培植农村科技带头人和农村科普示范基地，发展农村专业技术协会，搭建社区科普平台。贯彻《全民科学素质行动计划纲要》，面向未成年人、农民、城镇劳动人口，领导干部和公务员开展科学素质教育，组织开展经常性的科普活动和每年"全国科普日"活动。

【科技下乡活动】 面向广大农村，面向农民开展科普教育是落实《全民科学素质行动计划纲要》的一项重要内容,2016年1月26日由县委宣传部牵头的"春节五下乡"志愿者服务活动在长湖乡启动。县科协会同科技、农业、畜牧、林业、水利、农机等涉农单位的科普志愿者开展科技宣传、科技服务、科技咨询,围绕推进农业产业化,依靠科技进步,就良种培育,种养殖加工,农机操作、维修等各种农村实用技术进行宣传,培训;围绕节约能源资源,保护生态环境，保障健康生活开展科普宣传。本次活动共展出科普知识展板38块，推广实用技术2项，印发各类农业技术资料7500份，发放科普图书5种共3000册。

【基层科普行动计划】 基层科普行动计划是中国科协、财政部,湖南科协、财政厅表彰和奖励为科普做出积极贡献的农村科普组织、个人和社区组织而实施的惠民工程。该计划包括社区益民计划和科普惠农计划。为了更好地争取国家以奖代投的资金扶持农村科普组织,根据2016年中国科协、财政部,湖南科协、财政厅关于基层科普行动计划申报的通知，县科协按照要求迅速落实项目单位,组织项目申报班子,创造条件,细致、完善、高标准做好项目申报书、项目预算报表,通过努力,2016年社区益民计划中荣家湾镇天鹅社区获国家级科普示范社区。在科普惠农计划中岳阳县杨林乡肉鸽养殖协会获省级先进农村专业技术协会，共获奖励扶持资金30万元。

【"科普日"系列活动】 2016年9月18日,岳阳县全国科普日系列活动在县城启动，县科协联合县科技局、县卫生局等部门组织50多名科普志愿者,以义诊、咨询、展览等形式，在东方圣世广场开展健康、安全知识进社区活动。科普日期间，科普志愿者在各农村专业技术协会和农村科普示范基地以展览、讲座、培训等形式面向农民朋友开展科普系列活动。

【校园科普活动】 加强青少年的科普教育是《全民科学素质行动计划纲要》的一项重要内容。是创建国家文明县城的一项重要指标,为切实做好该项工作,进一步加强青少年科普教育。5月8日，由湖南省科协主办的"2016年'激情5月·青春飞扬——青年科学家进校园'巡回演讲活动"在县一中体育馆举行。1000多名学生聆听第六届省青年科技奖获得者彭立和第九届省青年科技奖获得者张世辉的精彩演讲。省科协副主席刘晓河、市科协副主席彭晓霞、县政府副县长彭碧芳等领导全程参与了本次活动。组织参与市科协组织开展的巴陵千名小院士孵化工程。选派优秀教师参加奇思妙想科普教育培训，出资金为明德小学和张谷英中心校办好周六课堂,让青少年从小树立爱科学,学科学的良好意识。

【社区科普活动】 按照岳阳县志愿服务工作的总体部署，结合创建全国文明县城的实际,8月10日,县科协牵头组织县人防办、县科技局、县消防大队、县人民银行的科普志愿者们深入荣家湾镇城南、集镇两社区开展科普志愿服务活动，拉开了科普志愿服务进社区活动的序幕。科普志愿者们共深入县城12个社区,通过发放科普图书、资料、咨询、展览等形式向社区居民宣传消防、人防、地震灾害预防、食品安全、低碳生活、生态环保等科普知识,共展出科普展板70块，发放科普图书10种共2万册，科普宣传资料2.8万份。

（杨鹏飞）

工商联工作

【概况】 岳阳县工商联内设综合办公室，与县总商会合署办公。2016年,有企业会员130家,个体工商户会员70户,基层协会商会6个,规模以上企业会员71家,缔结友好商会6个；第十二届执行委员会共有执委83人,其中兼职副主席、副会长14人,常委43人。

【非公党建工作】 县工商联组织全县非公企业党支部书记参加县委统战部组织的党性教育培训学习，推荐5名会员参加入党积极分子培训班学习，发展新党员3人。承办"七一"党建庆祝活动,组织各基层商会党组织和统战系统党小组共80余人,在黄沙街同心科技园开展讲党课、新党员宣誓、老党员重温誓词等活动。

【服务工作】 一是"走出去""引进来",强化学习。2016年11月组织副主席、副会长和部分商会骨干赴深圳岳阳县商会进行商务考察。邀请深圳互联在线董事长周明,举办"互联网+"新商业模式沙龙会,深度探讨互联网新商业模式。二是努力优化企业发展环境。联合政府优化办、工业园等单位,对全县非公企业进行发展环境调查走访;参与县第十二次党代会报告意见征集活动,广泛收集企业发展诉求,部分建议写入党代会报告。三是做好企业宣传。以县工商联十二届会员代表大会为契机,对副会长企业进行展板宣传。四是招商活动和就业招聘两不误。引进湖南美尔伦珠宝有限公司、岳阳县鸿辉汽车销售有限公司、岳阳鸽王天下生态特色主题餐厅等;对接县人力资源和社会保障局,联合承办岳阳县2016年"春风行动"大型招聘会,联系30家会员企业参与,解决就业135人。

【商会建设】 一是全程参与、指导青年企业家商会成立,2016年3月28日成立了以邹检生为会长的青商会,为广大青年企业家之间相互学习、交流、合作搭建了平台。二是积极参与新开商会换届,全力配合和主动参与新开商会的换届工作,进一步激发了商会的活力,提升了商会的凝聚力。三是主动协助电子商务协会筹建,6月18日,隆重成立了以湖南中湘物流集团有限公司董事长张浩琳为会长的电商协会。

【换届大会】 2016年4月28日,县工商业联合会(总商会)第十二次会员代表大会召开。会议听取和审议了县工商联第十一届执行委员会工作报告,选举产生了县工商联第十二届执行委员会。李赐柚当选为工商联主席、总商会会长。会议还选举通过了出席市工商联第八次会员代表大会代表,宣读并通过了县工商联第十二次会员代表大会决议,宣读了第十二次会员代表大会公告。对十二届工商联兼职副主席、副会长、常委进行了授牌,对名誉会长、荣誉会长颁发了聘书。

【"同心携手、为爱传递"募捐】 2016年10月30日,县工商联在农村淘宝服务中心共同开展统战系统"同心携手,为爱传递"精准扶贫公益募捐活动。县委常委、统战部部长苏红琳出席并讲话。荣家湾镇麻塘商会、荣家湾镇城关商会、新开商会、岳阳县青年企业家商会、岳阳县电子商务协会等基层商会,以及工商联新推荐人大代表、政协委员人选共80余人参加募捐,本次活动现场募集43万余元,充分展现了非公经济人士的善举力量和共同参与的热情。活动的开展进一步提升了企业界的社会责任意识,弘扬了中华传统助人为善、助人为乐的美德。

(周 宇)

文联工作

【概况】 岳阳县文学艺术界联合会(简称县文联)成立于1987年,属正科级行政单位。2016年,县文联坚持文艺"为人民服务、为社会主义服务"的方向,贯彻"百花齐放、百家争鸣"的方针,履行"联络、协调、服务、指导"的职责,团结和带领全县广大文艺工作者,按照"多出精品力作,多出优秀人才"的工作思路,抓好文艺创作。

【文艺创作】 2016年,县文联各协会会员在市级以上公开发表、展出、演出的各类文艺作品共106篇(件),其中省级及省级以上46篇(件)。张立功的小说《锣声在大灾前响起》在《章回小说》发表;许晗瑶、邹时丰的油画作品入选全国吴冠中油画展;周麦秋的诗词《爱莲赋》入选《中华辞赋》;王根良的摄影作品《传承》《洞庭飞鱼》获"天下洞庭,端午源头"国际摄影大赛优秀奖;楹联协会会员戴高峰创作的20多篇楹联作品先后在国家、省级、市级获奖;诗词协会会员熊石旺共有16篇诗词作品发表在国家、省级、市级诗词刊物上;作协会员刘勇2016年创作的小说12篇,先后在省、市文学刊物上发表;明德小学老师方白兰个人创作的书法篆刻作品、国画、诗词作品先后在国家级、省级、市级竞赛中获奖。

【编辑出版《巴陵览胜》文集】 助

推旅游兴县发展战略，2015 年 10 月，县文联分别在《岳阳日报》、县政府门户网、县电视台等媒体，发布《巴陵览胜》编辑出版征稿启事，并向全社会征稿。2016 年，县文联通过对征集的作品整理编辑，收录散文、游记共 80 篇 25 万余字、摄影作品 19 幅，全面展示岳阳县古今人文景观、自然景观、风土人情和名人趣事。2017 年 1 月，在团结出版社出版了《巴陵览胜》文集。

【书法创作竞赛活动】 为了更好地开展“学党章党规、学系列讲话、做合格党员”学习教育活动，营造“两学一做”学习教育活动氛围。2016 年 6 月至 9 月，由县委组织部牵头、县文联承办，在全县组织开展“两学一做”书法创作竞赛活动。共收到各类书法作品 329 幅，评选出优秀作品 56 幅，其中毛笔书法作品 42 幅，硬笔书法作品 14 幅，结集出版《先锋先行》书法作品集。

【开展创建楹联文化县活动】 2016 年 1 月，岳阳县获得“中国楹联文化县”的称号，荣家湾镇获得“全国楹联文化之乡” 的称号，岳阳县职中、岳阳县二中、洞天观小学获得“全国楹联文化教育基地”的称号。5 月 15 日，举行了“中国楹联文化县”授牌仪式，中国楹联学会会长蒋有泉、岳阳县人民政府副县长周里参加了仪式并授牌。

【彭新华获“文艺岳家军”支持计划专项资助】 彭新华因先后创作出版了长篇传记文学《湘北风云》《刘士奇传》《三战三捷》《一条河流的抗战》等文艺作品，2016 年被岳阳市委列入重点人才支持计划，入选岳阳市 20 名“文艺岳家军”支持计划，并获得专项资助 5 万元。

【长篇小说《血色湘北王》出版发行】 2016 年 10 月，袁文炳创作的长篇小说《血色湘北王》在中国文联出版社出版。2013 年，袁文炳开始创作，历时三年时间，创作了 53.5 万字长篇抗战小说《血色湘北王》，真实反映了湘北人民的抗日历程。

（唐小兵）

残联工作

【概况】 岳阳县残联系全额拨款正科级事业单位，归口于县政府办系统。内设机构有办公室、康复股，下设机构为岳阳县残疾人劳动就业服务站。近年来，通过健全机构、加大投入、政策保障、社会支持等多种措施，切实解决残疾人最关心、最直接、最现实的康复、就业和脱贫等问题，全县残疾人事业呈现良好发展态势。全县 4000 余名残疾人享有不同程度的康复服务，残疾人就业率达 80% 以上；享受生活补贴的困难残疾人 12000 余人次，享受重残护理补贴残疾人近 10000 人次，“两项补贴”年投入资金 1000 余万元；残疾人新农保、新农合、城乡低保、“五保”供养和大病救助等社会保障政策全面落实。2016 年县残联在全市创服务型残联中综合排名第一。

【劳动就业工作】 县残联深入贯彻《残疾人就业条例》《湖南省按比例安排残疾人就业规定》，坚持集中与分散相结合的就业方针，努力拓宽残疾人劳动就业空间。全县按比例安置残疾人就业 242 人。进一步建立规范化、常态化的残疾人就业机制。积极推进盲人保健按摩机构规范化建设和管理，全县有 2 家盲人保健按摩机构取得了省级盲人保健按摩合格资质，解决了 10 余名盲人的就业问题。在全市首届残疾人创业就业“双十佳”评选活动中，张凤鸣、龚敏获“十佳残疾人创业明星”称号，瞿代燕创办的湘北老兵歌舞剧团被评为“十佳吸纳残疾人就业项目”。

【扶贫工作】 2016 年，在毛田镇八宝村开展的驻村扶贫工作中，按照扶贫工作“两不愁、三保障”的基本要求，制定精准帮扶措施。免费赠送轮椅、盲杖等辅具 10 件次；帮助 3 户困难残疾人家庭进行无障碍设施改造，每户补贴 5000 元；上门办理残疾人证 6 次；拨付扶贫帮扶资金 6 万元。针对鹿角村连村帮扶工作，整合多方资源，形成工作合力，先后由住建、扶贫、残联等部门共同出资近 30 万元用于该村残疾人危房改造等扶贫支出，确保了帮扶工作效果。

【康复工作】 把0~6岁残疾儿童抢救性康复训练、辅助器具发放等康复救助工程纳入为民办实事的重点内容进行安排部署。组织召开动员会，将实事任务分解细化，明确职责分工，制定工作方案。2016年，有8名孤独症儿童、19名脑瘫儿童和12名智障儿童分别赴省博爱、市妇幼等定点医院接受4~10个月不等的康复训练。加大资金投入，采取民办公助的形式，定点扶持县民康医院、县民生医院开展残疾人医疗康复。县民康医院坚持“医教结合”，康复教育两头兼顾，力求使残疾儿童在接受康复训练的同时，在语言、认知、理解、配合、身体协调及生活自理等方面都能得到不同程度的改善和提高。县民生医院通过开展医养结合、工(农)疗等康复模式，组织精神病人从事简单的手工劳动，建立了精神病人医疗、康复、就业为一体的工疗农疗示范点。

针对残疾人在辅具适配方面存在的困难和问题，因人而异采取解决措施和办法，形成“一对一”的个性化辅具适配服务方式。针对辅具适配服务较为单一的问题，进一步拓宽辅具适配服务范围，将辅具适配服务范围逐渐从肢体残疾人向各类残疾人扩展，对特殊重度残疾人提供上门评估、发放、适配等“一条龙”服务。2016年，有34名肢体残疾人免费安装普及型假肢；400名重度肢体残疾人配置代步轮椅；100名残疾人配置了坐厕椅；33名残疾人配置了助听器；150名残疾人申领了拐杖；300名盲人申领了盲杖。

【残疾人“两项补贴”工作】 根据《国务院关于全面建立困难残疾人生活补贴和重度残疾人护理补贴制度的意见》(国发〔2015〕52号)精神，对困难残疾人群体在普惠的基础上给予特惠救助。由民政部门牵头负责具体实施，残联配合做好相关审核工作。这与过去残联牵头组织实施的重度残疾人“两项补贴”制度在名称、补贴对象、补贴方式、操作规程等方面都有较大调整。为确保此项惠民工作落到实处，县残联抽派了3名业务骨干，积极配合民政部门做好两项补贴网络信息平台管理，基础数据的汇总、比对、动态管理等工作，实现了两项补贴工作顺利交接。2016年“两项补贴”惠及全县10000余名残疾人。

【文明创建工作】 把文明创建当作创新管理方式、提高单位软实力的必要手段。2016年年初，申报了市级文明标兵单位创建项目。党组、理事会多次进行专题研究，制订出台了工作方案，成立了一套由一名分管领导和三名工作骨干组成的工作班子具体抓落实。把创建活动纳入全局工作一起研究、一起安排、一起检查、一起考评，做到有工作计划、有督促检查、有总结提高，逐步形成了经常化、规范化的创建机制。通过市文明委考评小组的综合评定，县残联成功创建市级文明标兵单位。

【残疾人稳定工作】 坚持“一把手”带头接访处访，班子成员每天轮流值班，着力开展坐班接访、预约接访、带案下访活动。坚持领导主抓，班子成员分工负责抓稳定，上下层层签订责任状，包干负责残疾人稳定及维权工作，健全联动机制和防控网络。建立健全信访排查制度，实现残疾人“上访”向工作人员“下访”转变，把握工作主动权，把问题解决在基层和萌芽状态。在全国助残日等敏感时期，加大残疾人信访热点、难点排查力度，成功化解了极少数残疾人利用“全国助残日”“国际盲人日”酝酿上访事件。2016年，接待处理残疾人来信来访300余件次，接待来访群众800人次，问题处理率达100%。

(吴雪兵)

综合经济与管理

综合经济与管理

综 述

【概况】 岳阳县发展和改革局(简称县发改局)，现有干部职工63人,内设机构12个,即办公室、国民经济综合和规划股、法制股、固定资产投资股、基础产业和区域发展股、农村经济股、工业和资源节约环境保护股、财贸服务业股、社会事业发展股、价格股、收费股、能源股；下设二级机构5个,即价格监督检查所、价格认证中心、价格成本调查队、经济信息中心、节能监察中心。主要负责综合研究拟订经济和社会发展政策,进行总量平衡,指导总体经济体制改革；提出全社会固定资产投资总规模，规划重大项目和生产力布局；推进产业结构战略性调整和升级；研究分析区域经济和城镇化发展情况等工作。

【重点项目】 2016年，全县争取国家重点投入项目83个,目标争资14亿元。全年下达资金计划或已批复的项目52个，落实资金8.97亿元；报送上级部门待批复项目12个。全年固定资产投资达到311亿元,同比增长18%。计划外新增项目25个,落实资金1.59亿元。发改局牵头负责的城市棚户区改造项目等7个项目获国家发改委批复,落实资金2.36亿元。

【项目审批】 2016年，共受理许可事项130个,办结130个,办结率、群众满意率均为100%。项目总投资471158.22万元,其中招标核准42个，总投资44572.62万元，政府投资项目审批56个,总投资245605.72万元;企业项目核准3个,总投资7630.08万元;企业项目备案29个，总投资173349.8万元。

【公车改革】 2016年是深化改革的关键年,11月底,统计完成了全县公车改革人员数据，改革方案获市车改办审批通过,12月,筹建县公务用车管理平台，将车辆一次性全部收归平台管理；组织编制了《岳阳县“十三五”重点流域水环境综合治理实施方案》《岳阳县重点流域水环境综合治理“十三五”建设项目表》《岳阳县洞庭湖生态经济区水环境综合治理五个专项行动方案》;全面取消收费许可证和服务价格登记证制度,停止年度审验工作,停止收取价格调节基金；深化价格体制机制改革,制定并实施县管商品和服务价格定价目录。

【价格监管】 2016年,共出刊《价格监测简报》12期,为县委、县政府主要领导和相关部门及时掌握市场价格动态提供了第一手资料;开展了各行业收费专项检查,全年共查处违价案件32起,查获违价金额160余万元，收缴财政132万元；制定2016年秋季教育收费文件,加大对2014年以来省市文件规定取消、降标及市场化的涉企收费项目专项清查，规范收费行为，公开行政性事业性收费和经营服务性收费目录清单；规范民事价格认证事务，主动做好涉纪、涉刑案件的价格认定工作,全年共完成各种价格鉴定938起,鉴证金额1998万多元;全年共处理“12345”“12358”公众热线工单120余起；深入开展油气管线安全隐患整治工作，全年无一例油气管线安全事故。

【落实中心工作】 制定"一岗双责"和内部管理特别是廉政建设各项制度规定，认真落实党风廉政建设党组主体责任和纪检组监督责任。深入开展"扶贫攻坚""企业帮扶"以及"品牌创建"等中心工作，参与帮扶党员干部20余人，"一对一"帮扶困难群众15户，单位及干部职工帮助贫困户购买化肥、种子等农业生产资料及捐款、捐物、慰问、积极争取教育、医疗、救助折价共计3万余元。圆满完成了预脱贫人口15户54人的攻坚脱贫工作。

（欧安意）

食品药品工商质量监督管理

【概况】 岳阳县食品药品工商质量监督管理局是由原县工商行政管理局、原县质量技术监督局、原县食品药品监督管理局三局撤并整合而成，加挂岳阳县食品药品监督管理局，岳阳县食品安全委员会办公室的牌子，属县政府工作部门。全局共有干部职工340人，在职262人，退休78人。内设20个机关股室，3个直属行政机构，3个直属事业机构，18个派出机构，2个挂靠机构。

通过机构和职能整合，其主要职能是：1.贯彻执行国家、省、市有关工商行政管理、质量技术监督、食品药品监督管理、酒类管理等方面的方针、政策和法律、法规；2. 负责全县市场监督管理、质量水平、食品药品监督管理等规范性文件的拟订并组织实施；3.负责全县各类企业、农民专业合作社和从事经营活动的单位、个人等市场主体的登记注册并监督管理，承担依法查处取缔无照经营的责任；4.承担依法规范和维护各类市场经营秩序的责任，负责监督管理市场交易行为和网络商品交易及有关服务的行为；5.承担查处违法直销和传销案件的责任，依法监督管理直销企业和直销员及其直销活动；6.依法查处不正当竞争、商业贿赂、走私贩私等经济违法行为；7.负责依法监督管理经纪人、经纪机构及经纪活动；8.依法实施合同行政监督管理，负责管理股权出质登记、动产抵押物登记，组织监督管理拍卖行为，负责依法查处合同欺诈等违法行为；9.指导全县广告业发展，负责广告活动的监督管理工作；加强药品、医疗器械广告内容的监测及保健品广告内容的审查和监测；10.负责商标监督管理工作，依法保护商标专用权和查处商标侵权行为。负责中国驰名、省著名商标的申报和加强驰名、著名商标的保护工作；11.组织指导企业、个体工商户、商品交易市场信用分类管理，研究分析并依法发布市场主体登记注册基础信息，为政府决策和社会公众提供相关信息服务；12.负责各类企业、个体工商户、农民专业合作社准入行为、退出行为的监督管理；13. 负责产品质量宏观管理工作，贯彻实施国家质量发展纲要，推进质量强县战略和名牌发展战略，组织实施重大工程设备质量监理制度，组织重大产品质量事故调查，监督管理产品防伪工作。承担产品质量诚信体系建设责任，强化对市场主体的信用监管；14. 负责统一管理全县标准化工作，参与组织地方标准的制定或修订工作，管理企业产品标准备案，推行采用国际标准和国外先进标准，管理全县组织机构代码和商品条码工作，管理全县法人数据库工作，负责全县标准化公共服务平台的建设和管理；15. 负责统一管理计量工作，推行国家法定计量单位和国家计量制度；依法管理计量器具及量值传递和比对工作，负责规范和监督商品量和市场计量行为，负责产品能源效率标识监管，依法推行用能单位能源计量管理工作；16. 承担综合管理特种设备安全监察、监督工作；监督检查高能耗特种设备节能标准的执行情况；按规定权限组织调查处理特种设备事故并进行统计分析；17. 负责生产领域产品质量和流通领域商品质量监督工作。组织实施监督抽查、定期检查、强制检验和风险监控工作；监督管理产品质量商品质量各项法定检验工作；监督管理产品质量商品质量仲裁检验、鉴定；负责工业产品生产许可证监督检查和纤维质量监督检验工作；负责机动车安全技术检验机构的监督管理；组织开展产品质量商品质量专项整治和假冒伪劣违法行为打击行动，依法查处违法行为；负责管理生产领域产品质量投诉和举报，组织开展有关服务领域消费维权工作，指导消费者咨询、申诉、举报受理、处理和网络体系建设等工作，保护经营者、消费者合法权益；18.承担对强制性产品认证和自愿性认证监督管理工作；19.负责食品（含食品添加剂、酒类食品、保健食品，下同）、药品（含中药、民族药，下同）、医疗器械、化妆品监督管理。建立食品药品重大信息直报制度，着力防范区域性、系统性食品药品安全风险；20.负责权限内食品、药品、医疗器械行政许可；建立食品安全隐患排查治理机制，制定全县食品药品安全检查年度计划、重大整顿治理方案并组织落实；负责建立全县食品药品安全信息统一公布制度，公布重大食品安全信息；参与制订食品药品安全风险监测计划、食品药品安全地方标准，根据食品药品安全计划开展食品药品安全监测工作；21.负责监督实施药品和医疗器械标准，分类管理制度；负责监督药品和医疗器械研制、生产、经营、使用质量管理规范；负责药品、医疗器械监督检查；建立药品不良反应、医疗器械不良事件监测体系，并开展监督和处理工作；负责药品、医疗器械再评价工作；贯彻执行执业药师资格准入制度；组织实施化妆品日常监督管理；22.组织实施食品、药品、医疗器械、化妆品监督管理的稽查制度，组织查处重大食品药品违法行为；组织开展相关质量抽验并发布质量公告；监督实施问题产品召回和处置制度；23.依法承担放射性药品、麻醉药品、毒性药品及精神药品、药品类易制毒化学品、药源性兴奋剂及终止妊娠药品的监督管理工作；24.负责全县食品药品安全事故应急体系建设，负责食品药品安全事故应急处置工作，监督事故查处落实情况；25.负责制定全县食品药品安全科技发展规划并组织实施，推动食品药品检验检测体系、电子监管追溯体系和信息化建设；26.负责开展市场监管、质量技术监督和食品药品安全等方面的宣传、教育培训，开展有关的交流与合作，推进诚信体系建设；27.指导全县市场和质量与食品药品监督管理工作，规范行政执法行为，完善行政执法与刑事司法衔接机制；28.承担县食品安全委员会日常工作；负责食品安全监督管理综合协调，推动健全协同联动机制；督促乡镇人民政府履行食品安全监督管理职责。29.承办县委、县政府以及县食品安全委员会交办的其他事项。

【“3·15”消费者权益活动日】 县市场和质量监督管理局组织召开了2016年打假专项整治行动会议，制定了《岳阳县市场和质量监督管理局2016年打击假冒伪劣专项整治行动的实施方案》，成立了打击假冒伪劣专项整治行动领导小组，具体负责打假专项行动。为进一步营造专项打假氛围，扩大社会影响，要求各乡镇必须悬挂四条以上打击假冒伪劣商品的横幅、十张宣传标语，各大型商家的电子显示屏上必须有宣传用语三条以上，有举报投诉电话；每个集贸（集中）市场的醒目处必须有标语，同时要求做好宣传报道工作。此次整治行动时间从2016年3月15日至4月16日，在全县范围内开展食品、药品、特种设备、重点工业产品、小家电、小餐饮、小作坊为重点的专项打假整治行动，重点查处与人体健康和生命安全密切相关的假劣商品，以校园周边、大型超市、集贸（集中）市场为重点，严厉打击制售假冒伪劣商品经营户，严厉查处侵害消费者合法权益的违法行为。

3月15日，岳阳县3·15”国际消费者权益日纪念活动在东方盛世广场上举办大型主题活动，市场和质量监督管理局、烟草局、消防大队、联通公司等相关单位参与了此次活动。活动围绕中消协“新消费　我做主”主题，通过电视台、宣传车、LED显示屏、宣传展板、宣传标语和宣传资料等形式广泛宣传法律法规，大力营造节日氛围。活动现场设置了法律法规咨询服务台、假冒伪劣商品展示台和消费维权现场接访台。通过现场传授识假辨假知识、现场受理投诉和“12315”“12365”“12331”电话投诉受理等，进一步提高广大消费者依法维护自身权益的能力，切实维护了消费者合法权益。

【深化“三项改革”活动】 进一步激发市场创新活力。一是深化商事制度改革。落实“五证合一，一照一码”和个体工商户“两证合一”登记制度改革。2016年，全县新登记市场主体1910户，比上年同期增长8.3%，其中新设立公司制企业459户，同比增长7.6%。二是推进市场准入模式改革。积极探索市场准入负面清单管理模式，推动形成各类市场主体平等进入市场的机制，进一步依法依规放宽市场主体住所登记条件，实行简易注销登记，改革登记审批流程等。制定出台《关于推进“个转企”提质扩面的实施方案》，办理个转企785家,其中公司186家,占总数的23.69%。三是创新助推企业发展政策，大力支持岳阳县“一二三四”战略建设。开辟股权出质登记“直通车”,实行准入“零门槛”、登记“零收费”、服务“零距离”。全年办理股权质押4件，出质股权数额4261万元,被担保债权数额8653万元。办理企业动产抵押登记25份,为企业融资1.05亿元。

【食品安全工作】 市场规范运转有序。一是抓食品安全监管。以建设“放心食品工程”为主线,突出食品领域“三重一大”(即重点食品、重点区域、重点问题、大型食品生产企业)的监管,与14个乡镇（街道)、18个食品成员单位签订了质量安全承诺书，累计取得生产许可证的企业95家,124个证号,新换发SC证27张。完成食品监督抽查120个批次，食品委托检验300个批次，农产品中农药残留检测240个批次，协助省级监督抽查91批次，合格率96.7%。二是抓餐饮食品安全。深入推进餐饮服务食品安全“明厨亮灶”工程创建。完成“明厨亮灶”的餐饮单位6家，申报县级食品安全示范餐饮服务示范单位2家，办理“食品经营许可证”109家。开展餐饮单位监督量化分级管理，全县餐饮单位评定A级75家,B级801家,C级25家。三是抓保健食品、化妆品监管工作。检查保健食品经营户174家，化妆品从业户81家,完成新申办许可现场核查105家,核查办结率达100%。

【药品医疗器械管理工作】 按照《药品管理法》《医疗器械监督管理条例》和岳阳县政务公开阳光行政的要求，办理药品零售企业变更审批11家,三类“医疗器械经营许可证”2家，二类医疗器械备案171家，检查药品经营企业173家,医疗机构32家,药品、医疗器械生产经营使用单位229家,受理、核查群众举报4件,处理率100%。监测药品不良反应报告106例，滥用药物报告60例，医疗器械不良事件报告9例,化妆品不良事件报告18例。

【市场监管】 规范直销，打击传销,加大对烟草市场整治。在县城各社区、乡镇签订《无传销承诺书》,发放传单4万多张、《禁止传销条例》宣传册7000多份,2016年11月创建“无传销县城”验收中，以全市第一名的成绩顺利通过。创建烟草示范街2条（天鹅路,东方路),检查烟草经营户208户,取缔无证经营户52户,查处涉烟案件53起,查获非正常渠道购进卷烟580条,罚没金额28230元,有力地打击了涉烟违法行为。

为迎接2016年度国家卫生城市复审,进一步规范市场经营秩序，营造文明创建氛围。5月13日,县市场和质量监督管理局组织开展了“五小”门店、餐饮企业、商场超市、医药门店专项整治行动。

本次行动重点检查：经营主体是否证照齐全、亮照经营;是否有出店、占道现象;是否有私屠滥宰、病死猪肉流入市场问题;是否有畜禽宰杀使用松香拔毛问题;是否有违法使用食品添加剂问题问题;是否有销售假冒药品行为;是否有短斤少两、掺杂使假现象和出售过期变质、伪劣食品的违法行为等。

本次整治行动，共出动执法人员100余人，出动执法车辆12台，检查了中心市场、大园岭市场、城南市场、9634农贸市场、桥东311马路市场、步步高超市、大沣和超市、宝鑫大药房东方路店、东陵大药房等重点场所；检查食品经营户60户，禽类经营户20户,规范小摊贩经营35户,规范出店、占道经营8户,指导经营者亮照经营25户;查处禽类经营户2户,没收松香拔毛工具7件。同时还引导经营主体文明经营,保持市场卫生环境，禁止公共场所吸烟，对在公共场所吸烟者要进行劝烟。本次整治行动,有效规范了各类主体经营行为，稳定了市场经营秩序。

将交易量大、消费集中的批发市场、商场超市、农贸市场等作为重点区域，重点查处经营假冒仿冒、傍名牌、商标侵权行为等欺骗性销售行为，不正当有奖销售行为,虚假违法广告等行为。2016

年开展打假治劣专项行动200余次,立案274起,151起当场处罚,123起一般案件,移送公安机关2起，行政拘留4人，刑事拘留3人,为消费者挽回经济损失达300多万元。特别是查处了县城某集贸市场未经检验检疫肉品销售案、使用沥青、工业松香给畜禽脱毛案、新墙镇某屠宰点屠宰病猪案、某黑窝点非法生产假冒油漆案、岳阳县陈某非法销售仿冒某名牌纸品案、某加油站销售假冒“怡宝”纯净水案和酒类市场销售假白酒案等一系列大要案，进一步规范市场，营造了公平正义的市场经营秩序。

【《新广告法》宣传工作】 大力做好《新广告法》的宣传工作。4月15日,组织业务股室、所办案人员进行《新广告法》的学习和培训。并先后5次组织企业、个体户进行新广告法培训学习。加强广告监测工作。检查个体、企业1860户，查处违法户外广告86条,撤销违法广告招牌88块。对步步高超市销售广东施露兰化妆品有限公司生产的“调皮宝”蚊香违反广告案和违规发布“岳阳南湖医院泌尿外科”虚假宣传案等5个大案要案进行立案查处。积极开展“守合同重信用”企业考核申报工作。申报省级“守合同重信用”企业6户，规范121个门店合同文本，保障了合同监管工作健康有序发展。

【打造区域特色品牌】 继续实施名牌战略,申报4家(岳阳县金海科技有限公司、岳阳县巧娃食品有限公司、岳阳县大成食品有限公司、岳阳县湘之渔食品有限公司)省名牌,8家(湖南大成食品有限公司、中粮米业岳阳有限公司、湖南湘林乐面业有限公司、岳阳县怡然食品有限公司、湖南省金海科技有限公司、岳阳欣润食品有限公司、岳阳市巧娃食品有限公司、岳阳市金可可食品科技有限公司)市名牌产品企业,6家(湖南省金海科技有限公司、湖南全民鸽业有限公司、湖南大成食品有限公司、岳阳湘之渔食品有限公司、岳阳市巧娃食品有限公司、中粮米业岳阳有限公司）质量信用等级评定企业。指导办理注册商标18件,涉外商标6件,申报地理标志商标11个,申报、续展“洞庭春” 等驰名商标2件,“洞庭水湘”等著名商标10个,有力推进了岳阳县品牌战略的实施,全力扶优促强一批知名品牌企业,打造了具有区域特色的品牌名片。

(谭力文)

国土资源管理

【概况】 岳阳县国土资源局为正科级行政支持类事业单位，主管全县土地资源、矿产资源等自然资源的规划、管理、保护、合理利用和测绘事业的县人民政府直属机构,归口县政府办系统。内设20个股室,下辖10个二级机构和16个国土资源所,共有干部职工370人。2016年,县国土资源局干部职工团结一心,真抓实干,主动适应经济发展新常态，紧紧围绕岳阳“一极三宜”江湖名城建设,坚持抓党建促作风大转变，抓管理促工作上台阶，各项工作得到了全面提升,实现了“十三五”的良好开局。其中土地利用总体规划调整和永久基本农田划定首批获得省政府审批；不动产登记中心挂牌成立,业务开展顺利;全市地质灾害演练在毛田镇云山乡成功举办，提升了广大干部群众的防灾避灾能力；土整项目和地灾项目实施科学规范；精准扶贫工作扎实到位;执法监察力度全面加大。办好了一批民生工程和发展项目;服务了县域经济,提升了部门形象。荣获省级文明卫生单位,市级六五普法依法治理先进单位。

【耕地保护】 县国土资源局全面落实耕地保护制度，强力推进耕地保护。一是大力宣传。以“4·22”地球日、“5·12”应急周、“6·25”土地日为契机,充分利用媒体,多层次、全方位进行土地管理政策法规宣传教育活动。二是严格考核。每年县政府与各乡镇签订耕地保护责任状，将耕地保护工作纳入全县党政管理绩效评估考核范畴,实行一把手负总责;落实耕地“占补平衡”制度,对所有占用耕地的非农建设项目实行占一补一,先补后占。三是加大投入。开展新一轮土地利用总体规划修编、永久基本农田划定及数据库建立工作;推进农村集体土地确权登记发证、低丘缓坡等未利用地开发利用和先建后补试点等工作。2016年,全县49040公顷耕地、38380公顷基本农田保护面积不减少、质量不降低，实现耕地占补平衡。

【矿产保护】 县国土资源局严格矿权审批，将生态保护与资源开发相结合。开展了第三轮矿产规划编制工作，对库区、景区、园区、港区和居民集中区新设矿权停止了审批，对到期证照停止了延期，对不符合生产条件的矿山企业停止了开采，对25家合法矿权进行了超深越界检查和年检年审。规范矿产资源开采行为，严格实行“三个原则”“五个一律”，即除了高岭土和东洞庭湖砂石资源以外，原则上不再新办理矿产资源开采证；原有证件到期的，原则上不延期；取得矿权但尚未开工采矿的企业，原则上由发证机关收回许可，不再开工开采。凡出现较大安全生产事故的，一律关停；凡在岳阳中心城区视线范围以内的，一律关停；凡严重破坏生态环境的，一律关停；凡手续不全的，一律关停；凡超深越界开采、非法开采的，一律关停。同时，建立部门联合执法机制，严厉打击盗采滥采行为，力争从源头上遏制了矿产资源滥采乱挖现象。

【执法监察】 县国土资源局落实了土地和矿产资源动态巡查和违法预防制度，健全了部门协调联合执法机制，结合土地矿产卫片执法检查，加大了对国土资源违法行为的执法监管和打击处理力度。2016年累计开展执法动态巡查340余次，制止土地违法行为19起，制止无证勘查开采、乱采滥挖等违法行为13起，开展联合执法行动4次，拆除违法建筑近3000平方米；同时，在蒙华铁路征地红线内拆除违章建筑69440平方米。

【规划修编】 2012年牵头启动的岳阳县土地利用总体规划评估修改工作，2016年进一步加大人、财、物投入力度，加强与省政府、省国土资源厅的对接，2016年7月，土地利用总体规划修改方案通过了省级厅局会议审查；12月5日，省人民政府办公厅下达《关于同意修改岳阳县、株洲县、衡南县土地利用总体规划（2006—2020年）的复函》（湘政办函〔2016〕115号），批准同意该县土地利用总体规划修改方案，该县成为全省获省人民政府最先批复的三个县市（岳阳县、株洲县、衡南县）之一。本次土地规划修改主要涉及荣家湾镇等11个乡镇，共调入建设用地446.52公顷，调出现行规划建设用地46.52公顷。增加有条件建设区297.59公顷，预留指标2.41公顷。同时启动了第三轮矿产资源规划编制工作，结合全县的矿产资源分布和生态保护，修改规划了3个重点开采区、2个限制开采区和6个禁止开采区。乡镇土地规划修改也全面启动，完成初步方案编制，按程序报市政府审批。

【用地报批】 县国土资源局围绕项目兴县战略，2016年向省厅争取用地计划27公顷，拿回项目批文4宗，总面积3.06公顷；完成G240、洞庭新城、洞庭美域、杨林水上乐园、工业集中区、台创园等6个项目用地面积达133公顷的前期资料组织，分四个批次已报省厅、省政府审批。坚持节约集约用地，推行差别化用地策略，优先保障了国家、省、市、县重点工程及交通、教育、卫生等基础性、公益性项目的用地需求。

【土整项目】 县国土资源局认真钻研政策，积极协调关系，全力争取各类项目落地实施。以农田综合整治为重点，大力实施土地开发整理，切实改善农业生产基础设施和生态环境，统筹推进农用地整理、未利用地开发以及高标准基本农田建设等整治工程。2016年已完成2015年黄沙街镇红卫村等7个项目工程建设。实施云山乡云山村、文洞村等11个农村土地综合开发整治项目，总建设规模1833公顷，总投入4673万元。实行了项目建设由村支两委自选、自筹、自建、自管的“四自”管理模式。改善了农田基础设施和耕地质量，增加了农业产出，提高了农民收入。

【不动产统一登记】 县国土资源局主动与政府汇报，赴平江、汨罗等地学习考察，与房产等职能部门多次协调、沟通；2016年9月30日，不动产登记中心正式挂牌成立，并颁发了首证。2016年，不动产登记发证进展顺利，已发放“不动产权证书”和“不动产权登记证明”1000余份。

【地灾防治】 县国土资源局积极落实防灾责任，进一步健全了宣传教育、巡查排查等8项地灾防治制度；开展了全县地质灾害防治群测群防员培训，举办了岳阳市突发性地质灾害避险应急演练。通过得力的防灾减灾措施，成功避让了地质灾害2起，避免人员伤亡35人。同时，实施了大云山等地灾治理项目4个，总投入1370万元；另有总投资371万元的计划外争取项目，大云山林场二分场向东组地灾项目正在进行施工准备工作；有力地改善了全县地质灾害治理的现状，保障了人民群众生命财产安全。

【征地拆迁】 县国土资源局多次派人到外地进行征拆工作调研，起草了《岳阳县集体土地征收与房屋拆迁补偿安置办法》。同时，在征拆工作中，严格规范征拆程序，公示补偿标准和征拆方案，切实保障被征地农民的权益。2016年，完成了岳望高速245.8公顷的征地，163栋房屋的拆迁；蒙华铁路岳阳县段项目138.99公顷土地签订了征地协议，124栋房屋已征拆完毕；G240岳阳县段公路拓宽改造项目征地面积37.6公顷，涉及房屋19栋，征拆工作基本完成。

【精准扶贫】 县国土资源局牵头对毛田镇黄道村（联盟村）开展了一对一帮扶活动；局班子成员、相关股室及二级机构负责人都参与到精准扶贫工作中，实行了结对帮扶和派人驻村扶贫，层层压实压紧了责任。同时，根据国土行业优势，进一步完善修订了三年扶贫攻坚规划，作为国土部门对全县46个贫困村都落实了扶贫措施；按照省国土资源厅下达该县的项目用地指标和计划，积极与县扶贫办衔接，核实完善了贫困村“十三五”基础设施和公共服务项目用地需求；按照“特事特办、急事急办、好事快办”的要求，全力配合易地扶贫搬迁工作；采取资金、项目、技术等帮扶措施，扶贫工作取得实效。

（陈普新　任凤祥）

审计工作

【概况】 县审计局共有干部职工32人，其中干部31人，职工1人，在职人员中具有大学学历16人，大专学历15人，具有注册会计师职称4人，审计师8人，会计师6人，注册造价师2人，注册建造师2人。全局设办公室、法制股、经责审计股、行政事业审计股、经贸审计股、财政金融审计股、固定资产投资审计股、县政府投资审计中心、事业单位法定代表人离任审计股等9个股室。2016年，县审计局坚持“依法审计、服务大局、围绕中心、突出重点、求真务实”的工作方针，紧紧围绕县域经济建设中心和社会发展大局开展工作，全年共完成审计项目42个，共查出问题金额18761万元，依法处理处罚上缴财政72万元，减少财政拨款（挽回损失）3633万元，核减基建投资额3913万元。为维护财政秩序、强化财经纪律、推进依法行政发挥了较好作用。2016年，县审计局获得全市审计项目质量评比三等奖、全市审计机关目标管理考核三等奖，在“人口和计划生育”“社会管理综合治理”“文明单位创建”等多项工作中被县委、县政府授予“先进单位”称号。

2016年，县审计局克服人员少、任务重的矛盾，圆满完成市审计局组织的保障性住房跟踪审计和医疗保险基金审计；积极对接上级审计机关，配合市局做好了截至2016年11月底岳阳县贯彻落实“稳增长、促改革、调结构、惠民生”政策措施情况跟踪审计。

【财政预算执行审计】 县审计局依照《中华人民共和国审计法》及其实施条例规定以及县人大、县政府要求，认真贯彻实施财政预算执行审计监督制度，重点对县财政部门组织本级预算执行情况、财政预算外资金收支管理及部门预算执行等情况进行审计，较好地反映了财政资金筹集、分配、使用和运行的基本情况和存在的突出问题，并根据审计结果代表县政府向县人大常委会作了年度县级财政预算执行和其他财政收支情况的审计报告，提出审计建议10条，有力推动了财政预算规范化管理，优化支出结构，提高了财政效益。

【固定资产投资审计】 县审计局始终把政府投资审计作为服务经济发展的重要平台，通过强化政府投资项目的审计监督，促进加强建设项目管理,节约政府投资,提高投资效益。对全县国有投资项目审批、资金来源、建设规模、投资总额、工程决算等情况进行审计监督,不断加大跟踪审计力度,在协助建设单位完善合同条款,监督施工过程中的造价控制,严格结算审核,节约建设资金等方面发挥了重要作用。2016年共完成政府投资审计项目25个,核减工程造价3913万元,切实节约了财政资金,提高了投资效益。

【领导干部任期经济责任审计】 2016年,县审计局受县委组织部的委托,共完成领导干部任期经济责任审计项目17个,其中离任审计17个。通过经济责任审计,促进了领导干部执行财经法规的自觉意识和责任意识,提高领导干部的民主决策能力和当家理财的水平;同时也为组织和纪检监察机关提供较为翔实的情况,使审计结果切实变成干部任用、奖惩等考核的客观依据,也为逐步完善干部考核、评价打下坚实的基础。

【人大工作评议审计】 2016年县审计局按照人大要求对县民政局、县交通局、县农业局、县人社局、县文广新局等5个单位进行了人大工作评议审计。审计报告客观真实地反映了这5个单位的运行情况和工作成效,揭示了存在的问题,并提出了切实可行的建议,为人大代表掌握各单位工作情况、行使人大监督权提供了依据。

【财务收支审计】 规范财务管理、维护财经纪律的严肃性是审计的首要责任,审计工作围绕被审计单位财务制度的可行性,执行过程中的有效性和财务收支的真实性作为关口,从严把握,力求审计一个规范一个,审计中对截留、挪用、挤占专项资金、白条列支费用、超标准、超范围收费、偷漏各种税费、巧立名目套用专项资金及私分、滥发、管理混乱等严重违犯财经纪律的现象进行了严肃查处,有效地维护了县域经济秩序,规范了被审计单位财务制度。

(孙正正)

统计工作

【概况】 县统计局为县人民政府工作部门,局机关内设办公室、法规股、综合统计股3个股室;下辖调查队、普查中心、民意调查中心3个二级机构。2016年,县统计局紧紧围绕"全面建成小康社会"目标,积极履行全面从严治党责任,切实改进工作作风,团结和带领全局干部职工,奋力拼搏,主动作为,始终坚持把统计工作置身于全县发展大局来开展,为全面建成小康社会提供现代统计服务。一是加大了对统计数据的开发力度。编撰2016年《统计年鉴》,编写了"十二五"规划时期经济社会发展情况报告;每月定制一期全市及所属县(市、区)主要经济指标完成情况和位次排名情况表,每季编印一期《统计信息》,按期呈送县党政主要领导。二是提升了对统计数据的分析能力。撰写了《岳阳县2015年卫生系统事业单位工作满意度民意调查报告》《岳阳县2016年上半年经济运行分析》等统计分析报告8篇,同时加强了对工业、固定资产投资、社会消费品零售总额等重要指标进行深度分析,进一步发挥好统计参谋服务作用。三是强化了对全面建成小康社会的服务职能。编写了《2015年岳阳县全面建成小康社会统计监测分析》。针对小康社会建设五大类38项指标中的16项短板指标,主动下到10个责任单位部门进行调研,逐项查找差距,分析原因,提出建议,形成了综合文字报告《全力攻关短板指标 促进全面建成小康——16项短板指标调研分析报告》,并被市小康办转发各县市区。圆满完成了全年各项工作目标任务,被评为全市统计工作先进单位。

【联网直报】 从源头抓起,认真执行企业一套表"联网直报"统计制度。至2016年,全县有147家规模以上企业、68家高新科技企业、48个过5000万以上投资项目、17家房地产开发企业、16家建筑企业、53家限上商贸企业、21家规上服务企业通过联网直报平台上报数据,居全市6县(市)之首。在具体工作中,落实部门为行业统计责任主体,政府统计为业务指导的统计工作机制,督促各行业基层单位、企业落实专(兼)职统计人员,配备网报专用电脑,开通互联网络专线,完善并规范基础台账及基层报表,有计划地组织本部门、本行业企业统计人员参加业务培训，安排布置本部门或本行业的统计工作。同时，加强对本行业各基层单位、企业网报数据的审核、评估，对报表数据存在的问题及时查找原因，做好数据说明，确保数据质量真实可靠。

【抽样调查】 粮食监测抽样调查积极适应国家重大改革，在科技含量、工作标准全面提高、工作量比往年增加三倍以上的情况下，县统计局主动上门向省调查总队汇报，争取支持并成功更换自然条件较差的样方26个，积极与农业部门、乡镇联手，选派16名工作队员组成4个工作小组，历时一个多月，完成3846个地块的实地采集和相关数据资料的上报工作；并组织辅助调查学员进行专业培训，熟练地掌握了相关业务，顺利地完成了粮食测产工作。12月7日，省调查队到县检查指导，通过听汇报，看资料，对全县粮食监测遥感测量和对地调查工作给予了高度的评价，为赢得全省粮食生产先进县的荣誉作出了积极努力。生猪抽样调查联合畜牧部门，对全县8个乡镇10个村的198户散户，20个村的184个中小规模户和16个规模户的养殖情况实行严格的月监测，及时预测预警。

【民意调查】 率先在全市启动社会化招聘，在上百位报名者中择优选录，经过严格培训、项目锻炼，已建成一支业务熟练、相对稳定的兼职访问员队伍，为电话调查提供了有力的人才保障。2016年，县民调中心聚焦全县中心工作，社会治安综合治理，用民调来全面摸底，通盘掌控；党建、扶贫工作，用民调来测评；出租车罢运，民调中心用三天时间出具《出租车运营状况民意调查报告》，成为政府与出租车从业群体谈判时的重要依据。一年来，中心工作在哪里，民意调查就跟进到哪里。县民调中心用6个月的工作量、上万个有效电话、重量级的考评结果、零差评的民调反馈，完美地诠释了“小舞台上的大作为”。

【第三次全国农业普查】 第三次农业普查是国务院部署安排的一项重要工作，按照国家、省、市统一部署，县、乡镇、村(居委会)相应成立了农普领导小组及办公室，实行三级联动。6月中旬，县政府下发专门文件，县级成立了领导和工作机构，全县14个乡镇及东管局均按要求下发了文件，组建了机构，并将责任和任务分解到了全县各行政村及居委会。按照分级负担的原则，县财政预算安排工作经费30万元，安排PDA设备采购经费21.6万元；各乡镇按照相应标准将三农普查经费纳入乡镇财政预算，保证了“两员”工资报酬足额支付和普查工作的有序开展。7月底，完成了全县普查区、普查小区的划分，普查员、普查指导员的选聘（全县划分为187个普查区和1615个普查小区，共选聘普查指导员453名，普查员1452名)，“规模农业经营户”和“农业经营单位”的摸底工作；10月中旬，举办三次为期8天、各乡镇主管和普查业务骨干近80人参加的农业普查业务培训班；11月2日至4日，全市农业普查观摩试点会在岳阳县新墙镇清水村展开，通过现场演练，为全市农业普查工作的顺利完成收获了宝贵经验，试点工作获得全市各县普查同仁的充分肯定。同时，县农普办先后多次深入乡镇、村、组现场指导督查，及时答疑解惑，通报质量、进度情况，保证了农普工作的正常推进。

【队伍建设】 局党组始终坚持把干部能力建设放在首位，在鼓励自学、每月组织一次政治理论集中学习、每月读好一本书的同时，全年先后派出11人参加国家、省、市举办的统计业务培训班学习，干部送训率达到60%以上。有17人参加全省行政执法人员资格电子化考试，全部拿到了行政执法证。坚持以“两学一做”学习教育活动为载体，把“重点在谋、基础在学、关键在做”贯穿于活动的全过程，创造性地做好“党建+统计”的文章，用学习教育促进工作开展，用工作成效检验学习效果。坚持把加强党风廉政建设和反腐败工作摆到与统计业务工作同等重要的位置，深入贯彻《准则》《条例》，严格落实“两个责任”和“一岗双责”，切实加强干部作风建设，坚持廉洁从政，依法行政，以身示范抓班子，以上率下带队伍，干部队伍活力倍增。2016年，组织领导党员干部坚守防汛一线抗洪救灾，走进贫困农民家中精准扶贫，深入部门、乡镇、企业、住户指导培训，参与全国文明县城创建，协助全面建成小康社会，充分展示了统计队伍党员干部职工的精神风采。

（刘相灵）

人力资源和社会保障

【概况】 岳阳县人力资源和社会保障局于2011年3月由原县人事局和县劳动和社会保障局组建而成，有内设股室13个，下辖城乡居民医疗保险基金管理服务中心、城镇职工医疗保险基金管理服务中心、社会保险事业管理所、劳动就业服务局、劳动和社会保障监察大队、劳动仲裁院、城乡居民社会养老保险管理服务中心、人才交流中心、工伤保险基金管理服务中心、信息网络管理中心等10个二级机构及14个乡镇人力资源社会保障服务站和18个社区人力资源社会保障服务中心。

近年来，岳阳县人力资源和社会保障局紧紧围绕各级党委政府和人社部门的工作实际，牢牢抓住"民生为本、人才优先"两条工作主线，坚持用制度管人，突出按程序办事，狠抓内部管理，开拓进取，奋勇争先，各项工作取得了较大成绩。先后被评为"全国新型农村和城镇居民社会养老保险工作先进单位""全省文明卫生单位""全省文明窗口单位""全省巾帼文明岗""全省新农保经办管理服务工作先进单位""全市青年文明号""全市文明窗口单位""全市就业和社会保障工作先进单位""全县绩效考核综合先进单位"，并确定为"全省首批学习型党组织示范点"。

【人事管理与人才招聘】 积极落实市委、市政府《巴陵人才工程实施方案》和县委、县政府《人才工程实施方案》，两次赴长沙、武汉参加"四海揽才"行动，签约人才120余人。联合县相关部门组织了2016年岳阳县事业单位公开招聘工作，共面向社会公开招聘工作人员332人，其中教育系统197人，卫生系统88人，其他事业单位37人，另揽才招聘岗位10人，共有313名考生被招录；根据市委组织部、市人社局等9个部门《关于做好2016年高校毕业生三支一扶计划实施工作的通知》精神，全县共招募"三支一扶"人员3名，招聘工作实现零差错、零失误、零投诉。完成全县机关公务员及参照公务员管理人员2901人的资格审查及职级审批，符合公务员职务与职级并行的共计1228人已审批兑现职级晋升工资。完成全县乡镇机关事业单位在职工作人员的乡镇工作补贴审批7303人，截至2016年年底，乡镇补贴均已发放到位。

【执法维权】 2016年，县劳动监察大队为劳动者追讨工资720多万元，涉及劳动者912人。为解决建筑行业农民工后顾之忧，共计收缴5家建筑单位农民工工资保证金80万元。完成市定涉农民工工资案件受理率100%、处理率100%、反馈率100%。同时，劳动争议仲裁院共收到劳动争议纠纷案99件，涉及金额1640万元。

【社会保障】 2016年，全县五大险种累计征缴基金3.8亿元，争取各级转移支付及配套资金5.2亿元，累计发放各类待遇7.7亿元。社会覆盖面进一步扩大，基金运行稳定安全，有效保障了老百姓的权益和社会的稳定。

（李显军　付威灿）

工信·电力

工信·电力

综　述

【管理机构】 县工业和信息化局是由原经委、乡企局、二轻局、民营办4个单位合并而成，曾用名有企业发展局、工业局等，于2011年7月机构改革正式设立，是县政府工业和信息化的主管部门，主要的工作职能是工业经济运行调节、服务全县工业企业，推进信息化发展、电力行政监管、新型墙体材料改革等。全局有干部职工84名，其中在职46人，退休38人，局下设有办公室、人事股、经济运行股、中小企业股、信息化推进股、投资规划股、资源电力股（电力行政执法大队）、中小企业服务中心、墙改办等9个职能股室。2016年，工信局党组带领全局干部职工，锐意进取，真抓实干，各项工作取得了较好的成绩。2016年，岳阳县在全省工业经济运行监测协调工作考评中被评为先进单位；规模工业增加值同比增长8.9%，居全市第一。县工信局在全面建成小康社会综合绩效评估中获得了争取国家项目投入、信访工作、综治工作、计划生育、宣传思想文化、党风廉政建设6个单项先进，新建的岳阳县工业和信息化局门户网站被评为全县优秀网站。

【工业规模】 2016年，全县新增规模工业企业12家，总数达到145家。规模工业企业完成总产值533.35亿元，同比增长12.7%；规模工业增加值同比增长8.9%，居全市第一位；园区规模工业增加值占规模工业增加值的62.0%；工业企业实缴税金26329万元，同比增长10.9%；完成工业用电量61774万千瓦时，同比增长13.27%；完成工业固定资产投资129.98亿元，同比增长3.9%。湖南科伦成为全省智能制造示范企业，中粮米业跻身智能制造示范车间，利尔康在新三板成功挂牌上市。

【帮扶企业】 2016年“联手帮扶企业”行动安排帮扶50家规模以上企业，由30名县级领导挂帅，50个责任单位牵头，86个县直部门和8个乡镇参与，帮助企业全面完成年度总产值、技术改造和项目建设等目标任务，完成上缴税金41580万元。年初拿方案，开动员会，19名干部职工充当领导与企业的联络员，会同帮扶部门收集企业的困难和问题96个，协助有关部门为企业解决困难和问题60多个。

【行业工作】 墙改散装工作。新型墙体材料基金征收有多种类别，且程序较多，手续复杂；基金返退时建设方期望值高，要求返还比例大，分管领导及墙改办工作人员认真研究县政府2015年5号文件精神，做到了应征尽征。不畏麻烦，多方核对，将征收返退底子搞得一清二楚。严格把住返退关，没有优亲厚友，从不徇私舞弊，基本实现了基金的收支平衡。电力行政执法。协助调解处理触电死亡事故12起，组织开展用电安全宣传，出动宣传车18台次，发放宣传资料2000多份。小水电整治。小水电整治遗留问题、农村用电安全及打击非法窃电等工作繁多且复杂，分管领导及工作人员克服人手少职能弱等困难，积极作为，为县政府、供电企业及用电户排忧解难。全年配合查处窃电23人次，补缴电费4万多元。

【争资引项】 2016年，县工业和信息化局共为19家企业申报项目35个，成功获批23个，为企业争取补助资金2240万元，为全县工业企业在改造升级、科技创新、节能降耗等方面提供了资金支持。特别是湖南科伦制药有限公司在工信局的支持配合下，成功获得了国家智能制造项目的支持，项目支持总额3000多万元，2016年获得补助资金1350万元。

【通信基础设施建设】 每年工信局都会收到要求改善边远乡镇移动通信条件的批评建议和提案多件。为此，工信局向县政府建议，于3月11日召开了有16个部门和14个乡镇主要负责人参加的通信基础设施建设的推进会，并以政府办的名义下发了《关于加强全县通信基础设施建设的通知》的文件，全县移动通信基础设施的建设迈开了实质性的一步。全年新建通信塔56个，共享通信塔179个，边远乡镇的移动通信条件有了初步改善，同时，积极为电信、移动、联通、铁通四家公司服好务，推动信息化各项工作。

【破产改制】 2016年，云山水泥公司的破产工作进入“深水区”，面对职工五花八门、稀奇古怪的利益诉求，破产管理一班人顶住方方面面的压力，充分发挥聪明才智，绝大部分难题得到逐一解决。岳阳县在全市6县市中率先全部完成县属国有企业的破产改制工作。原7家国有企业破产改制后的职工，仍然把工信局当作他们的“娘家”，一有困难就来找“娘家人”，局人事和信访等部门从不回避和推诿，热情接待，倾心服务，协助职工解决诸如户籍管理、计划生育、民政低保、住房及退休办理等方面的问题，维护了这一群体的稳定。

（谢森桃）

企业选介

湖南科伦制药有限公司

湖南科伦制药有限公司是一家以生产大容量注射剂为主体，同时包含有粉针、冻干、胶囊、片剂等十一大剂型的综合性现代化医药企业。2016年实现主营业收入15.9亿元，上缴税收8228万元。

公司现有员工2600余人，有品种131个、批准文号252个、33条生产线，是目前中南地区规模最大、品种最齐的大型医药企业。在湖南省率先通过新版GMPY认证。其大容量注射剂及抗生素等的生产、销售规模处于全国第一方阵。葡萄糖注射液、氯化钠注射液、康复新液、阿莫西林胶囊4个品种实现了单品种年销售收入过亿元。公司先后荣获“产品质量无投诉企业”和“世纪中国质量双佳企业”、中国质量万里行（湖南）优秀单位、湖南省民营企业质量信得过单位、KL牌大容量注射液100—500毫升荣获“湖南名牌”、湖南省质量信用等级AA级企业称号。

公司先后组建了三大省级技术创新研究平台，即：“湖南省企业技术中心”“湖南省大容量注射剂工程技术研究中心”“大容量注射剂湖南省工程实验室”，“湖南省工业品牌培育示范企业”。通过不断创新研究，已立项在研新药38个，申请并获得了国家知识产权局授权专利275项，其中发明专利23项。

湖南省科技重大专项——粉液双室袋项目：于2008年开始，公司投入资金2亿多元，经过长达六年多时间的前期研究、膜材筛选和工艺探索，自主创新研究出了国内首创的粉液双室袋项目，申请了相关专利46项，其中发明专利7项。该项目的成功研发，填补了国内空白，能满足日常急救以及战争和重大灾害等特殊环境下的用药需求。

湖南天欣科技股份有限公司

湖南天欣科技股份有限公司是一家以建筑陶瓷墙地砖研发、生产和销售为主的股份制企业。坐落于岳阳县建材工业园，公司紧邻京珠高速和107国道，距城陵矶国际港口和京广线岳阳站、武广高速岳阳站均只有35千米路程，交通十分便利。由已有20余年生产、销售陶瓷仿古砖历史的湖南天欣集团投资兴建，于2007年注册成立，注册资本1.05亿元人民币，占地40余公顷。目前，公司总资产规模已达8亿元人民币，现有6条生产线，年产仿古瓷砖2500万平方米，员工1600余人，近三年年销售额6亿~7亿元，年缴纳税收1600余万元。

2010年9月29日，公司在天津股权交易所正式挂牌上市（代码：834006）。公司先后被授予“湖南省守合同重信用单位”“湖南省AAA级信用企业”和“岳阳市第二届市长质量奖”等多项荣誉称号。

公司系“湖南省高新技术企业”“湖南省百强民营企业”，已先后通过ISO 9000国际质量管理体系、ISO 14000国际环境管理体系认证和国家3C强质性认证。经省科技厅和省质监局批准，“湖南省建筑陶瓷工程技术中心”“湖南省建筑陶瓷产品及原材料质量监督检验中心”先后于2008年、2009年在公司挂牌成立。截止2016年年底，公司已获得国家专利22项。近年来，公司依托自身强大的技术研发实力，与湖南大学、武汉理工大学、景德镇陶瓷学院、长沙理工大学、湖南理工学院等高等院校签订了合作协议，并成为上述高等院校的实习基地、中试基地及新成果转化基地。另外，公司注重与国外的技术交流和合作，在陶瓷仿金属技术应用研究、糖果釉等新产品研发等方面，与意大利卡罗比亚公司、西班牙陶立西公司开展了科研协作，得到了国际技术的资助，并互派科研人员进行学术研讨和交流，取得了重大的技术进步。

公司拥有“同喜”“同乐”“金达雅”“欣鸿源”“鸿双喜”“塞纳尔”“欣邦”等多个自有品牌，产品主要规格有：800毫米×800毫米、600毫米×900毫米、600毫米×600毫米、300毫米×600毫米、300毫米×300毫米等，有喷墨产品、全抛釉、半抛产品、糖果釉、通体大理石等系列380多个品种。

湖南神斧集团向红机械化工有限责任公司

湖南神斧集团向红机械化工有限责任公司（军工代号“国营九六三四厂”）。工业雷管年产能为1.6亿发。近年来，公司通过了ISO 9001质量体系认证，获得了机电产品自营出口权，军工二级保密资格认证、武器装备科研生产许可证。公司产品被评为“湖南省名牌产品”，“火炬牌”商标被评为“湖南省著名商标”，近年来公司先后获得“湖南省首批创新型企业”“湖南省高新技术企业”“湖南省企业技术中心”，获得了“中国兵器行业QC小组活动优秀企业”“湖南省绿色社区”“湖南省园林式单位”“国防科技进步奖”“岳阳市安全生产先进单位”等50多项国家级、省、部级荣誉称号。2016年，公司完成销售收入1.7亿元、税收1242万元。

岳阳丰利纸业有限公司

岳阳丰利纸业有限公司系山东潍坊恒联浆纸有限公司（占股份70%）和泰国青山纸浆厂（占股份30%）发起成立的中外合资企业，厂址位于湘、资、沅、澧四水汇合处的东洞庭湖畔（岳阳市南郊鹿角镇），公司占地面积43公顷，建筑面积达9.5万平方米，固定资产6.76亿元，员工780人。

公司主要经营范围为漂白苇浆、特种纸、高档生活用纸、特种薄页纸和以棉短绒为主要原料的特种纤维素系列产品。年总产能20万吨，其中：化学漂白苇浆5.1万吨、特种纸3万吨、生活用纸3万吨、特种纤维素9万吨。

公司拥有湿法备料连续蒸煮化学漂白苇浆生产线1条、2640长网多缸纸机高速纸机1台、1880型生活用纸纸机18台、精制棉生产线1条、棉纤维素生产线1条等先进设备，配套9兆瓦自备电厂2座（热电联产）、200吨/日碱回收生产线2条、2.5万吨/日的废水处理厂1座和3.5万立方米的自备水厂1座。

公司工艺装备水平国内同行业领先，其中：湿法备料连续蒸煮化学漂白苇浆生产线采用国内领先的OHMP清洁生产工艺，苇浆产品质量好，污染负荷低；特种纤维素产业板块以棉短绒为主要原料，采用源于以色列引进技术和公司自主研发技术，装备连续生产、高效节能的国内领先装备，生产流程全程实现DCS自控，原材料的提纯率提高至99.5%以上，主要产品以功能化、差别化纤维材料及特种纤维素产品为主，可替代部分进口产品，广泛应用于纺织、电子、食品、医药等领域，促进企业和地方产业转型升级和可持续发展。

2016年以来，公司积极实施调结构、转方式、促升级策略，持续加大技改投入和创新投入，增强了市场竞争力，企业的盈利能力显著提高。2016—2019年，公司拟投资3亿元规划年产2万吨纤维素膜项目，计划2019年年底项目全部完成，预计，丰利纸业公司将形成年产值20亿元，利税1.5亿元的企业规模。

生态工业园

【概况】 2016年，园区以党风廉政建设为抓手，在扎实推进作风建设的基础上，不断创新工作思路，狠抓工作落实，提升了园区发展质量，推动了产业转型升级，加速了园区创新发展。2016年园区实现各类税金入库1.56亿元，较2015年同期稳步攀升。

【项目引进工作】 县生态工业园在认真研判国家产业导向的基础上，精准出击，截至2016年11月，合同引资9.9亿元，其中新项目4个，续建项目3个，分别为投资1.4亿元的贝特新能源汽车空调及压缩机生产项目、投资1.5亿元的集中供热供气项目、投资4.9亿元的兴业太阳能70兆瓦光伏发电项目、投资6000万元的健康园项目；投资5000万元的阳光创新置业标准化厂房建设（二期）、投资4000万元的中粮米业（二期）、投资6000万元的盛路人防（二期）。

【项目建设工作】 2016年，园区克服了极端雨水天气，在有效施工天数严重不足的情况下，严格对照项目投资合同，科学安排，督促入园企业加快项目建设进度，力保签约项目早开工、开工项目早投产、投产项目早见效。园区开工建设产业项目7个，分别是贝特新能源汽车空调及压缩机、阳光创新置业标准化厂房建设（二期）、嘉华电梯零部件、新能源电动汽车、中粮米业仓储建设、盛路人防（二期）、四化建高压阀门管件（二期），其中贝特新能源汽车空调及压缩机生产项目、阳光创新置业标准化厂房建设（二期）项目是当年签约当年开工项目。另有2个项目竣工投产，阳光创新置业（一期）标准化厂房和新一步科技复合电磁线生产项目。同时，有序开展了五期扩园系统工程，顺利推进了泽园路道路工程、林冲路公租房施工，完成了集中区标准化厂房和泽园路公租房附属工程建设，园区产业配套能力进一步增强。

【园区服务工作】 园区全面推行“一站式”“一条龙”服务机制，成立企业服务工作组，园区管委会主任亲自挂帅，对投资商和入园企业从立项审批、登记注册、开工建设到投产经营实行全程代理服务，提高办事效率，加速项目建设步伐。同时，围绕“联手帮扶”扎实开展企业帮扶工作，积极争取联企县级领导支持，调动参联单位的力量，实行包干负责制，深入企业，解决实际困难和问题。通过“保姆式”服务，2016年新引进的贝特新能源汽车空调及压缩机项目当年签约当年开工当年试生产，整个建设周期不到半年。因自身原因，停工近一年的健强药业项目，在园区的帮扶下，年内重启了项目建设，建成后年创税能力1000万元以上。通过不断提升服务水平和能力，园区产业发展势头看好。

【打造创新创业平台】 县生态工业园通过强化措施，加大财政投入，大力引进社会资本参与标准化厂房建设，园区2015—2016年完成标准化厂房建设20万平方米，超额完成了目标任务。同时，为完善园区标准化厂房基础设施配套，提升创新创业服务能力，园区同步完成了泽园路公租房建设，启动了林冲路公租房建设，拟配套建设公租房近400套。“135”工程的顺利实施为全县“大众创业，万众创新”创造了条件，营造了氛围。

【立项争资工作】 园区建设离不开资金支持，园区始终将立项争资作为一项中心工作来抓。园区通过加强与发改、财政等部门对接，认真分析、仔细梳理与园区对口的项目信息，把准政策导向，找准主攻方向，立项争资工作取得新的突破，为园区建设提供有力支持。在县发改局和县财政局等部门的大力支持下，从“135”工程标准化厂房建设和园区污水处理厂工程两个重点项目入手，积极立项争资。2016年申报“135”工程标准化厂房面积8.7万平方米，争取省奖补资金近1000万元。污水处理厂已争取到中央预算内投资资金950万元，并已纳入省第三批 PPP 示范项目。

【贝特新能源汽车空调及压缩机生产项目签约落户岳阳县】 2016 年 4 月，贝特新能源汽车空调及压缩机项目落户县生态工业园，该项目由湖南贝特新能源科技有限公司投资兴建，总投资 1.4 亿元，拟用地面积 2.27 公顷，主要生产新能源汽车空调及压缩机。项目设计年产新能源汽车电动空调系统 10 万套、电动压缩机 20 万台，预计年产值 5 亿元以上，可年创税 1000 万元以上。项目顺利实施将进一步壮大园区机械制造产业集群。

【怡鑫能源集中供热项目落户岳阳县】 2016 年 7 月 8 日，怡鑫能源集中供热项目正式签约落户县生态工业园。该项目由湖南省怡昌能源科技开发有限公司投资建设，总投资 1.5 亿元，其中首期投资不低于 6000 万元，首期用地面积 0.73 公顷，主要面向园区企业提供集中供热供汽服务。项目投入运营后，园区企业 10 吨以下燃煤锅炉将全面淘汰，将进一步优化园区环境质量。

（李　岳）

建材产业管理

【概况】 2010 年 5 月 12 日，岳阳县建材产业改造升级管理办公室正式成立，履行工业园区职能。

园区坐落在岳阳县新墙镇和长湖乡境内，选址集中在沿 107 国道和岳荣新连接线 T 字型范围，总体规划建材产业及配套产业区 7 平方千米，着力打造建材生产基地，计划 5~10 年建成，总投资超过 20 亿元，建设陶瓷生产线 50 条。

园区共征用土地 280.8 公顷，已引进企业 11 家，总投资 24 亿元以上，其中陶瓷企业 6 家，投资 22 亿元以上。建成 18 条生产线。2016 年，华雄、百森关停，有 13 条生产线正常生产。其中天欣 6 条、亚泰 3 条、宏康、金城各 2 条，企业年产值 40 多亿，年税收 4000 多万元，解决劳动力就业 6000 多人。

几年来，县财政累计投入资金近 3 亿元，不断完善园区的电力、道路和水系配套、供排水等基础设施。同时，加大招商引资力度，突出特色，发挥优势，增强园区集聚效应，加快引进建材产业项目、陶瓷配套项目和优势产业项目，初步形成了有市场竞争力的建材产业群。

几年来，陶瓷企业累计投入资金 22 亿元以上，除了企业基础建设和生产线建设外，主要用于陶瓷生产技改升级和环保建设。陶瓷企业还争取贷款 4 亿元以上，争取技改和节能减排项目资金 1 亿多元。园区有“同喜”被评为“中国陶瓷行业”名牌产品，“同喜”“鸿双喜”“陶夫人”先后评为“全国十大城乡品牌”、第六、第七届“中国行业新锐品牌”，还有多个品牌被评为“湖南省名牌（名优）产品”。

2016 年，园区陶瓷企业面临前所未有的压力。县建材工业园管理办公室按照“在稳定中谋发展，从提质上增效益”的工作思路，全力推进设施建设，切实加强园区管理，更加突出转型升级，整个园区保持了良好的发展势头。全年完成工业产值 30 亿元，完成企业税收 4500 多万元。

【招商引进工作】 县建材工业园管理办公室将收回的“天涯物流园”3.33 公顷土地转让给宏康陶瓷，准备建设一个大型物流和仓储中心。同时，对原“天冠家俱”3.33 公顷用地启动收回程序，县法院依法依规进行处理。广东老板有意向利用“天冠家俱”3.33 公顷土地建设一家石膏线条厂，12 月中旬，在副县长彭碧芳带领下，去广州进行了第二次考察。

【基础设施建设工作】 2016 年，园区水毁恢复工程和还建工程共有 4 处。包括投资 3 多万元的月塘水毁还建项目、投资 10 多万元的水库村渠道护砌项目、投资 6 万多元的大桂村水塘维修和渠道护砌项目和投资 7 万多元的长湖村 200 米道路硬化工程。2016 年年年底，该 4 项工程全部完工。

【园区协调工作】 水毁后对百姓造成影响的工作协调，得到妥善解决，没有造成上访和不良影响。对园区突发事件的处理，包括制定应急预案，成功处置了百森债务引发的堵门等突发事件，多起 107 国道交通事故、工伤事故，没有造成大的不稳定，更没有闹事和上访事件。华雄停产两年多，申请破产前的协调维稳工作，园区组织召开了多次协调会，针对供应商讨债行为、企业申请破产问题以及企业防盗安保问题进行协调,基本维持了稳定。

【企业改造升级】 2016年，企业有多条生产线进行了窑炉升级改造。百森的3号窑通过余热利用改造，让窑炉产生的余热成为了干燥窑的热源,节煤30%。通过技改节电效果也十分明显。园区企业有多个品牌正在上报省著名商标和湖南名牌、名优产品。天欣公司投资200多万元建设了煤气站酚水蒸发处理系统，对酚水进行有效无害化处理，进一步完善了压机车间的吸尘装置。亚泰投资1000万元对1线、2线的土窑进行改造,改成了全抛釉机械窑。

【企业安全和环保建设】 园区建立了完整的安全生产责任制,界定了园区与企业的职责，坚持每周两次不定期安全生产巡查,每月一次企业安全生产讲评，全面更新了企业特别是107国道园区段的安全警示标识标牌。在环保建设上,一方面,完成了5家陶瓷企业的污水处理设施建设，洪山洞水库污水处理项目建设，百森和天欣陶瓷大型的雨水收集池建设。另一方面,天欣投资150万元建设一个2万立方米的大型雨水收集池。金城投资40万元建设的雨水收集池已交付使用。宏康投资130万元对脱硫塔和除尘装置进行整改,采取了布袋除尘法。

（刘小林）

台湾农民创业园

【概况】 湖南岳阳台湾农民创业园于2009年11月经农业部、国台办批准正式落户岳阳县，是湖南省唯一一家台湾农民创业园。其职责为:通过引进台湾农业技术、资金与台资企业，培育和孵化龙头农业产业集团，并与全县农业资源、劳动力、应用技术、农产品运销等有机结合，大力发展现代科技农业和推进农业产业化经营。园区总体规划按核心区,示范区,辐射区三大板块设置。核心区位于黄沙街镇坪中村，发展备用地约1.03平方千米，是进行台湾先进农业技术研究、农业科技成果转化、人才培训、培养新的经济增长点的核心基地,也是技术、人才、资金、信息、中介、物流和龙头企业的密集区；示范区面积200平方千米，是核心区孵化新产业的试验和推广基地，重点发展特色水果、有机蔬菜、园林花卉、畜禽水产、农产品加工、休闲观光等现代科技农业产业；辐射区为全县及周边地区，主要是通过核心区龙头企业带动、示范区推广基地示范生产和联动功能，带动全县及周边地区甚至湖南省的农业产业结构调整和全面升级。

七年来，园区秉承“以台为主、以农为先、功能相近、产业关联”的基本原则,按照“农业现代化、农业产业化和新农村建设的‘硅谷’”的发展战略全力推进。园区工作得到了各级领导的高度重视，园区建设已纳入全省“十三五”发展规划。至2016年年底,核心区基础设施建设已投入2.5亿元，征用土地133.33公顷，按照“科学规划、整体推进、创新机制、细化责任、全力支持”的要求完成了园区146.67公顷土地征拆工作，园区双向1600米主干道路和12600平方米入口广场工程在内的总投资约2100万元的7个基础设施建设工程项目均已全部竣工,园区约53.33公顷土地的土方平整已经完成，日供1万吨自来水厂已经供水。

至2016年,接待台商、台胞交流合作384人次,通过边建园边招商的措施，现在已具备园区招商的条件,共引进企业8家,投资总额12.11亿元。

【征拆工作】 针对征拆难、融资难、招商难的发展现状,县台创园以打破当前“县建县管”僵局为抓手，立足岳阳台创园作为国家部办批准、省政府明确享受省级开发区待遇、全省唯一台创园的实际,全力争取省、市重视,建立起省、市、县三级联动机制,将岳阳台创园的发展纳入省、市经济社会发展规划，出台扶持台创园发展的规范性文件，安排相应的资金和项目，在管理体制、发展用地、基础建设、金融贷款、税费减免等方面给予政策扶持。2016年园区管委会在周边村农户，村间地头开展“顺民意、解民求、交民友”活动。管委会干部与群众面对面，心换心让群众真正发自内心的支持园区的项目建设，阻工的少了，强揽工程的更少了，园区几个项目都顺利实现了施工。

【项目入园】 2016年，争取《海峡两岸农业合作示范标准化农耕文化园建设项目》，并争取国家农业部项目资金50万元。台创园入园企业岳阳湘佳牧业有限公司投资5000万元在新墙镇建设标准化养殖基地两个。

【基础设施建设】 2016年，台创园基础设施建设已投资3900多万元，完成了5000吨的污水处理厂和园区700米次干道的道路硬化及配套设施的两项基础设施工程。并启动3.5万伏变电站的改造工程，移动、电信等通信设施均已对园区进行全方位覆盖，景观道路给排水管道建设已经完成，现已具备了企业入园条件。

【招商工作】 2016年，台创园引进湖南帝亿生物科技股份有限公司，投资总额2亿元，该公司成立于2009年，注册地在湖南省长沙县安沙镇新洲工业小区，是一家专业从事动物营养与生态养殖研究，研发、生产、销售生物饲料为主营业务的国家高新技术企业，现有员工300多人，2016年销售收入10亿多元。其衡阳生态基地是湖南省最大、标准最高、最现代化的原种猪场，安沙基地是湖南省成长最快、单厂规模最大、销量最大、设备最先进的专业化猪料生产企业。

【精准扶贫工作】 月田镇茨洞村，有贫困户38户，台创园负责11户38人进行结对帮扶。通过深入贫困户，了解致贫原因，制定帮扶措施，明确帮扶目标，安排帮扶经费。截至2016年年底，解决11户贫困户养殖启动资金5.5万元，脱贫8户。全年共投入扶贫资金9.5万元，协助牵头单位做好茨洞村基础设施建设等工作。

（何文霞）

电 信

【概况】 2016年，县电信分公司在市公司党委的正确领导下，遵循“以市场为导向、以客户为中心、以效益为目标”的原则，贯彻“为生存而博”的经营理念，千方百计稳定存量，拓展增量，不断探索适合企业经营发展的方法和策略，全面实施精确化营销，全体员工始终坚持一切围绕发展，一切支持发展，一切服务发展，上下一心，迎难而进，艰苦奋斗，团结拼搏，确保全年业务量收计划的完成。

【生产经营】 坚持规模第一不动摇一是找准市场，农村支局主要是对光网端口占用率偏低的行政村进行了再次的梳理，明确了每个经营单元的营销时间、营销地点、营销目的及规定动作。城区借助调优的银桶、铜桶、C+V等政策，结合光网平移和双低小区一起开展全家桶业务发展。二是明确目标，紧盯日管控目标，按月管控规模发展，做实平台收入。每月月底就对四级经营单元下达下月的日管控目标，管控指标由规模发展和结构发展组成。通过日管控逐步指引经营单元走上价值发展，有效发展的经营之路。真正提升用户价值，提升平台收入。精细组织、精确营销，确保营销组织切实落地全年承接市公司开展了岁末年初劳动竞赛、“金猴报喜”开门红劳动竞赛、2016年元旦、“大战40天”劳动竞赛、二季度“决战窗口期”营销活动、“5·17”电信日、“一桶天下”翻番计划劳动竞赛、7—8月三大行动劳动竞赛、金秋亮剑、国庆促销、手机电视节等系列营销活动。加强渠道管理与支撑，提升渠道能力一是强化渠道支撑，针对渠道能力提升要求，渠道运营部成立渠道精英团队。通过集中培训、以练代训的形式，提升团队能力，为渠道能力的提升提供了强大的保障；二是强化渠道促销，2016年，以渠道能力提升为目标，开展一系列渠道促销活动，节假日炒店常态化，以重点机型促销为突破口开展明星机直降、半年免费打、苹果机促销、任性卡、信用担保租机等活动。增存并举，客户经营，确保一个基本面从用户消费周期出发，“入网抓质量、在网抓余额、到期抓续约、离网抓回请”，全面落实各项规定动作。针对大众维系，落实销售支撑网五大基本动作：新增入网回访，移动协议用户续约，移动余额不足用户续费，包年宽带用户续约，宽带余额不足用户续费，针对VIP维系，用活“存费送费、优惠购机、流量包、合约礼包”四类维系政策，做好分场景的套餐及终端优化，落实日常维系提升动作的营销组织执行。2016年累计完成收入5456.6万元(市场口径),完成年计划103.5%，同比增幅为6.3%，平台收入完成5234.97万元,同比增幅14.8%,新增移动用户30858户,新增宽带用户11001户,新增ITV用户12972户,新增光网用户14166户。129档及以上期末用户40155户,79及以上移单3805,4G用户35714户。

【加大维护管理力度】 2016年，岳阳县分公司始终贯彻维护就是服务,维护就是经营的理念,面向用户、贴近市场、坚持维护和工程两手抓,努力为前台做好支撑,全面推进网络互联化工作，突出安全生产这条主线，各项维护工作稳步推进。面向用户,齐抓共管打造装维精品窗口2016年岳阳县运维以打造装维服务精品窗口为主线,以“用户至上、用心服务”理念为宗旨，扎实有效的开展装维工作,提升明显。贴近市场、努力为前台做好支撑2016年岳阳县后端网运工作持续推进以面向网络、面向客户、面向市场的运维理念，以经济效益为中心，贴近市场、坚持维护和工程两手抓,努力为前台做好支撑，全面推进网络互联化工作，突出安全生产这条主线,各项工作稳步推进,为分公司全业务经营发展提供了良好的支撑与保障。为了打造无线精品网,根据用户反映无线信号差、覆盖不到位等情况,经实地勘查后，新增开通了C网基站9个，并对16处C网基站进行了网络优化，全县C网基站数达到114个;新建1.8G 4G基站19个,1.8G 4G基站达到68个； 800M 4G基站109个。贴近实际、全面推进网络互联化工作。2016年6月30日前达到了光网县目标，是继临湘后全区第二个实现光网县达标单位;通过传统设备退网,每年可节约能耗费10万元~12万元，达到了节能增效的目的；退铜应入库上缴20吨，实际完成退铜入库28.11吨,完成率为140.55%,在全市13个单位中排名第三。

【综合管理】 2016年，岳阳县分公司按照上级要求狠抓了规范化、标准化建设。一是综合管理再上台阶,制定《关于进一步提升基础管理工作的通知》等各种管理办法多个,领导班子挂点督导,深入基层调查研究，积极搞好上下内外协调。同时,为保证竞赛期间员工思想稳定，全力做好员工思想政治工作，对各单位和员工进行了有效沟通；二是强化工作纪律,改进工作作风,组织学习贯彻《转发国资委纪委〈关于严格落实中央八项规定精神　坚决刹住公款吃喝风的通知〉》、中电信岳阳纪检〔2016〕5号关于在分公司开展“杜绝违规收送礼品礼金,树立崇廉尚洁良好形象”公开承诺活动的通知、中电信岳阳党字〔2016〕6号《关于重申操办婚丧喜庆事宜有关纪律的通知》等文件精神，切实促进了机关工作作风明显好转,做到了有令必行,有禁必止;三是做好人力资源工作。组织开展了员工职称评定、学历申报、各种技能资格考试等工作;四是加强资金管控、严防“小金库”,实现了资金及时足额上缴。严格费用计划开支,有效控制成本,最大限度压缩非生产性费用开支,保证了有限资金用在生产刀刃上。

（刘五香）

移动通信

【概况】 岳阳县移动分公司积极奉行“发展在家乡、服务在家乡、奉献在家乡”的发展理念,攻坚克难、转型发展,企业核心竞争力不断提升。公司主要负责移动通信网、移动光宽带网和数字信息化网络的规划、建设与生产经营管理工作。在职员工78人,退休员工12人。2016年以来,公司全体员工敢于担当、锐意进取,取得了较好的经营业绩,实现了企业全面转型、稳健发展。公司先后获国家模范职工之家、湖南省文明单位、湖南省文明窗口、湖南省消费维权先进单位、湖南省工人先锋号、湖南移动业务发展优胜单位、岳阳市十佳诚信企业等荣誉称号。

【业务工作】 移动客户规模不断壮大,截至2016年年底,共有通信客户25.6万户，市场份额达到70%；年运营收入突破1.6亿元，年上缴各类税收700万元；拥有一级、二级营销网点248家,为社会解决就业1200余人。移动网络规模不断发展，目前共有移动基站580个（其中2G基站256个,

4G 基站 324 个），管道 389 千米，光缆 3343 千米，全县网络覆盖率达 98%以上，有效解决了偏远农村信号弱问题。强力推进县域信息化建设，精心打造“数字巴陵”。移动光宽带网络从无到有，宽带资源覆盖 10 万余户，仅一年就发展家庭宽带 9000 余户。数据互联网专线已发展 312 条，为 309 家行政企事业单位提供数字信息化服务。通过移动互联网和物联网，促进工业化和信息化融合，走节能减排、科学发展、绿色发展之路，为广大客户架起一座沟通的桥梁，为集团单位和个人提供畅通、可靠、先进、安全的信息服务。

【文明创建】 公司与县委宣传部联合举办岳阳县手机摄影大赛、“移动杯”广场舞大赛、“德行荣城”道德模范评选活动；与县纪委举办廉政文化作品征集竞赛活动；与政务服务中心举办“服务在窗口，好人在身边”征文比赛；与总工会举办“欢乐潇湘·幸福岳阳·秀美巴陵”职工专场文艺晚会。组织员工参加“五创”劝导、无偿献血、高考爱心送考、服务进社区等志愿者活动。2016 年是公司“省级文明单位”荣誉称号届满重申之年，公司上下齐心协力，按照省级文明单位周期性复审的要求，将巩固扩大文明创建成果作为重点工作进行全面部署，顺利通过验收考核。

【帮扶工作】 公司联系月田镇西田村开展驻村“一对一”精准扶贫，联系汇璟科技和鹿角供销社困难企业开展结对帮扶，联系鹿角镇三义村参与新农村建设。2016 年 7 月，公司与城建投在县城四大休闲广场（厚德广场、圆梦广场、荣湾湖广场、城南河广场）为广大老百姓建设免费 WiFi 网络，不断提升市民幸福指数，积极营造和谐社会氛围。

【党建工作】 公司认真践行党的群众路线，积极开展“三严三实”“两学一做”主题教育活动。按照“从严治党”要求，定期组织班子成员讲专题党课，组织党员开展“抄写党章 100 天”和“踏寻红色足迹，争做合格党员”活动，组织成立了“抗洪抢险应急先锋队”等社团。在关键时刻，党员干部总是走在前头、挡在前面，日夜坚守阵地、确保通信畅通，充分发挥了支部战斗堡垒作用和党员先锋模范作用。

（付娟妮）

联　通

【概况】 中国联通岳阳县分公司成立于 2000 年 10 月，是中国联通在岳阳县区域的分支机构，隶属于中国联合网络通信集团有限公司岳阳市分公司，是负责岳阳县区域移动通信网和固定通信网的规划、建设、运营的国有控股境外上市公司。公司下辖综合、市场、客服、集团、固网、建设维护六个部室。主要经营：固定通信业务，移动通信业务，国内、国际通信设施服务业务，卫星国际专线业务、数据通信业务、网络接入业务和各类电信增值业务，与通信信息业务相关的系统集成业务等。以“抓转型、提质量、强服务、增效益”为主线，以市场为导向，全面落实科学发展观，抢抓发展机遇，充分发挥信息时代 4G、融合业务等全业务经营优势，积极寻找服务岳阳、科学发展、和谐发展、超越发展的结合点，抢抓岳阳经济社会大发展机遇，在积极服务岳阳发展的同时实现自身健康快速发展，企业价值稳步提升，企业综合竞争力和可持续发展能力不断增强。2016 年，岳阳县业务累计完成通服收入 4500 万元。

【网络建设】 2016 年，岳阳县全年网络运营指标正常，无一例安全事故发生，通过一年的基站建设，全县已有在网 2G 基站 145 个，3G 基站 205 个，4G 基站 249 个。已覆盖全县所有乡镇，城区覆盖率已达到 99.5%，3G、4G 信号在乡镇集镇街道、主要交通干线覆盖率已达到 95%，GSM 全县网络覆盖率已达 99%以上。

【文明建设】 2016 年，岳阳县联通公司以创建省级“文明单位”为契机，大力加强精神文明建设，从内部管理入手，坚持把精神文明创建工作与安全生产、经营管理、队伍建设、党政廉政建设及企业文化建设等工作结合起来，把管人、管事、管财及经营管理思想与文明创建有机统一起来，逐步形成党政共同负责，党政工团齐抓共管共建文明的格局。关注员工成长,从抓员工的文明行为入手,以“争做文明职工,建设文明单位”为主题,在公司范围内开展“优秀营业厅”“文明窗口”等创建活动,邀请专业讲师授课培训,提升全员创建能力。充分发挥工会职能工作,工会工作始终围绕公司为中心任务,以“走基层、办实事、促发展”为宗旨,深入基层,走访慰问员工,及时做好困难员工及困难家庭的帮扶工作。积极组织员工参加“岁末年初营销”“服务金点子”“全员短信征集有奖”等营销活动,以及“秋季校园促销活动”“4G进企业”等一系列劳动竞赛活动。深入开展“厨艺大赛”“优质服务技能竞赛”等文体活动和异地学习活动,维护职工的合法权益。

【固网建设】 2016年以来,岳阳县分公司为协助县委、县政府加快城乡信息化建设,在岳阳县城乡推进光纤到楼道及光纤到户接入方式,全境开通宽带接入项目118个,新增端口数15000余个,其中城区端口6000余个,乡镇端口9000余个,充分保证了用户的接入需求。宽带速率从2015年的12M,全部提升为50M,现普通用户最高带宽能达到100M,能满足现有用户从网页浏览、在线学习、网络交易、智能家居、物联网等方面的网络接入需求,极大地丰富了人民群众的精神生活,提高了人民群众的生活品质。

从2016年下半年开始,为保证宽带上网无死角,满足全县人民在公共场合利用WiFi无线低资费高速上网的需求,公司在富安商业广场,县汽车站,厚德广场、荣湾湖公园等公共场所开通无线宽带接入,保证宽带中国计划能延伸到城市的每一个角落。在各乡镇,大力推进宽带接入方式的改造,将现有的FTTB接入项目升级为FTTH接入项目,新建居住建筑直接实现光纤到户,老旧小区分批进行光纤化改造,实现光纤覆盖用户逐年稳定增长。加快推进“宽带中国”工程建设,进一步深化城市无线网络(3G/4G/WiFi)覆盖,全面提升宽带网络速度与性能,按季度分批次组织开展重点区域信息通信基础设施优化升,极大地丰富了人民群众的精神生活,提高了人民群众的生活品质。

(付志强)

电　力

【概况】 国网湖南省电力公司岳阳县供电分公司是国家电网系统内的一个县级供电企业,隶属于国网湖南省电力公司岳阳供电分公司,以建设和运营电网为核心业务,承担着为县域经济社会发展提供安全、经济、清洁、可持续的电力供应的基本使命。内设综合管理部、发展建设部、乡镇供电所管理部、电力调度控制分中心、运维检修部(检修(建设)工区)、营销部(客户服务中心)、安全监察质量部、财务资产部等8个部室;下辖新墙、黄沙、柏祥、筻口、鹿角、公田、饶村、毛田8个乡镇供电所,1个农配网运检所。2016年,全县最高用电负荷20.76万千瓦。完成售电量9.26亿千瓦时,同比增长11.4%。拥有文里220千伏变电站1座,主变2台/容量36万千伏安;荣家湾、双港、葵花、公田、付家冲等5座110千伏变电站,主变8台/容量22.75万千伏安;麻塘、新开、筻口、步仙、中洲、黄沙、毛田、月田、饶村、狮山、城山等11座35千伏变电站,主变21台/总容量103400千伏安。110千伏线路12条/202.55千米;35千伏线路15条/104.36千米;10千伏线路91条/2045千米,县城及农村配电网变压器2057台/总容量302935千伏安。建成新农村电气化村209个,电气化乡镇7个。2016年,国网岳阳县供电公司荣获省电力公司“发展工作先进单位”和市供电公司“安全生产先进单位”“营销(农电)先进单位”等荣誉称号。

【全员晨会制度】 在每个工作日的8时30分前,岳阳县供电公司每名员工的手机会不时收到来自公司生产、营销、服务三个微信工作群发来的部室(班组、供电所)的“早会”信息。这是公司提升工作绩效、严肃劳动纪律的一大创新举措。所谓“早会”,又名全员晨会制度。公司规定,从部室到班组再到分散在外的供电所,白班制的员工必须参加晨会。晨会工作安排、会场照片及人员签到表必须在规定时间内通过微信群上传,由专门人员每天统计,作为员工考勤依据。由于员工在参加早会时必须汇报上日工作完成情况和当天工作具体计划，部分岗位工作量大的人员的工作在早会工作安排上一目了然，在月度绩效考核时能作为事多薪优的依据。早会制度的执行实现了对员工行为的管控和工作的闭环，公平、科学地解决员工工作量和收入分配问题，提升了员工工作效率，促进了各项业绩指标稳步提升。

【安全用电宣传进校园】 6月，县供电公司以全国“安全生产月”活动为契机，深入全县84所中小学校上了一堂以“安全用电和科学用电”为主题的安全宣传教育课。公司精心印制的一幅幅色彩绚丽、图文并茂的安全用电常识的宣传画册、形象生动的漫画插图，很快就吸引住了同学们的目光。“电骆驼”共产党员服务队的成员们向各校师生分发了用电安全三字经、居民安全用电和居民节约用电等手册，“用电器要注意，先插电后开启”等宣传语给师生们留下了深刻印象。在“安全知识进课堂”的讲座课上，公司员工用通俗易懂、简洁生动的语言为孩子们介绍了电在日常生活中的作用及如何安全用电，举例说明不安全用电会带来什么样的危害等，以及生活用电相关的电力法律法规和安全用电常识。为确保安全用电宣传进校园活动取得实效，公司结合中小学生特点印制精美画册40590份，发放到每个学生手中，与学校联动作为家庭作业内容要求各学生家庭签字确认。通过此次活动让学生们明白安全用电的重要性，掌握必备的安全用电常识是每个人必修的课程，保护电力设施是每个人应尽的义务，达到“教育一个孩子，带动一个家庭，影响整个社会”的良好效应。

【整顿规范用电秩序】 6月29日，县人民政府召开全县规范供用电秩序工作会，印发《岳阳县人民政府关于依法规范用电秩序打击涉电违法行为的通告》，部署开展7—9月全县用电秩序集中整治行动。近年来，县供电公司配合县政府在用电秩序整治工作方面取得一定成效。2016年，为进一步规范供用电秩序，彰显社会公平正义，促进经济社会发展，县供电公司提请县人民政府决定对全县供电范围内部分地区拒缴电费、霸王用电、窃电、挂钩用电、采矿、采砂是否严格审批用电、高压线下违章建筑、违章作业等方面的问题进行整顿和打击。县政府要求各乡镇和县直有关部门正视问题、统一思想，下定决心抓整治；周密部署、联动攻坚，强化手段抓整治；落实责任、强化保障，加强领导抓整治。集中整治期间，要加大执法办案力度，协调化解一批突出纠纷，有效解决一批重大问题，处置曝光一批典型案例，推动全县供用电秩序逐步走上依法、规范、和谐的轨道。3个月集中整治行动收到明显成效，据统计，全县共调处化解了52起用电纠纷及历史遗留问题。

【以案说法增强法治观念】 7月4日，县供电公司举办“以案说法”学法用法培训班，邀请县公安局、县工信局相关负责人讲授涉电案件的处理及相关法律知识。培训班上，县公安局负责人从身边发生的典型案例入手，就案件查办过程、规范办案程序、案件定性、定量以及民事、行政、刑事案件的区分等进行了分析和讲解，要求电力员工在处理涉电案件过程中要增强“法律意识、证据意识、责任意识”，并对如何收集、固定办案证据进行了强调。县工信局负责人结合电力行政执法工作实践，就认清形势、正视问题，规范行为、积极作为，建设高素质的电力员工队伍为题进行了讲课，强调要加强电力法律法规的学习，熟悉电力执法程序及注意事项，加强与部门及乡镇协调合作共同打击涉电违法行为。县公安局、县工信局两位负责人根据电力行业的特点，围绕外力破坏电力设施、盗窃电能、拒缴电费、外人触电等问题就依法办事、依法办案、依法维权进行了深入浅出、生动精彩的讲解，使参加培训的人员印象深刻、受益匪浅。

【防汛保电工作受表彰】 7月12日，经县人民政府县长、县防汛抗旱指挥部指挥长张中于签发，县防指决定对县供电公司在2016年防汛抗灾工作中的突出表现给予通报表彰。6月下旬开始，受强降雨影响，岳阳县水库、堤垸全面告急，水位迅速上涨，全县防汛形势严峻。县供电公司紧急启动应急响应，认真执行防汛指令，反应迅速、调度及时、行动果断，确保了防汛抢险正常供电。特别是在架设麻塘大堤、小毛家湖和白羊水库堤岸应急照明线路时，组织得力，效果明显，受到各级领导和群众一致好评。防汛期间，县供电公司组织人员、设备先后在麻塘大堤、中洲大堤、新墙河沿岸堤垸、全县各山塘水库架设照明线路 76.1 千米，出动抢修人员 656 人次，车辆 136 台次，为水库、堤垸巡查和值守及防汛抢险提供了有力供电保障。

【台区降损竞赛见成效】 9 月下旬，县供电公司开展为期一周的台区降损竞赛活动，进一步推动集抄台区降损工作，加强降损经验交流，调动员工降损积极性，营造台区降损的浓厚氛围。公司营销部、农服公司本部与各乡镇供电所共组织 11 支代表队参加本次竞赛活动。在全公司范围内选取 22 个集抄改造高损台区作为参赛台区，每支代表队负责 2 个高损台区的清查与整改。各队获得的参赛台区由抽签方式确定。在竞赛活动中，各支代表队纷纷下到各自参赛台区进行“四清”与反窃查违检查，查找产生高损的原因，采取相应的对策，对发现的问题迅速进行整改，形成了你追我赶、不甘落后的竞赛场面。开展台区降损竞赛活动，创新了台区降损的手段，为各参赛队伍搭建了“大比武”的平台，提供了相互学习交流的机会。通过各代表队的共同努力，本次台区降损竞赛取得了良好的降损效果。

【举办“两学一做”知识竞赛】 “预备党员入党宣誓誓词的内容是什么？开展‘两学一做’学习教育基层党组织要重点解决的问题是什么？”……12 月 13 日，县供电公司二楼大会议室座无虚席，一场“两学一做”学习教育知识竞赛正在紧张进行。县供电公司开展此次“两学一做”学习教育知识竞赛活动旨在“以赛促学”，让广大党员干部在备赛中深学党章党规知识和习近平总书记系列讲话精神重要内涵，在比赛中检验学习成效。“两学一做”知识竞赛采取闭卷考试，公司党总支 5 名总支委员全程监考，考场纪律良好，参考党员们均能较为熟练地作答。公司 4 个机关支部全体党员和 10 个农电支部支部委员共 72 名党员参加了当天的考试。通过比赛，进一步营造了浓厚的学习教育氛围，促进了广大党员干部在学习教育中真学、真懂、真信、真用，有效增强了广大党员干部“四个意识”。

【“四个带头”筑牢党风廉政建设防火墙】 12 月 19 日，县供电公司党政主要负责人与所属各部室主任、供电所所长进行集体廉政谈话，进一步强化党员干部廉洁自律和履职尽责意识，实现对廉政风险与隐患早提醒、早教育、早预防。这是公司执行党风廉政建设年度工作计划，实施廉政“暖心工程”，落实党风廉政建设“两个责任”的具体举措。谈话对象集体学习了党风廉政建设相关文件，分别汇报了落实党风廉政建设“两个责任”、履行“一岗双责”、作风建设等方面情况。2016 年，公司党员干部践行“四个带头”要求，筑牢党风廉政建设“防火墙”：带头提高思想认识，将全面从严治党各项任务措施落实到部门（供电所），坚持业务工作与廉政建设“两手抓”，两促进；带头敬畏、尊崇、遵守党章党纪，增强“四个意识”，践行“四讲四有”合格党员标准；带头履行“一岗双责”要求，加强员工教育培训管理，确保不发生党风廉政建设一票否决事件；带头严格遵守中央“八项规定”，坚决“反四风”，严禁公款请客送礼、公车私用，守住“底线”，不碰“红线”。

（魏政楚）

农业·林业·水利

农业·林业·水利

综 述

2016年，全县各涉农部门认真贯彻落实县委、县政府关于“三农”工作的决策部署，以美丽乡村建设为统揽，着力推进农业供给侧结构性改革，努力促进农业增效、农民增收、农村增绿，农业农村发展稳中有进，为全县经济社会发展提供了重要支撑。全年完成农林牧渔业增加值53.53亿元，增长3.1%；农村居民人均可支配收入达到13822元，增长8.4%。

农业生产稳步发展，结构调整有新成效。在遭遇严重洪涝灾害情况下，主宗农产品生产依然保持稳定，粮食总产量61.25万吨。优质稻面积进一步扩大，蔬菜、水果、茶叶等经济作物面积扩大、产量增加、品质提升。生猪生产稳定，出栏147万头，牛羊等草食动物和鸡鸽等家禽加快发展，名优特水产品占比不断提升。林下经济加快发展，年产值达到1.5亿元。

经营水平稳步提高，发展方式有新转变。全县规模以上农产品加工企业达到41家，创建国家级农业品牌11个、省级农业品牌29个、市级农业品牌14个，“三品”认证农业品牌11个，农产品网上交易金额超过2.8亿元。家庭农场发展到194家，农民合作社359家，创建国家级示范社6家、省级示范社12家。农机装备总量81.5万千瓦，水稻耕种收综合机械化水平达到80%。农产品质量安全管控不断强化，农业标准化建设扎实推进。

生产条件稳步改善，综合产能有新提升。全年落实水利建设投资2.2亿元，小型病险水库加固、中小河流治理、沟渠疏浚、受损水利修复、“百千万”工程等基本完工。完成营造林3200公顷，实施道路沿线绿化93.5千米，铁山库区森林覆盖率达到53.7%，新墙河国家湿地公园建设加快推进，大云山“三战三捷”摩崖石刻进入全国第七批重点文物保护单位和第二批国家级抗战纪念遗址。洞庭湖区矮围网围整治成效明显，畜禽水产养殖污染治理整县推进，病死畜禽无害化处理体系建设作为“岳阳模式”在全省推介，枫树湾全国特大型生物天然气试点工程即将投产运营。供销、气象、保险为农服务能力进一步提高。

农村民生稳步加强，城乡协调有新进展。精准扶贫合力攻坚，减少贫困人口2684户8206人，组织“同心携手、为爱传递”精准扶贫大型公益活动，募集社会扶贫资金5600余万元。规范建房村庄整治工作试点成功，建设集中建房点4个、村庄整治点18个。农村环境整治纵深推进，常态化保洁机制基本建立。农村安全饮水、农网改造、乡村公路提质等农村基础设施建设持续加强，农村教育、文化、卫生等社会事业全面发展。

农村改革稳步推进，农业发展添新动能。土地确权颁证进度加快，建成县乡农村土地流转服务中心，土地流转1.5167万公顷，农村土地经营权抵押贷款进入全国试点单位行列。农业补贴方式优化调整，适度规模经营来势更好，水利、林业、供销改革工作取得新进展。

农业工作

【概况】 根据县委、县政府机构改革相关文件，将原县人民政府农村工作办公室（县委农村工作部）和原县农业局的职责整合，重新组建县农业局，为县人民政府工作部门，加挂“中共县委农村工作办公室”牌子。继续履行农口系统牵头协调职责，为县委、县政府推进农业农村工作发挥参谋助手作用。

机关内设机构11个，分别是办公室（综合调研室）、法制股（行政审批办公室）、新农村建设股、县域经济发展股（科技教育股）、农业产业化指导股、粮油作物股、经济作物股（蔬菜管理办公室）、种子管理股、农产品质量安全监管股（绿色食品管理办公室）、财务股、人事股。二级机构12个，分别是岳阳县农业机械化管理局、岳阳县农村经营服务站、岳阳县生态能源服务中心、岳阳县农业广播电视学校、岳阳县农业行政执法大队、岳阳县土壤肥料工作站、岳阳县农产品质量检验检测站、岳阳县植保植检站、岳阳县农业技术推广站、岳阳县农业种子技术推广站、岳阳县原种场、岳阳县定点屠宰管理办公室。

【农业结构调整】 2016年，岳阳县以“稳粮重粮，确保国家粮食安全”为主要目标，进一步落实强农惠农政策，着力转换产粮机制，稳定粮食生产，克服不利气候条件及粮价下行的影响，全县完成粮食播种面9.476万公顷，比上年扩大1.7%，总产61.25万吨，比上年增长2.5%。同时，粮食生产向规模化集约化转型升级，种粮效益持续稳定，粮食生产水平大力提升，再获“全省粮食生产先进县”光荣称号。

推广稻虾共作示范获得成功。2016年，岳阳县大胆探索农业发展新业态，推进稻虾共作生产，以岳阳县江雅稻虾养殖专业合作社为龙头，采取统一供种、统一标准化栽培养殖、统一销售的方式，推广增施农家肥，生物防治病虫害，不施化肥、不打农药，全县生态养殖龙虾100公顷，标准化栽培一季稻80公顷，当年产龙虾150吨，收入600万元，产“虾田米”稻谷480吨，收入200万元。

【美丽乡村建设】 县农业局积极推进村民集中规范建房和村庄整治试点，把规范村民建房开展村庄整治作为美丽乡村建设的切入点，全力打造新农村建设“升级版”。大面建设上，落实“三鼓励、四禁止”要求，按照“1+5”工作方案，规范审批，加强控建，减少农村违规建设。示范引领上，对选定的4个集中建房示范点、18个村庄整治示范点，通过明确自行拆除空心破旧房屋、全面绿化公共场地和庭院、实施雨污分离和整治卫生环境等四项任务来规划实施。2016年，荣家湾镇农科村、筻口镇大塘村、月田镇道院村3个集中建房点主体工程已经完工，配套设施建设也已进入扫尾阶段，毛田镇方塘村集中建房点已完成10栋主体工程建设，18个村庄整治点完成验收17个。12月10日，省委副书记乌兰一行到荣家湾镇农科村集中建房点现场观摩，12月18日市委书记胡忠雄到农科村现场调研，全县集中规范建房工作获得省市领导高度评价。

【农村环境整治】 县农业局把农村环境面貌当作一张“名片”来呵护，延续以往好的经验和做法，在搞好“四分工作法”（责任分区包干、垃圾分散处理、经费分级投入、工作分期考核）的基础上，抓住三个重点：一是以村或屋场为单位建立环境整治村民理事会，制订和实施村规民约，做到“民事、民管、民受益”；二是推行垃圾分类减量试点，采取“户分类、组收集、村处理”模式，搞好垃圾“减量化、资源化、无害化”处理；三是持续抓宣传教育，转变村民观念，不断提升群众搞好环境整治的自主性、积极性。搞好一个延伸，即通过环境整治，引导乡镇集镇、村、自然屋场开展禁炮活动，并提倡移风易俗，从俭请客送礼办酒席。全县农村环境整治取得实效，获评全市第一名。

【农业品牌创建】 县农业局坚持“品牌兴县、品牌兴农、品牌兴企”，县委县政府出台《关于加大农业品牌创建力度加快农业现代化建设的实施意见》（岳县发〔2016〕3号文件），推动农业由“大”到“强”转变。基地更优：立足县域实际，对黄颡鱼、无公害蔬菜、优质葡萄、红薯、茶油、黄茶、鸽业、土鸡、富硒产品等九大特色产业进行重点打造，创建省级现代农业特色产业园4个（新墙葡萄、枫树湾生态农牧、杨林鸽业、黄沙街黄茶）。筻口猕猴桃、杨林鸽业、新墙葡萄、中洲蔬菜、月田红薯粉等“一乡(镇)一品”的优势产业正在形成。主体更强:农业龙头企业不断壮大，发展农业产业化省级龙头企业7家、市级龙头企业26家，农产品加工企业310家；全县品牌企业自主成立岳阳县农业企业协会,集体注册“品味潇湘”商标,显现了抱团取暖的规模效应。营销更活:用“互联网+”的思维来发展农业,通过淘宝“岳阳县制造”专店销售的“拥军挂面”“张谷英蜂蜜”“福盛梅干菜”“铁山源红薯片”前景看好,菁华果业在中秋节期间3天网络销售额超过300万元。全县农业品牌创建工作以“从‘田间’到‘指间’”为题,在《岳阳日报》作系列报道。

【农村扶贫】 县农业局一方面认真抓好两个扶贫点帮扶工作。下派2名干部长期驻点,担任“第一支部书记”，落实机关干部66人与贫困户“一对一”结对帮扶,制作发放“帮扶卡”,定期进村入户开展走访调查等。通过实打实的为扶贫村办好事、为贫困户谋出路，筻口镇大塘村和平片获评全省脱贫攻坚示范村；扶贫干部廖灭螺在月田镇江先村口前片长期驻扎,把群众当亲人,洒下片片真情,获得全县“最美扶贫人物”的光荣称号。另一方面推进产业扶贫工作。编制《全县产业扶贫规划(2016—2020年)》,选定红薯、油茶、食用菌、鸽业、黄茶作为产业扶贫重点项目；在筻口镇大塘村建设产业扶贫示范基地,依托岳阳峰岭菁华果业有限公司,开发设施果木栽培项目,与贫困户建立紧密连接机制,为全市精准扶贫工作提供了产业扶贫的好现场。

【枫树湾生物天然气试点工程】 县农业局适应农村生态能源建设转型升级要求,主动对接政策,依托枫树湾畜牧公司申报的全国规模化生物天然气试点项目，完成1.8万立方米厌氧发酵罐主体建设,配电设施设备全面安装到位,3栋厂房已经竣工,综合楼主体完工,沼气安装设备订购到位。

（侯　坚）

水　务

【概况】 县水务局主管全县水行政工作,担负着防汛抗旱、水利工程建设与管理、水行政执法、水资源与河道管理、城市供水等职能工作。机关由办公室、财务股、政工股、水利建设与管理股、水利法规股、规划计划股、项目办和老干办等8个行政股室和纪检监察室组成。局辖防汛办、水利水电质量监督站、水利建设项目管理中心、水政监察大队、水利经济工作站、东洞庭湖执法中队、水资源管理中心、水质检测中心、水土保持局、铁山渠道管理所(防汛抗旱服务队)、新墙水库管理所(新墙原水公司)、中洲垸修防会(中洲电排站)、岳坊水库管理所、大坳水库管理所、设备防腐厂、巴陵水利水电建筑工程有限公司、水利水电勘测设计院、天泽监理公司等18个二级机构和14个乡镇水利管理站，其中防汛办、水土保持局、铁山渠道管理所、新墙水库管理所为副科级二级事业单位。全系统有965人,其中在编干部职工666人,退休299人。有高级工程师6人，工程师28人，政工师2人，助理工程师27人，会计师1名,助理会计师3人。大学文化程度的50人,大专112人。

2016年,县水务局紧紧围绕年度目标任务,齐心协力,积极作为,各项工作取得了可喜的成绩。

防汛抗灾夺取新胜利。受厄尔尼诺事件的影响,2016年汛期全县发生了继2002年以来的最高洪水位,水位高、持续时间长。面对严峻汛情,全局上下未雨绸缪,精心组织,科学参谋,牢牢把握了防汛抗灾主动权。一是汛前准备到位。狠抓责任落实、队伍组建、预案修订、物资储备等准备工作,落实了小型水库管护员，完善了山洪灾害监测预警系统，建成了北斗防汛移动管理系统，完成了380处应急处险等;二是参谋服务到位。每次强降雨发生前,均提前会商,通过短信平台、传真、电话、电视等向各级防汛责任人发布预警信息。根据县防指指令先后启动了防汛Ⅲ级、Ⅱ级应急响应,尤其在7月4日至7月22日二级响应期间，全县共召开防汛相关会议19次，下达防汛指令和处险方案75道，确保了县防指高效有序运转；三是处险指导到位。工程技术组实行24小时值班"问诊"；包片技术干部连续20多天，驻守一线指导组织处险抢险；抢险组不分昼夜奔赴各出险现场；处置大小险情36处，其中较大险情6处。四是后勤保障到位。负责防汛物资调运的同志装卸运输物资夜以继日，将物资器材辗转抢运到现场。指挥部后勤保障做到了车辆调度、办公楼整洁及防汛就餐安排井然有序；五是督促检查到位。督促检查组的同志严于督查，敢于找问题，敢于直言，促进了各项防汛工作措施落实。全局干部职工同心同德、和衷共济，不舍昼夜地奋战在各自岗位上，表现出坚强的战斗力，受到县委、县政府的高度评价。

【水利建设】 汛前，完成了2015年农村安全饮水工程、75座小型病险水库、月田镇江坝河山洪沟治理、中洲垸南套泵站、沟渠疏浚建设项目、"百千万"等工程项目的扫尾任务，确保了水利工程安全度汛。汛后，又相继启动了城市防洪安保一期工程、大坳水库除险加固项目等7大重点水利工程。治污安保工程方面，启动了城市防洪一期工程，该项目总投资7937.49万元，土建工程已完成30%，建筑工程已完成80%。水库除险加固方面，启动了大坳水库除险加固工程，总投资2972万元，已完成年度工程进度的70%。安全饮水方面，启动了原水管网复线工程，项目总投资3118万元，铺设主管道10.1千米，已完成工程进度的30%；完成了年度精准扶贫建设任务，县级共投入资金320万元，完成了沙坡、袁岭等9个扶贫村饮水安全工程建设，解决不安全人口6400人；全面建成乡镇规模水厂自检、县水质检测中心巡检、卫生疾控部门抽检的三级检测体系。建成了15处规模以上水厂自检化验室，并投入运行。河流治理方面，投资1800万元，启动了杨林河杨林项目区治理，综合治理河长14.06千米；投资1080万元启动了毛田河甘田河段治理，综合治理河长13.665千米。小型农田水利方面，财政奖补资金192万元实施了全县16个行政村的小农水工程，投资450万元，实施了沟渠塘坝清淤增蓄工程，对六合垸和中洲垸内沟渠清淤72千米。

【水资源管理】 强化水资源管理工作。完成了饮用水水源地达标建设规划编制工作；加强水源地监督管理，加大河道保洁与农村生活水源保护工作力度，保障了饮用水安全；加强对水功能区水质监测，对重要水功能区和重要河段定期进行检测，全面掌握水质动态。强化水政执法工作，执法部门依法行政，重点查处河道非法采砂的行为，保障了水事良好秩序，全年水政执法大队在东洞庭湖水域和新墙河沿线组织河道巡查400多次，下达《责令停止水事违法行为通知书》108份，现场处理水事纠纷230余次，调解水事纠纷200余起，立案31起，全力配合全县"五个专项行动"，取得了可喜成绩，东洞庭湖水域和新墙河沿线采砂秩序良好。水保方面年度完成了96家监督对象的监督检查，依法下达文书780份，立案12起。

【防汛抗旱工作】 汛前早谋划。在汛前，派出6个组对全县所有水利工程和重要河道进行了全面排查，对新发险工和河道水事违法行为全部进行了登记造册，研究险工险段处置方案，积极向县政府汇报，召开防汛会商会，落实防汛资金；汛中重调度。在汛期，认真组织日常值守，妥善调配全县防汛抗旱的人力、物力、财力，2016年7月，受连续强降雨影响，全县14个乡镇遭受程度不一的洪涝灾害，在7月4日至7月22日防汛二级响应期间，共组织召开防汛相关会议19次，下达防汛指令和处险方案75道，处置大小险情36处，确保了防汛的全面胜利。

【大坳水库除险加固工程】 大坳水库除险加固工程分两年实施，工程总投资2972万元，其中国家投资约1700万元，现已下达中央资金800万元（湘财建指【2016】291号），省级配套266万元(湘财建指【2016】178号)。该项目于2016年9月29日在湖南省招标投标交易中心开标，2016年10月11日发出中标通知。目前已完成了征地工作及低涵开启干库，召开了第一次工地会议即技术交底会议，2016年年底工程已完成进度60%。

【中小河流治理及重点县综合整治项目】 岳阳县中小河流治理及重点县综合整治项目共规划16条，2016年下达中小河流治理计划2条，毛田河甘田段治理工程、杨林河杨林—饶村项目区整治工程，计划总投资约4600万元，中央投资约2800万元。2016年，毛田河甘田段治理工程目前完成进度5%，重点县综合整治及水系连通试点项目已完成进度10%。

【城市防洪治污安保工程】 城市防洪治污安保工程是提升县城防汛治涝能力，拓宽城市格局，优化城市功能的重要民生工程。工程审批总投资为7937.49万元，已完成项目招投标和审查。一标于2016年11月26日开工，截至2016年年底共完成投资金额460万元，完成形象进度10%。二标于2016年11月29日开工，截至2016年年底共完成投资金额290万元，完成形象进度15%。

【县城原水供水输水管复线工程】 根据《关于县城供水输水管复线建设和城市防洪闭合圈工程有关问题的会议纪要》（岳县府阅【2016】11号）及县人民政府第26次常务会议纪要的要求，县城供水输水管复线工程方案已确立，主管线从新墙原水公司加压泵站起，采用φ1000毫米球墨铸铁管道，途经新墙、荣家湾两个镇，管线全长10.079千米。该项目经县财政评审中心审定，工程总投资3118.01万元，工程于2016年12月1日完成项目的招投标工作，于2016年12月24日正式开工。

【洞庭湖区沟渠疏浚省级奖补项目】 岳阳县2016年洞庭湖区沟渠疏浚省级奖补资金项目位于荣家湾镇和中洲乡，项目总投资1230万元，其中省级奖补资金450万元。县水务局在省财政厅资金计划下达后，迅速安排设计单位着手沟渠疏浚省级奖补资金项目技施设计，并委托县财政投资评审管理中心对技施设计预算进行了预算审查。2016年12月上旬，县水务局分别与项目所在地的荣家湾镇人民政府、中洲乡人民政府、中洲堤垸管理所签订《岳阳县2016年沟渠塘坝清淤增蓄项目责任书》，将省级奖补资金项目委托上述3个单位为实施业主，由岳阳天泽建设监理有限公司全程监理。

（李凌志　章蓉）

林　业

【概况】 2016年，岳阳县林业局按照省林业厅“湘林杯”林业建设及市县确定的林业重点工作要求，以助力生态强省建设为总目标，紧紧围绕生态文明体系建设，以改革为动力，以创新为抓手，突出“健康森林、美丽湿地、生态城乡、绿色产业”四大主题，锐意创新，务实求为，圆满完成了各项工作任务，积极推进了全县林业健康有序发展，全县森林覆盖率达30.49%。林木绿化率38.98%，活立木总蓄积302.39万立方米，森林蓄积年增长率达4.05%。林地保有量达到92582.2公顷，林地保有率100%，林业产业总产值9.6亿元，同比增加23.08%，森林火灾率控制在1%以下，森林病虫害成灾率控制在5‰以下。2016年获全国防沙防治先进集体、省级文明卫生单位、全省一站式全程代理服务示范县、市林业局综合项目考核先进单位、县级新农村建设、联手帮扶、精准扶贫先进单位。

【生态建设】 2016年全县造林2100公顷，造林任务圆满完成。其中项目造林2100公顷，森林抚育2000公顷，争取国家投入6000万元，森林抚育项目被评全省先进；扎实开展种苗生产，建设育苗示范基地，2016年产苗700万株，为全县造林提供了充足苗木，种苗生产被评为全省先进；完成油菜造林400公顷以上，实施新一轮退耕还林167公顷以上，完成丰产林改造4.47公顷以上；完成裸露山地攻坚绿化320公顷，绿色通道73千米，建设秀美村庄14个，完成“3·12”义务植树145万株，建立县级义务植树基地1个，乡级义务植树基地14个。

【资源管护】 加强依法执法，开展培训班、知识讲座20余次；执法单位办理林业行政案件36个，处罚当事人51人；森林公安局立案受理各类涉林案件 17 起，破获案件 14 起，刑事拘留 8 人，取保候审 8 人，移送起诉 10 起，刑事判决 11 人次；加强公益林管护，提高公益林补偿标准，公益林面积提高至 52707.8 公顷，占林地总面积的 56.9%，在全省处于前列，国有的省级公益林补偿标准每公顷提高 45 元，国有公益林补偿标准均达 195 元/公顷，集体和个人所有的公益林补偿标准均达 255 元/公顷；森林防火责任体系进一步健全，出台了最严森林防火责任追究暂行办法，森林防火责任被压严压实，护林员队伍实现全覆盖，火源管控责任下沉到人，2017 年春节期间实现森林火灾“零发生”；森林病虫害监测防控基础基本建成，投入 12 万元建立全县病虫害测保点 32 个，2016 年全县林业有害生物发生面积 7580 公顷，病虫害发生率为 8%，成灾面积 233 公顷，成灾率 0.02‰，铁山水库松材线虫病绿色防控项目通过了省林业厅专家评审，启动了铁山库区松材线虫病跟踪排查和预测预警机制，确保了铁山水库水资源安全以及库区周边生态安全；野保工作成效显著，野保站大力开展野保宣传、执法工作，发放、张贴野保禁令共 2000 份，悬挂横幅数量 60 条、张贴标语 600 多份、打掉捕鸟天网 3 处，收缴湖区围栏捕猎 20 余米，协助群众救助野生麋鹿 3 只，联合省林业厅举办了“爱鸟·识鸟·护鸟”摄影巡回展，定期组织开展“爱鸟周”宣传活动，群众保护野生动植物的意识大大增强。

【林业产业】 2016 年林业总产值增长 19.8%。一是生态旅游休闲业异军突起，“天然氧吧”“洗肺公园”等森林旅游项目与湿地观鸟节、水果采摘节，杨梅采摘节等周末生态休闲项目激发了生态休闲旅游的活力，全年生态休闲旅游收入达 2.56 亿元，同比增长 24.6%；二是林下经济蓬勃发展，林药、林菌、林菜、林牧等多种新型开发模式遍地开花，林地产出率和利用率明显增加，林农致富渠道明显丰富，其中杨林林下经济产业园初步建设，获省林业厅奖励 100 万元扶持资金；三是产业经营管理模式逐步升级，传统的粗放经营管理模式已经逐渐被开放的复合式经营管理所替代，楠竹、特色经济林、花卉苗木和用材林四大优势主导产业基地逐步形成；四是品牌企业健康发展，各大龙头企业通过帮扶活动，升级改造品牌，影响力持续加大。五是林农小康稳步向前，充分利用行业扶贫和精准扶持政策，将毛田镇长仑村建档立卡脱贫十四户，先后筹款 10 万元，整合项目资金 60 万元，按特困户产业发展脱贫 7 户、医疗救助兜底 4 户、低保提标兜底 1 户，教育助学脱贫 2 户，建立产业实业基地和长效脱贫方案，已基本实现产业脱贫，全县 58 个贫困村，所有林业项目向贫困村偏移，下达新造林面积 153 公顷，封山育林 400 公顷，森林抚育 200 公顷，67 名有劳动能力的贫困人口就地转成生态护林员，每年获得财政补助 65 万元，采取合作社形势发展林下经济 267 公顷，因地制宜发展特色林产业 133 公顷，合作社免费提供绿化苗木 3 万株、林下养殖果木苗 8500 株、幼鸡、鸭苗 2.3 万只，每个贫困户每年可增加 2 万元以上。

【林业服务】 全县各乡镇林业站开启了全程代理服务模式，实行林业站“一站式全程代理服务”，为林农提供方便，其中张谷英镇林业站、新墙镇林业站、中洲乡林业站受到国家林业局领导的充分肯定，认为岳阳县“一站式全程代理服务”工作走在全国前列，被中国绿色时报宣传报道。“一站式全程代理服务”平台的建设，提升了新形势下的林业服务水平，真正做到了让群众少跑路，干部多办事，使利民、便民、惠民工作落到实处，彻底解决服务群众 “最后一千米”问题。

【基础建设】 县林业局把基础建设作为一项重要工作来抓，2016 年局机关和基层面貌焕然一新。主要表现在两个方面：一是基层党建阵地建设，局财务投入 30 余万元，建设了基层党员活动室，选调一批优秀干部，组建党建办公室，通过全面加强党建工作，干部职工工作作风切实转变；二是基层站所建设，对 6 个乡镇的基层站所的办公室、电脑网络、业务用房、监测设备、扑火装备等硬件设施进行了改造，基层条件大为改善，无纸化办公进一步落实，信息平台和数据平台进一步优化，工作效率和服务水平进一步提升。

（许文航）

畜牧水产业

【概况】 岳阳县畜牧水产局是县人民政府主管畜牧业、水产业的职能部门。负责全县养殖业生产规划、计划制订，争取、落实好养殖政策、项目和资金，积极推动畜牧水产生产发展和现代化进程，大力推广新技术、新品种。依法履行相关法律法规规定的义务，加强行业管理和执法监督，确保畜禽水产品质量安全和养殖业生产健康发展。

畜牧水产局下设办公室、监察室、财计股、人事股、畜牧股、水产股、兽医药政股、饲料办等8个内设机构和县动物卫生监督所、县动物疫病预防控制中心、县渔政监督管理站、县养殖技术推广站、县畜禽水产品质量安全检验检测中心、县畜禽良种繁殖场等6个二级机构及1个归口管理单位——国营中洲渔场。共有干部职工140人，其中干部63人，职工77人；有专业技术人员46人。2016年连续6年评为全市养殖业目标管理考核红旗单位，连续3年评为全省养殖业工作目标管理先进县，被评为市级文明单位和省级文明卫生单位。

【养殖生产】 2016年全县生猪出栏146.9万头，年末存栏78.89万头，同比增长—1.50%、—1.67%，常年存栏300头以上的规模猪场为527个。全年肉牛存栏8.47万头，出栏3.88万头，同比增长—0.7%、4.38%。出栏羊7.52万头，出笼家禽654.75万羽，同比增长—1.73%、15.58%，畜牧业产值达40.54亿元。全县已养水面12066.67公顷，2016年投放各类鱼种7650万尾，重9200吨，生产鱼苗4.3亿尾，水产品总产量53280吨，渔业产值达9.15亿元。

【良种繁育】 2016年县畜牧局全面开展生猪人工授精和肉牛冷配，改良品种，实现畜禽良种化，提高养殖效益。通过招标确定4个省级标准的种公猪站，全年生猪良补项目支持配种5.7万胎次，引进优质种公猪70头，配送精液11.4万瓶。有效保障了全县种猪精液需求。全面开展肉牛冷配工作，免费供应冻精20000支，完成肉牛冷配1.9万胎次。

【惠农政策管理】 2016年县畜牧局实施生猪调出大县奖励资金和生猪良补等2个惠农补贴项目，项目资金总额813万元。项目资金专账管理，监察、财政、发改等部门全程监督，通过惠农一卡通直接打卡到户。积极配合保险公司做好能繁母猪、育肥猪和特色养殖业等品种的保险工作，有效提高养殖业生产抗风险能力，促进了农民增收、农村和谐稳定。

【养殖污染防治】 坚持养殖业绿色健康发展，制订《岳阳县畜禽水产养殖污染治理规划》，开展畜禽粪污综合利用社会化服务试点工作，公开招标选择15个服务承接主体，对全县170多个年出栏生猪500头以上的规模养殖场粪污进行收运处理和综合利用，有序开展禁养区畜禽退养，完成了坪费湖、平江河堤岸纵深1000米陆域范围内的38家生猪规模养殖场退养工作，2家大型养殖场申请了暂缓退养；推进养殖设施改造，鼓励规模养殖场（户）开展干湿分离、雨污分流、沼气工程等设施设备建设，重点对17家生猪规模养殖场粪污设施进行了升级改造。

【品牌创建】 县畜牧局开展肉鸽品牌创建工作，探索“互联网+”，以杨林全民鸽业为龙头，成立了电子商务公司，开通官方网站和淘宝旗舰店，大力打造品牌形象，“湘锦玉”商标获评为湖南省著名商标，“颐神源”商标获评为湖南省名牌产品、中国著名品牌，正在申报“岳阳王鸽”地理标志认证；拓展鸽业养殖产业链，投资1260余万元分别在岳阳市、岳阳县开设了“鸽王天下”品牌主题餐厅，打造了从生产到餐桌一条龙服务的全产业链；提升鸽业养殖科技含量，对接科研院所，与中国农科院家禽研究所签订了产、学、研合作协议。支持湖南清渠农业发展有限公司扩大生产规模黄颡鱼专养面积扩大到73.33公顷，成功申报省级农业特色产业示范园，获省财政奖励资金100万元。出口黄颡鱼到韩国420多吨。清渠黄颡鱼养殖合作社带动周边30户发展黄颡鱼专养，面积60公顷。岳阳绿缘渔业公司发展黄颡鱼合作养殖户近40户，养殖基地扩大到100公顷，争取财政贴息贷款

284 万元。

【养殖技术服务】 为养殖户和养殖场做好养殖生产全程的养殖技术服务，解答养殖技术问题 200 多次。引进养殖新品种 16 个、养殖新技术 21 项，全年重点培育了 120 个养殖业科技示范户，并做好科技示范户的全程养殖技术跟踪指导。建立了 3 个水生动植物疫病监测点，搞好了水生动物疾病服务。全年共举办了畜禽、水产和蜜蜂等养殖技术培训班 12 次，培训农技人员和养殖大户 1200 多人次，择优选送农技人员和养殖户 60 多人次参加省和市组织的各类养殖技术培训班。

【兽药、饲料监管】 开展畜禽水产品质量安全宣传，发放畜禽水产品质量安全宣传册 3600 份，举办质量安全专题培训 180 人次。严格兽药 GSP 管理，全年 15 家兽药经营门店通过兽药 GSP 换证验收，逐步执行兽药经营二维码追溯管理。严格饲料质量安全监管，较高标准通过农业部饲料生产、经营督导验收。开展全县养殖场投入品监管专项整治，检查 162 个养殖场(户)，抽检猪、牛、羊尿羊 420 份，检查结果均呈阴性，无异常。开展“三品一标”认证工作，湖南全民鸽业有限公司、岳阳县枫树湾畜牧有限公司顺利通过无公害复查换证。

【动物疫病防控】 开展全县动物防疫技能培训，组织春秋集中防疫，全县猪口蹄疫、猪瘟、高致病性猪蓝耳病分别免疫 66.1 万头，牛羊口蹄疫免疫 12.19 万头，家禽禽流感免疫 243.5 万羽，强制免疫病种免疫密度达到 100%，畜禽免疫台账登记率、免疫卡张贴率达到 100%。全县免疫抗体水平达到均达到了 70%以上，全县没有发生区域性重大动物疫情。

【动物卫生监督】 强化动物卫生监督，督促生猪屠宰场(点)严格落实“瘦肉精”自检制度和检疫申报制度，定点屠宰场(点)屠宰检疫率达到 100%，坚持跨省调入种(乳)用申报备案制度，对引进的种用、乳用动物严格进行隔离观察。切实做好 H7N9 流感防控工作，全县没有发生疑似流感疫情。

【病死畜禽集中处理】 强力推进病死畜禽集中无害化处理，全年共收集处理病死猪 23244 头，家禽 2034 羽，牛 15 头，羊 6 头，屠宰场下脚料 70.2 吨，“岳阳模式”的无害化处理体系成功形成，得到了省委书记杜家毫的 2 次点赞。

【农业血防查治工作】 加大综合治理力度，切实做好动物血防查病、化疗和疫情监测工作。化疗牛羊 11805 头，严格出入本地区的牛羊检疫，搞好麻塘垸动物血吸虫病流行病学纵向观测点的野粪调查、螺情调查以及牛羊粪监测病不同年龄感染率调查、感染度调查等工作，以点带面，推动整体工作顺利开展。

（漆龙波）

农业机械化

【概况】 县农业机械管理局负责主管全县农机化工作，现有在职干部职工 73 人，其中国家干部 28 人，专业技术人员 10 人，退休干部职工 50 人。内设办公室、财计股、人事股、监管股、科教股、纪检监察室、工会等 7 个股室。下设农机安全监理所、农机技术推广站、农业机械化学校、农机公司、农机综合服务中心等 5 个二级机构。

2016 年，县农机局务实创新，奋发求为，推动了农机化工作的全面发展。截至 2016 年年底，全县拥有农机总动力 81.5 万千瓦，农业机械原值增长到 5.4 亿元，联合收割机发展到 2536 台，耕整机达到 1.9 万台，其他各类农业机械也相应得到了增长。推广了一大批适应农业结构调整的农机化新机具新技术。农机具大量增加，大大提高了全县农业机械化作业程度。全县农业生产机械化水平大大提高。2016 年，县农机局被评为全省农机工作先进单位、全市购机补贴工作先进单位。

【农机惠农政策实施】 2016 年，全县共实施补贴资金 1568 万元，补贴各类农机具 2507 台。一年来，县农机局始终把落实好农机购置补贴政策作为一项政治任务，一手抓实施、一手抓监管，不断创新运行机制，严格管理措施，确保了补贴政策科学高效规范廉洁实施。一是完善宣传平台。以信息公开为抓手，不断完善宣传平台，逐步建立起以宣传促监督、以监督促管理的长效机制。一方面加大信息公开栏的网络平台建设，依托“岳阳县政府门户网”“阳光三农”“农机补贴qq群、微信群”等网络平台将补贴政策、补贴程序、补贴机具、补贴对象、补贴进度等相关信息向社会公示，实现了从补贴政策信息到用户补贴过程信息的全方位公开，做到了公开公正、阳光操作，互联互通，全民可参与、全社会可监督。另一方面充分发挥电视、手机报等新闻媒体的作用，通过走村入户、发放农机补贴宣传彩页等形式，广泛开展农机购置补贴政策宣传活动，向农民群众面对面讲解、宣传农机购机补贴政策；专门印制了5000份补贴宣传彩页散发到每一个行政村，进一步提高广大农民群众对补贴政策的知晓率，扩大政策的影响力。二是严格经销商管理。组织召开全县整顿经销秩序专题会议，经销企业当场签订《服务承诺书》，并做出经销承诺，督促各经销企业一律亮证经营，公开价格承诺和质量保证，在醒目位置公开经销机型与配置标准，便于购机者对照比较，保证农户明白购机。三是加强机具核查。乡镇对每台补贴机具均核查签字，县农机局联合纠风、监察、财政等部门对大额补贴机具与疑难问题进行核实追查，杜绝弄虚作假行为。2016年开展联合督查活动4次，共核查补贴机具560台。四是集中专项治理。扎实开展农机补贴“雁过拔毛”式腐败问题专项整治工作，8月28日—9月9日，县农业局、畜牧局、经管局、农机局就岳阳县涉农惠农资金发放情况进行了联合调查，通过为期半个月的核查，共走访14个乡镇32个村，对2015年实施的农机购置补贴政策资金落实情况进行了抽样检查。针对核查中发现的部分小型机具铭牌不规范、异地申报行为、补贴机具编码错乱等问题及时提出了整改要求。

【农机网络建设】 大力培育农机专业合作社。因地制宜发展全县的特色农业经营模式，大力开展代耕代种、联耕联种、全程托管服务，推进全程机械化作业向耕、种、收、秸秆还田、植保、烘干大转变。2016年，全县新注册登记农机合作社6家，达到37家。农机合作社作业服务总面积57913.33公顷，年经营总收入8000多万元。建农、润禾、丰瑞等6家农机专业合作社被评为省级现代农机专业合作社。红春、丰瑞农机合作社被评为全省示范性农机合作社。建立健全乡镇基层农技推广服务中心。2016年全县20个乡镇农技推广服务中心整合为14个，建设了一批高标准的农机服务窗口，较好地保证了基层农技服务力量、服务水平。各乡镇农技推广服务中心实行财政全额预算，在农机购置补贴、农机技术推广、农机安全生产等重大工作事项中均配备了一定数额的专项工作经费，保障机制得到进一步加强。发展新墙镇“十二千米”农机大市场。目前该市场聚集农机经销企业和经销点20多家，农机维修厂(点)16个，集农机销售、农机维修、农机服务于一体，年销售收入近亿元，农机产品畅销全市各县市区，远销至湖北、江西，已逐渐成长为湘北地区农机装备购销中心，为全县农机事业的发展增添了新亮点。深入实施农机高技能人才培养工程。联合农业、人社、移民等部门建立农机职业技能培训长效机制，大力培养经营管理、驾驶操作、维修保养、新技术推广等农机技术人才。全年共举办各类技术人员培训班12期，组织编印《农机驾驶员培训读本》《水稻机械化插秧技术》2000余册，培训大中型拖拉机、联合收割机驾驶员及其他从业人员500多人次，为农村和农机事业的发展培养了一大批新型职业农民。

【水稻生产全程机械化工作】 坚持多方位发力。一是强化行政推动。县委、县政府高度重视农业机械化工作，将粮食生产全程机械化纳入岳阳县“十三五”发展规划。二是强化补贴促动。在国家农机购置补贴政策的基础上，对水稻生产全程机械化薄弱环节的农机具实行奖补政策，薄弱环节装备水平快速提升。全县新增插秧机45台，机插水平提高3个百分点；新增高性能植保飞机3台，实现了质的飞跃；新增粮食烘干机30台，烘干能力大幅增强。三是强化项目带动。全力推动集中育秧项目、机耕道建设项目、基层农机推广体系补助建设项目及相关涉农项目，向水稻生产倾斜，向机械化薄弱环节倾斜。坚持多维度示范。一方面,组织开展以水稻生产全程机械化推进行动为主题的"补短板"系列活动,先后召开水稻机插秧、高效植保机械化、谷物烘干机械化现场观摩会,全程演示粮食生产全程机械化各个环节的新技术和新装备,省时、省力、省人工高效农机作业获得一致"点赞"。另一方面,在筻口、长湖、杨林等6个乡镇建立水稻生产全程机械化示范区,推行专人负责制示范区建设,实现农机服务与农民增收"双赢",2016年完成示范区建设面积333.33公顷,经营收入达910万元。坚持多层次推进。一是加强机艺融合。成立农机农艺融合协调小组和专家组,强化协同配套,共同参与水稻机械化育集中育插秧。农业部门负责品种选择、育秧技术和大田培管等技术指导,农机部门认真开展育插秧机械的选型推荐、质量监督、技术推广、农机维修等工作,举办机插秧现场演示会3场。二是加强技能培训。开展以水稻机械化育插秧技术、插秧机操作维护技术为重要内容的技术和技能培训。举办培训班4期,培训基层干部和插秧机手600余人,农机从业人员整体素质得到提升。三是加强面对面指导。聘请技术专家和技术指导员26名,开展面对面答疑解惑,及时帮助解决遇到的困难和问题。

【农机安全生产】 坚持农机监管"三个转向",实现从农用运输监管转向所有农机具监管,从路上监管转向田间源头监管,从重收费轻管理转向管理和服务并重。全县没有发生一起农机安全责任事故,没有发生道路外较大以上农机事故。一是加强宣传教育。大力宣传"以人为本,安全发展"的理念,努力提高农民群众安全意识和守法意识。向全县群众发放《平安农机倡议书》16000多份,发放《致农机手的公开信》13000余封,制作宣传横幅300多条。二是开展平安创建。成功创建筻口镇1个省级平安农机示范乡镇,西冲、潼溪、笔架山等3个市级平安农机示范村。三是强化联合监管。加强联合执法力度,开展专项整治。积极开展《创建"平安农机"建设年》《拖拉机安全生产规范管理执法年》《农机安全生产监管执法年》"三大活动",开展农机安全检查,全年共检查农机车辆1200余台次,纠正违法车辆60余台次,查处无牌行驶车辆26台,无证驾驶人员13人。四是规范业务办理。实行"谁签字、谁负责"的工作制度和责任倒查制,严把上户关、检验关、驾驶员考试关。2016年新注册拖拉机、联合收割机、农业工程机械821台,办理各类农机驾驶证86个,完成拖拉机检验1282台。五是提高安全保障。通过介绍典型案例、制作宣传挂图、发放宣传手册等方式大力宣传农机互助保险,提高农机手的参保积极性,努力扩大农机互助保险覆盖面和参保率。同时积极送险上门与做好互助保险的售后服务工作,提高事故理赔效率。2016年共办理保单1100多份,参保金额达31万元,是2014年、2015总和的1.7倍,理赔农民保险金15万元。

（张细军）

农村经营管理

【概况】 岳阳县农村经营管理局系承担行政职能的正科级事业单位,主要承担农经"三大管理、三项指导"职能,"三大管理"即农村土地承包、农民权益维护和农民负担监督、农村集体"三资"管理;"三项指导"即农业产业化经营、发展农村集体经济组织建设、农民专业合作社建设、家庭农场、农业社会化服务体系建设指导和农村集体经济审计、农村经济统计等工作。内设股室5个,分别为办公室、农村财务管理股、农村集体经济审计股、农村土地承包管理股、农民专业合作组织管理股,加挂县农民权益维护和农民负担监督管理领导小组办公室牌子;设二级机构1个,即岳阳县农村土地承包经营权流转服务中心。2016年,全县农经工作取得了较好的成绩,其中农村土地承包经营权确权登记颁证工作、农村集体"三资"与财务管理工作在全省被评为先进单位,农村经营管理和惠农减负工作在全市被评为综合先进单位;新创建国家农民合作示范社1家,省农民合作示范社1家,市农民合作示范社3家。

【强化农民负担监管】 2016年,县农经局严格落实中央、省、市惠农减负政策,上下齐心,真抓实管，一手抓减轻农民负担措施的到位，一手抓强农惠农政策的落实，不断创新监管机制，强化监管责任，加大监管力度，并以“关于上下联动深化损害涉农利益行为整改工作”“开展涉农乱收费乱摊派清理整治活动”“雁过拔毛式腐败问题专项整治”等专项整治活动为抓手，重点查处了发生在群众身边、损害群众利益、群众反映强烈的涉农涉负问题，有力地保障了农民的合法权益不受侵害。

【发展村集体经济组织】 为进一步发展壮大村级集体经济，夯实农村基层组织执政基础，8月，县农经局对全县村级集体经济发展情况进行了一次调查摸底，制订《岳阳县村级集体经济2016年发展规划》。根据岳阳市农业委员会《关于推荐村级集体经济发展有潜力村及主打项目的通知》精神，从全县168个村中筛选了公田镇饶港村、港口村，新墙镇清水村，步仙镇狮山村，筻口镇游港村、大塘村为村集体经济发展有潜力村。根据《湖南省农业委员关于2016年村级集体经济发展奖励项目申报有关事项的通知》(湘农办发〔2016〕83号)精神，申报了公田镇饶港村、步仙镇狮山村、黄沙街镇和谐村、柏祥镇中村村、新墙镇高桥村、新墙镇三合村等6个村为2016年度湖南省村级集体经济发展奖励对象，共争取奖励资金70万元。

【财务规范化管理】 为确保全县并村改革工作顺利进行，县农经局与县监察局、县财政局联合出台了《全县并村改革集体“三资”清理处置和财务合并办法》，为全县并村改革中的“三资”清理处置和财务合并提供了政策依据。同时，抽调业务骨干，组成专门的工作班子，加强对各乡镇此项工作的指导督促，确保了14个乡镇村级财务合并基本完成。为保持村级“三资”及财务监管工作的连续性，全面提升农村财会人员的业务素质和政策水平，2016年11月8日至11日，在县委党校举办了2期全县农村财会人员培训班，共培训乡镇村级财务代管中心记账员、居委会财会人员、合并后新村财会人员等249人次。

【农村土地承包经营权确权登记】 全县在2016年4月底基本完成了农村土地确权登记调查摸底工作，明确了牵头技术公司，完成了工作底图制作。6月初启动了确权登记外业调查，在保证“户不漏块、块不漏户”的前提下，各乡镇外业调查工作已完成80%以上，杨林、长湖等部分乡镇已开始公开公示。同时，为确保整体工作质量和进度，始终坚持做到五个“严格”：一是严格业务培训。分别对全县乡镇经管员和行政村的村主任、报账员进行了土地确权业务培训，共培训7期819人次；二是严格技术、图纸标准。通过民主推荐确定技术实力最强的省国土资源规划院为牵头技术单位，统一了技术标准、及时向省、市上报了技术方案设计书；先后八次到省国土资源厅联系沟通，及时将1:2000正射影像图拷贝到位交付技术公司；三是严格工作督查。与县政府督查室联合督查3次，督查情况由县政府办通报到全县；单独组织督查3次，制发督查简报4期。四是严格资金使用。按照专项专用要求，加强农村土地确权登记资金管理，及时按进度拨付技术公司勘查、测量费和乡镇工作经费；五是严格把好档案管理关。土地确权颁证工作所形成档案的管理工作做到“三必须”，即：必须一户一档；必须有规范纸质和电子文档两个版本；必须由县档案馆专房专柜管理。

【培育发展新型农业经营主体】 2016年，县农经局指导新创建国家示范社1家，省级示范社1家，市级示范社3家，指导规范合作社70多家，争取示范社项目资金65万元，有力地推动了全县合作社整体向规范化、集约化、品牌化发展。截至2016年12月，全县注册专业合作社359家，涉及种植类198家，养殖类137家，综合服务类24家；成功申报国家农民合作示范社6家、省农民合作示范社12家、市农民合作示范社11家。同时，采取一系列措施，推动全县家庭农场数量迅速增长，经营质量明显提升。制定《岳阳县家庭农场创建认定标准》，统一认定标准、申报材料和申报程序，按照培育典型，示范带动的思路，以点带面，推动全县家庭农场快速健康发展。2016年，全县家庭农场总数达到194家，其中2016年新增61家。认真做好粮食种植类家庭农场认定登记，积极申报补贴项目，及时将补贴资金打卡到户。2016 年共发放补贴 93.3 万元，惠及家庭农场 55 家。

【农村土地经营权流转服务】 自 2016 年以来，岳阳县以开展全国农村承包土地经营权流转抵押贷款试点为契机，进一步规范土地流转行为，指导流转合同签订、搞好备案登记，开展流转、抵押登记；健全农村土地流转服务体系，乡镇农村土地流转服务中心主任由乡镇经管站长兼任，村级信息员由村主任兼任，组建岳阳县农村土地流转信息群；加大政策宣传，举办岳阳县农村土地流转村级信息员土地流转政策宣传培训班；建立健全农村承包土地经营权流转登记、抵押登记、档案管理等相关制度。截至 2016 年年底，岳阳县农村土地(指耕地)经营权流转面积达 15706.67 公顷，占全县耕地总面积的 32.72%；已开展农村承包土地经营权抵押登记 40 笔，发放农村承包土地经营权抵押登记证明 40 份；指导了荣家湾镇岳阳置信旅游开发有限公司、湖南清渠农业发展有限公司等 10 个农业经营主体的农村土地流转业务；办理了余赞、刘毅等农业经营业主 2 笔农村土地经营权流转登记证明(他项权证)。

(杨勇平)

东洞庭湖管理

东洞庭湖管理

综 述

【概况】 东洞庭湖辖区面积1330平方千米，其中水域面积1328平方千米，是洞庭湖的主体湖。它既是国内外闻名的重要湿地，又是长江流域重要的物种基因库。这里常住渔民、苇民约3万人，每年过境人口逾10万。2000年5月，岳阳市人民政府本着“尊重历史，面对现实，有利发展，有利稳定，权属与管理相结合”的原则，以〔2000〕16号岳阳市市长办公会议纪要形式进一步明确岳阳县对东洞庭湖实施有效管理，同年8月，岳阳县东洞庭湖管理局正式成立，负责监督协调渔政局、苇业公司2个正科级事业单位和水上中心派出所等9个部门，全系统共有干部职工2500多人。

2016年，东管局在县委、县政府的正确领导下，凝心聚力，务实求为，以“两学一做”为抓手，立足东洞庭湖区域工作实情，牢牢把握生态保护和发展“一个关键”，突出安全稳定和财政运转“两个重点”，力争从财政依赖型到项目争取型等“三大转变”，着力夯实全年工作基础，全力服务县域经济，有力推动了东洞庭湖生态文明建设的稳步发展。

【水环境综合治理】 2016年3月，省政府部署洞庭湖生态经济区水环境综合治理专项行动，东管局坚持把五项专项行动作为优化洞庭湖芦苇生态旅游外部环境的一项中心工作来抓，从3月18日开始，租用水陆挖机，在东洞湖红旗湖、七星湖、新沟闸、八角墩、扁山等地水域拆除矮围11处、水泥闸口14个。同时，全面清理岳阳县所辖的月山、老港等地沿湖垃圾，共清除存量垃圾10余处、栽种爬山虎1000余株，并放置了垃圾桶、添置了垃圾箱，组织定期对垃圾进行转运，沿湖的环境卫生得到彻底改观。同时从9月开始，组织对东洞庭湖非法采砂、非法载客、非法捕捞、非法加油、非法水上餐饮为主要内容的综合整治行动，取得明显效果。

【打击非法捕捞】 县东管局投入打击非法捕捞专项整治资金，参加了农业部、省政府组织的清理整治洞庭湖非法捕捞联合执法行动，先后开展“洞庭风雷”“执法护渔”“清湖”“清理违规渔具”“整治电捕鱼”等专项整治。一是全面清除“迷魂阵”，通过刀砍、手拔、火烧，共清除残留“迷魂阵”约2.9万米，网围、网片约1.8万米。二是全力打击电捕鱼，全年共办理电捕鱼案件100余起。全面清除了“迷魂阵”，有效遏制了电捕鱼，确保了东洞庭湖捕捞秩序实现根本性好转。

【浮吊船舶整治】 为认真贯彻落实市政府关于整治和规范市中心城区沿洞庭湖水域浮吊船舶作业秩序的通告精神，切实维护东洞庭湖水域航行安全和港口经营秩序，增加县级税收来源，县东管局牵头组织对市中心城区沿岸水域停泊和作业的浮吊船舶进行全面整治，通过多次召开会议，宣传有关政策，引导浮吊船舶实行公司化统一经营。同时，加大了打击非法浮吊的力度，牵头组织公安、市场和质量技术监督等部门，与市地方海事局一起开展了联合执法行动，强制清除逾期未自动清除的非法浮吊。达到了浮吊船舶由原64条缩减至36条，并实行公司化统一经营的目标。新组建浮吊公司(岳阳江南物流有限公司)于2016年12月成立，并在岳阳县进行了注册登记。

【湖区生态旅游】 为开发洞庭湖芦苇生态旅游项目，实现湖区芦苇产业转型，湖管系统积极申报东洞庭湖芦苇荡原生态旅游开发项目,已经取得了突破性进展。其中东洞庭湖芦苇生态旅游项目分别被省旅游局和省发改委列为“十三五”规划重点建设项目,投资计划为24.8亿元；投资3.5亿元的东洞庭湖芦苇湿地保护与恢复工程已由省发改委上报到国家发改委,进入了项目库;洞庭湖环湖公路建设已把月山湖滨地区纳入规划,并拟在月山建立观景台。

【渔业资源涵养】 按照农业部要求:2016年东洞庭湖禁渔期制度从3月10日—6月30日调整为每年3月1日—6月30日,禁渔期达到4个月。通过召开东洞庭湖春季禁渔工作部署会，签订责任状,全面落实禁渔各项措施,加强湖面、水中、岸上全方位监管,加大巡查力度，严厉打击违禁捕捞,全面实现禁渔目标任务,农业部、省、市等领导督查后,给予高度评价。2016年，县东管局于4月8日、6月6日、8月8日先后3次在鹿角、渔政码头北门渡等水域投放“四大家鱼”春片、夏花，东洞庭湖鱼类资源种类、数量明显上升。

【野生麋鹿救助】 东管局组织涉湖乡镇发放宣传单6000余份,张贴标语700多条，提高了沿湖乡镇及涉湖人员麋鹿保护意识;开展全天候巡护巡查，并及时发布救护联系信息，发动群众救护运动,对提供信息者进行奖励,通过层层发动,确保麋鹿安全度汛,共救护麋鹿3头,无一受到伤害。

（彭　立）

芦苇生产经营与管理

【概述】 湖南洞庭苇业有限责任公司于2000年11月成立,注册资金6800万元。公司管理湖洲面积80000公顷，其中有芦面积14666.6公顷，湖洲洲滩面积35133.3公顷,芦苇年产量达10万吨。公司内设办公室、财务科、业务科、政工科、计生办五个科室,下辖老港、飘尾、北洲、新洲、南洲五个分公司以及月山管理区、芦科所、北洲基地办共8个单位。公司党委下辖月山管理区总支和公司机关、月山机关、月山、飘尾、老港、湖洲学校6个支部,现有干部职工2114人。

2016年，公司始终注重芦苇生产管理，狠抓芦苇培育与安全生产,全力保证芦苇增产增收;始终致力创新发展，牢牢把握苇业振兴发展机遇，奋力争取国家重点项目建设投入；始终着力改善民生,着力办好一批民生实事;始终坚持真抓实干，真正把心思用在干事创业上，全力推进湖洲芦苇持续有序发展。一年来，在县委、县政府的坚强领导和全体干部职工共同努力下，公司被评为全面建成小康社会综合绩效评估工作优秀县直单位。

【安全生产管理】 2016年2月18日，苇业公司负责人一行深入东洲、新洲芦苇生产基地,督促检查芦苇安全生产工作。2016年,新洲芦苇产量比2015年有所突破,达4.5万吨。在两个生产基地,督查组仔细察看了堆场安全管理、应急处置等情况。公司总经理李天怀指出,在芦苇出山、成垛、运输的关键时期,要加强芦苇防火,各芦苇经营业主要确保防火路的清洁卫生,常备防火工具,生活区与芦苇垛堆要保持一定的防火间距,生活区严禁生明火,各站场要配备专职的安全消防员；用于湖洲生产的运输车辆、船只和吊机要有专人负责，要定期进行检修维护,进一步完善安全设施,消除安全隐患。并着重强调,芦苇安全生产要强化责任落实,牢固树立“抓安全就是抓经济效益”的思想理念，不断强化安全生产意识,认真落实芦苇生产各项安全防范措施,做到任务明确、责任到人、措施到位;要排查安全隐患，加强日常监管、巡查检测和内部人员的管理，扎扎实实做好苇区消防安全生产工作，突出抓好芦苇垛台、堆场等重点部位、重点区域的安全防控，有效化解各类安全生产风险，确保芦苇安全生产取得实效。

【非法矮围整治】 为了认真贯彻

落实洞庭湖生态经济区水环境综合治理“五大”专项行动，2016年3月11日，县苇业公司召开推进“洞庭风雷”整治非法矮围工作大会，学习“岳阳县东洞庭湖2016年春季禁渔工作会”会议精神。会上强调凡经渔政、水务部门确认为矮围的，一律无条件拆除；所辖渔民不得在禁渔区和禁渔期捕捞；各芦苇承包老板不得在承包范围内修建矮围及进行围网养殖。不允许以开发芦苇为名行捕捞之实，不允许以开沟沥水为名行建矮围之实，真正把2016“洞庭风雷”专项整治工作落到实处。

【安全隐患排查】 苇业公司为确保安全生产，防范各类安全事故的发生，周密部署，认真组织开展安全生产隐患大排查大整治行动。一是召开安全生产工作会议。2016年5月25日，组织生产线和各分公司负责人召开安全生产专题会，下发《关于加强水上交通安全管理的紧急通知》和《关于加强2016年度夏季芦苇抢运期间安全生产管理工作的通知》。成立安全生产管理工作领导小组，切实增强工作责任感和紧迫感。二是结合实际制定工作方案。严格执行《芦苇生产安全工作责任状》，明确重点、细化任务、落实责任，增强工作的针对性和实效性，确保大排查大整治全面彻底、取得实效。三是辖区开展自查自检活动。加强下湖务工人员安全生产教育宣传工作，运输船舶、吊装机械操作手必须手续齐全，严格按照公司芦苇安全生产管理办法执行相关安全抢运工作。切实提高自身的安全生产意识和安全防范能力，防止安全事故的发生。四是联合相关部门督促检查。检查组对各场(站)芦苇垛堆、路口、码头、公务船舶、运输船舶、生活趸船和辖区工厂等进行全面检查，排除安全隐患，发现问题及时整改，防患于未然，将安全督查工作落到实处。五是落实值班制度保信息畅通。坚持领导带班和值班，确保信息畅通，及时掌握安全生产动态，将安全隐患消除在萌芽状态。

【芦苇收运】 2016年7月12日，副县长杨谦深入苇业公司新洲、南洲、北洲、东洲芦苇场督查指导防汛和芦苇抢运工作。因强降雨，公司新洲、南洲、北洲芦苇场被大水冲走芦苇达12200吨，因洪水浸泡无法抢运芦苇达2100吨，新洲自力垸因大堤垮塌受损棉花达50公顷。杨县长指出，防汛抗灾是做当前各项工作的重中之重，公司上下思想上务必高度重视，安全责任重于泰山；工作上务必认真落实，全力配合芦苇生产抢运；纪律上务必严格要求，不能有麻痹放松思想。杨县长同时强调，要迅速做好受灾数据摸底统计，及时向相关部门做好灾情申报工作；要多方跟芦苇承包老板相互沟通，帮助他们消除洪水困扰顾虑，增强信心一起战胜困难；主动做好相关协调工作，加强船只调度，积极与纸厂联络全力做好芦苇抢收抢运工作；提前做好生产自救准备，力争把灾害造成的经济损失降到最低限度。

【苇业发展和湿地生态保护】 2016年8月2日，县政协组织部分委员到苇业公司，就芦苇产业发展和洞庭湖湿地生态保护工作开展调研。委员们乘船深入生产基地视察了芦苇长势及受灾情况。近年来，在如何正确处理湿地保护与开发利用关系上，公司始终坚持“保护第一，生态优先”的原则，着眼长远，科学规划，统筹兼顾，在不断强化湿地生态保护的前提下，宁可牺牲公司的利益，认真开展各项工作，确保了湿地生态保护与芦苇生产开发二者兼顾，相得益彰。县政协委员对苇业公司在芦苇产业发展和洞庭湖湿地生态保护所做工作给予了充分肯定。县政协主席彭西罗指出，湿地生态保护永远在路上，在今后的工作中，苇业公司要认真践行五大发展理念，在抓好芦苇生产的同时，扎实做好东洞庭湖生态保护区工作，突出重点，攻克难点，做出亮点，为建设秀美、和谐东洞庭湖做出更大贡献。

【“双联”帮扶工作】 2016年9月23日，县人社局牵头组织东管局、环保局等参联单位负责人和工会主席，深入苇业公司老港小区，与公司、社区负责干部商议“双联”帮扶工作。座谈会上，社区负责人就老港小区困难群体多、生活普遍困难、再就业难度大、住房条件简陋等情况作了详细介绍。人社局局长钟九生强调，参联单位一定要切实统一“双联”帮扶和精准扶贫决策部署，以“双带”引领“双联”工作，以“三同”促进“双联”工作，确保2016“双联”工作取得实效。随后，“双联”单位负责人和公司领导一同实地察看了老港山体滑坡隐患点、小区基础设施建设，进村入户了解群众生产生活状况，并给部分困难职工送去了慰问金。

【精准扶贫工作】 2016年，公司采取多种措施，强力推动精准扶贫工作扎实开展，取得实效。一是劳动就业指导。对黄沙街镇天然村部分村民进行实用技术培训，提高村民的就业、创业能力。帮助20人在武广高铁从事线路维护工作，推荐2人到黄沙街镇中心校代课任教。二是贫困救助。积极争取国家惠民政策，采取政策兜底，低保应保尽保，5户申请办理了“五保户”。医疗保险兜底，为就医者争取大病救助扶持。三是安居扶贫。为困难户周富仁维修了危房，帮助李五星家对危房进行撤除重建。四是结对帮扶。公司14名负责干部与黄沙街天然村实行“一对一”结对帮扶，多次深入扶贫点为老百姓办实事，慰问贫困户、“五保户”，为他们送去扶贫款每户1000元。五是基础设施建设。2016年，共投入资金20万元，硬化天然村村级渠道2000米，受到了扶贫验收工作组的充分肯定。

【服务民生工作】 公司人多面广，情况复杂，公司采取有效措施，实行精细化管理，全力促进社会大局稳定。①环境整治齐发力。一是认真落实洞庭湖水环境综合整治“五大”专项行动。向上级争取专项整治经费15万元，采取挖机、人工相结合挖掘方式，清理老港小区陈量垃圾14处，清理或掩盖陈量垃圾1700方。二是重点整治辖区畜禽养殖污染，做到从源头上管控，对多年来从事山羊、土鸡养殖户实行关停退养。三是扎实进行经常性卫生清扫。安排专人对老港、月山小区卫生进行清扫，对辖区垃圾实行集中转运。2016年，老港小区在全县三季度环境整治检查评比中评为全县第一。②社会保障惠民生。2016年共办理退休54人，为687名退休职工进行了养老金资格认证；为1948名居民办理了城镇居民医疗保险手续，办理了城乡居民社会养老保险14人；为下岗失人员提供再就业渠道，新增就业390人；为99户182人低保年审工作；为特困职工申报大病及临时生活救助资金累计3.5万元，走访慰问困难职工及居民36人次；办理城镇独生子女奖励16人。

（李新兵）

渔政管理

【概况】 岳阳县渔政监督管理局是东洞庭湖渔政执法和监督主体，辖东洞庭湖面积1328平方千米，占洞庭湖面积的49%，占岳阳县版图面积的41%。渔业资源十分丰富，有8目23科125种。有国家一级保护动物3种，是国际重要的“物种基因库”。机关内设办公室、法规股、安全股、计财股、人事股，下设城陵矶、鹿角、北洲、红旗湖4个站和1个执法监察大队，有渔政执法人员108人，有渔政船4艘，公务船2艘，冲锋舟6条。有专副业渔民近万人，渔船2227艘，其中专业渔民674户2403人。

2016年县渔政局以“文明执法，保护资源”为抓手，以党建为引领，以“两学一做”为平台，以党风廉政建设为基础，立足制度创新，打牢基础，强力推进“洞庭风雷”，严厉打击非法捕捞，切实保护洞庭渔业生态，实现了东洞庭湖的捕捞秩序根本性好转，2016年县渔政局获农业部、省、市、县“禁渔执法先进集体”“渔政执法先进单位”“优秀单位”。

【生态保护宣传】 一是多形式宣传。2016年，县渔政监督管理局采取召开涉湖乡镇、县直职能部门、捕捞社区、渔民代表、鱼贩子代表会22场次，出动宣传车（船）218艘次，印发政府通告1000份，赠送渔民江豚宣传资料2000份，发渔民手机信息2.2万条，开通渔政官方微博，播放电视宣传广告，印制便民服务卡，加强志愿者互动。二是信息报送。报送农业部、省级信息19条，市级综合信息26条，县级信息38条，全方位宣传洞庭渔业生态保护。三是对接媒体。向各级媒体推荐成功做法和典型案例49篇。

【打击非法捕捞】 东洞庭湖非法捕捞主要以“迷魂阵”、矮围、网围、电捕鱼等害业为主。投入打击非法捕捞专项整治资金498万元,9月25日参加农业部、省政府组织的清理整治洞庭湖非法捕捞联合执法行动启动仪式，先后开展“洞庭风雷”“执法护渔”“清湖”“清理违规渔具”“整治电捕鱼”等专项整治98次，办理渔业案件199起,其中刑事拘留28起,治安拘留52起。通过刀砍、手拔、火烧，共清除残留“迷魂阵”179杠2.9万米,网围、网片1.8万米,拔残留竹竿2.5万根，烧毁网围1.2万米,竹竿1.1万根。共办理电捕鱼案件116起，其中刑事拘留18起,治安拘留39起,扣押电捕鱼船49条，没收电捕工具135台(套)，收缴电网等设备117套。“洞庭风雷”行动正强力推进。

【水域环境治理】 为全面落实省政府开展“洞庭湖水环境五大专项综合整治”拆除矮围、网围专项行动。共投入拆围专项整治资金268万元,通过制订方案、召开会议、宣传发动、成立班子,澄清底子、约谈业主,下发拆围通知等工作,实施了“一围一策一档案”等措施。3月18日,在新安闸正式启动拆围行动,每天组织近30名执法人员,租用水陆挖机2台套,奋战近1个月,先后在红旗湖、七星湖、新沟闸、扁山等水域,共拆除矮围11处,面积1623.33公顷,拆距3.05万米,拆除水泥闸口8个,拆除土石方17万立方米,并对所拆矮围进行有效监管，实现了省政府提出的东洞庭湖矮围全面拆除的工作目标,12月10日，继续启动对后续矮围拆除行动，共拆矮围8处。5月17日—18日,迎接了农业部、省政府在市召开的洞庭湖水环境整治推进会，并提供现场,在11月常德推进会上受到通报表扬。同时积极参加市组织为期10天的七里山船泊整治。

【禁渔管理】 按照农业部要求：2016年东洞庭湖禁渔期制度从3月10日—6月30日调整为每年3月1日—6与30日，禁渔期达到4个月。2月29日,召开了东洞庭湖禁渔和推进“洞庭风雷”工作部署会,县直职能部门,渔民代表共计300人参加了会议，签订责任状,全面落实禁渔各项措施,加强湖面、水中、岸上全方位监管，加大巡查力度，严厉打击违禁捕捞，共开展联合执法行动48次，清除残留“迷魂阵”48杠5600米，网片3700米,收缴虾笼2.1万个，地笼网9800个,拉拉毫5700个，办理违禁捕捞案件83起,全面实现了禁渔目标任务,农业部、省、市等领导督查后给予高度评价。

【增殖放流】 为有效增殖洞庭湖渔业资源,修复水域生态环境,县渔政局投入放流资金68万元,4月8日、6月6日、8月8日先后3次在鹿角、渔政码头,北门渡等水域投放“四大家鱼”春片、夏花1500万尾。

【江豚保护】 在江豚保护核心区和缓冲区，实现了江豚巡查救护常态化,巡查水域全覆盖,开通了举报电话，建立了举报救护有奖制。先后救护搁浅江豚、中华鲟各1头，江豚数量明显上升,5月9日参加长江流域在岳组织的中华鲟放流。

【民生保障】 一是落实惠渔政策。专业渔民春禁补助按每人每月100元已足额打卡到户，油补资金按上级政策予以调整，按每户每年900元在12月底打卡到户，解决特困渔民慰问资金近8万元。二是协调渔砂矛盾。建立渔砂协调长效工作机制，共调处渔砂矛盾96起,补偿渔民损失19.8万元。三是强化项目保障。投入140万元的北洲渔政站办公楼建设，在3月中旬已竣工验收交付使用,投入170万元的50吨级渔政船已完成招投标,投入1100万元的鹿角渔港码头建设农业部已批复,2017年开工建设，同时投入30万元,加强渔政执法装备的添置。

【安全生产】 县渔政局投入安全生产宣传经费近10万元,立大型宣传牌3块，印发宣传资料2000份，开展安全生产大宣教、大排查、大管控、大整治19次,查处“三无”船舶14条,发现安全隐患18处,整改到位率100%,全面完成渔民北斗定位系统和渔民牌照安装674户，全年未出现渔业安全生产事故。

【“两学一做”】 县渔政局按照“两学一做”的总体要求,县渔政监督管理局成立班子,制订方案，召开专题宣教会议8场次，请党校老师上党课2堂次，投入学教活动宣传、教育资料费计4万元。

对学教中所提出的28个问题,已全部解决。机关支部、党小组扎实完成了四个专题的学习、讨论,人平完成学习笔记1万字，心得体会2篇，扎实开展走访渔民693人次,解决渔民实际问题162起，通过学教涌现了廉政办案，团结共事、忘我工作、不计得失、无私奉献等典型。

【提升执法能力】 县渔政监督管理局制订年度目标管理责任制，组织渔政人员参加渔政执法、安全生产、党风廉政建设等一系列培训。4月18—22日组织了军事化训练,利用“五四”“八一”组织了篮球赛，全面提升了渔政执法的执行力,公信力。

（陈三星）

贸　易

贸　易

综　述

岳阳县商务粮食局由原商务、粮食、招商三局于2016年4月15日合并而成，其主要职责是贯彻执行国家国内外贸易，国际经济合作和区域经济合作的发展战略、政策，负责推进流通产业结构调整，拟订全县国内贸易发展规划，促进城乡市场发展，负责粮食流通的行业管理。承担县级储备粮行政管理责任以及贯彻执行国家有关金融工作的法律、法规和政策等。设有办公室、法制股、财务股、市场体系建设股、市场管理股、贸易管理股、投资管理股、电子商务股、对外投资和经济合作股、金融管理股、粮食调控与储备股、粮食行业发展股、人事股等13个内设机构及7个二级机构。

2016年县商务粮食局围绕全县经济社会发展大局，认真贯彻党的十八大和十八届三中、四中、五中、六中全会精神。深入开展“两学一做”专题教育活动，切实落实国家和省、市搞活粮食流通，保持外贸增长，促进利用外资等一系列政策措施，扎实工作，开拓创新，商务粮食各项工作取得明显成效。2016年岳阳县全面建成小康社会指导目标三产业占GDP比重任务值为33.5%(单指标实现程度92.8%)，完满完成任务，荣获岳阳市前茅。全面完成社会消费品零额95.12亿元，同比增速12.1%；引进外资3600万美元，同比增长112%；完成信贷规模64.29亿元，同比增长10.8%；完成县级储备粮5500吨，省级储备粮14000吨，省级调节储备粮5500吨，常年粮食收购量在8万吨，常年粮食储备量在7万吨，常年粮食购销量10万吨。

【农村电子商务】 2016年，岳阳县抓住全省启动实施电商进农村工程契机，与全国最大的电商平台阿里巴巴合作开展农村淘宝项目，建立县乡服务中心(站)作为“工业品下乡”和“农产品进城”，促进农民返乡创业和就近就业的重要民生实事。12月底，全县已建立村级“农村淘宝”服务站70个，实现网络销售交易额36000多万元，解决就业人员100余人。并通过普及电子商务知识，让农民足不出村就能享受到优质快捷的服务。

【成品油企业安全监督管理】 2016年，商务粮食局在县委、县政府的组织领导下，开展成品油经营企业的安全生产、市场秩序整治工作，对岸上加油站(点)和东洞庭湖水域的水上加油船集中整治，严厉打击非法加油车和非法加油船行动，取得明显效果，确保了油品经营安全无事故。同时，认真贯彻执行省、市、县关于大气污染防治整治行动方案，积极开展油气回收安装改造工作。截至2016年12月底，全县所有岸基加油站(点)库基本完成油气回收安装改造工作。

【军粮供应】 县商务粮食局主要负责驻地武警中队、消防大队的粮油供应及业务管理工作，指导、监督军供粮油筹措、军供粮油质量、军供粮油服务、军粮差价补贴等工作。2016年9月1日，投资14万余元，成立“湘军粮油连锁超市”。在防汛期间，为驻县防汛官兵调集大米10吨，面粉3吨，菜油1吨，确保了防汛期间防汛官兵的军粮供应。

【招商引资】 为招大引强，县商务粮食局从县委，县政府长远部署和园区发展定位等方面着力，致力引进大项目,好项目,2016年全年新签约亿元项目9个,其中,岳阳欢乐谷水上乐园项目总投资3亿元;湖南贝特新能源汽车空调压缩机项目总投资1.4亿元;步仙镇农光互补分布式光伏发电项目总投资4亿元；湖南岳阳湘江村镇银行总投资1亿元；中洲乡巴陵村渔光互补项目总投资1.7亿元；岳雅中学项目总投资2.8亿元；怡鑫能源集中供热项目总投资1.6亿元；兴业太阳能70兆瓦光发电项目总投资4.9亿元;年屠宰40万头猪牛羊及万吨储备低温库与综合交易市场项目总投资4.225亿元。

【国资管理】 加强国有资产管理，确保其保值增值成为商务粮食局的一项重要工作。在国有资产管理方面，确定了以粮油工业管理站牵头，组织相关人员对所属粮食购销企业的国有资产进行全面清理并登记造册，并对所属粮食购销企业的财务状况进行了全面清理。起草制订了《岳阳县商务粮食局〈关于切实加强所属企业管理的实施办法〉》。加强了企业内部管理，进一步规范财务管理制度，截至2016年12月30日,已完成了对荣家湾粮库、洞庭湖米业公司等11家企业财务清查及鹿角、新墙等9家购销公司财务清收工作，为确保国有资产的安全、保值、防止国有资产流失起到了很好的效果。

【商务粮食综合执法】 县商务粮食局根据县委、县政府机构改革方案,撤销县商务行政执法大队、县粮政执法大队，重新组建县商务粮食综合执法大队，并于2016年4月26日挂牌。为进一步加强商务粮食执法管理，维护市场秩序、保护生产者、经营者和消费者的合法权益以及商务粮食领域食品安全，商务粮食综合执法大队先后出动执法人员213人次,对全县粮食生产加工企业和商务粮食领域食品安全进行大检查。并对全县成品油经营企业加油站(点)、东洞庭湖水域的水上加油站船只进行集中整治，打击非法加油车和无证照加油船。共发出安全整改书15份,处理违法经营行为8起，确保了全县成品油经营秩序的稳定和安全生产。同时，在粮食收购期间，先后对全县4家国家粮食购销企业托市粮收储点进行检查,对26家个体粮食经营户进行入户核查，发现问题要求及时整改，确保了全县粮食市场秩序的稳定。2016年,县商务粮食综合执法大队被评为省商务厅行政执法先进单位。

（刘衍雄）

供销合作

【概况】 县供销合作联社下辖月田、公田、渭洞、步仙、新墙、黄沙、鹿角、筻口8个基层供销社,重新组建了18个供销惠农综合服务社,各类经营网点739个,实现了农业乡镇全覆盖。有4个股份制龙头企业（和田超市实业有限公司、汇鑫油脂责任有限公司、新农农业生产资料有限公司、锦绣阳光大酒店)和1个农资配送中心、7个农民专业合作社(玉浪种棉专业合作社、朝源食用菌种植专业合作社、黄沙街洞庭春茶叶专业合作社、杨林幼雄水稻种植专业合作社、中洲蔬菜专业合作社、杨旗食用菌种植专业合作社、鹿角大成潺溪蔬菜专业合作社)。内设办公室、人事股、财务计统股、业务指导股、储保股、纪检监察室六个职能股室，一个联合工会和一个新农村服务网络中心。在编干部职工39人,其中:党员31人,大专以上22人。全县供销合作社紧紧围绕县委、县政府发展战略,坚持合作制理念和为农服务方向,大力实施基层组织建设和项目建设,提升资产效益，提高网络质量,不断推进组织创新、经营创新、服务创新,卓有成效地促进供销合作事业全面、协调、可持续发展。2016年,全县供销社实现商品销售总额6.03亿元，商品纯购进5.89亿元。县供销联社被评为全市供销合作社综合业绩特类单位,被县委绩效考核办评为良好集体,党委班子被县委评为良好班子。

【为农服务】 2016年,按照“改造自我,服务农民”的要求。县供销社根据县情实际,以市场为导向,充分发挥供销社农资主渠道作用,为完善农资网点服务体系,提升为农服务功能，切实做好了以下工作。一是升级改造农资供应服务网点。以岳阳新三湘农资有限公司为依托，进一步整合系统内资源，发挥经营门店优势，在全县范围内建成了22个杜绝假肥、假药，统一挂牌、统一标识、统一管理、统一配送、统一价格、统一进货渠道的“六统一”高标准“农资放心超市”和一个具有专业配送车辆、人员及仓储设施的“农资配送中心”。至2016年，全县系统共有农资经营网点289个，其中：自营网点168个，加盟网点121个。省、市、县领导到供销社调研时，对其工作给予了充分的肯定。二是增设临时农资供应网点。根据全县农村地形分布特点和农资供应网点的设置情况，针对当前农村日益出现老幼病残留守人员多，从事农业生产劳动力身体素质下降的情况，每年农忙季节在14个乡镇配备临时供应点，最大限度地方便农民。通过近几年的努力，成功实行了联购分销的经营管理模式，既减少了环节，又方便了农民。三是积极开展了农资打假活动。按照省、市、县要求，县供销社每年联合市场监督管理、农业等部门在全县开展农资打假联合行动，供销系统从自身做起，真正做到让农民购上放心肥药。首先，严把进货渠道关，凡供销社农资店购进的农资商品都必须明码标价，公示进货渠道，杜绝“三无”产品流入市场，每个门店都建立了售后服务台账。其次，县社业务指导部门多次深入供应网点、田间、地头检查指导，对假肥假药发现一起，查处一起，决不迁就。再次，积极向农民传授农技知识，指导、帮助农民科学合理用肥、施药。通过利用宣传单、宣传册、宣传车、电视广告等媒体做好产品宣传和营销促销工作，每年印发宣传资料2万余份。四是认真储备农业生产资料。利用春耕和冬储两个重要节点，由新农公司牵头，联合8个基层供销社，组织供应各类化肥63000余吨，各种农药900余吨，农膜300余吨。全年完成生产资料销售接近2亿元，为农业增产，农民增收打下了坚实的基础。

【项目建设】 项目建设是供销社加快发展的重要载体。2016年，县供销社紧紧抓住国家支农惠农的政策机遇，把项目建设列入重要议事日程，成立专门班子，设立项目管理办公室，有针对性的考察论证，筛选项目，建立项目库，做好项目的设计、申报工作。2016年11月，玉浪种棉专业合作社优质棉种植基地改扩建示范项目通过验收，争取了70万元财政资金的支持（中央财政50万元、省级财政配套20万元），该项目实施后将带动种植基地区域农户2180户，为企业创效和农民增收打下了坚实的基础。2016年，报送了“十三五”规划的重点建设项目4个（土地托管项目2个：幼雄水稻专业合作社533.33公顷优质稻土地托管种植基地建设项目、洞庭春茶叶专业合作社万亩茶园建设项目；产业融合项目1个：岳阳县13.33公顷优质食用菌种植基地产加销建设项目；服务能力提升项目1个：岳阳县电子商务平台建设项目），为2017年项目申报打下了坚实的基础。

【资产改造】 资产管理是供销社改革发展的首要选择。2016年，县供销社把资产开发作为工作中的重中之重。一是积极主动地取得党政主要领导的重视。多次就资产附条件出让、职工养老保险金欠缴、土地确权、资产开发、困难职工低保等问题向县委、县政府和相关职能部门汇报，争取了领导的重视支持，为破解供销社改革发展难题提供了坚强的政治保障。二是有针对性地开发资产，做到以点带面。鹿角供销社车站路城关商场500多平方米的危旧房，县供销社积极跟国土、规划等部门协调，争取旧城改造项目，2016年年底前完成资产评估、土地变性、报建立项、规划设计、场地住户搬迁，周边关系处理等方面工作，土收收储出让进入招拍挂程序，项目建成后资产增值在500万元以上。步仙供销社将位于柏祥的闲置仓库开发，建成农贸市场，建成后的市场，既保留了部分资产的所有权，又参与经营管理，最大限度的盘活了闲置资产。三是维护改造现有门店，利用人气来升值资产。县社和基层社每年在总收入中提取20%的工作经费对临街门店进行维护改造，营造一个舒适的环境，让租户没有后顾之忧，能租得出，留得下，形成聚集效应，门店升值空间加大。

（何　林）

烟草业

【概况】 岳阳县局(分公司)现有干部职工75人,其中在岗职工51人,离、退休职工23人,离岗休息1人,本科以上学历人员36人。辖办公室、综合股、纪检监察/安全保卫室、市场服务分部、专卖股、内管派驻组6个内设股室,现管理和服务卷烟零售经营户2886户。2016年,共销售卷烟27729箱;单箱均价28343元;实现税收0.55亿元;共查获各类涉烟违法案件133起,假烟案件17起,上缴罚没款11.27万元。破获“1·11”“3·28”两起售假国标网络案。

【省局(公司)专卖处、省工商局到岳阳县指导工作】 1月18日,湖南省烟草专卖局(公司)专卖处副处长潘新安联合省工商局侯科长一行到岳阳县烟草专卖局检查市场联合监管情况。检查组一行首先听取了市、县烟草局联合工商部门的市场治理情况汇报,随后对岳阳县局近一年市场整治情况的案卷进行了细致查看,并随机抽选了辖区内经营户进行实地走访,重点查看市场净化率、证照情况和无证户三个方面。通过全面考核,检查组充分肯定了岳阳县局市场治理工作所取得的成绩,并提出了规范工作的相关要求。

【综合室荣获全市“巾帼文明岗”】 2016年3月,岳阳县烟草专卖局(分公司)综合室被岳阳市妇女联合会授予“巾帼文明岗”荣誉称号。近年来,岳阳县局综合室致力于岗位建功立业,立足岗位,开拓进取,锐意拼搏,在平凡的岗位上取得了不平凡的业绩。一是当好企业的内当家。财务管理上,她们坚持原则,严格把关,确保了会计业务的依法依规,合情合理。二是当好员工的贴心人。人事管理上,她们真心实意、满腔热情为职工办实事、办好事,急职工之所急,想职工之所想,解职工之所难。三是当好文明创建的排头兵。她们精心组织各类文娱体育活动,愉悦干部职工的心情,充分调动干部职工的工作积极性,积极组织参加各类志愿服务活动,传递正能量,为局(分公司)成功创建“全国文明单位”打下了坚实的基础,充分展示烟草企业的良好社会形象。

【省局(公司)党组成员、巡视员兼副局长张志刚到岳阳县调研】 4月11日,湖南省烟草专卖局(公司)党组成员、巡视员兼副局长张志刚深入岳阳烟草调研,走访市场,问计于基层、问需于基层。张志刚一行走访了岳阳县部分卷烟零售户,详细询问在售卷烟品牌的市场价格、库存水平、盈利状况等情况,认真倾听零售户当前经营过程中存在的困难、压力以及相关建议。其间,张志刚一行在岳阳县局召开座谈会,就一季度收官情况、当前经济运行状况、存在的问题及应对措施和贯彻落实省局工作会议部署的相关重点工作情况等,分别听取了岳阳市局、岳阳县局的专题汇报,并与市、县两级班子成员、部门负责人以及一线员工代表进行了座谈。张志刚充分肯定岳阳烟草今年以来的各项工作,认为岳阳烟草认真贯彻落实省局工作会议精神,制定的“十三五”规划和2016年工作目标切合实际,贯彻了省局党组“稳中求进”的总基调,执行上级要求坚决、得力;对当前行业面临的形势和困难分析客观,采取的应对措施具有针对性,解决和驾驭困难、处理难题有智慧、有作为;重视基础工作,注重夯实工作基础和市场基础的做法有利于长远发展;市局党组一班人关注和提升干部职工的工作、生活条件,干部职工精神面貌好。就下步工作,张志刚强调:一是要树立信心保持定力;二是要正确看待和分析形势;三是要找到未来的发展支撑;四是要坚持改革创新;五是要出实招见成效;六是作风建设不能放松。

【省局(公司)调研组到岳阳县专题调研农村卷烟市场】 5月31日,湖南省烟草专卖局(公司)办公室联合销售处组成调研组到岳阳县专题调研农村卷烟市场,了解当前农村市场状态,听取基层意见建议,探索挖掘农村市场潜力。调研组一行走访了岳阳县农村市场部分卷烟零售户,实地察看了岳阳县公田服务站。随后与零售户、消费者和一线人员分别举行了座谈。调研组在听取汇报后,就农村市场卷烟销售情况、市场价格、库存水平、盈利状况,及消费真实需求等情况进行了详尽充分的交流沟通，认真听取了意见和需求。调研组对于“两个延伸”工作的开展强调：一是要认清当前形势，找准自我定位。二是要提振卷烟市场信心，挖掘农村市场潜力。三是要积极探索延伸农村市场的方式方法。

【省局（公司）检查组督导两个专项治理并开展合同评查】 8月23日，湖南省烟草专卖局（公司）两个专项治理及合同评查检查组深入岳阳县烟草专卖局（分公司）对贯彻落实两个专项治理方案及合同审核情况开展专项检查。检查组通过听取汇报、召开座谈、查阅资料等方式，对岳阳县烟草烟100万元以上的工程建设项目资料进行了细致审核，并根据2015年台账对合同及相关资料随机进行抽查。检查组对岳阳县烟草两个专项治理及合同管理工作予以充分肯定，认为工作有特色，接地气。就进一步抓好整改，检查组要求，要增强责任心，加强对工程建设项目的管理监督；要提高工作的预见性和科学性，确保工程建设项目的流程合规；要进一步提高合同法律审核工作水平，确保整改取得实效。

【全市烟草系统年度目标管理考核一等奖】 2016年9月，岳阳县烟草专卖局（分公司）被评为全市烟草系统2015年度目标管理考核一等奖。2016年来，该局（分公司）按照围绕“调优状态稳增长，提质增效创一流”的工作思路，稳步推进各项工作的顺利开展。2016年，共销量卷烟29606箱；单箱均价28487元；共查处各类涉烟违法案件121起，涉案卷烟351.71万支，上缴罚没款29.85万元。其中，万元以上大要案31起，5万元以上案件9起，并破获国标假烟网络案1起，省标真烟网络案1起。在基础管理方面，班子建设有为有力，队伍建设凝心聚力，内部基础管理严格规范，党风廉政建设深入推进，文明形象进一步展示，企业实现持续稳定健康发展。

（廖思婷）

盐　业

【概况】 岳阳县盐业组建于1984年，隶属于湖南轻工盐业集团公司管辖，实行人、财、物、产、供、销“六统一”管理模式，属省属垂直管理单位，1991年加挂盐务局管理牌子，2011年12月成立湖南盐业股份有限公司岳阳县分公司与岳阳县盐务管理局合署办公，实行两块牌子一套人马的管理体系，担负着全县17个乡镇50万人口的盐业供应和食盐盐政市场管理。公司下设综合股、市场管理股、市场营销股三个职能股室。2016年，岳阳县盐务管理局（岳阳县盐业股份公司），受国家盐业改革政策的影响，公司生存稳定遇到严峻挑战，面对种种困难、压力与挑战，在省、市公司和当地政府的正确领导和大力支持下，紧紧围绕“客户为尊、奋斗为本、创新为源、业绩至上”的核心价值观，构建“融化自我、造福社会”的企业精神、按照“三个年”（即：精细严管理推进年，干部员工队伍建设年，命运共同体打造年）的工作总要求，全力推进经营、管理、改革等工作，扎实做好各项工作，全力履行食盐专营责任，保障合格碘盐供应，推进岳阳县盐业良性发展。全年共购进各类盐3600吨，销售各类盐3000吨，其中销售小包盐2000吨，高端盐销售1100吨，工、农、渔、牧盐1000吨，实现利税230万元，全县碘盐合格率99%。

【盐业市场秩序整治】 2016年，县盐务管理局坚持抓盐政促市场，抓服务促销售，加大对食用合格碘盐防治碘缺乏病的宣传，提高消费者食用合格碘盐的自觉性，确保全县人民吃上合格的加碘食盐。利用“3·15”消费者权益日和“5·15”碘缺乏病防治日，协同食品药品工商质量监督管理局、食安委等部门采取现场设点咨询，宣讲盐改政策，发放宣传资料、张贴宣传图、悬挂横幅、利用电子显示屏、车辆广播等手段开展了声势浩大的宣传活动。开展了“三送一访”和评选食盐放心示范店的活动，与食品药品监督管理局将盐业法规，政策传递到边远山村，乡村学校，对餐饮、学校食堂多次进行抽样检查，农村碘盐合格率达到99%以上；组织盐政执法人员，深入农村村组，查看农户盐罐食用的情况，教老百姓如何辨别真假食用盐，利用测碘剂检查辨别食用盐是否合格，提醒引导消费者购买合格的小包食盐，保证全县生产、生活用盐的有序供应。突出食盐安全，坚持依法治盐，加大宣传力度，强化食盐专业化监管，从重从快严厉打击涉盐违法犯罪行为，确保全县人民吃上合格的加碘食盐。

【增收节支】 岳阳县盐业股份公司严格按照“精细严管理推进年”要求，深入开展“挖潜增效”“拧毛巾、降成本”活动，全方位打响抓管理缩开支、减费用增效益的攻坚战，实行预算管理，将任务指标分解，层层签订责任状，实行绩效挂钩，对标管理，民主决策，民主理财，将生产经营状况，费用支出情况，民主评议干部情况等内容定期张榜公布，激发员工主人翁责任感，参与企业经营管理，加强财务核算监督，严控各项可控费用支出，扩大高端营养盐销售，拓展非盐商品经营，培育新的经济增长点。

（杨远红）

石油业

【概况】 中国石化销售有限公司湖南岳阳县石油分公司是中国石化销售有限公司驻岳阳县销售企业。公司主要经销成品油，易捷商品、IC卡充值等业务。公司下辖有13座加油站、5艘加油船、13座易捷便利店、8个IC卡充值网点、1个业务发卡开票窗口。

2016年，一是成品油经营量突破13.5万吨大关，同比增长3.7%，完成目标任务的105.8%，完成率分别排全市区内企业第一位，零售同长增量排全省区内企业第八位，获得优秀片区称号。二是非油品保持高速增长。非油品营业收入突破1000万元大关，实现营业额1088万元，同比增长36%，完成目标任务的100.8%，年货销售排名全省区内企业第十三名。三是IC卡日均沉淀资金实现稳步提升。IC卡日均沉淀资金1036万元突破1000万元大关，同比增长21.3%。四是税收过千万元。上缴国家税费1028万元，其中国税888万元，地税141万元。五是网络发展提质提效。荣家湾加油站隐患整改竣工，岳旺、春风提质改造完成。六是确保了安全平稳和诚信经营。全年未发生HSE和数质量事故，未发生负面舆论事件，企业保持了安全平稳和谐。

【国Ⅳ油品升级】 根据2015年4月28日召开的国务院常务会议作出的关于加快油品质量升级的决定，2017年1月1日全面执行第五阶段车用汽柴油标准（国Ⅴ标准）。作为岳阳县成品油市场供应的主渠道，把汽柴油质量升级工作当一项履行社会责任的政治任务来抓，于2016年10月1日开始进行置换，通过认真组织实施、优化置换流程全力加快置换进度，在2016年12月15日全面完成置换。本次车用汽柴油由国Ⅳ标准升级为国Ⅴ标准，主要是为了满足不断提高的环保要求，提高油品的使用性能。

【扩销增量】 2016年，岳阳县石油公司对外坚持盯紧市场和竞争对手，建立3个（国道、城区、农村）信息监测点，为分析把控市场提供强力后盾，坚持竞合协调、上门沟通、调整策略、全力主导市场。坚持紧盯目标任务、工作进度、落后加油站和薄弱环节，推行蹲点包站制度，及时警醒落后加油站，传递经营压力，全力以赴扩销增量。零售大力开展“多卖一吨油”“油非互动”销售竞赛，推行“小额配送”挖掘市场潜力，建立“一司一策”“一站一策”“一户一策”精准营销，实施“点对点”方案，为零售同比增量3000吨功不可没。2月、3月岳旺、长宏两座要站率先“油非互动”，4月、5月定位国、省道入手，岳旺、双港、春风站柴油直降另加“油非互动”活动，6月再次跨大步，给顾客带来实惠，给销售增添生机。

【非油发展】 2016年，非油任务以30%以上的比例递增，压力增大。岳阳县石油公司视非油为己任，全年非油销售额1036万元。一是抓活动不走过场。年货突破100万元，吨油年货销售排省司13名，实现猴年开门红；“油非互动”销售非油商品184.1万元，带动轻油增量5000余吨；“梦洁家纺”活动日销8万元，突破100万元，开创了店外店销售高峰。二是扎实推广专业化运营。组织开展“样板打造”，进一步夯实了业务基础，提升了经营水平。三是精准发力，注重门店管理。规范要货流程，扩大要货规模；提高门店品种数量,强化统一配置;领导班子分管门店,任务与责任兼并;执行专项考核,鼓励全员开口营销;加大培训力度,提升营销技巧;开展样板建设,以点带面,共同提高;拓宽客户挖掘渠道,利用网络微信平台,让更多人关注易捷便利店。

【安全生产】 2016年,年初层层签订责任状,每月开展“我为安全做诊断”活动。市分公司集中隐患治理,确保设备设施正常运转。县公司建立健全“三基”工作机制,健全覆盖各环节、各岗位的生产责任制;大力开展HSE知识学习,组建兼职安全督查队;班子坚持每旬督查,实行整改销项制;突出加强承包商、站长安全监管到位,加大预案演练力度,确保了企业安全平稳运行。针对数质量工作,成立控损降耗领导小组,制定分季考核办法,降低损耗标准,实行季度平衡测算,落实旬盘制度,更换出库铅封,安装定位系统。严抓进油、保管、出库三环节,严控人情油、业务油、回罐油三关键,严把管与不管、损与耗、奖与罚的三原则。一系列的强硬措施使损耗明显下降。

【企业管理】 2016年,坚持改革创新,企业活力得到有效激发。一是突出效益和质量优先导向,进一步完善机关、加油站绩效考核办法,实行全员考核,严格挂钩兑现,切实体现奖优罚劣、奖勤罚懒。同时出台了《加油站站长考核办法》,从损耗、神秘顾客检查、现场管理、活动开展、行管值班、安全等方面,每月底对站长进行打分,根据每月考核分数,兑现当月工资,根据年度考核分数兑现年终奖金。二是稳步推进规范用工改革,实行竞争性选拔,公开竞聘上岗,推进“内部挖潜、优化组合、精简用工”;实现第五轮加油站委托管理,新增托管站5座,累计托管8座;完成非主营业务外包,共减少直接用工10人。三是配合上级公司实现数质量电子监管,各站安装油车轨迹及相关监控设施,信息化水平进一步提高。

(殷卫东)

城乡建设·房地产·环境保护

城乡建设·房地产·环境保护

城市建设

【概况】 岳阳县住房和城乡建设局现有干部职工647人,其中党员326人,本科以上学历65人,专科学历223人,中专学历59人;高级职称1人,中级职称80人,初级职称40人。内设办公室、计财股、政策法规股、城市建设管理股、村镇建设管理股、建设工程招标投标管理办公室、人事股、给排水管理股、安全管理股、城建档案馆、燃气管理办公室、总工办、建设行政执法大队等13个股室。下辖市容环境卫生管理所(副科级)、城管监察大队、建筑管理站、建设工程质量监督站、公用工程建设管理所、风景园林办公室、建设规划勘测设计院、建筑总公司、宏远监理公司、建筑设计公司、洞庭供水有限公司等11个二级机构。主要负责全县城市建设、城市管理、建筑业、村镇建设、市政公用事业、燃气、供水、建设工程招标投标等工作。

【城市建设】 加快城市扩容步伐,建成区面积扩大到13平方千米,城镇化率达到47.9%;城区92%以上的道路实现“白改黑”升级改造;完成地下管线普查,编制地下管线综合规划,地税局下水道开工建设,城区道路雨污分流率达到80%以上。LED路灯节能改造实施,城区人行道板全部实现高标准硬化,环卫垃圾站、公厕数量和功能在全市领先。

【城市管理】 环境卫生突出洁净,推行清扫保洁“五位一体”新模式,城区“一扫二洒三保”落实到位;推行卫生管理“城郊一体”新模式,城区卫生实现同城同标准;推行垃圾收集“桶装车载”新模式,生活垃圾收运实现“不见天、不落地、不滴漏”。“卫生洁净”已经成为岳阳县一张响亮的名片。城市管理突出规范,定期开展城市秩序综合整治行动,特别是针对薄弱时段、薄弱地段和薄弱环节,有的放矢地开展城市管理宣传和执法,城区停车难、出店多、摊点乱等难题逐步破解。城区禁炮创新机制,强化责任,禁炮效果在全市排名靠前。

【园林绿化】 推行道路增绿、空地建绿、拆围透绿、近山植绿、沿湖布绿、水体映绿,县城区新增绿量20.86万平方米。完成县城绿地系统规划等3个专项规划,园林绿化管理制度健全,荣湾湖公园、城南河风光带建成并向市民开放,新建奕园、翠园、雅园、梦园4个小游园,完成县城所有街道缺损苗木补植和5条道路绿化带升级改造,建成园林绿化特色街道23条。成功创建19家省级和21家市级园林式单位,发动社区居民在房前屋后、社区空地植树增绿1.2万平方米,义务植树栽植苗木2万多株。创园工作已向省住建厅成功申报。

【建筑市场】 建筑市场突出监管,进一步完善监管网络,强化联合执法,加强暗访督查,严格责任追究,全县建筑工程打非治违、专项整治、质安氛围、招投标管理、企业安全条件、安全监管措施均实现突破,连续9年未发生大的质量安全事故。

【城市供水】 全年完成供水总量1093万吨,其中售水总量846万吨。完成水费收入1999万元,新装入户2600户。完成一水厂机电设备及屋面改造、旧池改造、投药间改造,完成二水厂排泥机的安装、自动投药机的改造、加泥改造及废水回收改造,通过自动排泥机的安装,彻底解决了往年每月一次人工清洗水池,全城停水或水压不足的问题,通过自动投药机的改造,确保了水质稳定,又可节能降耗。加强水质检测,确保安全优质供水。化验室每天检测10项常规水质指标;值班班组每天检测4项水质指标,并做好生物活性检测观测及记录;每月委托岳阳市水质检测中心检测42项水质指标;每半年委托湖南省水质监测中心进行106项水质指标全分析。在用水保障、管网抢修等方面做好做细,全年大小抢修600多处,维修及时率、合格率达到100%。

【危房改造】 2016年共计争取省厅危改计划4300户,危改资金3225万元。2016年,全县危改脱贫任务825户,打卡发放836户精准扶贫对象,圆满完成了2016年危房改造行业扶贫任务。突出整治"危改对象是否符合条件、资金发放是否符合标准、乡村是否存在截留"三个环节,共清查近3年来享受农村危改政策的对象7000余户,追回冒领资金8000元,追回使用不当资金13000元。

(萧　朋)

房地产管理

【概况】 岳阳县房地产管理局现有干部职工140人,全局共设办公室、人事股、财经股、政策法规股、市场监管股(开发办)、物业办、信息股7个内设机构,产权市场管理所、物业专项维修资金管理中心、征收办(安鉴办)、监察大队、测绘中心、档案馆、住房保障管理中心、白蚁所、公田房管所、新墙房管所、筻口房管所、新开(麻塘)房管所、柏祥房管所13个二级机构,主要负责全县房地产开发管理、维修资金管理、房地产市场管理、国有土地上房屋征收与补偿管理、物业管理、白蚁防治管理、住房保障管理等工作。2016年,县房产局紧紧围绕县委、县政府工作部署,以规范整顿房地产市场秩序为抓手,以保民生为重点,以增税源为目标,全力推进商品房开发和城镇保障性安居工程建设,严厉打击违规开发和小产权房开发,县房地产市场日益规范,保障性住房建设稳步推进,房地产税收稳中有增,取得了较好成效。2016年,县房产局完成经济收入1059.58万元,协征房地产税收5037万元。2016年被市房地产管理局评为"全市综合绩缴考核优秀单位""全市保障性安居工程优秀单位";被县委、县政府评为"争取国家重点投入先进单位""实事项目办理先进单位""2017年棚改融资一等奖""公租房建设三等奖"。

【房地产行业管理】 2016年,县房产局突出转型发展,实行管服结合,不断提升房地产管理水平。制定了《关于逾期未归还档案清查方案》《在建工程抵押办法》《成立D级危房评定领导小组的通知》等行业管理文件。2016年完成非住宅价格项目评估101个,评估总金额1950万元,完成新成立企业申报5个,其中2家开发企业,3家物业企业,做到公开化、透明化。2016年共计办理初始登记、产权交易、产权抵押等各项业务7451件;完成测绘业务809宗,测绘面积130.51万平方米;全力推动国有土地征收补偿工作,完成征收项目7个;房屋鉴定42宗,面积2.094万平方米,开展老楼、危楼排查工作;完成白蚁防治面积46万平方米;办理房地产行政执法案件9起。

【房地产开发建设】 县房产局认真贯彻落实国家宏观调控政策,全力去库存,加强市场监管,搞好市场服务,较好推动了全县房地产市场有序健康发展。一是积极化解房地产库存。开展库存现状调查,摸清库存量。成立由政府牵头,房产、国土、规划等相关部门为成员的考察组去浏阳、平江等地考察学习了当地促进房地产平稳健康发展的相关经验。2016年销售房屋1301套18.64万平方米,与2015年同期相比增长35.5%。消化历年存量房面积达2.18万平方米。二是加大房地产市场监管力度。制定《岳阳县房地产开发项目检查工作方案》和《浔阳花苑项目专项检查工作方案》,成立专项检查组,对全县14个开发项目的销售,监管银行的预售资金监管进行了全面清查,掌握了真实情况。下达开发企业和银行整改通知23份,已督促整改问题12个,停止了一家银行半年预售资金监管资格,公安部门依法对浔阳花苑违法违规行为立案侦查,批捕了该企业的法人代表,进一步防范了风险,保障了业主权益,规范了市场行为。加大房地产开发项目的例行巡查,维护市场正常秩序,对6家房地产开发企业下达整改通知,对3家企业进行了处罚,罚款10万元。

【房地产税收一体化平台建设】 自2010年启动,投入400万元,完成县城中心城区10平方千米基础测绘、项目测绘、入户调查工作,共计调查1.96万栋房屋,清理档案3.6万册,完成电子测绘图3.8万张,录入档案3.6万本,扫描3.6万本,档案不出库目标已实现。2016年在原有的基础上,争取市房产局的技术支持,投入10多万元,完成软硬件设备采购安装、网站界面制作,开通了"岳阳县房地产网",全面完成房地产交易平台,实现了商品房网签、预售资金监管、维修资金自缴系统,是全市继市房产局、湘阴房产局之后第三个县市区信息化系统最完善的房地产信息化平台。

【不动产登记职能划转】 实行不动产统一登记改革是党中央、国务院作出的重大决策部署,为了推进岳阳县不动产登记职责科学整合,切实加强全县房地产市场管理,县房产局通过与有关部门加强衔接和沟通协调,确保改革平稳有序推进。一是积极对接。成立了岳阳县房地产管理局不动产登记改革领导小组,专人专抓改革应对工作,组织局班子成员及相关股室(所)负责人,对各级不同阶段下发的不动产登记整合相关文件进行学习探讨,全面系统性掌握不动产登记整合的相关要求,全力确保了执行政策不走样。二是稳定推进。严格执行中央、省、市文件不变样,宣传政策不走调,积极做好干部职工思想稳定工作,提供人员保障,划转了23名干部职工到不动产登记中心,确保改革稳步推进。三是调整到位。不动产职能划转后,为方便群众办事,投入了20万元装修交易大厅和添置设备,岳阳县产权市场管理所整体迁往县政务中心办公;成立业务对接组,与不动产进行日常业务问题对接处理,确保群众办事不受阻。

(冯　兵)

规划工作

【概况】 岳阳县规划局为县人民政府正科级直属事业单位,主要职责是负责全县的城乡规划管理工作。内设办公室(加挂信息中心)、用地管理股、工程管理股、乡镇管理股、综合业务股、法规股、监督检查股等7个职能股室,下设县规划监察大队1个二级机构。2016年,县规划局开展"两学一做"学习教育活动,加强思想作风建设,提高党员干部的党性修养,规划管理更加科学,规划编制更加完善,规划控建更加有力,城乡规划工作进一步提升。

【城乡规划管理】 县规划局坚持依法行政,强化规划管理,充分发挥规划的协调、统筹和管控作用,推进新型城镇化的建设步伐。在行政审批上,依法依规办理,严格按照程序执行,层层把关,确保资料齐全、数据无误。2016年,共核发建设用地规划许可证127份、建设工程规划许可证149份、乡村建设规划许可证340份;对荣家湾镇林冲路公租房等3个项目核发了选址意见书。加大对私人建房与公建项目的批后监管力度,出台了《建设工程规划批后管理暂行制度》,严格做好规划放线和竣工验收工作,共完成县台创园靖园食品有限公司、县档案局档案馆、怡和花园三期等19个项目的竣工验收。为保障公民的切身利益,维护公众的知情权和监督权,对富安雅墅、怡兴嘉园、昱华老年公寓等规划方案召开了部门评审会,听取了相关部门的意见;对民生医院、原相思乡政府、原云山乡政府等地块的用地性质变更进行集体研讨,并对社会进行了公示。

【城乡规划编制】 县规划局按照建设"宜居、宜业、宜游"美丽岳阳县的指导思想,坚持高层次、高起点、高标准原则,积极完善全县规划体系，充分发挥规划引领作用。先后完成县城总体规划修编和县城控详规划编制，县城控详规划实现全覆盖，岳阳县城乡统筹示范区规划获批。全面完成了原20个乡镇总体规划和镇(乡)域村镇布局规划，启动了重点乡镇的控详规划编制工作。为规范农村村民建房、解决贫困户住房问题，按照村镇建设用地相对集中、撤并零星散户的原则，积极引导村民建房向居民点集中，编制精准扶贫安置点，完成月田镇、毛田镇精准扶贫安置点规划7处。

【禁违拆违治违】 2016年，全县禁违拆违治违工作以“严控新增违法建设，积极化解存量违法建设”为目标，强化工作措施，狠抓责任落实，全力推进禁违拆违治违工作。通过夯实基层基础工作，优化完善月报制、交督办制、挂销号制，对批后在建项目、存量违建、新增违建一一建立台账，实行挂销号，全程监管；聘请控建协管员30名、开展乡镇业务培训会、坚持月暗访、季明察，实行乡镇排名通报，对工作不合格乡镇的相关领导进行问责。2016年，岳阳县市控区的存量违法建设片区清零目标任务为2402平方米，其中麻塘片区7处，新开镇2处，通过分批次在10月前组织行动将存量违建全部拆除，在全市率先完成存量违建片区清零任务。完成航拍数据比对工作，县规划局组织荣家湾镇和新开镇分别对2011年12月至2015年市控区范围内卫星图片新增图斑进行普查，逐栋逐户调查核实，在规定时间内完成核查结果报送。其中新开镇核实违法建设疑似图斑410个，荣家湾镇麻塘片区核实疑似图斑1006个。重拳拆违，全年共组织拆违行动130余次，拆除违法建设面积85664平方米。全年处理12345热线单501份，对违法建设立案19起，执行规划罚没款56万元。

【岳阳县城乡统筹示范区总体规划通过市大规委审议】 为积极探索城乡统筹发展新模式，打造示范性城乡融合区，县规划局组织编制了岳阳县城乡统筹示范区总体规划。该项规划委托中国城市规划设计研究院编制，涵盖原麻塘镇全域和新开镇部分镇域，总面积186平方千米，2015年完成正式成果，2016年6月通过市大规委审议。

【市规划局到县调研城市总体规划修编情况】 为适应长江经济带、长江中游城市群、洞庭湖生态经济区、湖南省新型城镇化发展步伐，加快推进“一极三宜”江湖名城建设，5月17日，市规划局相关负责人带领中国城市规划设计研究院、岳阳规划设计院、南京大学及同济大学城市规划设计专家来县规划局就岳阳市城市总体规划修编进行调研。在座谈会上，设计单位就调研内容情况及要求进行了说明，县政府办、发改、规划、国土等县直单位及园区、景区、部分乡镇负责人结合各自工作实际，从岳阳县发展现状、城镇建设、经济产业、社会民生、市政交通、旅游规划等多个方面提出了意见和建议。调研组一行还深入到县工业园、建材园、台创园及新墙、张谷英、黄沙街等重点园区、景区、特色乡镇进行调研。

【对蒙华铁路红线区内违法建设开展集中拆除行动】 蒙华铁路途经岳阳县筻口镇、杨林乡、柏祥镇和步仙镇等4个乡镇，全长34.057千米。为快速推进项目建设，严厉打击违法抢建行为，优化征拆环境，由县蒙华铁路指挥部牵头，乡镇和县规划局等相关县直部门执法队伍从9月20日至23日连续4天对蒙华铁路红线内94处69644平方米违法建设开展了集中强拆行动。

(陈根旺)

环境保护

【概况】 岳阳县环境保护局成立于1988年，是县人民政府组成部门，依照《中华人民共和国环境保护法》规定，行使对全县环境保护工作实施统一监督管理的职责。该局内设8职能股(室)：办公室、污染防治股、总量控制股、环境影响评价股、法制宣传股、人事股、规划财务股、信息中心。辖4个二级机构：岳阳县环境监察大队(副科级)、岳阳县环境应急中心(副科级)、岳阳县环境信息中心、岳阳县环境监测站，其中环境监察大队和县环境应急中心合署办公。

2016年，岳阳县环境保护局围绕县域经济发展大局，统筹兼顾发展与环保、监管与服务，在项目申报实施、环保执法监管、环境监测、项目环评审批、县城污水应急处置和污染减排等方面做了大量卓有成效的工作，县域环境质量保持稳定、并呈现逐步向好趋势。在2016年政府绩效考核中该局被县委县政府授予“全面建成小康社会综合绩效评估工作优秀单位”“重点工程项目建设优质服务单位”等荣誉称号。

【规范项目审批】 联合把关，高效规范审批项目。县环保局坚持围绕中心服务大局，主动当好参谋促进发展，坚持把环境影响评价审批作为从源头上防治环境污染的主要工作措施。一是严把招商引进关。牢固树立“项目建设绝不能以牺牲环境为代价”的发展理念，将环保法规、产业政策知会各乡镇、产业园区和职能部门，实行联合把关，将不符合产业政策、国家禁止和限制类的项目拒之门外。二是严把项目审批关。严格落实新《环保法》《环境影响评价法》等法律法规要求，以政务中心为平台，实行联合审批，对无环境容量的项目、选址不合理的项目、高环境风险项目坚决不批。三是高效率审批项目。对涉及全县发展的战略性项目和民生工程、基础设施等重点项目，对符合环保法规、产业政策、选址合理、污染轻的项目，开辟“绿色通道”，协助企业到上级审批，促进项目尽快启动。2016年，共审批或协助审批项目92个，否决不符合产业政策和环保要求的项目4个。

【打击环保违法行为】 强化监管，切实保障环境安全。县环保局严格执行新《环保法》《大气污染防治法》和《国务院办公厅关于加强环境监管执法的通知》，在岳阳县范围内开展“整治违法排污企业，保障群众健康”“未批先建、久试不验、无证排污”“堵监管漏洞，防环境风险”环境保护执法大检查等专项行动，严厉打击环保违法行为。充分利用《环境保护法》赋予的“查封扣押、按日计罚、行政拘留”等法律手段，以随机抽查、“零点行动”“暴雨行动”“假日行动”等方式，对43起环境违法行为作出行政处罚决定，对岳阳县味冠天下食品有限公司、荣家湾镇谢垅村龙虾壳厂、岳阳县亿人一味有限公司进行了查封，向县人民法院移交申请强制执行案件18起。组织县公安局、县法院、国土局、工信局、电力局等部门及乡镇政府开展环保联合行动，对岳阳县中洲乡仁义二片砂场、仁义三片砂场、中洲乡兴旺村砂场等三家违法企业进行了强制捣毁。对公田镇岗辉岩石有限公司伪造环评审批文件、长湖乡湖南荣鑫陶瓷原料有限公司非法排污，排除各种干扰，将涉案人员移交公安机关予以行政拘留，在岳阳县形成了很大的影响力。

【构建齐抓共管格局】 县环保局主动争取县委、县政府对环保工作的重视，在2015年出台《岳阳县一般及较大环境问题(事件)责任追究办法(试行)》《岳阳县环境保护工作责任规定(试行)》的基础上；2016年又以县政府名义出台了《岳阳县环境监管网格化实施方案》《岳阳县污染源日常环境监管随机抽查实施方案》，采用随机抽查的方式，按照“谁监管、谁负责”的原则，建立“全面覆盖、层层履职、网格到底、责任到人”的环境监管模式；制订了《岳阳县大气污染防治行动实施方案》《岳阳县2016年环保综合督查实施方案》，进一步明确了各有关单位的环境保护责任和2016年环保重点工作，实行“一岗双责”制，各乡镇及县直相关部门单位班子成员在抓好分管工作的同时，应按有关要求落实环境保护责任，县环保局协同县政府督查室对全县各乡镇和相关部门落实环保职责进行综合督查，实行一月一督查，一月一通报。首次启动约谈机制，如岳阳县丰利纸业有限公司是岳阳县最大的外资企业，属重点排污企业。由于近年来生产经营不善，资产重组，环保管理不完善，漏排、偷排、超标排污等环境违法行为时有发生。县环保局及时向县政府汇报，由县环保局牵头，邀请县政府、县纪委、县检察院、县工信局等主要领导参加约谈会，对丰利纸业有限公司负责人进行环保约谈。对该企业存在的环境问题进行梳理，形成问题清单，并责成该企业在限定的时间内逐一落实。

【争取环境保护项目】 2016年4月，县环保局完成了财政部、环保部对“铁山水库良好湖泊生态环境保护项目”的投资预算评审工作，最终确定该项目总投资为8.01亿元。积极加强与上级部门对接，已完成“铁山水库良好湖泊生态环境保护项目2016年度实施方案”的报批准备工作，成功争取2016年环保治理项目资金1.593亿元，为保护岳阳人民的“大水缸”提供了资金保障。在农村环境综合整治方面，认真实施好5000万元农村环境综合整治整县推进项目工作和新开重金属治理、张谷英金矿区、公田熊山铀矿区历史遗留重金属废渣安全处置工程，农村环境综合整治整县推进项目按照山清水绿、美丽乡村的具体要求已完成70%以上的工程量。这些环保项目的实施，将进一步改善岳阳县环境质量，惠及千家万户。

【抓实污染减排项目】 2016年，岳阳市政府下达岳阳县的总量减排任务是化学需氧量排放量控制在16045吨以内，氨氮排放量控制在2070吨以内，二氧化硫排放量控制在3870吨以内，氮氧化物排放量控制在3503吨以内，同比削减率分别为1.0%、1.0%、3.0%、2.3%。因岳阳县城镇化进程较快和农业面源增量大，减排形势严峻、压力大。为了全面完成减排工作任务，进一步加强了领导，优化任务分工，动员各方面力量，扎实做好减排工作。一是岳阳县政府高度重视。主管副县长召开相关部门会议，分解减排任务，指导部署减排工作。二是科学制订了主要污染物总量减排计划。由岳阳县政府发文至各相关单位，明确目标任务，明确减排措施，明确责任分工。三是加大推动结构减排力度。加快淘汰县城建成区燃煤锅炉，县城工业园区正在加快推进集中供热项目建设。此项目建成后，可淘汰园区及周边7家企业11台燃煤锅炉。淘汰县城32台老旧公交车，改用电动公交车。32台电动公交车已采购到位。四是合理统筹安排减排项目。完成水污染重点项目22个，大气污染重点减排项目3个。预计化学需氧量减排274.4吨、氨氮消减量63.6吨、二氧化硫326吨、氮氧化物消减量30吨。

【治理农村畜禽养殖污染】 按照《岳阳县畜禽养殖业污染防治规划》要求，整合各种资源，推进畜禽养殖污染治理。鼓励和支持禁养区内规模畜禽养殖户自行退出养殖行业，在限养区、适养区完善配套环保设施，2016年岳阳县引资新建了一家日处理能力30吨病死畜禽无害化处理厂，投资2200万元，投入运行。在岳阳县设立8个收集点，基本解决了岳阳县的病死畜禽污染问题，达到了农业部“无害化、减量化，资源利用化”的处理目标。

【全力应对污水应急处理】 2016年7月5日，因受强降雨不可抗力影响，岳阳县污水处理厂严重受灾，洪水造成厂区设施设备浸水停运。为有效防控环境风险、降低环境影响，特别是确保新墙河八仙桥国控水质断面达标，不造成较大环境事件，县环保局第一时间向省、市环保部门报告，并邀请省、市环保专家现场指导，制订详细的应急处置方案，按照职能职责和部门分工全力以赴开展环境应急工作。一是源头控污。污水处理厂停运后，加大对县城周边涉水企业环境监察与环境监测力度，下达《关于提高企业废水排放标准的通知》，实行日查制度，严格要求县城污水处理厂未恢复正常运行以前，污水处理厂接纳范围内的所有工业企业废水排放必须进行提标，有排放标准的行业企业按行业相关标准执行，无行业排放标准的企业的污水排放执行《污水综合排放标准》(GB8978—1996)一级标准；未达标排放企业，一律停产。同时，与岳阳县生态工业园管理委员会进行有效对接，商定在汛期共同加强企业环境管理和监督检查。二是水体治污。聘请水质净化专业环保公司，在荣湾湖和白洋水库投放了水质改良剂近50吨，净化水质；三是水质监控。从7月16日起，县环保局启动荣湾湖、白洋水库和新墙河水环境应急监测工作，共布设14个监测点位，实行一日一检，一日一报；近两个月的时间，共编报水质监测快报43期。现在新墙河水质稳定在Ⅲ类，符合水环境功能要求。

【引导公众参与环境保护工作】 一是积极引导群众参与环保工作。邀请人大代表、政协委员评议环保工作，及时公开环境执法、企业排污、环评审批等环境信息，保障公众环境保护的知情权、参与权、监督权。2016年7月，县环保局召开了新开石煤矿新建项目环评审批听证会，邀请县规划局、新开镇政府、当地村委会、附近村民代表、电视、网络媒体记者40人参加，并无记名以投票的方式决定项目的去留。在最后有投票权的30人中以24人反对、5人赞成、1人弃权，否决了该项目的环评审批，这样既能依法行政，又能保障人民群众环境权益。二是加强环境保护宣传教育。以“六五”环境日为契机，大力开展《环境保护法》和新《大气污染防治法》等法律法规及环保知识的宣传，以县政府的名义印发《“六五”环境日宣传活动方案》到各县直部门单位和乡镇。在岳阳县公路干线两旁设立大型环保宣传牌，并组织30多名环保志愿者、部分企业代表在心连心超市前、东方圣世广场等公共场所开展法律法规及环保知识的宣传活动，通过制作宣传展板、发放宣传资料、接受群众咨询和投诉的方式提升全民环保法律意识。整个宣传活动通过电视台、网络、手机报等媒体传播环保动态，在岳阳县形成了浓厚的环保宣传氛围。

（彭专红　黄蛟龙）

交通·邮政

交通·邮政

交通

【概况】 岳阳县交通运输局主要负责全县公路水路交通基础设施的建设和管理，公路水路运输行业管理和交通战备工作。内设办公室、人事股、财务审计股、规划基建股、运输管理股、安全监督股、政策法规股、纪检监察室、工会等九个股室，下辖县道路运输管理所、县港口航务管理所、县农村公路管理所、县农村公路路政执法大队、县交通工程质量和安全监督管理站、县城市公共交通管理所、县汽车运输总公司等七个二级机构。

2016 年，岳阳县交通运输局按照支撑发展、服务民生的总体要求，坚持经济发展、交通先行的发展理念，快速推进项目建设，强化交通行业管理，提升干部队伍形象，服务群众安全便捷出行，为建设“一极三宜”江湖名城提供坚实的交通运输保障，实现了全县“十三五”规划交通运输事业发展的良好开局。争取省交通运输厅党组书记、厅长胡伟林到岳阳县调研交通运输工作，对全县交通基础设施建设给予支持。G240 岳阳县段、S318 新开至筻口段、S211 麻塘至荣家湾段等 3 个项目进入省 “十三五”交通规划笼子，另有 G240 荣家湾绕城线、S316 黄沙街至张谷英段升级改造等 8 个重大项目有望进入省级规划项目笼子。全年共争取国家重点投入项目资金 6800 多万元，化解交通运输债务 3800 余万元，启动 G240 岳阳县段项目建设，完成了农村公路窄路加宽项目 57.7 千米、危桥改造 33 座、安保工程 54.9 千米、农村客运招呼站 67 个。深入开展道路运输市场专项整治、城市公交市场整治、车辆超限超载整治、安全生产整治，交通运输行业管理更加规范，实现了无安全生产责任事故和公路、水路执法“三乱”案件的目标。

【胡伟林调研岳阳县交通运输工作】 12 月 1 日，湖南省交通厅党组书记、厅长胡伟林率省高速公路管理局、厅规划办及厅机关有关处室主要负责人，现场调研岳阳县交通运输工作。胡伟林一行实地察看了 S318、岳望高速跨线桥、G240、S316 等重大交通建设项目，并在县委机关大楼 5 楼会议室召开厅长办公会，听取县交通运输工作情况汇报，专题研究支持县交通基础设施建设等问题，并形成了会议纪要（湘交纪要〔2017〕36 号）。胡伟林厅长对岳阳县交通基础设施建设工作给予充分肯定，并表示将在省“十三五”交通规划中期调规时对县 G240 绕城线等 8 个干线公路项目予以重点考虑，尽力支持 S316、S210 公路水毁恢复重建，积极协调岳望高速公路建设单位尽快复工。

【G240 岳阳县段拓改工程建设启动】 G240 岳阳县段全长 18.26 千米，估算总投资 4.23 亿元。项目应征用土地 38 公顷、征拆房屋 19 栋、迁移坟墓 112 座。7 月 1 日，G240 岳阳县城至湘阴段公路开工仪式在岳阳县举行。8 月 10 月，G240 实行全线交通管制，正式动工建设。截至 2016 年年底，G240 岳阳县段征拆、路基清表工作全部完成，路基挖、填土方量完成 40%，工程建设进度在全市排名第一。

【开展道路运输市场专项整治】

县交通运输局制定岳阳县道路运输市场专项整治方案，先后出动200余人次开展危险货物道路运输专项整治行动，共查处危货车辆20台；出动500余人次开展客运市场整治行动，查处客运违章车辆80余次台，报废更新与延续经营车辆30余台，处理线路纠纷问题15余次；出动600余人次开展打非治违整治行动，查处非法营运商务车240余台，其中黑面包车145台，各类轿车95台。

【完善公交硬件设施建设】 规范完善公交站点建设，完成城区60多个公交站点站牌的更新和规范，对城区63座灯箱式站台广告进行更换，对13座港湾式站台进行维修，新建港湾式候车亭2座，统一新设站点站牌标识，为即将投入运营的新能源公交车建设站场、充电桩和配套设施，工作经验被市公共交通管理局在全市推广。

【开展车辆超限超载集中整治】 成立由交通运输局局长挂帅的岳阳县治理车辆超限超载联合检查领导小组，自3月2日起，从本系统路政执法大队、运管所和交警、治安等相关职能单位抽调26名执法人员，在全县范围内开展集中整治行动，重点打击车辆超限超载运输和车辆非法改拼装等违法行为。严格按照“三不”（不设禁区、不留空当、不打招呼）、“四治”（经常治、严格治、合力治、安全治）、“五结合”（农村公路与主干公路、固定与流动、路面执法与源头治理、白天与晚上、工作日与节假日相结合）的要求，严格实行领导带班制度，严明执法纪律，共依法查处超限超载车辆418台，抛洒物运输车辆134台，非法改拼装车辆100余台，卸货 1060吨。

【实施港池疏浚清淤行动】 配合县港区鹿角作业区2000吨级兼顾3000吨级多用途码头的泊位建设，调用疏浚清淤工程船舶10艘，运输船舶30余艘，现场监督管理人员30余人，出动执法艇3艘，扎实开展为期40多天的港池疏浚清淤工作，共疏浚砂石、淤泥50万立方米，有效改善了船舶进出港条件，提升了码头的泊位能力。

（赵 星）

公 路

【概况】 岳阳县公路管理局肩负着县域境内13条省、县道公路的建设、管理和养护任务，管养公路302千米，大小桥梁56座。局机关内设办公室、政工股、财务审计股、机安股、综治法制股、工务股、总工室、纪监室8个股室，下辖路政大队、岳阳荣兴建设有限公司和三个养护作业单位，共有干部职工307人。

2016年县公路管理局全心笃行“两学一做”，全面服务“一极三宜”，全力助推公路升级提档，砥砺营造了县域公路“畅、安、洁、美、舒”的行车环境，让人民群众出行更为便捷。投资1190万元完成了S306线K51+000—K59+000大修工程8千米；投资320万元完成了新十线K10+000—K12+600大中修2.6千米；投资80万元完成了S201线换板工程2600平方米，清灌缝4万余米；投资200万元完成了岳荣新公路八仙大桥的维修；投资220万元完成了杨白线安保防护工程钢护栏安装10000余米；投资160万元完成了S201新墙老街板桥的拆除重建。荣获市公路局2016年综合目标绩效考核先进单位、2016年度安全生产目标达标先进单位和市级文明单位。

【公路管理】 为全面提升岳阳县交通整体服务水平，提高公路的通行能力，确保人民生命财产安全，营造良好的行车环境，2016年县治理车辆超限超载工作领导小组办公室、县公路路域环境综合治理办公室先后设到县公路管理局办公。超限超载治理工作严格按照“一超四究”和“四个到位”要求持续发力，确保了公路上行驶的货物车辆全覆盖、无高边、不超载，每次货运车辆超限超载调查率控制在0.1%以内。全年共检测货运车辆2382台次，卸载货物5261.14吨，处罚超限超载车辆848台次，超限超载运输得到了有效遏制。

【公路养护】 7月2日晚至7月6日上午岳阳县境内普降暴雨，给县公路局管养的干支线300多千米道路带来了严峻考验，造成多条线路不同程度受灾，发现各类水毁46处,其中边坡坍塌方3110立方米，路基冲毁5处708立方米,水沟冲毁2处320米,灾情发生后县公路局干部职工积极主动开展抢险救灾工作，全力抢通水毁公路,确保了公路安全畅通。回填土方630立方米,铺筑石料156立方米，清除塌方3200立方米，疏通涵洞15处,清挖严重堵塞水沟220米,新增涵洞8处计79延米,新增挡土墙8处计2125立方米。同时在日常养护中充分发挥机械化养护的作用，提高了养护质量和作业效率，控制了生产成本,做到了养护生产安全有序,全年共计完成挖补17690平方米，黑面23510平方米，干线公路优良率93.99%，支线公路优良率61.63%,均超市定目标。

【鹿角超限检测站综合办公楼建设】 综合办公大楼自2016年5月开工建设,于同年底竣工。工程建筑面积1354.06平方米，共3层，钢混框架结构，投资280万元。建设岳阳市鹿角超限检测站是根据湖南省政府办公厅《关于设置公路超限检测有关事项的复函》(湘政办)函〔2015〕115号文件投资建设的。至此共计投资950万元的鹿角超限检测站是全市治超功能最齐全，环境最优美的检测站点，它的建成标志着岳阳县治超工作将迈入新时期。

【新十线大修工程】 新十线大修工程自K10+000至K12+600,全长2600米，从潼溪沙南至朱仑，途经释迦寺村。采用18厘米厚的水稳基层加24厘米厚的水泥混凝土路面结构，路幅宽5.5米,释迦寺村十字街集镇应当地村民及筻口镇政府的要求，对释迦寺村全长550米进行了拓宽改造至路幅8米。方便了当地沿线居民的安全出行，加速了县域经济的快速发展。该工程自6月3日开工建设,10月1日竣工通车。

（陈三望）

邮 政

【概况】 岳阳县邮政分公司是隶属于中国邮政集团公司在全国的一家县级分公司，岳阳县邮政分公司下设综合办公室、市场经营部、大客户中心共一室一部一中心,全县共设有城关2个储蓄所、12个农村支局(所)和4个邮政代办所，对外邮政服务窗口18个，其中金融代理网点14个,目前在册员工共181名,2016年共完成邮政业务收入5088万元,所辖14个邮政储蓄营业网点，在行存款达23亿余元,总规模排名县级商业银行第二位,年快递包裹进、出口量达110万件，建有覆盖城乡的金融、物流配送网络系统,与全国城乡实现互联互通。通过近三年的建设，岳阳县邮政分公司共建成标准化邮政支局职工小家8个，县公司机关两栋办公楼全部重新改造装修完成。高标准的新墙邮政储蓄大楼正在开工建设中,连续多年未出现一起“四风”问题，连续四年荣获全市邮政年度综合考评先进单位。

2016年，在岳阳市邮政分公司党委和岳阳县委、县政府的正确领导下,以构建“幸福岳阳县邮政”为目标,以全面落实“一体两翼”经营发展战略为主线,认真落实科学发展观,深入贯彻省、市邮政工作会议和全县经济工作会议精神,坚定发展信念不动摇,以效益为中心不断优化业务结构,以市场为导向做强做精各类业务的同时，进一步强化管理、深化改革,切实提高服务质量,履行好普遍服务，圆满超额完成了年度各项目标任务，其中储蓄余额规模跨越20亿,全县邮政实现业务收入5088万元，完成年计划进度的100.7%,同比增长733万元,增幅18.33%,全市绩效考核排名一位。

【代理金融业务】 2016年，县邮政分公司积极响应省市公司号召,深入推进代理金融网点转型,以“1+3+1”网点转型为模板,统一网点绩效机制,打造督训师队伍,推动局策、点策落地。创新营销,开展金融跨赛、“夏秋练兵，强基固本”“激战金秋”“年度收官”等不同阶段的营销活动；加强资源融合,全年开展37场综平站点产说会。2016年,新增金融总资产突破4.33亿元。其中,储蓄存款新增3.3亿元，同比多增1.02亿元;储蓄存款市场占有率较2015年年底提高0.4个百分点，特别是在2015—2016年代理金融跨年度竞赛中,全县邮政员工继续发扬“开门红”精神,点均增长2885万元。

【快包业务】 积极推行“营揽投

合一”“仓配一体”“主动客服”“邮速联合”等发展模式，在全县开展众创众享行动，掀起了快包业务发展热潮。全年实现包裹快递全业务收入231.79万元，完成年计划的105.36%。

【农村电商与综平搭建】 为大力做好综合服务平台建设，县邮政分公司加强资源整合，强化管控、建设升级、品牌宣传，2016年，建成乡镇中心一个、精品站点9个，为业务发展提供有效支撑平台。在搭建新综平的基础上，叠加新业务，提高店主收入，从而达到企业与店主双赢，全县280个综合服务平台站点中有220个叠加了助农取款功能、191个叠加了邮掌柜业务、14个叠加了代投和揽收功能。2016年进一步加强渠道建设。全县累计建成综合服务平台站点280个，建设邮乐购实体点191个，建成乡级中心一个，打造“精品示范”线路2条。大力发展农产品进城业务，依托邮乐网、邮三湘平台，并将“洞庭纸业”“张谷英蜂蜜”“邓谷红薯”“洞庭春茶叶”等6个项目上线。

【建设和谐邮政】 县邮政分公司贯彻落实省市公司“以人为本，推进幸福和谐企业建设”工作，一方面加强对员工的业务技能培训，引导员工人人关心企业发展。另一方面切实关爱企业员工。2016年全县共为4名困难(特困)职工发放了4.3万元的困难补助慰问金。同时按照市邮政分公司2016年为职工办实事活动内容，结合岳阳县邮政的实际，加强职工小家建设，先后共投入资金8.9万元，为职工小家配置冰箱、空调等物品，推动小家建设工作上台阶。三是丰富职工文化生活。组织职工开展(张谷英—岳阳)徒步、全市邮政羽毛球比赛及户外拓展等体育活动，进一步丰富员工的文化生活。

（邱寿棉）

财政·税务

财政·税务

财 政

【概况】 县财政局内设办公室（信息中心）、综合规划股、预算股、行政政法股、教科文股、经济建设股、农业股、社会保障股、企业股（金融债务股）、对外经济贸易股、会计股、财政监督检查股（对外称岳阳县财政监督检查局）、财计股、人事股、法规股、绩效评价中心、监察室等19个股室；同时下辖县非税收入征收服务中心、县乡镇财政管理局、县农村综合开发办公室、县财政国库集中支付中心等4个副科级行政支持类事业单位及县政府采购中心、县政府采购管理办公室、县国有资产管理办公室（县控购管理办公室）、县财政投资评审管理中心、县东洞庭湖财政所等5个正股级二级机构。

2016年，县财政局被评为全市财政目标综合考核先进单位，荣获2016年度全县党政管理绩效考核先进单位。办公室、金融债务、乡镇财务管理、农业综合开发等多项工作获得全省先进。

【财政收入】 2016年，财政部门紧紧围绕全县经济发展总体要求和目标任务，努力克服经济增速放缓和减税清费的政策考验，全力以赴抓收入，精心培植育财源，锐意改革谋发展，优化结构惠民生，创新机制强监管，规范管理塑形象，有力促进了财政事业又好又快发展。2016年，全县完成财政总收入8.98亿元，同比增长10.3%，其中：地方公共财政预算收入55908万元，同比增长16.4%；上划中央和省级收入33941万元，同比增长1.4%。税收收入占财政收入的比重为74.4%，财政收入质量继续保持较高水平。

【财政服务】 全力支持园区发展，加快“135”工程建设，新建标准厂房8.7万平方米。筹集资金8100万元，推进G240岳阳县段拓改工程建设，启动城市防洪闭合圈建设和毛田河、李塅河综合整治项目。积极推进“大众创业、万众创新”，为400户小微企业和个体创业者融资担保4600万元，为54家中小企业提供融资担保16244万元；投入614万元，与阿里巴巴集团合作推出“农村淘宝+智慧县域”项目，实现了“消费品下乡”和“农产品进城”的双向流通。全力实施“旅游兴县”战略，安排旅游引导资金1000万元支持张谷英、大云山、公田温泉、洞庭湖生态旅游等项目发展。

【税收征管】 出台综合治税实施方案，将财政预期收入任务纳入绩效考核，充分调动乡镇和部门征收的积极性。加强重点税源监控，严格推行税务稽查和纳税评估，综合运用行政、法律手段，充分发挥“征、管、查”联动机制作用，加大税费清缴力度，全年共查补入库税款689万元。

【改善城乡面貌】 安排7200万元用于市政基础设施建设与维护，投资1200万元的县职专“梦园”广场建成并对市民开放，投入1200万元用于长丰路以东景观工程建设和长丰路地下通道建设。投入资金4223万元用于精准扶贫，争取易地扶贫搬迁资金4509万元，建成7个居民集中安置点；安排2800万元用于规范村民建房和农村环境整治，市县两级投入库区“两保”资金3000万元，争取中央良好湖泊保护资金1.59亿元；总投资6500万元的月田集镇、毛田集镇污水处理厂已投入使用。

【支持教育事业优先发展】 争取上级专项资金3187万元，新建、改造校舍4.69万平方米，建成省合格学校11所；累计投入3000万元，全面完成教育信息化“三通两平台”建设，完全小学以上学校实现“校校通”“班班通”；着力推进教育债务置换，全年置换教育债务1.7亿元，县一中、县三中债务成功纳入省债券融资平台；支持民办教育发展，与富登置业、长沙雅礼中学达成合作办学协议，新建岳阳雅礼国际实验学校；拨付1589万元用于中等职业教育学校学生资助、学费减免，普通高中家庭经济困难学生发放国家助学金等。

【支持完善医疗卫生和社会保障体系建设】 拨付城乡救助资金992万元、优抚资金5237万元、困难群众基本生活救助资金7991万元、其他民政专项资金1184万元、危房改造资金3225万元、残疾人就业扶贫和康复资金220万元；发放城乡居民医疗保险基金37119万元、社会再就业资金2269万元；拨付城乡居民养老补助资金9900万元，城乡居民养老标准由75元/月提高到80元/月；安排新农合、城镇居民医保、基本公共卫生服务补助资金43031万元，新农合与城镇居民医疗保险财政补贴标准由380元/人提高到420元/人，基本公共卫生服务人均补助标准由40元/人提高到45元/人；总投资7000万元的县人民医院门、急诊综合大楼主体工程已经完工，群众看病就医条件将得到明显改善；争取资金2000万元用于保障性住房建设，多方筹措资金1.75亿元用于机关事业单位干部工资提标和公务员职务职级并行。

【支持农业农村经济稳定发展】 兑现耕地地力保护补贴资金7515万元，惠及全县19万户农户；拨付资金 1967万元，实施农村“一事一议”财政奖补项目222个；争取农业综合开发项目资金2681万元，建设高标准农田980公顷；拨付资金2100万元，支持农村公路建设。

【预算管理改革】 将上级提前下达的转移支付、专项补助经费等上级固定收入纳入预算统筹安排，切实提高预算的年初到位率。纵深推进预算公开，继续扩大信息公开范围，财政预决算、部门预决算以及各部门“三公”经费预决算在政府门户网全面公开。

【乡镇国库集中支付改革试点】 按照“积极稳妥、因地制宜、分步推进”的原则，在荣家湾镇、公田镇启动乡镇国库集中支付改革试点，视同县级预算单位，执行国库集中支付制度，加快资金运行速度，提高资金使用效率。

【盘活财政存量资金】 加大部门结转资金执行力度，对不需按原用途使用的资金，按规定程序报批后调整用于其他项目；对结转两年以上的项目资金，视为结余资金管理，由财政收回统筹使用。全年收回超过两年的结存结转资金1500万元。

【地方政府债务管理】 抓好政府债券置换存量债务工作，严格审核各单位存量债务，确保了置换债务不错、不漏、不重复。全年争取政府债券额度12.37亿元，置换存量债务7.63亿元。同时，规范政府投资项目管理，严禁单位和个人擅自增加投资概算，造成新增债务。

【政府购买服务】 制定《岳阳县政府购买指导服务目录》，对列入目录的公共服务事项，鼓励行政事业单位逐步推行政府购买服务。全县已选定G240岳阳县段拓改工程、岳阳县农村综合服务平台建设等8个项目实行政府购买服务。

【预算绩效评价】 树立“用财要问效、无效要追责”的理念，进一步扩大预算绩效评价覆盖面。对全县31个项目开展财政支出项目绩效自评，68个部门开展整体支出绩效自评，并对地质灾害防治专项资金等3个重点项目支出、司法局等3个部门整体支出开展财政再评价，把绩效评价结果作为财政资金安排和改进预算管理的重要依据。

【提高财政资金绩效】 完成投资评审项目151个，评审资金83808.2万元，审减8257.14万元，综合审减率9.85%。完成政府采购预算1.07亿元，实际支出资金9551万元，节约资金1149万元，节约率为10.73%。

【国有资产管理】 建立健全国有资产与预算管理对接机制，构建资产管理信息平台，对全县319家行政事业单位开展资产清查及产权登记工作，确保国有资产保值增值。同时，积极配合推进公车改革，出台《公务用车制度改革车辆处置方案》等制度，对改革前后的支出情况进行了认真测算，确保节支率达到7%以上。

（关毅　刘志）

城建投资管理

【概况】 县城建投资管理中心于2005年12月经市编委批准成立。与“县城建投资经营有限责任公司”实行两块牌子，一套人马。隶属县政府管理的正科级事业单位。单位定编9人，2009年4月加挂“岳阳县中小企业信用担保公司”扩编至15人，2011年再次扩编至17人，2016年再次扩编至18人。内设办公室、工程技术股、财务股、融资管理股，下设城市建设投资经营有限责任公司、县中小企业信用担保公司、开元发展（岳阳县）投资有限责任公司、县水利建设投资经营有限公司、县保障性住房建设投资有限公司、县东洞庭湖生态建设投资有限公司和县耕耘林业建设投资有限公司等7家公司。其主要职能和经营范围为：代表政府行使城建项目投资主体职能；代表政府进行城建资金的举债和还贷；统一运作国有资产、垄断经营城市规划区内土地；负责城建项目的市场化运作和开发经营；负责全县中小企业信用担保监管。2016年获争取国家重点投入工作优胜单位、优秀项目一等奖；2016年美丽乡村建设优胜帮扶单位。

【资金融通】 为认真落实县政府指导精神，紧抓国家重要窗口期，加大融资力度，为岳阳县各类建设项目争资、筹资，努力拓宽融资渠道。2016年，县城建投共向各银行申报贷款项目9个，申请额度38.8亿元，审批项目3个，到位贷款5.3亿元，其中老项目1.9亿元，新项目3.4亿元。另有6个项目已成功对接贷款额度约18.8亿元，其中5个项目已进入评审阶段。在加大投融资力度的同时，积极拓展担保业务，努力解决中小企业融资难的问题。2016年，县担保公司为全县116家中小企业提供担保，在保余额32819万元，获得担保收入571.57万元，争取专项补贴资金276万元。确保了国有资产的保值增值，扶持了全县中小企业的发展，培育了地方财源。2016年来，县城建投共向各银行申报贷款项目9个，申请额度38.8亿元，2016年已成功审批项目3个，到位贷款5.3亿元，其中老项目1.9亿元，新项目3.4亿元。另有6个项目已成功对接贷款额度约18.8亿元，其中5个项目已进入评审阶段。

【资金投放】 2016年，县城建投全年累计拨付各类建设项目资金4823.45万元。主要实施了G240城区段道路、亿丰路新建工程，长丰路地下通道建设，融湾首府临街人行道路面铺设工程，欣荣明珠、亿丰广场附属工程，以及地税局下水道改造。对文胜、粤西、桥东、荣站、巴陵、庆丰、同心、卫农、城南、南街、天鹅、集镇、枫桥等13个居委会49条背街小巷实施升级改造。对县委机关、电视台和老工商局院内实施了升级改造，对人行道隔离桩、公厕、公交站台等进行新建及维修，对城区人行道板、路面、盲道、标识标线、公交基础设施、损坏路灯等进行了维修和更换，对荣湾湖、厚德、城南河、梦园等广场进行了维修、建设了厚德广场“中华诗词之乡”石碑、联文化一条街和实行了广场WIFI全覆盖，投入专项资金在大型户外广告牌和在重要路段进行了公益广告宣传。通过资金投入，以及城建项目的实施，使岳阳县城市基础设施、城市管理和卫生环境得到了改善，城市品位进一步提升。

【平台建设】 为破解融资难题，经请示县政府批准，成立县保障性住房建设投资有限公司、县东洞庭湖生态建设投资有限公司和县耕耘林业建设投资有限公司。至此，县城建投形成了以“县城建投资管理中心”为核心，县城市建设投资经营有限责任公司、县中小企业信用担保公司、开元发展（岳阳县）投资有限责任公司、县水利建设投资经营有限公司、县保障性住房建设投资有限公司、县东洞庭湖生态建设投资有限公司和县耕耘林业建设投资有限公司等7家公司为分支的政府性融资担保平台，使县城建投整体呈集团化壮大，融资工作呈立体化发展，形成了各有侧重、功能互补的政府投融资平台体系，融资工作由“单向投资”变“多方融资”，从“一条腿走路”到“多点开花”转变的良好态势，从而为岳阳县项目建设提供了资金保障。

【服务企业】 县担保公司为岳阳县116家中小企业提供担保，在保余额32819万元，获得担保收入571.57万元，争取专项补贴资金276万元。

（刘志成）

国家税务

【概况】 岳阳县国家税务局下设13个科室、1个稽查局和2个税务分局。2016年，该局认真贯彻落实创新、协调、绿色、开放、共享发展理念，不断夯实管理基础，突出征管主业，推进各项改革，主动担当作为，积极创先争优，努力推进新常态下国税工作的新发展。2016年全年组织收入43400万元，县局荣获全市国税系统“绩效管理先进单位”称号，顺利通过“省级文明标兵单位”检查验收，展现了岳阳县国税人后发赶超、追求卓越的良好精神风貌，实现了“十三五”规划的精彩开局。

【组织收入】 2016年，面对税收优惠政策惠及面逐步扩大，全县陶瓷、医药、砂石三大支柱产业纷纷减收，组织收入形势十分严峻的现状，县国税局强化对税收收入的分析预测，积极贯彻落实组织收入“30条”措施，采取“三查一评”确保全年收入任务顺利完成。通过加强对重点税源企业财务指标分析，及时掌握企业生产经营变化情况，加强企业进项抵扣分析，主要核查股权转让、财政土地优惠资金等项目，确保了重点税源收入的稳定。针对国家投资的在建重点工程项目，通过召开专题会议，规范项目指挥部发票使用，掌握供货商供货情况，找准源头，加强控管，实现了应收尽收。建立一般纳税人进项分析电子数据台账，组织进行案头精细化评估。对小规模纳税人分区域选案实施评估，重点评估机动车销售、部分品牌代理等行业，形成评估一户，影响一片的连锁效应。2016年，全年组织国税收入43400万元，剔除“营改增”四大行业累计入库37843万元，同比增长9.61%，圆满完成了市局和地方政府下达的税收计划任务。落实各类税收优惠政策减免退税1031万元，其中落实小微企业税收优惠政策免征增值税297万元，减免企业所得税66万元，民政福利企业退税77万元，资源综合利用企业退税98万元，出口企业免抵退税493万元，为地方经济社会发展提供了坚强保障。

【营改增改革试点】 2016年3月18日，国务院常务会议审议并通过了全面推开营改增试点方案，明确5月1日全面推开营改增试点。在不足50个工作日的时间内，县国家税务局组建10个联合工作小组，联合县地税局下户进行纳税人信息采集。全局干部加班加点，采用“毛稿+正稿”填制方法，反复核对纳税人信息，提前完成信息采集、录入和发票管理系统发行工作，5月1日零点成功开具第一张试点发票。为了全力确保首期申报顺利推进，县国税局制定营改增工作应急预案，办税服务厅反复进行系统测试，开展模拟操作应急演练。成立业务咨询支撑、表格填写辅导、金三运维保障等3个营改增首期申报工作小分队，开展税法进校园和税收宣传路展，为中学生上税收互动课，开展税收知识问答，发放“税收宣传大礼包”。利用店铺、企业电子显示屏，通过户外广告牌、电视、报纸及微信公众号、微博客户端等途径全方位宣传营改增政策。开通营改增绿色通道，与县地税局衔接做好二手房交易和其他个人出租不动产业务委托代征工作。节假日派专人驻守办税大厅，为纳税人提供预约服务，以优质的服务确保了营改增工作的顺利推进。2016年，县国税局四大行业入库营改增税收5522万元。

【国地税征管体制改革】 县国税局召开国地税合作工作联席会议，推动服务深度融合、执法适度整合、信息高度聚合，成立建筑业、房地产业税收联合管理组与个体税收联合管理组，由县政府对相关职能部门开展考核，采集工程项目涉税信息共2万余条，通过对建筑业、房地产业以票控税，入库建材增值税420万元。建立“联合定税、同步征收、分别入库”的个体税收联合征管模式，双方联合定税74户，发布欠税公告4期，共同认定5户非正常户，通过限量供应发票等措施加强了后续管理。联合共建4个办税服务厅(室)，推行国地税“一窗一人办税”模式，联合办理税务登记850户，合作征收税款454.29万元，开展纳税信用评价190户。开展联合办案，对制造业、房地产业等14户纳税人实行国地税联合稽查，查补税款200多万元，合作成果不断显现。

【“互联网+税务”】 2016年，县国税局针对税收预测分析中税源管理单位上报数据随意性大、准确率不高，税收分析预测与税源巡查监管“两张皮”，分析预测对日常征管的督导和指挥功能欠缺的现状，结合“互联网+”的工作思路，从提高基层税收预测分析质量，全面压实税收管理员责任入手，开发了税源管理与分析系统。税源管理与分析系统是以税收管理员职责为基础，通过信息化手段构建的一个多功能一体化的信息服务系统。系统拥有数据查询统计、税源巡查管理、税收分析预测、税收管理员考核四大功能，实现了内外网信息同步，应用系统与移动客户端集成。系统自运行以来，确保了税源巡查实时监控，系统任务及时提醒，风险管理及时推送，绩效考评有章可循，收入预测准确率有效提高，税收分析和征管水平得到了提升，受到省国税局局长刘明权的充分肯定。

【德荣文化建设】 县国税局着眼于税收新常态，立足时代特征、地域特点、税务特色，提出“以德为荣”的文化建设目标，构建了一个品牌、三块基石、五大篇章、七项理念为主体的德荣文化体系，营造文化花开、崇德尚善的浓厚氛围。县局集中开展德荣文化进基层、进家庭、进山村、进企业“四进”活动，深化社会对德荣文化的感知认同，并通过“一讲、二亮、三创”(举办道德讲堂，打造“互联网+税务”和青年干部团队建设二个工作亮点，争创绩效管理先进单位、省级文明标兵单位和市级廉政文化建设示范点)，将德荣文化融入基层税收工作，获得了省、市、县三级党政领导的高度评价。

【干部队伍建设】 县国税局加强青年干部人才培养，成立青年干部团队，帮助青年干部进行职业生涯规划，为每一位青年干部建立包含成长纪念册、荣誉册、工作总结和规划等在内的成长档案。打造青年干部成长基地，配备一体化电脑、多媒体演示设备，团队成员每周五集中开展学习交流，开办“周五讲堂”“青年公开课”等。团队实行项目化管理，在县局营改增试点、税收宣传月活动、业务大比武、文化室建设、税源管理与分析系统开发过程中，青年团队充分发挥了排头兵的作用。积极组织开展业务竞赛。县局举办了3次营改增业务知识竞赛，采取班子督导与分类指导结合、干部自学与集中授课结合、自主测试与讲解分析结合、奖励先进与鞭策后进结合、业务学习与岗位练兵结合这样的“五结合”，抓严抓实全员业务学习。在全市国税系统营改增业务竞赛中，县局获得团体第一名，3名干部进入全市前5名。全市国税系统“业务大比武”岗位竞赛中，县局获得团体总分第二名，7名干部入选“素质提升‘115’工程——岗位能手项目”。

(陈德武)

地方税务

【概况】 岳阳县地方税务局共有干部职工98人，内设8个科室，下辖4个税务分局、3个直属机构(稽查局、办税服务中心和信息中心)。负责全县20个乡镇6000余户纳税人的地方税收征管工作，主税源主要集中在生物医药、建筑安装、金融保险、机械制造等行业，主体税种主要为营业税(5月1日移交县国税局)、个人所得税、企业所得税。共组织各项收入3.05亿元，2016年，县地税局获评“湖南省文明单位”“湖南省文明卫生单位”；被县委、县政府评为

“全面建成小康社会综合绩效考评先进单位”。

【组织收入】 2016年，县地税局克服实体经济下行、“营改增”、政策性减收等诸多困难，始终把组织收入作为第一要务，全面强化依法征收，基本实现了地税收入的良性增长。全年入库各项收入3.05亿元。其中，中央级收入4067万元、省级收入3304万元、县级收入18701万元，全部实现增收；12个税种有7个实现正增长；入库规费收入2110万元，6项规费有4项实现正增长。组织收入工作得到了县委、县政府的充分肯定。

【征管转型】 2016年，县地税局顺利向县国税局移交“营改增”纳税人信息1195户，全年入库营业税8900.3万元。针对“营改增”后大税种缺位、“以票控税”缺失的现状，坚持以自行征收为主、以地方税种为主、以基层自行解决问题为主、以税收法律法规为主的“四为主”原则，重点加强税种挖潜、评估增收、风险堵漏、稽查促管、合作联控等措施，打开了征管转型的新局面。2016年，县地税局通过深入开展纳税评估工作、风险比对增收税款共计800.4万元，国地税合作互征税款918.4万元，稽查入库238.1万元，基本实现了转型促管理、促增收。

【纳税服务】 2016年，县地税局落实《国地税合作规范》和《纳税服务规范》，融合服务、整合资源、聚合管理，与县国税局在县城建立两个联合办税服务厅，全面推进“一窗一人双系统”通办业务，实现了纳税人“到一个窗、办两家事”。同时，认真落实税收优惠，全年依法减免地方税收305.8万元。深入开展“便民办税春风行动”，持续深化“六个一”便民举措，推广应用办税服务综合管理系统，落实市局办税服务行为规范，联合开展纳税信用等级评定，进一步扩大“免填单”“同城通办”业务范围，切实抓好服务热线的回复转办，服务质效不断提升。

【队伍建设】 2016年，县地税局党建工作全面开展，完善了中心组学习制度等6项基层党建工作制度，落实了“五必访五必谈”制度，结合“两学一做”，创新地把“四讲四有”与道德讲坛结合、团组织活动与青年干部培养结合，由年轻干部主讲了3期“四讲四有”系列的道德讲堂。细化量化“两个责任”，扎实推进“纠四风、治陋习”和“雁过拔毛式腐败”专项整治，作风行风进一步优化，全年开展作风督查10余次，下发通报3期，约谈30余人次，扣发奖金4000余元。全年选拔中层正职1人、中层副职5人，交流轮岗中层干部13人。通过岗位大练兵，提升干部职工岗位技能，2016年选送21人次参加省、市地税局组织的骨干培训班，其中有2名干部代表市地税局参加了稽查类、信息技术类的省局大比武活动。

【内部管理】 2016年，县地税局充分发挥内审、执法督查工作机制的“防微杜渐”的作用，明确了15名兼职监察员；组织力量对减免税管理、票证管理、个体税收管理等分别开展了执法监察，提出执法监察建议4条，并督促相关单位及时整改；按季对机关经费、工会经费、食堂经费、政府采购、基建维修、资产处置等重要事项进行了审计，切实预防和化解了执法风险。

（王　梅）

银行·保险

银行·保险

综 述

岳阳县金融系统共有机构55个，其中中国人民银行岳阳县支行1个，中国农业发展银行岳阳县支行1个，中国工商银行股份有限公司岳阳分行荣家湾支行1个，中国农业银行岳阳县支行4个(支行1个、营业部1个、营业所2个),中国建设银行股份有限公司岳阳市分行岳阳县支行1个,中国邮政储蓄银行3个(一级支行1个,二级支行2个),中国银行股份有限公司岳阳县支行1个，华融湘江银行股份有限公司岳阳县支行1个，岳阳县农村信

表2　　岳阳县金融机构主要业务情况统计表

金额单位:万元

项目名称	年初余额	比上月(+-)	比年初(+-)	比年初(%)
一、各项存款	1136164	24730	257384	22.65%
(一)境内存款	1136011	24738	257319	22.65%
1.住户存款	756564	7103	156474	20.68%
其中:活期及其他	328132	6979	78760	24.00%
其中:定期	428432	125	77715	18.14%
2.非金融企业存款	133814	24919	59502	44.47%
3.广义政府存款	245633	-7285	41343	16.83%
(1)财政性存款	43466	-25890	12480	28.71%
(2)机关团体存款	202167	18605	28863	14.28%
二、各项贷款	582668	9712	27395	4.70%
(一)境内贷款	582668	9712	27395	4.70%
1.住户贷款	267053	-1831	-1474	-0.55%
(1)短期贷款	167333	-2722	-25145	-15.03%
(2)中长期贷款	99720	891	23671	23.74%
2.非金融企业贷款	315615	11534	28870	9.15%
(1)短期贷款	100229	-2659	-29425	-29.36%
(2)中长期贷款	215386	14202	58295	27.07%
3.非银行业金融机构贷款	0	0	0	0

数据来源:岳阳县2016年金融机构信贷收支月报表

用社36个(其中联社1个、农村信用社26个、分社、储蓄所9个),湖南岳阳湘江村镇银行股份有限公司1个,保险公司11家。全县金融系统干部职工745人。2016年,全县金融运行稳健,各项存款稳步增长,贷款投放力度加大,现金投放市场平稳。2016年年末,全县金融机构各项存款余额1393547万元,较年初增加257384万元,增长22.65%,其中储蓄存款余额913038万元,较年初增加156474万元,增长20.68%;各项贷款余额为610064万元,比年初增加27395万元,增长4.7%,有力支持了辖内中小企业及“三农”工作发展。

人民银行

【概况】 中国人民银行岳阳县支行共有干部职工17人,中共党员14人,大专以上文化15人,中专(高中)文化2人,中级职称6人,初级职称3人。机关内设办公室、货币信贷股、会计国库发行股3个股室。2016年人行岳阳县支行以执行货币政策、进行窗口指导、注重金融监管、提供金融服务、加强队伍建设、健全内部管理为工作重点,切实履行了基层央行职能,确保一方金融平安,较好地促进了县域经济金融和谐健康发展,辖内中小企业融资额度达到历史性高度,支行在辖内金融机构中的龙头作用得到了充分发挥。

【窗口指导】 2016年,中国人民银行岳阳县支行着眼金融支持县域经济发展实效,积极贯彻落实适度宽松的货币政策,服务县城经济社会又好又快发展,一是继续认真贯彻落实稳健货币政策下的各项政策措施和手段,适时出台了《关于做好岳阳县2016年信贷政策工作的意见》,着力调整信贷投向,优化信贷结构,增强对县域经济建设的有效信贷投入。至2016年年末,全县金融机构各项存款余额1393547万元,比2016年年初增加257384万元,增长22.65%。其中:住户存款余额913038万元,比年初增加156474万元,增长20.68%;非金融企业存款193316万元,比年初增长59502万元,增长44.47%;广义政府存款余额286976万元,比年初增长41343万元,增长16.83%。全县金融机构各项贷款余额610064万元,比年初增长27395万元,增长4.7%。其中:住户贷款余额265579元,比年初减少0.55%;非金融企业及机关团体贷款余额344484万元,比年初增加28870万元,增长9.15%。(以上数据未包括小额贷款公司贷款11177万元)。有效支持了符合贷款投向的产业和企业,特别是对国家重点支持行业、岳阳县工业园区企业、“三农”、小微企业给予强有力支持。二是搭建银企交流平台,促进经济金融双赢,定期召开信贷政策执行情况讲评会。按季对辖内金融机构执行货币政策、落实项目资金、潜在信贷风险等情况进行全面评估、综合讲评,及时通报,提高了货币政策的执行力。三是坚持“经济金融信息共享会议制度”,定期召开金融部门、地方党政及相关部门会议,从宏观分析、地方经济、金融运行、金融服务、重大活动、突发事件等6个方面进行信息交流和共享,加强部门之间的沟通与联系,丰富信息共享内涵,为区域经济金融协调健康发展、构筑和谐社会起到积极的推动作用。每月向县委县政府报送金融运行情况报告,编制《岳阳县金融简报》,供县领导和相关单位学习参考,得到了领导的肯定和有关单位的好评。

【金融服务】 2016年,支行结合辖内金融、经济和社会实情,在金融服务创新工作上项目全新、内涵丰富、外延拓展,促进了金融服务能力创新和服务质效的稳步提升。一是始终以上级行主管部门及支行的指导为方向,全县土地承包经营权抵押贷款工作逐步趋向成熟。土地承包经营权抵押贷款以县信用联社为主办行,形成了农户纯承包土地经营权抵押贷款、农民专业合作社纯承包土地经营权抵押贷款、农民专业合作社土地流转权+林权抵押贷款、农民专业合作社土地流转权+县担保公司担保贷款、种粮大户土地流转+公务员担保贷款和土地流转权+林权抵押+设备抵押+公司股东担保贷款模式。2016年,全县土地流转权抵押贷款累计发放16户17笔,余额1277万元。土地承包经营权抵押贷款的发放,盘活了农村存量要素资源,促进了现代农业发展,增强了全县农产品的市场竞争力,并在全县范围内产生了典型示范效应。二是稳步推进金融精准扶贫服务站建设，加强对辖内服务站相关工作的推动和督导，充分利用电子地图等手段，展示建站成果、推动建站工作，做实做细服务站相关工作，2016年，岳阳县金融扶贫服务站挂牌17个(其中，岳阳县15个，经开区2个)，扶贫贷款余额3042万元。三是开展征信建设，2016年，支行开具个人信用报告2835户（不包括国家机关人员查询户)，查询量同比增加20%，企业信用报告112户，查询量同比增加24%，接受社会咨询210人次，查证2起个人信用异议。

【金融监管】 2016年，支行采取多种措施，着力建设金融生态环境。一是加强日常监测评估。进一步完善日常风险监测指标体系和评估方法，重点做好辖内地方法人金融机构金融运行情况监测分析。加强重点领域风险监测和排查。围绕银行业机构资产质量变化趋势的监测，密切关注辖区地方法人银行业金融机构运行及经营风险。二是开展金融维权，打造诚信县城。联合县信用联社协助政府开展信用乡镇、信用村评选活动，提高居民信用观念，打造良好信用环境；鼓励辖内金融机构对信用缺失，恶意拖欠的老赖，通过法律等手段予以打击，采取张贴公告、电视滚动播放、街头电子广告等形式，公告失信被执行人名单，惩治信用违约，维护社会公平、正义，打造良好的社会信用环境。三是建设农村信用体系。选取县生态工业园区企业和张谷英镇推进辖内中小企业信用体系和农村信用体系建设，完成了辖内16家中小企业信用信息采集表并上交上级行。在全县范围内开展农户、商户评级授信，截至2016年年底，完成了试点乡镇5445户农户信息采集，评级3616户农户，授信2892户农户。

（周　桢）

农业银行

【概况】 中国农业银行股份有限公司岳阳县支行是国有控股股份制商业银行。党委书记、行长李斌，全行共有员工122人，其中在岗员工86人，内退、离退休员工36人。支行本级设综合管理部、财会运营部、公司业务部、个人金融部、风险管理部5个部室。辖营业部、新墙分理处、月田分理处、湖滨分理处4个网点。2016年，全行上下认真落实市分行年初工作会议精神，以强化管理、加快有效发展为目标，加快业务经营转型和结构调整，加大服务“三农”力度，强化全面风险管理，坚持有效发展和风险控制两手抓，实现了各项工作的稳健发展。2016年年末，全行各项存款余额达23.8亿元，其中，储蓄存款余额达16.6亿元，对公存款余额7.3亿元。各项贷款余额12.4亿元，实现拨备后利润6129万元。

【支持地方经济发展】 一是积极加强与县委、县政府沟通，精选优良项目贷款。年初开始，县农行积极与县发改局、县交通局、县城建投等单位沟通，多方面收集项目信息，并及时向上级行报告，争取上级行的支持。通过上下努力，G240岳阳县段拓改项目3亿元贷款获省分行审批；同时收集了S316、S318，以及工业园污水处理等多个政府重点建设项目资料，积极向上级行申报。二是优选园区重点企业，择优信贷支持。在抓项目贷款营销的同时，县农行着重对存量法人客户进行了摸排，对民康等优良企业加大了信贷支持力度，同时对微润农业、盛祥等企业加大了营销力度，支行被县政府评为2016年度金融机构支持县域经济建设优秀单位。

【优质服务】 2016年农行岳阳县支行狠抓优质服务工作，努力提升服务水平。一是扎实开展固化服务技能知识的培训。组织全行员工服务技能的培训工作。开展了个人高端客户理财沙龙，使员工服务理念得到了转变，服务技能得到了提升，服务环境得到了美化。二是加大规范服务检查考核督导工作。年初组织制定了《营业网点文明标服务考核办法》，每季评选两名“服务明星”，将网点服务质量与绩效挂钩考核。三是实施“赢在大堂”战略。通过强化大堂人员配备、业务培训、大堂营销等措施提升客户满意度。四是加大硬件投入，更换了网点2台ATM设备，配备了6台超级柜台，服务效率进一步提升。

【不良贷款清收】 为有效清收压降不良贷款，打破不良贷款起诉多,收回少、执行难的诉讼困局，支行联合金证办、县人民法院开展了“法律执行月”活动,清理积案,强化案件执行。2016 年全行共清收不良贷款 104 笔，金额 193 万元;年末不良贷款余额 916 万元,不良率 0.72%,净化了信用环境,纠偏了信贷行为,实现双降目标。

【基础管理】 支行以各类创建活动为抓手，全面开展了信用风险综合治理、“学制度、控风险、强管理”等专项活动;深入开展了“两学一做”和“警示教育”活动,凝聚了力量、树立了正气,全行员工管理、信贷业务、运营操作等基础性工作均有不同程度的提高。农业银行被评为市分行 2016 年度内控案防先进单位、党风廉政建设先进单位。

【队伍建设】 2016 年支行队伍建设重在以人为本、锤炼文化,为全行和谐发展注入更多正能量。一是积极开展各类活动。支行成功举办第一届知识抢答赛，激发了员工活力，充分调动了员工的参与集体活动的积极性。二是支行成功举办“学制度、 强管理 控风险”PPT 宣讲活动，给员工提供一个相互学习、自我提升、展示风采的舞台,加深全体员工对“合规创造价值、责任成就事业”这一合规理念的认识。三是关心关爱青年员工成长。多次召开青年员工座谈会,与青年员工交流交心,倾听他们成长中的烦恼和困惑,为他们答疑释惑。四是大力推进“职工之家”、农村网点“职工小家”建设,开展困难员工捐款和慰问。

（刘小燕）

工商银行

【概况】 中国工商银行股份有限公司岳阳县支行，现有员工 16 人，内设营业管理部和综合管理部。2016 年支行在上级行和县委县政府的正确领导下，细化基础管理,防范经营风险,提升服务质量,强化市场营销,积极分享县域经济发展成果。各项业务呈现出快速发展的良好势头，经营效益稳步增长，网点核心竞争力不断提升。实现经营利润 1275 万元,中间业务收入 152 万元。各项存款余额 10.48 亿元,其中对公存款余额 4.91 亿元，储蓄存款余额 5.56 亿元,各项贷款余额 2.78 亿元,其中公司贷款 1.55 亿元，个人贷款 1.23 亿元,全年累放达 4500 万元,实现了不良贷款率和不良贷款额的双降。

【支持地方经济发展】 为支持地方经济的发展，支行强化公私联动,深挖财政、资本市场、招商引资等方面对公存款增长的潜力,坚持“抓大不放小”,加大公司存款维护力度。积极与政府各部门衔接，做好重点优质市场拓展和储备,紧紧围绕岳阳市委、市政府提出的“一极三宜”发展战略,准确把握贷款增长方式转变与支持岳阳经济发展的切入点，以政府购买服务为机遇，针对岳阳实体经济中的重点领域、重大项目建设、产品升级改造和薄弱环节贷款投向加大对政府融资平台的基础设施和公共事业领域建设投资，加强对中小微企业、县域经济、工业园区、专业市场等领域的贷款支持力度,服务于地方经济,进一步提高对县域经济的支持力度,提升贡献度和话语权。同时坚决打好信贷资产质量攻坚战和保卫战。加大不良贷款清收处置力度，处置核销了华雄陶瓷的 990 万元和颐通管业 642 万元不良贷款,突出压降逾期贷款“剪刀差”。有效地稳定了地方经济的发展。

【作风建设】 为夯实从严治行基础,不断深化反腐倡廉建设。工商银行岳阳县支行坚持把反腐倡廉各项要求贯穿于经营管理全过程，切实做到党风廉政建设与业务经营工作同部署、同落实、同检查。结合支行实际,深入开展员工异常行为排查工作，通过以查促防，充分调动和激发党员以党建工作为引领,积极拓展市场、优化客户结构、勇闯“三关”的积极性,支行党的建设和转型发展都取得了新的成效。

【服务工作】 工商银行岳阳县支行以“服务大提升”为契机,加快推进经营转型。工商银行网点物理条件没有得到改善之前，立足现有条件在服务上下功夫，将服务工作纳入绩效考核，美化营业环境,规范现场服务管理,加强服务督查与投诉处理，营造“以客户为中心”的服务氛围，认真开展“服务大提升”和“服务整治季”等活动，落实“大教育、大讨论、大检查、大整顿、大改进、大提升”要求，开展争先创优活动，支行员工从服务语言、服务态度、服务仪表、服务效率、服务纪律等各方面都得到了进一步改善，网点竞争力进一步提升。特别是在上级行的大力支持下实现了支行营业间的整体装修改造升级，强化服务管理，及时调整和优化了网点人力资源，组织开展“服务明星”和“营销明星”的评选活动，规范员工服务的自觉性和提高员工营销积极性，坚持行长大堂值班制，用服务吸引客户、用服务赢得业务，努力把支行打造成区域内服务环境最美、服务态度最佳、服务效率最快、客户满意度最高的一流精品网点。

（高　灏）

建设银行

【概况】 中国建设银行股份有限公司岳阳荣家湾支行，现有正式员工20人，内设办公室、营业部、公司客户经理、个人客户经理部。2016年12月支行全口经存款15.85亿元，贷款金额7.06亿，全年实现利润3153万元。县支行连续13年没有经济案件及责任安全事故，支行成功地进行网点转型工作以来，做到大堂管理秩序化、岗位责任明确化、行为规范标准化、物理分区清晰化。2016年度被县政府评为金融机构支持县域经济发展“先进单位”，被市建行评为“双基管理”先进模范行，被省建行评为“先进单位”。

【支持地方经济建设】 为支持地方经济发展，对岳阳县中小企业降低了融资准入的门槛，简化了贷款审批手续，每年组织银企洽谈会，为岳阳县一中、大洋和超市、洞庭油脂、亿豪房地产、潇湘砂石、海纳物流、湖南椰星食品饮料有限公司、湖南省金海科技有限公司等单位和企业共发放贷款4.06亿元，对岳阳县水利建设投资经营有限公司授信3个亿。

【双基建设】 双基建设即基层和基础建设取得实效，风险控制能力得到加强。在业务发展的同时，县支行始终把双基工作摆在重要位置，做到时时讲双基，人人重双基。在信贷业务大力发展的同时，支行始终重视信贷风险的规避和防范。把夯实基础管理，加强基层管理作风风险防范内控升级的主线，目的在于确保全行安全平稳运行，促进业务快速健康发展。一是加强教育，认识到位。要求全行员工从我做起，从自身找差距，时刻紧绷“银行就是经营风险”这根弦，违规就有风险，有风险就要付出代价。二是明确分工，责任到位。加强上岗认证，在岗制衡，离岗审查，严禁混岗操作。三是奖罚分明，执行到位，在全行开展合规办事的教育活动，在全行形成一种“我学规、我执规、我合规”的氛围。四是查防结合，监督到位。执行制度不走样，重点在监督，查防结合。五是上下同心，服务到位。防案件，强内控，开展“双基”管理活动。

【服务工作】 2016年荣家湾支行继续狠抓落实服务工作，大力提升服务水平，一是树立服务理念，打牢服务根基。要求每个员工时刻怀着一颗感恩的心，树立“服务就是竞争”的思想，以优质服务全面提升核心竞争力。二是注重服务细节，做好服务讲评，进一步规范服务标准，统一服务行为、服务设施、服务形象，以服务管理精细化推动服务上台阶。三是提升服务技能的培训，根据每个员工的业务技能状况，有针对性地进行学习，有力促进了服务效率的提高。四是建立激励约束机制，提升服务水平。建立优质服务目标责任制，支行成立以行长任组长的“优质服务”活动领导小组，制定服务考核方案，将服务质量纳入目标管理和绩效考核；对服务工作严管、严查、严要求，加大服务检查、评比、考核力度，使优质服务更加深入、更加扎实、更加有效。通过狠抓服务提水平，支行服务工作得到进一步提升，服务态度、服务能力大有进步。

【队伍建设】 在工作中支行注重加强班子成员团结协作，一把手带动全体员工团结一心，做到心往一处想，劲往一处使，坚持“人才兴行，以人为本”，着力推进“成才计划”和其他有效的举措，提高员工综合素质，充分挖掘员工的积极性和创造力。在工作中支行设身处地地为员工着想，及时解决问题，关爱员工，倡导员工快乐工作。在生活中，支行班子及时了解员工生活上的困难，出谋划策，帮忙解决问题。2016 年运行按照市行关爱员工指示建立了支行职工之家，配备了跑步机等各项健身器材，并在支行院子兴建了篮球场、羽毛球场，大大丰富了员工的业余生活。

（余长三）

农业发展银行

【概况】 中国农业发展银行岳阳县支行现有在职干部职工 19 人，内设办公室、信贷业务部、会计结算部；主要办理粮食、棉花、油料等重要农产品收购、储备、调控和调销贷款，农业农村基础设施和水利建设、流通体系建设贷款，农业综合开发、生产资料和农业科技贷款，棚户区改造和农民集中住房建设贷款，易地扶贫搬迁、贫困地区基础设施、特色产业发展及专项扶贫贷款，县域城镇建设、土地收储类贷款，农业小企业、产业化龙头企业贷款；办理结算、结售汇业务，按规定设立财政支农资金专户并代理拨付有关财政支农资金；经国务院银行业监督管理机构批准的其他业务。

2016 年年末各项贷款余额 83301 万元；各项存款日均余额 28124 万元；不良贷款继续保持零余额；国际业务结算量达 254 万美元，被岳阳市银监会授予“银行业金融服务竞赛优秀单位”；被岳阳市银行业协会评为“二十佳”优秀单位；岳阳县政府“支持县域经济发展优秀单位”；市分行综合考核“先进单位”；市分行党风廉政建设和安全保卫达标单位。

【支持县域经济发展】 2016 年，农发行累计为县域辖区审批项目贷款 8.4 亿元，主要支持岳阳县中州垸河流治理工程项目，县农民集中住房项目以及城市防洪项目工程；为县域辖区争取农发重点建设基金投资项目 4 个，金额 1.85 亿元，分别用于城市防洪、污水管网扩建、棚户区改造和荣湾湖治理等项目，全面推动了县域经济发展和生态文明建设。

【主要信贷产品】 棚户区改造贷款：棚户区改造贷款是农发行为解决纳入国家年度棚改目标任务的城中村改造、国有林区棚户区改造、国有垦区危房改造，以及棚改配套基础设施等项目建设的资金需求，而向借款人发放的固定资产贷款。主要分为三类：一是新建安置住房项目，包括原址重建项目和异地新建项目；二是货币化安置项目，包括统筹购买安置住房项目和单一货币补偿项目；三是棚户区配套基础设施建设项目。贷款期限不得超过购买棚改服务协议、政府授权公司自营或特许经营的期限，一般不超过 20 年，最长不超过 25 年。水利建设贷款：主要是农田水利工程、防洪工程、水资源配置工程、水土保持和水生态保护等水利建设。贷款期限一般不超过 20 年，最长不超过 30 年。易地扶贫搬迁贷款：主要用于已经纳入地方政府易地扶贫搬迁规划的易地扶贫搬迁安置房建设（或购买）以及与易地扶贫搬迁直接相关的水、电、路、气、网等配套基础设施和教育、卫生、文化等公共服务设施建设，原居住地的土地复垦及整理，搬迁过程中发生的搬迁补偿、临时过渡费用等。贷款期限一般不超过 20 年，最长不超过 30 年；贷款利率为基准利率下浮 10%~20%。新农村建设贷款：“七通一平” 等配套设施建设、增减挂钩、土地复垦、围填海造地等项目建设（不受项目形成土地的规划用途限制），以及农民集中住房（含涉农棚户区）建设、农村土地整治等。改善农村人居环境建设贷款：贷款主要用于支持农民基本生活条件保障、村庄环境整治、宜居乡村建设等。整体城镇化建设贷款：主要用于项目区域内农业转移人口市民化和城镇基础设施、公共服务向农村覆盖过程中的开发建设资金需要。县域公共基础设施建设贷款：用于县域范围内（含农村地区）基础设施等公共服务领域建设资金的需要。农村流通体系贷款：贷款主要用于解决借款人在农副产品批发市场、农副产品物流体系、农村物流体系建设及配套工程等方面的资金需要。农业综合开发贷款：主要支持增加耕地数量、提升农田质量、推动现代农业、提高农业综合生产力的农业生产基地建设项目，以及农业面源污染防治、林业重点工程建设、退耕退牧退渔、草原湿地水资源保护、农村生态休闲产业等农业生态环境建设项目。农村土地流转贷款：农村土地流转贷款主要用于解决借款人从事与农村土地流转相关的融资需求。

（李珊珊）

农村信用合作联社

【概况】 岳阳县农村信用合作联社下辖27个信用社（部）、9个分社储蓄所，机构网点覆盖城乡，在职员工370人。全县农村信用社全县信用社各项存款余额427910万元，比年初净增96236万元，增幅达29%；股本金余额2026万元；各项贷款余额218243万元，其中，共发放扶贫贷款1230户、金额5820万元。存、贷款规模总量及份额均居全县金融机构首位，其中存款在全县银行业中的市场份额分别为31.99%。

【支农工作】 岳阳县信用联社信贷工作在做大、做强、做优小额农贷品牌的基础上，继续开发和探索新的贷款品种，在全市率先推出了农村土地经营承包权抵押贷款，重点支持了一批经济效益好、产品有销路、信用等级高的农村种养大户、个体工商户和小微企业的发展。截至12月末，全县涉农贷款余额为212377万元，涉农贷款占比为97.31%，其中农户贷款余额为191619万元，农村经济组织贷款为2158万元，农村企业贷款为18599万元，为支持县域经济发展做出了贡献。

【发放扶贫贷款】 为贯彻落实精准扶贫政策，岳阳县联社以金融扶贫为重点，以结对帮扶为切入点，在全县范围内进行对贫困农户的评级授信，逐步落实扶贫贷款的发放。截至2016年年末，岳阳县信用联社共评级15052户，评级面达100%；授信11775户，授信金额达35566万元，共发放1230户，金额5820万元。其中，扶贫小额信用贷款共计4231万元，扶贫项目贷款共计1589万元。

【网络平台建设】 岳阳县信用联社打造了综合业务系统、信贷管理系统、办公自动化三大系统为核心的科技平台，实现了储蓄业务、结算业务的全国联网、及时办理。2016年是全省农村信用社“电子银行业务推广年”，县农村信用社所有营业网点实现WIFI全覆盖，通过全面客户营销，优化服务环境，提升用户体验，促进了电子银行业务推广。据统计，截至2016年年末，全县湖南农信手机银行用户60829户，个人网银9053户，POS机608户。

【农商银行改革】 2016年，岳阳县信用联社力推产权改革工作，加强与政府部门的沟通协调。2016年10月20日，现代投资股份有限公司、岳阳县人民政府与岳阳县信用联社签署了三方改革框架投资备忘录，进一步加快了巴陵农商行成功组建的步伐。截至12月31日，清收不良贷款15938笔，金额40467万元，资产确权工作全面铺开。

【新闻信息宣传】 2016年，岳阳县信用联重新组建了一支青工通讯员队伍，制定了通讯员考核办法，拓展了信用联社微信公众官方平台。新闻信息宣传工作在全市农信机构排名第二，在《中国农村金融》杂志、中国农金网、湖南农信官方网站、《岳阳日报》等刊发各类新闻共计167条。

【服务管理培训】 10月，岳阳县信用联组织员工举办星级标杆网点创建培训班，从思想提升、团队协作、服务改进、柜面清洁等多方位进行重点培训，增强了全员服务意识，为验收通过市级星级网点的评选打好基础。

【助农金融服务】 为了给居民提供更快捷便利的业务环境，岳阳县信用联社在新墙镇袁岭村等22个人口集中地成立了金融便民服务点，将柜台业务延伸到村支两委等基层地段。

（余　乐）

中国银行

【概况】 中国银行股份有限公司岳阳县支行现有正式员工14人，内设办公室、营业部、业务发展部。截至2016年12月，中国银行岳阳县支行各项存款余额合计57029万元，贷款余额31150万元，支行始终坚持追求卓越、诚信、绩效、责任、创新、和谐的核心价值观。2016年县政府授予支行

“金融机构支持县域经济发展优胜单位”，支行先后被授予“中国银行湖南省文明优质服务百佳示范网点”“岳阳市银行业文明优质规范服务五星级示范单位”等荣誉称号。

【支持县域经济发展】 支行把发展授信业务支持县域经济发展作为工作的核心，对工业园内一批资质优良、业绩良好的企业持续提高授信额度，2016年支行公司贷款余额17950万元，个人贷款余额13200万元，2016年公司贷款新增6600万元，个人贷款较新增3400万元，二项贷款合计新增贷款1亿元。

【金融服务工作】 把拓展县域金融服务工作作为2016年的一项重要工作，成立了岳阳县支行县域金融工作发展部，负责业务拓展、信用卡营销以及中银爱家分期、POS机业务的申报和安装、推广，明确各自职责，支行在人、财、物上进行大力支持，营业间制作信用卡宣传牌，LED显示屏打出爱家分期宣传广告，发放信用卡1000多张，爱家分期400多万元。参与金融营销、进社区、进校园、进市场等活动，上门营销等工作。

【内部管控工作】 支行组织员工认真学习相关政策、规定，持续加强党风廉政建设和安全保卫工作，与每位员工签订了《员工职业道德与防案承诺保证书》；落实案件风险排查要求。加大对员工思想行为和对员工参与民间借贷、非法集资的排查，开展新版“双十禁”学习；提升全行员工的思想认识和行为规范，树立依法合规经营就是效益的正确观念，创建依法合规、健康发展的经营理念，营造企业浓厚的合规文化氛围。员工合规意识进一步增强、操作愈加规范，风险管控工作总体平稳，没有发生一起重大违法、违规事件，内控管理考核稳居全省先进行列。

【文明优质服务工作】 支行始终坚持服务拓市场，服务促发展的工作思路，通过完善服务环境、规范服务标准、提升服务技能、提高服务效率等措施，全方位提升服务质量和整体形象。加强对员工的服务知识和服务技能的培训提高员工素养，每天晨会对员工服务仪容仪表、七步曲动作和一句话营销进行演练、点评；每月通过员工评议、监控录像回放评选出服务明星，表扬先进、鞭策后进；组织员工进行个人金融柜台综合业务、点钞、中英文录入、传票录入、计息等多种业务技能训练，提高柜员操作技能，全员能手率达100%。

【党建工作】 支行狠抓党员队伍的教育工作，落实“两学一做”、民主评议党员、党员党性分析、组织生活会等制度，持续开展党员思想理论学习。组织党员干部开展“抄党章，写心得”，打造学习型党支部，增强党员的思想理论水平。全行党员干部投身“最好银行、党员先行”主题实践活动中，巩固和深化党的群众路线教育实践活动成果，时刻保持昂扬的精神状态和工作热情，充分发挥模范引领作用。2016年，被湖南省中国银行评为“先进基层党支部”。

（陈昌沐）

邮政储蓄银行

【概况】 中国邮政储蓄银行股份有限公司岳阳县支行于2008年4月22日正式成立，现有员工41人，内设综合管理部、三农金融部、公司业务部三个部门，下辖东方路支行、新荣支行两个二级支行和14个邮政代理网点。2016年，邮储银行岳阳县支行坚持“进步与您同步”理念，坚定实施“夯实基础、精细管理、转型升级、稳中求进”十六字方针，进一步深化企业改革，加速业务转型，努力提升金融服务质量，服务地方经济。全年自营网点各项存款余额6.6亿元，各类贷款结余3.1亿元，2016年被县委、县政府评为“金融机构支持县域经济发展优秀单位”。

【支持县域经济发展】 岳阳县支行在县委、县政府的坚强领导下，依托岳阳县被评为全省金融支持现代化农业发展示范县的契机，研究制定行业三年规划，对农业品牌创建的345家合作社和养殖大户精心重点扶持，2016年放款772万元。同时，强化服务县域“三农”经济职能，联合相关县直部门切实解决农商户“融资难”问题，全年发放各项贷款16926万元，其中涉农贷款8872万元，占比高达52.4%，涉农贷款同比新增2051万元，同比增幅30.1%。特别是在服务下岗失业人员、退伍军人、外出务工返乡人员创业等方面，共计发放再就业贷款390笔共计金额3489万，同比增幅39.2%，为保证县域经济社会和谐稳定发展做出了积极的贡献。

【商贷船舶贷工作】 县支行自成功开办船舶抵押商务贷款以来，通过多年的努力，不论是在市场拓展能力还是在风险控制方面都积累了一定的经验。2016年船舶贷共计放款3106万元，累计放款18408万元，贷款结余5949万元，船舶贷款的业务量占全市的30%以上，船舶贷资产质量优良，被湖南省分行评为"特色支行"。

【队伍建设】 县支行重视人才培养，着重引进高层次人才，先后录选3名大学生村干部到各岗位工作，向省市分行输送专业人才6名，优厚的待遇和完善的培训为员工提供了想干事能干事的晋升平台。加强人力资源标准化管理，在全行范围内公开竞聘中层干部储备人才和后台管理岗位，广大员工积极响应，经过民主推荐、公正选拔，明确了2名储备干部和6名储备后台管理人员。对于基层网点服务人员，定期举办培训，提升员工职业素养。同时，进一步加强内部管理和风险控制，对全体员工开展反腐倡廉教育活动，积极配合上级要求，开展"除隐患提能力""员工十条禁令""合规回头看"等活动，严格自查，发现问题及时改正，进一步加强队伍建设。

（吴芳炎）

华融湘江银行

【概况】 华融湘江银行股份有限公司是经中国银行业监督管理委员会批准，由中国华融资产管理股份有限公司（财政部控股），依法合并新设的股份制商业银行。2010年10月12日正式挂牌开业，总行设在湖南长沙，注册资本61.61亿元，拥有14家分行和1个营业部，147个营业网点。岳阳县支行于2015年6月11日正式挂牌营业，支行现有在职职工13人，积极践行"创新、协调、绿色、开放、共享"发展理念，以价值提升为目的、以市场为导向、以客户为中心、以改革创新为动力、以转型发展为主题、以信息科技为支撑，坚持质量、效益、规模协调发展，努力将华融湘江银行建设成为一家"治理科学、内控严密、服务优良、队伍专业、业绩突出"的具有较高品牌价值和核心竞争力的好银行，将岳阳县支行打造成为县域经济最具品牌形象的现代化股份制商业银行。

【支持县域经济发展】 华融湘江银行岳阳县支行自开业伊始，积极拓展业务，至2016年年底，各项存款余额4.1亿元，贷款余额4.34亿元，2016年被岳阳县政府评为金融机构支持县域经济发展"优秀单位"。主动对接岳阳县重点项目，11月对G240拓宽项目授信3亿元，已发放项目贷款1.5亿元，充分发挥信贷审批链条短、自主权限大、灵活方便的优势，不断加大对政务金融、中小企业的支持力度。与岳阳县中小企业信用担保有限公司签订合作协议，成功发放小微贷款4153万元。借助总行绿色助学行动，支行争取岳阳县域无偿助学名额15人，资金4.5万元。

【金融服务】 华融湘江银行岳阳县支行积极开展户外宣传活动，社会影响力得到较大提升。2016年，继续狠抓落实服务工作，大力提升金融服务水平，一是树立服务理念，打牢服务根基，以优质服务全面提升核心竞争力；二是扎实开展固化服务技能知识的培训，组织开展全行员工服务技能的培训工作；三是加大检查考核督导工作，配备专业督导人员对支行服务水平进行考核；四是强化大堂人员配备，大堂配有专业大堂经理及理财经理，通过大堂营销等措施提升客户满意度。

【内控合规管理】 2016年，华融湘江银行岳阳县支行员工合规意识进一步增强，操作更加规范，风险管控工作总体平稳。提升全行员工的思想认识和行为规范，树立"依法合规经营就是效益"的正确观念；加大对员工思想行为的排查，开展柜面业务"十大严禁"的专题学习；全体员工认真排查风险隐患，完善相关工作，切实做到了制度管人，流程管事。

（李旭东）

财产保险

【概况】 中国人民财产保险股份有限公司岳阳支公司隶属岳阳市分公司管理，现有三版员工18人、个代营销员56人，下设2个对外服务大厅（出单大厅、理赔大厅）、3个业务部室、2个三农营销服务部。

【商业险工作】 2015年，公司全年共完成各种商业险保费2544.93万元，支付赔款1640.46万元。其中车辆险保费收入1574.63万元，支付赔款1303.15万元；非车险保费收入310.05万元，支付赔款61.38万元；农险保费660.25万元，支付赔款275.93万元。2015年，公司全年共完成各种商业险保费2946.57万元，支付赔款2111.68万元。其中车辆险保费收入1857.84万元，支付赔款1593.57万元；非车险保费收入328.63万元，支付赔款108.41万元；农险保费760.10万元，支付赔款409.70万元。

【保险服务工作】 公司各项服务功能齐全，设备先进、查勘定损理赔服务配备了2台专门车辆、3名专职理赔外勤服务人员，3台平板电脑现场处理赔案，“95518”服务热线全国联网，节假日不休，全天候值班，反应快速，服务到位，任何时候发案，均可在第一时间赶赴现场；为推进农村保险，促进社会主义新农村建设，为客户保险服务提供了极大的方便。

【安责险工作】 安责险主要保险责任是因安全生产事故造成的第三人人身伤亡和财产损失、应急救援、事故鉴定、法律服务等善后处理费用；以及因意外事故造成的工程项目施工人员及与工程有关并进入施工现场的所有人员死亡、残疾、医疗费用。保险的签订大大降低了投保了安责险的施工单位各项风险，2015年，投保金额为30.32万元。

【服务地方经济】 公司坚持诚信为本、快速理赔，充分利用人保的资金优势、技术优势、网络优势和人才优势，积极做好各项售后服务，尽最大努力降低和减少被保险人因各种灾害和意外伤害所带来的经济损失。主动为县委、县政府排忧解难，有效地维护了社会稳定和人民生命财产的安全。以促进地方经济发展为己任，2016年为岳阳县地方财政缴纳税费311万多元。县委、县政府安排的建整扶贫、新农村建设、防汛抗灾、计划生育、社会维稳等项中心工作，公司都确定专门人员、专门经费，确保了各项任务的完成。近两年来，公司连续获省工商行政管理局授予的“重合同、守信用单位”称号，先后获得全市系统“双文明建设先进单位”、市级“文明单位”、行业“最佳诚信保险单位”“文明诚信企业”、县级“文明单位”等称号，曾被评为全县“社会治安综合治理先进单位”。

（王伟娣）

人寿保险

【概况】 中国人寿是国内最早经营保险业务的企业之一。截至2016年，中国人寿保险(集团)公司已连续十二年入选《财富》世界500强企业，排名从2014年的98位上升至2016年的76位，在43家入选的中国企业中排名第6位。总资产规模占据国内寿险行业半壁江山，中国人寿保险股份有限公司总市值更是位居全球上市寿险公司榜首。

公司主要经营人寿保险，健康保险，意外伤害保险等各类人身保险业务及部分财产保险。公司现有“一室五部”即经理室、综合管理部、个险销售部、团险销售部、银行保险部、客户服务部。有干部职工20人，业务代理人586人，服务网点延伸至全县12个乡镇，为全县人民提供了更为方便、快捷、优质的保险服务。

【品牌建设】 通过长期持续的品牌建设，中国人寿跻身世界知名强势品牌行列，品牌价值和品牌影响力不断提升。中国人寿积极推进“行业品牌向社会品牌”“国内品牌向国际品牌”“知名品牌向杰出品牌”转变的品牌战略，致力于打造世界一流的金融保险品牌。

公司注重品牌内涵的丰富与多元化，注重服务领域的品牌建设，在保险业率先推出“国寿1+N”服务品牌，并向广大客户发放“国寿鹤卡”，落实以客户为导向的经营战略。

【企业文化建设】 公司秉持“成己为人，成人达己”的“双成”理念，倡导“求真务实、规范严谨、令行禁止、艰苦奋斗、创新争先”的工作作风，积极推进“外塑形象、内树精神”的文化建设工程，全面塑造“厚重诚信、自强致远”的企业品格。

2016年，岳阳支公司在市分公司的正确领导下，在县委、县政府的高度关注与关心下，在金融办的正确指导和帮助下，依靠公司全体员工的不懈努力，公司业务取得了突破性进展。通过严格基础管理，大力拓展业务渠道，不断强化业务品质管理等措施，极大地提高了干部员工思想品质和思想素质，经营成果呈现了持续增长的良好态势。通过开门红，四五联动和630业务冲刺，提前半年完成了市分公司下达的全年目标任务，各项工作稳步发展。2016年，支公司跻身全省30强支公司，分公司经营指标排名全市第一，成功跨入AAA公司系列。各渠道职能考核，个险全市第一、客服第一、综合第三、银保全市第四、团险第五。

【培训工作】 2016年，公司加大队伍的培训力度。分公司先后举办会议培训6次，新人培训班8次，班子和组训培训班4次，受训人数440余人次，队伍整体的素质得到提高。个险队伍留存率93%，人力规模734人，有效人力86%以上，举绩率90%以上。

【扶贫工作】 2016年，为进一步落实党和国家精准扶贫政策，切实帮助弱势群体解决生产生活的实际困难，促进全县扶贫工作的深入开展，省公司决定牵头联合省残疾人联合会在岳阳县城关镇鹿角村举办“国寿有情、助残有爱”扶贫助残捐赠活动，向鹿角村残疾人及建档立卡贫困户家庭捐赠慰问金及家电生活用品一批，其中电视机10台，16800元；被子20床，3200元，发放慰问金20000元。

（邓小兰）

中华保险

【概况】 中华联合财产保险股份有限公司岳阳县支公司成立于2005年12月，设经理室、综合科、业务科、农险科、理赔科五个科室。2016年，中华联合财产保险股份有限公司岳阳县支公司转变发展方式，深化内控管理，强化依法合规，各项工作取得了较好成绩。2016年，公司完成总保费3300万元，其中：商业保险1220万元，农业保险2080万元。

【团队建设】 全面、系统地制定了学习计划，坚持组织集体学习。学习内容涵盖政治理论、营销理论、法律法规、职业操守、专业知识、企业文化等方面内容。结合总公司“理赔服务年”活动，公司开展了争创“优质服务明星”活动，在员工之间大力开展比服务意识、比服务本领的专项竞赛。员工整体素质、业务技能、服务意识得到了明显提升，公司活力逐步形成。

【内控管理】 针对办公、承保、人事、财务、理赔、费用、出勤等方面，完善了相关管理制度，并建立了奖优罚劣考核机制，及时推出各岗位标杆。积极响应省公司“将每一笔赔款当作宣传费使用”的服务口号，将立案率、结案率、结案周期、未决清理等理赔数据作为客服人员重要考核指标，理赔服务质量得到了明显提升。

【保险职能】 在做好传统业务的同时，关注民生领域，为客户提供最大限度的保险保障，实现政策“必保”、客户“想保”与公司“可保”的有机结合，有效解决了摩托车、农机车等部分保险“投保难”的问题。在全省政策性保险多个领域开展业务。2016年，全县遭受特大暴雨洪涝灾害，公司积极开展灾害理赔，共支付水稻保险防灾防损费用及理赔资金近1100万元。同时，公司积极参与政府中心工作，深入乡村参与新农村建设及精准扶贫工作，投入资金20余万元，连续两年被县人民政府评为年度综合考评“先进单位”。

（曾庆华）

教育·体育·科技

教育·体育·科技

教 育

【概况】 2016年，全县共有中小学校136所，其中普通高中4所，初中26所（含九年一贯制学校5所），小学104所（含教学点38个），职业高中1所，特教学校1所；共有教学班级1374个，在职教职工4392人，在校中小学生67915人；共有幼儿园193所，在园幼儿21821人。2016年，岳阳县教育局坚持“全心育人、全力提质、全面发展”的工作思路，以均衡教育发展和提升教育质量为核心，加大教育投入保障力度，狠抓教育教学管理，扎实推进教育强县建设，有力地推动了全县教育事业又好又快发展。

经费投入。2016年，全县教育投入6.9亿元，占全县财政收入的一半以上。县政府通过从银行贷款和债券置换等举措筹措资金1.03亿元，一次性化解了非义务教育学校债务。县财政按时足额发放了教师工资，按比例全额预算了教职工医疗、保险等社会保障经费。投入3000万元教育信息化建设，完全小学以上学校实现“校校通”“班班通”。顺利通过省教育厅“现代教育技术实验县”评估验收，扎实推进教育精准扶贫，发放各类助学金2526万元。借助教育基金会平台，募集资金340余万元，资助贫困师生216人。

办学条件。加强标准化学校建设，统筹义务教育阶段维修改造长效机制经费、薄弱学校改造资金等，改造56所学校危房，改造县一中田径场，改善了高中学校办学条件。投入1096万元，建成省级合格学校12所，省合格学校总数达126所。实施公田镇中心小学迁建工程，推进张谷英镇学校布局调整工程，积极化解集镇“大班额”问题。加强学校图书室、功能室等配套设施建设，为各学校配置400多万元图书及软件，办学条件得到了有效改善。

队伍建设。深入开展以“我从教、我有为、我幸福”为主题的“师德建设提升年”活动，大力开展教师诚信教育、职业道德教育、道德大讲堂等活动，评选“最美乡村教师”，大力宣传师德典型，加大师德考评力度，并将师德评价作为教师年度考核、职务评聘的重要依据，塑造了优良师风。均衡师资配置，新聘教师198人，启动首批31名农村教学点教师定向委培计划，新招聘200个定岗教师，充实教学点教师队伍，保障教师队伍稳定；稳步推进校长教师交流轮岗改革，实施县域教师“支教、走教、援教”工程，48名教师、校长在城乡大范围交流，152名教师在乡镇内部交流。狠抓教师专业成长，以教师学分登记制度为平台，以县本级培训为主体，结合“国培”“省培”、网络研修等形式组织教师全员培训，继续深化教师“点餐培训、送培下乡”模式，全面推行老带新、能带新、名师工作室等培养模式，共培训教师3000多人次。实施关爱教师工程，对相思、毛田等7个半偏远山区乡镇教师发放了每月200元至400元的岗位津贴；联合县教育基金会，投入20万元慰问困难教师265人，组织全县30名优秀校长、教师开展“园丁之家”活动，加大对山区教师的表彰奖励力度，评选乡村“最美教师”“扎根山区优秀教师”等150人，奖励金额36万元。全县涌现了“中国好人”丁群芳、全国模范教师黄亚飞等一大批师德典型。

教育质量。一是深入推进素质教育。加强学生德育,广泛开展社会主义核心价值观进校园、进课堂活动,编印中小学生文明礼仪读本,组织开展诚信教育、法制教育、学雷锋志愿活动和“我们的节日”主题活动,扎实开展心理健康、科技创新、劳动实践等活动,培训国家二级心理咨询师48名;加强学校体育,扎实推进足球进校园、武术进校园、阳光大课间及“体艺2+1”活动,组织校长、体育教师参加国家、省级相关培训,组织全县阳光大课间和武术进校园比赛,提高了学生综合素质。一年来,全县中小学生在市级以上各类竞赛中获奖200余人次,在全国、全省科技创新大赛中,岳阳县连续9年获一等奖;顺利通过了省“平安校园建设”评估验收,在湖南省举重、摔跤锦标赛上取得4金5银2铜的好成绩等。二是致力提高教学质量。在提质措施上更加具体。以“四个一切”(一切围绕质量,一切保障质量,一切服务质量,一切提升质量)的工作思路,要求教育行政干部开展“一进三知”活动,要深入课堂,“知教育教学管理优劣、知老师冷暖、知学生忧乐”,以局领导划片联点的措施,强化管理落实。抓实教学常规。完善规范了从教育行政到普通老师的考评细则,从严管理,集中抓好“备、教、批、辅、考”等五个环节,形成了严谨科学的过程性评价。利用信息化手段高效提质。现已全面完成“三通两平台”建设,完全小学以上学校实现“校校通”“班班通”。充分利用好平台,建设了区域性教学资源库,实现了资源共享;强化教师培训,实现多媒体教学全员使用;积极探索在信息化条件下新的教学模式,多出精品课程,在“一师一优课、一课一名师”的活动中,有100多堂课被评为省级优课。

【县委、县政府召开庆祝第32个教师节表彰大会】 9月9日,全县庆祝第32个教师节表彰大会在县一中体育馆隆重举行。县领导田文静、曾平原、汤森林、周建军、周里、陈明,与优秀教师代表共同庆祝教师节。各乡镇分管教育的领导、教育体育局全体机关干部、县教育基金会负责人、县直和乡镇中心学校校长及教师、学生代表共3000人参加。县长曾平原主持会议。县委书记田文静对加强教师队伍建设,努力打造岳阳县优质教育品牌提出了具体要求。县教育体育局局长李君梅就建设教育强县工作作了情况汇报,爱心企业家侯兴旺、万军辉向受助学生代表发放助学金,兰军、连圆圆、戴庆阳3位优秀教师代表分别作了典型发言。会议表彰了186名优秀教师和教育工作者。

【召开全县迎国家与省教育工作督导评估动员会】 10月28日,岳阳县迎国家与省教育工作督导评估动员会在县委党校召开。县直各相关部门、各乡镇负责人、县教育体育局全体机关干部、全县中小学校校长、幼儿园园长共200余人参加。会议对迎国家与省教育工作督导评估作了具体部署,明确了各级各部门的工作职责。县长曾平原作重要讲话并强调:教育是最大的民生工程,要坚持教育优先发展战略,以迎教育督导评估为契机,努力办好人民满意教育;坚持问题导向,对照教育督导标准找差距,围绕差距找问题,突出问题抓整改,全力推动教育事业均衡优质发展;各级各部门要强化组织领导,层层落实责任,合力推进工作进度,高质量高标准落实各项目标任务,圆满完成迎检工作。各单位负责人递交了责任状;县教育体育局、公田镇政府负责人作表态发言;市教体局副局长朱新和作了具体指导。

【岳雅学校筹建工作】 岳阳富登置业有限公司项目计划在“洞庭明珠·天富”项目区域内,规划建设一所高起点、高品质、有特色的现代化完全中学,定名为岳雅中学,与雅礼中学合作办学。拟建规模48个教学班,招收2400名学生,其中初中36个教学班,每班50人;高中12个教学班,每班55人。岳雅中学将由雅礼中学负责全面管理,引入雅礼先进教育理念和课程模式,坚持为学生终身发展奠定品行、学力、身心和创新基础,实施自主、个性、开放办学策略,培养具有深厚家国情怀、全球视野、创新精神、实践能力的优秀毕业生,学校立足湘北,辐射全省,走向全国,接轨世界,致力于办成全省一流、全国盛名的十二年一贯制卓越品质学校。岳雅中学规划于

2017年9月1日正式开学。

【省现代教育技术试验县评估验收】 11月23日、24日，县教育体育局迎接了省教育厅现代教育技术试验县评估验收。评估验收分网络评估与现场评估，此前，岳阳县已顺利通过网络评估38项指标验收；本次现场评估覆盖高中、初中、小学、教学点，检查组分两组对县一中等8所学校进行了深入全面的评估验收，对岳阳县现代教育技术试验县建设予以充分肯定。本轮现代教育技术试验县评估，湖南省省共有8个县参与，岳阳县是岳阳市唯一一个参评县。

【党建工作及作风建设工作】 全面推进中小学校党组织建设，配优配强支部班子，深入开展"两学一做"学习教育活动，推行党建工作精细化管理，在县委第三轮党建工作督查中，县教体局被评为县直一类单位，并代表岳阳县迎接了市委检查组的检查，得到了高度评价。同时，扎实推进教育系统党风廉政建设，成立"两个专项"整治领导小组，局长任组长，制定下发《"雁过拔毛"专项整治方案》和《"纠'四风'、治陋习"专项整治方案》，全面开展自查自纠整治行动。2016年，下达教育体育局公用经费、项目经费、资助经费等各类资金共57125万元，全部按要求下拨到各学校和发放到学生手中。下发作风建设通报和案件查处通报各3期，并根据群众举报，立案7件，查处12人，给予党纪政纪处分12人。其中查处校长3人，追究校长责任1人，并调整了岗位。

【心理健康教育】 在局机关建立未成年人心理健康教育辅导站，洞天观、县一中等学校心理健康教师轮流利用节假日值班，为未成年人提供心理咨询、疏导服务。加强心理健康教师培养，先后开展两期心理咨询师集中培训，90余名一线教师报考国家心理咨询职业资格证考试。有43名教师取得了国家二级心理咨询师资格。小学、初中、高中全面开设心理健康教育活动课，每周课时0.5节。各学校结合地域和学段特点扎实推进心健特色活动，县一中的"培养女孩，培养民族——女生辅导系列活动""高三迎考心理素质系列拓展活动"，张谷英中心学校的"孝友文化"活动，县特教学校的"特质学生阳光心理活动"，渭洞完小的"留守儿童知心屋"活动等开展得有声有色。各学校纷纷成立教师心理协会、学生心理协会，招募心理志愿者，培养"同伴咨询师"，大大增强了心理辅导的辐射功能。组织成立阳光志愿者协会，有10位心理教师分别被岳阳县妇联聘为农村留守儿童心理辅导员，26位心理教师被社区聘为社区青少年校外辅导员。为青少年、留守儿童开展丰富多彩的心理健康教育活动。2016年，全县78篇心理健康教育论文获国家、省市级论文评奖，在省市级刊物发表20多篇，心理健康研究性课题有9个获省市奖项。

【体育工作】 组织主办了岳阳县首届篮球俱乐部联赛、乒乓球赛、5人制足球赛、羽毛球赛、中小学校校园运动会、太极拳赛，全民健身日，广场舞比赛等赛事带动产业发展。坚持金牌战略打造体育品牌，组织各项目教练及省、市部分优秀教练到全县各中、小学进行选材，合理安排队员的训练强度和运动负荷，积极组织参加各级各类比赛。2016年在湖南省举重、摔跤锦标赛上，岳阳县代表队获得举重项目2金2银1铜；摔跤项目2金3银1铜的好成绩。

【机构改革工作】 根据岳阳县委、县政府机构改革方案，县教育局、县体育局合并成县教育体育局。6月3日，县教育体育局隆重举行新机构成立揭牌仪式暨工作部署会。合并调整期间，局领导班子同心同德，互相配合，全体行政干部服从大局，团结一致，确保了合并顺利、平稳高效。县教育体育局内设机构有纪检监察室、办公室、基础教育股、职业教育和成人教育股、学前教育股、法制股、人事股、计划财务股、安全管理股、青少年体育和卫生教育股、群众体育股、体育产业股、审计股、教育工会；直属二级机构有岳阳县招生自学考试办公室、岳阳县勤工俭学管理办公室、岳阳县教育教学研究室、岳阳县教学仪器电教站、岳阳县学生资助管理中心、岳阳县教育建设与资产管理中心、岳阳县教育信息管理中心、岳阳县教育阳光服务中心、岳阳县教师进修学校、岳阳县业余体育学校；挂靠单位1个，县人民政府教育督导室；合并了相思、云山、甘田、饶村四所乡镇中心学校。

【学前教育】 全县有201所幼儿园，公办中心幼儿园19所，公办学校附设幼儿园（含学前班）23所，民办园151所，其中普惠性幼儿园88所。学前一年入园率97.27%，三年入园率92.08%。幼儿园各岗位人员在编134人，专任教师933人（在编71，非在编862人）。幼儿园教师资格证、保育员职业资格证持证上岗率偏低（都低于50%），学历（中专层次）合格率85%，专科以上学历42%。市级示范性幼儿园5所，没有一所省级示范园，整体发展水平还处于初级阶段，存在入园难、入园贵的现象。

8月24日，在鹿角洞天观学校举办了2016年暑期学前教育管理培训班，全县共205位幼儿园园长及法人和16位中心学校学前教育干事参加了培训。

10月24日，由县教体局组成评估组按《岳阳市示范性幼儿园督导评估方案（试行）》对2012年通过市级示范园复查验收的荣家湾镇城关中心园、小太阳幼儿园进行了县级初评。10月26日，县教体局督导室将县级初评报告上报市政府教育督导室。11月10日，市政府教育督导室组织专家组对城关中心幼儿园、小太阳幼儿园进行第一轮市级示范幼儿园督导评估。专家组一行5人，对两所幼儿园进行了详细现场评估，经综合评议，专家组一致认为小太阳幼儿园达到市级示范园的标准；城关中心幼儿园已经达到省级示范园的标准，建议向省厅申报验收。

【中小学教育】 义务教育方面。岳阳县共有小学104所（含教学点38个），在校学生67915人；共有初中21所（含九年一贯制学校5所），总班级1374个，其中中小学1157个，高中159个，职中58个。县教育体育局全面加强义务教育阶段普及教育，加大教育扶贫助学力度；深入开展精准扶贫，实现对困难学生资助全覆盖，发放助学金和免除学费1600万元，资助困难学生18000名。健全义务教育阶段控流保学机制，实现行政包班、科任教师下班责任制，全县小学生的入学率、巩固率为100%，初中巩固率为99.8%。高中教育方面。全县有普通高中4所，职业中专1所，其中高中班级159个，职业中专班级58个，高中学生9000人，职业中专3508人。高中教师786人。全县高中积极探索招生制度改革，主动推进高考招生制度改革，探索建立适应新考试招生制度的教育管理模式。全县有县特殊教育学校1所，特教学生135人，教师19人。2016年全面实施特殊教育提升计划，积极推进全纳教育，形成特教学校、随班就读并举的特殊教育办学格局。深入推进特殊教育教学改革，注重残疾儿童生活自理能力培养、心理健康教育、职业技能培养，为残疾学生的终身幸福奠基。特殊教育学生的巩固率达100%。心理健康教育实现全覆盖，全县所有学校都有心理健康室，都能为学生进行心理咨询。

【职业教育与成人教育】 职业教育方面，继续加大职教基础能力建设，投入1000万元进行职业中专校园田径场改造之后，县本级财政增加投入2000多万元，建设职教中心信息化大楼、职业中专跨街天桥以及新型专业实训室等提质工程，极大地改善了办学条件。特别是大力推进县职业中专国家中职改革示范校建设，优化专业设置，配强师资队伍，深化教学改革，进一步增强了职业教育基础能力。同时，抓住编制“十三五”规划之机，将职业教育重大项目纳入全县经济社会发展整体规划，为推进职业教育快速持续发展提供了保障。创新职教中心办学模式。创新建立“政府主导、部门合作、依托学校、乡镇联动”的大职教运作模式，全面统筹整合县域职教资源，先后将粮食学校、就业培训学校、电大等学校全部并入职教中心，整合乡镇农校、涉农站所及农村专业合作社、新农村建设示范基地的培训业务，建成集职业教育、成人教育、就业和扶贫培训为一体的教育综合服务平台，全面提升了职业教育办学效益与办学质量。创新职教管理模式。坚持以市场需求为导向，扩大职业学校办学自主权，深化产教融合、校企合作，推动专业设置与产业需求、课程内容与职业标准、教学过程与生产过程对接，建立与企业实训基地，真正实现了学校与企业相融合，教师与技工相融合的市场化管理运行。坚持以企业现代管理制度为参照，推行以“7S”（整理、整顿、清扫、清洁、素养、节约、安全）为主的规范化管理模式，融入教育教学全过程，全面提升了学生现代职业素养。全面建成覆盖各个乡镇农校与培训点的现代远程职教平台，全面普及师生个人学习终端、学习空间，基本实现了职业教育现代化管理。创新人才培养模式。依托前店后厂、校企合作资源，利用学校临街门面创建“师生创业街”，为师生“零风险、低成本、高效益”创业提供了实践平台，使学生全程参与企业生产、管理、经营，提升了人才培养质量。县师生创业街成为全市首个挂牌的创业教育孵化基地，并带动兴起全民创业热潮。《湖南教育》《职教与就业》《岳阳日报》等多家媒体对岳阳县的创业教育经验进行了推介报道。实施职教文化建设工程。积极推进“产业文化进教育、工业文化进校园、企业文化进课堂”。如：通过校厂一体，将学校实习室包装成企业车间，把学生包装成企业工人，布置企业生产场景，创建具有职场氛围的环境文化；通过校企对接，实行模拟岗位设置、上岗竞聘，强化职业素养教育，创建具有职场特点的管理文化；通过校企融合，把企业生产、管理规章融入学校制度建设之中，创建具有企业特色的制度文化。校企文化多元融合经验被教育部作为典型案例在全国职业教育会上推介。主动做好对接文章。对接产业发展，对接工业园区建设，加强机电维修、机械加工、陶瓷加工等专业建设，为拓邦电子、大力神电磁铁、金博车床等企业订单培养中初级技术人才1000余名，为科伦制药、中粮、芭蕉扇业等规模企业，培训熟练工人2000余名。由县职业中专教师参与的岳阳大力神公司“高梯度磁选机”研发项目获得岳阳市科技成果进步一等奖。对接新农村建设，在麻塘畔湖村、筻口连塘村等地开办葡萄种植技术培训班，每年组织农技专家授课100余节次，现场指导80余次，数千亩葡萄实现了技术改良，为农民增收300余万元。对接群众需求，县职教部门与劳动保障部门联合组织开展了东洞庭湖渔民、返乡农民工、残疾人、下岗失业人员等培训，年培训3万余人次，为群众就业、经济发展做出了应有贡献。

（彭溢湖）

一中

【概况】 岳阳县一中创办于1978年，系湖南省首批重点中学和首批挂牌示范性普通高级中学、中国教改教研实验基地、全国百所体育传统项目学校和湖南省现代教育技术实验示范学校、湖南省园林式学校。校园占地面积16公顷，建筑面积11万多平方米，基础设施完善，教学设备先进。学校现有64个教学班，3800多名学生，269名教职工。

2016年，在全体教职工的共同努力下，学校和谐稳定，紧扣质量中心，各项工作任务顺利完成。深入开展了“两学一做”学习教育活动，学校党建工作逐步构建了常态化、精细化的管理体系；狠抓教学常规管理，学生参加奥赛多人获奖；教研工作不断创新，成果丰硕；办学条件不断改善。学校荣获湖南省研究性学习成果组织奖、湖南省示范性高中督导评估优秀奖等十多项荣誉。

【深入开展“两学一做”学习教育】 6月16日，学校召开全体党员会议，部署“两学一做”学习教育活动。动员大会上，李道儒书记作动员讲话，李威书记对学校实施方案进行了解读，郭光前校长作了题为《学习党章、遵守党章、贯彻党章、维护党章》的专题党课。结合学校实际，确定了“讲政治、有信念，做对党忠诚见行动、立德树人有担当的党员”“讲规矩、有纪律，做知敬畏守底线、知荣辱扬正气的党员”“讲道德、有品行，做追求高尚情操、践行崇高师德的党员”“讲奉献、有作为，做带头干事创业、潜心教书育人的党员”四次专题讨论主题，党委和各支部认真开展了专题讨论，普通党员撰写了20000字以上学习笔记，党委班子成员、各支部委员学习笔记在30000字以上，每名党员撰写了2篇以上心得体会。

【高考工作】 2016年高考二本上线917人，一本上线342人，600分以上39人；林聪以626分居全市文科第二名；三人考取空军飞行员。

【深圳市文科公益基金捐赠500万奖学助教资金】 2016年12月8日,县一中95届校友、深圳文科园林股份有限公司副总裁兼党支部书记赵文凤女士代表深圳市文科公益基金会向县一中捐赠500万元，主要用于资助贫困学生和困难教师，奖励优秀学生和优秀教师。

【省示范性高中督导评估获评优秀等次】 2015—2016学年度湖南省示范性普通高中督导评估结果公布，岳阳县一中获评优秀等次。此次评选系2014年全省示范性普通高中开始实行网络督导评估以来第一次评优，岳阳地区11所省示范性普通高中仅有该校与岳阳市一中两所学校获此殊荣。

【“金鹗奖”金奖丰收荣登榜首】 2015年度“金鹗奖”教师教学竞赛中,岳阳县一中杨军、胡宗福、谌征峰三位老师分获高中地理、生物、历史学科金奖。此次普通高中组共评选出9个金奖，岳阳县一中斩获三分之一成为获得金奖最多的学校,居全市榜首。

【办学条件提质升格】 县一中争取了660万元棚户改造项目资金和209万元高中教育生均经费，投资1270万元启动400米标准塑胶体育运动场、篮球场、羽毛球场改造修建工程，厚德楼和慎思楼教室视频监控设备和监控室设备进行了升级改造，用于教学与阅卷的全新计算机房投入使用，配合县教育体育局仪电站投入70多万元建成高标准录播室，启动了校园文化建设工程。

（侯　曼）

职业中专

【概况】 湖南省岳阳县职业中等专业学校是一所集中职教育、成人教育、社会培训等为一体的公办综合性职业技术学校。学校总占地面积14.13公顷，建筑面积8.2万平方米，总资产8068万元。学校开设有电子电器应用与维修、汽车电子技术应用、制冷和空调设备运行与维修、电气运行与控制、计算机网络技术、机械加工技术、计算机平面设计、会计电算化、服装设计与工艺、旅游服务与管理、电子商务、音乐、现代农艺技术等13个专业。学校是首批国家级重点中等职业学校、湖南省首届黄炎培职业教育优秀学校、全国农村成人教育先进学校、国家中等职业教育改革发展示范学校。2016年入围“国家级农村职业教育和成人教育示范县”“湖南省卓越职业院校”建设项目。

【硬件建设】 3月18日,“梦园”建成使用并对社会开放。县财政投入1000万元对县职业中专田径场进行升级改造，建有高标准的足球场、塑胶跑道，乒乓球区、羽毛球区、多功能健身区、休闲走廊以及诗词文化墙,该园集运动、休闲、楹联教育和植物科普于一体，是岳阳县文明创建成果的重要展示窗口。

【技能竞赛】 11月5—6日,县职业中专承办了2016年岳阳市中职学生技能竞赛。全市有26所中职学校参加了23个项目的比赛，县职业中专获7个单项第一名，获得团体一等奖。

【校园文化】 学校注重传统文化传承,楹联教育工作成效显著。5月15日，县职业中专被中国楹联学会挂牌为“中国楹联教育基地”,楹联教研组被评为“全国优秀教研组”。中国楹联学会会长蒋有泉到校为师生授课并书写校训。

【精准扶贫】 学校对接毛田镇联盟村开展困难帮扶，每位行政干部联点一名贫困户。11月14日，学校举行了“同心携手　为爱传递”精准扶贫公益募捐活动。全体教职工积极响应,纷纷慷慨解囊,活动共筹集善款16000余元。

【职教项目】 11月1日，以县职业中专为主体申报的“国家级农村职业教育与成人教育示范县”项目通过教育部批复正式立项。该项目全国共50个县市区,湖南省仅4个县入围。

12月30日,学校通过省教育厅评审,成为“湖南省卓越中等职业院校”建设单位,全省共15所学校立项。

（汪正利）

科学技术

【概况】 岳阳县科技局加挂岳阳县知识产权局牌子，为县人民政府工作部门。全局共有在职干部职工18人，局机关内设办公室、发展计划股（县地震办公室）、高新技术发展与产业化股（县知识产权管理股）、农村科技发展股等四个股室，下设岳阳县科技情报服务所（岳阳县生产力促进中心）、岳阳县科技服务中心等两个二级机构。

2016年，县科技局在县委县政府的正确领导下，务实奋进，创新求为，全县科技创新工作取得了新成绩，实现了新发展。岳阳县获评“2016年湖南省知识产权建设强县”。全县新增高新技术企业2家，新增纳入高新技术产业统计口径的企业16家，全县纳入统计口径企业达到68家，全县高新技术产业增加值占GDP比值达到20.8%，在全市排名第二。全年申报国家专利258件、授权专利128件（其中授权发明专利11件，现有有效发明专利44件），开展专利执法检查行动12次。湖南科伦制药有限公司依托中南大学筹建的“湖南省大容量注射剂工程技术研究中心”正式通过省科技厅批文验收。湖南科伦“粉液双室袋包材及产品技术研究和应用”发明获“2015年度岳阳市科技进步一等奖”、湖南省科技进步奖技术发明二等奖。湖南祥柏工业油脂有限公司依托“病死动物无害化处理设施及油脂提取技术研发”科技成果转化产业化项目，在湖南省创新创业大赛中，荣获决赛“企业团队优秀奖”、并获岳阳市科技进步奖一等奖。岳阳县豆豆创客空间被省科技厅认定为全省首批众创空间。岳阳慧璟新材料科技有限公司成功组建岳阳市分子筛工程技术研究中心。湖南科伦制药有限公司、岳阳慧璟新材料科技有限公司2家企业人才团队成功入选岳阳市2016年度创新创业人才团队。

【荣获首批湖南省知识产权建设强县】 为推进知识产权强省建设，全面提升县域知识产权创造、运用、保护和管理水平，充分发挥知识产权制度在促进县域经济发展中的重要作用，促进大众创业，万众创新，增强市场主体创新的内在动力，湖南省知识产权局于2016年首次启动了湖南省知识产权强县（市、区）建设工作。经书面申报、市州推荐、材料审核、专家评审、公示等环节，12月15日，岳阳县被湖南省知识产权局授予首批“湖南省知识产权建设强县”。

近几年来，岳阳县积极推进知识产权战略实施，出台了相关的激励政策，县域知识产权工作取得显著进步，企业的创新能力大大提升，专利申请量和授权量大幅上升。由于工作成绩突出，2016年2月，岳阳县荣获了“2015年度湖南省知识产权工作先进单位”。此次成功入围湖南省知识产权建设强县，将进一步推动知识产权工作持续快速发展，充分发挥建设强县的引领作用，为促进县域经济发展和创新型湖南建设做出新的贡献。

【全县小康科技考核提前达省标】 县委县政府出台了《岳阳县2016年推进高新技术产业科技创新工作方案》（岳县办〔2016〕19号）文件，明确了各单位所联企业高新技术发展任务，包括高新技术产业增长率、R&D占比、专利特别是发明专利申报件数等目标任务，明确了督查考核细则。为争取上级科技、统计部门向岳阳县政策倾斜，县科技局先后邀请省市统计局领导来县就小微企业科技创新情况进行了专项调研指导；邀请市科技局到县调研对接小康科技考核工作；多次向省市科技部门、统计部门、市小康办汇报推介岳阳县推进高新技术产业发展的做法与成效，争取上级对岳阳县小康科技考核工作的关心与支持。9月28—30日，县委、县政府“两办”督查室联合县科技局，对前三季度县直单位、乡镇联系企业推进高新技术产业科技创新工作情况进行了专项督查，下发了督查通报，通报表扬了22个单位，对4个工作不力的单位进行了通报批评。12月16日，县科技局召开了全县高新技术（产品）企业统计员业务培训会，共有55名来自企业和乡镇的统计员参加会议。2016年，全县新增纳入高新技术产业统计口径的企业16家，纳入统计口径企业达到68家，全县“高新技术产业增加值占GDP比值”达到20.8%，提前达到省定

20%的标准,在全市排名第二。

【评选表彰岳阳县“十大创新创业杰出青年”】 为推进人才强县战略,激励全县人民掀起新一轮创新创业热潮,努力营造大众创业、万众创新的浓厚社会氛围,2015年启动了岳阳县首届“十大创新创业杰出青年”评选活动。2016年2月,经县人才工作领导小组会议研究确定了10名首届岳阳县“十大创新创业杰出青年”。3月7日,在全县人才工作暨“创新创业杰出青年”“巴陵名师”表彰大会上,对易勇、李琦、方全民、王学琳、罗弈潇、谢松柏、米时望、李铎、马三周、吴文超等10名全县“创新创业杰出青年”进行了表彰。2名创新创业代表分别分享了他们的创新创业历程和经验。

【岳阳县豆豆创客空间被认定为全省首批众创空间】 众创空间是近年来在“互联网+”背景下,为创新创业团队和初创企业提供包含工作空间、网络空间、交流空间和资源共享空间等在内的各类创业场所,通过全程化配套支持、个性化创新服务、专业化创业辅导,为创业者提供低成本、便利化、全要素、开放式的创新创业服务平台。岳阳县“豆豆创客空间”是在县科技局指导和帮助下,创建的首个众创空间。“豆豆创客空间”创办于2014年,聘请了3名导师,有10名管理服务人员,先后对入驻11个企业提供了免费服务,举办了一系列主题创客研讨培训活动,孵化帮扶了20多个小微科技企业创业,呈现出县域经济发展的新势头,受到省科技厅的高度关注和充分肯定。2016年5月,豆豆创客空间成功通过省科技厅项目评审。6月23日,省科技厅专程调研考察了岳阳县“豆豆创客空间”的发展情况。9月,岳阳县豆豆创客空间被省科技厅认定为全省首批众创空间。

【组建“岳阳市分子筛工程技术研究中心”】 岳阳慧璟新材料科技有限公司是一家专业从事分子筛研发、生产、销售于一体的高新技术企业,公司在Y型分子筛研发领域居龙头地位,是湖南省内唯一一家采用创新的工艺技术——等PH法新工艺生产高端分子筛的企业,该方法彻底解决了传统方法制备Y型分子筛的弊端,不仅全面提高了产品质量,而且降低了操作难度。公司在特种分子筛领域以高技术门槛、高附加值、绿色环保型的高端特种分子筛产品为突破,完成了ZSM—5、Beta、SAPO等三大系列有标志性的特种分子筛生产装置的技术开发和设计工作,具有行业领先的技术和竞争优势。12月22日,“岳阳市分子筛工程技术研究中心组建评审会”在岳阳慧璟新材料科技有限公司举行。岳阳市科技局、湖南建长石化科技有限公司、湖南理工学院等相关专家参加评审。评审组在认真听取组建单位情况汇报,开展审阅资料、质疑讨论后,一致同意依托岳阳慧璟新材料科技有限公司组建“岳阳市分子筛工程技术研究中心”。该中心的成立,标志着企业在科研发展上迈上了一个新台阶。企业将以此为平台,加强与高等院校、科研院所产学研合作,加大对行业关键共性技术研发,对提高公司产品的创新性、配套性、成熟性和市场竞争力具有重要的积极意义。

【“病死动物无害化处理”科技成果转化成效显著】 湖南盛祥生态环保科技有限公司投入1200万元建设了一个高标准的病死畜禽无害化集中处理厂,建立了国内首套日处理能力30吨的自动化整装设备生产线和示范基地。以集中处理厂为依托,全县建立了“政府主导、企业运作、统一收集、集中处理、全面监管”的病死畜禽无害化处理机制,建成了“养殖户—区域收集暂存点—集中处理厂”病死畜禽无害化处理体系。2016年,湖南祥柏工业油脂有限公司依托“病死动物无害化处理设施及油脂提取技术研发”科技成果转化产业化项目,在湖南省创新创业大赛中,荣获大赛决赛“企业团队优秀奖”,并荣获岳阳市科技进步奖一等奖。岳阳县推进病死畜禽无害化处理体系建设取得显著成效引起了省科技厅高度重视,省厅来函约稿并向省政府汇报、向全省推介。

【科技行业扶贫获省扶贫检查组肯定】 为打通科技成果转化推广“最后一千米”,精准发力助推脱贫攻坚,县科技局制定了《岳阳县科技助力脱贫攻坚工作规划》《岳阳县科技局科技助力脱贫攻坚工作实施方案》,将行业扶贫与品牌创建有机结合，建立了科技型企业、农村经济合作组织“公司+协会+基地+贫困户”产业扶贫结对帮扶模式。引进湖南全民鸽业有限公司、岳阳县盛源林业专业合作社、岳阳县好运来生态养殖专业合作社等科技企业、新型经营主体在步仙镇石牛村、筻口镇明星村、毛田镇立坪村、麻塘镇八景村等12个贫困村实施科技人员驻村制度,开展鸽子、土鸡产业帮扶对接。通过汇聚公司与合作社的各类人才、技术、信息资源，切实解决脱贫攻坚工作中存在的现实问题。岳阳县盛源林业专业合作社，直接带动300多贫困农户参与林下土鸡养殖,2016年已累计投放鸡苗19250羽。湖南全民鸽业引入300对种鸽到石牛村15户贫困户,免费提供技术指导，为贫困户打开了一条致富路。在2016年全省扶贫工作年终交叉检查中，省检查组对岳阳县科技扶贫工作给予了高度肯定。

（易岳如）

文化·广播电视·旅游

文化·广播电视·旅游

文化旅游广电新闻出版

【概况】 岳阳县文化旅游广电新闻出版局是2016年4月机构改革中组建的，将原县文化广电新闻出版局和原县旅游局的职责进行了整合。现有文化旅游市场综合执法大队、文化馆、图书馆、文物所、博物馆、美术馆、电影公司7个二级机构，其中电影公司为企业，机关设有办公室、人事股、财务股、文化事业发展股、文化市场股、文艺股、非遗馆、旅游行业管理股、旅游市场开发股、法制股、监察室、工会等12个内设股室。现有干部职工215人(含退休职工52 人)。主要职责是承担全县群众文化、专业文化宣传、普及和指导，保护文化遗产，管理文化市场，开展“打黄扫非”，发展文化产业，广播电视管理，规范新闻出版和版权工作，以及旅游产业规划开发、旅游行业管理、旅游营销等工作。县图书馆为国家一级图书馆、文化馆为国家一级文化馆、县博物馆为全市第四批社科基地。

2016年县文旅广新局在县委、县政府的正确领导下和县委宣传部的关心支持下，在省市文化、旅游、广电等上级主管部门的指导下，紧紧围绕县委、县政府中心工作，解放思想，转变观念，以文化大繁荣、旅游大发展为目标，较好地完成了全年各项工作任务。

【文化示范区创建】 “我们都来跳”社会主义价值观原创广场舞大赛获全省银奖。根据市政府关于创建国家公共文化服务体系示范区的要求，实行市、县、乡、村四级同创，相关部门和乡镇主动作为。岳阳花鼓戏传承剧院完成改造，县博物馆(美术馆)建成开放，县城富安数字影城投入使用，填补了文化空白；完成了乡镇综合文化站和部分村(社区)文化活动室提档升级，农家书屋建设实现了村级全覆盖，补齐了文化短板；“三馆一站”免费开放持续推进，送文艺下乡、送电影进村等活动常态开展，提升了文化发展后劲。公共文化设施面积为86万平方米，人均1.2平方米，达到小康水平。

【文化惠民活动】 开展“演艺惠民·送戏下乡”108场；“欢乐潇湘·幸福岳阳·秀美巴陵”大型群众文艺会演乡镇和全县复赛专场19场；组织开展“红旗颂”大型群众合唱活动，原创广场舞大赛喜获银奖；县图书馆开展“忧乐论坛”讲座12场次，参与人数达2000多人，开展送书进校园活动5次，捐建县监狱管理所、毛田中心小学等爱心图书室3间；公益电影放映完成5300场次。同时，进一步提升了“文化百姓·一元剧场”品牌活动水平，老年艺术大学全年共培训1500余人次，外推荐老年艺术大学办学成果，成为岳阳县文化养老新品牌。

【群文艺术创作】 恢复排练国家级非遗项目岳阳花鼓戏传统剧目《玉堂春》《孟氏割股》《孟姜女》。围绕环境卫生、廉政文化、文明卫生、禁毒禁赌、“两学一做”等重点内容，编排了戏曲大联唱《醉美岳阳》(荣获全市“欢乐潇湘幸福岳阳”百姓大舞台活动一等奖)、歌曲《和谐岳阳鲜花开》、少儿舞蹈《看戏》、音乐快板《全民动员抓计生》、表演唱《“两学一做”掀高潮》等一批群众喜闻乐见的文艺节目。

【文化遗产保护】 确保县域文物全年安全零事故，建立可移动文物的档案。申报了非物质文化遗产保护项目13个，搜集整理岳阳花鼓戏传统剧目97台，云山山歌成功入选省级非遗推荐项目名单。岳阳花鼓戏的传承上做到有机构编制，有人员经费，有传承载体。积极完善岳阳县博物馆公共服务功能，全年接待各地参观者8万多人、团队300多个，获得社会各界好评。

【文化旅游市场】 加强了对景区景点的综合整治和旅游线路、产品的安全评估，开展了安全隐患大排查大整治，强化了旅游从业人员安全教育培训，确保了旅游市场全年“零投诉、零事故”。以打击封堵违禁出版物为重点，深入开展文化市场专项整治，疏堵结合，扭转网吧市场经营秩序。开展“扫黄打非”“净网”“清源”等净化文化环境专项行动30多次，立案查处违规经营单位30多家，收缴各类非法出版物3000余本，承办省市“扫黄打非”重点督查办案件，“扫黄打非”工作获省市主管部门充分肯定。

【旅游产业】 2016年，共接待境内外游客390.38万人次，同比增长22%；实现旅游总收入31.72亿元，同比增长22.52%。项目建设方兴未艾，张谷英景区提质改造、大云山国家森林公园开发、相思山景区、同心生态科技园、岳阳欢乐地水上乐园建设等旅游项目有力推进。旅游营销推陈出新，开展了“孝行岳阳，友爱天下” 2016年首届岳阳百千米·张谷英孝友行大型公益徒步活动等一系列旅游营销活动；制作岳阳县旅游电商网，加强互联网+旅游宣传平台建设。品牌创建亮点纷呈，5月，在以“耕读继世、孝友传家”为家训的张谷英村利用青春盛典大型VR节目“我的成人礼”展示了古今二十四孝文化，全力打造“民俗文化”品牌；全力打造刘士奇故居、湘北特委旧址、“三战三捷”摩崖石刻等红色旅游品牌；相思度假山庄成功创建成全国五星级休闲农业和乡村旅游示范企业（园区）；德山农庄成功创建成湖南省四星级乡村旅游区(点)。

【举办首届岳阳百公里·张谷英孝友行大型公益徒步活动】 2016年5月21—22日，“孝行岳阳，友爱天下”2016年首届岳阳百公里·张谷英孝友行大型公益徒步活动在岳阳县张谷英村正式启动，两千毅行者从张谷英村出发，徒步至岳阳市圣安寺，全程75千米。三十余家媒体及近两千毅行者将岳阳县自然风貌、生态环境、历史文化和人文风情实时分享于网络、网民。媒体集中宣传报道了岳阳县张谷英村的历史、文化、民俗等，重点推介了张谷英村家训族戒的精神支柱，融合孝、和、勤、廉等传统儒家理念文化。新湖南关于此次活动的报道两天时间点击次数突破35万。

（费　维）

广播电视

【概况】 2016年，岳阳县广播电视台共有干部职工158人，其中在职人员109人，退休人员49人；台机关内设办公室、人事股、财务股、总编室、产业办5个内设科室，下设广播电视新闻中心、有线数字电视网络中心、广播电视发射台、广播电视技术中心、农村电视网络中心5个二级机构。其中台机关和下设的广播电视新闻中心、技术中心、广播电视发射台均为纯公益类全额拨款事业单位，拥有全额拨款事业编制75人(机关20人，新闻中心36人，发射台15人，技术中心4人)，自收自支编制42人。

【新闻宣传】 在新闻宣传上，县电视台围绕全县中心工作开展集中报道，不断创新新闻宣传手段，提高宣传品位。2016年，《巴陵新闻》共计发稿1930条。新闻记者转变作风、植根基层，与老百姓面对面交流，与劳动者心与心沟通，拍摄了一大批鲜活社会新闻题材，使报道接了“地气”，贴近了群众。2016年，新闻中心实行发稿、上稿、优稿奖惩制度，效果明显。同时，将电视专题推至市场化经营，有效地探索了制播分离的产业发展新路子。全年在湖南卫视、湖南经视上稿19条，市台上稿80条，排名稳居全市前列。

栏目设置上，2016年进行了大胆的尝试。以服务县委、县政府中心工作为重点，围绕国家级文明县城创建、“两学一做”学习教育活动、扶贫攻坚、新农村建设、综治民调等重点工作，策划了一系列的重大报道。同时，创新新闻宣传方式，在新闻中开辟了《秀美岳阳》《雷电行动》《祝你平安》《五创提质》等系列新闻专栏，策划十大优秀共产党员、十大最美扶贫人物及最美志愿者等系列报道活动，弘扬了社会正气，传递了正能量，在全县上下营造了良好的舆论氛围。

【事业发展】 全力发展无线数字电视。2016年，为切实解决好岳阳县广播农村群众收看电视难的问题，县广播电视台在2015年的基础上，增设了5个信号中继站，进一步加大了信号覆盖力度，信号已覆盖到全县所有乡镇，同时大幅降低电视初装费，把实惠让给群众，新用户发展5000户，比2015年同期增长了15%。县电视台与湖南有线网络集团成功签约，共建下一代广播电视网。2016年6月，与湖南省有线电视网络(集团)股份有限公司在长沙签署有线网络合作协议书，合资成立湖南有线岳阳县网络有限公司。此次合作，以县城的有线电视网络资产出资，湖南省有线电视网络(集团)股份有限公司以货币出资，合资组建湖南岳阳县网络有限公司，注册资金3980万元，其中县电视台占股51%，湖南有线集团占股49%。公司作为独立的企业法人，全权经营全县有线电视网络的基本业务、扩展业务、增值业务和其他相关业务。截至2016年11月20日，全县已全面完成“户户通”15000户的工作任务。“村村响”县财政拿出1000万元，建好县、乡、村三级传输平台。村村响广播现已完成了所有设备平台建设，已建好五个乡镇。全力发展无线数字电视。为切实解决好岳阳县广播农村群众收看电视难的问题，县电视台在2015年的基础上，增设了3个信号中继站，进一步加大了信号覆盖力度，目前信号已覆盖到全县所有乡镇，同时大幅降低电视初装费，把实惠让给群众，今年预计发展新用户5000户。截至2016年年底，共有用户7万户。

【收回广告经营权】 2013年，县电视台将广告经营权承包给岳阳市置信传媒有限公司经营4年。为了严格规范广告管理，2016年1月，县电视台采取断然措施，收回广告经营权。自广告经营权收回以来，遵照中宣传部等五部门联合下发《关于进一步规范新闻采编工作的意见》以及国家新闻出版广电总局下发的《关于加强新闻采编人员网络活动管理的通知》的要求，在进一步建立健全采访、编辑、审核、制作播出、刊发等内部管理制度的基础上，严格执行“报题审核、编辑制作初审、节目上载终审”的“三审制度”，强化终审责任，明文规定严禁播出、刊发未经审核的社会自由来稿和网络信息，除出于国家安全、保密等特殊原因外，不得使用权威人士、有关人士等概念模糊新闻消息来源。倡导新闻采编人员坚持真实、全面、客观、公正的原则，深入新闻现场调查研究，充分了解事实真相，确保新闻报道真实、客观、准确，进一步提升了广播电视和新闻记者的公信力。

【技术保障工作】 组织技术部和节目部人员进行了1次安全播出培训，对《广播电视安全播出管理规定》及各专业实施细则进行了解读和阐述，进一步完善了《机房值班制度》《安全播出制度》《机房安全制度》。为进一步规范本台节目播出安全，实行三级审签制，节目重播重审制，由栏目负责人、部主任、台领导分级负责审定。针对新技术、新系统、新业务的特点，对县广播电视台的制播系统设备进行全面的测试，并根据广播电视系统行业技术标准对设备采取了相应的维护调整，达到了信息安全等级保护需求。为确保鹰嘴山广播电视发射台播出安全，投资120万元，对发射铁塔进行了全面维修保养，对机房进行了装修改造；30千伏安变压器换成了80千伏安变压器，配备了UPS和80千伏安发电机组，保证了电力供应不间断，并投资10多万元对天馈系统进行了改造，进一步提升了播出质量。

【安全播出工作】 2016年由于领导调整，县电视台及时对安全播出指挥部成员和应急预案成员进行了调整。成立了由台长为总指挥，其他班子成员为副组长的指挥领导小组。每季度进行一次大检查,发现问题及时处理。分别于2月2日、4月22日、8月19日召开安全播出和安全生产工作会议三次,研判安全形势、部署安全工作,在元旦、春节、两会等播出重要保障期前,都召开了会议进行动员部署,落实相关防范保障措施,技术人员分别在播出和发射机房配合值班,确保播出工作万无一失。

【改善办公条件】 县电视台由于负债过多,基础设施建设十分落后,现有办公楼建筑面积仅有900多平方米,完全不能达到现有需求。经多次向县委、县政府汇报,得到了县委、县政府领导的重视,决定将原县技术监督局新办公楼交付县电视台使用。

(叶　辉)

张谷英管理处

【概况】 张谷英管理处成立于2006年3月,属纯公益类正科级事业单位,隶属县人民政府,归口宣传系统。主要负责张谷英古建筑群内文物法律、法规的宣传、贯彻;负责张谷英古建筑群内文物普查、登记、建档、保护工作;负责编制张谷英古建筑群维修方案、保护规划并组织实施;负责编制张谷英民俗文化村旅游发展规划并组织实施;负责争取文物保护、旅游开发建设项目并组织实施;负责主持张谷英民俗文化村重大项目招标、招商;负责张谷英民俗文化村旅游开发策划、市场营销及旅游环境治理。编制人数为10人,内设办公室、财务室、市场开发股三个股室,下设张谷英村民俗博物馆,正股级事业单位,现有馆藏民俗文物280件(套),馆舍面积270平方米。

2016年,张谷英管理处紧紧围绕县委县政府决策部署,全面领会落实县委经济工作会议精神,以突出孝友文化、突出旅游兴县战略为重点,迅速启动孝友文化基础建设,深入挖掘孝友文化价值,奋力营造孝友文化宣传氛围,大力实施文物保护、安全消防、新包旧工程、孝友文化广场等项目建设。继续实施张谷英古建筑群抢救性修缮工程,已完成青云楼、西头岸、纺绩堂、下铺等处维修,目前正抓紧实施议事厅维修。项目实施后古建筑群保护状况将得到明显改善,同时可新增部分游览参观线路。安全消防工程已实施完成,通过市消防支队及省文物局专家组验收,已交付使用,从根本上解决了张谷英村安全消防设施薄弱局面。继续跟踪向国家文物局申报的《张谷英村传统村落展示利用工程》项目。完成了景区新包旧、孝友文化广场、AAAA级标识标牌提质改造等项目建设。截至12月底,景区已累计实现旅游人次15万人次,实现门票收入420万元,相比2015年分别增长16%和5%。

【宣传推介】 张谷英村积极贯彻落实县委、县政府"旅游兴县"战略,全力响应市委市政府"一极三宜"江湖名城建设号召,加强与主流媒体合作,通过对特色民俗的宣传报道,着力唱响张谷英"孝友家风"民俗文化品牌,彰显张谷英古村浓郁年味,舞活岳阳县旅游"龙头"。同时,2月11日,湖南卫视新闻联播报道张谷英景区:玩龙舞狮拍摄百人全家福祥和欢乐年味浓。2月12日,继续推介张谷英村:孝友治家,百年兴盛。张谷英景区紧密配合省委宣传部组织的"环行洞庭"栏目报道组,4月,对景区古建筑群、传统古艺、民俗、美食等方面进行了全面推介,特别是4月20日、21日分别由湖南经视、湖南卫视作了专题报道。通过两家省内主要电视媒体的推介,张谷英村的社会知名度、美誉度得到进一步提高。长株潭城市群、武汉城市群两大传统客源地游客量得到巩固,岳阳、常德、衡阳等地客源保持增长势头,同时新增了江西、河南、广东等省外客源。

【"孝友文化"践行活动】 3月31日,张谷英景区举办了"孝友"文化践行活动启动仪式,为全年"孝友"文化系列践行活动拉开了序幕。此次启动仪式,张谷英管理处联合张谷英村委会、张谷英小学举行,旨在引导孝友文化进校园,通过学生与家长共同参与,力促孝友精髓深入人心。启动仪式主要开展了学生倡议、诵读"家训族戒"、齐唱《劝孝歌》、走访慰问等环节,取得了预期良好效果。张谷英管理处计划将系列践行活动打造成深入贯彻落实习近平总书记关于传承中华优秀传统文化系列讲话精神和县委经济工作突出孝友文化，抓旅游开发精神的有效载体。

【系列活动】 5月21日，开展张谷英孝友行大型公益徒步活动，关爱贫困老人。“七一”前夕，市纪委牵头组织的“学党章党规、诵廉篇经典、铸忧乐情怀”主题活动孝廉传家篇章在张谷英村正式启动。开展推动本地特色廉政文化出品牌，进一步推介张谷英村传统核心文化。10月，张谷英村被农业部入选为中国美丽休闲乡村。11月11日，岳阳市基层党建工作现场会在张谷英村召开。通过承办系列活动，提高了景区知名度、美誉度，引起了良好的社会反响。

【文物保护】 继续实施张谷英古建筑群抢救性修缮工程，已完成青云楼、西头岸、纺绩堂、下铺等处维修，抓紧实施聚龙湾西维修。张谷英消防安全工程已通过省文物局专家组、市消防支队验收，交付使用；争取张谷英村古建筑群本体保护修缮项目资金1376万元，古建筑群防雷项目46万元，张谷英环境整治工程70万元，张谷英古建筑群展示利用45万元。

【设施建设】 一是加强硬件设施建设。实施景区“新包旧”方案，对景区门头起至下新屋停车场沿街64栋房屋进行仿古外包，增强整体观感。将当大门前简易停车场改造为孝友文化广场，以张谷英村“孝、和、勤、廉”等传统文化理念为主题，突显景区文化特色和精髓。在停车场与梅城线交汇处建立标志性标识牌，突出景区建筑特点和文化内涵，景区面貌焕然一新。二是提升软件服务水平。按AAAA景区标识系统设计和制作规范，对景区内现有标识系统进行全面清理和规范，重点规范了引景区停车场、导视系统等标识，做到了该撤的撤、该换的换、该增的增，确保标准、质量符合相关规范要求。对景区内各经营户的招牌进行了统一。对施工现场采用围挡进行全面封闭，设立相关警示标牌和温馨提示，做好安全防护措施。对票房、游客服务中心、导游室、保安室进行装饰装修，升级了票务系统、门禁系统，统一了员工着装，按AAAA标准全面改造了景区厕所，有效提升景区品质。三是加强环境卫生管理。积极探索卫生管理的新办法，张谷英管理处联合张谷英村委会，成立张谷英村村民自治理事会，专门针对景区内经营秩序、乱堆乱放、卫生清扫等方面进行督查，全天候在景区内进行巡逻，发现问题及时责令户主整改，对村民和游客劝导，逐步形成良好卫生行为习惯，切实解决环境卫生不优问题。

（万里程）

大云山国家森林公园

【概况】 岳阳县大云山国家森林公园原为大云山国有林场，1996年8月由原国家森林部批准成立，属县直正科行政事业单位，林场与公园两块牌子，一套人马合署办公。2003年大云山国家森林公园被建设部公布为岳阳楼洞庭湖风景名胜区(大云山景区)，2009年景区批准为国家AAA级景区，2013年，公园范围内的“三战三捷”摩崖石刻被批准为全国第七批重点文物保护单位，2015年被国务院批准为全国第二批国家级抗战文化纪念设施。

大云山国家森林公园现辖地8310.3公顷，公园核心景区面积340公顷，划为祖师殿景区、真君殿景区和场部生活服务区三大块，共有48处景观景点。公园现有8处县级文物保护单位，一处国家级文物保护单位（三战三捷摩崖石刻）。总人口2840人，下辖1个公益林场，两个分场，4个行政自然村。经过多年的旅游开发，旅游基础设施初具规模，旅游发展前景广阔，年接待旅游人数达23万人次。公园已建成以宗教朝拜和生态旅游为龙头的旅游格局，是集森林休闲、观光避暑、宗教文化为一体的旅游胜地。2016年，公园实现社会总产值3309.7万元，分别比上年同期增长11%。公园全年共接待游客22.3万人次，同比增长11%，旅游总收入达1069.4万元，同比增长11%，其中门票收入154.1万元，食宿收入280.7万元，娱乐收入71万元，其他收入563.6万元。招商引资5000万元。

【项目建设】 2016年，经过大云山管理处积极争取，林业项目、各种惠农政策得到进一步加强和落实，聘请湘潭大学编制了《湖南大云山国家森林公园总体规划(2016—2025)》,经报批国家林业局,已获评审通过。2016年,争取了国家储备林建设项目;国家森林抚育项目;大云山旅游基础设施建设项目省发改委已行文,项目前期正在运作,编制完成了项目的可研、环评等工作。国家级抗战纪念遗址保护项目进入国家发改委笼子,下达项目计划2970万元,完成了前期的可研与环评工作。大云山"三战三捷"摩崖石刻全国重点文物本体保护项目第一期项目资金到位754万元,完成了文物本体及周边改造护砌与后山加固,12月底全面完成施工。

【林业建设】 2016年,高标准荒山造林13.33公顷,公园范围内的公路两侧营造绿化大苗10000多株,营造树种主要是杨梅、栾木、杜英、红叶石楠、水杉、木荷、国外松、杉树、枫树等树种,春季补苗57公顷。本年度,公园完成森林抚育试点作业面积166.66公顷,抚育53.33公顷,老母庙项目基地苗木移植、补栽、抚育17公顷,有力地配合了国土部门的项目建设。防火线修复25千米,将一、二分场公路两旁存在火灾隐患的地段,两边各5米进行了修复,严格按照高标准、严要求进行,保证防火线修复如质如量地完成,充分发挥了他的防火功能。

【基础设施建设】 2016年,公园投入资金80万多元,对景区公路进行了维护和加装安全警示标牌。投入20多万元,维修改造规范了祖师殿景区停车场与商贸秩序,在景区与进园公路沿线栽植风景林木,对公园集镇及景区景点进行了亮化改造。2016年6月底、7月初,公园因连续持降雨的危害,受灾极为严重。公园公路倒堪、塌方、下沉,田地冲毁、房屋倒塌。灾害面前,公园管理处全力以赴,抢险救灾。灾情发生后,及时调拨救灾物资。保证到能及时向灾民发放,使受灾群众有饭吃、有照明、有水喝、有帐篷住、有衣服穿,用时稳定灾民的情绪。科学规划,有序实施,突出重点,分类指导,确保受灾群众基本生活有保障;灾区道路、水利、电力、通信等基础设施恢复到灾前水平,灾区不发生流行性疫情,社会和谐稳定。

【森林防火】 加大宣传力度,做到家喻户晓。协调周边乡镇关系,签订联防协议。出台管理办法,加大打击惩治力度。成立专门机构,执行森林防火工作。加强森林管护,杜绝野外用火。加强值班制度,干部分组划片,联村联点,责任到人。加强护林员的责任机制,加大巡查力度。层层签订责任状,由于公园的森林防火工作落到实处,签订农户防火责任状400多份,发放防火宣传资料500份,门头进山游客每台车一份防火传单,控制了火源。公园全年未发生一起火警。

(谢移兵)

图书发行

【概况】 湖南省新华书店有限责任公司岳阳县分公司,主要担负全县7万中小学教材教辅的发行任务和一般图书、电子音像制品、数码产品等商品的征订和销售任务,公司下设经理室、综合管理部、资产财务部、教材发行部、大客户部、图书业务部。有干部职工41人,在职员工26人,中共党员16人,大专以上文化程度23人。

2016年,岳阳县分公司在省市公司和县委宣传部的正确领导下,全年完成商品销售码洋7200万元,较2015年同比增加700万元;完成营业收入5776万元,超全年任务指标56万元,较2015年同比增加758万元;完成利润总额550万元,超任务指标134万元,较2015年同比增加211万元;可控费用率为21%;存货周转率(5.96次数);应收货款综合回笼率达100%。

【教材教辅发行】 教材教辅发行工作面临着征订工作难以有效进行,品种难以快速确定,订数难以准确把握,到货迟等困难,造成工作量进一步加大,分发要求进一步细化,余缺调剂更加频繁。2016年,共完成教材教辅发行5500万元。主要做法是:1.点对点亲情服务,密切店校关系。通过几年甚至更长时间的沟通、协调,上至经理室成员,下至普通员工与各连点学校均建立了深厚的感情。教材教辅的发行得到了他们的支持和认可。无论是读书活动用书，还是新增某些科目，都能顺利开展和实施。《教材解读》这一新增科目，全县3~9年级全部订足订齐，增加码洋220万元。2.市场模式积累了切实可行的操作经验。每期学生自愿征订的品种和数量，均能达到预期的效果。自愿征订单学生家长填写规范、上交及时，为规避市场风险提供了有力保障。3.余缺调剂细致周到。学生流动频繁，每期流失、新增的学生对教材的配套、订购数量的把握造成了一定的难度。添单、外购、一校一校查询是开学高峰期余缺调剂最繁忙的时间，工作量很大。县新华书店周到贴心的服务，赢得了学校和家长的肯定，树立了良好的企业形象。4.A佳教育即将起航。9月12日，通过将近半个月的施工和改造，高标准、气派、适用的A佳教育运营中心通过验收。公司确定专职人员对ISR图像智能扫描仪进行系统的学习和操作。与县一中签约了A佳教育入校合作协议，为即将迎来的百校联考智能阅卷奠定了基础。

【图书发行】 面对竞争日益激烈、市场销售逐渐疲软的图书市场现状，县新华书店在加强市场调研的同时，不断推陈出新、有的放矢地推出形式多样的营销措施，取得了较好的成绩，全年销售达1070万元。具体做法：1.精心挑选适销对路、切合读者需求的图书品种。注重卖场图书陈列，POP手绘图纸、手机信息发布、门店LED显示屏飞字等多种形式的宣传广告，让读者早了解，早知道。从而抢占市场份额，带动门店销售；2.以市场为导向，积极稳妥地备齐、备足工具书货源。8月27日、28日是全县高一新生入学的时间，公司四支流动小分队便将品种齐全、价格实惠的正版工具书送达到各学校，在人潮如织的新生必经之地摆摊设点，即方便了学生，也取得了7万元码洋的不俗业绩；3.老师暑假读一本好书活动圆满落幕。为落实湖南省教育厅《关于举办中小学教师“暑假读一本好书”活动的通知》精神，联合县教体局下发了《关于做好开展教师暑假读书活动的意见》，由公司负责为每位教师配发100元~500元购书卡，发行码洋65万多元；4.紧扣时事政治热点，抢抓机遇，巧借外力，认真做好“两学一做”学习教育活动以及党员干部“品读经典、引领进步”读书活动用书的征订发行。文件下发后，全体代办员跑单位、进社区、入学校，在极短的时间内把全县所有单位的订数归口，并按各单位要求把所需书籍送达到党员手中，共计征订发行71万元。5.为牢牢掌控学前教育这一业务板块，图书业务部巧借教育体育局幼教中心规范全县幼教达标验收之力，深入全县各乡镇幼儿园进行交流沟通，宣讲政策，确保幼儿教材征订率、覆盖率得到进一步的提高，新增《幼儿安全小卫士》1.5万册，全年幼儿教材发行突破162万元；6. 招投标实时跟进。7月16日，与华瀚公司密切合作，凭借新华书店良好的品牌信誉度和服务优势，再次成功中得297万元的岳阳县合格化学校建设招标项目和基础教育质量检测政府采购招标项目。并在规定时间内组织精干人员，开足马力，将所有产品安装、调试完毕；7.充分发挥新华书店品牌经营和规模经营的优势，结合实际，大胆探索，积极涉足新的领域，“坚果”产品推销、阅达智慧书城网上书店平台的搭建、校园书店便捷的服务模式、家庭图书借阅卡的推广等等将会迅速呈现。

【管理工作】 一是提高职工收入，调动工作积极性。为缩小与兄弟地区书店职工的工资收入差距，跟上集团公司改革步伐，参照集团公司工资改革方案，确定各部门员工岗位绩效工资；二是加强财务管理和财务监督。严格执行财务“一支笔”，控制大额开支，压缩减少不必要开支，严把资金出口，确保有限的资金用在最适当的地方，提高了资金的利用率。

【党建工作】 在狠抓企业经营管理的同时，始终坚持党管企业的原则，强化党组织建设，严格落实党风廉政建设主体责任，确保企业在健康和安全的轨道上运行。一是认真完善制度建设。进一步细化、量化党建日常工作标准，完善了党员活动室内容，制度上墙，新增“两学一做”宣传教育和党员公开承诺栏。明确党建工作所包含的内容，促进党建工作的规范化、制度化和有形化建设，将党建与思想政治工作融入各项管理工作当中，不断致力于党支部各项工作制度的健全完善。深入开展“两学一做”学习教育活动，抓好基层党建和党风廉政建设工作，以党建促经营、以廉政促发展。5月26日，公司召开“两学一做”学习教育动员部署会。6月29日，公司班子成员统一乘坐车辆前往张谷英镇参加由岳阳市纪委、岳阳市监察局组织开展的“学党章党规、诵廉篇经典、铸忧乐情怀”主题活动，重温誓词，开启孝廉传家篇启动仪式。6月30日，公司全体党员在岳阳县宣传部会议室，听了一堂“坚持‘两个导向’确保‘两学一做’取得实效”的党课。7月25日，公司组织专题集中学习新《中国共产党问责条例》及习近平总书记“七一”重要讲话精神，大家纷纷表示要继承党的优良传统，在本职岗位上践行习总书记的讲话精神，不忘初心继续前进。

【企业文化】 11月5日，在“同心携手 为爱传递”为主题的精准扶贫大型募捐活动中，公司组织全体员工向县慈善总会捐款4800元。步仙镇石龙村是县委分配我公司连点的贫困村，公司班子成员多次深入该村调研，因地制宜地引进食用菌人工种植技术。8月25日，公司班子成员在该村村支书的带领下，走进困难家庭，详细了解贫困户的生产、生活及脱贫措施落实情况，并送上慰问金。12月15日向该村捐赠3万元扶贫款。春秋两季按一定比例减免贫困学生教辅资料款6万元。11月26日，公司出资2.6万元承办2016首届岳阳县青少年国学知识大赛。此次竞赛活动以“十五志于学”为主题，以“中华传统文化与学术”为内容，激发青少年对传统文化的学习兴趣。来自全县14个乡镇与县直初中17支代表队，通过书面考试、必答赛、抢答赛、才艺展示等方式分别竞争角逐出了团体奖、优秀个人奖等奖项。

（陈拥东）

卫生与计划生育

卫生与计划生育

卫生与计划生育

【概况】 2016年是岳阳县卫生和计划生育机构整合、业务融合后的开局之年。一年来,在县委、县政府的坚强领导下,岳阳县卫计战线紧紧围绕深化医疗体制改革、逐步调整完善生育政策和全面建成小康社会的目标,锐意进取,攻坚克难,人口素质和结构更趋协调和可持续发展,人民健康水平进一步提高,开创了卫生计生事业发展的新局面。

【医疗体制改革】 2016年,全县卫计系统有县直医疗卫生单位10家,乡镇卫生院21所(其中中心卫生院5所、一般卫生院16所),社区卫生服务所1个,区域性血防站4个,厂矿企业所属医疗机构2所,民营医院4所,全县有村卫生室605所,医务室4所,门诊部5家,个体诊所36所,共设病床4186张。共有卫生专业技术人员2231人(专技人员中执业医师和执业助理医师1436人,注册护士750人),注册乡村医生731名。2016年,县卫计局进一步深化改革重点,持续推进医疗体制改革。县人民医院、县中医院、县妇幼保健院、县血防医院已全面实行药品零差率销售,并同步执行医疗服务价格调整,全年群众门诊和住院次均费用分别下降了22%和20%,群众获得药品改革红利1000多万元;各乡镇卫生院和和村卫生室100%执行了基本药物制度,100%实现了网上基本药物采购,100%实行零差率销售,实施基药配套补助经费100%到位;近年来,积极探索新农合管理模式,不断创新新农合运行方式,实施特殊重大疾病门诊补偿,不断提高住院报销比例,进一步扩大报销范围,逐步提高农村重大疾病的救助力度,2016年全县参合人数为611949人,参合率为99.6%,全年筹资总额为3.3亿元,共计补偿支出107522人次。

【实施“全面两孩”生育政策】 充分利用广播电视、手机短信、网络媒体、标牌横幅、协会活动日等多种载体,深入宣传中共中央国务院《关于实施全面两孩政策完善计划生育服务管理》精神以及修改后的《中华人民共和国人口与计划生育法》和《湖南省人口与计划生育条例》等,营造良好的计划生育氛围。新政实施后,全县2016年共出生10338人,其中一孩出生4411人,二孩出生5057人,二孩仅比2015年多出生了440人,并未出现人口剧增现象。

【公共卫生服务】 全面推行各项基本公共卫生免费服务,免费为城乡居民提供12类45项基本公共卫生服务,人均基本公共卫生服务补助达到40元;建立居民电子健康档案66万余份,建档率达89%(国家标准75%);完成孕前优生健康检查人数8446人,覆盖率103.3%,完成“两癌”筛查13683人次,叶酸增补新增服用7466人,增补率达96.46%;孕产妇死亡率、5岁以下儿童死亡率控制在标准范围。2016年成功创建儿保合格县。

【计生服务管理】 坚持计划生育“三个不变”,即坚持计划生育的基本国策不变,党政一把手负总责不变,计划生育一票否决不变。夯实基层基础工作,各项人口指标运行平稳，符合政策生育率94.4%、人口自然增长率7.76‰；强化出生人口性别比治理工作，出生人口性别比110,全年共完成10例两非典型案件；加大计划生育家庭扶助关怀力度,2016年新增农村奖扶对象856人、特扶对象27人，农村两女结扎户免费办理养老保险7741人，独生子女保健费发放人数4599人,城镇独生子女父母奖励金发放人数3906人，计划生育并发症扶助对象214人。

【重大疾病防控】 继续强化艾滋病、结核病的防治,巩固血吸虫病等地方病的防治成果，加强手足口病、登革热等重点传染病的监测与防控力度。全县完成查螺面积6070.54万平方米,查出有螺乡3个,有螺村20个,查出垸内有螺面积30.17万平方米,垸外有螺面积6020.54万平方米,垸外未发现感染螺；共报告传染病报告卡1238张,及时审核1238张,及时审核率100%;发现处理传染病预警信息109起，其中麻疹12起,流行性感冒5起，其他感染性腹泻5起,手足口病74起,流行性腮腺炎6起,戊肝1起,登革热4起，出血热1起，疟疾未分型1起,由于预警发现及时,调查处理得当，无一起形成突发公共卫生事件。同时,进一步健全完善了预案体系。2016年7月,全县普降暴雨,立即启动了《岳阳县疾病预防控制中心洪涝灾害救灾防病工作预案》,全县所有医疗机构启动预检分诊，开放发热门诊、腹泻门诊,坚持灾区腹泻病人、发热病人日报告、零报告制度。为确保大灾之后无大疫，实施了救灾防病工作外环境消毒120000多平方米，水井消毒50多个，并通过手机报、制作宣传栏、发放宣传单等多种方式进行对灾区群众进行健康宣教工作，促使其防病知识知晓率、卫生习惯形成率大幅提升。

【卫计综合监督】 整合资源,健全了卫生计生监督责任体系,积极开展了公共场所卫生监督、生活美容场所监督检查、生活饮用水监督执法、日常性监督检查、严厉打击非法行医。全年累计完成8家娱乐场所、4家公共浴室、132家美容美发场所、45家住宿场所、18家集中式供水单位及108家医疗机构的监督检查执法任务,责令5家纹绣店自行停业，对违法开展医疗美容行为的3家生活美容场所进行了立案调查，立案查处13家非法医科诊所，取缔6家，进一步规范了岳阳县的医疗市场。

（付　华）

人民医院

【概况】 岳阳县人民医院始建于1984年,是全县唯一一家集医疗、教学、科研、预防、保健和急救于一体的二级甲等综合性医院,岳阳市文明单位。医院以“至诚至爱、求精求新”为院训,以“肩负人民群众重托,履行救死扶伤天职”为办院宗旨,以“关爱生命、亲情服务”为办院理念,秉承“开拓、进取、仁爱、诚信、务实、创新”的核心价值观，把“打造县域医疗中心,建设百姓满意医院”作为奋斗目标。

医院占地面积65000平方米,总建筑面积35660平方米;现有在职职工540人，其中高级职称43人，中级职称170人，初级职称240人,硕士研究生3人,岳阳市名医1人,岳阳县名医5人;开放床位600张；年门急诊量近11万人次，年收治住院25000人次,开展手术近5000台次,2016年收入1.4362亿元。

医院设有急诊科、重症医学科、手术室、麻醉科、创伤科、普外科、泌尿外科、妇科、产科、普内科、神经内分泌科、消化内科、感染科、中医老干科、五官科、儿科、新生儿科、血液透析中心、体外碎石中心、健康体检中心、检验科、放射影像科、功能科、口腔科、病理科等临床、医技科室20多个;辅助科室有药剂科、供应室;行政职能科室有行政办公室、人事科、财务科、医务科、护理部、院感科、二甲办、后勤科、设备科、对外医疗科、投诉办、医保办、病案室、信息科、门诊办公室等。

县人民医院为岳阳市(县)基本医疗保险、城乡居民医疗保险定点医院、城乡医疗救助定点医疗机构；是岳阳县医疗紧急救援中心、孕产妇急救中心、中南大学湘雅医院定点指导医院、省级爱婴医院、岳阳职业技术学院临床教学医院；除担负全县人民的防病治病、医疗急救等任务外,还承担湖南师范大学医学院、岳阳职业技术学院实习生的临床教学、全县各乡镇医院的巡回医疗、业务培训、计划生育技术指导以及全县突发公共卫生事件的处置等任务。

【中医老干科、康复理疗中心】 2016年1月27日，县人民医院中医老干科和康复理疗中心在原荔园山庄开科。2015年，县人民医院从长远发展考虑，对原荔园山庄进行整体租赁并进行了相应改造。2016年1月，新的中医老干科及康复理疗中心在荔园病区成立。全科共有18名医务人员，其中副主任医师3人，主治医师3人，科室环境舒适，服务优质，技术精湛，得到了患者的一致肯定。2016年共收治病人1241人，完成理疗24022次，完成收入553万元，成为县人民医院新的经济增长点。

【二甲复审】 2016年2月25日，县人民医院召开二甲复审动员大会，二甲复审工作拉开序幕，全院300余名干部职工代表参会。会上，分管院长就二甲复评工作进行了总体部署，宣读了二甲复评实施方案、奖惩措施及纪律要求。随后，院长喻新亚强调，全院上下务必要高度重视二甲复评工作，要扎实推进二甲复评工作，要确保二甲复评成功。医院要以二甲复评为契机，持续改进医院质量，推进医院科学化、规范化、标准化的管理，加强医院内涵建设，进一步提高医院整体服务能力，更好地为全县人民群众服务。2016年，县人民医院围绕二甲复审，共组织人机对话三基知识考核19场，平均考试合格率达到90.2%，验收合格率100%，优秀率名列全市第一。

【“两学一做”学习教育活动】 2016年6月3日，县人民医院召开“两学一做”学习教育活动动员大会。院长喻新亚，党总支书记邓寿停、副书记易书联参加了会议，党校副校长姜中葵应邀出席会议并授课。2016年，县人民医院结合党员下基层义诊、参观红色教育基地、学习党的理论知识等方面，推动“两学一做”学习教育向学践结合迈进。

【门急诊综合大楼主体建筑封顶】 2016年9月7日，县人民医院门急诊综合大楼主体建筑封顶。2016年11月，在县住建局的组织下，建设、监理、设计、质检、安监、施工等所有参建单位参加，对县人民医院门急诊综合大楼主体工程进行了验收，验收合格通过。县人民医院门急诊综合楼是2014年中央投资项目，项目占地面积2619平方米，总建筑面积22574平方米，地下1层，地上8层，地面高度34.2米，项目预算总投资6940万元，其中中央投资1950万元。投入使用后，将极大地改善县人民医院门、急诊就诊条件，优化就诊流程，群众看病将更方便、快捷、舒适；同时进一步提高县人民医院综合服务水平，提升整体竞争力，为打造县域医疗中心，保障人民群众健康事业注入新的活力。

【支部换届选举】 2016年10月27—28日，县人民医院行后支部、住院支部、门诊支部完成换届选举。按照《岳阳县党建工作精细化管理手册》，在总支联点领导的参与下，按照流程选举产生了新一届的支部委员会，其中行后支部委员会由张红霞、刘兴旺、孙剑3人组成，张红霞任书记；门诊支部由胡曙光、卢欢、贺婷3人组成，胡曙光任书记；住院支部由唐拥军、周琳、郭左盛3人组成，唐拥军任书记。通过换届选举，进一步配优配强了支部管理队伍，为更好地落实基层党建工作和“两学一做”学习教育活动要求提供了组织保障。

（李三玉　孙剑）

社会生活

社会生活

【城乡居民生活】 全县城乡居民人均可支配收入18211元，同比增长9.5%，其中农村居民人均可支配收入13822元，同比增长8.4%；城镇居民人均可支配收入24287元,同比增长9.4%。城乡居民人均消费性支出11062元,同比增长11.4%;其中农村居民人均消费性支出11027元；城镇居民人均消费性支出11111元。城乡居民人均住房面积48.1平方米，同比增长11.0%;其中城镇居民人均住房面积42.1平方米；农村居民人均住房面积52.4平方米。2016年城乡居民穿、住、用、行的比重为42.7%,城乡居民恩格尔系数为32.8%,居民文教娱乐服务消费支出占消费总支出比重为16.1%。全县单位从业人员年平均工资达到43118元，同比增长9.5%。

【社会保障事业】 全县社会养老保险参保人数467382人,其中机关事业养老保险参保人数13823人,企业养老保险参保人数30878人，城乡居民基本养老保险参保人数422681人;医疗保险参保人数117418人,其中城镇职工医保参保人数31792人，城镇居民医保参保人数85626人；工伤保险参保在职人数59748人；基本医疗生育保险参保在职人数20785人;城镇失业保险参保人数20211人。养老、医疗、失业、工伤、生育保险总收入22.30亿元，总支出6.57亿元。农村合作医疗参合人数为611960人,参合率为99.6%,全年筹资总额为3.36亿元，补助金额2.73亿元。

【社会福利事业】 全县社会福利收养性单位数1个，床位80张；敬老院24个,床位1620张;县级光荣院1个,床位68张;农村幸福院79个,床位474张。居民最低生活保障已保户数19182户，人数31002人，其中城镇居民最低生活保障已保5358户8208人,发放补贴2640万元,补差标准268元/每人/月;农村居民最低生活保障已保13824户22794人,发放补贴3310万元,补差标准121元/每人/每月。

【惠民殡葬工作】 2016年，殡仪馆办理丧事100余次，使用自办食堂14次，减免群众费用20余万元,城区搭棚治丧不断减少,深受群众好评。

【婚姻登记工作】 2016年，县民政局依法办理结婚登记5349对，离婚登记2069对,补领登记1374对,办证合格率达100%。

【就业服务】 继续把“创业培训+项目指导+小额担保贷款”服务体系作为扶持创业促进就业的主渠道。特别是加大对创新创业人才资金扶持力度，把小额担保贷款与推动全民创业、推进创业促进就业担保、促进城乡就业一体化等紧密结合起来，降低小额贷款门槛,简化小额贷款办理程序。全年发放小额担保贷款7500万元,完成城镇新增就业6608人,农村劳动力转移7370人,城镇登记失业率控制在3.38%,有效地推进了城乡充分就业。

【住房保障工作】 住房保障工作是扩大内需、重民生、保稳定、促和谐的一项重要工作，是党和政府关注民生的一项重要惠民工程,是省、市政府考核县委、县政府的一项实事考核项目。在县委、县政府的正确领导和各职能部门的大力支持下，全县住房保障工作得以稳步推进。一是2016年建设任务全面收官。2016年目标任务为新建公租房项目4个374套，城市棚户区改造项目7个1724户(实物安置764户,货币安置960户)，新增发放租赁补贴200户,严格按省、市时间节点推进,顺利通过省、市验收,并在全市保障性安居工程考核中位列第一，代表全市保障性安居工程迎接省厅考核。二是2017年棚改申报规模超历史。在县政府常务会议上通过了《岳阳县2017年县城棚户区改造项目实施方案》,完成申报棚改项目19个4693户,整治项目1个350户。三是棚改项目购买服务工作取得历史性突破。抓住国家推行棚改的关键机遇期，县房产局与城建投紧密配合,2016年项目申请融资5亿元;2017年项目授信10.5亿元,已到账6.4亿元。

表3

岳阳县各乡镇农村居民人均可支配收入

单位:元

	2016年	2015年	同比增量	±%
全　县	13822	12746	1076	8.4
荣家湾镇	14860	13759	1101	8.0
公田镇	13208	12138	1070	8.8
新墙镇	15210	13998	1212	8.7
张谷英镇	12990	12018	972	8.1
新开镇	14352	13270	1082	8.2
杨林乡	13301	12285	1016	8.3
筻口镇	14451	13252	1199	9.0
中洲乡	13203	12050	1153	9.6
柏祥镇	14525	13305	1220	9.2
黄沙街镇	15869	14643	1226	8.4
长湖乡	14253	13104	1149	8.8
步仙镇	12620	11676	944	8.1
毛田镇	11360	10453	907	8.7
月田镇	10814	10017	797	8.0

(统计局供稿)

乡镇概况

乡镇概况

荣家湾镇

党委书记　李德军
副书记、镇长　孙荣华
副书记　廖焱丰
　刘望才(挂职)
人大主席　周　兵
政协联络办主任
　黄光明
纪委书记　曾伟波
党委委员　邓　飞
　李　刚
　李风雷(挂职)
　付　正
副镇长　蒋仕涛
　袁检保
　张　韶
　李　丹
　侯益波
　黎细华
人大副主席　万　兴
党政办主任　刘光前

【概述】 荣家湾镇为岳阳县县城驻地，是全县政治、经济、文化中心，东靠武广高铁，京广复线贯穿南北；西抵东洞庭湖鹿角码头，通江达海；北靠岳阳市湖滨开发区，是市区南扩的重点区域；南接汨罗市桃林镇和本县中洲乡，岳荣新公路、荣黄公路、荣宝公路从辖区穿过，新墙河流经北部。地貌以丘岗为主，水陆交通十分便利。全镇面积143.8平方千米，其中耕地面积5746.87公顷，下辖13个行政村、19个居委会。

2016年，荣家湾镇坚持稳中求进的发展思路，突出抓好重点工程，推进产业转型升级；持续关注民生，打好脱贫攻坚战，全面提升社会保障水平；注重底线管理，对安全生产驰抓不懈，着力提升社会综治水平。并镇一年来，荣家湾镇实现了经济有发展，民生有保障，镇、村面貌有变化的发展目标。2016年，全镇完成地方生产总值63.5亿元，财政总收入突破4000万元大关，社会消费品零售总额66.2亿元，完成社会固定资产投资60.37亿元，农民人均纯收入达到15621元，全面小康实现程度达到92.6%。

【项目建设】 一是交通项目：岳望高速涉及荣家湾镇内部分已完成土地征收8.82公顷，拆迁房屋7栋，迁移坟墓986座；G240拓改工程涉及荣家湾镇部分已完成红线内11.33公顷土地征收和补偿工作，迁移坟墓128座、补偿青苗及附属设施238户，完成了渔塘、房屋、苗圃，渔场及预制场等共计29处建筑物的征拆工作。二是旅游项目：万垅生态旅游项目部分水田已签订流转协议，相关规划设计已经完成；水下宋城项目年内已完成53.33公顷土地流转，收购项目区内房屋3栋、迁移坟墓30座。三是园区建设：生态工业园区四期已完成东方村4.8公顷土地征拆扫尾工作；生态工业园五期已完成94.13公顷土地协议签订，补偿青苗40.52公顷；味冠天下项已完成土地、青苗、房屋等补偿工作。四是市县政府重点工程：城市防洪工程项目完成25.67公顷土地征地工作，18栋征拆房屋已签订补偿协议，目前已进入施工阶段；原水管复线建设项目10.32公顷土地已签订临时用地协议，具备开工条件。五是招商开发项目：亿丰时代广场一期主体工程、附属工程均已完建，二期建设已启动；洞庭美域项目本年度已完成喻家新建35公顷土地协议签订和青苗、坟墓等补偿，李家组10公顷土地已完成征拆协议签订及相关补偿，并对杨家、吁家新建36栋房屋实施了拆迁；岳雅学校项目14公顷土地已签订协议，4栋房屋已进入土方平整阶段；荣湾外滩项目进展顺利。六是城市体制扩容项目：荣湾湖一期征拆征已全部完成，已启动天鹅北路建设、虎形山2号地块征收（4公顷）、浔阳花园地块征收（1.2公顷）；城南河征拆已完成补偿工作；长风路地下通道施工顺利；地税局下水道项目已完成土地征收、临时用地协议签订，正在建设中；团结北路改造项目已完成土地征收、青苗补偿；二水厂埠岸工程协调工作已全面到位；背街小巷建设项目2016年度已完成建设7条，正在施工建设4条，余下48条正在设计、财审中。

土地储备：浔阳花园南侧地块正在协调相关遗留问题；五路交叉口地块土地征收已到位；桥头杨2号地块目前土地已基本征收完毕。

【社会综治】 一是信访工作。荣家湾镇高度重视信访工作，通过信访渠道倾听群众声音，切实强化党内、党外共同监督。2016年度，接受群众来信12件、来访3件及匿名电话举报3件，共计18件。二是社会综治工作。采取上下联动、党政负责干部包片、联点干部包村、村干部包组、党员包户的治理模式，打击非法医闹8起，处理非正常死亡7起，调处各类矛盾纠纷201起；越战军人、放映员、民办教师、企业破产改制职员等涉法涉诉群体均得到妥善解决，确保了全镇社会大局和谐稳定。镇司法所被评为全国先进司法所，中央政法委书记为其颁奖。

【安全生产】 荣家湾镇高度重视安全生产工作，通过宣传工作强意识，通过监管、排查工作查问题，通过整治行动除问题，实现了安全生产“零事故”。2016年年初，与企业、村、社区签订《安全生产目标管理》责任状，对全镇的企业开工复产情况进行验收；4月，开展应急知识宣传活动，提升公众应急事件应对能力；6月，开展安全知识进社区、进校园活动，全面提升公众安全知识知晓率；7月，以“强化安全发展观念，提升全民安全素质”为主题，开展危险化学品安全生产警示教育活动，通过观看《生死之间》等警示影片，进一步深化企业对安全生产工作重要性的认识。2016年，荣家湾镇安监站共组织12次联合执法检查行动，出动执法车辆185台次、参与执法人员190多人次，检查生产经营单位160余家，中小学及幼儿园110余所，校车150台次，排查发现各类安全隐患52处并全部整改到位，纠正违法生产销售行为34起，勒令停工整顿建筑工地17处，查处非法销售烟花爆竹商店12家。

此外，2016年7月，面对防汛灾情，按照县委、县政府的指示精神，荣家湾镇迅速成立防汛抗灾综合协调指挥部和12个防汛指挥分部，并层层签订责任状，分区域落实责任。全镇2000多名党员干部群众以铁的纪律，“人在堤在”责任感，日夜坚守防汛大堤一个月，打赢了防汛抗灾攻坚战。

【精准扶贫】 荣家湾镇坚持“一村一品”发展特色产业，消灭集体经济空壳村；积极开展“三个精准”回头看，抓好贫困对象的精准识别与管理，全面实施结对帮扶，精准掌握贫困家庭的所需、所盼，按照“五个一批”要求精准施策，精准发力；实施小额信贷、特色产业发展、社会保障性兜底等扶贫项目；建立干部联户、部门联村、企业联村帮户帮联责任制，并实施责任追究制，对扶贫工作不力的干部，采取约谈、限期整改、组织处理等措施，将责任层层落实，形成“千斤重担万人挑、人人肩上扛指标”的精准扶贫格局；成立信息平台，长期跟踪和管理贫困户信息，对部分已脱贫户，采取脱贫不脱帮，切实保障贫困人员真脱贫；荣家湾镇共有建档立卡贫困人口6341人，2682户，截至2016年年底，已有近80%实现脱贫，圆满地完成了年初目标。

【计划生育】 荣家湾镇强化计生工作责任领导，加强信息管理，加大抓财政投入，计生一线工作人员的工作能力得到了较大提升、基础设施建设进一步完善。全镇各项计生指标均在目标值内，全年共出生2414人，死亡1068人，自然增长率7.73‰。同时加大了优生优育力度，全年共做优生健康检测1597对，优生健康检测率达90%，提高了新生儿的健康状况。同时加大社会抚养费征收力度，在省、市、县的检查验收中取得了良好成绩。

【控建拆违】 镇财政预算投入186多万元，成立了一支53人的控建拆违队伍，并配备领导专人负责，建立健全镇、村(居)、组控违巡查三级联动机制，坚持市控区、县控区每天巡查一次，农业村每周巡查两次，每月排名，分季度进行奖惩。重点抓好县城、荣湾湖、鹿角码头、生态工业园区、荣岳公路沿线等区域禁违拆违治违工作，以“零容忍”“零增长”的要求，坚决遏制违建势头。坚持铁腕拆违，做到依法强拆、露头就拆、一拆到底，决不留情。全年共开展拆违行动75次，拆除违法建筑106处9509平方米。

【民生工作】 一是常规工作。荣家湾镇通过“12345”热线帮民生，居民就业引导助民生，社会保障工作保民生，目前荣家湾镇农村低保享受户2690人，农村“五保户”781人，“三无”对象915人，城市低保享受户7242人，重点优抚对象886人，城市低重度残疾补贴申报1392人，失能老人补贴657人，让真正困难的群众得到救助。二是民生工程。一是安全饮水工程。荣家湾镇原鹿角片安全饮水工程涉及12个村2.8万人，主体管道建设已完工，入户已完成6个村，正在进行压力测试；原城关片安全饮水工程涉及4个村6000余人，截至2016年年底，已完成主体管道建设；原麻塘片安全饮水工程涉及6个村1个居委会共计1.4万余人，已全面完成。二是已完成与华润燃气的协调工作。三是文胜棚户区改造。该棚户改造拟征用地1.6公顷，安置住户163户。前期对于棚户改造的居民提供政策倾斜，加大政策宣传力度，积极主动地与棚户居民进行沟通，充分保障居民知情权；坚持“政府主导，企业参与”的总原则，通过竞标，目前已全面完工，正在实施配套工程。

【文明创建】 荣家湾镇作为文明城市创建主阵地，以创文、创卫活动为抓手，全面推动秀美和谐荣家湾镇的建设。2016年度开展了市民教育、欢乐潇湘大型文艺晚会、广场舞比赛等、文明评选等多种文化活动，并改善了社区文化活动中心、青少年活动中心、图书室、心理咨询室等硬件条件，有力地推动了文明创建活动。创卫方面，按照“综合治理、标本兼治、突出特色、抓点带面、整体推进”的总体要求，建立爱卫领导小组，制定全镇爱卫工作方案和考核细则，各村(居)委会签订责任状。通过全镇300块宣传栏宣传爱卫知识，开展专题讲座传授健康知识，营造了“爱卫工作人人参与”的浓厚气氛。通过专项整治活动、季度性社区卫生评比检查活动等方式，建立每周通报、每月讲评、每季度奖惩制度，确保创卫工作落实，为全镇经济发展创造了良好的人居环境。

（刘光前）

新开镇

党委书记	孙　肱
副书记、镇长	毛红波
副书记	付海霞
人大主席	张学维
政协联络办主任	冯彦平
纪委书记	蔡春华
党委委员	付水霞
	童卫华
	易阳兵
副镇长	赵玮华
	张　勇
党政办主任	张庆阳

【概述】 新开镇位于岳阳县境内西北部，毗邻市区，交通便捷。总面积133.4平方千米，其中耕地面积3700公顷。全镇辖9个行政村、1个居委会，12668户，总人口41706人。2016年人口出生率为13.84‰，人口自然增长率为8.14‰。

2016年，新开镇党委、政府创新工作思路，团结和带领全镇人民，坚持干字当头，努力建设“商贸物流重镇”“现代农业新镇”“县域经济强镇”“休闲旅游名镇”，全镇经济社会呈现出发展提速、民生改善、和谐稳定的良好局面。

综合实力不断提升。2016年全镇地方生产总值达到46.5亿元，增长12%，财政收入实现3052万元，同比增长12%；完成税收2520万元，同比增长17%，增长量和增长幅度都位于全县前列。

项目建设强力推进。工业方面：投资3000万元的雨格耐材有限公司已完成土地招拍挂，正在进行仓库建设；昌达机电、颜氏燃烧器、杰瑞医疗主体工程都已经完工，即将建成投产；总投资5000万元的岳阳市政和有限公司正在建设之中；总投资1000万元的新诺再生资源开发有限公司已完成厂房主体工程建设；关停了全镇唯一一家产能落后的乡镇企业高垅砖厂。农业方面：以优质水果、花卉苗木、大棚蔬菜为代表的特色农业蓬勃发展；打造了“一带两片三线”的万亩高标准双季稻示范田建设；支持垸区灾后生产自救，抢种油菜200多公顷；金可可食品已发展为全省著名商标，并推行“公司+农户”的方式，大力发展油茶种植；加快推进总投资3000万元的新龙湾生态农业建设。三产方面：投资5000万元的科力华府主体建筑已经完工，投资8000万元的永凯房地产已经开工建设，新引进九力置业项目即将开工建设，钒二厂闲置土地出让工作稳步推进；海纳物流园新引进安能等物流企业4家；集采摘、旅游、农产品销售等为一体的休闲观光农业蓬勃发展。

镇村面貌持续改善。投入20万元完成了集镇下水道全线疏通，投入10多万元完成集镇下水道石磨港段改造；投入10多万元建设马店葡萄、草莓集中销售小市场，公路路域环境整治效果明显；集镇三角坪改造、红绿灯设置已纳入议事日程；完成了高垅片两个屋场的集中整治工作。规范村民建房，对农村建房实行“先批后建”，严格执行“三鼓励、四禁止”原则，全年共纠正违建行为20起，组织拆违20次，拆除违建面积3285平方米。

社会大局和谐稳定。严格落实安全生产“一岗双责”，切实加强安全生产日常检查和工作巡查，建立镇、村、派出所三级巡逻机制，组织党员干部开展进村入户访民情活动；紧紧围绕人民群众关注的“五类违法犯罪”现象，由镇综治办牵头开展专项整治行动，重点打击扳砣子、买码、开设麻将馆等涉赌、涉黑、涉恶行为，全年共接处警900余起，查处治安案件91起，立刑案87起，刑事拘留28人，逮捕起诉19人，强制戒毒15人，社区戒毒16人，抓获逃犯8人，群众的满意度和安全感进一步提升。

社会事业全面发展。完成17座小(2)型水库除险加固工程；投资500万元完成万福、杨华片高标准农田示范片建设；争取的“百千万”工程项目为车塘、龙湾、大马、共和等村改善水利设施；高垅桥梁建设已完工，大马村投资240多万柳荫滩大桥已开工建设；投入110多万元资金修复水毁堤段和设施，按照以奖代投的方式鼓励各村开展水利维修，完成了1万米渠道硬化、35口骨干山塘的清淤改造及维修加固；马店敬老院已建成进入验收阶段；中心学校周转房、卫生院业务用房已纳入规划设计；积极推广“村村响”“户户通”普及工作，新建2个群众健身文化活动场地，镇文化活动中心开展了“现代京剧走进新开大剧场”“六一儿童节庆祝活动”“欢乐潇湘新开初赛”等大型群众文化娱乐活动，群众的文化生活进一步丰富。狠抓计划生育各项政策落实和管理服务工作，全镇人口出生率14.42‰，符合政策生育率达到94.3%，男女性别比107，计划生育工作在全县年终检查排名第二。扎实推进脱贫攻坚，全镇现有建档立卡贫困户818户1996人，2016年全镇共有274户777人已脱贫。

【柳荫滩大桥开工建设】 柳荫滩桥位于新开镇大马村村级道路上线上，该桥建于1990年。桥梁全长50米，桥面总宽5米。原桥上部结构为6×8米现浇板，柱式墩台，桥台为重力式桥台，属中桥。2011年6月因洪水冲洗桥台，致使桥梁失稳，临近垮塌，现已封闭交通。镇政府经多方商议，决定拆除重建，新建一座桥梁。新建桥梁设计方案为：在老桥原址位置新建一座3×20米预应力混凝土简支空心板桥，全长66.04米，桥宽6.25米。上部采用20米预应力混凝土空心板梁(简支、桥面连续)，下部采用桩柱式墩台，桩基按照嵌岩桩设计。桥涵设计洪水频率：1/50；公路—Ⅱ级；公路等级及设计车速：四级公路、20千米/小时，项目预算总金额：249.76万元。大桥于2016年12月开工建设，建成后将解决七星、杨华、大马三村3000多人的生产生活互通往来。

【垸区水毁设施恢复】 2016年7

月，岳阳县普降暴雨，新墙河水上涨到25.2米超警戒水位，新开镇100多名干部职工奋战在抗洪一线，鏖战26个昼夜，确保了新开大堤在持续高水位下不溃。杨柳垸行洪和古港垸内渍造成了垸区212.13公顷水田被淹（其中绝收207.02公顷，减产5.11公顷）、131.86公顷鱼池被冲坏，13.58公顷蔬菜湘莲等经济作物被淹，53.33多公顷苗木被冲毁，3800多名群众受灾，同时垸区水利、交通设施破坏较为严重。灾情发生后，镇党委、镇政府筹措资金110万元，于2016年12月3日开工对杨柳垸、古港垸的七处水毁设施进行维修恢复。

【马店敬老院竣工】 为解决“老有所养”的问题，新开镇人民政府拟在马店村原计划生育服务所建设“新开镇马店敬老院”，这是镇属的第二座敬老院。项目总投资400万元，占地面积4892.42平方米。主要建设内容为3栋老年公寓和老年活动室（可提供100个床位）、1栋行政管理办公楼和食堂，以及各种配套设施。立项、环评等工作在2014年完成。2015年5月评标工作中湖南天拓建设工程公司中标，6月开始动工建设，岳阳宏远建设监理有限公司负责工程监理，主体工程于2016年6月完成，预计2017年4月完成附属设施、绿化工程建设并投入使用。

【中心学校基础设施建设】 新开镇中学现有学生590人，教学班级10个。该校的发展一直受到如下几个因素的制约：一是无合适的饮用水源，学校长期饮用对身体有害的含矿物质的井水；二是无污水排放专门管网；三是进出校园道路泥泞不堪，车辆几乎无法通行，给学生出行带来很大不便。2016年镇党委、镇政府决定大力改善该校的办学条件，投入资金160万元用于修建增压泵，接入自来水；疏通下水道管网；道路拓宽白改黑，修建学生候车亭，路边绿化亮化。提质改造后，学校面貌焕然一新。

【小（2）型水库除险加固清零】 新开镇拥有小(1)型水库5座，小(2)型水库30座。2016年，按照县委、县政府和水利局的部署，新开镇共有18座小(2)型水库启动除险加固工程，共投入资金536.19万元，截至2016年年底，除万福村徐彭水库因岳望高速道路施工未完工外，其余水库的除险加固工程均已完成。

（张庆阳）

筻口镇

党委书记　梁亿仲
副书记、镇长　刘　炜
副书记　黄　海
人大主席　徐勇军
政协联络办主任　任明星
纪委书记　龚小峰
党委委员　冯学礼
　张永胜
　黄湘群
副镇长　黄湘群
　林　凯
　汤　丽
人大副主席　张永胜
党政办主任　任凌志

【概述】 筻口镇位于岳阳县东北部，北抵临湘市白羊田镇、岳阳市经济开发区；东连公田镇；南与杨林镇搭界；西与新墙镇、新开镇接壤。全镇土地总面积139.38平方千米，辖13个行政村，2个居委会，607个村民小组，18377户，总人口64352人，其中非农业人口5680人。2016年人口出生率为11.6‰，人口自然增长率为6.1‰。全镇耕地面积5433.3公顷，是岳阳县最大的粮食生产镇。

2016年，筻口镇继续践行建设“产业旺镇、项目强镇、宜居靓镇、人文名镇”的发展战略，全力打造“最秀美的乡村、最淳朴的民风、最平安的乐土、最清廉的队伍”，坚持重点工作强势推进，常规工作稳步推进，实现了全镇经济社会又好又快发展。全镇共完成地区生产总值19.5亿元，完成固定资产投资16.2亿元，财政总收入达到2130万元，人均纯收入达14725元。先后被评为省级平安农机示范创建乡镇，市级文明村镇、市级安全生产、粮食生产、“六五普法”依法治理先进乡镇；县级综合优秀乡镇，县级信访工作、美丽乡村建设、规范村民建房等优胜乡镇，书记述党建荣获全县第三名。全市精准扶贫工作流动现场会，县级计划生育基础工作、党建工作现场会在筻口镇召开。大塘村规范村民集中联户建房工作在岳阳电视台、岳阳日报典型推介。和平村被评为省级脱贫攻坚示范村。

【产业发展】 粮食产业持续发展。全镇稳定优质稻种植面积达4933.33公顷，是湖南省27个整建制粮食高产示范创建乡镇之一。新增注册“田味”优质稻商标，打造了筻口农业特色，形成了农业品牌，连续五年被评为市级粮食生产先进乡镇。水果产业快速发展。2016年岳阳峰岭菁华果业有限公司投入4000万元，完成了猕猴桃、黄桃等种植面积337.6公顷，创立了省级现代农业特色产业示范园——岳阳峰岭菁华猕猴桃产业园，实现年销售产值近1500万元。油茶产业蓬勃发展。与中联天地油茶科技、岳阳金弘、九丰等公司合作，在流转土地666.66公顷的基础上，2016年新增种植面积333.3公顷。同时深挖产品附加值，在锹塘、漆市等村兴建油茶加工企业2家，实现林下经济每亩增收1500元以上。休闲旅游产业稳步发展。打造笔架山以松林观光、水上乐园、爱国教育、户外拓展为主的综合性休闲园区。已完成投资700万元，种植了马尾松等苗木40公顷，完成了道路平整等部分基础设施建设；岳阳胜奇畜牧循环农业示范园，康兴生态农业休闲农庄等持续发展壮大中。

【项目建设】 投资3240万元的筻口自来水厂建设，在完成主体工程及主管网铺设基础上，入户管网铺设完成60%；投资420万元，长2千米，规划宽8米的游漆线，已完成工程量的70%。先后完成了：投资240万元，全长2.8千米，宽5.5米的新十线朱仓段水泥硬化升级改造；投资700万元，全长198米，设计桥宽7.5米的漆市大桥建设；投资320万元，8座小(2)型水库的除险加固；投资600万元，400公顷农田的刘本片区国土整理；投资400万元，中湖片区商品粮食基地建设项目；投资400万元，朱仓完小科教楼与公租房建设项目；投资150万元，老街下水道改造、游港拦河坝工程。

【城镇化建设】 坚持“四高两大”的建设经营管理思路，进行集镇开发。完成了投资150万元的垃圾中转站建设，投资80万元的老街街道升级改造，投资250万元的释迦寺集镇提质改造，投资70万元的35个公共汽车招呼站台建设，投资1000多万元的烁和嘉园小区建设，投资650万的大塘村集中联户建房小区建设；实施了投资240万元李丙路拓宽升级改造，启动了投资70万元的集镇天眼系统建设项目。

【基层党建】 持续推进党建“12345”工程，以党建促发展、以党建增效率。推行党政领导联系支部制度，强化支部书记队伍建设；严格执行“三会一课”、党员量化考评、培训学习等制度，认真开展“两学一做”学习教育；加强党员档案管理，清理党员档案3200余份，实现2457名在册党员一人一档；加大党建工作经费投入，累计投入50万元以上，启动村级活动场所建设3个、改扩建6个，建立示范社区1个、升级改造1个；树立市级个人先进典型2名，三港咀总支、筻口社区总支、筻口中学支部被评为市级先进党支部。

【重点工作】 一是精准扶贫工作。安排镇村干部职工和致富能手600余人开展结对帮扶，大力推行产业扶贫、金融扶贫、“青商爱”助学以及行业政策扶贫等措施，2016年实现脱贫1060人。二是并村工作。通过严格政策、规范程序、科学合并，全镇由58个行政村3个居委会合并为13个行政村2个居委会，实现了并大、并优、并强的目标。三是镇党委、镇政府换届选举工作。严格依法依规依程序，顺利完成镇党委、人大及政府换届选举，全程保持风清气正。四是综治民调工作。扎实开展“平安创建”，组织干警实施民情“大走访”，认真开展治安巡查与打击处理，社会治安明显好转，综治民调工作综合排名全县第3位。五是安全生产工作。开展了安全生产隐患排查治理专项行动，落实干部炮厂驻厂制，并关停立旺炮厂。六是计划生育工作。突出优质服务，坚持依法行政，强化计生基础。8月11日全县计划生育基础工作现场会在筻口镇召开。七是蒙华铁路协调工作。完成征拆任务排名全县第一。八是环境卫生整治工作。高标准建成了集镇垃圾中转站，彻底解决了集镇垃圾处理难题。九是社会保障与救助工作。全镇共落实城镇、农村低保户1209户1755人，一级、二级残疾对象690人，危房改造235户。新农保新农合参合率达100%，新型农村社会养老保险金发放率100%。与此同时，土地确权颁证、地名普查、新农保新农合筹资、信用社清收、国土控建、农村淘宝等工作都进展顺利。

【李丙路升级改造工程】 2016年10月，投资240万元，启动了位于筻口居委会，连接集镇主干道与沙南大桥全长800米的李丙路拓宽升级改造，由原6米拓宽到12米，并配套路沿石、下水道、弱电入地、绿化、亮化等，截至2016年年底，已完成了工程量的80%。

【老街街道升级改造工程】 2016年8月，投资80万元，位于筻口集镇，全长400多米的老街街道，进行了道路拓宽、下水道管网新建、路沿石和人行道板铺设、弱电入地及绿化、亮化建设，切实解决老街积水和拥堵老大难问题，巩固老街商业中心地位，进一步提升集镇品位，改善人居环境。

【释迦寺村小集镇升级改造工程】 2016年10月，投资250万元，对筻口镇释迦寺村小集镇1千米街道，按照8米宽的标准进行了道路拓宽硬化、下水道管网新建、路沿石和人行道板铺设、弱电入地及绿化、亮化建设，打造了筻口镇小村镇建设的样板，为新农村建设增添靓丽一笔。

【滗市大桥建设工程】 2016年，投资700多万元，横跨游港河，连接滗市村与游港村，全长198米，宽7.5米的滗市大桥，经多方协调，重新落实建筑施工单位进行开工建设，于12月底全线竣工通车，给沿河两岸近万人的出行带来便利。

【省级脱贫攻坚示范村——和平村】 筻口镇和平村有贫困户36户112人，2015年引进岳阳峰岭菁华果业有限公司，开发设施果木栽培项目，让贫困户跟着能人走、能人跟着产业项目走、产业项目跟着市场走，成功探索了一条产业扶贫新路子。2015年脱贫32人，2016脱贫40人。因脱贫攻坚工作成效显著，于2016年9月获评省级“脱贫攻坚示范村”。

【蒙华铁路违章抢建拆除行动】 2016年9月20日，全县蒙华铁路沿线违章抢建拆除行动在筻口镇拉开帷幕。筻口镇全体机关干部职工与县公安局、国土局等7个县直部门，共350余人统一着迷彩服，出动各类车辆17辆，对5000平方米拒不自行拆除的违章抢建建筑物进行强制拆除，确保了蒙华铁路工程顺利施工，彰显了镇党委、镇政府控建拆违的决心，弘扬了社会公平正义，得到了群众的一致好评。

（易岳良）

公田镇

党委书记　　任伟平
副书记、镇长　高兴球
副 书 记　　杨法新
人大主席　　任　畅
政协联络办主任
　　　　　　易志坚
纪委书记　　刘拥华
党委委员　　高湘元
　　　　　　高大军
　　　　　　刘新华
副 镇 长　　高湘元
　　　　　　熊　立
　　　　　　张　燕
党政办主任　杨　明

【概述】 公田镇地处岳阳县中东部，东接大云山国家森林公园，邻铁山水库，西通岳阳市区，北及临湘。公田镇辖13个行政村，1个集镇居委会，466个村民小组，总面积146.3平方千米，耕地面积2554.27公顷，48679人，其中非农业人口3831人，人口出生率11.1‰，人口自然增长率3.8‰。主要工农业产品及产量为：汽车刹车片2500万件，陶瓷1600万件，榉木板45万平方米，线条55万米，预制构件4200万件，水泥砖2400万块，稻谷1.22万吨，柑橘、梨600吨，生猪出栏6.3万头，土鸡11万羽，水产品1800吨。农业方面，坚持以市场为导向，以结构调整为主线，发展多元种养结构，打造了西瓜、柑橘、中药材、生猪、渔业等特色亮点产业，主要盛产粮、油、猪、禽、瓜果、蔬菜、药材等农产品和竹木工艺品。2016年，公田镇围绕“建设温泉特色小集镇、打造全域旅游集散地”的工作思路，立足公田实际，突出工作重点，攻坚克难，锐意进取，经济社会取得长足发展。2015年12月，为深化农村改革，优化建制村的设置，进一步加强农村基层组织建设，促进城乡一体化发展，根据相关的规定，按照县委县政府并村改革总体要求，原来公田镇与甘田乡共46个村1个居委会合并调整为1个居委会13个村。

【基础设施建设】 一是投资500多万元的甘田河治理工程，通过前期规划等一系列程序，根据约定进度，计划2017年汛期前完成。二是投资约240万元的农业水价改革项目，在全镇范围内的饶港渠道设置钢制闸门81个，衬砌渠道10000余米。项目已经进入全面施工阶段，预计2017年将全线完工。三是甘田水厂增压泵房新建工程已经完成主体工程建设。饶港水厂所辖的饶港、塘田、彭昌等村的自来水主管网铺设已经全部完工。四是2016年汛期出险的三个小(2)型水库毛泗洞水库、仙人水库、团结水库的应急处险工程已经开始施工。五是媳岭村安全饮水工程已经进入施工阶段。六是全镇合计约78千米的沟渠疏浚工程已经全线启动，正在全面清淤扫障，预计2017年全部完工。七是大面水利以奖代补项目，镇村两级充分发挥各自优势，多方筹措资金，广泛调动群众积极筹工筹劳，大修水利。完成60余口山塘的维修，其中向佳村完成了18口山塘维修，公田村完成了12口山塘维修。八是温泉开发，委托省地质勘查开发局四〇二队，对“公田温泉”资源完成了可行性勘探，先后邀请王志纲工作室和成都筑成景观设计公司，对资源整合、定位进行了科学系统的研究，并依据区位、资源状况、地形地貌等，完成了项目概念性规划。九是中心小学搬迁，已经全面完成征地工作。

【集镇建设】 一是铁山大道绿化、亮化，今年共计花费20万元，对铁山大道两侧绿化带进行了清理维护，并对路灯进行了翻新维护。二是学院路建设，已完成0.2公顷路基征地。三是十字路口道路拓宽，公田镇十字路口，车流量大，但是路口过于狭窄，不便于过往车辆安全行驶，2016年由集镇办、电管所等单位牵头，对十字路口的高压杆进行移位，对路两侧下水道进行从新铺设并对道路进行了相应拓宽。四是规划修编，对公田镇镇域经济社会发展进行了30年规划修编(2016—2046)。五是开展交通整治，在红绿灯路口开展劝告开离、锁车等行动，设置禁停标志，并严格规范客运车辆停靠，设置禁停路段，规范乘客上下车。

【民生工作】 全面落实库区两保。全方位抓好库区水资源保护，不留死角开展禁违拆违治违工作，毫不动摇坚决打击非法采砂采矿行为，积极推进农村集中建房，有序推进集中安置点建设，不惜代价、不计成本保护好库区青山绿水，保护好全市人民生命之源。全面动员抓好库区群众民生保障，积极开展“一对一”精准扶贫，积极办好库区民生实事，着力解善库区群众生产生活条件，全力助推库区群众脱贫致富。易地扶贫搬迁，保障住房安全。依据湘发改西开〔2016〕39号《湖南省“十三五”时期易地扶贫搬迁实施意见》的文件精神，对建档立卡贫困户中的无房户、危房户及避灾户实行易地扶贫搬迁。经排查统计，公田镇共有153户571人有易地扶贫搬迁需求，结合县易地扶贫搬迁工作组分配指标数，通过贫困户申请、村委会初审公示、乡政府审核及公示等程序，确定了公田镇2016年易地扶贫搬迁对象28户101人。精准扶贫工作。公田镇现有录入扶贫开发信息系统的建档立卡贫困户1024户3256人。2016年以来，新合并成立的公田镇加大力度开展好精准扶贫工作，按照“精准扶贫，不落一人”的总要求，科学部署，精心组织，创新思路办法，扎实推进精准扶贫各项工作，取得了显著成效。重点在贫困人口精准识别、各类资料台账建立与完善、易地扶贫搬迁、金融扶贫、教育助学、财政扶贫项目资金引进等方面取得了一系列进展。规范农村建房。采取资金奖励、承建配套设施等鼓励措施，引导村民规范建房，集中建房。危房改造。对全镇的土坯房进行了登记造册，危改完成210户，争取资金

160多万元。大病救助。解决大病救助120户，总计资金32万元。新医保工作。2016年医保提高了缴费标准，通过加大宣传督促，目前参保率达到80%以上。民政救灾助资金，共计发放8多万元。针对村级财务管理混乱问题，开展了全面整理，规范管理，所有现金全部移交镇经管站，村级不得库存现金；严格按制度报账，报账必须由镇分管领导签字方可入账。

【综治民调工作】 开展平安创建工作，评比平安商铺、平安学校、平安家庭，形成良性循环；开展常规性的治安巡逻，加大对派出所经费的拨付力度，并由派出所负责不间断下村入组进行巡逻，治安形势不断转好；加大座谈走谈，由公安干警、镇机关干部职工等为主，下到村级走访，问贫问计，加大与群众的沟通交流；不断加大对涉黑、涉黄、涉赌、涉毒问题的打击，破获案件10起，行政拘留30人；其中破获贩毒案4起，强制戒毒9人，社区戒毒10人，办理了多起刑事案件并报部起诉9人。抓矛盾纠纷的调处，半年来调处纠纷70多起。公田在全市综治民调排名32名。环境卫生挤入前矛。抓好示范村、大面村及公路沿线卫生整治，推动理事会筹款、卫生月评比等制度，继续抓好集镇秩序整治，镇村面貌有很大改观，在全县一季度获得第三名、二季度获得第二名、三季度获第二名、四季度获第三名的好成绩，年度排全县第二名。安全生产工作。2016年，继续开展"安全生产监管执法年"活动，全面贯彻落实《安全生产法》，坚持"安全第一，预防为主，综合治理"的方针，立足事故防范，通过"全国安全生产月"活动、安全生产专项整治等活动，加大宣传，突出重点，强化监督，着力隐患整改，狠抓打非治违，全镇的安全工作扎实稳步推进，镇内三家炮厂都已签订退出协议。

【基层党建】 2016年是基层党建工作的特殊之年，公田镇牢牢把握"三点"、即"善于抓重点、勇于克难点、努力出亮点"的工作思路，一年来全镇14个村支部实现了"硬件设施全、党建资料优、各项制度实"的完美蜕变。

【小学整体搬迁】 公田镇中心小学整体搬迁工作有序推进。2016年公田镇政府已完成5.33公顷征地，与四个组182户分别签订了土地补偿协议，并支付了400万元的征地款，同时完成了用地选址、可研立项和规划设计等前期工作。

【棚户区改造】 公田集镇是省级重点中心集镇和市级明星镇。2016年公田镇党委政府研究决定对集镇原居民区进行棚户区改造，计划拆除住户360户，综合整治住户600户，修缮集镇下水道3000米，增加绿化等公共服务面积0.24公顷。2016年已完成规划编制、累计拆除6户17栋房屋。

【文明创建】 创建文明公田是公田镇党委政府2016年的工作重点之一。一年来，公田镇积极开展文明创建活动，成功举办"欢乐潇湘"大型群众文艺会演和公田镇第三届广场舞比赛。东新村彭银华家庭成功申报为市级文明家庭；镇社会文化发展中心和飞云村成功申报为县级文明单位。

【库区两保】 公田镇属于铁山库区乡镇，有库区村（原建制村）12个。2016年主要围绕"六点"着力保护库区环境改善库区民生。主要工作为强力推进水资源保护宣传和民生建房；全力开展环境整治；大力改善库区生态、着力退养规模养殖场所；鼎力确保民生保障、奋力推进库区项目建设。

（蒋　品）

毛田镇

党委书记	李　林
副书记、镇长	刘三军
副书记	张鹏飞
人大主席	李龙波
政协联络办主任	李灯保
纪委书记	李小雄
党委委员	龙新宇
	邓党生
	万红娟
副镇长	许　维
	龙新宇
	袁雪峰
人大副主席	邓党生
党政办主任	许岳华

【概述】 毛田镇位于岳阳县东北

部，地处湘鄂两省及临湘、岳阳、通城三县交界处。东抵岳阳屋脊相思山，西抵道教圣地大云山麓，南插碧波荡漾的铁山水库，与公田，月田两镇一依带水，北依坐镇两湖三县的铜鼓山，与临湘市詹桥镇和通城县北港镇相毗邻。是一个典型的偏远山区、库区乡镇。镇政府所在地位于南冲村，距县城 60 千米，镇域面积 183.67 平方千米，全镇辖 17 个行政村，1 个居委会，共有 589 个村民小组，户籍人口 56023 人。全镇基本农田面积 1756.67 公顷，山林面积 13333.33 公顷，有小(1)型水库 4 座、小(2)型水库 23 座；全镇有党支部 21 个，党员 2055 人。

2016 年，在县委、县政府的坚强领导下，毛田镇全面贯彻落实党的十八大、十八届四中、五中、六中全会精神，围绕“让环境更美好、社会更和谐、人民更幸福”的总体目标，按照“严管党员队伍、留住青山绿水、创建平安幸福”毛田的执政和发展理念，经济和社会发展取得显著成绩，社会和谐稳定。全镇实现完成公共财政收入 7451.4 万元，固定资产总投资 7.8 亿元，农村居民人均可支配收入达 11524 元，同比增长 11%。全镇林木主要有松，杉，楠竹，枫，杂木等。经济林有桃，李，梨，柑橘，板栗等。特色农产品有铁山银刁、毛田腐乳、毛田蕨菜、红薯粉丝、云山谷酒、相思蘑菇等。

【集镇建设】 按照布局合理、功能完善、生态宜居的要求，科学规划集镇建设，努力构建现代城镇空间布局，进一步完善集镇规划，积极推动毛田大道的建设；修建毛体集镇丝绸厂片区休闲广场；积极申报毛田镇省级边贸集镇建设项目；完善相思、云山集镇的基础设施建设，提质集镇安全饮水问题；着力抓好现有集镇街道的美化、亮化建设，改善集镇人居环境。

【项目建设】 毛田镇易地扶贫搬迁集中安置点位于毛田镇集镇附近，项目于 2016 年 6 月起启动。项目用地面积 30245.74 平方米，建筑占地面积 5161.6 平方米，总建筑面积 19748.24 平方米，总投资 2652 万元。毛田镇污水处理厂于 2015 年 12 月 26 日正式开工，总投资 3508.76 万元，主管 9800 米，支管 89300 米，应接入住户 1174 户，一期日处理污水 750 立方米。主体工程已完成，处于试运行阶段。毛田、相思、云山中心幼儿园、白若小学等一批重点民生实事工程竣工验收并投入使用；完成了南冲、云堠、中道等 26 村 64 千米村组公路硬化任务；毛田大桥、桃洞桥、南冲桥、桥家大桥、芙蓉桥等项目全部完成重建；改建完成福圣、胡铁两个二级标准化渡口并硬化了毛田、田河、南庙码头；集镇自来水厂完工顺利供水；南冲、中毛等 13 个村安全饮水工程全部竣工，惠及群众 9746 人；完成桃洞村、英桥、孟城、杨家、芭蕉、陈洞、云山等村土地整理项目；完成车洞水库等 22 座小(1)型、小(2)型水库的除险加固，完成骨干山塘清淤加固 83 口；组织引导完成全镇 73 个村沟渠疏浚 138000 米，农业标准化建设迈出新步伐，抗灾能力大大增强；全面完成各村电改工作；学校道路拓宽加固安全工程全面完成升级改造。

【科教体文卫建设】 毛田镇着力改善群众卫生医疗条件，镇中心卫生院、原相思卫生院综合楼完成新建、原云山卫生院改扩建并投入使用，完成 43 个村级卫生服务室改建。创新计生管理办法，狠抓手术落实和社会抚养费征收，全年控制性别比在 110 以内，长效节育措施落实率达到 85%，符合政策生育为 83.6%，社会抚养费征收率达 75%，顺利地通过了市、县检查验收，确保了一类工作水平。公共文化取得新进展，原三个集镇范围内，“无线数字电视”改造升级全面完成；“欢乐潇湘”百姓大舞台、“广场舞”大赛等群众文化活动深入开展，极大丰富了群众精神生活；“云山高腔”省级非物质文化遗产申遗成功；相思“行礼”市级非物质文化遗产申遗成功；“村村响”“户户通”有序推进。教育事业再上新台阶。2016 年年初升高升学率达到 92.6%，其中考入县一中 35 人，64 套教师保障性住房和 16 套周转房的项目已完工入住，毛田中学、相思中学、毛田中心校、卢堠小学完成基础改造项目的实施，将为改善办学条件、稳定教师队伍发挥作用。

【镇党委、政府换届】 各基层党支部自 4 月起陆续开展党代表选举工作，产生139名党代表，于2016年4月27日胜利召开毛田镇第六届代表大会第一次会议，圆满完成了党委换届选举工作。

自9月初启动县、镇两级人大代表换届选举工作，全镇分为36个小选区（包括大云山林场），共完成44263人的选民登记，严格按照上级要求和时间节点，共选举产生县正式代表19人(包括县下派三人)，镇正式代表78人。10月29—30日，召开镇第六届人民代表大会第一次会议，圆满的完成了县、镇人大代表的换届和镇人大政府领导班子的选举工作。

【抗击“7·18”特大暴雨灾害】 2016年7月，毛田受到了连续集中性降雨袭击，导致全镇严重受灾。特别是7月18日的特大暴雨，全镇12小时降雨量达162毫米，小时降雨量高达72毫米。当时位于集镇上游的毛田水库大坝左侧一级平台处坡面出现局部渗水险情，镇党委、政府紧急组织集镇和周边村群众1200余人向安全地带转移，并在危险区域四周设立警示标志牌。此次特大暴雨和毛田水库泄洪导致毛田集镇街道低洼处渍水0.9米，平均水深0.6米。集镇30多家商铺和集镇集贸市场被淹，堆积的淤泥经一天一夜才清洗干净。经统计，全镇共损毁道路12345米，山塘堰坝受损143处，山体滑坡368处，倒损房屋1849间，冲毁渠道24714米，水田受损252.36公顷，涵管堵塞2614处，受灾人口8418人，被迫转移人口1737人，直接经济损失1.3亿元，间接经济损失近2.9亿元。面对重大灾情，毛田镇党委、政府积极组织群众开展生产自救工作。同时借助微信等新媒体，努力寻求在外乡友和仁人志士的帮助，在网络上发出《致毛田镇全体乡友的一封信》。该信在网络上广泛传播，阅读量达3.7万元，受到社会各界的高度关注。在外工作的领导和乡友、广东毛田乡友会、信·和微笑基金、青商公益等爱心人士和组织积极响应倡议，纷纷为毛田的灾后重建奉献出一片爱心。此次灾害中没有发生一例人员伤亡事故，没有出现任何疫情，大面道路已经恢复，群众生产生活秩序也已恢复正常。

【铁山水资源保护】 全力推进污水处理工程项目。毛田镇污水处理厂于2015年6月调整立项，2015年12月26日正式开工，总投资3508.76万元，主管9800米，支管90000米(估算)，应接入住户1174户，一期日处理污水750立方米。至2016年8月20日，已完成工程量1869万，已完成投资1790万，占比51%；主管完成8700米，占87%，支管完成46500米，占51%；已接入住户463户(其中包含雨污未分离203户)。严厉打击违法建设行为。毛田镇重新完善制定水资源保护考核方案，进一步规范民生建房审批程序，择优配强了巡查队伍，实行天天巡查，联合巡查，多次组织行动，将违建处置在萌芽状态，并对存量的违法建设进行强制拆除。6月7日毛田镇担任执行主体，组织县相关职能局开展了大型拆违专项行动，拆除刘文书、许国生、罗岳军等三户存量违法建设500多平方米，有效地打击并控制了违法建设，取得了较好的效果。狠抓关厂退养规模养殖户。对毛田长石粉厂、石材加工厂、黄金预制构件厂、制木加工厂全部完成关停工作。联合水资源保护局取缔卢段村许满兵规模养猪场（存栏数563头，面积2002平方米）。做到了非法外来人口零迁入、企业项目零审批、规模养殖零新建、毁林开采零案件。

【易地扶贫搬迁集中安置点建设】 毛田镇易地扶贫搬迁集中安置点位于毛田镇集镇附近，项目于2016年6月起启动，计划2017年上半年完工入住。项目用地面积30245.74平方米，建筑占地面积5161.6平方米，总建筑面积19748.24平方米，其中住房17328平方米，公益堂1045.6平方米，文化活动中心1320.0平方米，建筑密度17.07%，容积率0.65，菜地约3480平方米。总投资2652万元。住房共计152套，房屋采用“4+1F”结构，均为多层砖混结构房屋，配套文化活动中心、公益堂及附属广场、绿化、篮球场、道路、给排水、排污、电力、路灯、弱电等设施，功能齐全。

项目共安置包括南庙、小港、立坪、湾丘在内的原19个村(以并村前的村计数）建档立卡贫困户和“四小龙”同步搬迁户152户400人，其中建档立卡贫困户101户305人，“四小龙”同步搬迁户

51户95人，所有拟搬迁户都已与毛田镇签订搬迁协议，同意搬迁。项目于8月28日开始土地平整，至10月9日按照规划设计要求土地平整已全部完成。

（丁　敏）

月田镇

党委书记　　续广宁
副书记、镇长　付海苗
副 书 记　　毛　瑞
人大主席　　李旭东
纪委书记　　赵波林
党委委员　　汪庆宇
　　　　　　李　宏
　　　　　　李睿超
副 镇 长　　汪庆宇
　　　　　　刘奇勇
　　　　　　陈巨松
人大副主席　李元满
党政办主任　万宗敏

【概述】 月田镇地处湘、鄂两省，岳（阳）平（江）通（城）三县交界处，铁山水库上游，由原岳阳县月田区黄岸乡、月田乡与花苗乡三乡撤并而成，镇域面积175.5平方千米，省道318线斜插其境，素以“大林区、大山区、大库区与大边区”（以下简称“四区”）著称。下辖14个行政村、1个居委会。山林12600公顷（其中退耕还林面积279.53公顷，生态公益林10533.33公顷）。水田1233.33公顷，旱地800公顷。小(1)型水库两座、小(2)型水库14座，骨干山塘286口。主要农林牧副渔产品为水稻、红薯、生姜、油茶、楠竹、黄牛、黑山羊、铁山鱼虾。2016年，国内生产总值达到77850万元，同比增长7.3%；农民人均纯收入达到10814元，同比增长8.0%。

2016年，月田镇的工作重点和成效主要有以下几个方面：一是突出抓党建、强队伍，展现新姿态。推进党组织规范化建设，以并村改革为契机，将全镇党支部进行了重大调整，由61个党支部重组为19个，下设66个党小组，年度投入党建专项工作经费60余万元，促进了阵地建设全面提标，严格按照省、市、县委部署要求，4月底圆满完成镇党委、镇纪委换届工作；10月，高标准完成了人大代表、政协委员的换届工作； 11月初完成镇人大、政府换届工作，组织提名候选人均高票当选，让组织意图与代表意愿得到了高度统一。二是突出奔小康、强民生，构建新业态。以改善民生福祉为出发点和落脚点，以精准扶贫为抓手，加快推进全面建成小康社会步伐。根据“七个一批”帮扶措施精准施策，年度实施易地搬迁52户178人，建设稻田、红光、赵洞易地搬迁集中安置点4个；对贫困人口实施大病救助20万元；发放产业发展扶持资金31万元，生态补偿资金依标依规发放。2016年度，516户1688名贫困人口顺利脱贫。三是突出优环境、强基础，适应新常态。强化安全整治，以安全专项整治为抓手，全年开展安全生产集中检查5次，督促整改安全隐患3处，开展校园消防安全演练2次，全年未发生安全生产责任事故。加强社会稳定，全年打击吸毒、盗窃、阻工等违法犯罪人员31名，调处化解民事纠纷50余起。推进生态保护，在建设好污水处理厂、垃圾中转站的同时，加大对禁矿禁采禁违的巡查、打击力度，全年打击非法开采行为1例，恢复非法拦坝养鱼池3处，完成了月田中学、孙家养猪场退养。

【并村改革工作】 2016年，按照省、市、县并村改革要求，以充分尊重民意为基础，圆满完成了全镇的并村改革工作任务，全镇由原有的55个行政村精简为14个村。根据(岳阳县人民政府《关于同意月田镇建制村合并调整的批复》岳县政函〔2016〕48号)文件，将红光村、韩塅村、钟山村合并为红光村，花苗村、白石村、大坪村、柏树村合并为花苗村，改港村、金塘村、谢家村、上坪村合并为改港村，江埧村、口前村、何塅村、洞口村合并为江埧村，甘溪村、月形村、上洞村合并为月东村，毛家村、三让村、许家村、孙家村、徐家村合并为月田村，茨洞村、新庄村、王龙村、大桥村、西田村合并为茨洞村，陈伏村、马家村、文昌村、、茂田村合并为白竹村，大陂村、苏塅村、邓谷村、上庄村合并为立新村，大界村、杨林村、半洞村合并为大界村，将王塅村、福洞村合并为相思山村，稻田村、国庆村、赵洞村、牛黄村、东元村合并为稻田村，高雅村、道院村、伏马村、塘坳村合并为黄岸村，湾头村、双江村、刘庙村、大洲村合并为铁山湖村，其中2500~3500人的村3个,3500~5000人的村7个,5000人以上的村1个，合并率达到了74.5%。

【污水处理工程建设】 岳阳县月田镇污水处理工程分为两标段，一标由湖南中发建设工程有限公司中标承建，中标价格为19121099.8元；二标为湖南巴陵水利水电建筑工程有限公司中标承建，中标价格为13269625.08元。根据月田镇污水处理现状,本着统一规划、分期建设的原则,将污水处理工程的建设期限定为：近期:2013—2020年，远期：2021—2030年。污水处理厂设计处理规模近期2020年平均日污水量为1200立方米/日,远期2030年平均日污水量为2400立方米/日。工程设计按近期规模实施,兼顾远期发展。污水处理厂于2014年10月动工,2016年1月试运行,污水收集管网铺设于2016年年底基本完成，接入范围主要为集镇规划范围。污水处理厂的的投入运行,控制了水污染,改善了周边地区的水环境。管网污水经过深度处理后也将成为铁山水库新的再生水源，能够促进水资源的可持续利用。

【垃圾中转站建设】 因镇域全部位于铁山水库上游，随着生活垃圾量日益见涨，在甘溪村306线段，投资99万元建设垃圾中转站。该中转站于2016年12月底动工，预计2017年3月底竣工。建成后，全镇垃圾全部运送到站压缩处理，再转运到新开垃圾填埋场。规划2017年再建黄岸、花苗两座垃圾中转站,建成后,将从根本上解决全镇生活垃圾对铁山水源的污染问题。

【道院居民集中安置点建设】 月田镇道院村位于铁山水库核心库区，有10个村民小组,1056人，248户。该村居住在铁山水库93.2米水位线200米范围内人数达640余人（其中属移民后扶的达160人)。全村危房较多,因地形和铁山水资源保护政策限制，一直未能找到合适合规的地方而迟迟未能获批开建。2015年,为了基本解决该村群众的危房改造民生需求,启动危房改造集中安置项目,项目占地面积2公顷，由县建筑设计院统一提供设计图纸，政府投入260万元(结合危改、移民、易地搬迁)。该项于2015年9月动工，共完成集中建房32户,道路硬化、排污处理设施、路灯、绿化等配套工程已全部完成。

【易地扶贫搬迁】 月田镇地处铁山库区,位置边远,不少贫困户常年居住在老旧危房里,居住条件差,严重制约了他们的生产生活。为彻底改善困难群众的居住条件,2016年,镇党委、镇政府精准施策，争取项目资金728万元,在稻田村万虎山、红光村雨亭坳和赵洞村道大与鹤头4个安置点建设首批易地搬迁安置房，集中安置贫困户37户124人,分别是稻田村万虎山安置点20户51人、红光村雨亭坳安置点5户24人、赵洞村鹤楼组安置点与道大组安置点共安置12户49人，安置点的选址均为荒山荒地，安置房建设统一标准、统一样式、统一建设,分散安置15户52人，努力做到了搬迁一户、稳定一户、脱贫一户。

【基础设施建设】 水利建设:投入350余万元对金尤水库、立元水库、付先水库3座小(2)型水库进行处险加固；投入100多万元处险加固病险骨干山塘17座;投入20万元对自来水厂进行升级改造；投资140多万元启动高雅村安全饮水工程,解决了全村960多人的饮水不安全问题。总投入800多万元的花苗、改港等山洪沟治理全面竣工。交通建设:总投入260万元的油洞桥和徐中桥动工开建、大界桥和道院桥竣工投用。启动S306至镇中学道路和上庄、钟山等村级干道拓宽改造。

（万宗敏　郭伟）

张谷英镇

党委书记　张文毅
副书记、镇长　毛绍波
副书记　邹翔
人大主席　胡华盛
政协联络办主任
　付伟中
纪委书记　许干群
党委委员　钟志斌
　余秋根
　万懿
副镇长　万懿

易　艳
邓玉清
人大副主席　余秋根
党政办主任　钟　皓

【概述】 张谷英镇位于岳阳县东南部，岳阳、平江两县交界处，距107国道38千米，京珠高速公路35千米，离市区71千米；下辖13个村，1个居委会，416个村居民小组，土地面积167.34平方千米，山林面积13240公顷，其中成片楠竹7000公顷，素有“湘北十万亩楠竹基地”之称，耕地面积1442.67公顷；人口4.6万人，其中非农业人口1495人，人口出生率为13.25‰，人口自然增长率6.05‰。

2016年，张谷英镇按照市、县经济工作会议要求，抓好产业发展、区划调整、生态和谐三条主线，加快项目建设，加强生态保护，切实改善民生，继续建设好湖南旅游强镇、特色名镇、国家生态名镇。

项目建设成效显著。一是争取张谷英中心小学公租房小区外配套设施建设资金222万元，并完成建设。二是争取张谷英教育卫生公租房及综合服务平台建设项目，总投资560万元，已完成打桩工程。三是争取资金3000多万元用于河流流域治理，涉及全镇20个村，包括大洞河护坡护岸3000米，河道清淤5000米；改扩建村级山塘13口，新修堰坝10处，新建中留桥和金西桥，沟渠治理16条；全面完成了西湖、千工、肖冲、杨家洞、谢洞、彭洞、佛坳、凤形、钓鱼洞、陷冲垅水库的除险加固工程。

集镇面貌焕然一新。投入资金1280余万元，对张谷英集镇和饶村集镇进行提质改造，路面进行拓宽，“白改黑”里程达6千米；道路两边铺设青石板和麻石板，铺设街沿石，新栽樟树、桂花树和红叶石楠；统一规划建设了两个集镇的排水管网6000米，改善集镇排水问题。全面完成“新包旧”工作任务，仿古包装外墙面全面完工。一是在集镇挂线两侧架设路灯，新增路灯8盏，延长集镇里程；二是进行亮化、绿化景观建设，更新路灯25盏，新修十字路口景观花池，增设太阳能警示灯；三是对集镇道路两侧的违法违章建筑进行拆除。2016年，张谷英镇顺利通过岳阳市“美丽乡镇”验收。

文教工作健康发展。投资100万元共14套的张谷英中心幼儿园教师周转房已完成主体工程，张谷英陈坪小学投入10万元新修建教师周转房，同时寺湾教学点投入30万元，并完成合格学校验收，渭洞片初联校争取30余万元改造围墙、门头，张谷英中心小学投入150余万元完成28套教师公租房建设并投入使用，投入60余万元改造学校运动场及教学楼维修，争取120万元用于学校食堂改造工程。2016年，张谷英镇教育质量大提升，中考录取县一中学生74人，创历史新高。

民生工作保障到位。张谷英镇通过核实上报兜底的贫困户153户406人，每人每月发放救助金220元，年累计发放保障金110万余元；教育帮扶418户602人，危房改造69户216人，涉及资金95.4万元，对张谷英镇所有贫困户进行了授信评级，已经发放信用贷428.6余万元。民政优抚、农村“五保”、残疾人救助和农村特困户救济等工作落到实处，各项资金按时打卡发放，共计发放救灾救济款25万余元，发放临时医疗求助资金9万余元，帮助1500多户困难群众度过生活难关，开展农村低保“阳光工程”，加强低保工作的动态管理与审批，完善镇域最低生活保障和医疗保障制度，确保了农村弱势群体的生产生活。

【旅游开发】 2016年来张谷英镇加强户外合作对接，与“车E族”车友会成功举办首届张谷英越野赛；与华生在线户外成功举办“百千米孝友行”张谷英专场活动。2016年5月，与岳阳刘备洞旅游服务有限公司成功解除刘备洞开发协议，盘活了刘备洞旅游的资源，新的旅游公司投资500万元的宾馆装修、古道护栏等设施基本完成，刘备洞的旅游开发步入一个新的进程。

【道路建设】 一是向上积极争取资金和项目，启动了4.39千米狮西线朱公桥村段和1.15千米琴朱线朱公桥村段的拓宽改造；启动饶村河西边河堤硬化工程。二是积极向县公路局争取，在全镇范围内安装公路护栏23千米，预计2017年年底张谷英镇的所有主干道路都会安装完成，最大限度的保障群众出行安全。

【安全生产】 一是多次专门召开安全生产会,分析、研究安全生产出现的新情况、新问题,安排部署检查、督促、整改和落实工作。二是重新调整安全生产工作领导小组，进一步完善了安全生产责任制,全面落实"党政同责"和"一岗双责"工作要求。三是签订了安全生产目标责任书,年初与各村、部门和相关企业签订了安全生产责任书，把安全工作的职责真正落到实处,确保安全工作层层抓、层层管、层层负责。

【环境整治】 首先，加大环境卫生整治工作力度，做到每月检查一次,每季度考评一次,提高了各村对环境卫生工作的积极性和责任心。其次,加大了对农村环境卫生的投入,投入20万元用于环境卫生整治。再次,积极推进垃圾分类试点工作，进一步规范垃圾分类收集的操作标准。

【村级财务管理】 2016年并村改革前期,由张谷英镇纪委牵头,组织财政、经管骨干力量,对全镇原47个行政村1个居委会的"三资"进行了清查和整理，账面余额35.8万元，实际现金余额18.2万元，实际现金余额已于6月底前全部存入村账镇代管中心专用账户；固定资产和集体资源全部进行造表登记并责任到人，进一步规范了"三资"管理。

【社会稳定工作】 张谷英镇派出所共破获各类刑事案件10起,查处治安案件36起，盗窃案件1起,追回被盗摩托车一辆,行政拘留21人，捣毁吸毒窝点2个,强制戒毒2人,社区戒毒6人,接出警100余起，有效地打击和震慑了犯罪。张谷英镇司法所大力开展矛盾调处工作，全年共调处各类矛盾百余起，有效防止社会矛盾的激化。

(刘小雨)

杨林乡

党委书记	程立斌
副书记、乡长	陈登高
副书记	许陆军
人大主席	刘一标
政协联络办主任	余艳智
纪委书记	孙朝晖
党委委员	黄加宝
	王　会
	罗　默
副乡长	欧阳玲芝
	罗　默
人大副主席	黄加宝
党政办主任	袁　礼

【概述】 杨林乡位于岳阳县中心腹地,新墙河上游,共辖8个行政村,286个村民小组，土地总面积85.96平方千米，耕地面积2625.3公顷(其中水田2496.6公顷,旱地128.7公顷)。2016年全乡共有人口3.4万,人口出生率13.16‰。人口自然增长率6.3‰。杨林乡是传统农业乡镇,主要农副产品产量：稻谷19596吨、玉米788吨、豆类203吨、马铃薯2136吨、红薯165吨、水果2593吨、花生221吨、棉花158吨、油菜747吨、茶叶54吨、生猪52522头、乳鸽2218万羽、水产品1426吨。

2016年杨林乡按照年初制定的"打造'富硒'杨林,全面建成小康社会"的奋斗目标,深入推进农产品加工强乡、农旅结合兴乡、品牌创建立乡三大战略，推动杨林经济社会发展，圆满完成乡党委人大政府班子换届，成功创建了省级文明乡镇。社会大局和谐稳定。全力推进了社会治安综合治理,全力打击了违法犯罪,全力化解了各类社会矛盾，大力开展了禁赌禁毒工作,全乡刑事案件、治安案件发案率同比分别下降38%和27.8%，信访量同比下降50%,社会风气明显好转，人民群众的安全感明显增强。农业发展成效显著。杨林乡支持开发特色富硒农产品,形成鸽业、水稻、生猪、土鸡四大特色产业，规模效益逐步显现。重点扶持全民鸽业、幼雄水稻、宏润水稻、盛源林业、新祥和牧业等,鸽王天下、杨林老母鸡店开到了县城和岳阳市区，成功打造了"岳洲"和"微润"富硒米、"湘锦玉"乳鸽、"颐神源"鸽蛋、"林之润"富硒土鸡和土鸡蛋等品牌农副产品,进一步促进农业增效、农民增收。民生保障全面落实。发放临时生活困难救助资金9.44万元,大病医疗金18.88万元、危房改造资金76.7万元；对全乡低保户、五保户信息开展全面核查,取消不符合低保条件的65人;及时为生病住院的优抚对象办理医疗救助36人次，申请大病救助89人次；申报基本养老服务补贴对象116人，解决贫困失能老年人后顾之忧。

村容村貌大有改观。深入开展乡村环境卫生综合整治工作，实现了保洁机制日常化和常态化，在白泥等6个村进行垃圾分类减量试点工作，形成了环境卫生整治长效机制，全乡环卫水平稳定提升；加快美丽乡村建设，推行“三鼓励、四禁止”，进一步规范村民建房，大力开展村庄整治，村庄居住环境明显改善；严格执行禁违拆违治违工作，禁违工作获评全县先进。

【党建工作】 认真开展“两学一做”活动。首先是活动安排紧张有序。每个阶段都作了学习计划安排表。机关支部每周一例会诵读党章，布置本周的学习任务，每个季度请领导、教授讲一堂主题党课，每个党员写一篇心得，召开一次主题座谈讨论会。村、部门支部规定了要召开支部委员会，进行阶段“两学一做”的研究布置，召开党员大会进行动员安排，召开党小组会进行学习讨论。其次是务求实效。一方面要求每名党员干部联系贫困户，做好本职工作。另一方面抓严管理。结合党员日常记实管理和分类量化考核，对党员行为业绩做到了管在经常，严在日常。通过树立正反两方位的典型，抓严抓实日常管理，把合格党员的标准亮出来，把党的纪律要求严起来，确保了全乡党员干部队伍言行有标杆，行为有戒尺，心中有担当，肩上有责任。

【合村工作】 按照“着眼大局、着眼长远，尊重历史、尊重风俗，注重现实、注重民意”的工作思路，把全乡25个村合并成8个村，并且以各村村干部自己酝酿为主，产生明确了8位临时工委书记，组建了临时工委班子，各个大村逐步走向合心、合智、合力，工作进展顺利，运转正常。

【创建省级文明乡镇】 2016年杨林乡全力创建省级文明乡镇，旨在进一步让文明意识潜移默化地在群众的思想中扎根。一是丰富群众文体活动。成功举办“欢乐潇湘·幸福岳阳·秀美巴陵·富硒杨林”百姓大舞台群众文艺大会演晚会；组建杨林城山广场舞蹈队，在县里参赛获得好成绩；二是做好先进典型评选推荐，用身边的好人好事和榜样的力量来教育人、鼓舞人、带动人。发掘身边的好人线索30多人次，向县宣传部进行了推荐。向县委宣传部推荐出孝友之村1个、孝友之星12名、孝友之家5个。三是深入开展志愿者活动，成立了扶贫帮困志愿者服务队，先后在中小学、集镇、溪源等村举办了8次法律服务活动，倡导懂法律、讲文明、讲卫生、讲节约。11月底在创建省级文明乡镇检查验收中获得检查组的好评。

【水上乐园项目建设】 水上乐园项目是岳阳县重点招商项目，选址在杨林乡四龙村和红阳村范围，共用地约12.26公顷，投资1.5亿元。乡党委政府成立指挥部全力推进，按县定任务于4月完成土地征收；全面协调，到9月已基本完成项目建设，其中土建、绿化、强弱电、取水排水、围墙舞台、设备安装等工程均已完工。

【杨林河河道整治】 杨林河干流总长17千米，流域面积64.9平方千米，该项目将综合治理河道14.06千米、疏浚4.5千米，清障2处、山塘清淤加固24处、水系连同沟渠整修13.84千米、堰坝改造11座等，惠及杨林乡和平、城山、兰泽等11个村，目前工程已全面完工。

【蒙华铁路征拆】 蒙华铁路经过杨林乡红阳村、四龙村、崩山村，全长4.7千米，S312线降坡改造1.3千米，境内有红阳货运站一处。杨林乡党委政府精心组织，把握政策，理清思路，积极协调，搞好征拆工作。始终坚持一把尺子量到底，一个标准行到底，一套人马干到底，做到了阳光征拆、依法征拆。2016年4月全部完成了22.44公顷土地与青苗征收工作，6月全部完成了256座迁坟任务，9月组织拆除全部违法建筑31处27000平方米，10月全部完成了38处11384平方米合法房屋的征收及拆除工作，项目推进较为顺利，没有发生一起恶性阻工事件，没有发生一例损害农民利益的现象。

（方　茜）

步仙镇

党委书记　毛　鸥
副书记、镇长　汤少文
副　书　记　刘庆华
人大主席　卢亚军
纪委书记　陈群风
党委委员　万　群
李佑军
李忠耘
王建平
副镇长　龙光宇
人大副主席　李忠耘
党政办主任　余　谦

【概述】 步仙镇地处岳阳县东南边陲，东临平江，西接汨罗，国土面积104.1平方千米，耕地面积1711.5公顷，其中水田1565.6公顷，旱地146.5公顷，山林面积7333.3公顷。全镇自2016年撤乡设镇并村改革后辖9个村，311个村民小组，人口35099人。其中农业人口34119人，非农业人口980人，人口出生率为15‰，人口自然增长率为8.8‰。主要农产品产量为：粮食1.8万吨，生猪出栏8万头，鸡、鸭、鹅、鸽子等禽类90万羽，水产品300吨。

2016年，在县委、县政府的正确领导下，步仙镇紧紧围绕“项目支撑、城镇带动、产业富民、多措兴镇”的发展战略，以开展“两学一做”活动为契机，以全面从严治党为抓手，着力抓好农业生产、项目建设、精准扶贫工作等重点工作，实现了全镇经济、社会各项事业平稳发展。2016年全镇实现地区生产总值8.74亿元，同比增长8%；完成财政总收入1440万元，同比增长10%；完成国地税收入140万元；农民人均可支配收入达11420元，同比增长8.5%。

【农业工作】 以农业结构调整为重心，落实早稻集中育秧秧田面积60公顷；五关、胡兴、辛淑20公顷绿肥示范基地和松溪百亩油菜示范基地顺利通过了县级验收；松溪村文昌组被定为国家粮食监测点，实现了监测点“四个全覆盖”；以松溪、关王为示范片，积极创建“绿色高产高效”示范乡镇，经田间测产和实际测产，平均亩产498.6千克，示范效果显著；抓好农机补贴工作，全年共补贴购机农户162人，补贴金额70余万元；积极培育创建66.6公顷以上种粮大户2户、33.3公顷以上合作社1户、13.3公顷以上种粮大户1户，申报家庭农场3个，创建农机专业合作社2个、农机示范户10个，其中岳禹合作社、建农合作社成功获评省先进农机合作示范社；积极扶持农机合作社发展，为岳禹水稻专业合作社的一体化钵毯暗室育秧项目争取扶持资金40余万元，为建农农机合作社的高速插秧项目争取扶持资金8万元。

【项目建设】 截止2016年年底蒙华铁路红线内的合法房屋征拆、坟墓迁移、经济林补偿都已基本到位，净地移交率达到了90%，蒙华铁路项目进展顺利。2016年重点引进的20兆瓦农光互补分布式光伏发电项目于2016年8月30日在步仙镇东岳村成功奠基，整体建设情况来势看好。安全饮水工程2016年继续投资60万元，完成水厂管网延伸至付胜村，管网铺设延长3200米，安全饮水惠及全镇16000余人

【综治安全管理】 社会治安综合管理不断加强。以创新社会管理工作为总抓手，加大排查调处矛盾纠纷的力度，努力抓基层创建工作，加强信访综治维稳工作中心建设，截至2016年年底，全镇共调解案件80余起，回复“12345”公众服务热线督办单195件，回复满意率达95%，努力将矛盾纠纷化解在基层。安全生产综合整治常抓不懈。继续加大安全生产监管力度，严防重大安全生产责任事故，与企业、村签订了安全生产责任状，将安全生产纳入对村级考核“一票否决”范围。对全镇校车、非煤矿山、加油站、烟花鞭炮市场进行了8次专项检查，关停1家采石场，及时化解了各类安全隐患，全年未发生一起重大安全事故。

【社会民生事业】 重视新农保和新农合工作，提高新农合、新农保参与比例，2016年，新农合、新农保参保人数分别达33232人、15930人，实现了新农保和新农合的全覆盖。加快推进民政信息化建设，针对各类民政对象全面构建规范、完整、动态的电子台账，争取一切政策和资金对全镇的

“五保户”、低保户、贫困户、生活困难群众进行扶助。推动文化事业发展，投入20万元，为文化站更新相关设施；积极组织参加县级广场舞比赛，开展步仙镇全民健身广场舞比赛，成功举办“欢乐潇湘·幸福岳阳·秀美巴陵·和谐步仙”百姓大舞台群众文艺晚会，丰富了群众休闲生活。认真开展计生优质服务工作，加强宣传力度，促进了计生工作全面发展。2016年争取危房改造项目155户，发放农村困难户住房补助款139.4万元。扶持教育事业发展，加大投入，争取项目资金近400万元，完成付胜小学40套周转房项目建设，对中心学校、凤凰中学等学校办学条件进行了相应规模的改善，2016年县一中录取40人。新装户户通900户，解决了全镇无有线区域的用户长期无法收看广播电视的问题。

【撤乡设镇】 2016年1月8日，在步仙镇党委、镇政府共同努力下，经上级相关部门批准，步仙乡撤乡设镇成立步仙镇，这是步仙发展史上的一个重要里程碑，有利于进一步集中人力物力财力，加快城镇建设，促进产业集聚，增加群众收入，为步仙的经济社会发展提供更加广阔的舞台和空间。

【建制村合并】 为顺利推进建制村合并工作，步仙镇立足镇情实际，围绕全面深化农村综合改革这条主线，以“精简、效能、统一”为目标，严格按照“三个有利于原则”，将原有21个行政村撤并为9个建制村，减幅达57%。为保障过渡期工作的顺利开展，重新制定了联村干部名册，按联点领导、党建、行政三类为每村明确了3名分工明确的联村干部，强化了队伍保障，并村工作进展顺利。

【党建工作】 一是厘清各级责任，严格党员管理。一方面，出台《步仙镇党建工作责任清单》。要求各岗位依照自身责任清单，切实履行职责；另一方面，严格党员管理，开展党员组织关系排查，对失联党员进行集中处置，同时加大对违纪违法党员的处置力度，对9名党员进行立案调查。二是落实规定动作，打造示范亮点。一方面落实“两学一做”规定动作，开展“四讲四有”专题讨论、开展党员存在的问题自查自纠，落实基层党建七项重点任务和三项重点工程。另一方面打造步仙湖村、新合村等党建示范点，以点带面，提升全镇党建水平，组织全体机关部门干部、村干部和“两代表、一委员”集中参观步仙湖村党建示范点，取得积极的宣传引导效果。三是加大投入力度，突破重点难点。针对远程教育站点落后的问题，镇财政对每个站点投入12000元，配齐电脑、投影仪、音响、打印机，并开通宽带；针对北斗岭村村级阵地破旧的问题，投入10万余元，将北斗岭村村部重新进行翻修，村级阵地已达到党建示范点要求。

【美丽乡村建设】 自石美村被列为全县美丽村、村庄整治示范村后，步仙镇以打造全镇亮点为目标，采取积极争取县、乡两级项目和资金支持，发动贤达人士献计献策、鼓励村民筹资筹劳等方式共整合项目资金162万元，拆除破旧空心房屋21户，2300平方米，新建和改造17户，1600平方米。投资40余万元，对1100余米主干道路进行拓宽、硬化；投资20余万元，新建、改造排水管网1800余米，基本实现雨污分流；投资40余万元，对道路、村庄进行绿化亮化，共新增路灯15盏，增加绿化2100平方米；投资30余万元，新建一个2300平方米的景观休闲广场。2016年石美村再获市级秀美村庄荣誉。

【20兆瓦农光互补分布式光伏发电项目建设】 步仙镇20兆瓦光伏发电项目是由南通欧贝黎新能源电力股份有限公司投资建设，项目占地面积约33.3公顷，安装容量为20兆瓦规模，总投资约为1.6亿元，预计年均发电量2019万度，年均收益约2000万元，2017年实现并网发电。该项目作为步仙镇2016年重点引进的项目，已完成36.67公顷承包土地租金协议、市县发改委项目批复、基础设施前期施工合同、主体工程开工方案，并于8月30日成功奠基。该项目属于节能环保项目，能够减少废气排放，做到农光互补，同时能综合利用土地，提升土地综合利用价值，对优化步仙镇能源结构，促进节能减排，带动全镇生态农业、养殖等相关产业的转

型，增加农民收入、创造新的就业机会具有十分重要的意义。

【精准扶贫工作】 一是全面完成了扶贫对象精准识别情况的回头看。通过分村走访摸底，召开党员及群众代表会对扶贫对象进行了一次重新核实，共替换扶贫户44户。二是进一步做实了结队帮扶工作。由9名班子成员，每个人负责一个新合并的大村，村里的每个片区由2~5名镇村干部联系，每名干部负责10户左右进行结队，走访。三是帮扶措施精准多元。全年共落实扶贫户"危房改造"项目42户，落实项目资金56万元；落实扶贫户免息贷款81户，发放贷款资金393万元；新增7名"雨露计划"扶持对象；积极实行"党支部+合作社+贫困户""合作社+贫困户""企业+贫困户"等新型合作模式，与凤凰好运来养鸡专业合作社、关王村岳禹水稻合作社、步仙湖村光伏发电企业等单位对接，发展相关扶贫项目，积极扶持石龙村乡里香菇扶贫基地发展，变"输血"为"造血"，带动贫困户实现增收脱贫。

（童普）

柏祥镇

党委书记　周代建
副书记、镇长　吴　进
副书记　刘　盟
人大主席　戴永红
纪委书记　李简政
党委委员　姚飞梁
　吴红波
　姜宗干
　黄飞龙
副镇长　姚飞梁
　许志敏
人大副主席　黄飞龙
党政办主任　陈萧林

【概述】 柏祥镇地处岳阳县中南端，辖8个行政村，1个居委会，350个村民小组，总面积102.53平方千米。其中山林面积4466.67公顷，耕地面积2533.33公顷。全镇共有人口35058人，其中非农业人口2832人，人口出生率13.11‰，柏祥镇地处丘岗，属亚热带大陆性湿润气候，适宜多种经济作物生长，具有粮食生产和生猪生产的传统优势。2016年，全镇稻谷产量27545吨，出栏生猪178408头，农民人均纯收入1.56万元。2016年，全镇固定资产投资总额达9.8亿元，同比增长18%；财政总收入2645万元，同比增长10%；全镇居民人均可支配收入达到13245元，同比增长8.8%；全面小康实现程度提升至89.9%左右。强化安全生产监管，安全生产事故实现零目标，吉福星炮厂有序退出，被评为全市安全生产示范乡镇。

【民计民生事业】 严格执行农村各项支农惠农政策，提高新农合、新农保参与比例，逐步实现了新农保和新农合的全覆盖，全镇15123人参加城乡居民养老保险，5786人领取了养老金；严格程序、严格把关做好农村低保、"五保"供养的评议、审核工作，并积极争取了县民政局等部门的重视，做到了应保尽保；扎实开展精准识贫、精准扶贫、精准脱贫，加强与相关部门联系对接，积极争取产业扶贫、教育扶贫和金融扶贫等措施，做到了扶贫对象"两不愁，三保障"，完成了年度脱贫目标任务。

【基础设施】 以项目为抓手，将新农村建设与农业基础设施建设相结合，大力实施"一事一议"财政奖补、水库除险加固、电力整改提质、农村饮水安全等工程，累计拓宽道路6千米，疏浚渠道9千米，完成水库除险加固9座。深入推进农村环境整治，以规范村民建房、开展村庄整治为突破口，通过破旧空心房拆除重建、房屋修缮加固、雨污分流、绿化、亮化、危房改造等措施，改善群众居住环境，基本实现镇村卫生保洁常态化，集镇农贸市场完成改造升级，群众生产生活环境明显改善，镇村面貌焕然一新。

【精准扶贫】 2016年，柏祥镇把贫困群众作为全面小康的关键人群，把扶贫攻坚作为全面建成小康的关键举措，聚焦困难村组、紧盯困难人群，严格按照政策规划与目标要求完成了扶贫攻坚任务。通过农户申请、民主评议，公示公告，乡镇核查，建档立卡确认扶贫对象。整合资源，"责任到人"破难题。县、镇、村三级干部与188户建档立卡贫困户结成帮扶对子，帮扶责任人进村到户帮扶。创新举措，"形成合力"出实效。采取有的放矢的扶贫措施，解决群众实际困难。对35户农村建卡贫困户实行危旧房改造。通过政策“兜底”扶贫。将231户303个贫困生纳入教育助学;金融扶贫上,发放贴息小额贷款204万元。

【产业发展】 充分发挥柏祥由来已久的种养传统，加大山林开发力度，加大对农业基础设施的投入,大力调整农村经济结构,推进农业产业化经营。同时,大力发展林下经济，逐步构建以深圳文科为龙头的园艺苗木基地；以蒋谓雷公藤、俄咀绿源栀子为代表的药材基地;以原赵李、四知沿线为主的油茶基地。特别是国务院对农村土地实行“三权分置”为契机,全镇土地集约化、专业化经营产生更大的效益。通过县政协关心支持打造四知冬枣种植基地4.66公顷8000株,计划新增8公顷13000株。进一步做大“菜篮子”巩固“米袋子”,丰富“果盘子”,打造“乐园子”,促进农业向“精、特、优、强”转型。

【公共安全管理】 抓好“安全生产日”和安全宣传等活动，发放5000册宣传资料。落实安全生产“党政同责、一岗双责、失职追责”和属地管理制度。加强安全生产应急救援体系建设，加大安全生产保障能力建设投入，督促企业落实安全生产主体责任。开展了防汛抗灾巡查与火灾隐患排查，安全生产大检查，食品安全专项整治等工作,抓早,抓小,有效消除安全隐患。积极配合县政府启动炮厂退出方案,12月9日顺利完成吉福星炮厂退出协议签订。

（陈萧林）

新墙镇

党委书记　杨　盛
副书记、镇长　周立雄
副书记　张　磊
人大主席　朱雄光
政协联络办主任　彭文荣
纪委书记　周满六
党委委员　黄细波
　李志宏
　刘　衍
副镇长　袁　明
　陈湉晴
人大副主席　李志宏
党政办主任　黄双薇

【概述】 新墙镇因商贸发达,古有“小汉口”之称,地处岳阳县城东部,新墙河畔。京港澳高速、107国道纵穿南北,荣公公路、岳荣新公路横贯西东,交通便利,区位优势明显，是岳阳县向东发展的桥头堡和窗口单位。全镇总面积76.87平方千米,现辖7个村,2个居委会,总人口3.50万人,非农业人口2704人，人口自然增长率7.3‰。境内资源丰富，耕地面积2400公顷，山地面积3166.66公顷,水域面积1120公顷,其中集镇建成区面积2.2平方千米,主要农产品产量:稻谷25980吨,葡萄种植面积375公顷,挂果9000吨,砂石、高岭土资源储备丰富。

2016年，新墙镇党政领导班子团结带领全镇干部群众，齐心协力,攻坚克难,经济社会等各项事业呈现出良好的发展势头,成果喜人,在县脱贫攻坚、社会治安综合治理、计生、美丽乡村建设等考核中新墙镇被评为优秀乡镇，党建工作也得到市县领导的高度认可，特别是民调工作取得了全县第一的好成绩。

经济实力在整体推进中不断增强。新墙镇长180米的新富路已投入使用,长570米的新梦路等原国税分局搬迁拆除后即将拉通，形成“三纵两横”的集镇格局,107国道与岳荣新公路连接匝道已实现通车,建筑面积18000平方的铁山南灌所项目即将全面营业,建筑面积20000平方米的亿豪尚品城2期部分门店已开门营业,集镇框架被进一步拉大。为了拓宽葡萄销售渠道，新墙镇8月18日成功举行了“岳阳市首届中华礼仪友善文化节暨2016年新墙镇葡萄采摘节”,吸引了2000余名各地游客，销售葡萄10000余千克,休闲旅游产业带动效应明显。

民生福祉在夯实基础中稳步提升。整治再推进。2016年清水村和双枫村继续推进村庄整治,其中清水村拆除破旧空心房16栋,修缮加固73栋,新建41栋;双枫村拆除破旧空心房10栋,修缮加固45栋，村庄面貌焕然一新,两个村均通过了县级村庄整治验收。水平再提升。投入38万元,将清水村谈周片2200米道路拓宽;投入80万元,配套清水农庄休闲设施,新建游泳池;投入300余万元，将清水村至双枫村1500米村级道路拓宽；投入36.6万元，双枫村新建1500平方米的休闲广场，投入60万元，将双枫村2000米道路拓宽硬化，新农村建设成效显著。保障再提高。2016年，共发放各项困难补助资金达460余万元，其中农村低保1006人、120万元；农村“五保户”322人、135万元；残疾人困难救助836人、85万元；困难家庭危房改造159处，补助资金120余万元。

社会大局在铁腕整治中和谐稳定。2016年，新墙镇大力开展平安创建活动，不断增强社会治安防控能力，加强矛盾纠纷排查调处工作，全年来，共排查调处矛盾纠纷126起，处置突发性事件9件次，司法所接受监管社区矫正人员32人。派出所共接处警635起，其中共受理行政案件126起，刑事案件48起，各类纠纷和群众求助461起，查处违法人员96人，其中逮捕直诉16人，强制隔离戒毒6人，治安拘留55人，抓获网上逃犯6名。确保了全镇社会稳定，群众安居乐业，有力地促进了新墙镇经济社会的和谐稳步发展，在2016年全年综治民调中取得全县第一名，派出所在市、县两级派出所满意度调查中排名第一。

【路域整治】 成立新墙镇路域环境综合治理领导小组，主要对沿线摆摊设点、占道经营、非公路标志标牌、车辆乱停乱靠、违法建筑及建设等集镇违法乱象进行打击。通过集中整治行动，新墙镇集镇占道出店经营、流动摊点等现象已杜绝，经营秩序明显好转。

【集镇建设】 2016年，新墙镇加大棚户区改造力度，投入资金4700多万元，共拆除270户，涉及建筑面积12706平方米；将集镇上10余栋破旧房屋拆旧建新；投入资金100多万元，新建垃圾中转站，添置50个垃圾转运箱，3台转运车；全面实现了街道硬化、绿化、亮化和配水管网建设，集镇功能不断完备，初步形成了建设规模化、设施配套化、环境园林化的新型集镇。

【扶贫攻坚】 2016年，新墙镇在全镇各村落实了危房改造20多户，扶助贫困户家庭子女就学248人，金融贷款帮扶资金已达160多万元，大病医疗救助扶贫4人，发展葡萄种植、特色蔬菜种植和生猪、鸡鸭等种植养殖大户一百多户，全年共计发放扶贫帮困资金40余万元。实现2016年现有建档立卡贫困人口预脱贫215户710人全部脱贫。

【新型能源建设】 2016年，进塘村枫树湾沼气能源园承建了“国家规模化生物天然气工程试点项目”，该项目已投入6000多万元，投产后，可年产生物天然气388万立方米、生物有机肥18万吨，可新增就业岗位60个，带动就业岗位300多个。同时，该项目的建成，将有效解决新墙镇周边地区规模化养殖所带来的环境污染问题，并为葡萄产业发展提供“营养液”，做到废物再利用，实现了发展养殖业和开发新能源的有效循环，为新能源建设再添动力。

【基础设施建设】 2016年，新墙镇已经实施的“一事一议”项目达到22项，累计涉及资金达到119万元，还有28万元项目正待实施。交通建设方面，完成道路硬化8470米，新增道路2000米，道路“白改黑”860米，道路拓宽9600米；水利建设方面，完成18口山塘清淤护砌，新建起闭闸2个，新修渠道2700米，渠道清淤护砌9450米；电力建设方面，新增变压器2台，新增太阳能路灯637盏；安全饮水方面，完成全镇自来水主管道铺设工程，高桥、金桥、双港、清水新增120余户居民入户；投入14.5万元，完成马形村8000米自来水管道铺设；投入60余万元，实现贫困村袁岭村130户群众自来水入户全覆盖。

【精神文明建设】 7月29日，新墙镇举办“快乐潇湘·幸福新墙”百姓大舞台，为新墙人民奉献了一场视觉、听觉盛宴，同时，还积极组织部门、村参加“欢乐潇湘·幸福岳阳·秀美巴陵”群众文艺大会演活动。9月，积极响应上级部署，积极开展“孝友之家”评选活动，发掘了一批诚实守信、尊老爱幼、家风淳朴的文明家庭，将他们的事迹进行宣传，无形中为文明创建助力。11月9日，选送的向阳花文艺队在岳阳县第三届广场舞大赛中获得三等奖。丰富多彩的精神文化活动，为新墙镇铺就了一条通向精神文明建设的康庄之路。

【教育工作】 新墙镇投入306万元,启动新墙中学学生礼堂、厕所及厨房建设工程;投入60万元,在三合小学开展运动场平整、绿化和门头改造;投入230万元,启动新墙小学附属幼儿园建设工程;投入80万元,完成中心小学门头和围墙外移工程,新建文化长廊,硬件设施的完善,为师生提供了良好的就学环境。学生们也以优异的成绩回报学校,新墙镇中心小学参加全市小学生足球赛并打入决赛圈,是全市唯一一所打入决赛圈的乡镇球队,排名全市第七位。

【换届工作】 新墙镇党委政府十分重视人大、政府换届工作,以高度的政治责任感做好县、镇党代表和人大代表的选举工作,严格按照上级关于换届工作的具体要求落实,严肃换届纪律,确保了换届工作风清气正,顺利实现了组织意图,圆满完成了人大、政府换届工作。通过换届,新墙镇调整6名负责干部,领导班子结构进一步优化,干部素质进一步提高,领导核心地位进一步加强。

（冯　敏）

长湖乡

党委书记　童　铮
副书记、乡长　王四平
副书记　李海鸣
人大主席　周三波
政协联络办主任　冷清波
纪委书记　胡德意
党委委员　吴建军
　袁　雁
　冯荣保
副乡长　吴建军
　姜新伙
　戴燎云
人大副主席　袁　雁
办公室主任　彭六良

【概述】 长湖乡地处岳阳县正南部,和汨罗市大荆镇接壤,辖31个行政村,402个村民小组,10806户,4.2万人,其中非农业人口1300多人。全乡总面积119平方千米,拥有耕地面积2533公顷,全乡5大水系、8条支渠、13座小型水库灌溉全乡,总库容达500万立方米,可利用水面213.33公顷。京珠高速和107国道南北贯穿全境,交通区位优势明显。

境内资源丰富。山林面积5866.67公顷,林木开发利用率高。高岭土资源丰厚,探明矿藏涉及5个村,储量在1500万吨以上,是县建材工业园的资源宝库。粮、油、豆、茶、菜、果、鱼、禽等物产丰富。特色产业逐渐成为现代农业的支柱产业,全乡优质水稻年总产量4万吨,长湖优质无籽西瓜年总产量200万千克,2016年出栏生猪14万头,年出笼鸡鸭鹅苗2000余万羽,全乡农业产业结构调整呈现新格局,年人平纯收入达14960余元。

2016年,全乡上下在县委、县政府的坚强领导下,团结拼搏,锐意进取,实现了长湖社会大局和谐稳定、财政收入大幅增长、民生建设长足改善、乡村面貌日新月异、全乡经济社会呈现出健康发展的强劲势头。集镇全面实现"五化"工程;乡、村道路硬化建设全面完成,乡、村累计已硬化道路达200千米。整合教育资源,实施教育布局调整,投入资金1000多万元,对原有三所中学的教育行政、教师队伍、硬件资源和学生资源进行了科学组合;计划生育确保了人口计划,稳定了低生育水平,并不断完善利益导向机制,优化工作环境,迎接省市县检查验收顺利过关,稳居全县一类乡镇之列;社会大局和谐稳定,全年无群访、集访、越级访;民政救助、医疗卫生、养老保险等社会事业蓬勃发展,普惠群众。2016年卫计工作和无害化收集点工作获全县第一,控建拆违工作获全县二类乡镇第二名,精准扶贫获全县第四,民调工作获全市第三。

【党建工作】 一是大力夯实党建基础。加大阵地建设投入,2015年乡财政在非常有限的情况下投入20多万元,重新对10个大村党建阵地进行全面完善,党建软硬件标准得到全面加强,加强了党员干部教育,增强了村组织活力,提高了村组织战斗力。二是深入听取群众意见。全面深化"两学一做"学习教育活动,集中开展了对党章党规、习近平系列讲话的学习讨论和全体党员抄阅党章活动。党员结对联系群众、党员干部下基层,入农户,了解民生,倾听民意,解决问题。三是加强党员服务意识。所有党员在党组织领任务，就环境整治、邻里和谐、公益事业、产业发展等各尽所能，并公开承诺，接受党内和群众评价，作为党员民主测评重要内容，在为群众服务中体现党员的价值。2016年，评出一批优秀党员和极少数不合格党员。

【集镇建设】 2016年，长湖乡投资100余万元对集镇下水道管网进行改造；投资200万元，对集镇南路电网进行改造；投资180万元的范家路2016年年底已通车；投资380万元的集镇中心幼儿园主体工程已完工；集镇新增垃圾箱10个，垃圾清运车一台，集镇面貌焕然一新，集镇居民生活质量环境大大提升。

【项目建设】 投资5000万元的湖南普为特运动用品有限公司办公楼和商住楼主体工程已竣工；投资1000余万元的中心卫生院整体搬迁至集镇项目已立项，并开展前期工作；投资600万元的二期公租房主体工程、绿化、围墙、门头、院子硬化等附属设施已全部完工，目前已经入住。公租房前人行道完成了绿化、硬化、亮化的建设，林业、农推中心、国土、市场监督管理四个部门搬进办公。投资400万元的安全饮水工程主管网铺设已全面完成，集镇自来水管网全面改造的项目已全部完工，并喝上了干净安全的铁山水。投资50万元的病死畜禽收集点2016年5月已投入使用。投资100万元的范家垃圾中转站已投入使用。

【产业发展】 长湖乡是省定的粮食生产整建制推进乡镇，乡政府进一步完善基地基础设施建设，投入100余万元开展沟渠疏浚，大力培育合作社，成立水稻种植合作社8家，农业机械专业合作社2家，大米加工厂4家，水稻种植大户350多户，同时加强技术指导，特别是集中精力大力推广集中育秧技术和优质稻连片种植，旱坪、新许、湖头、自强、松山、范家、高家、断塘8个村666.67公顷粮食高产示范片进行统一品种、统一育秧、统一播种、统一病虫防疫规模化种植，规模化效应初步显现，农民增收效果明显。全乡近200公顷油茶，正渐成规模。投资5000万元的普为特项目建成后，可安排就业300人，完成税收100万。投资2600万元光荣加油站，投资2000万元的范家加油站，2016年已相继投入运营。

【维稳工作】 全乡年投入维稳经费50余万元，全力支持派出所、司法所开展打击地痞地霸、涉毒涉赌、“两抢一盗侵财犯罪”违法犯罪行为，2016年侦办收治重症病等贩毒人员3名，逮捕公诉其他贩毒人员4人，强制戒毒18人，涉毒犯罪得到了有效遏制；逮捕公诉涉赌（地下六合彩）犯罪人员3名；逮捕公诉侵财人员4名；全年共妥善调处矛盾纠纷163起，破获刑案19起，办结行政案件47起，行政拘留56人，逮捕公诉15人，为群众挽回经济损失200余万元。2016年，全乡民调排名全市第3位。同时，开展打击违法建设、违法生产、违规作业等专项行动，增加人民群众安全感。进一步完善社会保障体系，城乡居民医保、新型农村社会养老保险参保率超98%；加强食品药品安全监管；落实计划生育“三个不变”“四个到位”“四个服务”方针，确保人口计划，提高人口素质。

【民生建设】 投资304万元的8座小（2）型水库除险加固工程已全面竣工，投入运行。粮食高产创建区新增粮食产能项目投资300万元，将完善大仙、旱坪、范家3个村的水利设施。白羊和新许两个村的现代农业项目，投资200多万元。投资640万元的小农水项目，主要对白羊片和燎原、民主等8个村的渠道、机埠、山塘进行加固改造，预计2017年5月全部通过验收。2016年，长湖乡根据贫困人口识别标准修改完善贫困农户670户2056人，同时根据实际情况制定帮扶措施，全乡贫困户中产业发展760人，医疗救助245人，教育助学73人，社会兜底954人，危房改造269人。大力开展金融扶贫，对有劳动能力和产业项目的扶贫对象，通过信用社，办理小额贷款30户，已发放贷148万元，促进扶贫对象增收脱贫致富。

【乡村环境整治】 2016年，全乡环境卫生整治累计投入60余万元，完善环卫基础设施和环境卫生整治考核办法，全乡环境卫生整治长效机制基本建立，严格兑现奖惩，同时开展了一系列行之有效的大整治活动，效果非常明显，集镇、各屋场及各村主干线可视范围无成堆垃圾、无污水横流、无乱搭乱建、乱堆乱放现象，乡村环境大为改善，面貌焕然一新。

（彭六良）

黄沙街镇

党委书记	吴旺兴
副书记、镇长	费时铭
副书记	鲁　伟
人大主席	梁拥军
政协联络办主任	秦　毅
纪委书记	王　庆
党委委员	刘　勇
	方　魁
副镇长	彭　会
	刘　勇
	毛爱民
人大副主席	方　魁
党政办主任	胡　云

【概述】 黄沙街镇东抵107国道，西频洞庭湖，南接汨罗市，北枕岳阳县城，京广铁路、武广高铁、S201线公路及正在开工建设的岳望高速公路都穿镇而过，具有得天独厚的地理、交通区位优势，是岳阳县的南大门，自古就有“小长沙”的盛誉。1996年，原黄秀乡、大明乡并入黄沙街镇，镇域总面积129.4平方千米，耕地面积3.15千公顷，其中水田2.4千公顷，旱地0.75千公顷。现辖13个行政村、1个居委会、2个渔场和1个林场，总人口5.4万，其中非农业人口0.8万人，镇区常住人口近1万人。2016年，农民人均纯收入14902元。

民生保障达到新高度。投入2000多万元的自来水厂和管网延伸工程进入倒计时运营阶段，待G240沿线主管移位完工即可供水，将彻底解决2万多人饮水不安全和集镇水压不足的双重矛盾；投入300多万元的图书馆项目已竣工开放，为在校学生和全镇人民群众拓宽知识视野、培养学习兴趣、陶冶情操提供了平台，黄沙街镇成为全县唯一拥有图书馆的乡镇。

经济指标实现新增长。2016年度，全镇实现工业总产值8.37亿元，同比增长37.9%，农业总产值5.34亿元，同比增长9.65%；全社会固定资产投资完成9.08亿元，同比增长10.06%；人均纯收入达到14902元，增长12.99%。

社会管理实现新突破。一是集镇建设不断加强。镇党委政府着力完善集镇功能，改造农贸市场，强力推进农贸市场功能分区，充实城建环保工作站力量，协调县交警大队经常整治集镇车辆乱停乱靠行为，管理职能进一步发挥，交通秩序明显好转。二是新农村建设日新月异。县镇村三级用于环境卫生整治经费每年达到120万元，全镇有固定保洁员150多名，村组环境卫生比过去有了质的提高；再茂村引进投入400多万元改善人居环境，迎接了省级“百岁健康村”的验收，有力引领了新农村建设。三是规划控建监管有力。今年来，我们紧抓G240沿线的控建，加大控违拆违治违力度，狠抓危房改造示范点建设，严格执行“三鼓励，四禁止”规定，规范农村居民建房，强制关停3处非法采砂场，严密监控3处高岭土盗采点，为镇域可持续发展奠定坚实基础。

项目建设取得新进展。黄沙街镇确保一个项目一套班子协调、一名负责干部牵头、一个标准公开、一个方案抓到底的原则，全力以赴服务重点工程项目建设。岳望高速在黄沙街镇路段有14.2千米，共征拆土地82.73公顷，房屋70栋，目前所有征拆任务均已完成；G240拓改在我镇路段有12.33千米，共征拆土地26.07公顷，红线内房屋14栋，目前土地征拆已全部完成，拓改工程建设如火如荼，依法保障了人民群众的合法利益，创建了岳阳县、黄沙街镇两级征拆工作典范；台创园共征地126.13公顷，已交付使用65.47公顷，剩余土地等国土、林业等部门手续办妥后，均可交地。

精神文明建设取得新成效。重点开展了社会主义核心价值观的宣传和教育，通过举办“欢乐潇湘·幸福岳阳·秀美黄沙”大型群众会演等文体活动，丰富人民群众文体生活，宣传“孝友”文化，九原村秦真良被评为岳阳县首届孝友之星。

新农村建设和扶贫工作呈现新变化。推进农村改革，基本完成农村土地确权登记颁证测绘工作，按时完成“农村淘宝”黄沙街集镇、黄秀、大明、新堤等4家网点的建设。截至2016年年底，全镇3430名贫人口中已有2336人如期脱贫。在扶贫攻坚工作中，始终按照“四个切实”要求，确保“六个精准”到位、“五个一批”落实。2016年共计发放扶贫贷款251万元；镇财政投入20万元，为286户贫困户提供“发展一批”产业奖补资金；134户贫困户的房屋按程序实施了危房改造；413人次的在校贫困生获得了贫困生补助；29人次享受“雨露计划”补贴。

农业产业化迈开新步伐。依托台创园发展平台，引进低碳环保农产品加工企业，加快驰田蔬菜、苹果桃、宏天水果等专业合作社发展，加大黄沙街红薯粉、手工面等特色农产品品牌创建力度，带动玉米、马铃薯、桃子、葡萄、柑橘等农作物生产，确保农民稳定增收。位于再茂、黄秀、双义的农耕文化园已成功列入省市同心村项目。双义村村民创办的岳阳县合胜果业专业合作社有苹果桃基地133.33公顷，所申请的“森苹”商标正在注册中。

【同心生态科技园建设】 为响应市委“一极三宜”发展战略，提升农业现代化水平、推动农村繁荣发展、实现人民富裕，计划投资9000万元，打造一个集休闲农业、乡村旅游、农业科技开发于一体的综合性生态科技园。在黄秀、再茂、双义等三个行政村集中流转农民闲置土地133.33公顷，发展生产合作333.33公顷，投入资金4000多万元，初步完成了农产品加工厂房、办公生活区和园林基地、垂钓中心、城镇化建设、爱心传递基地、乡村公园、乡村大舞台等多个项目的基础建设。

【党建工作】 一是加强领导，全面落实党风廉政建设责任制。镇党委高度重视党风廉政建设责任制工作，成立了以党委书记为组长，副书记和纪委书记为副组长，其他党政领导为成员的党风廉政建设领导小组，按照“党委统一领导，党政齐抓共管，纪委组织协调，部门各负其责，依靠群众参与”的工作机制，形成了“一把手”负总责、一级抓一级、层层抓落实的良好工作格局。二是强化教育，筑牢拒腐防变的思想道德防线。全年党委理论中心组专题学习反腐倡廉6次，开展党风党纪教育12次。利用周例会、干部大会等机会组织镇、村干部学习湖南省、岳阳市有关违法违纪通报，使广大党员干部从反面教材中汲取教训，增强自身免疫力，同时深化廉政风险防控工作，做到“四个到位”，即排查到位、公开到位、执行到位、动态监管，利用岗位风险防控系统，做好提醒教育。三是严明纪律，逐步优化经济社会发展软环境。强化政府服务职能。镇机关、部门各办公室设立了岗位去向牌，镇便民服务中心大厅安排专门工作人员集中办公，党政办公室确保24小时专人或电话值班，进一步把服务理念落到实处。认真贯彻执行中央“八项规定”、省、市、县委“九个严禁”和市委“十个不准”等有关规定，制定完善了干部休息日值班、住机关、联村、学习、考勤、问责等制度，镇党委不定时开展专项督查，对于违反相关规定的工作人员，进行严肃问责。四是高度重视，做好信访和案件查办指导工作。镇党委坚持把信访举报工作当作一项重要工作抓紧抓实，严格落实信访工作领导责任制，及时化解各类问题，维护群众合理诉求；依照“立党为公，执政为民”的宗旨，严肃查处各类违纪违法案件8起，处理党员8人。通过查案，有效促进了全镇党风廉政建设，推动各项工作的顺利开展，为黄沙街镇社会经济发展提供了坚强有力的纪律保障。

（米　军）

中洲乡

党委书记	刘四兵
副书记、乡长	王　勇
人大主席	毛虎勇
政协联络办主任	胡孟生
纪委书记	付　勤
党委委员	周正操
	万海勇
	荣来归
副乡长	周正操
	费军民
人大副主席	荣来归
党政办主任	胥　婷

【概述】 中洲乡位于岳阳县城西南部，西、北临东洞庭湖，隔湖与君山、沅江相望，南抵汨罗市白塘镇，东接岳阳县黄沙镇、荣家湾镇。总面积74.3平方千米，耕地面积2866.67公顷，其中水田1302.33公顷，旱地1563.73公顷，山林面积926.8公顷，可养水面

2726.67公顷。全乡有190个村民小组,总人口3.2万,其中非农业人口2300人,人口出生率为16.17‰,人口自然增长率为8.22‰,其中移民和移民后代2万余人。境内辖8个村,1个乡渔场,2个县二级机构(中洲渔场和中洲堤垸管理所),拥有党支部17个,党员1090名。境内交通便利,自然资源优越,物产丰富,是全省有名的移民大乡,是全县的湖区农业大乡。

2015年12月,为深化农村改革,优化建制村的设置,进一步加强农村基层组织建设,促进城乡一体化发展,根据相关的规定,按照县委县政府并村改革总体要求,原来的25个村合并调整为8个村。中洲村由原白沙村、坪垸村、天灯村、铜盆村、风亭村五个村组成;平江河村由原青峰村、寒湖村、杨山村三个村组成;宝塔村由原宝塔村、红旗村、义合村三个村组成;坪桥湖村由原兴旺村、仁义村两个村组成;机场村由原坪湖村、塘坡村、机场村三个村组成;巴陵村由原青镜村、大明村、金山村三个村组成;北垸村由原北套村、黑泥村、二郎村三个村组成;三江村由原南套村、十字村、湘江村三个村组成。

中洲乡是农业大乡,全乡农业生产总值43039万元,农民人均纯收入13500元,银行存款人均11500元。农业经营方式以规模化经营为主,尤其蔬果、水产品产量极高,总体呈现出规模大、产量高、经济价值优的特点。在种植业方面,中洲地势平坦,土壤肥沃,气候适宜,特别适合大规模农业产业化经营,境内主要种植水稻、棉花、莲藕、湘莲、油菜、大白菜、玉米、西瓜等,不同季节,不同经济作物丰收,是岳阳县的"棉、粮、油"等农作物基地。在养殖业方面。中洲湖泊众多,水产养殖颇有名气,可养水面达2726.67公顷,有大湖养殖和精细化养殖两种方式,境内有全省较大的淡水精养国营渔场——中洲渔场,仅该渔场年产量就达410万公斤,全乡鲜鱼产量达到1500多万公斤。在工业方面,全乡境内规模企业19家,硅砂矿产丰富,硅砂矿、采沙场有7家之多,年产数十万顿砂矿远销省内外。大型食品加工企业3家,为众多移民解决就近就业的难题。

【产业发展】 完善了民心、福盛20公顷无公害蔬菜核心基地建设,创建了万亩优质玉米、万亩优质水稻、200公顷莲藕、113.3公顷油茶、200公顷稻虾养殖等种养基地;帮扶蓝海纸业公司一次性投入1000余万元进行了厂房改造,并增设2条新生产线,为群众解决就业岗位50个,年创税金100万元以上;帮扶洞庭水湘食品公司投入150万元进行了设备改造;帮扶湘之渔食品有限公司投入500万元增设了环保设施;引进投资1.7亿元中洲乡渔光互补光伏发电项目。

【基础设施建设】 道路桥梁的建设,整合资金450多万元完成了黑七路、机场路、道仁桥重建和宝南路维修。水利设施,争取县水利项目资金2100多万元对南套电排进行重建,并对老北套电排实施了封堵;争取县农业综合开发项目资金1300多万元对垸内沟渠、机埠进行新建;整合资金230多万元完成了坪桥垸低闸、六门闸等水利设施维修及东西四号、南北三号等主干沟渠清淤扫障。水电改造,整合资金110多万元完成了水厂净水消毒设备的升级改造,并在北垸村新建了增压点,对巴陵村线路进行整改,并对北垸村二郎片更换了变压器。

【社会事业】 加大教育事业基础投入,整合资金400多万元完成了中心学校、十字小学、河头小学的校门、围墙、教学楼、食堂、运动场及其他设施建设;提升了医疗卫计服务水平,对全乡1650名农村适龄妇女进行了两癌免费筛查。夯实了公共文化服务体系,组织开展了百姓舞台文艺会演晚会和广场舞比赛,完成"户户通"卫星电视900户和"村村响"无线广播160套。

【乡村环境整治】 积极推动规范村民建房开展村庄整治。整合资金53万元,对宝塔村7组、9组进行了村庄连片整治,该整治工作在全县得到推广。打造了中洲村风亭居民建房示范点,统一规划、统一风格的21户农民新房年底竣工,这项工作全县排名第一。全力推进环境卫生整治和环保工作,加大了整治力度,加强了考核奖惩,乡村环境卫生整治成效显著，排名位于全县第一。同时，为保护生态环境，关停拆除坪费湖和平江河附近养殖场19家，砂场3家。加快集镇提质建设，通过融资400万元新修了集镇新街道，并对集镇进行了全面禁炮。

（陈　颖）

【社会管理】 扎实推进综治维稳，全年调处各类矛盾纠纷97起，调解率100%，上半年全市综治民调排名第7名，乡司法所被评为全省“模范司法所”。狠抓安全生产，通过开展“大排查、大管控、大整治”及行政执法行动，共下达检查文书120份、责令整改文书42份，整改复查42份，并成功创建全省安全生产示范乡镇。积极开展打非治违，拆除宝塔村境内2处违法建筑；对坪桥湖村境内3个砂场全部关停取缔；对集镇上非法容纳未成年人上网的网吧关停整顿；对全乡境内农资门店开展打假专项行动；对存在违法行为的4辆校车进行了处罚；对2户食品经营户未查验供货者许可证和食品合格文件的违法行为进行了处罚。

（胥　婷　彭大丁）

附录:
岳阳县特色农产品简介

岳阳金盆柚

岳阳金盆柚原产中国,1300多年前移种日本。2007年又从日本引进回国,种植在岳阳县的杨林乡金盆庄,由原来2家种植户的4000株,通过近10年的栽培选育扩大到现在的400家333.33公顷的30万株,金盆柚是芸香科,常绿乔木,学名Citrus Junos,外观类似于橘子,表皮粗糙,扁球形,果重可达250克。果肉味酸,性寒,无毒,有健脾胃,止咳、解酒的辅助作用。果皮能助化痰、理气、止痛。为严热带果树之一,花期4—5月,日韩现存面积大,最大特点是不能作为水果鲜食,树体带长刺,叶片有翼叶。“岳阳金盆柚”主要出口日本、韩国及欧洲的8个国家和中国香港、台湾地区,“岳阳金盆柚”因果皮和果肉都有维生素C,果肉所含的钙和维生素C含量是其他柚的1倍以上,且有独特香味可刺激食欲而深受世界各国朋友的喜爱,岳阳县柚子种植企业通过QS认证的有6家,年创外汇近2亿美元。

岳阳黄茶

黄茶是六大茶之一且我国独有的茶类,历史悠久,因加工过程中的“闷黄”作用,成茶汤色、叶底黄亮而得名,其基本品质特征还包括甜香明显、滋味醇爽回甘等。因加工原料不同分为黄芽茶、黄小茶、黄大茶,基本工艺为杀青—闷黄—干燥。

洞庭春牌岳阳黄茶产于岳阳县黄沙街茶场,主要采用了杀青、揉捻、闷黄、干燥等主要工艺,在加工技术中,通过热闷措施的催化作用,破坏叶绿素,使不溶性碳水化合物部分转化成可溶性,儿茶素类发生非酶性氧化和异构化作用,其转化产物与蛋白质水解的氨基酸结合,产生新的香味物质,具有干茶黄,汤色黄,叶底黄三黄的特点,香味清高,滋味鲜醇,回味甘甜。岳阳黄茶有养胃、护肝、降脂等功效,是全民皆宜的健康养生饮品,且具有收藏鉴赏价值。目前产品有黄金砖、黄金饼和黄茶毛尖等系列产品,主要销往广东、山东、湖南等省。2014年岳阳市黄茶加工标准研讨会在黄沙街茶场召开,洞庭春岳阳黄茶加工标准被作为岳阳黄茶加工标准重要参考标准。2015年洞庭春牌岳阳黄茶助力岳阳黄茶在米兰世博会上火的中国名茶金奖。

岳阳茶油

岳阳茶油又名岳阳山茶油、山茶籽油,是从山茶科山茶属植物的普通油茶(Camellia Oleifera Abel)成熟种子中提取的纯天然高级食用植物油,色泽金黄或浅黄,品质纯净,澄清透明,气味清香,味道纯正。中国先秦古籍《山海经》中记载“员木,南方油食也”,员木即岳阳油茶树。《本草纲目》记载,岳阳茶油有“明目亮发、润肠通便、清热化湿、杀虫解毒”之功效。《中国医药宝典》记载,岳阳茶油外用可治疗癣疥、防蚊虫叮咬、除疣、防晒去皱等。《纲目拾遗》记载:“(岳阳)茶油可润肠、清胃、解毒、杀菌……”。相传岳阳茶油曾与明朝开国皇帝朱元璋结下不解之缘,被朱元璋封为“皇宫御膳”用油。

中国疾病预防控制中心营养与食品安全所对岳阳茶油和橄榄油进行的对比研究表明，岳阳茶油中的不饱和脂肪酸则高达85%~97%（比橄榄油高10%），为各种食用油之冠。还含有橄榄油所没有的特定生理活性物质茶多酚和山茶甙，能有效改善心脑血管疾病、降低胆固醇和空腹血糖、抑制甘油三酯的升高，对抑制癌细胞也有明显的功效。其分子结构比橄榄油还要细，为当今食用油中的精品。除食用外，岳阳茶油因其富含多种营养成分，还有药用和美容等多种功效。

岳阳相师香菇

岳阳相师香菇（学名：Lentinus edodes），又名冬菇、香蕈、厚菇、薄菇、花菇、椎茸。传说张良年少时锤杀秦始皇失败后避走大云山（幕阜山绵延至湖南岳阳的余脉），依靠山中特产香菇得以幸存。张良封相后，当地人将大云山更名为相师山，香菇称之为相师香菇。

岳阳相师香菇是一种食用真菌，一般食用的部分为香菇子实体，鲜香菇脱水即成干香菇，便于运输保存，是一宗重要的南北货。干鲜相师香菇在湘菜中广泛使用。烹饪时需将干相师香菇先行泡水发制。素三鲜中，相师香菇往往作为其中的一鲜出现。在斋食中，相师香菇亦为重要原料之一。

岳阳相师香菇是具有高蛋白、低脂肪、多糖、多种氨基酸和多种维生素的菌类食物。提高机体免疫功能：岳阳相师香菇多糖可提高小鼠腹腔巨噬细胞的吞噬功能，还可促进T淋巴细胞的产生，并提高T淋巴细胞的杀伤活性。延缓衰老：岳阳相师香菇的水提取物对过氧化氢有清除作用，对体内的过氧化氢有一定的消除作用。防癌抗癌：岳阳相师香菇菌盖部分含有双链结构的核糖核酸，进入人体后，会产生具有抗癌作用的干扰素。降血压、降血脂、降胆固醇：岳阳相师香菇中含有嘌呤、胆碱、酪氨酸、氧化酶以及某些核酸物质，能起到降血压、降胆固醇、降血脂的作用，又可预防动脉硬化、肝硬化等疾病。岳阳相师香菇还对糖尿病、肺结核、传染性肝炎、神经炎等起治疗作用，又可用于消化不良、便秘等。

岳阳藜蒿

藜蒿学名狭叶艾，又名芦蒿、水蒿、青艾等。本草纲目草部第十五卷记载：藜蒿气味甘甜无毒，主治五胀邪气，风寒湿脾，补中益气，长毛发，久食轻身，耳聪目明，防衰。中医认为其除食用之外还有清热、利湿、杀虫之功能。

岳阳县的岳阳藜蒿，生长在岳阳市的岳阳县中洲、麻塘、黄沙镇沿湖一带。据史料记载，皇宫后妃们发现藜蒿有十分明显的排毒养颜作用而竞相购买，京城一带呼之“贵妃草”。明朝朱元璋在金陵称帝后，指定岳阳县县官在清明时节进贡嫩藜蒿食用，因此民间又称之为“贡草”“洞庭人参”。该地区常年生产鲜嫩藜蒿2万吨以上，主要销武汉、南京、合肥、上海、长沙、北京等地。

岳阳藜蒿系菊科蒿属多年生野生草本植物，其嫩茎可作蔬菜食用，每100克可食部分中含蛋白质3.6克，钙730毫克，硫胺素0.0075毫克、磷102毫克、胡萝卜素1.39毫克、抗环血酸49毫克、铁2.9毫克。其茎清香鲜美，脆嫩爽口，营养丰富，含蛋白质、粗纤维、碳水化合物和多种微量元素，具有开胃、止血、消炎、镇咳、护肝、防癌抗癌等功效。

以岳阳藜蒿为食材的主要菜品有：藜蒿炒腊肉、藜蒿炒香干、藜蒿炒牛肉。随着人们菜谱的变化，经过人工栽培的藜蒿走近了解寻常百姓家，也步入了高档次的宾馆、酒店。为适应市场需要，岳阳县人工种植藜蒿3万亩，一般藜蒿亩产鲜茎4000千克~5000千克，效益较高。

岳阳烟熏茶

烟熏茶是岳阳县的土特产，乡人谦称“粗茶淡饭”，烟熏茶算是名副其实的粗茶。顾名思义，烟熏茶是经过烟熏制作的茶叶。烟熏茶至今依然是千家万户手工制作，细梗粗叶，外观呈黑色，散发着扑鼻的烟熏香味，泡出来的汤水黑黄而浓酽。截至2016年年底，全县的烟熏茶产量很低，每年仅10吨左右。

岳阳烟熏茶是利用当地盛产

的新鲜的茶叶加工而成,具体生产工艺:首先将新鲜的茶叶倒下去翻炒杀青,轻烟蒸腾,清香弥漫,大锅里那堆起小山样的茶叶,很快就熟蔫。端出去复又在晒簟上摊开来略冷却,将青熟的茶叶簸拢了,趁着余热揉捻起来,挤压出青青的涩汁。复又摊冷,回锅加温,再揉捻熟了,盖上白棉毛巾,让其发酵,烘干熏烟即成。

岳阳烟熏茶味道苦带甘,性味是寒性,有清头目、醒昏睡的作用,当疲倦乏力嗜睡多睡,头目昏沈时饮用,可以提神、振奋神经;茶有化痰消食下气的功效,当油腻的食物吃得很多,导致肠胃不适时,喝茶有消油脂作用,而咳喘人饮茶也有化痰降气的功能;茶有利尿止泻的作用,偶尔喝茶的人会有感觉,小便的量会增加,茶本身有利尿的功效,这是因为茶叶中所含茶碱的作用,而茶叶中鞣质则有止泻的功能。

岳阳张谷英油豆腐

岳阳县张谷英镇有近600年的历史,是国内保存最完整和最大的明清时代的汉居,属国家重点文物保护单位。张谷英在湘北地区也小有名气,像用古井水做的油豆腐,张谷英豆腐乳,岳阳小干笋,农家土猪腊肉等都是当地非常有特色的食品。

岳阳张谷英油豆腐,是用张谷英镇生产的黄豆、渭洞茶油和龙涎井清泉,采取传统工艺加工而成。色泽金黄,空心酥软,内含丰富的蛋白质、维生素A、维生素B、铁、钙、磷质。油豆腐属于百搭食材,可以与肉类、各种蔬菜同炒,也可以煎、炸、烩、煮、炖,都能做得味道鲜美可口,常食对减肥健身、防治高血压、便秘等有明显作用。

截至2016年年底,岳阳油豆腐年产量达4万吨,除本地销售外,还销售到长沙、武汉、广州等城市。

岳阳花猪

随着人们对绿色生活的渴求,2006年岳阳县平友生态生猪养殖专业合作社引进了“岳阳花猪”,以沙子岭猪为母本,通城猪为父本,经过几年来的精心选育,培育出了性情稳定的岳阳花猪。

岳阳花猪在饲养过程中,采用传统的阉割方法,中药预防为主,以油糠、统糠、青菜为食,生长周期一年半以上,毛重100多公斤。猪肉大理石纹丰富,纹路精致细腻,肉质鲜嫩多汁,肥肉油而不腻。岳阳花猪因其高端品质而销售至广东、上海、北京、浙江等高端消费的一线城市。

岳阳黄沙街百叶

百叶,俗称千浆皮子、百页,千张等,是传统豆制食品、优质植物蛋白食材。

岳阳黄沙街百叶生产历史悠久,独特的加工工艺,使之具有其他地方百叶无可比拟的嫩滑、柔韧口感。黄沙街历史上便是巴陵古县“三街六市”之首(《巴陵县志》记载),素有“小长沙”盛誉。岳阳黄沙街百叶正是凭借着自身独特的口感,借助便利的交通优势,很早之前便走进千家万户,享誉周边县市,历史上便是岳阳黄沙街特产。

今天的岳阳黄沙街百叶,没有融入丝毫现代元素,仍然是精选优质大豆、采取传统工艺制作。其形薄如纸,细如丝,色黄白,口感嫩滑、柔韧,可凉拌,可清炒,可煮食,蛋白质含量12%,是一种高水分、高蛋白的食品,更是下火锅的绝佳食材。

岳阳黄沙街百叶是无数游子魂牵梦绕的乡土小吃,产品销往湖南、湖北、江西、浙江、江苏、广州,正因它口感柔韧、嫩滑,且蛋白质含量高而深受消费者喜爱。

岳阳红薯粉皮

岳阳红薯粉皮:新中国成立之前,是渭洞、月田、毛田、新墙镇,黄沙街镇,杨林乡,柏祥镇,麻塘镇,长湖乡,公田镇,月田镇,新开镇。张谷英镇等区人民的主粮,鹿角区是红薯主产区,1949年全县有红薯粉皮4.5吨,1960年有8.6吨,1980年有9.8吨,红薯粉皮的产量占粮食产量的5%,1990年后红薯粉皮家家户户都做,2015年产量达1200吨左右,畅销长沙、湖北、天津、南京、江西、广州、北京等地,“岳阳红薯粉皮”色泽光亮,白中泛青,晶莹如玉,身干条细，均匀片薄，韧性好，拉力足，食之柔软爽口，富含淀粉、糖类、蛋白质、维生素等多种营养素，长期食用，可强身健体、延年益寿，尤其是火锅中的上乘佐料，纯手工的传统工艺加工而成，无任何化学制剂，是真正名副其实的纯绿色食品。深受消费者喜爱。

岳阳提子

岳阳提子又称岳阳葡萄王，外形多呈椭圆形状，具有果粒大、色泽艳、耐储运、品味好、肉感厚实，较丰厚；提子肉含有大量的葡萄糖及果糖，容易被人体吸收，能迅速转化为热量，有助于恢复体力，消除疲劳。提子的果肉中含有特殊氨基酸，有助提升脑机能。岳阳提子以红提子、黑提子为主。红提子幼叶浅紫色，叶面光滑，叶背有稀茸毛。成叶较大，心脏形，5裂，裂刻中等，叶面光滑有光泽，叶背无茸毛。两性花。果粒着生松紧适中。果穗一般重800克左右，最大穗重2500克。平均粒重13克，最大粒重25克。不裂果，不烂果，不落粒。果皮中等厚，难剥皮，含糖18~20度，鲜食味感清脆，甘甜口，不酸，不涩，口味极佳，耐贮耐运。黑提子呈紫黑色，光亮如漆，果粉浓，外观极美，果粒在果穗上着生紧密，且大小一致，穗形美观。平均穗重750克，最大穗重1700多克。果粒阔卵圆形，果皮厚。果肉黄绿色，可切成片，脆甜爽口，含糖18~20度，品质极佳。目前，岳阳提子以岳阳县新墙优质葡萄专业合作社为龙头，种植区域辐射岳阳县荣家湾镇、黄沙街镇、新墙镇、柏祥镇、筻口镇、公田镇、毛田镇、月田镇、张谷英镇、新开镇、中州乡、长湖乡、步仙镇、杨林乡等14个乡镇所辖自然村。种植基地达万亩，产值近5亿元。

岳阳土鸡

“岳阳土鸡”自明洪武年间，随易氏自浏阳迁入湖南岳阳县杨林乡溪源村。至今已有600余年历史，二十多代人的岁月沉淀，使岳阳土鸡结合溪源的山山水水有了独特的风味。近年来，经过村委会的统一规划与管理，在溪源村的千亩茶林中科学育苗，鸡苗全部采用生态自然放养培育，经过严格防疫措施，鸡苗生长快，饲养成本低，抗病力强，成活率高。以高粱，红薯，玉米，土豆，芋头等粗杂粮喂食土鸡，饮山泉水，散养放跑，所有土鸡均肉质鲜嫩，是滋补上品。生长了已有‘品自原生态，味正茶草鸡’之称。现引进现代农业经营理念，采用“公司+专业合作社+基地+农户”的模式，并积极与省内外的大型农产品超市联手，构建起生产、营销一体化的产业经营体系。从单一的产品衍生演变为现在的多元化发展，实现了昆虫与生态家禽立体循环养、产、销一体化经营。仅2015年就有上千农户尝到了生态家禽养殖的甜头，创造产值达2亿元，人均增收8000元。主要销往安徽、湖北、广东、山东及四川等地。

“岳阳土鸡”有着冠红、爪小、毛亮、毛孔小的特点，每只均重：母鸡1.6千克左右，公鸡2.3千克左右。鸡肉紧致、皮薄而黄，皮下脂肪分布均匀，鸡汤清如水，油花浮如珠，口感鲜嫩，芳香怡人，含有人体所需要的蛋白质、钙、磷、铁、锌、维生素，饱和氨基酸为78%，深受消费者喜爱。

索 引

说 明

一、本索引采用分析索引方法，按索引条目第一汉语拼音（同音字按声调）顺序排列。第一字相同，按第二字音排列，依次类推。完全相同，按页码顺序排列。

二、标引词后的阿拉伯数字表示内容所在页码，数字后的拉丁字母（a，b，c）分别表示从左至右第一、二、三栏。

三、本年鉴的“特载”“巴陵论坛”等未作索引。

数字首

A

B

C

D

E

F

G

H

J

K

T

W

岳阳县档案局

党组书记、局长　周世求

2016 年，县档案工作按照“全市争第一，全省争先进，全国争地位”的总要求，全体档案工作者扬朝气、加压力、抓关键、走快步，以“新馆正式运行”为契机，满怀心志，开启了恢复县建制以来档案事业崭新的篇章。第一次接受了国家发改委、国家档案局的检阅，第一次用上了符合国家标准的县级综合档案馆，第一次启动了档案接收进馆工作，第一次推进了局领导班子的较大调整。2016 年再次评为全市档案工作先进单位。

县委常委、县委办主任易新岳（左）到县档案馆指导工作

档案馆库房

档案局院内假山瀑布

县档案新馆

档案学会组织部分单位赴云溪、临湘学习

岳阳县人民法院

党组书记、院长　杨水平

湖南省高级人民法院党组副书记、副院长张兰及岳阳市中级人民法院党组书记、院长彭世理陪同省人大代表视察团视察岳阳县法院工作

2016年，岳阳县人民法院围绕“努力让人民群众在每一个司法案件中都感受到公平正义”的目标，按照“迈稳步、不停步、年年有进步”的工作基调，坚持以“转变工作作风、提升司法绩效、坚守四无底线、争创五好法院”为工作主题，认真履行宪法和法律赋予的神圣职责，各项工作稳中有进。成功通过省级文明标兵单位验收，获得全市法院司法绩效第一名，综治民调排名全省前30强，居岳阳县行政执法单位第一，连续三年荣获全市法院党风廉政建设先进单位，继续保持湖南省五星级司法警队、档案管理省特级称号。

湖南省文明办副主任李力明一行对县法院创建省级文明标兵单位工作进行检查验收

法官宣誓

县委副书记、县长曾平原到县法院调研

洞庭湖上调解纠纷

脱贫攻坚

参观湖南省警示教育基地长沙市监狱

岳阳县人民检察院

党组书记、检察长　钟沁

2016年，岳阳县人民检察院围绕“强化法律监督，维护公平正义”检察工作主题，落实县委“服务大局做表率，忠诚履职当先进，改进作风树形象”要求，按照“全面推进、全面创优”的工作思路，各项工作整体推进，创先争优成绩明显，被县委、政府授予全县“好领导班子”、“综治工作优胜单位”，“党风廉政建设先进单位”，“信访工作优胜单位”等荣誉。

检察长钟沁出庭支持公诉

县检察院党组召开2016年度民主生活会

岳阳县人民检察院办公大楼

2016年7月5日，湖南省人民检察院党组书记、检察长游劝荣到县检察院调研指导工作。

召开“两学一做学习教育推进会”

岳阳县人民医院

岳阳县人民医院始建于1984年，是全县唯一一家集医疗、教学、科研、预防、保健和急救于一体的二级甲等综合性医院。医院以“至诚至爱、求精求新”为院训，以“肩负人民群众重托，履行救死扶伤天职”为办院宗旨，以“关爱生命、亲情服务”为办院理念，秉承“开拓、进取、仁爱、诚信、务实、创新”的核心价值观，把“打造县域医疗中心，建设百姓满意医院”作为奋斗目标，2016年被评为岳阳市文明单位。

召开“两学一做”动员大会

召开二甲复审动员大会

门急诊综合楼封顶仪式合影

志愿者下乡义诊

医院组织无偿献血

岳阳县农业局

县农业局党委书记、局长、县委农办主任　柳卫平

2016年，根据县委、县政府机构改革相关文件，将原县人民政府农村工作办公室（县委农村工作部）和原县农业局的职责整合，重新组建县农业局，为县人民政府工作部门，加挂“中共县委农村工作办公室”牌子，履行农口系统牵头协调职责，为县委、县政府推进农业农村工作发挥参谋助手作用。2016年，岳阳县再获“全省粮食生产先进县”光荣称号。

麻塘北湖获评全市秀美村庄

新农村建设乡村新貌

美丽乡村建设——步仙石美村庄整治工程

岳阳县农业品牌建设——中洲露天蔬菜基地

希望的田野

岳阳县广播电视台

岳阳县广播电视台内设办公室、人事股、财务股、总编室、产业办5个内设科室，下设广播电视新闻中心、有线数字电视网络中心、广播电视发射台、广播电视技术中心、农村电视网络中心5个二级机构。其中台机关和下设的广播电视新闻中心、技术中心、广播电视发射台均为纯公益类全额拨款事业单位。2016年，在湖南卫视、湖南经视上稿19条，岳阳市电视台上稿80条，排名稳居全市前列。

台长龚六一（左一）到扶贫点看望村民

召开安全播出大会

广电大楼

县委副书记、县长曾平原（右）到县电视台指导工作

机房值守值班

有线收费大厅

岳阳县审计局

岳阳县审计局现有干部职工 42 人，有注册会计师职的 4 人、注册造价师 2 人，有审计师职称的 8 人，有会计师职称的 8 人，全局内设办公室、法制股、领导干部任期经济责任审计室、财政金融审计股、行政事业农业审计股、经贸审计股、基建一股、二股、事业单位法定代表人离任审计股共九个股（室）。近年多次被市局评为先进单位，连续 5 年市法制检查为先进单位，2013 年被评为县级文明单位，连续 4 年被评为综治先进单位、计划生育先进单位和一类班子，审计优秀项目评比获市一等奖一个、省二等奖一个。

党组书记、局长　李航

岳阳县审计局综合楼

岳阳县移民局

2016年，县移民局在移民后扶工作上按照市、县考核任务要求，着力规范管理，夯实业务工作，同时不断强化干部队伍建设，统筹推进移民后扶工作，取得了一定的成效。为加强移民致富步伐，县移民局加大了移民产业开发力度，利用库区、丘陵区、湖区特点和优势，因地制宜建成移民产业开发基地。全方位放开移民各类资质证书的补贴，开办了13期实用技术培训班，共培训人员1229人。移民后扶工作得到了省移民局局长李新连的充分肯定。

全省移民后扶先进县

湖南省移民局李新连局长到毛田考察移民住房难问题

全国先进集体

走访村民

湖南省市移民局领导视察湖南洞庭水湘食品有限公司

中洲乡移民实用技术培训

岳阳县环境保护局

2016年，岳阳县环境保护局围绕县域经济发展大局，统筹兼顾发展与环保、监管与服务，在项目申报实施、环保执法监管、环境监测、项目环评审批、县城污水应急处置和污染减排等方面做了大量卓有成效的工作，县域环境质量保持稳定、并呈现逐步向好趋势。在2016年政府绩效考核中被县委县政府授予“全面建成小康社会综合绩效评估工作优秀单位”、“重点工程项目建设优质服务单位”等荣誉称号。

党组书记、局长　胡团生

县污水处理厂被淹后，局长胡团生陪同市环保局局长王文选察看生活污水应急处置情况。

县环保志愿者在街道宣传环保知识

岳阳县农村信用合作联社

岳阳县农村信用合作联社是一家经中国银行业监督管理委员会批准，唯一一家总部注册地在岳阳县、纳税在岳阳县、服务在岳阳县的地方性金融机构。2016年，岳阳县联社按照“规范管理、改革创新、提速发展”的总体工作思路，主动适应经济发展新常态，着力抢抓机遇，在加大组织资金力度、优化信贷资产质量、统筹深化改革进程、探索转型发展途径、提升形象信息宣传、加强队伍团队建设、夯实案防内控基础等方面实现了新突破、取得了新成效，确保了经营管理工作持续稳健发展。截至2016年末，全县农村信用社各项存款余额42.8亿元，比年初净增9.6亿元，各项贷款21.8亿元，存款、贷款市场份额均位居全县金融机构首位。

理事长　郑少华

2016年初召开巴陵农商行筹建工作推进会，岳阳县县委副书记、县长张中于莅临会议现场。

人行岳阳市支行纪委书记兰红梅与岳阳县常委、常务副县长李勇出席新墙镇袁岭村金融便民服务点揭牌仪式。

岳阳县信用联社携手微水爱心志愿者协会举行“春蕾助学”捐赠活动。

在岳阳县天鹅影剧院召开巴陵农村商业银行暨清收农村信用社不良贷款动员会千人大会。

岳阳县渔政监督管理局

岳阳县东洞庭湖辖1328平方公里，占洞庭面积的49%，占岳阳县版图面积的41%，是国际重要的“物种基因库”，鱼类资源十分丰富，有8目23科125种，有国家一级保护江豚、中华鲟等水生生物，县渔政监督管理局作为东洞庭湖渔政执法主体，认真改造渔业法律法规等赋予的职责，加大宣传力度，强力推进“洞庭风雷”行动，严厉打击非法捕捞，落实禁渔管理各项措施，积极开展增殖放流，切实维护岳阳县东洞庭湖管理权属，确保了东洞庭湖渔业水域生态环境根本好转，2016年被农业部评为禁渔执法先进集体，被省、市评为渔政执法红旗单位，被县委、县政府评为综合优秀单位。

党组书记、局长　陈君辉

2016年春季，县委副书记、县长张中于参加人工增殖放流

东洞庭湖春季禁渔工作部署会

拆除矮围启动仪式

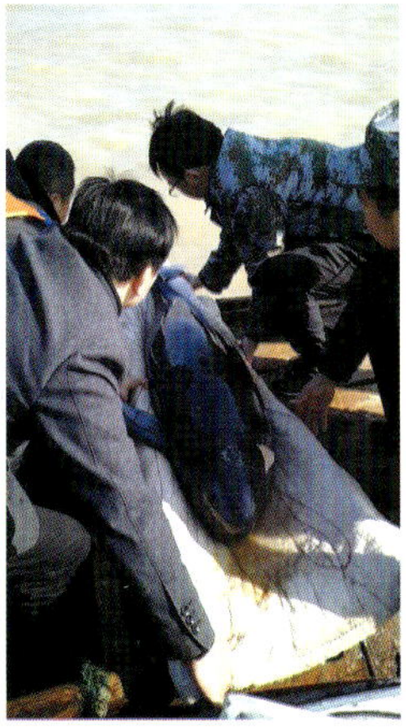

渔政人员救护搁浅江豚

开展渔业增殖放流

渔政人员开展打击非法捕捞联合执法行动

岳阳县畜牧水产局

农业部副部长于康震（中）到岳阳县指导病死畜禽无害化处理工作

党委书记、局长　陈琳

农业部渔政管理局局长赵兴武（左二）到岳阳县指导工作

岳阳县畜牧水产局是县人民政府主管畜牧业、水产业的职能部门。负责全县养殖业生产规划、计划制订，争取、落实好养殖政策、项目和资金，积极推动畜牧水产生产发展和现代化进程，大力推广新技术、新品种。依法履行相关法律法规规定的义务，加强行业管理和执法监督，确保畜禽水产品质量安全和养殖业生产健康发展。2016 年连续 6 年评为全市养殖业目标管理考核红旗单位，连续 3 年评为全省养殖业工作目标管理先进县，被评为市级文明单位和省级文明卫生单位。

黄沙街镇“稻虾共作”养殖模式基地

畜禽粪污沼肥在大型种养基地（中洲乡民心蔬菜）综合利用

岳阳县病死畜禽无害化处理体系建设获农业部、省、市各级领导一致好评

岳阳县建材产业改造升级管理办公室

2016年，县建材工业园管理办公室按照“在稳定中谋发展，从提质上增效益”的工作思路，全力推进设施建设，切实加强园区管理，更加突出转型升级，园区保持了良好的发展势头。建材工业园区已经成为岳阳县经济社会快速发展的重要支撑，工业企业集聚和产业集群的重要平台，农民就业致富的重要基地，带动相关产业发展的重要载体。全年完成工业产值30亿元，完成企业税收4500多万元。

党组书记、主任　胡志刚

宏康陶瓷

亚泰陶瓷

天欣科技

中国农业银行股份有限公司

中国农业银行股份有限公司岳阳县支行是国有控股股份制商业银行。支行本级设综合管理部、财会运营部、公司业务部、个人金融部、风险管理部5个部室。辖营业部、新墙分理处、月田分理处、湖滨分理处4个网点。2016年，全行上下认真落实市分行年初工作会议精神，以强化管理、加快有效发展为目标，加快业务经营转型和结构调整，加大服务“三农”力度，强化全面风险管理，坚持有效发展和风险控制两手抓，实现了各项工作的稳健发展。

党委书记、行长　李斌

湖南省分行行长张晓男（右二）到岳阳县调研

岳阳市分行行长伍高琴接待岳阳县常务副县长万东一行到县支行调研

岳阳县支行

农行外景

农行机关内景

开展员工警示教育活动

支行营业部大厅

举办业务知识抢答赛

举办高端客户养生沙龙活动

支行营业部员工召开晨会

岳阳县人力资源和社会保障局

岳阳县人力资源和社会保障局抓住“民生为本、人才优先”两条工作主线。近年来，先后被评为“全国新型农村和城镇居民社会养老保险工作先进单位”、“全省文明卫生单位”“全省文明窗口单位”“全省巾帼文明岗”“全省新农保经办管理服务工作先进单位”“全市青年文明号”“全市文明窗口单位”“全市就业和社会保障工作先进单位”“全县绩效考核综合先进单位”，并确定为“全省首批学习型党组织示范点”。

党员进村入户走访群众

县人社局外景

整洁高效的服务大厅

“春风行动”大型招聘会

岳阳县安全生产监督管理局

县委书记田文静到县安监局调研指导安全生产工作

2016年，岳阳县安全生产工作全面落实国务院、省、市对安全生产工作的部署，坚持安全第一、预防为主、综合治理的方针，全面实施年度监管执法计划，全面统筹全县安全生产综合监管，防止和减少安全事故，保障人民群众生命和财产安全，确保全县安全生产形势持续稳定好转，营造安全发展良好环境。岳阳县被市委评为“岳阳市安全生产先进县”，县安监局被省政府评为“湖南省安全生产先进集体”、被县委、县政府评为“岳阳县全面建成小康社会综合绩效评估优秀单位”。

县长曾平原在烟花爆竹生产企业督查安全生产工作

杨前进副县长在富和科技带队开展安全生产检查

“守护生命”安全生产知识抢答赛

烟花爆竹生产企业退出协议签订仪式

党委书记　李德军

副书记、镇长　孙荣华

荣家湾镇

荣家湾镇为岳阳县县城驻地，是全县政治、经济、文化中心。2016年，荣家湾镇坚持稳中求进的发展思路，突出抓好重点工程，推进产业转型升级；持续关注民生，打好脱贫攻坚战，全面提升社会保障水平；注重底线管理，对安全生产驰抓不懈，着力提升社会综治水平。并镇一年来，荣家湾镇实现了经济有发展，民生有保障，镇、村面貌有变化的发展目标。2016年，全镇完成地方生产总值63.5亿元，财政总收入破4000万元，社会消费品零售总额66.2亿元，完成社会固定资产投资60.37亿元，农民人均纯收入达到15621元，全面小康实现程度达到92.6%。

居民小区

镇内企业

棚户区改造

县城俯瞰

新开镇

党委书记　孙肽

副书记、镇长　毛红波

新开镇位于岳阳县境内西北部，毗邻市区，交通便捷。总面积133.4平方公里，其中耕地面积3700公顷。全镇辖9个行政村、1个居委会，12668户，总人口41706人。2016年，新开镇创新工作思路，团结和带领全镇人民，坚持干字当头，努力建设“商贸物流重镇”“现代农业新镇”“县域经济强镇”“休闲旅游名镇”，全镇经济社会呈现出发展提速、民生改善、和谐稳定的良好局面。

抗洪抢险

镇政府大门

◀高垅村礼品西瓜规模种植

科力华府高层住宅

俯瞰新开集镇

马店敬老院住宿楼

箧口镇

党委书记　梁亿仲

副书记、镇长　刘　炜

2016年，箧口镇继续践行建设“产业旺镇、项目强镇、宜居靓镇、人文名镇”的发展战略，全力打造“最秀美的乡村、最淳朴的民风、最平安的乐土、最清廉的队伍”，坚持重点工作强势推进，常规工作稳步推进，实现了全镇经济社会又好又快发展。被评为省级平安农机示范创建乡镇，市级文明村镇、市级安全生产、粮食生产、“六五普法”依法治理先进乡镇；县级综合优秀乡镇，县级信访工作、美丽乡村建设、规范村民建房等优胜乡镇。先后迎来了全市精准扶贫工作流动现场会，县级计划生育基础工作、党建工作现场会在箧口镇召开。大塘村规范村民集中联户建房工作在岳阳电视台、岳阳日报典型推介。和平村被评为省级脱贫攻坚示范村。

升级改造后的集镇

三港咀大桥——跨沙港河桥

大塘村联户建房示范小区

公共汽车招呼站台

“岳阳市工商联青年企业家商会成立两周年暨海聚荟跨境商品－青商爱助学箧口”大型活动在箧口镇举行

省级现代农业特色产业示范园

张谷英镇

党委书记　张文毅

副书记、镇长　毛绍波

张谷英镇位于岳阳县东南部，岳阳、平江两县交界处。下辖13个村，1个居委会，416个村居民小组，土地面积167.34平方公里，山林面积13240公顷，其中成片楠竹7000公顷，有“湘北十万亩楠竹基地”之称。2016年，张谷英镇按照市、县经济工作会议要求，抓好产业发展、区划调整、生态和谐三条主线，加快项目建设，加强生态保护，切实改善民生，继续建设好湖南旅游强镇、特色名镇、国家生态名镇。顺利通过岳阳市“美丽乡镇”验收。

仿古集镇改造

装修一新的张谷英镇中心学校门头

张谷英风光－老屋

水环境治理—污水处理厂

鸟瞰张谷英

张谷英风光－夕阳

新　墙　镇

新墙镇因商贸发达，古有“小汉口”之称，地处岳阳县城东部，新墙河畔。京港澳高速、107国道纵穿南北，荣公公路、岳荣新公路横贯西东，交通便利，区位优势明显，是岳阳县向东发展的桥头堡和窗口单位。2016年，新墙镇在县脱贫攻坚、社会治安综合治理、计生、美丽乡村建设等考核中被评为优秀乡镇，党建工作得到市县领导的高度认可。

党委书记　杨　盛

副书记、镇长　周立雄

湖南省枫树湾沼气能源园

大蒜种植户丰收的喜悦

环境优美的集镇商品房

新墙集镇

新墙河大桥